承德市志·水利志

承德水利志编纂委员会编

方志出版社
Publishing House of Local Records

图书在版编目（CIP）数据

承德市志·水利志 / 承德水利志编纂委员会编。--
北京：方志出版社，2019.4
ISBN 978-7-5144-3734-8

Ⅰ．①承…Ⅱ．①承…Ⅲ．①承德－地方志②水利史
－承德 Ⅳ．①K292.23 ②TV-092
中国版本图书馆 CIP 数据核字（2019）第 072027 号

承德市志·水利志

编　　者：承德水利志编纂委员会
责任编辑：刘方圆
出 版 者：方志出版社
地址 北京市朝阳区潘家园东里 9 号（国家方志馆 4 层）
邮编 100021
网址 http://www.fzph.org
发　　行：方志出版社图书经销中心
电话 （010）67110500
经　　销：各地新华书店
印　　刷：廊坊市瑞德印刷有限公司
开　　本：889×1194　　1/16
印　　张：33
字　　数：988 千字
版　　次：2019 年 4 月第 1 版　2019 年 4 月第 1 次印刷
印　　数：0001-1000 册
ISBN 978-7-5144-3734-8

凡 例

一、志书性质　本志为承德水务系统首部专业志书，志书名《承德市志·水务志》。

二、指导思想　以马克思列宁主义、毛泽东思想、邓小平理论、“三个代表”重要思想及科学发展观、习近平系列讲话精神为指导，客观真实地记述承德水务发展历程，以发挥地方志书“资治、存史、教化”的作用。

三、编纂原则　遵循《地方志工作条例》、《地方志书质量规定》等法规，坚持横分竖写、述而不论等编纂原则，突出改革开放，突出水务发展，突出地方特色。

四、记述范围　时间范围，上溯不限，下限断至2015年末，个别事件适当下延。空间范围，以2015年12月31日承德市行政区划为准，不越境而书。

五、结构体裁　采用编、章、节体结构，以编统章，以章统节，编统一编号，章、节、目独立编号，按水利专业属性横分门类，按时间顺序纵述史实，并辅以述、记、志、传、图、表、录。图、表随文插附。引文一般原文照录，并加引号，注明出处。大事记以编年体为主，个别事件采用记事本末体。

六、语言章法　采用汉语语体文和简化汉字，运用记叙文体，以第三人称行文记事，按志书体例进行编纂。

七、计数计量　以国家、省、市水利统计数字为准。数字书写以中华人民共和国标准（GB / T 15835—2011）《出版物上数字用法》为准。志书中使用的各种计量单位名称和符号，一般遵循国家1993年发布、1994年7月1日起实施的中华人民共和国法定《量和单位》，地面及水位高程，凡不注明者，均为大沽高程。

八、标点符号　行文记事使用标点符号，执行中华人民共和国标准（GB / T 15834—2011）《标点符号用法》。

九、历史纪年　凡历史纪年，一律采用汉字加注公元。新中国成立后，一律采用公元纪年，需要使用“年代”的一律以世纪加年代标示。

十、行文称谓　一律使用第三人称，人物直书其名，必要时姓名前加职务。机构、会议、时政事物、社会事务等名称在行文中首次出现时使用全称，并括注规范简称。中华人民共和国成立前后，简称“新中国成立前”或“新中国成立后”。中华民国简称“民国”。承德专员公署和承德地区行政公署，按机构设置年代，简称 承德专署和承德行署。“文化大革命”期间的各级“革命委员会”简称“革委”。“省”系指河北省、“全市”系指承德市。志书中的“党”指中国共产党。“党支部”、“党委”、“县委”、“市委”、“地委”、“省委”，均指中国共产党的各级地方组织。“人民公社”、“生产大队”、“生产队”系指1958年“人民公社”化后农村的三级行政单位。志书中的“农建”，系指农田水利基本建设、农田基本建设、农业基本建设、农业基础建设。对于行政区划中的民族自治县，如：丰宁满族自治县，首次使用全称，并括号标注简称（以下简称：丰宁县）。

十一、入志人物　坚持生不立传原则。对于有突出贡献和影响的本、客籍人物，以简介形式载入《人物·艺文》编目；从事水利事业三十年以上工作者、获副高级以上职称者均列表入志；各行各业的典型事件、感人事迹，运用以事系人的方法，人随事出，记入志书。

十二、资料来源　本志所用资料，分别采用各种史籍和各部门、各级档案材料，少数为口碑资料。数据主要出自国家统计部门、省水利统计年鉴、省市水利普查资料。

《承德地区水利志》编纂委员会
（第一届 1987 年成立）

主　　任：马龙田

编委会成员：马龙田　张凤林　赵永延　赵荣政　闫会明
　　王维国　蒋焕生　刘洪章　崔庆西　靳怀成
　　章艾民　邵玉荣　曹淑琴　史宝印　赵瑞旺

《承德市水利志》编纂委员会
（第二届 1994 年成立）

名誉主任：张凤林　马龙田

主　　任：齐树昌

副 主 任：崔献峰　李基方　靳怀成　王维国

委　　员：赵荣政　史宝印　蒋焕生　赵瑞旺　刘尚奎
　　曹淑琴　李革生　章艾民　胡庆玉　宋秀清

《承德市水利志》编纂委员会
（第三届 2005 年成立）

主　　任：李相国

副 主 任：宋秀清　宁树信　赵连国　慕宏彪　李革生
　　孙华民　孔令年　张玉华　王艳刚　周作军
　　邢　晨　刘剑锋　宁树信　刘志远　吕国良
　　关　越　郝　华　李海东　白　峰　张秉文

委　　员：刘福龙　陈洪儒　毛久成　李海东　焦荣君
　　孙银德　毛颜湘　李秀华　徐志成　王永忠
　　曹淑琴　周业岐　张　怀　赵瑞旺　赵荣政
　　彭九敏　王　权　徐海军

《承德水利志》编纂委员会
（第四届 2015年12月成立）

主　任：李新华

副主任：孔令年　周作军　慕宏彪　刘剑锋　阎锡杰　王淑国
刘志远　王永良　白　峰　邢　晨　孙华民　彭九敏
李海东　郝　华　张宝生　刘福龙　周亚岐　徐海军
汤智洋　任运洋　宋秀清

委　员：滕树海　高向英　刘艳民　李秀华　赵淑琴　李孝彬
孙银德　毛颜湘　赵跃旭　柴　强　王金平　侯英智
郭守利　朴树明　艾春柏　周政民　管　华　郝晓东
张　怀　程煜东　白海鹏　张东莱　王　权　韩树军
姜龙鹏

《承德水利志》

主　　编：马龙田　张凤林　齐树昌　李相国　李新华　张宝生

执行主编：赵瑞旺　宋秀清　刘福龙

副 主 编：赵荣政　李耀军　张　军　赵跃旭

资料搜集（以姓氏笔画为序）：

刁玉静　于立鹏　马丽楠　马春林　王　力　王　平　王　伟
王　妍　王　浩　王　磊　王孟民　王艳红　王继忠　王维国
王敬军　王朝辉　王瑞敏　韦立坤　邓子龙　邓晓华　艾春柏
卢丽静　叶国春　田宇清　吕铁峰　乔德信　刘　颖　刘玉铭
刘任翔　刘晓杰　刘海涛　刘新海　刘新颜　齐向红　闫会明
安晓娜　李中伟　李茂稳　李佰平　李建玲　李春晖　李艳杰
李铭明　李朝辉　李程龙　杨　丽　谷佳伟　张　瑜　张双双
张旭臣　张金龙　张爱民　张童童　陆　平　陆永新　陈　存
陈建平　邵清宽　邵玉荣　周政民　孟桂云　赵　月　赵　利
赵　辉　胡玉芝　宫秀学　贺　燕　袁　双　贾远浩　贾国章
徐　征　徐青梅　徐国刚　高树立　郭立冬　曹　利　曹树良
曹淑琴　崔庆西　章艾民　蒋焕生　程怀峰　焦志瀚　靳玉芳
靳怀成　翟卫军　翟会杰　颜延云　薛　礼

双峰寺水库大坝全景

承德市区武烈河山水景观

承德市双峰寺水库原貌

2003年7月庙宫水库除险加固工程开工建设

2008年平泉县瀑河橡胶坝及防洪工程

双峰寺水库大坝施工现场

建设中的双峰寺水库

庙宫水库灌区

蓄水后的双峰寺水库

1975年，平泉大庆水库竣工蓄水

围场牧区水利节水灌溉示范项目。2011年7月 拍摄

武烈河畔夜色

丰宁黄土梁水库。2005年 拍摄

工人在武烈河河道清理杂草

围场伊逊河橡胶坝及防洪工程。2014年 拍摄

隆化县汤头沟节水灌溉工程

丰宁潮河橡胶坝及防洪工程

滦平窟窿山水库除险加固工程竣工。2005年10月 拍摄

武烈河橡胶坝水景观航拍照片

双峰寺水库库区

围场坝上生态保护效果

2008年开始施工，2009年承德市二仙居旱河综合整治工程，
继续实施了两岸绿化、美化、亮化环境工程建设

目 录

综 述

承德市地处河北省东北部，区境南北最长 284 千米，东西最宽 286 千米，西南东北向最短距离 92 千米，总公顷 39512 平方千米，辖八县三区。北部与内蒙古自治区接壤，东部与辽宁省交界，东南部与秦皇岛市相邻，南部和西南部以长城为界分别与唐山市、天津市和北京市相依，西部与张家口市毗邻。境内地势，西北高东南低，群山环绕，沟谷纵横，地形地貌复杂多变。西北部为高原区，是内蒙古高原的南缘部分，俗称“坝上”，其主峰东猴顶山海拔 2293 米属阴山山脉，是坝上坝下地貌区的分界，也是承德最高山峰。承德属燕山地槽与内蒙古高原地质过渡带，主要由燕山山脉和七老图山脉组成，燕山山脉海拔高程在 500-1500 米之间。主要山峰有都山、五指山、雾灵山、光头山、石虎山、黑山、云雾山，海拔均在 1300 米以上。雾灵山海拔 2116.2 米，为燕山山脉主峰。承德地区最低处为滦河出境处潘家口，海拔高程 200 米。

一

承德市气候属寒温带向暖温带过渡，半干旱向半湿润过渡，大陆性季风型燕山山地气候。因受地形地貌因素影响，区域性气候明显，冷暖季节分明，干湿显著。春季短暂，干旱少雨；夏季盛行偏南风，温和多阵雨，并常有冰雹；秋季气温速降，天气凉爽，冷暖适中，昼夜温差大，日照长；冬季盛行偏北风，寒潮频繁，干燥少雪。

全市多年平均气温 -7.5℃。7 月气温最高，平均气温 24.3℃，极端最高气温 41.5℃。一月气温最低，平均气温 -9.1℃，极端最低气温 -42.9℃。

承德多年平均年降水量为 533.1 毫米，由北向南递增，坝上为 400-450 毫米，北部 450-500 毫米，中部 500-600 毫米，南部 600-800 毫米。降水量年内分配不均，主要集中在强度较大的暴雨过程中，夏季多，占 70-80%，是全年降雨量最集中的季节，冬季降雨量最少，占全年的 1-3%。降水量是形成本区径流的主要因素。

独具特点的地理环境，对承德的水利建设形成了一些优势，同时也存在着若干不利的制约条件。有利条件是：相对丰富的水资源和水能资源可供开发利用；山区复杂多样的地形地貌使山区河流具有许多优良的库址，适合修建大、中、小型水利枢纽工程；地质条件较好，具有丰富的土、砂、石料等天然建筑材料。山区地处偏僻，交通闭塞，经济基础比较落后，是制约水利建设与发展的不利因素；地形地貌复杂多样、幅员辽阔，决定了山区水利工作的多样性、复杂性和治理任务的艰巨性；承德多属季节性河流，受季节、气候、降雨等因素影响较大，水量虽较丰沛，但年际年内分配不均，洪枯季节相差悬殊，在开发利用上难度较大，投入较大。

承德市幅员辽阔，有丰富的水土资源。全市总面积 39512.98 平方千米，折合 5968 万亩，其中山场面积 5276 万亩，占总面积的 88.4%，耕地面积 513 万亩，占总面积 8.6%，非生产占地面积 179

万亩，占总面积的 3%。

承德有优越的水利条件，主要河流为滦河，由西北向东南，纵贯全区，流域面积 28858.19 平方千米，占全市总面积的 72.53%；其次为潮白蓟运河，分布在承德的西部和西南部，流域面积 6776.74 平方千米，占全市总面积的 17.03%；承德市东北部和东部还有辽河流域的阴河、老哈河和大凌河上游的一部分，流域面积为 4153.78 平方千米，占全市总面积的 10.44%。

全市水资源总量为 37.6 亿立方米，(1956—1988 年是人均占有量 1000 多立方米，高于全省平均水平。全市水能资源理论总蕴藏量为 78.38 万千瓦，可供开发量为 57.22 万千瓦，可开发利用系数为 73%。

承德市的水利开发较晚。随着清代以来这一地区的开发和人类生产活动的逐渐增加，治水用水的活动才逐渐被加以关注。清康熙十六年（1677 年），清朝第一座塞外行宫滦平县喀喇河屯行宫就修在背靠滦河的岸边，康熙帝曾在此抒发了“塞边远绕至滦河，澈底清明不见波，驻跸徘徊千万里，石鲸两岸影嵯峨”的诗句。清康熙二十年（1681 年），康熙帝巡视塞外，正式设置围场，于行猎中陆续建立了 72 个围址，所设围址均是设置在草木繁茂和有河流，或有水源的平川河谷之地，或湖淖周围。

清康熙四十二年（1703 年），康熙帝经过考察后决定在承德武烈河畔围山绕泉始建承德“离宫”（“避暑山庄”，又称“热河行宫”），清康熙四十八年（1709 年）初步建成，到清乾隆五十五年（1716 年）前后共花费 87 年时间全部建成，成为清廷皇室避暑和从事各项政治活动的重要场所。在承德避暑山庄的建设过程中，曾遭受过武烈河洪水的冲袭，为了保护“避暑山庄”不受武烈河洪水的冲袭和市区的安全，曾多次沿市区武烈河和各条旱河修筑各种形式的防洪河坝，最后在“避暑山庄”东侧沿武烈河右岸建成了长达数千米的条石防洪大坝，俗称“迎水坝”，又称“清坝”，市区内各条旱河也修筑了虎皮石防洪堤坝。武烈河条石大坝至今完整无损，是保护“避暑山庄”和承德市区安全的重要防洪护岸工程。

康熙年间，（1662—1722 年）水稻种植由北京丰泽园引进承德“避暑山庄”，被称为“御稻”，供皇帝及宫廷官员来避暑山庄食用。清光绪年间（1875-1908 年）平泉县城为了防御瀑河洪水曾修筑自双桥子至洋灰桥西端的一道防洪石坝护岸工程。清光绪三十二年（1906 年）至清宣统二年（1910 年）肃亲王府为引伊逊河水种稻，开通了滦平县塔尔白旗（今白旗乡）渠道。民国 5 年（1916 年）隆化县知事与开明绅士一起说服农民破除河神之谜，在伊逊河川开渠引水试种稻田成功，此后伊逊河川种植水稻从未间断，并扩展到武烈河川。民国 26 年（1937 年），滦平县滦河沿乡西营村农民万清洲，带领村民开挖一条长 4 千米的引滦河水的灌溉渠道，开稻田 800 亩，成为当时滦平县最大的引水灌溉工程。日伪统治时期，1940 年围场县在伊逊河右岸修筑了保护县城的防洪堤坝。1943-1944 年，日本人为掠夺资源财富，在隆化县伊逊河川布施营筑坝开荒，修筑一条长 800 米的干砌石防洪护岸坝，成为隆化县历史上第一道防洪护岸工程。

承德水利发展史尚短。由于受社会制度、经济基础、科学技术等因素的制约，在清代以后至中华人民共和国成立以前的这一历史阶段，除武烈河清坝保留下来外，并无留下其他水利设施的历史痕迹。清代后期，内患外侵，政治衰败，山区森林树木遭受破坏，草场植被垦殖，自然生态失去平衡，河流日渐变宽，气候变坏，水土流失日趋严重，洪旱灾害日渐增多。民国期间，由于战事频繁，后期政治腐败，水利失修，水旱灾害频繁，人民生活贫困不堪。大雨大灾，小雨小灾，无雨旱灾，“光山秃岭和尚头，无雨渴死牛，下雨洪水遍地流，洪水过后大石头”，这是中华人民共和国成立以前承德山区自然景象的真实写照。

二

中华人民共和国成立初期，百废待兴。面对洪、旱灾害的严重威胁，以及城乡防洪工程残缺不全的局面，国家提出“防止水患，兴修水利”的水利建设方针，用以指导承德市在恢复时期和第一个五年计划期间的水利建设工作。那个时期水利建设主要是帮助群众生产自救，实行“以工代赈”、抢险救灾、恢复和发展生产。水利建设的主要任务是防治山洪和发展小型水利灌溉，在防洪方面重点恢复修建一些较大的沿河防洪护岸工程；在发展农田灌溉方面，重点恢复一些沿河有引水条件的小型灌渠工程，挡坝开渠，引洪淤灌，种植水稻，并引导群众抗旱打井，灌溉旱田；大力开展山区群众性的水土保持工作，闸山沟、修谷坊、垒坝沿、封山育林、绿化荒山、控制水土流失。为加强对山区建设工作的领导，承德专署成立了山区建设委员会，全面掀起了以水土保持、修梯田为主要内容的兴修农田水利运动高潮。

从1958年开始，随着农村集体经济的发展壮大，农村“人民公社化”的实现，激发了广大干部、群众的政治热忱和生产积极性。1958年起，实施《全国农业发展纲要草案》。水利作为农业“八字宪法”水、肥、土、种、密、保、工、管的第一条措施，受到各级领导的重视。在“书记动手、加强领导、大办水利”的思想指导下，在“大跃进”的形势下，掀起了以兴修水库为主的大规模水利建设高潮。1959年，全区第一座大型水库——庙宫水库开工兴建。

1962年，承德滦河流域发生特大洪水，冲毁沿河两岸大量防洪护岸堤坝和农田耕地，人民生命财产损失巨大。大水过后，1963-1965年，水利工作方针随着国民经济调整也进行了调整，主要是对前几年动工兴建的水库工程进行清理。本着缩短战线，保证重点，集中力量打歼灭战的精神，对不具备建设条件的工程，停建、缓建，对条件效益好的工程，完善工程设计，集中人力、物力、财力继续施工，力争早日完工受益。

1966年开始，水利工作贯彻“大寨精神，小型为主，全面配套，狠抓管理，更好地为农业增产服务”的方针，在河流两岸开展了以平整土地、闸山沟、挡坝淤滩为主要内容的大规模的、群众性农田水利基本建设运动。

1969年，承德地区成立滦河治理指挥部，对滦河制定统一的治理规划，各县先后成立了18个河系指挥部。这一阶段在“以粮为纲”“抓革命、促生产”“河靠边、路上山、中间建成大寨田”的行动口号下，全市投入几十万名劳力，开展群众性的大规模的秋、冬、春农田基本建设大会战，每个县、每个公社、每个大队都有自己的“战场”。沿河修起一条条防洪护地坝，垫出了一块块平整的“大寨田”。全市主要沟谷河川两岸的耕地都进行了平整，改造为旱涝保收稳产高产农田。

1972年承德发生大旱，全市有130个公社，718个生产队，86000多人饮水发生困难。解决山区农村人畜饮水困难是当务之急。水利建设贯彻以开发地下水为主的方针，机井建设有较大发展，1976-1977年机井建设达到高峰。这一期间，水库、塘坝等蓄水工程有新的发展，小型水库、塘坝遍地开花，一部分重点中型水库骨干工程和大型灌区也先后动工兴建，并创造引进了浆砌石直墙堆石重力坝、浆砌石拱坝等多种砌石坝技术。

1978年12月，中共十一届三中全会后，出现了以家庭联产承包责任制为核心的农村经济新形势，水利工作由过去单纯为农业增产粮食服务，开始转移到全面为发展国民经济服务、为城乡供水服务、为农民脱贫致富服务的轨道上来。20世纪80年代，全市共建成钓鱼台、大庆、黄土梁、老虎沟4座中型水库及其下游灌区配套工程，完善了庙宫大型灌区配套工程，并完成了一大批小型水库和塘坝蓄水工程。小水电站建设也有新的发展，先后建成了七道河、老陡山、庙宫、山前、老虎沟等重点小水电站。

1988年开始，继续贯彻中央“以农业为基础”的方针，把加强农田水利基本建设作为保农、稳农的一项重要措施，围绕开发稻田、麦田和改造低产田、低产果园为宗旨开展农田水利基本建设，以劳动积累工的办法组织群众投工投劳，农田水利基本建设取得显著成效。1989年和1991年，承德市范围内的密云水库上游、潘家口水库上游先后被列入全国第十三、第十四片水土保持重点治理区。1994年、1997年，庙宫水库上游、青龙河桃林口水库上游也先后被列入省级水土保持重点治理区。从此，承德市水土保持工作进入国家、省重点治理阶段。

三

2000年开始，国家实施21世纪初期首都水资源可持续利用规划、京津风沙源治理工程、大中型水库除险加固工程、农村人饮水解困安全工程、全国小水电农村电气化县建设及小水电代燃料工程等5项重点国家级项目，这五项生态及水利建设规划，是中华人民共和国成立以来国家在承德实施的重大生态环境建设工程，国家投入水利建设的资金超过历史最高水平。据统计，2000—2015年，全市水利建设总投资61.7亿元，其中国家共投入32.2亿元，为承德市水利建设提供了多方位快速发展的良好机遇。

水土流失得到有效遏制

中华人民共和国成立初期，全市森林覆盖率仅为6%左右，水土流失面积占全市总面积70%以上。截至2005年底，全市共完成综合治理小流域462条，累计完成水土流失治理面积5910平方千米，水土保持治理面积达到12015.5平方千米，到2015年底，全市完成水土保持治理面积达到21379平方千米，森林覆盖率达54.8%，生态效益、社会效益、经济效益更加显著。

农村水利得到全面加强

截至2009年底，全市建成水库101座、塘坝249座，风能提水304处，机电井达到27538眼，农村饮水安全达标人口达143.11万人。全市农田有效灌溉面积达到217.68万亩，其中：节水灌溉面积为153.68万亩，占有效灌溉面积的70.6%，初步形成了蓄、截、引、提、扬多功能的灌溉设施，为发展农田灌溉提供了保证，农业生产条件得到改善。这些工程在1999-2015年水资源衰减严重，干旱年份频繁发生的情况下，发挥了重要的抗旱减灾作用。2015年，全市粮食总产达到12.15亿公斤，为1949年的9倍。

防洪减灾能力得到全面提升

截至2015年，全市河道防洪堤总长377.34千米，其中城镇防洪堤总长度156.478千米。防洪标准由过去不到5年一遇，达到：中心城市100年一遇，县区政府所在地城市20年一遇，重点镇村10年一遇防洪标准。基本形成符合满足国家《防洪标准》要求的防洪工程体系。

大中小型水库全部得到除险加固处理

从2000年初开始，先后对全市所有的大中小型水库进行除险加固处理。截至2015年，全市共完成1座大型水库，6座中型水库，66座小型水库除险加固工程。所有水库安全隐患得到处理，防洪标准和效益得到提高。

小水电站建设稳中有增

截至2015年底，全市已建成水电站31处，总装机57305千瓦，年平均发电量5110万千瓦时。在建水电站7座。已完成老水电站技改18座，水能可开发率达到10.57%。

大型骨干蓄水工程双峰寺水库即将建成蓄水

2003年6月，承德市委、市政府决定停止二龙山水库，开始运作双峰寺水库项目。几届市委、市政府从规划调整开始到可研批复历经8年多的不懈努力，2011年11月国家发展与改革委员会批复双峰寺水库可行性研究报告。2012年，水利部批复双峰寺水库初步设计报告。2012年开工建设经过几年的紧张施工、征地、拆迁安置、铁路公路改移等大量工作，主体工程基本完成，总投资近40亿元，预计2018年正式蓄水运行。

双峰寺水库控制流域面积2303平方千米，占武烈河总流域面积的89%。水库设计总库容1.373亿立方米，回水长度7.65千米，水面面积8.19平方千米。水库多年平均为城市提供生活和生态水量5600万立方米。

国家发改委可研批复意见中对双峰寺水库建设的必要性是这样描述的：双峰寺水库工程不仅有效调控洪水、削减洪峰，提高承德市区的防洪标准，为避暑山庄等历史文物提高防洪保障，还可为承德市的城市生活和工业用水提供清洁可靠的水源，保证城市供水安全，并为山庄湖区和城市环境补水，对促进地区经济发展具有较大的作用，社会效益、经济效益和环境效益较好，建设该工程是必要的。

城市供排水及污水处理工程加快发展

2000年，承德市水利局更名为承德市水务局，承德市节水办公室划归水务局。2007年，将市自来水公司、排水所、污水处理有限责任公司行政管理权正式划归市水务局。承德市在河北省率先实现城乡涉水事务一体化管理。近十年来，在城乡供水、排水、污水处理的管理和基础设施建设方面都有很大发展。

中心城区供水水厂由原来的5座增加到8座，现供水能力达到17.18万吨/日，跑冒滴漏由原来的32.91%下降到31.49%，水质化验指标由原来的32项增加到106项。

太平庄城市污水处理厂二期已经完工运行，污水处理能力由原来的8万吨/日增加到15万吨/日，污水处理等级由原来的一级B提高到一级A。城市污水管道总长185千米，其中新铺设城市污水管网59.7千米。雨排管道总长度达到39千米，沟渠142千米。

城市水景观建设成为城市亮点

截至2007年底，市区已建成的12道橡胶坝群，形成了约240万平方米的城市水面面积。双峰寺水库蓄水后，形成800万平方米水面，加上63万平方米山庄湖区水面，市区拥有水面达到1100多万平方米。这些工程的建成，从根本上改善了武烈河水环境，对于调节市区小气候、改善市民和游人休憩条件，提高城市品位，加快国际旅游城市、山水园林城市建设具有很大的促进作用。

水利管理能力及人才建设大幅提升

水利建设与发展步伐的加快也带动了队伍建设和发展，截至2013年，全市水利队伍（包括机关及企事业单位）在编员工达到4483人。其中，市本级1330人，有中级以上技术人员212人，副高职及以上人员94人。经专业机构评估，市本级水利资产总额达到68.7亿元。

存在的主要问题

中华人民共和国成立60多年来，承德水利建设在全面促进经济社会发展中所起的作用是有目共睹的。但是，随着人民生活水平的不断提高和经济社会的不断发展，现有水利设施还远远不能适应发展需要，水利基础设施总体上还比较薄弱。当前面临的主要问题：一、天然水资源量衰减严重，水的供需矛盾日益加剧，而且水资源时空分布不均问题愈加严重；二、现有大、中型骨干蓄水工程少，水资源调控能力低，难以抵御连续干旱灾害；三、大量农村河道和山洪沟道基本没有防洪工程，山区群众的防洪安全需要大力加强；四、水土保持生态环境总体向好，但由于开矿等大量生产建设遗留下来的地貌植被破坏、河道板结、水污染等生态问题需要巨大投入和坚持长期治理；五、解决农村和城市干旱，保证城乡人民群众饮水安全问题越来越突出，应该作为今后各级政府和水务部门的重点任务；六、节水、治污加强水资源管理是一项长期的工作，特别是注意防止继续出现和加重水质型缺水问题。

水是生命之源、生产之要、生态之基。兴水利、除水害事关人类生存、经济发展和社会进步。对承德来说，虽然几十年来建设了大量水利设施，但是在整个国民经济系统中还是个短板。需要各级政府高度重视水利工作和水利建设，需要各级水务部门和一代一代水利人团结奋进，坚持不懈的努力。

承德水利大事记

承德水利大事记

1949年5月，在热河省农业厅内设水利科，共计20余人，科长张宾。

6月5日至8月15日，平泉县城瀑河右岸防洪坝修建工程竣工。防洪坝北起财神庙胡同洋灰桥西头，南至关家胡同，全长1656.93米。此为热河省水利局成立后修建的第一处城镇防洪工程。省政府批准以工代赈方式修建，批准以工代赈小米16.9万公斤，实际用工料费（小米）17.04万公斤（折合高粱30万公斤）。

7月至8月间，承德县10个区水灾面积14750亩，冲去房屋3间，人3口。7月23日夜，承德县五家、两家区降雨5小时，武烈河水大涨，稻田被冲为河套，被冲水田305亩。7月24日，隆化县9个区受水灾，受灾面积9835亩，冲毁房屋90间，淹死11人。7月28日至30日，丰宁县山洪暴发，冲毁旱田1174亩、水田5223.4亩。7月下旬至8月上旬，滦平县山洪暴发，冲旱平地2314.1亩、水田407亩，淤地964亩，水淹1062.9亩。

8月1日，滦平县滦河水突涨，二区滦河桥被冲断，北岸一船南驶中途遇难，满船40余人全被冲去，经抢救19人脱险，遇难20余人中有革命军人7人。

8月23日，热河省水利局正式成立，隶属于农业厅。第一任局长由农业厅厅长刘潜兼任，副局长张宾、乔辛英。

11月7日，热河省水利局工程师乔辛英撰文写出《对于整理滦河计划初步意见书》。

12月，热河省水利局对滦平县甲等劳动英雄万清洲挡坝淤滩、开渠种稻田经验进行了总结。

是年，全区旱田水灾面积550966亩，稻田水灾面积20871亩。受灾地区为承德、围场、隆化、兴隆、滦平、丰宁、平泉等县。

是年，承德地区遭受近几十年来最大水灾，从7月2日至9月18日降雨连绵不断，7月降雨172.5毫米，8月降雨228毫米，9月降雨81.4毫米，总降雨量达481.9毫米。

1950年

1月，热河省政府任命张宾为热河省农业厅水利局局长。刘潜不再兼任局长职务，同时免去张宾副局长职务。

5月5日至25日，热河省水利局由乔辛英、李雨生、董恩锡、李光勋、刘升年等对滦河、瀑河、老牛河及武烈河进行调查，并写出调查报告。

5月14日至19日，围场县全县连阴5天，14日降雹如鸡蛋大小不等，17日19日全县落雪，冻死田苗一部。据9个区18个村统计，雹子砸毁大田7685亩需翻种，其中半壁山、八音庄两村冲坏耕地550亩，平地太涝，出泉子很多。

5月18日至19日，隆化县降暴雨夹雪，马道川三个钟头暴雨，冲地190多亩，郭家屯6个村下雪夹雨，冻坏苗子，涝地3300多亩，河水冲走3人。

6月10日，热河省政府通令，要求各市、县

（旗）成立防汛委员会。后依据东北人民政府公文第4633号规定改为防汛指挥部。此后，各市、县（旗）陆续成立防汛指挥部，计有承德市、承德县、丰宁、滦平、隆化、围场、平泉等县市。承德县、丰宁等县根据县境内河流作出分工，成立区村防汛队。

7月17日，热河省防汛指挥部成立，省政府主席罗成德兼主任，农林厅长刘潜、农林厅水利局局长张宾兼副主任。

11月7日，热河省水利局拟定的水利方针为：为发展与保护农业，修建与恢复必要的灌溉渠道，恢复田园旧井，打新井。重点修建河堤，保护农田，以增加农业产量为主要方针。

11月25日，热河省水利局至函有关单位，局长张宾调省另有任用，省府第727号令派齐建国接任热河省水利局局长。

11月，热河省政府任命齐建国为热河省农业厅水利局局长。免去张宾局长职务，张宾任农林厅副厅长。

1951年

2月18日至3月7日，热河省水利局举办小型水利训练班，参加人员为各县、旗、市农林科员或农林助理员1-3人，学习内容为水利常识与简单技术。

2月，热河省水利局提出健全机构及人员编制意见，下设秘书科、计划科、工务科、水政科、工程队、水文站等科室。

10月9日，热河省水利局“关于水田目前情况”指出：各灌渠管理大部由群众自由组成，在灌区内由把头掌握耕作及行水问题。在一部分灌溉面积较大、用水纠纷较多的灌区，组建水管会。各市县旗有的区组建区联合水管会，区长或农业助理为总负责人。村水管会人员由受益群众选举产生，均为义务职责。

10月，热河省水利局长齐建国在热河省首届水利会议上做了《热河省水利建设的长远方针与1952年任务初步意见（草案）》的报告。

11月22日，热河省水利局乔辛英总工程师陪同中央农业部灌溉处处长张化夷等勘察了滦河，并写出《勘察滦河日志及意见书》，提出了勘察滦河之观感及开发滦河水利资源的意见。

是年，热河省水利局在承德农业试验场（承德县冯营子）灌区进行了需水量试验。试验区水稻产量每垧为1845公斤，测验期间需水量为338.33毫米，降水量为254.8毫米。

是年，热河省主席罗成德提出1951年热河省的水利方针是：水利应为发展农业与保护农业而服务。

是年，热河省水利局制定《1951年治水工程春修参考办法》《治水委员会组织办法草案》《筑堤规范草案》《1951年灌溉管理大纲》。

1952年

3月4日，热河省防旱办公室成立，抽出干部、学员组成308人工作队，分赴隆化、丰宁等六县，协助防旱备耕工作。各市、县旗先后成立了防旱抗旱委员会，组织干部2131人深入区村具体组织领导，参加防旱群众共227778人。

6月30日，热河省人民政府发布通令，第五次政务会议决定成立防汛指挥部，由省政府主席罗成德任主任，农林厅张宾副厅长、军事部黄明政部长任副主任。水利局齐建国局长任办公室主任。民政厅张政德厅长任委员。各市、县（旗）防汛指挥部，由市、县（旗）长任主任，农林科长、武装部长任副主任，民政科长为委员。区成立防汛大队，由区长任大队长，农林助理、武装部长任副队长。村（街）成立防汛中队，由村（街）长任中队长，生产委员、武装委员任副中队长，下设防汛小组或小队。

9月14日至10月24日，热河省水利局举办训练班，各市、县、旗共29名水利干部参加了训练，学习了测量、治水、灌溉、水土保持（谷坊）、制图、报表等初步技术知识。

是年，热河省水利局春修水利工程初步总结指出，热河省1952年水利建设方针是，进行水土保持工程试验，重点修建河流护岸、丁坝等治水工程，结合发展灌溉，有重点的兴办经济效益较为显著的旱田灌溉区，并广泛开展群众性小型灌溉和治水工程。

是年，热河省水利局8个月水利工作总结中统计，承德全区八县一市1952年共打井4539眼、恢复旧井7331眼，修渠道2775条，灌溉面积达到45365.71垧，其中水田面积1970.61垧、旱田灌溉面积43395.1垧。

1953年

4月22日，中共热河省委书记王国权在承德县三合村（今大兰窝、小兰窝村）召开水利座谈会，发表题为“大力发动群众开展小型水利建设战胜干旱保证增产”的讲话。

7月18日，热河省水利局《1954年暨1953-1957年五年计划概要》指出，热河省1954年及1953-1957年水利建设方针是：“大力组织群众依靠群众，发展农田水利事业，重点开发大中型灌区，积极发展小型灌区”。提倡安装水车，重点打井，并提高井的质量，同时建立与健全用水管理机构，加强用水管理，提倡合理用水，以节省水量，扩大灌溉面积，提高作物单位面积产量。在山地地区发动组织群众，大量闸山沟（修谷坊），与农林部门密切结合，逐步改变水土流失，冲刷淤淀现象，根治水患。

8月22日至10月28日，热河省水利局举办了水利干部训练班，学习主要内容是测量、制图、计划设计、灌溉施工、灌溉管理等技术知识。承德县、平泉、承德市、隆化、滦平、围场、兴隆、丰宁等县、市，共有24人参加。

是年，热河省水利局制定的热河省1953年水利建设方针是：(1)广泛发动群众大力开展灌溉事业。有计划的开渠、打井、凿泉和安装水车，利用一切可利用的水源浇地，同时加强用水管理，实行经济合理用水，发挥水在农业生产上的更大效能，扩大灌溉面积；(2)积极推广水土保持工作，除试点进行谷坊工程外，山地地区应发动群众进行水土保持工作，密切结合造林、种草、改良耕作法、闸山沟、修梯田、禁止陡坡开荒，以阻止泥沙下泄，减免冲刷现象，逐步达到根治水患；(3)省局重点修建防洪丁坝及护岸工程，广泛组织群众修建小型治水工程，同时加强工程养护和作好防汛工作；(4)为1954年及今后长远的水利建设准备资料，做好水文、勘测、设计、研究等基本工作。

是年《热河省1953年水利工作计划（草案）》制定的1953年水利建设方针是：以治本为主，大力兴修水土保持工程，重点着手山谷小型水库准备工作，兴办效益显著的中型灌区，大力发动群众，开展小型灌溉工程及打井灌溉，一般小型治水工程由当地政府主持兴办。

1954年

1月，热河省水利局成为省厅（局）级独立单位，不再隶属于农业厅，乔辛英任局长，齐建国任副局长。

1月29日，热河省政府主席沈越在热河省水利工作会议上讲话指出，水利工作是社会主义建设的一部分，一是为工业化服务，一是为农业社会主义改造服务。热河省在两三年内水利建设基本是搞农田水利。各县的组织机构，可以成立在农业科领导下的水利工作队。

6月10日，省政府召开有关部门和各县负责人会议，并成立热河省防汛指挥部。由省政府、军区、农业厅、民政厅、省委农村工作部、水利局、铁路承德分局、邮电局、公路局、保险公司、林业局等有关单位负责人组成。

1955年

2月9日至15日，热河省水利局召开1955年首次水利工作会议，传达了全国水利会议精神，总结了1954年水利工作，提出了1955年全省水利工作方针和任务是：（1）加强农田水利工作的领导，努力完成1955年的农田水利工作任务；（2）加强防洪、防汛、排涝工作的领导；（3）要做好一切施工前的准备工作。

5月27日，热河省防汛指挥部《1955年防汛工作报告》指出，1955年仍贯彻“以防山洪为主，防守河流较大险情为重点”的方针，大力发动群众、依靠群众，做好城镇、村庄、农田、工矿及交通沿线的防守工作。保证一般洪水不遭灾，特大洪水缩小受灾范围。

6月20日，热河省水利局局长齐建国在热河省第四次党代表会议上发言，讲了热河省几年来水利工作中的缺点和错误：（1）计划不切实际，有盲目冒进成分；（2）依靠群众发展小型农田水利不够明确；（3）对水利政策宣传贯彻不够。

12月，热河省政府通知：免去乔辛英承德专属水利局局长职务（调任省水利厅）；免去齐建国副局长职务。

1956年

1月1日，热河省正式撤销，成立“河北省承德专员公署”，管辖兴隆、平泉、承德、滦平、隆化、丰宁、围场等县。承德市归省直辖，年内省委决定，由行署代管。原热河省水利局改建为河北省承德专员公署水利局。局长齐建国，副局长郭童正。局下设秘书科、工程科、计财科、水土保持科和农田水利科。原热河省水利局局长乔辛英调河北省水利厅任副厅长。

2月5日，中共承德地委发出通报指出，承德专区随着农业合作化高潮出现了生产高潮。在农田水利建设方面，据平泉、兴隆、隆化等县统计，已打井39眼，修梯田797道，渠36道，垒坝沿269道，闸山沟78道，修小型水库530座，改良土壤8925亩，开稻田3.03万亩。承德县提出“沟沟变梯田，坡地变果园，荒山变林地，河湾变良田，生产多样化，农业要高产”的口号。

2月19日，中共承德地委决定开展山区大生产运动，备耕生产、改河修渠、挡坝造田，热火朝天。

2月19日至23日，承德专署水利局召开全专区水利会议，参加会议的有各县农业科副科长、水利工作队队长（或负责人）以及专署有关部门，共19人。会议传达贯彻了省水利会议精神，总结了去冬今春农田水利工作情况，着重检查了右倾保守思想，确定了1956年水利工作任务，研究了完成任务的措施，对1956-1962年及1957-1967年的长远水利规划也做了研究。

2月，中共承德地委书记王克东发表题为《在完成社会主义合作化的基础上全面开展山区大生产运动》的春节团拜讲话中指出，在今后三个五年计划实现农业生产规划的水利措施是，普遍开展小型农田水利，全面开展水土保持工作，大力开渠、打井，扩大灌溉面积。行动口号是：“斗山、斗河，与自然灾害作斗争，变河荒为稻田，变旱田为水田，变山坡为梯田，变秃山为绿山，变山沟为果园，变低产为高产”。

3月15日，省水利厅在唐山市开办锅驼机司机训练班，承德地区8个县共参加14名学员，学习两个半月。

3月28日，河北省水利厅对滦平县大屯乡爱国农业社开展打井的经验通报全省各专、市、县人民委员会。滦平县大屯乡爱国农业社第一批打井42眼，社员打井热情很高，在风雪中刨开冻土，凿穿岩石，克服了许多困难。

4月21日，省水利厅通知，为培养水利人才，河北省天津水利学校附设农田水利训练班，承德专区承德县参加两名学员，其余县各参加1名学员，5月份开学，学习一年。

5月3日至8日，承德专署水利局在承德市郊喇嘛寺村试打竹管井和利用竹管提水。

5月24日，丰宁县大阁镇水电站工程正式开工。该工程是承德地区1956年初次修建的两座引水径流式山区小型水电站工程之一。该站址原为四道河水磨加工厂。水电站由承德专署水利局技术人员赵永延设计，丰宁县组织施工，于1957年5月15日正式竣工送电。电站装机1台机组，容量48千瓦，为木制水轮机，皮带传动。全部工程费10.56万元。该电站主要供丰宁县大阁镇动力及照明用电。1959年该电站扩建，增设一台卧式木制水轮发电机组，装机容量92千瓦。1964年，将该电站卧式木制水轮机更新为金属板结构“80型”水轮机。1966年，在电站尾水渠上建“60型”水轮泵站，安装一台60千瓦发电机。

6月7日晚，平泉县宋营子、闹牛沟、戛海沟、榆树林子等5个乡暴雨、冰雹成灾，冲走6人、大牲畜107头、猪羊553只，冲毁房屋七八十间，冲淤土地5万亩。

6月13日，中共承德地委办公室在“当前水、雹、虫灾和夏锄生产的几个问题”中指出，近日各县阴雨连绵，雨量很大，最大降雨100～112.4毫米，最小30毫米以下。平泉县降雨量101.4毫米，承德、滦平、兴隆、围场、平泉等县有的地区降了雹子。6月7日晚，平泉县5个乡降雹子达1小时，并有暴雨，宋营子、闹牛沟、戛海沟、榆树林子等5个乡冲走6人，冲去牛76头、驴81头、猪羊553只，冲坏房子七八十间，冲淤地5万余亩。8日晚滦平县滦河区陈栅子乡下一场暴雨，冲走2人（未死），受灾苗地7868亩，冲去18户人家粮食3330公斤，冲毁水田大坝一道、稻田水渠一道。兴隆县约有3500亩耕地受灾，冲坏坝墙2000道。承德县四区70%的坡地、洼地庄稼需补种翻种。

6月18日，承德专区防汛指挥部成立，樊平为主任委员，袁书文（军分区司令员）、齐建国（水利局长）、张鸣九（农林局长）为副主任委员。防汛办公室主任郭童正（水利局副局长）、副主任林学宁（水利局科长）。

6月20日，省水利厅批复，同意各县水利工作队改建为水利科。

6月30日，中共承德地委向省委上报《关于打竹管井和锥井下泉试验经过和推广意见报告》。报告中指出，到6月13日，打成竹管井11眼，锥井下泉3眼。

8月25日，隆化县小黄旗水电站工程正式开工。该项工程是承德地区1956年初次修建的三座小型水电站工程之一。由承德专署水利局技术人员闫会明、马龙田设计，隆化县组织施工，于1957年4月12日完工发电。该电站为一台机组，装机容量26千瓦，供隆化县小黄旗、太平庄、周营子3个村庄600户照明及粮食加工用电。全部工程费用5.3万元。该电站为木制水轮机，皮带传动，为引水经流式电站。1978年8月至1984年6月，该电站进行了改建扩建，扩建为2台机组，总装机容量400千瓦，年发电量60万千瓦时。总投资62.6万元，其中国家投资21.4万元、贷款32.7万元、周转金8.5万元。1987年6月，并入电网。

8月，承德地委通知：范守仁任承德专属水利局副局长。

9月1日，下午4—5时，兴隆县兴隆镇等9个乡，遭受大冰雹袭击，一般似鸡蛋大小，大的如碗口，受灾面积1.2万亩，有千余亩被砸光，其余减产8至9成。同日，围场县四合永、克勒沟、朝阳湾、棋盘山、刀坝子、半截塔等6个区遭受严重风雹灾害，仅据四合永等19个乡不完全统计，受灾面积87416亩，朝阳湾区三号乡有224间草房草被刮光。次日，燕格柏区出现早霜。

9月25日，中共承德地委《关于几年来水土保持工作的基本总结及对今后水土保持的意见》指出：1949年至1956年上半年，全区在绿化荒山方面，共封山育林183830.6公顷，造林108721.1公顷，加之原有林地，共达628100公顷，森林覆被率由解放前的9%增加到14.6%；在田间工程和沟壑治理方面，共整修梯田416829亩，闸山沟229868道，打坝淤滩开稻田16万多亩，修塘坝13811座，修小水库5处。

9月25日至30日，中共承德地委召开了全专区水土保持工作座谈会，参加会议的有各县主管水土保持工作的书记或常委，县农业、林业、水利科（队）长，重点乡、社干部和积极分子，共62人。会上检查总结了过去几年的水土保持工作，交流了经验，对今后开展水土保持工作做了初步安排。

11月3日，专署水利局初步调查统计，全区山区人畜饮水困难有平泉、滦平、兴隆、围场等县，共249个自然村、1247户、6134口人、4313头牲畜，一般饮水距离在1～2.5公里，最远的3.5～4公里。

11月，承德市郊喇嘛寺村电动抽水灌溉站开工建设，于1957年2月22日建成，总投资1.8万元，其中国家补助0.3万元，灌溉园田370亩。此为承德地区第一座电力抽水灌溉站。

1957年

1月4日至9日，专署水利局主持召开全区水利座谈会议。副局长郭童正做了《认真总结经验，积极稳妥的制订计划，作好1957年的水利建设》的报告，副局长范守仁做了总结发言。会议主要目的是，贯彻党的第八次全国代表大会精神，总结1956年水利工作的经验教训，讨论研究制订1957年水利建设计划及完成任务的办法。

3月30日，中共承德地委发出“关于克服消极情绪，结合备耕积极开展以水土保持为中心的农田水利基本建设工作的通知”。地委责成黎汀、李竞生两人负责，各县委委员和县长之间亦均应有专人负责这一工作。

5月30日，专署水利局向全专各水文测站颁发《流量站管理暂行办法》。

5月31日，专署水利局编制出“农村水力发电站运行操作维护检修试行规程（草案）”，发送给大阁、小黄旗、温杖子水电站，以及丰宁、隆化县水利科。

6月初至7月25日，全专区连降几次大暴雨，引起山洪暴发，部分城镇、乡社遭受严重水灾。不完全统计，全专区冲毁耕地17.7万亩，淹死7人，伤8人，冲走大牲畜16头、猪羊115只，冲毁房屋282间、防洪工程297处。最严重的是丰宁、围场、隆化三县。

6月25日，承德专区防汛指挥部正式成立并开始办公。专署副专员黎汀为主任委员，杨鸿鳌、张鸣九为副主任委员。防汛办公室主任郭童正，副主任林学宁。

8月1日，中共承德地委发出《关于认真克服麻痹思想，切实做好防汛工作，为确保农业增产而奋斗》的通报，对各地提出要求。

8月15日，承德专区防汛指挥部发出关于进一步加强防汛工作的紧急通知。通知指出，截止到8月13日，隆化、围场、滦平、丰宁、平泉、承德、兴隆等七县和承德市共遭受水灾面积71370亩，雹灾面积143452亩，冲淹死15人、伤17人，冲毁防洪工程874处、稻田水渠13处、公路桥18孔，倒塌房屋352间。围场、隆化两县受灾较为严重。

10月8日，中共承德地委、承德专员公署召开水利工作座谈会，确定在全区开展大规模的兴修农田水利运动，各县委书记、水利干部参加了座谈会。

10月29日，中共承德地委在《关于农田基本建设和积肥保畜运动初步开展情况向省委的报告》中指出，全区八县一市都成立了水土保持委员会或办公室，委员会由县委书记、县长、农林水科（局）长组成，一般5～7人。

11月22日至23日，全区普降33～66厘米深的大雪。

1958年

2月8日至28日，中共承德地委书记处书记鲁杰、副专员黎汀率领的农田水利建设参观团到河南省参观了济源、登封两县的水利建设和水土保持工作。参观团成员有专区水利局副局长、水利工程师、水保科科长、林业技术员，各县县委书记（或副书记）或县长（副县长）共55人。参观的主要内容有封山育林、水库、梯田、水窖、沟洫台田、打自流井、洼地暗管排水、小型水电站、开渠引河水灌溉等农田水利建设和水土保持工程。还在保定参观了河北省农展馆和满城县的水库建设。鲁杰、黎汀向地委写了参观报告。

2月19日，承德地委召开地委扩大会议，传达贯彻省四级干会议精神，讨论修订了全区工农业生产“大跃进”指标和基本措施。提出了“苦战三年，绿化荒山”和“坡地梯田化，梯田水利化，灌溉自流化”等奋斗目标。

3月，地区组织部任命：刘振声为专署水利局副局长。

3月，在承德市郊喇嘛寺村建立承德专署水利局水土保持试验站，开展水土保持小流域综合治理工作。1960年，由喇寺村迁到承德市郊罗汉堂村建站，改称承德专署水利局水利综合试验站。1962年，专署水利局决定，由农水科副科长刘爱国兼任站长，人员由建站初期的3人陆续增加到12人，建立试验小区，先后开展了水土流失规律、综合治理、护牧燃料林、灌溉试验等项研究工作。“文化大革命”开始后，工作陷于停顿，到1969年1月试验站撤销，站址由驻军部队所用。1977年地委批准恢复水土保持试验站，1978年8月正式开始筹备恢复组建工作，共4名工作人员，在罗汉堂村临时借用民房办公。1981年搬迁到承德市郊狮子园村新建站址开展工作，1982年经省政府批谁改称承德地区水土保持科学研究所，下设综合治理研究室、水土流失规律研究室和办公室。至1983年，全所发展到19人，其中科技人员10名。由于交通不便，职工常年上班困难，1995年水保所在市内购置办公房由狮子园村迁到市中心钟鼓楼小区。

3月11日，滦平县窟窿山水库动工兴建。该水库工程位于滦平县后营子乡、滦河支流兴洲河上，控制流域面积130平方公里，设计为中型水库。枢纽工程包括拦河土坝、溢洪道、输水洞、水电站等，初建国家总投资330.4万元。该水库工程于1960年5月拦洪蓄水，1960年7月底基本竣工。1964年至1965年进行改建续建，加高大坝、加宽溢洪道、架设工作桥。1974年4月至1975年继续进行改建续建工程。1976年1月至1978年12月进行加固处理，继续加高大坝、加宽溢洪道、延长工作桥、新开泄洪洞。该水库工程由地、县水利局设计，滦平县组织施工。2004年1月至2005年10月进行了全面除险加固，批准总投资2518万元，主要包括拦河坝加固，溢洪道改建、放水洞加固、电站压力管道重建、观测设施及电气设备更新完善，管理房改建等项目。除险加固后，水库总库容为1372万立方米，坝顶长314米，最大坝高24.08米，溢洪道最大泄量1859立方米/秒。

2月20日至4月26日，专署水利局在平泉县南五十家子乡打成承德地区第一眼机井。该机井是利用自制的“人力冲击式”打井机打成的，井深23.6米，其中岩石层4.6米，用7.5马力锅驼机带动4寸水泵，昼夜连续抽水，每小时出水量72立方米。

6月14日，承德专区水利建设委员会正式成立，并兼管防汛指挥部一切工作。王克东为主任委员，黎汀、袁书文、齐建国为副主任委员。汪平为办公室主任、郭童正为副主任。

6月17日至21日，隆化、平泉、围场、承德、丰宁5县先后遭受水雹灾害，受灾面积近10万亩，其中被冲毁面积达24900多亩，13人被冲，8人死亡，5人得救，冲走羊395只、猪35只、牛驴大牲畜15头、房屋12间。20日，隆化县韩麻营区降雹20分钟，降骤雨7小时，一般雹子像鸡蛋大小，受灾面积达3.6万多亩，其中冲毁耕地5900多亩，冲走8人，7人死亡，1人得救，冲走羊20只、猪3头、牛驴10头，冲民房3间，一农业社仓库连同1250公斤粮食被冲光。20日，平泉县蒙和乌苏等3个乡降暴雨，受灾面积2500亩，其中被冲毁380亩，冲走羊30只，猪32口，冲毁小水库6座。17日20日21日，围场县部分地区连续遭受水雹灾害，受灾面积4.4万多亩，淹淤耕地5000多亩。灾后，受灾地区各级党委立即组织领导干部前往灾区进行慰问，组织救灾。

7月9日，地委、专署联合发出关于战胜干旱、确保丰收的紧急指示，指出近来各地缺少透雨，不少地方呈现旱象，尤其兴隆和承德县的部分乡社为重，必须立即掀起一个全党全民的抗旱保丰收运动。

7月14日，承德专员公署向省人民委员会报告指出，兴隆县雾灵山林管区，由于连日降雨，山洪暴发，山体发生脱坡，冲伤2人，死亡12人。事故发生后，专署副专员刘新民、兴隆县委书记张福廷、专署林业局副科长郭荫昌、郭守训，先后到林管区检查了解情况，帮助进行善后工作。

7月16日，地委、专署对防汛排涝抗灾保收发出紧急通知指出，全区降透雨，旱象已经解除。由于雨量集中过大，南部兴隆已达360毫米，中部承德219毫米，雨量较少的北部围场县也达150毫米以上，超过几十年来同期的雨量，山洪猛下，河水暴涨，部分沿河村镇遭受到洪水袭击，一些房屋、物资被冲毁，桥梁、线路中断，水涝灾害达百万亩。

7月17日，《承德群众报》报道，由于连日来承德专区骤降暴雨，7月14日10时，武烈河水猛涨，驻承德市各机关、厂矿、部队、学校和街道居民，共5000多人日夜轮流抢险，保护大兴通用机械厂的小高炉。16日早晨，武烈河水又迅速上涨，对全市造成了严重威胁，4时，市防汛指挥部发出动员令后，全市职工、干部、居民总动员，立即投入了护堤抢险斗争。武烈河承德站最大洪峰流量1680立方米/秒。

8月8日晚，滦平县骤降暴雨两三个小时，南部、西部降雨量达136.2毫米，有3个深山区发生石洪（泥石流），使居住深山沟的零散农户遭到毁灭性灾害，造成人畜伤亡，土地、京承公路、京承电话线路和县城与各乡的电话线路被冲毁。据21个乡的初步统计，冲毁土地31373亩，其中冲光地板23089亩。冲光房屋472间，冲倒房屋584间，死亡91人，受伤82人。拉海沟乡新民三社被冲90户421人，其中死亡47人，受伤18人，冲去土地1528亩、房屋108间，并冲去大牲畜50头、猪98口、羊342只，冲去各种农具、家具等物1112件。灾后滦平县委书记、县长、各科长等20人连夜赶到灾区，并拨去粮、款、物救济灾民。地委、专署闻讯后，派崔永生副专员和有关部门，携带救灾物资到重点乡、社进行检查慰问，帮助重建家园。地委、专署就滦平县发生石洪水灾情况及时向省委、省人民委员会发出检查报告。

11月28日，滦平县窟窿山水库工地土场塌坡，造成伤亡事故，有27名民工被砸，其中死亡3名，重伤4名，轻伤20名。事故发生后，县委立即派书记处书记王春堂率领10余名医务人员和有关部门干部赶赴现场抢救伤员，对遇难者召开了追悼大会，对家属做了妥善安置工作，并从事故中查明原因，吸取教训。

1959年

1月3日至7日，专署水利局主持召开全专机井现场会议，参观了承德市六沟和平泉县七家、南五十家子等地，解放了思想，破除了迷信，基本上突破了没有洋式工具不能打机井的思想认识。

1月，在河北省农业先进单位代表会议上，滦平县被评为水利建设典型单位。

2月6日，设立中共承德市二龙山水库委员会，刘宗绪任党委书记，王甫祥任党委副书记；设立共青团承德市二龙山水库委员会，于清水任书记；设立二龙山水库施工委员会，岳曙光任主任，许庆余任第一副主任，周春宝、孙继周、李俊任副主任。秋季，二龙山水库动工兴建，坝址位于承德县头沟以上10公里的大孤山附近，设计总库容1.19亿立方米，已清理坝基，开凿了部分导流隧洞，1960年因国家困难时期停建。该水库于2002年重新提出，并开展前期工作。2002年6月13日，河北省发展计划委员会对《二龙山水库工程项目可行性研究报告》进行了批复。2003年市委市政府决定停止二龙山水库运作，加快双峰寺水库项目前期工作。

5月12日至18日，在平泉、兴隆县召开了全区水利现场会议，参加会议的有各县（市）主管水利工作的书记、县长、农村工作部长、水利局长和部分水利重点公社的书记、社长、水利干部，共70多人。参观了平泉县平泉镇、南五十家子公社的机井工程，兴隆县六道河公社大搞水利和自流灌溉工程，提高了对打机井和发展自流灌溉的认识，交流了水利建设经验。中共承德地委批转了全区水利现场会议情况的报告。

6月3日，地委、专署就当前抗旱保苗情况向省委、省人委的报告指出，由于近20多天来很少降雨，干旱现象已在全区普遍发生，北部尤为严重。仅据围场、丰宁、隆化三县统计，土地失墒面积已达83万多亩，其中有13万亩失墒严重不能播种，有10万余亩播种后失墒出不来苗或芽干枯死，有40多万亩因旱缺苗30%-50%，全区24万亩小麦有半数以上因旱影响了正常发育生长，部分已成枯萎状态。全区已紧急动员起来，掀起以抗旱、大搞水利为中心的夏锄生产运动。据统计，全区有169320人投入抗旱大搞水利运动，已打成机井115眼，砖石井1008眼，恢复旧井1097眼，新修渠道1302条，恢复旧渠985条，凿泉7105眼，共扩大灌溉面积25万亩。已浇地168471亩。

6月28日，省委农村工作部副部长郭芳就参加滦平、兴隆两县防治山洪现场会议情况向省委写报告说，从6月15日到22日参加了滦平、兴隆两县分别召开的防治山洪现场会议，参加会议的有两县各公社、生产队的党委书记或社长、队长，承德地委农村工作部副部长齐建国副部长也参加了会议。会议通过县委报告、实地观察、与老农座谈和研究讨论，初步总结了石洪发生的原因，并提出了防治办法，从而扭转了干部对石洪无可奈何的消极情绪和少数群众的迷信思想，提高了干部对防治山洪的信心，增强了群众战胜自然、建设山区的意志。报告就石洪的危害、发生原因和防治办法进行了总结分析。中共河北省委批转了这一报告，认为报告对石洪发生原因分析和提出的防治措施很好。

7月3日，地委、专署就承德地区遭受水、雹灾害情况向省委、省人委报告，指出承德地区于6月6日有少数县社曾遭雹灾，受灾面积89000多亩。6月22日至25日局部地区又遭受较严重的冰雹灾害，围场、隆化、丰宁、滦平、兴隆、承德等6个县市比较严重，共有26个公社、197个大队遭灾，受灾面积达304928亩，其中需毁种92691亩，死亡8人，伤10多人，冲毁房屋502间，冲走羊83只、猪44口、大牲畜25头、药材1万公斤。冲毁大坝和大渠各10余道。灾后，受灾地区各级党委均采取了紧急措施，地委、专署发出紧急电报指示，号召各地积极进行救灾。

7月4日，专区防汛指挥部发出《关于加强安全教育维护人民生命财产安全的通报》。通报指出：6月21日，隆化县步古沟完小学生樊素云上山采花遇暴雨，回家路上河水突涨，强行渡河被洪水冲去。6月22日，隆化县八达营公社山咀大队肖振兴的妻子和五岁的男孩渡河被洪水冲走。滦平县张百湾公社周台子一名14岁女学生也因强行渡河被洪水冲去。7月3日，滦平县窟窿山水库民工杨清在水库洗澡被淹死。6月28日，承德市至冯营子滦河渡口由于渡船超载翻船，将冯营子大队社员左福相淹死。6月27日，围场县山湾子一牧夫被山洪淹死。

7月20日，专区防汛指挥部对承德市红石砬沟石坝扒口通车造成洪水灾害发出通报。7月6日下午7时，承德市红石砬沟一带骤降雨一小时，山洪暴发，炼铁厂、轻工机械厂、大石庙机修厂和头道营子村遭受经济损失约41万余元。洪水急、径流大及专署物资局将防洪坝扒口通车和缺乏充分准备是酿成这次灾害的主要原因。

8月23日，下午4时许，隆化县韩家店、碱房、白虎沟、大汤头沟、张三营、荒地、七家等7个公社62个大队遭受风雹灾害，受灾面积113419亩，平均减产25%左右，以白虎沟、大汤头沟、张三营、七家等4个公社21个大队受灾严重。

8月，地区组织部通知：免去郭童正（承德专署水利局）副局长职务，调出水利局。

9月25日，为加强大搞梯田和水利建设运动的领导，地委要求专、县、公社都要建立梯田和水利建设指挥部，负责对这一运动的组织动员、宣传鼓动、技术指导、物资供应和群众生活等工作的统一领导。大队建立专业队，作为"战斗"单位。专区指挥部业已成立并开始办公，由农、林、水利、商业、团体、军分区等部门负责人9人组成，鲁杰为主任，崔永生、齐建国、胡祥为副主任。

11月23日，承德地区庙宫水库动工兴建。庙宫水库位于围场县境内伊逊河上，坝址位于四道沟乡庙宫村上游。水库上游控制流域面积2400平方公里，为大型水库，初建施工于1962年7月基本竣工。初建期水库枢纽包括拦河土坝、输水洞和溢洪道，初步技术设计最大坝高40.2米，坝顶长400米，最大库容1.24亿立方米，初建完成投资1015.73万元。1964年，渡汛工程坝顶加筑临时子埝，对溢洪道扩宽及边墙衬砌等。1965年，完成溢洪道交通桥延长及维修，大坝上游护坡翻修等维修项目。1970年3月至1971年11月进行续建施工，增辟泄洪洞、正常溢洪道进口建闸首安装闸门及建交通桥、输水洞出口安装高压平板闸门及开凿发电支洞、修建电站厂房等。完成投资376.6万元。续建工程完成后，最大坝高达到42米，总库容达到1.45亿立方米。1976年3月至1978年9月，进行续建扫尾及加固扩建施工，大坝增高2.2米，最大坝高达到44.2米，最大库容达到1.83亿立方米；对溢洪道进行了改建；水电站安装机组设备，并于1978年8月正式发电运行，共完成投资495.9万元。到1978年，庙宫水库工程累计完成国家投资2002.33万元。1978年，完成续建扫尾和加固扩建工程后，又进行过多次维修施工，1984年完成下游坝坡翻修处理总面积15740平方米，1987年完成大坝背水坡铺沙4053平方米，1988年对大坝减压沟进行了翻修；1989年，经省水利厅批准对大坝背水坡进行了全面翻修处理，包括库区上游四合永镇淤积防洪、库区排沙试验等，共投资105万元。维修工程累计完成投资约130余万元。2003年7月至2005年底，经水利部海委批准，对水库进行了全面除险加固，批准总投资9234万元，除险加固主要内容包括拦河坝加固、新建排沙洞、溢洪道修复加固、输水洞修复加固、泄洪洞修复加固、金属结构更新加固、电气设备更新完善、水电站更新改造、观测设施更新完善、防汛道路及照明建设、管理处房屋改建等项目。除险加固工程完成后，水库工程规模不变。

12月21日，《河北日报》报道，一种高速度实现山区水利化的简易动力凿井机，在承德专署水利局创制成功。经过省水利厅和有关科学机关鉴定，一致认为是山区大搞机井的好工具，现已在承德全区大量投入生产。

12月28日，地委组织部通知刘新民、罗焕武、朱沛霖、汪平、赵天才、李善义、王希仁等七人为庙宫水库工程指挥部党委委员，刘新民任党委书记兼总指挥，罗焕武任党委副书记兼副总指挥、政治处主任，王希仁任政治处副主任，胡光任团委副书记。

1960年

1月8日至11日，根据省委、地委指示，省、专水利联合检查团一行24人，对庙宫水库工程进行了全面检查。

1月10日，地委、专署联合发出关于在春节前开展水利大检查的通知。根据中央和省委指示，各级党委要组织有关部门，在春节前对所有水利工程进行一次全面大检查，检查的内容是：查计划、查工效、查设计、查质量、查效益、查安全、查生活。全区检查团由地委书记处书记张煦、专署副专员许岚清挂帅，专署有关部门和重点水库负责人参加组成。

1月27日，省、专水利检查团在关于水利工程检查情况的报告中指出，承德地区1960年的水利建设运动是在认真贯彻党的八届八中全会决议精神，胜利完成184.2万亩水平梯田的基础上，掀起了比1957年冬第一个水利建设运动声势更大、规模更广、群众干劲更足的大搞水利运动。

3月15日，地委通知，经河北省委批准，承德地、市合并统称承德市，统一领导各县（区）、厂矿工作。专署水利局改称承德市水利局。

3月20日，《河北日报》报道，承德地区商业部门发动3400多名职工，组成1432个送货突击组，集中了473辆胶车和马车、30台汽车、2000多台手推车，突击调运下放抗旱物资，支援农业抗旱。

3月，河北省承德专属任命：齐建国为承德市（第一次地、市合并）水利建设指挥部主任。免去：齐建国专署水利局局长职务；范守仁、刘振声专署水利局副局长职务。

4月12日，市委组织部通知，经地委批准，鄢凤桐任承德市水利局局长，许庆余、刘振声、范守仁任副局长。齐建国任承德市水利建设委员会主任，韩巨民任副主任。

5月6日晚，市委召开紧急誓师广播大会，号召全民总动员，全力以赴，战胜干旱，掀起抗旱播种高潮。

5月23日，召开全市防汛工作会议，各县县委书记或县长，水利局（科）长、大中型和百万方以上水库工地负责人及各有关部门负责人参加，进一步传达贯彻和讨论了省防汛会议精神。

5月25日至6月24日，承德市9个县（区）均遭受了不同程度的洪水冰雹灾害，全市受灾面积达292031亩，其中冲光地板的有5241亩。雹砸水冲死6人，伤210人，死大牲畜26头，死猪羊185只，毁坏房屋369间。围场、丰宁两县遭灾尤为严重。

5月，市委组织部通知：齐建国为市水利局党组书记；鄢凤桐为党组副书记。

6月20日，庙宫水库召开大坝拦洪庆祝大会，承德市委、市人委给水库工地全体民工、干部发了贺电，指出庙宫水库大坝拦洪标志着伊逊河危害人民的历史宣告结束。

7月18日，市委、市人委发出开发地下深层水的通知指出，根据省委、人委召开的开发地下深层水会议精神，市委研究认为，水利工作重点由防洪转向农田水利建设，利用地下水灌溉，是非常正确的。市委决定，由驻承德地区的9个专业地质钻探队抽调60台钻机，保证打井683眼，争取1000眼，扩大水浇地面积40万亩。

7月29日，市委决定，建立庙宫水库管理委员会，由水库指挥部党委副书记兼副总指挥罗焕武任党委书记，并兼水库管理委员会主任，吴天佐任副主任，委员由13人组成。

8月26日至9月1日，围场、隆化、平泉、滦平、丰宁及市郊区的20个公社、100个大队遭受了不同程度的雹水灾害，受灾面积达280381亩，大约减产1666万公斤。

9月9日至10日，兴隆等县13个公社、64个大队遭受冻雹灾害，受灾面积达6.1万多亩。粮食减产25万公斤，梨减产14.5万公斤，栗子减产2.25万公斤，红果减产5000公斤。

9月10日至13日，兴隆、平泉、下板城、丰宁、隆化、围场等县（区）29个公社、228个大队遭受风、雹、霜等灾害，受灾面积139704亩，粮食减产约400万公斤，果品损失达50多万公斤。

1961年

2月，地区组织部通知：免去鄢凤桐承德市水利局局长职务（调出水利局）。

3月19日，河北省水利厅厅长徐正、水利厅勘测设计院总工程师刘宗跃、水利厅基建处工程师董光鉴到滦平窟窿水库进行考察，对大坝坝顶出现裂缝等问题进行了分析研究，并提出了处理意见。

5月8日，市委通知，根据省委决定，地、市分设，恢复承德专员公署，郊区恢复承德县建制，现设的市区、郊区即行撤销。原承德市水利局也相应改称承德专署水利局。

5月12日，地委通知，齐建国任专署水利局局长，刘振声、范守仁、孙连波任副局长。免去齐建国承德市水利建设指挥部主任职务；范守仁、刘振声任承德市水利局副局长职务。

6月19日，召开全区防汛工作电话会议，传达了中央北方防汛会议和省防汛会议精神，部署了全区防汛工作。

8月2日，地委对全区6座大、中、小型水库的分级管理与书记包库问题做出安排。庙宫水库为大型水库，由省、地委管理，决定权属于省委，由地委书记处书记刘毅和庙宫水库党委副书记罗焕武负责包库；滦平县窟窿山水库为中型水库，由省、地、县三级管理，决定权属省委，由地委书记处书记许岚清和滦平县委书记处书记魏振歧负责；围场县二道川、丰宁县木匠沟门、隆化县章吉营三座小型水库，由地、县委管理，决定权属于地委：二道川水库由围场县委第一书记韩银铭负责；木匠沟门水库由丰宁县委第一书记张炳寅负责；章吉营水库由隆化县委第一书记石跃负责。承德市太平庄水库为不足百万立方米的小型水库，因下游有铁路，提高一级管理，决定权属于地委，由承德市委书记处书记郭子云负责。其他百万立方米以下的小型水库由县、社、队三级管理。

8月26日，全区有平泉、承德、滦平、丰宁、隆化、围场县和承德市7个县市34个工委65个公社300个大队遭受了风灾和雹灾，受灾面积达308726亩。据承德、滦平、丰宁、隆化、围场等5个县统计，在26.6万多亩受灾面积中，减产一至三成的占40.8%，减产三至四成的占23.6%，减产五成以上的占35.6%。这次受灾减产粮食约4631万公斤。灾后，各县、市都组织了工作组，深入灾区，发动群众，组织自救。

12月1日，地委通知，经地委书记处决定，撤销庙宫水库指挥部，建立庙宫水库管理处，为事业单位，行政上由专署水利局代专署管理，党的关系由地委农村工作部代地委管理。罗焕武任中共庙宫水库管理处委员会书记兼管理处主任，吴天佐、刘华山任副主任。

12月23日至30日，省委书记处书记、副省长闫达开在承德考察，看了一些工厂、市郊农业引水上山工程，后又到兴隆县考察。

1962年

2月17日至18日，丰宁县坝上雪后成灾，在已积雪2尺左右的基础上，又继续降雪，积雪深达3尺多，风雪交加，许多地方人不能出屋，畜不能出圈，牲畜因饲草不足成批死亡。平安堡工委3100户居民有615户没柴烧，已死牛72头、马4匹、驴1头、羊210只，冻死小鸡200多只。县委采取紧急措施，由戚福洪率领干部上坝，帮助群众调节烧柴，转移牲畜放牧，解决当务之急。

5月22日至27日，围场县部分地区遭受风、冻、水等自然灾害。初步统计四合永等6个公社遭受水灾，冲地8559亩。兰旗卡伦、孟奎、城子、山湾子、新拨等5个工委的12个公社遭受冻灾，冻灾面积达21914亩，冻死羊92只。

6月22日，承德专署水利局决定，由农田水利科副科长刘爱国兼任水土保持试验站站长。

7月4日，隆化县部分地区遭受雹灾，全县有14个公社53个大队受灾，面积达5.5万余亩，需毁种补种面积达36791亩。受灾害严重的少府、八达营、牛录3个公社占耕地面积的64.8%，白虎沟公社蛤蟆梁大队一千多亩旱田全部砸光。灾后，县、区、社组织了100余名干部分赴灾区，安定群众情绪，全县3000余名劳力突击抢种。

7月12日，省防汛指挥部通报承德市部分工厂遇暴雨成灾。通报指出，承德市6月12日夜降雨57毫米，柴场、食品厂及部分居民房屋进水，食品厂内进水0.67米以上，5000公斤蛋白及一部分其他食品被水浸泡，有3万余公斤鸡蛋被雨淋，锅炉房进水距火只有0.2米险出爆炸事故。同日市区武烈河涨水，冲毁大田、园田及稻田3000余亩。遭灾原因是1962年比常年洪水来的早一个月，且水势猛，各方面还无妥善准备。

7月24日6时至26日6时，承德全区昼夜连续降雨，遭受严重水灾。东南部降雨大，西北部降雨小，承德市235毫米，丰宁较小为22毫米。各河从25日起先后涨水，各河最大洪峰流量，滦河潘家口站18800立方米/秒，武烈河承德站2580立方米/秒，瀑河大桑园站4200立方米/秒，洒河兰旗营站1950立方米/秒，柳河李营站1920立方米/秒。这次降雨给各方面都造成了严重灾害。

7月24日至26日，承德县连续降雨36个小时，阵雨量391毫米。由于雨量集中，造成山洪暴发，全县冲毁土地161399亩，占耕地总面积的30%，冲光地板68392亩，冲走房屋749间，倒塌屋2938间，部分倒塌4747间，死92人，伤125人，冲走大牲畜57头、猪1419头。

8月6日至24日，省水利厅副厅长乔辛英和董光鉴、严干工程师对承德地区汛期有关水利工程情况进行了检查，先后检查了承德市区和郊区的武烈河防洪堤坝、承德县下板城附近的滦河和老牛河、平泉县附近的瀑河以及庙宫、窟窿山、太平庄等水库，听取了承德专署水利局的防汛和灾情报告及今冬明春计划安排意见。最后形成检查报告。

8月30日，全区大部分地区发生秋旱，面积达210.62万亩，丰宁、隆化、平泉等县较重。一般减产二至三成，严重地区颗粒不收。各级党委对旱象十分重视，采取放秋垄，有水源条件的千方百计进行浇灌，向干旱做斗争。

10月，地区组织部通知：免去孙连波专署水利局副局长职务（调出水利局）。

1963年

1月3日，专署通知，宽城县人民委员会从1963年1月1日正式开始办公。该县人委设办公室、水利科等18个单位。

5月30日，平泉、承德、宽城、滦平、隆化、围场等县骤降暴雨冰雹，遭受雹水灾害，受灾范围有7个县的15个区45个公社210个大队1266个生产队，受灾面积155421亩，其中山洪冲毁地板的4370亩，需翻种的89823亩，需补种的52280亩。冲死5人，冲伤砸伤17人，冲死大牲畜11头、羊465只、猪63头，冲坏房屋1126间，倒塌房屋120间。

11月17日，根据专署水利局《1963年水利建设资金使用情况简结》统计，1963年，全区共批准挡坝淤滩工程139处，其中投资万元以上的工程15处，国家补助投资33.45万元，已全部竣工，另外还批准防洪护地小型工程14处，加上群众自办的挡坝淤滩和防洪护地工程，共恢复和扩大耕地面积7.5万亩，保护耕地面积12.3万亩，保护农户2.7万多户。在水土保持方面，本年完成整修梯田26.1万亩，新修梯田（包括擦壕）11.4万亩，闸山沟350条，修谷坊2.76万座，整修谷坊2万座，修坝墙子4000多道，堵坝豁子20多万处。在农田灌溉方面，新修渠道300条，整修渠道586条，新打石井162眼、整修石井487眼，安装水车140台、维修水车197台，新打机井22眼，配套机井17眼，新建电灌点14处，新增灌溉面积10．4万亩，春灌面积13万亩。完成山区饮水工程26项，打井108眼，初步解决6997人的饮水困难。全年共完成土石方180多万立方米，用工250万工日，用粮食69万公斤。

11月30日，地委转发滦平县西沟大队重点治山的经验指出，闸山沟，修梯田，封山造林，搞农田基本建设，不仅是争取农业大丰收的重要办法，也是加强山区水土保持，开发利用山区资源，实现农业稳定增产的一项根本措施。

11月，省水利厅工程师杜竞一和专署水利局工程师董恩锡，对庙宫水库进行了调查鉴定，并对原设计、施工、观测等资料进行了分析研究，结合水库控制运用情况，提出了存在的问题和今后工程安排意见。

12月10日，地委发出通知，为加强山区建设规划工作的领导，地委第八次会议决定，建立山区建设规划委员会，委员会由李衡甫、刘毅、马庆云、黎汀、张唤群、王立业、曹永山、崔治国、李景岳、刘德录、齐建国、王文学、朱熙来、张墨林、徐泽清、马进、刘国等17人组成。李衡甫任主任，刘毅、马庆云、黎汀、张唤群任副主任。

1964年

1月21日，专署水利局对近几年来精简下放安置使用不当的水利技术干部进行了调查，全区几年来精简下放转业做其他工作的水利技术干部共28人，其中中专毕业的19人、专科1人、多年从事水利工作的8人；退职回家的21人，其中中专毕业的11人，多年从事水利工作的10人。总计49人，其中中专以上的31人，多年从事水利工作的18人。

3月24日，专署水利局根据省水利厅意见，确定在围场县推行聘请水土保持农民技术员，取得经验后逐步推广。

3月，地区组织部通知：免去刘振声（专署水利局）副局长职务。

5月22日，兴隆、宽城两县部分社队发生雹灾，有8个公社28个大队遭灾，被砸土地30273亩，需翻种10950亩，冲光地板1600亩。

7月15日，围场县棋盘山、新拨、山湾子、朝阳湾等4个区局部地区降雨10小时，暴雨中心棋盘山降雨量达114毫米。受灾耕地18816亩，其中需翻种补种3228亩，冲光地板2780亩，冲走大畜6头、猪羊44只，45户进水，倒房屋9间，冲坏公路桥5座。

8月13日，宽城县降一场大面积暴雨，平均降雨量143毫米，引起山洪暴发，河水猛涨，有12个公社173个生产队遭受严重水灾，农田受灾面积17820亩，其中冲光地板4018亩，粮食减产162890公斤，冲走3人、牲畜54头、树木21717棵，倒塌房屋125间，损失达24500元。

8月15日，专署水利局“关于承德地区人畜饮水困难情况的报告”指出，全区有8个县88个公社432个生产队7980户44822口人55147头牲畜饮水困难。缺水期一般到1-3公里远运水，远的要到5公里以外牲畜驮水。

9月4日，兴隆县潘家店水轮泵站建成。这座水轮泵站是承德地区进行建站试点的第一座水轮泵站，该水轮泵站的建成为承德地区水轮泵的发展起到了示范推动作用。

9月，地区组织部通知：罗焕武任（专署水利局）副局长。

12月26日，地委印发《关于建立山区社会主义建设创业队问题的意见（草案）》指出，从根本上治山治水的方针是：治山治坡，闸沟治河，生物工程，措施结合，由上而下，综合治理。（简称“二十四字方针”）在今冬大搞农田基本建设中，全区已涌现出3500多个创业队，这些创业队，大部分以生产队为单位，也有由大队统一组织的。

1965年

2月至4月，专署水利局根据省人委批转省水利厅“关于灌区、扬水站清查整顿工作的报告”精神，开展了小型灌溉设施的清查整顿工作，全区参加这项工作的人员共110名，历时3个月。通过清查，落实有效灌溉面积30.04万亩（截至到1963年9月底），有自流引水渠道1949处，一般水井22774眼（能用的17057眼），机井255眼（能用的229眼，配套的206眼），小型扬水机站27处，排灌机械373台，水车5194部，简易提水工具19964件（能用的11775件）。

3月至5月，全区普遍出现严重春旱，3个月平均降雨量仅29毫米，比有气象记载以来历年同期平均降雨量少42.2毫米。5月下旬至6月初，旱情更为突出，风大气温高，中南部地表温度最高时达摄氏62.2℃。播种的510多万亩耕地中，有11.8%的面积苗出不全，3.9%的面积未出苗。地委针对旱情发展情况，召开紧急电话会议，号召动员一切力量开展抗旱保苗运动。旱灾持续至6月中旬全区才降普雨，基本解除了旱象。

4月20日，庙宫水库下游灌区工程隆化县张三营灌渠开工。该灌渠干渠总长18.25公里，设计灌溉面积2.3万亩，于1966年10月竣工。

6月12日至13日，围场、隆化两县10个公社29个大队遭受暴雨冰雹灾害，受灾土地面积达23196亩，其中冲光地板338亩。

6月28日至7月2日，专署召开全区水利工作会议，参加会议的有各县水利科长及专直有关部门的人员，会议期间参观了兴隆、承德县的灌溉园田化，专署副专员孙乙太做了会议总结讲话。

8月20日，兴隆、宽城、平泉、承德、丰宁、隆化、围场7个县和承德市遭受冰雹灾害，有23个区57个公社202个生产大队遭受冰雹侵袭，受灾耕地19.61万亩，其中无收成的2.18万亩，减产五至八成的9.83万亩，减产四成以下的7.6万亩，专署召开电话会议，对生产救灾和生活安排做了部署，并下拨了救灾粮款。

9月8日晨5时20分左右，承围公路庙宫水库改线工程太后梁东段，距水库大坝1200米处发生严重山崩塌方，估测塌方约24万—25万立方米（塌落后的体积），其中塌落库区内约20万立方米。由于塌方造成的高水头波浪的冲击，大坝迎水坡块石护坡被破坏1748平方米，大坝测压渗漏、位移与沉陷均发生异常变化。大塌方堵塞了已修好的路基150米，给施工增加了工作量，延长工期半年，增加国家投资10万元。

10月，庙宫水库下游灌区工程隆化县隆化灌区开工。该灌区干渠长10公里，设计灌溉面积1万亩，于1966年11月竣工。

12月2日至12日，庙宫水库管理处对1965年水库库区淤积情况进行了测量，经测量计算，1965年全年淤积总量为535万立方米，与历年库区淤积量相比较，1965年是淤积最多的一年，库容变化率已达到17%，截至1965年底，水库累计淤积量已达2116万立方米。

1966年

2月7日，地委办公室《情况简报》第5期报道，全区各县普遍掀起以水利建设为中心的抗旱运动，全区已有14.5万多人投入打井抗旱水利建设，已完成砖石井2067眼，整修旧井820多眼，挖泉939眼。

3月10日，全区九县一市投入抗旱的人数达49.2万人，累计完成打井11946眼，修旧井8446眼、凿泉27293眼，机井200眼，水轮泵站52处，水渠4466条。

4月15日至20日，专区抗旱指挥部在鹰手营子召开了支农抗旱现场会议，参加会议的有中央、省、专、市属工业和县属机械工企业的厂（矿）长及各县“三查”节约办公室的负责人，共80余人。会议期间，学习了中央有关工业支援农业的指示，兴隆煤矿、兴隆营子机械厂介绍了支农抗旱的经验，承德市抗旱后勤部门介绍了建立三级修造网的经验。研究了工业支援农业问题和逐步实现农业机械化的初步设想。

7月24日，地委办公室《工作简报》称：平泉、承德、宽城、围场县部分地区旱灾严重。平泉县从去年8月以来未下透雨，特别是榆树林、杨树岭、黄土梁子3个区，从入春以来就严重干旱，全县有4.5万人投入抗旱斗争，已浇地1.54万亩。承德县有24个公社发生旱灾，面积4万多亩，主要是上谷、双峰寺、上板城3个区，全县有5.8万人投入抗旱。宽城县7月7日以来未下雨，严重干旱面积4.5万亩。围场县干旱面积10万亩，主要是克勒沟和朝阳湾、山湾子区的部分公社。7月25日至29日，全区普遍连续降雨，除平泉县榆树林子区外，全区旱象已经解除。

12月9日至18日，河北省山区农田建设现场会议在承德召开，参加会议的有邯郸、邢台、石家庄、保定、张家口、唐山、天津、承德8个专区61个县、市和省有关单位负责人，共188人。国务院水土保持委员会、农业部也派人参加了会议。会议期间重点参观了承德市向阳、隆化县红旗、于家沟，宽城县下河西，平泉县南五十家子等大队山区农田建设工程。承德专署副专员马庆云介绍了全区梯田和水轮泵建设情况。兴隆县四拨子大队介绍了山区建设经验。承德地区参加全省山区农田建设承德现场会的有各县（市）领导，滦河沿岸公社和重点生产大队的负责人，共78人。全省会议结束以后，承德地区参加会议的代表继续开会两天，提出了今冬明春水利建设的安排意见，并写出会议纪要。地委、专署批转了全区水利建设会议纪要。

是年，兴建承德市大窝铺截潜流试点工程。

1967年

6月9日，围场、隆化、承德、宽城等县遭受冰雹袭击，受灾面积164716亩，其中需翻种20736亩。砸坏房屋15间，砸伤19人，洪水冲去1人，冲走羊85只、马3匹。

8月22日，承德专区生产办公室批转“全区水土保持座谈会纪要”指出，全区一年来水土保持工作取得了很大成绩，据不完全统计，修梯田38.6万亩，闸山沟2960条，修谷坊3.2万多座，挖鱼鳞坑16.9万多个，修水窖151个，修小型水库18座，营造水土保持林28.7万多亩，对防止水土流失，保障农业丰收起到了很大作用。

11月13日，承德专区生产办公室转发“全区水轮泵综合利用现场会议纪要”指出，近三年来，全区共建成水轮泵站583处，配套286处。

12月23日，地革委生产指挥部报告中指出，本年全区农田基本建设打井、开渠，扩大灌溉面积15.6万亩，新修和整修梯田14万亩。

1968年

3月29日，承德地革委将承德专署水利局、电力局共同提出的《隆化县老陡山水电站设计任务书（修改）》报送省革委，要求列入1968年计划。

5月25日，承德地革委召开防汛工作电话会议，地革委主任王佐民讲了话，宣布建立地革委防汛指挥部，总指挥贾绍湖（地革委常委、军分区副司令部），副总指挥马庆云（地革委常委）、孔庆林（驻承京字某部队参谋长）。

7月24日至8月3日，阿尔巴尼亚实习生沙胡•鲁安到承德实习，主要了解承德水利建设情况。

12月14日，经承德地革委讨论同意撤销原专署水利局，成立水利工作站革命领导小组。水利工作站革命领导小组成员由孟宪发、蒋焕生、陈林阁、吕学武、刘安学（民兵代表）5人组成。孟宪发任组长，蒋焕生任副组长。

1969年

1月10日，地革委批准成立承德地区旧屯水电站筹建处。

3月8日，围场县钓鱼台水库工程正式动工兴建。该水库位于伊逊河上游不澄河上，控制流域面积160平方公里，总库容1312万立方米，坝型为均质土坝，于1972年11月建成。1973年至1975年进行初建扫尾施工，1976年至1978年进行安全加固工程施工，1991年至1992年进行安全加固移留工程施工。2002年6月2日至2003年10月30日，国家批准投资1243万元，对水库进行全面除险加固施工，除险加固工程主要内容为溢洪道改建、新建输水发电洞、封堵原输水洞和发电洞、大坝下游护坡加固、电站及观测设施更新完善、管理处房屋改建等项目。

5月10日，兴隆县老虎沟水电站工程发生严重伤亡事故，夜间22时左右，夜班工人准备装炮后换班，一安全检查员也与工人一起装炮。由于将15余公斤炸药和100来个雷管、100多米导火线混放在一个炸药箱内，违反了操作规程，突然爆炸，当即6人全部炸死。兴隆县革委会予以通报，承德地革委生产指挥部转发了兴隆县革委会的通报。

6月10日，地革委防汛挥部成立，指挥周成河（军分区司令员），副指挥马庆云、郝立文。

6月21日，承德地区滦河治理指挥部成立，指挥王佐民，副指挥马庆云、郝立文、王立业、李志轩。办公室主任李志轩、孟宪发。

6月，地革委生产指挥部主持召开了滦河治理规划座谈会，参加座谈会的有各县（市）主管水利建设的负责人，市、县一部分工厂和地区直属有关部门也参加了会议。会上总结交流了治理滦河的经验，交谈了治理滦河的初步设想，提出了规划工作安排意见。会后形成《承德地区滦河治理规划座谈会纪要》，经地革委批转。

7月9日，经地革委批准成立"河北省承德地区革委会滦河治理指挥部"。

7月23日，承德地革委与天津大学水利系革委会研究，决定共同举办承德地区"七·二一"水利大学，摸索教育革命的经验，培训水利工程技术人员。由地革委、有关县革委、天津大学水利系、地区水利部门组成办学革命领导小组，地革委副主任马庆云任组长。学员由九县一市选派，共开办两期。第一期实际招收学员85名，1969年9月开学，1970年9月结业，先后以围场县钓鱼台、老窝铺和滦平县窟窿山等水库工程工地为教学基地，进行流动教学，结合实际学习中小型水库和农田水利工程的勘测、设计和施工。第二期招收学员112名，1970年11月开学，1972年1月结业，这两期学员结业后都回本县（市）担任了水利协助员工作。

8月11日，承德地区南部暴雨集中，矿井下涌水量猛增，峪耳崖金矿和东方红、东风、平安堡、缸窑沟、涝洼等5个煤矿16个矿井先后被淹，造成停产。

8月26日，地革委和军分区作出决定，号召全区人民学习武春文的英雄事迹。武春文是隆化县南兆营大队人，二等残疾复员军人，战斗英雄董存瑞生前战友，1968年11月23日在本队搞农田基本建设崩石修河坝中，为抢救工友光荣牺牲。

11月6日，地革委召开全区农田水利建设会议，参加会议的有各县、市生产指挥部和各河系指挥部负责人，地、市、县主管水利、农电和庙宫、窟窿山水库的负责人，还有市、县部分支农工厂负责人。会议期间，传达贯彻了省农田水利建设会议精神，参观了兴隆洒河、宽城下河西等几个农田水利建设先进单位现场，认真总结交流了农田水利建设经验，研究了农田水利建设工作。

11月6日，地革委主任牛奉林在全区农田水利建设会议上讲话提出，要贯彻"小型为主、全面配套、狠抓管理，更好地为农业增产服务"的方针。各地一定要坚持小型为主、以蓄为主、社队兴办为主。

1970年

4月，隆化县老陡山水电站工程开工。该电站工程位于隆化县二道河村滦河干流上，为河道引水式电站，电站装机总容量1890千瓦，于1975年12月竣工投产发电。

6月，平泉县大庆水库动工兴建。该水库工程位于瀑河上游，控制流域面积82平方公里，总库容1350万立方米，坝型为壤土心墙砂壳坝，1975年12月末全部竣工，完成国家投资275万元。1976年3月至1978年末，进行了安全加固施工，加高大坝，扩宽溢洪道和输水洞砼衬砌，完成国家投资85万元。1984年4月至1985年4月，省投资13万元修建了溢洪道交通桥，并对溢洪道进行了灌浆维修处理。

10月，由地革委与河北水利专科学校联合开办的承德地区"五·七"水电大学在兴隆县半壁山开学，全区九县一市由农村社队共选派102名学员参加学习，结合实际进行教学，学习小型水利水电工程的勘测、设计和施工。本期学员于1971年12月结业，回本县（市）水利部门任水利协助员工作。

1971年

6月5日，地革委发出通知，建立承德地区防汛指挥部。防汛指挥部主任为高健，副主任为贾绍湖、周亚、马庆云。防汛办公室主任刘会川，副主任孟宪发。

6月17日，隆化、滦平两县和承德市遭受冰雹和水灾。隆化县41个公社受灾，受灾面积12.7万多亩。滦平县10个公社受灾，受灾面积1万多亩，西沟公社三道沟大队冲走3人、粮食6000多公斤，冲走牛、驴、羊等200多只。

7月5日，兴隆县雁门水库（小型）大坝溢流，大坝挑流坝脚发生塌陷，经过两昼夜抢护保住了大坝安全。同时，兴隆县南薄岭劈山改河工程发生5立方米的塌方，堵住了溢洪山口，经过突击，塌方很快予以清除。

7月18日，隆化县旧屯公社大地大队天津下乡女知识青年郑家元在抗洪抢险中英勇负伤，后感染成急性破伤风，经多方抢救无效牺牲。中共隆化县委、县革委、县人武部授予其“模范共青团员”“革命知识青年的榜样”等光荣称号，并号召全县青年、民兵、知识青年、干部和群众向郑家元学习。

7月底至8月中旬，承德全区20多天没有降雨，出现历史上罕见的“卡脖旱”，受旱面积221.8万亩。全区投入劳力70万人、县社两级干部6000余人开展抗旱斗争，利用机电井1200眼、石井13000眼、水泵358台、水渠4900条。

9月23日，地革委生产指挥部总结本年防汛抗旱工作指出，本年气候特点是，早期春旱，汛期雨量集中，局部暴雨较多，入伏后出现严重“卡脖旱”。汛期总的降雨量，北部坝上330毫米，中部280毫米，南部340毫米，均较常年偏少100毫米以上。降雨集中在7月，8月降雨显著偏少。全区水雹成灾面积84万亩，干旱成灾面积237万亩，雷击和被水淹死21人，冲坏小水库4座。

10月，承德地区九县一市开始筹建机械打井队。

1972年

2月29日，地委向省革委发出修建隆化县大坝沟门水库和引滦入潮工程的申请报告。

3月1日，地革委生产指挥部水电处成立，同时将承德地区水利工作站革命领导小组改为承德地革委生产指挥部水电处水利工作站。

3月28日，地委通知，肖安民任地革委生产指挥部水电处处长。

5月19日，地委、地革委发出紧急通知，号召全区共产党员、共青团员、人民解放军指战员、民兵、干部、工人、人民公社社员以及广大革命师生，紧急动员起来，投入抗旱保苗的斗争。

5月27日，承德市区武烈河出现断流。

6月9日至7月17日，承德市区武烈河连续断流39天。

6月12日，地委、地革委关于抗旱斗争向省委、省革委的报告指出，全区从1971年秋到1972年5月底，10个月全区平均降雨量只有112毫米，是承德地区有雨量记录以来降雨最少的一年。全区5000多条常年有水的小河已经干涸，21条较大的河流有18条已经断流，42000多眼水井有14000多眼干涸，4500多个生产队人畜饮水发生了困难。到5月中旬，全区还有50多万亩耕地没有播种，已经播种的有120多万亩出不来苗，有80多万亩缺苗断垅。地委、地革委已动员112名干部和群众一起投入抗旱斗争。

6月21日，冯占奎任地革委生产指挥部水电处副处长。

7月1日，中国人民银行承德地区中心支行报告指出，到7月上旬为止，全区投入农业贷款428万元，比1971年同期增加83万元，这些贷款在农业抗旱中发挥了作用。

8月20日，地革委向省革委“关于加速实现农田水利化规划意见的报告”提出，承德地区大部分地方地下水源很丰富，发动群众打深机井，投资少，见效快，又易于体现“三主”方针，是现阶段承德地区水利建设的主攻方向。

9月1日，地革委生产指挥部撤销，原地革委生产指挥部水电处改称地革委水电处。

9月23日，全区除承德市外，其余县均已建起机械打井队，开展了机械打井工作。8个县级打井认共有职工177人，其中干部20人，工人157人。共有打井钻械51台，其中有18台已投入打井，已打井67眼，其余钻机正在配套。为加速机井建设，地委决定安排生产冲抓式打井机300台。

9月25日，地革委将《大坝沟门水库工程初步设计及引滦入潮工程规划》报送省革委。

报告全文：我们在省海河指挥部和北京市有关部门指导协助下，大坝沟门水库工程初步设计和引滦入潮工程规划已拟出了方案。地革委将“大坝沟门水库工程初步设计、引滦入潮工程规划及这两个工程的综合说明”报送省革委，并希望考虑列入国家建设计划。

9月27日，中共承德地委第一书记陈泾和中共承德地委第二书记张子明在全区农业学大寨经验交流会上讲话和总结发言都提出，根据本年承德地区出现的严重旱灾，今后水利建设应是地表水、地下水综合开发，以打深井、充分利用地下水为主。

10月11日，地委、地革委《关于生产救灾工作总结报告》指出，1972年承德地区遭到了历史上罕见的特大旱灾，受灾土地面积478.17万亩，占集体总耕地面积的84.4%，粮食比1971年减产3.84亿公斤。

10月19日，地革委向省革委请求报告提出，为了加速机井建设，实现水利化，确保农业丰收，地委决定安排生产300台冲抓式打井机，要求省将安排在承德市农机厂生产的300台20马力柴油机全部留给承德地区作为打井机配套动力。

10月，地革委水电处调查统计，全区山区人畜原缺水130个公社、320个大队、718个生产队、746个自然村、14853户、86060口人、17219头大畜、54406只猪羊，到本年8月底已解决232个生产队、227个自然村、4074户、20992口人、4207头大畜、13584只猪羊，尚未解决486个生产队、519个自然村、10779户、65086口人、13012头大畜、40822只猪羊。

11月22日，经地革委农办党委同意，地革委水电处党支部组成，肖安民任党支部书记，冯占奎、刘克俭为支部委员。

11月28日，地革委通知隆化县革委，将庙宫水库收归地区管理。

12月30日，齐建国任地革委水电处副处长。

1973年

1月6日至10日，地委召开了纪念毛泽东主席“一定要根治海河”光辉题词十周年宣传创作会议。参加会议的有各市、县政治部、水利、文化部门负责人以及专业和业余文艺工作者80多人。地委决定，地区成立纪念毛主席“一定要根治海河”光辉题词十周年筹备工作领导小组，由地委常委、政治部主任王克、文办副主任汎奇、农办副主任杜宝山负责。领导小组下设办公室，由刘正之、肖安民、方永豁、刘运昌、王松山、谭景春6人负责，宣传处、文化处、农业处、水电处负责具体工作。

1月24日，地委决定成立抗旱打井办公室。地区抗旱打井办公室主任为曹振华，副主任有孟元福、王立业、郝立文、杜宝山。办公室设在地革委农林水利办公室。

2月13日，地革委水电处组织全区九县一市水利局主管山区人畜饮水的技术干部和部分缺水村代表，共20余人，赴邯郸地区武安、磁县参观学习修水窖解决山区人畜饮水的经验。

2月14日至18日，地革委水电处在隆化县召开了全区水利管理工作会议。参加会议的有各县（市）水利部门和大中型水库管理单位的负责人，负责工程管理和规划工作的技术干部，水利工程管理好的社队代表，共61人。会议传达贯彻了全国水利管理会议和省水利管理预备会议精神，布置了水利工程大检查任务。参观了隆化县大坝灌区，总结交流了经验，揭露了水利管理工作中的矛盾和问题。

3月至5月，全区开展了水利工程大检查，参加水利工程大检查的人员共6593人，其中地县级261人，公社级421人。共检查了11426项水利工程，其中地县两级检查了9515项，即重点水库79座，千亩以上灌区105处，塘坝87座，防洪坝728处，机井7838眼，水轮泵站678处。在检查的工程中，发现有问题的2953项，属于渡汛有危险的水库22座，河道险工阻段122处，管理不善、失修和遭受破坏的145项，设备不配套的机电井2644眼。通过大检查，初步落实1972年底全区水浇地面积143.28万亩，初步控制水土流失面积10590平方公里。

6月19日，承德市和隆化、承德县的部分地区暴雨成灾。承德市两小时降雨58毫米。蚁蚂吐河下河南水文站洪峰流量达500立方米/秒，是历史上最大的洪水。隆化县11个公社农田受灾面积31922亩，冲毁河坝180华里，冲毁公路大桥一座、房屋19间，冲走猪羊313只，冲毁机井20眼。存瑞公社二道营大队社员张文生一家6口人连同3间房子全被洪水冲走。承德市旱河水势猛涨，洪峰流量45立方米/秒，由于玻璃厂、被服厂在旱河上搭的临时桥严重阻水，洪水漫出河槽，市区有5条街道上水，800多户居民住房进水，25户房屋倒塌，80户倒塌了墙壁，有两名学生在墙边避雨被砸死。仪表修造厂车间水深1米，700只仪表被淹，损失折款2.1万多元。6月23日，省防汛指挥部对承德市的防汛工作进行了通报批评，指出了承德市发生的问题是严重的。在今春水利大检查中，省、地就已指出，玻璃厂、被服厂的临时桥和部分河段上的垃圾严重阻水，应予以处理，而且进行处理并不难，工程量不大。由于存有严重的麻痹思想，一直未作处理，以致本来可以通过100多个流量的河道在45立方米/秒洪水的袭击下竟措手不及，造成严重损失。这是一件责任事故，承德市革委应认真检查，分析原因，找出教训，制定措施，并专题上报。6月27日，中央防汛指挥部办公室防汛抗旱简报上转发了这一通报，并加了按语，指出河北省防汛抗旱指挥部严肃追查这一责任是正确的，承德市有关领导必须作出认真的检查和严肃处理。

6月27日，地革委召开紧急防汛工作会议指出，从6月6日至21日，承德市和隆化、围场、丰宁、滦平、承德、宽城等县，先后降暴雨，造成巨大损失，有62个公社303个大队水冲沙压农田16万多亩，冲淤水井99眼，死亡11人。地委印发了曹振华《在全区紧急防汛工作会议上的讲话》。

8月5日，平泉县大庆水库灌区工程开工建设，控制灌溉面积2万亩，于1976年基本完工。

9月10日，庙宫水库发生严重安全事故。20点50分关闭电站输水洞出口闸门时，先用电动下放一段，后又改用手摇下放，没有切断电源，因闸槽喷水进入电钮开关造成连电，电机反转，摇把打死2人，同时因机械损失和工程维修给国家造成损失近5万元。省防汛办公室对这一事故发出通报批评。

10月4日，刘炳忱任地革委水电处副处长，副处长冯占奎调出地革委水电处。

11月26日，承德地区农田基本建设指挥部建立，曹振华为总指挥，马庆云、李鉴为副总指挥。办公室主任薛路江，副主任郝玉湘。

11月26日，地革委第一书记张子明在地委四级干部会议上总结讲话指出，大上农业，必须下决心改变生产条件，大搞水、土、林为重点的农田基本建设，实行山、水、林、田、路综合治理。

12月11日，承德地区从隆化、平泉、宽城四县抽调民工2000人，参加潘家口水库筹建修筑公路工程。

1974年

1月6日，地革委《关于进一步开展水利大检查的通知》提出，决定在全区进一步开展以水库、机井为重点，以“五查”（查工程建设和投资使用情况、查工程安全、查工程效益、查综合利用、查管理情况）、“四定”（定任务、定措施、定计划、定组织体制）为内容的水利大检查。

6月4日，承德地区防汛抗旱指挥部成立，张华为主任，张永安、薛路江、霍凤金为副主任。办公室主任薛路江（兼），副主任肖安民、刘炳忱。

7月13日，围场县连续三天降大雨，总降雨量最高达到175毫米。全县有42个公社210个大队遭受洪水灾害，冲毁农田8956亩，淹没青苗6017亩，冲毁大坝40多条长27华里。冲倒房屋3500间，淹死35人，冲走大牲畜72头、猪羊360只。7月24日凌晨，伊逊河围场街段出现最大洪峰流量750立方米/秒，河水出槽，冲毁护镇大坝201米。围场镇中的三条较大山沟出现水泡，洪水和沙石直泄而下，围场镇三、四条街被淹。

9月8日至13日，地革委水利局在丰宁、围场召开了全区机械打井经验现场交流会议。参加会议的有各县机井队负责人和先进机台代表27人。各县总结汇报了上半年机械打井情况和下半年及1975年打井计划，先进机组介绍了经验，参观了丰宁、围场两县冲击钻、冲抓锥和大回转钻机打井情况和井队建设、井管制作、机械维护修理等情况。

9月9日，肖安民任承德地革委水利局局长，齐建国、刘克俭任副局长。原副处长刘炳忱调出地革委水利局。

同日，地革委通知：免去肖安民地革委水电处处长职务；齐建国地革委水电处副处长职务。

9月13日，承德地区北半部气温骤然下降，有的地方降了冰雹，刮起大风，部分县农作物遭灾减产，围场、丰宁、隆化、平泉、承德县共108个公社668个生产队受灾，受灾面积达129.8万亩，粮食减产约4387.5万公斤。

9月20日，承德地革委水利局向地革委《关于机械打井经验现场交流会的报告》指出，承德地区机械打井队是从1971年才发展起来的一件新生事物，已有各种类型打井钻机197台，其中冲抓钻107台、冲击钻48台、回转钻机42台，打井队职工451名（其中干部40名，固定职工79名）。今年以来，开动各种钻机57台，到8月底共打出机井395眼，其中冲抓井269眼，回转钻机打出70米以上的深机井6眼，这是承德地区从未有过的事情。

1975年

1月10日，地革委水利局党支部成立，支部书记肖安民，支部副书记刘克俭，支部委员齐建国、刘爱国、蒋焕生、马龙田、李淑萍。

3月28日，承德地区潘家口水库移民搬迁小组成立，由7人组成，马庆云任组长。

4月1日，丰宁县黄土粱水库开始动工兴建。该工程位于丰宁县西官营乡卡沟门村西北、滦河支流兴洲河上游牤牛河上。坝址以上流域面积324平方公里，总库容2823万立方米，大坝为均质土坝。全部工程于1980年底基本竣工。1986年，进行遗留尾工施工。由于溢洪道施工质量差，闸墩结构尺寸偏差过大，无法安装闸门，1996年在溢洪道堰顶安装了充气坝袋，以增加水库蓄水量。2004年1月至2005年10月末，进行全面除险加固，主要内容包括拦河坝加固、溢洪道改建、放水洞加固、电站压力管道重建、工程观测设施更新完善、金属结构及电气设备更新、管理处房屋改建等项目，批准投资2518万元。

4月9日，全区完成机井普查任务，并写出报告。根据省革委水利局、地质局、农机局《关于开展机井普查的联合通知》精神，全区各级都成立了机井普查办公室和领导小组，共抽出480余人组成机井普查专门班子，用2-3个月的时间完成了机井普查任务。通过普查，在1966年全区有机井502眼、配套机井280眼的基础上，到1973年底全区机井达到11855眼，配套机井8375眼。

4月23日，地委第一期《工作通讯》指出，承德地区旱象严重，4月20日地委召开紧急电话会议，动员全党全民投入抗旱斗争。全区已动员13.9万多人抗旱，已抗旱播种80万亩，挖淹田40

多万亩。全区 50% 以上的土地失墒，旱象还在继续发展。

5月10日，地革委向有关县（市）革委印发《庙宫水库水费征收使用和管理试行办法（草案）》的通知指出，根据国务院和河北省关于计收水费的办法，为了进一步加强庙宫水库的管理工作，更好地发挥防洪、灌溉效益，地革委拟于最近期间合理地计收水费。

6月4日，武烈河发生洪水，洪峰流量 568 立方米 / 秒，承德市武烈河建桥工地遭受洪水袭击，损失大量物资和设备，损失折款 16 万余元。

6月15日，承德地区防汛抗旱指挥部建立，主任曹振华，副主任张永安、郜杏林、肖安民。办公室主任肖安民，副主任齐建国。

6月20日，承德地区潘家口水库移民搬迁领导小组成立。领导小组组长马庆云，副组长李德智、肖安民。下设办公室。

6月23日，承德市武烈河建桥工地再次遭受洪水袭击。武烈河水以 360 立方米 / 秒的流量通过建桥工地，洪峰流量达 510 立方米 / 秒，持续时间长达 6 小时。由于对洪水有预报，事先组织力量将堆放在河滩上的设备和物资及时进行了转移，基本未遭受损失。

7月26日，地革委向省委《关于遭受风、雹、水灾情况的第二次报告》指出，1975 年承德地区气候异常，灾害频繁，从 5 月底到 7 月 19 日，全区连续遭受多次风、雹、水灾的袭击，受灾面积达到 104.76 万亩，占总耕地面积的 1/6。其中，冲光地板 43316 亩，淤淹沙压 102130 亩，水冲雹砸需要毁种 14.78 万亩。冲毁石坝 105300 米、水渠 3500 米、塘坝 4 座。淤没机井、大眼井 157 眼，冲走柴油机、电动机和水泵等 33 台，冲走胶轮木车 13 辆、各种树木 71800 棵、粮食 3.3 万公斤。砸死冲走大牲畜 65 头、猪 204 口、羊 464 只。冲毁房屋 196 间，冲毁大小桥梁 7 座。死亡 38 人，伤 20 人。入伏以来，全区气温高，雨量少，许多社队至今未雨，“卡脖旱”已在全区普遍出现，干旱严重的面积达 150 多万亩。

9月10日，地委组织部批复，中共庙宫水库加固工程施工指挥部临时委员会由 7 人组成，书记罗焕武，副书记马龙田。庙宫水库加固工程施工指挥部由 9 人组成，罗焕武为主任，马龙田、吴天佐为副主任。

9月22日至27日，地革委水利局召开全区已建成水库工程管理现场会议，参加会议的有各县水利局长，主管工程管理的技术干部和已建成水库负责人，共 48 人。参观了滦平县湛营水库、兴隆县伙山子、鸠儿峪水库等管理好的水库工程。地委第二书记牛奉林，地委常委、地革委副主任赵雨霖作了重要指示。

11月27日至12月1日，地委在兴隆县召开全区农田水利建设现场会议。参加会议的有市、县委主管农业的书记，地、市、县农业学大寨办公室、水利局和有关部门的负责人。地委在机关的书记、常委都出席了会议，第一书记韩荣吉亲自主持会议。

1976 年

1月26日，地革委向省革委《关于庙官水库加固工程初步规划意见和 1976 年渡汛工程计划的请示报告》提出，为了充分发挥水库效益，延长水库寿命，排沙洞应列入计划。

5月21日，地革委对地区防汛抗旱指挥部领导成员做出调整，主任为曹振华，副主任有刘汉杰、郝治民、郜杏林。办公室主任郜杏林（兼），副主任刘克俭。

5月10日至29日，省水利局在平泉县举行全省山区物探找水训练班，参加单位有邯郸、邢台、石家庄、保定、唐山、张家口、承德 7 个山区地区，共 70 名学员，其中承德地区九县一市和地区钻井队共参加 30 名学员。

7月19日，关悦任地革委水利局副局长。

7月22日，杜经广任地革委水利局副局长。

7月22日至24日，承德县连续三日降雨，并有7～9级大风，局部地方有冰雹。降雨量一般在70～100毫米，全县有46个公社298个大队遭灾，受灾土地105550亩，洪水冲毁河坝788条长31683米，冲梯田坝340道长13400多米，淤没机井28眼、蓄水池2个，倒塌房屋92间，刮坏房子76间，死6人，淹粮食2500公斤。

7月23日凌晨，承德地区遭受一场暴风雨袭击，滦平、兴隆、围场、隆化、承德等县，降雨急暴，强度大，一次降雨量高达280毫米，造成山洪暴发。全区285个公社（占公社总数70%）1993个生产大队（占大队总数60%）受到不同程度的损失，有147.56万亩农作物遭到风、雹和洪水灾害，绝收的庄稼达17.24万亩，死亡38人、伤6人，损坏房屋5630多间，冲走大畜113头、猪羊1200多只、粮食14.2万公斤，国库损失粮食15万公斤。滦平县从23日凌晨两点至上午10点半，5个小时最大降雨200毫米以上。窟窿山水库下午1点20分开始溢洪，3点溢洪流量达到334立方米／秒。灾后统计，巴克什营公社共冲淤耕地4811亩，占总耕地面积的74%，其中冲光地板3240亩。巴克什营、东营子、华楼沟3个大队冲毁房屋341户1284间。冲大牲畜107头、猪羊328只、粮食15万公斤，死亡3人。冲毁机井80眼、扬水点4处、喷灌点1处、渠道8条、电动机29台、柴油机4台、水泵26台、米面加工机械24台。灾后经实测洪水断面，巴克什营过水流量达1600立方米／秒。灾后，在党和政府关怀下，新建3处新农村（巴克什营东、西营和花楼沟），新建房屋999间。

7月25日，地委、地革委召开防汛电话会议，地委常委、地革委副主任刘汉杰讲话指出，7月23日，全地区从北向南普遍降中到大雨，部分地方降了暴雨。23日3点至24日8点，20多个小时内，南部降雨量最多地方高达128毫米，平均80毫米左右，降雨强度每小时40毫米以上。中部滦平县降雨高达280多毫米，一般在80-130毫米，阵雨每小时50毫米以上。北部降雨高达100毫米，多数在40～60毫米。一些地方山洪暴发，河水暴涨。

7月28日，唐山——丰南一带发生强烈地震，波及承德地区，有5座水库被震裂缝，3座水库发生塌方。

8月10日，围场县遭受冰雹灾害，8个区16个公社43个大队受灾，遭灾农田面积84039亩，其中绝收面积3414亩。有3条雹线，雹粒径大的6～9厘米，严重的地方降雹厚度4～6厘米以上。这是围场县历史上罕见的一场雹灾。

8月16日，地委决定组建承德地区支唐民工团，支援唐山地区恢复震毁的水利工程。建立承德地区支唐民工指挥部，由地委常委、地革委副主任杜宝山任总指挥和支唐民工团党委书记，地委组织部副部长孙毓和承德军分区副政委达瓦仁亲任副总指挥和党委副书记。全区共抽调民工15000名，施工任务是承担开挖唐山陡河上段土方开挖工程，10月3日全面开工，12月15日胜利完成任务。地区水利局副局长关悦和孙宪明、李金华、崔献峰、牛秋彦等技术干部参加了勘测设计施工技术工作。各县（市）水利部门也抽调技术干部参加了支唐施工工作。

10月22日至11月6日，水电部沈亦凡工程师等六人由省水利局处长顿维礼等二人陪同来承德地区，先后到兴隆、隆化、围场、丰宁、滦平、平泉等县检查了农田水利基本建设情况。

12月18日，承德地委批复，承德地革委水利局党委由刘允复、肖安民、刘克俭、关悦，杜经广、罗焕武、刘爱国、陈林阁8人组成，书记刘允复，副书记肖安民。齐建国任水利局顾问，免去副局长职务。

1977年

1月，隆化县石洞水库工程开工。该水库工程位于隆化县通事营乡北石洞村、滦河支流伊逊河通事营川。控制流域面积199平方公里，设计总库容1450万立方米。由于国家压缩基建工程，该水库工程于1979年9月下马停工缓建。已完成大坝截水齿墙，回填超过原河床高程3米，泄洪洞348米全部打通，输水洞开挖30米，共计用工41.4万工日，花去投资115.3万元。

2月10日，承德地区水利机械工程处成立。

3月22日，地革委向省委写报告，要求修建大坝沟门水库。报告中提出：由于滦河流域骨干工程少，河流无法调控，平均每年就有近四十亿立方米的水量白白流走，现有的小型水利工程，经不住大旱的考验，而大坝沟门水库，是斩断滦河的大型骨干工程。早在1954年中央燃料工业部水力发电建设总局就进行过查勘；1958年中央水电部北京勘测设计院在进行"滦河流域规划报告"中将大坝沟门水库列在了滦河梯级开发骨干工程之一，评价为良好库址。1970年，省根治海河指挥部在"滦河流域规划要点"中提出了"四五"规划期间拟兴办大坝沟门水库的设想。据此，1970年，承德地区在省海河指挥部派人指导和协助下，完成了该水库的规划、勘探和初步设计工作，并于1972年10月将大坝沟门水库的初设和预算报省。大坝沟门水库是防洪、灌溉、发电综合利用的水库，水库的主要任务是：调节上游来水，引滦入潮供应北京部分用水，同时解决承德地区特别是北四县（丰宁、滦平、隆化、承德）的工农业用水、用电，兼顾防洪、养鱼等综合效益。电站装机2万千瓦，年发电量5520万千瓦时。水库库区开阔，平均谷宽1300米，地址基岩为花岗岩，质坚适于筑坝，两岸对称地势陡，坝址谷窄。该库具有效益大、造价低、库址好的特点，对于治理滦河，综合开发利用滦河水力资源效果显著。

3月25日，刘允复调任地革委农林水利办公室副主任。

5月1日，兴隆县老虎沟水库续建扩建工程正式开工。老虎沟水库位于兴隆县安子岭乡老虎沟村、滦河支流洒河上游的横河上。原为1971年至1973年修建的一座100万立方米的小型水库。此次扩建为中型水库，控制流域面积315平方公里，总库容1220万立方米。坝型为框格填渣坝，最大坝高29米，坝顶长192米，溢流形式为坝顶溢流。该工程由兴隆县水利局设计，兴隆县组织施工，于1980年12月11日竣工。共投资420万元，其中国家投资315万元，县自筹105万元。

5月18日，地革委调整地区防汛抗旱指挥部领导成员，主任曹振华，副主任刘汉杰、郝治民、郜杏林、刘允复。防汛办公室主任刘允复，副主任肖安民。

5月25日，隆化、围场两县遭受雹水灾害。隆化县有22个公社79个大队472个生产队遭受雹灾和水灾，受灾面积11.1万亩，其中需毁种33859亩，补种48016亩，冲光地板1637亩。冲毁河坝46道长8934米、渠道110条，死羊119只。

6月，平泉县连续两次遭受冰雹和暴雨灾害，第一次25个公社43个大队，受灾面积45600多亩，第二次18个公社77个大队，受灾面积109290亩。冲毁水渠1500米、河坝11150米、机井18眼、房屋39间。

7月29日，兴隆县大雨成灾，雨量最大的半壁山、孙杖子一带降雨量达240毫米左右，引起山洪暴发，有33个公社204个大队遭灾，18人死亡，13人受重伤，300多人无家可归。

7月30日，兴隆县红旗公社大兰口大队正施工的一座小（Ⅱ）型水库被水冲毁垮坝。该水库设计为直墙堆石坝，坝高10.5米，最大库容15万立方米，控制流域面积1.8平方公里。

8月20日，承德地区农田基本建设指挥部成立，总指挥为韩荣吉，副总指挥为曹振华、杨敏学、杜宝山、刘汉杰、杨柏年、张丙寅，秘书长为郜杏林。

9月20日至10月5日，地委组织各级领导干部180多人赴山西参观学习大寨大队和昔阳、平定县等22个先进单位的经验，路经石家庄地区还参观了获鹿县引岗济冶水利工程。回到滦平县看了四个农田基本建设现场，开了两天会议，韩荣吉作了参观学习总结讲话。

1978年

1月20日，省委决定由承德、张家口、廊坊3个地区抽调水利技术人员组成河北省第三批水利援藏队，支援西藏水利建设。承德地区抽调刘克俭（地区水利局副局长、技术干部）、朱明（地区水利工程处）、刘瑞平（兴隆水利局）、广德海（平泉水利局）、姜文斌（隆化水利局）、冷国林（围场水利局）、朱晓东（地区电力局）和王建成（丰宁电力局）等8名技术人员。刘克俭任援藏队长。援藏队于3月21日从石家庄出发，4月11日到达拉萨，于1980年2月完成援藏水利建设任务返回内地。

2月12日，省召开的全省农田基本建设会议在平泉县报到，在平泉县参观两天，然后经承德市去滦平县参观。由滦平县经北京赴石家庄地区获鹿县继续进行参观开会。参加会议的有各山区地区农办、水利局负责人，各山区县革委副主任。承德地区农办副主任刘允复、水利局刘爱国等参加。省水利局副局长张秀庚等参加了全过程。

2月16日，肖庆林任承德地革委水利局党委书记、局长，罗焕武、刘爱国任承德地革委水利局副局长。免去刘允复党委书记、肖安民局长职务。

3月21日，地区水利局在丰宁县召开全区械机打井会议。会议由地区水利局副局长刘爱国主持，各县（市）打井队长、先进机台代表参加，共47人。会上总结汇报了全区各打井队打井工作的经验和情况，研究了在丰宁县坝上打井会战筹备工作。

4月24日至28日，宽城县降暴雨，14个大队遭灾。农田受灾面积25267亩，其中冲光地板10300亩。冲坏河坝170条长达97265米，冲毁公路桥梁187座、房屋677间，死亡17人，冲走牲畜110头。

4月，全区在丰宁坝上机井会战开始，九县一市和地区水利工程处共11个钻井队抽调28台钻机陆续上坝。到1978年10月底坝上封冻停钻止，共打机井128眼，总进尺7240米。

5月12日，省水产局、水利局联合通知，根据1977年全国林业水产会议精神，为进一步搞好水库渔业生产，省革委农办决定，从现在起，全省水库养鱼工作由畜牧水产部门移交水利部门统一管理。

6月3日至4日，宽城县有7个公社17个大队遭受冰雹灾害，农田受灾面积6290亩。

6月4日至14日，地委组织有地委书记和部分常委、各县委书记，市、县分管农业的副书记、常委以及有关部门负责人参加的参观团，共43人，赴山东省参观学习，重点参观了泰安、济宁两个地区9个县31个典型单位的农田基本建设。返回承德后，集中三天讨论了山东省大搞农田基本建设的经验，联系实际揭矛盾，找差距，进一步研究怎样把承德地区的农田基本建设搞上去。

6月24日，地委农田基本建设会战指挥部成立，总指挥韩荣吉，政委张子明，副总指挥曹振华、张华、杨敏学、刘汉杰，副政委刘新民、王义。指挥部下设办公室，主任冯文楷，副主任方永豁、张德江、陈举。

7月3日至7日，中共河北省委书记刘子厚、省军区司令员马辉在承德地区检查工作，视察了滦平县窟窿山灌渠工地。

7月9日，宽城县遭受大暴雨和冰雹灾害，在降雨过程中并有9级大风，全县有17个公社77个大队遭灾，受灾面积达77938亩，其中雹灾面积28700多亩，风灾面积45570亩。损失房屋515间，死亡4人，重伤27人，死亡牲畜249头，毁坏机井12眼，冲毁堤坝11970米。

7月28日，承德地区革命委员会水利局改称承德地区行政公署水利局。

8月8日，承德地区爱国卫生运动委员会报告指出，承德地区卫生基本建设有了一定基础，全区有插管井（压水井）45000多眼，饮灌两用机井86处，土水塔104个，改旧井1万多眼。有200多万人饮上了清洁卫生水。

9月11日至13日，地区水利局主持召开了全区喷灌现场座谈会议。参加会议的共47人，有各县（市）主管喷灌的技术干部及地、县（市）委书记点上的公社、大队，承德市农机水利局长参加了会议。会议期间参观了承德市四个不同类型的喷灌试点和农机修造厂试制的喷灌专用自吸水泵，承德市介绍了搞喷灌的经验，共同座谈交流了喷灌工作经验，研究安排了下半年喷灌工作。

10月15日，地委通知，齐建国任行署农办顾问，免去水利局顾问职务。刘振声、范守仁任行署水利局副局长。

10月31日，为了认真贯彻省财政局和省水利局关于重新印发原河北省人民委员会有关征收水费规定的通知精神，地区财政局、水利局联合发出庙宫水库下游灌区1978年开始计收水费的通知，通知规定：(1)水费征收标准暂定按亩计征。水田（包括新开水田）水费标准，隆化县伊吗图河口以上每亩每年1.3元，伊吗图河口以下每亩每年1元，滦平县境至伊逊河口每亩每年1元。灌区控制面积内的旱田目前只征收基本水费，每亩每年0.3元；(2)应征范围：庙宫水库下游灌区控制面积内的受益单位，包括下游伊逊河沿岸各人民公社、大队、生产队和国营农、林、牧、渔场，引用伊逊河水灌溉的，均应把水费作为生产费用留存，按照规定交纳水费。

1979年

1月16日，免去关悦行署水利局副局长职务，调围场县任职。

1月，承德地委通知：罗焕武任行署水利局党委副书记。

5月，根据行署通知精神，全区水产工作从五月份开始由畜牧水产部门交水利部门统一管理。

7月18日，滦河与武烈河汇河口发生大洪水，由于当时跨滦河没有桥，冯营子村靠摆渡船运送两岸村民和路人，由于严重超员，摆渡船乘载40多人，刚一开船，由于超载和不平衡，船工失去控制，船上最后只剩4人，其他全部掉入洪水中，经过当地村民奋力救援，最后丧生17人，其余人被救上岸。（据宋秀清回忆）

8月4日下午，承德地区九县一市普遍遭受一场特大风灾，大风由西北向东南，风力8～10级，一些地方夹带暴雨和冰雹。全区有229个公社1555个大队受灾，103.1万亩农作物受到严重损失，损失果品600万公斤。大风还毁坏了房屋、电线、树木等，死亡1人，伤8人。

9月下旬，隆化县二道湾水库除险加固扩建工程正式开工。该水库工程位于英武河上，原为小（Ⅱ）型水库，坝型为浆砌石直墙堆石坝，现改建为沥清混凝土心墙堆石坝，总库容620万立方米，于1982年12月建成。该水库坝型是承德地区、也是河北省第一座沥青混凝土心墙试验坝型。

10月19日，罗焕武任行署水利局党委副书记。

10月，承德县乌龙矶水库动工兴建。该水库为浆砌石双曲薄拱坝，是省水利厅下达的科研项目，由河北农大水利系谢广昆、地区行署水利局陈尚和承德县水利局贠学愚，共同承担科研课题，1982年9月竣工蓄水，最大坝高20米，坝顶拱厚1.2米，坝底拱厚1.8米，总库容55万立方米，工程投资18.76万元。经专家鉴定，工程质量良好，可在气候条件类似地区在中小型水库建设中因地制宜推广该项成果。1981年，该项成果获省水利厅科技成果四等奖。

11月28日，应地区水利局邀请，北京林学院关君蔚教授到兴隆县考察生态工程建设。在地区水利局水保科梁其端、宋秀清、县水利局安琪忠等人陪同下，到上窝铺公社西道沟村考察水土保持情况，公社党委书记左玉明介绍了全公社和西道沟相关情况。晚上，县革委会在县革委招待所会议室召开座谈会。座谈会上，关君蔚向县革委领导建议把全县8.7万亩25度以上的坡耕地停耕、还林、还草进行治理。关教授还对该社农林牧副渔全面发展提出了很好的建议。

1980年

1月1日，根据省委文件指示精神，经承德地区水利局与承德地区电力局共同协商，决定从即日起全区小水电管理建设业务工作移交给承德地区水利局。

3月27日至31日，地区水利局在围场县召开全区水利工作会议。参加会议的有九县一市水利局长和技术干部，共50多人。会上传达了全省水电、水利区划、灌区管理、防渗配套和机井建设座谈会等四个会议精神，总结了承德地区中华人民共和国成立以来水利建设的经验教训，参观了内蒙古自治区赤峰县小庙子灌区和围场县张家湾公社二道河子大队等地的春灌和引洪淤灌现场。

4月2日，承德行署编委批复同意承德地区水利局设立小水电科。

6月29日至7月7日，河北省副省长杨乃俊、省水利厅副总工程师杜竟一等一行3人，对庙宫水库副坝防浪墙沉陷裂缝等问题进行了仔细检查，并与参加设计、施工及水库管理的人员进行了座谈，对庙宫水库存在的主要问题和意见写了出报告。

8月1日，承德地区九县一市普遍遭到“卡脖旱”。进入6月中旬以来，有50余天绝大部分地区没有降透雨，受旱面积达464万亩，占总耕地面积近80%，其中绝收面积120.9万亩，减产五至六成的158万亩。围场、滦平、平泉、承德、隆化等县灾情较重。

12月25日，承德市委决定，撤销农办、农业畜牧局、林业局、农机水利局，成立承德市农业委员会，下设9个处（室），其中包括水利工作处。赵德峰任水利工作处党支部书记，赵友仁任水利工作处副处长。1983年11月4日，赵德峰任农业委员会副主任。1983年11月5日，农业委员会改设为8个科，其中包括农机水利科。

1981年

1月23日，免去杜经广行署水利局副局长职务，调平泉县任职。

10月24日，承德行署批转地区水利局《关于庙宫水库下游灌区从1981年秋开始计收水费的报告》，要求有关单位贯彻施行。

12月21日，承德地区抗旱防汛指挥部向省抗旱防汛指挥部报出1981年洪涝风雹灾情，全区总受灾面积27.79万亩，成灾15.17万亩。受灾人口1785人，死亡6人，倒塌房屋119间，冲淤机井10眼，冲毁渠道250米。

1982年

1月，地区行署水利局与承德县水利局协作，在承德县上板城公社白河南、上台子两个大队进行水稻、玉米、高粱、谷子灌溉试验，至1986年取得阶段性成果，获省水利厅1986年科技进步四等奖。

5月15日，承德地区抗旱防汛指挥部领导成员做出调整。张华为总指挥，贾焕毅（军分区副司令员）、王定庆（某部队作训处处长）、李景岳（地区农办副主任）、杜瑞陵（地区计委副主任）、肖庆林（地区水利局长）为副总指挥。

6月18日至19日，承德地区抗旱防汛指挥部召开全区防汛工作会议，参加会议的有各县（市）政府负责人、水利局长、各大中型水库负责人以及地直有关单位的负责人。会上传达了中央和省防汛会议精神。地委副书记、行署副专员李竟生参加会议并讲话。

6月25日，丰宁县坝上地区遭受一场严重暴雨冰雹的袭击，一小时降雨63毫米，降雹最厚达0.67米，使7个公社遭灾，农田受灾面积达32万亩，占受灾社队总耕地面积的90%，其中有17万亩绝收，有1.2万亩被冲光地板。

6月29日，马龙田任行署水利局副局长。

6月中旬至7月下旬，承德地区中部、南部平泉、宽城、承德、滦平、兴隆等县一直干旱无雨．全区受旱灾面积达127万亩，占全区总耕地面积的1/5，大面积的作物抽不出穗，灌不上浆，因旱干枯死苗70%的农田有10.53万亩，果树旱落了果。旱灾最重的是平泉、宽城等县。

7月8日，省防汛指挥部办公室副主任张秀庚由地区防汛指挥部副指挥肖庆林、承德市建委副主任杨雨培等陪同，对承德市武烈河防洪问题进行了检查，承德市防汛办公室作了汇报，并与地委副书记、行署副专员张华、李竟生，副市长李龙共同研究武烈河防洪意见。

7月13日，行署水利局党委改为党组，肖庆林任党组书记，罗焕武任党组副书记。

7月18日7时，承德市遭受一场大暴雨和冰雹的袭击，大雨下了四个半小时，市郊的大石庙、大庙、水泉沟等6个公社37个农村大队的农田遭灾，受灾面积达13170亩，其中绝收的达1690亩，冲毁堤坝15470米，机井17眼，潜流1处。

7月24日至25日，兴隆县普降暴雨和大暴雨，雨量大部分在100毫米以上，最大的降雨有：北水泉270毫米、城关215毫米、跑马场241毫米。西湾子、杨树沟、麻地、快活林、跑马场、雁门、西湾等7座小型水库和1座塘坝安全溢洪。

7月，地委通知：罗焕武任行署水利局党组副书记。

11月28日至12月2日，承德行署在宽城县召开全区水土保持农田建设会议，参加会议的有九县一市主管水土保持工作的副县长，农委（办）或政府办主任，水利、林业局局长，典型社队代表，地直有关部门负责人，共80多人。地委副书记、行署副专员李竟生主持会议。

12月7日，地区组织部通知：免去范守仁行署水利局副局长职务，同意离休。

1983年

2月19日，承德地委、承德行署、承德军分区联合发出通知，号召全区广大干部、党员、青年、工人、学生、民兵和群众开展学习郑宝忠的活动。郑宝忠是围场县桃山大队基干民兵，共青团员，在1982年6月27日桃山大队遭受一次罕见的山洪袭击时，他不怕牺牲，冒着生命危险连续救出14名社员和儿童。为了表彰郑宝忠的事迹，中共承德地委、承德行署、承德军分区作出决定，给郑宝忠荣记二等功一次。

5月14日，承德行署对承德地区抗旱防汛指挥部领导成员作出部分调整，总指挥张华，副总指挥李竟生、曹焕毅（军分区副司令员）、李刚（某部队作训处长）、李景岳（农办副主任）、杜瑞陵（计委副主任）、肖庆林（水利局长）。防汛办公室主任马龙田，副主任刘爱国。

9月10日，承德地委任命：马龙田任行署水利局局长、党组书记；张凤林、韩永山为副局长、党组成员。免去：肖庆林行署水利局局长职务；马龙田、刘振声、刘爱国、罗焕武副局长职务。

9月28日，地委根据省委决定，任命行署水利局孙先明为承德地区行署副专员。

12月6日，承德地区编委批准地区水利局暂定编制31人，下设秘书科、水产科、农水科、基建工程科。局直属单位：庙宫水库编制80人，其中工人60人；勘测设计队25人，其中工人5人；水保所32人，其中工人5人；小水电公司15人，其中工人8人；鱼种场6人，其中工人3人；工程处120，其中工人100人。小水电公司属企业单位，庙宫水库、工程处为事业单位企业管理，其余均属事业单位。

12月17日，地委组织部通知，肖庆林任行署水利局巡视员。地委组织部批复，地委同意原副局长刘振声离职休养。

1984年

3月19日，经承德市委、市政府决定，成立承德市林业水利局，下设农田水利、工程管理等6个科室。

4月15日，行署对庙宫灌区管理委员会组成人员做出调整，主任杨忠元（隆化县政府）、副主任郭世雄（隆化县水利局）、杜荫宗（滦平县水利局）、朱殿清（庙宫水库管理处）、王振学（庙宫灌区管理所）。另有委员15人。

4月20日，庙宫水库灌区管理委员会第四次扩大会议在隆化县召开，参加会议的有地区水利局、隆化县政府、隆化县水利局、滦平县水利局、庙宫水库管理处、庙宫灌区管理所和灌区受益区乡等单位负责人，共28人。地区水利局副局长张风林主持会议，行署副专员唐全杰参加了会议并讲了话。

5月27日和6月3日，平泉县郭杖子等5个公社遭受暴雨袭击，受灾面积8300多亩。倒塌房屋2间，冲毁防洪坝460多米、鸡兔46只。

5月，兴隆县上窝铺公社西道沟大队，被国务院水土保持协调小组命名为“全国水土保持先进单位”。

6月1日，承德地区防汛指挥部做出调整充实，由行署副专员唐全杰、孙先明等20人组成。

8月9日至10日，宽城县一次集中降雨，冲毁偏崖子小型水库，并冲毁下游洒金沟塘坝和相距三公里相邻流域的一座截潜流坝，冲毁耕地100亩、引水渠100米。偏崖子水库为浆砌石坝，坝高12.5米，坝顶长64.4米，库容12.2万立方米，冲毁前正在进行加固处理施工。

8月9日至13日，全区普雨，宽城县降雨量较大，一般在200毫米左右，宽城县冲毁小水库1座、塘坝1座、截潜流1处。全区受灾面积19800亩，冲毁渠道2400米，防洪坝11000多米，公路242公里，机井164眼，鱼池6处，树木5100棵，通信线路43公里，淹死3人。

9月9日，行署在滦平县召开全区农田基本建设会议，参加会议的有各县主管农业副县长和水利、林业局局长及地区水利、林业负责人，共50人。行署领导向全国水土保持协调小组命名的“全国水土保持先进单位——兴隆县上窝铺乡西道沟村”颁发了奖旗，表彰了全区14个“农业基本建设先进集体”和“农业基本建设先进个人”。

10月2日，承德市政府任命刘喜、赵德峰为承德市水利局副局长。

是年，地区行署成立由计委、水利局、林业局、农业局、畜牧局、财政局等有关部门组成的水土保持工作协调小组，行署副专员唐全杰任组长，地区水利局长马龙田任副组长。各县也相继成立了水土保持工作协调小组或协调委员会。

1985年

5月19日，地区防汛指挥部机构做出调整充实，行署副专员孙先明任指挥，成员由军分区、驻军、省驻承有关单位及地直有关部门共19人组成。

5月24日，全区普遍降雨，局部地方发生暴雨并夹有冰雹，宽城、滦平县的20多个乡遭到洪水灾害，受灾面积2万亩，冲林果、树木14万多棵、电线杆340多根、区乡公路87公里，倒塌房屋140间，死亡9人，伤26人，冲走粮食1.9万多公斤、大牲畜26头、猪羊6900多只、鸡兔9000多只，冲毁机井水井129眼、塘坝2座、防洪坝76000多米。

6月13日，地区水利局提出勘测设计队、水利工程处、庙宫水库管理处、地区鱼种场四个单位实行企业化经营管理的意见。庙宫水库和鱼种场实行财务经费补贴包干、超支不补、节余留用；工程处不再予以补贴，可跨行业、跨地区投标承包各种工程、钻探施工及加工、运输，自负盈亏；勘测设计队实行企业管理、差额补贴，跨地区投标承包各种工程勘测设计、指导施工。行署批复了上述意见。

7月2日，15时33分左右，庙宫水库水电站3台发电机组突然发生因负荷过压击穿起火事故。约20分钟后电机起火熄灭，造成1号、3号发电机组因过压保护装置失灵而被烧毁，损失发电量90余万度。事故直接损失4.5万元，间接损失5.7万元，合计10.2万元。

1986年

6月12日，副省长张润身来承德地区视察旱灾，先后到围场、隆化、丰宁慰问受灾群众，并指出承德地区当前工作的中心，应当是全党动员，人人动手，共同抗旱救灾。

6月25日，地委组织部通知，刘宗玉任地区水利局纪检组长、党组成员（副处级）。免去韩永山党组成员职务，调出地区水利局。

6月，承德市政府批复：承德市水利局成立水资源管理委员会，主任王永泰（兼任），副主任马万忠、刘喜。下设水资源办公室，主任負学愚，副主任崔建伟。

7月5日至6日，平泉、隆化两县10余个乡遭冰雹袭击，降雨量40毫米，受灾面积10万多亩，淹死1人。

7月14日，行署批准，正式成立承德地区水资源管理委员会，下设办公室，开展正常工作。

7月14日，保定地委、行署得知承德地区遭受严重旱、水、雹灾后，派出慰问团，携带救援物资（10吨玉米）到隆化、围场两县慰问，保定地委书记乔世忠、行署副秘书长岳魁清亲临灾区。

7月17日，行署发出紧急通报指出，全区7县已有109个乡、567个村遭受不同程度的冰雹、洪水、大风灾害的袭击，受灾面积73.2万亩，成灾面积57.9万亩，其中绝收22.8万亩。雹水灾中死亡23人、受伤22人，死大牲畜43头、猪羊1359只，倒塌房屋176间，出现危房11868间，冲走树木653500棵，冲毁防洪堤坝183787米、公路86公里、大桥4座。

8月12日至14日，水利电力部副部长张季农一行8人对承德市旅游、供水问题进行调查研究，认为热电厂和橡胶坝两个工程项目很好，应该搞。调研组成员有水电部水资源办公室高级工程师叶勋，海委副主任罗平、邢长春，海委水资源保护办公室王亚山等。市长范文彬就承德市的发展与建设问题做了汇报，市城建、水利、经委等部门作了专题汇报。

8月13日至14日，省委书记邢崇智在丰宁县视察灾情，详细察看了张百湾、四岔口、乔家营乡的庄稼，听取了县和区乡干部关于灾情和增收抗灾情况的汇报。

9月5日，承德县委、县政府向承德市委报告受灾情况，截至8月9日，全县先后遭受暴雨、冰雹、大风、洪水的袭击，50个乡镇、305个村、2103个村民组、54617户受灾，农作物受灾面积达32.8473万亩，占播种面积的56.92%。各项损失达3184.7万元，因自然灾害死亡18人、伤27人。

9月7日，丰宁县外沟门、白塔两乡降冰雹13分钟，厚度13厘米，受灾农作物16500亩，冲光地板66亩，淹死1人。

9月26日至30日，日本水土保持专家、日本全国林业技术协会常务理事尾山正之博士和日本北海道大学农学部林学科东三郎教授一行，在中国水土保持学会常务理事、北京林业大学关君蔚教授和省林科所所长、林业工程师宋增陪同下，对围场县机械林场人工造林对水土保持的效果和御道口牧场部分草场的沙化情况进行了考察，与承德地区林业、水保科技人员进行了座谈讨论，并举行了学术报告会。他们对承德地区水土保持工作给予较高评价，提出了一些建设性意见。

9月，由山东省聊城地区打井队在宽城县铧尖乡三道岭村打成一眼120米的饮水深井。三道岭村有5个居民组、118户、438口人，居住偏僻分散，是历史性缺水的穷山沟，曾先后打过23眼井、修建91个水窖，饮水困难始终没有得到彻底解决，最困难时要到5公里以外的迁西县境内运水。深井打成后在山上修建了蓄水池，铺设自来水管路7500米，共投资15万元，于1988年11月15日全部配套竣工，把水通过蓄水池自压输送到各家各户，从此结束了多年来的吃水难问题。

10月10日至12日，联邦德国巴伐利亚州内政部建设总局局长米尔茨博士一行等3位专家，到承德地区水土保持科学研究所进行业务考察，参观了南山水土保持试验场，作了学术报告，游览了避暑山庄和外八庙。承德地区行署副专员孙先明接见并宴请了3位专家。

1987年

4月12日至22日，全区除兴隆县外，其余6县先后遭受风、雹、水、冻灾，受灾范围共66个乡镇150个村，受灾耕地48万亩，其中冲光地板3474亩。冲毁果树及幼苗3.6万多株、防洪堤坝4.54万米、乡村公路107华里、桥4座，房屋进水933间、倒塌33间，淤井65眼，冲走猪羊240只、拖拉机1台、电机18台，淹死2人。以上直接经济损失300多万元。

7月7日至10日，地委、行署领导胡广义、唐全杰、张志新、马刚等分别带领地直有关部门人员，深入全区检查防汛工作，并现场办公。

8月18日，丰宁县坝上两个区遭受严重雹水灾害，受灾农田3万多亩，其中绝收1万多亩。冲毁公路17公里、桥涵3座，外沟门区通信线路中断。

9月14日，地编委通知：经行署领导研究同意，水利局仓库按事业单位对待，实行企业化管理，单独核算。

9月26日至29日，全国微喷技术现场研讨会在承德召开，会议期间，代表们参观了隆化县西地村红果微喷灌溉系统工程。

12月23日，地委组织部通知，任凯任地区水利局纪检组长、局党组成员（副处级）。

1988年

3月22日，地区编委批复：同意地区水利局增设水土保持科不增加编制。

4月30日，地委、行署召开紧急电话会议指出，因冬春雨雪少，全区耕地失墒面积137.2万亩，欠墒面积156.3万亩，失欠墒面积占播种面积的65.2%，致使春播推迟，全区已完成播种243万亩，只占应播面积的54%。重旱区主要集中在中部、北部各县。

5月17日，《承德信息》反映，牧区草场旱情严重，牲畜成批死亡。全区可利用天然草场2482.2万亩，返青后枯死1655万亩。由于春季草场干枯，上年贮草不足及严重缺水，牲畜处于严重缺草缺水状态，全区死亡大牲畜2200多头，死羊1.3万只，坝上地区羊羔死亡率达70%。

6月1日，行署办公室发出通知，调整地区防汛指挥部领导成员，总指挥刘爱国，副总指挥张法、田福清、马龙田、李忠臣。

6月4日，承德地编委批复：同意将“承德地区水利勘测设计队”改为“承德地区水利水电勘测设计处”。原编制、待遇不变。

6月16日，市委组织部任命段忠为市水利局党组书记、水利局局长；刘喜为党组副书记，水利局副局长；赵德峰为党组成员、副局长；負学愚为党组成员、总工程师。

6月22日，承德市机构编制委员会通知：同意市水利局增设农田水利科。

6月24日，地区水利局党组通知：经承德行署编委批准，成立“承德地区水利物资供应站”，为事业单位企业管理。

6月25日，承德市政府根据市七届人大常委会第二次会议决定，任命段忠为承德市水利局局长。

7月15日，地区编委批复，同意地区水利局撤销水电科、水产科及鱼种场，成立承德地区小水电技术开发服务中心和承德地区水产技术开发服务中心，均为事业编制。

7月20日，下午2时至7时，丰宁县四岔口乡的四岔口、缸房营、李起龙、榆树林、头道河5个村降雨80毫米左右，造成严重水灾，全乡71470亩农作物受灾面积达21408亩，其中冲光地板3390亩、水冲沙压14300亩；境内公路、桥梁冲断，冲毁电力线1250米、通信线路23公里；81户320间房屋进水，冲走毁坏房屋24间、畜棚3间；冲走拖拉机、柴油机、电动机、粉碎机、变压器共9台，直接经济损失28万多元。

7月，隆化县老陡山水电站被水电部命名为

1987年度部级优秀电站。

8月1日，地委组织部通知，李基方任地区水利局党组成员

8月4日，行署劳动人事局通知，行署决定，李基方任地区水利局副局长。

8月23日，承德市编委批复：经研究同意恢复水利工作站，属事业单位，人员暂定7人，由党政机关、事业单位调剂解决。

8月27日，地区编委批复，同意地区水利局在现有机构数额不变的情况下成立“承德地区水利实业开发中心”，与地区水利物资供应站实行一套人员两个名称，为科级事业单位。

9月2日至4日，省水利厅在隆化召开抗旱经费改革现场经验交流会。参加会议的有全省各地、市、县水利局负责人共60多人，省水利厅副厅长韩锦文出席会议并讲了话。

9月8日，承德市区武烈河第一期橡胶坝工程开工建设。该工程位于旅游桥上游250米处，属于总体规划中的第二道坝址。该工程可行性研究及初步设计由河北省水利水电勘测设计院编制完成，河北省水利厅审查批准，共下达投资450万元，其中省下达200万元，市计委下达250万元。主体工程施工由河北省水利工程局第一工程处承建，于1989年10月1日竣工，实际完成投资483.91万元。

10月4日至14日，由行署副专员刘爱国带领，地直农业、林业、水利等部门领导人参加，检查了隆化、平泉两县的农业基本建设，并分南北两片召开现场会议。

10月12日，《承德群众报》报道，丰宁县水利局七道河电站“用辉绿岩铸石作混流式水轮机抗磨板试验”研究通过省级鉴定，此项研究属于国内首创，达到国内先进水平。

11月16日至23日，水利部农水司丁泽民司长、省水利厅韦子健副厅长等一行人，对滦平、隆化、宽城3个县农田水利基本建设进行考察。

1989年

1月8日，地委、行署作出《关于加强农业基础建设，夺取农业全面丰收的决定》，提出要坚持不懈地搞好农田基本建设。

2月1日，地委组织部通知，免去任凯地区水利局纪检组长、党组成员职务（调出地区水利局）。

3月3日，承德地区水利局长马龙田在地区三级干部会议期间举行的农业生产信息发布会上做了题为“农业要稳定，水利应先行”的发言。

3月4日，《中国水利报》报道：在北京召开的密云水库上游水土资源领导小组成立大会上决定，丰宁、滦平两县潮白河流域被列为国家水土保持重点治理区。到1992年，经过第一阶段的三年试点治理，完成小流域水土保持治理面积314.35平方公里，超计划任务9.37%。

3月20日，省委书记邢崇智来承德地区检查工作，在地委书记胡振国陪同下，先后到滦平、围场、隆化、平泉4个县，察看了9处农田、水利、林果等工程项目。

3月30日，省水利厅表彰的河北省水土保持先进单位有：宽城县大石柱子乡小石柱子村联户小组、兴隆县大杖子乡石佛村第一生产组、平泉县宋营子乡人民政府、滦平县东营子乡人民政府、丰宁县石人沟乡头道营村委会、隆化县七家乡西三十家子村委会、围场县艾林河乡大碾子村委会。受表彰的承德地区、县先进个人16人。

5月8日，地委办公室《信息》反映：平泉县旱情持续加重，部分乡村地下水位迅速下降，仅榆树林子镇已干涸水井2128眼，14个村、89个居民组12370人、87000多只羊和2400多头大牲畜饮水困难。旱死白杨树30多万棵和山杏树5000多亩。

5月19日，隆化、滦平、平泉、兴隆、围场5个县16个乡遭暴雨、冰雹、洪水灾害，受灾面积12150多亩，砸毁果树1.2万株。隆化县有4人被山洪冲走。

6月，地市合并前，承德市机构编制委员会通知：同意市水利局成立武烈河橡胶坝管理处，主任

由刘喜兼任。

7月15日到19日，滦平、丰宁、围场、隆化、宽城5个县先后两次遭受冰雹水灾，有56个乡218个村受灾，受灾农田29.82万亩，成灾25.99万亩，基本绝收的7.84万亩，因灾死亡3人、伤58人、死大牲畜29头、羊127只、猪29头、家禽10139只，砸坏房屋21112间、倒塌房屋29间，砸坏果树60250棵、冲毁幼树4万多棵，冲毁水渠3300米、公路105华里、桥涵28处、防洪堤坝2383米。

8月7日至11日，田纪云副总理在承德视察工作，副省长张润身、行署专员唐全杰、副专员刘爱国陪同，视察了兴隆、滦平、隆化、围场4县，其中包括首都周围绿化工程——滦平县红莲山万亩规模造林和周营子水稻开发等。

8月15日至18日，省长岳岐峰带领省政府办公厅、省农村发展研究中心负责人来承德，在专员唐全杰陪同下，到丰宁、隆化、宽城县进行调查研究，检查了隆化县滦河、伊吗图河两河流域水稻开发和韩麻营乡农田基本建设现场等。

9月5日至9日，在辽宁省盘锦市召开的全国北方农田水利建设现场会议上，隆化县被评为全国农田水利建设先进县，受到表彰和奖励。

9月14日，承德市机构编制委员会批复：同意建立“武烈河橡胶坝管理处”，为科级事业单位，企业管理，自负盈亏。

9月25日，在河北省农村水利建设工作会议上，隆化、滦平两县被评为省农田水利基本建设先进县。

11月8日至13日，全省农田水利基本建设现场经验交流会在隆化县召开。会议期间参观了迁西、宽城、平泉、隆化县的农田水利综合治理现场，交流了农田水利基本建设的经验。省政府、省水利厅等有关领导及全省18个地市主管农业的副专员、副市长出席了会议。

11月10日，地委组织部通知，任命吕东明为地区水利局纪检组长、党组成员（副处级）。

11月25日，丰宁县小辽东村与滦平县马道沟村，因争引潮河水修工程双方发生了大型群众械斗事件，死亡2人、重伤和轻伤15人。两村水事件纠纷由来已久，虽经多次调解未得彻底解决，终因矛盾激化酿成严重后果。此次事故是承德地区历史上一次后果严重的恶性事故，引起了地委、行署、水利局及两县政府、乡镇政府的高度重视，组成了以地区司法局长为组长、水政水资办为主要成员的工作组，进入两县乡村做群众思想工作，防止事态扩大；并组织技术力量进行勘测规划，提出了解决两村水事纠纷的决定，经行署批准实施。地委、行署召开两县县委书记、县长会议，贯彻实施规划和决定。经过四个月的积极开展工作，两村合好，互谅互让，各自承担错误、承担责任，纠纷得以解决。

12月7日，地区地直工委批复同意：地区水利局机关委员会改选。选举后的党委书记为吕东明，纪检委书记为吕东明。

是年，承德地区农田水利基本建设“大禹杯”竞赛评比隆化县获第一名；滦平、平泉县获第二名；丰宁县获第三名。

1990年

1月16日，河北省水利厅函复承德市水利局，二龙山水库前期工作已列入1990年计划，拟将此项任务交给河北省水利水电勘测设计院承担，年底提出可行性研究报告。

4月1日，经承德地区行署批准，将“河北省承德地区水资源综合管理办公室”改为“河北省承德地区水政水资源管理办公室”。承德地区水政水资源管理办公室主任，由行署水利局副局长张凤林兼任。承德地区水资源委员会主任由行署副专员刘爱国兼任。

5月2日至5日，省长岳岐峰带领省政府办公厅、省计经委、林业厅、水利厅等单位负责人在承德地区检查工作，对承德地区农田基本建设和稻田开发等给予充分肯定。

5月16日至21日，张润身副省长在承德地区检查工作，先后察看了平泉、隆化、围场和滦平县的农田基本建设现场等，对隆化县西地村、蛤蟆梁、头道营等地农田基本建设工程感到满意。

5月26日至28日，承德地区水土保持工作汇报会议在丰宁县召开，参加会议的有全区7个县水利（水保）局主管局长和水保股（站）长，共30多人。

6月6日，全区1989年度农建“大禹杯”评比结束，隆化县获农建大禹金杯，滦平、平泉两县获农建大禹银杯，丰宁县获农建大禹铜杯。

6月18日至22日，地区行署在平泉、滦平县召开全区农田水利基本建设现场会议，各县主管农业副县长及地直、各县农口各局局长共50多人参加会议。会议期间参观了辽宁省凌源县刘杖子乡、喀左县宫大海等6处小流域综合治理、梯田建设及小麦开发工程，参观了平泉县榆树林子镇麦田开发及小流域治理工程和滦平县金沟屯镇柳台、虎什哈镇岗子东沟经济沟建设及小麦开发工程。

7月4日至5日，围场、滦平、平泉3县10余个乡镇先后遭风雹水灾，受灾农田8.5万余亩，刮倒大树530余棵，死亡3人、失踪2人。县城降雨量92.4毫米，降雹35分钟，伊逊河水暴涨，洪峰流量800立方米／秒。四合永镇4500亩农作物全部被毁，四合永大桥遭损坏，冲垮防洪堤坝1200米。

7月5日至8日，围场县连续降雨，围场镇累计降雨195毫米，给围场镇造成严重灾害，县城西山的孔家沟、庙台沟、车轱辘沟、桶子沟等处山洪夹着泥沙直泄而下，涌向街道，马路淤泥达0.4米，多处房屋进水倒塌，企业停产，门店停业，交通通讯中断。全县直接经济损失1500万元。

7月7日至10日，地委副书记张志新率领民政、水利、物资、农业、粮食等有关部门负责人到围场县察看灾情，先后深入到四合永镇营子村、伊逊河两岸堤坝、围场镇九条主要街道、学校、物资仓库及龙头山乡等地，察看灾情。

9月11日至16日，平泉、围场、隆化3县遭风雹水冻灾害。平泉县20个乡镇全部受灾，受灾农田60万亩，成灾24.4万亩，冲毁乡村公路134公里、防洪堤坝4.6万米，冲走树木1.89万棵，倒塌房屋200间，水淹雹砸雷击死亡6人，冲走猪羊2034头只，砸毁果树100余万棵。

9月25日至27日，承德行署在丰宁县召开各县主管农业副县长、农委主任及地直、各县林业、水利局长参加的全区秋季农田水利基本建设会议，共40多人参加会议。参观了丰宁县黑山咀镇、土城镇、大阁镇的治山工程，对秋季农田建设进行了安排部署。

11月20日至24日，河北省北片六地市农田水利基本建设工作检查团在承德地区检查工作，对丰宁、平泉两县的农田水利建设工作给予了肯定。

11月25日至26日，省委书记邢崇智、省委副秘书长肖万钧在承德地区考察工作，对农田基本建设等工作给予肯定。

12月，隆化县七家乡西地村喷滴灌水利工程通过国家验收，具有国内领先水平。该项果树灌溉水利工程国家投资8.7万元，自筹5.3万元，用两年时间建成，控制果园376亩，其中管网灌溉50亩、微喷176亩、滴灌150亩。

12月，水利部复函河北省政府，同意将滦河潘家口水库（含大黑汀、于桥水库）上游地区列入国家水土保持重点治理区，从1991年起开展重点治理。确定由国家计委、水利部每年各投资200万元，天津市、河北省每年各投资100万元，内蒙古每年投资20万元，总计620万元，其中对承德每年投资387.4万元，每年治理水土流失面积300平方公里。

是年，隆化县获全省农田水利基本建设先进县一等奖，滦平县获全省农田水利基本建设先进县二等奖。

是年，经省教委批准，在承德农校开设农田水利专业班，学制两年，招收应届高中毕业生，按分数线择优录取，每届50人，毕业后按中专待遇，分配在县水利部门县乡两级工作。于1990年和1991年，共招生两届，约100人。

1991年

3月4日，地委组织部批复王维国任地区水利局党组成员。

4月25日，承德市区武烈河第二道橡胶坝工程开工建设，于1992年5月25日竣工。该工程位于市中心武烈河大桥上游100米处，属于总体规划中的第四道坝址。原承德市计委下达投资计划554万元，实际到位506万元，省水利厅补助投资70万元。实际完成投资610.2万元。工程施工由河北省水利工程局第一工程处承建。

4月30日，承德地区行政公署第二次常务会议研究，根据上级有关部门关于滦河上游水土保持重点防治的要求，同意承德地区行政公署水利局更名为承德地区行政公署水利水保局。

6月6日至20日，滦平、丰宁两县先后两次遭受较为严重的暴雨灾害，其中6月10日滦平县西部的虎什哈、戴营和丰宁县南部的石人沟一带降大暴雨，日降雨量在100毫米以上，最大降雨量虎什哈267毫米，潮河滦平县戴营水文站最大洪峰流量1940立方米秒，接近200年一遇洪水。滦平县有27个乡镇受灾，受灾面积12.6万亩，直接经济损失9495万元；丰宁县13个乡镇受灾，受灾面积10.64万亩，直接经济损失4300万元。灾情发生后，河北省副省长张润身带领工作组到滦平、丰宁两县检查灾情，慰问受灾群众。

6月8日至10日，海河水利委员会在内蒙古自治区太仆寺旗召开滦河潘家口水库上游水土保持重点防治区第一次会议，参加会议的有天津、河北、内蒙古三省市区及有关六地市水利局局长、18个县（旗）政府领导和水利局长。水利部同意将滦河潘家口水库上游地区列入国家水土保持重点防治区，从1991年起开始实施重点治理。领导小组审查批准了滦河上游水土流失防治总体规划，承德地市8个县3个区全部被列为重点防治区内。

6月11日，承德地区滦河流域水土保持重点防治区工作会议在丰宁县召开，参加会议的有承德地区7县主管农业副县长、水利水保局负责人，水保股长等25人。会议研究贯彻落实在内蒙古太仆寺旗召开的“滦河上游水土保持重点防治区第一次会议”精神。

7月2日，地委组织部通知：张凤林任承德地区水利水保局党组书记；免去马龙田党组书记职务（保留党组成员职务）。

7月5日，承德地区行署人事局通知：张凤林为地区水利水保局局长；王维国为总工程师（副处级）；马龙田为调研员，同时免去水利水保局局长职务。

7月8日，经地区行署同意成立“水利基本建设工程质量监督站”，为事业单位。

7月21日，承德市编委批复承德市水利局成立水土保持工作站，为科级事业单位。

同日， 承德市政府任命付道柱为市水利局副局长。

7月29日，承德市政府成立“承德市滦河上游水土保持重点防治领导小组”，副市长王永泰为组长，政府副秘书长范文祥、水利局副局长赵德峰为副组长。

9月23日，地委组织部通知，免去吕东明地区水利水保局纪检组长、党组成员职务（调出地区水利水保局）。

同日，承德地委组织部通知：崔献峰任承德地区水利水保局党组成员。

同日，地区人事局通知：崔献峰任地区水利水保局副局长。

9月29日，承德市秋窝水电站开工建设。秋窝水电站位于双桥区大石庙镇秋窝村上游滦河干流上，共装3台机组，总装机容量2630千瓦（2×1000+630），设计年发电量1526万千瓦时。批复修正概算投资2378.78万元，其中电源建设投资为2197万元。由于建设资金不到位，1994年10月停工建设。1997年底，在市政府协调下，承德光大农业发展有限责任公司与承德市水电开发有限服务公司达成联合开发建设秋窝电站的协议，共同出资组建承德光大水电开发有限责任公司，负责秋窝水电站建设，并改称光大水电站。1998年5月，电站恢复开工建设，1999年12月电站工程全部竣工，共完成总投资3160万元。2000年2月，最后一台机组投产发电。光大水电站现为股份制企业，由承德光大农业发展有限责任公司控股。

10月，承德市机构编制委员会批复：同意市水利局设8个科室，为秘书科、农水科、工管科、水资办、水政科、水利工作站、橡胶坝管理处、水保工作站。

12月21日，地委组织部通知，刘广义任地区水利水保局纪检组长、党组成员。

是年，河北省第二届农田水利基本建设“海河杯”竞赛，隆化县获一等奖，平泉县获二等奖，滦平县为成绩显著县，有3个乡（镇）获先进乡（镇）称号，受到省政府表彰和奖励。

是年，全区7个县都成立了河道管理所，建立健全了河道管理机构。

1992年

2月14日，经地区行署水利水保局研究确定，滦平、丰宁两县为河北省首批开展水土流失预防监测试点县。

2月20日，地区组织部批复刘广义任地区水利水保局监察室主任。

2月21日，承德市政府任命康巨忠为市水利局副局长（同时兼任工管科科长）。

2月26日，地编委通知：同意在地区水保科研所增挂“承德地区水土保持工作站”牌子，实行一套机构两块牌子。

3月3日，地委组织部通知：靳怀成任承德地区水利水保局党组成员。

3月9日，地区人事局通知：靳怀成任承德地区水利水保局副局长（试用期一年）。

3月12日，根据全省水土流失预防监督工作会议统一部署，滦平、丰宁两县被确定为河北省水土保持执法试点县。

3月25日，地区行署水利水保局第五期《水利简报》报道：全区7个县已有6个县建立了县级抗旱服务中心站，购置各种抗旱灌溉机具360台套，抗旱灌溉服务人员达77人。

4月7日，承德市机构编制委员会通知：同意市水利局增设水保预防监督站。

5月15日，承德地直工委批复：同意地区行署水利水保局改选后的党委书记为刘广义，免去李基方党委委员职务。纪检书记为刘广义；免去吕东明纪检书记职务，吕东明调出水利水保局。

6月6日，行署办公室通知：为适应工作需要，地区行署决定启用“河北省承德地区农田水利基本建设指挥部办公室”和“河北省承德地区抗旱指挥部办公室”。

8月3日至4日，国务院副总理田纪云，在财政部副部长项怀诚、河北省副省长张润身、承德地委书记胡振国陪同下，考察丰宁县坝上生态农业项目区工程建设。田纪云在考察中叮嘱各级干部：“搞好坝上生态农业建设工程，既造福于人民，又改善生态环境，北京人民也受益，你们要带领群众大干。”

8月7日，承德市政府任命于连海为市水利局副局长（同时兼任秘书科科长职务）。

8月9日，承德市委组织部任命于连海为市水利局党组成员。

8月28日，地区编委批复：同意地区水利水保局增设老干部科。

9月17日，地编委批复：同意地区水利水保局设立水利基本建设工程质量监督站，与工管科实行一套机构两块牌子，不增加编制。

10月5日，承德市委组织部任命齐树昌为市水利局党组书记，万福禄为局党组成员；免去段忠党组书记职务，为正处级调研员。

10月6日，承德市政府任命万福禄为市水利局副局长。

1993年

3月8日，地编委通知：经地区行署1993年3月4日会议研究确定，将地直副局级行政事业单位内设科室均由副科级按正科对待，其中庙宫水库原内设科室均按正科级对待，按规定办理相关手续。

4月5日，地区行署任命：张凤林任承德地区主任水政监察员；李基方、崔献峰、靳怀成、王维国、李革生为承德地区副主任水政监察员。

4月6日，承德市政府任命齐树昌为承德市水利局局长。此时，局班子组成情况为：局党组书记：齐树昌。副书记：刘喜。成员：赵德峰、負学愚、付道柱、于连海、万福禄组成。副局长：刘喜、赵德峰、付道柱、康巨忠、于连海、万福禄。总工程师：負学愚。

4月29日，承德市八届人大常委会第二次会议任命齐树昌为承德市水利局局长。

6月，承德地区行署水利水保局局长张凤林调河北省水利厅任职。

6月，承德地、市合并，新的市级领导机构正式办公。承德地、市合并后，组建了新的“承德市水利局”，局长：齐树昌。副局长：崔献峰、刘喜、李基方、万福禄、于连海、靳怀成。纪检组长：刘广义。负学愚、王维国为总工程师。局党组由书记：齐树昌。副书记：崔献峰。成员：刘喜、李基方、万福禄、于连海、靳怀成、刘广义、負学愚、王维国组成。监察室主任：刘广义。局党委书记：刘广义。

7月30日，河北省水利厅批复宽城县三旗杆水库定为中型水库。该水库于1975年由承德地区水利局批准修建，原设计为小一型水库，总库容990万立方米，后在水库除险加固中将坝顶高程由174米加高到175米，将溢兴道堰顶宽度由35米扩至47米。水库设管理所，负责水库及灌区管理工作，人员编制暂定10人。

8月13日，市编委批复：同意市水利局机关设行政科室11个，人秘科、农田水利科、水土保持科、工程管理科、科教科、水政科、水资源管理办公室、计财科、移民迁建办公室（代管）、老干部科、总工办公室。保留机关事业单位3个，水土保持工作站（机关事业单位）、水利基本建设工程质量监督站（机关事业单位）、水利工作站（机关事业单位）。局直属单位有：小水电技术开发服务中心、水利物资供应站、水利实业开发中心、水利水电勘测设计处、水土保持科学研究所、水力机械工程处、武烈河橡胶坝管理处、庙宫水库管理处（县处级单位）8个下属科级单位。

12月8日，根据地编委通知精神，经组织部审核批准，承德市庙宫水库机构科室升格单位（科室）有：办公室、工程科、财务科、水文站、派出所、医院、电站、水管所、开发部。

1994年

1月，市委组织部任命：马光为市水利局党组成员。同日，市政府任命：马光为副局长。

7月12日至13日，承德全市普降大暴雨，个别地方降特大暴雨。降雨量由北往南逐渐增大，围场86毫米，丰宁93毫米，隆化下河南171毫米、荒地199毫米，滦平县安纯沟门177毫米、戴营232毫米，承德市区169毫米，承德县下板城167毫米、上谷152毫米，宽城县160毫米，兴隆县李营204毫米、六道河305毫米，兴隆县城316毫米，为最大降雨。全市平均降雨量136毫米。全市各主要河流均暴发洪水，滦河干流三道河站洪峰流量784立方米/秒，伊逊河韩营站洪峰流量634立方米/秒，武烈河承德市站洪峰流量1420立方米/秒，老牛河下板城洪峰流量878立方米/秒，柳河李营站洪峰流量2120立方米/秒，瀑河宽城站洪峰流量1590立方米/秒。根据推算，滦河潘家口水库入库洪峰流量达9500立方米/秒。本次暴雨使全市8个县3个区普遍遭受洪水灾害，承德市区、承德县、兴隆县、宽城县和营子区灾情最为严重，铁路、公路、通讯、供水、供电中断，大面积农田被冲，水利工程设施遭受严重破坏，大批企业停工停产，人民生命财产蒙受巨大损失。全市农田受灾面积265万亩，成灾面积184万亩，冲毁耕地69.2万亩 ，绝收农田面积62万亩，冲毁树木628万株，冲走牲畜4.7万头，损失粮食263万公斤。全市河道堤坝决口386处，冲毁堤坝384.7公里，损坏堤防1855.7公里 ，5座中型水库和46座小型水库工程遭受不同程度损坏，12座小水电站被水淹，损坏灌溉渠道510公里、渠道桥涵1132座、机电井3342眼、机电泵站431座、人畜引水工程1658处。全市共倒塌房屋29484间、损坏房屋92218间，水冲沙压死亡83人、重伤81人、失踪9人。仅兴隆县就死亡27人、重伤37人、失踪6人，上石洞乡张才一家及亲友13人全被泥石流埋压而死。全市各项直接经济损失总计达21.6亿元。

7月16日，河北省副省长顾二熊，受省委书记、省长委托，代表省委、省政府到承德洪水灾区慰问受灾群众，先后到宽城、平泉、承德县察看灾情，并听取了市委、市政府的灾情汇报。

7月20日，国家防汛总指挥部副司长俞衍升等一行6人，在省防汛办公室主任张凤林等陪同下，前往承德、兴隆、宽城县灾区进行慰问检查。

7月22日，国务委员、国家防汛总指挥部副总指挥陈俊生，带领国家计委、经贸委、民政部、内贸部、防汛办公室、国务院办公厅等六部委负责人，在省长叶连松、副省长顾二熊及承德市领导的陪同下，先后到兴隆县和宽城县洪水灾区进行视察和慰问，并听取了市委、市政府关于洪水灾害的全面汇报。

7月27日，省委副书记李炳良到兴隆县洪水灾区进行考察，对兴隆县的抗洪救灾工作给予很高评价。

8月8日，承德市市长柳宝全在全市抗洪救灾工作会议上做重要讲话，对全市抗洪救灾工作进行了全面安排部署。

9月20日，市编委批复：根据工作需要，经研究同意“市水土保持工作站”更名为“承德市水土保持预防监督工作站” 。

10月4日，市委组织部通知：刘尚奎任承德市庙宫水库管理处党总支书记。

是年，承德“7·13”特大洪水灾害之后，得到省内四面八方的支援，张家口市派代表专程送来25万元捐赠物资和25万元赠款，石家庄、邯郸、沧州、衡水、唐山等地市也很快筹集到巨款和物资专程送到承德。省交通系统拨付国家、省级干线救灾款1500万元，并联合11个地市交通部门捐款1658888元。

是年，经河北省人民政府批准，伊逊河庙宫水库上游地区被列为省级水土保持重点治理项目，每年治理水土流失面积100平方公里。

是年，承德市水利局被承德市委、市政府授予“抗洪救灾先进集体”称号，被省政府授予“抗洪救灾先进单位”称号。

1995年

7月15日，国家环保局局长解振华，天津市人大常委会副主任刘文蕃、副市长王德惠，率队到丰宁县滦河源头小梁山考察，出席“滦河源头保护纪念碑”揭幕仪式，纪念碑上刻有“保护滦水，造福人民”的碑文。

7月28日至29日，全市除围场县外，其他各县降大到暴雨，平均降雨量89毫米，兴隆县半壁山降雨224毫米、李营降雨185毫米，宽城县降雨183毫米，平泉县党坝降雨145毫米，承德县上谷降雨164毫米，瀑河、柳河、洒河相继涨水，瀑河宽城站最大流量1430立方米／秒，柳河李营最大流量539立方米／秒，洒河兰旗营最大流量512立方米／秒。8月1日至2日，全市降大到暴雨，平均降雨量76毫米，兴隆县降大暴雨，暴雨中心几乎与7月28日至29日降雨相同，兴隆县老虎沟水库降雨量183毫米、半壁山降雨177毫米、兰旗营降雨122毫米、石庙子降雨143毫米，宽城县降雨

86毫米，平泉县党坝降雨95毫米，洒河、瀑河又涨水，洒河兰旗营洪峰流量700立方米/秒，瀑河宽城站洪峰流量500立方米/秒。全市共有7个县、89个乡镇、840个村、57.9万人受灾，受灾农田面积90.9万亩，倒塌房屋2866间，死亡18人，伤671人，死亡牲畜4840头，250个工矿企业停产，京承铁路洞庙河处中断运行1次3小时，公路、供电、通讯、水利等设施损毁严重。

10月14日，市政府任命：延怀玲为承德市庙宫水库管理处处长（副县级）。

是年，经市政府批准，承德市水利局增设"承德市水土保持预防监督工作站"。

1996年

3月11日，承德市机编委批复：同意承德市水利局成立"承德市秋窝水力发电站"，为科级事业单位，自收自支。

6月，承德市水利局农水科被省政府授予山区人畜饮水先进单位。

7月18日，承德市水利局党组通知：为做好水利系统文件资料定密工作，根据市保密委员会要求，成立市水利局定密领导小组，组长齐树昌兼任。

7月19日至23日，丰宁县凤山、大阁、选将营、南关、土城、五道营6个乡镇相继遭受洪雹灾害，有49个村、9199户、36796口人受灾，受灾耕地面积74249亩，倒塌房屋295间，死亡5人，冲毁树木2万株、河坝11800米、公路84公里、桥涵6处，冲泡损失粮食5.8万公斤、衣物1000余件、输电线路1000米，直接经济损失4000万元。

9月23日，丰宁县政府与北京华北电力实业总公司签署联合开发丰宁水电站协议。协议规定：丰宁水电站以股份制形式联合开发；对开发后的丰宁水电站，丰宁县将给予水面综合开发利用权，享有库区以下滦河丰宁段水能梯级开发优先权，并在近几年内享有免缴水资源费的优惠政策；建设资本金主要由华北电力实业总公司承担，另一部分由丰宁县以土地资源入股形式解决，不足部分由双方共同努力，用贷款加以解决。

12月30日，市政府任命，兰德龙为市水利局副局长。

12月31日，市委组织部通知：兰德龙任市水利局党组成员。

是年，经省水利厅、教委、计委批准，承德市水利局委托双滦职教中心开办水利中专班，定向招收具有初中文化程度的市县水利系统职工子女，学制3年，中专待遇。共举办两期，1996年、1997年各招收50人，共100人。

1997年

6月28日，承德市第一个县级水务局——宽城满族自治县水务局成立，河北省水利厅厅长李志强、承德市副市长袁福参加成立仪式并为水务局揭牌，承德市八县三区及省内友好市县来宾200多人参加了揭牌仪式。

6月，承德市防汛抗旱办公室与国家防总、省防汛抗旱办公室电子邮件传输系统和水情公用数据交换网及卫星云图联网开通。

7月22日，省水利厅、计委、扶贫办批复，同意将桃林口水库上游宽城县、平泉县的青龙河流域列为河北省水土保持重点防治区，从1997年开始实施。

7月26日，下午4时至5时，承德县大黑山脚下的头沟镇、高寺台镇、三沟镇、仓子乡和岔沟乡遭受暴雨和洪水袭击，1个小时降雨67毫米，农田成灾面积4.9万亩，绝收面积2.1万亩，冲光地板500亩。

7月28日至8月1日，隆化县连降暴雨，降雨量达198.8毫米。暴雨造成山洪暴发，全县受灾乡镇13个、56个行政村、近6万人，受灾耕地面积13.86万亩，冲毁护村护地坝3.22万米、公路51公里，损坏房屋650间，死亡牲畜200余头，发生泥石流16处。境内沙通铁路塌方3处，中断交通18小时，承赤西线公路被泥石流冲断8处，断交18小时。共造成直接经济损失2.7亿元。

7月31日14时至8月1日18时，滦平县降大到暴雨，降雨量110毫米至200毫米。全县农田受灾面积11.6万亩，死亡牲畜2302头（只），冲倒冲走树木1.2万株，损坏房屋4207间，倒塌房屋372间，有221户663口人无家可归。出现多处泥石流，泥石流压倒房屋压死2人、淹死1人。冲毁桥涵94座、乡村公路393.8公里，损坏输电、通信线路1.25万米、线杆157根，冲毁护村护地坝93.6公里，冲淤机井74眼，4家铁矿、矿厂停产，冲走铁精粉20吨，损坏砖坯200万块。全县直接经济损失5917万元。

8月28日，市委组织部通知：任命富东升为承德市庙宫水库管理处党总支委员、书记；免去刘尚奎庙宫水库管理处党总支书记、委员职务（保留副处级待遇）。

10月20日，在河北省水利工作会议上，隆化县荣获河北省1997年度农田水利基本建设“海河杯”竞赛一等奖，这是该县连续第7次捧得“海河杯”。

11月11日，市政府通知，徐宝寅为承德市潘家口水库移民迁建办公室主任（正处级）；于连海、刘尚奎任承德市潘家口水库移民迁建办公室副主任（副处级）。免去于连海市水利局副局长职务。

12月21日，省水利厅便函批复承德市青龙河桃林口水库上游水土保持重点小流域治理规划。首批规划包括宽城县8条小流域，从1997年开始实施。

是年，承德市水利局完成《武烈河流域综合治理规划》，该规划对承德市区防洪问题提出了两套方案，一是在武烈河上游3条主要支流分别修建二龙山、龙凤洞、孤山3座中型水库；二是控制武烈河干流，修建双峰寺（小庙子坝址）水库。规划从当时社会经济条件考虑，认为双峰寺水库涉及移民和铁路、公路改线问题，解决难度较大，规划报告推荐了3座中型水库组合方案，其中二龙山、孤山两座水库被列入《关于加强海河流域近期防洪建设的若干意见》实施方案中。

1998年

4月21日，河北省水利厅批复，同意对拟建的丰宁水电站暂免征水资源费，免征期限为十年。

7月5日至6日，丰宁、兴隆、滦平、承德县遭受特大暴雨洪水袭击。丰宁县暴雨持续16个小时，17个乡镇严重受灾，中南部潮河出现60年未遇的特大洪水；兴隆县20个乡镇普降暴雨，局部地区山洪暴发，出现泥石流、山体滑坡、人员伤亡等现象；滦平县15个乡镇150个行政村近20万人受灾；承德县普降中到大雨，10个乡镇100个行政村3.04万人受灾，隆化县有16571户6.37万人受灾；营子区也遭受暴雨袭击。

7月7日，市长傅贵武带领市直有关部门负责人到丰宁、滦平两县查看灾情。

7月17日至20日，副省长郭庚茂带领省政府有关部门负责人，先后到丰宁、滦平、兴隆等县查看灾情，慰问灾民，指导救灾工作。

8月28日，丰宁水电站开工建设。该电站为混合开发方式，枢纽工程包括水库拦河坝、溢洪道、泄洪放空洞、电站引水隧洞和电站厂房等建筑物。枢纽工程位于丰宁县滦河干流上，水库坝址位于四岔口乡永利村（原牛圈子村）上游1公里处，电站厂房位于苏家店乡干沟门村北湾自然村下游（距水库坝址约10公里）。水库设计总库容7199万立方米，水电站装机容量2万千瓦（2×10000千瓦），设计年发电量3095万千瓦时。电站输水隧洞总长4466米。水电站主要任务为调峰发电，水库不承担防洪、灌溉任务。工程总投资21544万元。工程施工由中国水电第九工程局中标承建，2000年11月18日下闸蓄水，2001年12月13日全部竣工投入试运行，2004年11月通过竣工验收。

11月10日至16日，开展全市农田水利基本建设联查。副市长袁福带领市直农业口部门负责人及八县主管农业副县长，对八县农建工作进行了大检查。

1999 年

2月24日，市长傅贵武签发承德市人民政府第1号令，发布《承德市武烈河市区河道管理办法》。该办法共30条，自发布之日起实施。

3月8日，市委市政府召开武烈河市区河道综合整治动员大会，动员驻市部队和各部门、各单位，集中时间、集中精力，打一场综合整治武烈河市区段河道的总体战，彻底改变市区河道脏乱状况。市长傅贵武讲话，要求把综合整治武烈河作为改善城市环境、加快旅游业发展和提高城区武烈河防洪能力的一件大事来抓。

3月12日，市编办批复：同意“承德市武烈河橡胶坝管理处”增挂“承德市武烈河河道管理处”的牌子。

3月16日，隆重举行武烈河市区河道综合整治开工誓师大会，副省长郭庚茂，省水利厅长李志强，市长傅贵武，驻承某部队首长李世明少将，张鼎文少将，任志通少将，承德军分区政委王登铭大校等军地领导出席大会。李志强、傅贵武在大会上讲话，宣布武烈河市区段河道综合整治工程正式开工。

4月15日，市委、市政府办公室转发团市委等五部门实施《承德市保护母亲河行动方案》。

5月26日至27日，由水利部水文水资源司司长吴季松、海委水资源保护局局长赵光率领的水利部首都供水保障调研组到承德市调研。座谈会上提出为搞好首都用水供水应进一步采取的措施和需要国家、北京市给予支持的意见和建议。调研组在省水利厅副厅长韦子健和承德市领导陪同下，到丰宁、滦平两县潮白河流域进行了实地考察。

6月10日，承德市编委批复成立承德市水土保持生态环境建设局，由市水利局一名副局长兼任局长，暂定编制5人。

8月6日，市政府发出紧急通知，要求动员一切力量抓紧做好抗旱工作。通知指出，6月中旬以来，全市大部分地区持续高温，干旱少雨，造成严重“卡脖旱”，农业生产遭受严重损失。全市8县3区普遍受灾，涉及156个乡镇、1625个村、220万人，农作物受灾面积316万亩，成灾面积252万亩，其中绝收面积78万亩。因干旱使40万人、15万头大牲畜发生严重饮水困难。因灾预计减产粮食4.2亿公斤，造成直接经济损失5.6亿元。

8月16日至17日，由水利部海委和省防汛抗旱指挥、财政厅、水利厅、计委、民政厅等部门组成的国家和省政府抗旱救灾工作组到承德察看灾情，指导抗旱救灾工作。工作组成员由水利部海委副主任郭全和省计委副主任刘大水、水利厅副厅长韩乃义、民政厅副厅长陈先琴等主要领导组成。

8月17日，市政府任命宋秀清为市水利局总工程师。

9月4日至6日，省委书记叶连松带领省委秘书长张群生及省计委、财政厅、民政厅、水利厅、农业厅、扶分办的负责人，在承德市领导傅贵武、赵文鹤、袁福等陪同下，先后到承德、平泉、滦平、丰宁4县查看灾情，慰问受灾群众。

10月15日，承德市区武烈河第三道橡胶坝工程开工建设。该坝址位于武烈河铁路桥上游约400米处、市体育馆附近，属于总体规划中的第三道坝址。该工程总投资780万元，其中由承德露露集团投入500万元，2000年5月31日全部竣工。

12月，宽城县双洞子水电站开工建设。双洞子水电站位于宽城县龙须门镇骆驼场村附近瀑河干流上，为日调节低坝径流引水式电站。电站装机2台，装机容量800千瓦（2台×400千瓦），设计年发电量357.91万度，工程预算投资661万元。2000年12月25日，电站工程全部竣工并网发电，完成总投资1099万元，其中国家投资131万元、银行贷款400万元、自筹568万元。

1999年末承德市统计局统计公报显示，1999年全市遭遇了严重旱灾，农作物受灾面积达到396万亩，占播种面积的75.4%，全年粮食总产量

624429吨（折合6.25亿公斤），比1998年减产57.8%。油料、干鲜果品和蔬菜也都有大幅减产，分别减产40.5%、35.5%和21.5%。

2000年

4月25日，承德市编委批复，同意成立承德市水政监察支队，为市水利局所属事业单位，支队长由市水利局一名局领导兼任，核定事业编制5人，所需人员由市水利局机关内部调剂解决。支队下设两个水政监察大队，即武烈河橡胶坝管理处增挂“武烈河河道管理处水政监察大队”的牌子，在庙宫水库增挂“庙宫水库水政监察大队”的牌子。

5月12日，中共中央政治局常委、国务院总理朱镕基，在水利部部长汪恕诚、农业部部长陈耀帮、国家计委副主任刘江、国家环保总局局长解振华、中财办副主任段应碧、中财办副主任马凯、国家林业局局长王志宝、国研室副主任魏礼群、首长办公室主任李伟等陪同下，在丰宁县考察防沙治沙工作。朱镕基总理一行先后考察了土城镇三间房村小流域治理和小坝子乡土地沙化现场。朱总理在考察中指出，北方频繁发生的沙尘暴天气，直接原因是气候异常，但重要的原因是北方一些地区毁林毁草开荒，草原过度放牧，植被遭到严重破坏，生态环境日益恶化，造成了土地沙化不断扩大。加快防沙治沙，加强生态环境建设，既是一项重大而紧迫的任务，也是十分艰巨的工作，要认真总结经验教训，根据新形势、新情况，进一步明确工作思路，坚持保护优先、预防为主、防治结合、统筹规划、综合治理、突出重点、分步实施，特别要完善机制，加强法制，实行严格的责任制。河北省委书记叶连松、省长钮茂生、省委常委秘书长张群生、副省长郭庚茂、省政府秘书长赵铁练、承德市委市政府领导傅贵武、赵文鹤、袁福等陪同视察。

6月9日至10日，中共中央政治局委员、北京市委书记贾庆林，北京市长刘淇、副市长岳福洪，在省委书记叶连松、省长钮茂生陪同下，就保护首都水源及防沙治沙情况到承德进行考察。贾庆林一行在丰宁县考察了潮河源，并听取了该县的汇报，对丰宁县为涵养潮河水源所做的贡献给予充分肯定。在瓦窑沟村潮河源希望小学，贾庆林等领导参加了捐赠教学用品的仪式。贾庆林代表北京市委、市政府和北京人民向丰宁县人民表达了感激之情。他指出，生态建设需要有全局意识，需要有全流域观点，上下游共同谋划，打一场团体战。生态环境建设也需要共同努力，水污染问题要三家共同努力。要针对现在生态建设与以前不同的特点，把富民与绿化有机地统一起来。北京将积极支持丰宁的生态环境建设，在经济发展的基础上，共同治理好环境，实现持久和共同发展。贾庆林一行还考察了承德市区，听取了市委、市政府的情况汇报。在听取汇报后，贾庆林指出，第一，河北省以大局为重，实施保护首都护城河工程，维护了首都的稳定，减轻了北京的压力，为保证首都社会治安做出了重要贡献；第二，河北省为保护北京水源和防洪做出了贡献，保证首都固若金汤；第三，河北是首都的副食品基地，支持了首都的产业升级；第四，河北已成为北京旅游休闲基地；第五，河北为北京建设生态屏障，河北的生态工程首先使北京受益。

6月27日，近日市委、市政府领导傅贵武、赵文鹤、袁福分别深入滦平、隆化、围场、丰宁等县对防沙治沙工作进行专题调研。

6月，全市大部分县区持续高温少雨，继1999年又遭受前所未有的严重干旱。6月1日至18日，全市平均气温比历年平均值高0.9℃～2.5℃，持续35℃以上高温天气出现两次5天，同期各县区降雨量比历年平均值偏少7成以上。7月13日，承德市区气温最高值达到41.6℃，达到历史极值，比历史最高气温1955年7月24日温值41.5℃高出0.1℃，武烈河从春季至汛期基本断流，避暑山庄湖区干涸68天无水，滦河出现了历史上从未有过的断流现象，断流时间长达100多天。

7月14日，承德市有关部门进行人工增雨演练，在双桥区狮子园西沟利用火箭发射架成功发射两枚人工增雨火箭炮，市领导傅贵武等参观了演练。

7月15日，国务院副总理温家宝在省领导陪同下到潘家口水库考察。在考察中听取了赵文鹤市长关于水库上游水土保持及宽城、平泉等县遭受重大旱灾情况的汇报。

7月15日至16日，副省长郭庚茂带领省有关部门负责人先后到宽城、平泉、承德等县的十几个乡镇视察抗旱救灾情况。

7月21日，入夏以来，高温少雨，避暑山庄湖水干涸，严重影响了自然景观。近日，驻承某部队官兵、市直部分单位和老干部纷纷组织清挖湖泥，共清挖湖泥800余立方米。

8月1日至3日，省委书记王旭东及省委秘书长张群生、副省长郭庚茂带领省计委、水利厅、民政厅负责人，在市委书记傅贵武、市长赵文鹤陪同下，先后到宽城、平泉、承德、隆化、围场5个县考察灾情，慰问受灾群众，并就农业结构调整和坝上地区生态环境建设进行调研。

8月8日，市委常委会议研究决定，将承德市水利局更名为承德市水务局，更名后市水务局除承担原市水利局职能外，将全市水资源管理（包括城市水资源管理）职能划归市水务局。随着职能的调整，将承德市节水办公室由市公用事业局成建制改由市水务局管理。

8月11日，市委、市政府作出《关于建设环京绿色屏障的决定》。决定指出，全市风蚀沙化面积达1129万亩，仅丰宁、围场两县就有移动沙丘260个，每年向前推进8米～28.8米，不断侵蚀着耕地和村庄；有1374万亩草场退化；有2.1万平方公里水土流失面积急需治理，占全市总面积的57%；还有926万亩荒山没有绿化。

8月13日至14日，省长钮茂生在市委书记傅贵武、市长赵文鹤、副市长袁福等陪同下，先后到围场、隆化县考察灾情，并就农业结构调整和坝上生态建设、旅游、城市建设等进行了调研。

8月31日，齐树昌任承德市水务局党组书记，刘广义任纪检组长。

9月4日，市政府通知，鉴于承德市水利局已更名为承德市水务局，市政府决定任命：刘喜、李基方、万福禄、兰德龙为承德市水务局副局长，宋秀清为总工程师，其原任职务自行免除。

9月7日，市编委批复："承德市防汛抗旱指挥部办公室"调整为副处级规格，负责全市防汛抗旱日常工作，编制13人，财政拨款。

9月16日，承德市水务局在承德山庄宾馆举行承德市水务局成立揭牌仪式大会，参加大会的有水利部水资源司司长吴季松、省水利厅厅长张凤林、副厅长梁建义及全省各兄弟市水利局的领导。承德市水务局是在全省率先成立的第一个市级水务局，承德市水务局的成立，昭示着水务行政管理揭开了新的一页，迈出了新的一步，是由工程水利向资源水利、由传统水利向现代化水利过渡的重要标志，是承德市水利史上的一件大事。

同日，河北省水利厅在承德市山庄宾馆召开全省水政水资源暨水务工作会议，全省各市水利局长、主管副局长和水政水资源办主任参加会议，水利部政策法规司处长郭永胜应邀参加会议。

9月28日，天津市向宽城、兴隆县捐赠500万元救灾款物。天津市委副书记、市政协主席房凤友，天津市委常委、常务副市长扬新威，天津市政府副秘书长刘红升，河北省副省长郭庚茂，省民政厅副厅长王大印，承德市长赵文鹤，副市长袁福和两省市有关部门负责人出席了捐赠仪式。两省市领导还慰问了部分重灾农户。

9月29日，市人大十届常委会第20次会议决定，任命齐树昌为承德市水务局局长，免去其原水利局长职务。

11月1日，河北省水利厅表彰2000年度农田水利基本建设"海河杯"竞赛先进县，隆化县获一等奖，承德县获二等奖。

11月16日，保定市向承德灾区人民捐款30万元、面粉15万公斤，捐赠仪式在山庄宾馆举行。承德市政府向保定市委市政府赠送了匾牌。

11月28日，廊坊市向承德市灾区捐赠面粉

20万公斤，捐赠仪式在山庄宾馆举行，廊坊市委副书记宋长瑞、副市长张素珍及承德市委副书记张国斌、副市长袁福出席了捐赠仪式。

11月29日，承德市区武烈河防洪坝建设及体育馆周围环境改造工程动员大会召开。根据《中华人民共和国防洪法》的有关规定和省政府对武烈河防洪规划的批复，市政府决定拆除挤占武烈河道的一切违章建筑，修建防洪坝，使之达到国家防洪要求，并在建设防洪工程的同时，对新建防洪坝沿线西侧及体育馆周围区域进行环境改造，建设体育娱乐设施。市委书记傅贵武就拆迁施工工作提出要求，市长赵文鹤分别与各责任单位签订了责任状。

12月8日，市政府通知，任命杨荣林为市水务局副局长，李国栋为市水务局调研员。

12月19日，市政府通知，任命李革生为市防汛抗旱办公室主任。

12月21日，在全市专项人畜饮水项目工作会议上公布，国家计委和水利部批准承德市2000年至2003年《农村人口饮水项目可行性报告》，把解决承德农村人畜饮水困难列入了国家财政预算内基本建设项目。省计委和水利厅批准承德市在2000年实施投资总额为1333万元的农村人畜饮水项目，共兴建778处人畜饮水工程，彻底解决3.95万人的饮水困难问题。

是年，国家启动防沙治沙规划，实施京津风沙源治理工程。京津风沙源治理工程是国家在承德实施的重点生态环境建设工程，涉及范围为承德市的八县三区及境内的省、市属农、林、牧场和自然保护区；主要内容为林业建设、草场建设、小流域综合治理、水源和节水灌溉工程、禁牧舍饲、生态移民工程、退耕还林工程等共7项。

是年，承德市统计局统计公报显示：2000年全市再度遭受特大旱灾，农作物受灾面积达464万亩，其中80%绝收，粮食总产量仅33.35万吨（折合3.34亿公斤），比1999年减产46.6%。油料减产72%，干鲜果品减产30.1%，蔬菜减产37.2%。

2001年

5月23日，国务院正式批复实施《21世纪初期（2001-2005）首都水资源可持续利用规划》（以下简称《首水规划》）。《首水规划》涉及密云、官厅水库上游两省（河北、山西）的四个市（河北省承德、张家口，山西省大同、朔州）和北京市全部辖区。其中涉及承德市丰宁、滦平、兴隆、承德四个县的潮白河流域28个乡镇、313个村，总面积6109平方公里。规划项目内容包括水土保持综合治理项目、节水项目、京承水资源保护生态农业经济区建设项目、水污染治理项目、潮河上游承德项目区水资源监控与管理系统项目，共5个大项18个子项目，项目总投资15.3117亿元，其中水利项目投资9.8亿元。投资全部由中央资金安排，按基建程序实施动态管理。到2005年底，承德水土保持项目累计完成小流域综合治理面积456.69平方公里，完成投资13816万元，完成坡改梯及水源工程建设22.38平方公里，完成投资2473万元；完成河流生态恢复和建设项目堤岸护砌31.29公里，完成投资3441.99万元。

7月8日，宽城县大桑园水电站开工建设。大桑园水电站位于宽城县瀑河下游干流上，拦河坝位于化皮六子村附近，电站厂房位于大桑园村头道河子自然村东，为低坝径流引水式电站。电站选用2台水轮机组，共同配套1台发电机组，装机容量2200千瓦，设计年发电量897.7万千瓦时，电站总体工程批准初步设计概算总投资2229.7万元。2003年12月，电站工程全部竣工，实际完成建设投资2149万元，2004年3月运行发电。

9月，承德市区武烈河第五道橡胶坝工程开工建设。该工程位于武烈河大桥下游700米处、牛圈子沟旱河口上游侧，属于总体规划中的第五道坝址。该橡胶坝工程总投资1167万元，2002年5月底主体工程完工，2002年10月底立坝蓄水。

11月，隆化、滦平、宽城三个县被国务院批准为“十五”期间全国400个水电农村电气化县之一。

12月6日，承德市水务局水利物资供应站职工赵佩强、胡卫东、孙利3人因公驾车去承德县下板城返回途中，遇3名歹徒行凶抢劫一辆夏利出租车，3人毫不畏惧，机智勇敢，采取果断措施，迫使歹徒终止实施罪行，积极报警抓捕罪犯，并及时将受到伤害的出租车女司机送到医院救治，避免了一起重大抢劫事件的恶性发展。12月12日，承德市水务局党组做出决定，授予3人“见义勇为先进个人”称号，各奖励1000元。2002年3月14日，河北省水利厅精神文明建设指导委员会授予该3人“见义勇为优秀职工”荣誉称号。

2002年

2月5日，市委组织部通知，免去李基方、刘喜市水务局党组成员职务，免去刘广义市水务局纪检组长、党组成员职务。

5月10日，承德市水务局关于钮茂生省长来承德考察情况报告称：5月初，省长钮茂生陪同国家领导人姜春云考察了承德，对承德市武烈河综合治理工作非常满意，特别是对省支持修建的武烈河第二至第五道橡胶坝和新建武烈河右岸旅游桥以下697米长的钢筋砼防洪坝大加赞赏。指出还应在适当位置多建几道橡胶坝，用以改善和提高城市总体环境。

6月12日，市政府通知：任命都显儒为承德市潘家口水库移民迁建办公室副主任。

6月19日，承德市机构编制委员会（简称“编委”）批复，同意成立承德市二龙山水库筹建处，暂定为科级单位。12月6日，市编委通知，经市委常委会议研究决定，“承德市二龙山水库建设管理处”为副处级事业单位，原8名事业编制不变，核定处级领导职务2名。

7月12日，围场县钓鱼台水库除险加固工程正式开工建设。除险加固工程主要内容包括：溢洪道改建、新建输水发电洞、封堵原输水发电洞、大坝上下游坝坡加固、观测设施及管理设施更新完善改建、防汛路等项目。河北省水利厅批复工程总投资1243万元，其中中央补助750万元、省水利建设基金400万元、市级配套资金93万元，工程于2003年10月底竣工。

8月17日，市委组织部通知，宁树信任市水务局党组成员。孙华民任市水务局党组成员、纪检组组长。

8月26日，市政府通知，任命周新华为市水务局助理调研员。

9月2日，市政府通知，任命宁树信为市水务局副局长。

12月23日，市编委批复：同意成立“承德市庙宫水库除险加固工程建设管理处”，为事业机构，设在承德市水务局，在承德市庙宫水库除险加固工程领导小组领导下开展工作，工作经费由工程管理费中列支，工程验收合格后，管理处即行撤销。

2003年

1月15日，承德市《二龙山水库工程初步设计报告》上报省水利厅。水库以防洪、供水为主，兼顾灌溉和发电等综合效益，设计总库容6724万立方米，控制流域面积547平方公里。

1月23日，河北省实施首都水资源规划协调小组项目办公室表彰滦平县水务局和丰宁县水务局为“河北省实施首都水资源规划水利项目2001年至2002年度项目管理先进单位”。

3月25日，市委组织部通知，李相国任市水务局党组副书记，赵连国任市水务局党组成员，张玉华任二龙山水库建管处党支部书记（副处级）。

4月2日，承德市区武烈河橡胶坝第五道工程开工建设。该橡胶坝址位于避暑山庄东侧的武烈河上，属于总体规划中的第一道坝址。河北省水利厅批复工程总投资1400万元，其中省补助555万元，其余845万元由市自筹解决。2004年底主体工程基本竣工，管理房尚未修建。

4月10日，市政府通知：任命赵连国为市水务局副局长、庙宫水库管理处处长。任命延怀龄为市水务局助理调研员，免去庙宫水库管理处处长职务。

4月15日，市政府通知：任命于连海为承德市潘家口水库移民迁建办公室副主任。

4月18日至23日，李相国出席承德市十一届人大第一次全体会议，会议正式任命李相国为承德市水务局局长。

6月21日，承德市委书记赵文鹤，在市委常委、市委秘书长郑晓东，市水务局局长李相国的陪同下，视察双峰寺水库坝址，赵文鹤表示赞成双峰寺水库项目。

6月30日，市政府召开常务会议，专题研究双峰寺水库项目。会议听取了市水务局工作汇报和河北省水利水电勘测设计研究院的汇报。市政府正式决定停止二龙山水库工作，正式启动双峰寺水库前期工作

7月4日至5日，副省长柳宝全、省政府副秘书长赵国昌一行在承德考察防汛工作，先后考察了窟窿山水库、庙宫水库的防汛工作，考察了市区武烈河防汛和河道治理工程，听取了防汛工作汇报。市委副书记牟庆丰、市水务局长李相国陪同考察。

7月5日，河北省水利厅将双峰寺水库列入“河北省水利建设规划”。

7月8日，庙宫水库除险加固工程正式开工建设。除险加固工程主要内容包括：拦河坝加固、新建排沙洞、溢洪道修复加固、输水洞修复加固、泄洪洞修复加固、金属结构更新加固、电气设备更新完善、水电站更新改造、观测设施更新完善、防汛道路及照明建设、管理处房屋改建、水库防汛调度自动化建设和水文站观测设备等项目。除险加固工程初步设计报告由水利部河北水利水电勘测设计研究院编制完成，水利部海河水利委员会批复总投资9234万元，其中中央补助4610万元、省级配套3240万元、市级配套1384万元。2005年底，主体工程基本竣工。2005年10月1日水库正式蓄水投入运行，2006年6月2日水电站正式恢复发电。

7月21日至22日，市委副书记姜德果率领市水务局李相国、宁树信、宋秀清赴水利部汇报双峰寺水库工程项目。

8月11日至13日，水利部副部长索丽生、国家发改委处长关锡番、海委副主任户作亮等一行检查丰宁县潮河源工程。副省长宋恩华、水利厅厅长韩乃义陪同考察，李相国等参加会议。

8月22日，宽城县青龙河西梨园小流域被水利部、财政部命名为全国水土保持生态环境建设“十百千”第四批示范小流域工程。

8月，承德市水土保持科学研究所分别在丰宁、滦平和兴隆成立承德市水土保持生态环境监测分站，建设“21世纪首都水资源可持续利用水土保持规划”项目监测小区，6月开始建设，8月建成并观测使用。

9月15日，海委主任邓坚、副主任任宪韶，省水利厅副厅长梁建义等一行，视察承德水土保持工作。副市长于明，市水务局李相国、兰德龙、宋秀清等陪同。

9月21日，市委组织部通知，市委决定，李相国任市水务局党组书记，宋秀清、慕宏彪任市水务局党组成员。

9月22日，河北省水利厅通报表彰2003年度农田水利基本建设“海河杯”竞赛先进县（市），平泉县获全省“海河杯”竞赛先进县二等奖。

9月29日，市政府通知，任命宋秀清、慕宏彪为市水务局副局长。

12月1日，承德市双峰寺水库水资源论证报告审查会在承德盛华大酒店召开。会议由省水利厅水资源处处长张宝全主持，副市长于明和省水利厅副厅长梁建义分别讲话。成立了由11人组成的专家委员会，主任委员为水利部水利科学研究院水资源所所长、教高、博导王浩，副主任委员为清华大学水利系教高、博导翁文彬和河北省水利水电第二勘测设计研究院副总工、教高英若智，会议形成专家审查意见。专家认为：修建双峰寺大型水库具有

改善生态环境、改善城市取水方式、提高城市供水保证率、降低供水成本的功效。该方案明显优于三座中型水库方案，修建双峰寺水库是可行的、合理的。市水务局局长李相国、副局长宋秀清参加了会议。

12月3日，市政府通知，免去周新华市水务局助理调研员职务，调出市水务局。

12月22日，承德市委常委会十一届七次会议听取了市水务局局长李相国关于双峰寺水库筹建情况的汇报。

12月29日，承德市政协十一届常委会第四次会议听取市水务局局长李相国关于双峰寺水库项目筹建情况的汇报。

2004年

1月4日，滦平县窟窿山水库除险加固工程正式开工建设。除险加固工程主要内容包括：拦河坝加固、溢洪道改建、放水洞加固、电站压力管道重建、工程观测设施更新完善、金属结构及电气设备更新、管理处房屋改建等项目。工程初步设计报告由河北省水利水电第二勘测设计研究院承担，河北省水利厅批复工程总投资2518万元。其中中央补助资金1260万元，省配套资金880万元，市县配套资金378万元。中央补助资金和省配套资金全部到位，市县配套资金未到位。2005年10月底竣工。

同日，丰宁县黄土梁水库除险加固工程正式开工建设。除险加固工程主要内容包括：大坝加固、溢洪道加固、放水洞及发电输水洞加固、金属结构及电气设备更新、进库道路和管理处房屋改建等项目。工程初步设计报告由河北省水利水电第二勘测设计研究院承担，河北省水利厅批复工程总投资2662万元，其中中央补助资金1330万元、省配套资金920万元、市县配套资金412万元。中央补助资金和省配套资金全部到位，市县配套资金未到位，工程于2005年底竣工。

1月13日，《人民日报情况汇编》第28期刊登题为《专家建议承德双峰寺水库尽快上马》的记者专题报道。

2月25日，承德市编委批复，将“承德市二龙山水库建设管理处”改称为“承德市双峰寺水库筹建处”，规格编制不变。

4月8日至11日，市政府副秘书长胡伟纲、市水务局局长李相国率参加全市水利工作会议的全体参会人员67人赴山东临沂参观学习，参观了蒙阴民营水利工程、旧寨乡山杏子和莒南县洙边国家小流域示范区，并听取了经验介绍。在临沂市引进风能提水技术在承德推广。

4月，六道河水电站开工建设。六道河水电站位于滦平县西地乡三道河境内滦河干流上。1997年10月7日，河北省水利厅批复《六道河水电站初步设计报告》，水电站总装机容量5800千瓦，设计年发电量1960.82万千瓦时，年利用小时数3381小时；电站选用3台水轮发电机组，即2×2500千瓦+1×800千瓦。核定水电站工程概算总投资4748万元。初步设计批复后，由于资金筹措困难等原因，工程一直未开工建设。到2003年，工程投资来源已基本落实，电站具备了建设条件。六道河水电站工程以投资入股形式，由省水电公司、承德昊源水电技术综合服务处、博鑫房地产开发有限公司共同投资开发，投资不足部分贷款解决。到2006年底完成隧洞开挖5200米和厂房基础、前池、尾水等开挖工程。

7月7日至8日，北京铁路局、北京铁路分局20人及专家来到承德对双峰寺水库工程承隆线铁路改线工程预可行性研究进行论证，在白楼宾馆召开了论证会。北京铁路局总工室副主任魏毅强表示同意双峰寺水库库区铁路改线，改线地段的设计方案可行，按电气化条件进行设计。

10月12日至14日，海河流域水土保持工作会议在承德召开。会议由水利部海河水利委员会主持。参加会议的有水利部水土保持司、海河水利委员会、河北省水利厅、北京市水务局、山西省水利厅、内蒙古自治区水利厅、山东省水利厅、河南省水利厅、天津市水利局及有关单位代表共140人。会议在锦江文冠饭店举行。海委主任邓坚作了工作报告，水利部水土保持司司长刘震做总结讲话。

12月23日，在北京建银大厦召开武烈河流域修建水库（双峰寺水库）规划方案专家论证会。参加会议的有水利部、海委、省水利厅、天津市水利局等单位的领导和专家。省水利厅副厅长刘凯军，承德市市长出席。专家组由12人组成，任光照为组长。专家一致同意"一库代两库"方案。市水务局局长李相国，副局长宁树信、宋秀清等参加了论证会。

12月27日，市委决定，周作军任市水务局党组成员，免去兰德龙市水务局党组成员职务。

2004年12月，《武烈河流域修建水库方案论证报告》通过水利部海委审查，同意选择双峰寺水库方案。

2005年

1月4日，市政府通知，任命周作军为市水务局副局长。免去兰德龙市水务局副局长职务。

2月26日，承德市区武烈河第六道橡胶坝工程开工建设。第六道橡胶坝位于半壁山脚下，是市区武烈河橡胶坝群工程规划建设的组成部分，工程总投资1470万元。该工程于2007年7月5日竣工。

6月27日，国家发展和改革委员会正式批准丰宁抽水蓄能电站开展前期工作。丰宁抽水蓄能电站分为上水库和下水库，下水库已于2001年建成投入运行。上水库电站位于滦河上游丰宁县四岔口乡灰窑子沟，设计总装机容量360万千瓦，共装12台机组，年发电量29亿千瓦时。

7月18日，市机编委批复：同意双峰寺水库筹建处增设移民征地科，核定科级领导职数1名，不增加人员编制。

7月21日，市委组织部通知，王艳刚任市水务局党组成员。免去杨荣林市水务局党组成员职务（保留副处级待遇），免去富东升庙宫水库管理处党总支书记职务。

8月5日至8日，河北省承德市双峰寺水库工程项目建议书通过了水利部水利水电规划设计总院专家的初步审查。

8月4日，市委组织部通知，李革生任市水务局党组成员。

8月5日至8日，双峰寺水库工程项目建议书审查会在承德锦江文冠饭店召开。审查会由水利部水利水电规划设计总院主持。承德市水务局局长李相国，副局长宁树信、宋秀清等参加会议。

8月10日，市政府通知，任命王艳刚为市水务局副局长。免去杨荣林市水务局副局长职务。

8月12日8时至13日8时，兴隆、宽城、平泉、承德县和双桥区普降大到暴雨。宽城县龙须门降雨量155.7毫米，承德县上谷138.1毫米，平泉县党坝128.5毫米，最大降雨为兴隆县大杖子328.9毫米，兴隆县车河出现百年一遇特大洪水，洪峰流量达745立方米/秒。造成承栗公路兴隆县段被冲垮6处，北凌公路路基被冲两处，多处发生塌方和泥石流。兴隆县全县农田受灾面积18880亩，冲毁耕地7351亩，受灾果树91000株，冲毁大坝2000延长米、桥梁5座，倒塌房屋26间，铁精粉5000吨，雷电击死1人，直接经济损失4.21亿元。秦皇岛71名游客被困承栗公路兴隆县蘑菇峪段。大杖子乡罗圈沟小塘坝出现险情。市防指派出的以市水务局副局长宋秀清为组长的防汛指导组，与县防指、水务、大杖子乡及当地村干部组成了临时抗洪抢险指挥组，在交通、电力、通讯全部中断，与市防指无法联系的情况下，宋秀清副局长口头向兴隆县在场指挥抢险的副县长张云琨下达口头防汛令，要求兴隆县立即动员受威胁的下游29户，69口村民避险转移，待安全处理后返回。当晚，市县在现场的全体人员连夜转移群众29户69口村民到邻村。随后制定除险加固方案，请求驻军部队工兵营支援，采取爆破降低溢洪道、右侧开山、左侧垒挡墙等措施。经过5昼夜奋战，使罗圈沟塘坝安全除险，水位下降后村民返回了家中。

9月25日，2005年河北省城镇水土保持生态建设接力行动第三次火炬交接仪式在围场举行。河北省城镇水土保持生态建设接力行动，是由团省委和省水利厅共同发起的一项公益宣传活动，是省直8个部门联合开展的“相约2008—母亲河绿色接力行动”的重要组成部分。此活动在秦皇岛市启动，途经迁安市，在围场举行第三次火炬交接仪式。

10月18日至19日，由水利部水利水电规划设计总院组织的“河北省承德市双峰寺水库工程项目建议书复审会议”在北京召开。水利部海河水利委员会、河北省水利厅、河北水利水电勘测设计研究院及承德市人民政府、水务局、双峰寺水库筹建处等相关单位的领导、专家和代表70余人参加了会议，承德市政府副市长于明出席会议。

11月16日，市委组织部通知，刘剑峰任市水务局党组成员、庙宫水库管理处党总支书记。

11月22日，《承德日报》（屈志成）报道：最近，由中科院寒区旱区环境与工程研究所陈广庭教授、水利部特区水利科学研究所陈渠昌副所长、水利部海河水利委员会水土保持监测中心站孟宪智副主任、中科院沈阳生态研究所魏建斌等16位专家组成的中国水土流失与生态安全综合科学考察北方土石山区考察组，对丰宁县的水土流失与生态安全进行了科学考察。

11月，市政府通知，任命刘剑峰为市水务局副局长，郝华为庙宫水库管理处处长。

12月30日，围场县钓鱼台水库除险加固工程通过了由河北省水利厅组织的竣工验收。该工程于2002年6月2日开工，2003年10月29日完工，2005年8月15日完成了初步验收。

是年，武烈河综合治理工程获共青团中央、水利部等八部委授予的保护“母亲河”行动五周年优质工程奖。

是年，平泉县水务局被水利部授予全国水土保持先进单位。

2006年

4月8日至9日，全市水务系统考察团赴北京参观学习考察。先后参观了密云水库大坝、怀柔县神堂峪生态治理三道防线建设，上官地村的污水处理、农村建设、厕所改造、垃圾处理、转河治理工程。同时，还学习了北京市水务局信息化建设经验。

4月14日至15日，水利部副部长翟浩辉一行5人在省水利厅厅长韩乃义、市长、副市长于明以及省、市水利部门有关负责人陪同下，对双峰寺水库项目进行调研，考察了水库坝址，听取了双峰寺水库项目情况汇报。

4月16日，承德市水务局分别在滦平、丰宁县举行潮河河流生态恢复和建设工程二期工程开工典礼。该工程是2001年经国务院批准实施的《21世纪初期首都水资源可持续利用规划》的重要组成部分，工程区位于丰宁县境内的潮河河段，规划河岸整治81.71公里，项目总投资6658万元。

4月21日，水利部海委主任任宪韶等领导率干部职工70余人，到丰宁县小坝子乡爱国主义教育绿化基地进行义务植树。

4月25日，承德市区武烈河第一道橡胶坝离宫补水工程竣工，该工程于2005年9月12日开工建设。该项工程的建成恢复了二百年前避暑山庄湖区的武烈河引水古道，使避暑山庄湖区水源有了保障。

5月8日，水利部正式公布42个国家级水土流失重点防治区，其中预防保护区16个、重点监督区7个、重点治理区19个。承德市滦河流域被列为16个重点预防保护区之一。

5月18日，市机编委批复：1. 同意承德市庙宫水库管理处内设机构调整为7个，办公室、财务科、防汛办公室、工程管理科、水文站、保卫科、水政监察科，全额拨款；2. 同意庙宫水库所属的灌区所、电站由事业单位改为企业，独立核算；3. 同意成立承德市庙宫水库旅游管理中心，科级事业单位，自收自支。

5月25日，承德市委组织部通知，市委决定，孔令年为市水务局党组成员。

6月6日，承德市政府通知，孔令年为市水务局调研员。

6月9日，水利部水利风景区评审委员会办公室组织专家对承德市申报的第六批国家水利风景区进行了实地考评，考察景区包括市管庙宫水库水利风景区和围场县钓鱼台水库水利风景区。8月，水利部公示了第六批国家水利风景区名单，庙宫水库水利风景区名列其中。

6月11日，双峰寺水库工程项目被列入国家“十一五”大型水库建设规划。

6月14日，河北省水利厅在秦皇岛市召开的全省水土保持预防监督工作会议上，承德市水务局被评为“十五”期间水土保持预防监督工作先进单位。

7月26日至31日，省水利厅建管处、省滦河河务管理局、承德市水务局及相关县水务局组成联合验收组，对宽城县转字台水库等16座小型危险水库维修加固工程进行了验收。工程于2005年春季开始实施，至2006年6月全部完工。

8月1日，承德市水利局局长李相国，副局长宋秀清、宁树信，陪同市委书记赵文鹤、副市长于明、省水利厅副厅长刘凯军向水利部副部长矫勇汇报双峰寺水库工程项目前期工作，水利部司长周学文、副处长石海峰及河北水利水电勘测设计研究院李群、武智宏参加汇报。矫勇指出：“这个项目对承德关系重大，对潘家口水库、对避暑山庄世界文化遗产无不利影响，双峰寺水库项目已列入‘十一五’规划，要尽快上部长办公会通过后报出……”

8月18日，在市政府第十一届34次常委会议上，对承德市水务局提交的《承德市滦河双滦区至下板城段防洪规划》《武烈河防洪治导线规划》进行了讨论审议。市政府常务会议原则通过规划方案。

8月30日，水利部召开部长办公会，双峰寺水库工程项目建议书通过部长办公会审议。

8月，庙宫水库通过了水利部风景区专家组的评审，被确定为第6批国家级水利风景区。

9月1日，经市政府研究决定、市物价局批准，自即日起，承德市水务局对城市供水公司全面征收水资源费，按取水量征收，居民生活用水按每立方米0.20元征收，其他用水按每立方米0.30元征收。

9月4日，承德市人民政府主要领导主持召开市长办公会议，会议议题为：改善城市环境，提升城市品位，专题研究建设武烈河第七至第十二道橡胶坝议题。市政府及相关部门宋立民、刘学军、王克、于明、张建国、胡伟纲、王建忠、宋玉君、邢书印、宋秀清、慕中海、李景峰参加会议。会议做出以下决定：一、会议决定建设武烈河第七至第十二道橡胶坝工程，确保2007年国庆节前交付使用；二、会议决定成立武烈河水环境工程建设领导小组，领导小组由市政府领导、双桥区、开发区和市直相关部门组成。领导小组下设4个工作组，即资金筹措组、规划设计组、用地拆迁组和建设施工组。领导小组办公室设在市水务局；三、工程规划设计要在2006年11月底前完成。市财政局先拨付规划设计费100万元；四、资金筹措由市财政局牵头，除华峰房地产公司按照与市政府的约定承担的建设资金外，市财政局每道坝支持1000万元，市水务局负责筹集1000万元。双桥区政府、开发区和有关部门也要积极争取上级支持，筹措建设资金。不足部分，采取企业、社会多种渠道、多种方式筹措，确保工程资金及时到位；五、各项工程前期准备工作要立即启动。市公用事业局要在2006年11月底前完成污水管网铺设工作；双桥区政府要立即着手河道内土地占用工作，市国土资源局积极配合，确保2006年11月底前完成；市城管局要加快沿河右岸临时建筑拆迁工作，确保工程顺利施工；有关部门对工程建设中涉及的各种费用要给予减免；新闻单位要搞好宣传。

9月7日，由承德市水务局委托上海市水务局编制的《承德市水务信息化规划》论证会在承德市锦江文冠饭店召开。邀请水利部信息中心、省水利厅、市委信息中心、市政府信息中心、市发改委、财政局、建设局、气象局、水文水资源勘测局、公安局交警支队等单位的27位专家和代表出席会议。

9月11日，承德市水务局第73期《水务简报》称：“冀北山区山地集雨节灌工程模式的研究与示范”项目分别获承德市科技进步奖一等奖、河北省科技进步三等奖。

9月27日，市政府召开常务会议，汇报研究市水务局起草即将下发的市政府《关于严格控制双峰寺水库工程坝区和库区淹没线以下区域人口增长和基本建设的通知》。常务副市长宋立民主持会议，政府秘书长张建国、副秘书长胡伟纲、王建中参加会议。

9月28日，市机编委通知：重新明确了承德市水务局所属15个事业单位的职责范围。

9月29日，市机编委批复：审核批准承德市水务局所属事业单位15个：1. 承德市防汛抗旱指挥部办公室，副处级规格，内设科室4个，综合科、工程科、通讯科、水情科，全额拨款；2. 承德市水土保持预防监督站，科级规格，全额拨款；3. 承德市水利工作站，科级规格，全额拨款；4. 承德市水政监察支队（承德市水利水电工程质量监督站），科级规格，全额拨款；5. 承德市水土保持生态环境建设局，科级规格，全额拨款；6. 承德市水资源管理办公室，（承德市节约用水办公室），科级规格， 全额拨款；7. 承德市水土保持科学研究所，科级规格，全额拨款；8. 承德市水利工程处，科级规格，差额拨款；9. 承德市水利水电勘测设计所，科级规格，差额拨款；10. 承德市双峰寺水库筹建处，副处级规格，内设科室3 个：办公室、工程技术科、移民征地科，经费形式自收自支；11. 承德市水利物资供应站，科级规格，自收自支；12. 承德市武烈河橡胶坝管理处（承德市武烈河河道管理处、承德市武烈河河道管理处水政监察大队），科级规格，自收自支；13. 承德市秋窝水力发电站，科级规格，自收自支；14. 承德市庙宫水库（机构改革方案已经市编委会审批，另行下文）；15. 承德市小水电技术开发服务中心，科级规格，自收自支。

10月24日，承德市区武烈河下游段第七至第十二道橡胶坝主体工程同时开工建设，陆续进场钻机39台进行橡胶坝工程坝基防冲桩施工，昼夜连续施工。到2007年2月12日，防冲桩钻孔灌注基本完工，为橡胶坝主体工程施工赢得了时间。2007年3月20日，六道橡胶坝主体工程及两岸防洪堤工程全面开工建设。2007年7月18日，召开武烈河景观工程竣工典礼大会，第七至第十二道橡胶坝主体工程按预期基本竣工。工程总投资14263.08万元。

10月28日，承德市首家农民用水者协会在市级节水型社会建设试点县滦平县金沟屯镇金沟屯村经农民代表大会选举成立，选举产生了协会会长、副会长和委员，并建立了有效可行的组织章程《农民用水者协会管理办法》，在水行政管理部门和镇领导小组的监督和指导下，具体执行总量控制和用水定额管理。

11月22日至25日，承德市水务局局长李相国参加水利部在海南省三亚市召开的《全国水务管理工作座谈会》。李相国做了题为《实施水资源统一调度，再塑避暑山庄与城市水环境》的发言。

12月15日，承德市委书记赵文鹤主持召开市委市政府联席会议，专题研究双峰寺水库工程项目，由市水务局做了双峰寺水库工程项目前期工作进展情况汇报。出席会议的有：郭群、张振存、郑晓东、王洪斌、刘学军、张春明、王克、于明。列席会议的有：张建国、胡德利、彭怀、梁世杰、张忠、孙志广、王建中、甄毓敏、李力、许海、宋玉君、刘维山、李相国、朱锋利、杨凤智、李连山、刘金花、王志平、丁仕信、宋秀清、柳海东、张立君、杨长江、史彦丽等各大局领导和有关人员。会议对市水务局2003年6月以来谋划跑办双峰寺水库项目前期工作的阶段性成果给予了充分肯定。会议统一了大家的思想和认识，认为该项目建设十分必要、势在必得，应当积极推进。

12月28日至29日，滦平县窟窿山水库除险加固工程通过了由河北省水利厅组织的竣工验收。该工程于2003年12月21日开工，2005年11月

5日完工，同年12月29日初步验收。该工程投资2518万元。投资来源为中央财政预算内专项资金和地方自筹资金。竣工后实际完成投资2140万元。

12月29日至30日，宽城县三旗杆水库除险加固工程通过了由河北省水利厅组织的竣工验收。该工程于2005年3月9日开工，2006年6月30日完工。同年7月27日完成了初步验收。该工程投资2280万元。其中：中央补助资金1100万元，省配套资金838万元，市、县配套资金342万元。竣工后实际完成投资2027万元。

12月31日，市编委批复：同意承德市水务局成立“承德市庙宫水电站”及“承德市庙宫灌区管理所”，均为市水务局庙宫水库管理处所属事业单位（纠正了事改企），机构规格为科级，经费来源自收自支。

是年，庙宫水库管理处积极响应水利部“使每一个水库都成为一处风景区”的号召，全面开展水利风景区建设，规划建设了人文历史古迹区、水上游乐区、特色果品采摘区、宾馆接待区、园林区、垂钓区等6个功能分区。

2007年

1月21日，在河北省水利厅召开的全省水土保持工作总结汇报会上，承德市水务局获得设区市水土保持工作先进单位第一名。

3月28日，承德市水务局召开2007年全市水务工作会议。市委副书记张古江、副市长于明、政府副秘书长朱守仓、胡伟纲出席会议。

4月18日，京承实施“稻改旱”等项目签约仪式在承德山庄宾馆举行。北京市水务局副局长张寿全、北京市发改委、北京市财政局、承德市政府副市长李维、副秘书长胡伟纲、市水务局局长李相国、副局长王艳刚、市发改委、市财政局等单位负责人参加了签约仪式。实施“稻改旱”工程是2006年10月京冀合作备忘录中确定的京承合作重要事项，是加强北京市与河北省经济和社会发展合作的重要举措。“稻改旱”工程主要分布在密云水库上游潮河流域丰宁、滦平两县，共实施稻改旱面积7.1万亩（其中滦平县35045.6亩，丰宁县35954.4亩），每亩补偿标准450元，每年补偿资金3195万元，两年一共补偿资金6390万元。

4月24日，承德市水务局决定继续从隆化县二道湾水库向市区武烈河调水，以补充避暑山庄湖区和武烈河橡胶坝群生态用水。本次总调水量为120万立方米。这是自2003年以来第六次从二道湾水库调水。

4月25日，全省水管体制改革工作专题会议在承德召开。省水利厅副厅长刘凯军、副巡视员马林、建设与管理处处长霍国立、省编办事业处处长袁景民出席会议。

5月15日，承德县老牛河生态防洪工程正式开工建设，工程总投资1.228亿元。2007年1月16日省发改委和省水利厅批复该项工程立项，设计防洪标准为20年一遇。工程范围自老牛河大兰窝大桥起至承栗公路大桥止，河段治理长度4.3公里，修建防洪堤6.4公里，建设橡胶坝4座。

5月15日至20日，由海委主持，对《21世纪初期首都水资源可持续利用规划》丰宁县新岭沟、胡麻营和滦平县土城等三个项目区水流域综合治理工程及滦平县坡改梯及水源工程进行了竣工验收。

5月20日至22日，由省水利厅主持，对《21世纪初期首都水资源可持续利用规划》兴隆县苗耳洞等小流域水土保持综合治理2003年度建设任务进行验收。

5月23日，市领导主持召开承德市机构编制委员会会议，会议研究了市水务局提出的关于实行涉水事务一体化管理问题。会议原则同意，市水务局提出的将城市公用资产管理局所属的自来水公司、污水处理有限责任公司和市政建设维修管理总公司下属的排水所整建制划归水务局，实行城市涉水事务一体化管理。

6月1日，市政府召开专题会议，研究城市涉水事务一体化管理有关问题，市委常委、常务副市长宋立民主持会议，副市长王克、于明以及有关部门负责人杨凤智、李相国、许海、王振庭、张树民、李俊胜、张玉春、李学朴、裘长安出席会议，会议通报了《承德市机构编制委员会会议纪要》。

6月4日，市委常委会作出决定，在市本级实行城市涉水事务一体化管理。

6月8日，承德市机构编制委员会下达了《关于市本级实行城市涉水事务一体化管理有关问题的通知》，决定将市城市公用资产管理局承担的自来水、污水处理、城市排水职能划归市水务局管理；将市城市公用资产管理局管理的自来水公司、污水处理有限责任公司和市政建设维修处管理总公司下属的排水所三个企业整建制划归市水务局管理。

6月19日，市委常委、常务副市长宋立民和副市长于明召集市编办、城市公用资产管理局、水务局就交接工作进行了具体安排，并明确由市政府副秘书长胡伟纲、王建中负责协调人事、劳动、审计、财政等有关部门尽快进行鉴定。

6月22日，按照市政府领导的指示，市政府副秘书长胡伟纲、王建中组织召开了由市直有关部门参加的会议，会议决定，从即日起，市自来水公司、污水处理有限责任公司和市政建设维修处管理总公司下属的排水所由市城市公司资产管理局正式划归市水务局管理。

6月22，承德市水务局和承德市城市公用资产管理局正式划归市水务局管理。同日，承德市水务局和承德市城市公用资产管理局在市自来水公司会议室举行了交接仪式，两局的主要领导和自来水公司领导班子全体成员参加了交接仪式。

6月22日下午4时，承德市水务局与承德市公用资产管理局在市自来水公司会议室举行市自来水公司、排水所、污水处理厂交接仪式。市水务局局长李相国、副局长宁树信、慕宏彪、王艳刚和市公用资产管理局副局长张玉春、助理调研员李学普、市自来水公司领导班子全体成员参加接交仪式。

7月8日下午1时至7时，围场县哈利哈乡21个乡镇遭受暴雨、冰雹、大风袭击受灾人口4.4万人，受灾耕地面积9.47万亩，直接经济损失4567.8万元。

同日，围场县县委书记陈志乃、副县长王学得知棋盘山镇小下村3名村民被困河中，立即带领水利、公安、卫生、民政、政府办、防汛办等相关部门和消防官兵，火速赶到现场，经过近4小时努力，3名被困群众成功获救。

7月17日下午3时至18日4时，围场县元宝栈、新拨、姜家店等10个乡镇遭受暴雨、冰雹袭击。同日17时至18日凌晨，元宝栈乡降水量达122.5毫米，新拨乡达109毫米，受灾人口4.1万人，受灾耕地面积29760亩。

7月19日，国家防汛抗旱总指挥部办公室发贺电，对承德市武烈河防洪及城市景观主体工程竣工表示热烈祝贺。贺电称："该防洪及城市景观工程如其告竣，使武烈河承德市区河段整体防洪标准达到20年一遇、50年校核，大大提高了城市防洪能力；同时，结合河道综合治理，建设城市景观工程，使市区呈现出'碧水绕名城'的优美水景观，改善了城市生态与水环境，提升了城市品位。该工程的建成对承德市经济社会的可持续发展必将起到积极的促进作用"。

7月20日，在承德市武烈河偏岭大桥隆重举行了武烈河承德市区防洪暨七至十二道橡胶坝主体工程竣工庆典仪式。参加仪式的有：水利部水资源司副司长孙雪涛；省水利厅党组副书记、副厅长袁福及水利厅有关处室20多位处长。市委、市人大、市政府、市政协和承德军分区领导赵文鹤、郭群、牟庆丰、张振存、郑晓东、宋立民、丁锦霞、刘学军、张春明等；市直有关部门、双桥区、有关企业、市水务系统干部职工及工程建设者。

7月25日至31日，水利部水资源司副司长程晓冰、巡视员陈晓军一行，在省水利厅副厅长梁建义、承德市副市长于明等陪同下对承德市水务工作进行调研。听取了承德市水务一体化改革的工作汇报，参观了避暑山庄湖区武河引水工程、市区武烈河水景观暨七至十二道橡胶坝群、丰宁千松坝生态自我修复区及草原生态环境。市水务局局长李相国、副局长王艳刚等陪同调研。

7月31日，河北省水利厅对全省水库注册登记结果进行了通报，此次承德市重新注册的水库共101座，其中大Ⅱ型水库1座、中型水库7座、小（1）型水库14座、小（2）型水库79座。

7月，在浙江绍兴召开的国际水文化学术交流会议上，水务局局长李相国做了《传承历史，还原避暑山庄优美水环境》的发言。

8月10日至12日，水利部水保司司长刘震、副处长张文聪、海委水保处处长马志尊一行，在省水利厅副厅长位铁强、副厅长刘凯军、处长宋伟、副处长耿惠芳和市委常委、农工委书记刘学军、市水务局局长李相国、副局长周作钧等陪同下，对承德市水土保持工作进行调研。考察了丰宁县燕山大峡谷水土保持生态修复区、《21世纪管水规划》水保项目区石栅子小流域、京津风沙原项目小坝子治沙工程、千松坝造林工程；围场县水保治沙工程甘沟子伊逊河沙带治理区、水利部科技推广中心围场县水土保持和节水示范基地；承德市城镇水保及水景观建设工程等。

9月23日至28日，中国国际工程咨询公司组织专家组在承德市对《双峰寺水库工程项目建议书》的重点问题进行了咨询。中咨公司专家组由陈志恺院士等10名专家组成。市领导张古江、于明出席了咨询会议。参加会议的有市水务局、市发改委、市财政局、市环境保护局、市国土资源局、市交通局、市林业局、市地方铁路局、承德供电公司以及设计单位水利部河北水利水电勘测设计研究院等单位的领导、专家和代表。与会人员查勘了双峰寺水库坝址，听取了设计单位的全面汇报，进行了认真的讨论和研究，形成了咨询意见。

10月10日至12日，由海委主持，省水利厅、张家口市水务局等单位领导和专家组成验收委员会，对《21世纪初期首都水资源可持续利用规划》兴隆县苗耳洞、承德县乱水河等水流域综合治理工程进行了竣工验收。该项目区批复治理水土流失面积100.36平方公里，总投资2999万元，于2003年6月开工，2006年12月完工。

10月25日，2007年海河流域防汛抗旱工作座谈会议在承德市召开，海委副主任田友、河北省防汛抗旱指挥部办公室副主任孔振江出席会议。市政府副秘书长胡伟纲、市水务局局长李相国等参加了会议。河北、辽宁、河南、山东、山西、内蒙古、天津、北京等8个省、市、自治区的防汛抗旱办公室负责人在会上发言。

11月22日至23日，承德市委召开第十二届第三次全体会议。市委书记赵文鹤发表重要讲话。会议表决通过关于沿市区滦河武烈河开发建设滨水新城的决定。

11月23日，《中国水利报》第四版以《“大避暑山庄”的水战略》为题，对承德的水务工作进行报道。

11月27日，位于丰宁县滦河上游的河北华泽丰宁水电站放水发电，放水最大流量28.6立方米/秒，因时值严冬，河道已全面封冻，水流沿冰面下流，部分河段形成阻水冰坝，冰水涌入下游隆化县郭家屯镇部分沿河村庄，发生冰冻和淹浸灾害。12月10日下午，市水务局接到隆化县水务局和县防汛抗旱指挥部灾情报告后，立即组成验灾工作组对灾情进行实地勘验，并协调各方达成处理意见。受灾群众及时得到了补偿，化解了一场群体上访事件。

2008年

1月10日，市水务局党组通知：根据市编委批复：同意市水务局设置人事科。

1月30日，承德市水务局召开2008年迎春茶话会，市政府副秘书长胡伟纲到会祝贺。李相国发表了题为《实施“大避暑山庄”水战略，实现水务事业又好又快发展》的新春献词。

2月26日，国务院以国函［2008］11号下发了《国务院关于海河流域防洪规划的批复》，规划中将双峰寺水库工程项目列为近期建设项目。

3月10日，水利部部长陈雷在北京接见代市长张古江一行，就承德市水利发展和双峰寺水库项目有关情况进行了座谈。规划计划司司长周学文，承德方面刘学军、张建国、李相国、宁树信、宋秀清等参加会见。陈雷对承德市水务工作及对北京、天津市供水方面所做的工作予以肯定。陈雷还指出："双峰寺水库项目已经过专家论证，在滦河规划时也给潘、大水库上游的发展预留了水量，不存在争水的问题"。

同日，承德市人民政府在北京饭店举行政府资政聘任仪式，中国工程院院士、国家著名水文资源专家王浩成为承德市政府聘任的首位资政。代市长张古江出席聘任仪式并为王浩院士颁发聘书。

4月1日，承德市机构编制委员会批复承德市武烈河橡胶坝管理处更名为承德市武烈河河道与橡胶坝管理处，机构规格为副处级，编制总数50名，经费形式及开支渠道不变。

4月9日，市发改委、财政局、规划局、双桥区等市直有关部门到市水务局进行工作调研。刘学军、丁万明、陈恩惠、梁士杰、孙志广、胡伟纲等陪同调研。局长李相国做工作汇报。

4月18日，市长张古江在市政府2008年第一次全体会议上强调，面对全市水资源开发利用率低的现实，要求各县（区）学习宽城县建设双洞子水电站经验，以开发水电站的方式每个县建一座千万立方米左右的蓄水工程。

4月20日，2008年全市水务工作电视电话会议召开，副市长丁万明到会并讲话，市政府副秘书长胡伟纲主持会议。市水务局领导班子成员和局机关直属单位副科级以上干部在主会场参加会议，各县（区）主管县（区）长，县（区）水务局副股级以上干部在各县（区）分会场参加会议。市水务局局长李相国做了《水资源保障工程求先行，"六项行动计划"落实敢争先》的工作报告，丁万明作总结讲话。

5月4日下午，代省长胡春华在承德市市长张古江的陪同下，到市区滦河凤凰山大桥考察水景观工程。李相国、宋秀清陪同考察。李相国在现场利用展板方式汇报了全市水资源、水利建设和水景观建设等情况。胡春华详细询问了水景观、饮水安全等工作情况。

5月8日，京承实施潮河流域水源保护退稻还田项目补充协议签约仪式在北京举行，北京市水务局副局长张寿全、承德市副市长丁万明出席签约仪式，承德市水务局局长李相国、副局长王艳刚参加了签约仪式。实施"稻改旱"工程是2006年10月京冀合作备忘录中确定的京承合作重要事项，是加强北京与河北经济和社会发展的重要措施。鉴于2007年实施"稻改旱"工程补助标准偏低等实际情况，北京市政府领导批示2008年退稻补助标准由每亩450元提高到550元。为落实北京市领导批示精神，北京市水务局同意按2007年协议确定的付款方式，将承德市潮河流域共7.1万亩（其中滦平县35045.6亩、丰宁县35954.4亩）退稻还田资金由3195万元提高至3905万元。承德市负责按照新标准将补助费及时发放到户，并负责做好退稻农民的各项工作，保证退稻工作顺利平稳实施。

5月10日，承德市水务监理有限公司成立揭牌仪式在四海国际酒店举行。省水利厅副巡视员马林、建管处副处长杜永彬、水利水电监理中心副主任李树槐、承德市政府胡伟纲等参加揭牌仪式。

5月19日至20日，副省长张和率省发改委、财政、农业、林业、扶贫等部门负责人在承德考察工作，先后考察了兴隆的农业产业化、营子区的怡达果品加工企业、承德县的农业产业化企业和滦河老牛河开发治理。在承德市区到滦河凤凰山大桥视察了武烈河、滦河防洪及水景观工程。刘学军、丁万明陪同视察、李相国、宋秀清等陪同。

5月20日，承德市水务局批复双桥区二仙居旱河（头道沟至入武烈河口段）防洪及水环境综合整治工程初步设计报告。设计防洪标准为20年一遇，相应设计洪峰流量149.24立方米/秒。修建二仙居旱河头道沟至旱河新入武烈河口段左右岸防洪堤 6.6 公里，规划河宽 18 ～ 20 米；新建橡胶坝 19 座，每道回水长度约 200 米；建设提水泵站 1 座，调水流量 375 立方米 / 时，日补水总量 9000 立方米，工程概算总投资 13387.39 万元。二仙居旱河综合整治工程于 2008 年 5 月 1 日开始施工，经过 100 多天奋战，在统建办公楼以上的旱河上共建成 16 道橡胶坝，完成两岸洪堤及调水工程，形成水面面积约 8 万平方米，实现阶段性蓄水目标。2009 年继续实施了两岸绿化、美化、亮化环境工程建设。

5 月 30 日，受省水利厅委托，承德市水务局副局长周作钧与承德市华峰房地产开发有限公司副总经理温作荣共同将书有“河北省城镇水土保持雨水利用试点工程”的匾牌挂在承德世纪城一期居民小区的入口处，成为河北省第二个城镇水土保持雨水利用试点工程。

6 月 1 日，承德市第一家污水处理厂正式投入运行。河北省项目办主任张振川，市委副书记、市长张古江，市人大常委会主任郭群，市委常委、副市长宋立民，市委常委、宣传部部长、农工委书记刘学军，副市长丁万明、贾玉英，市政协副主席、发改委主任陈庆武，市水务局局长李相国等出席庆典仪式并剪彩。承德市太平庄污水处理工程是亚洲开发银行贷款河北省海滦河流域水污染防治项目的子项目，是河北省重点建设项目。一期工程总投资 24483 万元，其中亚行贷款 1533 万美元，国债 6700 万元，地方自筹 6200 万元。管网工程于 2002 年开工，厂区建设于 2005 年 9 月开工。建设规模为近期日处理污水 8 万立方米，配套管网 36.5 公里，占地 101 亩。一期工程已将市区内 80% 的污水收入其中。

6 月 4 日，市编委批复：同意市水务局所属“承德市水土保持科学研究所”增挂“承德市水土保持生态环境监测分站”牌子，实行一套人马两块牌子，不增加人员和编制。

6 月 20 日至 21 日，承德市水务局召开工程质量联查现场会议。参加会议的有市水务局领导班子成员、各县区水务局长、各在建水利工程的项目经理和技术负责人、各在建水利工程监理人员、市水务监理公司、市水利工程质量监督站及新闻媒体共 110 人。

6 月 30 日晚 8 时，承德市防汛指挥部召开防汛工作调度会议。市长、市防汛指挥部指挥长张古江，副市长、副指挥长丁万明，市政府秘书长王学、胡伟纲，副指挥长、市水务局局长李相国及市政府督察室、应急办、防汛指挥部各成员单位、市防办、市水务局领导班子成员参加了调度会。市水务局局长李相国对近期防汛工作做了汇报。6 月 25 日，市区发生严重汛情，造成城市内涝，大范围停电、停水，交通严重堵塞，有 2 所学校、120 米河坝、4 座桥涵被暴雨洪水损坏，市区及农村 259 户群众房屋进水。

7 月 7 日，共青团承德市委批复：同意承德市水务局成立团委直接隶属团市委。

7 月 22 日，由天津人民广播电台、承德人民广播电台、天津市水利局、承德市水务局联合主办的“保护水源大动脉，千里滦河行—纪念引滦入津 25 周年”大型主题宣传活动在承德市举行启动仪式，历经近两个月的采访、报道，于 9 月 16 日上午在天津市区三叉河口引滦纪念碑举行结束仪式。天津市和承德市有关部门及社会各界参加了结束仪式。1980 年——2007 年的 27 年间，承德市汇入潘家口水库地表径流 461 亿立方米，年平均 16.3 亿立方米，占潘家口水库多年平均入库水量的 82%，累计向潘家口水库、大黑汀水库、于桥水库等提供地表径流量 545 亿立方米。1983 年——2008 年的 25 年间，天津市引滦水量 182.9 亿立方米，其中承德市提供的水量占 82%，支持了天津市经济社会可持续发展。

7 月 25 日，市水务局党组通知：经市政府批准，任命姜桂民为承德市武烈河河道与橡胶坝管理处处长（副处级，试用期一年）。

8 月 26 日至 9 月 1 日，承德市水务局、市财政局组成验收组，对围场县 2004 年钓鱼台灌区防渗工程，2005 年节水灌溉工程，2006 年雨水集蓄利用工程，2007年雨水集蓄利用工程，御道口牧场2007年节水灌溉工程分别进行了验收。

8月29日至9月1日，水利部副部长胡四一、水利部水电局局长田中兴、水利部国科司副司长陈明忠、省政府副秘书长曹振国、省水利厅厅长李清林考察承德市水利建设。市长张古江向水利部领导汇报了双峰寺水库项目进展情况。先后考察了承德县滦河干流梯级水电站二级水电站、围场县小滦河老窝铺水电站、坝上生态工程、围场县水土保持和节水灌溉基地、双峰寺水库坝址，听取了省水利厅、市水务局及相关单位农村水电建设、水利科技工作、双峰寺水库筹建等方面的工作汇报。丁万明、李相国、宁树信等陪同考察。

8月31日至9月1日，水利部副部长胡四一带领水利部、河北省水利厅等有关部门负责人，视察水利部科技推广中心围场示范基地和水能开发情况。

9月16日至17日，承德市水务局、市财政局组成验收小组，对兴隆县2005年节水灌溉工程进行了验收。该工程于2005年7月21日开工建设，2006年底全部完工。

9月23日，宽城县2006年小型微灌工程和小型农田水利工程通过市级验收。该工程改善水浇地灌溉面积1970亩，改善果树灌溉面积3030亩，完成工程总投资160万元。

9月28日，滦河承德市南区段防洪与水环境工程主体工程竣工。该河段上游起冯营子村桥，下游至黄土梁后山头，河段全长4.4公里。该工程3月2日进场施工，9月28日主体工程基本竣工。

10月22日至26日，在四川省成都市召开的2008年古代堰坝工程历史价值及其保护利用国际学术研讨会上，承德市水务局局长李相国作了题为《捍卫避暑山庄生态文明，发展现代水利，改善民生》的学术报告。

2009年

1月13日，市长张古江赴北京向国家发改委副主任杜鹰汇报双峰寺水库工程项目，农经司副司长石玉波参加汇报会。

2月，经国务院批准，国家发改委、水利部印发了《全国大型水库建设规划（2008—2012年）》，河北省承德市列为B类缺水地区。

3月16日至17日，承德市水务局在德汇门大酒店组织为期两天的全市节水型社会知识竞赛活动，各县区水务局、企事业单位用水大户、驻市大中专院校及节水型社会试点乡镇等组成的18支代表队、100多人参加了竞赛，市委宣传部、团市委、市青联、市水务局的有关领导观看了比赛。通过两场复赛，共有8支代表队参加了决赛，隆化县水务局代表队获一等奖；平泉县水务局、承德县水务局获二等奖；滦平县水务局、滦河发电厂、丰宁县水务局获三等奖，承德新新矾钛、隆化县唐三营、围场县水务局分获优秀组织部、优秀奖。

3月18日，承德市水务局2009年第10期《水务简报》称：根据承德市人民政府《关于继续实施“稻改旱”工程的建议》和《北京市人民政府、河北省人民政府关于进一步深化经济社会发展合作的会议纪要》的精神，北京市水务局致函承德市人民政府，2009年潮河流域丰宁、滦平两县继续实施“稻改旱”项目。

3月23日上午，省政府第三十次常务会议研究决定，双峰寺水库工程项目被确定为全省48个重大项目之一，并明确由副省长张和牵头负责。

4月1日，承德市机构编制委员会批复，经研究，同意将市公用资产管理局所属的“承德市新水源工程筹建处”整建制划转到市水务局管理。机构规格为科级，事业编制17名，经费形式自收自支，领导职数3名（1正2副）。按照机构划转、人随事走要求，现有在职人员3名（其中干部2人、工人1人）、退休2人（干部）全部随机构一并划转至市水务局。

同日，承德市水务局2009年第19期《水务简报》称：近日，国家批准河北省14县列入

2009-2015年全国小水电代燃料工程规划，滦平县、围场县、承德县、宽城县、隆化县和双桥区被列入规划盘子。

4月2日至3日，副省长张和带领省政府副秘书长曹振国、省水利厅副厅长刘凯军、省政府办公厅处长赵国彦、副处长周魁、省发改委农经处处长刘振和、省财政厅农业处处长石树鹏等省直有关部门负责人对双峰寺水库项目进行专项调研。张和视察了水库坝址和水库淹没区，听取了市委、市政府关于双峰寺水库工程项目进展情况的汇报。市委书记杨汭出席调研会并讲话。市人大常委会副主任关悦、副市长丁万明、市政协副主席陈树峰、市政府副秘书长胡伟纲等出席调研会。市直各有关部门、市供电公司和双桥区政府的有关领导出席了调研会。

4月15日，省水利厅组成验收组对承德市水管体制改革工作进行了验收。验收组一致认为，承德市水管体制改革组织机构健全，改革方案等政策性文件内容较为全面，完成了定性定编。改革达到了预期目标，评定验收等级为良好。

4月17日下午，国务院法制办主任曹康泰在北京河北迎宾馆饭店会见了市长张古江一行，就承德市双峰寺水库项目等经济社会发展的有关情况进行了座谈。国务院法制办秘书行政司副司长陈富智，市政府秘书长王学，副秘书长、法制办主任王建中，市水务局局长李相国等参加座谈。

4月30日，国家发改委对《河北省双峰寺水库工程项目建议书》进行了批复，双峰寺水库工程项目正式通过国家立项批复。批复主要内容为：原则同意所报双峰寺水库工程项目建议书。该工程的任务以防洪为主，结合供水，兼顾发电和生态环境供水。双峰寺水库工程为大（2）型Ⅱ等工程，水库初拟总库容为1.31亿立方米，防洪库容为0.7亿立方米，电站装机容量为1270千瓦。工程总工期为3年。按2008年第三季度价格水平估算，该工程静态总投资13.62亿元，总投资13.81亿元。

5月8日，承德市水务局批复承德市滨河新城5平方公里起步区筹建处关于《承德市滨河新城5平方公里起步区基础设施工程防洪及水环境工程初步设计报告》。该工程设计防洪标准为50年一遇，相应设计洪峰流量4650立方米/秒。工程建设内容为：疏浚整治阎营子至秋窝村段河道7.3公里，新建左岸防洪堤5270米、右岸防洪堤6830米；新建橡胶坝工程两座。核定概算总投资41010.96万元。该工程由高新产业技术开发区组织实施，于2009年4月开工建设，到2009年底橡胶坝主体工程和堤防工程基本完工。

6月1日，承德市防汛抗旱指挥部对2009年承德市防汛抗旱指挥部成员做出调整：政委杨汭（市委书记），指挥长张古江（市委副书记、市长），副指挥长宋立民（市委常委、常务副市长），刘学军（市委常委、宣传部部长，农工委书记），丁万明（副市长），贾玉英（副市长），靳术群（军分区参谋长），李相国（市水务局局长），顾问郭群（市人大主任），郑晓东（市政协主席）。委员有陈庆武，王学，胡伟纲等34人。

6月2日，在北京召开的第五次全国模范军转干部表彰大会暨2009年军转安置工作会议上，承德市水务局副局长幕宏彪被授予“全国模范军转干部”称号，并受到胡锦涛、温家宝、李长春、习近平、李克强等党党和国家领导人的亲切会见。幕宏彪2003年9月转业到承德市水务局工作，担任副局长、党组成员。

6月14日至20日，由李相国带队，刘金花、张树民、宁树信、吕国良、关越等组成赴南方考察团，先后参观考察了云南楚雄青山嘴水库，广西百色水库，安徽合肥大方郸水库，学习水库移民安置经验。

6月15日11时30分至16时，围场县大唤起、龙头山等5个乡镇遭受暴雨冰雹灾害，造成5542亩耕地受灾，共冲耕地绝收面积4332亩，洪水冲毁河坝4720米、冲毁公路180米，冲走石笼70多个、水泥12吨，房屋进水5户，共造成经济损失3959万元。

6月16日，水利部风景区综合办刘斌等到庙宫水库调研风景区建设发展情况。

6月20日，水利部专家组一行5人到庙宫水库管理处复查水利风景区建设情况。

6月29日，隆化镇苔山后村饮水工程竣工通水。隆化镇苔山后村位于隆化县城西4公里，居民分散住在“七沟八梁上”，居住地势较高，缺水严重。市委书记杨汭到该村调研时，得知这一情况后责成有关部门迅速落实解决。工程于5月16日开工，6月29日全部竣工，完成投资42.23万元。工程建成后该村49户缺水农民用上了自来水，同时新增灌溉面积600亩。

7月1日，承德市人民政府通知，经研究决定，成立双峰寺水库工程建设指挥部。指挥部指挥长为张古江（市委副书记、市长），副指挥长为宋立民（市委常委、常务副市长）、关悦（市人大常委会副主任）、丁万明（副市长），成员有胡伟纲（政府副秘书长）、王建中（政府副秘书长、法制办主任）、李相国（市水务局局长）等24人。指挥部下设办公室，办公室主任由李相国兼任。

7月5日，组成102人双峰寺水库工程项目移民实物调查组，深入库区各行政村进行移民实物调查。省水利水电勘测设计研究院副院长孙景亮一同参加调查，市卫生局派“120”急救中心救护车和1名医生、1名护士现场保障调查工作安全进行。

7月15日，承德市水务局批复承德市高新技术产业开发区新东开发中心关于《滦河承德市南区段防洪与水环境工程（第三道橡胶坝及堤防工程部分）初步设计报告》。滦河承德市南区段防洪与水环境工程第三道橡胶坝及堤防工程位于市区南出口上游，是承德市区滦河干流双滦区到下板城水环境远景规划的重要组成部分。该段滦河干流防洪标准定为50年一遇，相应洪峰流量4650立方米/秒。概算总投资21512.3万元。该工程项目由高新产业开发区组织实施。

7月13日，在承德盛华大酒店举行的全国绿化奖章颁奖大会上，李相国被全国绿化委员会授予2007-2008年度全国绿化奖章先进工作者。

7月13日至14日，全省首都水资源规划在建水利项目调度会议在丰宁县召开。省水利厅有关处室，张家口、承德市水务局主管局长、项目办主任，有关项目主管县长、水务局长等40余人参加了会议。省水利厅常务副厅长袁福作总结讲话。

7月20日至21日，世界水理事会主席洛克·福勋一行考察了避暑山庄、周围寺庙及市区武烈河、滦河水景观工程。

7月23日下午4时15分至5时30分，围场县宝无栈、广发永等5个乡镇14个行政村遭受暴雨袭击，受灾人口2697户9252人，冰雹最长持续时间达半个小时，造成24570亩耕地受灾，绝收面积360亩，冲毁道路4600米，冲毁小流域综合治理工程6平方公里，造成危房10户，经济损失1417万元。

7月24日，北京市发改委在北京市组织召开了加强京承区域生态建设合作座谈会。李相国应邀参加会议，并就21世纪首水规划项目、承德市潮河流域“稻改旱”项目进展、后续实施及潮河流域生态清洁型小流域治理实施等情况做了汇报。

7月31日，中国水利报社党委书记涂曙明、副总编张卫东率领报社第一党支部党员一行30多人，在省水利厅信息宣传中心副主任郎志钦陪同下，与承德市自来水公司党委举行党建工作经验座谈会。李相国、宁树信、慕宏彪出席座谈会。

8月14日至24日，承德市防汛指挥部发布调度令，从滦河上游丰宁电站水库和围场县老窝铺水电站共调水1000万立方米，缓解了下游沿河两岸因严重出现的农田灌溉和生活饮用水紧张状况。

8月17日，根据全市发生的50年一遇严重干旱情况，为确保避暑山庄湖区生态用水需求，承德市水务局决定停采武烈河第二道橡胶坝周围的6眼供水水源井，每天减少采水量3万多吨，每天为避暑山庄湖区补水3万立方米。

8月18日，承德市编委批复，同意将“承德市双峰寺水库筹建处”更名为“承德市双峰寺水库工程建设管理局”，规格为正处级，为市水务局所属事业单位。人员编制28人，内设办公室、总工办、建设管理科、移民征地科、计划财务科5个科室。核定局领导职数4名，其中局长由市水务局局长兼任，副局长3名，总工程师1名（副处级）。核定科级领导职数10名（5正5副）。

9月4日，在承德市德汇门大酒店召开双峰寺水库移民实物调查工作总结大会。在市、镇、村各级组织的支持和广大群众的积极配合下，经过调查组两个月认真、扎实的工作，顺利完成水库移民实物调查工作。

9月5日至6日，省水利厅厅长李清林率规计处、建管处、移民办、防抗办、办公室等有关处室负责人对承德市抗旱工作、新增中央水利投资项目、双峰寺水库项目、移民等情况进行调研。市委书记杨汭、市长张古江接见了李清林一行。丁万明、李相国、李革生、刘志远等陪同调研。

10月9日，承德市水土保持科学研究所承担了水利部公益性行业科研专项项目“冀北山区生态输水小流域治理模式与关键技术”（课题编号200901051），研究周期3年，该科研项目为水保所建所以来第一次承担的部级科研项目。

10月11日至16日，李相国带领承德市水务考察团一行58人（包括双峰寺水库移民村干部17人），赴河南省鹤壁市盘石头水库、小浪底水库枢纽工程和湖北省宜昌市三峡水库枢纽工程参观学习水利工程建设和库区移民安置经验。

10月25日，隆化县举行隆东供水工程竣工通水仪式。李相国、赵连国、张宝生及隆化县四大班子领导出席了竣工通水剪彩仪式。隆化县隆东矿区二期供水工程起点为隆化县城伊逊河第三道橡胶坝，终点为韩麻营镇九神庙村隆化新村矿业有限公司，供水管线总长12963米。设计近期年供水能力800万立方米，远期年供水能力1200万立方米。工程概算总投资6982.64万元。该工程于2008年3月27日开工建设。

11月3日，承德市政府通知：任命李相国为承德市双峰寺水库工程建设管理局局长（兼）；王德明为双峰寺建管局副局长；关悦为双峰寺建管局副局长（试用期一年）；张宝生为双峰寺建管局总工程师（试用期一年）。免去：王德明承德市双峰寺水库筹建处处长职务。

12月14日，承德市委组织部通知：市委决定，都显儒在承德市水务局保留正处级领导职务待遇；于连海在承德市水务局保留正处级非领导职务待遇。经研究决定：张玉华任承德市水务局党组成员。撤销承德市移民工作办公室党组，原承德市移民工作办公室党组的市委管理干部所任党内职务自行免除。

12月28日至29日，在北京长白山国际酒店召开“双峰寺水库工程建设征地移民安置规划大纲”审查会议。审查会议由北京水利水电规划设计总院主持，经过与会代表认真讨论，规划大纲获得通过。副市长丁万明出席会议致答谢词，省水利厅总工张法生代表水利厅讲话，陈伟副院长做总结讲话。

2010年

1月5日，承德市人民政府通知，任命张玉华为承德市水务局副局长（兼）、移民工作办公室主任（正处级领导职务待遇）；白峰为承德市移民工作办公室副主任。

1月6日至9日，水利部水利水电规划设计总院在北京主持召开《河北省承德市双峰寺水库工程可研暨水保、环评报告审查会议》，对《双峰寺水库工程项目可行性研究报告》《双峰寺水库工程水土保持方案报告书》《双峰寺水库环境影响报告书》进行了审查。参加会议的有关领导、专家和代表130余人。承德市委书记杨汭出席会议总结答谢午宴，市长张古江、副市长丁万明出席开幕式。

1月7日，人力资源和社会保障部、水利部印发《关于表彰全国水利系统先进集体劳动模范和先进工作者的决定》，授予承德市水务局“全国水利系统先进集体”荣誉称号。

1月25日，中共承德市委组织部通知，市委决定孔令年任中共承德市水务局党组副书记（正处级非领导职务待遇）；刘福龙任中共承德市武烈河河道与橡胶坝管理处党支部书记（试用期一年）。免去孔令年中共承德市水务局党组成员职务。

1月30日，温家宝总理第三次考察承德市滦平县巴克什营镇偏桥村，对潮滦河流域水资源保护利用和推动区域经济发展作出了重要指示："滦平离北京这么近，只是一墙之隔，而落差就这么大，完全有条件把它搞起来。密云水库是北京用水的重要地方，滦河、潮河都是水源地，要把滦平的流域治理列入省里的规划当中去，不仅当地的经济能发展，群众的生活能改善，北京的供水也能得到保障。如何把承德地区尽快发展起来，把滦平尽快发展起来，河北省要作为重要课题来研究。承德地区总体上是比较落后的，但承德地区又有很好的地理优势和古文化优势，给北京的贡献也是很大的。没有这个地区，北京的生活是很困难的，国务院各部委都要尽力支持这个地区的发展"。

2月10日，河北省水利厅第9期《水利简报》刊称：2009年12月5日早晨，承德市水务局农水科徐征驾车上班的路上，当行至九华山脚下，突然发现一人躺在路旁，旁边并有斑斑血迹，当即断定是出了事故，急忙停车前去查看。当发现该人有些神志不清、呼吸还正常时，马上拨打了"120"急救电话，当120急救车到达后，并积极协助将伤者送往医院，经抢救伤者脱离了生命危险。伤者清醒后说，自己是被一辆大货车撞伤，不省人事。伤者家属得知是徐征无私相助深深感动，并于2010年1月10日特地赠送一面"见义勇为，真情相助"的锦旗深表感激之情。

2月24日，河北省防汛抗旱指挥部办公室表彰2009年度防汛抗旱工作先进单位和先进个人，承德市防汛抗旱指挥部办公室获得"河北省防汛抗旱工作先进单位"称号。

3月15日承德市水务局批复庙宫水库管理处成立庙宫水库灌区农民用水户协会总会及分会。

3月22日，在纪念第18届"世界水日"和第23届"中国水周"之际，滦平县偏桥村水利综合治理工程正式启动，省委驻巴克什营镇工作组组长孙富强，市委常委、农工委书记刘学军，市水务局局长李相国和滦平县有关领导出席开工仪式。该工程包括饮水安全及河道治理工程，总投资651万元。

3月10日，六道河水电站在完成各项调试运转工作后，正式投入运行，并网发电。六道河水电站是承德市水电开发重点项目，承担着发电、供水两项任务，在发电的同时向承钢供水。

3月28日至4月3日，由市政府副秘书长胡纬纲、市水务局局长李相国带队，市水务局领导班子成员、机关各科室及直属单位负责人共62人组成水利考察团，赴小浪底、丹江口、三峡3个水利枢纽工程和廊坊市固安县考察学习。

4月15日，中共承德市委组织部通知，市委决定李革生在承德市水务局保留副处级领导职务待遇，免去其党组成员职务。

4月23日，经市政府机构改革领导小组审核，报市政府批准，承德市人民政府办公室印发《承德市水务局主要职责、内设机构和人员编制规定》。承德市水务局（含市移民工作办公室）共设11个内设机构，包括办公室、人事科、规划计划科、水政与科技科、财务科、建设与管理科、水土保持科、农村水利科、移民政策指导科、移民后扶项目科、机关党委、离退休干部科等。机关行政编制41名（含离退休干部工作人员编制1人），其中：局长1名（兼移民工作办公室主任）、副局长4名，科级领导职数16名（正科级14名，含总工程师1名、离退休干部科科长1名、机关党委专职副书记1名；副科2名）。机关工勤人员编制5名。

4月28日，围场县老窝铺水电站建成投入试运行。该水电站于2007年开工建设，电站总装机容量500千伏，2009年6月1日竣工，同年7月1日蓄水，进行机组及机电设备调试，2010年3月调试完毕。2010年4月28日，正式投入试运行。

4月，中华全国总工会授予承德市水务局自来水公司工会“全国模范职工之家”称号。

5月7日，承德市人民政府通知，市政府决定，任命吕国良为承德市双峰寺水库工程建设管理局副局长（试用期一年）。免去李革生的承德市防汛抗旱指挥部办公室主任职务。

5月31日，承德市政府召开全市防汛工作电视电话会议。各县区长、县区防汛抗旱指挥部负责人、县区防汛抗旱指挥部成员单位主要负责人、县区防汛抗旱指挥部办公室负责人参加了会议。市长、市防汛抗旱指挥部指挥长张古江作重要讲话。

6月8日，承德市委书记杨汭、市长张古江在北京向水利部部长陈雷专题汇报双峰寺水库工程项目进展情况。水利部党组成员、办公厅主任陈小江、总工程师汪洪、建管司司长孙继昌、规计司副司长段红东、水规总院副书记王治明，承德市委常委、市委秘书长和水务局局长李相国等参加座谈。

6月17日，市政府成立水利普查领导小组，组长丁万明，副组长李相国、胡伟纲、王德山（市统计局长），成员为杨宝林（市委宣传部副部长）、刘金花（市发改委副主任）、张树民（市财政局长）、白晓东（市国土资源局副局长）、王书魁（市环保局副局长）、冯国发（市住建局副调研员）、宋秀清（市水务局副局长）、孟昭云（市农牧局总农艺师）、孙桂英（市统计局副调研员）。领导小组办公室设在市水务局，办公室主任宋秀清（兼）。

6月20日，河北省人大秘书长赵曙光一行及承德市人大常委会主任、围场县人大常委会主任，到庙宫水库检查指导工作。

7月1日，河北省水利厅组织对密云水库上游滦平县潮河流域井灌节水灌溉工程竣工验收会议。省水利厅、发改委、省实施首都水资源规划领导小组办公室、承德市水务局、滦平县纪检委、水务局、发改局、财政局等单位参加会议。

7月9日，北京市水务局、承德市人民政府在密云水库签订“2010年度承德市潮河流域水源保护退稻还田项目协议书”，2010年承德市潮河流域密云水库上游继续实施“稻改旱”工程，滦平、丰宁两县稻改旱面积7.1万亩（其中滦平县35045.6亩、丰宁县35954.4亩）每亩由北京市补偿550元，共补助资金3905万元。

7月17日至18日，河北省水利厅总工张法生、河北省滦河河务管理局、承德水务局有关专家一行16人，对兴隆县老虎沟水库除险加固工程进行了竣工验收。该工程于2005年4月1日开工，2006年10月主体工程完工。初设批复总投资2473万元。其中：中央补助资金1200万元，省配套资金902万元，市、县配套资金371万元。竣工后完成投资2161.3万元。

7月19日至21日，河北省水利厅组织省市有关专家形成验收委员会，对滦平县曹营子、龙潭庙、头龙潭3座水库除险加固工程进行了竣工验收。

7月21日，河北省水利厅组织对丰宁县黄土梁水库除险加固工程进行竣工验收。该工程于2003年12月开工，2005年12月29日完工。该工程初设批复总投资2662万元。资金来源为中央财政预算内专项资金和地方自筹资金。竣工后完成投资2267万元。

7月28日，承德市水务局组织对双桥区二仙居旱河综合整治工程进行竣工验收。该工程于2008年8月4日正式开工，2011年1月10日全部工程完工。工程批复概算总投资13387.39万元，实际完成投资11536.45万元。

8月2日，水利部海委防办副主任董继英，省防办副主任程双虎及市水务局领导等一行到隆化县查验“7·31”强降雨灾情。

8月28日，市长张古江赴京向中共中央政治局委员、国务院副总理回良玉汇报双峰寺水库项目。

9月8日至11日，水利部主持召开的全国城市水资源实时监测与管理系统建设现场会议在承德市召开，参加会议人员达150人，水利部副部长胡四一、总工程师汪洪和水资源司领导亲临大会。

9月29日，水利部向国家发改委正式报送《关于报送河北省承德市双峰寺水库工程可行性研究报告审查意见的函》。至此，需报至国家发改委审批可研的6个省部级文件（主体可研、用地预审意见、移民安置规划大纲、水土保持方案、环境预审意见、环境影响报告书）已全部完成，具备了可研阶段审批要求。

9月30日，滦平县两间房川偏桥村河道治理工程完工，共修筑护村护地坝4270米，动用土石方15.6万立方米，布设铅丝石笼340米，完成投资560万元。工程实施后，在京承旅游公路沿线打造出一道靓丽的风景线，保障了偏桥村1204人，300亩耕地的安全度汛，新增可利用耕地200余亩，促进了村容村貌的改善与该地区经济社会的发展，落实了温家宝总理考察偏桥村的指示要求。

10月8日至9日，省长陈全国在承德市进行专项督导和调研，考察了重大基础设施建设情况。听取了李相国关于环境整治工程和双峰寺水库项目的汇报。陈全国指出：双峰寺水库项目占地面积大，离市区近，可以作为一个旅游景点，要抓紧开工建设，做好移民安置工作，一步到位建设新农村。杨汭、张古江、宋立民等市领导陪同考察。

10月25日，省委常委、常务副省长赵勇带领省直有关部门负责人到承德现场办公，考察了市区武烈河口滦河段水环境工程。杨汭、张古江等领导陪同调研。

10月29日，中共承德市委组织部决定，任命邢晨为承德市水务局党组成员，免去宁树信承德市水务局党组成员职务。

11月29日至12月1日，中咨公司主持在北京玉龙集团国际酒店召开双峰寺水库工程可研报告评估会。出席会议的有：中咨公司农村经济与地区发展部主任何军、处长马新忠、水利部规计司处长石海峰、海委副总工张献春、省发改委农经处副处长李常乐、省水利厅副巡视员吕长安、规计处副处长韩君平、天津市水务局处长严学军、省水利水电勘测设计研究院副院长孙景亮、副总工孙继江、李群，承德市委副书记丁锦霞、副市长丁万明，市水务局局长李相国，副局长慕宏彪、宋秀清、宁树信、吕国良、关越、张宝生等。专家组由10人组成，组长为原西北设计院院长、设计大师石瑞芳担任。评估会由中咨公司处长马新忠主持，何军、丁锦霞分别讲话，李群向专家汇报双峰寺水库工程可研报告。

12月1日至2日，平泉县大庆水库除险加固工程通过了由河北省水利厅组织的竣工验收。该工程于2009年1月10日开工建设，2010年9月25日全部完工。该工程设计批复总投资2357.57万元。资金来源为中央财政预算内专项资金和地方自筹资金。竣工后完成投资2308.15万元。

12月2日至3日，河北省水利厅总工张发生、省水利厅建管处以及水工、机电、财务等专家组成的验收委员会对隆化县二道湾水库除险加固工程进行竣工验收。该工程于2009年1月1日开工，2010年8月10日完工。该工程批复概算总投资932.39万元。资金来源为中央财政预算内专项资金及省财政配套资金。竣工后完成投资932万元。

12月4日，承德市庙宫水库除险加固工程通过省水利厅竣工验收。省水利厅总工张发生、建管处副处长杜永彬等，市水务局赵连国等参加验收会议。该工程于2003年7月8日开工建设。工程建设主要内容为：新建排沙洞、水库管理用房、拦河坝加固、溢洪道、输水洞、泄洪闸、电站、水文站修复改建。批复工程总投资9234万元，变更增加投资801万元，合计总投资10035万元。该工程实际到位国家、省补助资金10035万元，实际完成投资9860万元。

12月6日，承德市人民政府通知，市政府决定，邢晨为承德市水务局副局长，宁树信为承德市水务局调研员，李海东为承德市防汛抗旱指挥部办公室主任（试用期一年）。免去王德民承德市双峰寺水库工程建设管理局副局长职务。

12月7日至9日，中共中央、国务院在兰州召开的全国防汛抗旱暨舟曲抢险救灾总结表彰大会上，承德市防汛抗旱指挥部办公室被授予“全国防汛抗旱工作先进集体”称号，授予隆化县郭家屯镇党委书记牛立学为“全国防汛抗旱先进个人”称号。

李相国参加了会议。

12月16日至18日，河北省水利厅、省农开办在山庄宾馆组织召开“庙宫水库灌区节水配套改造工程项目竣工验收”会。该工程是国家农业综合开发工程建设项目，建设性质为节水配套工程改造。2006年，市水务局、市财政局、市农业开发办联合呈报庙宫水库灌区节水配套改造项目实施计划的报告，经过水利部、国家农业综合开发办公室、省水利厅、省财政厅的各级批复，其中中央财政资金800万元。该工程于2008年3月1日正式开工。工程建设内容包括：新建防渗渠道25340米；续建防渗渠道19140米；改造渠道4720米；新建进水闸14座；退水闸27座；分水闸82座；节水闸72座；分水口133处；农道桥58座；涵管17处114米；渡槽8处74米；涵洞73处236米；新建引水坝2940米；护岸坝3220米。2009年9月30日完工。

12月22日，承德市市长张古江主持召开市编委会议，会议研究决定，双峰寺水库工程建设管理局确定人员编制51名，单位性质为处级全额事业单位。内设科室7个，即办公室、环境移民科、建设管理科、总工办、计划财务科、安全监察科、水库运行调度科。

是年，隆化县和丰宁县分别获得省农田水利基本建设“海河杯” 竞赛先进县一、二等奖。

2011年

1月1日，《中国水利报》公布，丰宁满族自治县黄土梁水库景区被列为第十批国家水利风景区。

1月4日，隆化县农田水利基本建设再度获得省政府“海河杯”先进县一等奖，这是第十六次获省政府农田水利基本建设表彰。

1月10日，北京铁路局总工程师闫平在北京组织召开《承德至隆化线改线工程初步设计》审查会议，此次会议为双峰寺水库工程建设早日开工创造了条件。丁万明、李相国等65人参加会议。

1月31日，省财政厅、省水利厅联合下达承德市抗旱设备购置补助资金2000万元，除双桥区外的10个县区各200万元，此项资金专项用于县级抗旱服务组织购置抗旱应急拉水车、打井洗井设备、移动灌溉设备、输水软管、简易净水设备等抗旱设备。

3月1日，承德市防汛抗旱指挥部决定启动Ⅳ级抗旱应急响应。去冬今春以来，全市降水严重偏少，气象干旱严重。全市已有162个乡镇、689个村、13.3万人和2.43万头大牲畜出现临时性饮水困难，需出村拉水人数已增至2.2万人。国家补助全市10个抗旱服务站2000万元抗旱设备购置资金全部审批。

3月3日，承德市水务局第五期《水务简报》刊称：在2011年全省水利工作会议上，承德市自来水公司被省水利厅、省南水北调工程建设委员会办公室、省人力资源和社会保障厅联合命名为“全省水利系统先进单位”。

3月5日，围场满族蒙古族自治县老窝铺水电站并网发电，正式投入运行。该电站总装机2×250千瓦，设计年发电量152万千瓦时，完成投资626.35万元。

同日，宽城县城区水源建设峪耳崖供水工程正式启动，该工程是宽城县境内最大供水工程，由河北省水利水电勘测设计院完成设计，设计总投资为4.84亿元。该工程从潘家口水库库区塌山乡、化皮乡、宽城镇、龙须门镇、板城镇、亮甲台乡、东川乡输水至峪耳崖镇山家湾子村，全线总长82.4公里，可解决城区10万居民饮水安全，保障龙城产业聚集区，长河矿业经济区及企业生产用水。该工程于2013年9月10日全线通水，运行良好，完成工程总投资为4.87亿元。

3月10日，隆化县首个跨流域调水工程——隆东供水工程正式通水。

3月12日，河北省副省长沈小平、省水利厅厅长李青林、省政府副秘书长曹振国、承德市委书记杨汭、市长赵凤楼、省政府办公厅处长赵国芳、省水利厅规划处处长崔志清、承德市政府秘书长王学以及水务局局长李相国等一行12人，在北京拜会水利部部长陈雷等领导。沈小平、杨汭分别汇报了双峰寺水库工程项目进展情况。陈雷指出：“双峰寺水库工程项目可研报告已到审批阶段，抓紧协调国家发改委批复，抓紧工程初步设计，争取2011年尽早开工”。

3月15日，承德市农村饮水安全集中供水管网GPRS远程自动化控制管理系统在承德县头沟镇首家建成。承德县头沟镇集中供水工程于2009年建成，投资315万元，供水范围为头沟、北沟门、瓦房3个行政村，共计1300余户，解决了二十几个机关单位，100余家商业摊点和中心小学校共6000多人的饮水安全问题。

4月4日，平泉县王土房乡东北沟村水土保持示范点坡改梯工程全部完成建设任务。该工程是国家“冀北山区生态输水小流域治理模式与关键技术”科研项目建设内容之一，是中科院水利部水土保持研究所、承德市水土保持研究所共同承担的研究课题，平泉县水务局承担建设任务。

4月26日，为保障“五一”旅游黄金周期间承德市区生态用水，从隆化县二道湾水库向市区武烈河第7次调水。

4月29日，隆化县二道湾水库第八次为市区紧急调水，本次调水量为55万立方米。

5月17日，京承农业合作潮河流域“稻改旱”项目在承德市签约。这是自2007年实施“稻改旱”项目以来的第5个年头。北京市水务局副局长毕小刚、水资源处处长戴育华、北京市对口支援和经济合作领导小组办公室调研员刘京顺，承德市副市长丁万明、市水务局局长李相国，副局长王艳刚、邢晨出席签约仪式。

5月20日，宽城满族自治县县城水再生利用及管网改造工程竣工验收，正式投入使用。该工程共铺设再生水回用管路11公里，污水管网改造3900米，新建污水管道10000米。县城外污水再生利用工程标段施工由双隆矿业组织施工，新建提水泵站2座铺设段路16.023公里。该项工程于2010年6月5日开工建设，工程总投资4975万元。

5月25日，市政府通知：宋秀清任承德市水务局调研员，免去市水务局副局长职务；免去姜桂民承德市武烈河河道与橡胶坝管理处处长职务，调出水务局。

5月27日，省政府党组副书记、顾问张和签发河北省政府《关于承德市双峰寺水库工程地方配套资金的承诺》。

5月27日至30日，中国科学院生态环境研究中心生态评价与生态规划课题组一行14人在王凤春教授带领下，到丰宁就区域水环境治理生态合作机制研究工作进行调研。

6月9日至11日，承德市双峰寺水库工程项目初步设计预审会议在承德山庄宾馆召开。会议由水利部水规总院院长刘伟平主持，水利部水规总院副总工黄浩泉等专家15人。省政府党组副书记、顾问张和、省政府副秘书长曹振国、省水利厅副巡视员吕长安、海委处长郭书英、承德市赵风楼、刘学军、丁万明、王学等出席会议。李相国、宋秀清、宁树信、慕宏彪等参加会议。

6月16日，河北丰宁抽水蓄能有限公司与北京大唐公司正式签订了丰宁水电站资产收购协议。

6月17日至18日，承德市双峰寺水库工程移民安置规划专题审查会议在北京西藏大厦召开。参加会议的有水利部水规总院副院长陈伟、处长番尚兴等4人，省水利厅移民办文振国、苏桂香2人，省水利水电勘测设计研究院副院长孙景亮、副总工李群等14人。李相国等参加会议。

6月18日，平泉县水务局将第一次全国水利普查基础数据导入“基础登记台账管理”系统，验收合格，该项工作进入普查阶段。

6月23日13时40分，丰宁县黄旗、土城、南关、大阁4个乡镇突降暴雨、冰雹，历时50分钟左右，暴雨中心在黄旗镇老窝铺村，降水量达98毫米。这次暴雨、冰雹灾害受灾人口11478户、39983人，因灾死亡1人。市长赵风楼、副市长丁万明到丰宁实地查看灾情，指导救灾工作。

同日，承德出现一次大范围降水过程，全市降中到暴雨，其中丰宁县部分乡镇出现短时暴雨。潮河大阁水文站15时12分洪峰流量447立方米/秒。此次丰宁县暴雨山洪灾害是全省入汛以来首次暴雨山洪灾害，省委书记张云川、省长陈全国、常务副省长赵勇、副省长沈小平等省委省政府领导高度关注，副省长沈小平在灾后24小时内，即带领省水利厅、民政厅领导亲临丰宁县灾区看望慰问受灾群众。

6月25日，市长赵风楼率丁万明、王学和市水务局、财政局、防汛办公室、民政局、交通局等相关部门负责人赶赴丰宁县受灾乡镇，察看部署救助工作。

7月11日，河北省水利普查水力侵蚀调查工作现场观摩会议在围场县召开。河北省水利普查领导小组办公室常务副主任吕长安、省水普办各专项组负责人以及全省各市水普办主要负责人、副县长王文和参加了会议。

7月24日下午至25日下午，围场县普降大到暴雨，降雨范围涉及全县37个乡镇，平均降水量达到50毫米以上，局部地区出现大暴雨，导致部分乡镇不同程度受灾，受灾耕地达14000余亩，其中绝收1200余亩。

8月24日，水利部水保司鲁胜力处长、国科司曾向辉处长、海委马志尊处长及省水利厅领导，对承德市水土保持科学研究所承担的公益性课题进行检查指导，为课题顺利进行提出了指导性意见和建议。

8月29日，松辽委水资源保护局有关领导一行4人在承德市水务局副局长刘剑峰的陪同下，到平泉县辽河流域支流平泉段—老哈河的水功能区划分情况进行了实地考察。

9月7日，承德市水务局与河北农业大学达成协议，在河北农业大学举办承德水务系统在职青年职工专业进修班，当日在保定河北农业大学举行开学典礼。本期进修班共53名学员，学制两年，毕业后学员可获得河北农业大学成人教育学院水利水电工程本科和水利水电工程管理专科学历。

9月8日，河北省水利厅、水利部海河水利委员会联合组成验收组，对兴隆县首水项目清水河项目区水土保持综合治理工程进行了竣工预验收。清水河项目区水土保持综合治理工程是21世纪初期首都水资源可持续利用规划的子项目，是国家第四批扩大内需项目，总投资1629万元。该工程于2009年12月开工建设，2010年7月底完成全部建设内容。共完成水土流失治理面积54.9平方公里。

9月16日，经承德市机构编制委员会批准，承德市水利水电勘测设计所更名为承德市水利水电勘测设计院。

9月22日，承德市双峰寺水库工程项目承隆铁路改线设计方案审查会议在北京天佑大厦召开。参加会议单位有北京铁路局运输处、公务处、道口办、电务处、机务处、货运处、建设处、工务段、电务处、供电段、承德铁路车务段、北京南站工程建设指挥部、中铁咨询集团有限公司、承德市水务局。

10月17日， 围场县委副书记刘众民主持召开了全县水务一体化工作会议，将自来水公司和污水处理厂由原来住房和城乡规划建设局管理，整体划转为由水务局管理。

10月20日，中共承德市委常委会议决定，由市长赵风楼，市委常委、农工委书记刘文勤挂帅双峰寺水库工程项目。

同日，承德市水务局成立了以李相国局长为组长的“百日下基层”活动领导小组。市局班子11位成员、有关科室负责人等共55人，深入8个县3个区的25个乡镇48个村，走访了200余位村民农户和基层水务职工，针对目前农村自来水户户通现状、新民居饮人安全工程、水利生态建设、乡村级山洪灾害防治体系建设等情况进行详细调研。

10月26日至27日，水利部海河水利委员会、河北省水利厅组织专家组，对密云水库上游兴隆县清水河项目区水土保持综合治理工程进行了竣工验收。工程从2009年12月开始建设，于2010年7月底全部完工，实际完成水土流失治理面积54.9平方公里，完成投资1629万元。

10月27日，由河北省水利厅主任委员田友、副主任吕长安、马志尊及相关人员组成的专家验收组对兴隆县21世纪首水项目兴隆、承德县潮河流域节水灌溉工程进行了竣工验收。

11月5日，中共承德市委印发《中共承德市委、承德市人民政府关于加快水利改革发展的实施意见》。

11月14日至15日，承德市水务工作会议在承德行政中心会议中心召开，贯彻落实中央1号文件和中央、省水利工作会议精神，部署当前和今后一个时期全市水务改革发展的总体要求、目标任务和重大举措，动员全社会力量，推进承德水利建设跨越发展。市委书记杨汭、市长赵风楼出席会议并讲话。

11月24日，国家发展和改革委员会批复承德市双峰寺水库工程可行性研究报告。原则同意双峰寺水库工程可行性研究报告，该工程任务以防洪为主，结合供水，兼顾生态环境用水和发电。工程建成后，结合下游堤防工程，可将承德市防洪标准提高到100年一遇，并为承德市生活和工业生产供水提供水源。该工程由拦河坝、泄水建筑物、电站厂房等建筑物组成。拦河坝为碾压砼重力坝，最大坝高51.1米，总库容1.37亿立方米，电站装机1270千瓦。通过与滦河地下水源地联合调度，年均可为承德市供水6400万立方米。该工程用地面积705.25公顷，其中农用地525.64公顷。需搬迁安置5105人，移民安置以分散后靠方式为主。按2010年第三季度价格水平估算，该工程静态总投资189791万元，总投资192774万元。总投资中暂定中央预算内投资安排65000万元，农行贷款32208万元，省市负责安排95566万元。

11月，市自来水公司被中华全国总工会评为“全国职工教育培训示范点”。

12月5日，水利部部长陈雷、代省长张庆伟视察避暑山庄水系综合整治引水工程，市委书记杨汭、市长赵风楼陪同视察，李相国作汇报。

12月6日上午，承德市双峰寺水库工程举行开工奠基典礼仪式。省委副书记、代省长张庆伟，水利部部长陈雷，全国政协社会和法制委员会副主任、国务院法制委员会原主任曹康泰，副省长沈小平，省长助理、省政府秘书长尹亚力和承德市委书记杨汭，市委副书记、市长赵风楼等领导出席奠基仪式。赵风楼主持仪式，张庆伟、陈雷、杨汭分别致辞。出席奠基典礼的还有：水利部总工程师汪洪、总规划师兼规计司司长周学文以及中国国际工程咨询公司、北京铁路局和省直部门的相关领导、市直有关部门、各县区主要负责人，社会各界和驻承德部队、武警官兵以及双峰寺镇村民代表等共3000多人参加仪式。开工奠基仪式结束后，张庆伟、陈雷到承德市水资源会商决策中心进行调研，观看并听取了承德市水资源实时监控与管理系统的演示和汇报。

2012年

2月10日至2月13日，河北省质量技术监督局认证评审处刑大荣等3位专家组成的认定评审工作组和市质监局观察员王海英一行4人，对河北省城市供水水质监测网承德监测站（承德市自来水公司水质检测中心）进行现场复评审，并对水质检测中心近两年来的新国标106项检测标准的60多个扩项工作进行认证，经省专家组评审顺利通过复审。

2月16日，全国第一次水利普查办公室副主任黄河率检查组一行到平泉县检查指导全国第一次水利普查工作，省、市水普办及县主要领导陪同检查。平泉县是全省唯一接受国家水普办检查的单位。

2月28日，河北省政府授予丰宁县2011年度农田水利基本建设“海河杯”竞赛一等奖。

2月，市自来水公司被河北省人力资源和社会保障厅、河北省总工会、河北省企业家协会、河北省工商业联合会授予“河北省厂务公开民主管理先进单位”称号。

3月5日，水利部副部长国普办主任矫勇视察承德市水普工作，在承德市水务局听取水利普查工作的汇报，同时参加在平泉县大庆水库举行的全国普查表填写启动仪式。启动仪式结束后，矫勇副部长视察双峰寺水库坝址。

3月29日，海河水利委员会水土保持处处长马志尊邀请《中国水利报》记者对丰宁京津风沙源水土保持项目建设情况进行实地采访。

4月10日至11日，致公党中央副主席杨邦杰、严以新在市政协、市统战部领导陪同下，到丰宁考察调研京津冀区域水资源协调发展问题。

4月25日至27日，隆化县二道湾水库第十次为市区紧急调水，调水量为70万立方米。

5月1日，经过水价价格听证法定程序，市政府和省物价局批准，承德市市区新供水价格正式实施。

5月13日，承德市委任命：李新华为承德市水务局党组书记；赵连国保留副处级领导职务待遇，免去水务局党组成员职务；宋秀清保留正处级非领导职务待遇；免去李相国承德市水务局党组书记职务。

7月20日，围场县下湾子水电站施工招标，承德北方水利水电工程有限公司中标。8月15日该工程正式开工建设。

5月16日，在承德市第二十二届“全国助残日”暨残疾人事业表彰大会上，市自来水公司荣获“扶残助残爱心企业奖”

5月18日至22日，水利部松辽水利委员会专家8人对隆化县2011年坡耕地水土流失综合治理试点工程专项稽查。

5月25日，市自来水公司深井水厂正式投入运行，该水厂的投产对城市供水系统起到了重要的补充调配作用，提高行政中心、世纪城、铁路区域和开发东区的供水保障能力。

5月29日，丰宁县第七届人大常委会第二次会议通过了县人大常委会关于公布实施丰宁满族自治县人民代表大会关于修改《丰宁满族自治县水土保持条例》的决定。

6月7日，河北省实施首都水资源规划工作会议在丰宁召开。省水利厅党组副书记、副厅长白顺江出席会议并讲话。

6月10日，市委组织部任命：李新华为承德市双峰寺水库工程建设管理局党支部书记；同时免去李相国水库管理局党支部书记职务。

6月21日，省水利厅副厅长位铁强一行到平泉县检查防汛工作，李新华、董正国、甄毓敏、姜树君、胡维民陪同检查。

6月27日，市政府通知：免去赵连国承德市水务局副局长职务；免去宋秀清承德市水务局调研员职务。

6月27日至28日，承德市水库移民工作培训班在隆化县召开，来自全市各县52名人员参加了培训。

6月29日，丰宁水务局党总支荣获中共河北省委授予的全省创先争优先进基层党组织荣誉。

6月，承德市水土保持科学研究所承担的《“3s”技术在水土保持风蚀水蚀调查中的应用研究》获得河北省水利科技进步二等奖。

7月5日至6日，水利部海委防办调研员张素亭、省防办教高王坤杰，在李海东陪同下一行9人对隆化县山洪灾害防治县级非工程措施工作进行检查。

7月13日，水利部水保司司长刘震到承德市进行公益课题中期调研，一同前来的有水利部水土保持监测中心主任郭索彦，水利部国科司处长朱寿峰，中科院资源环境局副处长周桔，水利部国际泥沙中心副主任宁堆虎，中科院水利部水土保持研究所所长刘国彬，水利部沙棘中心副主任蔡建勤，水利部水土保持司处长鲁胜力、水利部水土保持工程中心主任曹文洪、谢永生、副主任左长青，河北省水利厅副厅长位铁强、水保处处长韩尚柱等；市水务局李新华、周作军、宋秀清参加调研。

同日，承德市市长赵风楼、市水务局局长李

新华、市防汛办主任李海东，到庙宫水库检查防汛工作。

7月21日，滦平全县境内发生暴雨洪水灾害，受灾人口6639人，其中紧急安置人口6378人次，受灾面积758公顷，成灾面积570公顷，绝收面积157公顷，直接经济损失1231万元。房屋倒塌130间，损坏房屋20间，冲毁护村、护地、护路坝1.31万延长米，大棚15座。

同日，14时至22日8时，兴隆县普降大范围强降雨。截至7月22日7时30分，全县平均降雨量达214.5毫米，为1962年以来兴隆有完整气象资料的最大降雨。据统计，全县290个行政村中有275个行政村受灾，受灾人口达178216人，造成经济损失11.38亿元，其中直接经济损失10.12亿元。冲毁桥涵407座，21座水库溢流，12座水库受损，363.9公里堤防不同程度受损，损毁机电井110眼。

7月21日至22日，承德县各乡镇普降大到暴雨，截至7月22日6时30分，全县平均将降雨量达到108毫米，其中刘杖子、满杖子、八家、下板城等4个乡镇降雨量达到140毫米以上，22日凌晨1时许，刘杖子、白旗等4个乡镇降雨量超过100毫米，并对受山洪地质灾害威胁的30户，97名群众进行避险转移。这次暴雨受灾人口1332户、4088人，直接经济损失1120万元。

7月21日至8月2日，宽城满族自治县连续4次普降大到暴雨，全县平均降雨量416毫米，是1965年宽城有气象记录以来最大降雨量，全县所有乡镇普遍受灾。洪灾给人民群众基本生活带来严重影响，农牧、渔业、交通、水利、电力基础设施、工矿企业损失极其严重，据统计，4次超强度降水量给宽城造成直接经济损失达6.86亿元，受灾人口达14.42万人。

7月21日至22日，承德市普降中到大雨，中南部地区降大到暴雨，兴隆南部降大暴雨。全市平均降水量96.9毫米，155个乡镇24小时降雨量超过50毫米，78个乡镇超过100毫米，12个乡镇超过200毫米。位于暴雨中心区的兴隆县平均降雨量达到214.5毫米，最大点降雨量超过300毫米，为该县有完整气象资料以来最大降雨，影响范围之广为近年罕见。“7.21”强降雨导致承德市中南部县区山洪泛滥，洒河蓝旗营水文站22日3时12分出现洪峰流量1890立方米／秒，属20年一遇洪水；柳河兴隆水文站22日3时36分洪峰流量112立方米／秒，超过5年一遇标准。山洪诱发泥石流滑坡等次生灾害1193起，1座中型水库、29座小型小库溢洪。全市118个乡镇、52.5万人受灾。农作物受灾面积22018.6公顷，其中绝收面积2909.64公顷；损坏房屋8686间，其中倒塌734间；冲毁防洪堤766公里；损坏机电井1312眼，造成11600人饮水困难。供电中断63条次，通讯中断136条次，4人因灾死亡。全市直接经济损失19.07亿元。

同日，为做好“7·21”强降雨应对工作，全市共投入各类抢险救灾队员21118人，出动官兵120人次，出动机械运输设备9387台班次，投入物资总计814.5万元，组织转移受威胁群众37771人，解救受困群众9180人，最大程度地减少了灾害损失，取得了“7·21”抗洪救灾的阶段性胜利，确保了“7·21”洪灾无一人伤亡。

7月24日，市政府通知：经市十二届人大常委会第三十二次会议审议通过，任命李新华为承德市水务局局长；同时免去李相国的水务局局长职务。

8月1日，滦平县窟窿山水库至第二水厂主输水管线工程完工。完成了铺设窟窿山水库至第二水厂DN（直径）600球墨铸铁管道4250米，完成投资816.8万元。

同日，河北省水利厅召开了“7·21”洪涝重灾区恢复重建水利工作专题会议。会议明确：从2012年9月开始，河北省将投资3.7亿元，对“7·21”洪涝重灾区—涞源、涞水、易县、兴隆四县的水利项目实施重建。省防汛抗旱指挥部秘书长、省水利厅副厅长刘凯军主持会议，省发改委、财政厅、国土厅、审计厅和保定、承德两市、县的有关负责人出席了会议。

8月23日，由于原承德市水利学会理事长、承德市水务局党组书记、局长李相国已离职，承德市水利学会请示市委组织部，由现任水务局党组书记、局长李新华拟兼任承德市水利学会理事长。

8月27日，市政府通知：任命李新华为承德市双峰寺水库工程建设管理局局长；同时免去李相国水库管理局局长职务。

同日，市政府通知：任命李新华为承德市水务集团董事长、总经理。

8月，兴隆县水务局荣获河北省“7·21”暴雨和10号台风抗洪抢险救灾先进集体荣誉称号。

9月2日，水利部海河水利委员会主任任宪韶一行，考察丰宁实施的首都水资源规划河流生态恢复、农业节水等重点项目工程。

9月12日， 水利部批复了双峰寺水库工程初步设计报告。经国家发展和改革委员会核定，工程初步设计概算总投资为240781万元。双峰寺水库工程批复施工总工期为36个月。其中，施工准备期7个月，主要完成场地平整、场内交通，临时房建及施工场地的修建等工作；主体工程施工期27个月，主要完成泄水洞、坝体浇筑、电站及安装工程施工；工程完建期2个月，完成工程扫尾、竣工资料整理及竣工验收等。

9月26日，河北省防汛办公室副主任廖辉在承德市防办主任李海东陪同下，到平泉县检查山洪灾害防治非工程措施项目建设情况。此项目包括125处预警广播，16处自动雨量观测站，6处自动水文雨量观测站，300处简易雨量观测点。

10月15日，双峰寺水库建管局于9月13日发布招标代理机构招标公告，9月29日开标，天津普泽工程咨询有限责任公司中标。

10月22日至25日，承德市发改委、林业、水利、农牧等部门组成联合验收组对平泉县2009年和2010年京津风沙源治理工程进行了联合验收。

10月30日，水利部稽查办特派员姜开鹏率稽查组一行7人，对丰宁孤石水库除险加固工程建设情况进行专项稽查。

10月，承德市水土保持科学研究所东北沟监测示范点获得市科普基地称号。

10月31日，河北省水利厅核准了承德市双峰寺水库主体工程招标方案。同意水库枢纽工程划分为14个标段，其中4个监理标、4个施工标、4个机电设备制造标和2个金属结构设备制造标。

11月1日，河北省水利厅机关党委书记张占民率省厅和市局检查组到丰宁县，对凤山水务站创建全省水务系统文明服务亦示范窗口单伍位成果进行检查考核。

11月3日，丰宁出现自1959年有记录以来同期最强的一次降水过程。县城降水量达49.3毫米，其中降雪量40.8毫米，雪深43厘米，坝上部分地区雪深达1米。

11月5日，市政府通知：免去宁树信承德市水务局调研员职务。

同日，承德市政府通知：免去宁树信承德市水务局副局长职务。

同日，滦平县3个农业产业园区节水灌溉工程全部竣工。该项工程于2012年9月1日全面开工建设，完成投资745.19万元，新增农业节水灌溉面积5350亩。

同日，由水利部海河水利委员会、北京市水务局、天津市水务局组成的第一次全国水利普查水土保持情况普查事后质量检查组一行，对隆化县进行了水土保持情况普查事后质量抽查检查。

同日，平泉县基层建设年活动帮扶村饮水安全项目通过省级验收。此项目共涉及27个行政村，解决了63854口人的饮水安全问题，完成投资3192.7万元。

11月21日，市水务局组织有关专家组成验收组对兴隆县基层建设年农村饮水安全项目进行了验收。基层建设年农村饮水安全项目从2012年6月开工至9月底竣工，工程涉及13个乡镇17个行政村，共解决15829口人饮水安全问题，完成投资496.58万元。

11月27日，市水务局局长李新华等赴天津河北省水利水电勘测设计研究院，正式委托该院重新开展大坝沟门水库前期工作。

11月30日，宽城满族自治县北局子供水工程正式竣工验收并投入使用。该工程于2009年12月1日开始施工，共完成安装输水管路2209米，建机水井1眼，修防渗渠240米，配套管路11000米，建5000立方米清水池1座，工程总投资3500万元。该工程建成后，供水范围由7平方公里增加到11平方公里，供水能力由每日1万立方米增加到每日2.5万立方米。

12月28日，经围场县县长办公会议纪要确定县城水厂迁建至龙头山，2013年开始建设，建设内容包括建4万立方米／日水厂一座、3000立方米清水池2座、水质监测中心、泵房、配电室等附属设施、铺设管径为DN600配水主管网16公里。

同日，国家防汛抗旱指挥部办公室批复兴隆县为2012年度山洪灾防治县级非工程措施建设实施县。获得2012年山洪灾害防治县级非工程措施补助资金575万元，其中水利部分545万元，气象部分30万元。

12月30日，平泉县农村饮水安全工程项目于2月2日开工建设，该工程涉及全县的19个乡镇27个社区和村、镇，解决63854口人的饮水安全问题，工程总投资3192.7万元。

是年，承德市防汛抗旱指挥部办公室被省政府评为“河北省‘7·21’和10号台风抗洪抢险救灾先进集体”。

是年，兴隆县2012年度中央财政小型农田水利重点县节水灌溉工程顺利通过市级年度验收。该项目共涉及9个乡镇、61个行政村，项目总投资1824.84万元，其中：中央财政800万元，省级财政800万元，县级财政100万元，群众自筹124.84万元。共实施节水灌溉面积2.02万亩。

2013年

1月18日，市委组织部任命：王淑国为承德市水务局党组成员。

1月25日，市水务局李新华局长等一行人赴北京拜访王浩院士，汇报运作大坝沟门水库的初步想法。

2月4日，市政府通知：任命王淑国为承德市水务局副局长。

2月18日，兴隆县荣获2012年农田水利基本建设“海河杯”竞赛一等奖。

2月22日，市委通知：刘志远、张宝生、王永良任承德市水务局党组成员；周作军、王艳刚不再担任水务局党组成员职务。

3月10日，市水务局对承德市自来水公司进行了干部调整，经局党组研究决定：张宝生不再担任市自来水公司总经理、党委书记职务。

3月23日，承德市水务局在市政府会议中心召开“进一步解放思想，推动水务事业跨越发展”研讨会。市水务局处级领导干部、机关全体人员及直属单位班子成员参加了大会。李新华出席研讨会并讲话，孔令年主持。

3月27日，围场县甘沟口水电站初步设计报告以冀水电〔2013〕4号文件批复，该电站总装机2×250千瓦，设计年发电量187.59万千瓦时，总投资1291万元。

同月，承德市水土保持科学研究所承担的“冀北山区强风化岩坡面治理技术研究”课题获得承德市科技进步二等奖。

4月1日，市政府任命：周作军任承德市水务局调研员；刘志远任承德市水务局副局长（试用期一年）；张宝生任承德市水务局副局长；王永良任承德市水务局副局长（试用期一年）；周亚岐任承德市双峰寺水库工程建设管理局总工程师（试用期一年）；免去：周作军、王艳刚承德市水务局副局长职务；刘志远承德市水务局副调研员职务；张宝生承德市双峰寺水库工程建设管理局总工程师职务。

4月24日至26日，水利部海河水利委员会在承德市召开了2013 海河流域水土保持监督管理工作会议。海河流域各省（自治区、直辖市）水利（水务）厅（局）水土保持局（处）水土保持监督管理主管领导和业务骨干共20多人参加了会议。会议由水利部海河水利委员会水土保持处处长马志尊主持。省水利厅副厅长白顺江和承德市副市长张建国分别致辞。海委副主任田友、水利部水土保持司副司长牛崇桓到会并讲话。

5月5日，宽城满族自治县汇泽园水电站以电代燃工程开工建设，2013年11月25日竣工，2014年5月27日经省水利厅验收合格交付使用。

5月6日，承德市双峰寺水库工程土建及设备安装工程建设监理标于4月17日正式开标，河北省水利水电工程监理咨询中心中标。

5月8日，承德市双峰寺水库左岸上坝路施工标于4月18日正式开标，承德市水利水电建筑安装有限责任公司中标。

5月20日—22日，河北省水利厅党组副书记、副厅长、省南水北调工程建设委员会办公室主任袁福、省规计处、水保处、滦河河务管理局和省防办有关负责人组成省水利厅防汛检查组，对承德市防汛工作进行检查指导。宋立民、李新华、李海东陪同检查。检查组先后检查了滦平县两间房乡大石棚水库除险加固、牤牛河县城段下游河道清障治理、平泉县山洪灾害非工程措施建设情况、平泉县大庆水库汛前准备工作、承德县城滦河右岸防洪堤工程。

5月25日，双峰寺水库左岸上坝路工程施工单位进场。10月5日，左岸上坝路沥青混凝土工程开始施工，10月6日，沥青混凝土工程完工，10月29日通车。

5月30日，承德市双峰寺水库工程大坝主体和水电站土建及安装标于4月23日正式开标，中国水利水电工程第十六工程局中标，5月30日签订了施工合同。

5月，双峰寺水库枢纽工程进场进行施工准备，工程主体于2013年8月20日正式开工。

6月1日至6日，水利部稽查组一行7人在特派员郑生民的带领下，对兴隆县2012年全国重点小（2）型病险水库工程进行了全面稽查，并对转湖梁水库除险加固工程进行了重点稽察。省水利厅杜永彬、李怀珍、聂欣岩、市水务局张宝生、赵连国、兴隆县副县长杨兢成，县水务局等领导陪同。

6月3日，丰宁黄旗镇突降暴雨，降雨时间达70分钟，降雨量达75毫米。有10个自然村的1221户3338人受灾。受灾农田4123亩，其中绝收1346亩。进水房屋14户53间，冲毁护坝970米，砂石路15130米。

6月5日，河北水利水电勘测设计研究院编制完成《大坝沟门水库项目建议书》初稿。

6月10日，宽城满族自治县浑河小龙须门药王庙段河道综合治理工程竣工验收。该工程完成河道综合治理2.7公里，浆砌石重力式挡土墙防洪堤4935米；河道清淤总长2732米，工程总投资为4262万元。该工程于2011年8月25日开工建设。

6月20日，承德市市长赵凤楼、市水务局局长李新华、市防汛办主任李海东及有关人员一行，到庙宫水库检查防汛工作。

同日，水利部建设管理与质量安全中心副主任匡少涛、省水利厅、市水务局相关领导和专家组成的蓄水工程安全检查组，对丰宁中小型水库蓄水安全工作进行检查。

同日，兴隆县大帽峪、秋木林、西台子、鸠儿峪及西湾子水库水毁修复工程竣工，通过了市级验收。

6月24日下午4时至7时，围场县后沟牧场、西龙头乡、南山咀乡突降暴雨，最大点雨量99.9毫米。引起山洪暴发，县防汛指挥部启动二级预警。下午5时至6时，县防汛指挥部果断下达人员撤离命令。安全转移灾民安置群众36户、105口人，实现了无人员伤亡。

6月26日，水利部安全生产检查组一行4人，在水利部水电局巡视员邢援越的带领下，对兴隆县八道河水库除险加固工程汛前安全生产进行了重点检查。省水利厅水电处处长赵国防、市水务局副局长张宝生，副县长张兢成，县水务局有关领导陪同检查。

6月30日，宽城县2012年追加小型农田水利设施建设补助专项资金项目全部建设完工。该项目于2012年10月15日开工建设，总投资1601.26万元，共完成更新机井25眼，修旧井17眼，配套机泵52台套，新建调蓄池39座，维修调蓄池5座，修建井房42处，铺设管道124万米，土石方38.6万方，实施节水灌溉面积1.15万亩。

7月6日，河北省河道采砂专项整治活动督导检查组，在市水务局副局长刘剑锋的陪同下到隆化县检查。

7月16日至18日，河北省水利厅副厅长刘凯军、厅建管处处长宋国强、调研员杜永彬、规计处助理调研员李怀珍等调研督导双峰寺水库工程，李新华等出席会议。刘凯军指出：双峰寺水库工程项目在全省水资源配置、流域防洪，特别是承德市区的防洪方面至关重要，与全省水利发展战略相吻合。省委、省政府高度重视，并作为全省战略性工程，纳入了“十二五”时期重点实施项目。

7月31日，河北省副省长，省防汛抗旱指挥部总指挥长沈小平、省水利厅相关负责人到宽城满族自治县检查指导防汛工作。

同日，承德市委、市政府抢抓重大发展机遇，研究制定了《加快水源涵养功能区建设的若干意见》，将大坝沟门水库建设作为对接京津、服务首都、推进水源涵养功能区建设的重大举措，集中力量推进落实，并积极与北京市有关部门对接，引起北京市高度重视。北京市委常委、农工委书记牛有成率有关部门专程考察了该项目。

8月16日，承德市副市长刘新宇到承德市双峰寺水库建设工地现场视察并指导工作，李新华、吕国良、周亚岐陪同。

8月19日，水利部水土保持司司长刘震、巡视员张新玉，在海河水利委员会、省水利厅、市水务局有关领导陪同下，到丰宁调研水土保持工作。

8月27日至9月1日，水利部水利工程建设稽察办公室派出稽察组，对双峰寺水库工程建设进行了稽察。根据稽察意见，对稽察组提出的围堰设计变更和上坝路工程单元质量评定等问题进行了逐项整改。

9月6日，兴隆县山洪灾害防治非工程措施建设项目通过验收。验收组由省防办督查专员程双虎、省防办副主任廖伟、市防办主任李海东共11人组成。

9月12日，承德市自来水公司按照市政府2013年第2号会议纪要的要求，实施了改制，由全民所有制企业变更为有限公司。该公司是4月18日成立的承德供水有限公司，在此基础上组建了承德供水集团，并于9月12日举行了揭牌仪式。

9月14日，承德市双峰寺水库在主体工程施工前对坝址区专项设施（主要包括输电线路、长途传输、中国移动、中国电信、中国联通、广播电视、军事线路共七个专项）改移，为主体工程顺利开工创造了条件。

10月12日，承德市水务局按照省水利厅、省机编委、省财政厅《关于加强基层水利服务体系建设的实施意见》要求，市、县、区水务局积极协调县、区政府及各机构编制部门，积极推进此项工作，全市按照省厅要求共批复中心站5个、编制60人；批复基层水利站59个、编制257人；完成建站34个，落实人员编制197人，全部完成了基层水利服务体系机构编制批复工作。

11月11日至14日，承德市水务局组织有关专家，对滦平县、丰宁县、隆化县、围场县、双滦区、双桥区六个县区2013年基层建设年农村饮水安全帮扶项目进行了市级验收。六县区共完成110个帮扶村，解决6万人农村饮水安全，完成投资3022万元。

11月12日，承德市委书记、市政府主要领导到双峰寺水库建设工地现场视察并指导工作。李新华、吕国良、周亚岐陪同。

11月20日，丰宁县获河北省政府农田水利基本建设“海河杯”竞赛二等奖。这是丰宁县自2003年以来第九次荣膺省政府“海河杯”农田水利基本建设先进县。

同日，宽城满族自治县获河北省政府农田水利基本建设“海河杯”竞赛二等奖。

11月22日，承德市委副书记潘超、副市长刘新宇等领导到双峰寺水库建设工地现场视察并指导工作，李新华陪同。

11月30日，兴隆县八道河、转湖梁、白马川3座小（2）型水库除险加固工程通过了市级竣工验收。

12月6日，河北省人大代表承德市第二小组部分代表到承德市双峰寺水库调研。李新华和有关领导陪同。

12月12日，双峰寺水库工程发布了金属结构设备制造标及底孔弧形工作闸门液压启闭机制造标招标公告，2014年1月3日开标，分别由河北省水利工程局和常州液压成套设备厂有限公司中标。

12月13日，兴隆县小水泉、快活林、麻地、后申峪4座小（2）型水库除险加固工程竣工通过了市级验收。

12月27日，承德市兴隆县高杖子水利农民展业合作社成立。这是承德市第一家水利农民专业合作社，是承德市水利设施产权制度改革的新尝试。该合作社由大仗子乡高杖子村黄德兴等22户农民发起共同出资成立，注册资金500万元。

12月，承德供水集团投资755万元，完成水泉沟区域内的1200余户居民水表出户改造和上二道河子水源扩建工程，全面实现了水泉沟区域24小时连续供水，彻底结束了全市分时定点供水的历史。

12月，承德供水集团获 “河北省五一奖状”荣誉。

12月，承德市平泉、滦平、兴隆、丰宁四县全国小型农田水利重点建设县2012年度建设项目顺利通过省级绩效考评。在全省59个全国小型农田水利重点建设县省级绩效考评中，平泉、滦平两县分别获得优秀，分获省级奖励资金100万元，兴隆、丰宁两县分获良好。

12月，承德市平泉、承德、宽城、兴隆、营子5个县、区2013年基层建设年农村饮水安全帮扶项目通过市级验收。5个县、区列入2013年基层建设年活动饮水安全项目帮扶村共118个，人口8.1585万人，工程总投资4080万元。

2014年

1月3日，水利部在天津召开了长（春）深（圳）公路承德至承唐界段水土保持设施竣工验收会议。会议由水利部海河水利委员会主持，河北省水利厅、承德市水务局及相关单位代表参加了验收会议。

2月21日，丰宁县城滨河公园潮河橡胶坝游园被河北省住建厅评为三星级游园。

3月5日，国家审计署刘玉波处长一行到承德市双峰寺水库进行审计。

3月22日，承德市市长赵风楼、副市长丁伟到承德市双峰寺水库建设工地现场视察指导工作。市水务局李新华和有关领导陪同。

3月24日，水利部水利水电规划设计总院在北京市主持召开专家咨询会议，有关专家对《大坝沟门水库项目建议书》进行专家咨询，提出了进一步修改完善的专家咨询意见。对大坝沟门水库相关技术问题进行专题研究和讨论。大坝沟门水库是承德市唯一一座具有区域调节能力的大型水库，位于隆化县湾沟门乡附近的滦河干流上，规划总库容6.4亿立方米，工程概算39.62亿元。

3月30日，承德市发改委和市水务局于2013年5月联合下达滦平县农村饮水安全工程2013年中央预算内投资1280万元。该项工程于2013年10月开工建设，2014年3月底全部竣工， 解决饮水不安全人口2.68万人，完成投资1280万元。

3月31日至4月4日，承德市水务局组成四个督导组对全市第三、四、五批全国小型农田水利重点建设县进行全面督导。该督导项目涉及平泉、滦平、兴隆、丰宁、宽城5个县。项目总投资11411.84万元，共发展节水灌溉面积10.145万亩。

4月4日，水利部建设管理与质量安全中心主任段红东一行到承德市双峰寺水库建设工地现场视察指导工作，市人大常委会副主任李相国、副市长丁伟、市水务局局长李新华陪同。

4月9日和5月30日，以水规总院设计处处长李现社为组长的专家组两次来承德双峰寺水库施工现场进行咨询。经研究论证，水库大坝13#～14#坝段仍维持原设计建基面高程346米。部分坝段（10#-12#，15#-18#）的建基面由346米工程抬高到348米工程。

4月11日，承德市水务工作会议召开。局长李新华从蓄水工程项目、防灾减灾能力、城乡供水保障、水生态保护、水务管理能力、水利规划编制、党风廉政建设7个方面做总结讲话。

4月17日，中国农业发展银行行长郑晖到承德市双峰寺水库建设工地现场考察，市委、市政府领导、市水务局李新华、周亚岐陪同考察。

4月30日，承德县山区丘陵雨水综合利用技术推广应用项目获河北省农业技术推广项目二等奖。

5月7日，承德市水务局离退休老干部到双峰寺水库工程现场参观。

5月8日，承德市水务局正式挂牌成立“承德水权收储转让中心”。该中心的成立，是在全市实行最严格水资源管理制度、落实用水总量控制、用水效率控制和推行水权交易的重要举措。

5月16日，双桥区人大常委会组织人大代表到双峰寺水库工地现场视察。

同日，承德市水务局党组书记、局长李新华，副局长刘志远、王永良，调研员周作军一行到宽城县亮甲台村入户开展蹲点调研。通过进农户、蹲田头、与村民交谈了解的方式，进行了现场办公。

5月31日，承德市正式被水利部列为第二批全国水生态文明城市建设试点市。

6月4日，隆化县11名河道管护员经过培训考核正式上岗，开始对县内武烈河河道进行巡查、养护，重点制止河道内乱倒、乱排、乱种、乱建、乱采的违法行为。

6月6日下午，承德市区突降暴雨，位于钓鱼台路的港湾花园小区主要出入口处大面积积水，最大积水深度近1米，造成该路段交通一度中断。市防办立即组织调度河北承德机动防汛抢险队，会同消防、物资供应等部门紧急抢排，历时4个多小时排空积水，恢复此地段交通畅通。

6月10日，承德市召开全市防汛抗旱暨河道综合整治工作电视电话会议，市长赵凤楼出席会议并讲话。各县区、乡镇政府主要负责人在县区分会场参加了会议。

6月16日，丰宁县6个乡镇降雨量超过40毫米，最大降雨量出现在黑山嘴镇，雨量为64毫米。全县有13个乡镇的64个行政村出现灾害，受灾人口31217人、耕地61336亩，成灾35600亩，绝收4320亩，水毁设施大棚32个、水泥路7.5公里、护坝1420延长米，居民房屋进水152间、倒塌4间，造成直接经济损失2685万元。

6月18日，河北省水利厅在丰宁组织召开滦河上游生态清洁型小流域建设座谈会。北京林丰源生态规划设计院教授孙保平、聂森、省水利厅巡视员白顺江、水利厅水保处和市水务局有关领导出席会议。

6月19日，水利部2014年3月19日发布的《北方土石山区水土流失综合治理技术标准》（SL665-2014），已于2014年6月19日开始实施。该项标准填补了北方土石山区水土流失综合治理技术标准参照的空白，对进一步完善现行水土保持技术标准体系，统一北方土石山区水土流失综合治理技术要求，提高综合治理质量具有重要意义。该项目从编写至发布实施历时四年，承德市水土保持科研所作为主要参编单位，参与了第三、四、六重要章节的起草与编写，同时为该标准的制定提供了大量翔实的观测资料和丰富的治理经验。

6月25日，水利部水利水电规划设计总院在北京组织召开审查会议 ，对承德市委托水利部发展研究中心编写的《承德市水利现代化规划》进行了审查。会议由水规总院李原园副院长主持，水利部特邀专家和水利部规划计划司、发展研究中心、海河水利委员会及河北省水利厅等相关单位参加了会议。承德市政府副市长王立连、市水务局局长李新华出席会议。

6月26日，省委常委、纪委书记臧胜业，省纪委副书记张福建，省水利厅巡视员白顺江，省防办督查专员刘广才到承德市双峰寺水库工程现场视察指导工作。市水务局李新华、吕国良、周亚岐陪同视察。6月27日，臧胜业在赵凤楼、李新华的陪同下到庙宫水库检查防汛工作。

7月2日，北京林业大学教授兼北京林丰源生态环境规划设计院有限公司副总经理聂森等一行4位专家学者，到丰宁考察滦河流域生态清洁型小流域建设试点项目。

7月11日，水利部海委、河北省水利厅有关领导和专家在承德市开展第二批国家级水土保持监督管理能力建设县的验收工作。承德市围场县、滦平县、隆化县、兴隆县、双滦区在省厅初验的基础上，围场县和滦平县代表全省22个国家级水土保持监督管理能力建设县参加水利部抽查验收。

7月至8月份，承德市大面积农作物遭受严重“卡脖旱”。干旱紧急期，全市一度有84个乡镇、220个村，4.2万人和0.77万头大牲畜出现临时性饮水困难，0.58万人需要出村拉水。农作物累计受旱面积达244万亩，占播种总面积的40.66%。据估算，主要农作物减产粮食48.12万吨，农业经济损失达18.45亿元。

7月16日下午2时20分，围场县育太和乡大范围突降暴雨，暴雨持续1.5个小时，降雨量达120.5毫米，冰雹持续40分钟。经核查，此次灾情造成直接经济损失2400万元。灾情发生后，省厅位铁强副厅长、市水务局刘志远和围场县领导实地查验灾情。

同日，河北省副省长沈小平、省水利厅厅长苏银增、省发改委副主任于明一行在副市长丁伟、市水务局李新华和有关领导的陪同下，到承德市双峰寺水库工程工地现场检查防汛和水库建设情况。

7月18日，河北省副省长沈小平、省水利厅厅长苏银增、在赵凤楼、李新华陪同下到庙宫水库检查防汛工作。

7月23日，承德市南区水厂（一期）土建工程、蓄水池闭水试验、机电设备及输配水管道安装等项目完成。经过调试，已具备供水能力。该水厂选址在砖瓦窑与冯营子的交界处，滦河右岸凤凰山下，占地28666.6平方米，分两期进行建设。

8月22日，王浩、王光谦、胡春宏、王超四名院士联名给习近平总书记写信，建议推进大坝沟门水库建设。

8月22日至23日，财政部经济建设司委托浙江省财政项目预算审核中心对2012年兴隆县八道河等8座重点小(2)型病险水库除险加固工程项目进行绩效评价。河北省水利厅、承德市水务局、兴隆县财政局等单位有关领导和专家参加了会议。工程于2012年 10月全面开工，2014年7月全部竣工，完成工程总投资1930万元。

9月16日，河北省水利厅党组成员、滦河河务局局长崔志清，省厅建管处处长宋国强一行到承德对承德市双峰寺水库工程进行督查。市水务局李新华和有关领导陪同。

9月16至17日，水利部海河水利委员会副主任田友、省水利厅水保处韩尚柱处长一行对承德市生态清洁小流域工作进行了实地调研。

9月27日，国家审计署检查承德市双峰寺水库审批情况。

9月29日，市政协老干部到承德市双峰寺水库工程现场视察。

9月30日，市政府老干部到承德市双峰寺水库工程现场视察。

10月20日，滦河河务局、承德市水务局有关人员及专家组成验收组，对兴隆县2013年河道堤防工程维修养护项目、2013年老虎沟水库工程维修养护项目进行竣工验收。

10月23日，承德供水集团在献爱心活动中到隆化县山湾乡玉皇庙小学开展助学捐助活动，为该校送去价值3.2万元的学习用品。

11月1日，宽城满族自治县瀑河下河西至三家段河道综合整治工程竣工验收。共完成新建防洪堤6341米，河道整修5200米，工程总投资2578万元。

11月7日，河北省水利厅在石家庄主持召开了《承德县四道河水库项目建议书》专家审查会，参加会议的有河北省水利水电第二勘测设计研究院、承德市水务局等单位的代表及特邀专家。四道河水库坝址位于承德县城东北7公里处的甲山镇四道河村，设计总库容5155万立方米，估算工程总投资12.4亿元。

11月8日，省水利厅水电处处长李树槐调研小滦河梯级水电站工程建设情况，市水务局邢晨等陪同。

11月13日，兴隆县天利海香精香料有限公司获得了"河北节约之星"节水先进典型称号。

11月14日，承德市水利农民专业合作社在大杖子乡高杖子村进行现场经验交流。

同日，承德市水务局召开"五小"水利工程暨产权制度改革推进会，会议的主题是全面推进"五小"水利工程和水利农民专业合作社建设，为全市农业增产、农民增收、农村发展提供可靠的水利保障。李新华做专题报告。

11月14日至22日，水利部稽查组专家对承德市双峰寺水库工程进行复查。根据稽察意见，对去年稽察组提出的有关问题进行整改。

11月14日至12月25日，承德市水资办按照国家和河北省的要求，开展水资源监控能力建设，实施了承德市2013年度国家水资源监控能力建设项目，建设完成国控监测点64处。

11月19日至20日，河北省水利厅组织的潮白河生态清洁型小流域建设调研活动在丰宁、滦平两县进行。水利部海委水保处处长马志尊、北京市水务局副巡视员杨进怀、北京市水科学技术研究院生态研究所所长吴敬东、河北省水利厅水土保持处处长韩尚柱、副处长葛茂航及承德、张家口两市及赤城、丰宁、滦平三县水务局主管局长参加调研。

11月19日，河北省政府授予滦平县2014年度农田水利基本建设"海河杯"竞赛一等奖。

11月25日，北京市平谷区水务局与承德市兴隆县水务局在平谷区召开了区域合作对接水务工作会议。双方就加强两地协作，共同进行水资源治理与保护展开了深入探讨。会上平谷方面表示愿意与兴隆携手共进，共同治理和保护上游地区水资源与生态环境。平谷水务局表示将积极向北京市水务局、北京市发改委争取对兴隆陡子峪乡流域综合治理进行项目支持。

12月17日，王贵玉等10名省人大代表到双峰寺水库工地现场视察。

12月18日，承德市市区太平庄污水处理升级改造和二期扩建项目按期通水调试。太平庄污水处理升级改造工程建设规模8万立方米/日，升级改造后出水标准由二级提高到一级A标准，并于2014年7月31日通水调试；二期扩建工程规模7万立方米/日，扩建后出水水质直接达到一级A标准。

12月31日，河北省发改委批复"关于承德市双峰寺水库工程初步设计概算调整的批复"，确定该工程初步设计概算总投资为37.5亿元。

是年，由于兴隆县创先组建高杖子村等10家合作社，形成了"资产有归属、管理有主体、运行有机制、工程有效益"的农田水利设施管护机制。兴隆县被列为全国百家"农田水利设施产权制度改革和创新运行管护机制试点县"。

是年，承德市水土保持科学研究所东北沟监测点被纳入国家监测网络。

是年，庙宫水库管理处在已有的漂流、垂钓、养殖、水上乐园等项目的基础上，与北京市旅游局北京华世通汽车租赁股份有限公司进行了合作，把庙宫水库接待设施、办公区休闲观赏园一并捆绑，打造成了以亲近自然、养生保健为主题的修养基地—碧水家园。

2015 年

1 月 5 日，国家信访局以信复字【2015】8 号文回复四位院士的联名信，已报送中央领导同志并转请有关部门阅研。

1 月 28 日，水利部海河水利委员会会同河北省水利厅在承德市主持召开了《承德市水生态文明城市建设试点实施方案》审查会，审查委员会审查通过了承德市“实施方案”。

3 月 11 日，《水务简报》第三期记载：承德市兴隆县被水利部、财政部、国家发展和改革委员会列为全国 100 个“全国农田水利设施产权制度改革和创新运行管护机制试点县”之一。

4 月 17 日，承德供水集团总公司下属汇洁水质监测公司顺利通过了由河北省质量技术监督局组织的实验室资质认定复审和扩项评审，获得河北省质量技术监督局颁发的计量认证证书。标志着承德市中心城区城市供水水质检测能力全部达到“新国标 106 项”要求。

4 月 26 日，承德市市长周仲明到承德市双峰寺水库工地检查和慰问，副市长吴清海、政府秘书长信祥、市水务局局长李新华及局有关领导陪同。

4 月 28 日，北京市平谷区召开平蓟三兴水务工作会议，兴隆县水务局局长安长顺等参加了会议。会上，与会四个县区就泃河流域联合治污、水量合理分配，河道治理同标准、汛情信息共享、防洪一体化、地表水环境监测、跨界小流域综合治理同标准、河道交界处执法等方面进行了深入交流与探讨，达成了一致意见。

5 月 4 日，中国水利水电科学研究院孙志恒教授、河北院孙继江总工到双峰寺水库现场，与建设、设计、监理及施工单位共同分析 12# 坝段裂缝原因及改善措施。

5 月 8 日，中国经济日报社记者到承德县新杖子乡四方营村王麻子沟采访集雨水窖工程。

5 月 14 日，北京市供销合作社党委书记高守良、副主任郭宗喜、张守海、姚从琪一行考察承德市双峰寺水库及其周边地块，刘文勤、丁伟、柳海东、李新华、周作军、周亚岐等陪同。

5 月 21 日　承德市人民政府以承市政字[2015]48 号文件，批复了承德市水资办组织编制的《承德市水生态文明城市建设试点实施方案》，同意开展试点建设，试点期限为 2015-2017 年。

5 月 22 日至 23 日，中共中央政治局委员、北京市委书记郭金龙率北京市党政代表团、北京市有关部门、区县、企业负责人就进一步推动京津冀工作交流与合作，莅临承德市考察。首先考察了双峰寺水库建设现场，听取了工程进展和承德市流域、水资源情况介绍。河北省省委主要领导及省委副书记、省长张庆伟，省委副书记赵勇等一同考察。市委主要领导，市委副书记市长周仲明陪同考察。参加考察的还有北京市委常委、常务副市长李士祥，北京市委常委、市委秘书长、副市长张工，北京市副市长林克庆；副省长沈小平，省政府秘书长朱浩文及承德市委常委、常务副市长李晋宇，市委常委，市委秘书长刘文勤，副市长吴清海等参加上述活动。市水务局李新华和有关局领导陪同考察。

5 月 23 日，郭金龙率队考察期间，明确提出对承德市加快修建大坝沟门水库予以关注和支持。省委、省政府领导随即作出了《大坝沟门水库力争年底前开工建设》的指示。考察结束后，承德市立即召开市委常委扩大会，把大坝沟门水库作为深化京津冀地区协同发展的重大举措，列为首都应急备用水源地和 2015 年“一号工程”，迅速成立了市委书记、市长分别任组长和常务副组长的领导小组，临时组建了工程筹建处，制定了工作推进方案，明确时限予以推进。项目启动以来，在省委、省政府的高度重视和省直有关部门大力支持下，已取得重要推进成果。省水利厅向水利部正式上报了《承德市大坝沟门水库工程项目建议书》；省发改委也向国家发改委上报了项目建议书；该项目现已写入国家《“十三五”期间京津冀国民经济和社会发展规划（征求意见稿）》、拟列入河北省今明两年和

“十三五”期间重点实施的“1124”工程。但是，由于该项目未列入国家“十二五”水利规划，按正常程序出具行业审查意见和批复立项有一定难度，能否被批准列入国家“十三五”水利规划也存在不确定因素；加之涉及用水权益调整，天津市的协调工作也有难度。经与水利部规计司和国家发改委农经司沟通得知，只有水利部出具行业审查意见，国家发改委才能受理并委托中咨公司进行咨询评估。鉴于此，需要省政府领导出面协调水利部和国家发改委主要领导尽快落实立项批复手续；协调天津市出具同意建设大坝沟门水库的函；并能确保列入国家“十三五”水利规划和国家大型水库建设规划。

5月，承德双峰寺水库建管局与中国水利水电第十六工程局有限公司签订《河北省承德市双峰寺水库工程大坝主体和水电站土建及安装施工合同补充协议》，施工导流围堰工程本工程项目采取固定总价承包。合同价为1716.7万元。

6月3日，江苏河海给排水成套设备有限公司副总经理匡再伟同加纳共和国自来水公司总经理Bampoh Daniel Kwesi 、运营经理 Johnson Emmanuel Adekunle 、德国监理公司 IGIP Gmbh、项目经理 Alexander PINCIU 到宽城满族自治县清河口第一泵站技术考察。

同日，承德市水务局水资办为推动水权交易制度改革，启动了全市水权确权登记工作，委托中国水科院水资源所编制《承德市水权确权登记实施方案》

同日，承德市防汛抗旱指挥部在市水务局防汛办七楼会议室召开全市防汛抗旱工作电视电话会议，承德市副市长、市防汛抗旱指挥部副指挥长吴清海讲话，李新华发言。

6月9日，市水务局成立“承德市大坝沟门水库筹建处”，负责人为邢晨。大坝沟门水库早在1954年中央燃料工业部水力发电建设总局就进行过查勘，1958年，水电部北京勘测设计院在进行滦河流域规划时曾把大坝沟门坝址列为滦河梯级开发的骨干工程之一。以后在历次的滦河流域防洪规划中均有大坝沟门水库工程规划，规划功能是发电、供水、防洪及养殖等。水库规划总库容10.50亿立方米，调洪库容1.149亿立方米，兴利调节总库容为8.060亿立方米，为首都北京应急供水预留备用库容4.150亿立方米，工程总投资76.14亿元。

同日，6月9日，大坝沟门水库工程推进领导小组召开第一次推进会，领导小组副组长、办公室主任吴清海，副组长、办公室常务副主任李新华组织召开了大坝沟门水库项目工作推进调度会。安排、部署工程筹建处下一步工作。

6月10日，隆化县下达了《关于暂停大坝沟门水库库区内人口迁入及基本建设的通知》

6月11日，承德市人民政府下发通知：为加快推进承德市大坝沟门水库工程前期工作，根据市委2015年6月9日水库建设推进会议部署要求，决定成立“承德市大坝沟门水库工程筹建处”。负责大坝沟门水库前期工作的跑办、项目组织管理、与隆化县及市直相关单位的沟通协调，具体承办领导小组交给的各项工作任务。单位全称：承德市大坝沟门水库工程筹建处，负责人：邢晨。

6月17日，丰宁与中建水务环保有限公司举行县城及经济开发区供水和污水处理PPP项目磋商备忘录的签署仪式，标志着丰宁采取社会融资办水利的发展模式取得突破性进展。

6月28日，承德市市长周仲明在市水务局李新华、李海东的陪同下到庙宫水库检查防汛工作。

6月30日，宽城满族自治县2014年小型农田水利工程重点县建设项目竣工。该项目工程于2014年11月30日开工，共完成节水灌溉工程2.006万亩，其中管道输水灌溉0.657万亩，微灌1.349万亩。总投资2500.24万元。

同日，根据国家和河北省相关文件精神，经过成本监审、价格听证等规定程序并经承德市政府常务会议批准，市物价局出台《关于实施居民生活用水阶梯水价的通知》，承德市对双桥区、高新区市政供水管网覆盖范围内所有实现抄表到户的居民家庭生活用水实施阶梯水价。

7月3日，国家发改委稽察组对双峰寺水库工程建设情况进行稽查。

同日，承德市文物局向省文物局上报了《承德市大坝沟门水库拟占地范围考古调查报告》。

7月6日，双桥区郭营子水电站完成机组启动验收。该电站总装机2×630千瓦+1×320千瓦，设计年发电量646.09万千瓦时，完成投资2313万元。

7月7日，省发改委农经处长刘振和、市发改委主任王毅、副主任遇建军一同拜会国家发改委农经司陈学斌副司长，进行大坝沟门水库项目专题汇报，司领导表示理解和支持，并提出指导意见。

7月11日，河北省前省长叶连松到承德市双峰寺水库工地现场视察，市委、市政府主要领导、市委秘书长刘文勤、市水务局李新华等陪同。

7月15日，市委、市政府主要领导向省主要领导就大坎沟门水库有关情况作了专题汇报，得到省主要领导大力支持，随后省领导与部长陈雷进行了电话沟通，恳请部长陈雷给予关注和支持。从北京方面获悉，部长陈雷明确表示，原则同意为北京市供水提供应急通道。

7月23日，河北省水利厅苏银增厅长专门拜会了水利部常务副部长矫勇，就推进大坝沟门水库项目又作了专题汇报。常务副部长矫勇表示：认真研究滦河流域水量配置，协调做好天津市工作。省发改委已受理承德市上报的《项目建议书》，在协调国家发改委同意受理后及时上报。

7月26日晚8时至27日晚8时，承德县中部六沟镇、仓子乡、三沟镇、石灰窑乡、高寺台镇等5个乡镇遭遇暴风雨袭击，其中六沟镇降雨量146.2毫米、仓子乡降雨量为100.1毫米、三沟镇降雨量为80.7毫米、石灰窑乡降雨量为50毫米。此次降雨过程导致5个乡镇52个村不同程度受灾，受灾人口43000人，转移人口34人；直接经济损失2770万元。

7月30日，省委常委、统战部部长范照兵到承德市、平泉县检查指导防汛抗旱工作。范照兵实地检查了平泉县大庆水库、八家山抗洪灾害防治工程措施等涉汛工程。

同日，国家林业局到双峰寺水库检查工程建设占用林地情况。

8月11日，市水务局与市气象局经过协商，共同签订了山洪灾害风险预警和城市内涝风险预警信息合作协议。

同日，承德县滦河二级水电站正式运行发电。该电站于2007年9月开工建设，2010年2月建成。

8月18日，水利部质量考核组到承德市双峰寺水库进行工程建设质量考核。

8月31日，省水利厅副厅长崔志清一行到承德市双峰寺水库建设现场检查安全生产情况，李新华等陪同。

9月1日，省委书记赵克志到承德市双峰寺水库工程建设现场，实地考察项目建设进展。他指出：“推动京津冀协同发展，承德务必要做好水的文章。要进一步加强与京津合作，推动京津冀水源涵养功能区建设，形成水资源配置优化、高效利用的新格局，积极发展水资源产业”。李新华、周作军、周亚岐等陪同。

9月5日，继1972年9月25日和1977年3月22日两次由承德地革委向省革委组织上报《关于报送大坝沟门水库工程初步设计及引滦入潮工程规划的报告》和《关于要求兴建大坝沟门水库的请示报告》以来，承德市第三次开展大坝沟门水库的前期工作。

9月9日，国家审计署在省水利厅财务处、市审计局周晓燕、市水务局王永良陪同下，检查双峰寺水库工程资金使用情况。

9月12日，海委建管处金旺盛、省厅建管处副处长李娜一行到承德市双峰寺水库检查指导工作，李新华等陪同。

9月18日，丰宁与中建水务环保有限公司举行县城及经济开发区供水和污水处理PPP项目框架协议。

9月18日，兴隆县梯子峪水库除险加固工程竣工验收。

9月22日，市委组织部通知：张宝生不再担任市水务局党组成员职务。

同日，市委组织部通知：刘福龙任武烈河河道与橡胶坝管理处党支部书记，主持日常工作。

9月23日至25日，市水务局在河北水利北戴河培训中心举办了2015年财务人员业务培训班，共132名财务人员 参加了培训。

9月24日，承德市委、市政府老领导、老干部到承德市双峰寺水库施工建设现场考察。

9月29日，承德市双峰寺水库承隆线改线工程顺利开通。该工程是2004年3月，由北京铁路局北京勘测设计院完成该项目预可行性研究报告，2004年7月19日，北京铁路局批复了《关于修建双峰寺水库引起承隆线改线问题的复函》，同意承隆线改线绕避库区。2009年7月27日，由承德市水务局委托中铁工程设计咨询集团有限公司进行该项目的设计工作。2009年10月30日，北京铁路局批复承隆铁路改线工程可研报告，2012年5月7日，批复初步设计。2012年10月30日，双峰寺水库建管局与北京铁路局北京工程项目部签订改建铁路委托建设管理合同。2013年2月21日，北京工程项目部、施工单位、监理单位来承德，进行施工进场准备。2013年4月1日，施工单位进场。2015年7月1日，承隆线停止列车运行，承隆线改线工程进行断道施工。2015年9月23日，北京铁路局北京工程项目管理部组织承隆线改线工程竣工验收。2015年9月29日，承隆线改线工程完工、通车。

10月12日至20日，水利部稽察组对河北省节水供水重大水利工程建设管理情况进行了全面核查，并对双峰寺水库项目进行了稽察。

10月30日，双峰寺至太平庄污水主干管道一期工程签订监理、材料采购及施工合同。双峰寺至太平庄污水主干管道一期工程为双峰寺水库坝址至医学院段，建设DN600—DN1200污水管道8.2公里，工程预算投资5526万元。

10月31日，滦平县农村饮水安全工程2014年7月31日国家拨款1750万元，工程自2014年11月开工建设，于2015年10月31日全部竣工。该项工程的实施解决了农村饮水不安全人口3.54万人，完成投资1750万元。

11月13日，承德市水务局召开全市水利重点工作推进会。市水务局科级以上干部、直属单位负责人、各县区水务（林水）局班子成员、各县区股室负责人参加了会议。李新华作总结讲话。

11月19日，市政府通知：免去张宝生承德市水务局副局长职务。

同日，市政府通知：市政府决定，提名张宝生为承德水务集团有限公司董事长、总经理人选。

12月7日，宽城满族自治县柏木塘水库除险加固工程于2013年9月21日开工建设，11月23日竣工。2015年12月7日，通过省水利厅组织的专家验收。

12月15日，承德县水务局组织完成了境内汇水面积200千米2以上10条河流、总长度约392km的河道管理范围划界任务。

同日，承德市市长常丽虹到承德市双峰寺水库工地现场视察，李新华等陪同。

12月19日，承德市市长常丽虹带领市规划局、市住建局负责人到双峰寺水库工地现场视察，李新华等陪同。

12月28日，市政府通知：孔令年为承德市水务局副局长（正处级）；免去市水务局调研员职务。

12月31日，丰宁以“生态立县”战略建设京津冀水源涵养功能区的基本经验，在水利部中国水利报社、中国水利网站举办的2015水利TOP10评选活动中，被选入“激浪杯”2015基层治水十大经验之一在全国推广。

第一编 水利条件

承德山峦起伏，沟壑纵横，河流众多，分布有滦河、北三河（潮白蓟运河）、辽河、大凌河等水系。承德水资源比较丰富，人均水资源量高于全省平均水平。独具特点的地理环境和较为丰富的水资源，是承德兴修水利的良好条件。全市共有滦河、北三河（潮河、白河、蓟运河）、辽河、大凌河四个水系，其中滦河流域面积28858.2平方千米，占总面积的72.53%；北三河面积6776.74平方千米，占17.03%；辽河面积3718.9平方千米，占9.35%；大凌河面积434.9平方千米，占1.09%。

第一章 水系

第一节 滦河水系

滦河古称濡（nuán）水，最早见于《汉书·地理志》，宋朝丁度《集韵》作渜（nuǎn），其意为温水，因上游有众多温泉而得名。唐朝以后始写作“滦”。滦河流经河北省、内蒙古自治区和辽宁省三个省、自治区的23个县、旗、区，全流域主要分布于河北省承德市、张家口市、唐山市和秦皇岛市四个市境内，其干流和主要支流遍布于承德市的八县三区。滦河干流出承德市境后入唐山市、秦皇岛市境，在唐山市乐亭县注入渤海，全长888千米，总流域面积44750平方千米。滦河发源于承德，贯穿承德全境，在承德境内长374千米，流域面积28858平方千米，占总流域面积的64.5%，占承德市总面积的72.5%。

一、滦河干流

根据河谷地貌和水流特征，滦河自发源地至内蒙古多伦县东部的大河口称为上游，自大河口以下至唐山市迁安县罗家屯称为中游，罗家屯以下至入海口称为下游。

滦河上游称闪电河，源自丰宁县西北部内蒙古高原南缘海拔2206.5米的小梁山南麓。闪电河的上源有两条支岔，右为大古道沟水，源于小梁山南麓，为正源；左为小古道沟水，源于界牌梁。二水合流后始称闪电河，向北偏西流，在扎拉营子转向西流。在丰宁县境内，闪电河自源头至丰宁、沽源县界流长43千米，流域面积2105平方千米。入沽源县境后，闪电河沿沽源县东部北流，出沽源县境入内蒙古正蓝旗境，自小马场以下渐向东北流，形成向北的大弓背，在照苏乃木城附近河段，因流经元上都，故又称上都河。闪电河在正蓝旗境流入多伦县境，从部家营转向东流，至大河口吐力根河自东北注入闪电河，此后始称滦河，进入中游河段。

滦河中游段穿行在燕山山地丘陵中，大河口至红旗营子河流由北向南流，穿行在崇山峡谷中，红旗营子以下滦河转向西南流，直至骡子沟口，这段河流通过内蒙古高原与阴山山脉连接地带，沿途接纳众多支流。滦河出内蒙古多伦县境又流返丰宁县境，开始进入山间盆地，河流迂回曲折，流向是先向西南，至牛圈子折而向东。滦河由苏家店子出丰宁县境入隆化县境，东南流至郭家屯有小滦河自西北注入。此后，滦河纵穿燕山山地，流经峡谷，水流湍急，多天然跌水。滦河自郭家屯继续东南流，流经郭家屯山间盆地。大坝沟门以下河流弯曲南行折向东南，穿行在峡谷之中。鱼亮子南流折向东，河道先后四次急剧改变流向，始向南行。滦河自隆化县太平庄乡兴隆庄出境入滦平县西沟乡境，东沟门至荒地、山后至山前、偏道子至四道河分别为蛇曲段，河谷较窄。荒地以下，河流进入滦河沿、金沟屯、张百湾、盘龙寺、兰旗等山间盆地，河流自东北向西南流，于张百湾乡西炮台梁有兴洲河注入后河流折向东南流。滦河自山嘴东流，在双滦区滦河镇大龙庙伊逊河自东北汇入，这一河段山高谷深，坡度很陡，沿河又有二道河自西北注入。伊逊河汇入后，滦河东流进入宽谷区，支流武烈河于双桥区东南部雹神庙村南自北汇入滦河后，河幅渐展。滦河自石门子村入承德县境后，至黄土梁有白河自西注入，至下板城北有老牛河自东汇入，老牛河汇入后，滦河南流出下板城盆地东南行，暖儿河自东南注入后，至兴隆县车河口，柳河自北汇入。柳河汇入后，滦河东南流，在宽城县境内先后有清河、瀑河从左岸注入，又有新甸子河自东注入。绕过上、下定马哨折向西南流，滦河由西堡子流出宽城县境进入唐山市迁西县境，汇入潘家口和大黑汀两大水库，出库后，由潘家口穿越长城，先后流经迁安、昌黎、滦县、滦南、乐亭，于乐亭县兜网铺与刘台庄铺间入渤海，涉及河北省和内蒙古自治区的17个县（区、旗），流域总面积为4.48万平方千米，干流全长888千米。滦河及其支流贯穿整个承德地区，在承德市境内的干流全长374千米，流域面积2.89万平方千米，占全市总面积的73.14%，占潘家口水库上游流域面积的85%，是津、唐地区的重要水源地。承德市境内滦河干流多年平均径流量4.68亿立方米，滦河流域多年平均径流量27.22亿立方米。滦河水系在承德市流域面积1000平方千米以上的支流有9条，100平方千米以上的支流有80条，10平方千米以上的支流有654条，其中较大的支流主要有小滦河、兴洲河、伊逊河、武烈河、老牛河、柳河、瀑河、洒河等。

二、主要支流

（一）小滦河　小滦河是滦河上游的主要支流，是滦河一级支流，蒙语称库尔奇勒河，发源于围场县西北部塞罕坝上老岭西麓陡林子，流经围场县、隆化县，于隆化县郭家屯镇西屯村汇入滦河，全长152.1千米，流域面积2038平方千米，流域内多年平均降水量459.1毫米。多年平均径流量1.1亿立方米，实测最大1.39亿立方米，最小0.57亿立方米，年平均流量4.38立方米/秒。1917年调查测算最大洪峰流量达924立方米/秒。源头海拔高程1820米，汇流口海拔高程783米，河道平均坡降3.47‰。小滦河上源名撅尾巴河，从老岭西麓自东向西流，至二间房下分为两股水流，塞罕坝机械林场恰位于沙洲之上，至大脑袋山复合为一流，河谷展宽。撅尾巴河又南流折向西，与东来的双岔子河汇合后始称小滦河。小滦河西南流，两岸山势陡峻，过御道口牧场总场河谷渐展，有红泉沟、如意河注入后，两岸又陆续有支流注入。御道口以北，小滦河又接纳了后双山子河、卧牛盘河。御道口以南，小滦河流出坝上高原进入山区，两岸地势高耸，有多处季节性河流注入。洞子沟从左岸注入后，小滦河南流，河谷渐展，从下洼子开始又折向东南流，河道迂回曲折。隆化县三道营以下流向西南又折向东南，于郭家屯注入滦河。

（二）兴洲河　兴洲河是滦河一级支流，发源于丰宁县化吉营乡杨树底下村冰朗山（史称沙尔乎山）南北两侧，初流向东，二源在化吉营村南汇合后转向东南流，流经选营、西官营、朱首营、凤山、刘营等乡镇，在波罗诺乡出丰宁县境入滦平县兴洲乡境，流经兴洲、大屯乡境，在张百湾乡西炮台梁汇入滦河。在滦平县境内，兴洲河的主要支流牤牛河于大屯右岸汇入。《水经注》称兴洲河为“大要水”。《钦定热河志》载称：兴洲河原蒙语称锡喇塔拉川，兴洲河“以在古宜兴州地得名”。兴洲河在丰宁县境内又称其为“牤牛河”。兴洲河全长125.95千米，流域面积1965平方千米，流域内多年平均降水量530.0毫米。多年平均径流量1.42亿立方米。1939年调查测算最大洪峰流量为940立方米/秒，源头高程1560米，汇流口高程424米，河道平均纵坡降10.1‰。

（三）伊逊河　《水经注》称伊逊河为“索头水”，清朝始称伊逊河，又名伊松河，俗名羊肠河。《钦定热河志》称：“伊逊，蒙古语，九数也，是河发源围场中。凡九转而至此，俗又谓之羊肠河”。伊逊河是滦河诸支流中流域面积最大的一条一级支流，发源于围场县西北部哈里哈乡老岭山东麓的翠花宫沟，流经围场、隆化、滦平县境，在承德市双滦区滦河镇北大龙庙下湾子村注入滦河，全长

236.73千米，流域面积6734平方千米，流域内多年平均降水量488.2毫米，多年平均径流量3.98亿立方米。1958年，实测最大洪峰流量为2020立方米/秒。伊逊河上源翠花宫沟，南流先后自右岸纳小支流及大翠花宫沟，再南流三通窝沟自东北注入，经小南沟东纳母子沟后始称伊逊河。伊逊河东南流，先后有前莫里莫沟、大扣花营沟、五道川、甘沟等注入，经头号有大唤起河自西注入，至小锥子山折向东南流，西来的直字河注入。自龙头山以下伊逊河始成大河。至九号村南金钱莫里河从东北注入，河流折向东偏东南流，至围场县城南左纳明素汰沟，右纳吉布汰沟。吉布汰沟汇入后，河道多湾曲，多岔流和沙洲。至小簸其掌东来的银镇河（不澄河）汇入，南行流经庙宫后东流折南复西流，四道沟注入后，伊逊河由横河子出围场县境入隆化县境，至北石洞又折向南流，谷内地势平坦，河道曲折，支流众多，罗鼓营南左纳榆树林沟，右汇通事营河，以下河谷渐窄，自大沈屯向南又渐展。伊逊河向东南流经大阴坡峡谷后，折向西南，进入隆化盆地，在闹海营对岸山咀村附近有支流蚁蚂吐河自西北注入。出隆化盆地后，伊逊河流向多变，河谷时宽时束，水面也时宽时窄，两岸地势高耸，流向也受地质构造影响，迂回多变。伊逊河自茅茨路出隆化县入滦平县白旗境，杨树沟门以下河谷渐展，河道较宽，有岔流。至台子村以南河谷狭窄，曲流发育，至四泉庄河谷渐展。西南流至承德市双滦区滦河镇大龙庙逆滦河流向汇入滦河。伊逊河源头海拔高程1700米，汇流口海拔高程365米。

蚁蚂吐河又称伊玛图河、山羊河。“伊玛”是蒙语山羊之义，“图”是山，故名伊玛图河。蚁蚂吐河是伊逊河的最大支流，为滦河的二级支流，发源于围场县西部燕格柏乡大骡马沟，上源有孟奎河、齐老图河、永安湃河三条较大沟川，在半截塔以上汇流后始称蚁蚂吐河，永安湃为其正源，发源于围场县西部燕格柏梁根永爱巴岭。蚁蚂吐河在围场县西部南流，于下伙房出围场县境入隆化县苏鲁境，继续南流渐转东南流，经西阿超、步古沟、白虎沟、牛录、兰旗，在隆化县城西南部山咀村自西北汇入伊逊河。蚁蚂吐河全长143.13千米，流域面积2422平方千米，流域内多年平均降水量474.9毫米，多年平均径流量1.456亿立方米。1985年调查测算最大洪峰流量为546立方米/秒，源头海拔高程1380米，汇流处高程470米，河道平均坡降5.23‰。

（四）武烈河　《水经注》称武烈河为武列水，《钦定热河志》称其为热河。据《钦定热河志》载称：“热河有三源，一出围场东南界察罕陀罗海之西，固都古尔卡伦之南”。所谓“三源”，即今之西源鹦鹉川（又名鹰窝川）、中源茅沟川和东源头沟川。三源以鹦鹉川流长水富，其余二源皆次之，故应视鹦鹉川为武烈河之正源。西源鹦鹉川旧时又称固都尔呼河、都尔河，源出围场县东南部兰旗卡伦乡潘家店村东北的道至沟（敖包山西麓），此与《钦定热河志》“围场东南界察罕陀罗海之西、固都古尔卡伦之南”相吻合。从源头南流约10千米，经冯家店出围场县境入隆化县境，西南流转南流、东南流，经荒地、章吉营、中关三个乡，于中关乡烧锅营有东北来的中源茅沟川汇入，而后东南流至承德县头块地西南自东北来的东源头沟川又汇入，此后始称武烈河。

西源鹦鹉川自源头先西北流，桦树洼折向南流，沿途多有山溪汇入，至栾吉湾子又折向南流，河谷渐展，至荒地河流折向西南，姚吉营以下流经山间盆地与峡谷，折向东南流，于烧锅营与茅沟川汇流。发源于隆化县兴隆岭东麓的较大支流兴隆河，自西北转向南流、东南流，经韩麻营、中关两乡，于前中关汇入鹦鹉川。

中源茅沟川发源于隆化县茅荆坝乡敖包山东麓，由茅荆坝乡流经七家乡出隆化县境入承德县两家乡大杨树林村境，经两家、岗子乡后，在岗子乡于家店复入隆化县中关乡境，于烧锅营纳入鹦鹉川。茅沟川自源头先东南流，至小孤山折向西南流，汇西沟、过扁担沟门折向南流，此曰西茅沟。河谷渐展，流至过河口，东茅沟汇入，自此始称茅沟川。

自过河口至二道河子，茅沟川流经峡谷区，河流曲折，两岸低山连绵。

东源头沟川又称玉带河，古称赛音河，源于承德县三道沟门乡陕西营村关寨沟（七老图山东麓）。上源有两支，于小老虎屯汇合后流向西南。头沟川自源头先后流经三道沟门、邓上、三十家子、三家、转角房、前庙、头沟等7个自然村及乡镇，全长57千米，流域面积733平方千米。

又据《钦定热河志》载称："三源合而西南，经黄土坎行宫及钓鱼台行宫之东，行宫内又有温泉流出注之，始名热河，南流折而东，复折而南至下营子入滦河，即古武列水"。

武烈河三源汇流后，河道蜿蜒南流，至三道河子流向西行，由老西营出承德县境入承德市双桥区，流向南行，流经承德市内纳温泉水，并有诸多旱河汇入，至双桥区东南部雹神庙村南汇入滦河。武烈河自源头至汇流口，全长118.63千米，流域面积2606平方千米，流域内多年平均降水量551.1毫米，多年平均径流量2.63亿立方米。1938年历史调查最大洪峰流量4500立方米/秒，源头海拔高程1360米，汇流口海拔高程315米，河道平均坡降10.8‰。

（五）白河　白河为滦河的一级支流，《钦定热河志》称其为前白河，也称乾白河。白河发源于承德县西南部东小白旗乡八道沟村千层沟，位于雾灵山西北侧。流向由西向东流，全部流经承德县境内，经一间房、安匠、新杖子、老爷庙、上板城等6个乡镇，在上板城白河南村北汇入滦河。白河全长72千米，流域面积684平方千米，河道平均坡降7.31‰。白河支流柴河发源于金厂乡陈家村梧桐树沟，流经刘杖子、新杖子乡，至新杖子乡南台村汇入白河，全长44千米。

（六）老牛河　老牛河是滦河一级支流，《水经注》称其为五度水。老牛河发源于承德县五道沟乡圣祖庙村拐棒子沟和黑沟子的双庙梁下，位于七老图山西麓。由北向南流，经五道河、三沟、六沟、西山嘴、石灰窑、武场、大平台、下板城等乡镇，在下板城北面的中磨村汇入滦河。老牛河的支流较多，主要有岔沟川、下院川、东山嘴川、小范杖子川（即野猪河）、白马川、干柏河等。老牛河全长80.94千米，流域面积1686平方千米， 流域内多年平均降水量562.1毫米，多年平均径流量1.75亿立方米。1983年实测历史最大洪峰流量为3570立方米/秒，源头海拔高程900米，汇流口高程263米，河道平均坡降8.75‰。

（七）柳河　柳河历史上也称流河，是滦河一级支流，发源于兴隆县南双洞乡八拔子岭西北麓二道沟，河流全长156.23千米，流域面积1195平方千米， 流域内多年平均降水量678.6毫米，多年平均径流量2.54亿立方米。1962年实测历史最大洪峰流量为2740立方米/秒。柳河自发源地西北流，河道弯曲通过兴隆县城后流向东北，流经小东区、平安堡，穿越营子区，继而流经北营房、下台子，在兴隆县栾家店附近出兴隆县境入承德县大营子乡境，由西向东流，继而北流折东南流，在羊胡子哨口出承德县境，复入兴隆县境，在柳河口村汇入滦河。柳河的较大支流车河，发源于兴隆县五凤楼山麓，河长24千米，流域面积158平方千米，流经车河铺、大杖子，在下游与柳河同时汇入滦河。

（八）瀑河　瀑河是滦河一级支流，古称高石水，亦名豹河。瀑河发源于平泉县石拉哈沟乡安杖子村七老图山南麓，自源头东南流转而西南流，流经沙陀子，穿越平泉县城继而西南流，流经小寺沟、党坝，出平泉县境入宽城县龙须门乡五道河村境，穿越宽城县城，继而西南流，经化皮溜子，在塌山乡瀑河口村汇入滦河。瀑河全长155.77千米，流域面积1991平方千米， 流域内多年平均降水量589.5毫米，多年平均径流量2.54亿立方米。1962年实测历史最大洪峰流量为3830立方米/秒，河道坡降6.16‰。

（九）洒河　洒河发源于兴隆县八品叶梁东侧，流经石庙子、小子庄、半壁山、兰旗营、洒河南、三道河等自然村及乡镇，在龙井关出兴隆县境入唐山市迁西县境，于迁西县洒河桥附近汇入滦河。

洒河自源头至洒河桥汇流处全长111千米，总流域面积1200平方千米，其中在承德市兴隆县境内全长58.5千米，流域面积966平方千米。洒河源头海拔高程780米，出境处海拔高程110米，河道平均坡降10.6‰。洒河的较大支流横河发源于兴隆县樟帽山麓，流经大小泉、安子岭，在半壁山镇霍杖子村附近汇入洒河，全长60千米，流域面积365平方千米，河道平均坡降15.9‰。洒河的另一较大支流黑河，发源于兴隆县五凤楼山南麓，流经解放、蘑菇峪两乡，在关门岭村出兴隆县境入唐山市迁西县境，在迁西县境内汇入洒河，洒河在兴隆县境内全长39千米，流域面积217平方千米，河流平均坡降19.4‰。

（十）青龙河　西汉时称玄水，五代时称卢水，明始称青龙河。青龙河发源于平泉县境东部，有两源，北源为正源，出自平泉县台头山乡曹家梁和喇嘛杖子，西源出自平泉县古山子乡境内的大西山北麓，二者均称青龙河，于辽宁省凌源县境内东营子和下清间会合，南流入宽城县东北部大石柱子乡境，在绊马河入境，在四道河子出境入青龙县境内流经青龙、卢龙县境，于滦县石梯子村汇入滦河。青龙河全长246千米，流域面积6340平方千米，其中承德市境内河长36千米（平泉19千米、宽城17千米），流域面积863平方千米（平泉339平方千米、宽城524平方千米）。

（十一）长河　古称洛水，《水经注》称其为雒水，因该河较长，又因河道像盘肠一样曲曲折折，故名长河。长河发源于宽城县亮甲台乡东南部都山北麓，流经亮甲台、东黄花川，峪耳崖、碾子峪四个乡镇，在碾子峪乡三道关流入迁西县境，由董家口穿过长城，在迁西县东荒峪镇九山村南注入滦河。长河全长110千米，流域面积725平方千米，源头高程1080米，出县界处高程265米，干流平均坡降12‰，宽城县境内河长67千米，流域面积391平方千米，河道平均坡降5‰。

第二节　北三河水系

潮白蓟运河水系统称北三河，是承德市境内的第二大河流，由潮河、白河及蓟运河三条河流汇聚而成。潮河干流发源于丰宁县上黄旗哈拉海沟，经过丰宁县城、滦平县部分乡镇汇入密云水库，干流全长253千米，在我市境内205.21千米；白河干流发源于张家口市大马群山，其两条支流汤河和天河均发源于丰宁县西部的东猴顶；蓟运河支流泃河、州河发源于兴隆县南部。潮白河涉及我市丰宁、滦平、兴隆和承德县4个县，在承德境内总流域面积6776.74平方千米，占密云水库上游流域面积的38.7%，是首都北京的主要水源地。

一、潮白河

潮白河古称鲍丘水、大榆河。潮白河属于海河水系的北四河水系，上游有两条主要支流，即潮河和白河。潮、白两河在密云县南部汇流后始称潮白河，流经密云、怀柔、顺义县境，在通县境内入潮白新河，下游入永定新河，在海口附近入蓟运河注入渤海。

潮河发源于丰宁县连桂乡哈拉海湾村水泉高尖东麓。潮河因其水流湍急，发声如潮而得名。潮河自发源地南流，经丰宁县城大阁镇转而东南流，在天桥乡前沟门村附近出丰宁县境入滦平县境，流经滦平县西南部，在营盘出滦平县境入北京市密云县境，经古北口穿过长城折向西南流，与白河共同注入密云水库，出密云水库后在密云县南部与白河汇合。潮河全长253千米，流域面积6920平方千米，河道平均坡降5.7‰。潮河干流在承德市境内流长205.21千米，流域面积4787.39平方千米，地处燕山山脉中段，北高南低，年降雨量550～650毫米，多年平均径流量3.51亿立方米。1961年实测实测历史最大洪峰流量484立方米/秒。潮河下游的主要支流清水河源于兴隆县，其上游有两条支流，一为上潮河，源于兴隆县大苇塘村青石岭山麓，西流经前苇塘、六道河、二道河等自然村及乡镇，转西北流，在密云县境内汇入清水河，在兴隆县境内河长23千米；另一支流为清水河，源于兴隆县雾灵山南麓刘寨子乡境南部，北流转西北流、西流，在密云县境内与上潮河汇流后注入密云水库，清水河在兴隆县境内河长25千米。上潮河、清水河两支流在兴隆县境内流域面积为476平方千米。

白河干流发源于张家口市大马群山，上游支流汤河和天河发源于丰宁县境西南部。汤河源于丰宁县邓栅子乡南台子村，位于猴顶山脚下，东南流经三道河、西湾子、红石砬、中沟门、于汤河乡大草坪村，流入怀柔县境，在汤河口汇入白河。汤河在丰宁县境内流长65.99千米，流域面积622平方千米，地处燕山山脉中段，西北高东南低，多年平均径流量0.48亿立方米，中沟门村附近有2条支流注入，流向呈西北东南，源头一段称连河，流至洪汤寺村有一温泉注入，俗称汤泉，泉水注入后始称汤河。天河源于丰宁县杨木栅子乡东沟门村北，东南流经歪脖沟、富贵山、官场沟、杨木栅子、黑牛山、后甸等乡村，流入怀柔县境，在宝山寺注入白河。天河在丰宁县境内流长35千米。汤河、天河两支流在丰宁县境内流域面积820平方千米。

二、蓟运河

蓟运河亦属海河水系的北四河水系。蓟运河上游两大支流泃河和洲河均发源于兴隆县境南部，在兴隆县境内流域面积为675平方千米。其中洲河发源于兴隆县九拨子梁南侧，位于挂兰峪乡橡树台沟，境内流长22千米，流经挂兰峪、八挂岭两乡，出兴隆县境入遵化县境，在蓟县入于桥水库；泃河源于兴隆县青灰岭南侧，位于茅山镇东峪村，境内流长17千米，流经茅山镇全境，过蓟县黄崖关，注入平谷县海子水库。洲、泃两河在宝坻县青甸洼南张古庄汇合后始称蓟运河，南流经宁河县，至天津市北塘注入渤海。

第三节　辽河和大凌河水系

一、辽河水系

承德境内的老哈河、阴河、舍利嘎河均属辽河水系西辽河的上源。发源于平泉县和围场县，境内流域面积3568.9平方千米，干流全长64.93千米。辽河水系支流老哈河、阴河、西路嘎河及大凌河，西路嘎河和老哈河为辽河水系上源，老哈河为主源，是辽河源头，大凌河属山溪性河流，直接入海。

老哈河上游有两个源头，均位于平泉县西北部。南源位于七家岱乡西部的莱虎子沟，东流入双河乡境；北源位于柳溪乡西北部的光头山南北麓，东偏南流入黄土梁乡境南，南北二源于双河乡境北部汇流后东流，由茅兰沟乡西部折转北流，经黄土梁、蒙合乌苏两乡，出平泉县境入内蒙古宁城县境甸子乡，而后注入西辽河。老哈河在平泉县境内河长64.93千米，流域面积914.2平方千米，河道坡降12.2‰，源头海拔高程1520米，出境海拔高程610米，流域属中温带丘陵盆地半干旱区，大陆性季风气候，年降水量550毫米，年平均径流量0.84亿立方米。

阴河为老哈河的支流，发源于围场县北部庙子沟。上游有二源，南源于围场县宝元栈乡三道沟里的白水台子，东流经宝元栈、新拨、殷家店3个乡；北源于围场县姜家店乡庙子沟的湾沟，东南流经姜家店、山湾子乡境。南、北二源在殷家店乡二道河子附近汇流，东流经张家湾乡境，在张家湾对岸（左岸）有三义永川支流自西北东南而来注入，继续东流由张家湾乡出围场县境入内蒙古境，东南流汇入老哈河，是老哈河二级支流，下游汇入老哈河的一级支流英金河，在围场县境内部分又称新拨河，阴河干流在围场境内流长71.23千米，总流域面积1534.8平方千米，河道坡降15.8‰，源头海拔高程1500米，出境海拔高程990米，流域属半干旱半湿润地区，年降水量490毫米，承德市境内多年平均径流量0.79亿立方米。1958年，调查测算最大洪峰流量为415立方米／秒。

舍利嘎河为阴河支流，源于围场县东部兰旗卡伦区的小孤牌，东北流经克勒沟、朝阳地乡境，在兴巨德附近出围场县境入内蒙古境，而后汇入阴河。舍利嘎河在围场县境内河长41千米，流域面积1322平方千米，河道坡降7.9‰，源头海拔高程1180米，出境海拔高程855米。舍利嘎河的主要支流西路嘎河也称乌拉岱河，发源于围场县东部六家(原称夹皮川)乡北部的南慢甸山,流经六家、朝阳湾、杨家湾3个乡境，于杨家湾乡兴巨德村北汇入内蒙古自治区赤峰市。在围场县河长61.73千米，流域面积685平方千米，源头高程1300米，出境高程874米，流域属半干旱半湿润地区，年降水量460毫米，承德市境内多年平均径流量0.23亿立方米。在兴巨德附近汇入舍利嘎河，乌拉代河由三源汇流而成，上源为巴隆乌拉代河，俗称夹皮川；中源为準乌拉代河，俗称三道川，也称中乌拉代河，源于大素汰梁的十大股；东源墩达乌拉代河，俗称四道川（郭家湾川），源于大素汰梁南麓。

二、大凌河

大凌河发源于平泉县东北部宋营子西部土洞子村，流经范杖子、榆树林子3个自然村，干流全长4.87千米，流域面积434.9平方千米，河道坡降12.5‰，源头海拔高程800米，出境海拔高程450米，在榆树林子镇出平泉县境入辽宁省境，在辽宁省境内注入渤海。

小凌河（大凌河西支）是大凌河一级支流，在内蒙古自治区喀喇沁左翼蒙古族自治县汇入大凌河。在平泉县境内河长4.87千米，流域面积434.9平方千米，多年平均降雨量576毫米，承德市境内多年平均径流量0.38亿立方米。

承德境内河流名录

单位：平方千米

流域面积大于1000平方千米（12条）	滦河、小滦河、兴洲河、伊逊河、蚁蚂吐河、武烈河、老牛河、柳河、瀑河、澈河、潮河、阴河。
流域面积200~1000平方千米（53条）	头道河、吐力根河、槽碾西沟河、四岔口沟河、如意河、鱼亮子北沟河、正北川河、牤牛河（滦平）、大唤起河、道坝子沟河、不澄河、黄土坎河、通事营河、大孟奎沟河、燕格柏河、白银沟河、清水河（滦平-双滦）、鹦鹉河、兴隆河、玉带河、何家河、白河、东山咀河、白马河、暖儿河、浑河、黑河、长河、青龙河、都阴河、天河、汤河、喇嘛山西沟河、小坝子沟河、潮河北源、撒袋沟河、长阁北沟河、西南沟河、窄岭西沟河、石人沟河、岗子河、金台子河、两间房河、沟河、州河、老哈河、山湾子河、七宝丘河、西路嘎河、喇嘛地河、克勒沟河、大凌河西支（小凌河）、榆树林子河。
流域面积100~200平方千米（61条）	二道河子河、胡明合河、沙井子河、骆驼场河、撅尾巴河、大河西沟河、太阳店河、白云沟河、红石砬沟河、潩河沟河、头道河子河、西南沟河、三岔口沟河、湾沟河、何营沟河、白翅沟河、五道川河、兰旗卡伦河、清泉河、东杨树沟河、偏坡营河、疙瘩营河、大柳塘子沟河、小孟奎沟河、步古沟河、牤牛河（双滦区）、茅荆坝沟河、志云河、柴河、下院河、岔沟河、野猪河、干柏河、北水泉沟河、车河、赶瀑河子河、西河、大道虎沟、椁椤树河、小柳河、孟子河、澈河南源、冰沟河、大西沟河、乐国河、张百万沟河、塔黄旗北沟河、曹碾沟河、官木山沟河、于营子河、火斗山河、清水河（上潮河）、大黄岩河、小黄岩河、快活林河、魏进河、长胜沟河、九神庙河、梭罗沟河、二道川河、宋杖子河。

第二章 水文水资源

第一节 气候水文

承德地区气候类型属寒温带向暖温带过渡，半干旱向半湿润过渡，大陆性季风型燕山山地气候。受地形地貌因素影响，气候具有多样性，南北差异、山地小气候、区域性气候明显，冷暖季节分明，干湿期显著。春季短暂，回暖快，干旱少雨；夏季受南来大陆气压和副热带太平洋湿气团影响，盛行偏南风，温和多雨，并常有冰雹天气；秋季气温速降，天气凉爽，昼夜温差大，多为晴朗天气；冬季受蒙古、西伯利亚干冷气团控制，盛行偏北风，寒潮频繁，冬长寒冷干燥少雪。春秋为冷暖气团过渡季节，天气复杂，风向多变，气温变化剧烈。全区气候为冬冷夏热，四季分明，雨热同季，灾害频繁，昼夜温差大。气温南高北低，常年平均气温南部 9.2℃，北部坝上 0.4℃，多年平均气温 7.5℃。7 月份气温最高，平均气温 24.3℃，极端最高气温 41.5℃。1 月份气温最低，平均气温 -9.1℃，极端最低气温 -42.9℃。无霜期南长北短，南部 140 天～180 天，中部 130 天～160 天，北部 100 天～140 天，坝上 60 天～90 天。日照时数能满足单季作物的要求，热量较省内中、南部偏少，在本区内南多北少。

承德地区多年平均降水量由北向南递增，根据 1956～1984 年降水资料统计，坝上多年平均降水量 400～450 毫米，北部 450～500 毫米，中部 500-600 毫米，南部 600-800 毫米。全区多年平均降水量 532.9 毫米。最高降水量为 1959 年 772.9 毫米，最低降水量为 1984 年 411 毫米，降水年内分配不均，主要集中在强度比较大的暴雨过程中，夏季（6～8 月）最多，降雨量 241.5-542.4 毫米，占年降水量的 50%～75%，是全年降水量最集中的季节；秋季（9～11 月）降水量 66.4-102.1 毫米，占全年降水量 14%～16%；春季（3～5 月）降水量 55.5～74.7 毫米，占全年降水量的 10%～12%；冬季（12-2 月）降水最少，降水量仅 5.1-12.4 毫米，占全年降水量的 1%～3%。年际降水不均，南部兴隆最大降水 1159.8 毫米，最小 464.5 毫米；中部滦平最大降水 815.2 毫米，最小 384.6 毫米；北部围场最大降水 720.3 毫米，最小 307.9 毫米。因地形抬升作用，在雾灵山、七老图山迎风坡形成两个多雨区。

降水量是形成本区径流的主要因素，全区多年平均地表径流深 89.2 毫米。径流在地区分布上有很大差异，南部兴隆县多年平均径流深大于 200 毫米，中心部位高达 300 毫米；北部坝上多年平均径流深仅 40～50 毫米. 径流量年内各季节分配情况是，春季（3-5 月）径流量占年径流量的 10% 左右，夏季（6-8 月）径流量占年径流量的 55% 左右，秋季（9-11 月）径流量占年径流量的 30% 左右，冬季（12-2 月）径流量占年径流量的 5% 左右。

河流泥沙主要受降雨、地形、地表物质和植被等条件的影响，泥沙的年内分配高度集中，全区各河6-9月输沙量占全年输沙量的90%以上。全市多年平均输沙量2037万吨，伊逊河流域多年平均侵蚀模数1000吨/平方千米·年，伊逊河支流不澄河流域多年平均侵蚀模数达3000吨/平方千米·年。

第二节　水文地质

承德地区水文地质分为坝上高原水文地质区及燕山山地水文地质区。燕山山地水文地质区又分三个亚区，即坝前山地水文地质亚区、中高山水文地质亚区及低山丘陵水文地质亚区。

坝上高原水文地质区包括围场、丰宁西北部，约占全区面积的8%，位于蒙古高原的南部。区内主要地层为玄武岩及片麻岩。第四系沉积层厚约5～30米，含水砂层主要分布在沟谷及河流两侧，单位出水量1～5立方米/时·米。矿化度小于1克/升，为重碳酸盐钠钙型水。基岩中的潜水储存在玄武岩及片麻岩的裂隙与破碎带中。泉流量，片麻岩0.3～3立方米/时，玄武岩0.3～18立方米/时。该区为缺水区。

坝前山地水文地质亚区包括围场、丰宁的大部，隆化的西北部，约占全区面积的26%。主要地层为侏罗系中、上统的酸性喷出岩及太古界桑干群的花岗岩及片麻岩。围场北部有第三系汉诺坝组基性喷出岩。地下水以潜水的形式储存在岩石的裂隙与破碎带中。岩石的富水性，火成岩0.36～18立方米/时，片麻岩0.36～9.0立方米/时。潜水矿化度<0.5克/升，个别达0.5～1克/升。属重碳酸盐及重碳酸盐-硫酸盐水，水质较好，水量不大。

中高山水文地质亚区包括丰宁、滦平、平泉县之大部，围场的东南部，约占全区面积的50%。主要地层有震旦系硅质白云岩、寒武奥陶系的灰岩及白云岩，侏罗系中、上统碎屑岩类及前震旦系变质岩及花岗岩。以裂隙水为主，涌水量较小。岩石富水性，砂砾岩0.36～18立方米/时，火成岩0.36～9.0立方米/时，片麻岩0.36～3.6立方米/时。由于四周为构造所阻，地下水补给来源又不充足，地下水循环较慢，水化学分带性较强。潜水的矿化度0.16～0.48克/升，为重碳酸盐硫酸盐水。河谷冲积层富水性较强，水位深约5～10米，沿北东-南西方向的断裂带上有泉水分布。

低山丘陵水文地质亚区包括宽城、兴隆的一部，出露地层以震旦系为主，泉水出露较多，岩石的富水性，灰岩72～144立方米/时，片麻岩0.36～9.0立方米/时。水的矿化度<0.5克/升，以重碳酸盐-硫酸盐水分布最广。该区水质好，水量较丰富。

承德地区地下水的储存形式分为三类，一类为松散岩类孔隙水，埋藏在第四系松散土层中，即第四系冲洪积层，水位深度在3～15米之间，分布在河流两岸，也属地下水补给河水。总矿化度0.5～2克/升，为淡水。一类为裂隙水，埋藏在火成岩、变质岩及沉积岩的构造裂隙、风化裂隙或破碎带中。裂隙水的补给来源主要是大气降水，受季节影响较大，水位变化也较大。本区基岩裸露面积较大，以这种储存形式为主。一般情况下，山区地下水量不富，水位埋藏较深，许多河流源出坝前，系排泄坝上高源的地下水。在山区河谷较深，顺地势流淌补给河水。水的矿化度一般小于1克/升，

实验检测室

为弱矿化水。一类为岩容水，埋藏在石灰岩的溶洞或溶蚀裂隙中，水量较大，水位也受季节的影响。常以泉的形式排泄，泉涌水量10.8～18立方米/时。矿化度0.5～10克/升，为弱矿化水，主要分布在燕山南麓兴隆至宽城一带的灰岩出露区，水量较丰，分布区域较小。

第三节 水资源概况

据（1956年——1989年水文系列）水文分析，多年平均降雨量533.1毫米，总趋势由北向南递增，水资源相对丰沛。全市多年平均水资源总量37.6亿立方米，其中地表水资源量为36亿立方米。人均水资源量995立方米，是河北省人均量的3.2倍；耕地亩均水量733立方米，是全省亩均3.5倍。入境水量主要来自上游内蒙古正蓝旗和多伦地区，多年平均入境地表径流量1.81亿立方米。各流域多年平均出境地表径流量25.2亿立方米（包括汇入密云、潘家口、大黑汀、于桥水库及辽河等）。多年平均汇入密云水库地表径流3.1亿立方米，汇入潘家口水库14.2亿立方米，汇入大黑汀、于桥水库3.1亿立方米。1960—2007年47年间，承德市共向北京提供222.31亿立方米，平均每年向北京供水4.73亿立方米（包括地下径流）；1983—2009年27年间，通过引滦工程为天津市供水145.83亿立方米，平均每年5.4亿立方米。

第四节 水资源量

承德各水系河流均为封闭流域，除滦河上游有少量水资源由内蒙古自治区多伦县入境外，本区水资源均来自本区境内大气降水。20世纪80年代以前，由于水文资料不足，各项观测资料系列较少，对全区水资源量没有进行过系统的调查测算。进入20世纪80年代以后，随着各项事业的发展，对水资源的需求量也日益增加。1980年，根据河北省水利厅和承德地区农业区划办公室的统一部署，全区9个县市先后分期分批开展了水利区划工作，截至1985年9月全部结束。1985年，根据河北省农业区划办公室下达的任务，在县级区划成果的基础上，开始进行地（市）级水利区划工作，完成了水资源的调查及分析计算工作，1987年6月将成果整理刊印成《河北省承德地区（市）水资源调查与水利区划专题报告汇编》。由于水利区划工作历时较长，虽然水文系列资料由开始的1956年至1979年延长到1984年，但仍显较短。为使承德水资源计算成果更加接近实际，为水资源的规划开发利用和管理提供更加可靠的科学依据，1989年至1990年承德地区水利局委托河北省水利学会天津分会四方技术咨询中心的水利专家，承德地区水利局工程技术人员参与，对承德水资源做了进一步调查研究和计算分析，并将水文系列资料延长到1988年，共33年的水文系列资料，分析计算成果于1990年9月整理刊印成《河北省承德地区水资源》（含承德市县区）。现均以此次计算成果作为承德水资源开发利用和管理工作的依据。

一、地表水（地上水）

承德地上水资源以河川径流量视为地上水资源量。根据1990年河北省水利学会天津分会四方技术咨询中心与承德地区水利局共同调查计算，承德多年平均地表水资源总量为35.50亿立方米，其中滦河流域25.62亿立方米，北三河流域7.02亿立方米，辽河（含大凌河）流域2.86亿立方米。

二、地下水

承德地下水资源包括四部分，即河川基流、地下潜流、潜水蒸发量和地下水开采量的净消耗量四项之和。根据计算，承德水资源区多年平均河川基流为13.859亿立方米，其中滦河流域10.759亿立方米、北三河流域2.296亿立方米，辽河流域0.768亿立方米。在山区地下潜流与河川基流有互相转换关系，大部分潜流转换为基流。河谷潜水蒸发量，根据计算，承德水资源的潜水蒸发量较小，多年平均蒸发量仅为711万立方米。地下水净消耗量为2.104亿立方米（工农业用水净消耗量），其中滦河流域1.705亿立方米，海河流域0.215亿立方米，辽河流域0.184亿立方米。地下水资源总量为基流量、潜流量、潜水蒸发量及地下水开采量的净消耗量四项之和，鉴于河川潜流量及潜水蒸发量占地下水资源的比重很小，因而地下水资源总量采用基流量及地下水开采量的净消耗量二项之和代替，即承德水资源区多年平均地下水资源总量为15.963亿立方米，其中滦河流域12.50亿立方米，北三河流域2.511亿立方米，辽河流域0.952亿立方米。

承德水资源区水资源总量为地表水资源及地下水资源之和，扣除地表水地下水相互转换的重复量，即为水资源总量。承德多年平均水资源总量为37.604亿立方米，其中滦河流域27.325亿立方米，北三河流域7.235亿立方米，辽河流域3.044亿立方米。承德市入境水资源（客水）来自滦河上游内蒙古多伦等地，多年平均入境水资源量为2.11立方米，由于内蒙古境内已建蓄水工程，用水量逐年增加，入境流量逐年减少，在承德水资源供需分析中不予考虑。

根据水利部和河北省水利厅的统一部署，2003年承德市水务局委托承德水文水资源局编制了《承德市水资源综合规划》，将水文系列延长到2000年，对承德的水资源进行了新的评价。根据新的评价结果，承德市多年平均水资源总量为37.013亿立方米，与1990年评价成果接近，略有偏少。

第五节　水资源特点

承德水资源比较丰富，但也具有一些不利于开发利用的特点。

一、水资源时空分布极不均衡。第一表现为水资源在空间分布上不均匀，降水量和年径流深受地形地貌等因素影响，在地区分布上很不均匀，总的趋势是从北向南、从上游向下游递增，北部围场、丰宁年降水量不足500毫米，年径流深55毫米以下，丰宁坝上闪电河流域年径流深不足25毫米；南部兴隆、宽城沿长城一线多年平均降水在750毫米以上，年径流深170～230毫米。

二、水资源补给在年内分配上极不均匀，全年降水量的80%左右集中在汛期（6月至9月）4个月，非汛期8个月的降水量仅占全年降水量的20%左右，特别是丰水年，汛期降水量占全年降水量的比重更大，最多达到90%以上。降水量的年内分配不均导致径流量在年内分配也不均匀，全年径流量近70%集中在汛期（6月至9月），整个非汛期的径流量仅占全年径流量的30%，特别是丰水年汛期的径流量占全年径流量的比重多达80%以上，南部平泉、宽城、兴隆的部分地区甚至多达90%以上，4月至5月径流量最小，仅占全年径流量的8%左右，经常出现河水断流情况。水资源年内分配的不均衡性给水资源的利用带来很大困难，汛期大量弃水，洪水无法利用，枯水季节又没水可用。

三、水资源量年际变化异常悬殊，承德的降水量和径流量年际变化很大，实测最大年降水量与最小年降水量相差2倍以上，如1959年全市年平均径流深262.2毫米，年径流总量为104.32亿立方米，而1981年全市年平均径流深为25.3毫米，年径流总量为10.07亿立方米，大旱的2000年全市年径流总量仅为9.23亿立方米，丰水年和枯水年水资源量相差10倍以上。

四、地表水与地下水丰枯同步、多寡一致。全市地下水为典型的浅层地下水，含水层为独特的山间河谷盆地极薄含水层类型，含水层厚度多为5—13米，水位埋深多在1—6米，含水层水量调蓄能力极弱，受地下含水层特性的影响，地表水资源量占水资源总量的97%以上，地下水主要为河川基流，地下水与地表水相互转化极其剧烈，其富水程度与地表水流量大小密切相关，呈现为丰枯同期、多寡一致的特征。

第六节　水资源利用

2011年，全市社会用水总量9.296亿立方米，水资源开发利用率17.1%。实际净用水量6.32亿立方米，占多年平均水资源总量6.5%。按用水行业划分，农业用水量为53166.9万立方米，占总用水量57.19%；工业用水量20545.5万立方米，占22.1%；生活用水9836.18万立方米，占总用水量10.58 %；规模化养殖场畜禽用水量6358.9万立方米，占总用水量6.84%；建筑业用水量593.32万立方米，占总用水量0.64%；第三产业净用水量1962.32万立方米，占总用水量2.11%；河道外生态用水量498.35万立方米，占总用水量0.54%。按用水结构分析，过去农业用水占总水量80%，近年来由于工业和城市用水量增加，稻田逐步减少、节水灌溉面积增加，农业用水比率从80%下降到57.20%。

承德市主要以农业用水为主，灌溉面积很大，有些地方灌溉设施老化，灌溉方式落后，许多地方存在着浪费水的现象，还需要进一步加强农业节水的工程规模。从全市看，要在普及渠道防渗、管道输水、小畦灌溉、园田化耕作基础上，大力发展喷灌和微灌技术，向节水型农业发展，由传统农业向高效用水农业转变。工业节水的关键是降低耗水定额和提高水的重复利用率，重点抓好用水大户。研究执行节约用水和用水定额管理规定，大力开发和推广节水技术。生活节水的重点是市区和重点城镇，关键是按表计量，按方计价，分类定价，定额供水，节奖超罚。大力推广使用民用节水设施和器具，规定用水定额，调整提高水费和水资源税费价格，用经济杠杆促进节水。

在水资源管理及节水型社会建设方面，按照“三条红线”管理框架和要求，市区计划用水管理率达到95%，全市工业计量设施安装率达到74%，工业用水重复利用率达到72.18%，城镇生活节水器具普及率达到83%，城镇生活计量设施安装率达到93%。

第二编 水旱灾害及抗灾

承德气象灾害多，发生次数频繁，危害严重。干旱、冰雹、大风、霜冻、暴雨山洪等灾害性天气每年都不同程度出现，春旱、夏旱和暴雨山洪年年都有发生，给农业生产和人民生命财产造成较大损失。中华人民共和国成立以后，党和政府领导人民群众与旱灾和洪灾顽强斗争，大大减少了水旱灾害给国家和人民群众造成的损失。

第一章　水灾及抗洪救灾

第一节　水灾特点

承德的水灾主要是暴雨山洪灾害。由于区域地形、地貌和山洪特点，山洪所造成的灾害不及平原地区洪水灾害涉及的范围广，但局部暴雨山洪发生的频率较高，一年可能发生数次，一旦山洪暴发，就经常出现冲地、冲房、冲人等危及人民生命财产的灾害，有时甚至造成毁灭性的灾害。承德南部山区是河北省暴雨中心之一，暴雨主要发生在每年的7-8月，但4-10月也时有发生。本区域暴雨因受燕山和七老图山脉的影响，北部1年不足一次，坝上地区只有个别年份出现暴雨；南部兴隆县因受雾灵山的影响，暴雨多，年可达6～8次；承德、滦平县是中部暴雨区，最多年可达2～4次。局部暴雨往往形成山洪暴发，形成灾害，不仅冲毁房屋、耕地、山村、树木，造成人畜伤亡和财产损失，同时还会造成严重的水土流失。1962年7月24日至26日一次大暴雨过程，本区域最大降雨量达391.3毫米，承德市、承德县、平泉、兴隆、宽城等县降雨量都超过200毫米，造成山洪暴发，河水猛涨，冲毁铁路大桥和公路桥梁涵洞，铁路、公路交通中断，损失十分严重。

伴随着暴雨往往有冰雹和大风灾害发生。境内域冰雹主要来自内蒙古，后经丰宁、围场、隆化的地形抬升作用而加强，由北向南分别侵入全区各地。冰雹期始于4月，终于10月，以6月和9月发生次数最多。冰雹发生在夏秋作物即将成熟阶段，凡受冰雹灾害的地方，一般都是毁灭性的，严重的颗粒无收。但是，冰雹灾害多是局部的，成灾面积一般较小。本区域主要受寒潮大风和雷雨大风的影响，寒潮大风主要发生在冬季和春季，出现频繁，风蚀严重；雷雨大风则发生在7-8月，此时正是作物拔节孕穗阶段，常因大风突起，造成茎杆折断和植株倒伏，果树枝折果落。

滑坡泥石流灾害，是境内主要灾害之一。境内山地坡面陡长，且分布着大量汇水凹地，沟谷密度大，具有产生滑坡、泥石流的地形条件，汛期雨量集中且多暴雨，造成严重土壤流失，并常发生滑坡泥石流等灾害。

第二节　中华人民共和国成立前洪涝灾害

由于地域和历史原因，清代以前承德没有记载水旱灾害的资料。对洪涝灾害的记载，到清代乾隆元年（1736年）才有资料可查；民国期间战乱频繁，档案资料散失严重，更无完整系统资料可查。

一、清代洪涝灾害

乾隆元年(1736年)［六月二十四日李卫奏]：八沟地方前月十六日(6月24日)天降大雨，山水骤发，冲倒紧靠河边居民草房六间，淹没大小男妇八名口。

乾隆二年（1737年）［七月初三日直隶提督瞻岱奏］：据河屯营参将……禀称，热河等处自六月十三日（7月10日）起，雨泽连绵。至十九日（7月16日）午时大雨，山水陡发。二十四（7月21日）山水又涨，由西沟粮市东奔入河，浸倒石桥，冲去铺民房二十间。正在具报间，于二十六日（7月23日）夜大雨如注，山水又大发。据左哨禀称，该汛地方被水冲坏民房共九十七间半。又据右哨营禀称，该汛内冲坏民房共三百六十二间，淹死民人男妇大小五名口。兵丁房屋坍塌十九间。

［七月十一日李卫奏］：据陆续报道，热河承德州山水陡发，冲坏民房，被淹田亩，并漂溺民人三五口不等。

乾隆十二年（1747年）［六月二十八日那苏图奏］：据热河道禀报，口外各厅雨泽调匀，禾苗畅发。惟四旗厅禀报黄姑屯地方山水陡发，冲没房屋二十二间，淹没男妇二十余名口，谷豆高粱冲损十分之三。又据八沟厅禀报，道虎沟地方发水，冲淹妇四名口。民庐无损，近沟田禾稍有微淹。又据热河同知禀报，南杖子地方山水骤发，续查出冲去草房五十三间，淹没男妇四十余名口。水退迅速，被汕田禾微损。

［六月二十四日那苏图奏］：又据热河同知禀报，十二日（7月19日）半夜，二沟山水骤发，双峰寺等处冲损民庐二十余间，淹没男妇九名口。水涸退，田禾幸无损伤。

乾隆十四年（1749年）［六月三十一日朱一蜚奏］：热河同知报称，六月十九日等日（8月1日）山水陡发，将大街红桥码头冲激塌陷，迤东石桥亦被冲损，新旧木桩多有漂失。并未损伤田禾人口等语。又据喀喇河屯通判报称，六月十九日等日，骤雨水发，冲毁民房百余间。

乾隆十六年（1751年）［闰五月二十七日直隶总督方观承奏］：闰五月十九日（7月11日）酉刻，骤雨经时，热河行宫榛子峪小铁门水冲城墙六丈，小铁门外被冲堆拔房二间。又风磨岭水冲城墙里口宽九丈，外口宽十一丈。至山水所经，田禾俱属无恙。

乾隆二十三年（1758年）［五月二十一日方观承奏］：据热河道禀称，喀喇河屯通判所属之三间房地方至平顶山一带，于五月初五日（6月10日）未刻，骤雨带雹，上游梅拉沟山水陡发，平顶山庙正房三间、草房七间，又民房十七间俱被水冲去。淹死僧人一名，男妇四口。随踏勘被雹、被水旗地共六十二顷三十五亩。

乾隆二十四年（1759年）［六月十七日方观承奏］：据热河同知禀称，热河地方于本年六月二十四日（7月18日）大雨如注，山水陡发，冲坏旗民房屋内铺家七十一户，共塌瓦草房六百一十间，淹毙男妇大小五名。又红桩一座、石桥一座俱将冲坍。

［十月二十五日海保等奏］：查得本年六月十二日（7月6日）起至七月初五（8月27日）等日，阴雨连绵，山水涨发，将两间房行宫大料石进水六空闸洞、出水五空闸洞桥座，并围墙冲倒二十二丈三尺。又长山峪行宫围墙冲坍一百二十一丈五尺。

乾隆二十六年（1761年）［七月初四日方观承奏］：又据喀喇河屯通判禀报，六月十七、八等日（7月18、19日）山水猝发，长山峪地方被冲民房十余间，稗子沟被冲民房四十二间，鞍匠屯之阎家沟被冲民房十余间，淹毙妇女四口，田禾冲坏长二十余里，等情。

乾隆三十四年（1769年）［六月十三日杨延章奏］：据四旗通判禀称，五月二十七日（6月30日）雨水过大，各处山水陡发，以致镶白旗之小八郎沟等九村营、镶黄旗之两间房、二道营等十五村营被水，冲坍房屋二百余间，淹毙大小男妇五十余名口。秋禾地亩间被淹损。所有被淹地亩积水已消。又据热河同知禀报，本年五月二十五日（6月28日），雨水过大，宣泄不及，漫入街内，致冲坍低洼铺面五六间，漂溺回民马愷一名。又于二十七日，山水复发，冲损石洞子沟民房五间，淹毙大小男妇五六口。水随消尽，并无淹损地亩等情。又据喀喇河屯通判禀报，本年五月二十五日，风狂雨骤，山水直下，冲损河套、苇子谷等处铺面民房三十余间，淹毙大小男妇十八名口。并无淹损地亩。至二十七日夜复大雨，刘家沟地方冲坍房屋九间，淹毙居民二人。并据热河道禀同前情，四旗地方被水稍重。至热、喀二厅属，被水甚轻。

乾隆三十五年（1770年）［闰五月二十四日王进泰奏］：古北口地方，本月十七日（7月9日）山水陡发，潮河泛涨。今据该将备等禀称：查得口外巴克什营并西河之三岔口、大店子、鞍匠屯、小白旗，河东之两间房、长山峪、王家营、喀喇河屯一带地方，因连日大雨，各山沟之水统归大河，一时宣泄不及，近河菜园田禾被水冲淹。其在山沟及河沿居民窝铺草房，亦有被雨冲塌者。各处堆拔塘房墙壁烟墩，间有倒塌之处，并无淹毙人口。热河地方亦于是日骤发山水。

［闰五月二十五日永和等奏］：闰五月十六、十七日（7月8、9日）因大雨连绵，山水暴发。巴克什营、两间房、长山峪、钓鱼台、中关、十八里汰、波洛河屯、张三营、吉尔哈郎图、阿穆胡郎图等十处行宫，各该看守千总等呈报，大墙院墙坍倒十数丈至百余丈不等，通计三百九十余丈。其殿座房门渗漏处所甚多。又据喀喇河屯行宫千总报称，滦河涨发，房间有倒坏冲刷之处。查看得泉梦幽映敞厅三间，和翠亭西游郎六间，后湖看守房七间，被水冲刷坍倒。至东北虎皮石墙并闸洞冲坍凑长二十三丈。东栅木墙冲倒二十五丈。石堤灰土泊岸坍五十三丈一尺。钓鱼台行宫内冲淤，亭座沉陷歪斜。

［六月初十日永和等奏］：热河于六月初七日（7月28日）大雨倾盆，河水涨发。园内查看得各处殿座房间，俱未冲刷伤坏。惟梨花伴月沟大料石闸洞雁翅冲坍，沟内桥座山石泊岸被水冲坏；旷观沟内大料石堤泊岸冲坍；周围城墙院墙拔倒共计一百四十余丈；长虹饮练至泉源石壁河道冲淤；园内闸座桥梁多有冲坏之处。

［六月十六日杨廷章奏］：据热河道禀报，六月初七日（7月28日）未刻至酉刻，大雨倾盆，自广仁岭起诸沟山水陡发，汹涌异常。河沟宣泄不及，四散漫淹，以致溢人街市，激湍成流，将热河本营并水泉沟等处地方铺户居民房屋人口多被冲塌淹毙；布达拉工程处锅伙、瓦草房屋及人口间有冲损；热河副都统衙门、旗兵住房、官铺人口冲损淹毙者亦多。随逐一查勘，计冲坍民间瓦房八百一十七间，草房一百一十三间，冲失淹毙压毙大小男妇九十余名口。旗营被冲损之房屋人口颇多。查此次热河发水较往年为大，冲损兵民房屋人口甚多。再热河红桥一座，前次已被水全行冲去。今又被水冲去石桥一座。

［闰五月二十五日杨廷章奏］：据热河同知禀称，本月十六、七等日（7月8、9日）大雨如注，中关一带山水陡发，势甚汹涌，自东山底起至西坝底止弥漫一片。下淤宣泄不及，至田庐人口道路俱有被淹。又据喀喇河屯通判禀称，十六、七等日，大雨滂沱，滦河、衣素河水涨异常，南到喀喇河屯北街，北至山根，中间水深三四丈，南北深二丈余不等。至十八日（7月10日）水势稍退，砂堤叠道尽被冲去。又据密云县禀报，本月十五、六（7月7、8日）连日大雨，潮白二河水势骤涨，至十七日近河两岸俱被水淹，古北口尤为较重。十八日水渐平退，近河庄稼多被水淤，营房亦俱被淹，间有倒塌。人口尚无淹毙。

乾隆三十八年（1773年）［六月初五日周元理奏］：口外自五月二十一、二日（7月10、11日）雨后，滦河及潮白等河水俱骤长。连日热河雨觉稍稠，闻滦河水势复大。畿辅一带雨水情形大略相仿。查畿辅一带五月二十一、二等日雨后，各河道俱报长水，幸而安流顺轨，工程各处巩固。惟潮白二河水势稍大，北运河之王家务、筐儿港等坝过水五六尺，亦即消退，堤工平稳。

乾隆四十五年（1780年）［七月二十七日直隶布政使黄检奏］：二十二日（8月21日）启程沿途逐细查勘，自热河起至清水河止，所有各河水势已退，过渡甚易，道路俱系沙土可以行走，于文报不致阻滞迟误。

乾隆五十九年（1794年）［六月二十九日惠龄奏］：二十六日（7月22日）在热河陛辞后，即日起身，于王家营阻水半日，遇有小雨一阵，旋即开霁。察看口外地方，自连得大雨后，禾稼益加长发，各处山田地势本高，雨水下注溪河，并无过多之虑。其低洼处所地皆沙土，随落随渗，并未存积。古北口以内，河水前虽盛涨，晴霁以后，俱已疏消。询之农民，雨多并不损稼。至密云、怀柔一带，田禾亦俱勃发，惟近山沙土稍松之处，山水偶有汕刷，其近河两岸低洼地方，间被淹损。据农民等佥称，山根河滩，向不种植，因本年得雨稍迟，是以广为播种，此等地亩无多，不过千百分之一，且水退后补栽豆苗荞麦，仍可一律有收。

嘉庆六年（1801年）［六月初三日热河都统庆杰等奏］：五月二十九日晚间，东北阴云密布，雷闪交加，至三十日（7月10日）丑时暴雨盆倾，至寅时，热河德汇门外东边迎水坝南及东草市一带，山水陡发，水势汹涌，越堤泛溢高至七尺不等。将流杯亭门外工程处堆贮物料厂圈，立时全行冲去。其东一面石堤间有冲刷坍塌至三百余丈。随率令苑丞等亲诣园内外庙狮子园各处详细查看，碧峰门内备用正房五间内东二间坍塌，及各殿宇亭座间有渗漏；闸洞铁幪有被水冲坏；其内外墙垣共计坍倒九十余丈；再钓鱼台冲去游廊二间、堆房二间、栅门二座，墙垣坍倒；流杯亭外堆拨房三间，被水冲去；又八旗满洲官兵操演处内冲去房四间，周围群墙七十二丈二尺；正白旗档案房器械库四间被水淹淤；镶黄、正白、正红三佐兵丁及额鲁特营房内有屋内漾进水者。又三十日夜间续经大雨，初一日（7月11日）丑刻，广仁岭以下山水涨发亦有屋内漾进山水者。查被水兵丁房间并未倒坏，人口亦无伤损。至迎水坝东草市一带被冲庐舍冲失人口。

［六月二十七日庆杰等奏］：入月以来，热河连日雨水连绵。嗣于十三、十四、十五等日（7月23、24、25日）连降大雨，各等处墙垣复经坍倒七十余丈。又据南北两路千总呈报各行宫殿宇房间墙垣，节经大雨之后，均有渗漏沉陷坍塌之处。并钓鱼台被水冲去堆拨、游廊。波洛河屯行宫院内冲淤殿座炉坑地炕被水浸泡各等情。各处坍倒墙垣三百九十余丈，并钓鱼台冲去堆拨房一间，俱应急行修整。

［六月二十日署直隶总督熊枚奏］：再据藩司单开，续报未奏之东路厅属宝坻，直隶冀州并所属衡水、武邑，正定府属之平山，河间府属之交河等六州县，俱被灾较重。其直隶易州并所属广昌、涞水，顺德府属之任县，河间府属之阜城等五州县，被灾较轻。其承德府被水，已经热河都统具奏。张家口厅现禀不致成灾。赤城、怀来及卢龙、获鹿四处俱因雨水阻滞，是否成灾仍即飞饬刻期禀报。

［八月初七日后熊枚奏附清单］：六月十八日，前督臣汇奏被灾轻重情形案内声明承德府被水业经热河都统具奏。

［九月二十四日陈大文奏］：本年直属地方，自春徂夏，雨水调匀，禾稼本为畅茂。讵六七月间，大雨连绵，水势涨发，堤工漫溢，以致低洼地亩多被淹浸。惟高阜处所与水过即消之区，尚属有收。约计通省各州县全地十分内除去被水无收地五成有余不计外，共有收地亩计四成有余，即收成分数亦未免稍减。再天津府属之庆云、盐山、南皮及天津府同知经征坐落武清、天津二县之苇渔课地亩，并广平府属之肥乡，宣化府属之赤城，口北道属之张家口厅、独石口厅暨承德府等九府厅县，俱因积水消退稍迟，洼地秋禾亦间有受伤，但情形较轻。

［九月二十四日陈大文奏附清单］：承德府并属：承德府各项地亩，除被水地二成无收外，计有收地八成，秋禾约收七分有余。丰宁县各项地亩，除被水地二成无收外，计有收地八成，秋禾约收八分。滦平县各项地亩，除被水地二成无收外，计有收地八成，秋禾约收八分。平泉州并未被水。秋禾约收八分有余。以上承德府并属全地十分，内除被水无收地二成不算外，计有收地八成，秋禾约收八分有余。

嘉庆十年（1805年）［十月十六日富俊等奏］：本年承德等五州县，沿河被灾地亩，照例赈恤。

嘉庆十一年（1806 年）［七月十五日热河都统佶山等奏］：七月初间，昼夜大雨连绵，于十四日（8 月 27 日）止。据苑丞等复行呈报，热河园内外庙、狮子园并南北两路行宫各等处，渗漏房间，坍倒墙垣过多。前往查看，均属实在情形。其坍倒墙三百四十余丈，均系防守攸关，势须急为修理。

［七月十六日直隶提督薛大烈奏］：十五日（8 月 28 日）戌刻，抵滦平县，次日同热河道亲至河干，详加查看，目下滦河水势渐次消落。

［七月十七日薛大烈片］；本月十一日（8 月 24 日）派游击前往滦平，查看被冲桥梁。兹据面禀，看得滦河水势甚为湍激。骤难施工。

［七月二十四日薛大烈奏］：本月十五日（8 月 28 日）驰抵滦河之夕，查看河水虽已渐消，尚有丈余，溜势迅激，签囤骤难安立。自十四日（8 月 27 日）以后，天气晴霁，伊苏河、滦河水势顿减。

［七月十一日薛大烈奏］：古北口地方，自本月初六（8 月 19 日）起，连日霈雨滂沱，潮河水涨，附近各河桥梁多有冲刷。初八日起程出口亲加履勘，往至长山峪地方，接据滦平县呈报，滦河水势涨发，于初五（8 月 18 日）、初七等日，将已搭桥座先后全行冲失等情。

［七月十一日以后薛大烈奏］：查勘古北口外，地势高阜，多属沙土，道路间有泥泞，冲刷，易于平整。惟自古北口至巴克什营，五渡潮河，自巴克什营至滦平，山水曲折流注，经过溪河六十余道，大小桥座匀被水冲。虽现时水势不大，均经一律赶造桥座。

嘉庆十二年（1807 年）［七月初十日温承惠奏］：据热河道禀称，准热河总管咨会，本年四月（5 月上旬至 6 月上旬）间，丰宁黄姑屯行宫墙后因波洛河水水势长发，　由西北树林内冲开水口。该道勘明属实，亟宜修挡。兹据该县等勘明黄姑屯西北冲开水口二道，接连长一百二十丈，宽一二丈，深八九尺不等。又正西冲开水口一道长七十五丈，宽一二丈，深七八丈不等。河水漫溢，请添筑榆囤土坝二段。

嘉庆十三年（1808 年）［六月十七日那苏图等奏］：六月初十日（8 月 1 日）起，昼夜大雨连绵，于十三日（8 月 4 日）止。据各等处呈报，热河园内外狮子园并南北两路行宫房间渗漏残坏，墙垣闪裂坍塌；并园庭东面大河水势涨发，沿河石堤间段冲坍三十余丈；北路钓鱼台行宫墙垣冲坍，院内淹淤二尺。又喀喇河屯滦河水势涨发，宫内泉萝幽映临河敞厅三间梗墙槅板均已被水冲去。

［六月十七日福长安奏］：热河地方，自本月初十日（8 月 1 日）起至十三日（8 月 4 日），连降大雨。各处山水涨发，由热河至喀喇河屯各梁道均冲有坑坎。惟喀喇河屯滦河，因此次大雨滂沛，水势涨发，深增一丈二三尺，广阔数十余丈。今水势渐觉消退，尚未归槽。再十六日（8 月 7 日）晚，又沛大雨。至十七日（8 月 8 日）申刻，雨尚未止。

［六月十七日直隶提督色克通阿奏］：六月十三日（8 月 4 日）奉上谕：京城连日大雨。次日黎明起程出口，经由河滩大小山沟共溪河六十余道，水势颇旺，深自尺余及二三尺不等。因尚俱未经搭桥，无从被冲。查勘沿途道路，有甫经动工平垫者，有已曾平垫，今被山水冲刷。酉刻抵喀喇河屯，即亲至滦河查勘水势。询据滦平县言称，六月十一、十二等日（8 月 2、3 日），大雨滂沛，滦河水势骤涨一丈二三尺，广阔数十余丈。惟正桥南码头旧土坎未及浸没。军民佥称，与嘉庆六年（1801 年）、十一年（1806 年）水势相似。自十四日（8 月 5 日）以后，阴雨略少，河水渐次消退，目下尚未归槽。

［六月十七日福长安奏］：本年六月自初十日（8 月 1 日）起至十三日（8 月 4 日）止，热河地方连下雨四日。迤东之河山水大发。伏查狮子沟、二道河等处居住兵丁官房，俱系沿河。此次山水大发，所有狮子沟、二道河一带河岸俱被冲刷。现在河岸俱已逼近厢黄、正红旗满洲及厢黄、正白等旗蒙古兵丁官房。再普宁寺之北裴家沟山沟，亦有山水大发。厢黄旗满洲界内兵丁居住房屋院内俱已进水。查现当时大雨时行，山水不时涨发，酌将彼处旱河刨挖，暂将被冲之河岸修筑，以期保护兵丁居住官

房。

[六月二十一日穆腾额等奏]：前于六月初十日（8月1日）起十三日（8月4日）止昼夜大雨连绵。兹于十五日（8月6日）起至十八日（8月9日）止，又经昼夜大雨滂沱。复据各该处呈报，热河园内外庙并狮子园等处值房坍塌倒坏；园内缓修城墙并各处大墙院墙坍倒二百三十余丈；园庭东西大河水势汹涌泛溢，沿河石堤复行间段冲坍五十余丈。北路钓鱼台行宫河岸逼近宫墙，冲去堆拨房一间，栅木墙二道，院内过水冲坍大墙一段，值房二间，殿宇、亭座、游廊均已沉陷歪闪。又南路喀拉河屯滦河水势涨发，宫内泉萝幽映敞厅三间全行被水冲去，值房坍塌一间，外围大墙坍倒一百二十余丈。其余各行宫大墙院墙共坍倒八十余丈。

[七月初一日温承惠奏]：再据承德府禀报，本境因六月十一、十二（8月2、3日）及十七、八（8月8、9日）等日，大雨如注，上游山水陡发，至将南菜园、二道河、喇嘛寺、双峰寺、狮子沟、钟鼓楼、三道河、小双峰寺、下营子等村庄民房地亩先后冲决。

[七月初五日福长安等奏]：滦平于初三日（8月24日）夜间曾有微雨。初四日（8月25日）卯刻雨已晴止，午后大雨滂沛，戌刻时分，滦河陡涨立水七八尺，御桥码头被水漫没，冲击汕动石块多至歪斜。连日浓阴，时雨时止，河水未见消落，兵夫莫能动工。

[八月十八日托津等奏]：热河石堤原为捍卫宫墙以及保护民舍而设。今夏大雨连旬，西岸旧堤间被冲刷。当赴沿河一带，此自惠迪吉门外北首起，南至南草市止，逐段履勘，眼同丈量，与所报丈尺相符。

[十二月十九日（朱批）温承惠奏]：热河自承德府广仁岭迤东大河及狮子沟一带旱河，绵长四千八百余丈。兹据热河道禀称，广仁岭以下一带旱河被淤情形，与裴家沟、狮子沟等处实属相同。均应普律大修。再龙王庙以东，为狮子沟旧挖河尾，历来俱挖至东大河汇流西南而下。近年以来，大河改流偏东，将西岸旧河尾以下淤砂过高，狮子沟旱河之水自西向东被积砂壅塞，不能归人大河。两岸又无土坝抵御，散漫而流，水势纡滞。旱河之水不能畅流，则亭淤更甚，至将两岸砂堤湾曲掏刷，势必日渐坍塌。必须自旧河尾往东接挖一百五十丈，直抵大河，以资宣泄。又查广仁岭以下之旱河，内有潘家沟东西段内旧有虎皮石泊岸五段，土岸一段，共六段凑长一百七十三丈，历年被水冲击，间段有坍卸，并有冲去无存之处。

[六月二十日色克通阿奏]：本月十七日（8月8日）在滦平县时，即值沛雨。发摺起程后，雨势渐大，行至王家营，接据河屯协副将禀报，滦河水势，遽又增长。复冒雨回抵滦平查看水势，较十六日（8月7日）初到之夕稍见增长。是日自昼至夜，沛雨滂沱，通宵如注。十八日（8月9日）未刻，复至河边查看立水增长一丈五六尺，宽延南北山根，漾人街市堡门，势颇汹涌。经时雨已停止。复自滦平起身回程，沿途查看已修未修道路尽被雨水冲刷，泛流成河，山沟小溪之水，势甚湍急，并有马不能渡绕山行走之处。乡村民庐有被雨水浸塌者，有被山水冲去者。路旁田禾以及大小柳树被水汕刷冲倒者不计其数，青石梁迤南土山被雨淋卸，泥塞道路，行旅阻隔。经过各行宫，周围墙垣俱间有坍塌，多少不等。两间房行宫西围墙迤北出水桥洞被水冲去，旁边小庙被水冲去庙门。自两间房至古北关，溪河弥漫，水面甚宽。十九日（8月10日）戌刻抵古北口，因水不能摆渡进营，暂住河东店寓，查问古北潮河水势，十七、十八日（8月8、9日），曾增涨立水七八丈，东入河东街市口，西入河西营盘栅门；南天门河水涨至南北两山根。目下消落无几，仍属浪急溜猛，来往行人不能摆渡。视看水色清淡入浊，自系上游阴雨多日，山水浸挖人河，无怪消落迟慢。

[六月二十九日温承惠等奏]：二十四日（8月15日）自通州起程，戌刻抵前屯，一路大雨如注，直至二十五日（8月16日）申刻方止。冒雨趱行，路过昌平、顺义、怀柔、密云等州县，境内大小河

道无不涨发，水深七八尺及一丈五六尺不等，所有已修未修竣之道路桥梁，均多被水冲坏。并困大雨甫歇，正值长水，未能动工。密云白河桥座，水深河阔，最难施工。二十六日（8月17日）到密云，天已放晴，山水易涨易消。二十八日（8月19日）抵承德，沿途逐处查勘，缘口外地形较高，虽道路冲刷过甚，而沥水易消。且已天晴三日。至滦河水势，深处尚有一丈四五尺。

［七月初六日温承惠等奏］：初四日起程自蓟沟一带查至密云，沿途查询各处桥梁，均经分投支搭。因初二三日（8月23、24日）雨大水长，已完未完桥工俱被冲刷，各处道路亦已间段冲断。自初二至初六日（8月23日至27日），雨势稠密，昼夜不息。奴才丹巴多尔济由昌平、顺义、怀柔一路冒雨而行。不特各河水深流急，即大道积水泥泞直至马腹。初五日戌刻，赴抵密云，白河水势瀚，船不能渡。初六日巳刻，雨势稍缓，始得过渡。察看各河现在水深俱在一丈以外，排桩下囤均须兵夫入水，无从着脚，委系实在情形。滦河搭成桥座亦于初四日（8月25日）因水发被冲。又据委员禀报，古北口南天门潮河下正副桥座全行冲失。现在云阳大散，雨意犹浓。

嘉庆十四年（1809年）［六月十四日嵩年奏］：广仁岭以下等处清挖旱河大修工程，五月二十九日（7月11日）戌刻阴雨起至三十日（7月12日）午刻方始晴霁，大雨如注，山水泛涨，旱河水势平槽，两旁岸间有冲刷残缺，河底亦有淤高之处。现经多集人夫上紧赶挖，但工段绵长，且时有降雨，清挖非易。

［七月初五日嵩年奏）：承德府承办广仁岭以下各处旱河大修工程，六月十四日（7月26日）申刻阴雨起至十六日（7月28日）午刻，大雨连绵三日两夜，各处山水泛涨。致将所挖旱河，多被冲淤，较前更甚。且刻下广仁岭以下并狮子沟等处旱河皆成大溜，工作难施。

嘉庆十五年（1810年）［七月十三日温承惠奏］：其古北口及滦平一带今年水小波平，支搭较易。

嘉庆十六年（1811年）［六月初二日（朱批）祥绍等片］：本年五月十三、十八日（7月3、8日）两次得雨深透。嗣于二十七、二十九等日（7月17、19日），虽经大雨下注，旱河溜势尚顺。至六月初二日（7月21日），风雷交作，大雨如注，山水即时涨发，势甚湍急，不惟园内等处间有冲淤，而旱河工程年例系地方官按估挑挖，兹经暴发山水，势溜猛涌致深丈余。兼以东大河之水亦复陡涨，竟致不能宣泄，反行倒灌。水由东草市一带漫溢，该处兵民房屋，当被留势冲击，倒塌间数甚多。业经热河道查办。查节次大雨，尚属应候甘膏，虽山坡洼地稍有淹浸，而水过即退，于秋禾尚无妨碍。

［六月初六日热河都统毓秀奏］：查热河地方于五月十三、十八（7月3、8日）两次得雨深透。嗣于二十七、二十九等日（7月17、19）两次大雨，山水涨发，而兵民尚无被冲之处。讵六月初二（7月21日）巳刻起，雷雨大作，倾盆如注，历至午未之久，水势大发。据报大河之水涨至丈余，广仁岭以下南北诸山之水同时并集，旱河之水亦高至丈余，将大石桥漫过，桥上石栏杆有被冲倒之处。且两河水势相激，泛溢倒灌，兵民房屋有被水冲塌者三百余间，亦有被水浸泡将次倾倒者。幸当白昼，人得躲避尚无伤损。同时据各该旗协佐与热河道禀报前来，与所查无异。

［六月十四日祥绍等奏］：热河地方，于六月初二日（7月21日）山水涨发。初九、十一等日（7月28、29、30日）昼夜大雨。现在园内外庙并南北两路各行宫房间墙垣，复续有坍塌倒坏，以及东大河大料石堤亦被水冲坍一段，长四丈有余。

［六月二十一日毓秀奏］：复加详勘，被水冲塌兵民房屋三百余间处所。缘西自广仁岭以下直抵东大河，向有旱河一道，适中余家沟口，有大石桥一座，石桥以东，旱河两岸系镶白、正兰、正白满洲三旗营房，被冲者系近临河岸兵房，并旱河下游地势低洼二仙居、东草市二处民房。其余家沟大石桥一座，栏杆虽被冲倒四块，桥身并未损

坏。逐细勘明，兵丁官房内已经冲塌者八间，将次倾倒者五十五间，民房内冲倒铺面并民居瓦土草房二百六十三间，共计三百二十六间。其被水之家尚无露处失所之虞。惟是自初二日（7月21日）大雨以后，时有阵雨，于初九、初十、十一等日（7月28、29、30日）又复昼夜连雨，至今仍复乍雨乍晴。所有兵房先经浸泡，又被阵雨连绵，山檐墙坍倒，头亭渗漏各情形不一而足。

［嘉庆二十一年七月二十八日直隶总督方受畴奏］：口外丰宁县黄姑屯行宫，贴近波洛河。前于嘉庆十二（1907年）、十六（1811年）等年，河水涨发东趋，冲开缺口。

嘉庆十八年（1813年）［十二月十二日章煦奏］：据署热河道禀称，该处旱河自十八年（1813年）春季挑挖之后，夏秋大雨时行，山水陡发，及经消涸，河道多有冲刷淤垫，必须按段挑挖。该道逐段勘估后，自广仁岭起至石洞子沟、狮子沟、殊像寺、裴家沟、溥仁寺等处止，计一十七段，积长三千三百一十七丈，宽一丈二尺至八丈五尺，深八寸至二尺六寸不等。

嘉庆二十年（1815年）［嘉庆二十一年七月二十八日直隶总督方受畴奏］：口外丰宁县黄姑屯行宫，贴近波洛河口。前于嘉庆十二、十六等年（1807、1811年），河水涨发东趋冲开缺口。加筑榆囤、鱼鳞等坝，俾资捍卫。旋据丰宁县报，二十年（1815年）夏秋大雨之后，山水下注，河流涨盛，大流改向西趋。惟河势迁徙靡常，倘日后复改趋东首，则与行宫基地围墙逼近，大有关系。详请培筑土堤，预防水势。

嘉庆二十一年（1816年）［六月初三日嵩年等奏］：热河园内外庙等处被雨情形，五月二十六、二十七（6月21、22日）连日各得有急雨一阵，旋即停止。又自二十八日（6月23日）未刻起至申刻大雨如注，势甚滂沱。及夜细雨连绵，至二十九日（6月24日）辰刻止。畅远楼净房一间，各处值房十五间，偏厦房二间，头亭渗漏间有坍塌；长虹饮练桥，因山水骤涨，漫溢过桥，将两边宇墙冲坍落水，长二十一丈五尺；八空闸因水势陡长，与岸相平，中二空铁幪被水臌伤四扇，其余十二扇幪丝破坏；五空闸铁幪臌伤二扇，其余三扇幪丝破坏；碧峰寺清溪远流大料石泊岸冲坍二段，凑长九丈；旃檀林下木板桥一座冲塌石料木植伤坏；园内各处旱河、旱沟均被冲淤；山石泊岸雁翅棚石水簸箕间有冲坍，墙垣也有坍倒之处；又瞩朝霞石闸一座被冲，雁翅压面石散卸落水，现用榆囤坝蓄水不使走泄；又布达拉庙内千佛阁一座头亭渗漏过重，北面天花脱落，倘再经伏雨浸淋，恐致倾圮，已用架木保护。

［六月初六日热河督统和宁奏］：热河地方厢白、正兰二旗营房适中原有东西旱河－道，已据热河道挑挖完竣。嗣于五月十九、二十六等日（6月14、21日）大雨，河底被山水淤填一二尺不等。兹据旗协佐领等具报，二十八日（6月23日）大雨如注，广仁岭并行宫西北及南面各山沟雨水同时暴发，汇入旱河，高至丈余。而砂堤大河水势增长，旱河不能宣泄，漫溢上岸，漾人厢白、正兰二旗营房，并下游地势低洼之正白旗营房。所有官员兵丁房屋被水漫淹，或有坍倒者，或有河水入屋漫炕者，并墙垣倒坏。幸当白昼，并未伤损人口。又普宁寺西裴家沟，山水同时涨发，冲坍砂坝，漾入狮子沟厢黄旗营房，所有兵丁房间亦有被漫。

［八月十一日直隶总督方受畴奏］：热河旱河本年五月（5月27日至6月24日）内大雨倾盆，山水下注，至将广仁岭以下高庙迤东起至大石桥，并狮子沟、扎什伦布、裴家沟等处两岸虎皮石泊岸、沙土堤、荆条坝各工间段冲刷。于七月初四日（8月26日）兴工赶办，是月二十三日普律完竣。

［十月二十二日常显等奏］：据苑丞等呈报，热河园庭并狮子园南北两路行宫，经今岁夏秋雨水浸淋，各等处殿宇房间均有渗漏残坏，墙垣石堤内裂坍塌，船只木植糟朽各情形。

［十二月十三日方受畴奏］：热河旱河工程因二十一年雨水过大，山水夹砂带石而下，随处停留淤塞甚厚，以至河身淤积二尺七八寸至一尺二三寸

不等，有几与堤岸相平之处。其两岸砂堤残缺更甚。近岸多系兵民庐舍，若不照例挑挖、修筑，恐来年大雨时行，难保无漫溢之虞。以上各工自广仁岭至石洞子沟、狮子沟、裴家沟等处，共计二十段，积长三千一百八十七丈，宽八丈五尺至九尺，深四尺五寸至一尺一寸不等。

［七月十四日方受畴等奏］：十二日（9月3日）午后，途间即遇微雨。行至滦平县三间房，雨势渐大。讵是夜大雨达旦，直至十三日（9月4日）巳刻住点，各处山水涨发，奔腾下注，据报两间房正副桥座全部被冲塌。当即驰赴河干查勘，水深湍急，人力难施，待至酉刻水势稍退，赶紧抢搭。惟两间房以北及口内桥座有无冲坍，尚未得信。随委员分路确查，一面起身赴口内查勘。适臣徐锟查明口内密云县桥座间有被冲，其南天门雨后水势甚大，幸正桥抢护平稳，副桥被冲六孔。现在饬令赶紧抢搭。臣方受畴随于十四日赶回古北口，沿途查勘巴克什营及古北口大桥俱尚稳固，被冲副桥及各小桥俱被冲塌，现经加紧赶办，限十七日完竣。

嘉庆二十二年（1817年）［十二月十六日方受畴奏］：热河自承德府广仁岭起至狮子沟、裴家沟一带旱河工程，因二十二年（1817年）秋雨过骤，山水夹沙带石，直注而下，以至下游水漫，沙石随处淤停，河身淤积二三尺至一二尺不等，间有几与堤岸相平之处。其两岸沙堤残缺更甚。以上各工自广仁岭至石洞子沟、狮子沟、裴家沟等处，共计十二段，积长三千一百八十七丈，宽八丈五尺至九尺，深四尺五寸至九寸不等。饬令热河道赶紧办理。

嘉庆二十三年（1818年）［七月二十一日方受畴奏］：据署热河道详称，本年五月十二及二十等日（6月15、23日），大雨如注，山水骤发，旱河多被冲淤。六月二十四、五等日（7月26、27日），复大雨倾注，旱河水势出槽，两岸多有冲刷残缺。又于七月初三、初五、初七、八等日（8月2、6、8、9日），昼夜大雨，诸山之水同时骤发，致将旱河两岸堤埝冲缺多处，河底更加淤高。葫芦峪、水泉沟、榛子峪、狮子沟、殊像寺、扎什伦布寺等处堤岸，冲刷尤甚。现在秋雨连绵，附近兵房民舍必有冲淹之患。

嘉庆二十四年（1819年）［七月二十一日徐锟奏］：据同知等禀报，古北口地方自十八日（9月7日）寅时起至十九日（9月8日）酉时大雨如注，河水涨发四尺，冲去正桥三孔、副桥一半。至二十日（9月9日），雨势益大，潮河水涨五尺，前后共计九尺有余。势甚激涌，将正副桥座全行冲去，一切物料无存。现在阴雨未住，河水仍长。又据督搭口外桥座游击禀报，巴克什营一带各小河桥座，亦因十八、十九两日大雨全行冲去。

［六月二十三日热河都统诚安奏］：据滦平县详称，该县自本月十四、十五日（8月4、5日）阴雨连绵，至十九日（8月9日）戌刻起，二十日（8月10日）辰刻止，大雨如注。滦、伊二河水势暴涨二丈有余，汹涌异常，冲失北关外店铺民房九十余间，南岸河沿坍塌，致将新旧桥渡各船冲失八只。其正副桥座码头榆囤亦被冲三十余空。自二十一日（8月11日）以来，时阴时晴，并无大雨。

［六月二十五日诚安奏］：热河地方，前于六月初六日至初九日（7月27日至30日），大雨连绵。所有园庭、外庙等房间游廊墙垣，被雨浸淋，坍塌倒坏，及临河石堤、水簸箕、山石泊岸、点景高峰等项，间有冲坍之处。兹于十四、十五等日（8月4、5日）复经大雨，昼夜连绵，于十九日（8月9日）戌刻，大雨如注，二十日（8月10日）辰刻止。据看管喀喇河屯行宫千总呈报，滦、伊二河同时涨发，陡长立水二丈余。将宫内河北岸小金山上高处见多殿内地面漫水浸湿，四面外廊坐登被水冲去。西南山石桥一座、天成景四方亭一座，河南岸泉萝幽映厅三间，并河口堆拨房一处，全行被水冲去。又上用扒拉船一只，被上流冲下大木撞碎，板片漂没。牛舌头船一只，连锚随浪冲失。大小树株冲去者甚多。据看管常山峪行宫千总呈报，十四日至二十日，节径大雨，山水暴发，将行宫围山虎皮石大墙浸淋冲倒，共五十三段，计一百二十六丈余。又据看管两间房行宫千总呈报，该处东沟山水陡发，

将七空、三空、一空进水闸三座，五空进水闸一座，闸口石料及两边大墙虎皮石泊岸并宫内浮桥一座，两边大料石码头、榆囤坝全行冲去。坍倒围墙院墙三十五段，凑长一百六十五丈九尺。又据巴克什营行宫千总呈报，该处冲去兵房五间，坍塌八间，围宫大墙坍倒三十六丈六尺。又据看管狮子园千总呈报，围山虎皮石大墙坍倒五十段，计一百六十丈余，园庭外庙外宫等处亦有陆续呈报，里口城墙围宫大墙三百余丈，及坍倒房间、游廊、山石泊岸门口，并东大河等处石堤坍塌倒坏应修之处各等情。

［六月二十六日诚安奏］：滦河水势涨发，冲刷店铺民房，并热河厢黄、厢红二旗营房被水情形。据滦平县禀称，此次大雨各处河沟山水并皆暴发，至将三间房、两间房、黄梁等处民房、庙宇冲失，共计一百七十余间。一间房、狼窝、花楼沟等处民房、庙宇、墩台、营房全行冲没，淹毙男妇七十余名口。巴克什营街南铺房民房冲失一百数十余间，亦有淹毙人口，尚未查清。其沿途桥座并各大营堆贮柴炭草束，多被冲失。

［六月二十六日诚安片］：据该道禀称，查狮子沟一带并广仁岭迤东三道沟等处，沙坝石泊多被冲刷，并将御路冲刷数段。

［六月三十日方受畴奏］：五六月间（6月下旬至8月中旬），连次大雨，旱河水势漫溢，致将两岸砂堤并虎皮石泊岸、荆条草坝等工程全被冲刷。六月十九、二十等日（8月9、10日），大雨倾盆，旱河水势盛涨。前项被冲砂堤更行残缺。该处逼近御道并兵民庐舍，必须赶紧修筑。查勘广仁岭以下及狮子沟等处，共计被冲砂土堤石泊岸一千九百三十六丈五尺。

［七月初一日诚安奏］：滦河水势即渐消平，两岸可以安桩下囤。兹于六月三十日（8月20日）据该道府禀称，御桥南北岸桩囤现已安下完竣，中溜排船九只依次铺木垫土，准于七月初二日完工。其便桥亦已安桩下囤，昼夜抢搭，准于初五日亦可报竣等语。数日以来，虽属时雨时晴，所幸河水并未涨发。

［七月初三日诚安奏］：据在工文武各员禀称，滦河桥座自上月二十四兴工以来，原系时阴时雨，幸河水未甚涨发，是以催令水手兵役冒雨抢搭，至初二日（8月22日）卯刻已经告成。讵不移时，大雨如注，自辰至午，水势汹涌，陡涨丈余。正桥两岸榆囤、桥木及便桥榆囤，全行冲失等情。随驰赴河干查看，水势尚未消退。初三日（8月23日）卯刻，又复落雨，缓急相兼，巳刻方止。天气尚阴，水势如故，势难工作。

［七月初四日热河总管常显等奏］：热河地方，自六月二十九日至七月初四日（8月19日至24日）又经大雨，昼夜连绵。前次挖竣之旱河沟，复行淤积。

［六月二十三日诚安奏］：坐落狮子沟地方厢黄旗满洲暨相连之厢红旗蒙古营房，地势本属低洼，且东面及西南面俱近旱河。前因六月初六、十四、十五等日（7月27日、8月4、5日），阴雨连绵，山水涨发，冲塌坝岸，漾入狮子沟，该二旗营房均被水浸进房过炕。续于十九日（8月9日），大雨如注，山水同时涨发，漫淹情形较前更甚。官员兵丁房屋有瓦片脱落，大木走错，山檐墙坍倒将次倾颓，什物间被冲失坏者，情形轻重不等。

［七月初十日诚安奏］：初七日（8月27日）午刻以后，浓云密布，阴雨连绵，伊逊河水逐渐涨发。及至夜间，雨更加紧，时而滂沛，时而绵密，连宵达旦，至初八日（8月28日）申刻方止。初九日（8月29日）伊逊河水未消，滦河之水又涨，想系上游又落大雨。二水合一，汹涌异常，不惟正便桥座榆囤木马多有冲失，排船亦被冲动。派拨水手人夫上紧赶获，幸未遗失。刻下天气虽晴，水势尚未消退。查该县旧有铁锚十四口均重三四百斤。先于六月二九日（8月9日）头次发水冲失四口。

［七月十七日诚安奏］：本月初十日（8月30日）晚间，水势已就平稳。先于正桥两岸水浅之赴补筑码头，钉桩下囤。次日水渐消退，随乘时赶紧修搭。幸天气连日开晴，得以工作，均于十六日完竣，

［七月二十日诚安奏］：查滦河正副桥座，均于十七日（9月6日）抢搭完竣。讵意是日戌刻起

又复大雨连宵，至十八日（9月7日）丑刻，河水陡涨，将便桥北岸中留木马冲去十一路，正桥并无情形。十九日前往滦平县，原拟验收后即由彼起程趋赴瑶亭。及至河干，看视水势愈长，不但已冲木马未能补修，而便桥排船又冲动五只，并将正桥木马冲去二十路，船只尚未移动。夜间又复大雨如注，水势益加涌猛，以致正便桥座榆囤木马多被冲失，正桥排船亦被冲动。现在雨尚未止，水势愈增，暂难工作。

［七月二十七日诚安奏］：二十三日（3月12日）午后，（滦平县滦河）水势渐就平稳。前赴河干详加相度，见大溜旁趋，水势南深北浅。随齐集兵夫从北岸码头起向南钉桩下囤三十八路，至水深湍急不能下囤处所，排船十只。临近南岸又下囤二路，与码头相接，昼夜抢搭正桥已于二十七日告成。其便桥现在一律赶紧办理。

［十一月二十八日热河总管祥绍等奏］：查两间房行宫，旧设七空、三空进水闸二座，闸上围墙六十四丈五尺；五空出水闸一座，两边围墙二十四丈；七空浮桥一座，围墙外河北菩萨庙东西配殿、小门泊岸，于本年夏间山水涨发全行冲去。前经升任总管常显履勘奏明，每闸座各加二空，仍照旧式修补。嗣于本年十月初九日（11月26日），逐一履勘，被冲进水闸座、浮桥、庙宇分位，现在沙石壅淤，俱成河滩。若仍照旧式修建，倘再遇山水涨发，难免不冲。细心筹议，拟将进水闸二座改为二十三空闸一座，石料加高一层，围墙移于北山之上修砌，下添出水涵洞四座，闸座上面改安栅木墙；五空出水闸一座，拟改七空闸一座，石料加高一层，上面仍照旧式安栅木墙；七空浮桥一座拟改十二空浮桥，其雁翅金刚墙照旧补砌；至菩萨庙地基半坐河滩，今拟挪于南岸，补修耳房山门，以免水患。

［七月初三日诚安奏］：奉上谕：诚安奏古北口被水情形一折，古北口外滦、潮等河水势如此盛大，其上游围场内外，恐亦同时并涨。

［嘉庆二十五年四月二十九日方受畴奏］：口外丰宁县黄姑屯行宫，贴近波洛河。前于嘉庆十二（1807年）、十六（1811年）等年，河水东趋冲开漫口。节经前督臣委员勘估修复。嗣于二十年（1815年）夏秋大雨，山水下注，河流涨发，大溜改向西趋。经前督臣饬委承德府查勘，河势迁徙靡常，倘日后复改东趋，即与行宫基地围墙逼近，大有关系，该处系迎溜顶冲处所，仅筑土坝实难经久。二十一年（1816年）由升任藩司姚祖同议请仍筑鱼鳞囤坝，以资捍卫。据丰宁县详报，二十四年（1819年）夏秋大雨连绵，河水涨发殊常，将该处行宫后身囤坝冲开河口，水势向东南冲激，自阿拉营南起至下洼营子，复由行宫后身绕至西堆房，距河二十余丈，转向西南，计长四百余丈。沿河囤坝全行冲刷无存。

［七月十七日方受畴奏］：奉上谕：徐锟奏，古北口地方于十九日戌时起至二十日（8月9日至10日）卯时止，竟夕大雨，山水陡发，潮河水涨丈余，淹毙人口及冲塌房屋各情形。古北口地方山水陡发漂没人口至数十名之多，冲塌房屋共有七八百间。著方受畴详细查明。据滦平县申报，该县二寨至朝阳洞一带地方，同时被冲人口房间等情。兹据逐一查明开报前来，除官房不计外，查密云、滦平二县共计被冲兵民瓦草房屋一千七百三十八间，被冲漂兵民男妇大小二百二十一名口，被水现存男妇大小二千九百一十二名口。查乾隆四十九年（1784年）七月间，古北口因雨水连绵，山水涨发，冲去兵民房屋淹毙人口，加倍抚恤，即照四十九年之例办理。

嘉庆二十五年（1820年）［六月二十四日热河总管诚安奏］：热河地方厢白二旗营房中间，有东西旱河一道，已据热河道挑挖完竣。自五月（6月中旬至7月上旬）以来，虽时有大雨，水势涨发，足资宣泄，并未出槽。讵于六月十七日（7月26日）申刻起至戌刻止，大雨滂沛。广仁岭并南北各山沟之水同时暴发，汹涌异常，汇人旱河，水势骤涨，高至丈余，一时宣泄不及，漫溢上岸，挡水坝冲开二十余丈。所有临近河干之厢白、正兰二旗营房，并下游地势低洼之正白旗营房、兵丁房屋均被浸淹，进屋过炕，房间有闪裂渗漏，或有倒坏坍塌，什物亦间有被水冲失损坏者，情形轻重不等。幸未伤损人口。查满洲官兵营房前于十六（1811年）、二十一（1816年）、二十四（1819年）等年被水冲淹。

［六月二十七日诚安片］：十七日（7月26日）大雨倾盆，阅二时之久。随据热河道禀报，十七日雨后，诸山之水同时并发，水高丈余，漫溢大石桥，将桥上石柱等冲去二十三件，挡水坝冲开二十余丈。兼之东大河之水，亦顷刻陡涨，回异寻常。幸被淹处所，相距跸路较远，当无妨碍。且雨势旋止，水亦渐涸，秋禾亦无损伤。惟草市街一带孙林等十七户及二仙居一带池文应等七户，共被冲坏倒塌瓦房一百一十六间，学房灰棚九间，并冲失聂姓妇女一口。查被冲户口多属贫苦穷民。

［七月初三日诚安等奏］：据额鲁特总管呈报，本年六月十七日（7月26日）大雨如注，普宁寺西边裴家沟等处，山水涨发、旱河出槽，漾入额鲁特营房。正在导泄，二十六日（8月4日），续又大雨，积水稍消，复又灌入，所有房间多被淹浸倒塌损坏，恳请照例查办。查看得该管原报被水房一百九十三间，内除暂时过水旋即消退房五十七间毋庸修理外；其余房，一百三十六间内头亭渗漏，山檐墙坍倒，柱木歪闪将及倾圮，并有业经落架情形较重房七十二间；山檐墙闪裂头亭渗漏，墙垣门楼倒坏情形稍轻房六十四间；通计坍塌院墙凑长一百零六丈，门楼倒坏五座。

［十二月十二日方受畴奏］：热河自承德府广仁岭起至石洞子沟、狮子沟、裴家沟等处旱河，二十五年（1820年），夏雨连绵，诸山之水同时并发，卷沙带石，奔腾直注，汇归旱河。水退沙高过岸，与去岁情形相等。所有广仁岭并石洞子沟、狮子沟、裴家沟等处旱河共二十段，凑长三千一百八十七丈，宽九尺至八丈五尺不等，挖深一尺五寸至四尺不等。又二道沟口等处被冲虎皮石泊岸，应请照旧补砌加高修整十段。并裴家沟东岸逼近厄鲁特营房，尤为紧要，暨五条胡同起至三条胡同口止，西岸亦近各旗营房，请添砌虎皮石泊岸二段，共凑长三百五十七丈。又三道沟口迤东北岸于家沟、钟鼓楼，并河屯协教场西道口请修筑添筑荆条草坝四段，保护御路，并厢黄等旗营房河屯协教场等处凑长三百五十一丈五尺。夏间仍须开通水道，以资宣泄。

道光二年（1822年）［十二月初六日颜检奏］：承德广仁岭至石洞子沟、狮子沟、裴家沟等处旱河，缘本年夏秋雨水过多，山水屡次涨发，挟沙带石，直注而下，砂石随处停淤，以致河道淤积二三尺至四五尺不等，两岸砂堤被冲残缺，自应照例挑挖。

道光三年（1823年）［六月十五日嘉录等奏］：查验热河广仁岭等处挑挖旱河工程，广仁岭迤东狮子沟迤西等处，河底间有复经淤沙四五寸至尺余不等，视其情形，系工竣后五月十四、五（6月22日至23日）等日连次大雨，山水陡发，兼之相近岔沟冲出沙石停淤所致。

［七月二十二日嘉录等奏］：热河一带地方于五月二十六日（7月4日）起，至六月初一日（7月8日）止，虽节经阵雨，旋或晴霁。嗣于初二日（7月9日）起，阴雨连绵，至十九日（7月26日）方止。先后据各该处苑副千总等呈报，殿宇房间、石堤桥闸，内外围墙，均有坍塌渗漏倒坏冲坍之处。惟查园内狮子园外庙并南北两路行宫各等处，坍倒外围墙垣共计五百五十段，凑长一千六百六十四丈四尺。

［十月二十七日嘉录等奏］：热河庄头本年春分后雨泽愆期，麦收全无。至五月十四日（6月22日）始得阵雨，甫种田禾，未及长成。于六月初三日（7月10日）又经阴雨兼旬，以致山水涨发，所种园地冲去三五顷至十数顷不等，田苗尽皆淹没。

［十一月二十六日蒋攸铦奏］：据热河道禀称：应行挑挖旱河，亲诣河干逐段履勘。缘本年夏秋雨水过多，山水屡次涨发，挟砂带石直注而下，砂石随处停淤，以致河道淤积二三四五尺不等。两岸砂堤被冲残缺，自应量为疏浚。应自二道沟口迤西起，并石洞子沟、狮子沟、裴家沟等处共计十八段，凑长二千八百五十二丈，宽九尺至七丈，挖深一尺至三尺不等。惟大石桥起至绿营云梯楼止，计长三百五十七丈，此两段内逼近旗兵营房、民人庐舍，

旧堆砂土渐与墙垣相齐，距兵民墙垣仅止五六七尺不等，砂土无处堆积，自应量加运远，方保无虞。又查得二道沟北岸旧有虎皮石泊岸一段长六十丈，今被冲失四十丈，现在水由御路行走。又大石桥迤西南岸旧有虎皮石坝一段长二十五丈，今被冲去。

［七月十一日蒋攸铦奏］：直属地方，本年自春徂夏，缺雨干旱，麦收歉薄。迨六月初旬（7月8日至17日）以后，大雨连绵，异常倾注，各处山水陡发，甚为汹涌。今岁被水情形实重于去年。据藩司呈称，承德府属之滦平，等八十一洲县，陆续禀报田禾被水冲淹，兵民房屋城垣衙署亦均有倒塌等情。

［七月二十四日蒋攸铦奏］：查直隶省今岁被灾各洲县，前经两次奏报。又承德府详报，府属红桥街等处因山水陡发，居民铺房被冲。

道光四年（1824年）［十二月二十一日蒋攸铦奏］：本年夏秋，山水屡次涨发，挟沙带石，直注而下，沙石随处停淤，以至河道淤积二三尺至四五尺不等，两岸沙堤被冲残缺。今勘得广仁岭以下并裴家沟等处旱河共计二十一段，凑长三千三百五十四丈五尺，宽九尺至七丈不等，挖深一尺至三尺不等。又大石桥起至绿营云梯楼止旱河二段，凑长三百七十五丈，逼近旗民营房及居民庐舍，两岸旧堆沙土愈积愈多，渐与旗民屋墙相齐，且该处河口逼窄，河底淤高，最为紧要处所。

道光九年（1829年）［六月二十一日广亮等奏］：热河旱河工程，查广仁岭、狮子沟等处，河底间段现有稍淤沙土。视其情形系工竣后于六月十二、三等日（7月12、13日），连次大雨，山水涨发，兼之相近岔河旱沟冲出沙石停淤所致。

道光十年（1830年）［六月二十五日（朱批）热河都统裕恩片］：据承德府详称，旱河挡水坝地方，因近日阴雨，六月初二日（7月21日）夜大雨如注，山水涨发，由挡水东坝漫溢，冲坏民房四十二间。并未报伤人口。

［七月二十六日热河总管广亮等奏］：热河地方于六月二十七日至七月初二日（8月15日至19日），节经大雨昼夜连绵，园内外山水涨发，势甚狂骤，经苑丞等禀报各等处被雨冲汕，浸淋残坏。

［十二月初九日裕恩奏］：查热河旱河，本年夏间因山水涨发，民房被冲。并据协领等将各旗营房逼近旱河情形报明查办。逐细履勘，河身淤塞甚多，荆条草坝全被冲失。实因六月（7月下旬至8月中旬）间，连日骤雨，山水汇发，汹涌异常，挟砂带石，直注而下，随处停淤。兼之历年岁修，艰于经费，不能运远，仅止挑挖培垫沙坝，一遇水势漫溢，砂性松散仍淤入河身。至两岸顶冲尤关紧要，荆条草坝一经冲动随即漂散，实不足以资抵御。兹据热河道勘明，广仁岭以下至裴家沟等处旱河十五段，共凑长二千六百一十二丈，挖宽四尺至九尺，挖深二尺至三尺五寸不等。又自钟鼓楼庙起至绿营云梯楼止，挖出砂土运至南菜园一带洼处平垫。

道光十一年（1831年）［六月二十二日热河都统裕恩奏］：本年热河挑挖旱河并添砌虎皮石坝工程。旋据详报，于三月初二日（4月13日）开工，于六月十七日（7月25日），据报工竣。惟查大石桥、裴家沟、石洞子沟等三处，实因五月二十五、二十七（7月4、6日）等日大雨，上游山水骤发，将此三处河身复行停淤。

道光十二年（1832年）［八月二十六日（朱批）热河都统保昌奏］：据热河道详称，本年八月初一日（8月26日），大雨倾盆，山水同时涨发，汇入旱河，挟沙带石，直注而下，水势汹涌，宣泄不及，致将挡水坝等处石坝冲塌七段，凑长一百六十三丈。冲坏民房三十二间，并未报损伤人口，等情。水已消涸，不致成灾。

［十一月十八日保昌奏］：本年八月，大雨倾盆，热河山水同时涨发，汇入旱河，水势汹涌，宣泄不及，致将挡水坝等处石坝冲塌，并冲坏民房。嗣据该处居民呈报，挡水坝被冲处所系迎溜之区，若仍修虎皮石坝，恐难保护，请改筑大料石坝，以资捍御。查挡水坝被冲新旧石坝均高不及丈，本年水势骤长至一丈五尺有余，汹涌漫溢，宣泄不及，致将石坝冲塌；又查得二道沟口被冲旧虎皮石坝一段长

七丈，菩萨庙前旧虎皮石坝一段长二丈，又挡水坝迤北被冲旧坝一段长四丈，又挡水坝迤南被冲旧坝长十四丈，应照旧丈尺补修；又查得万寿亭前砂坝被冲，水由御路顺溜与附近民舍有碍；又查得钟鼓楼庙迤东北岸砂坝被冲，相距民舍仅止四五尺至丈余不等；又查得菩萨庙前被冲新坝一段长一丈，又庆安桥迤东北岸被冲新坝一段长十五丈，通济桥迤东南岸被冲新坝一段长十丈，又挡水坝被冲新虎皮石坝一段长二十丈，共四十六丈；又查得广仁岭以下并石洞子沟以及裴家沟等处旱河，共计十五段，凑长二千六百十二丈，挖宽四丈至九尺，挖深二尺至三尺五寸不等，顺溜挑挖，庶免壅遏。

道光十五年（1835 年）［十二月十七日热河总管倭楞额等奏］：据苑丞等呈报内外各处殿宇房间墙垣闸座残坏情形，于去岁雨水后节次呈报，俱经饬驳。今经本年夏秋雨水浸淋，情形愈重，禀请核办。园内外报过坍塌渗漏之仓库值房请修者一千一百九十余间，急修仓房值房库房计二百三十余间。其坍倒墙垣闸座门口，并德汇门外一带石堤，节被山水淘汕坍倒九段，计一百二十七丈五尺，搒空闪裂十三段，计二百十一丈四尺。并据热河都统来文，园庭外围诸旗房六座计十八间，现经坍倒，移咨修理。

道光十八年（1838 年）［五月二十二日热河都统惠吉奏］：查热河地方，山峦围绕，地势狭窄，旗民居住半在沿河。每遇大雨之后，山水下注，其势汹猛，全赖广仁岭迤东以及石洞子沟、狮子沟、裴家沟等处旱河宣泄水势，是以每年勘估挑挖。本年应挑旱河工程，业经热河道照依向例挑挖完竣。节交夏至以后，虽叠次大雨，河道足资容纳。讵于五月十四（7 月 5 日）申刻起至戌刻止，雨雹交注，风狂势猛，南北各山之水，同时暴发，建瓴而下，挟沙带石，拥人旱河，水势骤长丈余。所有下游一带之虎皮石泊岸、沙坝，并大石、通济等桥，被水冲激坍坏。河水泛溢，致将逼近河岸之厢白、正兰、厢黄、满洲、蒙古各旗官兵营房，以及居民铺户庐舍，均被水淹，房间坍塌损坏轻重情形不一。幸当白昼，人口均已躲避，仅止淹毙居民男妇三名口。亲赴各处详加履勘，旱河两岸石工间被冲缺，河底淤塞二三尺四五尺不等。旗民房屋坍塌损坏，冲坏居民房屋计一百一十七间。以及淹毙居民男妇三名口。核计应挑旱河共十三段，计凑长二千二百一十二丈，保护石岸之荆条坝三段，计凑长三百七十六丈。

［五月二十二日惠吉片］：再本月十四日（7 月 5 日）大雨倾盆，山水骤发，（承德）街市房间，间被冲坏。恐四乡低洼之所，情形更重，当经委员详细确查。旋据回称，各乡村有被（淹）处所，情形均不甚重，人员并无损失。禾稼虽被雹伤，尚堪补种。

［六月初三日福泰等奏］：热河地方，于五月十四日（7 月 5 日）自申刻起戌刻止，风雹交作，骤雨倾盆，山水陡发。梨花伴月处石桥三座，木板桥十五座，并大料石泊岸间有冲塌，刮倒石碑四座，以及闸棂冲折、铜朦膨破，墙垣坍塌，树株损折等情，均与所报相符。查此次山水涌猛，致被冲塌泊岸石碑等工，情形较重。

［六月初六日惠吉奏］：奉上谕：惠吉奏，热河旱河被水淤塞并驻防兵房冲淹。其被冲情形较重之官兵房屋共二百九十九间，该兵丁一百二十名，每兵著赏借银三两，暂行租屋居住。被水情形之次重、稍重、微轻各兵共二百七十六名，每名著分赏借银三两至九两，令其自行粘修。

［六月初六日（朱批）福泰等片］：查热河宫仓暑往秋收等二廒计十间。兹于五月十四日（7 月 5 日）山水陡发，将秋收廒后檐墙冲倒，内贮朦头米被水漫淹计三百二十余石。

［十二月十九日（朱批）松桂奏］：查园内清溪远流等处旱沟，向来夏秋间山水暴发，积淤沙石。本年五月十四日（7 月 5 日）骤雨逾时，山水暴至，立将泊岸冲坍，以致沙石积淤各旱沟约厚五六尺不等。比较往年倍增。

［道光二十年三月初十日阿勒清阿奏］：道光十八年五月十四日（1838 年 7 月 5 日），暴雨骤至，热河山水陡发，并将该协两营坐落南营子等处兵房

冲淹，共计一百三十四间。

［道光二十年十月初二日松桂等奏］：热河现设仓廒四联，计三十七间。前于道光十八年五月十四日（1838年7月5日），大雨如注，山水暴发，将暑往廒一联冲淹坍塌。

道光十九年（1839年）［十月十六日松桂等奏］：热河园庭外围墙及大墙，去年被水冲淹坍塌，本年夏间续坍，间有倒通，计城墙一百三十九丈八尺，大墙一百六十一丈九尺，随门口五座，宇墙十一丈五尺，马道栅栏十二座，仓廒二座计十九间，堆拨房三十间，木板桥三座，并节经热河都统来咨被水冲淹残坏外围驻防堆拨房三十座，计八十二间，以上各项情形较重，势须修补。

道光二十年（1840年）［十月初二日松桂等奏］：本年六、七月（6月29日至8月26日）间，热河地方雨水较勤，园内外各处节次具报经雨残坏情形。热河都统咨称，园庭外园诸旗房间，经阴雨浸淋，山水冲淹，共坍塌渗漏二十座计五十六间。并城墙大墙经雨颓坍，共四百五丈，兼有倒通。

［十二月初九日（朱批）松桂奏］：今年夏秋之间，热河地方雨水较勤，北路尤甚。查看正殿房间，均有被雨淋漓渗漏情形。

道光二十八年（1848年）［道光三十年八月初七日署察哈尔都统赓福奏］：丰宁县道光二十八年（1848年）夏雨连绵，县署两旁堤埝并黄姑屯一带鱼鳞坝工，被水冲坏，民房禾稼将被淹浸。

咸丰六年（1856年）［七月十三日热河都统英隆奏］：热河地方四山环绕，所有民田高地居多，其山麓洼地亦复不少。自六月初八日（7月9日），承德府地方报雨深透，嗣后大雨连绵竟至兼旬。六月二十四、五（7月25、26日）等日，大窝铺等处山水涨发，以致狮子园围墙并该处堤岸间有冲坏处所。正在查办间，忽于二十九日（7月30日）巳刻，山水自东北而来，势甚汹猛，挟砂带石拥入武烈河，水势骤长漫溢堤岸，计深约八九尺或五六尺不等，所有迎水坝及东大坝石坝被水冲激坍坏，其附近迎水坝庙宇民房亦被冲塌。直至申时水势稍缓。至三十日（7月31日）水始全消。幸当白昼，人均躲避，并无淹毙人口。详细查看，迎水坝全行冲断，东大坝、石坝被水冲刷情形甚巨，其附近迎水坝庙宇民舍被冲计五十五间。所有驻防兵丁营房虽或被水，尚无甚重情形。

［9月18日（朱批）英隆片］：武烈河一带两岸旗民并庄头地亩，自中关汛起至红石溜子等处间有冲刷。其余高坡田禾，并无淹涝，已属丰收，统盘核计尚不至于成灾。其迎水坝并二道河、南菜园、红石峦、黄土坎等处附近河边地亩田禾虽间有冲损之处，惟系一隅中之一隅，于府属收成并无妨碍。

咸丰九年（1859年）［五月二十五日常清奏］：据署滦干县知县禀报，五月十四日（6月14日）该县地方忽遇暴雨冰雹齐下，山水陡发，直冲街面，以致进署内自头门以及各科房均被冲倒，暨典史衙署各房亦皆被冲坍塌。兹据复称，查得滦平县于五月十四日申刻，忽然暴雨，由药王庙沟、雄虎沟地方两路山水陡发，从西南民地内涌入县街，将铺户房屋冲透，水进县署，自头门以及内房共五层，并科房、班房、旁院马圈均被冲刷，或坍塌鼓裂，或被淹歪斜，不堪栖止。各科房所存卷宗均被漂散，间有捞获多属不全。至典史衙署被冲尤甚，监房三间及狱神庙墙垣大半倾圮。其附近铺户居民田舍共计被水者四十余家，淹毙人命三名口。

咸丰十一年（1861年）［同治二年五月十七日瑞麟奏）：热河至王家营站，中隔广仁岭大梁一道、红石峦梁一道，七月（1861年8月6日至9月4日）内屡被大雨，将梁道尽行冲坏，马不堪行，必须率马步行始能过梁。中隔滦平县大河一道，必须揭鞍遛马用船济渡。且牤牛河水消长无定，又无船支可渡，必须候水势稍消始行过往。又据王家营站把总确查，大雨直倾，王家营西大河山水骤发，波浪汹猛，人马不能涉险前进。又马圈子迤西之偏乔、古城川、巴克什营等处，是日河水涨发，浪大溜急，并无船只，彼时正值阴雨连绵，道路泥滑，不堪驰趋。并据驿站司员声明，查得古北站接到马圈子站送到，是日大雨连绵，河水涨发，车道峪、白河涧、瑶亭子等处山水下注，势极汹涌。再查二十四、二十五、二十六等日（8月29、30、31日），正值阴雨连绵，口外各路山水下注，以致日内潮河盛涨，大溜奔腾，船不能渡。

同治九年（1870年）［八月初二日热河都统库克吉泰奏］：热河自入夏以来，频沛滂沱，六月二十六日（7月24日）戌刻之间，大雨倾盆，山水四注，竟将滚水石坝撞开，草市一街铺房汉回民房被冲六百一十四间。淹毙大小男妇四十六名。七月初四日（7月31日）辰刻，碧云如盖，风拥而来，暴雨泉鸣，水声四澈，复将武烈河之迎水坝一律冲刷。其狮子沟等处民房，以及各旗营房，被冲者亦复不少。幸在白昼，仅伤居民一人，被灾较轻。派员履勘被冲堤岸十四段，共凑长六百五十八丈。间有御园之处，而外庙僧房围墙亦有坍塌渗漏之状。此次之水实属汹涌异常，且旱河虽分三段，而水势所趋皆系由西而东，全赖滚水、挡水各坝为之迎御，以截其势，俾得分流，共注入于武烈河内，直归滦河而达于海。兹查所冲各坝，历年既属久远，石土或已中虚，突遇山水涨溢，众流归一，水力过猛不及转弯，直撞石坝以致成灾。询之两岸居民，佥谓水大河通不能泛滥，故有撞坝之力。幸被水之后，虽犹大雨连绵，尚无续有漂没。

光绪二年（1876年）［七月二十五日热河总管定昌等奏］：闰五月初五日至六月十五日（6月26日至8月4日），叠经大雨，山水陡发。据各路苑副千总等呈报，园庭内外殿宇房间墙垣以及仓廒桥座闸口，被雨冲灌渗漏坍各等情。

光绪九年（1883年）［七月初四日热河都统恩福奏］：热河地方，自本年入夏以来，颇行亢旱。五月二十九、六月初六日（7月3、9日）等日，屡沛甘霖，足资浸润。续于六月二十二日（7月25日）连得澍雨，入土深透。陡于六月二十五、二十六（7月28、29日）两日，大雨倾盆，至二十七日（7月30日）子刻，山水暴注，汇归武烈河，水势骤涨，以致河身宣泄不及，泛滥横流。自二道河向西慢溢出槽，由狮子沟迤南冲决石坝，直趋宫墙，奔注于迎水坝，坝身撞陷，水势由沙堤一带放成大溜，汇集草市街，致将附近民庐房舍及（热河都统）衙门并营房等处官廨，同时灌注。草市街民房坍塌虽多，幸水势稍缓，撤避较易。至迎水坝及沙堤以内直接山根，波浪浩大，一片汪洋。该处居民先虽逃避者已属不少，而老幼妇女被水围困，攀树立房同声呼救，皆即饬雇善水人夫冲波往救，将被困老幼妇女全行救过登岸，幸无一人流失。据报迎水坝街坍塌房屋共三十余间、庙宇一座，尚无冲没压毙人口情事。至草市街石坝半已冲坏，流杯亭宫墙以外堤坝，被水淹没尚未涸出。现在天气晴霁水势渐消。

［七月初四日热河正总管瑞芳等奏］：热河本年入伏以来，阴雨恒多，晴霁时少。突于六月二十五、二十六等日（7月28、29日），昼夜大雨滂沱，武烈河水势陡然涨发，将保障石坝冲决，尤甚汹涌，随时将流杯亭一带护墙石坝及诸旗堆房，间有冲刷，由出水五空闸、德汇门倒灌人园。加以园内西北诸山之水同时骤至，汇流湖中，致将临水殿阁间被漫溢。周围城墙坍倒倾圮者甚多，围墙诸旗堆房坍倒者亦复不少。所有园内殿宇、楼阁、值库房间以及储米仓廒，间有被水情形，甚至有水入殿者。

［七月二十四日恩福等奏］：此次武烈河山水冲决，由狮子沟起至迎水坝止一带石坝连绵数里，全行漂没。兼以山水力猛，石块冲走。且水势改道西趋，直逼宫墙，至惠迪吉、流杯亭、德汇等门内外墙身、泊岸被淋浸倾圮良多。流杯亭左右泊岸堆拨，坍塌尤甚，门外大道竟作河身，墙下根基几成堤坝，奔腾不息，岌岌可危。查得上游二道河迤东旧日河身，原离宫墙尚远，且隔石坝一道。今年旧河淤垫较平地尚高数尺，河身早经断流。往年水小，河流尚在坝中。本年雨大，水行即改由坝外直冲大道，紧逼墙身。至向东一面宫墙竟成泽国。刻下水势紧逼墙根，疏浚匪易。且节甫交秋，水势尚旺，若不及早涸消引归故道，设淫雨连绵，注入园中，更难为计。（拟）将旧河挑挖，并添筑御水坝一道以遏横流。由上游龙王庙迤东起至下游迎水

坝迤北止，将淤高河身挑挖通畅，计深八尺余，长一百八十丈有零，河面挖宽十丈，底宽四丈。查武烈河自北至南石坝一道，长一千二百九十丈有奇。内冲决无存者三段共长三百十九丈五尺，又冲刷较重者二段共长九十二丈，又冲坍二段共长三十八丈，又仅止冲坍一面者五段共长五百二十四丈。又草市街坝角坍塌一块。又查得宫墙泊岸石堤，自惠迪吉起至迎水坝止，长七百七十八丈有奇，内坍塌七段。共长四十三丈五尺。又冲决桥坝一段计长十三丈，又坍塌堤坝二段长五丈。又续查得石坝冲决无存者二段共长三百六十四丈。又坍塌者一段共长六十七丈。又坍塌外皮者一段，长四十五丈。又此外别无被冲之处。德汇门西堆拨，此次冲刷漂没者共六处，现剩一间者一处，二间者二处，将次落架者六处。其被水情形较重者十五处，情形稍轻并可栖止者九处。园内藩篱现在冲刷奇重，均属吃紧之工，断难稍缓。本年雨水过大，周围墙身坍塌倾圮，共凑长二千八十七丈二尺。

[九月初一日刘恩溥奏]：此外，承德府水势尤大，迁安县水中漂来有承德府匾额，其明验也。

[光绪十一年正月初九日直隶总督李鸿章奏]：直隶旱涝成灾办理赈抚，九年六月（1883年7月）以后，大雨连旬，兼之上游边外及邻省山水奔腾汇注，河堤多被冲漫，附近田庐悉遭淹浸，灾广且巨，为数十年所未有。小民昏垫流离，惨不忍睹，筹办灾赈、工抚收支开具清单，九年冬抚支款：平泉州饥民五千九百户，大小折成一万七千五百五十二口。

光绪十二年（1886年）［七月初一日热河都统谦禧等奏］：热河地方，自本年入夏以来，连得澍雨，田禾秀茂。陡于六月十八日（7月19日）戌时起，大雨倾盆，至十九日（7月20日）卯刻止。各处山水暴发，由郡西之广仁岭奔腾而下，汇归旱河，宣泄不及，泛滥横流，冲决两岸堤坝，溢而出槽。以致沿河大石桥、二仙居、草市街、南营子等处，并（热河都统）衙门暨厢白各旗营房一齐灌注。又狮子园山水同时猝发，由宫后旱河奔放，亦将北岸石坝、石桥同南岸沙坝一并冲刷。驰赴查看大石桥、二仙居、草市街、南营子、厢白各旗等处，一片汪洋，洪涛冲激。居民强壮者凫水逃避，老弱者呼吁待援。勘得沿河两岸石砌堤坝冲坏大半，狮子沟旱河北岸石坝冲刷将塌，石桥冲折，南岸沙坝冲开数段。复由大石桥查勘沿河铺屋并草市街、二仙居民房约共坍塌一万余间。厢白各旗同南营子营房共被水冲没十余间，仅被水淹四百余间。淹兵妻幼丁共三名口，淹毙民人大小男妇十余名口。

［七月初八日（朱批）谦禧片］：据滦平县禀报，本年六月十九日（7月20日）子时起，大雨倾盆至辰刻止。滦河上游山水奔腾，河身不及宣泄，漫溢县街，冲倒龙王庙一所、铺屋民房共五十二间，监狱内墙、笼房间有冲塌，并无淹毙人口。

［七月初八日（朱批）谦禧片］：本月（六月）二十日（7月21日）起，阴雨连绵，迄未晴霁，各河水势渐涨。二十六日（7月27日）未刻，雨势骤急，昼夜不止，直至二十七日（7月28日）辰时。武烈河水势异常浩大，将草坝冲开，直逼宫墙。遂将流杯亭泊岸并围城堆拨及丽正门等处宫墙，间被冲刷淋倒。宫仓廒座多有坍塌渗漏情形。又水势溢出旧堤，以致就近草市街复被冲注。因水势未退，碍难确查。

［七月二十二日谦禧等奏］：本年六月十九、二十七等日（7月20、28日），因大雨倾盆，山水暴发，致将旱河、武烈河各坝先后冲决。逐日查看水势虽渐消退，无如秋雨颇多，迄未晴霁，以致水势渐消渐涨。惟有多开沟洫，极力保护。查六月十九日，郡街旱河南北两岸石砌堤坝冲决，各处凑长共三百四十丈有奇。狮子沟旱河东西两岸石坝冲失无存，共长六百一十丈。石桥亦被冲坍塌，各河底沙石淤高与岸齐。沿河铺屋并草市街民房，共坍塌一万余间。厢白各旗同南营子营房冲倒无存者十四间，仅止漫淹者四百余间。淹毙兵妻幼丁共三名口，淹毙民人男妇共十余名口。又是月二十七日，武烈河草坝冲刷无存，流杯亭门前月牙坝冲刷二段共长十四丈七尺。护墙泊岸冲刷新旧三段共长四十丈有奇。又宫墙自肇正门至惠迪吉门迤南止，

外皮坍倒。团城新旧堆拨冲去八间。又狮子园旱河北岸石坝冲去六十六丈，石桥亦被冲折。并冲去民房六十余间，淹毙男妇三十一名口。厢白各旗同南营子前次被淹营房，复一并浸淹。

［八月初二日（朱批）谦禧片］：七月十四日戌时（8月13日）起，连日大雨，至十七日（8月16日）早，旱河、武烈河水涨，较前尤盛。旱河由西溢岸，穿街越巷，奔注而东；武烈河由东溢岸，泛滥而西，两水交汇，巨浪冲击，郡垣变成泽国。沿街铺户民房，灌注过半。（热河都统）衙门并总管等衙门暨各旗营房公所，地势最洼，受水均在四尺以上。当经往查看，东西宫墙一带十余里尽属洪流。各处被水兵民，扶老携幼，群向高处逃避。十七日申刻，雨势稍缓。饬查各处兵房大半坍塌，幸未淹毙人口。查此次水势异常浩大，皆因长堤未修，旱河、武烈河各岸前次冲决缺口又多，河底淤沙亦高，水无所归。甫经堵筑尚未干固，一经连日巨雨，难免冲刷，以致横流四溢。现在铺户民房被冲情形尚轻，惟各旗坍塌兵房过多，均无栖止之所。

［八月初二（朱批）热河总管毓秀等片］：本月（七月）十四日（8月13日）起至十七日（8月16日），淫雨连绵，昼夜不止。武烈河山水复行涨发。当即率领苑丞等进园，至流杯亭门由宫墙马道查看，门外水势自北至南一片汪洋，大道水深约一丈有余，势极狂猛。南北一带护墙泊岸，冲刷情形益复加重。至十八日（8月17日）、十九（8月18日）两日晴霁，水虽消其大半，而东北之水犹滔滔不绝。查宫墙内地势较高，尚不致有灌入情形。惟流杯亭迤南墙根与湖边岔河毗连，设有山水灌入，即将八孔闸板提彻，速为宣泄，不容稍有漫溢。复查各处殿座房间，屡经大雨，渗漏情形较前愈多。淡泊敬诚殿均有坍塌。

［八月初七日谦禧等奏］：本年六月十九、二十七（7月20、28日）等日，两遭水患。七月十七日（8月16日），大雨连朝，旱河、武烈河水势涨发，郡西泛滥之水尽向东注。缘阖郡地势东洼于西，水性就下，是以并而归东。前次所开沟洫，悉被沙石淤垫，河底淤高，水无所出。以致郡东一带各旗营房公所并流杯亭以下十余里大道，竟作河身。查西街、草市街、二仙居等处民房冲坍共计二百二十八间，压毙民人男妇三名口。矿务公所坍倒十六间。各旗官廨公所及兵房坍倒共一千四百间有奇。绿营兵房坍倒共七十间奇。又流杯亭迤南迤北新营泊岸冲坍五段，凑长一百四十九丈有奇。宫墙自丽正门迤东起至迤西止与原报情形无异。自六月十九日大雨后，直至七月下旬（8月20日至28日），积雨连绵，迄无晴日。各处房地率多下陷，而各处宫墙亦相继倾圮。

［十二月二十四日（朱批）谦禧片］：热河本年六、七月（7月下旬至9月下旬）间大雨连朝。前据围场粮捕同知禀报，冲去地三百余顷。逐乡履勘共计东围克勒沟等十一乡实冲去上则地八十顷零六十二亩，中则地五十五顷五十亩，下则地一百二十二顷六十五亩，共冲去地二百五十八顷八十三亩。又围场同知经理官地，冲去上则地八十二亩，下则地十亩，共冲去地九十二亩。又围场司狱经理官地，冲去上则地六十一亩。又克勒沟四汛兵丁养身官地，冲去上则地三亩，下则地三十九亩，共冲去地四十三亩。又西围博立沟等三乡冲去中则地一顷，下则地四十三顷八十亩，共冲去地四十四顷八十亩。统共冲去上、中、下三则地三百零五顷六十亩。以上各地多在山根沿河，委系具成河滩，沙石遍地，非特来年不能耕种，即将来亦难开垦。

光绪十三年（1887年）［六月初五日热河都统谦禧奏］：去岁（1886年）热河山水暴发，冲淤五道旱河，并冲刷两虎皮石坝。当经分段承办，遂于本年二月十九日（3月13日）兴工。兹据该员等会同详报，前项工程已于五月二十日（7月10日）普律如式挑修完竣。

［七月初五日（朱批）谦禧片］：六月初四日（7月24日）以后，武烈河叠次水涨，均不过七八尺深。惟十八日（8月7日）晚，大雨倾盆，接连三昼夜，直至二十一日（8月10日）午后方止。诸山各河之

水，同时涨发，溢出槽岸，深有丈余，较去年之水不过仅小尺许。护工草坝大半漫溢，水势猛急，十分危险，几至人力莫施。旱河亦幸及早挑浚，宣泄极畅。惟两岸虎皮石坝，因河身曲折逆流之处，稍有冲刷。现在天气晴霁，水势渐退。

光绪十六年（1890 年）［六月十一日护理旱河都统恩良奏］：热河地方，群山环绕，每逢夏秋大雨时行，山水涨发，全赖武烈河大石坝，以资保卫。讵于五月二十九日（7 月 15 日）辰时起至六月初四日（7 月 20 日）丑时止，接连五昼夜，大雨如注。各路山水建瓴而下，直趋武烈河，势极汹涌，水浪高至丈余，奔腾冲激，至将大石坝、虎皮石坝冲塌数段。幸所塌各段后身均未决口进水，民田庐舍尚无漫淹之患。勘得大石坝冲塌两段，二道河虎皮石坝冲塌一段。又流杯亭迤北宫墙泊岸，亦被冲闪裂。其余石坝根脚亦间有被水冲刷之处。此坝系紧靠园庭，关系甚重，现在河内水势尚未消退，情形岌岌可危。

［六月十一日恩良片］：再热河郡街迤南，向有旱河一道，两岸筑有虎皮石坝。此次各处山水涨发，旱河水高至丈余，石坝亦间被冲塌。幸未决口，民田庐舍均无妨碍。现在水势已退，查看冲塌情形尚不甚重。

［十月二十一日热河都统德福等片］：本年五、六月（6 月 17 日至 8 月 14 日）间，淫雨连绵，各处水灾甚重。据各府厅州县详报，本年秋禾尚称丰稔，统计收成约有七分余。惟沿河地亩冲刷太甚。据热河道详称，赤峰县属（虽）稍有被冲之处，情形尚轻。承德府、滦平县二处，沿河地亩被冲，亦属无多。惟围场厅、丰宁县二处，沿河地亩被冲情形颇重，并有冲塌房屋之处。幸未伤毙人口。

［光绪十七年四月初一日李鸿章奏］：查上年（1890 年）夏间，大雨连旬，热河地方山水涨发，致将大石坝等工冲坍。经前护都统臣恩良报，勘得大石坝坍塌一百余丈，泊岸坍塌六十余丈，虎皮石坝坍塌一百八十丈，各处坝根冲去一百三十余丈，流杯亭迤北泊岸坍塌六十一丈，迤东坍塌之坝八十四丈，纸坊草市坍塌之坝三十二丈，二道河、狮子沟虎皮石坝坍塌一百七十四丈。内有光绪十年（1884 年）所修之工，亦有十三年（1887 年）分拆做贴砌之工。详查坍塌之由，据土人云，去年五昼夜倾盆大雨，为从来所未有。武烈河涨发，亦惟去年（1890 年）最大、最早。又遍地皆有泉眼涌出。山石多有被水冲去之处。现在惟当赶紧兴修。

光绪二十七年（1901 年）［八月二十六日色愣额奏］：据滦平县鞍匠屯巡检禀报，本年六月二十二起至二十八（8 月 6 日至 12 日）等日，先后大雨倾盆，山水暴涨。鞍匠屯河东、河西一带，民房地亩均被冲塌。并冲毙人口若干，灾情甚重。旋即代理滦平县禀称，该县亲诣鞍匠屯逐一查勘，所有河东、河西并化育沟等处房屋共计被冲一千一百五十余间，地亩被冲一百二十四顷九十余亩，冲毙大小男女一百八十二名口，共计难民 480 余户，灾情较重。又据代理滦平县详报，县东长山峪、南马圈子、七间房、老虎沟、杨树底、蕨菜沟、鞍子岭等处，旗民园地、房间、人口，均被水冲。民旗各地及庄头园地，亦均同时被冲，俱成河身，不堪耕种。被冲房屋 240 余间，大小男女 38 名口等情。

光绪三十三年（1907 年）［九月十三日廷杰奏］：查热河武烈河大坝并裹面虎皮石坝，于光绪二十二年（1896 年）兴修后，十余年来迄未大修。本年五月二十九日（7 月 9 日），六月十七、十八（7 月 26、27 日），七月初十（8 月 18 日）等日，大雨如注。山水暴发，河流盛涨，水势汹涌，直激石坝，致将坝根冲刷沉圮，坝顶闪裂。狮子园宫墙外亦被水冲刷。据禀，护墙内坝边缝自南至北共渗漏四十七处。外坝脊面边缝自演武所至狮子沟共渗漏六处。裹面虎皮石坝灰缝脱落多处，外面料石灰缝冲刷约有百余丈。镇水庵北面石坝，被水冲激淘空料石有五六丈，沉折参差石料约有二十余丈。狮子园宫墙外原有护墙石坝，乃因狮子岭、风云岭诸山，每遇大雨，水势建瓴由宫外奔腾而下，水去沙留，久将护墙坝淤陷，宫墙坍圮两段。虽经设法保护，无如今年水势过猛，仍漫溢穿宫而去。

［光绪三十四年十一月二十一日廷杰奏］：查上年（1907 年）滦平县属汤河口猝被冰雹、大水成灾。勘得民人吕振铎三户共冲失民典项下官租地一顷四十三亩。

光绪三十四年（1908 年）［九月二十四日廷杰奏］：据承德府禀报，本年八月（8 月 27 日至 9 月 24 日）间，连日阴雨，山水暴发，致将黑河菜园子等村冲淹成灾。查得黑河上牌东西川长二十余里，宽十里上下不等，大小共二十二村，灾民九十二户，冲没民山地四顷二十亩零五分，冲毁草房三十间，淹毙男女十名口。黑河中牌南北川长四十里，宽十里上下不等，大小共十六村，灾民一百一十四户，冲没民山地三顷三十一亩，冲毁草房十四间。黑河下牌南北川长三十里，宽十里上下不等，大小共十三村，灾民二百二十五户，冲没民山地六顷七十九亩，冲毁草房六十四间，淹毙男女十八名口。以上三牌统计地面共长九十余里，大小五十一村，灾民四百三十一户，冲没民山地十四顷三十亩零五分，冲毁草房一百零八间，淹毙男女二十八名口。被冲地均系河圈岭脚淤地居多，此次山水暴发，顺扫而下浮土尽空，石根露骨，不能耕种。其余未冲之地查验禾稼尚无损伤，无碍收成。

［十一月二十二日杨士骧奏］：本年顺直地方，自春徂夏，雨泽稀少，二麦歉收。五月（6 月）以后，雨泽又复愆期，秋禾渐有旱象。迨至七、八月（7 月 28 日至 9 月 24 日）间，节次大雨，河水涨发，漫溢出槽。加以沥水汇注，濒临各河洼地，禾稼均多被水。并因天时不齐，各属有被雹、被虫、被旱之处。据通州、围场厅等四十二州县厅先后禀报，计：围场厅小杨树沟迤南一带七八里成灾六分，小巴斯哈达至松顶沟地五里成灾五分，大水泉、育太和、杨家店、贾家梁地约十余里歉收四分，五大股、十大股、双头山、大巴斯哈达歉收三分。

宣统元年（1909 年）［八月初三日廷杰奏］：热河于五、六月（6 月 18 日至 8 月 15 日）间阴雨时多，山水泛涨。据承德府面禀，访闻府属唐三营等处，于五月二十六七（7 月 13、14 日）等日，雨雹伤禾；丰宁县属黄姑屯等处，于五月二十一日（7 月 8 日），天降冰雹，山水涨发。平泉州报称，该州六月初三、初七（7 月 19、23）等日，连日大雨，老河暴涨，两岸居民房屋被冲，并淹没人口。又据报州属十大分煤窑，被水淹毙矿工各等情。据该道查明详报，计唐三营等处被雹地仅数里。十大分煤窑淹毙工人 10 名。此次水灾以平泉为最重。平泉州属之榆树林、上八里罕、三座店、八里营、瓦房乡、小城子、黄土梁、大营子、打鹿沟、西打鹿沟、望野店、岭上、志商西桥街、东打鹿沟、陈家营、板桥子、西营子、七家营子十八乡村，共被灾居民六十余家，被冲房屋三百九十余间，地七十余顷，淹毙大小男女三十六名口。又黑里河捞获无主尸身十八具。查该州每岁夏令山水泛涨，从无如今岁之甚。此次河水暴发，居民猝不及防，以致淹没田庐，伤毙人口，灾情较重。

宣统三年（1911 年）［闰六月二十七日溥颋奏］：热河本年五、六月（5 月 28 日至 7 月 25 日）间，得雨较多，山水暴发。滦平、建昌、赤峰、平泉、开鲁等州县，低洼田地均间有被水冲刷情事，尤以滦、建两邑为较重。惟山水过而不留，尚无大段灾况。

附：清代尺度折合今制表

原档中记载各种长度、宽度、深度所用的“寸、尺、丈、里”等单位，均为清代营造尺。折合今制如下：

清　制	公　制	市用制
1 营造寸	0.032 米	0.96 市寸
1 营造尺	0.32 米	0.96 市尺
1 营造丈	3.20 米	9.60 市尺
1 营造里	0.567 千米	1.152 市里

注：“清代洪涝灾害”系摘录于水利水电科学研究院 1981 年整编的《清代海河滦河洪涝档案史料》中有关承德的洪涝档案史料，原档案中所记具体年、月、日均为阴历，现将每条史料中有关洪

涝的年、月、日，逐一加注公元日期，用括号注于阴历的后面。原档中遇有次年记载上年洪涝，情况有所补充，但未述及本年洪涝，该条资料系于上一年，如述及本年并和上年对比，则收入本年（或酌情收入本年和上年）。还有个别原档，追述若干年前的某年洪涝又未述及本年情况的，该条材料就列在“某年”；如有和本年对比的记载，则收入本年。对原档的所奏日期和奏报人，均列在本条正文之前，并加［ ］，奏报日期概不加注公元。

二、民国时期洪涝灾害

民国3年（1914年）6月28日（8月19日），滦平县两间房、三间房、苇子峪、巴克什营等处发生水雹灾。经查勘，两间房牌老道沟、火石沟等处，宽三里许，长约八九里，被灾者30余户，被水冲淤地亩者50余户，所剩年景不过十分之三四；苇子峪，宽约二里，长约八里，被雹灾水患者约90余户年景不过十分之二三；巴克什营牌小苇峪、三道沟等处，宽约三里、长十二三里被雹水灾者约六七十户，年景十分之三；平顶山、三间房至石峰沟里亦被灾甚重，宽三里、长约十里，被灾者八九十户，年景约有十分之二三。

民国5年（1916年）5月19日下午，滦平县兴洲至张百湾一带，天降大雨冰雹。5月月17日，复受水灾。一月两灾，被灾四牌十八处之地90余顷，减产三至七成。7月，隆化县境武烈河上游茅沟川、鹦鹉川普降暴雨，河水泛滥，造成灾害。

民国6年（1917年）6月7日，隆化县滦河洪水成灾，西旧屯洪水涨至前街路面，调查最大洪峰流量924立方米／秒。本年，滦平县滦河大水，滦河沿乡梁后村处调查洪峰流量744立方米／秒。本年滦平县一、二、三、五区被水雹灾之地31顷26亩。

民国7年（1918年）6月16日，丰宁县山神庙一带降暴雨，河水泛滥成灾，淹死3人，冲毁田地1200亩，牲畜、家具不计其数。6月25日夜，丰宁县又降暴雨冰雹达1小时，上官营、朱首营、乌拉海营、沙家营等地禾苗、蔬菜俱被雹打水冲。又6月25日（8月1日），滦平县天降冰雹，大雨如注，约1小时之久，小营、西沟台子、杨树沟等处，方园十余里，沿河各地被水冲没田苗及冰雹砸伤，所剩年景不过3/10。

民国8年（1919年）6月12日晨，丰宁县四区（大阁）降大雨两小时不息，河水陡涨丈余。四岔口西营子邱义家3间房屋被冲，溺水7人，救出4人，亡2人。胡琴沟一带受灾惨重，土地1200亩。

民国10年（1921年）7月16日（8月22日），滦平县三岔口乡暴雨冰雹，大如鸡卵，降有半点余钟，下有3寸余厚，将庄稼尽行打毁，地被水冲淤若干，所受伤地界由小十八盘至钓鱼台，东西长约16里，南北宽约7里，现已田禾伤毁，秋收无望。

民国11年（1922年）本年滦平全县水冲废新旧地暨生地共79顷64亩7分8厘，瓦房7间、草房55间、山羊27只。

民国12年（1923年）9月7日，滦平县老虎沟等牌雹水各灾17顷零14亩。

1938年，武烈河洪水

民国13年（1924年）本年潮河、伊逊河大水。7月4日午后始，丰宁全县连阴月余，雨水不断，各大沟河水暴涨，大川平地、稻池尽被冲淹，山地荒芜，全县平均不到二成年景。一区（凤山）一带尤重，庄稼只有一尺多高，谷穗不足一寸，豆不结角，人无粮、畜无草，大户人家变卖牛马，小户贫民更是苦不堪言，室如悬磬，野无青草，哀鸿失所；遍野嗷嗷。票匪猖獗，抢抢焚烧，民众无以聊生。

民国14年（1925年）7月22日至27日，丰宁全县大部分地区连降大雨，山洪陡发，一区（凤山）达来沟冲毁土地50亩、二道沟门14亩，冲毁于长和房后地、沙窝地及东岩咀土地计14亩。

民国15年（1926年）7月22日下午，丰宁县部分地区降雹3寸余深，全县有35个村受灾，面积达8700亩，其中三成灾6300亩、四成灾1500亩、五成灾900亩。

民国17年（1928年）8月21日下午3时，丰宁县第四区苏吐鲁牌一带突降冰雹，大如鸡卵，小的直径寸余，3小时后，大地一片白色，禾苗损伤80%，四岔口、南沟门两排损失60%，门土沟、千松沟两排损失40%，灾情严重。9月15日下午3点，丰宁县窄岭、八间房、天桥、苏家店、小辽东一带暴雨如注，冰雹似卵，顷刻间庄稼俱毁，平地不过一分年景。时已至秋。不可改种，加之公差兵灾匪患，民不能支，以至极点。

民国18年（1929年）5月29日夜，滦平县滦河沿牌禾降冰雹数小时，积雹约尺许，全牌烟禾、田苗、菜蔬完全砸毁无存。6月22日（7月29日），平泉县遭水灾。早晨阴云密布，下午4时大雨倾盆，雨积街巷，水深数尺，至晚9时山洪暴发，河水暴涨，水声怒号，关帝庙南北冲没店坊民房数千间，牲畜粮食什物无算，关帝庙、戏楼及两家烧锅店房民房被冲尤甚，步防所冲甚多灾民所在皆是。县城一、二两分所，兴隆庄、河南两牌水灾甚巨，淹死商民400余口。本年瀑河平泉镇调查最大洪峰流量1450立方米/秒。7月29日，宽城县大雨倾盆，山洪暴发，瀑河水涨，沿两岸被冲土地3200亩。本年，兴隆县特大水灾，农作物受害，生命及房屋亦被流失，其状惨不忍睹。本年汛期，滦平县兴洲牌各村被雹地亩30顷86亩。

民国19年（1930年）7月，宽城县大雨，瀑河大水，淹没庄田、房屋甚多。8月14日，滦平县四区天降飓风，后有暴雨倾盆，山水暴发；18日午后，由西北起，黑云四布，风雨骤至，继则冰雹飞降一小时许，大如鸡卵，小如相子，高地变为冰山，洼地尽成泽国。四区官营子、石坡子、那乜沟等牌受灾，成灾面积22顷56亩1分，冲去房屋数处。本年，热河省承德、滦平等十余县连年虫蝗，水旱、霜冻、冰雹无岁无灾，草根树皮均皆食尽，民间疾苦已达极点。为此，热河省赈务会通电各省予以捐助。

民国21年（1932年）7月，宽城县瀑河、滦河大水，两岸良田一片汪洋，灾民无家可归。8月12日，滦平县中区付家营牌天降暴雨夹冰雹，受灾面积12顷70亩。

民国24年（1935年）本年，滦平全县旱雹灾，面积19.1万亩，灾民9600户4.5万人。

民国27年（1938年）6月25日（农历），滦河大水，滦平县滦河调查洪峰流量1390立方米/秒。7月19日至25日，武烈河上游降暴雨，承德市降雨量219.7毫米，承德市区武烈河调查洪峰流量4500立方米/秒，武烈河洪水泛滥，洪水顺避暑山庄围墙东侧直泄，“清坝”内外一片汪洋，铁路桥与公路桥均被冲毁。

民国28年（1939）本年，滦河、伊逊河、兴洲河、潮河大水，滦河滦平县三道河子村处调查洪峰流量2620立方米/秒，潮河滦平县代营村处调查洪峰流量2420立方米/秒。丰宁县从仲夏开始，阴雨连绵月余，各大河洪水普涨，滦河磬沟门处调查洪峰流量781立方米/秒，莽牛河（兴洲河）波罗诺处调查洪峰流量950立方米/秒，潮河厢黄旗处调

1938年，武烈河两岸一片汪洋

查洪峰流量2140立方米/秒，汤河冒山沟门处调查洪峰流量1030立方米/秒。水漫丰宁县城（凤山）大部，家家户户房屋漏水，墙倒屋塌，多处沿河村庄被水冲淹，人、畜死亡甚乡。

民国34年（1945年）6月29日，宽城县普降大雨，时断时续，连雨48天，河水暴涨，地荒歉收。

解放前危在旦夕的武烈河大桥

第三节　中华人民共和国成立后水雹灾害

1949年6月9日，平泉县小寺沟降冰雹半小时，两块最大冰雹粒径0.3米，雹灾面积17128亩。6月30日至7月2日，平泉县城关、洼子店、杨树岭、七沟、道虎沟、榆树林子、长胜沟、松树台、车轮窖、打鹿沟等10个区74个行政村遭暴雨雹灾，冲地1400亩、需翻种16470亩、需补种19154亩，共计受灾耕地37024亩，冲房30间，砸死4人、马7头，猪羊各8支。7月23日至24日，隆化县一、二、三、五、八、十、十一、十二、十四共9个区遭受水灾，受灾面积9835亩，其中旱田7509亩、水田2326亩。冲毁房屋90间，淹死11人。伊逊河张三营护岸坝被洪水冲毁，144户被迫搬家，全镇三分之一的房屋被冲毁。该县洋灰桥冲坏3孔，伊逊河大桥冲去20孔。7月26日开始，平泉县大风大雨5天不息，河水猛涨，平泉街东瀑河水漫火车站大桥0.3米多深（1市尺），左岸水到铁路附近，右岸与旧坝顶平。庄稼倒地，刮断大树440棵、果树200余棵。7月28日至30日，丰宁县一区、十区、十一区，阴雨连绵，山洪暴发，冲毁旱田1174亩、水田5223.4亩，合计6397.4亩。7月下旬至8月上旬，滦平县一区10个村、二区四区全部、五区1个村、六区1个村、七区7个村、九区2个村、十区全部，淫雨不晴，河水暴涨，山洪暴发，冲毁旱田平地2314.1亩、山坡地274.4亩、水田4070亩，洪水淤地964亩，水淹涝地1062.9亩。8月1日，滦河水突涨，二区滦河桥被冲断，北岸一船南驶中途遇难，满船40余名军政民商被冲，经抢救脱险19人，遇难20余人中有革命军人7人。至凤山公路上兴州河桥被冲，交通断绝。7月至8月间，承德县10个区水灾面积14750亩，冲房3间、人3口。7月23日夜，承德县五家、两家区降雨5小时，武烈河水大涨，稻田被冲为河套，被冲水田305亩，淤水田45亩，合计350亩。

承德市武烈河坝于7月第一次大水冲毁一段，经昼夜抢修完竣。后又雨水连绵，该坝鼓闪塌陷之处甚多，有倒毁一段，其余有破坏三层者、五层者及九层者，共计15段长308.95米。

根据1949年热河省稻田水灾面积统计表统计，全年承德地区旱田水灾面积551046亩。

1950年5月14日至19日，围场全县连阴5天，14日降冰雹如鸡蛋大小不等，17、19日全县落雪，冻死田苗一部。据9个区18个村统计，雹子砸毁田苗7685亩，需要毁种。其中，半壁山、八音庄两村冲地550亩已成沟，平地太涝，出泉子很多。5月18日至19日，隆化县降暴雨夹雪。马道川3小时暴雨，冲地190多亩。郭家屯6个村降雨夹雪，冻坏田苗，涝地3300多亩。两日内河水冲走3人。

1954年6月20日下午，兴隆县下台子区遭受严重风雹灾害，罗圈沟、刘杖子、郑家庄、苗营子4个村2543亩庄稼全部砸光。雹粒大的似碗口，中的似鸡蛋，沟槽积雹66.66厘米多深。7月6日，兴隆县普降大雨，煤岭沟、上窝铺、北营房、老爷庙、营子等5个村受严重水灾，受灾面积972亩，出水泡子122个，冲毁梯田坝墙859道。

1955年8月3日，兴隆全县普降暴雨，降雨量367.1毫米，冲毁庄稼7733亩、树木23.9万棵，倒塌房屋393间。砸死冲走111人、伤37人，冲大牲畜35头、羊355只，主要交通干线全部冲断。

1956年入汛后，承德各县阴雨连绵，雨多且急，自6月1日至20日，全区平均降雨157.6毫米，兴隆县一次连续降雨达267.1毫米。平泉县大部分地区降雨101.4毫米。围场县大部分地区降雨30毫米以下，最大降雨37.3毫米。丰宁县大部分地区降雨36.5毫米，少部分地区30毫米以下。有的地方山洪暴发，造成人畜伤亡和土地、房屋及其他财产极大损失。承德、滦平、兴隆、围场、平泉等县有的地方降了雹子。围场县五区花山乡石砬社第六生产队的三间羊圈被雨水冲泡坍塌，砸死羊倌1名、羊28只。6月7日晚，平泉县宋营子、闹牛沟、戛海沟、榆树林子等5个乡暴雨冰雹成灾，降冰雹达1小时，冲走6人、牛76头、驴81头、猪128口、羊425支，冲毁房屋七八十间，冲淤耕地5万亩。6月8日晚，滦平县滦河区陈杖子乡降暴雨，受灾耕地7868亩，冲去18户的粮食3330公斤，冲毁稻田大坝和水渠各一道。兴隆县受灾耕地约3500亩，冲坏梯田坝墙2000道。承德县四区70%的坡地、洼地庄稼需要补种；上谷区郭杖子乡付杖子村6月7日暴雨，冲淤耕地600多亩，冲毁稻田70亩，冲树木100棵。

9月1日16时至17时，兴隆县的兴隆镇等9个乡遭受大冰雹袭击，一般似鸡蛋大小，大的如碗口，受灾面积1.2万亩，其中有千余亩被砸光，其余减产8至9成。同日，围场县四合永、克勒沟、朝阳湾、棋盘山、刀坝子、半截塔等6个区遭受严重风雹灾害，仅四合永等19个乡不完全统计，受灾面积87416亩，清泉等5个乡被风刮倒刮断大树170多棵，其中有30多棵直径2尺多粗的大树被拦腰折断；朝阳湾区三号乡有224间房草被刮光；次日，燕格柏区出现早霜。

1957年6月初至7月25日，全区连降几次大暴雨，山洪暴发，部分城镇乡社遭受严重水灾。据不完全统计，全区冲毁耕地17.7万亩，淹死7人，伤8人，冲走大牲畜16头、猪羊115只，冲毁房屋282间，冲毁防洪工程297处。丰宁、围场、隆化三个县最严重。7月24日下午，丰宁县骤降暴雨，并有8～9级大风，一个多小时降雨量达52.6毫米，潮河洪水泛滥，大阁镇等乡被淹。7月24日至25日，围场县5个多小时降暴雨78毫米，山洪暴发，伊逊河洪水泛滥，围场镇500米长的护城坝被冲毁，洪水上岸，北街被冲。承、围公路干线的隆化张三营大桥被洪水冲断，数日不能通车。截至8月13日，隆化、围场、滦平、丰宁、平泉、承德、兴隆等7个县和承德市共遭水灾面积71370亩，雹灾面积143452亩，冲淹死15人，伤17人，冲毁防洪工程874处、稻田水渠13处、公路桥18孔，倒塌房屋352间。围场、隆化两县受灾面积较大，围场先后遭受水、雹灾达19次之多，受灾面积119695亩，冲淹死10人、伤17人，冲死大牲畜111头，冲毁防洪工程610处，倒塌房屋73间。隆化县遭灾面积23479亩，倒塌房屋96间，冲毁护岸工程16处。

1958年5月17日至18日，平泉、滦平、密云等县19个乡遭受雹灾，共砸毁幼苗3万多亩。平泉、承德县等地雹子盖过了地皮，有的平地雹子二三寸厚，低洼地淤积1尺多厚。滦平县仅据5个乡统计，毁伤幼苗18000多亩。6月17日至21日，隆化、平泉、围场、承德、丰宁5个县先后遭受水雹灾害，受灾面积近10万亩，其中被冲毁面积24900多亩，冲淹死8人，冲走羊395只、猪35口、牛驴大牲畜15头、房屋12间，冲毁冲坏水库100余座。6月19日至20日，隆化县步古沟、张三营、韩麻营等3个区7个乡先后遭受不同程度的雹灾和水灾，受灾面积433140.6亩，其中冲光地板899.5亩、需毁种4092.3亩、需补种7687.1亩。冲坏水库101个、谷坊200个、堤坝22条长2万米、水渠841条、水井4眼，冲毁幼树1750亩，零星成树2万棵，冲去牛6头、驴5头、羊163只、猪4只、鸡15只、农具52件、粮食900公斤、房檩木110根，冲坏房屋10间，冲淹死7人（男4人，女3人，成年人4人，小孩3人）。韩麻营区韩麻营、大官营、于家店、章吉营等4个乡19个社受灾较重，20日降骤雨7小时、降雹20分钟，雹大如鸡蛋，3寸多厚，受灾面积3.8万多亩，其中冲毁耕地5900多亩，冲淹死7人，冲走羊20只、猪3口、牛驴10头，冲民房3间，一农业社仓库连同1250

公斤粮食被冲光。6月20日，平泉县蒙和乌苏等3个乡降暴雨，受灾面积2500亩，其中冲毁380亩，冲走羊30只、猪32口，冲毁小水库6座。6月17日、20日、21日，围场县部分地方连续遭受水雹灾害，受灾面积4.4万多亩，克勒沟区营房和克勒沟两个乡冲毁小水库20多座，淤淹耕地5000多亩，岗子乡被山洪冲走1名羊倌和50只羊，新拨大桥被冲断二孔。

6月28日下午，兴隆县遭受狂风暴雨袭击，庄稼受灾面积达4万多亩，砸伤8人，沙坡峪乡一个11岁孩子被大风旋起5尺多高，落地摔成重伤。榆木林水库正举行5000多人开工典礼大会，搭的典礼台被风刮倒，人群被刮散，互相乱撞，5人受伤，有一个小孩第二天才从榆木林南山找回来。县城北山百年以上的大松树被大风刮连根拔33棵。

7月上中旬，全区普降透雨。7月11日至15日，兴隆全县连降暴雨，总降雨量达363.7毫米，柳河洪峰流量达1100立方米／秒，全县冲毁房屋1322间，冲走62人、伤70多人，冲走牲畜750头，耕地受灾面积97107亩。雾灵山林管区，因连日降雨，山洪暴发，山体发生脱坡，冲走死亡12人、伤2人。承德降雨219毫米，围场县降雨也达150毫米以上，超过几十年来同期雨量，山洪猛下，河水涨发，部分沿河村镇遭受洪水袭击，一些房屋、物资被冲毁，桥梁、交通线路中断，全区水涝灾害达百万亩。

7月13日至16日，平泉县降雨200毫米，山洪暴发，冲去6人、伤11人，冲地15438亩，其中稻田8512亩，冲毁水库1246座、谷坊1万个、河坝700多道，冲毁林木3000多棵，倒房1235间，畜棚圈6000多间，死大牲畜19头、猪羊177头。7月14日10时，承德市武烈河水猛涨，5000人投入抗洪抢险，7月16日晨武烈河水又迅速上涨，全市总动员投入抢险斗争。武烈河承德站最大洪峰流量1680立方米／秒。

8月8日夜晚，滦平县骤降暴雨两三个小时，县南部、西部降雨量达136.2毫米，有3个深山区的乡社生产队住的山沟发生石洪（即泥石流），使居住深山沟的零散农户遭到毁灭性灾害，人畜伤亡，耕地、京承公路、京承通信线路和县城与各乡的通信线路均被冲毁。据21个乡的统计，冲毁耕地31937亩，其中冲光地板23089亩；冲光房屋472间，倒塌房屋584间，死91人，伤82人。拉海沟乡新民三社、桑园乡二道沟日出二社、火斗山乡光明四社最严重。拉海沟乡新民三社被冲90户421人，其中死亡47人、伤18人，冲去土地1528亩、房屋108间，冲去大畜50头、猪98口、羊342只、鸡370只、粮食2552公斤、土豆1250公斤、杏核795公斤，冲去各种农具、碾、磨、家具、衣、被等1112件。仅拉海沟乡井上村大南沟就发生脱坡（泥石流）110处，5千米长的山沟变成乱石滩。

1959年6月6日，有少数县遭受雹灾，受灾面积8.9万多亩。6月22日至25日，局部地区遭受较严重水雹灾害，围场、隆化、丰宁、滦平、兴隆、承德等6个县（市）比较严重，共有28个公社，197个生产大队遭灾，受灾面积385422亩，死亡10人、伤9人，冲毁房屋502间，冲走羊84只、猪44口、大牲畜30头，药材1万公斤，冲毁渠道10条、水库10座、防洪坝12条、梯田608亩、树木523棵、粮食2050公斤。

7月6日下午7时，承德市红石砬沟一带骤降暴雨1小时，山洪暴发，炼铁厂、轻工机械厂、大石庙机修厂和头道营子村遭受严重损失，冲走煤15130吨、焦炭90吨、矿石55吨、石灰石375吨、铁粉30吨、红砖2万块、洗煤机2台，冲淤园田40亩、大田100亩，倒房31间，泡坏房屋74间，淹毁粮食11500公斤及衣物、家具等，价值约41万余元。

8月23日下午4时许，隆化县韩家店、碱房、白虎沟、大汤头沟、张三营、荒地、七家等7个公社62个大队，遭受风雹灾害，受灾面积113419亩，平均减产25%左右，以白虎沟、大汤头沟、张三营、七家等4个公社21个大队受灾严重。

1960年5月25日至6月24日，承德市9个县（区）均遭受不同程度的冰雹灾害，受灾面积达

292031 亩，其中冲光地板 5241 亩。雹砸水冲死亡 6 人，伤 210 人，死大牲畜 26 头、猪羊 185 只，毁坏房屋 369 间。围场、丰宁两县受灾尤为严重。8 月 26 日至 9 月 1 日，围场、隆化、平泉、滦平、丰宁及市郊、县（区）的 20 个公社 100 个大队，遭受不同程度的雹、水灾害，受灾面积 280391 亩，减产粮食约 1666 万公斤。9 月 10 日至 13 日，兴隆、平泉、下板城、丰宁、隆化、围场县（区）29 个公社 228 个大队，遭受风、雹、霜等灾害，受灾面积 139704 亩，减产粮食约 400 万公斤，损失果品达 50 多万公斤。兴隆县兰旗营公社 11 个大队受灾，严重的 7 个大队，受灾面积 6787 亩，粮食减产 25 万公斤，梨减产 14.5 万公斤、栗子减产 2.25 万公斤，红果减产 5000 公斤。

1961 年 6 月 22 日、23 日和 26 日晚，兴隆县有 4 个工委 8 个公社 19 个大队遭受暴雨和冰雹袭击，受灾面积 12362 亩，豆类、谷子、蔬菜、水果全部砸光。刘杖子大队遭百年不遇雹灾，最大一块雹约 5 公斤，一般如鸡蛋大，地面积雹 16 厘米多厚，12 小时内未化完，砸伤 5 人，冲走山羊 25 只，鸡 15 只、猪 1 口。9 月 26 日，围场，丰宁、隆化、滦平、承德、平泉 6 个县和承德市的 34 个工委 65 个公社 300 个大队，遭受风雹灾害，受灾面积 308726 亩，约减产粮食 4631 万公斤。

1962 年 5 月 22 日至 27 日，围场县部分地方遭受风、冻、水等灾害。四合永等 6 个公社遭水灾，冲地 8559 亩；兰旗卡伦、孟奎、城子、山湾子、新拨等 5 个工委的 12 个公社遭受冻灾，冻灾面积 21914 亩，冻死羊 92 只，水冲粮食 182.5 公斤，冲去羊 3 只。

1962 年 6 月 12 日承德大桥武烈河洪水

6 月下旬，承德、隆化等地连续遭受水、雹灾害，全区受灾面积 32.4 万多亩，其中需翻种 16 万多亩。6 月 23 日至 24 日，隆化县冲淤土地 24157 亩，其中冲光地板 1913 亩。6 月 30 日，承德县、市遭受雹灾，受灾面积承德县 15830 亩、承德市 1466 亩。6 月 12 日夜，承德市降雨 57 毫米，柴场、食品厂及部分居民房屋进水，食品厂内水深 2 市尺以上，5000 公斤蛋白及一部分其他食品被水浸泡，3 万余公斤鸡蛋被雨淋。同时，市区武烈河涨水，冲毁大田、园田及稻田 3000 余亩。

7 月 18 日至 19 日，中部、南部 6 个县（市）遭受风灾，风力 6 ～ 7 级，兴隆、承德县达 8 ～ 10 级，大风持续 15 ～ 30 分钟，对农作物和果树造成很大危害。6 个县（市）共 22 个工委受灾，刮倒庄稼 437975 亩，其中无收成的 53986 亩。承德市、县、平泉等县（市），水冲沙压和雹灾面积 4803 亩。承德县、市刮倒树木 4552 棵，刮坏房屋、圈棚 2219 间。兴隆县减产梨果 244.5 万公斤。7 月 24 日 6 时至 26 日 6 时，全区昼夜连续降特大暴雨，山洪暴发，遭受严重水灾。东南部降雨大，西北部降雨小，兴隆为暴雨中心，最大降雨量为潘家口 394 毫米，承德市降雨量 235 毫米，丰宁县降雨最小的地方 22 毫米。25 日起，各河先后涨水，滦河潘家口站洪峰流量达 18700 立方米 / 秒，武烈河承德市洪峰流量达 2580 立方米 / 秒，超过 1958 年洪水。这次降雨形成的洪水给各方面都造成了严重灾害损失。在水利工程方面，滦平县窟窿山水库拦洪蓄水后，大坝出现 3 条长分别为 16 米、140 米和 40 米的裂缝，缝宽 2 ～ 20 毫米，通气孔基础沉陷 10 厘米，溢洪道浆砌石导水墙发生沉陷，溢洪道尾水防洪堤左裹头冲毁墙身 5 米；隆化县章吉营小水库大坝背水坡发生长 200 米的滑坡，滑落缝宽 3 毫米；平泉县城镇防洪坝下段有 100 米下陷裂缝，冲走 20 米。交通通讯方面，锦承、京承铁路和主要公路干线均被冲断多处，交通中断，不能通车，通信线路也大部冲断，与各县联系中断，共冲毁铁路桥梁4处，冲毁干线公路桥孔90处，一、二级电讯线路中断12处。在工矿企业方面，3个国家企业煤矿和涝洼滩、老爷庙、平安堡、隆化苔山、滦平涝洼5个地方煤矿被淹，承德市变型厂、大兴锅厂、铁木厂3个厂子停产，矿机厂、丝织厂各停产1个车间，工业损失约达475万元。在农业方面，兴隆、平泉、承德县、承德市、滦平、隆化、围场等县（市）水灾面积达55万亩，其中冲光地板28万亩，仅兴隆、平泉、承德县及承德市5个县（市）水灾面积达51万亩。共冲走死亡202人、伤108人，冲毁房屋2920间，倒塌10808间，冲死大牲畜172头、羊22380只、猪2269口。

1963年5月30日，平泉、承德、宽城、滦平、隆化、围场等县骤降暴雨冰雹，遭受水、雹灾害，15个区45个公社210个大队1266个生产队受灾，受灾面积155421亩，其中山洪冲光地板的4370亩。山洪冲淹死5人、冲砸伤17人，冲坏房屋1126间，倒塌房屋120间，损坏树木、粮食和衣物等一部分。继5月30日暴雨冰雹灾害后，平泉县又连续有7个区17个公社81个大队564个生产队遭受雹灾，受灾面积51922亩，冲光地板104亩，冲驴2头、羊287只、倒房26间，冰雹砸死牛6头、砸伤5人。

1964年5月22日，兴隆、宽城两县部分社、队发生雹灾，8个公社28个大队受灾，被砸面积30273亩，其中冲光地板1600亩。宽城县碾子峪公社艾峪口大队共14个生产队1300亩耕地，有10个生产队917亩地受雹灾。兴隆县车河铺公社下雹子1市尺多厚，解放公社山道梁大队冲毁果树1300多棵。

7月12日，承德市滦河公社降大暴雨，山洪暴发，湛营、黄店、肖店、烧锅、滦河镇、八里庄、西南营、酒店等8个大队受灾较重，受灾耕地面积850亩，其中冲光地板323亩。被水泡房屋225间，冲粮食1550公斤，冲猪羊42只、家禽310只，衣物，家具129件，损失约达5万元。7月15日，围场县棋盘山、新拨、山湾子、朝阳湾等4个区局部地区降暴雨10个小时，暴雨中心棋盘山降雨量114毫米。受灾耕地面积18816亩，其中冲光地板2780亩。冲走大牲畜6头、猪羊44只，有45户进水，倒塌房屋9间，冲坏公路桥5座。

8月13日，宽城县降大面积暴雨，平均降雨量143毫米，山洪暴发，河水猛涨，12个公社173个生产队遭受严重水灾，农田受灾面积17820亩，其中冲光地板4018亩，粮食减产162890公斤，冲去3人、牲畜54头、树木21717棵，倒塌房屋125间，损失达24500元。

1965年6月12日至13日，围场、隆化两县10个公社29个大队遭受暴雨冰雹灾害，受灾农田面积23196亩，其中冲光地板338亩。围场县塔镇公社北沟大队降暴雨冰雹半个小时，地面雹厚2市寸多，大的如碗口大，第七生产队放牧员周玉真被山洪冲去淹死，冲走驴2头、羊4只，冲塌房屋8间。刀把子公社小拨大队冲去猪羊47只。隆化县三岔口、湾沟门、白虎沟等公社雹灾严重，雹子如鸡蛋大，砸伤31人，砸死猪羊35只、鸡18只，砸死淹死大牲畜2头，砸伤大牲畜51头，砸坏瓦房14间。6月19日以来，承德县经受四次暴雨和风雹，水灾面积5627.5亩，其中冲光地板1302.5亩，风灾面积8511亩，雹灾面积7164亩。7月13日下午，承德县一次风雹水灾面积即达6852亩，其中风灾4264亩、雹灾441亩、水灾2147亩（其中冲光地板1159亩）。7月11日下午，平泉县五十家子、党坝、杨树岭和洼子店4个区4个公社37个大队255个生产队遭受大风冰雹灾害，庄稼受灾面积21371亩，其中冲光地板127亩，大风刮坏草房39间，刮倒刮断树木120多棵；7月11日下午和13日下午，刘家店大队13个生产队全部受风灾，有1367亩庄稼受害，6个生产队遭雹灾1051亩，水冲沙压上扒下淤地48亩，7月18日、19日暴雨又冲地20多亩，刮坏草房23间、树木30棵。8月20日，兴隆、宽城、平泉、承德、隆化、丰宁、围场等7县和承德市遭受冰雹灾害，23个区57个公社202个大队农田受灾面积19.61万亩，其中无收成的2.18万亩，减产5～8成的9.83万亩，减产4成以下的7.6万亩。

1966年5月26日下午，滦平、承德县和承德市遭受雹灾，220个大队的11万亩农田遭受冰雹和洪水冲淤灾害，冲毁房屋4间，冰雹砸伤9人，砸死羊27只，冲走猪5口，冲陷机井1眼，淤死石井3眼。以滦平县灾重，103个大队遭灾，金台子公社11个大队34个生产队中只有2个生产队未受灾。承德县有105个大队遭灾，面积8万亩，较重的为邓上、大平台、武厂、漫子沟4个公社，大平台公社杨树林大队冲陷机井1眼，大平台大队水轮泵站渠道被冲，水轮泵被淤。承德市水泉沟、牛圈子沟、大石庙公社的71个生产队遭灾。

7月2日下午，兴隆、隆化、滦平、承德、平泉等县35个公社159个大队遭受雹灾，受灾面积15.25万亩。7月2日，兴隆县北营房、挂兰峪、半壁山、大杖子4个区14个公社的46个大队299个生产队遭受一场狂风、暴雨、冰雹交加的灾害，地面积雹1厘米多厚，有些地方1市尺多厚，最大冰雹粒径70多毫米，遭灾面积84151亩，其中雹灾31855亩、风灾5万亩、水灾2296亩，砸伤68人，砸死1人，砸伤砸死牲畜418头，砸坏房屋4110间。7月25日至29日，全区连降普雨，旱象解除。宽城县降大暴雨，雨量集中，出现洪水灾害。宽城县瀑河发洪水，峪耳崖金矿机房和矿井进水，机器被淹，十天左右不能生产。

1967年6月9日，围场、隆化、承德、宽城等县遭受冰雹灾害，受灾面积164716亩，砸坏房屋15间，砸伤19人，洪水冲去1人，冲走马3匹、羊85只。围场县受灾较重，5天内降3次冰雹，山湾子公社热水汤等4个大队降雹子有鸡蛋大，地面积雹达半市尺厚。

1968年9月1日，平泉县九神庙、七家、大庙、山子后、党坝、卧龙岗、许杖子等公社的17个大队遭受雹灾，降雹15分钟左右，大如核桃，小如杏核，受灾面积10666亩。

1969年8月11日，兴隆全县降暴雨，矿山井水涌水量猛增，平安堡煤矿被淹，造成停产。

1970年4月2日，宽城县降历史罕见大雪，给工业、交通、林业等造成很大损失，大雪压断电线40多处，压倒电线杆150根，仅板城公社岔沟大队压断各种树木3580棵。7月15日下午4～6时，围场县普降雷阵雨，降雨量30～40毫米，克勒沟、围场镇、庙宫、宝元栈、三道沟等地为暴雨中心，部分地区有冰雹、水患、大风危害。遭受冰雹、水患灾害的有克镇、北道、清泉、腰站、郭家湾、朝阳湾、广发永、兰旗卡伦、姜家店、燕格柏、裕太丰等26个公社80个大队351个生产队，受灾面积50858亩，其中冲光地板1748亩。7月21日，承德县降普雨，局部降大雨或暴雨，雨量分布南部大于北部，上谷地区雨量最大，是十几年最大降雨。县城地区9时30分开始降雨，至17时30分结束，降雨量61.4毫米，历时短，雨量集中，个别社队降冰雹，一些社队遭受水、雹、风灾。全县有19个公社94个大队遭灾，受灾面积7467亩，其中成灾5630亩。水灾8个公社53个大队，面积3299亩，其中冲光地板996亩，雹灾2个公社4个大队，面积450亩；风灾9个公社37大队，面积3719亩，成灾1837亩。7月22日19时，平泉县油坊营子、黄土梁子、九神庙、王土坊、大庙、党坝等公社降暴雨和冰雹，受水冲沙压、雹砸、风刮等灾害，9个公社24个大队受灾面积5万余亩，成灾25999亩，冲毁大坝9条长2900米，冲渠道5条。9月15日8时，平泉县18个公社35个大队降暴雨冰雹，受灾面积34121亩，粮食减产100万公斤左右，雷电击死1人。

1971年6月17日，隆化、滦平两县和承德市遭受冰雹水灾。隆化县41个公社受灾，受灾面积12.7万多亩；滦平县10个公社受灾，受灾面积1万多亩，西沟公社三道沟大队冲走3人、粮食6000多公斤、牛驴羊等200多只。本年全区水雹灾面积84万亩，雷击、水淹死亡21人，冲坏水小库4座。

1973年6月6日至21日，承德市和隆化、围场、丰宁、滦平、承德、宽城等县，先后降暴雨，造成巨大损失，62个公社203个大队沙压农田16万多亩，冲淤水井99眼，洪水冲淹死亡11人。6月19日，承德市和隆化、承德县部分地方暴雨成灾；承德县三沟3小时降雨50毫米，承德市2小时降雨58毫米；武烈河、蚁蚂吐河、伊逊河洪水猛涨，蚁蚂吐河下河南站洪峰流量500立方米／秒，是历史上最大洪水；隆化县11个公社45个大队215个生产队受灾，农田受灾面积31922亩，冲毁河坝90千米，冲毁公路大桥1座，冲毁房屋19间，冲走大牲畜3头，猪羊313只，冲毁机井20眼，隆化县存瑞公社二道营大队社员张文生一家6口人连同3间房子全被洪水冲走。6月19日16时，承德市内2小时降雨58毫米，市内旱河水势猛涨，洪峰流量45立方米／秒，玻璃厂、被服厂在旱河上搭的临时便桥严重阻水，有的河段被垃圾阻塞，洪水漫溢出遭，市区5条街道上水，800多户居民住房进水，25户房屋倒塌，80户倒塌了墙壁，两名学生在墙边避雨被砸死，仪表厂修造车间水深1米，被淹仪表700只，损失折款2.1万多元；还有些企业被迫停产。

1974年7月13日，围场县连续3天降大雨，总降雨量最高达175毫米，42个公社210个大队遭受洪水灾害，冲毁农田8956亩，淤没禾苗6017亩，冲毁防洪坝40多条长13.5千米，冲倒房屋3500间，洪水冲淹死35人，冲走大牲畜72头、猪羊360只。7月24日凌晨，伊逊河围场街段最大洪峰流量750立方米／秒，洪水出槽，冲毁护镇大坝201米。围场镇中的三条较大山沟出现水泡（泥石流），洪水和沙石直泄而下，围场镇三、四街被淹。9月15日，承德地区北部气温骤然下降，有的地方降了冰雹，刮起大风，部分县农作物遭灾减产，围场、丰宁、隆化、平泉、承德县等共108个公社668个生产队受灾，受灾面积129.8万亩，粮食减产约4387.5万公斤。

1975年5月28日，宽城县普遍遭受雹灾，灾情较重的5个公社21个大队150个生产队，受灾面积13577亩。截至6月7日，围场县连续遭受霜冻、雹水等灾害，29个公社96个大队530个生产队受灾面积136245亩，其中冻灾3840亩、雹水灾132405亩（其中冲光地板1367亩）。冲大坝6条长1300米，冲走牛12头、驴1头、猪12口、胶车1辆，砸死羊58只，倒房6间。冲走水利局打井回转钻机1台、电动机1台、12马力柴油机1台、氧气瓶1个、工具箱1个。

6月4日，承德市武烈河发生洪水，洪峰流量568立方米／秒，承德市武烈河建桥工地遭受洪水袭击，损失大量物资和设备，损失折款16万余元。6月23日，承德市武烈河建桥工地再次遭受洪水袭击，洪峰流量达510立方米／秒，持续6个小时。因对洪水有预报，基本未受损失。6月至7月上旬，全区各县（市）连续遭到5次较大暴雨冰雹灾害，雨量集中，一般一次降雨60～90毫米，局部达176毫米，由于连续降雨，引起山洪暴发，河水猛涨，武烈河最大洪峰流量达到600立方米／秒，灾害来势猛，危害大，全区已有164个公社755个大队3602个生产队遭受暴雨冰雹袭击，受灾面积达46.5万亩，其中冲光地板19300亩、淤淹沙压6.2万亩。冲毁防洪石坝59500米、桥梁3座、塘坝3座、机井24眼、水渠2500米、电动机和柴油机22台，倒塌房屋145间，砸死冲走牛驴42头、羊270只、猪89口，冲走粮食2.9万公斤、干草荆条4万多公斤，冲淹死5人、伤22人。受灾较重的围场、隆化和丰宁4县，围场县雹灾4次，受灾面积17.1万亩，果树多被砸光；隆化县有36个公社遭受洪水雹灾，受灾面积7.8万多亩，其中冲光地板19200亩，淹地扒地30140亩。6月4日武烈河发水，正在施工的承德市武烈河大桥工地冲走木材100多立方米、水泥350吨、损失长17.4米的工字梁30多根和机械设备、各种用材用具等80多件，共折款17.8万多元。地区交通局正在武烈河上游施工的高寺台双曲拱桥被洪水冲垮2孔，并冲走3孔排架、混凝土予制件29块、水泥100吨和部分钢材，损坏龙门吊1台和卷场机2台等，共损失折款15万元。隆化、围场在承德市的转运站冲走杂骨2车皮、荆条3车皮、木杆1车皮、檩木50立方米、旧麻袋500条和部分谷草等物资，折款6.5万元。

7月19日16时39分至19时，兴隆县雾灵山南麓的克梨木、荒地沟两个公社范围内的上空天气突变，仅两个小时降雨200毫米以上，造成山洪暴发，河水猛涨，泥石流四起，洪水挟夹带泥沙，一泻数里。两个公社的10个大队55个生产队均遭受不同程度的洪水袭击，冲毁耕地720亩、水冲沙压633亩，冲毁树木6490棵，冲淤机井17眼，冲毁截潜流工程1处、抽水泵房1处，冲走给煤矿加工的粮面3750多公斤、冲毁桥涵4个、防洪河坝2370米。住在山根的两户社员5间房子被冲走，死4人，伤5人，冲走大牲畜3头、马车2辆。两社受灾损失折款约20多万元。

从5月底到7月19日，全区连续遭受多次暴雨风雹袭击，受灾面积达104.76万亩，其中冲光地板43316亩，淤淹沙压102130亩。冲毁防洪石坝105300米、水渠3500米、塘坝4座，淤毁机井大口井157眼，冲走柴油机、电动机、水泵等33台、大车13辆，冲毁各种树木71800棵、粮食3.3万公斤，砸死冲走大牲畜65头、猪204头、羊464只，冲毁倒塌房屋196间，冲毁大小桥梁7座，冲淹死亡38人、伤20人。其中7月以来，全区有235个公社1021个大队遭受暴雨风雹灾害，受灾面积58.26万亩，其中冲光地板23990亩、淤淹沙压4.1万亩。

1976年6月下旬，承德县接连不断出现局部暴雨、洪水和冰雹等灾害。较严重的是6月21日至23日和7月10日至12日两次暴雨过程，先后有34个公社125个大队701个生产队遭受洪水冰雹灾害，受灾面积48514亩，其中冲光地板4036亩、水冲沙压20796亩、雹子砸光1815亩。冲毁防洪河坝3867道长19115米、梯田坝埂2643道长19045米，冲毁塘坝6座、小水库2座，冲淤机井71眼，冲坏柴油机2台，水泵1台，倒塌房屋25间，冲淹粮食20750公斤，冲毁各种树木6253棵，冲淹死4人、伤4人，淹死耕牛5头、驴1头、猪2口、羊4只。6月29日至30日，围场县五道川公社连续遭暴雨冰雹灾害。6月29日，棋盘山区平均降雨33毫米，最大降雨60毫米以上，大唤起公社22号、27号两个大队和五道川公社回汉、15号、38号、沙里把等4个大队遭受雹灾和水灾，仅五道川公社雹灾面积6477亩。5月30日下午7时，五道川公社又遭受历史罕见大暴雨袭击近1小时，降雨量达177毫米，山洪暴发，全社冲淹淤地2776亩，其中冲光地板422亩。

7月22日至24日，承德县连续三日降雨，并有7～9级阵性大风，局部地方有冰雹，降雨量一般在70～100毫米以上，全县45个公社298个大队受灾，受灾耕地面积105550亩。洪水冲毁防洪河坝788条长31683米，冲毁梯田坝坎340道长13400米，淤毁机井28眼、蓄水池2个，倒塌房屋92间，大风刮坏房屋76间，冲淹死6人，冲淹粮食2500公斤。7月23日，承德地区遭受暴风雨袭击，滦平、兴隆、围场、隆化、承德等县，降雨急暴，强度大，一次降雨量达280毫米，山洪暴发，全区有285个公社1993个大队受灾，受洪水风雹灾害农田面积147.56万多亩，其中绝收面积17.24万亩。死38人、伤6人，冲毁倒塌房屋5630多间，冲走大牲畜113头、猪羊1200多只、粮食29万公斤。7月23日凌晨2时至10时30分，滦平县普降大暴雨，此次降雨是滦平县有雨量记载以来最大的一次降雨，历时短、强度大，风雨交加，山洪暴发，河水猛涨，窟窿山水库发生溢洪，最大溢洪流量334立方米/秒。全县37个公社376个大队1500个生产队受灾，以巴克什营、拉海沟、火斗山、两间房等10个公社受灾比较严重。受灾农田面积25.3万亩，占全县总耕地面积的63%，其中风灾面积10.3万亩、水灾面积15万亩（其中冲光地板3.4万亩、水冲沙压没苗2.7万亩）。农田基本建设工程遭严重破坏，由于水灾，使878户4830口人生活困难和无家可归。公路交通、农电线路、通信线路遭到严重破坏，京承公路有5处路基被冲毁1300多米，巴克什营大桥桥面过水深67厘米，滦（平）涝（洼）公路22处路基被冲毁，交通中断；冲毁高压输电线路11.2千米、低压线路17.1千米、变压器1台、开关站1处；从巴克什营邮电支局到各公社的电话线路1/3被冲毁，从公社到大队的电话线路60%被损坏。水灾使巴克什营工委和公社所在地的11个机关企事业单位遭受严重损失，灾后调查洪水断面，巴克什营过水流量达1600立方米/秒，仅巴克什营、东营和华楼沟3个大队就冲毁房屋341户1284间。

8月10日，围场县遭受冰雹灾害，8个区16个公社43个大队受灾，受灾农田面积84039亩，其中绝收面积3414亩。

1977年5月25日，隆化县遭受暴雨冰雹灾害，22个公社79个大队472个生产队受灾，受灾面积11.1万亩，其中冲光地板1673亩。冲毁防洪河坝46道长8934米、渠道110多米，冲淹死羊119只。城子、西阿超、碱房、榆树林、尹家营等5个公社受灾严重。城子公社不足1小时降暴雨49毫米，下冰雹半市尺多厚，全社19000亩耕地，90%以上禾苗被砸光或淤没；榆树林公社降雨2个多小时，下冰雹半个小时，地面积雹12厘米厚，受灾面积14230亩。5月25日下午3～4时，围场普遍遭受暴雨风雹灾害，坝根一带遭受冻灾，降雨量8～40毫米，西北部小，东南部大，伴有冰雹大风，灾情较重的19个公社64个大队，受灾面积11.2万亩，其中雹灾9.8万亩、水灾2500亩、冻灾1.25万亩。大风刮断树木1500棵，刮坏草房瓦房350间，洪水冲坏防洪堤6条，长3600米。

6月19日下午2时30分，平泉县25个公社42个大队遭受不同程度暴雨风雹灾害，受灾面积45677亩，其中雹灾30984亩、水冲沙压13139亩、冲光地板1094亩。冲毁防洪河坝1920米、水井13眼、拖拉机1台、房屋9间，冲淹死牛2头。油坊营子、崖门子、营子、南岭等公社受灾较重。6月22日，平泉县18个公社78个大队遭受暴雨冰雹灾害，受灾面积109290亩，其中雹灾61568亩、水冲沙压20084亩、冲光地板3786亩。冲毁水渠1500米、防洪河坝11500米、机井18眼、房屋39间、猪20口。

7月26日至30日，兴隆县降大暴雨成灾，雨量最大的半壁山、孙杖子一带降雨量达240毫米左右，山洪暴发，全县有33个公社204个大队受灾，受水灾和风灾的作物面积56100多亩，其中冲毁耕地31995亩，估算粮食减产1000万公斤。冲毁正在续建施工的小水库2座、塘坝19座、截潜流8处、机井148眼、防洪坝31675米、闸沟梯田坝墙26684道、水渠17条、小水电站1处、各种机械210多台，冲毁房屋950间、死18人、伤13人，300多人无家可归。冲毁各种树木38万多棵、电话线路7700多米、区乡公路300余华里。被冲垮的两座小型水库为孙杖子公社张杖子大队和红旗公社大兰口大队的两座浆砌石直墙堆石坝小（Ⅱ）型水库。7月30日垮坝前4天总降雨量为481.5毫米，7月30日凌晨暴雨集中，2小时降雨100毫米，库水位猛涨，2时30分水位距坝顶0.55米，用草袋加筑0.3米高临时挡水埝，仍无济于事，4时20分漫坝溢流，坝后堆石被冲光而垮坝，冲毁耕地717亩、房屋89间，死亡3人，冲走大牲畜5头。大兰口大队小水库设计坝高10.5米，库容15万立方米，垮坝前坝高已达6米，坝后堆石高度3米。7月26日至29日连日降雨210.6毫米，库水位缓慢上涨，7月30日7时25分至8时5分猛降暴雨78.7毫米，库水位猛涨，8时15分漫坝溢流，8时30分大坝全部冲毁，冲毁庄稼300亩，40间房子进水，冲毁房屋9间，冲走学校桌凳15套、办公桌2张。损失农具折款2000元。10月26日至30日，围场县连降5天大雨，降雨量达120毫米，随着气温下降雨中夹雪，树冠结成冰挂，适有7级大风，致使大批林木风折和倒伏，受灾面积306万亩。

1978年4月24日至28日，宽城县降暴雨，14个大队受灾，受灾农田25287亩，其中冲光地板10300亩。冲坏防洪河坝170条长97265米，冲毁公路桥梁187座、房屋677间，死亡17人，冲走牲畜110头。6月3日至4日，宽城县有7个公社17个大队遭受冰雹灾害，受灾农田面积6290亩。7月9日，宽城县遭受大暴雨和冰雹灾害，降雨过程中有9级大风，17个公社77个大队受灾，受灾面积77938亩，其中雹灾面积28700亩、风灾面积45570亩。冲毁防洪坝11970米、机井12眼，损坏房屋515间，死亡4人、重伤27人，死亡牲畜249头。7月9日15时30分，兴隆县孙杖子公社城墙峪、门子哨两个大队30个生产队遭受暴雨风雹灾害，历时40分钟，风力5～6级，降雨量47毫米，地面积雹厚度半市尺左右，粮田受灾面积2870亩，其中绝收988亩。砸坏民房208间，砸伤4人，伤亡牲畜100多头，砸掉水果12.5万公斤、花椒1500多公斤。7月7日至11日，平泉县暴雨冰雹成灾，20个公社92个大队受灾，受灾面积143144亩，其中水冲沙压1万亩，冲光地板2340亩。冲毁防洪坝5185米，倒塌房屋8间，冲死牲畜40多头。长胜沟和范杖子等公社受灾严重。

5月24日至8月4日，全区遭受22次暴雨、雹冰、大风灾害，受灾范围涉及全区10个县（市）283个公社1953个大队，受灾面积112.88万亩，毁坏房屋6190间，死亡38人，伤51人，死大牲畜46头、猪羊474只。冲毁小水库2座、截潜流6处、塘坝9座、机井229眼、防洪坝239100米、闸沟梯田坝墙21万米、渠道35100米、公路85.2千米、树木47600棵，损失干鲜水果155万公斤。

1979年6月中旬至7月中旬，全区先后遭受14次暴雨风雹灾害，365个公社827个大队受灾，农田受灾面积98.22万多亩，死亡12人，受伤13人，损坏大量房屋、农机设备、水利设施和其他物资。7月22日至28日，兴隆县连续降雨，降雨量660毫米，山洪暴发，河水猛涨，出现水泡子（泥石流）1890个，25个公社141个大队遭受洪水灾害，冲淤塘坝17座、小水电站1处、截潜流3处、机井160眼、水渠44条长3840米。8月4日下午，全区九县一市普遍遭受特大风灾，大风由西北向东南，风力8～10级，一些地方夹带暴雨和冰雹。229个公社1555个大队受灾，农田受灾面积103.1万亩，损失严重，损失果品600万公斤，大风刮坏了房屋、电线、树木等，死亡1人，伤8人。8月下旬至9月初，全区又连续遭受大风冰雹灾害，北部地区出现霜冻，228个公社1013个大队受灾，受灾面积151.86万亩，损坏房屋2100多间。

1981年，全区暴雨风雹灾害面积27.79万亩，其中风灾18.47万亩、雹灾3.18万亩、洪灾0.61万亩。成灾面积15.17万亩，其中风灾9.92万亩、雹灾1.69万亩、洪灾0.35万亩。受灾人口1785人，死亡6人，倒塌房屋119间。冲淤机井10眼，冲毁渠道250米、防洪河坝71处长18842米。冲树1136棵、电杆210根。冲走马2匹、羊243只、猪13口、鸡兔606只。

7月22日15时35分至17时5分，承德县孟家院公社降局部暴雨81.6毫米，伴有7级以上大风，风停雨止后山洪暴发，全社有5个大队受灾，受灾面积4800亩，其中绝收450亩。冲塌冲垮防洪河坝17处长1860米，冲毁石梯田20道长800米，冲走和刮倒树木50棵，电线杆被刮倒，低压输电线路中断。冲淤机井4眼，饮水井13眼。冲坏房屋30间，冲淤粮食2000公斤。冲去家兔200只、鸡40只。共损失折款1万元。

1982年5月26日、27日，全区普降小雨，围场、隆化、平泉县局部地区降暴雨冰雹。5月26日19时许，围场县姜家店公社附近降45分钟局部暴雨，公社所在地雨量27.2毫米，估计暴雨中心雨量约50～60毫米，4个大队受灾，冲毁农田近万亩，平川地水冲沙压青苗，山坡地溜土扒沟21厘米左右深，山洪造成河沟改道，桌面大的石头被冲数百米远，冲走羊150只，倒塌房屋25间，部分房内淤泥1米多深，冲淤水泵、柴油机、粉碎机各1台，淹死青壮年劳力4人。5月27日19时左右，平泉县七家公社降45分钟暴雨，5个大队受灾，其中马架子大队比较严重，水冲沙压平川地450亩，山坡地溜土扒沟也很严重，被冲防洪河坝11000米，有180户进水落淤，倒塌房屋9间，冲走羊58只。生产队仓库被冲，损失粮食1000公斤、化肥7500公斤、柴油机2台、猪10头、木料59车、树木400棵、畜力车7辆，冲倒电线杆7根。柳溪公社马架子大队降暴雨冰雹，冲毁河坝11000米，冲光地板450亩。

6月15日14时，丰宁县坝上骆驼沟公社南园子大队遭一场罕见特大暴雨夹冰雹袭击，20分钟后山洪暴发，全村百十多户受灾。6月25日至30日，丰宁县坝上平安堡区接连发生几次阶段性局部暴雨冰雹，最大降雨强度1小时63毫米，降冰雹厚达2市尺，发现3棵水桶大的冰雹。7个公社36个大队300多个生产队受灾，农田受灾面积32.7万亩，其中绝收近9.6万亩（其中冲光地板1.18万亩）。冲走牛1头、羊177只、猪96口、家畜家禽1446只，冲淤机井40眼、吃水井14眼，冲走粮食1.35万公斤，有486户进水，倒房48间。冲毁乔围子、四合号两座塘坝。南岗子小（Ⅱ）型水库漫坝溢流，因及时采取抢险泄洪措施，保证了大坝安全，未造成更大灾害。

7月18日7时，承德市遭大暴雨和冰雹袭击，历时4个半小时，市郊大石庙、大庙、水泉沟等6个公社37个大队受灾，受灾农田面积13170亩，其中绝收1690亩。冲毁防洪堤坝15470米、机井17眼、截潜流1处。7月18日17时以后，武烈河、老牛河上游降一次暴雨和冰雹，承德县部分社队遭受严重灾害。漫子沟公社降暴雨40多分钟，并有冰雹，南北营大队水冲沙压耕地1000多亩，冲走骡子1头、羊40只、猪2口，有2户6间房子被冲，冲淹死2人。孟家院公社雹灾也较严重，房身沟、平台两个大队受灾农田面积6100多亩，其中冲光地板1150亩、水冲沙压450亩，冲毁闸沟坝500余道，冲毁树木400棵，冲走牛2头、猪2口。雹子如鸡蛋大，高粱、玉米砸成光杆，豆子砸趴窝，瓜地砸成光板。7月24日至25日，兴隆县普降暴雨和大暴雨，降雨量大部分在100毫米以上，降雨量最大的北水泉270毫米、城关215毫米、跑马厂241毫米。西湾子、杨树沟、麻地、快活林、跑马厂、雁门、西湾等7座小型水库和1座塘坝安全溢洪。

本年全区汛期来得早，旱涝不均，局部暴雨较多，一些地方遭受严重灾害，到7月底，全区冲垮小水库2座、塘坝2座，冲毁防洪坝9.9万多米，冲淤机井97眼，冲淤大口井和饮水井63眼，冲毁截潜流2处，谷坊坝740道，冲淹死27人。

1983年5月11日晨，隆化县西北部13个公社1.5小时降雨40～100毫米，以致山洪暴发，受灾农田面积91700亩，冲毁防洪河坝32条，淤平水井22眼，冲电杆400根、大车7辆、牛7头、猪羊179只、粮食16500公斤、各种树木59800棵，倒塌房屋19间，经济损失折款100万元左右。韩家店、三岔口、白虎沟、庙子沟、湾沟门、碱房等6个公社受灾严重，受灾耕地面积44312亩，占6个公社总耕地面积49%，其中冲光地板8765亩。韩家店公社西底沟大队农田基本建设大会战修建的11华里长防洪坝、50多道横坝和100多亩农田全部冲光，水冲沙压耕地1990亩，占全大队总耕地面积90%以上。

6月29日夜间，隆化县东半部、承德县北部武烈河上游一带突降暴雨，暴雨中心在隆化县偏坡营附近，70分钟降雨111毫米，武烈河、伊逊河、蚁蚂吐河洪水暴涨，武烈河承德站最大洪峰流量480立方米/秒，伊逊河韩营站最大洪峰流量720立方米/秒，蚁蚂吐河下河南站最大洪峰流量260立方米/秒。雨急、风大、夹有冰雹，隆化县26个公社、承德县7个公社受灾严重，冲毁塘坝1座、护村坝12000米，冲淹死16人。6月29日至30日，隆化县遭受大面积暴雨风雹灾害，32个公社273个大队受灾，受灾农田面积36万多亩，占全县总耕地面积53.7%。

8月4日下午，兴隆县有6个工委32个公社245个大队遭受暴雨和风灾，受灾面积57335亩，其中冲光地板2732亩。冲走和刮倒树木12万棵，冲毁房屋20间、公路48千米、小水电站2处、桥梁4座、闸沟梯田坝墙3200道、防洪河坝1815米。8月4日夜间，解放公社5个小时降雨226.6毫米，5日又降雨93.4毫米，两次降雨达320毫米，造成山洪暴发，冲毁41条沟的2100道梯田。8月4日至5日，全区最大一次降雨，以承德、兴隆两县最大，暴雨中心在兴隆县，连续降雨320毫米。汛期灾情以6月16日至17日和6月29日两次暴雨冰雹为甚，降雨历时短，强度大、冰雹密度大、粒径大，雹带宽而长，主要受灾县是隆化、承德和平泉。全区受灾154个公社1097个大队，受灾农田面积122.75万亩，成灾面积65.36万亩。受灾人口6804人，冲淹死50人，倒塌房屋1059间，损失粮食11.36万公斤，死亡大牲畜279头，冲走猪羊2327只，死亡家禽13573只。冲毁防洪河坝2212处长475千米，冲坏渠道78.2千米、机井250眼、饮水井6眼、小水库2座、截潜流1处，桥梁12座、区乡公路235千米、通信线路88.6千米，冲毁树木300万棵。

1984年5月27日、6月3日，平泉县郭杖子等5个公社遭暴雨袭击，受灾面积8300多亩，冲防洪河坝460米，倒房2间，冲鸡兔46只。6月2日，隆化县即墨营等4个乡局部暴雨，受灾农田面积13800多亩，冲防洪河坝8500米、渠道450米、桥1座、树木300棵、木材40立方米、柴草2000多捆。6月8日、11日，滦平县局部暴雨，受灾农田面积4500亩，冲防洪河坝420米，倒房3间，冲鸡兔200多只。6月11日，丰宁县南辛营暴雨受灾农田1500亩，淹死1人。6月15日，宽城县汤道河、亮甲台等8个乡局部暴雨，受灾农田3200多亩，冲防洪河坝650米，淹死1人，冲大牲畜1头、猪羊50只。

7月4日，丰宁县风山、土城子乡局部暴雨，49个村受灾农田11000多亩，70多户进水，冲木材34立方米、鸡猪86只、电视机1台、手表3块、家具40件、机井2眼。正在施工的黄土粱灌渠被冲，损失折款1.7万多元。7月14日和26日，全区普雨，受灾较小。

8月9日至13日，全区普雨，宽城县雨量较大。从8月9日15时至8月10日11时，宽城全县降雨164-218.5毫米，汤道河局部地区降雨达245毫米。雨量集中，造成严重水灾损失，水灾面积19800亩，冲垮小水库1座（宽城偏崖子）、塘坝1座（宽城洒金沟）、截潜流1座（宽城），冲毁防洪坝11000多米、水渠2400米、机井164眼、鱼池6处、树木5100棵、通信线路43千米，淹死3人。

1985年5月24日，全区普雨，局部暴雨夹冰雹，宽城、滦平两县20多个乡遭洪水灾害，受灾面积2万亩，冲毁林果树木14万多棵、区乡公路87千米、电线杆340多根，倒塌房屋140间，冲粮食19000多公斤、大牲畜26头、猪羊6900多只，鸡兔9000多只，冲毁塘坝2座、机井水井129眼、防洪坝76000多米。宽城县历时50分钟大暴雨，12个乡受灾，以柳树下、龙须门、板城、大字沟4个乡最严重，冲光土地5407亩，冲毁房屋105间，死亡9人，重伤8人，冲毁塘坝1座、防洪河坝67200米、谷坊坝403道、机井83眼、水井142眼。宽城县石洞沟村一农户全家5口人冲走3口。5月24日18时，承德县六沟、安匠、上谷、上板城、下板城、三沟等6个区35个乡遭暴雨冰雹袭击，冰雹最大粒径30毫米，持续30分钟，雹灾面积30815亩，水灾面积29862亩，其中水冲沙压28943亩、冲光地板919亩，冲毁林木育苗地75亩、四旁树22万多棵、河坝8900米、水渠3条、淤井19眼，冲毁公路38000米，冰雹毁坏房屋1250间、各种果树16830棵，有40户房屋进水，冲倒房屋3间，死亡2人，损失粮食4750公斤，冲走大牲畜牛2头、骡子1头、大车1辆、羊24只、猪10只、自行车1辆、木杆1万多根、干柴7500公斤、干草750公斤。上谷乡投资10万元新建的煤矿巷道进水坍塌。

6月2日下午4时，兴隆县大杖子、孙杖子两个乡遭龙卷风袭击，刮倒刮坏民房180间，毁坏各种果树1500棵，毁坏田苗200亩，同时遭雹灾840亩，伤3名妇女。6月7日，局部地区暴雨夹冰雹，平泉县东北部14个乡遭洪水袭击，受灾面积9.1万亩，其中水灾4.87万亩（水冲沙压3.72万亩、冲光地板1.15万亩）、雹灾面积4.23万亩。冲毁丰产林3000多亩。冲毁防洪坝37780米、机井39眼、区乡公路道路320千米，倒塌房屋22间，冲淹死4人，冲毁拖拉机1台，淤在河道中汽车、拖拉机6台。打鹿沟乡韩台子村大队部、学校、供销社、药店等20间房子被冲，账目、药品被冲走，学生不能上课。范杖子降暴雨57毫米，新恢复的3200多米河坝又被洪水全部冲毁，2名女中学生过河被山洪冲走淹死。

1986年汛期，承德市冲毁河坝31200米，冲毁谷坊坝2050道6482米，冲淤机井11眼、饮水井20眼，冲坏机井房8间，直接经济损失60万元。

1987年6月29日5时，平泉县普遍降雨，黄土梁子两小时降雨57毫米，7时左右，老哈河支流大龙潭沟山洪暴发，沿岸龙王庙、茶棚、刘营子等村及双井公路龙王庙大桥工地被冲，河坝决口6处，冲毁堤坝350多米，冲淤农田1700多亩，建桥工地部分建筑材料被冲。

1989年7月2日，宽城县苇子沟乡杨家沟村暴雨洪水冲走山羊35只、猪12口、耕地100亩，20户房屋进水；李家窝铺下冰雹45分钟，冰雹粒径5～6厘米，地面积雹厚度20厘米左右。李家窝铺乡受冰雹灾总面积7379亩，其中重灾6390亩、轻灾989亩，重灾面积中，高粱2570亩、玉米1800亩、谷子900亩、大豆300亩、红薯500亩、蔬菜120亩、其他作物200亩，轻灾面积中高粱180亩、玉米109亩、谷子89亩、大豆103亩、红薯207亩、蔬菜91亩、其他作物210亩、结果树19.2万株、幼树600株。受水灾农田面积水冲沙压507亩，冲毁防洪坝1500米、坝塘2座、机井2眼、造成危房15户，损失人民币851848元。

8月28日19时，隆化县疙瘩营乡岔沟村15周岁学生许国东放学回家，在家门100米处被山洪冲走致死。

1990年6月27日至28日，暴雨中心在滦平县三道河子，降雨量204毫米，27日雨量高达136毫米，其他各县均为中雨；7月4日至7日，暴雨中心在围场县围场镇及四合永一带，围场镇降雨量195毫米，其中7月5日1小时降雨73毫米，给围场镇造成严重灾害；7月16日至19日，暴雨中心在滦平县戴营，降雨量81毫米，北部丰宁、围场、隆化县为中雨，其他县为大到暴雨；8月11日至12日，暴雨中心在兴隆县半壁山，降雨量106毫米，本次降雨分布不均，北部隆化、丰宁、围场三县为5毫米以下的小雨，滦平县中雨，其他县大到暴雨；8月27日至28日，暴雨中心在兴隆县解放和平泉县党坝，降雨量分别为114毫米和106毫米，本次降雨比较均匀，北部隆化、丰宁、围场三县为中到大雨，其他县为大到暴雨。由于汛期降水量多，各河洪水峰量较大，而且涨水频繁。7月5日，伊逊河围场站最大流量240立方米／秒，不澄河边墙山站最大流量350立方米／秒，洪峰到达四合永站最大流量达1240立方米／秒，四合永伊逊河公路大桥桥面过水，桥面水深0.5米左右，庙宫水库最大入库流量达1390立方米／秒，最大下泄流量111立方米／秒，伊逊河下游韩营站7月15日至18日四天中涨水4次，流量都在360立方米／秒以上，7月18日最大流量达410立方米／秒；7月24日，潮河丰宁县大阁站洪峰流量259立方米／秒，正在施工的丰宁县城潮河防洪坝基坑被冲淤；瀑河宽城站最大流量316立方米／秒，历时较短，安全下泄。

1991年6月10日，滦平县西部、丰宁县南部的虎什哈、戴营、石人沟一带降大暴雨，日降水量都在100毫米以上，潮河滦平县戴营水文站最大洪峰流量1940立方米/秒，接近200年一遇的大洪水，也是戴营建站以来的最大流量，暴雨中心地带发生特大洪水灾害，人民生命财产遭受严重损失。滦平县境内有13座小型水库，其中有12座发生溢洪。6月，全区总降雨量比降雨偏多的1990年同期多1至2.5倍，是有降雨记载以来6月降雨最多的年份；

7月，降雨比1990同期持平或略偏多；8月降雨特别少，各县平均降雨量仅为1990年同期降雨量的13%到37%，丰宁县大阁和草原月降雨量只有5毫米，8月，全区出现严重“卡脖旱”。

1992年8月4日，伊逊河下游韩营站最大流量663立方米/秒，注入滦河后，4日凌晨滦河陈栅子流量达到1000立方米/秒，是入汛以来滦河出现的最大流量。隆化县鹦鹉河上的二道湾小（Ⅰ）型水库溢洪后，泥石流冲毁了溢洪道下游，堵塞了电站尾水，影响了发电。

1994年7月12日至13日，承德全市普降大暴雨，个别地方降特大暴雨。降雨量由北向南逐渐增大，围场86毫米，丰宁93毫米，隆化县下河南171毫米、荒地199毫米，滦平县安纯门177毫米、戴营232毫米，承德市区169毫米，承德县下板城167毫米、上谷152毫米，宽城县城160毫米，兴隆县李营204毫米、六道河305毫米，兴隆县城316毫米，为最大降雨。承德全市平均降雨量136毫米，这种大范围大暴雨属历史罕见。这次大范围大暴雨使全市各主要河流均暴发洪水，滦河干流三道河站洪峰流量784立方米/秒，伊逊河韩营站洪峰流量634立方米/秒，武烈河承德市站洪峰流量1420立方米/秒，老牛河下板城洪峰流量878立方米/秒，柳河李营站洪峰流量2120立方米/秒，瀑河宽城站洪峰流量1590立方米/秒。武烈河、瀑河洪水相当20年一遇，柳河洪水超过50年一遇，据推算，滦河潘家口水库入库洪峰流量达9500立方米（没有入库控制站），相当30年一遇洪水。本次暴雨使全市8县3区普遍遭受洪水灾害，受灾乡镇171个，占乡镇总数的78%，受灾人口170万人，占总人口的50%，以承德市区、承德县、兴隆县、宽城县和营子区灾情最为严重。全市铁路公路交通、通讯、供电、供水中断，大面积农田被冲淹，水利工程设施遭受严重破坏，大批企业停工停产，人民生命财产蒙受巨大损失。承德市区武烈河右岸条石清坝局部发生闪裂倾斜，东西两岸防洪坝冲毁倒塌850米，承德大桥北侧桥一中心桥墩被洪水淘涮下陷，桥面折断；营子区柳河防洪坝被冲毁7000多米，交通、电力、供水、通讯中断，马圈子镇北街、金扇子、营子镇部分街道进水1米深，毁坏倒塌房屋512间；兴隆县城柳河堤坝决口200米，县城交通、电力、通讯中断，企业停产；宽城县城瀑河堤坝冲毁600多米；承德县共冲毁河坝24.6万米。全市大部分县区断电，承德供电公司10座35千伏以上变电站停运，倒断杆塔3413基，断线497.5千米，冲毁配电变压器77台，直接损失3773万元，双桥区有11条10千伏线路停电，全市供水电源全部中断，全市供电日负荷从正常23万千瓦降到10.5千瓦。邮电通讯设施遭到严重破坏，冲走、折断线杆9962根，损坏通信光缆、电缆86处，机房进水、机器设备被淹49台，通往北京、天津、石家庄、承德县、营子、兴隆的长途通信全部阻断，全市有29个邮电支局瘫痪，28个局通信全部中断，3200部电话受阻，直接损失3480万元。京承、锦承、京通、承隆4条铁路出现坍塌77处，全部断交，京承铁路199千米处柳河1号大桥桥墩倒入河中，

武烈河1994年7月13日被冲毁的承德大桥

两孔58米桥梁落水，12日夜间北京至承德553次和承德至石家庄354次旅客列车被迫停在北马圈子和下台子两站不能开动，2000多名旅客滞留在车上，造成直接经济损失3120万元；全市公路交通水毁严重，境内3条国道有12处水毁断交，14条省道10条断交，25条县道有18条断交，124条区乡道路有103条断交，仅兴隆县就冲断大小公路桥

梁240座，全县桥梁几乎全部被毁，公路交通直接经济损失9747万元；全市有1412家企业因水灾造成停产或半停产，直接经济损失4.77亿元；全市农田受灾面积265万亩，成灾面积184万亩，冲毁耕地69.2万亩，绝收农田面积62万亩，冲毁树木628万株，冲走牲畜4.7万头，损失粮食263万公斤，仅兴隆县冲光地板4.8万亩，沙压耕地6万亩，承德县受灾农田面积45.9万亩，其中水冲沙压25.7万亩、冲光地板5.3万亩。全市水利工程设施损毁严重，河道堤坝决口386处，冲毁堤坝384.7千米，损坏堤防1855.7千米，5座中型水库和46座小型水库工程遭受不同程度损坏，12座小水电站被水淹浸，部分建筑物被毁，损坏灌溉渠道510千米、渠道桥涵1132座、机电井3342眼、机电泵站431座、人畜饮水工程1658处。暴雨洪水还冲毁一部分水土保持治理工程，新增加水土流面积937.8平方千米。人民生命财产遭受严重损失，全市共倒塌房屋29484间、损坏房屋92218间，水冲沙压死亡83人、重伤80多人、失踪9人，仅兴隆县就死亡27人、重伤37人、失踪6人，上石洞乡张才一家及亲友13人全被泥石流埋压而死。全市各项直接经济损失总计达21.6亿元。

1995年汛期，全市平均降雨量522毫米，虽比1994年同期降雨量稍小，但多于历年同期平均降雨，仍属丰水年。由于7月28日至29日和8月1日至2日连续两次暴雨洪水，兴隆、宽城、平泉、承德四县遭受较为严重的洪水灾害，大部分地区为重复受灾，国家和人民生命财产、基础设施蒙受巨大损失，全市共有7个县、89个乡镇、840个村、57.9万人受灾，受灾农田面积90.9万亩，成灾面积64.4万亩，其中绝收面积18.7万亩，毁坏耕地8.1万亩，粮食减产1.45亿公斤，损失粮食2000万公斤，倒塌房屋2866间，损坏房屋9586间，死18人，受伤671人，死亡牲畜4840头。全市6个重灾县（区）有250个工矿企业全部停产，京承铁路洞庙河处中断运行1次3小时，公路中断运行31条次，冲毁公路桥涵778座（包括乡村公路），毁坏公路路基244.4千米，供电中断运行110条次30小时，损坏输电线路752杆63.2千米，损坏通信线路467杆76.2千米。水利工程设施毁坏严重，11座中小型水库发生险情，损坏骨干堤防1.79千米、护村护地坝293千米、水闸3座、塘坝10座、渠道55千米、渠道桥涵13座，损坏机电井801眼、机电泵站42座、水电站3座。

1997年6月20日下午2时30分，双滦区突降暴雨，并有冰雹大风，降雨历时1小时，降雨量56毫米，境内牤牛河最大洪峰流量210立方米/秒，双塔山大街过洪水深半米有余，全区经济损失约520万元。7月26日4时至5时，承德县大黑山脚下的头沟镇、高寺台镇、三沟镇、仓子乡和岔沟乡遭到暴雨和洪水袭击，1个小时内降雨67毫米，农田成灾面积4.9万亩，其中绝收2.1万亩，冲光地板500亩。高寺台镇西营村936亩耕地全部受灾，其中绝收400亩。5个乡镇的水利、交通、电力、邮电等基础设施损坏极为严重，冲毁河坝5.3万米、水渠1.5万米、机井28眼、机井房38间、人畜饮水工程5处，冲毁乡村公路68.7千米、桥涵6座，冲倒冲走通讯线杆106根、高低压线路2060米，冲走变压器2台，有1500户2960间房屋进水，倒塌房屋23间。冲走成材树8万多棵，冲走大牲畜12头，冲走家畜300头（只）、家禽600多只。洪水从头沟镇大酒缸村小学院内穿过，冲毁院墙56米，10间教室进水已成危房。7月28日至8月1日，隆化县连降大雨，降雨量达198.8毫米。暴雨造成山洪暴发，全县大面积受灾。受灾乡镇13个，56个行政村、近6万人，受灾耕地面积13.86万亩，其中冲光地板5690亩、水冲沙压2.44万亩，冲毁护村护地坝3.22万米、公路51千米，损坏房屋650间，死亡牲畜200余头，发生泥石流16处。境内沙通铁路塌方3处，断交18小时，承赤西线公路被泥石流冲断8处，断交18小时。造成直接经济损失2.7亿元。

7月31日2时至8月1日2时，滦平县降大到暴雨，降雨量110毫米至200毫米。全县农田受灾面积 11.6 万亩，其中绝收 1.2 万亩，毁坏耕地 1.98 万亩，粮食减产 2260 万公斤；死亡牲畜 2302 头(只)，冲倒冲走树木 1.2 万株，损坏房屋 4207 间，倒塌房屋 372 间，有 221 户 663 口人无家可归。出现多处泥石流，泥石流压倒房屋压死 2 人，淹死 1 人。公交、水电等设施惨遭破坏，冲毁桥涵 94 座，毁坏乡村公路 393.8 千米，损坏输电、通信线路 1.25 万米、线杆 157 根，冲毁护村护地坝 93.6 千米，冲淤机井 74 眼。4 家铁矿、矿厂停产，冲走铁精粉 20 吨，损坏砖坯 200 万块。全县直接经济损失 5917 万元。

10 月 2 日夜间至次日凌晨，围场县普降雨夹雪，降水量达 50.7 毫米，积雪厚度 7 厘米至 30 厘米，雨雪形成的冰凇、雪凇使大面积树木枝干折断，部分公路、民房受损，全县范围供电、通讯中断，直接经济损失 9000 多万元。4 日早晨，全县又遭受冻灾，5 万亩土豆、5.5 万亩蔬菜、1.7 万亩水稻被冰雪覆盖，受冻、被淹，直接经济损失 250 万元。压折的树木砸坏房屋 28100 间，直接经济损失 280 万元。

1998 年 4 月 17 日 22 时左右，兴隆县上石洞乡降雹约 2 小时，地面积雹厚 7 厘米，最大粒径 1 厘米，全乡 70% 以上的耕地面积受灾，造成经济损失 66 万元。

6 月 8 日至 10 日，承德市部分县区发生洪雹灾害。滦平县大屯乡等 5 个乡镇连遭洪水和冰雹袭击，大面积农田受害，直接经济损失 200 多万元；10 日下午，丰宁县东南部 9 个乡镇 70 个村遭突然性洪雹灾，受灾人口 7.4 万人，直接经济损失 5624 万元；承德县新杖子乡农业减少产值 300 万元；双滦区 3 个镇直接经济损失 296 万元；兴隆县大杖子乡遭特大风暴袭击，直接经济损失 1500 多万元。

7 月 5 日至 6 日，丰宁、兴隆、滦平 3 个县遭受特大暴雨洪水袭击。丰宁县暴雨持续 16 个小时，17 个乡镇严重受灾，坝下中南部地区出现了 60 年未遇的特大洪峰。兴隆县 20 个乡镇普降暴雨，局部地区山洪暴发，出现泥石流、山体滑坡、人员伤亡等现象。滦平县 15 个乡镇、150 个行政村、近 20 万人口受灾。7 月 5 日至 6 日，承德县普降中到大雨，10 个乡镇 100 个行政村、3.04 万人受灾。隆化县 6.37 万人受灾，占全县总人口 1/6。营子区也遭受暴雨袭击。

7 月 24 日晚 8 时 30 分，涝洼滩煤矿遭受一场罕见的暴风雨袭击，历时近 20 分钟，风力达 9 级以上，致使该矿停电 3 小时，局部停产 38 小时，造成较大经济损失。

8 月 29 日至 30 日，平泉县沙坨子乡、平泉镇、南五十家子乡、小寺沟镇和黄土梁子镇共 59 个村，连续遭受严重雷电风雹袭击，造成 4.8 万亩农作物被砸光杆，3.75 万亩农作物倒伏，1.05 万亩绝收，粮食减产 1000 万公斤，蔬菜损失 5000 万公斤，果品损失 50 万公斤，受灾人口 2.4 万人，雷电击死 1 人。

2000 年 8 月 4 日，下午 5 时 30 分至 6 时 20 分，围场县山湾子乡降雨 50 毫米，历时 50 分钟，雨中夹杂大量冰雹，冰雹粒径最大 80 毫米，造成山洪暴发，仅杨树沟小流域沟道洪峰流量达 210 立方米 / 秒，全乡受灾耕地面积 7505 亩，其中被冰雹砸光农作物 3850 亩，被洪水冲光地板难以恢复的耕地 930 亩，冲毁河坝 7600 米，冲走石笼 97 个，冲毁房屋 18 间，造成危房 89 间，冲走木材 15 立方米、马 1 匹、羊 95 只、猪 23 口，冲毁林蛙养殖场一处，冲毁道路 5 千米。此次灾害涉及 1143 户、3560 口人，死亡 5 人，受伤 3 人。造成直接经济损失 1050 万元。8 月 26 日，下午 3 时至 5 时 30 分，围场县姜家店乡二道沟村和三道沟村 6、7、8 组突降暴雨，150 分钟内降雨 70 毫米，特大暴雨持续 60 分钟，山洪暴发，下游河道洪峰流量约达 300 立方米 / 秒，全乡受灾耕地面积 3400 亩，其中被洪水冲毁无法恢复的耕地 2500 亩。冲毁河坝 2600 米、公路 15 千米、桥梁 2 座。冲走大牲畜 18 头、猪羊 65 只、粮食 5400 公斤、木材 136 立方米、机动车 12 台、农用胶车 2 辆、自行车 2 台、铡草机 1 台、红砖 2 万块、砖坯 10 万块、现金 1.24 万元，有 5 户冲走全部生活用品和农具。冲倒高压线杆15根、通讯线杆19根，毁坏线路3200米，冲毁10.6亩果园1处，造成危房72间，毁坏房屋52间，有106户房屋进水，48户院墙倒塌，50户238口人无处居住，死亡4人。造成直接经济损失2350万元。

2001年6月份出现局部暴雨，全市有5个县、39个乡镇、12.4万人受灾，农作物受灾面积21.9万亩，损坏堤防153.9千米，冲毁乡村公路275.7千米，损坏水闸3座、机井123眼，直接经济损失6913万元。6月8日14时50分，丰宁县选营、西官营两个乡突降局部暴雨，历时40分钟，降雨量60毫米，有8个村、4654口人受灾，受灾耕地面积11050亩，倒塌房屋30间，冲走大牲畜69头，冲毁公路84.2千米、桥涵3座、护村护地坝16850米、渠道860米、机井4眼、各种机械设备19台，伤25人，死亡2人，直接经济损失1100万元。6月11日13时30分，围场县宝元栈、姜家店、山湾子三个乡发生局部暴雨，历时75分钟，降雨量50毫米，有两个乡5个自然村遭受不同程度损失，冲毁耕地4361亩，冲毁河坝1402米、公路10千米、机井2眼，造成3人死亡，直接经济损失400万元。6月13日，隆化县郭家屯镇遭受了罕见的冰雹和暴雨袭击，降雨历时1小时30分，降雨量23.3毫米，冰雹粒径4厘米，地面积雹厚度12厘米，引起山洪暴发，造成13个行政村、9633口人受灾，农作物受灾面积19299亩，冲毁房屋28间，造成危房385间，冲走大牲畜27头，冲毁河坝80500米、乡村公路104千米，冲倒电力线杆6根，冲走木材500立方米、杨柳树800棵，冲毁杨树育苗地12亩，冲毁机井2眼，冲走淤毁粮食2.5万公斤。6月18日，隆化县步古沟、郭家屯、白虎沟、庙子沟、旧屯、山湾、唐三营等乡镇再次降大雨，平均降雨量34.1毫米，个别乡镇达60毫米以上，再次引起山洪暴发，共有20个行政村、14799口人受灾，农作物受灾面积46000亩，冲毁河坝45000米、乡村公路12千米，冲断电杆6根，造成危房714间。隆化县两次受灾直接经济损失2100万元。6月18日15时25分，平泉县境内突降暴雨冰雹，历时30分钟，瀑河发生洪水，洪峰流量300立方米秒，有20个乡镇受灾，农作物遭受水灾面积75650亩，雹灾面积58870亩，冲毁河坝2500米，冲毁公路5000米、桥梁1座、果树540棵、机井85眼。16时30分左右，瀑河洪水将平泉县城政法街至火车站公路漫水桥冲塌2孔8米，11人落入水中被洪水卷走，其中10人死亡。此次灾害共造成经济损失2513万元。6月12日至27日，承德县上板城、下板城、孟家院、六沟、岔沟、两家等6个乡镇降短时局部暴雨，降雨量达70毫米，造成3.4万人受灾，农作物受灾面积5.6万亩，冲毁堤坝8000米，损坏机井11眼，冲毁公路60.5千米，直接经济损失800万元。

2004年7月4日，围场县三义永、郭家湾、育太和、杨家湾、朝阳湾和银窝沟6个乡镇先后遭受突发性暴雨冰雹袭击，受灾耕地面积48340亩，成灾面积21110亩，其中绝收面积8730亩，损坏公路20500延长米，冲毁河坝3300延长米，损坏石笼丁坝443个，损坏桥涵11座，冲倒高压线杆2根，40户120间房屋进水，造成危房16户48间，直接经济损失1305万元。7月4日15时40分，三义永乡3个行政村遭受暴雨冰雹袭击，降雨历时80分钟，降雹历时30分钟，降雨量60毫米，冰雹粒径10毫米，积雹厚度40毫米，致使山洪暴发，受灾耕地面积20300亩，其中水冲雹砸耕地绝收面积5500亩（雹砸绝收3400亩、冲光地板2100亩），损毁乡级公路13000延长米，其中冲毁5000延长米，损毁桥涵11座，其中冲毁6座，3户11间房屋进水，直接经济损失540万元；7月4日16时30分，郭家湾乡遭受暴雨洪水袭击，降雨历时60分钟，降雨量40毫米，冲毁河坝1100米，冲毁石笼103个，受灾耕面积1330亩，其中5成灾1300亩，绝收30亩，直接经济损失55万元；7月4日16时50分，育太和乡两个行政村遭受暴雨冰雹袭击，降雨历时25分钟，降雨量15毫米，冰雹粒径25毫米，积雹厚度40毫米，受灾耕地面积3700亩，成灾面积

3000亩，其中绝收面积1000亩，30户100间房屋进水，造成危房12户40间，冲毁河坝1000延长米，冲毁石笼100个，直接经济损失120万元；7月4日17时10分，杨家湾乡5个行政村遭受暴雨冰雹袭击，降雨历时50分钟，降雹历时20分钟，降雨量40毫米，冰雹粒径20毫米，积雹厚度40毫米，受灾耕地面积5100亩，其中二至五成灾1200亩，绝收面积2200亩，7户房屋进水，造成危房4户，冲毁村级道路7500延长米，冲毁桥梁1座，冲毁河坝1100延长米，冲毁护坝石笼60个，冲高压线杆2根，造成全乡停电，直接经济损失150万元；7月4日17时30分，朝阳湾镇6个行政村遭受冰雹袭击，降雹历时30分钟，冰雹粒径15毫米，积雹厚度25毫米，受灾耕地面积15510亩，其中五成灾玉米7900亩、蔬菜110亩，4成灾土豆5600亩、杂粮1900亩，直接经济损失300万元；7月4日18时20分，银窝沟乡5个行政村遭受暴雨冰雹袭击，降雨历时40分钟，降雹历时10分钟，降雨量45毫米，冰雹粒径8毫米，积雹厚度25毫米，受灾耕面积2400亩，其中成灾面积1800亩，冲毁河坝1100延长米，损毁石笼180个，直接经济损失140万元。

2004年进入5月以后，受强对流天气影响，汛期共发生较大雹情8次，分布在兴隆、宽城、围场、丰宁、滦平5县及承德市区，降雹历时一般为3至15分钟，6月至7月份局部暴雨共造成丰宁、围场、隆化等6个县、29个乡镇受灾，受灾人口8万人，损坏房屋91间，受灾耕地面积68295亩，其中成灾面积48690亩，绝收面积21180亩，损坏堤防57处长11.15千米，损坏灌溉设施10处、机电井12眼、桥涵11座，共造成直接经济损失2524万元。围场县不澄河发洪水时两人强行渡河被水冲走死亡。

2005年，由于受西风槽冷空气和西伸北台携带大量暖湿气流的副热带高压的共同影响，从8月12日8时至13日8时，承德市出现大范围降雨过程，全市平均降雨量66.5毫米，兴隆、宽城、平泉、承德县、双桥区普降大到暴雨，局部地区出现大暴雨，宽城县龙须门降雨量155.7毫米，承德县上谷降雨量138.1毫米，平泉县党坝降雨量128.5毫米，最大点雨量为兴隆县大杖子村328.9毫米。由于降雨强度大，范围广，兴隆、平泉、承德县、宽城四县遭受严重山洪灾害，兴隆县车河出现了百年一遇的特大洪水，最大洪峰流量745立方米/秒，双桥、双滦、营子、滦平、围场等县区也不同程度受灾。全市共有65个乡镇受灾，受灾人口59.1万人，因灾死亡4人（其中因山洪死亡2人，雷电击死2人），造成饮水困难1273人，受灾耕地面积415140亩，绝收面积72895亩，毁坏耕30360亩，因灾死亡大牲畜3820头，冲淹鱼塘180亩，毁坏蔬菜大棚381个，冲毁果树5.6万株，果品减产15986吨，冲走船只2艘、农用车25台，倒塌房屋2001间，其中兴隆县大杖子小学11间教室进水、5间教室成危房，承德县大彭子杖子村17户55间住房冲毁49间，生活用品全被冲走。交通和水利设施严重损坏，北陵线大杖子段5处路基被冲，其中两段长约50米被截断，沟深达5米，造成交通中断，承栗公路塌方淤积13处，承秦出海公路和北陵公路塌方28处，滑坡2处，冲毁桥涵15座；冲毁县乡村公路1004.9千米，桥梁56座。冲毁河坝79560米，机井288眼，渠道和输水管路受损212200米。

2005年8月12日，兴隆车河发生较大洪水。

雷电击毁电话机1024部、电脑165台、手机3000多部、电视等家用电器2100台。大部分受灾村停水、停电、通讯中断。此次山洪水灾共造成直接经济损失42099万元，其中兴隆县9600万元、承德县9165万元、宽城县8313万元、平泉县9716万元、营子区2120万元。

2008年汛期，几次局部暴雨共造成全市6个县区、39个乡镇、11.24万亩农作物受灾，围场、承德、双桥等县区的部分乡镇损失严重。其中耕地成灾面积10.61万亩，绝收0.63万亩，冲毁河坝28.42千米，损毁铅丝石笼66个，冲毁乡村公路30.3千米，桥涵4座，损坏输电线路2110米，倒塌房屋4间，房屋进水86户346间，造成危房18间，损毁机井15眼，冲走猪、羊32只，损毁蔬菜大棚56个，因灾死亡1人，共造成直接经济损失0.48亿元。

2009年6月14日下午14时至14时30分，围场银窝沟乡8个行政村突降暴雨，造成1750亩农田受灾，533亩耕地绝收，洪水冲毁8处公路路段，距离达5千米，冲毁河坝1000米，房屋进水6户20间。同时有2个小孩和3头牛遭雷击，小孩被击伤，3头牛当场死亡。灾害造成直接经济损失160万元。6月15日11时30分至16时，围场县大唤起、龙头山等5乡镇遭受暴雨冰雹灾害，造成55421亩耕地受灾，其中耕地绝收4332亩，洪水冲毁河坝4720米、公路路基180米，冲走石笼70多个、水泥12吨，房屋进水5户，共造成经济损失3959万元。7月23日14时至15时，丰宁县小坝子、窟窿山2个乡镇1小时降雨达50毫米，灾害涉及8个行政村和32个自然村，受灾人口1853户5783人，受灾耕地面积15176亩，洪水冲走大牲畜50头、羊720只、家禽1600只，冲毁护村护地堤坝2800多米、房屋121间，并冲走拖拉机、摩托车、电视等农用机具和家用电器，直接经济损失652万元；同日下午4时15分至5时30分，围场县宝元栈、广发永等五个乡镇14个行政村遭受暴雨袭击，受灾人口2697户9252人，冰雹最长持续时间达半个小时，造成24570亩耕地受灾，绝收面积360亩，冲毁道路4600米，冲毁小流域综合治理工程6平方千米，造成危房10户，经济损失1417万元。这几次局部暴雨共造成丰宁、围场两县13个乡镇9.69万亩耕地受灾，经济损失达6188万元。

2010年6月16日下午5时至9时30分，围场县克勒沟镇、朝阳地镇、腰站乡、朝阳湾镇、四道沟乡25个行政村遭受暴雨、冰雹袭击，最大降雨量50.9毫米，冰雹直径达1.5厘米，造成2.13万亩农田受灾，40多间房屋进水，3间农房坍塌，23户形成危房，2057米水泥路肩冲毁，造成直接经济损失1413万元。6月27日下午2时30分至3时10分，围场县南山嘴乡四个村突降暴雨、冰雹，雨量47.4毫米，冰雹厚度2～3厘米，致使8000多亩农田被淹，绝收面积达5000亩，房屋进水8户，冲毁河坝200多米，直接经济损失500多万元。

7月11日5时至7时，丰宁县大滩、鱼儿山、土城、天桥、胡麻营、南关、四岔口7个乡镇突降暴雨，最大降雨量大86.1毫米，致使48个行政村受灾，受灾人口5471户1.59万人，受灾面积2.39万亩，绝收面积达1.07万亩，毁坏耕地3120亩，冲毁护村堤坝2000米，毁坏乡间公路12.5千米、桥涵6座，房屋进水47间，造成直接经济损失993.8万元。7月12日20时，丰宁县苏家店、外沟门、小坝子3个乡11个行政村遭受暴雨袭击，致使525户1974人和3396亩耕地受灾，紧急转移安置25人，绝收耕地面积1576亩，倒塌房屋14间，冲走大牲畜45头，损毁乡间公路11千米，房屋进水85户271间，直接经济损失363.2万元。7月17日17时，围场南山嘴乡南山嘴村突降冰雹，历时30分钟，冰雹直径1.5厘米，造成道路2处断交，300亩耕地绝收，经济损失60万元。2010年7月28日，围场县朝阳湾乡、郭家湾乡、朝阳地镇、燕格乡、大唤起乡、腰栈乡6个乡镇遭受暴雨、冰雹袭击，降雨持续1小时，致使4000多亩耕地被毁，6000亩农作物受灾，房屋进水50户，冲毁河坝3400米，大风吹倒树木40株，直接经济损失800多万元。7月30日8时至31日8时，全市普降中到大雨，局部暴雨，强降雨导致山洪暴发，局部出现严重灾情。隆化县郭家屯镇、围场县南山嘴乡等23个乡镇不同程度受灾。其中，隆化县民房受损769间，倒塌房屋61间，农作物受灾16750亩，成灾10750亩，绝收1840余亩，冲毁河坝40.5千米，冲走大牲畜106头；局部交通中断，冲毁大桥2座，生产桥25座，乡村公路25千米，韩郭公路冲毁路基及挡墙5处长达132米，部分路段有大面积泥石流堆积，厚度达30～60厘米；承围、隆凤线（白云山段）段坍方1500多立方米，111线发生四处泥石流。全县西部3个镇电力、通信设施中断。受灾群众达8000余户34620口人，紧急转移安置628口人。据初步估算，全县因灾造成直接经济损失1350万元。围场县冲毁河坝7000多延长米，冲毁通乡水泥路1500米，村级路8000米，柏油路面80平米，冲毁桥1座，冲走石笼210个，房屋进水36间，倒塌7间，冲走肥猪5口，猪仔25口，因房屋进水冲走粮食500公斤。洪灾造成土豆绝收1000亩，减产1500亩，玉米绝收2000亩，减产1400多亩。蔬菜绝收400多亩。共造成经济损失1200多万元。

2010年，几次局部暴雨共造成丰宁、围场、隆化3县8.59万亩耕地受灾，绝收面积2.28万亩，经济损失达6680万元。

2011年汛期，连续出现的局地暴雨引发了严重的山洪灾害，全市7个县区、145个乡镇受灾严重，受灾人口40.59万人，受灾农作物面积18660公顷，其中成灾12930公顷，绝收5150公顷，倒塌房屋397间，冲毁河坝278处、141.14千米，公路断交113条次，损坏塘坝2座，冲毁桥梁6座（大桥1座），损坏机电井42眼，死亡大牲畜62头，因灾死亡一人，直接经济损失4.65亿元。

2012年4月至6月，暴雨、冰雹、雷电等强对流天气多发，时间明显早于往年。6月有27天出现强对流天气，出现四次较大降雨过程，平均降水量135.5毫米，较常年偏多54.1%，北部滦河干流、支流和伊逊河出现14次涨水过程，有3个县、25个乡镇、3.35万人受灾，3名学生因灾死亡，直接经济损失3944万元。本年汛期降雨主要集中于7月21日至8月2日四次强降雨过程，全市平均降水量达187.2毫米，较历史同期偏多175%，范围之广、密度之高、强度之大历史罕见。全市118个乡镇52.53万人受灾，因灾死亡4人。农作物受灾面积2.2万公顷，绝收0.29万公顷，倒塌损坏房屋8686间。直接经济损失19.07亿元，其中水利基础设施经济损失5.4亿元。

受春季和夏秋降水偏少影响，全市共造成205万亩农作物受旱，其中成灾面积165.92万亩，绝收16.4万亩。造成1.01万眼机电井出水不足，有148个乡镇、686个村，14.65万人，3.8万头大牲畜出现临时性饮水困难。

全年几次强降水导致全市8县3区有118个乡镇遭受不同程度的洪涝灾害，其中兴隆、宽城最为严重，全市受灾人口52.52万人，因灾死亡7人，紧急转移安置人口7.35万人次。农作物受灾面积2.2万公顷，其中绝收面积0.29万公顷。倒塌损坏房屋8686间，其中倒塌734间。冲毁防洪堤766千米，冲断公路381千米，冲坏便民桥419座，损坏机电井1312眼，冲毁塘坝3座，损坏泵站9个，冲毁灌溉设施551处，导致1.16人临时饮水困难。此次灾害造成承德市直接经济损失20.16亿元。其中水利基础设施直接经济损失5.4亿元。

2013年，全市6个县2个区、72个乡镇、12.89万人不同程度的受灾，农作物受灾面积13.63万亩，绝收面积2.36万亩，损坏或倒塌房屋1784间，损坏堤防61.81千米，冲毁便民桥8座，冲毁道路17千米，损坏道路136.8千米，直接经济损失2.78亿元。

2014年，受局地强降雨影响，本市丰宁、围场、兴隆、隆化等县28个乡镇、4.96万人受灾，因灾死亡3人；水毁农作物10.91万亩，其中成灾面积6.73万亩，绝收面积0.85万亩；冲毁树木1万余株，损毁护村护地坝57.6千米、公路40.8千米、便民桥5座、房屋68间。直接经济损失7947万元，其中农作物直接经济损失5488万元，水利设施直接经济损失1725万元，其他经济损失734万元。

2015年，局地强降雨造成承德市丰宁县、隆化县、承德县、围场县、宽城县、双滦区6个县34个乡镇、11.13万人受灾，倒塌房屋22间，损毁乡村公路65千米、护村护地坝15.45千米、乡村桥梁16座；农作物受灾面积10.45万亩，其中绝收1.32万亩，造成直接经济损失9397.7万元。

第四节　抗洪救灾

中华人民共和国成立以后，承德对防治山洪灾害极为重视，把治山治水、防治山洪作为水利工作的一项重要任务，为了防止水土流失，积极开展了群众性的水土保持工作，修建了大量的防洪护岸工程，对减少山洪灾害起到了积极的防护作用。每当暴雨山洪灾害发生后，各级党委和人民政府都积极组织广大群众进行抗洪救灾，千方百计调动人力物力，积极支援抗洪救灾，各级领导深入灾区，安置灾民的生产生活，采取各种抗灾补救措施，开展生产自救，恢复生产，减轻了灾害程度，取得了一次又一次抗洪救灾的胜利。

1958年，承德地区连续发生暴雨冰雹、洪水等灾害。5月17日至18日，平泉、滦平、密云等县遭受雹灾，砸毁幼苗3万多亩。灾情发生后，地委、专署立即发出电报，指示各受灾县抓紧救灾，确保苗全苗旺，保证丰收，各地党政领导深入灾区检查，发动群众救灾保苗。6月17日、18日、20日、21日，先后有隆化、平泉、围场、承德、丰宁5个县遭受暴雨洪水和冰雹灾害，受灾面积近10万亩，并有人畜伤亡和其他损失。地委、专署发出通报，要求各灾区的党政领导机关深入灾区，做好安置，互助互济，安定情绪，奋起抗灾。灾后，受灾地区各级党委组织领导干部前往灾区慰问，稳定群众情绪，恢复生产，组织突击补种、翻种、扶苗。隆化县派出部、局、科长多人和韩麻营区全体干部到重灾区九神庙、烧锅营等进行善后处理，并给以人力物力支援，隆化区支援10000元钱和1000公斤种子、郭家屯区支援800元钱、七家区支援7头牛、15只羊和150元钱，还有其他抗洪救灾物资。灾后掀起生产高潮，出动4450名劳力和420多套犁杖进行毁种和补种。8月8日夜晚，滦平县骤降大暴雨，南部和西南部降雨量达136.2毫米，发生严重的泥石流灾害，冲毁耕地3万多亩，人畜遭受重大伤亡，财产遭受重大损失。灾情发生后，滦平县委成立了生产救灾领导班子，县委书记、县长、各科长等28人分三路连夜赶到受灾公社，进行查灾救灾，慰问受灾群众，并组织了5名医生、拨救灾款6000元、粮食1万公斤、衣服200多件等物资，支援灾区抗灾救灾。地委、专署派出专员、地委农村部部长和民政、林业、交通等部门，并携带救灾款1万元、衣服100套，到该县受灾严重的乡、社进行检查慰问。受灾群众和乡社干部受到领导的关怀，深深感到党和人民政府的温暖和社会主义制度的优越，稳定了思想情绪，一面积极投入抗灾保收，搞好生产，重建家园，一面安排生产生活，解决吃、穿、住等实际困难，老人入了幸福院，幼儿入了托儿所，对受伤灾民及时进行了治疗。

1959年，6月6日有少数县、社遭受雹灾，受灾面积8.9万多亩；6月22日至25日，围场、隆化、滦平、兴隆、承德等6个县（市）又遭受较严重的暴雨洪水和冰雹灾害，受灾面积达30多万亩，人畜、房屋和其他财产均遭受较大损失。灾后，地委、专署发出紧急指示，号召积极进行抗灾救灾，受灾县均采取了紧急救灾措施。围场县组成以县委书记郭子云为首的36人抗灾救灾慰问团，到重点灾区进行慰问，并组织群众生产救灾，全县动员29873人，划分了修渠、扶苗、抢种、补苗四条战线，两天时间修排水沟1178道、扶苗25736亩、补苗14044亩，县直机关、学校组织1300多名干部、学生帮助附近受灾社队抗灾扶苗，修复渠道41条，扶苗150多亩。隆化县委书记、县长等10余人深入受灾队领导救灾抢种，受灾公社成立了抗灾指挥部，组织机关、学校和未受灾的社队出人出物支援受灾社队抗灾救灾，掀起了以抢险抗灾抢种为中心的生产救灾高潮，三个重灾公社完成扶苗3154亩，翻种5511亩。

1962年7月24日至26日，承德地区普降特大暴雨，东南部大，西北部小，承德地区南部滦河中下游的兴隆等地为暴雨中心，降雨量自东南向西北分别为：兴隆360毫米、平泉248毫米、承德县下板城391毫米、承德市234毫米、滦平代营130毫米、隆化下河南136毫米、围场96毫米、丰宁大阁50毫米。此次降雨历时短，范围广，强度大，雨量集中，引起山洪暴发，各河先后普遍涨水，7月26日，武烈河承德市洪峰流量2580立方米／秒，瀑河大桑园洪峰流量3000立方米／秒、滦河潘家口洪峰流量18800立方米／秒，老牛河下板城洪峰流量3550立方米／秒。由于特大暴雨和特大洪水的袭击，给承德地区中部南部各县（市）造成严重的灾害损失，铁路、公路和邮电通讯线路冲断，交通停运，通讯中断联系，防洪工程遭到破坏，大批耕地被冲毁，房屋冲毁倒塌，人畜伤亡，国家和人民生命财产均遭受重大损失。武烈河洪水急剧上涨，承德市区受到严重威胁，在洪水紧张危急的时刻，地、市主要领导和防汛、水利部门的负责人及广大干部，日夜在武烈河大坝巡回检查指挥防汛，成百上千的干部、职工和市民自愿投入武烈河大坝防汛抢险，确保了承德市的安全。

洪水过后，专署和各县抽调了大批干部深入灾区，领导群众开展生产救灾活动。7月30日，专区防汛指挥部和水利局派出几个工作组，分赴平泉，承德、兴隆、滦平、隆化等县，对滦河、老牛河、瀑河、长河、柳河、伊逊河等河流沿岸的水利工程状况和农村受灾情况进行了调查，搜集了群众对防洪工程和抗洪救灾的意见。粮食部门调拨了大批口粮和种子，运输部门组织了各种车辆，商业部门调拨了一部分衣服、棉布和大量生活用品，银行发放了400多万元的农业贷款，医药部门拨出大量药品，卫生部门组织派出18个医疗队支援灾区。由于各级领导的重视，灾区群众生产自救劲头很高，很快恢复了耕地，修复了一些水毁工程，到8月中旬，通往各线的公路交通和通信线路相继修复，恢复了通车和通讯联系。8月15日京承铁路恢复通车，8月8日锦承铁路也相继恢复通车。

1966年7月2日，兴隆县北营房区遭受毁灭性冰雹灾害，全区共6个公社29个大队有4个公社14个大队受灾，受灾面积16930亩，占总耕地一半以上，砸坏瓦房1441间。灾后，区委召开紧急会议，做出抗灾救灾决定和部署，区委在受灾严重的下台子公社建立了抗灾指挥部，抽出30名干部组成工作组，分赴重灾社队检查灾情，摸清底数，发动群众抗灾，在县、区委工作组的领导下，广大群众取得了抗灾斗争的胜利，翻种土地7832亩。苗营大队14岁的“三好”学生苗成忠，7月2日替人放生产队的牛时正赶上冰雹，头部被砸伤4处，仍然坚持把牛赶回圈棚，他的事迹教育了广大群众。北营房区受灾后，还得到了四面八方的热情支援，六道河区组织320人带着粮食、工具、行李主动支援，驻军大批官兵也赶来支援，正在修京承公路的民工300多人连夜赶到参加抗灾斗争，共有1146人前来支援抗灾，本区内各社队支援抗灾的还有600人。还有的支援种子、秧苗、薯蔓，还有的送粮、送莱，解放军献粮献款，极大鼓舞了群众抗灾的积极性。

1975年6月，全区各县（市）连续遭到5次较大暴雨冰雹灾害，受灾面积48.6万多亩，人畜生命财产都遭受一定损失。为了切实搞好防洪救灾，地委常委除分头下去检查灾情外，并及时召开紧急电话会议和防汛专业会议，号召全区人民积极行动起来，以“人定胜天”的精神和“战胜龙王斗倒天，抗灾抗出丰收年”的气派进行防灾抗灾。在抗灾斗争中，灾区全党全民总动员，男女老少齐上阵，学校师生停课，各行各业紧急支援，集中领导，集中人力物力，集中时间，在短期内把被雹毁的庄稼苗翻种补种完。围场县三义永、黄土坎等7个公社雹灾后，组织发动了上千名职工干部，近6000名学生和16000多名男女劳力，出动1260多付耠具，突击三天，翻种19370亩，补种10800亩，扶苗1500亩，并通过增耪增耥，加强水肥管理，达到了苗全苗壮。一方受灾，八方支援。隆化县中关公社6月3日受水灾后，附近的隆化镇、存瑞、超梁沟等公社、大队，主动拿出大批救灾物资慰问支援灾区，共捐款2950元、粮食4004公斤、粮票689.5公斤、布票264尺、木材8立方米、砖8000多块，还有耕牛1头。受灾大队的干部群众深受鼓舞。经过层层发动群众，全区投入抗灾的劳力达16万余人，到6月中旬全部完成了18万多亩的翻种补种任务。

1975年7月，全区又有235个公社1021个大队遭受暴雨风雹灾害，受灾面积58.26万亩。灾情发生后，地委连续召开了三次紧急电话会议，号召全区人民振作精神，坚定斗志，积极行动起来，抗灾夺丰收。县、区、公社各级党委领导深入灾区检查慰问，并组织救灾工作组，同广大群众一起，迅速掀起抗灾高潮，抢扶完被水冲沙压的庄稼，翻种7万多亩晚田作物，并对受灾地块加强田间管理，增施粪肥，促进庄稼早发快长。对冲毁的农田基本建设工程，组织群众抓紧抢修，7月初滦平受灾后，发动群众突击一周，修复防洪河坝20处长1500多米，修复闸沟梯田坝界200多道长2900多米。

1976年7月23日，滦平县普降大暴雨，降雨历时短，强度大，风雨交加，山洪暴发，河水猛涨，全县37个公社376个大队受灾，农田和水利工程设施、交通道路遭到严重破坏，人民生命财产遭受重大损失，受灾农田25.3万多亩，占全县总耕地63%，冲毁倒塌房屋1127间，冲走淹死30人。灾后，县委领导人民群众积极投入抗灾斗争，县委6名常委带领县直248名干部和区、社1000多名干部，深入重灾区，组织发动群众抗灾抢险，恢复生产，扶苗、抢种晚田，安置受灾群众生活，扶苗6万多亩，抢种晚田1万多亩，修复防洪坝1.5万多米，对受灾群众生活作了妥善安排。在抗灾救灾中，丰宁、围场两县支援了荞麦种子，滦平县未受灾的公社支援灾区口粮5万多公斤。

1977年5月14日，隆化县普遭霜冻灾害，5月26日全县又有22个公社79个大队遭受暴雨山洪和冰雹灾害，受灾农田面积11.1万亩，一些水利工程也被冲毁。灾情发生后，各公社发动大小队干部逐地块检查灾情，县委召开常委会进行研究，采取紧急抗灾措施。县委书记刘荣胜、副书记李良田、革委副主任李洪儒、常委秦永刚、朱瑞堂、薛林惠等及从县直机关抽调的18名干部，分别到4个重点受灾公社检查灾情，组织抗灾斗争。正在尹家营公社搞整风试点的县委副书记吴凤海和工作组全体成员暂停了整风工作，与公社干部一起深入受灾大队，发动群众抗灾。在抗灾斗争中，县委拿出7.78万公斤返销粮指标和1.3万元救济款救济重灾公社，并将库存10吨化肥也全部发到重灾公社，解决抗灾急需。县粮食局、交通局抽出专人组织车辆调运化肥、种子，连夜从围场、平泉、滦平、丰宁4县调进救灾种子47000公斤。全县掀起了男女老少总动员，千军万马齐抗灾的高潮，投入抗灾人数达5.5万人，出动犁杖耠具3100付，共补种13981亩，毁种95115亩，耗掉种子45万公斤，取得了抗灾斗争的胜利。

1991年6月6日至20日，滦平、丰宁两县先后两次遭受较为严重的暴雨灾害，滦平县涉及27个乡镇，受灾面积12.6万亩，直接经济损失9495万元；丰宁县涉及13个乡镇，受灾面积10.64万亩，直接经济损失4300万元。灾情发生后，各级政府非常重视，迅速深入灾区查看灾情，积极组织群众开展抗洪抢险和生产救灾工作。副省长张润身带领工作组到滦平县检查灾情，慰问受灾群众；滦平县委和政府领导带领8个工作组深入灾区开展抗灾救灾；丰宁县政府抽调500多名机关干部分赴灾区开展抗灾工作，灾区生产生活很快得到恢复；地区领导协调财政、物资、供销、粮食等部门，为灾区筹集抗洪抢险资金56万元、铅丝110吨、柴油汽油90多吨和部分化肥、种子、衣物等生产生活物资，地委和行署办公室还发出通知，号召各部门为滦平、丰宁县灾区捐款捐物，滦平县29个单位捐款35.8万元、粮食8.25万公斤。

1992年8月2日至4日，承德全区普雨，局部地区降暴雨，强度大，围场、隆化、滦平、丰宁等县遭受不同程度洪水灾害，以围场县受灾最重。灾情发生后，地县都召开了专门会议，研究部署抗灾救灾工作，地区派出工作组分赴滦平、围场等受灾县检查灾情，各受灾县也都派出工作组深入灾区帮助群众开展救灾活动。8月4日，围场县由领导带队，组织有关部门分赴全县各地查灾救灾，全县共出动干部群众7万余人和解放军指战员124人投入抗灾救灾，出动机动车辆98辆投入抢险活动，抢修水毁工程，交通干线恢复了通车，11个乡镇恢复了通电，灾民生产生活得到妥善安置。滦平县委、县政府带领民政、水利、保险、广播等部门连夜奔赴小营、红旗、陈栅子等重灾乡镇查看灾情，稳定受灾群众情绪，开展生产自救，小营乡投入3000多人开展扶苗、修坝等抗灾活动，修复险工9处，扶苗800多亩，修复了被冲毁的乡村道路，恢复了广播。

1994年7月12日至13日（以下简称“7·13”）全市普降大暴雨，个别地方降特大暴雨。本次暴雨使全市8县3区普遍遭受洪水灾害，承德市区、承德县、兴隆县、宽城县和营子区灾情最为严重。7月12日晨，市防汛抗旱指挥部启动紧急防汛预案，各路防汛队伍坚守各自负责的地段，严密监控险情发展；13日凌晨，城区防汛指挥部总指挥发布了执行抗洪抢险的命令，市委书记李月辉、市长柳宝全亲临抗洪第一线指挥抢险救灾，市委、市政府先后十几次研究部署救灾抢险工作。经过积极抢修，城区很快恢复了供水供电，铁路公路恢复了通车，电信恢复了通讯，河流险工险段险情得到了控制。

“7·13”特大暴雨洪水灾害发生后，省委、省政府极为重视。7月15日，承德特大洪灾的信息刚刚传到省政府48小时之后，省政府派出的慰问检查组就赶到了承德，慰问检查组由省政府副秘书长王高鹏带队，24位成员由省交通、水利、建委、民政、邮电、经贸委、计委、人行、财政等厅局负责人组成，经过三天时间慰问视察，认为承德灾情严重，组织抢险得力，群众情绪基本稳定，希望争取多方支援，积极开展生产自救，重建家园。省委书记、省长在接到省政府慰问检查组的汇报后，立即指示省各部门全力支援承德灾区抗洪救灾，并在省会石家庄召开了援助承德灾区动员大会，省直有11个厅局很快就对口支援承德市重灾企业恢复生产做出具体安排，并奔赴灾区现场调度、解决问题。

7月16日，副省长顾二熊受省委书记、省长委托，代表省委、省政府到承德灾区慰问受灾群众，检查救灾工作，先后赴宽城、平泉、承德县等地察看灾情，并听取了市委、市政府的全面汇报，在绮望楼宾馆座谈会上，副省长顾二熊当众用手提电话拨通了省化工厅、省保险公司等单位，要求省化工厅组织所属企业每单位派一至两个“明白人”，带着援助项目或资金，帮助兴隆化肥厂早日复产，并要求省保险公司以最快的速度预付部分保险金以解燃眉之急。

7月22日，国务委员、国家防汛总指挥部副总指挥陈俊生，带领国家计委、经贸委、民政部、内贸部、防汛办公室、国务院办公厅等六部委负责人，在省长叶连松、副省长顾二熊及承德市领导的陪同下，深入兴隆灾区慰问考察，在兴隆县先后视察了遭受重灾的六道河镇和茅山镇，然后赴宽城县洪水灾区和潘家口水库移民点进行考察慰问，在视察期间听取了市委、市政府关于“7·13”洪水灾害的全面汇报。国务委员陈俊生对承德洪水灾区进行视察慰问，充分表达了党中央、国务院对承德灾情的关怀和支援，也给承德人民指出了自力更生、再造山河的希望之路。

7月27日，省委副书记李炳良深入灾情最重的兴隆县考察，对兴隆县的抗洪救灾工作给予很高的评价。

7月底，省委书记带领省直38个部门的主要负责人到承德指导救灾工作，在承德市召开了省委、省政府支援承德抗灾救灾工作会议，要求省直各部门尽最大努力认真支持承德搞好救灾生产、扶贫开发，并要求承德市各级干部进一步解放思想，振奋精神，自力更生，艰苦奋斗，重建家园，再造河山。

承德“7·13”特大洪灾之后，得到了省内四面八方的支援，张家口市派代表专程送来25万元捐赠物资和25万元赠款，石家庄、邯郸、沧州、衡水、唐山等地市也很快筹集到巨款和物资专程送到承德。省内各对口单位纷纷向承德伸出热情援助之手，省交通系统拨付国、省干线救灾款1500万元，并联合11个地市交通部门捐款1658888元。承德“7·13”特大洪灾不仅受到党和政府的重视和关怀，同时也倍受社会各阶层人士的关注，纷纷解囊相助。

1995年7月28日至29日，全市普遍降雨，全市平均降雨量89毫米，兴隆、宽城和平泉县部分地区降了大暴雨，最大降雨量兴隆县半壁山224毫米；8月1日至2日又是一次全市性大到暴雨，平均降雨量76毫米，暴雨中心几乎与上次相同，最大降雨量兴隆县老虎沟水库183毫米。由于上述两次暴雨相隔时间很短，瀑河、洒河、柳河都发生了较大洪水，兴隆、宽城、平泉、承德四县遭受了较为严重的洪水灾害，大部分地区为重复受灾。灾情发生后，7月30日市防汛指挥部副指挥长、副市长沈小平带领市政府副秘书长张耀邦和市防汛办公室主任、市水利局副局长崔献峰等一行4人，连夜奔赴平泉、宽城、承德县等灾区查看灾情，指挥抢险救灾，慰问灾民；市委副书记、常务副市长孙建群到平泉县党坝镇指挥抢险救灾；市防汛指挥部副指挥长、市水利局长齐树昌赴平泉县查看灾情，并和当地领导、群众一起指挥瀑河防洪抢险。7月30日夜，宽城县瀑河上河西桥段出现险情后，县长关悦、副县长刘瑞带领县防汛办公室、县武装部、县城建局和宽城镇等300余人赶赴现场抢险，迅速加固了险段堤坝，控制了险情的发展。平泉县城瀑河防洪坝先后三次出现险情，县委书记赵曙光、县长王克、副县长郭宏达带领县防汛办公室及有关部门400余人全力抢险，加固险段。宽城县龙须门镇的郑海发是抢险突击队员，在和队友抢救转移他人时，身先士卒，用尽最后一点力气救出一人，自己却被洪水冲走。7月13日，市委、市政府召开了防汛工作紧急会议，市委书记柳宝全，副书记、常务副市长孙建群，副书记王永泰，副市长沈小平等听取了各县灾情汇报，研究了生产救灾方案，对防汛工作做了进一步部署，市委、市政府联合下发了《关于进一步做好抗洪救灾工作的通知》，要救各受灾县积极组织群众开展生产自救和生产恢复工作。

1998年7月5日至6日，丰宁、兴隆、滦平三县遭受特大暴雨洪水灾害后，引起各级领导的高度重视。7月7日，市长傅贵武带领市直有关部门负责人到丰宁、滦平两县查看灾情，要求灾区干部群众坚定信心，开展生产自救，重建家园，并强调各地都要牢固树立防大汛、抗大灾意识，确保安全渡汛。7月17日至20日，副省长郭庚茂带领省政府有关部门负责人，先后深入丰宁、滦平、兴隆等县查看灾情，慰问灾民，指导救灾工作。副省长郭庚茂要求，在大灾面前，各级各部门和广大群众要振奋精神，增强斗志，发扬艰苦奋斗精神，搞好抗灾自救，努力恢复生产，建设家园，力争把洪水灾害造成的损失减少到最低限度。7月24日，市政府召开防汛电话会议，副市长袁福讲话强调，要恪尽职守，尽职尽责，确保全市安全渡汛。

2005年8月12日8时至13日8时（以下简称“8·12”），承德市大范围降雨，全市平均降雨量66.5毫米，兴隆、宽城、承德、平泉四县和双桥区普降大到暴雨，局部地区出现大暴雨，其中宽城县龙须门降雨量155.7毫米，承德县上谷降雨量138.1毫米，平泉县党坝降雨量128.5毫米，最大降雨量为兴隆县大杖子村328.9毫米。由于降雨强度大，分布范围广，短历时强降雨过程导致山洪暴发，兴隆、宽城、承德和平泉四县遭受严重山洪灾害，部分道路被毁，农田被冲，电力、通讯和城镇供水中断，部分民房倒塌。“8·12”暴雨洪水灾害发生后，市政府立即发出紧急通知，要求各县

（区）、市直有关部门要认真做好防汛和救灾工作，各县（区）要加强对防汛工作的领导，加大对辖区内防洪重点部位的排查，确保做到预警到位、防汛物资及抢险队伍到位、转移安置到位，确保人民生命财产安全，并要求市直有关部门会同受灾县（区）做好救灾和水毁设施的恢复工作。市委书记赵文鹤召开紧急调度会议，听取了市水务局和市民政局的抢险救灾情况汇报，要求各级政府和有关部门在救灾工作中要坚持以人为本，千方百计支援灾区生产自救和灾民安置工作。承德市市长组织召开了全市紧急防汛救灾电视电话会议，部署全市抗洪救灾工作，并亲临灾区慰问广大干部群众，极大增强了灾区人民战胜洪水灾害的信心和决心。

“8•12”暴雨洪水灾害发生后，市委、市政府、市防汛抗旱指挥部及时派出工作组，分赴兴隆、宽城、承德、平泉4个受灾严重地区，组织和指导抗洪抢险救灾工作，市有关领导亲临防汛部门指挥抢险救灾工作，并赴受灾严重地区检查灾情，慰问受灾群众。8月12日，市委副书记张古江一行冒雨赴宽城县检查灾情，详细查看了瀑河流域的受灾情况；8月12日下午，市委常委、常务副市长袁福带领政府办、水务局的负责人赴承德县查看灾情；8月13日，副市长于明带领民政局、水务局的有关负责人先后赴承德县、兴隆县查看灾情，并慰问受灾群众；8月13日，副市长丁万明赴平泉县查看灾情。市委常委、常务副市长、市防汛指挥部副指挥长袁福和副市长、市防汛指挥部副指挥长于明等领导坐镇市防汛抗旱指挥中心，利用防汛抗旱指挥决策支持系统对全市防汛工作进行指挥调度。正在承德检查防汛工作的省防汛抗旱指挥部副指挥长、省防汛抗旱办公室主任、省水利厅长韩乃义参与了这次防汛救灾工作的现场指挥。

“8•12”暴雨洪水灾害发生后，各受灾县（区）群众全力抗洪抢险，全市出动县处级以上干部152人，投入抢险队伍6万人，投入抢险物资折款200多万元。在“8•12”特大暴雨中，有1座中型水库超汛限水位，23座小型水库发生溢洪（其中兴隆县厂沟水库最大溢洪流量280立方米秒），两座塘坝发生险情，由于预警及时，科学调度，抢险措施得力，重要堤防无一处决口，水库无一座垮坝。“8•12”特大暴雨，共发生大小不同的山体崩塌、滑坡、泥石流等地质灾害10余处，较大的滑坡和泥石流4处，由于提前采取了各种有效的防御措施，均没有发生大的安全事故。在“8•12”特大暴雨过程中，共紧急转移处于山洪泥石流危险区、危房、小型病险水库、小塘坝及尾矿坝下游地区的群众3938人，除4人在水灾中遭意外死亡（其中因山洪死亡2人，雷电击死2人）外，在转移过程中没发生一起人员伤亡事故。

“8•12”暴雨造成兴隆县大杖子村罗圈沟小塘坝出现险情，严重危及下游约70户群众的安全，12日晚由县防汛指挥部组织动员全部受威胁群众转移，市防汛指挥部下令采取紧急措施降低塘坝水位，由承德军分区协调驻军某爆破专家和市防汛办公室派出的水利专家一起经过周密计划，用爆破的办法将溢洪道拓宽6米、加深1.5米，将蓄水降至安全水位。

2005年8月12日承德市、县干部战斗在抗洪抢险第一线

在兴隆县大杖子村罗圈沟塘坝、双桥区大石庙和平泉县瀑河利民桥段抢险过程中，各级主要领导和防汛办公室人员始终在现场指挥调度。市水务局副局长宋秀清在道路断交的情况下，步行20多里路赶奔罗圈沟塘坝抢险现场；水灾发生后，市交

通局长朱锋利迅速调集百余台机械设备和车辆投入公路抢险，力争在最短时间内使断交公路恢复通车。双桥区副区长谭永才带着严重的胃病指挥大石庙旱河抢险；承德县下板城镇小平台村70岁高龄的老书记张彩，拖着多病的身体坚持参加抢险救人，转移安置村民，组织抗灾自救；兴隆县洒河南村护堤员赵云祥、大杖子村支部书记周国荣和村委会主任霍秀山，冒着生命危险抢救被洪水围困的村民。在防汛抢险工作中，网通公司在最短时间内接通市防汛指挥中心和武烈河市区段14部抢险指挥电话；市交通部门在水毁路段设立提示标志，疏导过往车辆绕行，调集抢险车辆设备165台，填筑路基1.2万立方米，清理滑坡、塌方、泥石流4.7万立方米。各单位共投入抢险施工队伍5000余人，投入应急抢险资金1340万元。

8月23日至24日，市领导张古江、胡兴印、王克、栾松江等带领民政局、水务局、交通局的负责人，代表市委、市政府和全市人民，分赴平泉、宽城、兴隆、承德四个重灾县进行慰问，为灾区送去救灾补助资金、捐助款和水毁水利工程、水毁道路修复款，并到受灾村慰问重点受灾农户。

“8·12”暴雨洪水灾害发生后，承德灾区得到来自各方的无私支援，唐山市支援抗洪救灾资金100万元，天津市民政局为灾区募捐衣被50万件，市红十字会从上海红十字会争取到60万元的救灾物资，市直机关、事业单位、人民团体和驻承部队也踊跃捐款。省、市政府下拨的210万元救灾资金及大批粮食、衣被等救灾物品及时发放到灾民手中，修复灾区住房3976间，重建住房363间，确保灾民有水喝、有衣穿、有房住，灾区群众生活井然，情绪稳定。

2012年6月和7月下旬，全市出现8次局地和区域较大暴雨洪水，尤其是7月21日至8月2日，连续出现了四次强降雨过程，全市平均降水量达164.2毫米，较历史同期偏多175%，范围之广、密度之高、强度之大历史罕见。全市118个乡镇52.52万人受灾，因灾死亡4人。农作物受灾面积2.2万公顷，绝收0.29万公顷，倒塌损坏房屋8686间。直接经济损失19.07亿元，其中水利基础设施经济损失5.4亿元。面对严峻的防汛形势，全市积极协调、科学调度，科学防控，有效应对洪涝灾害。市防办加强与气象、水文等相关部门会商和研判，同时强化分时段、分区域的预警预报，为领导及时提供决策支持；利用广播、电视、手机短信等媒介，及时发布预警信息，共向全市手机用户发送预警信息1000万条，通过电视台15天内发布预警信息12条，为紧急应对灾害赢得了时间。在抗洪抢险过程中，根据雨、水情走势及时下发通知和工程运行调度令20余次，指挥调度有力有序。各级各部门按照调度指令，严格落实各项防范措施，及时查险排险、预泄洪水。同时市水务局3次下派14个检查工作组进行督导检查，确保了水利工程安全运行。在抗御暴雨洪水过程中，市防办实时提供准确翔实的雨、水、工情数据，确保了关键时刻及时启动防汛Ⅱ级应急响应，开展了危险区群众大规模的避险转移行动，把人员伤亡降到了最低程度。灾情发生后，积极做好核灾验灾报灾工作，利用各种渠道及时向上级部门汇报灾情争取支持，同时开展灾后重建水利规划的编制，上报了一批水毁水利恢复项目，共争取水毁农村供水设施、护村护地坝、水库塘坝等一批恢复重建资金4392.1万元，有力地支持了灾后水毁水利工程的重建工作，确保了灾区群众饮水安全和防洪安全

在抗击“7·21”自然灾害过程中，全市共投入各类抢险救灾人员21118人，出动官兵120人次，出动机械运输设备9387台班次，投入物资总计814.5万元，解救受困群众9180人。

附记：

永合栈村抗洪救灾纪实

1990年7月17日14时10分，特大暴雨夹带着冰雹，稀里啪啦，倾泻在围场满族蒙古族自治县永合栈村的大地上。半小时后，雨势减缓，而滚滚的山洪却如发疯的恶龙一样，将村西坝堰剜开一道豁口，没头没脑地向永合栈村扑来！眨眼之时，66户遭洪水围困，27户家什、衣物被洗劫一空，99头牲畜被洪涛卷走，1.5万余公斤粮食被洪水淹没……而这里的290多口人却无一人伤亡。谈到这个“奇迹”，永合栈村的受灾群众含着热泪说：“多亏了村里的党员、干部啊，若不是他们拼死相救，我们的命早就没啦！”

17日14点40分左右，雨还在下着，水声已分外响了。村会计罗树亭担心村里的灌渠出毛病，不顾自家院子早已进水，冒雨跑出了家门。当他来到灌渠跟前时，立刻惊呆了：“哎，渠水怎么倒流？”只一瞬间，他意识到大事不好：“上边开口子啦！”顾不得多想，他撒腿就往村部跑。很快，千家万户的广播喇叭里传出了罗会计那急切有力的呼喊“乡亲们请注意！村西河坝被冲毁，洪水进村啦！洪水进村啦！请大家赶快向安全地带转移……”

罗会计刚离开话筒，村党支部书记祝林、民兵连长孙力便水淋淋地冲进屋来。几个人一商量，一张写有48名抢险队员的名单很快拉了出来，并立即通过广播下达了集结抢险的命令。不到10分钟，抢险人员就来了30多人；15分钟过后，猛增到83人——很多人都不在名单内；但他们都置“小家”于不顾，匆匆赶来抢救那些最需救助的乡亲们。其中年龄最大的是60多岁的老人于俊海。

于俊生77岁的老母亲，正在屋里哄3岁的重孙子和5岁的重孙女，忽见大水涌进院来，赶忙抱起孩子上了炕。可是，还没等她们坐稳，无情的洪水又紧跟着灌进屋里，漫到炕上。老太太一急眼，将两个孩子往怀里一搂，颤颤巍巍地上了窗台。就在这十分危险的时刻，眼前出现了四五个抢险队员的身影，老太太赶忙隔着窗子，放声大喊：“快救救孩子呀……”听到这撕人心肺的呼喊，抢险队员早忘了个人的安危，他们趟着没脖深的洪水，使劲扬着头，吃力地向前挪动，很多人的嘴里都灌进了又脏又凉的浑水。经过一番殊死搏斗，终于将老人和孩子救了出来。就在他们刚一撤离的时候，老太太家的窗子“轰”的一声被洪水推倒，一只巨大的箱子随之从窗口飘出……

与此同时，另一路抢险队员，正在为抢救金素枝母女的性命而奋力拼搏。金素枝家地势低洼，两面受水，激起的浪头达两米多高，房子随时有坍塌危险。面对汹涌而至的大水，这娘俩完全被吓懵了，躲在炕上，哆嗦成一团，不管抢险队员怎样拼命呼喊，屋里就是不见动静。后来，一名抢险队员急中生智，借助附近建筑物的支撑，攀上金素枝家房顶，从上边掏了一个窟窿，一边往屋里扔瓦片，一边扯着嗓子大声呼喊：“房子要塌了，快朝屋外跑！”金氏母女这才如梦初醒，慌忙从屋里踉跄出来。等在屋外的于风军、王建民、刘志福等人，一边提醒她们死死抱住院中管井，等待救援，一边不顾一切地向她们靠拢，但因院外水流太急，接连几次被掀翻在水中。于风军被巨浪推出去20多米，咕咚咕咚灌了好几口浑水；王建民的前脚掌不知被什么东西扎伤，殷殷鲜血立即染红了水面。大家劝他们退下去休息，他们说啥也不肯，始终咬紧牙关坚持战斗。恰在这时，人口普查员孙孝、祝建国等人找来了一根粗壮的大绳。他们将大绳的一头拴在树上，另一头甩过去绕在管井上，然后八九个人抓住绳子搭起一道人墙（60多岁的老人于俊海也在其中），采用接力的方式，一点一点地将金素枝娘俩救出院外。

就这样，英雄的抢险队员们，置个人、家庭于不顾，在生与死的考验中，谱写了一曲可歌可泣的共产主义赞歌！

（1990年8月8日《承德群众报》尹志杰）

附记：

科学应对战洪魔 众志成城抗大灾

--2012年承德市抗洪救灾纪实

自7月21日至8月1日，承德市平均降水量达164.2毫米，其中有25个乡镇大于300毫米，3个乡镇大于400毫米，最大降水量447毫米出现在兴隆县半壁山镇。全市8个县3个区118个乡镇遭受了不同程度的洪涝灾害，全市受灾人口52.52万人；因灾死亡4人；紧急转移安置人口4.96万人；需救助人口7224人；因机电井损坏导致11600人暂时饮水困难；农作物受灾面积22018.6公顷（33.03万亩），其中，农作物绝收面积2909.64公顷（4.36万亩）；倒塌损坏房屋8686间，其中，倒塌734间；此次灾害造成我市直接经济损失19.07亿元，其中农业损失7.67亿元，工矿企业损失3.85亿元，基础设施损失6.92亿元，公益设施损失2536.29万元，家庭财产损失3780.5万元。

灾害发生后，承德市民政局及时启动了《承德市自然灾害救助应急预案》，多措并举确保受灾群众的衣、食、住、医等基本生活，确保灾害发生24小时内救灾人员、物资、资金三到位，确保受灾群众生活不发生非正常问题。

协调联动，抗救及时。承德市民政局根据气象部门的预警信息，多次向各县区发出了灾害预警预报，要求全市各级民政部门要密切关注天气形势，对可能发生的自然灾害做好防范工作。要认真做好值班值守，有突发情况特别是人员伤亡情况一定要及时沟通，上下联动，确保对受灾群众应急救助按时到位。灾害发生后，为确保抗洪救灾工作有序进行，市民政局成立了由副处级以上领导负责的5支抗洪救灾工作组，在工作组分工会上局党组明确提出各组必须严格落实责任追究制度，确保各项救灾工作高效运转。市县镇乡共有400余名民政干部投入到抗洪救灾工作中。

深入一线，掌握灾情。由于向各县区发出了灾害预警信息，县镇乡民政部门加强了灾害监测工作，7月22日凌晨兴隆县、宽城县、围场县、隆化县、双桥区等县区开始向市民政局陆续报告受灾情况。7月22日早，常金超局长带领救灾科工作人员第一时间到此次受灾最严重的兴隆县半壁山镇查验灾情，在听取了镇民政办的救灾工作开展情况汇报后，实地查验了八仙沟村、东闫杖子村的庄稼和果树损失情况，并到房屋严重损坏的谢启和家进行了慰问。7月23日晚，省委、省政府派出以省民政厅副巡视员张世通同志为组长的工作组到我市兴隆县、宽城县、滦平县等地开展了核查灾情、慰问受灾群众、指导救灾等项工作，核查组认为：我市上报的灾情数据准确、及时，没有漏报、瞒报、谎报，为受灾群众救助工作提供了有力的依据。8月1日，副局长窦立新到宽城县查看了村民紧急转移安置情况，蔬菜大棚、食用菌损失情况以及农田被淹情况。

救灾款物，保障到位。市县区紧急筹集了1406万元投入到转移安置群众，受灾群众口粮、伤病，过渡性生活救助，死亡人员家属抚慰等各项基本生活保障中，并下发了棉被2400条、毛毯100条。这些款物有效地保障了名73535名受灾群众安全转移，使7224名受灾群众得到了生活救助。市民政局还储备1000条棉被、1000条毛毯等生活物资用于突发情况救助。

逐户查验，确保安全。灾害造成倒塌房屋734间，严重损坏房屋4348间，一般损坏房屋3604间。各级民政部门对因灾损坏房屋的农户进行了逐户查验，对轻微损坏的房屋进行了维修，在确保居住安全的情况下，允许转移安置的群众回家居住；对损毁较为严重和倒塌的房屋制定了修缮计划，同时要求镇、村干部派员看守，防止受灾群众回屋居住或取东西，减少次生灾害的发生，对这部分受灾群众采取搭建救灾帐篷、集中村部安置、一对一帮扶、投亲靠友等方式进行了妥善安置。

排除隐患，生产自救。当前灾情已经基本稳定，各级民政部门将对重灾地区进行安全隐患排查，严防次生灾害的发生。同时，积极深入到田间地头，鼓励受灾群众克服暂时的生活困难，积极实施自救自强，切实减轻灾害造成的损失。

积极汇报，争取援助。灾害发生后，市民政局多次向省民政厅汇报灾害情况和救灾工作开展情况，引起了省民政厅古怀璞厅长的高度重视，建议省委、省政府将兴隆县列入此次洪涝灾害的重灾县，在恢复重建上加大支持力度。7月30日，古怀璞厅长代表省委、省政府到兴隆县重灾乡镇察看灾情，慰问受灾群众，看望救灾干部，指导抗洪救灾工作。古厅长指出，这场50年一遇的暴雨，给百姓带来的灾害非常严重，损失令人痛心。承德市、兴隆县在灾情发生后，组织有力，救助及时，有效地防止了次生灾害发生。在救灾中，市县干部表现得非常果敢，转移了大量群众，将各种损失降到了最低。灾害发生后，受灾群众就地安置，互帮互助，令人感动。政府救助措施有力，百姓自救措施也很好。省民政厅支持我市救灾资金1400万元，棉被2000条、棉大衣1000件、折叠床200张、帐篷100顶用于保障受灾群众基本生活。

随着灾情趋于稳定，当前各县区的抗灾救灾工作已由应急抢险转入灾后恢复重建，为最大限度地发挥民政部门职责作用，有效保障受灾群众的基本生活，帮助他们重建家园，市民政局对我市抗洪救灾工作进行了再动员再部署。

加强灾害预防工作，确保受灾群众安全度汛。当前还是防汛的关键时期，各级民政部门将进一步加强对灾害的监测力度，开展对受灾地区安全隐患排查工作，严防次生灾害发生，让受灾群众安心、安居、安定、安全、安稳地度过汛期。

搞好生活情况调查摸底，确保过渡性救助工作顺利完成。当前灾害情况已趋于稳定，各级民政部门要逐村逐户地核查受灾群众的基本生活情况，了解受灾群众需求，建立台账，制定生活救助方案，在正常生活秩序恢复之前，保障达到“五有”的救助要求，完成好对受灾群众的过渡性救助工作。

配合有关部门，做好倒损房恢复重建工作。对房屋倒损情况要做进一步的调查摸底，建立台帐，落实好倒损房户的修建补助金。积极配合有关部门，做好倒损房屋的恢复重建工作。

安排好今冬明春救助工作，确保受灾群众不发生非正常问题。灾害造成了2909.64公顷农田绝收，我市又属一季作物区，农民自救能力较弱，将尽快核实确定今冬明春需救助人员的基本情况，制定冬春救助方案，解决好今冬明春期间受灾群众口粮、饮水、衣被、取暖、医疗等基本生活困难。

加大资金监管力度，确保救灾资金专款专用。这两次灾害影响大、范围广，涉及的受灾群众多，要进一步做好救灾物资的审计监管工作，要明确职责，强化责任，实施“灾民救助卡”制度。每一笔救灾款物的发放都要坚持做到民主评议、登记造册、张榜公布、公开发放，确保受灾群众思想稳定，确保救灾资金合理合规使用。

做好灾情汇报工作，积极争取省级救灾补助资金。民政部门已对全市受灾群众的紧急转移安置补助金，死亡抚恤补助金，口粮、衣被救助补助金，倒损房屋补助金等进行了测算，并向省民政厅进行了专题汇报，争取对口支持，提高受灾群众生活保障水平。

搭建援助平台，筹集灾后重建资金。日前，市民政局已通过电视、广播、报纸等新闻媒体相继刊播了弘扬“一方有难，八方支援”美德，帮助受灾群众重建美好家园的倡议书，搭建起了为灾区人民奉献爱心的平台，全局干部职工率先垂范，为灾区捐款5万余元。各级民政部门要进一步加大宣传力度，倡导社会各界踊跃捐款，为灾区建设做贡献。

（信息来源：承德市民政局　发布时间：2012-08-21）

第二章　旱灾及抗旱救灾

第一节　干旱特点

干旱是承德的主要气象灾害之一，“十年九旱”是对承德地区干旱发生的概括总结。承德以春旱较为频繁，夏旱和秋旱也时常发生。夏旱和秋旱对作物危害比较严重，但秋旱发生相对较少。通过对降水资料分析，春旱发生规律基本一致，每隔10年左右发生一次大旱，每隔2～3年或5年发生一次小旱，20世纪80年代以后春旱有加剧的趋势，几乎连年发生。春旱分布以丰宁、围场、隆化、滦平4个县为主，平泉次之。初夏旱和伏旱（即夏旱）一般每隔4～5年发生一次，进入80年代发生次数较多。伏旱发生时期正是各种作物拨节孕穗时期，由于短期内无雨或少雨而使作物需水不足，影响作物拔节和抽穗，造成减产，1965年、1972年、1980年、1984年、1989年、1991年、1999年、2000年均发生了较严重的初夏旱连伏旱。

根据中华人民共和国成立后30年资料分析，造成农业大幅度减产的主要原因都是旱灾，全区年平均降水量少于420毫米，即比多年平均年降水量少100～160毫米，即为干旱年，30年共发生过8次，大体上是10年一大旱，延续1～2年。春播前1～4月降水量小于30毫米即发生春旱，30年内共发生15次，大体上是两年一次，特别是头一年降水量偏小，当年春播前雨量又稀少，则发生春旱。一般春旱形成的灾害较少，只是推迟播种期或播种后出苗不全而造成翻种或补种，如果春旱连着夏旱，一直播不上种，出不了苗，则灾害严重。在8月庄稼抽穗拔节期间，降雨量少于80毫米，造成作物需水不足，即发生伏旱，亦即承德地区通常所称的“卡脖旱”，这是致命的旱灾，造成农作物大幅度减产。

第二节　干旱灾害

新中国成立前，承德干旱灾害情况无系统记载资料，民国时期只有一些不完整的记载。

一、民国时期旱灾

民国7年（1918年），春、夏，宽城县大旱。

民国8年（1919年），平泉县大旱，各乡被旱，虫灾成度五至八分，小寺沟，郭杖子被灾七分，共地317顷11亩。宽城，暖儿河、大吉口乡被灾五分，共地6652顷33亩8厘。

民国11年（1922年），滦平县虎什哈、五道营、官营子、石坡子、付家店，那乜沟等牌，春雨未落，旱至入伏，田禾半皆枯槁，旱魃为虐，难望有秋。丰宁县久旱不雨，自春到夏始终未能耕种，禾苗发育延迟，影响秋实甚重。何营、东头营、四区（大阁）、六区（大滩）等地自春至夏无雨，田苗枯槁，一直至6月下旬始降雨。

民国12年（1923年），丰宁县自春点雨未降，7月20日始降雨，属严重春夏旱。

民国16年（1927年），5月22日，滦平全县自春至今未落雨，有苗之田只占耕地总面积的1/3。

民国17年（1928年），丰宁县自春至夏久旱不雨，至6月21日始耕种，滦平全县今春阻夏，元阳不雨，阡陌焦乾。

民国18年（1929年），丰宁县自春无雨，至7月16日得雨2寸，四野均沾，此后至7月28日得雨4寸；8月4日早8点，一、二区（凤山、化吉营）得雨2次4寸，三、四区（窄岭、大阁）只落雨一次，此后多风缺雨。入春以来，滦平县大栅子一带，天气亢旱，虽然播种而生苗者十分之三，雨水稀少，亦皆被旱不长。平泉县入春以来亢旱无雨，有不少地未能播种，及至五月中旬虫灾漫延，虫吃苗根，小暑尚无透雨，至六月初五开始落透雨，连阴数日，旱象始除，苗新农喜。

民国19年（1930年），滦平全县今春阻夏，旱魃为虐。

民国24年（1935年），滦平全县旱雹灾面积19.1万亩，灾民9601户45043人。

民国37年（1948年），宽城县春大旱，山黄地裂，40%的土地无法耕种。

二、中华人民共和国成立后旱灾

新中国成立后，1949年至2005年57年间，承德全市受旱面积超过百万亩以上的严重干旱年份共23年，分别为1957年、1961年、1962年、1963年、1972年、1980年、1981年、1982年、1983年、1984年、1986年、1987年、1988年、1989年、1991年、1992年、1993年、1997年、1999年、2000年、2001年、2002年和2003年，1961年至1963年连续3年干旱，1972年为特大干旱年，1991年至1993年又连续3年严重干旱，隔3年后1997年又出现严重干旱，1999年至2003年连续5年特大干旱。由于干旱灾害的影响，粮食产量减产率在10%以下的9年，减产率在10%以上至30%以下的3年，减产率在30%以上至40%以下的3年，减产率在40%以上的6年，分别为1972年、1999年、2000年、2001年、2002年和2003年，其中减产率最高的为2000年的77.45%。

1957年全区大旱，成灾面积100万亩。

1959年6月，近20多天很少降雨，干旱现象在全区普遍发生，北部尤为严重，仅据围场、丰宁、隆化三县统计，土地失墒面积83万多亩，其中有13万亩失墒严重不能播种，有10万余亩播种后失墒出不来苗或芽干后枯死，有40多万亩因旱缺苗30%～50%。全区24万亩小麦有半数以上因干旱影响了正常发育生长，部分成枯萎状态。平泉县春旱，有10万亩谷子播种后没出苗，翻种后仍出苗不齐。兴隆县春旱，春苗出土后近50天未下雨，受干旱面积3.15万亩。

1961年全区春旱，汛期雨少。全区6月降雨49毫米，为往年同期的55%，7—9月降雨接近历年同期平均值。全区汛期总的情况是，雨量少，旱情多。本年全区旱灾成灾面积119.78万亩。平泉县自去秋以来雨雪稀少，春季缺雨，1—7月份降雨189.5毫米，春旱极其严重，影响了春耕播种。

1962年8月30日，大部分地区发生秋旱，受旱面积210.62万亩，丰宁、隆化、平泉等县较重。一般减产2～3成，严重地区颗粒不收。

1963年春旱严重，失墒面积50多万亩，占总耕地面积71%，到5月30日有5个区旱象缓和，榆树林子、杨树岭、黄土梁子3个区旱象仍未解除，干旱面积17.1万亩，占总耕地面积30%。本年汛期，全区大部分地区降雨量基本接近历年降雨量，部分地区降雨量较常年偏少。降雨量分布，西部大，南部次之。本年全区旱灾成灾面积110.53万亩。

1965年3—5月，全区普遍严重春旱，三个月平均降雨量29毫米，比1922年有降雨记载以来历年同期平均降雨量少42.2毫米。5月下旬至6月初，旱情更为突出，风大气温高，中南部地皮温度最高时达62.2℃。已播种的510多万亩耕地中，有11.8%的面积苗出不全，3.9%的面积未出苗。由于干旱，虫害也发展起来，兴隆、平泉、隆化、围场等县虫害面积达40多万亩。干旱持续到6月中旬全区才降普雨，降雨量一般20毫米以上，基本解除旱象。全区汛期平均降雨量410毫米，比历年汛期平均值小。

1966年，全区普遍春旱。平泉，承德、宽城、围场县部分地区旱灾严重。平泉县从1965年8月以来未下透雨，特别是榆树林子、杨树岭、黄土梁子3个区，从入春以来就严重干旱。承德县24个公社发生旱灾，干旱面积4万多亩，主要是上谷、双峰寺、上板城3个区。宽城县从7月7日以来未下雨，严重干旱面积4.5万亩。围场县干旱面积10万亩，主要是克勒沟和朝阳湾、山湾子区的部分公社。7月26日至29日，全区普遍连续降雨，除平泉县榆树杯子区外，全区旱象已经解除。

1968年春旱、夏旱，持续时间长，干旱面积广，危害严重，从1月以来，平泉镇附近降雨量仅130毫米，比历年都少，大部分地区未落透雨，气温高，风大，蒸发快，旱象越来越重，全县48个公社326个大队普遍干旱，干旱较重的面积40多万亩，占全县耕地面积56%，最严重的是榆树林子、黄土梁子、杨树岭3个区的15个公社，面积16万亩，河干、井干、泉子干，无水浇地，吃水困难，台头山干井41眼。

1971年，全区早期春旱，入伏后出现严重“卡脖旱”。7月底至8月中旬，全区20多天没有降雨，出现历史上罕见的“卡脖旱”，受旱面积221.8万亩。宽城县“卡脖旱”面积19万亩，占全县耕地面积86%。

1971年8月至1972年5月底，全区10个月降雨量只有112毫米，是承德地区有雨量记录以来降雨量最少的一年。1972年，全区600多条常年有水的小河全部干涸无水，21条较大的河流有18条断流，42000多眼砖石水井干涸了14000多眼。4500多个生产队人畜饮水发生困难。到5月中旬，全区还有50多万亩耕地因干旱没能播种，已经播种的有120多万亩出不来苗，有80多万亩缺苗断垅。平泉县由于严重干旱造成166头大牲畜死亡，旱死幼树7800亩，干枯水井2000余眼，180个生产队、2.1万人、1.4万多头牲畜饮水困难。到6月底，全县抗旱出苗地仅占播种面积的46%。由于旱灾严重，收成无望，全县人口外流501人。本年，承德地区遭到历史上罕见的特大旱灾，土地干旱面积478.17万亩，占集体总耕地面积84.4%，粮食产量比1971年减产3.84亿公斤。

1976年3月25日，地革委“全区抗旱情况报告”称：去秋以来，全区雨雪极少，风大气温高，全区普遍出现严重干旱，比1972年同期还严重。从1975年9月到1976年2月，总平均降雨量32毫米，比1972年同期少22.7毫米，比1975年同期少2/3，比正常年份少67.3毫米，是近10年来同期雨量最少的一年。水份大量蒸发，土壤失墒严重，造成严重春旱，全区600万亩耕地，除130万亩水浇地和部分低洼地外，有400万亩需坐水播种。

1980年，去冬今春雨雪稀少，旱情严重，全区总耕地586万亩，其中欠墒面积198万亩、失墒面积113万亩，失欠墒面积占总耕地面积65%。截止5月16日，兴隆县因干旱还有1.3万亩没有播种，播种后因干旱而出不来苗需翻种的近2万亩。平泉县从1979年9月到1980年6月末，9个月降雨129.4毫米。3月末，全县有墒地面积仅19.8万亩，占总耕地面积25%，欠墒地24.4万亩，占总耕地面积35%，失墒地27万亩，占总耕地面积40%。本年春旱是1972年以来最严重的一年，持续时间长，面积大，旱情重。8月1日，全区10个县（市）普遍遭到“卡脖旱”。进入6月中旬以来有50多天绝大部分地区没有降透雨，受旱面积达464万亩，占总耕地面积近80%，其中绝收面积120.9万亩、减产5～6成的158万亩，以围场、滦平、平泉、承德、隆化等县灾情较重。本年，承德地区旱灾严重，受灾面积达446.5万亩，占播种面积80%，涉及365个公社2378个大队。

1981年承德地区1月—8月平均降雨量只有328毫米，比历年同期减少29%，出现了长期干旱灾害。全区流域面积100平方千米以上的河流有82条、1000平方千米以上的河流有13条基本断流；130座大、中、小型水库蓄水不足16%；14913眼配套机井干涸5462眼。特别是6、7月，气温偏高，最高达36.7℃。由于严重干旱和高温，给农、林、牧、副各业生产带来严重损失，全区有149个公社10151个生产队成灾（减产3成以上），成灾面积达222.9万亩，其中减产5～成的有51个公社3640个生产队85.8万亩，减产8成以上、基本绝收的有7个公社601个生产队。重灾区主要是平泉、宽城等县。

1982年6月中旬至7月下旬，承德地区中部、南部的平泉、宽城、承德、滦平、兴隆等县一直干旱无雨，全区受旱面积达127万亩，占总耕地面积的1/5。大面积作物抽不出穗、灌不上浆，因干旱枯死70%苗的农田有10.53万亩，果树旱落果。旱灾最重的是平泉、宽城等县。本年，是承德地区连续干旱的第三年，1—5月份仅降雨57.7毫米，土地失欠墒面积378.15万亩，占总耕地面积64.3%，其中失墒面积202万亩。宽城、平泉县严重，平泉失墒60万亩，占总耕地面积84.3%。全区13条1000平方千米以上流域面积的大河1—5月份流量约占多年平均值的20-50%，约占1981年同期的40%～90%；82条100平方千米以上流域面积的河流基本断流。15000眼配套机井中供抽、不供抽和干涸的各占1/3。6月20日至7月20日连续1个月基本上没降雨，受旱面积351万亩，减产三成以上的有204万亩，其中有31万亩绝收。

1983年是承德地区连续干旱的第四年，全年降雨量除围场、隆化、承德县比历年平均值稍有增加外，其他县（市）均较历年平均值偏少，其中丰宁、兴隆县和承德市偏少150毫米，宽城县偏少200毫米。以围场、丰宁、宽城、兴隆4个县旱情严重。4月中旬以前，全区耕地失欠墒面积达400万亩，其中失墒面积260万亩，占总耕地面积68%；5月中旬至8月中旬，全区处于干旱状态，出现严重“卡脖旱”，夏旱面积达270万亩，有133万亩农作物减产，其中绝收面积20万亩。

1984年是承德地区连续干旱的第五年，全区普遍严重干旱，干旱程度超过1972年，重点是围场、丰宁和隆化3个县。从1983年10月至1984年2月，全区平均降水量27毫米，比常年同期偏少30%，其中丰宁坝上偏少50%；1983年10月至1984年2月，全区耕地失欠墒面积达380万亩，占总耕地面积79%，其中失墒面积210万亩、欠墒面积170万亩。全区地上水严重不足，地下水位普遍下降1～2米。全区89座中、小型水库，设计蓄水能力12783万立方米，实际蓄水4746万立方米，占总蓄水能力的37%；塘坝339座，蓄水能力595万立方米，实际蓄水221万立方米，占总蓄水能力37%。全区流域面积1000平方千米以上的12条较大河流，流量一般仅为多年平均流量的50%左右，小河流大部分干枯无水。全区有配套机井11753眼，正常出水量的仅有5959眼，占配套机井总数的46%，已干涸和不供抽6694眼，占配套机井总数的64%。因干旱，全区有77088口人和7811头大牲畜饮水发生困难。7月末统计，全区干旱面积375万亩，占作物总面积79%，其中减产5成以上面积153万亩，占作物总面积33%，减产3～5成面积92.1万亩，占作物总面积19%，旱死22.7万亩。坝上400万亩草场，有的没长起来，有的枯黄，饲草很缺。入春以来，围场县降雨一直偏少，7月仅降雨17.4毫米，为多年同期的28.5%，入伏后持续干旱26天，干旱面积达106万亩，占总耕地面积80%，其中不同程度减产50万亩、绝收30万亩，林、牧业也受到很大影响。隆化县严重受旱面积46万亩，占作物总面积68%，其中枯死绝收面积近12万亩。兴隆县旱象较轻，9月份全县平均降雨87.1毫米，比历年同期少148.8毫米，半壁山、挂兰峪、茅山、大杖子等区旱象较为严重，玉米、高粱叶子萎黄，果品旱落，河水断流，库、塘、井水位下降。全区受旱成灾减产已成定局，根据各县估产分析，全区农作物产量平均5成年景左右。承德市一县三区连续第五年干旱，严重春旱，春旱失欠墒面积52.07万亩。7月30天持续高温少雨，全市平均降雨量64.3毫米，出现严重“卡脖旱”，农田受旱面积 46.87 万亩。由于春旱连夏旱，地下水位下降 1～3 米，除滦河、武烈河、老牛河、柳河未断流外，其他河流沟川均发生断流，干涸机井 500 多眼、砖石井 3000 多眼，因干旱 8011 口人发生饮水困难。由于连年干旱，避暑山庄湖水明显下降，为减少湖水外泄，将五孔闸用土堵死。本年承德地、市干旱受灾面积 414.34 万亩，成灾面积 377.93 万亩，粮食产量比 1979 年减产 3.83 亿公斤，减产率为 36.57%。

1986 年，承德地区遭遇严重春旱，旱情之重，范围之大，持续时间之长，都超过大旱的 1972 年。6 月 22 日部分地区降雨，旱情稍有缓解，6 月 26 日至 27 日全区普降透雨，但此时“夏至”已过，为时太晚，已无法挽回旱灾损失。春旱期间，全区最大失欠墒面积 404.87 万亩，占总耕地面积的 89.2%，5 成苗以下及因干旱不能播种的面积 246.3 万亩，占总耕地面积的 54.3%，其中丰宁、围场两县占 121.4 万亩，播种晚，无霜期短，虽已播种，但无收成。大旱期间，全区 813 条中小河流有 406 条断流，蚁蚂吐河、武烈河、瀑河、潮河都出现断流；干涸机井 13122 眼，其中已配套的机井 6446 眼干涸 4864 眼，未干机井水位下降 0.5 米至 1.5 米；因干旱造成 1191 个村、264112 口人、92362 头大牲畜发生饮水困难。承德市一县三区持续严重春旱，到 5 月底已播种 58.4 万亩苗情很差，缺苗断垅严重，尚有 3.8 万亩因干旱不能播种，其中有 1.5 万亩水稻因无水不能插秧。全市地下水位下降 0.5～1.5 米，6 条主要河流除滦河外，其余 5 条都已断流，滦河也只有 2.3 个流量；全市干涸机井、水井 814 眼，有 276 个自然村、64384 口人、7399 头大牲畜发生饮水困难。受旱面积、灾情之大遍及全市一县三区，持续干旱长达 3 个多月，直到 6 月 18 日才降一场雨。承德县新载红果、苹果树 330 多万株旱死 39.6 万株，果树减产 250 多万公斤，新营造的 12452 亩防护林成活率仅 60% 左右。本年承德地、市旱灾受灾面积 267.68 万亩，成灾面积 226.87 万亩，粮食总产量比 1985 年减产 4.17 亿公斤，减产率为 39.19%。

1988 年，承德全区严重春旱，仅次于 1986 年。春旱严重时全区耕地失欠墒面积 322 万亩，占全区总耕地面积的 68.7%。阴河、舍利嘎河、乌拉代河及老哈河支流等 48 条河流干涸，武烈河、蚁蚂吐河也仅有 0.2 个流量。干旱最严重的为丰宁、围场两县，隆化、平泉、滦平县次之，宽城、兴隆两县较轻。到 7 月 15 日围场县尚未解除旱情，仍有 1.18 万耕地未播种，因干旱翻种面积 12.7 万亩、补种面积 24.3 万亩，有 35.8 万亩阳坡地庄稼苗被旱死。4 月 16 日至 17 日全区降雨较普遍，但分布不均，个别县在 10 毫米以上，多数县在 3～5 毫米左右，直至 5 月 22 日至 24 日降雨旱情稍有缓解。丰宁县 3 至 5 月份降雨仅 6 毫米，是历史上从未有过的。本年承德地、市干旱受灾面积 225.73 万亩，成灾面积 181.78 万亩，粮食产量比 1985 年减产 1.98 亿公斤，减产率为 18.61%。

1989 年，承德全区春旱严重，冬季少雪，春季少雨，干旱程度接近大旱的 1972 年，最大受旱面积发生在 4 月下旬，失欠墒面积 261 万亩，占总耕地面积的 57.1%。春旱持续到 6 月上旬，降两次较为普遍的中到大雨，旱象有所缓解。春旱期间干涸河流 346 条、各种水井 4600 多眼，因干旱有 434 个村、14 万多人、7 万多头大牲畜发生临时性饮水困难。入夏后降雨稀少，出现大范围伏旱，最大受旱面积 251.9 万亩，其中绝收面积 68 万亩，主要为北部围场、丰宁、隆化、滦平四县，7 月下旬至 8 月 19 日近 30 天无雨，为历史上无记录的“卡脖旱”。8 月 19 日至 20 日全区降中到大雨。平泉县春旱失墒面积 62.4 万亩，占全县总耕地面积的 87.5%，地下水位下降 1.5～2.7 米，干涸各种水井 2196 眼，人畜饮水困难由 120 处增加到 143 处、人口由 63000 人增加到 72000 人、大牲畜由 21000 头增加到 23000 头。围场县到 8 月上旬未降一场透雨，全县 128 万亩耕地有 90 万亩受灾，其中严重的 70 万亩，绝收面积 50 万亩，御道口、西龙头乡，山湾子、新拨区，朝阳地、羊草沟乡等旱情尤为严重，谷子、玉米多数没有抽穗，许多作物枯萎。承德市一县三区春旱面积57.7万亩，占总耕地面积的83.7%，其中严重失墒不能春播的25.4万亩，占春旱面积的47.3%。本年承德地、市干旱受灾面积278.24万亩，成灾面积243.93万亩，全年粮食产量比1985年减产3.5亿公斤，减产率为32.89%。

1991年，承德地区短期春旱，全区耕地失欠墒面积255.2万亩，通过耙压保墒和抗旱浇地等措施，得以适时春播，4月中旬全区普降10～23.8毫米普雨，缓解了旱象。8月全区近一个月无降雨，遭遇严重"卡脖旱"，大部分农作物受旱打蔫枯萎，最大受旱面积288.7万亩，占农作物总面积的63.1%，其中严重干旱面积183.8万亩，占农作物总面积的40.2%，虽然采取了各种抗旱浇地措施，但终因"卡脖旱"严重，夏旱连秋旱，全年粮食产量仍有较大减产。本年承德地、市干旱受灾面积266.21万亩，成灾面积214.78万亩，全年粮食产量比1990年减产1.24亿公斤，减产率为10.91%。

1992年，承德全区春季少雨，气温偏高，土壤失欠墒严重，全区耕地失欠墒面积313.7万亩，占总耕地面积的68.6%。3月31日、4月5日全区有两次降雨过程，第一次在隆化、滦平县西北部、丰宁县东北部，降雨集中在隆化县郭家屯至滦平县虎什哈一线，最大降雨量10.1毫米，其他各县在1.5毫米至8.5毫米之间；第二次降雨在平泉、滦平一线，最大降雨量平泉县22.1毫米，滦平县12.1毫米，其他各县在1毫米至3毫米之间。两次降雨对平泉、滦平两县旱象稍有缓解，其他各县旱象仍很严重，直到6月下旬才基本解除旱情。承德市一县三区春旱，耕地失墒面积22万亩，欠墒面积28.5万亩，失欠墒面积占全市总耕地面积的79%。4月中旬降一次雨，局部最大降雨量11毫米，气温偏高，旱情仍十分严重。5月中旬降一次雨，小部分地区降雨量18毫米，大部地区降雨量10～15毫米，部分地区旱情缓解。本年承德地、市干旱受灾面积177.89万亩，成灾面积138.28万亩，主要为春旱，全年粮食产量比1990年减产0.52亿公斤，减产率为4.57%。

1999年，全市发生特大旱灾，涉及全市11个县（区）、175个乡镇、255万人，干旱受灾农田面积371.05万亩，成灾面积344.16万亩，全年粮食产量比1998年减产8.55亿公斤，减产率为57.78%。

2000年，全市继续遭遇前所未有的严重干旱，特别是进入6月份以后，全市大部分县区持续高温少雨，6月1日至18日，全市平均气温比历年同期平均气温高0.9℃～2.5℃，持续35℃以上高温天气出现两次5天，7月14日最高气温达43.3℃。由于持续高温少雨，地下水位普遍下降3～10米，全市三大水系118条主要河流全部断流，历史上从未断流的滦河干流持续断流100多天，由于武烈河断流而影响避暑山庄湖区干涸见底，全市

2000年7月，避暑山庄湖水干涸68天无水

109 座大中小型水库蓄水位全部降到死库容以下或干涸；严重干旱造成全市 72 个乡镇、800 多个村、90 万口人出现饮水困难，其中宽城、兴隆两县部分乡镇形成全乡性缺水，缺水人口占全乡总人口的 70% 以上，宽城县三道岭和兴隆县前干涧等村分别到唐山市迁西县境内和天津市蓟县境内买水，每立方米水的成本达 35 元。丰宁、滦平、平泉、兴隆等县城供水出现紧张，采取了定量限时供水，承德市区供水水源工程水位下降 2 ～ 3 米，市区供水日趋紧张。由于长期干旱少雨，地上无径流，地下水两年得不到补充，全市形成严重的资源性缺水局面。本年全市干旱受灾面积 476.83 万亩，成灾面积 465.04 万亩，全年粮食总产量仅 3.34 亿公斤，比 1998 年减产 11.46 亿公斤，减产率为 77.45%。

2001 年，全市春季持续干旱少雨，耕地失墒严重，春耕播种受到影响。受春季干旱影响，全市有 92 个乡镇、800 个村、90 多万人、16 万头大牲畜发生饮水困难。本年全市干旱受灾面积 281.36 万亩，成灾面积 234.95 万亩，全年粮食产量较 1998 年减产 5.96 亿公斤，减产率为 40.26%。

2006 年，全市春旱，全年受旱 53.17 万亩，成灾面积 37.38 万亩。

2007 年，全市春季降水偏少，气温持续偏高，春旱严重。全年受旱面积 271.07 万亩，成灾面积 216.52 万亩。

2008 年，全市春季严重干旱。全年受旱面积 132.77 万亩，成灾面积 103.27 万亩。

2009 年，全市气候总体异常，以干旱缺水为主。全市 1-9 月份平均降雨量 358 毫米，较常年同期偏少 31.8%，其中 7 月 20 日至 9 月 10 日降雨 86.1 毫米，较常年同期偏少 62.7%。春季干旱少雨，春播期间局部地区严重干旱。主汛期降雨异常偏少，夏季发生了中华人民共和国成立 60 年以来综合损失最为严重的旱灾，造成全市近 30 万人应急饮水困难。夏季发生的严重伏旱属于土壤干旱，降雨量接近 1972 年特大干旱年水平。降水不足，径流减少，导致地下水位快速下降，滦河、潮河及较大支流两岸水位下降 1 ～ 2 米，边远山区及汇水面积较小的支流小河，水位下降 2 ～ 5 米。由于持续严重干旱，全市有 1.4 万眼机井出水量不足或枯竭，185 个乡镇、860 个村、7948 户因家用水井干涸或水源枯竭出现应急饮水困难。2009 年的旱情是连续 11 个枯水年后发生的连季旱，具有连发性和连片性的特点，干旱持续时间之长历史上少见。按照《农业旱情旱灾评估标准》，属于严重干旱等级。由于干旱发生在农作物生长水分临界期，致使玉米、大豆等大田作物叶子卷曲、枯萎，大面积歉收或绝收。随着旱情的蔓延和发展，农村应急饮水困难人口迅速增加，从 8 月中旬到 9 月中旬的一个月内，全市人饮水困难人数由 9.21 万人增加到 28.88 万人，需出村拉水的多达 3.6 万人。根据市统计部门核实，全市农作物受旱面积 308.94 万亩，粮食总产量比上年减产 41.85 万吨。

2010 年，受 2009 年大旱后续影响，春季本市围场、丰宁、平泉等县出现旱情，缺墒面积约在 140 万亩以上，有 21.38 万人和 4.79 万头大牲畜不同程度地出现临时性饮水困难。秋旱发生在 8 月份，丰宁、围场、隆化、平泉等部分乡镇损失严重，有 163 万亩农作物受旱，其中轻旱 116 万亩，重旱 43 万亩，最严重的是丰宁、围场的坝上地区、受旱面积为 60 万亩，其中重旱 14 万亩，干枯 2.4 万亩，据初步统计，本市全年因旱损失粮食 22.1 万吨，经济作物 2.02 亿元。

2011 年，全市气象年景总体接近常年，降雨时空分布不均。1 月 1 日至 10 月 14 日，全市平均降水量 500.9 毫米，比多年同期平均偏少 2%。其中汛期（6—9 月），全市平均降水量 414.7 毫米，与多年同期平均基本持平。冬春季降水严重偏少，春旱范围广、旱情重。1—5 月基本没有出现有效降水，全市大部气象干旱严重，造成 200 多万亩耕地土壤失墒、缺墒，12.78 万人和 2.54 万头大牲畜出现临时性饮水困难。根据气象、水文资料分析，干旱程度接近 1962 年冬春季发生的严重干旱，为历史同期较为严重的一次。

2012年，全市春季气候干燥少雨雪，气象干旱严重。2011年11月至2012年3月，全市平均降水量12.0毫米，较常年偏少20.6%，部分县区连续无有效降水超过110天。全市133万亩耕地出现失欠墒，11.95万人，1.9万头大牲畜出现临时性饮水困难。

2013年，全年总体旱情偏轻，全市123.2万亩作物受旱，其中绝收面积8.9万亩，因旱直接经济损失3.32亿元。但春季北部各县阶段性干旱较重，1-5月全市降雨量38.3毫米，比常年偏少50.6%，旱情高峰时，作物受旱面积达26.29万亩，2.4万人和0.68 万头大牲畜出现临时性饮水困难。

2014年，全市平均降雨量432.7毫米，较常年偏少14.1%。汛期，局地暴雨多、降雨次数多、区域性降雨少，共出现8次中等强度以上降水过程，全市平均降水量324.9毫米，较常年偏少22.2%，属枯水年。其中：盛汛期降雨量仅为81.9毫米，较多年同期偏少49.7%，尤其是宽城、平泉、兴隆县分别偏少60.5%、55%、53.6%。由于7、8月份降雨量严重偏少，导致河道径流量锐减，地下水位下降，工程蓄水量减少，全市有84个乡镇、220个村，4.2万人和0.77万头大牲畜出现临时性饮水困难，0.58万人需要出村拉水。农作物受旱面积达244万亩，占播种总面积的40.66%。其中：成灾面积134.7万亩，绝收30.99万亩。据估算，主要农作物减产粮食48.12万吨，其他作物减产2.42万吨，林果减产5成左右，农业经济损失达16.63亿元。

2015年，全市降雨时空分布严重不均、阶段干旱损失较重。1—3月，全市平均降雨量仅为9.9毫米，比常年同期偏少34%，尤其是，7月上旬全市平均降雨量仅为1.9毫米，较上年同期偏少93.7%，大部分县区出现了气象干旱。进入汛期后，8月份全市平均降水量为78.1毫米，较多年同期偏少36.6%；9月平均降水量为78.8毫米，较多年同期偏多52.8%。受降雨不均影响，造成本市中南部的兴隆、宽城、平泉、承德县等县区出现严重旱灾。旱情高峰时，全市农作物受旱面积达到152万亩，占全市播种面积的26%， 6.96万人、2.39万头大牲畜出现临时性饮水困难，2.1万人需出村拉水，兴隆县城镇供水告急，全市因旱直接经济损失2.54亿元。

第三节 抗旱救灾

中华人民共和国成立以后，各级党委和人民政府对抗旱工作极为重视。为了夺取农业生产的丰收，积极引导农民开展群众性的农田水利建设运动，开渠、打井，兴修各种小型农田水利工程，发展水利灌溉事业，开展水土保持工作，闸山沟、修梯田，大大提高了抗旱防旱能力。遇有较大干旱和特大干旱年，则广泛发动群众，全党全民总动员投入抗旱运动，以“人定胜天”的气魄，大打抗旱的人民战争，向干旱做斗争，投入大批人力物力财力，采取各种抗旱措施，抗旱保墒，抗旱保播种，抗旱保全苗，抗旱保丰收，夺取了一个又一个抗旱斗争的胜利。

1958年7月上、中旬，承德地区部分县缺少透雨，出现比较严重的“掐脖旱”，地委、专署发出了战胜干旱、确保丰收的紧急指示，要求立即掀起全党全民抗旱保丰收的运动。

1959年，全区普遍发生春旱，尤其北部地区比较严重，全区掀起了以抗旱为中心的大搞水利群众运动，投入抗旱和水利建设的劳力达16.93万多人，打成机井115眼，砖石井1008眼，恢复旧井1097眼，新修渠道1302条，恢复旧渠985条，凿泉7105眼，扩大灌溉面积25万亩，抗旱浇地16.84万多亩。

1960年，全区普遍春旱。自2月上旬，省、地委连续召开以防旱保墒，大力开展春灌为中心的农田水利建设运动的电话会议，各县（市）迅速掀起了以春灌、防旱保墒为中心的农田水利建设高潮，到2月18日统计，全区投入春灌及农田水利建设的劳力达137万多人，5月26日全区普遍降小雨，旱情有了缓和。在以抗旱保墒为中心的农田水利建设运动中共完成大小渠道5787条，机井2459眼（其中大口井1459眼）、新打砖石井5390眼，凿泉48万多个，扩大灌溉面积137.78万亩，春灌麦田2.5万亩，浇白茬地18.7万亩。在春季抗旱斗争中，承德地区商业部门积极支援抗旱备耕，发动3400多名商业职工，组成1432个送货突击组，集中了473辆胶车、30台汽车、2000多台手推车，突击调运下放抗旱物资，支援农业抗旱。

1962年8月，全区大部分地区发生秋旱，各级党委对旱象十分重视，发动群众积极抗旱，采取放秋垄等措施，有水源条件的千方百计进行灌溉，向干旱做斗争。

1965年3—5月，全区普遍严重春旱，5月30日，地委召开紧急电话会议，号召动员一切力量开展抗旱保苗运动。6月4日，兴隆县委召开抗旱电话会议，全县投入7.3万多人开展抗旱斗争，以“人定胜天”的精神，因地制宜，因条件制宜，利用井、泉、河、渠浇地，大车拉、小车推、牲畜驮、人挑水，苦战5天，补种5万亩，补栽7000亩，浇地3519亩。全区干旱持续到6月中旬才基本解除旱象。

1966年2月7日，地委办公室《情况简报》称：全区普遍掀起以水利建设为中心的抗旱运动，投入劳力14.5万多人，完成砖石井2067眼，整修旧井820眼，挖泉939眼。2月，兴隆县出动3万多人和一部分车辆开展抗旱保墒活动，往地里拉水、担水，给1.5万多亩地特别是失墒较多的埯田培了冰，各级供销社抽调247人送货到村，把井绳、水桶等5600件抗旱用具送到农民手里，及时支援了抗旱斗争。到3月，全区10县（市）投入抗旱人数49.2万人，累计打井11946眼、修旧井8446眼、凿泉27293眼，打机井220眼、修水轮泵站52处，修水渠4466条。4月，专区抗旱指挥部在鹰手营子召开了工业支援农业的抗旱支农现场会议。7月24日，地委办公室《工作情况简报》称，平泉、承德、宽城、围场县部分地区旱灾严重，全区有4.5万人投入抗旱斗争，已浇地1.54万亩。

1971年7月底至8月中旬，全区20多天没有降雨，出现历史上罕见的“卡脖旱”，全区投入劳力70万人、县社两级干部6000余人开展抗旱斗争，利用机井1200眼、石井1300眼、水泵358台、水渠4900条。8月11日，平泉县革委召开紧急电话会，并发出紧急通知，号召全县人民立即行动起来，积极开展抗旱夺丰收，14个公社15469人投入抗旱活动，浇地2997亩。

1972年从春到夏，全区普遍出现历史上罕见的大旱。5月19日，地委、地革委发出紧急通知，号召全区共产党员、共青团员、人民解放军指战员、民兵、干部、人民公社社员以及广大师生，紧急动员起来，投入抗旱保苗的斗争，全区112万名群众和干部投入了抗旱斗争。在抗旱斗争中，承德地区人民银行投入农业贷款428万元，在农业抗旱中发挥了积极作用。在抗旱斗争中，全区普遍开展了打井运动，开口机井4600多眼，完成2600多眼，扩大水浇地面积26万亩。在特大旱灾之年，经过多次挑水点种、翻种、补种，保苗成活，加强管理，取得了抗旱斗争的胜利，减轻了灾害损失。

1975年，承德地区春季旱象严重，4月20日，地委召开紧急电话会议，动员全党全民投入抗旱斗争。全区先后参加抗旱的学生达25万人，工人、职工家属近万人，地、市，县、社各级干部1.64万多名。各行各业支援抗旱，工业部门积极生产抗旱机具和配件，支援抗旱斗争，并派出1100多名技术工人，组成349个支农小分队，深入农村维护农机具；商业部门组织货源，搞好抗旱物资的供应，抽1600多名职工组成665个支农服务组，送货上门，方便群众；银行、信用社等积极管好用好农贷和支农资金，下拨小型农田水利费和支援人民公社款等1389万元；各机关、厂矿和企事业单位，认真开展了清仓查库，拿出一批物资支援抗旱。人民解放军驻承部队在支援地方抗旱斗争中发挥了重要作用，参加支援抗旱的部队指战员和家属先后有2.5万多人，帮助挑水播种近百万亩。1501部队6名军首长带领官兵到驻地附近农村和群众一起连续挑水播种三天。1515部队罗琢政委，刚从外地出差回来就参加了抗旱斗争，和群众一起挑水上山。驻承部队除派出大批人力参加抗旱外，还抽调大批抗旱物资支援水利建设，派出修理工，电工、钳工巡回修理农机具，出动300辆汽车和部分胶车拉水浇地。驻滦平县1505部队和铁道兵，在抗旱期间每天出动7000多人、100多台车次参加抗旱；5855部队帮助架设输电线路10千米、电线1600多米、高压水泵7台；铁道兵支援无缝钢管1700多米，帮助打山洞360米。在春季抗旱斗争中，全区共完成抗旱播种大田作物266.6万亩，占应播种面积的45%，春灌麦田和白茬地47.3万亩，抗旱新打机井1750眼，配套机井736眼。本年，平泉县春季大旱一直延续到7月30日才解除旱象。由于春旱严重，到5月底尚有5.88万亩地未能播种，全县投入抗旱劳力5.68万多人，地区直属机关各单位和承德县、承德市、滦平县等都派出了人力物力支援平泉县的抗旱斗争。全县投入抗旱拉水运水的拖拉机、汽车127台，畜力胶车376台，水柜470个，水桶27332个，开动柴油机、电动机811台，共座水播种20.6万亩，无墒播种8.36万亩。

1976年春季，全区普遍严重干旱，到3月19日，全区投入抗旱备耕劳力93.7万多人，施工小型水利工程2762处，完成940处；开工小型水库148座，完成13座；打井开口9998眼，完成6076眼。通过利用现有水利工程设施和车拉、人挑等办法，浇旱田41.1万多亩，去冬保墒冬灌32万亩。

1978年7月，承德地区出现严重干旱，7月8日，地委发出抗旱保丰收的紧急通知。在严重的干旱面前，兴隆全县人民响应县委提出的“抗旱抗到天低头，拼死拼活保丰收”的口号，层层建立了领导抗旱的组织，县直属单位停止了正常办公，学校停了课，驻军和三线各单位都积极动员起来支援抗旱斗争，全县每天投入抗旱的人数达4.2万多人，还有汽车70辆、拖拉机100台、柴油机412台、电动机415台、水泵436个、喷灌机63套、装水胶囊20个、水桶8000付等抗旱机具投入抗旱，有26座水库、100座塘坝和80处截潜流都发挥了抗旱作用，在干旱严重的地区还发射了2000多发炮弹进行人工降雨。由于采取了诸多抗旱措施，有效地控制了灾情的发展。7月22日降了透雨，旱象解除。

1980年，全区春旱严重。去冬少雪，今春无雨，耕地失墒欠墒严重。去冬以来，全区结合农田水利建设，抓了抗旱保墒措施，耢压耕地300多万亩，挖埝、条田12万多亩，冬灌白茬地5.56万亩。在春季抗旱备耕、抗旱播种斗争中，平泉县直属机关抽出238名干部，组成23个工作组，深入农村抗旱第一线指挥抗旱，全县有6.7万人投入抗旱斗争，投入运水畜力大车591台、拖拉机152台、汽车148台、水桶46000多付，利用机泵500多台，国家拨给抗旱经费43.66万元，到6月5日全县共完成抗旱播种7.34万亩，座水补种11.48万亩，获得基本全苗面积48.66万亩，占播种面积的77%，取得了春季抗旱斗争的胜利。兴隆县在春季抗旱斗争中，全县抽调1500多名干部深入抗旱第一线，投入抗旱的劳力达8万多。进入6月中旬至7月下旬，全区10个县（市）又普遍遭受“卡脖旱”，全区人民在抗旱斗争中付出了极大的代价，但由于灾情严重，受旱面积大，持续时间长，农业生产仍然遭受了极大的损失。

1981年，全区继续出现了长时期的干旱灾害，全区人民经过长期的抗旱斗争，减轻了一些灾害损失，但由于干旱持续时间长，受旱面积大，水利工程设施的抗旱能力还较低，在严重的干旱灾害面前人力还不能完全抵御，给农、林、牧副各业生产仍带来严重损失。1981年，平泉县旱灾仍是全区最严重的县之一，在抗旱斗争中，平泉县派出两批250多名干部深入农村发动群众，开展抗旱斗争，投入运水拖拉机300台，汽车15辆、胶车500台、水柜380个、胶囊470个、机井750眼、其他机具2800件，投入抗旱资金22.5万元，完成座水点种3.8万亩，保证了80%的土地全苗。由于灾情损失严重，平泉成立了生产救灾领导小组和救灾办公室，向灾区发放救灾粮246.5万公斤，救灾款78万元，各种救灾物资4600件，无偿发放联合国、欧共体支援的植物油32.4屯、奶粉40吨，解决土豆种36.5万公斤，灾区的吃、穿、烧和牲畜饲草得到了妥善解决。

1982年，是承德地区连续干旱的第三年。春旱一直延续到5月11日才基本解除；6月中旬至7月下旬，中部、南部6个县又一直干旱无雨，遇到严重的“卡脖旱”，在春旱夏旱抗旱斗争中，全区共投入抗旱劳力54.7万人，省先后四次拨给抗旱经费220万元，投入抗旱拉水汽车、拖拉机751台，活动机井4800眼、扬水点523处、渠道805条，对旱情的发展起到了一定的控制作用。由于旱情持续时间长，受旱面积大，又是春旱连夏旱，农业生产仍不可避免地遭受比较严重的损失。平泉县仍属旱灾严重的县份之一，直到7月25日才降普雨。在春季抗旱斗争中，平泉县投入抗旱的劳力达8.7万人，投入运水拖拉机120台、汽车15辆、其他机具7500件，取得了抗旱播种的胜利；夏灌浇地8500亩，浇果树5万棵（折合2083亩）。6月中旬到7月中旬的一个多月时间，兴隆县遭到严重的“卡脖旱”，在县委、县政的领导下，广大干部和群众积极行动起来投入抗旱斗争，充分利用水利工程设施，开动柴油机780台，电动机600台，抗旱浇地16660亩。

1983年，承德地区连续第四年干旱，从5月中旬到8月中旬，全区一直处于干旱状态，以伏旱尤为严重，造成大面积农作物受灾减产。在抗旱斗争中，全区投入抗旱劳力25.9万人，活动机井3374眼、扬水点436处、渠道514条，冬灌浇地29.7万亩，浇果树450万棵，夏灌浇地41.62万亩，水利工程设施发挥了较好的抗旱作用。结合抗旱斗争，全区还完成新打机井1885眼，配套机井308眼，建扬水点81处，新修渠道36条。

1984年承德地区连续第五年严重干旱。入春后，地县各级领导对抗旱工作非常重视，2月中旬，行署召集有关部门分析旱情，对抗旱防旱备耕进行部署。地区水利部门深入旱情严重的围场、隆化、平泉等县检查旱情，指导抗旱工作。2月27日，行署在宽城县召开现场会议，推广了龙须门乡梁前院村开展抗旱备耕的经验，推动了抗旱备耕活动的开展。丰宁县抽调有关部门68人查灾验灾，制定抗旱补救措施。围场县在抗旱播种期间，充分利用现有水利条件，广大群众合股集资购置水利机械设备，组建抗旱浇地公司，全县春灌浇地9.4万亩，浇果树11.8万棵。平泉县榆树林子乡是有名的旱区，春季抗旱利用75眼机井昼夜浇地，共浇地9000多亩，获得较好苗景。兴隆县半壁山灌渠加强管理，落实责任制，春季抗旱浇地5000亩，保证了麦田返青、灌浆、成熟，获得较好收成。春季抗旱期间，省两次拨抗旱经费42万元，完成抗旱水利工程项目163项，购置抗旱机具设备343台（套），增加灌溉效益3.32万亩，解决了1931人的饮水困难。丰宁县利用一部分抗旱资金为区乡水利站配套灌溉动力设备82套，在抗旱中供群众浇地租用。在抗旱斗争中，全区投入抗旱劳力55.55万人，群众自筹抗旱资金27万元，春季抢墒播种370万亩，座水点种35万亩，共活动机井1905眼、扬水点347处、渠道446条、其他机具379套，累计抗旱浇地28.3万亩，浇果树176万棵，折合7.04万亩。

1986年，承德全区春旱严重，程度之重、时间之长、范围之广超过大旱的1972年。抗旱期间，省拨抗旱经费80万元，全区投入抗旱劳力50万人，投入各种运水车辆6000多台，利用机电井9831眼、扬水点788处、渠道699条、喷灌机383台、微型水泵2039台、柴油机1087台、其他机械4.6万件，累计抗旱浇地81.68万亩次，实浇面积45.6万亩，座水点种21.3万亩，浇果树963.8万株，新建扬水点169处，增浇果树33万株。是年，各县区都成立了抗旱工作领导小组，抽调干部3500多人深入抗旱第一线，教育群众克服靠天等雨麻痹思想和畏难情绪，动员一切力量投入抗旱。全市共投入抗旱劳力11万多人，各种运水车辆318辆，座水点种、补植秧苗6.64万亩，补种32.56万亩，毁种12.96万亩；充分发挥现有水利工程设施的抗旱作用，投入抗旱浇地的小水库13座、塘坝20座、潜流12处、机电井1141眼、扬水点225处、渠道110条、塑料管道13.77万米，抗旱浇地15.28万亩、浇果树42万株。集资抗旱，自力更生办水利，全市筹集抗旱资金39.43万元，兴修各种水利工程155处，其中新打机井35眼、修旧井13眼、打其他井16眼、新配套机电井28眼、建果园扬水工程39处、人畜饮水工程24处，改善和扩浇灌溉面积8300亩，解决了3600多人因干旱造成的饮水困难。

1988年，承德全区严重春旱，干旱程度仅次于1986年。大旱期间，全区投入抗旱劳力60.2万人，利用机井2554眼、扬水点1316处、渠道1162条、砖石井9500眼、喷滴灌机组6000多台、运水车辆800余辆，共抗旱浇地78.1万亩次、座水点种38.9万亩、浇果树931.4万株。1986年以来，承德全区利用抗旱资金购置700多台套流动抗旱机组，大旱期间发挥了抗旱作用，平时浇地、浇果树、浇经济作物有偿服务，大旱时抗旱浇地无偿服务，深受农民欢迎。1988年9月，省水利厅在隆化县召开了全省抗旱资金改革使用管理办法现场会议，推广了承德地区的经验。1988年，省水利厅拨付承德地区抗旱经费43万元，重点用于基层水利服务站建设，统一购抗旱机具，用于抗旱服务。本年全区各级抗旱服务组织发展到103个，活动抗旱机具达到717台套，活动输水管路达到4万米，固定资产总值达到120万元。

1989年，承德全区遭遇前所未有的春旱，春旱期间，全区最高投入抗旱劳力83.4万人，活动机井4246眼、扬水点1335处、渠道1248条、砖石井2万多眼，抗旱浇地69.9万亩，座水点种65.5万亩，浇果树1288.5万株。7月下旬以来，全区多数县雨量偏少，有的地方近30天无雨，全区出现严重“卡脖旱”，8月15日，行署召开紧急抗旱电话会议，号召全区积极开展抗旱斗争，夺取秋季农业丰收，围场、丰宁、宽城、兴隆等县主要领导及农业口单位组成工作组，深入第一线发动群众抗旱，全区日出动抗旱劳力15万人，开动机井559眼、扬水点488处、渠道575条、流动抗旱机组875台、柴油机2038台套、砖石井740眼，抗旱浇地25.8万亩，浇果树97万株，对减少灾害损失起到一定作用。在春旱期间，驻军部队抽出人力物力积极支援地方抗旱，驻丰宁县52820、51408、52835部队和驻平泉县331、741部队，出动汽车100多台，帮助当地农民拉水点种，驻丰宁机场留守部队抽出生活用车帮助群众拉水7天，县政府对所在部队进行了广播表扬和慰问。驻滦平县51267部队首长王万春、徐庆瑞带领战士帮助群众开挖水渠1000米，使滦河水顺着新开大渠流入千亩稻田，群众把题有“急人民所急、助人民所需”的匾额赠给了部队。是年，省下达承德地区抗旱经费83万元，省地财政另拨抗旱专款15万元，县财政自筹抗旱资金212.3万元，乡村农户自筹抗旱资金404万元，合计724.3万元，大部分武装了抗旱服务组织，购置抗旱机具400余台套，水柜、大桶、水袋近5万余件，活动输水管路10万余米。乡村及农户筹资多用于打井、配套、修渠等小型水利工程建设。1989年，承德全区各级抗旱服务组发展到149个，抗旱机具发展到1200台套，活动输水管路17.5万米，固定资金总产值263万元，成为一支重要的抗旱力量。

1991年，承德全区出现短期春旱，耕地失欠墒面积255.2万亩，8月全区近1个月无降雨，出现“卡脖旱”，受旱面积288.7万亩。在春旱和夏旱期间，全区投入抗旱劳力25.8万人，利用机井2422眼、扬水点80处、渠道412条、砖石井5000余眼、流动喷灌机组613台套、活动输水管路5.5万米、各种运水车辆130余台、水桶24.3万个，浇农作物41万亩。省拨抗旱经费30万元，地县区配14万元，全部用于县级抗旱服务组织建设，重点武装了宽城、平泉、丰宁和滦平四县抗旱服务组织，购置抗旱机具215台套（包括机、泵和转场运输工具）、输水管路5233米、电缆线500米，开展抗旱浇地有偿服务，对抗灾增产起到良好作用。

1992年，承德地区春旱连夏旱，耕地失欠墒面积313.7万亩，春播前行署召开了8次抗旱备耕会议，下发两次抗旱紧急通知，并确定4月份为全区无会议月，全区抽调近万名行政和技术干部到基层指导抗旱备耕生产，有50多名地县领导干部在基层蹲点包片。在抗旱期间，全区日投入抗旱劳力59.5万人，利用机井2357眼、砖石井4520眼、扬水点344处、渠道1757条、流动抗旱机组1517台套，抗旱浇地79.8万亩，其中浇麦田32.7万亩、浇白茬地47.1万亩、浇果树581.9万株。抗旱期间，省拨抗旱经费116万元，地区财政安排20万元，共计136万元，其中49.1万元由地区统一购置抗旱设备，实行以物代拨，武装7个县级抗旱服务中心站，实行保本微利，有偿服务，使抗旱资金长期发挥效益。是年，承德市一县三区春旱失欠墒面积22万亩，抗旱活动机井773眼、扬水点58处、渠道199条、柴油机136台，共浇地20万亩，其中座水点种5万亩。投入抗旱费23万元，其中15万元用于承德县抗旱服务中心建设。承德县抗旱服务中心站由20人组成，是承德市第一个县级抗旱服务中心站，属省第二批，省两次下达抗旱服务组织建设经费，县自筹4.2万元，购置小拖拉机4台、喷灌机组4台套、电动机14台、压力胶管1800米、塑管2.1吨、水泵22台套以及电缆、电器、吸水胶管、水囊等抗旱设备，春夏干旱季节为群众浇地1.5万亩，浇果树10万株。

1996年，全市春旱严重，耕地失欠墒面积276万亩，市政府先后三次召开抗旱电话会议，派出11个抗旱保春播工作督导组，检查指导抗旱工作。各县（区）、乡（镇）确定4月为无会议月，干部不休假，在第一线指挥抗旱工作。在抗旱中，各种水利工程设施发挥了重要作用，全市抗旱服务站成为一支生力军，共投入1200多台套抗旱设备，昼夜抗旱浇地。抗旱期间，全市投入抗旱劳力66.4万人，投入抗旱资金309万元，共抗旱浇地166.3万亩次，浇果树243万株。继续强化了抗旱服务体系建设，平泉县全国抗旱示范县通过了省级验收，丰宁县被列入第二批全国抗旱示范县。通过积极开展抗旱斗争，本年全市农业获得较好收成。

1997年，全市春季旱情严重，耕地失欠墒面积110万亩，抗旱期间全市投入抗旱劳力50.57万人，活动机电井8115眼、扬水点701处、机动运水车辆10280辆，抗旱浇地234万亩次，浇果树516.6万株。全市10个县级抗旱服务站和9个抗旱服务分站抗旱浇地20.3万亩次，浇果树85.9万株。是年，丰宁县遭遇了低温冷害、洪雹、干旱等多种自然灾害，全县粮食大幅减产，饲草减收严重，直接经济损失1.5亿元，特别是坝上9个乡镇受灾更为严重，群众生活遇到严重困难。12月23日，副市长袁福及市民政局负责人，代表市委、市政府，带领满载煤、面粉等救灾物资的车队，到丰宁县坝上鱼儿山镇、草原乡慰问灾民，看望了重灾农户。1998年1月12日，河北省军区向1997年丰宁县遭受严重自然灾害的灾民捐赠粮食21吨、衣服8000余件。

1998年，全市春旱严重，4月耕地失欠墒面积135亩，全市积极开展“一抗双保”活动，投入抗旱劳力24万人，活动机井3100眼、扬水点464处、机动运水车辆1200辆，抗旱浇地74万亩，浇果树94万株。全市各级抗旱服务站浇地10.5万亩次，浇果树28万株。宽城县全国抗旱示范县建设通过省级验收。

1999年，全市遭受特大干旱，特别是进入6月中旬以后，全市大部分地区持续高温，干旱少雨，发生严重的“卡脖旱”，干旱涉及全市11个县区，最大受旱面积达397万亩。在抗旱期间全市投入抗旱劳力58万人，日活动机井7760眼、扬水点700处、引水渠道1300条，日浇地15亩，解决因干旱造成的饮水困难15.4万人，省支援抗旱经费460万元。

2000年，承德全市继续遭遇更为严重的干旱，5月下旬以来全境持续高温，降雨稀少，7月13日市区最高气温达到41.6℃，比1955年7月24日历史最高气温高出0.1℃，农作物受灾严重，干旱受灾面积达476.83万亩，地下水位持续下降，人畜饮水出现极度困难，历史上从未断流的滦河干流断流100多天，由于武烈河断流而影响到避暑山庄湖区干涸68天无水。面对严重的旱情，6月19日市委、市政府召开了全市防汛抗旱工作会议，对全市防汛抗旱工作做出了总体部署，要立足于“抗旱防汛两手抓”。为了抗御持续高温少雨出现的严重干旱，市政府决定实施人工增雨，7月14日在双桥区狮子园西沟进行了人工增雨演练，利用火箭发射架成功发射两枚人工增雨火箭，市领导及市有关部门和各县区有关负责人观看了演练。7月26日，市水利局制定出“抗旱应急工程实施方案”，在全市7个县（区）设人工增雨发射点25个，其中市区2个、承德县4个、宽城县5个、平泉县4个、隆化县3个、丰宁县4个，每个点配备火箭发射架1门共25套，总投资150万元。为了保证抗旱应急工程项目的实施，市成立了人工增雨领导小组，主管农业的副市长袁福为组长，市气象局和市水利局主要领导为副组长，下设人工影响天气降雨办公室和人工增雨作业办公室，各有关县也成立了相应组织，每门火箭发射架备两名发射手，作业期间，由人影办提供气象信息和空域报批请示，人工增雨作业办公室负责作业指挥，在有条件的气象云实施人工增雨作业。这一年承德的严重旱灾同样受到了国家和省委、省政府的关心和重视，得到了天津市和各兄弟市的无私捐助。7月15日，国务院副总理温家宝到潘家口水库视察，在视察中听取了承德市长赵文鹤关于水库上游及宽城、平泉等县遭受重大旱灾情况的汇报。7月15日至16日，副省长郭庚茂带领省直有关部门先后到宽城、平泉、承德等县的十几个乡镇视察抗旱救灾情况，深入农村了解旱情，市委副书记、副市长陪同视察并汇报了灾情。副省长郭庚茂在视察中充分肯定了承德的抗旱救灾工作，并代表省委、省政府向灾区广大干部群众表示慰问，要求在大灾面前一定要千方百计安排好群众生活，一要保证饮水，二要保证不断粮，不出现逃荒现象。8月1日至3日，省委书记王旭东及省委常委、秘书长张群生，副省长郭庚茂带领省计划、水利、民政部门负责人，在市委书记傅贵武、市长赵文鹤陪同下，先后到宽城、平泉、承德、隆化、围场5个县考察灾情，慰问受灾群众，并就农业结构调整和坝上地区生态环境建设进行了调研，听取了市委、市政府的工作汇报。王旭东强调，要全力抓好抗旱救灾工作，解决好群众生活问题。8月8日，市委、市政府召开全市“向灾区人民献爱心”救灾捐赠动员大会，市委副书记主持会议，副市长袁福作动员讲话，市委、市政府决定广泛发动社会各界捐款捐粮，扶危济困，帮助灾民渡难关。动员会后，举行了向灾区捐款仪式，市领导带头捐款，市五大班子党员干部共捐款75210元。到8月11日，市直59个部门完成首批捐赠任务，共捐款265510元。8月13日至14日，省长钮茂生在市委书记傅贵武、市长赵文鹤、副市长袁福等陪同下，先后到围场、隆化考察灾情。钮茂生指出，市委、市政府带领干部群众积极抗旱，把灾情减少到最低限度，做了大量工作，要把100万人的温饱问题、90万人的饮水问题放在第一位，抗旱防汛一起抓。8月23日，市委、市政府发出《关于开展机关干部“下千村访万户”活动的通知》，主要任务是突出抓好四个方面的工作，其中之一就是落实各项抗灾救灾措施，妥善安排好灾民的生产和生活。9月14日，石家庄市向丰宁、滦平县灾区捐款50万元、粮食10万公斤。9月28日，天津市向宽城、兴隆两县捐赠500万元救灾款物。10月18日至19日，市长赵文鹤在围场县调研，先后到殷家店乡二道河子村、山湾子乡红葫芦村和王家店村检查农业和抗灾自救工作，听取了县委、县政府的工作汇报。赵文鹤强调要继续抓好抗灾自救工作。11月16日，保定市向承德灾区捐赠人民币30万元，面粉15万公斤。11月28日，廊坊市向承德灾区捐赠面粉20万公斤。

2001年，全市春季持续干旱少雨，耕地失欠墒严重，春耕生产受到影响。面对严重春旱，全市积极开展“一抗双保”工作，充分利用现有水源，开源节流，实施打井、修渠、修塘坝、修水窖等集雨工程，确保农村人畜饮水。在春季抗旱期间，全市投入抗旱劳力88.5万人，投入抗旱设备2.9万台套、运水车1.3万辆，累计抗旱浇地381.3万亩次。在抗旱中，各级抗旱服务组织发挥了主力军作用，投入抗旱设备1514台套，抗旱浇地52万亩。本年汛期全市平均降雨量459.9毫米，比2000年同期多203.9毫米，与多年平均汛期降雨454毫米基本持平。

2002年，全市连续第四年干旱，春旱连伏旱。市水务局及时做出了抗旱预案，全市抗旱活动机电井1.9万眼、引水渠900条，扬水工程440处、流动机电抗旱设备2.63万台套，投入抗旱资金400万元，共抗旱浇地359万亩次，实灌面积133万亩，浇果树100万株，使全市65万亩水田、40万亩菜田、10万亩育苗地、18万亩制种田得到了有效灌溉，挽回粮食损失2.32亿公斤，挽回蔬菜损失28亿公斤，挽回果品损失0.2亿公斤，共挽回经济损失18亿元。

2003年，全市连续第五年干旱，8月至9月全市降雨量仅相当于多年平均同期降雨量的60%，受旱耕地面积300多万亩，造成临时性缺水人口30多万人。本年省、市有关部门两次下达抗旱应急人饮项目资金3834万元，其中中央资金1715万元，水利部门共解决人饮困难人口5.48万人。8月份，在避暑山庄肇建300周年之际，为解决因干旱造成的避暑山庄湖区缺水和武烈河橡胶坝无水可蓄的困境，市水务局实施了从武烈河上游隆化县二道湾水库向市区武烈河调水65万立方米，其中向避暑山庄湖区供水30多万立方米，改善和优化了避暑山庄湖区和市区武烈河的生态环境。

2004年，全市春旱少雨，耕地缺墒面积235.5万亩，投入抗旱劳力53.37万人，活动机电井1.132万眼、扬水点557处、机动抗旱设施2.24万台套、机动运水车1.1万辆，抗旱新打机井1575眼，维修旧井539眼，投入抗旱资金1777.4万元，抗旱浇地188.3万亩次，浇果树1121万株，解决临时人畜饮水困难7.43万人、1.21万头大牲畜。在春季抗旱活动中，各级抗旱服务组织维修抗旱机具625台套，解决了5.79万人、0.99万头大牲畜的饮水困难，抗旱浇地12.8万亩，浇果树50.6万株。通过积极开展抗旱斗争，全市共挽回粮食损失22.6万吨。为了解决因干旱造成的城市生态缺水，改善“五一”节期间城市水环境，市水务局在“五一”劳动节前用三天时间从武烈河上游隆化县二道湾水库紧急调水90万立方米，解决了因干旱武烈河橡胶坝蓄不上水的问题，改善了市区环境。在承德县和围场县进行了风能提水抗旱工程试点，效果很好，很受群众欢迎。

2005年，春季继续干旱，抗旱期间，全市每天投入抗旱劳力达30多万人，投入机动抗旱设备1.75万台套、机电井1.07万眼、机动运水车辆2.88万辆，累计抗旱浇地98.8万亩。县级抗旱服务站维修抗旱机具1984台套，解决了2.5万人、0.96万头大牲畜因干旱造成的饮水困难，抗旱浇地21.2万亩次，浇果树63.9万株，减少粮食损失1463.3万公斤，减少经济作物损失639.9万元。本年建成风能提水抗旱工程103处，配套新建蓄水池53个，可蓄水2580立方米，配套水窖261个，可灌溉农田4380亩、浇果树5290亩、浇蔬菜168亩、浇蔬菜大棚64个、解决人畜饮水1975人、470头大牲畜。为解决因干旱造成的市区生态缺水，按照市委、市政府的要求，4月28日和6月7日继续实施从武烈河上游隆化县二道湾水库两次紧急调水190万立方米，补充避暑山庄湖区缺水和市区武烈河橡胶坝库区蓄水，确保了市区良好的水环境。

2009年8月，全市旱情蔓延加剧。8月16日18时，市防汛抗旱指挥部在全市启动抗旱应急（Ⅲ）级响应，8月28日18时升级为（Ⅱ）级响应，全市进入紧急抗旱状态，全市各级各部门按照抗旱预案响应措施立即行动起来，全面开展抗旱救灾工作。8月11日至24日，市防汛抗旱指挥部发出调度令，从滦河上游丰宁电站水库和围场县老窝铺水电站紧急调水1000万立方米，缓解了境内滦河下游沿河两岸工农业生产用水及人饮用水因干旱造成的紧张状态。8月17日，市水务局作出决定停采武烈河第二道橡胶坝周围的6眼城市供水水源井，每天减少采水量3万多立方米，以确保避暑山庄湖区生态用水需求。9月8日至10月8日，为保持国庆节期间和中秋节期间市区武烈河橡胶坝群和避暑山庄湖区的良好水生态环境，市水务局从市区南部滦河水源井向武烈河橡胶坝群应急调水380万立方米，确保了武烈河橡胶坝群和山庄湖区生态用水。在2009年抗旱活动中，全市共出动抗旱人员27.6万人次，多方筹集抗旱资金1296万元，启动抗旱机井11000眼，投入机动抗旱设备5500台套、拉水车辆3180辆次，抗旱浇地243.7万亩次，浇果树213.9万株，临时解了10.08万人、2.45万头大牲畜的饮水困难，挽回粮食损失26.7万吨、经济损失2.45亿元。

2011年冬春季降水严重偏少，春旱范围广、旱情重。在年初冬春抗旱保人饮、春播过程中，全市出动抗旱人员11.8万人次，投入机电井1.2万眼，机动运水车辆570辆次，抗旱浇地53.83万亩，浇果树517.78万株，应急解决2.9万人的临水性饮水困难。在遭遇60年一遇的冬春连旱情况下，取得了“大旱无大灾”，群众基本生活饮水得到保障，农业持续丰收的可喜成绩，粮食产量比去年增加近20万吨，抗旱减灾效益突出。

2012年春季气候干燥少雨雪，气象干旱严重。综合施策，抗旱减灾效益明显。在抗旱活动中，全市累计投入抗旱资金899万元，出动抗旱人员11.17万人，投入机电井0.35万眼、机动抗旱设备0.445万台套、运水车0.04万辆。抗旱浇灌面积36.3万亩，浇果树128万株，临时解决3.1万口人、0.41万头大牲畜的饮水困难问题。其中，依托抗旱服务站采取垫资和赊借物料等形式打井81眼，维修旧井271眼，维修机泵212台套，浇果树11万株。气象部门抢抓有利时机开展人工增雨作业221点次，飞机人工增雨飞行9架次18小时，发射火箭弹668枚。在抗旱活动中，以解决人饮困难为重点，采取了应急拉水和应急保通措施，使群众基本生活饮水得到保障。同时大力开展农田灌溉，共抗旱浇地36.3万亩，大大降低了农业损失。据农业部门统计，全年全市粮食总产147万吨，比上年增长5%，实现粮食生产九连增。

2013年，针对春季部分县区出现的旱情，各级防办始终把确保城乡人民群众饮水安全放在首位，加密监测，强化会商，精心部署，多措并举，全力开展“一抗双保”工作，为农业增产，农民增收创造了有利条件。在抗旱活动中，全市累计投入抗旱资金1101.35万元，出动抗旱人员9.72万人，投入机电井0.37万眼、泵站48处、机动抗旱设备1.21万台套、运水车500辆，抗旱浇地70万亩。采取应急拉水等措施，临时解决了1.51万口人、0.52万头大牲畜的饮水困难问题。

2014年7—8月，降雨量严重偏少，导致河道径流量锐减，地下水位下降，工程蓄水量减少。面对严重的伏旱，全市落实责任，精心部署，多措并举，积极为饮水困难群众拉送水，大力开展抗旱浇地和节水灌溉，千方百计扩大浇灌面积，全力做好城乡供水和抗旱双保工作。气象部门适时开展人工增雨作业，共实施人工增雨作业84点次，发射火箭弹288枚，协调冀东飞机和北京市人影飞机增雨作业5架次，催化作业14小时。按照“先生活、后生产、再生态”的原则，实施水资源科学调配。宽城县县城供水紧张，及时实行限时、定量供水，压减高耗水服务业、企业用水，投资500万元实施兆丰水源引水工程，确保城镇供水基本需求。全市投入抗旱资金1881万元。其中：宽城县投入150万采购喷灌机、水泵等抗旱设备和实施打井等工程，极大的提高应对旱灾的能力；针对饮水困难的村组，因地制宜采取应急工程措施予以解决，一时难以解决的，发动社会力量为人饮困难群众拉水、送水，确保缺水群众生活用水需求。平泉县加快工程建设，目前已修建蓄水池18座，新打机井79眼，加固125眼，解决了14个乡镇、21个村、18200口人和4所学校、1600名师生的饮水安全问题。利用水库、塘坝、水池、水窖、机电井等现有水利设施，增加灌溉次数，努力扩大浇灌面积。同时充分发挥县级抗旱服务站的主力军作用，实行24小时值班，及时为农村提供流动抗旱服务。全市累计出动抗旱人员9.6万人次，投入机电井0.45万眼，泵站93处，机动抗旱设备0.37万台套，抗旱浇地77.61万亩，浇果树548.2万株，出动机动运水车辆550辆，应急解决了3万人和0.7万头大牲畜的临时性饮水困难。

2015年春季和入夏后，全市降雨较常年显著偏少，各县区出现了不同程度旱情，兴隆、宽城、平泉、承德县、高开区等县区受旱严重。制定拉送水或采取应急工程等措施，确保群众有水喝。兴隆县针对县城供水紧张局面，及时启动“供水系统重大事故应急预案”，采取分区、分时供水措施，积极推进联通工程建设，铺设管路757米，日增加供水能力1400立方米，确保县城供水安全。并积极谋划水源工程，计划新打机井1眼和新建截流坝1处，新增日供水能力1400立方米，进一步缓解县城供水紧张情况。高新区投入抗旱资金20余万元，新打机井12眼，维修机井6眼，配套机井6眼，建蓄水池6座，应急解决了3000口人的临时性饮水困难问题。承德县投入抗旱设施450台套，累计浇地16.5万亩次，挽回粮食损失1.8万吨，挽回果品损失2000吨。全市实行人工增雨作业共23点次，飞机人工增雨飞行3架次，共发射火箭弹102枚，作业效果十分明显。共投入抗旱人员7.7万人、机电井1.6万眼、移动抗旱设备6230台套；出动运水车辆150辆次；新打机井81眼，维修机井91眼，维修机泵249台套；清淤水池水窖1180个，疏通沟渠 193条，维修输水管路10万米。在应对春旱和伏旱阶段，按照“先生活、后生产、再生态”的原则，科学调度水资源，通过落实各项应急抗旱措施，完成抗旱浇地64.9万亩，浇果树254万株，临时解决了1.83万人，0.51万头大牲畜饮水困难，保证了城乡居民用水安全，最大程度减少了干旱损失。

第三编　防洪与防汛

多年来，山洪是威胁承德市工农业生产和人民生命财产安全的主要自然灾害。中华人民共和国成立以后，承德市各级人民政府始终把防治山洪作为水利工作的一项重要内容，开展了群众性的水土保持工作，修建了大量的水土保持工程，在一些主要河流和沟道上，建成了一批大中型水库、小型水库和塘坝等蓄水控制工程，对山洪起到了一定的拦蓄和调控作用。同时，沿河流沟道两岸还修建了大量的防洪护岸工程，对发展工农业生产，保护两岸耕地和城镇、村庄以及人民生命财产的安全，起到积极作用。

1950年，热河省人民政府就成立了热河省防汛指挥部，并发出通令，要求各县（市、旗）成立防汛指挥机构。1956年热河省撤销。承德市（地区）划归河北省以后，承德地、市各级人民政府在每年汛期，都由主要领导组成强有力的防汛指挥机构，成立专门防汛工作班子，教育人民克服各种麻痹思想，做好各项防汛准备工作，指挥和组织人民群众积极投入防汛抗洪斗争，开展生产救灾活动，最大限度地减轻洪水灾害损失，保障全区各项经济建设的发展和人民生命财产的安全。

第一章 河道防洪

第一节 暴雨和洪水

承德境内属于大陆性季风型山地气候，雨量分配受西伯利亚冷气团及太平洋副热带气团影响很大，降雨量年际、年内之间差异悬殊，年降雨量70%以上集中在夏季，并常以暴雨、冰雹形式出现。北部山地少雨区，暴雨出现的频率相对不大，但常有冰雹发生。中南部燕山多雨区暴雨出现频率较高，一年可能发生数次，并常暴发泥石流。据对有代表性的测站，用25年的观测资料进行统计分析：承德市暴雨最早出现在5月，最迟在10月，7-8月出现暴雨的频率在80%以上，个别站达到90%。全市1956年～2002年47年降雨资料显示，汛期降雨量占全年降雨量80%以上的年份有29年，占61.7%；汛期降雨量占全年降雨量70%以上的年份有43年，占91.5%。暴雨在地域分布上，南部多于北部，东西向分布，西部多于东部。

在清朝以前承德的历史上森林密茂、野草丛生，一些河流还是“只闻水声不见河”的跨步可过的小溪，水土保持生态环境极好，没有发生洪水泛滥的记载。自清康熙二十年（1681年）始建“木兰围场”和康熙四十二年（1703年）开始修建承德“避暑山庄”以后，在承德这块人烟稀少的土地上，人类生产活动逐渐增多，特别是到清末民初以后，风水禁地开禁，木兰围场垦荒，山林大量被砍伐，草场植被垦殖，森林遭受破坏，造成严重水土流失，尤其到民国、日伪时期山林、草场植被破坏更日益加剧。加之很多河流、沟道流程短、河道比降大（5%～15%），调蓄能力差，一到夏季，受太平洋副热带高压控制，东南风盛行，小气候及局部地形的影响，常发生暴雨、冰雹。历时短、强度大，洪水暴涨落，破坏力强，造成冲地、冲房、冲人等毁灭性灾害。1977年7月29日，兴隆县半壁山、孙杖子一带突降暴雨，2小时降雨200多毫米，使204个大队（行政村）受灾，冲毁房屋950多间，冲走、淹死大畜33头，猪羊620多头（只），死亡18人，300多人无家可归，正施工的张杖子、大兰口两座小（Ⅱ）型水库，30日在强大的洪水袭击下瞬间被冲毁，下游几百亩平整的土地一扫而光，冲走3人，孙杖子村进水。

1994年7月12日至13日，全市普降大暴雨、特大暴雨，北部围场县24小时一次降雨量86毫

1994年7月12日，围场钓鱼台水库溢洪

1994年7月12日武烈河洪水

米，最大点雨量钓鱼台水库降雨为338毫米；中部滦平县代营站、承德县下板城站24小时一次降雨量分别为232毫米、167毫米，最大点雨量戴营站为448毫米，承德县上谷站为352毫米；南部兴隆县六道河站，24小时一次降雨为305毫米，最大点雨量为545毫米。承德各主要河流在7月13日均暴发大洪水；武烈河承德水文站、老牛河下板城水文站、柳河李营水文站、瀑河宽城水文站都出现了1962年以来的最大洪水。“1994年7点13”大洪水使锦承（锦州－承德）、京承（北京－承德）、承隆（承德－隆化）、京通（北京－通辽。途经滦平、隆化、围场三县）4条铁路干线坍塌77处，交通全部中断，京城铁路199千米处柳河1号大桥桥墩倒入河中，两孔桥梁落水，京城铁路断交。公路、通讯、供电、供水也多处遭毁出全市境内3条国道有12处水毁断交，14条省道10条断交。仅兴隆县就冲断大小公路桥梁240座，全县桥梁几乎全部被冲毁。

全市农田多处受灾面积265万亩，绝收面积62万亩；水利工程损毁严重，冲毁堤坝384.7千米，7座大中水库，46座小水库工程遭受不同程度损坏；全市倒塌房屋29484间，水冲沙压死亡84人，其中上石洞乡张才一家及亲友13人全被泥石流埋压致死。这次水灾全市各项经济损失达21.6亿元。

2000年8月4日、26日，围场县山湾子、姜家店两乡，由于受局部小气候影响，先后遭受突发性暴雨和冰雹袭击，降雨历时仅50～60分钟左右，降雨量50～70毫米，山湾子乡降雨中夹杂大量冰雹，冰雹最大直径80毫米，平均厚度350毫米，山洪暴发，使平时干涸的河道，洪峰流量速增到210～300秒立方米/秒，两乡先后受灾面积达1.09万亩，冲毁河坝1.02万米。冲毁房屋70间，死亡9人及其它农用具、牲畜等，直接经济损失达3400万元。

2005年8月12日至13日，承德市出现大范围降雨，中、南部降大到暴雨，局部地区出现大暴雨。全市最大点雨量为兴隆县大杖子村，日降雨量为328.9毫米，降雨量大于200毫米的范围为1560平方千米，主要在兴隆、宽城和承德县接壤处，日降雨量在100～199.9毫米的范围为4800平方千米，覆盖了兴隆、平泉、承德县和宽城的部分地区。由于降雨历时短，强度大，使车河山洪暴发，出现了百年一遇洪水，洪峰流量为745立方米/秒。兴隆县大杖子村小学11间教室进水，5间教室造成危房。承德县大彭杖子村17户55间住房冲毁49间生活用品全被冲走。全市共有65个乡镇受灾，受灾人口59.1万人，受灾耕地415140亩，绝收面积72895亩，造成直接经济损失42099万元，其中农业直接经济损失20825万元。

2008年，全市三次大的降雨过程均出现在汛期，局部短历时、高强度局部暴雨偏多，北部洪水出现时间早。分别为6月29日至6月30日，全市平均降水量为30.3毫米，最大降雨点为双滦区大庙镇，雨量达到101.4毫米；7月14日至7月15日，全市平均降水量为36毫米，最大降雨点在宽城县的三旗杆水库，雨量为97.8毫米；8月10日至8月11日全市平均降水量为42.1毫米，最大降雨点出现在承德县高寺台，雨量为132.9毫米。伊逊河围场水文站6月25日出现156立方米/每秒洪峰，洪水过程早于往年。

全年几次局部暴雨共造成承德6个县区、39个乡镇、11.24万亩农作物受灾，围场、承德、双桥等县区的部分乡镇损失严重。其中耕地成灾面积10.61万亩，绝收0.63万亩，冲毁河坝28.42千米，损毁铅丝石笼66个，冲毁乡村公路30.3千米，桥涵4座，损坏输电线路2110米，倒塌房屋4间，房屋进水86户346间，造成危房18间，损毁机井15眼，冲走猪、羊32只，损毁蔬菜大棚56个，因灾死亡1人，共造成直接经济损失0.48亿元。

2009年汛期全市有三次较大的降雨过程，主要发生在6月、7月，以局部暴雨洪水为主，伊逊河上游洪水过程较多。其中，6月6日至6月9日全市平均降水量为42.8毫米， 7月17日至7月19日全市平均降水量为34.0毫米，7月22日至7月24日全市平均降水量为31毫米，围场和丰宁大阁地区部分河段在7月23日出现较大洪水过程，伊逊河围场站最大流量60.0立方米/秒，潮河丰宁大阁站最大流量98.2 立方米/秒。局部暴雨风雹造成丰宁、围场等县出现灾情。6月14日下午2时至2时30分，围场银窝沟乡8个行政村突降暴雨，造成1750亩农田受灾，533亩耕地绝收，洪水冲毁8处公路路段，距离达5千米，冲毁河坝1000米，房屋进水6户20间。同时有两个小孩和三头牛遭雷击，小孩被击伤，三头牛当场死亡。灾害造成直接经济损失160万元。6月15日11时30分至16时，围场县大唤起、龙头山等五乡镇遭受暴雨冰雹灾害，造成55421亩耕地受灾，其中耕地绝收4332亩，洪水冲毁河坝4720米、公路路基180米，冲走石笼70多个、水泥12吨，房屋进水5户，共造成经济损失3959万元。7月23日下午2时至3时，丰宁县小坝子、窟窿山两个乡镇一小时降雨达50毫米，灾害涉及8个行政村和32个自然村，受灾人口1853户5783人，受灾耕地面积15176亩，洪水冲走大牲畜50头、羊720只、家禽1600只，冲毁护村护地堤坝2800多米、房屋121间，并冲走拖拉机、摩托车、电视等农用机具和家用电器，直接经济损失652万元；同日下午4时15分至5时30分，围场县宝元栈、广发永等5个乡镇14个行政村遭受暴雨袭击，受灾人口2697户9252人，冰雹最长持续时间达半个小时，造成24570亩耕地受灾，绝收面积360亩，冲毁道路4600米，冲毁小流域综合治理工程6平方千米，造成危房10户，经济损失1417万元。

这几次局部暴雨共造成丰宁、围场两县13个乡镇9.69万亩耕地受灾，经济损失达6188万元。

2010年6月16日下午5时至9时30分，围场县克勒沟镇、朝阳地镇、腰站乡、朝阳湾镇、四道沟乡25个行政村遭受暴雨、冰雹袭击，最大降雨量50.9毫米，冰雹直径达1.5厘米，造成2.13万亩农田受灾，40多间房屋进水，3间农房坍塌，23户形成危房，2057米水泥路肩冲毁，造成直接经济损失1413万元。6月27日下午2时30分至3时10分，围场县南山嘴乡四个村突降暴雨、冰雹，雨量47.4毫米，冰雹厚度2～3厘米，致使8000多亩农田被淹，绝收面积达5000亩，房屋进水8户，冲毁河坝200多米，直接经济损失500多万元。7月11日5时至7时，丰宁县大滩、鱼儿山、土城、

1994年7月12日丰宁驻军官居兵在县城达袋沟疏通河道

2010年7月31日，隆化县突降大到暴雨

天桥、胡麻营、南关、四岔口7个乡镇突降暴雨，最大降雨量大86.1毫米，致使48个行政村受灾，受灾人口5471户1.59万人，受灾面积2.39万亩，绝收面积达1.07万亩，毁坏耕地3120亩，冲毁护村堤坝2000米，毁坏乡间公路12.5千米、桥涵6座，房屋进水47间，造成直接经济损失993.8万元。7月12日20时，丰宁县苏家店、外沟门、小坝子三个乡11个行政村遭受暴雨袭击，致使525户1974人和3396亩耕地受灾，紧急转移安置25人，绝收耕地面积1576亩，倒塌房屋14间，冲走大牲畜45头，损毁乡间公路11千米，房屋进水85户271间，直接经济损失363.2万元。7月17日17时，围场南山嘴乡南山嘴村突降冰雹，历时30分钟，冰雹直径1.5厘米，造成道路2处断交，300亩耕地绝收，经济损失60万元。2010年7月28日，围场县朝阳湾乡、郭家湾乡、朝阳地镇、燕格乡、大唤起乡、腰栈乡6个乡镇遭受暴雨、冰雹袭击，降雨持续1小时，致使4000多亩耕地被毁，6000亩农作物受灾，房屋进水50户，冲毁河坝3400米，大风吹倒树木40株，直接经济损失800多万元。7月30日8时至31日8时，全市普降中到大雨，局部暴雨，强降雨导致山洪暴发，局部出现严重灾情。隆化县郭家屯镇、围场县南山嘴乡等23个乡镇不同程度受灾。其中隆化县民房受损769间，倒塌房屋61间，农作物受灾16750亩，成灾10750亩，绝收1840余亩，冲毁河坝40.5千米，冲走大牲畜106头；局部交通中断，冲毁大桥2座，生产桥25座，乡村公路25千米，韩郭公路冲毁路基及挡墙5处长达132米，部分路段有大面积泥石流堆积，厚度达30～60厘米；承围、隆凤线（白云山段）段坍方1500多立方米，111线发生四处泥石流。全县西部3个镇电力、通信设施中断。受灾群众达8000余户34620口人，紧急转移安置628口人。据初步估算，全县因灾造成直接经济损失1350万元。围场县冲毁河坝7000多延长米，冲毁通乡水泥路1500米，村级路8000米，柏油路面80平方米，冲毁桥一座，冲走石笼210个，房屋进水36间，

7月21日，围场县城防洪

倒塌7间，冲走肥猪5口，猪仔25口，因房屋进水冲走粮食500公斤。洪灾造成土豆绝收1000亩，减产1500亩，玉米绝收2000亩，减产1400多亩。蔬菜绝收400多亩。共造成经济损失1200多万元。

是年，几次局部暴雨共造成丰宁、围场、隆化三县8.59万亩耕地受灾，绝收面积2.28万亩，经济损失达6680万元。

2011年，最大范围降雨出现在7月24日至25日，全市平均降雨量达81.5毫米，局部出现大暴雨、大风、冰雹等至灾性天气过程，有78个站点出现100毫米以上大暴雨，3个（站点）出现200毫米以上特大暴雨，分别是兴隆县平安堡217.8毫米、蘑菇峪213.7毫米、隆化步古沟211.8毫米；汛期局部暴雨洪水较多，局部短时降水强度大、洪峰较大，造成局部洪涝灾害，没产生流域性暴雨洪水。兴隆县南部降水较大，但未产生

明显灾害；丰宁围场局部短历时暴雨产生灾害较严重，尤其是“6·23”丰宁黄旗发生百年一遇暴雨洪水，造成严重灾害。汛期连续出现的局地暴雨引发了严重的山洪灾害，全市7个县区、145个乡镇受灾严重，受灾人口40.59万人，受灾农作物面积27.99万亩，其中成灾19.40万亩，绝收7.73万亩，倒塌房屋397间，冲毁河坝278处、141.14千米，公路断交113条次，损坏塘坝2座，冲毁桥梁6座（大桥1座），损坏机电井42眼，死亡大牲畜62头，因灾死亡1人，直接经济损失4.65亿元。

2005年8月12日，兴隆县车河发生较大洪水

2012年4—6月，暴雨、冰雹、雷电等强对流天气多发，时间明显早于往年。6月有27天出现强对流天气，出现四次较大降雨过程，平均降水量135.5毫米，较常年偏多54.1%，北部滦河干流、支流和伊逊河出现14次涨水过程，有3个县、25个乡镇、3.35万人受灾，3名学生因灾死亡，直接经济损失3944万元。是年，汛期降雨主要集中于7月21日至8月2日4次强降雨过程，全市平均降水量达187.2毫米，较历史同期偏多175%，范围之广、密度之高、强度之大历史罕见。全市118个乡镇52.53万人受灾，因灾死亡4人。农作物受灾面积33万亩，绝收4.35万亩，倒塌损坏房屋8686间。直接经济损失19.07亿元，其中水利基础设施经济损失5.4亿元。

2013年，全市主要河流共发生涨水47次，洪峰流量超过50立方米/秒的有12次，最大涨水过程发生在滦河隆化郭家屯站，6月25日0时30分洪峰流量为156立方米/秒，为1988年建站以来第三大洪峰。局地洪涝灾害多发，本年全市6个县2个区、72个乡镇、12.89万人不同程度的受灾，农作物受灾面积13.63万亩，绝收面积2.36万亩，损坏或倒塌房屋1784间，损坏堤防61.81千米，冲毁便民桥8座，冲毁道路17千米，损坏道路136.8千米，直接经济损失2.78亿元。

2014年，受局地强降雨影响，丰宁、围场、兴隆、隆化等县28个乡镇、4.96万人受灾，因灾死亡3人；水毁农作物10.91万亩，其中成灾面积6.73万亩，绝收面积0.85万亩；冲毁树木1万余株；损毁护村护地坝57.6千米、公路40.8千米、便民桥5座、房屋68间。直接经济损失7947万元，其中农作物直接经济损失5488万元，水利设施直接经济损失1725万元，其他经济损失734万元。

2015年进入汛期后，降雨明显增加，连续出现四次较大的突发性、短历时强降雨过程，其中7月18日，兴隆县孤山子乡单点单次降雨量为109.1毫米；7月27日，承德县六沟镇单点单次降雨量为146.2毫米；7月30日，围场县庙宫水库单点单词降雨量为106.8毫米，均达到大暴雨级别。河道涨水引发多次山洪灾害。受强降雨影响，全市共出现26次涨水过程，出现大于50立方米/秒的洪峰9次，主要发生在小滦河和滦河干流。局地强降雨造成承德丰宁县、隆化县、承德县、围场县、宽城县、双滦区6个县34个乡镇、11.13万人受灾，倒塌房屋22间，损毁乡村公路65千米、护村护地坝15.45千米、乡村桥梁16座；农作物受灾面积10.45万亩，其中绝收1.32万亩，造成直接经济损失9397.7万元。

第二节 河道防洪工程

中华人民共和国成立后，承德广大群众在与大自然斗争的实践中，修建了不少河道防洪工程，对抵御洪水袭击，减轻洪水灾害，发挥了很大作用。

一、水库拦洪蓄水工程

水库是各河系防洪的骨干工程。自50年代后期，随着农村集体经济的发展状大和农业合作化的兴起，激发了农民的政治热忱和生产的积极性，自1958年起，在农村连续3年掀起了以兴修水库为主的水利建设高潮，滦平县窟窿山中型水库、围场县庙宫大（Ⅱ）型水库都是在1958年和1959年开工兴建的，是全市最早建成的大、中型水库。随后又有一批中小型水库和塘坝工程相继开工建设（详见蓄水工程章节）。据1960年底统计，全市建成大型水库1座、中型水库1座、小型水库4座。截至2005年底，全市共有大型水库1座、中型水库7座、小（Ⅰ）型水库15座、小（Ⅱ）型水库70座，累计总库容达到40261.36万立方米。这些水库对下游防洪发挥了很大效益。丰宁县黄土梁水库建成后，截至2005年汛期，拦洪调蓄超过下游河道安全行洪标准的洪水（190立方米／秒）4次，防洪效益累计达5763万元。

庙宫水库建成以来，截至2005年，共拦蓄较大洪水8次，防洪效益6200万元，灌溉与发电效益1250万元，合计7450万元，约为水库总投资的3倍。（摘自庙宫水库除险加固工程初步设计报告-2002.7）

滦平窟窿山水库、围场钓鱼台水库、平泉大庆水库、兴隆老虎沟水库等，多年来也都为减轻下游洪水灾害和减少下游防洪投资，发挥了较大的防洪效益。

二、河道防洪护岸工程

承德境内河流两岸修建的防洪护岸工程，最早可追溯到清代，随着清王朝对承德这块土地的开发和承德避暑山庄以及各路行宫的兴建，为了保护承德避暑山庄和各路行宫以及兵营、民舍的安全，防止洪水的冲袭，开始在一些河流沟道上修筑沙土堤坝、虎皮石坝、荆条草坝、榆囤坝、鱼鳞坝、砌石坝等等。现在承德市区武烈河右岸的条石大坝和广仁岭以东的旱河、石洞子沟、狮子沟等砌石护岸工程都是从那时开始修筑的。

清康熙四十二年（1703年） 至乾隆五十五年（1790年）建成了承德“避暑山庄”，在营造“避暑山庄”时，为了保护“避暑山庄”免受武烈河洪水的冲袭和市区的安全，沿“避暑山庄”东侧在武烈河右岸“北起狮子沟南尽沙堤嘴，延裹12里……”修筑了一段条石防洪坝，俗称“迎水坝”。这是承德地区境内历史上修建最早、最坚固的防洪护岸工程，经过历年维修加固，至今完美壮观，仍发挥着保护避暑山庄和承德市城市安全的作用，而且成为人们夏天茶余饭后乘凉游玩的场所。

清光绪年间，平泉县城在瀑河右岸修筑了自双桥子至洋灰桥西端的防洪石坝一道，后屡遭冲毁，屡由市民捐修。民国18年（1929年）瀑河洪水将平泉县城南街全部冲淤，民国20年（1931年）在洋灰桥北面自行修筑块石防水坝一道。在日伪时期，1940年围场县在伊逊河右岸修建了保护县城的防洪堤坝。

1949年，热河省水利局成立后修建的第一处重点工程就是平泉县城瀑河右岸防洪坝工程。由于原有防洪坝年久失修，失去了防洪作用，为保护县城人民生命财产的安全，免受瀑河洪水的危害，1949年平泉县新政权刚刚建立，百废待兴，国家经济还很困难，当年县政府就提出修建瀑河防洪坝的计划。平泉县属灾荒之年，人民生活还很贫困，为了帮助农村生产救灾，解决农民春耕夏锄用粮及县城失业人员的生活，经热河省政府批准，拨小米16.9万公斤，采取以工代赈方式修建此项工程。热河省水利局派出工程技术人员进行勘查设计，编制了修建河坝工程计划书。工程规模，北起财神庙胡同洋灰桥西头，南至关家胡同，全长1656.93米，其中北段土坝长1078.28米，土方12827.37立方米，坝底宽11.5米，顶宽3米，坝高2米，一部分土坝用木桩子抛石护根；南段石坝长578.65米，底宽2.1米，顶宽0.55～1米，高2米，基础桩每米坝长，短桩5根，长桩3根，木桩空中砌块石灌白灰黄土泥浆至顶，坝前1米处打9尺长（计3米）木钎，内抛石护根。洋灰桥北段旧坝进行翻修，将旧坝松损木桩拆除，照原样修筑，灌白灰黄土泥浆，坝根用木桩块石护根。其他受水势冲击之处，亦打木桩，下荆笆，抛石防护。筑坝工程施工，由县政府责成县农业科、工商科、城关区政府、职工会和省水利局共同组成平泉河坝修建委员会，设主任委员1人、副主任委员2人，于工地设办事处，一切重大施工事宜由委员会做出决议，由办事处执行。办事处设总务、工程二股。总务股15人，由县政府负责抽调，掌握工粮、材料、庶务等业务，工程股人员由省水利局派出工程技术人员组成，负责技术工作，掌握工程进度、动员、组织、计划等业务。自1949年6月5日开工，至8月15日竣工，施工期共71天，完成修复旧护岸坝1842米，新筑护岸堤坝1117.49米，实际开支工赈粮小米17.05万公斤，折合高粱30多万公斤。新修河坝工程汛期经受了多年来最大洪水的考验，发挥了防洪作用。

1950年，热河省水利局拟定的水利方针提出，重点修建河堤，保护农田，以增加粮食产量。并提出注意村镇防洪，重点修补治水工程，广泛组织群众修建防洪堤坝。当年，承德全区完成了围场县阴河新拨筑堤工程、围场县蚁蚂吐河半截塔护岸工程、围场县伊逊河复堤编柳护岸和砌石护岸工程、隆化县伊逊河张三营护岸工程、承德市武烈河复堤和堵口筑坝工程、滦平县牤牛河护岸工程、兴隆县柳河护岸工程等重点防洪工程，共完成护岸长度2487.25米，工程量土方14169.83立方米，石方7059.83立方米，开支以工代赈粮62.95万公斤。

1951年，热河省主席罗成德在关于热河省水利方针的讲话中提出：“修建保护农田的河坝、堤，使农田不受损失或少损失；对村镇防水及已有治水工程的岁修工程应广泛组织发动群众，用自己的手修建保护自己的水利工程”。把治河修坝，防洪护岸，保护农田、村镇安全，仍作为水利方针的重要组成部分。同年，由热河省水利局完成了承德县下板城滦河重点护岸工程500米。

1952年，热河省水利局在水利建设方针中继续提出重点修建河流护岸、丁坝等治水工程，广泛开展群众性的小型治水工程。继续把防洪护岸、保护农田作为水利建设的一项重要内容。是年，热河省水利局重点完成了三项防洪护岸筑堤工程项目，即承德市陆合塔附近武烈河条石坝补修工程119.78米、围场县东门外伊逊河护坡工程1610.46米、隆化县大汤头沟伊逊河筑堤工程1080米。在防洪修坝的同时，发展稻田1970.61垧（折合29559.15亩）。

1953年，热河省水利局在水利建设方针中又提到，省局重点修建防洪丁坝及护岸工程，广泛组织群众修建小型治水工程，加强防洪工程的管理养护，作好防汛工作。

1949年至1954年，全区共完成河流防洪护岸工程1072处，完成工程量土方39万立方米、石方14.8万立方米，保护农田27.35万亩，保护房屋52835间。

1955年，热河省水利局提出了“以农田水利为主，防旱、防洪、防涝全面结合”的方针，强调积极发动群众修建小型治水工程，提高工程质量，加强工程管理养护，加强防汛工作，以防山洪为主，防止河流两岸较大险工为重点。

20世纪50年代修建的防洪护岸工程，主要目的是护村、护地，采用局部防护措施，护岸材料多为块石、砂砾、树桩、编柳等，工程简陋、规模小，使用寿命短。

1962年7月，承德地区滦河流域发生罕见的特大洪水，冲毁沿河两岸大量防洪护岸工程和农田。为了恢复被冲毁的耕地和河流护岸工程，1963年至1964年全区集中力量在河流两岸修建挡坝淤滩工程，仅1964年经承德专署水利局审批的重点防洪护岸、挡坝淤滩工程就达到25处，新修顺坝18796米、整修加固顺坝4829米、修丁坝524座，完成工程量土方15.07万立方米、石方8.59万立方米，扩地6075亩、护地10551亩、护村3950户，国家补助投资66.49万元。那时挡坝护岸工程，坝体多为土质或砂砾石填筑，迎水坡用干砌块石护砌，重要坝段并用铅丝石笼丁坝护基。

在那时全区河流治理没有进行过统一的勘测规划工作，在挡坝淤滩、修筑防洪护岸堤坝的过程中，为了多淤地，扩大稻田面积，一些地方出现了互相侵占行洪河道，发生多起水利纠纷。1964年至1966年，在承德专署水利局的主持下，由专署水利局对涉及滦平、承德县和承德市三个县（市）的滦平县东山头至承德县冯营子河段进行了实地勘测，规划出300米宽的行洪河道规划线，使此段河流治理有了合理的依据，减缓了河流沿岸有关村庄在淤滩修坝中的矛盾。

20世纪60年代后半期，承德地区开展按流域进行综合治理的水利建设运动。1969年，承德地区成立由地革委副主任王佐民为指挥的滦河治理指挥部，负责滦河流域大型水利工程的规划勘测设计。先后有兴隆县成立根治洒河指挥部（1967年初），围场县成立龙头山改河指挥部（1968年）、承德县成立了治理滦河指挥部和治理老牛河指挥部（1969年）。这一期间，水利建设主要是以修坝保护和扩大耕地面积，发展水浇地、增加粮食产量为主要指导思想。承德县对老牛河的治理颇有成效，沿河修筑了长达42.37千米的防洪坝，扩大河滩耕地10108亩，护地54621亩，护村170个。兴隆县自1966年至1970年，先后在洒河上修建了黄土岭大坝、马圈子大坝、兰旗营大坝、南簿岭劈山改河等4处护岸和改河（截弯取直）工程。在防洪护地、扩地、造林等方面都取得显著效益。

20世纪60年代中期至70年代，随着社会发展和科学技术进步，河道防洪工程发展到按流域全河段有规划、有重点的综合治理。工程结构由过去的干砌石护坡砂砾坝发展到浆砌石坝、浆砌石护坡或铅丝笼丁坝等，工程规模和工程质量都有很大提高。

20世纪70年代，全区开展了大规模的农田基本建设运动，每年秋冬季节，投入数十万名劳力开展修梯田、闸山沟、河滩垫地、平整土地。为了扩大耕地面积，修建稳产高产农田，结合河滩垫地、平整土地，广大群众修建了大批河坝工程，使许多河道都“镶了边”（河坝）。据1982年统计，宽城、兴隆、平泉、滦平、丰宁、隆化、围场和承德县（市）共8个县（市），河流防洪护岸堤坝长度累计达到4139.14千米，保护耕地面积65.83万亩，其中主要防洪堤防长度80.4千米。1985年统计，全区河流防洪堤坝累计长度为4110千米，保护耕地81.78万亩，保护人口65.83万人，其中主要防洪堤坝长度92千米。

截至1990年底，全市河道防洪堤坝总长5685千米，保护耕地106.08万亩，保护人口70.38万人，其中主要堤坝长度111.42千米；到1993年全市河道防洪堤坝长度6216千米，其中主要防洪堤坝长度为134千米。自1995年以后，全市河道防洪堤坝工程不注重数量增多，而注重质量的提高，一直稳定在5960千米左右。

从多年的实践中人们深刻认识到“水是一条龙，从上向下行，治下不治上，早晚一场空”。思想认识上有了飞跃，进入80年代后每年冬、春农闲季节，全市各级政府和广大群众都开展以治山治水为中心，以水土保持为重点的大规模的农田基本建设群众运动，开展以小流域为单元的综

综合治理，从上而下采取生物措施与工程措施相结合的办法，实施“沟坡兼治、防治结合、连续治理、集中治理”。从源头抓起，改变过去仅在下游河道修坝防洪、扩滩垫地的单一做法，把具有

“蓄、截、拦、泄、护”多功能的各种水利工程措施有机结合起来，形成流域性的综合防洪工程体系。

1988年6月10日《中华人民共和国河道管理条例》、1988年7月1日“水法”、1998年1月1日“防洪法”的相继公布实施，及河道采砂实行许可证制度等一系列法律文件的出台，使河道治理走上法制化、规范化、多元化。截至2005年底，全市各县（区）登记在册的已办理“采砂许可证”登记的共80人份。

进入21世纪，国家加大了资金投入，相继实施“京津风沙源治理”和“21世纪初期首都水资源可持续利用”项目（以下简称“首水规划”）2001年，丰宁、滦平两县被列入“21世纪首都水资源可持续利用项目”中承德市潮河河流生态恢复和建设工程。河北省水利厅先后对丰宁、滦平2个县潮河河流生态恢复和建设工程初步设计进行批复。同意丰宁县潮河上游段37.4 千米河岸进行整治；潮河中游段丰宁县堤岸护砌总长16.1千米；潮河下游段滦平县堤岸护砌总长28.21 千米。采用生物措施与工程措施相结合的形式整治干流岸坡，工程措施采用浆砌石护坡和浆砌石挡土墙防护方案，丰宁县城段防洪工程定为Ⅳ等工程，主要建筑物为4级，设计洪水标准为20年一遇。其他河段河道整治工程为Ⅴ等工程，主要建筑物为5级，设计洪水标准为10年一遇。核定工程总投资6658.11万元，其中：丰宁上游段2637万元，丰宁中游段1323.89万元，滦平县下游段2697.22万元。

此外，21世纪“首水规划”还安排了潮河流域小流域综合治理、坡改梯等10项，投资24098万元，节水灌溉6项投资11068万元，以及节水生态农业示范基地、人工降雨等多项工程投资5578万元。“首水规划”从2001年至2009年总投资为47402.11万元（其中2006-2009年投资10449万元）。这些都为潮河河道大规模连续整治带来转机。截至2009年底，潮河河流生态恢复和建设工程已完成潮河干流河道整治81.71千米，其中：丰宁县上游段37.4千米，丰宁县中游段16.1千米。滦平县下游段28.21千米。完成投资6658.11万元。其他项目也都相继完成。

《首水规划》）涉及承德市潮河流域的丰宁、滦平、兴隆、承德四县，28个乡镇，总面积6101.9平方千米，占密云水库上游总面积的38.6%。按《规划》调整后的项目构成分类：总数为63个项目，总投资148072万元，其中：已实施项目22个，下达投资46594万元，待实施项目41项，总投资101478万元（一类项目6项12546元，二类项目23项57356元，三类项目12项31576元）。

《首水规划》自2001年启动已实施项目22个，总投资46594万元。其中：水土保持及坡改梯项目10项，完成治理面积761.43平方千米，投资24098万元；节水项目7项，改善灌溉面积30.4万亩，投资12690万元；河道治理3项，治理长度81.71千米，投资6658万元；人工增雨1项，投资535万元；水污染治理1项，投资3421万元（国投2053万元，自筹1368万元）。

截至2015年年底，全市实施的22个项目中，已全部完工的项目20项。其中：水土保持小流域综合治理工程10项，节水灌溉工程6项，河流生态恢复治理工程3项，人工增雨1项。

第三节 重点防洪工程

按有关规定，凡保护耕地面积在30万亩及其以上，且保护重要工矿、企业、交通干线及县城所在地的工程，为主要堤防（坝）工程。全市八县三区所在地的沿河防洪工程，都属于主要堤防（坝）工程。这些工程是保护城镇安全和工农业生产发展的骨干防洪工程。

一、承德市区（双桥区）防洪工程

双桥区是承德市人民政府所在地，位于武烈河下游，市区周边右岸有裴家沟、狮子沟、二仙居旱河、石洞子沟、牛圈子沟、山神庙沟，左岸有大老虎沟、小老虎沟、柴家沟等9条较大的一级支沟

（旱河），汇入武烈河，平时无水，逢降暴雨，对市区造成严重威胁。

承德市区的防洪主要包括两方面：一是武烈河市区段防洪工程；二是市区内旱河防洪工程。

（一）武烈河市区段防洪工程

武烈河是滦河一级支流，发源于围场县道至沟，流经围场、隆化、承德三县后，从承德县双峰寺镇三道河村流至老西营村附近，因受西武烈岭山梁阻挡，急转南下，于上二道河村进入市区，南流至雹神庙村附近入滦河。在市区境内（双桥区和高新区）河道长度 15.7 千米。沿河两岸分布着“避暑山庄”及周围寺庙、机关、学校、商店、火车站、汽车站、开发区及大量的公共设施和居民区，所以武烈河的防洪是极为重要。

武烈河市区段的防洪工程，可追溯到清朝。早在康熙四十二年（1703 年），为肇建避暑山庄迫武烈河水东移，始建武烈河大堤（坝）。《热河志》曰：“紫禁之制十六里三分，南为三门，中丽正门，东德汇门，西碧峰门……东门外长堤蜿蜒，北起狮子沟，南尽沙堤咀，延裹十二里，石七层，广约丈许”（注“广”为“宽”也）。这是对武烈河堤坝最早的描述。

大堤今人各称“里坝”“外坝”。现马路东侧武烈河右岸的坝是“外坝”，山庄东南，宫墙建在里坝上。里、外坝间原是一条北高南低的沼泽地带，积水南流（现已改为山庄东路和景观用地）排入武烈河。

武烈河大堤的结构向水面为条石。长、宽、高不等。长 1 ～ 1.36 米，宽 0.57 ～ 0.64 米，高 0.4 ～ 0.50 米。堤最底部采用直径 3 ～ 5 厘米，长 1 ～ 1.4 米的柏木桩固底。桩距 15 至 20 厘米，木桩之上舖一层石板，厚 20 ～ 25 厘米，石板之上垒砌石条。条石与条石之间各一端嵌有里大外小的石槽，两块相吻合，以便放马鞍型铁扣，此扣放入条石结合部与两石相平。层与层之间有白灰浆砌，从底层至上层每层各留金边 5 厘米，直至七层堤顶。堤宽 4.5 米（包括条石）堤里为虎皮石浆砌。堤中间最底层装有 0.85 ～ 0.90 米的三合土（白灰、黄土、沙子夯实）在三合土之上为新土堆起近 2 米，然后三合土至顶。大堤在惠迪吉门北侧，建有进水闸门，武烈河水有暗管由此引入山庄湖区。

为了防止武烈河水再度泛滥成灾。威胁避暑山庄，光绪十年（1884 年）在武烈河西岸，上二道河子街头至狮子沟北街头修筑虎皮石坝 370 丈（此坝现存遗址）。光绪十三年（1887 年）在现兴隆街北街头修筑虎皮石坝 81 丈。“防狮子沟旱河之水内浸”（此坝已不存）。武烈河大堤于乾隆三十四年（1769 年）遭受一次较大的洪水冲击，乾隆三十六年（1771 年）对大堤进行了维修。《热河志》乾隆《阅堤》诗曰：“武烈带山庄，建堤圣虑长。有时经泛滥，昨岁致怀襄。冲啮须当补，坚劳永保康”。自大堤建成之后，时有断续程度不同的维修。嘉庆二十四年（1819 年）把大堤分六段，各负其责落丈分管。据大龙庙碑文记载“同治末年、光绪九年，十二年叠被水灾，地方不堪甚者，官民交困，几致不能自立……道光以后多年失修……”。

光绪十三年（1887 年）开始大规模维修，丁亥年（1887 年）二月二十五日（3 月 10 日）、修复城垣千百余丈，原旧之石堤不过层加九层，共部帑银三十万两，日役夫以万计，越暮年全工告成。民国 22 年（1933 年）承德被日本侵略占领。为了掠夺财富扩大侵略，于 1934 年开始修筑锦承铁路、承德至古北口铁路。并修建了军用飞机场。为防这些设施安全，同时沿武烈河东岸修建了防洪大坝，从铁路桥开始在武烈河左岸修建了火车站大坝总长 1237 米，结构为浆砌石坝。连接此坝又修建了飞机场大坝，总长 1652 米，结构为干砌石护坡坝，大坝全长 2889 米。

1949 年—1950 年，修建了中学区堤坝工程，长 750 米，结构为浆砌护坡坝堤。

1949 年 4 月 1 日，对武烈河进行抢修险段，1950 年对大堤补修十二段，用条石 1300 米，总投资 23.12 万公斤小米，1952 年补修武烈河堤 21 米，水源地坝 20 米，1959 年对飞机场坝牛，水源地坝

1950 年，热河省水利局组织进行武烈河“清坝”维修（图片由市档案管提供）

等险工险段进行了维修。

1955年，在上二道河修筑丁坝工程，全长155米。此工程为公助民办，受益范围的各机关、学校、企业、街道、农村出工出力。

1958年和1962年两年武烈河洪水暴发。尤其1962年大水使全市停水，铁路中断，沿河堤坝土地冲毁多处，房屋倒塌数百间。1963年，国家对承德大桥至半壁山坝进行新建。此项工程为全市重点工程，国家投资44万元。原坝1958年未完工就冲毁，此次将坝位后移，与武烈河水流向相适应。坝基为混凝土加筋，坝面为毛石混凝土平均厚25厘米，坝坡1：1.5，坝后填土，坝宽3米，坝全长723米。

1963年，国家扶助资金在上二道河子村修建铁丝石笼防护坝700米，喇嘛寺村修筑铁丝石笼顺坝450米，丁坝30座（每座长6米）。位于武烈河入滦河的雹神庙村同时修建了防护石笼顺坝。同年，对武烈河大堤进行翻修总长118米，飞机场河坝加固补建540米。

1964年，修筑了承德铁路与公路桥之间干砌石护岸坝300米。1980年，在武烈河东岸东园林修建，砌块石护岸坝510米。1981年，修复了北自承德公路大桥南接半壁山大坝（原1963年建），总长645米的浆砌石护岸大坝，1988年，国家投资45万元，修筑了由半壁山坝至九华山段块石护坡坝1921米。1988年9月，武烈河第一道橡胶坝（排序为第二道橡胶坝）建成蓄水。随后至2007年底相继又建成十一道橡胶坝，加固了两岸相应河段的防洪护岸工程。

2001年3月2日，省水利厅批复承德市武烈河旅游桥至热河出口段，右岸新建坝696米，防洪标准50年一遇，相应流量2600秒立方米，投资605万元。2002年实际完成705米现浇混凝土墙防洪坝质量很好。

2002年，在武烈河右岸，自旅游桥以下新建705米（批复为696米）现浇混凝土防洪坝与第三道橡胶坝和以下老坝（清坝）相连，直至半壁山坝段。半壁山以下至武烈河出口处，长5.69千米，以京承公路路堤防洪，路坝结合。在左岸上游市界至二道橡胶坝长7035米；二道橡胶坝至半壁山大桥长3623米，为河东路路基防洪，路坝结合；半壁山桥以下3100米，为承栗公路路堤防洪；其下2593米为乡村群众修建的护村护地堤坝。

进入20世纪90年代后期，武烈河两岸经过多年来的维修加固、扩建、修路、修桥、修坝（橡胶坝），使两岸堤防得到加固和延续、质量大大提高。左岸护岸堤坝已达16351米，右岸护岸堤坝已达15313米，堤坝的防洪标准一般为20～50年一遇。乡村修建的堤坝工程，防洪标准为5年一遇。至此，武烈河在市区境内，两岸防洪工程已初具规模，具备了一定的防洪、抗洪能力。

（二）市区旱河防洪工程

市区位于武烈河下游，属山麓型低洼盆地，四面群山环抱，沟壑纵横，西北高，东南低。东侧有武烈河贯串南北。在承德市市区范围内，有9条较大的一级支沟（旱河）分布在武烈河两岸，其中：在武烈河右岸有裴家沟、狮子沟、二仙居旱河、石洞子沟、牛圈子沟、山神庙沟6条支沟（旱河），源自山麓，从上而下，纵贯市区，汇入武烈河。尤其是二仙居旱河自西向东贯串市区中心，清代取名为“天下第一旱河”。其上游有孟泉沟、鹿栅子沟、水泉沟等十余条支沟呈树枝状分布，对市区形成较大危害。这些旱河平时无水，逢降暴雨，因峰高坡陡，源短流急，顷刻间，泥、水居高而下，直冲市区，水急浪高，沙淤房毁，家破人亡，冲房、冲路、死人……这是必然的。据考证，自1737年以来，在所有的水灾中，二仙居旱河且占首位。故承德古人流传着一句谚语：“热河多水火之灾，而无兵刀之祸”。

1949年4月15日，承德刚刚解放6个月，政府立即组织人力、财力补修二仙居旱河24段，总长507.5米。“基础按原有基础整理坚固，坡度按原有坡度相等，高度与原有高度相同”。共分三大段进行翻修：第一段长276.50米；第二段112米；

第三段长 119 米。据承德市人民政府建设局《旱河坝补修施工说明》"……砌垒务坚牢耐久工作之……石坝在每日工作时以清水将石面泥土刷去……"本工程于 5 月 15 日竣工。

1950 年 6 月 16 日，承德市人民政府特成立了"清挖旱河委员会"。任命白春明为主任、刘北晨为副主任，市直有关部门各人民团体负责人为委员。清挖旱河用以工代赈的形式进行。工程自 5 月 26 日开工至 9 月 19 日竣工。本工程上游自水泉沟及高庙两河岔，下游过二仙居桥终于承德小桥（现云山饭店附近北侧水泥桥）。共出工：男工 20588 个，女工 9490 个，童工 4612 个。总支出工资 7.39 万公斤（小米）承德市人民政府财政局 1950 年 12 月 4 日《事业决算核准通知书》中核准，"建设费挖旱河 8.45 万公斤（小米）金额 1858443400 元（1 万元合今 1 元）。折原谷 12.45 万公斤"。

1952 年，全年补修旱河坝 484 米，分三段施工：五云桥段、鹿栅子沟段、大楼子沟段。1955 年、1960 年，对河坝进行了维修、新建。1963 年，旱河二仙居至监狱段补修，国家投资 0.2 万元。除 1966 年至 1976 年未修筑外，至 1988 年二仙居旱河已修建防洪坝 2.4 万米。

自 1950 年以来二仙居与其它四条旱河，经过 11 次大规模清挖（各河累计）其中 1963 年、1981 年、1982 年、1983 年等年，每次都清淤垃圾万立方米以上。有时由市领导带队，动员机关干部、工人、学生义务劳动共动用 10 万人次（日），清挖设备 1000 台（日），运输车辆 4 万余台（次），共清出土方 16 万立方米。

中华人民共和国成立初期，党和人民政府把根治水患，尤其是二仙居旱河作为国计民生的大事，除经常组织清挖外，还有计划的首先从工程措施治理着手。

1953 年 5 月 2 日开始施工，在一区高庙村五道沟修筑大小 24 座谷坊。用乱石 522.27 立方米，能蓄 3031 立方米泥沙。工程于 6 月 30 日完成修筑任务。1955 年，热河省水利局向承德市人民委员会农林科水利工作队拨专款，并派人协同市水利技术人员，进行现场勘测。经研究在二仙居旱河上游高庙村五道沟等处补修新建谷坊工程。工程于 10 月 30 日开工补修两座谷坊，在西沟岔修 6 座小谷坊，在干沟斜筑一道土坝，同时在堤北端山峡开凿溢流口，以控制旱河山洪泛滥。1956 年、1957 年、1958 年等三年共修建谷坊 43 座。1963 年 5 月《城市防洪工程规划设计任务书》中记载："旱河上游……修建谷坊 40 余座效果良好，拦住了土砂，减少淤积，缓和了流速及各支沟的集水时间，淤出不少农田很受农民欢迎"1965 年，工程技术人员对上游谷坊工程进行了全面检查和技术鉴定，发现有 11 座需维修加固由于当时各种原因未能维护，造成了 1966 年 6 月 19 日西沟四号谷坊被冲垮，近千立方米泥沙与树木全部冲向下游。

1968 年 7 月 14 日五道沟三号谷坊主坝坍塌，大量泥沙顺洪水而下，一、二号谷坊淤平失效。1970 年 7 月 20 日豆家沟谷坊冲毁，泥沙冲出沟口，把 200 米河道几乎淤平，迫使洪水上路。

1979 年以后，市政府把维护谷坊工程提上了日程，几年共投资 26 万元。这些工程主要修在：孟泉主沟、西沟、东沟、小北沟、大东沟、鹿栅子沟、四人沟等 31 条山沟。至 1987 年重建 58 座，并维修加固 29 座。承德市防汛指挥部在总结修谷坊拦截贮蓄淤沙的经验时指出："一、淤平谷坊以加固为主，一般不再增高，在谷地上普植树木，使其尽快形成林堤坝。二、加高坝身，增大库容……新建谷坊全部沙浆砌筑，大断面高坝身。仅新建 58 座谷坊可拦截洪水泥沙十万立方米。二仙居上游已有三分之一得到控制。三、在岩石裸露山谷，可先闸沟口，淤沙超过二、三米后植树，而后依次向上修，达到迅速控制大洪水的目的。四、公助民办双方受益，城市免受沙淤之害而农民享受存沙造田之益"。

在修建谷坊前和当地农民签订口头或文字协议。①只准种树不准种庄稼，种树政府提供树苗；②村民委员会承包到人；③五年成活 90% 以上者奖，死一棵补一棵，成林按计划砍伐，收入全部归承包者个人。至1998年谷地共植树已突破4万株。

市政府除对旱河采取工程措施治理外，同时对生物措施，也很重视。

1951年，在二仙居旱河上游，秋季造林3920亩，有纪念林200亩。1952年，全市各人民团体、机关、学校利用星期日到头道牌楼外至广仁岭下，逐山坡进行义务植树造林，儿童提出“造林公约”爱国爱林。1953年义务造林23760棵（包括二仙居上游），1956年又在下营房一带山上，植造“青年林”，后又造了妇女“三八”林等780亩。60年代至70年代末，飞机进行了播种。进入90年代后，随着科学的进步，社会的发展，市区居民都使用电、煤气、液化气代替燃料，山坡上的植被得以恢复。至今，旱河上游早已郁郁葱葱，树木成林。

随着城市建设的发展，贯穿市区内的二仙居旱河、石洞子沟、牛圈子沟以及佟山下的小佟沟、大佟沟、温家沟等几条支沟（旱河），除在上游坡面，沟谷进行生物和工程措施相结合的综合治理外，进入90年代后，有些主沟道得到了基本改造，沟壑两岸盖上了楼房，沟谷铺筑了油路，变成交通干道，有的在沟道下游做成地下暗管，直通武烈河，大面积黄土裸露的地块基本消除。加之近几年地下排水管道网不断维修改建，增大排水能力，每逢降雨，几条旱河对市区的灾害大为减轻。2000年，承德市被水利部列为全国第二批城市水土保持试点城市后，用于水土保持相关项目总投入达0.8亿元，三年共治理水土流失面积94.78平方千米，植被覆盖率达到56%。据2005年统计，9条旱河上游有谷坊坝110座（有的已淤平成地），两岸共有防洪堤（坝）44千米，现有明渠沟41.5千米，排水管道22.4千米，强排水泵站2座，排水能力每小时11吨，初步形成一个自上而下、系统的、综合性的防洪工程体系。但也存在沟道狭窄、有的堤防质量差、抗御洪水能力低（不到十年一遇），地下排水管道淤塞严重，排沥标准低，更有甚者，河床上违章建筑较多、修建多处封闭性棚盖、建房、盖楼……这些

2007年，武烈河市区段防洪及水环境工程

都将留下严重的隐患。

2008年，双桥区政府对二仙居旱河河道综合整治进行了规划：新建（或加高加固）二仙居旱河头道沟至入武烈河口段两岸防洪堤6.6千米；规划新建橡胶坝19座；新建提水泵站1座，用于给旱河补水、坝袋充水、内涝排水三项功能；完善两岸环境绿化、美化、亮化等环境工程；新建分洪、排涝闸工程，解决市区中心可能发生的洪涝灾害。以上各项核定总投资13387.39万元。截至2009年底，完成两岸防洪堤、17道橡胶坝和两岸部分绿化工程，剩余项目仍将继续实施。

进入21世纪后，承德新市区、开发区、已向南--武烈河下游两岸扩大、发展。今后武烈河左岸又增加了红石砬沟、大石庙沟两条较大的旱河，汇入武烈河。

二、各县（区）城镇防洪工程

承德市八县三区所在地，均位于滦河、潮河及其支流上。滦河上主要有：围场、隆化、滦平、双滦、双桥、承德、平泉、宽城、兴隆、营子10个县区。丰宁县位于潮河干流上。八县三区县区所在地，都是各县（区）政治、经济、文化中心，防洪工程大，任务艰巨，历代都是防汛工作的重点。

中华人民共和国成立初期，面对洪水的严重威胁，以及城镇防洪工程残缺不全的局面，各县（区）政府把防治水害放在首位，自筹资金，实行以工代赈，抢险救灾，消除险工，巩固堤防（坝），保护城镇安全，这是中华人民共和国成立初期水利工作的重点。1950年隆化县在经济极其困难的情况下，政府拿出5万公斤小米，在隆化城西街十字街西口（隆化老街）沿闹海营方向，在伊逊河左岸修筑土石混合坝1100米。兴隆县1950年，1月由县委书记王佐民提议，县政府于1月15日召开了镇区13个村的代表会议，讨论了以工代赈，筑坝济民的办法，县政府拿出1万公斤救济粮，镇区发动了300名民工，在县城西河修了一条300米长的防洪坝。既保护耕地，又保护县城不受洪水袭击。丰宁县曾在光绪年间在大阁县城东部潮河段修建了防洪护岸工程，工程结束后在潮河右岸边修建2座石碑楼以作纪念。围场县、滦平县、平泉县、承德县在新中国成立初期对县城的防洪工程，也多次进行修建，但那时工程都很简陋、标准低、工程不连续，防御洪水标准达不到10年一遇，以后虽常有维修、加固，但仍是局部修补，工程标准低，有些工程已不复存在。随着城市建设的发展，经济实力的增强，科学技术的进步，各级政府加大了对城镇防洪工程的投入，有的城镇防洪工程列入河北省水利基本建设项目。实行招投标、工程监理制度，工程规模、工程质量和工程标准都比以前有了很大提高。形成一定的防洪体系。防洪标准基本达到20年一遇。

1992年，隆化县在伊逊河左岸新建城镇防洪工程，北起阿拉营村北，南至隆化镇南街，全长4630米，坝高3～3.5米，迎水坡为浆砌石护坡，水泥勾缝。坡面1∶1，背面是用经过碾轧的土砂填筑，坡比1∶2，坡顶宽3.6米。坝顶外沿，用水泥空心砖筑一道护栏，坝顶用水泥砂浆铺砌。坝基设铅丝笼丁坝259道护基，并有桥涵建筑4座，人行台阶14条，泄水坝300米，连同北旱河坝总长6622米，总投资211.6万元，在镇内形成了一条坚固的防洪体系。

1994年3月18日，承德市水利局批复兴隆县柳河治理除险工程施工设计，同意柳河左岸新建堤坝2000米，加固堤坝320米，加高堤坝525米；右岸新建堤坝1528米，加固490米，加高1622米，堤坝结构为浆砌石护坡砂砾坝，防洪标准为20年一遇，相应洪峰流量586立方米/秒，核定工程总投资180.79万元。

该工程，在南土门桥至东大桥河道右岸，及东大桥至五二八铁路桥河道左岸，标准20年一遇，河宽60米，除上述工程量外，尚需修铅丝笼丁坝53道，计划5月初开工，6月底完成。

1994年3月11日，承德市水利局批复承德县老牛河防洪工程设计；在1992年已建坝的下游中磨村段接续建堤坝720米，防洪标准20年一遇，坝体结构浆砌石护坡砂砾坝，核定工程总投资

27.39万元，其中以工代赈资金25万元。自筹2.93万元。

1995年6月6日，承德市水利局对滦平县城镇防洪坝水毁修复及加固工程设计进行批复：同意左岸200米倒塌堤坝进行恢复；700米因冲刷而悬基堤坝实施干砌石护基。深度至原堤坝基础以下2米，核定总投资30.55万元。

2000年7月26日，市水利、财政局根据省水利、财政文件下达市应急渡汛工程经费290万元，其中：省补助110万元，自筹180万元。具体安排：武烈河堤坝建设150万元，省补助50万元，自筹100万元；宽城县瀑河险工修复40万元，省补助20万元，自筹20万元；平泉瀑河险工修复30万元，省补助10万元，自筹20万元；承德县滦河段险工修复50万元，省补助20万元，自筹30万元；营子区柳河险工处理20万元，省补助10万元，自筹10万元。

2001年，丰宁县被列入“21世纪首都水资源可持续利用项目”承德市潮河河流生态恢复和建设工程后，截至2005年丰宁县城防洪工程完成6.25千米，规模大，质量好。

2003年9月19日，河北省水利厅批复围场县围场镇伊逊河右岸防洪坝工程初步设计，同意右岸防洪坝下延，防洪标准为20年一遇。主要内容：筑堤5千米、砌石护坡5千米、及河槽清理等。核定工程总投资915.55万元。

2004年5月24日，省水利厅、财政厅下达2004年应急度汛专项资金：省厅补助承德县滦河段堤坝加固资金10万元；双滦区滦河段堤防加固资金10万元。

2005年6月14日，省水利、财政厅下达围场县水利工程建设资金200万元，用于新建堤防并进行维护总长度6000米。

随着各县（区）城镇建设不断发展、扩大，截至2005年底各县（区）城区已建成城镇防洪工程总长102653米，保护城镇人口68.3万人。截至2005年底先后有承德市、宽城县、滦平县、隆化县、丰宁县5个县（区），在县（区）所在地所临的主河道上建成橡胶坝11座，为改善水环境、堤高城市品位，增加水景观起到积极作用。同时也加固了相应河段的防洪护岸工程。

2007年，承德市全面实施“武烈河承德市区段河道防洪及水环境综合整治工程规划”，当年建成6道橡胶坝，累计达到12道；建成和完善两岸防洪堤7.25千米，加上原有工程，两岸防洪堤累计达到31.66千米。在武烈河河道综合整治示范效应影响下，各县（区）城区段橡胶坝工程及相应河道防洪堤及水环境综合整治发展很快，截至2009年底，全市已建成的橡胶坝64座，钢板坝9座，县城段防洪堤（主要堤防）达到156.478千米，防洪标准都达到20～25年一遇。

第二章 防汛工作

第一节 防汛组织机构

1950年6月，热河省根据东北水利总局颁发的防汛办法草案第三条规定，从7月10日至9月10日为汛期，防汛指挥机构的名称叫“防汛委员会”，后根据东北人民政府第4633号公文规定，改称为“防汛指挥部”。1951年以后，改为从每年6月15日至9月15日为汛期。在热河省时为省、县（市）两级防汛指挥机构，1956年撤销热河省后，承德地区为地、县（市）两级防汛指挥部。县级以上各级人民政府，成立防汛指挥部（有的是防汛抗旱指挥部），由同级人民政府有关部门、当地驻军和人民武装部负责人组成。各级人民政府首长任总指挥。其办事机构设在同级水行政主管部门，负责所辖范围内的日常防汛工作。

河道管理机构、水利工程管理单位建立防汛抢险和调度运行专管组织，在上级防汛指挥部领导下，负责本工程的防汛调度工作。

水文、气象等有水情、雨情测报任务的部门，汛期组织测报站网，建立预报专业组织，向上级和同级防汛指挥部提供水文、气象信息和预报。

城建、电力、铁道、交通、邮电以及所有有防汛任务的部门和单位，汛期建立相应的防汛机构，在当地政府防汛指挥部和上级主管部门的领导下，负责做好本行业的防汛工作。

防汛工作按照统一领导，分级分部门负责的原则，建立健全各级、各部门的防汛机构，发挥有机的协作配合，形成完整的防汛组织体系。

承德市防指中心，召开应对强降雨调度会

承德市历届防汛抗旱指挥机构

表 3-2-1-1

年　份	机构名称	正、副政委	正、副指挥	办公室（正、副主任）	成员单位（个）
1950	热河省防汛指挥部		主任 罗成德 副主任 刘潜	张　宾	
1952	热河省防汛指挥部		主任罗成德 副主任 张宾、黄明政	主任 齐建国	
1954	热河省防汛指挥部		主任 张（主席） 副主任 张宾		
1956	承德专区防汛指挥部		主任 樊平 副主任 袁书文、齐建国、张鸣九		
1957	承德专区防汛指挥部		主任 黎汀 副主任 杨鸿熬、张鸣九		
1958	承德专区水利建设委员会（兼管防汛指挥部工作）		主任 王克东 副主任 黎汀、袁书文、齐建国		
1960	承德市防汛指挥部		主任 赵一民		
1962	承德专区防汛指挥部		主任 王佐民		
1964			副主任 张唤群、范守仁		
1968	承德地区革命委员会防汛指挥部		总指挥 贾绍湖 副总指挥 马庆云、孙庆林		
1969	承德地区革命委员会防汛指挥部		指挥 周成河 副指挥 马庆云、郝立文		
1971	承德地区革命委员会防汛指挥部		主　任 高 健 副主任 贾绍湖、周亚、马庆云		
1974	承德地区革命委员会防汛指挥部		主任 张华 副主任 张永安、薛路江、霍凤金	主任 薛路江 副主任 肖安民、刘炳忱	12

表 3-2-1-2

年　份	机构名称	正、副政委	正、副指挥	办公室（正、副主任）	成员单位（个）
1975	承德地区革命委员会防汛指挥部		主任 牛奉林 副主任 张永安、郜杏林、肖安民	主任 肖安民 副主任 齐建国	14
1976	承德地区革命委员会防汛抗旱指挥部		主任 曹振华 副主任 刘汉杰、郝治民、郜杏林	主　任 郜杏林 副主任 刘克俭	
1977	承德地区革命委员会防汛抗旱指挥部		主任 曹振华 副主任 刘汉杰、郝治民、郜杏林、刘允复	主　任 刘允复 副主任 肖安民	
1978	承德地区革命委员会防汛指挥部		主任 曹振华 副主任 刘汉杰、郝治民、王春堂、肖庆林、贠魁元	主　任 贠魁元 副主任 肖庆林	13
1980	承德地区行政公署防汛指挥部		主 任　张华 副主任 张家驹、郝治民、王尚海、肖庆林	主　任 肖庆林 副主任 范守仁	14
1982	承德地区抗旱防汛指挥部		总指挥 张华 副指挥 曹焕毅、杜瑞陵、肖庆林、王庆定、李景岳		
1983	承德地区抗旱防汛指挥部		总指挥 张华 副指挥 李竞生、曹焕毅、李刚、李景岳、杜瑞陵、肖庆林	主　任 马龙田 副主任 刘爱国	
1984	承德地区防汛指挥部		指挥 唐全杰 副指挥 孙先明		
1985	承德地区防汛指挥部		指挥 孙先明		
1988	承德地区防汛指挥部		指挥 刘爱国 副指挥 张法 田福清 马龙田	主任 马龙田	
1989	承德地区防汛指挥部		指挥 刘爱国		18
1995		柳宝全	付贵武		

表 3-2-1-3

年　份	机构名称	正、副政委	正、副指挥	办公室（正、副主任）	成员单位（个）
1999	承德市防汛抗旱指挥部	正 傅贵武	指挥长 傅贵武 副指挥长 常辛、赵曙光、袁福、吴儒生、刘志刚、齐树昌	主　任 刘　喜 副主任 李基芳	18
2000	承德市防汛抗旱指挥部	正 傅贵武	指挥长 赵文鹤 副指挥长 常辛、赵曙光、袁福、宋振华、刘志刚、齐树昌	主　任 万福禄 副主任 李革生	23
2001	承德市防汛抗旱指挥部	正 赵文鹤 副 姜德果	指挥长 时任市长 副指挥长 袁福、王洪斌、宋振华、刘志刚、齐树昌	主任 李革生	27
2002	承德市防汛抗旱指挥部	正 赵文鹤 副 姜德果	指挥长 时任市长 副指挥长 袁福、王洪斌、宋振华、刘志刚、齐树昌	主任 李革生	24
2003	承德市防汛抗旱指挥部	正 赵文鹤 副 姜德果	指挥长 时任市长 副指挥长 袁福、王洪斌、于明、李瑞袖、李相国	主任 李革生	26
2004	承德市防汛抗旱指挥部	正 赵文鹤 副 姜德果	指挥长 时任市长 副指挥长 袁福、于明、梁国庆、李相国	主任 李革生	41
2005	承德市防汛抗旱指挥部	正 赵文鹤 副 张古江	指挥长 时任市长 副指挥长 袁福、王洪斌、刘学军、王克、于明、吴建刚、李相国	主任 李革生	28
2006	承德市防汛抗旱指挥部	正 赵文鹤 副 张古江	指挥长 时任市长 副指挥 袁 福、王洪斌、刘学军、王克、于明、靳术群、李相国	主任 李革生	32
2007	承德市防汛抗旱指挥部	正 赵文鹤 副 张古江	指挥长 时任市长 副指挥宋立民、王洪斌、刘学军、于明、王克、靳术群、李相国	主任 李革生	32
2008	承德市防汛抗旱指挥部	艾文礼	指挥长 张古江 副指挥 宋立民、王洪斌、丁万明、刘学军、王克、靳术群、李相国	主任 李革生	33
2009	承德市防汛抗旱指挥部	杨　汭	指挥长 张古江 副指挥宋立民、刘学军、丁万明、刘学军、贾玉英、靳术群、李相国	主任 李革生	32

表 3-2-1-4

年　份	机构名称	正、副政委	正、副指挥	办公室（正、副主任）	成员单位（个）
2010	承德市防汛抗旱指挥部	杨　讷	指挥长 张古江 副指挥 宋立民 卢建国、李相国 韩福才、丁万明、靳树群	主任 李革生 副主任 徐志诚 汤智洋	30
2011	承德市防汛抗旱指挥部	时任市长	指挥长 赵凤楼 副指挥 宋立民 卢建国、李相国 韩福才、丁万明、靳树群	主任 李海东 副主任 徐志诚 汤智洋	30
2012	承德市防汛抗旱指挥部	时任市长	指挥长 赵凤楼 副指挥 宋立民 卢建国、韩福才 丁万明、李　维 靳树群、李相国	主任 李海东 副主任 徐志诚 汤智洋	32
2013	承德市防汛抗旱指挥部	时任市长	指挥长 赵凤楼 副指挥 宋立民 卢建国、李新华 张建国、董天利、靳树群	主任 李海东 副主任 徐志诚 汤智洋	32
2014	承德市防汛抗旱指挥部	时任市长	指挥长 赵凤楼 副指挥 李刚 刘文勤、董天利 丁　伟、史仲平 吴清海、李新华	主任 李海东 副主任 汤智洋 李朝辉、陈存	32
2015	承德市防汛抗旱指挥部	时任市长	指挥长 周仲明 副指挥 李晋宇 刘文勤、李维 董天利、丁伟、吴清海 信祥、李新华	主任 李海东 副主任 汤智洋 李朝辉、陈存	34

第二节　防汛队伍

承德市防洪排涝专业防洪抢险队有省级抢险队一支，市级抢险队一支，其中“河北省承德防汛机动抢险队” 于 2002 年 2 月 28 日由省防汛抗旱办公室批准成立，与承德市武烈河河道管理处合署办公，其性质为独立核算、自收自支的公益性事业单位，抢险队在编专职人员 50 人，均为市武烈河河道管理处职工。主要负责全市 7 座大中水库、11 座城镇防洪坝的抗洪抢险工作，抢险重点放在武烈河市区段和市区 9 条旱河上。抢险队配备有抢险移动泵站车、移动发电机组、冲锋舟等大型及常规抢险装备；

防汛应急演练

“承德市城市内涝应急机动抢险队”于 2012 年 5 月 29 日由市防汛抗旱办公室批准成立，其性质为独立核算、自收自支公益性事业单位，与承德市城排排水设施养护有限公司合署办公。抢险队人员总计 30 人，全部为承德市城排排水设施养护有限公司职工。主要负责城区内低洼地带积水的排除及疏通雨污管道的堵塞，确保城市排水管网畅通。抢险队配备吸污车、管道疏通车、污水泵、潜水泵等大型及常规抢险装备。

第三节　汛期水文站网

为了做好汛期报汛工作，每年汛前市防汛指挥部根据省防汛指挥部的安排，当年工程情况，以及上级对防汛报汛的要求，对汛期报汛站网进行布设。一般汛期水情、雨情报汛站有 46 ～ 53 处，其中：水情站（河道站）16 处，水库站 6 处，雨情站有 24 ～ 31 处。这些雨情、水情报汛站，担负着向中央防汛总指挥部、省，市防汛指挥部、水利部海河水利委员会防汛指挥部、唐山市防汛指挥部、以及密云、潘家口、大黑汀三座大型水库的报汛任务。平水年每年汛期发报在 4000 ～ 5000 份左右。1994 年大水年，汛期全市共发报 1.5 万份，正确率达到 95% 以上。

2005 年汛期布设报汛站 49 处，其中水情站 16 处，水库站 7 处，雨情站 26 处。全汛期共发报 3993 份，其中向中央发报 2385 份。发报正确率达 95% 以上。

由于通信设备落后、通讯线路年久失修、委托农民群众观测的雨情站的委托费用太低等多种因素，影响报汛速度及报汛质量的提高。

2006 年以后，随着科学技术的迅猛发展，截至 2009 年，各报汛站的雨量信息，由 GPRS 自动收集、传递，时效性、准确性比过去大大提高。但目前采集点通讯信道受投资少的影响，缺少备用信道。

2009 年汛期报汛站达到 59 处（水情站 16 处，水库站 8 处，雨情站 35 处），其中向中央报汛的有 26 处。

2010 年承德市防汛抗旱办公室报送雨水情信息的各类报汛站为 81 处，其中新增雨情站 22 处，即雨情站 58 处，水情站 16 处，水库站 7 处。

2011 年承德市防汛抗旱办公室报送雨水情信息的各类报汛站为 84 处，其中新增雨情站 3 处，即雨情站 61 处，水情站 16 处，水库站 7 处。

截至 2015 年，汛期报汛站达到 652 处，其中省级及以上 291 处（含中央报汛站 26 处），地方

361处，担负着向国家防汛抗旱总指挥部、河北省防汛抗旱指挥部、海河水利委员会、潘家口水利枢纽、密云水库、承德市防汛抗旱指挥部、唐山防汛抗旱指挥部的报汛任务。

第四节 防汛通讯

20世纪70年代以前，防汛工作情况，包括上级指示、命令和基层发生的汛情、灾情等，主要通过文件下达上报，汛期的雨情、水情、灾情等紧急情况是通过有线电话传递，汛期在一些主要河流上的水文测站和大中型水库等重点水利工程，租用邮电部门的无线电台进行报汛，在地区防汛指挥部办公室租设有线收、发报机，收录、发报汛期水情。随着通讯科学技术的发展，1979年地区防汛指挥部开始筹备设立防汛专用无线电台，1980年在河北省防汛办的支持下，建成地区防汛中心电台，有10瓦单边带电台2部，配备报务员3名，汛期正式开始拍报任务。截至1984年，全区已有防汛短波电台10部，防汛通讯报务员9名，并经省厅进行了报务培训。除在地区设立防汛中心电台外，先后在庙宫、大庆和窟窿山等3处大中型水库设立了防汛专用电台。地区防汛中心电台负责与省防汛电台和本区各设台单位进行防汛报务联络。截至1986年，全区拥有各种类型短波电台22部，报务员24名，形成有15个台站组成的短波通信网络，沟通了全区1座大型水库（庙宫）、5座中型水库（窟窿山、大庆、钓鱼台、黄土梁、老虎沟）、1个水文测站（潮河代营水文站）和全区7个县防汛指挥部的联络，开始独立报汛，其中有4个电台站点，有常年向省防汛指挥部和省外有关单位进行拍报的任务。为了全面及时掌握汛期汛情，还将水文部门所属的滦河三道河站、伊逊河韩营站和武烈河的承德市桥东站3个水文测站也并入地区防汛中心电台通讯网，使地区防汛中心电台基本控制了全区主要河系和重点工程的汛情。

1998年，承德市在全省试建成第一座水情卫星通信网，在市防汛办、庙宫水库管理处两地布设了2个卫星接收站。2001年，卫星接收站增加至3个（市防汛办、庙宫水库、老虎沟水库），短波网共设台23处，电台33部；超短波基地台5处；雾灵山中继站1处，共覆盖全市9个县（区）、7座大中水库、2座小（Ⅰ）型水库、4处水文监测站，用于汛期水情、灾情传递。共有大功率（100瓦）短波单边带电台23部；10～15瓦电台10部；有通讯人员30名（除市中心台专职3人外，其余为各县，水库人员兼职），担负着全市汛期水情、汛情传递任务。2005年防汛通信设备仍保持2001年的水平。

2005年，市防汛办建成了防汛抗旱雨情会商和会议视频系统，开发了承德市防汛抗旱指挥决策支持系统软件，建立了承德市水务局信息办公系统，区域网和承德水务信息网，使承德防汛抗旱的科技水平得到明显的提高。

2007年，市防汛专网延伸到各县区，组建了市、县视频会议系统，通过B/S方式使用市防汛抗旱指挥决策系统，同步接收市防汛指挥中心各种数据。各县区通过实施山洪灾害非工程措施项目，完善了指挥中心或会商中心，建立了中心机房，增设雨、水情自动监测、视频监测和广播预警设备等，提高了防御山洪灾害能力。市、县区防汛抗旱指挥决策系统，实现互联，开通了省、市、县三级视频会商系统，与水文局、气象局建立连接，实现雨水情信息共享。

2010年9月，承德市防汛抗旱指挥中心正式投入使用，是市防指领导指挥调度、发布指令，召开市县视频会议，防指成员单位会商中心。指挥中心具有天气预报接收、实时信息采集、数据统计分析、三维地理查询、预警预报发布、预案人员管理等功能，可召开省、市、县三级视频会议，并可通过DLP拼接屏同时显示8路讯息。

防汛应用系统包括：防汛抗旱指挥决策支持系统软件；市、县硬件视频会议系统；自动雨量实时监测系统；卫星云图接收系统；三维电子沙盘查询系统；庙宫水库工情远程监视系统（共11个远程监控点）及中心机房。

截至2013年，防汛应急通信情况：短波电台，全市共有18个短波站点，覆盖八县一区防抗办和大中型水库管理处，汛期电台每周常规联络，遇重大雨水情时3小时联络一次，是山区通讯的重要保障措施。卫星小站，采用亚洲三号卫星通信，共有3个站点，分别为市中心站、黄土梁水库和窟窿山水库，通信效果好、保障率高。卫星电话，市防办现有卫星电话2部，大、中型水库及大部分乡镇均将配备卫星电话，进一步提高应急通讯保障水平。移动卫星站，2013年省防办配备承德市移动卫星站一套，通过海事卫星和3G通道将音、视频传输到市指挥中心，可以在通讯不畅的情况下随时恢复通信。

第五节 防汛物资储备

防汛物资是汛期抗洪抢险的重要物质基础。按照“分级储备、分级管理”的原则，每年汛前，市防汛指挥部根据防汛任务、库存情况、抗洪抢险的应急需要和上级有关的指令等，确定汛期应储备物资的品种、规格、数量，及早进行筹措储备。市级防汛物资储备定额不低于100万元。储备方式有两种：一是自身储备，根据本单位仓库的储备能力，确定储备品种、数量。截至2005年底，市级储备仓库有2处，300多平方米，具备一定储备能力。二是委托储备单位专项储备。防汛物资储备的品种，主要包括救生器材、抢险机具和抢险物料三大类。自50年代以来，防汛抢险物料如铅丝、草袋（麻袋）、塑编袋、木桩、荆芭、木材、火工器材等，除自身储备和保管一部分外，大多数都是委托五金、土产、供销、商业、物资等单位专项储备。专项储备的物资必须“专物专用”，在汛期未经市防汛办批准，任何单位和个人不得动用。汛后，由市防汛指挥部，与委托的储备单位，根据使用和损耗情况进行结算，支付一定管理费用。对汛期防汛所需汽、柴油由石油公司专项供应。所需车辆，在汛期交通部门也安排一定数量的值班车辆，昼夜值班随调随到。

进入21世纪后，市防汛指挥部也购置了部分救生器材和大型的抢险机械（推土机、铲土机、运载机等）。目前防汛物资储备分为抢险物料、救生设备、抢险机具三大类，总费用152.6万元。以上设备主要储存在水利物资站。

2012年，全市储备物资总计102.66万件，总价值865万元。其中：编织袋24.9万条，铅丝177.2吨，木桩1120立方米，砂石料6800立方米。市防汛物资储备采用专储与号料两种方式，专储物资主要有锨镐、铅丝、钢网、塑编袋、救生衣、冲锋舟、打桩机、紧急灯、排污泵、移动泵站、挖掘机、装载机、管道疏通车等30余种物资及设备。

防汛草袋

2013年，市级新增物资39.3万元，物资储备三大类40余个品种，总额达到332.41万元，确保发生险情时，“调得出、用得上”。

2014年，市级新增物资36.1万元，物资储备总额达到467.9万元。制定了《市级防汛物资管理细则》《防汛物资储备手册》，进一步规范物资管理，确保一旦出现汛情，能够“调得出、用得上”。为全面了解和掌握全市防汛物资储备现状，按照省防办文件要求，4月对全市防汛物资进行了核查，据统计，截至4月15日，全市防汛物资共四大类105个品种，总金额1238.26万元。

第六节 重点防汛事件

1958年6月14日，专区成立了以地委书记王克东为主任委员，以黎汀（副专员）、袁书文（军分区司令员）、齐建国（水利局局长）为副主任委员的“水利建设委员会”，并兼管防汛指挥部的一切工作。7月16日，针对前一段隆化、平泉、围场、承德、丰宁等县先后遭受水、雹灾害的情况，地委、专署对防汛工作发出紧急通知：（1）切实做好灾后的善后工作，鼓励群众抗灾保收；（2）做好扶苗补种工作，尽量缩小损失程度；（3）有涝必排，普遍增肥；（4）在抗灾保收运动中要加强政治思想工作，发挥党团员的模范带头作用。8月8日晚，滦平县南部、西部骤降暴雨，并发生泥石流，一些地方遭受毁灭性灾害。灾害发生后，地委、专署派副专员崔永生、李副部长和有关部门，携带救灾物资前往检查慰问，帮助重建家园，并将滦平县发生泥石流灾害情况向省委、省人委写了报告。

1962年6月25日，专区防汛指挥部印发了“关于全区防汛工作会议的报告”指出：在王佐民专员主持下，全区防汛工作会议开了三天。1962年防汛工作的方针是：从最坏处打算，向最好处努力，防重于抢，以防山洪为主，上下游左右岸统筹兼顾，作到水库不倒坝，力争堤坝不决口，保证广大人民生命财产和城市、工矿、交通的安全，在农业上有个较好的收成。会议对1962年全区防汛工作做了具体安排部署。7月24日至26日，承德全区昼夜连续降特大暴雨，山洪暴发，河水猛涨，遭受严重洪水灾害。灾后，在各级党委、政府和防汛指挥部的统一领导指挥下，各县（市）都采取了紧急措施，组织有关部门分赴灾区，了解灾情，帮助群众生产救灾，安置灾民生活。

1994年，全市汛期平均降雨量594毫米，7月上旬的几次降雨，使各主要河流在7月13日均暴发大洪水。武烈河承德站最大洪峰流量1420立方米／秒，老牛河下板城站最大洪峰流量为878立方米／秒、柳河李营站为2120立方米／秒、瀑河宽城站1720立方米／秒（7月13日）。“7•13”洪水全市受灾乡镇为195个，占乡镇总数的90%，受灾严重的有兴隆、承德县、宽城县、营子区。其他各县也都不同程度的遭受了灾害。全市7座中型水库、46座小型水库遭到了不同程度的损害，12座小水电站被淹，水灾发生后，造成全市铁路、公路、通讯、供电、供水中断，大面积农田被毁，大批工矿企业停产，人民生命财产遭受巨大损失。

洪灾出现以后，市委、市政府先后十几次研究部署抢险工作，市委书记李月辉、市长柳宝全及

2005年8月12日夜间，市县防指人员组织大杖子乡群众转移

2005年8月12日，承德县城上游发生洪水

2005年8月12日，市县防汛工作人员在兴隆县大杖子乡布置抢险和群众转移工作

五大班子领导分头奔赴重灾县（区）查看灾情、组织各方力量抢险救灾。市防汛指挥部于7月10日先后两次发出紧急通知，要求各路防洪队伍坚守各自岗位，采取紧急措施、控制险情发展。市公用事业局及时抢修设备，启动备用水源，迅速恢复了市区供水；供电局领导带领职工连夜冒雨赶赴险工现场，奋战20多小时，恢复了中断的7条3.5万千伏线路，使一些主要线路险情得到控制；铁路部门紧急动员，很快恢复了锦承、承隆、京通、京承四线；市邮电局组织300多名职工昼夜奋战，使几条主要干线得到迅速恢复；交通系统2000多名干部奋战险工路段控制了事态的发展；各县（区）防汛办，汛情出现后，立即派出水利技术人员深入重点水库，堤坝等险工地段，进行全面检查，采取有力措施，及时控制险情扩展；驻承某部队和武警官兵在市区武烈河大坝几处险工地段抢修加固，在关键时刻，发挥了积极作用。

河北省委、省政府领导对承德抢险救灾工作十分关注，做了重要指示，副省长顾二熊、省政府副秘书长王高鹏先后深入承德重灾县（区）巡视灾情。7月22日，国务委员陈俊生，在省长叶连松、副省长顾二熊陪同下，率领国家有关部门亲自深入到兴隆、宽城、潘家口水库移民点视察慰问。国家防汛指挥部，水利部、农业部、铁道部和北京铁路局、铁路分局、华北电管局等部门和单位的领导，也相继赶到承德市检查灾情、慰问灾民、指导救灾。

1994年大洪水后，省水利厅、省计委扶助承德市水毁基建投资670万元，用于宽城、兴隆、承德、隆化、丰宁、营子6县、区城镇防洪工程。

1998年长江流域、东北松花江、嫩江流域暴发大洪水。8月11日，河北省防汛办公室向承德市防汛指挥部办公室下达紧急调运40万条塑料编织袋子支援内蒙古哲里木盟通辽市的紧急命令。市防汛办副指挥长、副市长袁福、水务局长齐树昌亲自挂帅，指令宽城县防办筹集20万条。双桥区筹集12万条，平泉县4万条（实际发运5万条）、隆化县4万条，于8月12日按照省防汛办的要求准时运往指定地点，圆满完成了省防汛办下达的调运任务。

2005年进入8月后，有3次较大的降雨过程，8月12日8时至13日8时，全市平均降雨量66.5毫米，兴隆、宽城、平泉、承德县、双桥区普降大到暴雨，最大点雨量为兴隆县大杖子村，降雨量达328.9毫米，使5个县（区）遭受严重的山洪、泥石流灾害，兴隆县车河出现了百年一遇大洪水，最大洪峰流量达745立方米/秒。

在抗御“2005·8·12”特大水灾中，市防汛办通过电台、电视台、报纸、手机短信等媒体向社会发布紧急橙色暴雨预警信号、红色暴雨预警信号各一次，发出雨、水情报预警电报7份；市气象部门通过声讯“12121”、电话、传真、互联网等对市委、市政府及相关单位进行不同内容的预报服务。

灾情发生后，市委书记赵文鹤多次召开会议研究抢险救灾工作，副指挥长袁福、于明、张建国、胡伟纲等领导在“8·12”特大水灾中，坐镇市防汛办指挥中心，对全市防汛工作进行指挥调度。市水务局局长李相国，两次亲临石门水库指导抢险。

2008年7月8日，市防汛抗旱指挥部，按照国家防办、海委和省防办的部署，在庙宫水库成功举办了包括水库调度、反恐、橡胶坝群调度、群众避险转移、水库泄洪和决口封堵等6个项目的综合演习，参演单位达到21个，参演的各级政府部门和部队超过500人。国家防办、海委、省水利厅等上级单位领导现场观摩了演习。

2009年全年气候总体异常，以干旱缺水为主。全市1-9月平均降雨量为358毫米，较常年同期偏少31.8%。7月全市平均降雨量127.3毫米，较常年同期偏少27%，8月全市平均降雨44毫米，较常年同期偏少97%。降雨量减少接近历史上1972年特大干旱年水平。全市受旱面积达308万么，28.88万人饮水困难，面对严重干旱，从8月中旬以后，市委、市政府先后三次召开全市工作会议，对抗旱救灾工作进行部署。市委、市政府杨汭、张古江、刘学军、丁万明等领导多次深入到受灾严重的乡村进行调研，指挥抗旱救灾。国家防办处长张家团、副省长张和、省水利厅厅长李清林、省防办常务副主任孔振江等先后到丰宁、围场、兴隆、承德等地视察灾情，指导工作。市防汛抗旱指挥部根据《承德市抗旱予案》的有关规定，8月28日18时升为（Ⅱ）级响应。全市各级各部门按照予案响应措施，立即行动，全面开展抗旱救灾工作。全市共投入抗旱人员27.6万人次，出动拉水车3180辆次，启动机电井1.1万眼，投入机动抗旱设施0.55万台套，市水利、财政联合下达各县应急抗旱补助资金150万元。浇地118.9万亩，临时解决10万人，2.4万头大畜饮水困难。

开展全市防汛抢险知识培训班

2012年7月21日至22日，全市普降中到大雨、中南部地区降大到暴雨，兴隆南部降大暴雨。为做好“7～21”强降雨应对工作，市委市政府先后8次组织召开紧急会商会议、3次召开全市视频电视电话会议，坐镇市防汛抗旱指挥中心对全市防灾工作进行动员部署，要求全市上下，全力做好防御准备，严阵以待，确保万无一失。果断决策，及时启动防汛Ⅱ级应急响应，宣布全市进入紧急防汛期，城市进入抢险状态，农村进入避险状态。市防汛抗旱指挥部连续18次下发通知，要求各级水务部门加强调度，对水库、橡胶坝下达放水预泄调度令，同时对各类涉汛工程加强巡查检查，确保安全运行。各级水务系统的排涝应急抢险队全员上岗，对危险部位设置警示标志，及时排除低洼地积水。各县区防指按照市委、市政府的指令，组织大批乡（镇）、村干部入村入户传递预警信息，展开了全市有史以来最大规模的群众避险转移行动。在应对洪涝灾害中，全市共投入各类抢险救灾队员21118人，出动官兵120人次，出动机械运输设备9387台班次，投入物资总计814.5万元，组织转移受威胁群众37771人，解救受困群众9180人，最大程度地减少了灾害损失，取得了“7・21”抗洪救灾的阶段性胜利，确保了“7・21”洪灾过后再无一人伤亡。

2014年6月6日下午市区突降暴雨，位于双桥区钓鱼台路的港湾花园小区主要出入口处大面积积水，最大积水深度近1米，造成该路段交通一度中断，严重威胁居民群众的生命安全并影响该小区的出行畅通。积水事件发生后，市防办立即组织调度河北承德机动防汛抢险队、承德市内涝机动抢险队会同消防、物资供应等部门紧急抢排，调动人员20人次，物资设备10余台套，出动抢排车辆3台，历时4个多小时排空积水，恢复此地段交通畅通。

2015年汛期，全市共出现6次较强降雨过程，尤其是“6・9”“6・15”“7・27”“7・30”局地降雨强度较大，致使部分县区出现洪涝灾害。特别是在应对城市“7・27”“7・30”两次短历时强降雨过程中，市防办第一时间协调组织水务、园林、住建、电力、城管、交警、环卫等部门，对山体滑坡、低洼地积水、公路两旁倒树、断水、断电等险情进行应急处置，保障了城市生产、生活秩序稳定，确保了城市正常运行。部分县区出现不同程度洪涝灾害后，市防办均第一时间赶赴受灾县查验灾情，为抢险救灾提供决策支持。同时，协助受灾县区开展安置受灾群众、抢修水毁工程、恢复农业生产等工作，确保灾区生产生活秩序正常。在这几次强降雨应对过程中，承德市共投入抢险人数21470人；机械设备405台次；编织袋5.46万条，砂石料2.53万立方米；减少受灾人口36241人，解救围困群众35人。

第四编 水土保持

承德市境内从类型区划分，包括北部坝上高原、中部土石山地和南部石质山区。生态地带分布处于北方干旱草原沙地向华北平原过渡的生态“脆弱带”上，属于冀北山区，沟壑纵横，地形破碎，坡陡土薄，潜藏在着水土流失的条件。土壤侵蚀形态以水蚀为主，其次是风蚀、重力侵蚀和混合侵蚀。水土流失使生态环境恶化，土地退化，耕地减少，河流淤积，旱涝灾害加剧，直接影响着当地人民的生存环境和生活质量，因此，搞好水土保持对于促进承德市国民经济持续稳定发展具有十分重要的意义。

中华人民共和国成立以来，党和国家高度重视水土保持工作，承德人民开展了大规模的治山治水活动，改善了农业生产条件，取得了举世瞩目的成就。特别是二十世纪六七十年代，在没有国家投入，极其艰苦的条件下，广大人民群众自力更生、艰苦奋斗，开展以植树造林、修梯田、闸山沟、挡坝淤滩为主要内容的水土保持工程，这些工程至今在农业生产、生态环境改善和提高人民群众生产生活水平等方面仍发挥着重要作用。但是，由于承德山区面积大、原有水土流失面积大、土壤侵蚀强度高、治理难度大，加之近些年来人口增加、城镇规模扩大、矿产资源开发、各类生产建设项目增多，人为造成的新的水土流失加重。总体上看，水土保持面上向好，局部变坏或加剧，水土流失治理任务仍很繁重。

第一章 水土流失

第一节 水土流失状况

据《承德府志》记载：“长城以外，古为引弓之国，建庭卓帐，迁徙无常，自北魏及辽、金、元始有郡县之名”，记述了当时承德社会状况是人烟稀少的游牧生活，频繁迁徙，“逐水草而居”，人们无固定的居址。清代以前，出古北口一带的广大地区，到处都有原始森林，溪水潺潺，禽兽繁集，还是未开垦的处女地，人类生产活动很少，不存在人为水土流失的现象。

清顺治二年（1645 年）在遵化县马兰峪一带建造皇陵，即清东陵，划长城以北兴隆县（原为遵化县所辖）境内北至雾灵山的 800 平方千米的面积为清东陵后龙风水禁地，为防伤陵区风水，风水区内实行严格管理，“禁民行居樵垦”，封禁达 270 年。

清康熙二十年（1681 年）在承德地区北部设置“木兰围场”，场内根据山势地形的变化和飞禽走兽的分布情况，又划分为七十二个小“围场”，由清廷直辖，“岁举秋狝之典”（秋狝即秋猎）成为定制，绝对禁止一般平民进入这个皇室禁地。在“习武木兰，毋忘家法”思想支配下，木兰秋狝一直延续了一百余年，当时的木兰围场与热河避暑山庄、外八庙相依为命，共同成为清王朝的第二个政治活动中心。

清廷对东陵“后龙风水禁地”和“木兰围场”实行了严格管理，使得这里草木丛生，林木丛蔚，古木参天，遮天蔽日，溪水潺潺，禽兽繁集，客观上起到了保持水土的作用，保持了生态平衡，使这里成为一座天然的动植物自然保护区，俗有“棒打狍子瓢舀鱼，野鸡飞到饭锅里”和“一年有七十二场浇陵雨”之说。那时的承德境内，大部分河流清水长流，河床很窄，跨步可过，“只闻水声不见河，羊肠一线草中过”是那时河流形态的真实写照。“骑马鞋湿透，摔倒草来救，转眼不见人，风吹不见牛，山坡不见土，草铺一条路”又是对承德这一广大地区自然生态环境的真实描写。

清康熙九年（1670 年）以后，随着清代对承德这一带广大地区的开发和人类活动的加剧，到乾隆三十四年（1769 年）仅仅 99 年间，承德这一带广大地区已成为“垦遍山林不见林”，“非木兰围场禁地，皆不可行围矣”。可见造成水土流失和自然生态不平衡的原因，已不自今日始。

2009 年，丰宁帽山、椰头沟沙化原貌

18 世纪末，清王朝日趋没落，财源枯竭，国库空虚，不得不将这皇家围场开围。清道光元年（1821 年）秋狝礼废，清同治元年（1862 年）清廷准予“宽留围座，开放边荒，招民垦焉”，遂开边荒。清光绪二十九年（1903 年）又续放围荒，垦荒千余顷。清光绪三十二年（1906 年）“木兰围场”彻底开放围荒。从此，木兰围场放地开垦，大量毁林开荒，大面积的原始森林遭到严重破坏，洪水开始泛滥，水土流失逐渐加重。

辛亥革命后，最后一个封建王朝结束，为了维持清皇室人员和清东陵管理人员的生活经费，迫使清皇室于民国 3 年（1914 年）开始将东陵后龙风水禁地开禁，把风水禁区内的地划分给皇族旗人及兵丁开垦作为“生计地”，从此移民大量流入禁地区域境内，禁地开垦逐年扩大，大量山林被砍伐变卖，山林植被遭受破坏，逐步失去了风水禁区的面貌。

日伪统治时期，对承德的山林资源又大肆进行了掠夺性破坏，森林火灾不时发生，致使原始森林荡然无存。原始森林被砍光后，山场不断遭受深度破坏，使得天然次生林的面积不断缩小，水土流失现象不断加重，生态平衡严重破坏，野生禽兽减少，河流变宽，气候变坏，自然灾害增多。“坝上一场风，年始到年终，春天刮出山药（土豆）籽，秋天刮出犁底层”，“屋外刮风，屋里点灯”，这些民谚是对坝上地区生态平衡遭受破坏后的恶劣气候环境和水土流失现象的真实写照。新中国成立初期，全市残存林地仅剩 314 万亩，森林覆被率约 6% 左右，水土流失面积达 27372 平方千米，占全市总面积的 68.8%。

中华人民共和国成立以来，承德水土保持工作有起有伏，有稳定发展时期，也有由于政策上的失误而水土保持工作被忽视，遭受损失的时期。1958 年的全民大炼钢铁运动，发动群众上山找矿，普遍出现乱扒山皮破坏水土现象。在 1959 年——1961 年的三年国民困难时期，为了解决人民群众的吃粮困难，曾出现了严重的毁林开荒种粮，乱砍滥伐山林树木、乱开小片荒种粮的现象，使水土流失状况加重，水土流失面积继续扩大。“文化大革命”期间，受“以粮为纲”的指导思想影响，水利建设片面强调以发展灌溉面积和增产粮食为主，农田水利基本建设只注重大沟大川的平整土地，扩大耕地面积，乱垦滥开草坡草滩，毁林毁草开荒，发展粮食生产，忽视了沟坡的综合治理和植物措施，水土保持工作被忽视。1977 年以后，水土保持工作又开始走上正轨。

1989 年国家遥感技术测算，全市水土流失面积 23564.41 平方千米，其中：轻度侵蚀面积 12010.68 平方千米，中度侵蚀面积 10389.11 平方千米，强度侵蚀面积 1164.62 平方千米。

1999 年国家遥感技术测算，全市水土流失总面积 20789.44 平方千米，其中：轻度侵蚀面积 11080.19 平方千米，中度侵蚀面积 6405.76 平方千米，强度侵蚀面积 3303.49 平方千米，全年土壤侵蚀总量约 8574 万吨。

全市除各河流上游高山区植被较好，土壤侵蚀轻微外，其余各河流中下游地区随着植被逐渐稀少，耕地增多，人类活动频繁，而土壤侵蚀不断加重。

承德的土壤侵蚀形式以水蚀为主，其次是风蚀、重力侵蚀和混合侵蚀，风蚀主要为围场、丰宁两县的坝上地区。侵蚀部位主要是荒山阳坡和坡耕地。山地阳坡的植被覆盖度一般不足 30%，坡耕地的坡度都大于 3 度，一般在 10 ～ 20 度之间，土壤结构疏松，侵蚀严重。荒山阳坡土壤侵蚀主要是水

围场坝上接坝地区水土流失状况

蚀，其次为混合侵蚀和重力侵蚀。水蚀表现形式为鳞片状面蚀，造成坡面草墩高悬，严重处草墩高出地面20多厘米。土层深厚的坡面，时常发生山崩石、山剥皮类型的重力侵蚀，在大暴雨季节常产生大量泥石流混合侵蚀，造成毁灭性灾害。坡耕地的土壤侵蚀也是以面蚀为主，在土层深厚的坡脚沟蚀发育剧烈，常将耕地切割得支离破碎，沟壑密布成网，年年冲去大量肥土。全市共有坡耕地面积1216.93平方千米，仅占全区总面积的3.47%，其土壤流失量却相当惊人，侵蚀模数为3800～10300吨/平方千米•年，平均为7370吨/平方千米•年。山地阳坡侵蚀模数1900-4700吨/平方千米•年，一般荒山和天然牧草场侵蚀模数1330吨/平方千米•年。坡耕地单位面积的土壤流失量约为荒山荒坡单位面积土壤流失量的5.5倍，山地阳坡单位面积的土壤流失量是荒山荒坡单位面积流失量的1.4-3.5倍。由于土壤流失，坡耕地年平均损失表层土壤厚度达0.5厘米。

围场县的小滦河流域水蚀微弱，多年平均径流模数为2.46万～5.25万立方米/平方千米，多年平均悬移质含沙量为0.46～1.39公斤/立方米，多年平均侵蚀模数低于500吨/平方千米，多年平均输沙模数为13.93～89.10吨/平方千米，泥沙输移比为5.57%～85.64%。风蚀较严重，沙化有发展趋势，沙丘一般高10米左右，最高可达70米，长度100～300米不等，沙丘间多为风蚀凹地。

兴隆县柳河、洒河流域水土流失较轻微，一般多年平均径流模数为24.78～27.63万立方米/平方千米，多年平均悬移质含沙量为0.63～1.17公斤/立方米，多年平均侵蚀模数少于2500吨/平方千米，多年平均输沙模数为213.47～352.72吨/平方千米，泥沙输移比为14.23%～23.51%。

丰宁、滦平县境内的兴洲河，隆化县境内的武烈河，平泉、宽城县境内的瀑河，以及隆化、围场县境内的伊逊河、蚁蚂吐河等河流水土流失严重。多年平均径流模数为4.55万～13.83万立方米/平方千米，多年平均悬移质含沙量为5.25～28.0公斤/立方米，围场县伊逊河支流不澄河和隆化县武烈河支流兴隆河流域悬移质含沙量高达37.6～53.4公斤/立方米，多年侵蚀模数大于2500吨/平方千米，多年平均输沙模数为445.36～1779.97吨/平方千米，泥沙输移比为11.88%～47.46%。这一区域是承德地区水土流失重点防治区。

丰宁、滦平县境内的潮河流域，多年平均土壤侵蚀模数为2974吨/平方千米，其严重程度仅次于伊逊河流域。在潮河的中上游地区，广泛分布着黄土状土壤，质地轻到中壤，棱柱状结构，垂直节理发育，崩解力强，抗蚀性差，其厚度从几米到几十米。由于长期侵蚀的结果，区域内切沟纵横密布，正沟头、沟岸多为垂直陡崖，遇有暴雨既发生坍塌，不断延伸展宽，造成严重的沟蚀，坡耕地的面蚀极其严重，据承德地区水保所试验资料，20度左右的黄土坡耕地，平均年侵蚀量可达15000吨/平方千米。

自2000年以来，全市先后实施了21世纪首水规划、京津风沙源治理、退耕还林等国家生态重点治理工程，共治理水土流失面积5700平方千米，其中：水利部门治理3200平方千米，相关部门和社会治理2500平方千米，总投入17亿元。水土保持重点治理区植被覆盖率提高到70%以上，全市森林覆盖率达到55.8%，为减少密云、潘家口、大黑汀等水库入库泥沙等方面发挥了明显的作用，作为京津唐水源涵养区的生态支撑能力显著提高，生态屏障作用日益显现。

截至2013年5月，全市尚有水土流失面积15089.44平方千米，其中：水蚀面积14552.58平方千米，风蚀面积536.87平方千米，占全市总面积的37.9%。

附表：承德水土流失面积分布情况

第一次全国水利普查成果数据（截至2011年底）

2011年承德市土壤侵蚀强度分级面积统计表

单位：平方千米

行政区域	土壤侵蚀面积	轻度	中度	强烈	极强烈	剧烈
小计	14598.68	7414.94	5124.66	1381.23	445.2	230.66
双桥区	182.12	85.77	70.76	17.67	6.7	1.22
双滦区	148.52	60.89	56.49	20.41	9.08	1.65
营子区	84.6	27.87	30.56	18.15	5.25	2.77
承德县	1520.86	772.31	588.02	105.88	39.5	15.15
兴隆县	996.29	278.52	369.03	155.78	100.82	92.14
平泉县	1290.7	632.24	460.75	123.23	53.42	19.06
滦平县	1294.96	724.58	405.66	103.99	42.66	18.07
隆化县	1813.17	989.85	583.92	157.43	55.7	26.27
丰宁县	3003.43	1694.4	1072.33	185.59	39	12.11
宽城县	746.31	237.04	312.05	121.27	51.39	24.56
围场县	3517.73	1911.47	1175.09	371.83	41.68	17.66

2011年承德市风力侵蚀强度分级面积统计表

单位：平方千米

行政区域	风蚀面积	轻度	中度	强烈	极强烈	剧烈
小计	626.59	472.46	—	—	0.00	0.00
隆化县	0.06	0.06	—	—	—	—
丰宁县	149.7	73.7	76	—	—	—
围场县	476.83	398.7	32.94	45.19	—	—

第二节 水土流失危害

一、泥石流灾害

严重的水土流失常以山洪和泥石的形式发生，冲走房屋、人畜和耕地，造成毁灭性的灾害。50年代，滦平、兴隆两县不断发生石洪（俗称水鼓、水泡、龙扒，即泥石流）灾害。1958年8月8日晚，滦平县骤降暴雨两三个小时，南部、西部降雨量达136.2毫米，有3个深山区发生泥石流，使居住在深山沟的零散户遭到毁灭性灾害，造成人畜伤亡，耕地、京承公路、通信线路被冲毁，有21个乡冲毁耕地31373亩，其中冲光地板23089亩，冲去房屋472间，冲倒房屋584间，死亡91人，受伤82人。该县拉海沟乡新民三社、桑园乡二道沟日出二社、火斗山乡光明四社受灾最严重，拉海沟乡新民三社被冲90户421人，其中死亡17户47口人，受伤18人，冲去耕地1528亩，房屋108间，大牲畜50头，猪98只，羊342只，鸡370只，粮食2552公斤，土豆1250公斤，冲走各种农具、碾磨、家具、衣被等物1112件。全家被冲光的有5户。如苏凤、谢生两户7口人无一幸免，王振江老少11口人有10口人死亡。1958年，滦平、兴隆两县因降暴雨山洪暴发而发生的泥石流，共冲淤土地22.5万亩，其中冲毁11.2万亩，死亡156人，受伤131人，冲走大小牲畜6659头，其他零星财产损失无法计算。兴隆县长河套村的八品叶，一处石洪就冲走13口人。

1974年7月24日，围场县的围场镇周围降雨179.6毫米，引起山洪与泥石流暴发，使9.4万亩农田受灾，冲毁大坝46条，冲毁房屋2907间，冲走大牲畜104头，猪、羊607只，树木3.4万株。地处围场镇街北头西侧山坡的庙台沟，流域面积1.3平方千米，为一条旱河沟，7月24日前半夜降雨很暴，在23时40分时，驻守在庙台沟内的战备连连长看到庙台沟山上一亮，一声巨响，山谷轰鸣，炕被震动了，水泥电杆断了，电灯灭了，泥石流奔腾咆哮而下，战备连三间房木料及一间住房和火化场的半面围墙、两间井房、电机、水泵及两扇大铁门被冲走，夹着大量巨石的泥石流填满了长450米、深1.7米、宽10米的庙台沟旱河，在火化场旱河沿南沿耕地上形成了大量块石的堆积区，小头道街桥被冲毁，二道街桥被堵塞，泥石流沿二道街公路南北顺流而下，直奔沿街住户，十数家院内屋内进水1米左右深。经动员机关厂矿单位人员集中清理了半个月时间才把淤积在街道的泥石清理完。这次泥石流的产流区为0.3平方千米，泥石流总量为5.22万立方米，冲出来的巨石有的达12立方米，清理时动用了大吊车和拖拉机。位于围场县南部的黄土坎公社二下大队的吊子沟，7月24日夜泥石流发生时，只听沟里山谷雷鸣，像重型飞机低空飞过的轰隆声不断传来，地面有震动，像粘粥似的泥石流裹着翻滚的巨石而下，有的巨石高3米、宽2米、长5米，重约75吨，翻滚的巨石撞击出巨大的火蛋，照亮了午夜的天空。沟内为住有十几户社员的生产队，冲毁耕地100亩，冲走生产队仓库2500余公斤粮食及其他财产，冲走房子19间（学校5间，社员房子6间），冲走人4口，重伤7口人，冲走大牲畜17头（马3头，骡2头，牛10头，驴2头），羊60只。生产队和群众经济损失达3.7万元。

1979年7月23日，承德地区南部下了一场暴雨，发生泥石流多处，仅兴隆县洒河南等141个村就出现泥石流1898处，冲淤塘坝17座，柳河两岸水冲沙压耕地29550亩，冲光地板4200亩，损失严重。

河北省承德山区在1958—1979年21年间，分别在兴隆、滦平等地发生了4次较大规模的滑坡泥石流，给当地生产和人民生活造成了相当严重的危害。

二、水库淤积

位于伊逊河上的庙宫水库，自1960年拦洪蓄水以来，截至1990年，根据水文资料测算，水库淤积总量已达9267.7万立方米，占总库容的53.37%。由于水库严重淤积，不仅使水库效益降低，工程寿命缩短，而且严重影响到库区上游围场县四合永镇一带居民房屋建筑和公路、铁路的安全，造成耕地盐渍化、沼泽化，形成较为严重的社会问题。

位于瀑河上游的平泉县大庆水库，自1975年至1986年已淤积76万立方米，占死库容的29%，入库水流含沙量在30公斤/立方米以上，最高达117.98公斤/立方米。其他中小型水库也有相当严重的淤积，据实测资料推算，围场县钓鱼台水库上游侵蚀模数年平均每平方千米1001吨，围场县的黑山口水库上游侵蚀模数年平均每平方千米达3959吨，平泉县的大庆水库上游侵蚀模数年平均每平方千米也达1348吨。

三、土壤肥力减退

由于坡耕地的水土流失，肥分也随之而流失，土壤越来越瘠薄。全区坡耕地每年平均损失表层土壤厚度达0.5厘米，每年坡耕地损失表层土壤总量达608.47万立方米。全区仅滦河流域区域内每年随着土壤流失的氮、磷、钾折合化肥量达4.5万吨，其中有效磷占0.7%，有效钾占6.5%，氮占92.8%，流失的肥量相当于年施用量的一半。根据围场县的普查，相隔7年土壤有机质下降0.83，平均每亩流失氮、磷、钾折合化肥相当于5公斤尿素、8公斤磷肥、42.5公斤钾肥，由于地力衰退，土地越种越薄，产量下降，促使撂荒，耕地面积减少。围场县约有34.7%的耕地土壤严重侵蚀，12万亩耕地失去表土层。围场县的罗字六号村，1949年坡耕地种莜麦亩产100多公斤，由于土壤流失，肥

1982年，德国专家参观考察水土保持
研究所南山径流小区

力减退，到20世纪80年代只能种谷子和豆类，亩产仅60公斤左右，1984年以来已撂荒坡耕地900多亩，占全村耕地面积的22%。全区已有不少地方由于荒坡、陡坡地严重水土流失，山场失去表土层变成了裸露岩石，形成了穷山恶水。

四、生态环境恶化

水土流失恶化了生态环境，灾害增加，造成恶性循环。丰宁县坝上地区，由于水土流失严重，干旱加剧，风、雹等自然灾害明显增加，20世纪60年代以前，年平均发生各种灾害3～5次，20世纪70年代以来已增加到7～8次，无霜期已由20世纪50年代的94天缩短到80天，八级以上的大风日数增加4%，沙暴天数增加9%，旱灾增加30%。由于水土流失，也恶化了水文状况，全区普

1989年，密云水库上游，丰宁凌营小流域治理施工现场

雨减少，局布暴雨增多，一次雨量减少，降雨历时缩短，各河流的年径流总量随之减少，伊逊河枯水流量20世纪60年代较70年代大5.8倍，进入20世纪70年代以来，枯水季节经常断流，这在历史上很少见，说明上游的森林草场植被严重破坏，涵养水源的能力大大下降。由于水土流失严重，地表缺乏植被和工程拦蓄，每逢降雨大量地表径流直入河川，造成历时缩短，河水暴涨暴落趋势加剧。伊逊河1977年较1967年洪水历时缩短20%，汇流时间缩短60%，洪峰出现时间缩短27%，洪峰流量增加7%，致使水灾面积加大。20世纪60年代以前围场镇周围平均水灾面积2000余亩，到20世纪70年代增加到6000余亩。严重的水土流失，造成生态环境恶性循环，也造成群众经济贫困，生活困难。

2011 年，水务局完成了水利普查水土保持野外调查工作

群众为了生活，就垦荒、砍柴，为了让牲畜吃饱，就啃食草场，如此下去对植被破坏日益加剧，造成更严重的水土流失，周而复始，陷入恶性循环，山区越来越贫困。

五、土壤沙化

由于水土流失，造成干旱，带来风蚀沙化的日趋严重。到 80 年代末，全区风蚀沙化面积已达 240 万亩，丰宁、围场两县接坝地区风蚀沙化平均每年向坝下推进 8 ～ 28.8 米，围场、丰宁两县现有沙丘 260 个，在围场坝下地区已形成了四条大沙带，不时地侵蚀着沃野良田、山林和村庄。

2000 年前，丰宁满族自治县小坝子乡，人们生下来就要学会如何与风沙共存。小坝子乡 315.6 平方千米的总面积中有 225 平方千米处于水土流失状态，其中沙漠化面积 113.3 平方千米，重度沙漠化面积 37.3 平方千米，大小流动沙丘 82 处，沙坡 19 个。这里属于农牧交错区，处于京津与内蒙古浑善达克和科尔沁两大沙地之间，是风沙南侵京津的必经之路。当地民间歌谣“猪上房，羊跳墙，小孩坐在房檐上。地不打粮，沙子埋房……”形容当时沙漠化严重时当地村民的生活状态。

2000 年 5 月 12 日，国务院总理朱镕基到河北丰宁县小坝子乡实地考察日益严重的土地沙化问题，并要求一定要做好北京周围地区的防沙治沙工作，加快实施生态保护和治理工程，构筑起北京周围地区的绿色生态屏障，阻止外来沙尘侵入，改善北京地区生态环境。朱总理发出治理丰宁沙漠的“治沙止漠刻不容缓，建设绿色屏障势在必行”的指示。2001 年，中日共建的“中国首都圈环境保护示范基地”项目发起，由四方合作：中国科学院提供技术支援，丰田汽车公司提供资金并派遣日本专家、河北省林业局与丰宁县林业局负责植树作业及日常维护，日本地球绿化中心则从日本派遣志愿者进行支援。

“中国首都圈环境保护示范基地”项目已经持续了 15 年，2012 年项目进入第四期后，主要工作是在河北与内蒙古交界的南沙口子的三个山头开地造林。随着第四期项目的展开，丰田中国已从总部完全“接手”植树事业，出资方从名古屋变成了北京。

在 2001—2014 年的 14 年里，这一项目累计在丰宁小坝子乡直接投入资金约 3,750 万元。植树约 500 万棵，绿化总面积超过 5 万亩以上，树木的成活率高达 90% 以上，该地区的荒漠化面积由 2001 年的 30.8% 减少至 10.3%，绿化面积由 28.44% 增加至 51.44%。

六、水质恶化

由于严重的水土流失，使水库内的蓄水出现严重的富营养现象，直接危害下游生产生活用水。滦河水系各县城下游由于受工业污染源的影响，水质大都超过国家规定的三级指标，伊逊河和滦河干流在最上游控制断面水质也超过三级标准，直接影响了下游各断面水质，特别是水系本底参比点有恶化趋势，面源水土流失影响滦河水系水质已相当严重，对下游引用水质产生越来越不利的影响。

附表：

表 4-1-3　1989 年承德水土流失面积现状分布情况表

表 4-1-4　1999 年承德水土流失面积现状分布情况表

1989年承德水土流失面积现状分布情况表
（国家第一次遥感数字）

表4-1-3 单位：平方千米

县别	水系	总面积	侵蚀面积			水土流失面积	水土流失面积占总面积百分率（%）
			轻度1500吨/平方千米·年	中度3750吨/平方千米·年	强度6500吨/平方千米·年		
全市	全市	39788.71	12010.68	10389.11	1164.62	23564.41	59.22
全市	滦河	28858.19	8860.60	8080.49	567.85	14578.64	50.52
全市	潮白河	6101.50	1782.67	1129.08	386.30	3296.70	54.03
全市	蓟运河	675.24	202.68	158.98	0	361.66	53.56
全市	辽河、大凌河	4153.78	1164.73	1020.56	210.47	2407.16	57.95
宽城	滦河	1952.00	685.64	411.55	0	1097.19	56.21
兴隆	小计	3123.00	864.20	681.13	0	1545.33	49.48
兴隆	滦河	1971.44	575.36	409.80	0	985.16	49.97
兴隆	潮河	476.32	86.16	112.35	0	198.51	41.68
兴隆	蓟运河	675.24	202.68	158.98	0	361.66	53.56
平泉	小计	3307.83	869.72	1143.73	162.01	2175.46	65.77
平泉	滦河	1958.70	548.93	847.73	0	1396.66	71.31
平泉	辽河、大凌河	1349.13	320.79	296.00	162.01	778.80	57.73
滦平	小计	3213.00	1397.46	710.91	1.90	2110.27	65.68
滦平	滦河	1791.00	648.83	509.64	1.90	1160.37	64.79
滦平	潮河	1422.00	748.63	201.27	0	949.90	66.80
隆化	滦河	5497.11	1223.25	1310.19	100.46	2633.90	47.91
丰宁	小计	8764.93	2488.17	1804.34	667.04	4959.55	56.58
丰宁	滦河	4579.92	1540.29	990.23	280.74	2811.26	61.38
丰宁	潮白河	4185.01	947.88	814.11	386.30	2148.29	51.33
围场	小计	9219.72	3114.85	2896.60	99.61	6111.06	66.28
围场	滦河	6415.07	2270.91	2172.04	51.15	4494.10	70.06
围场	辽河	2804.65	843.94	724.56	48.46	1616.96	57.65
承德县	小计	4045.71	1123.88	1195.75	133.60	2453.23	60.64
承德县	滦河	4027.96	1123.88	1194.40	133.60	2451.88	60.87
承德县	潮河	17.75	0	1.35	0	1.35	7.61
三区	滦河	665.41	243.51	234.91	0	478.42	71.90

注：“三区”为双桥区、双滦区、营子区。

1999年承德水土流失面积现状分布情况表
（国家第二次遥感数字）

表4-1-4　　　　　　　　　　　　　　　　　　　　单位：平方千米

县别	水系	总面积	流失面积			侵蚀程度			侵蚀总量（万吨/年）
			合计	水蚀	风蚀	轻度	中度	强度	
全市	合计	39788.71	20789.44	20056.30	733.14	11080.19	6405.76	3303.49	8574.02
	滦河	28858.19	14165.02	13481.88	683.14	7716.41	4243.32	2205.29	5943.67
	潮白河	6101.50	3297.92	3247.92	50.00	1693.98	997.44	606.50	1368.63
	蓟运河	675.24	240.50	240.50		156.00	84.50		101.69
	辽河、大凌河	4153.78	3086.00	3086.00		1513.80	1080.50	491.70	1159.01
宽城	滦河	1952.00	828.47	828.47		558.29	270.18		
兴隆	小计	3123.00	1237.40	1237.40		816.86	420.54		
	滦河	1971.44	789.40	789.40		525.16	273.24		
	潮河	476.32	198.50	198.50		135.70	62.80		
	蓟运河	675.24	240.50	240.50		156.00	84.50		
平泉	小计	3307.83	1847.42	1847.42		1205.78	641.64		
	滦河	1958.70	873.42	873.42		615.18	258.24		
	辽河、大凌河	1349.13	974.00	974.00		590.60	383.40		
滦平	小计	3213.00	1828.40	1828.40		1070.69	489.61	268.10	
	滦河	1791.00	878.40	878.40		519.43	233.37	125.60	
	潮河	1422.00	950.00	950.00		551.26	256.24	142.50	
隆化	滦河	5497.11	2370.92	2370.92		1125.40	734.72	510.80	
丰宁	小计	8764.93	4791.53	4683.90	107.63	2318.86	1396.37	1076.30	
	滦河	4579.92	2643.53	2585.90	57.63	1313.26	717.97	612.30	
	潮白河	1485.01	2148.00	2098.00	50.00	1005.60	678.40	464.00	
围场	小计	9219.72	5199.46	4573.95	625.51	2286.26	1617.72	1295.46	
	滦河	6415.07	3087.46	2461.95	625.51	1363.06	920.62	803.78	
	辽河	2804.65	2112.00	2112.00		923.20	697.10	491.70	
承德县	小计	3992.12	2247.42	2247.42		1454.32	679.59	113.51	
	滦河	3974.37	2246.0	2246.00		1452.90	679.59	113.51	
	潮河	17.75	1.42	1.42		1.42			
双桥	滦河	320.00	182.98	182.98		106.23	76.75		
双滦		248.00	141.81	141.81		92.16	49.65		
营子		151.00	113.63	113.63		45.34	28.99	39.30	

第二章 水土流失治理

第一节 治理措施

承德地区的水土保持治理措施主要有工程措施、植物措施和农业技术措施三个方面。

一、工程措施

（一）治坡工程措施：

1．水平梯田　修筑梯田是承德最主要的一种水土保持措施，中华人民共和国成立之前，在承德南部各县的一些地方群众就有修梯田的习惯。中华人民共和国成立以后，推广南部各县修梯田的经验，修梯田的工作在全区普遍开展起来，从50年代到80年代每年都有所修建。1958年和1959年是全区修梯田的高潮时期，每年修梯田曾达百万多亩。1966年至1976年“文化大革命”期间，修梯田也是农田基本建设的一项主要内容在全区开展。

2002年，丰宁选营柳条沟京津风沙源治理工程

水平梯田对一般降雨可以就地拦蓄，土壤也不会被冲走。暴雨时可拦蓄大部分径流，控制大部分泥沙，基本上可以达到水不出田，泥不下坡。据观测，水平梯田与坡耕地比较，可减少径流量82.8%，减少土壤流失量97.2%。水平梯田的粮食产量比坡耕地的粮食产量可高出1～3倍。承德地区的水平梯田分石坎水平梯田和土坎水平梯田两种形式，石坎水平梯田具有埂坎稳定，坚固耐久，占地少的特点。修建水平梯田选择田埂坎的形式主要是依据当地条件，因地制宜，就地取材。除了种植粮食作物的水平梯田外，还有种植果树的水平条田及绕山转等，其水土保持作用与水平梯田相类似。1990年统计，全区水平梯田保有面积66.99万亩。

2．鱼鳞坑、水平阶、沟头防护。鱼鳞、水平阶、沟头防护坑是坡面治理、拦蓄坡面径流的一种措施，也是造林整地的一种形式。鱼鳞坑为半圆形，长径与山坡等高线平行，短径与等高线垂直，坑底水平或自外向内稍倾斜，坑外缘筑土埂。因坑在山坡上交错排列状似鱼鳞而得名。鱼鳞坑有大有小，尺寸大的一般在土埂上栽植两株树苗，小的栽植一株树苗。鱼鳞坑的尺寸大小，一般是根据每亩需栽植树林的多少、品种，以能保证树苗栽植后能成活且能独立生长为原则，以能与其他工程相配合拦蓄坡面径流为依据进行设计与施工。从50年代至80年代，承德每年都挖几十万个或上百万个鱼鳞坑，在保证造林成活、治理水土流失中发挥了不小的作用。

（二）治沟工程措施：

2003年，丰宁白塔水土保持项目区坡面治理工程

2003年，丰宁白塔水土保持项目区坡面治理工程

1. 沟坝地　沟坝地是控制河床下切和沟岸扩张，合理利用有效水土资源的有效办法。淤地坝与谷坊坝的差别在于大小、高低之分，都是横跨筑于沟内的拦泥沙建筑物。淤地坝一般修于干、支沟内，高度一般随沟道坡度的陡缓而不同，最低有1米以下的，高的可达10米以上。山区为了增加耕地面积又要保持水土就要束窄河溪沟道，打坝淤滩，改良土壤。承德山多石头多，为修淤地坝提供了充足的建筑材料。承德地区一般的山沟都有淤地坝工程，沟坝地是承德主要的产粮地。中华人民共和国成立初期经济恢复时期，以及60年代、70年代，承德修建了大量的淤地坝工程，平整出很大数量的沟坝地。

2. 谷坊坝　谷坊坝一般修在冲刷严重的支、毛沟岔内或较大沟道的中上游。谷坊坝的高度要考虑承受水压和泥沙的压力，承德地区一般石谷坊坝高约2～3米，土谷坊坝高约3～5米，干砌石谷坊坝高约1～1.5米，植物谷坊坝高约1米。谷坊不是单个建筑物，而是一条沟内筑成连环谷坊，即谷坊群。谷坊坝的间距，一般是根据上道谷坊的基础与下道谷坊的顶相平，即“顶底相照”的原则来确定。谷坊的座数可根据沟道坡降，沟头和沟口的高差，及修筑的谷坊高度来确定。干砌石谷坊在承德地区到处可见，是承德地区沟道治理的一种主要形式，平时所说的“闸山沟”就是修筑谷坊坝来治理山沟。植物谷坊在承德地区也有很多，特别是围场县，50年代就搞了不少。植物谷坊主要是柳桩或杨桩编梢，好处是边淤边长，起到永久坝的作用。植物谷坊的形式有两道杨柳桩编梢谷坊、四道杨柳桩编梢谷坊和杨柳桩片石沙土混合谷坊等。在承德地区修筑谷坊工程是在中华人民共和国成立后才开展起来的。

二、植物措施

承德的水土保持植物措施，主要是人工培植林草，利用植物的覆盖和固土作用，减少地表径流，保护和改良土壤，防止水土流失。多年实践证明，林草措施是承德地区水土保持的一项重要措施，是一项投资小、用工少，群众容易掌握的大面积治理水土流失的方法，一旦林草措施发挥水土保持效益，可进一步提供木材、饲料、燃料、肥料，并为农业生产和人类生活创造一个良好的生态环境。林草措施见效慢，周期长，发挥水土保持效益迟缓，要与工程措施紧密结合。

承德水土保持林草措施中的林业措施主要是大力营造水土保持林、薪炭林、用材林和经济林。

多年来，承德还广泛采用封山育林的办法增加大地植被。这是一种利用树木自然繁殖的能力以恢复森林的一种措施，其好处是不动土石方，不用种子苗，不用劳动力。

承德水土保持的牧草措施主要有两项：改良草场和人工种植牧草。这两项措施以前主要是畜牧部门的任务，水利部门提的较少，自从提出水土流失综合治理后，特别是《水土保持工作条例》正式

2004年，“21世纪首水规划”丰宁胡麻营水土保持项目区

2004年，丰宁大棚沟沟坝地

颁布以后，才日渐提到水土保持工作的日程上来。从80年代以来的实践看，水土保持牧草措施不容忽视。牧草生长迅速，当年或次年就可获得蓄水保土的功能。承德地区春播的沙打旺，当年就覆盖地表50%，第二年可覆盖90%左右。承德水土保持牧草措施中适宜种植的牧草种类主要有豆科和木本科两种，豆科牧草有苜蓿、草木樨、红豆草、沙打旺、小冠花等，木本科牧草有苏丹草、鹅冠草、羊草、披碑草、无芒雀麦等。

三、农业技术措施

承德常用的水土保持农业技术措施主要有等高耕作（或叫横坡耕作），埯条田耕作等措施。

等高耕作或横坡耕作，是沿等高线垂直于坡向进行耕犁整地。犁沟可阻滞径流、增加入渗率和暂时的拦蓄，减少水土流失，保住一些水土肥，有利于作物的生长。

埯条田耕作，是限于经济条件暂时不能修筑或土层薄无法修筑水平梯田的坡耕地，承德的群众习惯用埯、条田耕作，这种耕作方法对保持坡耕地水土的作用也很显著。与坡耕地相比，埯田可以减少径流量19.7%，减少土壤流失量54.1%，条田减少径流量44.9%，减少土壤流失量67.5%。

对有水土流失的坡耕地施行早耕、镇压、增施肥料也是承德常用的水土保持农业技术措施。早耕就是在作物收割后立即进行耕地，可使土壤蒸发量达到最小，保证土壤中降水量的最大入渗。承德每年秋季进行的秋翻地就是采用早耕的办法以增加土壤保土保水的性能。镇压就是播种后用石滚镇压，能起到减少蒸发保墒的作用，加速种子出苗，并使作物出苗整齐一致，苗出齐后及时间苗、浅松土，以切断土壤上部的毛细管，减少土壤水分蒸发。增施肥料，特别是增施有机肥料，可以促使土壤发育，增加土壤的团粒结构，加强土壤对雨水的渗透能力，增强土壤的抗蚀性。

第二节　治理过程

1952—1954年，是承德水土保持工作的宣传发动和试点阶段。1952年，热河省水利局在水利建设方针中提出进行水土保持试验，在宁城县一区瓦房村松树台沟进行了修石谷坊的试验，兴隆、承德、滦平、隆化、丰宁、围场县及承德市未进行水土保持试验。1953年4月，热河委省委书记王国权在承德县三合村（今大兰窝村、小兰窝村）进行水利工作调查时对水利建设提出了几点意见，其中提到：在现阶段，山地主要是修梯田和谷坊，保持水土。热河省委将省委书记王国权对发展农村小型水利提出的几点意见作为省委意见下发全区（全省）贯彻执行。热河省水利局在1953年的水利建设方针中提出，积极推行水土保持工作，除试点进行修筑谷坊工程外，山区应发动群众进行水土保持工作，密切结合造林、种草、改良耕作方法，进行闸山沟，修梯田，禁止陡坡开荒，以阻止泥沙下泄，减免冲刷现象，逐步达到根治水患。1953年，热河省水利局在承德市高庙村、兴隆县长河套和黄酒馆村、围场县雷字村共搞4处修石谷坊的试验，修石谷坊2632座，完成石方工程量13948.1立方米。1954年，热河省水利局在宽城县孤山村和围场县广字村进行了修石谷坊的试点工作，共修石谷坊482座，完成石方工程量5357.5立方米，控制面积2.5平方千米。

1955—1957年，是承德水土保持工作稳步发展时期，随着农村合作化的进程，农民群众在发展农业生产的同时，大搞修梯田、闸山沟、植树造林、绿化荒山的水土保持工作逐步开展起来，取得了积极的成果。

1955年2月，热河省水利局《关于1954年水利工作总结和1955年的方针任务》中提出，积极做好群众性的水土保持工作，大力组织群众闸山沟、垒坝沿、改良耕作方法及植树造林。1955年2月，热河省水利局召开的首次工作会议将承德地区作为水土流失治理的重点山区。1955年，承德群众性的水土保持工作正式开展起来。

1955年12月，热河省建制正式撤销，承德市划归河北省，建立承德专区。成立了河北省承德专员公署水利局，设置水土保持科负责水土保持工作。随着农业生产高潮的出现，全区提出了“沟沟变梯田，坡坡变果园，荒山变林地，河弯变良田”的口号。承德专区自1955年冬实现农业合作化以来，各级党政领导便把水土保持工作看成是山区农业增产的重要一环，各县都由县长或县委主要领导专抓水土保持工作，督促检查，深入乡社进行规划，有时县委书记还亲自搞水土保持试典，总结经验，积极推广。承德地委曾通过几次会议形式组织人员到兴隆、青龙参观林业和梯田，春季河北省人代会散会后，地委书记王克东和书记处书记樊平亲自率领承德地区参加省人代会的代表到青龙县参观梯田，对水土保持工作的开展起到了积极的推动作用。上半年，各县采取以实地参观为主，上课为辅，以工地为学校，以工程为教材的办法，培训农田水利和水土保持技术员2636名，在农田水利和水土保持工作中发挥很大作用。为便于总结经验和组织参观学习，全面推广，各县都搞了水土保持试典。1956年上半年，全区共完成水土流失治理面积688.52平方千米，修梯田99528亩，地边埂53274道，改良土壤151601亩，修谷坊85657座，淤地坝200道、小水库5座、蓄水池13911个、水簸箕531个，封山育林209457亩，造林496265亩，栽果树33491亩，种草112亩，封山养草3000亩，挖水平沟10910道。同年9月，成立了以黎汀为主任，李竞生、陈冷鹏为副主任的专署山区建设委员会。当年，全区完成的各项水土保持工程有：谷坊87971座、淤地坝16126座、沟壑土坝4157座、沟头防护441处、水平沟11870条、护滩护岸689处、修梯田132227亩，完成土石方工程量1341万立方米。到1956年末，全区水土保持各项措施累计达到：梯田74.34万亩、撩壕13.07万亩、地埂1800亩、谷坊243284座、沟头防护1591处、护滩护岸950处、造林239.12万亩、封山育林354.21万亩。林地面积累计达到942.15万亩，森林复被率由新中国成立初期的5.8%提高到14.6%。

2006年4月，水利部海委机关干部在丰宁小坝子参加爱国主义绿色教育基地植树

1957年2月，专署水利局组织专、县水利干部、县农林干部和乡社干部等共88人的水土保持工作参观团，先后到青龙县和张家口地区怀安县参观学习。在青龙县参观了红石岭村的沙谷坊和石梯田，草碾乡梯田社的石梯田，以及温杖子村的小水库和七道河村的水力打稻机。在张家口地区参观了怀安县常家沟水土保持试验站的综合治理点。通过参观学习，进一步推动了全区水土保持工作的开展。同年9月，专署副专员黎汀在全专水利会议上总结报告进一步指出，承德专区在今后一个时期内的水利建设方针应是“以水土保持为主，兼顾防洪和灌溉，切实贯彻以小型为主”。同年10月，地委、专署召开有各县委书记或副书记、水利干部参加的水利工作座谈会，确定在全区开展大规模的兴修农田水利运动，全区八县一市都成立了水土保持委员会或

2012年，丰宁西官营乡卡沟门小流域治理效果

办公室，由县委书记、县长、农林水利科长组成，一般5～7人。专、县以乡社为单位搞了32个水土保持综合治理试典，取得经验，推动全面。全区训练了1800多名农民技术员，在农田水利和水土保持工作中发挥了积极作用。本年，全区共完成水土流失治理面积583.65平方千米，完成各种治理措施包括新修梯田126484亩，整修梯田33237亩，新修擦壕35750亩，整修擦壕130712亩，挖水平沟50093米，挖鱼鳞坑114276个，修谷坊75332座，造林372717亩，封山育林278330亩，完成土石方工程量381.58万立方米，最多时投入劳力达39万多人，占全区总劳力的45%以上。

1958年和1959年，全区范围内出现了以兴修梯田为主要内容的农田水利建设高潮，群众运动规模之大，参加人数之多，成绩之大前所未有。

1959年，全区完成水土流失治理面积3000平方千米，修梯田184.2万亩，修谷坊19.7万座，挖水平沟50万米，挖鱼鳞坑221万个，造林140万亩。1959年，专署水利局在承德市郊喇嘛寺村进行了水土保持综合治理试验工作，并向专署正式提出建立水土保持试验站的呈请报告。

1959—1961年，国民三年困难时期，水土保持工作没有新的发展，有些地方把已修好的梯田扒光，群众为了解决吃粮困难，出现严重的毁林开荒和乱开小片荒的现象，给水土保持工作造成了严重后果。

1960年3月，正式成立了在专署水利局领导下的承德地区水土保持试验站，开展水土保持综合试验研究。

1961年，全区新增水土保持控制面积105平方千米，累计水土流失控制面积10915平方千米，新修梯田4000亩，累计梯田面积85.21万亩，整修梯田4万亩，新修谷坊8800座，累计谷坊38.79万座。

1962年中共八届十中全会以后，开始执行国民经济“调整、巩固、充实、提高”的方针，水土保持工作的群众运动重新开展起来。正是在这样的时刻，1962年国务院批准建设围场县塞罕坝机械林场。塞罕坝机械林场总面积153万亩（1020平方千米），东西最长78千米，南北最宽62千米。

经过一个时期的准备、筹建、育苗试验和试栽，1965年开始正式大面积机械化造林，第一年造林3万亩全部成活，以后每年以5万～6万亩，最高年份7万亩的速度造林，到20世纪80年代中期共造林近百万亩，加上原有的天然次生林面积，围场坝上有林面积已达150万亩，森林覆盖率已高达81%。塞罕坝上的面貌已根本改观，这里蓊郁成林的落叶松、黑松、樟子松已形成绿色的海洋，起到了保持水土、涵养水源的功效，为改变京津风沙危害创造了条件。古老的塞罕坝机械林场转入“以育为主，育改结合，综合经营”的阶段，它的“四十年一轮伐”“永续作业”的璀璨前景使这里永远充满希望。

1964年出现了兴隆县四拨子大队以民兵为骨干治山治水的社会主义建设创业队，经过推广，创业队遍布全区，以水土保持为中心的农田水利建设出现了新局面。1964年12月，地委印发了《关于建设山区社会主义建设创业队问题的意见》，提出“治山治水，闸沟治河，生物工程，措施结合，由上而下，综合治理”的治山治水二十四字方针，要求全区以专业队和群众运动相的结合的形式开展以水土保持为中心的农田水利基本建设。1964年，全区出现了3500多个以生产队为单位或大队统一组织的治山治水创业队，全区新修梯田10.68万亩，整修梯田27.61万亩，梯田面积累计达到82.68万亩，新修谷坊 12.5 万座，整修谷坊 8.18 万座，修地埂撩壕 34.36 万亩，造林 51.89 万亩，水土保持林面积累计达到 990.2 万亩，新增加水土保持治理面积 504 平方千米，完成水土保持投资 58.55 万元。

1965 年 10 月，地委又制定出《关于山区建设专业队几个问题的意见》，对专业队的组织形式、性质与任务、所有制问题、经营管理问题、政治工作及领导工作等问题做出了规定。此后，专业队又有进一步的发展和完善，这时的专业队一般为一个大队成立一个，也有的由一个大队的几个生产队联合成立一个。专业队的名称有的叫“山区建设专业队”，有的叫“创业队”，也有的叫“水土保持专业队”“林梯坝专业队”“山区建设突击队”。1965 年，全区建立起各种形式的专业队 3035 个，人数 6.2 万多人。1965 年，全区新修梯田 18.42 万亩，累计达到 122.16 万亩，营造水土保持林 25.68 万亩，林地面积累计达到 1044.2 万亩，新增加水土流失治理面积 1007 平方千米，累计治理面积达到 14140 平方千米。完成水土保持工程量土石方 967.21 万立方米。

1966 年，出现了青龙县沙河全流域治山治水的典型。兴隆县学习青龙县沙河治理经验，创造了全面规划、综合治理洒河的典型，使全区以水土保持为中心的农田水利建设发展到按流域全面规划、综合治理的新阶段。全区各县学习青龙沙河和兴隆洒河治理经验，建立了 18 个河系指挥部，围场县治理伊逊河，丰宁、滦平两县联合治理潮河，都取得了成效。1966 年全区新增加水平梯田面积 26.41 万亩，累计达到 88.12 万亩，新增加水土保持林面积 56.39 万亩，累计达到 472.17 万亩，新增加封山育林面积 91 万亩，累计达到 619.11 万，新增加水土流失治理面积 1161.4 万亩，累计治理面积达到 11978.5 平方千米。完成水土保持投资 8.16 万元。

1966—1976 年“文化大革命”时期，水土保持事业再次受到严重损害，机关瘫痪，水土保持试验站被撤销，水土保持工作处于无人抓无人管的状态。

1983 年，承德地区各县水利局相继建设立了水土保持股，水土保持工作进一步加强。同年，承德市一县三区开展小流域治理 80 条，治理水土流失面积 35.1 平方千米，完成各项治理措施：修梯田 176 亩、闸沟造地 76 亩、修谷坊 2 万道长 25.8 万米、挖鱼鳞坑 750 万个 3.05 万亩、修护地坝 20 万道长 6950 万米、育苗 397 亩、种草 35 亩、封山育林 9000 亩。完成土石方 72.64 万立方米。国家补助投资 39.46 万元。同年末，承德地、市累计治理水土流失面积 12266.62 平方千米，其中小流域治理面积 517.33 平方千米。

1984 年，承德地区行署成立水土保持工作协调小组。同年，承德市一县三区综合治理小流域 99 条，流域总面积 53.9 平方千米，完成治理面积 31.23 平方千米，完成各项治理措施：修梯田 800 亩、闸沟造地 25 亩、果树整地 7055 亩、水平阶 162 亩、修谷坊 4006 道长 26923 米、挖鱼鳞坑 765.8 万个 2.45 万亩、修护地坝 52 道长 21252 米、薪炭林 23760 亩、用材林 11210 亩、经济林 4128 亩、育苗 7212 亩、种草 200 亩、封山育林 6721 亩。完成土石方 147.1 万立方米，完成投资 62.46 万元，其中省拨水土保持费 20 万元。同年末，承德地、市累计治理水土流失面积 13038 平方千米，其中小流域治理面积 910.67 平方千米。

1985 年，承德地区水土保持工作继续突出重点，全区以水土流失严重的北部围场、隆化、丰宁三县为重点，各县则以水土流失较严重的河流上游

2010 年，京津风沙源治理丰宁北头营乡北二营村施工现场

为重点，各大中小型水库上游水土流失治理优先安排。水土保持工作因地制宜，因害设防、统筹兼顾、全面规划，工程措施和生物措施一齐上，实施综合治理，做到封治并重，以封为主；治管并重，以管为主；工程措施和生物措施相结合，以生物措施为主；沟坡兼治，以坡面为主；阴阳坡兼治，以阳坡为主；乔灌草结合，以“两槐”（洋槐、棉槐）为主。做到乔灌草结合，封管造结合，工程措施和生物措施结合，治理与开发利用结合，当前效益与长远效益结合。坚持“以林为主，农林牧结合，多种经营，全面发展”的工作方针；坚持实行以单户或联户承包治理；坚持以小流域为单元，实行集中连片治理。1985 年，全区完成水土流失治理面积 204.91 平方千米，完成各项治理措施：修梯田 719 亩、挖鱼鳞坑 2332 万个、水平沟 35 万米、造林 17 万亩、育苗 9210 亩。完成土石方 260 万立方米，完成投资 88.55 万元，其中省拨水土保费 70 万元、地区财政安排水土保持费 20 万元。

同年，承德全区水土保持综合治理新增单户承包治理 435 个，联户承包治理 213 个，“两户”承包治理面积 122 平方千米。到 1985 年底，全区共有水土保持治理单位 7723 个，其中单户承包治理 1714 个、联户承包治理 5079 个、集体承包治理 930 个，承包治理总面积 842.83 平方千米。承德市一县三区水土流失治理以武烈河、老牛河流域为重点，实行统一规划、因地制宜、自上而下、集中连片、综合治理、连续治理，坚持社会效益与经济效益相结合，调动了群众治理的积极性，全年完成水土流失治理面积 153.5 平方千米，其中小流域治理面积 22.7 平方千米。全市实行单户承包治理的 142 处、联户承包治理的 78 处，共 1566 户，承包治理面积 7.45 万亩。

2013 年，丰宁六道河东山小流域工程

1986 年，承德市一县三区完成小流域综合治理 39 处，治理面积 17.3 平方千米，完成各项治理措施：鱼鳞坑 19600 亩、水平阶 1200 亩、谷坊坝 2931 道、造林 25200 亩、栽果树 87100 株。

1987 年，承德全区完成水土流失治理面积 258.64 平方千米，超计划任务 29.3%；承德市一县三区治理小流域 13 处，完成治理面积 14.5 平方千米。

1988 年，承德全区完成水土流失治理面积 189 平方千米，小流域治理面积 61.64 平方千米，完成水土保持投资 294.3 万元，其中国家投资 98.1 万元。是年制定了《承德地区小流域综合治理验收办法（试行）》，为小流域治理竣工验收提供了依据。10 月，组织有关部门对滦平县东营子小流域治理进行了验收。是年 3 月，经地区编委批准，地区水利局增设水土保持科，水土保持工作由农田水利科分离出来。

同年，承德市一县三区完成水土保持小流域治理 17 处，完成小流域治理面积 6.1 平方千米。11 月份，市水利局转发了《河北省重点小流域总结验收暂行办法》，规定了 7 项验收标准，凡列入省地县重点治理小流域及试点小流域水土保持综合治理的总结验收，均以此暂行办法为准。

1989 年，潮白河密云水库上游地区列为国家水土保持重点防治区（也称国家第十三片水土流失重点治理区），丰宁、滦平两县为重点防治县。为适应水土保持重点防治工作的需要，地区行署成立了承德地区滦潮河流域水土资源保护开发领导小组，丰宁县水利局改为水利水保局，滦平县新建立了水土保持局。

“七五”期间（1986—1990 年），承德市一县三区完成水土保持治理面积 368 平方千米，完成各项治理措施：造林52万亩（其中经济林10万亩）、护坝32万米、谷坊22.5万道、梯田0.7万亩、沟坝地0.5万亩、种草0.6万亩、封山育林1.4万亩。水土保持投资919万元，其中乡镇与群众投入800万元、县投资30万元、市投资30万元、省投资59万元。

1990年底，水利部复涵河北省政府，同意将潘家口水库（含大黑汀、于桥水库）上游地区列入国家水土保持重点治理区（也称国家第十四片水土流失重点治理区），从1991年起实施重点治理。

1991年，本年是实施滦河上游水土流失重点治理的第一年，是潮河上游水土流失重点防治第一阶段试点工作的最后一年。是年全区完成水土流失治理面积597.24平方千米，其中重点小流域治理面积368.94平方千米、社会治理面积229.3平方千米。完成各项治理措施：谷坊坝24973道、护坝10.44万米、梯田61980亩、沟坝地4288亩、鱼鳞坑36.22万亩、水平沟1545.15万米、果树坪294.46万个、造林67.22万亩（其中防护林23.16万亩、薪炭林29.57万亩、经济林10.49万亩）、育苗2063.5亩、种草3.7万亩、封禁治理9.93万亩。完成土石方2898.23万立方米，用工856.75万工日。完成投资4336.27万元，其中国家投资706万元、群众自筹123.26万元、群众投劳折款3507.01万元。在完成的治理面积中，潮白河密云水库上游重点治理100.2平方千米，滦河潘家口水库上游重点治理268.74平方千米。1991年，为了适应滦潮河上游水土保持重点防治工作的要求，承德地区行政公署水利局更名为承德地区行政公署水利水保局。

1991年，承德市一县三区完成重点小流域面积50平方千米，其中列入省重点治理的承德县唐家湾和双桥区乱石窖沟两个小流域基本完成规划治理任务，列为滦河潘家口水库上游重点治理的12条小流域全部完成年进度计划。本年经市政府批准，市水利局成立了水土保持工作站，市政府成立了以副市长王永泰为组长的承德市滦河上游水土保持重点防治领导小组。

1992年，水土保持预防监督工作提上水土保持工作议事日程，滦平和平泉两县被确定为水土保持预防监督首批省试点县。是年继续实施滦潮河上游水土保持重点防治和省重点小流域综合治理工程。

1994年，承德市水土保持治理任务，在已开展的潮白河密云水库上游、滦河潘家口水库上游和省级小流域综合治理的基础上，又增加了列为省级的庙宫水库上游水土保持重点防治区。专项重点治理和社会治理相结合，全年共完成水土流失治理面积548.6平方千米，其中专项重点治理355.1平方千米，社会治理面积193.5平方千米。本年全市拍卖“四荒”面积100万亩。全年共完成水土保持投资2920.33万元，其中省以上投资506.9万元、市投资78万元、群众自筹及投劳折款2335.43万元。

1994年7月13日，承德发生暴雨洪水灾害，全市166条重点治理的小流域发挥了节节拦蓄、层层设防的效果，55%的泥沙和径流被水土保持工程设施拦蓄，治理区内136个乡镇330个村庄基本免遭山洪暴雨的危害。根据调查，已治理面积每平方千米可减少损失折值4万元左右，减少土壤流失约1万吨。是年由于暴雨山洪的冲袭，全市减少水土保持治理面积453.7平方千米。

1995年，全市水土保持工作继续贯彻《中华人民共和国水土保持法》，实施滦河潘家口水库上游、潮白河密云水库上游和庙宫水库上游水土保持重点治理，积极开展预防监督和综合防治，加强执法队伍建设，全市11个全国水土保持执法监督试点县（区）在海委和省水利厅联合验收中全部达到优秀标准。同年，全市完成水土流失治理面积699.8平方千米，完成小流域经济沟建设37.17平方千米，均超计划完成任务。全年完成水土保持投资6010万元，其中国家投资626万元、群众自筹及投劳折款5384万元。

1997年，在继续实施密云水库上游、潘家口水库上游、庙宫水库上游重点防治和省重点小流域治理的同时，青龙河桃林口水库上游列入省水土保持重点防治区。1997年12月21日，省水利厅批复承德市桃林口水库上游水土保持重点小流域规划，宽城县西梨园、毛局子、蔡家沟、大梨树和平泉县狮子庙、塔子山、北沟、五道梁等8条小流域作为桃林口水库上游首批水土保持综合治理重点小流域，从1997年开始实施。新规划的宽城县大梨树、蔡家沟、毛局子和平泉县狮子庙、塔子沟、北沟等6条小流域总面积231.1平方千米，其中水土流失面积168.6平方千米，计划治理面积134.4平方千米，总投资2672万元，其中国家补助302万元，自筹及群众投劳折款2370万元。西梨园、五道梁为已实施的省重点小流域，一并列入本次规划，继续开展综合治理。桃林口水库上游水土保持重点小流域项目的实施，以《河北省桃林口水库上游青龙河流域水土保持总体规划》为指导，坚持集中连片、规模开发和治理，与发展区域经济和水利产业化相结合，结合治理小流域，加强水土保持自身建设，建立自己的苗木基地和开发基地，以提高综合治理质量和自身的经济效益。

2013年，兴隆县苇子峪小流域树下水保治理工程

1998年，全市继续开展密云水库上游、潘家口水库上游、庙宫水库上游和桃林口水库上游水土保持重点防治，以四个重点防治区推动全市水土保持工作进程。全年完成水土流失治理面积985平方千米，其中重点防治面积608平方千米，社会治理面积377平方千米。在重点防治面积中，包括密云水库上游重点防治16平方千米，潘家口水库上游重点防治386平方千米，庙宫水库上游重点防治100平方千米，桃林口水库上游重点防治54平方千米，省重点小流域治理17平方千米，省水利、财政、林业三厅（局）支持的小流域治理13平方千米，丰宁生态县建设小流域治理22平方千米。

同年，市政府制定了《承德市治理开发农村四荒资源，加强水土保持工作暂行办法》，各县也先后制定了相关性政策文件。1998年4月，省四荒拍卖和小型农田水利工程产权改革会议在承德召开，对承德四荒拍卖起到了推动作用，1998年全市竞价拍卖四荒面积38万亩，以租赁、股份制、拍卖、承包四种治理形式治理开发四荒资源142.75万亩。

1999年，承德市及各县（区）都充实完善了水土保持重点防治领导小组，水利部门调整了水保机构和人员，承德市和丰宁、滦平、承德、平泉、隆化等县成立了水土保持生态建设局，适应了水土保持综合防治工作的需要。1999年，滦平、平泉、兴隆被列为全国生态环境建设重点县，隆化被列为全国百县之一的水土保持示范县，丰宁为全国沙棘示范县，青龙山等13条小流域被列为全国千条小流域以内的示范小流域，武烈河等12条小流域被分别列为省、市、县保护“母亲河”小流域建设。

2000年5月12日，中共中央政治局常委、国务院总理朱镕基，由水利部、农业部、国家计委、国家环保总局、中央财办、国家林业局、国务院政策研究室等部委办主要领导陪同，考察了丰宁县的防沙治沙工作，先后考察了土城镇三间房村小流域治理和小坝子乡土地沙化现场。朱镕基总理在考察中指出，北方频繁发生的沙尘天气，直接原因是气候异常，但重要原因是北方一些地方毁林开荒，草原过度放牧，植被受到严重破坏，生态环境日益恶化，造成了土地沙化不断扩大。加快防沙治沙，加强生态环境建设，即是一项重大而紧迫的任务，也是十分艰巨的工作，要认真总结经验教训，根据新形势、新情况，进一步明确工作思路，坚持保护优先、预防为主、防治结合、统筹规划、综合治理、突出重点、分步实施，特别要完善机制，加强法制，实行严格的责任制。朱总理为即将开展的防沙治沙工作指出了一条明确而全面的工作思路。12日下午结束对丰宁的考察，朱总理一行驱车北上，对与丰宁坝上相临的内蒙古自治区和张家口市继续进行考察。

2000年下半年，国家正式启动京津风沙源治理工程。同年，防沙治沙工程首先在中部北部6个县进行试点工作，然后全面铺开。原来实施的滦潮河上游水土保持重点防治和省重点小流域综合治理续建项目没有资金保证的，一并纳入防沙治沙工程范围。全年完成水土流失治理面积629平方千米，超计划任务12%；完成小流域经济沟建设38.4平方千米，治理开发“四荒”面积100万亩，小型水利工程产权制度改革2400处；44条重点小流域建设和5条列入全国示范小流域通过省水利厅和水利部的验收。本年成立承德市水土保持生态环境建设局。

2005年，承德市水土保持工作树立和落实科学发展观，明确责任，强化管理，狠抓落实，在预防监督、重点治理、城镇水保、“四荒”资源治理开发、水土流失监测和水保科研等方面全面完成了年度任务。全年完成水土流失治理面积700平方千米，其中重点项目水土流失治理341平方千米、社会治理水土流失面积359平方千米。

2005年，在水土保持重点工程的管理上，全面推行“三制管理”。在《首水规划》水土保持项目和防沙治沙工程中，丰宁和承德县首次推行了施工招投标制，进一步规范和完善了基本建设程序，为全省水土保持工程的招投标工作的开展积累了经验，受到了省厅充分肯定。隆化县伊逊何流域水土流失综合治理、平泉县刺槐水土保持生态林建设、丰宁县水土保持综合治理沙棘种植等三个示范区有较大进展。结合重点治理工程，打造出社会、生态、经济效益兼备的双滦区千亩梨花坡水土保持示范园、隆化县敖包山小流域、平泉县下洼子小流域等17个精品示范工程。

2005年末水利统计年报显示，全市原有水土流失面积24400平方千米，累计治理水土流失面积20082.2平方千米。

2006年，在水土保持重点工程的管理上全面推行“三制”管理，丰宁、承德和隆化三县在《首水规划》项目和治沙工程项目中继续实行工程施工招投标制，进一步规范和完善了基本建设程序。2006年继续完善水保工程建后管护机制，保护治理成果，加强了建后产权移交和管护责任落实的监督检查，全市工程产权、管护落实率达到90%以上，实现了“山有主、树有主、设备有主、工程有主”。

同年5月，水利部将承德市滦河流域水土流失治理列为重点预防保护区，标志着承德市滦河流域林草覆被率有了较大提高，生态环境得到有效改善，水土保持工作进入了一个新的时期，水土流失治理由重点防治转到了重点预防保护阶段。

到2006年末，全市累计治理水土流失面积20971.3平方千米，其中小流域治理面积8688.4平方千米。

到2008年末，全市累计治理水土流失面积20960.3平方千米，其中小流域治理面积9122.8平方千米。

2009年，在水土保持生态建设思路上做到防治水土流失与改善农村基础设施、建设生态和谐新农村相结合，继续开展了平泉县柳溪乡生态清洁型小流域试点工作；与增加流域清洁型、疏水型，建设京津安全水源地相结合，促进京津水资源的可持续利用，开展了输水型小流域的科研项目；与建设“山水园林城市”相结合，增强城市周边、道路两侧小流域治理的景观效果，推动旅游产业的发展，开展了避暑山庄周边两庙间小流域治理工程。平泉县通过水土流失治理形成了水保产业的“刺槐林－食用菌－活性炭利用”循环经济模式，治理区出现生态向好、生产发展的局面，初步实现了环境增绿、农业增效、农民增收的目标。

到2009年末，全市累计治理水土流失面积20966.5平方千米，其中小流域治理面积7036.5

平方千米。

2013年，全市治理水土流失面积516平方千米。市、县水务局高度重视水土保持重点治理项目，合力推进项目实施（京津风沙源治理水利项目、坡耕地综合治理试点、中央预算内小流域、省重点小流域治理），四项重点治理项目有序推进。

2014年，全市实施的水土保持重点治理面积122.3平方千米，总投资8616万元。

2015年，全年水土保持治理面积147.42平方千米，总投资13255万元。

第三节　重点防治

一、潮白河密云水库上游水土保持重点防治

为了减缓密云水库淤积，净化上游水质，保护水源环境，服务首都北京，1989年潮白河密云水库上游被列为国家水土保持重点防治区，1990年实施治理。

潮白河密云水库上游涉及承德市的滦平、丰宁、兴隆和承德4县，流域面积6101.5平方千米，1989年国家遥感技术测算水土流失面积3296.7平方千米。土壤侵蚀模数年平均每平方千米4000吨，年入库泥沙量221万吨。

潮白河密云水库上游列入国家水土保持重点防治以来，首期下达承德市重点治理水土流失面积任务412平方千米，主要在丰宁、滦平两县实施治理，共开工小流域22条，总面积923平方千米，其中水土流失面积659.3平方千米。到1992年，经过第一阶段的三年试点治理，完成小流域水土流失治理面积314.35平方千米，超计划任务9.37%。到1998年，完成水土流失治理面积467平方千米，超首期计划任务13%；完成各项水土保持措施：水源保护林56万亩、封育林草9万亩、种草1.5万亩、基本农田2.6万亩、沟坝地0.87万亩、谷坊坝1.1万亩、护坝12万米；完成土石方工程量2400万立方米；完成水土保持投资4281万元，其中：中央投资367.5万元、省投资150万元、市投资30万元、群众自筹及投劳折款3733.5万元。

潮白河密云水库上游经过治理后的小流域，年拦截土壤侵蚀量80万吨，蓄水量900万立方米，起到了蓄水保土、防洪减沙的作用。基本完成重点治理任务的12条小流域形成了较完备的综合防护体系，农林牧用地比例趋向科学合理，农民年人均收入由实施重点防治前的400元增加到1998年的2000多元，发挥了较显著的社会效益、经济效益和生态效益。

2000年实施京津风沙源治理工程，2001年实施《21世纪初期首都水资源可持续利用规划》，潮白河上游水土保持重点防治纳入了防沙治沙工程和《首水规划》范围。

二、滦河潘家口水库上游水土保持重点防治

为了保护津唐水源环境，促进津唐等地区的社会经济持续发展和政治安定，促进流域上游尽快脱贫致富，1991年滦河潘家口水库（含大黑汀、于桥水库）上游被列为国家水土保持重点防治区，确定每年由国家计委、水利部各投资200万元，天津市、河北省各投资100万元，内蒙古投资20万元，总计620万元。其中每年对承德投资387.4万元，每年治理水土流失面积300平方千米。

滦河潘家口水库上游承德境内流域面积28858.19平方千米，1989年遥感测算水土流失面积14578.64平方千米，重点防治涉及承德地、市八县三区。重点防护治理第一期工程规划了140条小流域，总面积3706平方千米，其中水土流失面积2336平方千米。到1997年，经过7年治理，完成水土流失治理面积1589平方千米，占第一期规划治理水土流失面积的68%。有70条小流域通过了国家验收。在完成的水土保持各项措施中，营造水源保护林面积900平方千米、人工种草20平方千米、封育林草140平方千米、建设基本农田18万亩、沟坝地3万亩、谷坊坝10万道、护村护地坝70万米。完成土石方工程量10500万立方米。

完成投资1.36亿元，其中国家投资984.6万元，省投资608万元，天津市支援投资200万元，合计1793万元，其余为市、县及群众自筹和投劳折款。从1993年国家投资逐年减少，1996年天津市投资中断，1997年省以上国家投资完全中断。1998年，滦河上游重点防治完成治理面积126平方千米，另争取中央财政专项（国债）资金654万元，全部用于滦河上游水土保持重点治理，安排小流域63条，完成水土流失治理面积260平方千米。1999年，滦河上游重点防治完成治理面积164.13平方千米。到1999年，滦河潘家口水库上游水土保持重点防治累计完成水土流失治理面积2139.13平方千米，占第一期规划治理水土流失面积的91.57%。经过治理的重点防治区，水土保持措施经济效益现值4.3亿元，水土保持措施蓄水能力1亿立方米，可拦沙70%以上。

2000年，由于京津风沙源治理工程项目的实施，滦河上游水土流失治理纳入防沙治沙范围。

2006年5月28日，水利部正式公布了42个国家级水土流失重点防治区，其中预防保护区16个、重点监督区7个、重点治理区19个。承德市滦河流域被列为16个重点预防保护区之一，反映出承德市滦河流域林草覆盖率有了较大提高，生态环境得到有效改善，水土保持工作进入了一个新的时期，水土流失治理由重点防治转入了预防保护阶段。

三、庙宫水库上游水土保持重点防治

庙宫水库上游是承德水土流失最为严重的地区，由于上游的水土流失，对庙宫水库库区造成了严重的淤积，到1991年水库淤积总量已达9468万立方米，库容损失近一半以上，淤积末端不断上延扩大，使库区上游四合永河段河床抬高，耕地盐渍化沼泽化，危及居民房屋建筑。水库淤积不仅使水库功能效益锐减，也使库区上游四合永一带居民生产生活遭受严重损失，并形成较为严重的社会问题。根据庙宫水库上游地区存在的严重水土流失问题，承德市水利局高级工程师、原省人大代表梁其端，把治理庙宫水库上游水土流失问题作为一项提案多次提交省人代会讨论，经省人大提请省政府研究决定，将庙宫水库上游水土流失治理列为省级重点防治区，于1994年开始实施。

1994年，庙水库上游水土保持重点防治实施第一期工程，开展小流域综合治理31条，总面积1130.22平方千米，水土流失面积590平方千米，规划5年治理500平方千米。1994年安排治理任务100平方千米，市和围场县分别成立了重点防治领导小组，并成立了水土保持预防监督站。1994年重点防治计划投资240万元，除省农业开发办公室应下达的20万元未到位外，省财政支持资金100万元、省水利厅配套资金20万元、省计委和林业局以工代赈资金分别为40万元和20万元、市政府配套资金40万元均全部到位。根据省对重点防治的要求，在总体资金安排中20万元用于预防监督工作。1994年，庙宫水库上游重点防治完成水土流失治理面积104.3平方千米。到1998年，第一期开展治理的31条小流域全部完成，累计完成水土流失治理面积512平方千米，并通过省人大

2013年，围场县伊逊河沙化治理

2014年，丰宁土城镇豪松坝，建设水源涵养功能区

组织的验收，第二期工程开始启动。

2002年，庙宫水库上游水土流失重点防治，围场县完成水土流失治理面积100平方千米。2003年，庙宫水库上游水土流失重点防治，围场县完成水土流失治理面积及沙棘推广14平方千米。2004年，庙宫水库上游水土流失重点防治，围场县完成水土流失治理面积27.5平方千米，完成投资137.5万元，其中省下达资金30万元。2005年，庙宫水库上游水土流失重点防治项目停止。

四、城镇生态环境建设

为了解决城市建设进程中的水土流失问题，增强城市的生态功能，改善城市旅游和人居环境，2000年承德市被水利部列为全国第二批城市水土保持试点城市，从2001年开始实施城市水土保持试点工作。市政府首先成立了以常务副市长袁福为组长的城市水土保持工作领导小组，成员单位有市计委、财政局、城建局、环保局、土地局、规划局。办公室设在市水务局。

作为承德市区的中心区，双桥区政府负责城市水土保持工作的组织实施。为加强城市水土保持工作，双桥区的水利工作从农林局分离出来，新成立了双桥区水务局，水土保持工作人员由3人增加到6人，并经过考核取得水土保持执法资格，持执法证上岗，还承担了水土保持综合治理工作。市和双桥区两级水务部门坚持向同级人大报告水土保持工作的制度，加强水土保持宣传工作，提高广大市民的水土保持意识。

到2003年，承德市区经过3年实施水土保持生态环境试点建设，在水土保持预防监督、综合治理、生态建设、自然修复等方面都发生了巨大变化，水土保持违法案件基本得到遏制。开发建设项目的水土保持方案申报考考率达到100%，水土保持方案编报率超过91%，水土保持“三同时”制度落实率80%，水土保持“两费”征收率90%。三年共治理水土流失面积94.78平方千米，武烈河水系绿化率80.4%，人均绿地面积达到27平方米，植被覆盖率达到56%。2003年10月12日，承德市城市水土保持生态环境建设试点通过水利部和省水利厅的验收。2004年，承德市正式被水利部命名为“全国水土保持生态环境建设示范城市”，经省水利厅同意，在承德市南出口处设立标志碑石。

2004年，围场县城和承德县城被确定为省级水土保持示范城镇，双滦区双塔山镇和宽城县城被列为市级水土保持生态建设示范城镇，与省级示范城镇同步开展工作。

2006年，按照“示范先行、以点带面、整体推进”城镇水土保持工作方针，城镇水土保持生态建设取得新进展。同年6月4日，承德市区避暑山庄引水入园恢复工程正式竣工，总投资2000余万元。该工程的建成恢复了二百年前山庄湖区的武烈河供水故道，每年可向山庄湖区供水600万立方米。供水故道的通水，不仅恢复了避暑山庄内湖1.3万平方米水面，而且引水沿线的15个历史景观得以重现，再现了康乾时期避暑山庄的完整风貌。为了实现“水绕名城”的水景观环境，市委、市政府决定修建市区武烈河下游第七至第十二道橡胶坝工程，年内6道橡胶坝同时开工建设。按照“大树进城，营造城市森林”的建设思路，2005年至2006年承德市区共栽植松柏等大树2万多株，城市建成区绿化覆盖率达到39.5%，人均公共绿地29.47平方米，城市中心区人均公共绿地37.18平方米。2006年城市污水处理厂和垃圾发电厂项目正式启动建设，其中污水处理厂利用亚行贷款，投资2.5亿元，日处理污水8万吨。

围场、承德两县被列为省级城镇水土保持生

态建设示范县后，2006年宽城县又被列为省级城镇水土保持生态建设示范县。在示范城市和示范县的带动下，全市各县区都围绕改善城镇景观环境实施了一批生态与水环境工程。承德县在下板城镇滦河、老牛河水系开发中规划建设6座梯级水电站和6座拦河橡胶坝，总投资1.1亿元，工程建成后可形成500万平方米的景观水面，现正在建设防洪坝工程。本年，全市投入到城镇及水环境建设的资金达2亿多元，宽城县财政投入5000万元用于县城的防洪和生态建设。

2007年，城镇水土保持生态建设取得新进展。在承德市区武烈河第三道橡胶坝库区建设完成音乐喷泉、水幕电影、激光投影工程，为武烈河增添了新的景观；完成了武烈河下游第七至第十二道橡胶坝工程，12道橡胶坝成为全国规模较大的橡胶坝群之一，水面面积达240万平方米，形成了12千米长的水景观带；新建武烈河防洪坝4.5千米，完善了武烈河防洪体系，使武烈河市区段整体防洪能力达到20年一遇设计、50年一遇校核标准。

在示范城市和示范县区的带动下，全市各县区都围绕改善城镇景观环境实施了一批生态与水环境工程，在城镇河道综合整治的同时，加大城镇河湖水系建设力度，已建成橡胶坝、钢板坝20余座，形成梯级水面325万平方米。全市投入到城镇生态及水环境建设的资金达3亿多元，其中双滦区财政投入6000万元用于滦河的生态建设综合治理。

2008年，城镇水土保持生态建设取得新进展。一是完善了水土保持生态建设示范城市景观带，武烈河第七至十二道橡胶坝滨河景观带工程设计投资2500万元，绿化面积18万平方米；市区武烈河景观亮化工程第一至第十二道橡胶坝河段绿化投资1200万元，设计安装各种灯具亮化4400延长米。二是实施市区滦河南区段防洪及水环境工程全长4.4千米，新建橡胶坝2座、两岸防洪堤7495米、环境景观工程绿化面积13.8万平方米，工程总投资1.8亿元，主体工程基本完成。全市各省级城镇水土保持生态建设示范县区，重点实施了周边水土流失治理、城区绿化、河道综合整治、水系水环境建设、雨水资源利用等生态建设工程。

五、京津风沙源治理工程水土保持治理

2000年，根据北方频繁发生的沙尘暴天气，国家启动防沙治沙规划，实施京津风沙源治理工程。京津风沙源治理工程是国家实施的重点生态环境建设工程，在承德涉及范围为全市八县三区及境内的省、市属农、林、牧场和自然保护区，主要内容为林业建设、草场建设、小流域综合治理、水源和节水灌溉工程、禁牧舍饲、生态移民工程、退耕还林工程等7项。小流域综合治理每平方千米补助20万元，水源和节水灌溉工程每处平均补助1万元，所需资金完全由国家投资。此前已经实施的滦潮河上游水土保持重点防治、省重点小流域综合治理等工程项目，凡未经验收而投资没有保证的续建工程项目，一并纳入防沙治沙工程建设范围，重新进行工程规划设计。承德市成立防沙治沙领导小组，组长由市长兼任，防沙治沙办公室设在市计委，负责日常工作。

2000年至2001年为防沙试点示范阶段，2000年首先确定在中部北部6个县进行防沙治沙试点示范工作，到2002年扩大为全市八县三区。2001年，京津风沙源治理工程水土保持项目争取国债资金2300万元，完成水土流失治理面积110平方千米。2002年，京津风沙源治理水土保持工程完成水土流失治理面积154平方千米，完成水源工程220处，节水灌溉工程300处。

2002年，国务院批准《京津风沙源治理工程规划（2001-2010年）》。

2003年2月，省计委、林业局、水利厅、畜牧局、财政厅联合印发《河北省京津风沙源治理工程实施规划（2001-2010年）》。同年，京津风沙源治理水土保持项目完成水土流失治理面积404平方千米，完成水源工程720处，节水灌溉工程605处，建设苗圃5处。

2004年，京津风沙源治理工程完成水土保持小流域治理面积170平方千米，完成各项治理措施

水土保持林133平方千米、封禁治理29.87平方千米、梯田7平方千米、谷坊3886座、护村护地坝2.97万米、施工道路51.6千米。完成土石方766.5万立方米。用工247万工日。完成水源工程615处，节水灌溉工程689处。完成投资6200万元，其中国家投资4765万元。

2005年，京津风沙源治理工程水土保持项目完成水土流失治理面积229平方千米，完成各项治理措施：水土保持林150.6平方千米、封禁治理64.6平方千米、种草8.5平方千米、梯田7平方千米、谷坊2520座、护坝530千米、工程路91千米。完成节水灌溉工程2030处。完成土石方1217万立方米，用工387万工日。完成投资8334万元，其中国家投资6824万元。2005年，市水务局与市发改委、林业局等部门联合组织，对2002年至2003年度防沙治沙工程水利项目进行了竣工验收，通过了国家治沙办的联查验收。2005年，市水务局举办了防沙治沙作业设计培训班，组织召开了河北省承德片防沙治沙工作座谈会。

到2005年末，京津风沙源治理工程累计完成水土流失治理面积1067平方千米，累计完成水源工程1560处、节水灌溉工程3624处。

2006年，京津风沙源治理工程完成小流域治理275平方千米，完成的各项治理措施为建设基本农田13.5平方千米（其中水平梯田3.4平方千米）、造林147.5平方千米、种草5.3平方千米、封禁治理108.7平方千米；修建谷坊坝2100座、护坝5.2万米、施工道路5.95万米；完成节灌工程557处、灌溉面积2.5万亩。完成土石方工程量1074万立方米，总用工363万个。总投资7080万元，其中国家投资6067万元。

2007年，京津风沙源治理工程完成小流域治理112平方千米，完成的各项治理措施为建设基本农田0.2平方千米、造林66.71平方千米、封育治理45.09平方千米；修建谷坊坝578座、护坝2.4万米、施工道路12千米。完成水源工程560处、节灌工程580处。完成土石方工程量300万立方米，总用工110万个。总投资3816万元，其中国家投资3380万元。

2008年，京津风沙源治理工程完成小流域治理面积170平方千米，完成水源工程1070处、节灌工程950处，国家投资5420万元。对2006年度工程项目进行了竣工验收，2007年度工程通过省水利厅核验，兴隆、承德、滦平三县2007年度工程通过海委核查。

2009年，京津风沙源治理工程完成小流域治理175平方千米、水源工程950处，国家投资5237万元。由市发改委组织、有关部门配合对2007年度水利治沙项目进行了竣工验收；省水厅对2008年度工程进行了核验；宽城和隆化县2008年度工程通过了海委核查。呈报了第二期京津风沙源治理工程计划。

2010年，京津风沙源治理工程完成小流域治理224平方千米，水源工程300处，节水灌溉工程160处。完成2009年度工程省级核验工作。

2011年，京津风沙源治理工程完成小流域治理185.0平方千米。

2012年，京津风沙源治理水利项目完成小流域治理159平方千米，水源节灌工程1860处，总投资5040万元。

2013年，京津风沙源治理水利项目完成小流域治理159平方千米，水源工程960处，节水工程900处，总投资5040万元。

2014年，京津风沙源治理水利保项目完成小流域治理82平方千米，水源工程255处，节水工程252处，国家投资4145万元。

2015年，京津风沙源治理水利水保项目完成小流域治理90平方千米，水源工程385处，节水工程365处，总投资7350万元，其中国家投资5130万元，地方配套2220万元

六、《首水规划》项目及河流生态恢复和建设项目

《21世纪初期首都水资源可持续利用规划》（以下简称《首水规划》）是国务院批准实施的重

要建设项目，涉及密云、官厅水库上游河北、山西两省的四个市（河北承德、张家口，山西大同、朔州）和北京市全部辖区。其中涉及承德市丰宁、滦平、兴隆、承德县4个县潮白河流域28个乡（镇）313个村，总面积6101.5平方千米。规划主要建设内容为：水土保持、节水、京承水资源保护生态经济区建设、水污染治理、潮河上游承德项目区水资源监控与管理系统，共5大类18个子项目，总投资15.3117亿元，其中水利项目9.8亿元，全部由中央资金安排。

规划水土保持项目包括27个小流域综合治理项目和2个坡改梯及水源工程项目，规划治理水土流失面积2331.35平方千米、坡改梯面积30.23平方千米，规划总投资7.47亿元。

自2001年实施《首水规划》以来，先后批复水土保持综合治理初步设计报告11项，治理面积923.08平方千米，批复投资27121万元；批复坡改梯及水源工程初步设计报告2项，治理面积30.23平方千米，批复投资5418万元。

到2005年底，滦平县土城、丰宁县胡麻营、新岭沟项目区等小流域综合治理工程和滦平县五道营、涝洼项目区坡改梯及水源工程已通过省水利厅组织的年度验收，待竣工验收，兴隆县苗耳洞、丰宁县大阁周边、黑山咀川、滦平县张家沟门等项目区小流域综合治理工程均已完成年度任务，待年度验收。以上水土保持项目工程累计完成小流域综合治理面积456.69平方千米，其中：造林279.1837平方千米、种草0.459平方千米、封禁治理158.57平方千米、水平梯田18.2343平方千米、修建谷坊6438座、护岸坝95.17千米、沟头防护18.6千米，鱼鳞坑2795万个、水平沟80.3千米，完成投资13816万元，占投资计划92.8%。滦平县五道营、劳洼项目区坡改梯及水源工程建设完成治理面积22.38平方千米，完成投资2473万元，全部完成投资计划。

潮河河流生态恢复和建设工程位于潮河主河道上的丰宁和滦平县，从上游到下游分别为丰宁县潮河上游段长37.4千米、丰宁县潮河中游段长16.1千米和滦平县潮河下游段长28.21千米三个项目。设计防洪标准，上游丰宁县城段为20年一遇，其他河段整治工程为10年一遇。

2001年省水利厅批复上游段初步设计，2003年省水利厅批复中游段和下游段初步设计。到2004年底，潮河河流生态恢复和建设项目计划投资6658万元全部下达，其中：上游段2637万元、中游段1324万元、下游段2697万元。投资全部到位。

到2005年底，潮河河流生态恢复和建设项目已完成堤岸护砌31.29千米，其中：砼护坡坝6.25千米、浆砌石坝22.53千米、钢丝网石笼坝2.6千米，完成投资3441.99万元。其他未完成工程还正在实施中。

在水土保持、河流生态工程的建后管护上，管护主体落到实处，管护组织健全得力，做到了山有主、树有主、工程有主，基本遏制了人为破坏现象，有利于治理成果的巩固和生态有效修复。通过水土流失治理发挥了流域拦沙、缓洪效能。河流生态工程的实施，有效地保护了群众的耕地、村庄和财产，深受群众的欢迎。

2006年，《首水规划》项目在治理方面主要完成了第一批5个水保项目的建设扫尾工程，共治理水土流失面积2平方千米，完成护村护地坝工程1.4万米，第一批水保项目已全部竣工。2006年在建项目国家下达国债资金968万元，因资金下达较晚，治理进展不大。2006年度《首水规划》项目主要工作为已竣工工程的年度验收和竣工验收的自查自验工作，丰宁县新岭沟项目区、胡麻营项目区小流域综合治理工程和滦平县坡改梯及水源工程通过了省级年度验收；第一批水保项目各县已全部完成现场初验、审计和验收报告的编制工作，已具备了竣工验收的条件。为推动《首水规划》项目持续实施，根据水利部和省水利厅对项目调整的精神，2006年完成了五个河流生态恢复治理项目、两个坡改梯及水源工程的初步设计编制和上报工作，并谋划了两个旅游区清洁型小流域综合治理工程、两

2014年，丰宁帽山、榔头沟生态治理后

共治理水土流失面积155平方千米，完成投资4416.3万元。2008年，工程项目丰宁县黑山嘴主川和大阁周边两个项目区通过省水利厅年度验收，待海委竣工验收。

截至2009年6月30日，累计实施《首水规划》水土保持小流域综合治理项目9项，总投资22469万元；实施潮河河流生态恢复与建设工程3项，总投资6658万元。累计完成水土保持小流域综合治理面积605.88平方千米，占应治理面积的85.6%，完成投资17245.62万元，占投资计划的86.2%；坡改梯及水源工程治理项目、潮河河流生态恢复与建设工程项目，已全部完成投资计划和规划治理任务。累计完成水保治理项目和河流生态恢复建设工程投资26376.62万元。

个生态恢复工程、一个潮河源沙棘示范区建设工程等项目，争取《首水规划》项目持续开展。

2007年，《首水规划》项目在治理方面完成了第二批丰宁县大阁周边项目区1个水保项目的建设工程，共治理水土流失面积32.42平方千米，完成造林17.95平方千米、封育治理12.327平方千米、梯田2.14平方千米、拦沙坝3座、护村护地坝6.12千米。第一批水保项目丰宁县新岭沟项目区、胡麻营项目区、滦平县土城项目区、兴隆县苗耳洞和承德县乱水河小流域综合治理工程及滦平县五道营、涝洼坡改梯及水源工程通过了海委组织的竣工验收。2007年两个待建项目（丰宁、滦平各1个项目区）已完成招投标等前期施工准备工作。

2008年，《首水规划》水保项目丰宁县黑山嘴主川、张百湾和滦平县张家沟门3个项目区年度建设任务基本完成，完成治理水土流失面积65平方千米，完成投资2272万元。

2009年，《首水规划》水保项目丰宁县张百湾西沟、滦平县张家沟门两个项目区年度建设任务基本完成，兴隆县清水河项目区完成0.1平方千米，

2010年，首水水保项目，兴隆县清水河项目区水土保持综合治理项目完成建设任务，治理水土流失面积54.9平方千米，完成投资1629万元。

2011年，《首水规划》水保项目，兴隆县清水河、丰宁县张百万西沟两个水保重点治理项目区通过海委组织的竣工验收。

2012年4月，海委对列为全国水土保持规划重点小流域的平泉东北沟、丰宁张百万西沟小流域进行了技术调研；省厅对承德市辽河流域水土保持情况进行了技术调研。6月海委对宽城、滦平、双桥3个县区工程进行了国家级核查。

通过《首水规划》实施和有效的管理以及采取非工程性政策措施，随着工程规模不断扩大和工程潜在效益的发挥，项目实施效果也越来越显著，

主要体现在以下几个方面：（一）水土流失得到有效遏制，林草植被率大幅度提高，生态环境明显改善。通过实施小流域综合治理工程、坡改梯及水源工程及采取舍饲禁牧等配套措施，一是林草植被率大幅度提高。项目区水土流失治理度达到70%以上，林草面积达到宜林宜草面积的80%以上。工程实施前沟道干涸，现在清水长流，过去野生动物绝迹，现在山鸡、野兔随处可见，过去坡面秃斑累累，现在林草成荫。在调节气候、净化环境，建设首都外围绿色生态屏障方面发挥了重要作用。二是保土减蚀效果显著，减轻面源污染，减少入库泥沙。年减沙总量为68.46万吨。有效地减少密云水库入库泥沙，降低了面源污染程度，密云水库水继续保持Ⅱ类水质，充分说明水保治理措施减少面源污染、保障入库水质发挥了重要作用。（二）改变传统灌溉模式，节水效果显著提高。通过实施灌区节水改造，提高了水资源利用效率，减少水资源浪费，节水效果有了显著提高。井灌区灌溉水利用系数由原来的0.72提高到0.85，渠灌区灌溉水利用系数由原来0.52～0.54提高到0.65～0.68，全市灌区节水改造30.4万亩，经测算年节水8589立方米，达到了规划目标。（三）规划实施促进当地经济发展和农民增收。通过规划实施，促进农村各业的发展。一是加大坡耕地改造，实施坡面水平阶、果树坪及沟道拦淤等工程措施，减少水土流失，改善立地条件，提高水肥涵养能力，增强了地力，为发展林果业创造基础条件，加快了经济林发展。初步建成了以板栗、黄金梨、山杏等区域特色果品基地，二是加大了封禁治理面积和优质牧草种植面积，提高了生态自我修复能力，为项目区畜牧业发展提供了条件，解决了舍饲牲畜饲料来源，巩固了禁牧舍饲成果，促进了畜牧业的发展。三是实施坡改梯及灌区节水改造工程提高了土地利用率，改善了农业生产条件，加快农业产业结构调整，促进了农业增产，农民增收。据统计，项目区通过各种措施增加粮食产量1384.1万kg，增加收入10951万元。（四）减少河道输沙量，改善水环境。潮河河流生态恢复和建设工程和水保护村户地坝工程的实施，一是维持河势稳定，防止侧向侵蚀，降低产沙和输沙，减少入库泥沙，根据承德市水土保持科学研究所“承德市潮河河流生态恢复和建设工程效益调查研究”成果表明，河道年减少入密云水库泥沙3.2万吨。二是有效防止两岸居民向河道倾倒垃圾等废弃物，污染水体，改变了原来河道脏、乱、差状况，生态和水环境状况也明显好转，三是提高了部分骨干河段和重点村镇的防洪标准，使原来基本无城防工程的丰宁县城，防洪标准达到20年一遇以上，重点村镇的防洪标准达到10年一遇，增强了项目区防洪减灾能力，有效保护了19.8万人和16697万平方米耕地免受洪水威胁。

2014年，滦平县张百湾小流域坡面治理工程

七、“四荒”治理

承德山场资源广阔，有荒山、荒沟、荒丘、荒滩（以下简称“四荒”）面积12100平方千米（折合1815万亩），水土流失严重。《中华人民共和国水土保持法》及其实施条例明确规定：荒山、荒沟、荒丘、荒滩的水土流失，可以由农民个人、联户或专业队承包治理，也可以由企业事业单位或者个人投资投劳入股治理。承德从80年代开始实施单户或联户承包小流域内的“四荒”治理，1985年承德地区有“四荒”承包治理总面积842.83平方千米（折合126.42万亩），其中单户、联户承包治理面积415.1平方千米，有单户1714个，联户5079个，集体903个；1985年承德市一县三区

有单户承包142处、联户78处，共1566户，承包治理面积7.45万亩。1993年，滦平县四个月拍卖“四荒”面积17.8万亩。1994年全市拍卖“四荒”面积100万亩。1997年，全市小型水利工程和“四荒”使用权拍卖3974处，收取拍卖资金1142万元，其中“四荒”拍卖120万亩，收取拍卖资金788万元，完成治理面积96万亩，投入治理资金5400万元。1998年，市政府制定了《承德市治理开发农村“四荒”资源、加强水土保持工作暂行办法》，各县也制定了相关政策文件；本年4月份省“四荒”拍卖和小型农田水利工程产权制度改革会议在承德召开，对承德“四荒”拍卖起到推动作用，全市拍卖“四荒”面积38万亩，以租赁、承包、拍卖、股份制四种形式治理开发“四荒”142.75万亩。1999年，全市采取多种治理形式，拓宽治理成果，拍卖“四荒”面积34.2万亩、联户承包面积44.68万亩、股份合作治理面积4.46万亩、租赁治理面积0.95万亩。2001年和2002年，全市各拍卖“四荒”面积36万亩、25.5万亩。到2003年，责任到户的“四荒”资源，业主在经营上按照“水土保持生态建设促生产、产业开发促水土保持生态建设”的思路，通过小流域治理建设基本农田、退耕还林、舍饲圈养、生态富民工程等项目建设，优化了流域的种植结构，发挥主导种养优势，合理调度水土资源，提高生产率，全市涌现了宽城县骆驼场、承德县羊胡哨等一批水土保持示范基地，为加快“四荒”开发治理起到了典型引路的作用，全市各县（区）以拍卖、租赁、承包、股份制等形式治理开发“四荒”面积累计达到687万亩（折合4580平方千米）。

2005年，全市以拍卖、租赁、承包、股份制等形式转让“四荒”面积65.19万亩，完成治理面积65.19万亩，涉及21500户，投入治理“四荒”资金9102万元，其中国家补助8000万元、社会资金1102万元，群众投工638万工日。累计拍卖、承包、股份制等形式转让“四荒”面积5839.75平方千米（折合875.96万亩），累计完成治理“四荒”面积5447.22平方千米（折合817.08万亩），总户数25090户，其中大户779户。累计投资72577万元，其中国家补助44460万元、社会资金28117万元。累计用工6509万工日。

2006年，全市以拍卖、租赁、承包、股份制等形式转让开发或联合开发“四荒”面积68万亩，投入治理“四荒”资金4655万元，投工300万工日。承包总户数2.49万户，新增承包大户80户。

2007年，全市以拍卖、租赁、承包、股份制等形式转让开发或联合开发“四荒”面积3.9万亩，投入治理“四荒”资金180万元，投工70万工日。

2008年，全市以拍卖、租赁、承包、股份制等形式转让开发或联合开发“四荒”面积117平方千米，投入治理“四荒”资金359万元，投工187万工日。

2009年，全市以拍卖、租赁、承包、股份制等形式转让开发或联合开发“四荒”面积159平方千米，投入治理“四荒”资金4950万元，投工232万工日。

2011年，全市四荒资源治理开发，以拍卖、租赁、承包、股份制等形式开发“四荒”面积114平方千米。投入治理“四荒”资金1888万元，投工45.2万工日。

第四节　预防监督

根据“预防为主”的水土保持工作方针，预防监督成为水土保持工作的重要内容。随着《中华人民共和国水土保持法》的实施贯彻，水土保持预防监督的机构建设、人员配备、政策法规配套进一步趋于完善，预防监督工作全面深入开展。

一、预防监督机构

按照国家对水土保持重点防治区的要求，列入国家重点防治的县（区）都必须是预防监督执法模范县。1990年，根据预防监督工作的需要，承德地区水利局配备了8人兼职负责预防监督工作，县及乡（镇）企业单位配备了479名水土保持监督员。1992年4月，原市水利局增设了水土保持预防监督工作站负责预防监督工作。1992 年，平泉、滦平两县被省确定为第一批监督执法试点县，1993 年完成监督执法试点工作，并通过了省水利厅的验收。1993 年底，其余 6 个县 3 区全部被水利部确定为全国第二批监督执法县。到 1994 年，各县（区）政府都制定了监督执法实施方案，成立了水土保持监督执法领导小组，组建执法队伍，选任执法人员，建立监督执法监督机构，全市基本形成市、县（区）、乡（镇）和重点村四级预防监督、执法、管护的框架结构，由市级选任监督执法人员 15 人，县级选任县以下监督执法人员，其中县级主任监察员由县政府选任，由主管县长或水利水保局长担任，县乡两级监察（监督）员和助理监察（监督）员以及村管护员由县级水土保持行政主管部门选任。到 1994 年底，县级监督执法人员达到 223 人、乡级 220 人、村级 1246 人，总计 1704 人；向 221 人颁发了执法证件，其中市级 15 人、县级 186 人，县以下区站 20 人；各县（区）“水土保持预防监督站”全部成立并开展工作，工作人员总计 50 人。1995 年，地市合并后的市政府批准市水利局增设“水土保持预防监督工作站”。1999 年，经市编委批准，成立了“承德市水土保持生态环境建设局”，平泉等 5 个县也先后成立了县级水土保持生态环境建设局，全市水土保持管理机构达到 20 个，管理人员 134 人。2003 年，结合政府换届，市县（区）都充实和完善了以主管市县（区）长任组长的“水土保持预防监督工作领导小组”，充实了各级水土保持预防监督站，配备专职执法人员 76 名、兼职监督执法人员 220 名，加强了水政监察大队和水土保持生态环境监督中队的队伍建设。2003 年，各流域、片区站、乡镇均设立了专职水土保持监督管理人员，村设水土保持管护员，形成了市、县（区）、流域、乡（镇）、村五级水土保持预防监督执法网络体系，保证了工作正常开展。到 2005 年，全市有水土保持预防监督执法机构 12 个、人员 114 人，其中市级 1 个、4 人，县级 11 个、110 人；有水土流失监测机构 4 个、人员 10 人。2006 年至 2009 年，全市水土保持预防监督执法机构保持健全，人员稳定，素质加强。

二、预防监督法规

1991 年 6 月《中华人民共和国水土保持法》颁布实施后，河北省制定了《河北省实施〈水土保持法〉办法》，承德地、市及各县（区）都相继制定了实施《中华人民共和国水土保持法》的规范性文件。1999 年，市政府印发了《关于在生产建设项目中加强水土保持工作的通知》，水利部门印发了电力工程、煤炭工业、公路工程等建设项目必须搞好水土保持工作的有关规定；2002 年，市计委、环保局、水务局联合印发了《关于深入开展水土保持预防监督和执法工作的通知》，市水务局印发了《承德市水土保持行政执法责任制》，再次印发了市政府《关于在生产建设项目中加强水土保持工作的紧急通知》，各县（区）都制定了禁牧、禁止陡坡开垦、监督执法、水土保持成果管护等规章制度；2003 年，市政府制定了《承德市水土保持管理体制规定》和《承德市舍饲圈养管理办法》，各县（区）也相应制定了禁牧舍饲管理办法，丰宁县制定了河北省第一个县级水土保持条例；2004 年，承德市各级水行政管理部门先后制定印发了《承德市 2004 年矿业秩序治理整顿工作实施方案》、《关于加强矿业建设项目水土保持和取水监督执法的通知》等地方规范性文件；2005 年，市水务局印发了《关于深入整顿和规范生产开发建设项目水土保持监督管理的通知》《承德市开发建设项目水土保持方案分类编制管理名录》等规范文件，市委市政府印发了《关于开展矿业生态环境既矿业秩序综合整治督导检查情况的通报》。以上这些地方配套文件的制定，规范了监督执法工作，使水土保持预防监督执法工作有法可依、有章可循，逐渐走向法制化、规范化、正规化轨道。

三、预防监督工作

1990 年，承德地区水利局开展了水土保持预防监督工作普查，预防监督工作涉及全区 7 个县的 144 个乡镇 926 处厂矿，其他企业摊点 421 处，占

丰宁大阁周边水土保持项目区鱼鳞坑造林

地总面积146825亩，弃渣占地面积26875.5亩，弃渣量1701万吨，造成水土流失56123亩；修路造成的水土流失有245条，总长1225千米，造成水土流失24915亩；陡坡种植、超载放牧有不同程度存在，陡坡开荒面积25.62万亩，造成水土流失25.62万亩，超载放牧面积224.9万亩。因开矿、修路、陡坡种植、过度放牧共造成水土流失面积258.62万亩，折合1724平方千米。

1999年，全市开展了对生产建设活动可能造成水土流失的调查和检查工作，对铁路、公路、水利、电力、矿山、采石、建材、垦荒、伐林等行业实施监督检查560家，并对其占地、生产能力、水土流失情况、可能造成的危害进行了摸底，编制了中长期治理规划，制定了恢复治理计划。协助生产建设单位出主意、想办法，采取切实可行的方式治理水土流失、恢复治理工程和复垦面积，增加场区绿化面积，美化场容矿貌。市水利局、交通局、计委组成联合调查组，对影响较大的承栗公路、承围公路、国道112线、承秦公路等进行了全面检查，对建设中造成的水土流失等问题研究了补救措施。1999年，全市编制水土保持方案132份，审批水土保持方案159份，审批率94%；年检水土保持许可证696件，发放水土保持许可证267件；促使生产建设单位恢复和复垦治理面积134.39万平方米，治理工程520处，完成工程量130万立方米，投入治理资金6203万元。

2002年，全市水土保持监督执法工作按照省人大开展水土保持执法检查的部署，市县（区）政府把此项工作作为年度工作重点，制定工作方案，市县（区）长负责，通过政府水行政部门开展执法自查自纠，利用广播、电视、报纸等媒体进行宣传报道，进一步提高了社会水土保持意识。全年查处水土保持违法案件29起，收缴罚款0.4万元，违法案发率继续呈减少趋势，一些县（区）乱砍滥伐、陡坡开荒已无案发事件，达到了遏制的效果；审批水土保持方案84个，其中市级中型项目2个；生产建设单位投入水土保持资金2073万元，县（区）实施水土保持返还治理项目8个；收缴两费44万元，其中水土保持补偿费38万元、水土保持防治费6万元；实施水土保持保护面积4500平方千米，在治理区内无水土保持违法案件发生。

2003年，全市全面贯彻落实《中华人民共和国水土保持法》“预防为主”的工作方针，大力开展预防监督和执法工作，努力提高执法水平，不断加大执法力度。在项目实施中，严把监督关，协调有关单位和业主监督落实水土保持方案，依法收缴水土保持两费，强化社会水土保持意识；在项目竣工时严把验收关，水土保持方案中的措施未落实的项目不能通过验收。新上开发建设项目基本上在审批阶段能够落实水土保持方案。2003年，全市共开展水土保持执法检查27次，检查项目305个；审批开发建设项目水土保持方案67份，生产建设单位投入水土保持防治资金2350万元，防治责任范围9.1平方千米；验收水土保持设施的开发建设项目24个，实施返还治理示范工程13个；查处水土保持违法案件7起；收缴水土保持“两费”45万元；新实施水土保持保护面积1600平方千米。

2004年，全市开展水土保持执法检查65次，检查项目429个，查处水土保持违法案件33起；审批水土保持方案267个，其中省级审批5个、市级审批18个，水土保持方案编报率95%；生产建设单位投入水土保持防治资金5000万元，恢复植被面积25平方千米，验收水土保持设施的开发建设项目58个，实施返还治理示范工程23个；征收水土保持“两费”129万元，其中市级征收40万元，实现市级“两费”征收零的突破。全市新实施水土保持保护面积1700平方千米。全社会水土保持意识明显提高，规范了各种开发建设行为，有效遏制了生态环境“边治理边破坏和先治理后破坏”的现象，基本实现区域经济与环境的协调发展。

2005年，全市水土保持预防监督工作加强了与环保、国土资源、林业等相关部门的联合监督执法力度，开展各种形式的监督执法培训200人次，执法队伍素质和服务意识有了明显提高；加强了水土保持监督检查，实行了水土保持违法案件督办卡制度，共开展水土保持执法检查86次，检查项目443个，查处水土保持违法案件36起；开展了矿业生产治理整顿和实施“百矿披绿”工程活动，组成了水土保持监督执法检查组分赴各县（区）进行执法检查。对没有水土保持方案的单位限期补办，并落实水土保持措施；关停了一批违法生产开发建设项目；重点加强了对京承高速公路、张双铁路等大型项目的监管，督促缴纳了水土保持设施补偿费，及时实施了水土保持措施，开发建设项目水土流失得到有效遏制，生态环境明显改观。2005年各类项目防治责任范围达26.52平方千米，实施返还治理示范工程22个，水土保持措施投资达5220万元，出现了宽城县京城矿业、承德县黑山铁矿、滦平县周台子铁矿等30个“百矿披绿”水土保持生态型示范工程。

2005年，全市开发建设项目水土保持方案编报工作进一步加强，取得开发建设项目水土保持方案编制乙级资格证书的单位达到5个，编制资格人数达到44人，全年编制开发建设项目水土保持方案报告书74个，编报率达98%，审批率达100%。

2006年，水保监督执法工作取得新的进展。全年开展各种形式的监督执法培训200人次，执法队伍素质和服务意识有了新的提高。在水土保持监督检查方面，坚持实行水土保持违法案件督办卡制度，加大违法案件的查处力度，继续将矿山企业作为水土保持监督执法重点，坚决查处由于生产建设单位水土保持意识淡薄及利益驱动，乱采乱弃，造成的大量植被损毁和严重的水土流失行为。当年全市共编制矿山企业水土保持方案50余份，编报率、落实率大幅提高。经过不断整顿和规范秩序，矿业生产开发项目已经逐步走上规范管理新阶段。在公路、铁路、城建等开发建设项目监督执法方面，重点加强了京承高速公路张双铁路等大型项目的监管，及时落实了水土保持措施。2006年，全市共开展水土保持执法检查110项，检查项目400余个，查处违法案件6起，违反水保法案件显著减少。落实各类建设开发项目防治责任范围15平方千米，实施返还治理示范工程25个，水保措施投资达7887万元。

2006年加大了水土保持方案编报力度，扩展了编制水保方案项目范围，编制方案项目由过去的公路、铁路等大型项目扩展到能源、电力、水利工程、房地产等领域，尤其是房地产项目、各类市政建设项目、工厂院校搬迁项目等这些在以前难啃的硬骨头，随着城镇建设水保监督执法力度的加大，也依法编报水保方案，并增加了雨洪利用措施设计，实现了水保监督管理的新突破。全市现有5个乙级、6个丙级水土保持编制资格单位，全年共编制开发建设项目水保方案报告书82个，其中市区建设项目12个。水土保持方案编报率达95%以上，审批率100%。

丰宁首水张百万水土保持项目区

2007年，为加快服务型机关、法制型机关和效能型机关建设，市水务局编制完成了ISO9000质量管理体系认证工作，并通过了认证审核，促进了水土保持管理等各项工作的规范化。对专职水保执法人员采取严格上岗制度，进行法律知识和水保专业培训，熟练掌握水保相关法规条款，了解水保执法对象的性质特点，在严格执法中积极为执法对象热情服务，做到在执法中服务、在服务中执法。在水土保持监督检查方面，坚持实行水土保持违法案件督办卡制度；与相关部门协调执法制度，9月份市政府在宽城县召开了全市矿山生态保护与治理现场会，开始收缴矿山生态保护与治理押金，促使矿山生态保护与治理工作的落实。8月份市人大市常务会组成检查组，对全市2003年以来贯彻实施《中华人民共和国水土保持法》《中华人民共和国水土保持法实施条例》《河北省实施〈中华人民共和国水土保持法〉办法》及重点防治工程建设情况进行了专项检查，先后检查了丰宁、平泉、营子三个县区的庙沟等4条小流域治理工程、承辉矿业水土保持治理、城镇水保工作和矿山废弃地水保治理等项目区，对水保工作在重点治理、城镇水保建设、预防监督等方面取得的成效予以充分肯定。12月份市水务局配合省水利厅、交通厅对承秦出海等9条公路建设水土保持方案进行了竣工验收。2007年全市共审批开发建设项目水土保持方案76个，其中省级审批17个、市级审批28个、县级审批31个，水保方案编报率、落实率大幅提高，生产建设开发项目逐步走上规范管理新阶段。2007年全市共开展水土保持执法检查161次，检查项目271个，查处违法案件4起，违反水保法案件显著减少。落实各类建设开发项目防治责任范围70.6平方千米，水保措施投资6601万元，实施返还治理示范工程42个。

2008年，全市以大项目带小项目，规范开发建设行为，继续加强与环保、国土资源、发改委等相关部门协调合作，加大监督执法力度，监督执法工作取得新进展。当年全市共审批开发建设项目水土保持方案72个，其中省级审批16个、市级审批26个、县级审批30个，水保方案编报率、落实率大幅度提高。2008年，全市开展水土保持执法检查135次，检查项目385个，查处违法案件2起。落实各类开发建设项目防治责任范围15.93平方千米，水保措施投资8620万元，验收水保设施项目10个，实施返还治理示范工程18个。配合省水利厅对滦河电厂供热管线等项目进行了检查。

2009年，全市将公路、铁路、水泥、输变电等大型建设项目作为水土保持监督执法重点，共审批开发建设项目水土保持方案56个，其中部、省级审批23个、市级审批11个、县级审批22个。当年全市共开展水土保持执法检查181次，检查项目361个，查处违法案件19起，全市征收水保“两费”154万元。落实各类开发建设项目防治责任范围14.2平方千米，水保措施投资4109万元，验收水保设施项目17个，实施返还治理示范工程9个，组织验收了5条公路工程水土保持方案。配合水利部、省水利厅对京承高速公路等4个大型项目水土保持方案进行了竣工验收，全市水土保持方案验收率提高了近20个百分点。

第五节 小流域综合治理典型

一、宽城满族自治县（以下简称：宽城县）塌山乡尖宝山村

宽城县塌山乡尖宝山村小流域地处滦河流域中上游狭窄河槽两侧，为清河封闭小流域的中段，总面积10744亩，有193户，747口人，耕地面积777亩。1970年以前，地是坡耕地，山场仅有2000亩一年一割完的灌木柴山，土地瘠薄产量低，年年吃国家返销粮2万～3万公斤，是个吃粮靠国家，生活靠救济的穷山村。

从1970年开始，该村开始小流域综合治理，

宽城县龙宽小流域治理

坚持一沟一坡的治，连续18年不间断，到1987年共造林7700亩，有林山场面积达到9300亩，整修梯田575亩，74%的坡耕地实现梯田化。治理面积达到9875亩，占总面积的91.91%。在9300亩林地面积中，有用材林4190亩，占45%，薪炭林1524亩，占16.4%，干鲜果类等经济林2670亩，占28.7%，灌木林916亩，占9.8%。经济林中有苹果、板栗和红果1782亩，占经济林的66.7%。造林树种有黑松、落叶松、杨、槐、苹果、板栗、红果、梨、核桃、花椒、山杏、大叶桑等，乔灌木草结合，高低搭配，长短结合，产出逐年增加，经济效益显著，19年中平均年净效益10.24万元。

二、隆化县七家乡西地村

隆化县七家乡西地村地处隆化县东部，武烈河上游，茅荆坝下。总面积26220亩，耕地1627亩，1052口人。

1975年以前，西地村是光山秃岭，有山没柴烧，种地无粮吃，人均口粮150公斤，人均收入52元。面对严重的水土流失，贫穷落后的面貌，村党支部发动干部群众讨论如何改变面貌。一致认为，要靠山吃山，靠山治山，靠山致富，向山要粮要钱。经过规划，确定远山高山植树造林，近山低山栽山楂，沟膛坡地闸沟挡坝修梯田。并规定，干部更换，规划不变，坚持治理不间断。规划制定后，村支部书记刘金榜带领全村党员、干部、群众奋斗了12年，修出了一坡坡一沟沟的水平梯田，绿化了荒山、控制了水土流失，改善了生产条件，改变了生态环境，为脱贫致富打下了坚实的基础。到1987年，在荒山、坡地上栽山楂5200亩共20万株，其中已结果的树8万株。投资60万元，打井15眼，建果树灌溉扬水点25处，灌溉果树3000余亩。建年加工能力200万公斤的果品加工厂一座。山楂产量逐年增加，1981年总产3500公斤，1987年总产47.5万公斤，人均收入1200元，成为“治山治水，脱贫致富”的典型。收入增加了，群众生活条件也改善了，户户有了电视，实现了电视村。1986年村里投资10万元，修建了四栋居民楼，每个单元上下两层110平方米。今日西地村，已是远山高山森林绿，近山低山花果红，沟膛平地米粮川，工厂机器响，居民住楼房，生活用具电气化的社会主义新农村。

三、滦平县东营子小流域

滦平县东营子乡小流域位于兴洲河支流牤牛河窟窿山水库上游，总面积69.8平方千米，属一个完整乡，共9个行政村、45个居民组、1633户、6750口人、1920个劳力，耕地面积7843亩，人均1.16亩。流域内主河道长12.2千米，千米以上的沟道34条，沟壑总长91.9千米，沟壑密度1.32千米/平方千米，流域内每年平均降雨量602.5毫米，平均气温6℃～8℃，无霜期135天。1982年流域内粮食总产量3248.3吨，平均亩产362公斤，人均粮食495公斤，人均收入112元。1982年治理前，流域内水土流失总面积44.08平方千米，占总流域面积的63.2%，流域平均侵蚀模数为3379.91吨/平方千米·年，下游窟窿山水库已淤积79.4万立方米，占总库容的7.8%.

1982年，东营子小流域列为县重点小流域开始进行综合治理；1987年列为省、地重点小流域。1987年6月补充完成了《东营子川综合治理规划设计》，得到省、地正式批准。经过6年的连续治理，共治理水土流失面积39.1平方千米，占水土流失面积的88.8%。完成的各项治理措施有：营造水土保持林4.3万亩、经济林6428亩/36.74万株、谷坊坝5392座/46032米、护地坝42条/11097米、主河坝11400米，乡村路12条12970米、台条田1300亩（其中石条田189亩）、整修果树坪27.4万个、拦沙坝8座总容积1600立方米、铅丝笼丁坝42组、打机井3眼、配套机井12眼、建扬水点8处、架设各种管道12930米、修防渗渠3条长2350米，水浇地面积达到4216亩，占农田面积的63%，其中灌溉农田2562亩、果园1659亩浇果树8.8万株。共完成土石方量97.02万立方米，其中石方13.42万立方米。总用工47.6万工日。总

兴隆县水土保持封禁治理成果

投入122.52万元，其中国家补助水保款42.38万元。治理前后相比，人均收入提高133%，达到260元，人均水浇地达到0.62亩，粮食总产量提高144.4%，森林复被率提高34.5%，达到61.5%，土壤流失量减少74%，缓洪效果显著。1988年10月，通过了地县验收小组的验收。

四、围场满族蒙古族自治县艾林河乡

围场满族蒙古族自治县（以下简称围场县）艾林河乡位于滦河流域伊逊河支流不澄河流域内，全乡辖4个行政村，55个村民组，1412户，6104口人，劳力2310个。总面积12.4万亩（折合82.67平方千米），山场面积8.96万亩，占总面积的72.3%。

艾林河乡是围场县十大贫困乡之一。1983年，全乡仅有林地面积1.23万亩，占山场面积的13.7%。树少草稀，土壤表层吸水蓄水能力极低，水土流失相当严重，水土流失面积达7.71万亩（折合51.4平方千米），占总面积的62.2%。有草场面积3.5万亩，其中有2.4万亩基本丧失载畜能力，畜牧业发展到9111个羊单位后急转直下。山穷、水患、生态失调，导致粮食生产低而不稳，1983年是艾林河乡少有的风调雨顺年，人均粮食仅有207公斤，人均收入仅达87元。

1984年，艾林河乡列入地、县重点小流域治理示范村，为根本改变“穷山、穷水、穷乡”贫困状况，全乡群众掀起了治土固本，富土生财，改水兴利的治山治水热潮。全乡采取全流域统一规划综合治理，以取得治理的整体功效。在治理的范围内，不分集体所有的山还是个人承包的山，将整个流域内的山场全部纳入治理规划，按统一的治理方针、标准、措施和期限进行治理。全因素控制，力求根治。综合运用多种工程技术措施，消除水土流失的客观基础。在坡面治理上，全乡呈带状挖水平壕50.6万米，鱼鳞坑100.8万个，大埯300万个，以拦洪蓄水；与此同时，按“阴坡松，阳坡杏（或杏松混交）”的办法植树养林，共栽松树780万株，杏树50多万株，其他林木180多万株。在沟壑治理上，以石谷坊与杨柳坝（条件好的果树坝）配合治理，共闸谷坊3000道，杨柳坝800万米，配套修筑主河坝6000米。科学调整生产布局，消除生产对生态的潜在影响。全乡对25度以上的坡耕地陆续退耕，压缩了牧业用地，相应扩展林地面积。与1983年比较，全乡压缩耕地2997亩，幅度为2.46%，放牧场地下调16033亩，幅度为13.1%，上调林地面积19031亩，幅度为15.65%。从1984年到1988年的5年间，全乡集体统一组织和个人分散投工30万工日，国家、集体、个人累计投资36.1万元，动用土石方177.31万立方米，沿连绵35华里长的东西两脉山体全面铺开进行整治，共治理支沟447条，毛沟1319条，完成山体治理面积5.72万亩（折合35.13平方千米），占流失面积的68.3%，占山场总面积的63.3%。共造林30403亩，有林面积发展到42703亩，山场绿化率达到47.7%。经过治理后，土壤入渗能力逐渐加强，1987年、1988年树木成

活率高达95%，比1986年以前年份平均水平提高25%左右；草场理论载畜量比治理前提高17%；水土流失得到缓解，全乡年表土流失量由治理前的7.35万吨减少到2.49万吨，降低60%，已连续两年没发生大的水患。

1987年，列入省、地重点治理的小流域。生态环境得到改善，农业生产步入良性发展的轨道。粮食单产由1984年的120公斤，1988年提高到130公斤；在牧场暂时收缩的情况下，畜牧业仍保持稳定发展势头，1987年产值67.53万元，与1984年持平；林业开始迈大步，1987年产值达27.6万元，1986、1987年平均增长10.3%。林粮草样样丰盛，农林牧业发展后劲十足。

五、丰宁满族自治县凌营村

丰宁县凌营村位于丰宁县东南部的潮河流域，全村220户，1020口人，13个自然村，总面积29900亩，分居在四沟一川两面坡上。地处偏僻，交通不便，长期以来受封闭式自然经济影响，较好的山场和水利资源没有得到开发利用，生产单一经营，生产力水平很低，1978年以前，粮食总产量20万公斤左右，年人均收入只有80元，群众物质文化生活长期停留在新中国成立初期的阶段。

1978年中共十一届三中全会以后，党的农村富民政策极大的鼓舞了群众生产的积极性，村党支部组织党员、干部、群众讨论，认识到大搞水土保持，综合治理荒山荒滩，发展林果生产，是山区脱贫致富的根本出路，制定了综合治理规划。从1980年开始，对全村荒山荒沟荒滩采取了工程措施和植物措施相结合的治理办法，大挖鱼鳞坑，挖水平沟，修谷坊，大搞植树造林，封山育林，经过7年的实施，到1987年，共挖鱼鳞坑160万个，挖水平沟7000多条，修石谷坊530道，修梯田300亩，营造水土保持林、薪炭林、防护林和用材林16350亩，封山育林封滩养林500亩，四旁植树2万株，建果园7处，栽果树57100株。整修了水库工程，修防渗渠3650米，建果树扬水点4处，修复旧井3眼，新打石井3眼，修河坝1500米，共完成土石方工程量24万立方米，投工10万多个。经过初步治理后，自然面貌和生产条件基本得到了改善，地表植被率增加，基本控制了水土流失，改善了生态环境，提高了抗御自然灾害的能力。在严重干旱的1984年，粮食总产量保持了历史上较高水平，1985年粮食总产量达到62.5万公斤，向国家交售粮食20万公斤。1986年连续降暴雨，没冲地，没垮坝。1986年人均收入426元。到1987年，全村经济总收入51.63万元，为1979年的410%，人均收入达到519元。物质生活得到了提高，文化生活得到了改善，教育事业得到了发展，1982年开始，全村小学生学费书费全部由村负担，1983年建起了电影院，架设了广播线路，1985年开始对升入初中、高中和大中专的学生实行奖学金制度。

六、丰宁县胡麻营小流域综合治理工程

胡麻营小流域综合治理工程，位于县内胡麻营乡境内。所在区域海拔400米左右，年平均降雨量500毫米，无霜期130～145天，长年有效积温3000℃左右。治理范围为胡麻营和河东两个行政村，总面积37.5平方千米。其中轻度以上水土流失面积21.26平方千米，年平均侵蚀模数2760吨／平方千米，年侵蚀总量5.87万吨，泥沙直接流入潮河。

1989年，县水利部门将此流域列为密云水库上游水土资源保护重点流域，陆续启动治理工程。1998年，列为全国生态环境建设项目区，继续实施集中综合治理。

1998年，集中治理工程开始后，胡麻营乡与县水务局共同签订了责任状，实行双向目标管理责任制，乡对村实行了层层承包责任制。水务局、农业开发办、林业局在技术、资金、苗木、物料等方面给予必要支持。工程施工突击阶段，水务局主要领导现场指挥，水保站技术人员全力以赴抓工程，乡党委、政府10名副乡级以上领导干部抽出4名，42名乡直干部抽出35名包村包组抓工程。1998年7月6日全县遭受特大暴雨洪灾，胡麻营乡受灾最重。乡党委、政府在救灾的同时，始终没有放弃农建工程。乡党委书记乜树珍，乡长梁成国，带领全

体干部战斗在工程第一线，乡人大主席赵连臣和副乡长于富娥连续20多天没离开治理工地。河东村党支部书记赵连增4亩口粮田全部被水毁，他和村主任王升组织劳力抢修完决口河坝后，没去自家田里忙上一把，照常上山搞工程。胡麻营村孙亚忠、于长安等村干部，每天和群众一起趟二次没膝深的洪水上山。1999年，治理区工程量大，乡干部没休过星期天，“五一”长假和群众一起早出晚归搞工程，终日盯在工地上。防暑降温发的是草帽子、黄胶鞋和藿香正气水。河东、胡麻营2个村上至60多岁的老人，下至10多岁的孩子，每天上千人上山修工程。70多岁的退休老干部洪志远，年年带头上山，更是传为佳话。

经过10年努力，特别是1998年到2000年近3年的集中治理，共完成治理面积15.95平方千米，整个流域治理程度达75%。共挖坡面鱼鳞坑158万个，建谷坊坝360座，修水平沟1.9万米；造林16830亩，其中水保用材林11565亩，水保灌木林3360亩，水保经济林1305亩；修护村护地坝8000米，砼防渗渠5700米，渠道建筑物32座，地下输水管道3700米，打井配套38眼；修工程管护路11千米，田间路2000米。共动用土石方65.96万立方米，其中石方2.8万立方米，砼0.32万立方米；总投工71.78万个；总投资243.48万元，其中国家投资146万元，乡、村自筹97.48万元。

十年奋斗，一朝受益。工程在较短时间内就取得了显著的生态、经济和社会的综合效益。在生态效益方面，新增水土保持治理面积15.95平方千米，治理程度为75%。区域内林草植被从1989年治理前的36.2%，提高到1999年的70%，水土流失侵蚀模数由治理前的3200吨/年·平方千米，减少到500吨/年·平方千米，年拦泥减沙总量6.17万吨。流域内工程措施蓄水能力达27.53万立方米，林草措施蓄水能力达33.67万立方米，2项合计61.2万立方米，有效地减少了洪水灾害。林草植被的增加，使原来的秃山光岭，变成了秀美山川，净化了空气，提高了人民的生活环境质量。在经济效益方面，水土保持工程，平均年增木材蓄积量2313立方米，人均用材林0.75亩；经济林1305亩，人均果树20株。农田水利配套、新增、改善灌溉面积2800亩，其中稻田2300亩，人均水浇地和稻田分别为0.91亩和0.74亩。旱田变水田，低产变高产，小流域内2个村粮食总产量由1989年治理前的1150吨增加到1999年的1650吨，并且达到了旱涝保收，稳产高产。人均收入由1989年治理前的820元增加到1999年的1904元。在社会效益方面，小流域治理工程和8000米护村护地坝，不仅保障了村庄、土地、人民和财产的防洪安全，也有效地保护了丰虎公路的安全。生态环境的改善，经济条件的好转，为农民发展工商交通运输业创造了条件，1999年，小流域内两个村已有汽车和小拖拉机运输户109户，户办企业摊点36家。

胡麻营小流域综合治理示范工程，既是全县农建首位工程，也创建成了省、市上名次的精品工程。1998年—2000年的3年，有60多批次县内参观团到此参观，接受了30多次国家、省、市领导组团的视察。1997年至1999年，胡麻营乡连续3年被评为承德市水土保持工作先进单位；1998年被评为全省“海河杯”竞赛先进乡镇，1998年至2000年连续3年被评为全县农建工程优胜单位。2000年，胡麻营小流域综合治理工程被中华人民共和国水利部、财政部命名为全国“十百千”示范工程。

第六节　重点小流域治理效果跟踪调查

一、土地利用率提高

1986年承德县唐家湾小流域列为省重点治理，1991年平泉县水泉沟、小烈山两条小流域列为省重点治理项目，3条小流域总面积65.4平方千米，水土流失面积37.39平方千米。流域内辖4个行政村，截至1994年底总人口为5359人，总劳力为2864人，人口密度每平方千米为82人，流域内总耕地面积11644亩，人均耕地2.17亩，人均基本农田1.16亩，人均粮食459.3公斤，人均收入551元，存栏大牲畜1372头，羊3684只，猪4129头。1994年，3条小流域通过了水利部海河水利委员会和省市县联合验收，治理程度都达到83%以上，治理区内水土流失得到了控制，促进了生态环境的良性发展，增加了农业发展后劲，农民生活水平不断提高，充分调动了群众开发保护水土资源的积极性，以联户承包和专业队的形式加快治理开发水土资源。验收后的1995年，新增水土流失治理面积3.55平方千米，造林4972亩（其中经济林1040亩、水保林1739亩、用材林2193亩）、种草10亩、修谷坊50道、修护坝2处、维修加固河坝14处，新增加水浇地354亩，总用工4.61万工日、总投资26.2万元，其中省投资2.1万元、群众自筹和投劳折款24.1万元。验收后的小流域以管理保护为主，以联户承包或专业队的形式综合开发增效益，立足“两高一优”农业，增大商品价值高的农产品种植面积，变粗放经营为集约经营，提高了各项治理措施的综合效益。土地利用率提高，粮食产量提高。通过联户承包和专业队治理，小流域内的土地得到充分开发利用，土地利用率由治理前的51.1%提高到89.3%，薪柴达到自给，基本农田增加了353亩，人均耕地从开始治理时的0.82亩增加到1.23亩，增加了50%。农、林、牧用地比例由1:1.1:0.3调整到1:3:0.7，林牧业用地所占比重增加。人均持有粮食由治理前的364公斤提高到673公斤，提高了309公斤，小流域内耕地面积虽有减少，但基本农田增加了，水浇地也增加了353亩，促进了稻田开发和经济作物的种植，提高了单位面积粮食产量。

二、产业结构向合理化方向转变

林、牧、副业明显增强，农业收入比重减少，小流域综合治理各项措施正在逐步发挥效益。高产、高效、优质的种植业提高了土地商品的产出率，促进了各业收入迅速提高，农林牧副各业收入比例由治理前的61%、12%、19%和8%变为1995年的48%、13%、15%和24%，达到了以林保农、以林养牧、农林牧副的协调发展，形成了山上建基地、山下搞加工、山外找市场的小流域经济新格局。

各项收入大幅度增长，人均收入一年翻一番。总收入由开始治理时的153.3万元增加到1995年的975.47万元，增长6倍多。1995年人均收入达到1156元，一年翻一番，平泉的小烈山人均收入一年内由326.3元增长到1458元，增长4倍多。农林牧副各业收入分别由1994的225.14万元、59.2万元、77.94万元和60.68万元增加到1995年的468.55万元、120.07万元、142.8万元和235.05万元，分别提高了2倍、2.2倍、1.8倍和3.8倍。承德县唐家湾小流域依托流域内的治理成果和自然资源优势，开设了唐家湾森林公园渡假村，促

宽城骆驼场小流域治理

进了当地各业的发展，提高了群众收入，充分发挥了小流域治理成果的效益。

三、缓洪拦沙效果显著

小流域内荒坡造林整地，鱼鳞坑与水平沟结合，造林与种草结合，封育林草与管护结合，林草覆被率达到80%以上，沟道以谷坊为主，注意管理维护，增强拦蓄能力，变中低产田为水浇地，综合防治，有效控制了水土流失，涵养了水源，经济效益和拦沙效益分别达到了60%和75.3%。在1994年“7•13”暴雨洪灾中，小流域治理措施保存率在90%以上，减少经济损失100多万元，减轻了灾害造成的损失。治理区域内形成了山顶林戴帽、山腰果围腰、平川水利化、坡地梯田绕、沟道谷坊坝、村村通车道的综合防护体系，生态环境步入良性循环。

四、依法保护成果

小流域验收后，按照预防为主的原则，制订规章制度，落实管护措施，强化监督执法，小流域内的乡（镇）村都成立了监督管护组织，乡（镇）由主管农业的乡（镇）长任组长，各村设立2至3名专职管护员，县与治理村签订了管理合同，明确双方责任。制定了管护公约，由乡（镇）人代会通过后，政府发布宣传，明确奖惩措施和处罚规定。引导群众适度发展羊只规模，增加牛马等大牲畜养殖，禁止陡坡开荒、过度放牧、乱砍滥伐等破坏植被行为。对小流域内的开矿严格管理，落实水土保持方案，严格执行水土保持措施“三同时”制度，征收水土保持设施补偿费和水土流失治理费，监督检查水土保持措施的落实，遏制了一方治理、多方破坏、只受益不治理的现象，提高了群众保护水土资源的法制观念。

第五编　拦蓄工程

承德山川纵横，沟溪众多，具有修建水库、塘坝等蓄水工程的优越自然条件，中华人民共和国成立以后，党和政府带领承德广大人民群众治山治水，建了大量的水库、塘坝等蓄水工程。截至 2015 年，承德市现有水库 101 座，其中：大（Ⅱ）型水库 1 座、中型水库 7 座、小（Ⅰ）型水库 14 座、小（Ⅱ）型水库 79 座。建成塘坝 385 座，蓄水池、水窖 2.25 万个。全市蓄水工程总库容总库容 3.3997 亿立方米，总调洪库容 1.03666 亿米 3，总兴利库容 0.97677 亿立方米。由于受淤积影响，全市水利工程实际蓄水仅有 1.1 亿立方米。这些大、中、小型水库、塘坝工程，对调控山区洪水发挥了重要作用，在灌溉、发电、养鱼等方面发挥了明显效益。

第一章　大型水库

中华人民共和国成立后，承德境内共修建和在建3座大型水库，分别是庙宫水库、潘家口水库、双峰寺水库。庙宫水库是承德20世纪60年代初期建成的第一座大型水库，水库建成投入运用，在防洪、灌溉、发电、养鱼等综合利用方面发挥了较好的效益，但在运行中也存在着比较严重的库区泥沙淤积问题。本章将庙宫水库和双峰寺水库作为重点进行全面记述。潘家口水库由于管理权限归水利部，但淹没区大部分在承德境内，仅对水库做简要介绍。水库移民迁建另有专题进行全面记述。

第一节　庙宫水库

一、概况

庙宫水库位于围场县境内滦河一级支流伊逊河干流上，水库坝址位于四道沟乡庙宫村上游，附近有清嘉庆帝巡幸塞外时修建的″敦仁镇远神祠″，俗称″庙宫″，庙宫村由此而来，水库也因之而得名。庙宫水库是一座以防洪为主，兼顾灌溉、发电等综合利用的大（二）型水利枢纽工程，也是承德修建最早的大型水库。水库控制流城面积2370平方千米，总库容1.83亿立方米。水库枢纽工程由拦河坝、溢洪道、输水洞、泄洪洞、排沙洞、电站等建筑物组成。庙宫水库工程先后经历了初建施工、渡汛工程施工、续建工程施工、安全加固工程施工和全面除险加固工程施工等施工阶段。

1959年11月，承德地区庙宫水库动工兴建

二、勘察设计

1957年，承德地区开始进行伊逊河流域治理规划，拟在伊逊河中上游修建庙宫水库，控制拦蓄上游洪水，减轻对下游的危害。1958年5月开始进行初步勘察设计，由河北省水利厅勘测设计院协助承德地区水利局完成了勘察测量和枢纽工程地质钻探，提出初步规划设计方案，报经地委批准这个工程设想。1958年11月，由省水利厅设计院和专

署水利局工程技术人员共同组成水库工程设计组，到现场进行设计。1959年2月，完成了初步技术设计，并向省水利厅写出修建庙宫水库的报告和初步施工计划安排。1959年10月，省委在天津市睦南道招待所召开的地委书记参加的水利会议上，中共承德地委正式提出了修建庙宫水库工程的要求，省委同意予以安排。

水库上游地区大部分山顶岩石裸露，林木较少，河床平均坡度4‰，每逢暴雨山洪暴发，河水陡涨，较大洪峰流量达每秒千余立方米，一般季节仅每秒几立方米，枯水时期最少不足每秒0.1立方米。库区内有坚硬的凝灰岩、石英岩、花岗岩以及少量的片麻岩。坝址位于不对称河谷漫滩一阶地二阶地，最低地面海拔高程约743米。坝基地质为第四纪沉积物，覆盖厚度2.5～13米，自上而下颗粒逐渐变粗，上层为粉土和粉质亚黏土，中上层在第一阶地多为粉砂，中层以砂砾为主，下层为砂含有不同粒径的卵石和硕石，砂卵石以下为晶质安山岩，裂隙发育，局部成为破碎。右坝头与陡崖相接，岩层倾向上游，岩性以凝灰岩为主，并有石英岩。左坝头与冲积物相连接，岩性以粉土、亚黏土为主，厚度达18米，以下有卵石层厚约4米，最下层为安山岩。

1959年2月提出的初步技术设计水文分析计算成果多年平均径流量1.975亿立方米，水工建筑物设计标准为三级，百年一遇设计洪峰流量970立方米／秒。千年一遇校核洪峰流量1610立方米／秒。水库建设原则以防洪、灌溉为主，结合发电等综合利用，采取就地取材，设计修筑均质土坝，设计坝高40.2米，相应坝顶高程783.2米，河床宽度105米，坝顶长400米，总库容1.24亿立方米（相应水位779.75米），其中死库容1720万立方米，兴利库容9280万立方米，防洪库容1400万立方米。死库容淤积年限为30年。溢洪道位于大坝左端，进口距坝端约120米，堰顶宽23米，设计高程771米，开挖总长约700米汇入原河道，最大泄量1370立方米／秒。放水洞位于大坝与溢洪道之间，内径3米，进口高程756米，出口高程741米，洞长约236米，最大泄量约110立方米／秒。设计工程效益，灌溉农田9万亩，百年设计下泄洪峰流量550立方米／秒，削减率为43.3%，千年校核下泄洪峰流量730立方米／秒，削减率为54.7%，发电装机1500千瓦，保证出力848千瓦。

三、工程施工

（一）初建施工

1959年11月15日，成立中共承德市（地市合并，下同）庙宫水库委员会、承德市庙宫水库指挥部。刘新民任党委书记兼总指挥，罗焕武任党委副书记兼副总指挥。民工由除承德县和承德市以外的各县抽调。参加施工的各县建立工地党委和民工指挥所，公社建立党总支和民工支部。经过施工前的一段准备工作，于1959年11月23日正式开工，隆化、围场两县首先进场民工3028人，相继有平泉、青龙、兴隆、滦平、丰宁5个县民工团先后进场，水库主体工程大坝、溢洪道、泄水洞全面铺开施工。到1960年1月15日，共抽调市、县干部310人、民工一万余人进行施工作业。在水库施工高峰期间，民工和民技工人数曾达到3.5万人，大坝填筑日上土方2.5万立方米，大坝日升高0.8米。大坝施工初期，曾邀请密云水库指挥部总指挥王宪、总工程师冯寅等到工地指导。输水隧洞于1960年4月30日开始导流，大坝于1960年5月1日凌晨合拢，一举成功，到1961年6月30日，大坝工程全部完成。共完成土石方工程量138.6万立方米（其中石方3.97万立方米），占计划工程量的93.8%，完成国家投资537.32万元，占预算投资的86.7%。

输水洞工程先于其他工程开工，于1959年3月开始挖掘，到1960年3月27日全部凿通303米长的洞身，4月11日开始进行隧洞内壁钢筋混凝土衬砌，随后进行封闭灌浆，于4月30日开始施工导流。到10月初，输水洞进口工程、隧洞弯管段下接洞身工程和进水塔钢筋混凝土浇筑完工，10月17日至11月1日进行闸门和启闭机械设备的安装，经过试运转情况良好，投入运用，水库开始蓄水。输水洞共完成工程量土方 10.67 万立方米，混凝土 3823 立方米，凿岩 1.18 万立方米，完成投资 153.8 万元，超预算投资 57.7%。

溢洪道工程，在开挖过程中，1960 年 5 月 25 日省检查团、省水利厅办公室主任丁适存、工程师侯陆到工地检查施工情况时指出，原设计溢洪道计算过水能力偏大，已开挖的断面石质较差，原设计堰顶高程 773 米应下降 1 米，原设计明渠输水段纵坡由 1/100 改成 1/400，并全部用钢筋混凝土衬砌。这一建议被当即采纳执行。6 月 20 日大坝填筑达到拦洪高程 778.5 米时，溢洪道进口堰顶挖到 772 米高程，下游明渠泄洪段也按照设计断面要求基本挖通，可以临时泄洪。7 月中旬，河北省委指示“庙宫水库 1960 年汛期拦洪要确保千年一遇洪水安全”，经调洪演算确定，在抢修加高大坝的同时，溢洪道堰顶高程在 772 米的基础上再下挖 1 米，使溢洪道堰顶高程达到 771 米，确保千年一遇洪水来临时大坝安全。到 1961 年 8 月 31 日，溢洪道工程自闸后 145 米长明渠泄洪段开挖及混凝土衬砌全部完工。完成工程量土方 50.24 万立方米，石方 7.18 万立方米，混凝土 4825 万立方米，完成投资 271.6 万元。超预算投资 230.7%。

水电站工程，到 1961 年 8 月 31 日，完成投资 0.48 万元，占预算投资的 0.35%。

1961 年 10 月，省水利厅设计院受承德专区委托，对庙宫水库水文账进行了复核，水文分析计算成果较设计采用数值有较大变化，原设计百年一遇洪峰流量 970 立方米 / 秒改为 3570 立方米 / 秒，最大一日洪量由 0.46 亿立方米改为 1.23 亿立方米；原设计千年一遇校核洪峰流量 1610 立方米 / 秒改为 5980 立方米 / 秒，最大一日洪量由 0.81 亿立方米改为 2.02 亿立方米。按照新的水文标准计算，原设计的水工建筑物防洪能力有所降低，经省水利厅批准，1962 年庙宫水库渡汛工程施工按防御 300 年一遇防洪标准执行。根据国家以农业为基础的方针，为确保农业生产，充实农村劳力，承德市委决定压缩水库工地民工数量，1962 年计划抽调民工 800 人，实际到场人数为 580 人。经过统筹安排施工，到汛前 6 月 30 日，完成了大坝设计断面土方填筑任务，在坝顶 783.2 米高程以上修建了高 1.8 米的浆砌石防浪墙，完成了大坝上游干砌块石护坡、坝后减压沟、大坝背水坡整修、重点保护坡面铺盖碎石、清除坝前弃土等工程项目，共完成国家投资 52.5 万元。至此，庙宫水库暂告竣工停建，投入正常管理运用。

（二）渡汛工程

1964 年 5 月，河北省水利厅设计院再次对庙宫水库水文分析进行了复算工作，新的水文复核成果较 1961 年分析成果又有了较大变化。百年设计洪峰流量由 1961 年 3690 立方米 / 秒改为 5570 立方米 / 秒，最大一日洪量由 1.23 亿立方米改为 2.3 亿立方米；千年校核洪峰流量由 1961 年 5950 立方米 / 秒改为 8750 立方米 / 秒，最大一日洪量由 2.02 亿立方米改为 2.34 亿立方米。按照新的水文标准计算，原有工程的防洪能力可解决 50 年一遇洪水，须将溢洪道堰顶由 20 米加宽到 40 米才可达到百年一遇洪水标准。1964 年 5 月 23 日，经省水利厅报请有水电部，同意在水库全面设计任务未审批前，暂采取临时性的非常溢洪道措施，保证水库能抗御百年一遇以上的洪水标准。后由省水利厅防汛检查组会同水电部，省水利厅设计院陪同，承德专署水利局参加，到水库现场查勘研究保坝方案，一致同意采取四点措施：（1）大坝顶加筑土埝，埝顶宽 2 米，埝顶高与原浆砌石防浪墙顶高程 785 米齐平，背水坡采用 1 ：1.5，土埝顶上垒三层草袋防浪；（2）溢洪道堰顶向左扩宽 20 米，作为临时非常溢洪措施。临时非常溢洪道底高程挖深至 778 米，百年一遇洪水水库调节水位限制在 783.2 米以下；(3)溢洪道右侧边墙衬砌混凝土顶以上岩石破碎，一旦溢洪可能被冲刷而洪水向西漫溢会危及大坝安全，用浆砌块石加以砌护；（4）溢洪道进口之前部分岩面高出堰顶，必须开挖至与堰顶齐平。以上四项渡汛工程由隆化、围场两县抽调民工 2500 人施工完成，共完成土方 3.48 万立方米，石方 2.73

万立方米，改设通信线路 13 千米，共完成国家投资 80 万元。

原建工程中输水洞进水塔至大坝之间没有工作桥，启闭闸门需乘船到进水塔前再爬梯上去操作，非常不便。1964 年，庙宫水库管理处，利用废旧钻机塔架作塔架桥柱，建成临时性四孔轻型钢桁架木板桥面塔架工作桥，全长 63 米，桥面高程 778 米，解决了启闭输水洞进口闸门的作业困难。

1965 年，基建及维修工程项目有溢洪道大桥延长 30 米及维修、土坝上游护坡块石翻修、坝后减压沟清淤及护坡块石整修、土坝左岸维护、发电洞检修、船只维修等 10 项，自 4 月 17 日开始施工，8 月 10 日基本完工。完成工程量浆砌石 180 立方米，土石方 5172 立方米，用工 2.23 万工日，完成投资 9.1 万元。

1965 年 9 月 8 日 5 时 20 分左右，承（德）围（场）公路庙宫水库改线工程太后梁东段距大坝 1200 米处，因山体岩石构造复杂，岩石破碎，加之施工连续放大炮崩山，岩石松动，发生严重山崩大塌方，估测塌落方量约 24 万～ 25 万立方米，其中塌落到水库内约 20 万立方米，顷刻间大量巨石滚落水库之中，激起惊涛骇浪，向对岸及上下游冲击，使大坝西端水浪爬坡 21 米，垂直高 6 米，东端水浪爬坡 17 米，垂直高 5 米，水头冲击高程在 767 米上下。由于塌方造成的高水头波浪的冲击，大坝上游块石护坡被破坏 1748 平方米，大坝测压管水位、渗漏、位移与沉陷均发生了异常变化，输水洞进口闸门经试提仅提升 0.85 米即超过启闸机能力，闸门漏水量由 0.09 立方米 / 秒增至 0.14 立方米 / 秒。山崩的塌落体恰在库区转弯最窄处，220 米左右宽的断面被塌落体侵占 80 ～ 90 米，水位 767 米时，塌落前水深 9 米左右，塌落后水深 3 米左右，即当库水位 764 米时，塌落体把库区堵截成两部分，形成两个水库。事故发生后，9 月 14 日承德地委指示专区计经委、交通局、水利局、监委等部门组成检查组到现场进行检查，地委书记王常柏闻讯后赶赴现场了解情况。省水利厅、交通厅和地质大队的领导和工程技术人员也赶赴现场了解情况并进行技术处理。这次山体大塌方事故，给公路施工增加了工作量，延长工期半年，增加公路建设投资 10 万元，给水库管理运用带来不良影响。

（三）续建工程

庙宫水库在 1961 年 8 月基本竣工后，又经过 1962 年和 1984 年的渡汛工程施工，从整体上说工程仍属于不配套的半拉子工程，没有专门的泄洪洞设施，水电站工程也未施工，水库工程属于在不安全状况下运行。为此，提出续建工程任务。1970 年庙宫水库管理处重新进行水文分析复核计算，水文分析成果为百年一遇设计洪峰流量 3230 立方米 / 秒，一日最大洪水总量 0.91 亿立方米；千年一遇校核洪峰流量 5930 立方米 / 秒，最大一日洪水总量 1.59 亿立方米。与 1961 年 10 月省水利厅设计院水文分析成果比较，洪峰流量和一日最大洪水总量均有所减少。河北省根治海河指挥部批准这个水文分析复核报告和调洪演算成果作为续建工程的设计依据。续建工程项目包括三项：一是正常溢洪道进口建闸首，安装两孔平板升卧式钢闸门，顶部建钢筋混凝土梁板式闸桥兼交通桥，闸桥上配套安装两组电动启闭机；非常溢洪道进口为平底，高程 778 米，进口净宽 20 米，分三孔建交通桥与正常溢洪道闸桥联接在一个水平面上。非常溢洪道 0+280 桩号以下 50 米为陡坡段，末端建差动式挑流鼻坎，挑流鼻坎以下开挖明渠长 700 米。二是新

1962 年 7 月，承德地区庙宫水库主体工程

建泄洪洞，位于溢洪道左侧，为压力隧洞，洞径4米，竖井式闸室，进口高程758米，全长222.7米，出口与溢洪道尾水渠相接，钢筋混凝土衬砌。三是水电站工程，位于大坝下游左端，输水洞出口安装高压平板钢闸门，在输水洞内开凿支洞至电站为发电洞。水电站设计总装机容量1500千瓦，安装3台500千瓦发电机组，设计年发电量588万千瓦时，电站厂房基础工程为浆砌石，上部为砖混结构。

以上三项工程由隆化县组成庙宫水库续建工程施工团承担施工，1970年3月6日开工，民工最高进场人数达3000人，到1971年末基本完成施工任务，共完成工程量土石方开挖16.92万立方米，混凝土9500立方米，浆砌石8348立方米，用工约70万工日，总投资376.6万元，除电站机组未安装外，其他工程均投入运用。

（四）加固扩建施工

1975年8月河南发生特大暴雨后，河北省根治海河指挥部确定把庙宫水库溢洪道尾水工程列入基本建设项目，并责成承德地区水利局研究“1975年8月”河南特大暴雨气象机理，按可能最大降雨产生可能最大洪水对庙宫水库进行防洪安全校核，1976年5月在河北省水利厅设计院的支持与配合下提出“庙宫水库可能最大降雨、洪水初步分析报告”，经省根治海河指挥部审批认为围场县“1974年7月”暴雨比较切合庙宫水库的实际情况，最大一日面雨量214毫米，最大三日面雨量323毫米，最大可能洪峰流量5975立方米/秒，最大可能一日洪水总量2.19亿立方米，最大可能三日洪水总量3.87亿立方米。依此对水库安全标准进行复核，以频率法万年一遇洪水计算成果进行校核。根据最大可能洪水调洪演算结果，以最高库水位785.7米、最大泄量2548立方米/秒（泄洪洞泄量+溢洪道泄量+非常溢洪道泄量）作为水库加固工程标准，按加高大坝2.2米、抬高溢洪道闸桥3.6米、扩挖泄洪尾水渠加深至724米高程进行水库加固工程规划设计，于1976年8月提出庙宫水库加固扩建工程规划设计方案上报省根治海河指挥部，1976年12月1日，省根治海河指挥部批准了“庙宫水库加固工程初步设计概算”。加固工程和扫尾工程项目包括：

1. 土坝加固工程

土坝加固在原坝体坝轴线下移12米，坝顶增高2.2米，大坝迎水坡不变，背水坡变陡，加高培厚。坝顶高程达到787.2米，安全加高1.5米，坝顶宽仍为5米，坝顶上铺30厘米泥结碎石路面，路面高程787.5米。在迎水侧坝肩建高1.2米的浆砌石防浪墙，墙顶高程788.4米。迎水坡按原坝坡向上顺延加高，坡度近于1∶3，上铺细沙10厘米、粗沙20厘米、碎石35厘米、块石35厘米共1米厚的干砌石护坡。背水坡从贴坡反滤层752米高程开始向上加高培厚，至760米高程变1∶3坝坡为1∶2.8，留马道宽2米，至767米高程坝坡为1∶2，留马道2米，至774.5米高程坝坡仍为1∶2，留马道宽1.5米，至坝顶787.5米高程坝坡为1∶2.3。坝坡铺碎石20厘米、块石35厘米，计55厘米的干砌石护坡。于752米和767米高程两马道上置横向砼暗排水沟两道，两岸交接处与浆砌石顺坡明排水沟连接。在大坝背水坡设置3处宽2米的浆砌石上下坝台阶梯道。

2005年10月庙宫水库除险加固工程竣工

主坝加高加固后，最大坝高为44.2米，坝顶宽5米，坝顶长402.5米，坝低宽292.65米，坝底长95米，迎水坡平均坡度1∶3.5，背水坡平均坡度1∶2.26。经对加固后的大坝浸润线进行计算，在正常高水位778.2米、复核水位785.7米时，坝体安全稳定系数小于规范规定要求，其他情况下都是安全的。

副坝加固：在对主坝加高加固的同时，对副坝也进行了改建加固，坝轴线下移12米，副坝与主坝交角129° 15′，坝长140米，坝顶宽5米，坝顶高程、坝顶结构与主坝同，坝高2.6米，前后坝坡均为1 ：2，用碎石和干砌石护坡。

在主坝体上接高测压管29个，新做位移沉陷点34个、工作基点12个。同时，在坝顶、减压沟旁设置永久照明线路850米。

2. 溢洪道改建工程：正常溢洪道与非常溢洪道并列于副坝东端，溢洪道轴线与副坝轴线成68° 50′交角。非常溢洪道在正常溢洪道闸下145米流入正常溢洪道陡坡段。溢洪道改建工程为接高闸墙闸墩，提高启闭机台，使启闭机台高出785.7米的复核水位，提高闸门卧轨高度，使提高后的平卧闸板高出784.2米的校核水位。这样需将正常溢洪道闸桥和非常溢洪道桥分别抬高3.6米和3.8米，桥面高程达到788.3米，并将桥面加宽1.1米。同时将溢洪段侧墙加高，达到千年一遇洪水标准。尾水渠为溢洪道和泄洪洞共用之泄洪渠道，本次采用深挖槽方案，按照加固工程设计渲泄2000立方米/秒的洪峰流量要求进行挖宽挖深。

3. 水电站机组安装

水电站厂房于1972年水库工程续建期建成后，机电设备陆续到齐，1977年4月至1978年6月，由华北水电学院协助完成了全部机电设备安装任务，共安装HL123-WJ-59型水轮机3台、XT-600型水轮机调速器3台、TSWN99/46-8-500型发电机3台和控制盘、复励盘、低压盘共17块、ST-1800变压器2台。经承德地区电力局、隆化县电力局协助调试，于1978年7月23日试运行，1978年8月1日正式发电运行。本次水库加固工程还为电站修建了尾水闸、排水井、变电站场及管理房屋4栋，并修建了锅炉房、安装了供暖锅炉及供暖管道。

4. 移民迁建扫尾：本次加固扫尾施工确定的移民高程781米，征地高程780米，新移民迁建42户、242人、204间房屋，赔偿迁建费4.7万元，征地1157亩，赔款16.5万元，改建道路2千米，投资4.59万元，农田水利工程补助费1.3万元，以上四项共计27.09万元，1976年将全部款项拨围场县人民政府，作一次性处理解决。

5. 其他工程：完成防汛路改建2.4千米、修建溢洪道泄洪闸启闭机房、溢洪道陡槽段浆砌石墙环氧砂浆勾缝等。

庙宫水库加固工程由承德地区负责组织实施，从隆化、滦平、丰宁、围场、平泉5个县抽调民工3000人至5000人施工，1976年3月开工，1978年9月全部完成施工任务。共完成工程量，土方开挖45.91万立方米，土方填筑20.55万立方米，石方开挖19.49万立方米，浆砌石1.92万立方米，干砌石2.04万立方米，钢筋混凝土980立方米，总计完成国家投资495.9万元。加固工程计划项目除输水洞进口塔架桥改建未进行外，其他项目均按计划竣工。1979年9月26日至27日，由水电部、省根治海河指挥部、省水利局、省建设银行根治海河支行组织，承德地区行署农办、地区水利局、地区计委、地区建设银行、地区建委、庙宫水库管理处、围场县建设银行等单位参加，对庙宫水库加固工程进行了竣工验收，认为加固主体工程基本符合设计要求，准预交付使用。

（五）补充配套工程：

溢洪道右侧与副坝连接为一砌石结构裹头扭坡段，基础落在岩石上，1964年渡汛工程和1977年加固工程两次加高主副坝时，裹头在原锥坡顶部相应垂直加高，形成一个4米高的“帽子”。1978年至1980年先后出现裂缝和滑移，在副坝与溢洪道桥台连接处出现塌坑，在溢洪道闸下游右侧墙出现两处漏水。1981年10月25日，承德地区水利局将庙宫水库副坝裹头扭坡段加固处理设计及预算报省水利厅，1982年3月29日省水利厅批准同意所报裹头扭坡段处理意见，核准投资19万元，当年由承德地区水利机械工程处承担施工，拆除了上部直墙变为锥坡，将扭坡坡度放缓至稳定坡度，并拆除主副坝结合段防浪墙折线形段重建呈弧形。共完成土石方1.16万立方米，混凝土150立方米，浆砌石1587立方米。

1964年建成的输水洞进水塔工作桥原为利用废旧钻机塔架建成的临时性轻型钢桁架桥，桥面高程较进水塔启闭机室地板低5.2米，较正常蓄水位低0.8米，不适应管理工作的要求，且桥墩坐落在较浅的浆砌石基础上，经过近20年的运用，基础边缘砌石已有部分坍落。1974年渡汛工程设计曾拟改建成钢筋混凝土灌柱桩基础排架墩钢桁架轻型桥，因水库水位较高，桥墩施工困难而搁置。1982年，地区水利局技术人员提出改建成单塔斜拉桥设计方案，解决了桥墩水下施工困难问题。斜拉桥设计总长75米，纵向有两支工字钢，横向有两个接近垂直的索面，立面上钢索布置呈辐射形，设置钢索8根，塔架为正梯形框架，高21.2米，基础为4根18米长的混凝土柱桩，桥面高程与启闭机室地板齐平。1982年5月将设计及预算报省水利厅，核准投资6万元，当年由承德地区水利机械工程处承担施工，在北京力学研究所协助下，于1983年11月竣工交付使用。

（六）维修施工

1976年水库经过加固扩建施工后，在管理运用过程中又进行多次维修施工。1976年在大坝加高加固时施工质量控制不严，坝坡表层松土清除不彻底，加之筑坝土壤含沙量大和护坡垫层碎石粒经过大等原因，致使坝坡抗雨水冲刷能力差，1983年以来，大坝背水坡雨后多次出现大面积冲沟塌坑，危及坝体安全，急需进行翻修处理。

1984年，完成下游坝坡翻修处理总面积15740平方米，并对上下坝台阶和测压管进行了修复，完成土沙方量15766立方米，干砌石1920立方米，浆砌石1620立方米，砼2立方米，国家投资21万元。

1987年，对大坝背水坡进行灌沙维修处理，灌沙面积4053平方米，国家投资2.2万元。

1988年，对大坝减压沟进行翻修，总长220米，完成土石方量3114立方米，国家投资2.5万元。

1989年，省水利厅同意将庙宫水库大坝背水坡翻修处理、空库排沙试验工程和库区上游围场县四合永防洪堤等三项工程列入水利基建计划，由地区水利水电勘测设计处编制了庙宫水库坝坡翻修处理工程初步设计。1989年7月26日，省水利厅批复了庙宫水库坝坡翻修处理等三项工程的初步设计，核定坝坡翻修处理等项目投资62万元。坝坡翻修处理技术施工初步设计由地区水利水电勘测设计处完成，由地区水利局批准实施。

1989年，庙宫水库坝坡翻修处理等工程成立了以地区水利局副局长李基方为组长的施工领导小组，施工单位为地区水利工程处，9月1日开工，组织200人分段分片承包施工，于11月1日全部完工，对过去尚未翻修的坝坡完全采用土工布翻修，总面积14650平方米，原已灌沙维修的坝坡又出现冲沟塌坑部位采用砂石反滤进行翻修，面积1300平方米。翻修坝坡排水沟及上下坝台阶264米，检修全部排水孔，整修部分坡段的贴坡反滤体。完成坝坡翻修工程量：拆除干砌石4770立方米，清除垫层碎石2464.5立方米，完成干砌石5190立方米，铺设土工布15996平方米，拆除浆砌石250立方米，新砌浆砌石253立方米。

除完成大坝背水坡翻修处理外，还完成坝体测压管修复52根，通过注水实验，全部能够正常使用。完成防汛油路维修1.2千米计5528平方米，新铺防汛油路0.78千米计2660平方米。改造坝上照明线路740米，更换水泥线杆5根。对水电站尾水渠进行了疏浚，扩宽渠段500米，清淤渠段500米，完成土方开挖50101立方米、石方485立方米。对水库管理处饮用水源工程进行了维修，加固80立方米蓄水池1座，购置更新机泵设备，对水井进行掏挖清洗，翻修泵房，维修输水管路。新建油库、仓库房屋2间30平方米，修筑油罐墩台2个。利用预算投资、工程节余投资建设单位留成同职工集资结合，在隆化县城已征土地上建灌区管理和职工住宅综合楼830平方米。

庙宫水库坝坡翻修处理等各项工作，共完成投资62.8万元。坝坡翻修等工程完成后均经过初期运用，1990年汛期雨量偏大，背水坡未出现冲沟塌坑，排水孔工作正常，测压管均能正常观测。水电站尾水渠疏浚后解决了尾水倒灌、影响量水堰观测、电站发电出力下降等问题。其他几项工程均能正常运用，达到预期目的。1990年9月，坝坡翻修处理等各项工程通过了地县等有关单位组织的验收。

四、库区淤积及排沙

（一）库区淤积状况及危害

庙宫水库自1960年开始拦洪蓄水，为了发挥水库工程的综合效益，多年来一直采取以蓄为主的运用方式，入库来沙的淤积率大多年份都在90%以上，使上游来沙绝大部分淤积在库内。由于淤积严重，水库防洪能力逐年降低。现状只能在小于20年一遇洪水时保证下游河道行洪安全，其他兴利效益也相应大大降低。建库初期，由于水文资料缺乏，建库经验不足，规划设计对水库上游水土保持作用估计偏大，水库堆沙库容仅按土壤侵蚀模数659吨/平方千米设计，没考虑排沙措施，从1961年至1981年的21年运行中，运行初期死库容就已淤平，水库泥沙淤积总量达7450万立方米，占总库容的40.7%。在水库续建、加固工程施工过程中，虽已发现泥沙实际淤积量大大超过原设计的淤积量，但也没有提出具体的解决措施。至1986年水库累计淤积量达9156万立方米，已占总库容的52%，坝前淤积厚度达24.5米，已占总库容的55%。至1990年，经30年实测水文资料测算，水库年平均来沙量473.1万吨，年均出库沙量71.5万吨，年均淤积量401.6万吨，库区累计淤积泥沙总量1.2亿吨，折合9267.7万立方米。由于库区严重淤积，造成库尾淤积上延，已严重影响到围场县四合永镇和公路、铁路的安全。随着淤积末端的上延，上游河床逐年抬高，使河床由原来在地面以下逐渐发展到与两岸持平，甚至高出两岸耕地及村基，形成地上悬河。

水库淤积形态为锥体，淤积厚度沿程增大，到坝前淤积最大，坝前淤积高程已达768.5米，比原河底高程高23米，库区河道比降由建库前的3.74‰变缓为1.8‰。随着坝前淤积滩面的不断抬高，淤积末端逐渐向上游延伸，1979年水库淤积量6929万立方米，坝前淤积高程765.2米，淤积末端距大坝8.6千米，未发生翘尾巴；到1986年，水库淤积量9156万立方米，坝前淤积高程767.55米，淤积末端距大坝11.5千米；到1991年水库淤积量9468万立方米，坝前淤积高程768.5米，淤积末端距大坝13.7千米。到1998年，坝前淤积高程768.6米，淤积末端仍在上延发展。

实地调查，四合永淤积浸没问题始于1985年，当时海岱沟门、合字村一些近河耕地发生盐渍化，以后随着河床逐年抬高，浸没范围逐年扩大，逐年严重，由开始耕地发生盐渍化，到土地沼泽化，居民房基软化，房屋发生不均匀沉陷，墙垣断裂甚至倒塌。据1991年汛前测量，水库泥沙淤积总量已达9468万立方米（包括库尾区），库容损失近一半以上，兴利库容由6800万立方米减少到2300万立方米；四合永公路桥上游1.2千米处河床淤高2米，已高于两岸成为地上河。河道淤积之前，河谷较深，两侧地表水、地下水排入河谷；河床淤高以后，河道水面线抬高，两侧地下水向河谷排泄受阻，造成地表水、地下水排泄不畅，甚至出现河水补给地下水的现象，使两侧地下水位壅高，从而产生浸没，出现土地盐渍化、沼泽化现象，四合永浸没区总面积达到2.3平方千米，浸没区内约1200亩耕地盐渍化，数百间居民住房地面塌陷、墙体断裂甚至倒塌，群众生产生活遭受严重损失，并且形成较为严重的社会问题。

（二）空库排沙试验工程

多年来，庙宫水库淤积严重，经1987年、1988年两年主汛期进行空库排沙试验，效果较好。为加大排沙量，摸索排沙经验，为水库综合技术改造创造条件，决定于1989年主汛期辅以人工工程措施，继续进行排沙试验。排沙工程设计由地区水利水电设计处完成，工程内容包括开挖排水渠3800米，疏通已形成的冲刷槽6000米，降低冲刷槽漏斗端坎高程、开挖阻水沙渠及增加临时观测点，实施库区27个断面测量等任务。设计由省水利厅与坝坡翻修工程同文批复，核定投资12万元。排沙试验工程于1990年6月20日开工，8月10日完工，开挖冲沙渠3800米，疏通了冲刷槽，爆破降低漏斗端坎高程，共完成土方开挖量5.3万立方米，其他工程也按设计实施完成。省水利水电勘测设计院、水利部水科院泥沙研究所派人到现场指导排沙试验，观测资料分析整理完毕。实际完成投资10.6万元，节余1.4万元。1990年该排沙试验工程排出沙量213万吨，排沙耗水比为5.04立方米水/吨沙，比1987年、1988年的9.38立方米水/吨、6.41立方米水/吨沙有明显降低，增大了排沙效果，并获得许多有用数据。到1992年，包括库区排沙试验工程，建入库水文站、排沙模型试验、排沙冲刷槽试验等项目，共投资41.7万元。

（三）排沙试验

为了延缓库区泥沙淤积，延长水库工程使用寿命，减轻因库区淤积上延造成的浸没危害，从1987年开始，庙宫水库实行排浑蓄清运用方式，每年主汛期（7月11日至8月10日）将泄洪洞闸门打开，利用上游入库的天然径流进行冲沙。

1987年至1992年实测资料统计的历年空库排沙成果，在6年共173天空库排沙期间，出库悬移质沙量1767万吨，为同期入库悬移质沙量858.4万吨的2.1倍，相当于6年总入库悬移质沙量1973.2万吨的90%。空库排沙期总出库水量1.87亿立方米，占6年总入库水量6.13亿立方米的30%。

6年悬移质入库沙量1973.2万吨，出库2064.5万吨，估算年推移质入库量309.8万吨，出库量162.8万吨。入库总沙量仅比出库总沙量多55.7万吨，说明库区基本处于冲淤平衡状态。

经过6年主汛期空库排沙，在库区形成一条长约7千米的冲刷槽，槽库容为530万立方米，与滩地淤积增长量510万立方米相抵。坝前滩面平均淤高0.21米/年，比空库排沙前0.9米/年降低4倍多。四合永公路桥附近河床平均淤高0.12米/年，比空库排沙前0.18米/年降低1/3。

总结6年空库排沙结果，可以看出，利用现有泄洪洞在主汛期进行空库排沙，可以有效地减缓水库淤积速度，但库区滩地特别是四合永段河床仍在继续抬高，四合永浸没问题仍在逐年加剧。

为了解决庙宫水库库区上游浸没问题，1993年国家投入近100万元，在浸没区打大管井11眼，修建灌溉引水渠道2条（总长3580米），挖排水沟2条（总长3250米），建简易扬水站1座、灌溉建筑物7座。在数百间发生沉陷裂缝的房屋中，确定急需搬迁的40户和一所小学。1996年汛后，国家拨款646万元，加上群众和地方自筹，总投资近千万元，实施了多项浸没治理应急工程，在库区浸没的河床上开挖一条行洪输沙渠，在浸没治理区开挖4条自排水沟等。以上措施产生的效果甚微。

在1987年至1999年13年空库排沙中，冲刷较多的年份有1989年和1991年。1991年主汛期来水量较多，总来水量为4472万立方米，为中小年，相当于5年一遇，冲刷泥沙量493.8万吨，入库沙量167.8万吨，净排沙总量326万吨，空库排沙效果在1989年至1999年中为最大的一年，冲刷区域为水库坝前8千米，再向上游都为淤积，对于距水库拦河坝10千米处的四合永镇，河道滩地和主河槽有所淤积，说明1989年至1999年空库渡汛，冲刷最大的年份四合永镇仍淤积较为严重，中水年利用泄洪洞排沙不能解决库尾淤积问题。

（四）排沙洞工程前期研究

通过排沙试验和各种方法计算表明，在现状条件下，利用泄洪洞空库渡汛排沙，庙宫水库淤积翘尾巴是逐年严重，上游四合永镇淤积浸没还在发展，因此需要修建排沙洞。对修建排沙洞的规模进行了各种方法研究，分别委托水利部天津勘测设计院进行了库区冲淤物理模型试验，委托天津大学进行了库区冲淤数学模型试验，委托水利部水电科学研究院采用水库黏性淤积物溯源冲刷的一维方程进行溯源效果的计算分析。

1989年3月水利水电科学研究院编制了《庙宫水库溯源冲刷效果的计算分析》，采用水库黏性淤积物溯源冲刷的一维方程计算水库的溯源冲刷，表明在目前758米高程泄洪洞排沙的条件下，当有200立方米/秒左右较大流量用于空库冲刷时，冲刷效果还可能扩大，但冲刷槽继续上溯的距离是有限的，难以影响到四合永水库段。认为在增设低高程排沙洞后，随着侵蚀基准面的降低，可进一步提高总冲刷量和有利于冲刷槽的上溯，当新排沙洞高程降低至748米时，冲刷槽基本上可影响到四合永水库段，对减轻四合永镇的洪水威胁是有积极作用的。

庙宫水库库区

1992年12月，水利部天津水利勘测设计院编制了《庙宫水库泄空冲刷试验分析报告》，对泄洪洞的排沙效果进行了试验。采用现有的泄洪洞，13年空库排沙试验表明，四合永附近的淤积问题只能得到缓解，而不能得到解决。水利部天津院的库区冲淤物理模型试验结果表明，建排沙洞以后，在排沙洞（洞径按6.8米）与泄洪洞配合泄流排沙条件下，三种类型水沙系列的冲刷槽均可上溯到四合永段，但冲刷量及冲刷深度差别很大，其中以Ⅲ型水沙系列冲刷效果最好，累计冲刷量974.9万立方米，四合永段形成稳定的冲刷槽，平均宽度38米，平均深度11米。这说明冲刷效果与未来的来水来沙情况关系极大。

1993年，天津大学编制了《庙宫水库排沙洞前期工程泥沙数学模型初步研究》，采用二维理论泥沙数学模型，重点研究水库库尾巴的淤积浸没问题。此研究与水库空库排沙模型试验结论基本一致，表明现有泄洪洞排沙设施，在蓄清排浑运用方式下，可以减缓水库淤积速度，形成一定槽库容，但对四合永河段的冲刷效果有限，只能起到部分延缓淤积浸没发展的作用。研究认为，增设低高程、大洞径的排沙洞，采用蓄清排浑运用，在主要来沙季节，运用水流本身的冲刷能力，将水库淤积物带出库外，达到冲淤排沙的目的，在技术上是可行的。

上述研究和分析计算表明，增设低高程大孔径排沙洞后，在其他条件与上述条件相同的情况下，空库冲刷效果会明显增大，在遇有200立方米/秒左右洪峰时，空库冲刷所形成的冲刷槽基本上可到库尾四合永桥处。若在此基础上再进一步作一些开挖疏导工程，可以减轻泥沙淤积发展对四合永镇的威胁。

各种试验研究和分析计算都推荐排沙洞洞底高程748米、洞径6.8米方案。

排沙模型试验是根据13年的来水过程进行分析的，13年中最大的丰水年为1990年，洪峰流量最大为1400立方米/秒，模型试验最大泄量为500立方米/秒，只要设计条件最低控泄500立方米/秒即可达到与计算条件一致的冲刷效果。

新建排沙洞后，水库的调度方式恢复为10年以下洪水控泄500立方米/秒，20年以下洪水采用排沙洞和泄洪洞联合排沙。

五、水库综合技术改造（除险加固）

庙宫水库于1960年初步建成拦洪蓄水，后又经过续建、加固扩建等施工阶段，多年来在防洪、灌溉、发电等方面发挥了较好的经济效益和社会效益。但在管理运用过程中，也发现和暴露出水库工程存在诸多安全隐患和需要解决的问题。

根据水利部《水库大坝安全鉴定办法》的有

关规定，从2000年初开始，承德市水利局、水利部河北水利水电勘测设计研究院、庙宫水库管理处有关人员组成调查组，对水库工程进行了全面鉴定，多次进驻现场开展调查，对工程现状和有关历史数据进行了认真分析，由水利部河北水利水电勘测设计研究院负责编写完成《河北省庙宫水库大坝安全鉴定报告辑》，对庙宫水库工程存在的主要问题进行了分析和确认：（1）水库大坝下游坝坡反滤层及排水设施失效，坝坡较陡，在各种工作条件下，坝坡抗滑稳定安全系数均不能满足规范要求；如果恢复排水设施，使其正常发挥作用，设计洪水位稳定渗流期坝坡抗滑稳定安全系数仍不能满足规范要求。（2）水库经过40多年的运用，库区泥沙淤积严重，到1991年淤积总量达9468万立方米，库区末端河床抬高2米，致使库区上游四合永镇沿河两岸发生严重浸没，浸没范围达到2.3平方千米，造成1200亩耕地盐渍化、沼泽化，数百间居民房屋塌陷、墙体断裂，危及铁路、公路和群众生命财产的安全。1987年以后水库改为蓄清排浑运用方式，主汛期利用泄洪洞空库排沙，由于泄洪洞进口底高程太高，泄流能力不足，库区淤积速度虽有所减缓，但不能从根本上解决问题，对上游浸没区效果不明显，仍在继续淤积。在浸没区也采取了一些应急排水措施，但效果甚微。库区严重淤积使水库总库容减少一半以上，兴利库容由6800万立方米减至2300万立方米，防洪和兴利效益大大降低。（3）溢洪道、泄洪洞、输水洞等建筑物损坏严重。溢洪道机架桥主梁正截面受弯承载力不能满足规范要求，正常溢洪道左裹头没有完全护面，造成原有护面有严重破坏，非常溢洪道右侧浆砌石导墙不均匀沉陷造成大的断裂，公路桥砼大梁有不同程度裂缝，栏杆、路面都有不同程度破坏；泄洪洞洞身砼、进口竖井及出口部位砼有局部剥蚀、裂缝现象；输水洞洞身砼剥蚀现象比较严重，有不同程度裂缝。（4）金属结构及电器设备陈旧老化，闸门锈蚀严重，有的主要部件强度已不满足规范要求，启闭设备和电气设备陈旧，年久失修，电气设备有的已属淘汰产品，运行的安全性和可靠性不能保障。（5）管理设施陈旧。水库现有管理房屋均为建库初期修建，已使用40多年，现有办公用房两排平房420平方米，生活用房1118平方米，生产用房144平方米，均为1962年修建，房屋坍塌漏雨，无法维修，已成危房。

2000年7月25日，承德市水务局召集各方面专家组成大坝安全鉴定专家组，召开了大坝安全鉴定会议，专家组对《河北省庙宫水库大坝安全鉴定报告辑》进行了认真审查和充分讨论后，提交了《大坝安全鉴定报告书》，评定庙宫水库大坝安全类别为三类坝，并提出对水库工程的加固意见和建议。2000年7月，《大坝安全鉴定报告书》上报省水利厅审查，同意了专家组鉴定结论，将有关资料申报水利部大坝安全管理中心复核审查，水利部大坝安全管理中心提出了最终核查意见，同意三类坝鉴定结论。复审后，委托水利部河北省水利水电勘测设计研究院完成了《庙宫水库除险加固工程初步设计报告》，由省水利厅报送海河水利委员会审批。

本次除险加固工程设计洪水标准为百年一遇洪水设计，两千年一遇洪水校核。设计洪水计算分析成果采用省审定的1985年进行除险加固规划时省水利水电勘测设计院会同庙宫水库管理处进行的设计洪水补充计算分析成果，即百年一遇设计洪峰流量为2400立方米/秒，24小时设计洪水总量为0.674亿立方米，三天设计洪水总量为0.967亿立方米；两千年一遇校核洪峰流量为3970立方米/秒，24小时校核洪水总量为1.25亿立方米，三天校核洪水总量为1.8亿立方米。地震设计烈度为6度。工程等级为二等，主要建筑物为二级，次要建筑物为三级。

庙宫水库除险加固初步设计，根据大坝安全鉴定的结论和意见，针对水库枢纽工程存在的一系列问题，对各建筑物重新进行了安全复核，提出了各建筑物的加固设计方案。除险加固工程的内容主要是拦河坝加固，新增排沙洞工程，溢洪道、泄洪洞、输水洞等建筑物砼破损部位的修复及所属建筑物金属结构、电气设备的更新完善，水电站机组设备的更新改造，管理处房屋改建等。

除险加固以后，庙宫水库仍是以防洪为主，兼有灌溉、发电综合效益的大（II）型水库。水库调度运用方式，汛期7月11日至8月10日空库渡汛，10年一遇洪水限泄流量500立方米/秒；20年以下洪水只启用排沙洞，超过20年一遇洪水启用溢洪道。防洪起调水位768米（假定高程系统，即国家85高程加16.868米，下同），正常蓄水位778.2米，设计洪水位777.19米，校核洪水位780.6米。下游河道防洪标准为10年一遇，相应安全流量500立方米/秒。

2002年6月12日至15日，海河水利委员会受水利部的委托，在承德市召开会议，对河北省水利厅报送的《庙宫水库除险加固工程初步设计报告》进行了审查。参加会议的有河北省水利厅、省防汛办公室、水利部河北水利水电勘测设计研究院，承德市政府、市计委、市财政局、市水务局、庙宫水库管理处等单位的领导、专家和代表。与会人员查勘了庙宫水库除险加固工程现场，听取了设计单位的汇报，并进行了认真的讨论，提出了初步审查意见。会后，设计单位根据初审意见对初步设计进行了修改。2002年8月6日，海河水利委员会正式批复经过修改后的《庙宫水库除险加固工程初步设计报告》，核定工程总投资9234万元。

2002年12月23日，市政府成立了以常务副市长袁福为组长、由11个有关单位为成员组成的庙宫水库除险加固工程领导小组，以解决与工程建设有关的重大问题。市水务局组建了庙宫水库除险加固工程建设管理处，作为建设单位，负责工程实施建设管理工作。

批复的除险加固工程总投资9234万元，其中国家投资4610万元，省投资3240万元、市级自筹1384万元，省以上投资于2005年底前全部到位，2005年底市财政自筹资金105万元，共到位资金7955万元。截至2006年10月20日，共完成投资9160万元。由于资金没有全部到位，到2006年底已停止施工，尚有排沙洞出口闸门、排沙洞出口对面护地坝、水文站测量设施、水库防汛调度自动化等工程项目未实施，其他主要除险加固工程项目均已按批准的设计内容全部竣工。

六、运行管理

（一）工程效益

水库工程初步建成后，多年来采取了以防洪蓄水为主的管理运用方式，安全运用40多年，在防洪、灌溉、发电和养鱼等方面发挥了较好的综合效益。

1. 防洪效益　水库建成40多年来，伊逊河发生大于水库下游河道安全泄量500立方米/秒的洪水共有12次，都被水库拦蓄，削峰量都在84%以上。1971年7月19日入库洪峰流量1130立方米/秒，出库流量49.75立方米/秒，削减洪峰95.6%；1972年7月18日入库洪峰流量1920立方米/秒，出库流量20立方米/秒，入库洪峰流量几乎都被水库拦蓄；1974年7月25日入库洪峰流量1080立方米/秒，出库流量175立方米/秒，也只相当于下游河道安全泄量的1/3。由于水库上游洪水得到了水库调控，削减了洪峰，保证了下游河道安全行洪，河道中泓有所稳定，保护了下游沿河两岸9个乡镇、1个县城共8.67万人、12.58万亩耕地和承围公路、沙通铁路的安全，两岸滩地耕地免遭冲毁，并挡坝淤滩扩大耕地3万亩，扩种水田稻田万余亩。防洪效益约6200万元。

2. 灌溉效益　水库建成投入运用以后，采取以伊逊河主河槽为总干渠，逐年沿伊逊河两侧配套修建若干条分干渠，至1990年共配套分干渠108条，建成庙宫灌区，水库每年向灌区供灌溉用水3000万立方米，灌溉面积达9万亩，其中灌溉稻田5.4万亩。建库前只有水稻面积数千亩，亩产仅130公斤；建库后，水稻面积逐年增加，亩产达到400公斤。

3. 发电效益　水电站于1978年建成投入运行发电，至2005年，水库累计提供发电水量5.77亿立方米（其中重复水量5.09亿立方米），累计发电8036.9万千瓦时。灌溉与发电两项效益约

1250万元。

4. 养鱼效益　水库共有养鱼水面各10170亩，利用养鱼水面7000亩，从1968年开始投入鱼苗发展养鱼，到1987年共捕成鱼159.8吨，收入21万元，投入产出相当。1987年改变水库运行方式，实行主汛期空库排沙，养鱼生产停止。

（二）工程观测

1. 观测设施：大坝经过初建、续建、加固扩建，共安装测压管29个、大坝位移沉陷观测点34个，工作基点12个。

2. 观测项目：主要有水库水位观测、大坝位移观测、大坝浸润线观测、大坝渗压观测、大坝渗流量观测。通过运行多年观测，大坝工程质量均属正常，未发现异常现象。初期观测坝基最大渗流量161.8升/秒；到20世纪70年代初期观测，大坝累计沉陷量177毫米。

（三）蓄水情况

为发挥水库防洪、灌溉、发电、养鱼等综合效益，多年来采取了以蓄为主的运用方式。为保证灌溉用水需要，一般在末汛期蓄水，蓄至11月初旬结冻，可蓄0.1亿～0.4亿立方米水；11月中旬至次年3月解冻期库水位保持平衡，4月份还可蓄化冰水0.05亿～0.2亿立方米，5、6月份为放水灌溉期，结合灌溉放水进行发电，主汛期7月份空库拦洪泄洪排沙。汛期水库最高蓄水位为1974年7月25日，水位达778.46米，超过20年一遇洪水位，实际发生洪水峰值频率与设计相当，洪量值频率比设计为小。汛后最高蓄水位为1978年和1979年，均超过设计正常蓄水位778.2米，其他年均未达到设计最高蓄水位。水库建成40年总入库水量为49.3亿立方米，年平均入库水量1.23亿立方米，占水库设计多年平均来水量的66%。1974年入库水量2.6亿立方米，为最大年入库水量；1989年入库水量0.32亿立方米，为最小年入库水量。水库年来水量集中在6-10月与3-4月两个时段，以7-8月来水量最多，占年来水量的47.6%。

（四）汛期运用

水库建成初期，汛限水位定到死水位756米，投入运用一年多死库容就淤满。1962年汛限水位提高到762米，大坝加筑子埝渡汛。1964年水库渡汛施工，汛限水位提高到773米，由于洪水设计值不断加大，大坝又加筑子埝渡汛。1976年水库进行加固扩建，把汛限水位定为773米。为保证灌溉用水，汛后蓄水位提高1米至779.2米。为了减轻水库泥沙淤积，从1987年开始改变运用方式，主汛期（7月11日至8月10日）空库排沙，汛限水位定为768米，初末汛期蓄水位定为776米。2003年7月8日，水库开始进行全面除险加固施工，停止蓄水运用，新建排沙洞完工后，于2005年10月1日水库恢复蓄水投入运行，水电站于2006年6月2日恢复发电。

第二节　潘家口水库

20世纪60年代以来，华北地区降水逐年减少，而工农业用水量急剧增加，造成全华北尤其是京、津、唐地区水资源严重短缺。1973年4月，党中央和国务院做出集中力量、集中精力、加快引滦工程建设并统一规划京、津供水的决策。根据统一规划，决定修建滦河潘家口水库，保天津、唐山城市用水，增加冀东农业用水。

潘家口水库，坝址位于滦河中游迁西县扬查子村，控制滦河流域面积33700平方千米，占滦河流域总面积的70%，多年平均径流量24.5亿立方米，为滦河全流域水量的一半。潘家口水库拦蓄滦河上游来水，为天津、唐山提供水源，同时兼顾防洪、发电、水产养殖等综合效益。

潘家口水库由混凝土拦河坝、18孔溢洪道（每孔设15×15米弧形闸门）、4孔泄水底孔（每孔4米×6米）、电站（装机4台共45万千瓦）及两座土质副坝等建筑物组成。主坝设计最大坝高107.5米，设计坝顶长度1039.11米，设计总库容29.3亿立方米，兴利库容19.5亿立方米。建成后核定总库容26.22亿立方米，兴利库容17.03亿立

1980-2009年潘家口水库入库水量表

表5—1—1

水量 年份	滦河下游	入唐供水		河北	天津	合计	潘库来水
		工业	农业	合计			（亿立方米 ）
1980	97674	C	C	97674	C	97674	13.0483
1981	79848	C	C	79848	C	79848	6.9129
1982	67757	C	C	67757	C	67757	11.7669
1983	73999	C	C	73999	38541	112540	12.5149
1984	70269	916	C	71185	46822	118007	8.9603
1985	41619	C	C	41619	28300	64919	13.6585
1986	59765	C	C	59765	45805	105570	21.8172
1987	56528	1931	C	58459	41271	99730	19.0408
1988	81535	2649	C	84184	55690	139874	11.371
1989	92942	9277	11996	114215	95169	209384	8.234
1990	42809	1851	9572	54232	48486	102718	24.8608
1991	47511	3500	4635	55646	52879	108525	28.2149
1992	80957	7030	14233	102220	96321	198541	19.0684
1993	61772	5320	17542	84643	77162	161796	21.1316
1994	70737	4000	19434	94171	43260	137431	36.1548
1995	63431	1611	11526	76568	33518	110086	25.2387
1996	73011	4365	18117	95493	36228	131721	28.5763
1997	89701	3800	31518	125022	84990	210012	14.8509
1998	34518	8493	7483	50494	61373	111867	23.8346
1999	57011	10224	16235	83470	75905	159375	7.2956
2000	37297	8512	12829	58638	48776	107414	3.3904
2001	0	11908	0	11908	48989	60897	10.0142
2002	33315	8821	15468	57604	45013	102617	4.0416
2003	8155	11295	3520	22970	44032	67002	6.5205
2004	16346	8879	3490	28715	38927	67642	6.8955
2005	5711	9082	5798	20591	43071	63662	14.6292
2006	18862	8215	7454	34531	69372	103903	6.3696
2007	23110	14703		37813	61356	79169	5.5803
2008	24832	12368		37200	44021	81221	9.0947
2009	29000	9900		38900	53100	92000	3.8346
合计	1540022	1686500		1919534	1458377	3377902	426.922

方米。

水库由水电部第十三工程局勘测设计院设计，中国人民解放军某部队武警水电总队施工。水库一期工程于1975年10月动工，1979年12月20日下闸蓄水，1981年4月常规机组并网发电，1983年开始通过引滦入津渠道向天津供水，1984年开始通过引滦入唐渠道向唐山市区供水。1984年主体工程基本完成，总投资6.8亿元。同时发挥了综合效益。可养鱼水面10万亩。1999年底，滦河流域降雨明显偏少。1—9月共降水289.0毫米，比同期多年平均（571.2毫米）少282.2毫米，是有径流资料记录以来的最枯年份。1999年全年潘家口水库来水7.30亿立方米，年底水库蓄水仅8.90亿立方米，仅为正常年份的1/3，天津市城市供水严峻。天津市政府以津政函［1999］82号文提出动用潘家口水库死库容解决天津市供水问题。至2005年，通过引滦入津渠道共向天津市供水123亿立方米。

潘家口水库淹没范围涉及承德市的宽城、兴隆、承德3个县，按征地高程222米、移民高程224米，共淹没7个公社、29个大队、197个生产队，共移民4566户24657人。淹没面积59.1平方千米，占淹没总面积的74.25%，其中淹没耕地25520亩，房基地3383.5亩，房屋13472间，果树成树57万株、幼树30.3万株，其他成材树木132.9万株。据1982年调查，库区淹没只农业一项年平均损失达953万元。修建潘家口水库为津、唐地区提供了充足水源，并取得了防洪、发电等巨大效益，库区的宽城、兴隆、承德3个县人民为此做出了巨大贡献。

第三节　双峰寺水库

一、概述

双峰寺水库，位于滦河一级支流武烈河干流上，坝址位于承德市双峰寺镇小东沟村，距下游承德市区约12千米。是一座以防洪为主，结合供水，兼顾生态环境用水和发电的综合性大（Ⅱ）型水利枢纽工程。

武烈河发源于燕山山脉东麓七老图支脉南侧的围场县道至沟，向南经双峰寺镇后纵贯承德市区，至雹神庙村汇入滦河。武烈河流域面积2580平方千米，其上游有四条支流汇入，四条支流呈扇形分布，其中最下游的头沟川汇入点位于承德市上游的高寺台镇附近。由于山区降雨集中，汛期洪水突发性强，上游缺乏防洪控制性工程，承德市城区防洪能力仅为20年一遇，远不能满足《防洪标准》（GB50201-94）中要求的100年一遇洪水标准，武烈河沿岸的承德市主城区和避暑山庄等景点经常遭受洪水侵袭和威胁。受地形条件、两岸文物古迹等多方面的限制，已不能通过堤防工程提高城市防洪标准。承德市区生活和工业用水主要从武烈河及滦河两处河滩地集中取水，供水保障率低，取水成本较高，而随着近年来承德市国民经济和旅游业的快速发展及人民群众生活水平的提高，用水量不断增加，现有水源地的水量和水质受河道径流及上游退水的影响，难以满足城市经济社会可持续发展的要求；另外，避暑山庄湖区主要依靠武烈河提供水源，由于缺乏调蓄工程，枯水期曾出现长时间河道断流，导致避暑山庄湖区水位下降甚至干涸，严重影响了生态和环境以及承德市作为历史文化名城的形象。

双峰寺水库工程是《海河流域防洪规划（2008年）》和《全国大型水库建设规划（2008年-2012

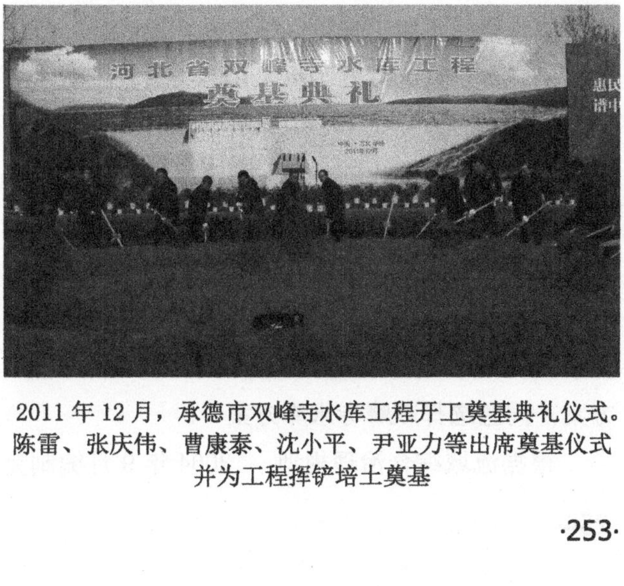

2011年12月，承德市双峰寺水库工程开工奠基典礼仪式。陈雷、张庆伟、曹康泰、沈小平、尹亚力等出席奠基仪式并为工程挥铲培土奠基

年）》确定的城市防洪骨干工程，水库位于武烈河流域石洞子川、鹦鹉川、茅沟川和头沟川等4条支流汇合口以下，控制武烈河流域面积的89.3%。工程建成后，可有效调控洪水、削减洪峰，与下游堤防工程相结合，将承德市区的防洪标准由20年一遇提高到100年一遇，为避暑山庄等世界文化遗产和人民生命财产提供防洪保障；可为承德市的城市生活和工业用水提供清洁可靠的水源，保证城市供水安全。同时还兼有城市生态环境补水，改善景观和环境和发电等功能，对促进地区经济和社会发展具有较大作用。

二、勘察设计

1997年，河北水利水电勘测设计研究院编制的《武烈河流域综合治理规划》，曾经对修建双峰寺水库和分别在头沟川、鹦鹉川、茅沟川三条支流上修建3座中型水库（简称“中库群”）进行过方案比选，认为修建双峰寺水库优于“中库群”方案，但鉴于库区移民、铁路和公路等迁建难度较大以及当时的经济条件，推荐了“中库群”方案。2003年6月，承德市委、市政府决定停止二龙山水库，运作双峰寺水库后，由于双峰寺水库未曾列入过国家级水利相关规划，因此，双峰寺水库的前期工作需要从规划调整开始。2004年，水利部对海河水利委员会（以下简称“海委”）编制的《海河流域防洪规划》进行了审查，提出“将双峰寺水库作为规划方案，并进一步与‘中库群’方案进行比较，如方案较优，可安排在近期实施”，据此编制了《武烈河流域修建水库方案论证报告》，通过进一步的分析论证，仍认为双峰寺水库在解决承德市防洪安全和综合利用方面优于“中库群”方案，具有“中库群”方案不可替代的优势，是从根本上解决承德市防洪问题的最佳方案，该报告于2004年12月通过“海委”的审查，审查意见为“在武烈河上建设控制性工程是必要的，且双峰寺水库方案在防洪、供水、工程管理和综合开发等方面优于“中库群”方案，同意选择双峰寺水库方案”。

根据流域综合治理规划， 2004年9月编制完成了《承德双峰寺水库工程项目建议书》（以下简称“建议书”）， 2005年8月“建议书”通过水利部水利水电规划设计总院（以下简称“总院”）

双峰寺水库大坝基础开挖施工现场

的审查；2008年11月，中国国际工程咨询公司（以下简称“中咨公司”）对“建议书”进行了评估；2009年4月，国家发展和改革委员会（以下简称“国家发改委”）以发改农经 [2009]1149号文对“建议书”进行了批复。根据“建议书”审查意见、评估报告和批复意见，于2009年12月编制完成《河北省承德市双峰寺水库工程可行性研究报告》（以下简称“可研报告”），并于2010年1月通过”总院”的审查，随后水利部以水规计 [2010]387号文将审查意见报送“国家发改委”；同年11月，“中咨公司”对“可研报告”进行了咨询评估，并以咨农发 [2011]129号文印发评估报告。2011年11月24日，“发改委”以发改农经 [2011] 2481号文对可研报告进行了批复。

根据 [可研报告] 审查和批复意见，按照初步设计内容和深度的要求，对选定的小庙子坝址补充了必要的野外勘探、野外抗剪（断）试验、室内试验，进行了水工模型试验以及分析论证等工作，于2011年5月编制完成《河北省承德市双峰寺水库工程初步设计报告》。

三、 工程施工

（一）工程概况：

双峰寺水库枢纽建筑物主要包括拦河坝和电站。拦河坝为碾压混凝土重力坝，设计洪水标准为100年一遇，校核洪水标准为2000年一遇。拦河坝由非溢流坝段、溢流坝段、底孔坝段、电站坝段组成。坝顶高程396.1米，坝顶宽7～15米，坝顶全长533米，最大坝高50.1米。溢流坝堰顶高程387米，总净宽81米，分9孔，单孔净宽9米，堰顶设弧形工作闸门，下游采用挑流消能；泄洪底孔进口底高程366米，共4孔，单孔孔口尺寸5×5米，为有压短管后接无压明流洞形式，进口设有平面事故检修闸门和潜孔式弧形工作闸门，下游采用底流消能。电站为坝后式，装机容量1270千瓦，共安装2台单机容量320千瓦和1台630千瓦的混流卧式机组，最大引水流量8.82立方米/秒。考虑电站不发电期间向下游河道引水，在电站坝段布置一条生态放水洞，与电站进水口共用一个竖井式分层取水口，放水洞进水口下游连接直径0.8米的引水管将库水引入下游河道。

双峰寺水库控制流域面积2303平方千米，占武烈河总流域面积的89%。水库正常蓄水位为389.0米，总库容1.373亿立方米，调洪库容0.738亿立方米，防洪库容0.469亿立方米，兴利库容0.451亿立方米，死库容0.335亿立方米。水库正常蓄水位时库容为0.786亿立方米，回水长度7.65千米，水面面积8.19平方千米。

水库多年平均供水量为5200万立方米，坝后式电站装机容量为1580千瓦，最大引水流量10.86立方米/秒，多年平均发电量为408.6万千瓦时。

双峰寺水库淹没影响涉及承德市双桥区1个镇8个行政村，淹没影响总面积13273亩，规划安置移民6084人，拆迁各类房屋21.19万平方米。淹没影响的重要专业项目有承围二级公路改线11.45千米，承隆铁路改线6.4千米，变电站1座以及部分输电线路和电信线路、广电设施等。

双峰寺水库工程批复施工总工期为36个月。其中施工准备期7个月，主要完成场地平整、场内交通，临时房建及施工工厂的修建等工作；主体工程施工期27个月，主要完成泄水洞、坝体浇筑、电站及安装工程施工；工程完建期2个月，完成工程扫尾、竣工资料整理及竣工验收等。

（二）建设情况

1. 工程主体　2013年5月31日，施工单位进场施工，先后完成了施工场地“四通一平”、营地建设、风水电系统、混凝土拌合、砂石筛分和输送系统的土建工程及机电设备安装，对主体工程施工用电进行了架设安装并通电运行。2013年8月20日总监理工程师签发河北省承德市双峰寺水库工程大坝主体和水电站土建及安装工程合同项目开工令，同时签发《第一分部工程一期基础开挖工程开工通知》。大坝主体工程于2013年8月20日正式开工。施工单位开始进行一期围堰施工，同时进行大坝主体一期土石方开挖工程。9月12日，主体工程一期围堰成功闭气。2014年6月2日一期土石方开挖完成。混凝土浇筑于2014年4月13日正式启动，6月1日碾压混凝土开始浇筑。截止到2015年3月12日，完成一期围堰填筑21.04万立方米；一期土石方开挖50.12万立方米；二期土石方累计完成1.5万立方米。10#-22#坝段基础固结灌浆累计完成7027米；大坝10-12#坝段浇筑至364.5米高程，13-14#坝段浇筑至370.5米高程，15-22#坝段浇筑至374.5米高程（大坝建基面工程为346.0米）。消力池左、右边墙浇筑至设计高程，消力池底板完成垫层混凝土浇筑及部分固结灌浆孔钻孔。共完成砼浇筑22.2万立方米，其中常态砼4.5万立方米，碾压砼17.7万立方米。2015年5月10日厂房基础开始施工。7月5日，右岸山体机械上山路开始施工。9日开始进行右岸山体土石方开挖。7月25日进行了二期开挖第一次爆破。9月11日，受省水利厅委托，市水务局主持进行双峰寺水库二期导流及截流技术预验收和阶段验收，二期导（截）流工程通过阶段验收，实现二次导流，进行二期土石方开挖。2015年12月31日，二期土石方开挖工程爆破工作结束。

2. 左岸上坝路工程　2013年5月25日进场进行场地布置、临建建设等开工前准备工作。8月

1日，由监理单位正式下达开工令左岸上坝路工程正式开工，完成土石方17 万米3，新建二级公路1.2千米，经交通和交警部门同意，于11月2日正式通车。11月26日，委托监理机构组织建设、监理、设计、施工单位对上坝路工程的5个分部工程进行质量验收，4个分部工程质量评定为优良，1个分部工程质量评定为合格。

2015年4月10日，双峰寺水库工程建设管理局组织对左岸上坝路工程进行单位工程验收和合同工程完工验收，工程质量优良。

双峰寺水库左岸上坝路标合同额798.9万元，经市财政局投资评审中心评审，结算额954.83万元。

左岸上坝路工程共划分1个单位工程、5个分部工程，已全部通过验收。共验收单元工程33个，合格率100%，其中优良23个，优良率69.7%；验收分部工程5个，合格率100%，其中优良4个，优良率80%；验收单位工程1个，合格率100%，其中优良1个，优良率100%。

3．承隆铁路改线工程　2004年3月由北京铁路局北京勘测设计院完成该项目预可行性研究报告，2004年7月2004年7月19日，北京路局以京铁师函[2004]459号《关于修建双峰寺水库引起承隆线改线问题的复函》，同意承隆线改线绕避库区。2009年7月27日由承德市水务局委托中铁工程设计咨询集团有限公司进行该项目的设计工作，2009年10月30日批复承隆铁路改线工程可研报告，2012年5月7日批复初步设计。2012年10月30日，市水务局与北京铁路局北京工程项目部签订改建铁路委托建设管理合同，代建方于2012年12月7日经公开招标确定中铁六局集团北京铁路建设有限公司为施工单位，并于2012年12月28日与其签订施工合同，合同工期为548日历天。2013年4月1日，施工单位进场，修建施工营地三处，施工道路三条（总长9千米），建混凝土搅拌站一座、炸药库一个，架设施工用电线路10千米，开设铁路平交道口一处，完成中桥一座；三个工区5个作业面同时进行隧道开挖。2014年10月12日，王家洼隧道贯通。2014年11月12日，二道窝铺隧道贯通。2015年1月18日，新大瓦沟隧道贯通，至此全线贯通，累计开挖5318米。隧道内照明、通信光缆、电力线路等配套工程已全部完成，2015年7月1日承隆线停止列车运行，承隆线改线工程进行断道施工。2015年9月23日北京铁路局北京工程项目管理部组织承隆线改线工程竣工验收。2015年9月29日承隆线改线工程顺利开通，2015年9月30日通车运行。

2003年12月，双峰寺水库报告审查会议在承德召开

4．主体工程施工用电及坝址区专项改移　为保证施工用电及水库主体工程正常建设，需架设双回路10千伏线路一条，同时对坝址段两条10千伏线路进行临时改移。协调承德供电公司设计、施工部门对现场施工用电进行设计及现场测量，完成工程设计。2013年2月26日，与冀北电力有限公司承德供电公司签订了电力工程委托待建合同。施工单位于4月20日进场施工，至10月25日两台400千伏安施工用箱式变压器及线路架设完成并正式通电运行，11月29日两台1600千伏安施工用箱式变压器投入运行，此项工程施工历时7个多月，从农民种地开始到秋收结束，涉及5个行政村，因线路纵穿村民耕地，为解决占地补偿、协调关系、解决村民阻工问题，专门指定一名副科长和一名业务骨干负责此项工作，于2013年10月23日，完成施工用电线路架设并通电运行，保证了主体工程施工用电和正常施工进度。

为不影响主体工程施工进度，需对坝址区专项设施（主要包括输电线路、长途传输、中国移动、中国电信、中国联通、广播电视、军事线路共七个专项）先行改移，待承围公路改线线路确定后再进行全部改移的实施方案。指派一名业务骨干协助移民科，从4月初开始，至9月14日长途传输局光缆进行切改，7个专项全部切出施工现场，为主体工程顺利开工创造了条件。

双峰寺水库竣工照片

5．右岸上坝路工程　2015年6月8日，发布了永久交通工程右岸上坝路施工标招标公告，2015年7月10日开标，确定承德市水利水电建筑安装有限责任公司为中标人，2015年8月6日签订施工合同。8月28日，进行设计交底。2015年11月10日施工单位进场，至2015年12月10日右岸上坝路进行树木砍伐。

（三）设备制造进展情况

1．金属结构设备制造：主要包括溢流坝9扇弧形钢闸门和1扇平面检修闸门及其埋件，9台弧门卷扬式启闭机；底孔4扇弧形工作钢闸门和4扇平面事故钢闸门及其埋件、4台固定卷扬启闭机；发电洞共3扇拦污栅、3扇平板钢闸门及其埋件，1台电动葫芦、3台固定卷扬式启闭机；电站尾水2扇平板钢闸门及其埋件、1台电动葫芦的制造。

经招标，选择河北省水利工程局为金属结构设备制造单位，2014年2月18日签订了制造合同。

2014年5月27日在河北省水利工程局召开第一次设计联络会。8月27日，在河北省水利工程局进行泄洪底孔工作闸门及埋件、事故闸门埋件、发电洞进口底层拦污栅埋件出厂验收。9月20日，泄洪底孔工作闸门及埋件、事故闸门埋件、发电洞进口底层拦污栅埋件运至施工现场，交付施工单位。

2014年12月5日，在河北省水利工程局对泄洪底孔事故闸门、发电洞进口闸门埋件、拦污栅及拉杆、事故闸门及埋件进行出厂验收。

2．底孔弧形工作闸门液压启闭机制造：主要包括4台摇摆式液压启闭机的制造。经招标，选择常州液压成套设备厂有限公司为液压启闭机制造单位，2014年2月18日签订了制造合同。

2014年3月31-4月2日在常州液压成套设备厂有限公司召开第一次设计联络会，确定了主要设备参数。6月11日至13日在常州液压成套设备厂有限公司召开了第二次设计联络会，明确各项参数，图纸满足制造要求，可以进行设备的制造。截至2015年12月完成液压启闭机主体设备制造。

3．电站发电设备制造：主要包括水电站水轮机（2台HL820-WJ-87、1台HLA616-WJ-68）、发电机（2台SFW630-14/1430、1台SFW320-12/1180）、调速器（2台DWT-600、1台DWT-300）、进水阀装置、励磁设备和自动化元器件等各3台套、柴油发电机组2台（200GFZ-300千瓦、200GFZ-200千瓦各一台及控制屏）的设备制造

经合同谈判，建管局与2014年11月1日签订了制造合同。2015年3月12日在天津市召开双峰寺水库工程电站发电设备设计联络会，会上确定了各种设备的制造参数及相关问题。截至2015年12月发电设备制造已完成。

4．工程管理自动化系统制造：主要包括水电站控制系统、水库自动控制系统、大坝安全监测、水库管理中心、水情自动测报系统的接口等电气二次设备的制造。

经招标，选择合肥三立自动化工程有限公司为电站发电设备制造单位，2014年2月18日签到了制造合同。2015年3月18-19日在合肥三立自动化工程有限公司召开了第一次设计联络会，明确

了主要设备的技术参数。

5. 电气设备制造：主要包括电站、坝上用电及管理局工程中的电气设备。含高压开关柜24台，低压配电屏16台，电流互感器6台，控制箱、动力箱及照明箱共57台等电气一次设备。

经招标，选择石家庄科林电气设备有限公司为电气设备制造单位，2014年10月28日签到了制造合同。2015年3月31日至4月1日，在石家庄科林电气设备有限公司召开双峰寺水库工程电气设备制造第一次设计联络会。

6. 变压器制造：主要招标范围包括电站、坝上用电及管理局工程中的变压器，共5台。其中S11-1600-10.5/6.3千伏变压器1台，S11-400-10.5/0.4千伏变压器1台，SC11-100-10/0.4千伏变压器1台，SC11-315-10/0.4千伏变压器2台。

2015年5月12日，建管局召开会议，专题研究双峰寺水库工程变压器采购事宜。会议决定与鲁特电工股份有限公司签订制造合同。

四、主要设计变更情况：

（一）施工导流围堰的设计变更

工程一、二期导流建筑物采用混凝土防渗墙的堰基防渗形式。施工单位中国水利水电第十六工程局有限公司提出《施工导流优化方案》，建议将工程一、二期土石围堰导流建筑物的混凝土防渗墙的堰基防渗形式变更为水下黏土心墙，水上粘土斜墙的防渗形式。2013年9月17日，委托监理单位组织相关专家对施工单位提出的变更建议进行了评审。

2012年7月双峰寺双峰寺水库大坝施工现场

（二）水库大坝主体建基面抬高

拦河坝最大坝高50.1米，属中坝，基础岩性为黑云斜长片麻岩，根据历次审查和评估意见，坝基坐落在弱风化黑云斜长片麻岩上部，按进入弱风化岩深度不小于2米控制。

为落实初步设计阶段有关审查意见，研究拦河坝建基面优化的可行性， 2013年12月4日，在高程约353米以上基岩已开挖完成的情况下，组织建设、监理、设计和施工等参建单位进行了沟通协调，由设计单位对下部基岩进行了地质钻孔取芯和声波测试等地质工作。12月26日，设计单位出具了《关于左岸10#～18#坝段建基面开挖等有关问题的函》，初步确定对10-12#、15-18#坝段建基面抬高2米、13-14#坝段维持原设计的方案，施工单位根据设计及相关规程要求进行石方开挖。

2014年4月9日和5月30日，以水规总院设计处处长李现社为组长的专家组两次来现场进行咨询。经研究论证，水库大坝13#～14#坝段仍维持原设计建基面高程346.0米。部分坝段（10#-12#，15#-18#）的建基面由346米工程抬高到348米工程。河北省水利水电勘测设计研究院（设计单位）于2014年5月编制完成了《河北省承德市双峰寺水库工程大坝10#～18#坝段建基面变更报告》，此项设计变更已于2014年8月6日报省水利厅备案。

大坝建基面优化后双峰寺水库工程的主要特征指标均无变化。通过建基面优化，即节省了工程建设投资又加快了施工进度。

（三）左岸上坝路工程

水利部批复的初步设计报告中，双峰寺水库左岸上坝路工程自水库下游距拦河坝顶约450米处承围公路开始，通过盘山道通往坝顶止。线路总长489.88米，按等外路进行设计，路基宽度8.5米，路面宽度7米，采用水泥混凝土路面。省道承围公路穿过双峰寺水库坝址左岸，修建双峰寺水库前需对承围公路进行改移。双峰寺水库工程初步设计报告中承围公路改线长度 11.37 千米，该工程列入省道承围线双峰寺至韩麻营段改建工程，由交通部门负责实施。

因承围公路改线工程未能及时开工建设，为不影响双峰寺水库主体工程建设，在左坝肩开挖前需对承围公路双峰寺水库坝址段进行临时改移，该临时改移工程借用左岸上坝路工程，过坝顶后与原承围公路顺接。

该临时改移工程借用左岸上坝路工程 489.88 米，过坝顶后再修建 694.12 米，与原承围公路连接。线路总长 1184 米。按承围公路标准修建，全线采用山岭重丘区二级公路标准，设计速度 40 千米/小时。路面均采用沥青混凝土路面路，基宽 8.5 米，路面宽 8.0 米。

五、分部工程验收

承德市双峰寺水库工程建设，实行了项目建设单位质量管理、监理单位质量控制、施工单位质量保证、监督机构质量监督相结合的质量管理体制。参建单位按规定组建项目管理机构，设置质量管理部门，明确质量职责，配备相应质量管理人员，制定有关工程质量管理规章制度。参建单位的质量管理体系、安全管理制度已经建立，履行了各自的质量、安全职责。

左岸上坝路工程，项目划分 1 个单位工程，5 个分部工程。分部工程已于 2014 年月日前全部通过验收。2015 年 4 月 10 日，承德市双峰寺水库工程建设管理局组织设计、监理、施工、质量监督、运行管理等相关单位，对双峰寺水库左岸上坝路工程进行单位工程验收、合同工程完工验收。验收组专家先后检查了合同工程完成情况、施工现场清理情况、工程运行使用情况；检查了验收资料整理情况、工程结算情况，并鉴定了工程施工质量。

大坝主体和水电站土建及安装工程，项目划分为 7 个单位工程，74 个分部工程，尚不具备工程验收条件，其他工程建设正在有序推进。

六、工程内容及进展

双峰寺水库大坝主体工程共划分为 7 个单位工程，71 个分部工程。单元工程划分，根据承德市水利水电工程质量监督站双峰寺水库项目站确认单元工程划分原则，由施工单位提出划分方案，报监理单位和建设单位审定，并报承德市水利水电工程质量监督站双峰寺水库项目站备案。截至 2015 年底，共划分 1200 个单元工程，已完成 13 个分部工程评定，合格率 100%，其中优良 10 个，优良率 76.9%；已评定单元工程有 850 个，合格率 100%，其中优良 722 个，优良率 84.9%。

第二章　中型水库

20世纪50年代末至60年代建成的滦平县窟窿山水库是承德的第一座中型水库、70年代至80年代先后建成了围场县钓鱼台、平泉县大庆、丰宁县黄土梁和兴隆县老虎沟4座中型水库；1980年建成的宽城县三旗杆小（Ⅰ）型水库，1991年经过加固处理后达到中型水库标准，1993年省水利厅批准为中型水库、2001年丰宁县与北京华北电力实业总公司联合建成了滦河上游丰宁电站中型水库。到2009年，承德全市共建成7座中型水库，这些中型水库是承德的骨干水利水电工程，在防洪、灌溉、发电、养鱼等方面发挥了较好的效益。

第一节　窟窿山水库

一、工程概况及初建

窟窿山水库为滦平县修建的承德第一座中型水库，位于滦河水系兴洲河支流牤牛河上，坝址在滦平县城东南6千米后营子乡铧子炉村的窟窿山自然村。水库上游流域面积130平方千米。

1957年，滦平县水利科完成窟窿山水库初步设计。1958年春，滦平县人民委员会决定修建窟窿山水库工程，抽调2000多名民工参加施工，3月11日正式开工。窟窿山水库是典型的“边勘测、边设计、边施工”的“三边”工程，原设计为黏土防渗墙均质土坝，1958年春季完成坝基开挖回填防渗墙后，因土料少，劳力缺，经县委研究改为黏土心墙砂壳坝。1959年9月30日完成了《滦平县窟窿山水库工程技术设计书》。该处没有实测水文资料，工程设计水文资料均采用当时的承德地区水文手册数值。平均年雨量500毫米，最大一日降雨20年一遇147.2毫米、百年一遇179毫米、500年一遇261毫米，最大洪峰流量百年一遇530立方米/秒，500年一遇840立方米/秒，多年平均径流量979万立方米。设计标准采用百年一遇洪水设计，最大洪峰流量530立方米/秒，最大一日洪水总量860万立方米；500年一遇洪水校核，最大洪峰流量840立方米/秒，最大一日洪水总量1205万立方米。

根据以上设计标准，确定最大坝高22.1米，河床地面高程549.82米，坝顶高程571.92米，坝顶长306米，坝顶宽5米。窟窿山水库工程，从1958年3月开工，经过1959年的大施工，到1960年7月，先后建成土坝、溢洪道、灌溉放水洞、发电引水管工程。完成工程量土砂方45.7万立方米、石方2.72万立方米、钢筋混凝土278立方米，用工107.31万个工日，投资121.49万元。防洪标准初步达到工程初建所规划的百年设计、五百年校核的防洪设计标准。工程规模，总库容达到1084万立方米，正常蓄水库容834万立方米。

二、抗洪能力复查

窟窿山水库于1960年7月初建施工基本竣工后，根据中央和省关于水库安全渡汛，保证汛期

2005年滦平窟窿山水库除险加固工程竣工

“不垮坝，不死人”的精神，1960年9月至10月间，河北省水利厅派人到水库对水库抗洪能力进行了复查，1961年6月初旬，由省、专、县组成工作组对全区中小型水库进行了水文分析、水力计算的复查工作，对窟窿山水库抗洪能力复查用1960年7月到1961年6月20日马家、姜台两入库站实测入库水量资料及上游长山峪雨量资料进行了暴雨径流关系分析，实测年入库水量为1792万立方米。新的水文复核计算成果为多年平均径流量1490万立方米，保证率25%年径流量2000万立方米，保证率50%年径流量1280万立方米，保证率75%年径流量730万立方米；百年一遇设计最大洪峰流量652立方米/秒，一日洪水总量1770万立方米；五百年校核最大洪峰流量900立方米/秒，一日洪水总量2440万立方米；千年保坝最大洪峰流量1006立方米/秒，一日洪水总量2730万立方米。

1962年7月下旬，承德地区发生一次较大暴雨，窟窿山水库站三日降雨量147.5毫米，水库溢了洪。距库区50千米的柳河李营站和伊玛图河下河南站的三日降雨各为356.9和377毫米。1963年8月上旬，河北省南部发生特大暴雨，降雨量700-1200毫米，各河发生特大洪峰。根据以上情况，1963年11月省和专区又到窟窿山水库进行了历史洪水调查，专署水利局对窟窿山水库抗洪能力复查进行了补正计算，根据调查洪水痕，计算洪峰流量坝上游为1140立方米/秒，坝下游为1780立方米/秒，分析洪峰流量约为1200立方米/秒。修正计算洪峰流量，百年一遇为937立方米/秒，千年一遇为1403立方米/秒，1902年调查洪峰流量为1200立方米/秒，大致吻合。

三、续建施工

根据1960年至1963年抗洪能力复查水文分析成果，原水库设计防洪标准偏低，水库距滦平县城仅6千米，下游人口稠密，缺乏防御非常洪水的措施，应提高标准进行改建，水库防洪标准应采用百年一遇洪水设计，五百年一遇洪水校核，千年一遇洪水紧急保坝。

1964年3月，承德专署水利局提出“窟窿山水库恢复工程设计说明”。1964年5月5日，河北省水利厅批准“窟窿山水库恢复工程设计说明”，批准的设计洪水按修正1961年抗洪能力复查成果200-300年一遇24小时降雨213.5-222毫米计算，一次洪量2000万～2100万立方米，流量900～1000立方米/秒。1964年5月10日改建工程开工。1964年10月1日，承德专署水利局呈报改建设计任务书，决定溢洪道向右展宽到65米、大坝加高1米为改建方案。1964年11月，承德专署水利局又提出“窟窿山水库改建工程设计说明书”及“总概算书”。全部续建改建工程原计划1964-1967年完成，但只进行到1965年即停工。此为续建工程的第一期。第一期续建施工完成了溢洪道扩宽26米，总宽由29米增至55米，型式为宽顶正堰。1973年省地检查组复核溢洪道只能通过880立方米/秒的流量，近百年一遇，还属于危险水库。据此，1974年1月4日滦平县水电科提出“窟窿山水库续建工程设计说明书”，要求继续进行1964年改建工程。

1974年4月16日，省水利局批复了滦平县

“窟窿山水库续建工程设计说明书”。本期工程为1964年的续建工程的第二期工程，按照1964年设计标准施工，1974-1975年两年时间完成了大坝加高1米，坝顶长达到307米，坝顶高程572.92米，坝顶宽5米，防浪墙顶高程573.72米，坝轴线下移6.2米。溢洪道加宽按1964年设计应加宽到65米，1965年只加宽到55米，本次完成加宽10米，溢洪道两跌坎及底板钢筋混凝土衬砌，全部拆除侧堰，改为正堰，堰底高程566.62米。

两期续建工程完成工程量，土砂方5.17万立方米，石方5.21万立方米，混凝土与钢筋混凝土2127立方米。用工32.87万个工日，完成投资109.08万元。防洪标准达到200-300年设计，接近千年校核标准，总库容达到200-300年一遇为1101万立方米，千年一遇为1234万立方米，正常库容656万立方米。

四、加固施工

1975年河南发生特大暴雨后，按可能最大降雨洪水标准对水库进行复核，一日可能最大降雨采用600毫米，推算入库洪峰流量3355立方米/秒，相应洪水总量4805万立方米，水库下泄流量2800立方米/秒，水库最高洪水位为573.9米。根据可能最大降雨防洪标准，1975年12月窟窿水库管理处提出“窟窿山水库为防御特大洪水扩建工程设计说明书”。1976年3月23日，河北省水利局批复了滦平县窟窿山水库加固设计。经过1976-1978年的加固施工，大坝又加高0.98米，最大坝高达到24.08米，坝顶高程573.9米，坝顶长314米，顶宽5米。浆砌石防浪墙长320米，墙顶高程574.8米。由于大坝加高，在原黏土心墙的上部自571米高程以上改为斜墙。加高后坝轴中心线向下游移6.2米。

加固工程经过1976-1978年的施工，完成工程量土砂方2.25万立方米，石方5.67万立方米，混凝土3172立方米。用工28.88万工日，完成投资82.44万元。

经过加固处理后，以可能最大降雨为保坝标准，达到百年设计，千年校核防洪标准，可能最大降雨防洪总库容1430万立方米，相应最高水位573.9米，千年校核总库容1108万立方米，相应水位571.15米，百年设计总库容988万立方米，相应水位569.97米，正常蓄水库容640万立方米。

五、溢洪道工作桥

1963年河北省水利厅批准修建溢洪道工作桥，设计总跨度36.6米，分3孔，为上承式钢桁架木面板组合结构，桥支墩为浆砌石结构。1963年8月溢洪道工作桥开工，到1964年3月建成桥墩3座，由于溢洪道改建中途停工。溢洪道经过1964-1965年、1974-1975年两次续建和1976-1978年加固共三次扩宽后，溢洪道工作桥增加到8孔，总长度达到100.2米，桥面高程为573米。

六、水电站

1960年7月水库初建竣工时，水电站采用水轮泵倒装作为水轮机、30千瓦电动机配电容作为发电机，组成水轮发电机组，用简易低压线路向水库附近部分农村送电。1964-1965年水库续建工程第一期施工时，将临时电站拆除，新建电站厂房，配套100千瓦水轮发电机组，设计年发电量30.7万度，于1966年11月建成发电，仍以低压线路向水库附近农村送电。1987年7月至1989年5月更新一套新机组，装机容量125千瓦，并改造了发电洞进口，更换了破裂铸铁管，于1989年7月恢复运用，共由省、地拨款10万元。

七、除险加固工程

1960年7月窟窿山水库基本竣工投入运用以后，又先后经历了续建和安全加固施工，工程配套基本完善，40多年来在防洪、灌溉、水产养殖等方面发挥了较好的效益。但在运用过程中，仍然发现水库存在一些不安全的因素，出现一些影响工程安全的问题。根据水利部《大坝安全鉴定办法》的有关要求，从2001年初开始，由承德市水务局负责组织实施，对窟窿山水库大坝进行了安全鉴定工作。2002年5月26日，承德市水务局召集有关方面专家组建了大坝安全鉴定专家组，召开了大坝安全鉴定会议，评定窟窿山水库大坝安全类别为三类

滦平窟窿山水库灌渠渡槽 刘任祥摄影

坝。省水利厅将有关资料申报水利部大坝安全管理中心核查，最终核查同意三类坝鉴定结论。

2002年9月，由河北省水利水电第二勘测设计研究院完成了《窟窿山水库除险加固工程初步设计报告》。根据大坝安全鉴定提出的问题，本次除险加固的主要建设内容为：溢洪道改建工程；拦河坝加固工程；放水洞、发电洞加固工程；观测设施及管理设施更新改造等。2002年9月18日，省水利厅根据审查意见批复了窟窿山水库除险加固工程初步设计，核定工程总投资为2518万元。2004年1月5日，省水利厅批复《滦平县窟窿山水库除险加固工程技施设计报告》。

省水利厅批准开工日期为2004年1月4日。中标施工单位河北省水利工程局于2003年12月进场开工，到2005年8月，溢洪道改建工程全部完成，拦河坝上游坝坡加固工程和管理处房屋工程于2005年10月底前完工。累计完成土方开挖72159立方米、土方回填52269立方米、岩石开挖4267立方米、砼10320立方米、钢筋制安344吨，累计完成投资1272万元。

2006年12月28日至30日，窟窿山水库除险加固工程通过了由河北省水利厅组织的竣工验收，交付工程管理单位正式投入运行。

八、管理运用及效益

水库建成后，由于没有修建灌渠配套工程，灌溉效益始终没有达到设计灌溉面积（1.5万亩），只靠修建的简易渠道浇灌滦平县城以上的5000亩河川地，成为“50年代建库，60年代灌溉不配套，70年代不浇地”的水利工程。从1976年开始正式修建干渠配套工程，1978年完成了20千米干渠，但由于干渠修在半山腰，山地多，平地少，支渠配套难度大，投资大，干渠工程完成后即停建，仍未发挥设计灌溉效益。

水电站水轮发电机组设备先后进行三次改装以后，发电效益逐渐稳定。水库养鱼发挥了一定的收益，有水面面积700亩，计划年产量1.5万公斤，1972年最高产量达到1.9万公斤。

第二节 钓鱼台水库

一、概况及勘测设计

钓鱼台水库位于围场县东南部兰旗卡伦乡望道石村，坝址所在地为钓鱼台自然村。坝址以上为兰旗卡伦乡辖区，坝址以下为腰占乡辖区。所在河系为滦河水系伊逊河支流不澄河上，控制流域面积160平方千米，多年平均径流量916.8万立方米，总库容1312万立方米。水库枢纽由拦河坝、溢洪道、输水发电洞、电站等建筑物组成。

钓鱼台水库曾于1959年3月开工，1960年停工下马。1968年冬季，围场县水利局又开始进行钓鱼台水库的勘测设计工作，到1969年8月完成了主要项目的规划和计算工作，1969年10月，承德地革委与天津大学水利系在钓鱼台水库工地联合开办“七、二一”水利大学，天津大学教改分队抽出力量帮助进行勘测设计，于1970年1月完成了钓鱼台水库工程初步设计书。1970年6月河北省水利局正式批准同意修建钓鱼台水库。施工期间，1971年至1972年对原设计进行了修改，1974年6月对溢洪道设计又进行了修改。主体工程包括土坝、溢洪道、放水洞和水电站四部分。工程设计所依据的水文资料为流域内6年实际观测资料，多年平均降雨量473.8毫米，多年平均径流深57.3毫米，多年平均径流量916.8万立方米，频率25%年径流量1209万立方米，频率50%年径流量715万立方米，频率75%年径流量422万立方米。设计标准采用百年设计、五百年校核。百年设计洪峰流量486立方米/秒，洪水总量1075万立方米；五百年校核洪峰流量766立方米/秒，洪水总量1530万立方米。根据水文分析计算，确定修建一座中型水库，可灌溉下游1.5万亩地，并能发挥防洪、发电、养鱼等综合效益。修建水库需淹没库区耕地1089亩，搬迁528口人。

二、初建及扫尾施工

1969年3月8日，钓鱼台水库正式开工，由围场县革委组建钓鱼台水库施工指挥所，抽调水库上下游两个受益公社23个大队142生产队民工参加施工，大坝施工高峰期间，抽调受益社队劳力总数的25-30%，人数达2500多人，大胶轮车曾达152辆，小驴车达325辆，大坝上土日进度达1700立方米。1971年10月大坝合龙导流，1972年11月主体工程基本竣工，完成土坝填筑、溢洪道开挖、放水洞、水电站等施工项目。

至1972年11月，大坝施工达到设计断面要求，坝顶高程达到75.5米（假设高程，下同），坝高25.5米，坝顶长295米，坝底长150米，坝底宽132米。水库设计正常蓄水位71.6米，相应正常蓄水库容800万立方米，死水位63米，相应死库容220万立方米。

溢洪道位于大坝左岸，为自由侧槽式，由进水口、过渡段、陡坡段、挑流消能四部分组成，全长176.8米。进口堰长40米，堰顶高程71.6米，平面过渡段长43米，陡坡段长35米，底宽20米，末端挑流消能尚未实施。

放水洞位于大坝右端，浆砌块石拱涵洞砌于山脚基岩上，为无压涵洞，过水断面1米×1.3米，通过流量3.31立方米/秒，洞长126米。1972年施工抢筑大坝临时渡汛断面时曾有压或半有压泄洪，1972年8月31日检查发现洞壁有漏水小孔35个，1973年采用水玻璃水泥胶浆表面处理堵漏，不见效果。

水电站输水压力管与放水洞并排筑于右岸基础上，由钢筋混凝土管和钢管两部分组成，钢筋混凝土管为圆形，内径0.75米，壁厚0.2米，长103米，钢管长19.5米，压力管总长度122.5米，引入电站厂房设闸阀控制。压力管进口安装铸铁双面转动式闸门，门后设通气孔铸铁管通至库水面以上。水电站装机容量1×125千瓦，年发电量38.67万千瓦时。

水库初建期，完成工程量土方49.39万立方米，石方11.9万立方米，混凝土0.15万立方米，用工111.48万个工日，国家投资38.75万元，社队自筹及用工折款208.59万元。用钢材30.23吨，水泥353.7吨，木材187.34立方米。

1973年至1975年，完成了初建扫尾工程，主要项目为大坝护坡、坝顶防浪墙、溢洪道陡坡石方开挖和过流堰风化岩基础开挖及回填加筋锚固浆砌石、溢流导墙砌筑等。坝顶防浪墙长295米，高1.15米，墙顶高程76.65米。还完成了大坝水平、垂直位移标点、浸润线观测管等观测设施的安装，进行了大坝右坝头绕坝渗漏高压灌浆处理和放水洞漏水处理。

扫尾工程完成工程量土方5.38万立方米，石方7.62万立方米，混凝土浆砌石0.36万立方米，用工33万个工日，国家投资44.24万元，社队自筹及用工折款63.99万元。用钢材4.97吨，水泥576.75吨，木材130.06立方米。

三、安全加固工程

1975年河南省发生特大洪水以后，对水库工程按一日可能最大降雨产生的可能最大洪水为防洪标准，由县水利局进行了安全加固工程的设计。1976年3月，河北省水利局批准安全加固工程设计，同意将溢洪道堰顶高程降低与加宽，并在堰顶建闸5孔。

1976年至1978年，由县水利局组织了加固工程的施工，溢洪道堰顶降低2米，高程降到69.6米，进口侧堰由40米加长到52米，侧槽扩宽加深，陡槽由20米扩宽到35米，改两个陡坡段为三个陡坡

2003 年，围场县钓鱼台水库除险加固工程竣工

段。堰闸工程缓建，1976 年 10 月地区水利局确定暂用土埝代替，以不减少兴利库容。

安全加固工程施工完成工程量土方 2.75 万立方米，石方 5.71 万立方米，混凝土浆砌石 0.28 万立方米，用工 21.26 万个工日，完成国家投资 49.55 万元，社队自筹用工折款 24.63 万元。用钢材 27.07 吨，水泥 574.85 吨，木材 136.37 立方米。

四、遗留工程续建

1976 年至 1978 年安全加固工程完工后，于 1989 年 8 月 5 日通过了由省、地、县有关单位组成的验收委员会正式验收，确认遗留尾工有溢洪道加固工程、水库防汛道路和库区交通道路三项工程。在安全加固施工中，溢洪道堰顶降低 2 米，堰闸控制工程缓建未做，为不减少兴利库容，确定暂用土埝代替，溢洪道陡槽衬砌和出口消能工程等均未做。

为有利于水库正常运用和全面发挥效益，需要继续完成遗留尾工。1990 年 6 月 30 日，围场县水利局委托地区水利水电勘测设计处完成了《钓鱼台水库遗留工程初步设计》。

1991 年 4 月 29 日，省水利厅批复了围场县钓鱼台水库遗留工程初步设计，同意继续完成遗留工程。批复该水库工程为三等，主要建筑物按三级设计，正常运用洪水标准按 50 年一遇，相应设计洪水位 75.07 米，总库容 1250 万立方米，正常蓄水位 69.7 米。核定工程概算总投资 145 万元。1991 年 5 月 15 日，省水利厅下达 1991 年钓鱼台水库遗留工程投资计划 70 万元。1992 年 3 月 18 日，省水利厅下达 1992 年钓鱼台水库遗留工程基建投资计划 109 万元。全部工程于 1992 年底完工。

五、除险加固工程

钓鱼台水库工程经过 1976 年至 1978 年安全加固施工和 1991 年至 1992 年遗留工程续建施工以后，在运用过程中仍出现一些威胁工程安全的问题，工程仍存在防洪标准低等诸多隐患。根据水库工程存在的诸多问题，2000 年初，承德市水利局委托河北省水利水电勘测设计研究院进行钓鱼台水库除险加固工程设计，2000 年 12 月承德市水务局将《钓鱼台水库除险加固工程初步设计报告》上报省水利厅审批。

2001 年 4 月 10 日，省水利厅批复《钓鱼台水库除险加固初步设计报告》。

2001 年 6 月，水利部河北水利水电勘测设计研究院编写完成《河北省钓鱼台水库大坝安全鉴定报告辑》。2001 年 7 月 26 日，由河北省水利厅组织专家，在围场县召开了钓鱼台水库安全鉴定会议，评定钓鱼台水库大坝安全类别为三类坝。水利部大坝安全管理中心于 7 月 30 日提出最终核查意见，同意三类坝鉴定意见。

2002 年 8 月 1 日，省水利厅批复《钓鱼台水库除险加固工程初步设计补充报告》，核定工程总投资 1243 万元，其中中央投资 750 万元、省投资 400 万元、市配套投资 93 万元。

经河北省水利厅批准，于 2002 年 7 月 12 日水库除险加固工程正式开工建设。主体工程实际于

2002年6月2日开工，2003年10月16日完工。管理房屋工程、机电设备安装工程、防汛路工程分别于2003年6月至7月开工，2003年10月30日前全部完工。

2005年12月30日，由河北省水利厅主持，对钓鱼台水库除险加固工程进行了竣工验收，对除险加固工程施工质量等级评定为优良。

六、管理运用及效益

钓鱼台水库承担下游腰站、四合永两个乡镇9个村2850户13875人和16个乡镇企事业单位的防洪安全。水库建成后，下游沿河两岸扩大耕地面积2500亩。水库建成30多年来，虽未经过较大洪水的考验，在运用中未出现较大的质量问题。在农业灌溉供水等方面发挥了较好的经济效益。

水库原设计灌溉面积1.5万亩，由于修建沙通铁路，水库配套干渠设计改线，由高线变低线，设计灌溉面积减少到1万亩。1973年开始修建水库下游灌渠工程，1975年干渠基本建成，完成干渠19千米。从1975年开始引水库水灌溉，1978年实灌面积达到8500亩，达到设计灌溉面积的85%，灌渠控制内的粮食产量有较大幅度的增长。1973年水库电站开始运转发电，到2005年累计发电188.55万度，解决了水库管理处和库区附近的农村用电困难。

七、工程观测

钓鱼台水库工程观测工作始于1973年，观测项目随着观测设施的逐步完善而逐年增加，直到1975年观测项目基本齐全。水库自建成已运用30多年，其间大坝按一日特大降水标准进行过一次加固，运用过程中下游坝坡曾出现过两次滑坡，致使一部分观测设施遭到破坏，再加上自然老化和人为因素，各项观测设施已所剩无几，除坝顶的一排垂直位移观测点完好外，其余均已损坏，不能满足安全监测要求，大坝安全监测基本处于停止状态。2002年至2003年除险加固施工中，恢复和更新部分观测设施，但大坝渗流测量设施尚未恢复。

第三节　大庆水库

一、概况及勘测设计

大庆水库位于平泉县东北部瀑河上游三大支流之一的石拉哈沟，坝址位于大庙乡小庙村山咀附近，坝址以上流域面积82平方千米。大庆水库为中型水库，主要建筑物由拦河坝、溢洪道、放水洞和水电站组成。

1958年兴修水利运动中曾在此动工修建水库，因各种条件不具备，开工不久即下马。1969年平泉县为解决下游洼子店、黄丈子、三十家子乡及城关一带农田灌溉用水提出修建水库计划，1969年10月27日，平泉县革委会治河指挥部提出大庆水库工程设计。1969年11月至1970年2月提出水库初步地质勘探报告。

1970年4月8日，平泉县革委治河指挥部提出《大庆水库工程（补充）设计书》，将原选定的黏土斜墙坝型改为黏土心墙砂砾壳土坝型。根据水文分析计算和水库实际效益的需要，确定水库规模为中型水库，设计标准为百年一遇洪水设计，五百年一遇洪水校核。1970年河北省革委水利局批准设计和投资，承德地革委生产指挥部批准修建。

二、初建施工

1970年6月1日，大庆水库正式开工，由平泉县革委抽调人员成立大庆水库施工指挥部领导施工。开工初期，从水库下游10个公社抽调民工500人，进行大坝清基开挖、修排水渠道、开凿溢洪道和修建临建工程等，6月15日相继从全县48个公社又抽调民工1500人，集中力量继续开挖大坝心墙截水槽，到1970年冬季拦河坝左端100米段基础首先挖完。到1971年4月，坝基开挖全部完成，基槽长380米，平均深9.2米，全部达到岩石不透水层。基槽开挖完成后，开始了全面回填坝基截水槽和大坝施工，进场民工人数增加到4500人。1972年掀起两个百日会战施工高潮，4月1日到7月15日为第一个百日大会战，左岸200米坝段达到 19 米高，并完成溢洪道开挖 1 万立方米；9 月 1 日至 12 月 20 日为第二个百日大会战，由受益社队和瀑河流域 2300 人继续抢筑大坝，开挖放水洞和溢洪道，使拦河坝平均高度达到 17 米，完成溢洪道和放水洞土石方 12.39 万立方米。经过两个百日大会战，大坝填筑平均高度达 17 米，溢洪道和输水洞完成了大部分工程量。1973 年继续抽调水库下游 14 个公社民工施工，进行大坝填筑和溢洪道、输水洞的石方开挖，从 4 月 1 日到 11 月末，大坝填筑达到 22.5 米的设计高度，坝顶长 460 米；溢洪道堰宽达到 32 米，开挖槽长 175 米；输水洞开凿全部贯通，长 160 米，断面为 2 米 ×2.2 米（宽 × 高）。水库主体工程基本完成。

1974 年 4 月至 1975 年 12 月末，进行各项扫尾工程施工，完成了大坝背水坡护坡、坝顶防浪墙、坝后排水体、反滤沟、大坝浸润线观测孔、溢洪道导水墙及下游防洪坝、输水洞进口闸门安装及出口泄水闸渠等工程。水库全部工程共完成工程量土砂石方 110.39 万立方米，其中土方 93.63 万立方米，石方 16.72 万立方米，混凝土 682 立方米。用工 206 万个工日，国家投资 190 万元。

三、安全加固施工

1975 年河南省发生特大洪水后，大庆水库用最大日降雨 708 毫米进行洪水校核，做了安全加固工程设计，劈山扩宽溢洪道，将溢洪道由 32 米扩宽到 100 米。1976 年 3 月，河北省水利局批准大庆水库安全加固工程设计。1976 年 3 月，平泉县抽调 800 多名民工进行安全加固工程施工，经过一年施工发现，溢洪道扩宽开挖工程量太大，施工手段落后、难度大、工期长，经地、县领导和施工单位共同研究修改原安全加固设计方案。1977 年 2 月 5 日，承德地革委水利局向河北省水利厅报送了大庆水库扩建补充设计说明书，将安全加固工程方案改为大坝加高 1.5 米、溢洪道扩宽至 70 米，最大降雨防洪标准不变。到 1978 年末，安全加固工程竣工，完成了溢洪道加宽、大坝加高施工任务，在放水洞出口修建了检修闸门。工程防洪标准达到百年一遇洪水设计、千年一遇洪水校核标准。按 24 小时最大降雨标准，溢洪道最大泄洪能力为 2013 立方米 / 秒，千年一遇洪水溢洪道泄量为 775 立方米 / 秒，水库总库容达到 1350 万立方米。共完成工程量土方 5.1 万立方米、石方 7.45 万立方米、砼 1950 立方米，完成国家投资 85 万元。

水库初建时没规划建水电站，投入管理运用后，经过几年运行实践，每年都有较多灌溉用水不能综合利用，浪费了水能资源，而水库各种用电都靠网电，开支很大。为充分利用水能资源，1980 年在放水洞出口从灌溉总干渠引水，建成一座小型水电站，装机容量 40 千瓦，设计年发电量 16 万千瓦时，投资 8.35 万元。

1975 年，平泉大庆水库竣工蓄水

1983年1月27日至29日，由河北省水利厅、承德行署水利局、平泉县政府、平泉水利局及县计委、建设银行、财政局、水库管理处等单位组成水库工程验收小组，对水库工程建设项目进行了全面检查验收，认为主体工程建设项目均已达到设计要求，同意投入正常管理运用。

四、遗留工程施工

1983年4月至1985年4月，河北省水利厅分别批复大庆水库溢洪道交通桥工程投资13万元和遗留工程投资7.9万元，在溢洪道陡槽段建成一座汽-15钢筋砼交通桥，解决了进出库区交通困难；同时，对溢洪道堰底基岩风化破碎严重、高水位时严重漏水问题进行了压力灌浆处理，在堰体上游2.3米处做单排帷幕灌浆，孔距2米，1号至18号孔深10米，19号至35号孔深8米，孔底高程653米至655米。通过灌浆，渗漏有所减少，但灌浆帷幕为单排孔，位于堰体上游侧，只对基岩进行灌浆，不能与堰体形成完整防渗体，渗漏仍非常严重。在大坝背水坡新增设测压管96米。

五、工程观测

1974年9月，埋设坝基测压管，观测断面3个，每个断面3根，共埋设测压管9根。1983年又增设7孔，共计5排16根。坝顶设位移沉陷桩兼水平位移标点11个，间隔距离为40米。水库淤积测量断面8个，每个断面以纵断面为中点，按50米距离，南北分成若干点。

1975年6月开始进行各项观测，观测项目有大坝垂直及水平位移、浸润线、库区淤积、减压沟梯形量水堰、蒸发器自记雨量计等。

1976年1月大坝沉陷观测最大沉陷量为1.5厘米，上游坝坡高程665.1米以上出现带状隆起，经检查确定坝体碾压不实。1984年在埋设测压管时，钻孔发现拦河坝高程666.5米以上心墙碾压不实，质量不佳。经计算，拦河坝上游坝坡抗滑稳定安全系数不满足规范要求。

1990年9月16日及1991年6月10日，溢洪道两次溢洪，流量均在15立方米/秒左右，溢洪道底衬砌大面积脱落，三条断层带不同程度出现冲坑，最大冲坑宽2.5米，深10米。

1993年拦河坝水平位移观测设施遭到破坏，整个枢纽水平位移观测处于停止状态。到2005年，现有观测设施损坏严重，各项观测设施均有不同程度损坏，尤其是渗流观测设施，自然老化，人为破坏，测压管及量水堰已经废弃。各项观测设施已不能满足工程安全监测目的。

六、除险加固施工

2003年，河北省水利水电第二勘测设计研究院、承德市水利水电设计所和大庆水库管理处，共同对大庆水库开展了大坝安全鉴定工作，于2003年4月27日编制完成《大庆水库大坝安全鉴定论证报告辑》。2003年6月，河北省水利厅组织专家对大坝安全鉴定论证报告辑进行了审查。经专家组评议做出大坝安全鉴定，经水利部大坝安全管理中心复核确认，同意大坝安全鉴定成果和三类坝鉴定结论。

2004年3月水利部河北水利水电勘测设计研究院编制完成《大庆水库除险加固工程初步设计报告》，2006年9月27日，河北省发改委对大庆水库除险加固工程做出正式批复。除险加固工程总投资2357.57万元，其中国家资金1180万元、省配套资金706万元、市县配套资金471.57万元。

大庆水库除险加固工程于2009年1月6日公开招投标，于2009年春季正式开工建设。全部工程在2010年5月31日前完工。

七、管理运用及效益

水库淹没区共淹没耕地973.4亩，搬迁农户41户212口人，在施工期间，由平泉县分别安置在水库下游的9个受益村庄，移民的生产生活得到了妥善处理。1982年，河北省水利厅拨款11万元，对水库移民搬迁费、淹没耕地赔偿费和施工工伤遗留问题处理费等做了一次性补偿解决。

1972年主体工程完成投入管理运用后，1973年5月，经县革委和县民政、财政、水利有关部门、大庆水库工程指挥部及与水库范围有关的区、社、大队、生产队共同商定了库区边界协议书，规定了大坝安全管理范围。1980年，在大庆水库附近的原平泉县委“五·七”干校撤销，决定将校址范围内的房屋土地移交水库管理处，并继续执行建干校时与生产队划界手续的规定，接续管理及使用权属水库管理处。1986年，平泉县人民政府以正式文件下达了“关于大庆水库工程管理安全保护范围裁决书”，重申了上述库区边界协议书和“五·七”干校房地产移交水库管理处的有关事项。并明确规定了库区淹没线以下为全民所有，使用权属水库管理处；库区边界内所辖的荒山、河滩所有权属全民所有，营造的林木属水库管理处。

水库主体工程基本完成以后，1973年开始水库下游灌渠配套工程，1975年就开始向下游供灌溉用水36万立方米，首次冬灌白茬地5000亩，发挥了灌溉效益。1980年最大实灌面积达到1万亩，共灌溉2.1万亩次。1981年以后，灌渠管理跟不上农村实行生产责任制的情况，渠道工程老化失修，渠系破坏，灌溉效益逐年下降，到1985年、1986年实灌面积仅200亩。到1986年水库共向下游供灌溉用水4083.5万立方米。

水库养鱼取得了较好效益，到1979年，库内累计投放鱼苗120万尾，成鱼近万条，每年都进行捕捞，1978年平均亩产达到7公斤。1973年开始库区绿化，到1979年共绿化180亩，占应绿化面积的72%，其中栽果树2700棵，葡萄80架。

第四节　黄土梁水库

一、概况及勘测设计

黄土果水库位于丰宁县境内滦河水系兴洲河（丰宁县称其为牤牛河）上游，坝址位于西关营乡卡沟门村，坝址以上流域面积324平方千米，总库容2830万立方米，工程枢纽由拦河坝、溢洪道、放水洞、发电洞、水电站等组成，大坝为均质土坝，是一座以防洪为主，结合灌溉、发电、养殖等综合利用的中型水库。水库始建于1975年4月，1979年12月主体工程竣工，1980年投入运用。1983年省、地、县有关单位进行了验收。1986年对初建遗留尾工进行了扫尾施工。2004年至2005年进行了全面除险加固。

1972年丰宁县开始进行水库工程地质勘探工作，通过勘探确认，坝址区为黄土覆盖的低山区，黄土层下部有第四纪近代沉积的砂卵石，基底岩石均为震旦纪中粗花岗岩。

根据省批准的设计任务书，1975年6月丰宁县水利局完成水库工程初步设计。水文分析计算成果为多年平均降水量527.4毫米，多年平均径流量2643万立方米，频率25%年径流量3322万立方米，频率50%年径流量1982万立方米，频率75%，年径流量1242万立方米。三十年堆沙总库容283.2万立方米。多年平均24小时最大暴雨71.5毫米，百年一遇24小时最大暴雨139毫米，洪峰流量750立方米／秒，洪水总量1930万立方米；五百年一遇24小时最大暴雨166毫米，洪峰流量1100立方米／秒，洪水总量2600万立方米。

工程初步设计，大坝坝型采用综合排水均质土坝；放水洞布设于左岸，岩石较好，且已开挖100米，考虑施工导流、灌溉、发电、控制汛限水

1975年4月，丰宁黄土梁水库大坝基础开挖

位等要求，确定洞径为2.5米的圆形压力隧洞；发电支洞布置在输水洞右侧，洞径1.8米；溢洪道设在大坝右岸，为开敞式河岸溢洪道，连续式挑流鼻坎消能。

1975年10月21日，河北省革委水利局批复初步设计，列为基建项目，同意水文分析计算成果，按五百年一遇洪水作为水库设计标准。1978年1月14日，河北省水利局批复黄土梁水库溢洪道工程初步设计，同意非常溢洪道布置方案和正常溢洪道低堰建闸方案，建议正常溢洪道堰顶高程提高一米，至338.5米，以减少运用的复杂性。1978年4月，省局来人检查施工，指出为防止正常溢洪道堰前左岸渗漏，要求溢洪道堰轴线上移48米与坝轴线相平。根据省水利局上述意见，1978年11月丰宁县水利局对黄土梁水库溢洪道初步设计又进行了修改。

二、施工过程

1974年底，丰宁县委和县革委组织成立了黄土梁水库工程指挥部，负责组织领导施工，决定从全县大部分公社抽调民工参加施工。在施工期间内，大坝填筑上土施工高峰阶段，最多进场民工人数达4000余人。1975年4月1日正式开工，主要是进行施工准备，边筹建边施工，主要任务是开挖隧洞、大坝两岸削坡、大坝清基、坝基截水槽开挖、导流渠、施工道路和工棚房屋临建等。1976年至1978年为水库施工高峰期，大坝上土22万立方米，达到设计高程，还完成了大坝迎水面护坡、溢洪道土方开挖、电站、进水塔、泄洪渠等施工任务，汛后开始蓄水。1980年，主要施工任务为电站电器安装、消力池衬砌、鱼种场开挖、溢洪道交通桥予制件浇筑等扫尾工程，到年末全部完成。

总计完成工程量230.4万立方米，其中土方199.36万立方米，石方30.28万立方米，混凝土0.76万立方米。总用工316.43万工日。完成总投资469.12万元，其中国家投资432万元，县自筹40.3万元。

三、工程质量

从大坝整体看，施工质量达到设计要求，经过几年的运用观测，形变基本正常，坝基漏水属正常渗漏。放水洞：进水塔处通气孔面积稍小，放水提闸时有时从通气孔往上蹿水。出口闸门北面闸槽有一处漏水，需进行处理。发电洞：出口接压力管处岩石面漏水严重，表面积约70平方米左右，渗漏流量0.175升／秒。为了防漏水冬季沿冰，1980年10月进行灌浆处理，效果不明显。

四、工程验收

1983年1月16日至19日，由河北省水利厅、承德地区水利局、丰宁县政府及县计委、水利局、建设银行、财政局、水库管理处等单位代表组成的验收小组，对黄土梁水库工程进行了全面验收。

五、遗留尾工施工

主体工程施工时因投资不足，而遗留部分尾工，包括增设坝体坝基测压管、泄洪渠衬砌、坝顶路面、溢洪道进口右侧护坡、电站漏水、防汛库房及胡营专用公路维修、坝后两岸横向排水沟、右坝肩（付坝）土方填筑、电站门前清理及锅炉房、变电站围栏、电站漏水处理、坝后护坡及排水沟翻修、溢洪道进口左边墙混凝土处理、泄洪渠削坡及清理、防汛备用电源、观测仪器购置等16项工程。1986年4月，河北水利厅批准16项尾工设计，核准投资30万元，1986年4月30日至11月15日，由丰宁县水利局组织施工。

六、除险加固

2001年初开始，承德市水务局组织对黄土梁水库开展大坝安全鉴定工作，于2002年2月完成《黄土梁水库大坝安全鉴定报告辑》。2002年5月26日，

1976年丰宁黄土梁水库工程施工现场

承德市水务局组织召开大坝安全鉴定会议，评定黄土梁水库大坝安全类别为三类坝，并提出加固意见和建议。2002年6月上报省水利厅审查，报经水利部大坝安全管理中心核查，同意将黄土梁水库定为三类坝。

2002年8月，河北水利水电第二勘测设计研究院完成《黄土梁水库除险加固工程初步设计报告》。2002年9月18日，省水利厅批复黄土梁水库除险加固工程初步设计，同意实施黄土梁水库除险加固工程项目，核定除险加固总投资2662万元。水库设计防洪标准为100年一遇，校核洪水标准为1000年一遇。水库加固后，总库容为2830万立方米，淤积后现状总库容为2497万立方米，死水位329米，汛限水位339.3米，设计洪水位342.26米，校核洪水位344.63米，正常蓄水位341.8米。2003年12月18日，省水利厅批复《丰宁县黄土梁水库除险加固工程技施设计报告》。

黄土梁水库除险加固工程完成后，水库正常蓄水位恢复到341.8米（原设计），汛限水位恢复到339.3米。水库调度运用方式，主汛期（6月15日至8月10日）汛限水位339.3米，末汛期（8月11日至9月15日）汛限水位340.3米，汛后限制水位341.8米（正常蓄水位）。

七、管理及效益

黄土梁水库库区设计淹没高程344.81米，淹没耕地1426亩，工程建设占地316.53亩，管理处建房占地11亩，共需征地1753.53亩，1979年工程基本竣工时，只按两年平均亩产的总产值做了赔偿，共赔偿3.93万多元，按移民人口平均计算带到移民接收队纳入公共积累。库区移民共528口人，安置在水库上下游两个区的附近社队，移民建房按照“原拆原建、拆旧建新”的原则，接收队负责出工出车帮助搬迁建房，国家酌情补助建房材料，由接收队统一管理使用。

1979年底水库基本竣工后，1980年设立黄土梁水库管理处，配备了管理人员，水库投入正常管理运行。

水库建成后，在保护下游3个乡镇、38个村庄、4万余人口、4万亩耕地以及承丰公路、沙通铁路等方面发挥了重要作用。至2001年，水库共调蓄超下游河道安全行洪标准（190立方米／秒）的洪水4次，通过水库拦洪削峰，保障了下游城镇和人民生命财产免遭洪灾，保护了下游交通设施的安全。

1983年正式开始进行下游灌渠配套工程，水库设计灌溉面积3.9万亩（包括扬水灌溉），而灌区设计灌溉面积为2.3万亩，采取多渠口引水和集中引水等形式，实际控制灌溉面积2.05万亩（旱亩灌溉1.2万亩，稻田灌溉0.85万亩），1986年干渠工程竣工。灌渠工程属边施工、边运用，实灌面积已达到1.7万亩（旱田灌溉1万亩，稻田灌溉0.7万亩）。水电站装机540千瓦，设计年发电量85.57万千瓦时，1980年试运转发电，1981年正式运行发电。

到2001年6月底，水库总调节兴利水量23016万立方米，累计灌溉土地46.8万亩次。水库养鱼水面1400亩，1978年至1982年累计投入鱼苗147万尾，1982年捕成鱼15吨，平均亩产10.7公斤。水库管理范围总面积16850亩，应绿化面积6540亩，封山育林面积5600亩，到1981年，新栽果树530亩，共栽树苗3万棵，成活13000棵。

第五节　老虎沟水库

一、概况及初建

老虎沟水库位于兴隆县境内滦河水系洒河支流横河上游，坝址位于沟门子乡老虎沟村。坝址以上控制流域面积338平方千米，总库容1328万立方米。水库枢纽由拦河坝、泄洪洞、输水洞、电站等建筑物组成。水库拦河坝中间坝段为浆砌石框格填碴溢流坝，两侧非溢流坝段为浆砌石重力坝。水库主要任务以防洪、灌溉为主，兼顾发电等综合利用。

1968年至1969年，沟门子、半壁山、小子庄三个公社联合在横河上利用河弯取直凿通330米长的发电隧洞，拟建水电站。1970年应沟门子和半壁两个公社的要求，兴隆县水利工作站编制出“老虎沟水电站工程设计书及预算”，设计在已凿通的隧洞进口下游建库容100万立方米的调节水库，在隧洞出口建水电站。1970年3月由沟门子、半壁子两个公社联合组织施工，1973年完工，建成了迎水面为浆砌石直墙、后面堆石的组合坝，地面以上坝高6米，地面以下浆砌石防渗墙最深7米砌在岩石基础上，为坝顶溢流、库容为100万立方米的小（Ⅰ）型水库。隧洞出口建电站，装机两台机组，总容量250千瓦，发电供沟门子、半壁山两个公社11个大队农副产品加工照明用电。1975年由水电站尾水引水配套修建了至半壁山的总干渠，控制灌溉面积约一万亩。

在初建施工期间，河北水利专科学校与承德地区联合开办的“五·七”水电大学在半壁山办学，以老虎沟水电站工程为教学基地，1970年12月由承德地区“五·七”水电大学和兴隆县水利工作站共同完成“东方红（老虎沟下同）水电站扩大初步设计书及预算书”，1972年8月，兴隆县水利工作站又完成“东方红水库初步设计书及预算书”。

二、扩建规划设计和施工

（一）规划设计

1977年，为了满足农田灌溉和电力发展的需要，兴隆县决定扩建老虎沟水库为中型水库。1977年2月至7月，兴隆县水利局先后提出扩建老虎沟水库的报告、老虎沟水库扩建任务书、预算书和地

2005年，兴隆老虎沟水库除险加固工程竣工后第一次泄洪

质报告等。1977年10月21日，河北省水利局批复老虎沟水库扩建设计任务书。扩建任务为增加库容，调节水量，提高水位，扩大水电站装机容量和满足灌溉用水。经过水文分析计算及洪水调节计算，设计为中间溢流的浆砌石重力坝，坝顶总长190米，溢流坝段长108米，地面以上坝高20米，基础最深9米，溢流坝顶高程65米（为假设高程，下同），正常蓄水量660万立方米。两侧为非溢流坝段共长82米，坝顶高程73米。建筑物设计为三等三级，五十年一遇洪水设计，洪峰流量3240立方米/秒，调节洪水位70.26米，相应最大库容1040万立方米，最大泄量2840立方米/秒（坝顶溢流2760立方米/秒，泄洪洞80立方米/秒）。五百年一遇洪水校核，洪峰流量5140立方米/秒，调节最高洪水位72米，相应最大库容1220万立方米，下泄洪峰流量4500立方米/秒（坝顶溢流4360立方米/秒，泄洪洞140立方米/秒）。

水库开工后，施工中考虑到修建重力坝用料较多，1978年5月至1979年10月，兴隆县水利局又先后提出由浆砌石重力坝改为浆砌石框格硬壳填碴坝的老虎沟水库设计书、预算书和水电站补充设计等。1979年12月11日，河北省水利局批准老虎沟水库改为浆砌石框格硬壳填碴坝的修改设计，改为浆砌石框格硬壳填碴坝后的大坝外部各部位尺寸与浆砌石重力坝相同，核定工程总投资253万元。1980年8月10日，省水利局追加投资58万元。

（二）施工过程

水库扩建施工于1977年5月1日正式开工，由兴隆县水利建设专业队施工，专业队员为由全县各公社抽调的基干民兵所组成，共1000人。专业队领导班子即为水库扩建工程施工指挥领导机构，由县革委一名副主任任领导，各部门抽调30余名干部组成指挥机构。1977年是施工准备阶段，主要搞临建施工，1978年正式施工，1980年主体工程基本完成，1981年主体工程全部竣工。

三、工程验收及遗留尾工填平补齐项目

施工

1983年1月，由河北省水利厅、承德地区水利局、兴隆县政府、县水利局、建设银行、财政局和水库管理处等单位代表组成验收小组，对水库工程进行了全面验收，工程规模和工程质量均达到设计要求。

遗留尾工及填平补齐项目包括大坝左端渗漏处理、设库区观测尺、建电厂区防洪坝、电站防洪坝外公路改建、管理处公路建设、库区安子岭至沟门子公路维修、库区天桥峪人行路维修、修建管理处至电站进口人行路、管理处建围墙，管理处建饮水塔、管理处建库房、购置备用电源、购置测量观测仪器等共14项。1986年4月，河北省水利厅批准列入基建项目，投资34万元。1986年兴隆县组织了施工，除大坝渗漏待观测查明原因后处理外，其余项目全部完成。1987年1月，对遗留尾工及填平补齐项目也进行了验收。老虎沟水库扩建工程共完成国家投资317万元，县自筹145.23万元。

四、除险加固

2001年初委托水利部河北水利水电勘测设计研究院承担水库大坝安全评价，至2001年10月编制完成《老虎沟水库大坝安全鉴定报告辑》。2002年5月25日至26日，由河北省水利厅主持召开了大坝安全鉴定会议，评定老虎沟水库大坝安全类别为三类坝，并提出了加固意见和建议。2002年6月19日，水利部大坝安全管理中心提出最终核查意见，同意三类坝鉴定结论。

2002年，水利部河北水利水电勘测设计研究院根据水库大坝安全鉴定结论提出的问题，编制完成《老虎沟水库除险加固工程初步设计报告》，2003年7月18日，河北省水利厅正式批复老虎沟水库除险加固工程初步设计，核定工程总投资为2473万元。

河北省水利厅批准开工日期为2005年5月16日。共计完成土方开挖21153立方米，土方回填6000立方米，岩石开挖2200立方米，浇筑砼1563立方米。全部除险加固工程于2005年底完成。

五、管理及效益

1980年老虎沟水库扩建工程基本竣工后，年末施工指挥部撤销，成立老虎沟水库管理处，投入管理运用。老虎沟水库除发挥防洪效益外，主要是用于灌溉和发电。1982年初基本完成灌渠配套，每年浇麦田3000亩，最多时浇地面积达到7000亩。到2005年，水库电站累计发电2131.97万千瓦时。

第六节　三旗杆水库

一、勘测设计

三旗杆水库位于宽城县东北部苇子沟乡三旗杆村的老鼠沟门，距县城55千米，所在河流为滦河水系青龙河支流都阴河上。水库枢纽包括拦河坝、溢洪道、泄洪洞、放水洞、电站等建筑物，大坝为浆砌石堆石坝，是一座以防洪、灌溉为主，兼顾发电、养鱼等综合利用的中型水利工程。

1973年9月1日，宽城县革委水电局以三旗杆大队革委会名义修建一座121.8万立方米的小型水库，将“三旗杆水库设计任务书”报承德地革委水电处。

1974年7月5日，宽城县革委以苇子沟、汤道河两个公社联合兴修三旗杆水库的形式，将“三旗杆水库设计任务书”报送地革委，选择坝型为浆砌石坝顶溢流重力坝，兴利库容为358万立方米的小型水库。

1974年11月28日，宽城县革委再次将“三旗杆水库设计书”报地革委，提出由汤道河工委所属的汤道河、苇子沟、李家窝铺、偏崖子四个公社组织专业队修建三旗杆水库，水库坝型仍为浆砌石溢流重力坝，总库容为760万立方米。经地革委研究同意将三旗杆水库列入1975年小型水库基建计划项目。

1975年1月下旬，地革委水利局派出工程地质技术人员李亚莉到三旗杆水库坝址进行初步地质勘察，认为地质条件较差，不宜修建成重力坝，建议改为浆砌石堆石坝。2月中旬，地革委水利局派地区水利钻探队到三旗杆水库进行坝址地质钻探，用20天时间钻4个钻孔进尺100米，并进行了压水试验，认为坝基岩性不均匀。根据水库坝址区地质实际情况， 3月下旬，经地区水利局有关人员、宽城县委领导及县有关人员共同商定，将原设计浆砌石溢流重力坝型更改为浆砌石堆石坝。7月4日，宽城县革委将更改坝型后的“三旗杆水库初步设计”报地革委。坝型选择为浆砌石堆石坝。水库防洪标准为50年一遇洪水设计，百年一遇洪水校核，经调洪演算，50年一遇设计洪峰657立方米／秒，洪量476万立方米，洪水位173米，相应库容840万立方米；百年一遇校核洪峰756立方米／秒，洪量568万立方米，洪水位173.3米，相应库容866万立方米，最大泄量354立方米／秒。确定设计坝顶高程为174米，溢洪道堰顶高程为170米，进口堰宽36米。

工程枢纽布置为：拦河坝底长98米，坝顶长171米；溢洪道在右岸，底宽36米；泄洪洞在左岸山脚，为坝埋钢筋砼管；输水洞在右岸山脚下，坝下埋钢筋砼管，后接电站厂房，尾水渠直接入灌溉干渠。

1978年10月19日，宽城县革委水利局根据地革委水利局的意见，对三旗杆水库防洪标准按百年一遇洪水标准设计、500年一遇洪水标准校核重新进行了水文计算，调洪演算结果为：百年一遇洪水设计最大洪峰为911立方米／秒，洪水总量744万立方米／秒，最高洪水位174.21米，相应库容930万立方米，最大下泄流量520立方米／秒；500年一遇洪水校核最大洪峰为1163立方米／秒，洪水总量1050万立方米，最高洪水位175.38米，相应库容1048万立方米，最大下泄流量767立方米／秒。根据以上计算结果，对大坝加高1米，溢洪道加宽到47米，坝顶高程达到175米，相应库容为1030万立方米，已达到中型水库标准。水库其他各项特征为：死水位160米，死库容93万立方米；正常高水位170.2米，兴利库容591.7万立方米。

2006年，宽城三旗杆水库除险加固工程竣工

二、初建施工

三旗杆水库初期设计为小（Ⅰ）型水库，受益范围为苇子沟、汤道河、偏崖子、李家窝铺四个公社，被地区列为小型水利基建工程项目，属于民办公助工程，施工形式为该四个公社联合兴建，由县委和汤道河工委组成三旗杆水库指挥部，从四个公社抽调600人成立施工专业队，以基干民兵为骨干，组成三个民兵连，坚持常年施工，计划三年完成施工任务。1975年3月10日水库工程全面开工。施工初期民工最多上到600人，以后几年民工人数保持在300人至500人之间。由于工程投资不能及时到位及后期民工上人不足，使施工期拖长，直到1979年投资全部拨付到位，1980年12月底水库工程全部竣工。

到1980年底，全部工程共完成国家投资158.2万元，其中：省投资115.7万元，地区投资32万元，县投资10.5万元，群众自筹20万元。共完成工程量：土方4.388万立方米、石方7.461万立方米（其中浆砌石2.583万立方米）、砼0.846万立方米。

1983年，省、地、县三级主管部门对三旗杆水库进行了竣工验收。

三、加固工程

1980年三旗杆水库竣工后，经过几年的运用发现有三个问题，一是拦河坝浆砌石墙体后干砌石和堆石用料质量较差，施工未经碾压夯实，容重达不到设计要求，堆石坝体沉陷严重，砌石护坡多处隆起，按规范要求，虽不影响坝体稳定，但坝坡仍属偏陡；二是右岸电洞出口附近坝基渗漏，渗漏量随着库水位上升而增大，水位169.3米实测渗漏量每小时达5.5立方米，对水库安全构成了威胁；三是水库建成以后，水库上游有4个村庄5600口人出入库区交通受阻，进出库区极为不便，群众生活和发展生产受到极大影响。

为了确保水库安全运行和解决水库遗留问题，从1984年开始，宽城县水利局先后上报了《三旗杆水库加固计划》和《三旗杆水库库区移民公路设计》。1990年，地区行署水利局确定由地区水利水电勘测设计处进行三旗杆水库的加固处理设计工作，先后完成了《宽城县三旗杆水库工程加固处理设计》《三旗杆水库遗留问题补充设计》《宽城县三旗杆水库遗留工程加固补充说明》。1990年12月5日，省水利厅批复了三旗杆水库加固工程初步设计，批复加固工程项目为大坝下游堆石坝坡放缓，右坝肩基础渗漏灌浆处理和修建库区道路三项工程，批复工程总投资48万元。

1993年7月30日，河北省水利厅批复三旗杆水库定为中型水库。

四、除险加固

三旗杆水库始建时受施工条件所限，大坝防渗体砼拌和不均匀，振捣不密实，存在蜂窝、麻面，表面冻融、剥蚀现象比较严重。1991年水库进行加固处理，对拦河坝下游加大堆石坝体和进行干砌石护坡翻新，对渗漏坝基进行了局部固结灌浆。1995年和1996年水库最高洪水位和蓄水位分别达到170.1米、169.8米时，坝后仍出现了严重渗漏。

2001年初，委托水利部河北水利水电勘测设计研究院承担大坝安全评价，于2001年10月编制完成《三旗杆水库大坝安全鉴定报告辑》。2002年5月25日，省水利厅组织有关专家对《三旗杆水库大坝安全鉴定报告辑》进行了审查。2002年8月，完成《三旗杆水库除险加固工程初步设计报告书》，对大坝安全鉴定中提出的问题逐项提出了除险加固设计方案和措施。2003年1月30日，省水利厅批复了三旗杆水库除险加固初步设计，核定工程总投资2280万元。

2006年7月，三旗杆水库除险加固工程按批准的设计内容全部完成了除险加固项目。2006年7月26日至27日，由承德市水务局组织有关单位代表和专家，并邀请主管部门组成初步验收工作组，对三旗杆水库除险加固工程进行初步验收。2006年12月28日至30日，通过由河北省水利厅组织的竣工验收，交付工程管理单位正式投入运行。

五、管理运用及效益

三旗杆水库建成投入运用后，担负着保护下游2个乡、1个镇、45个村、2.4万人的生命财产和2.07万亩耕地及省级宽凌公路的防洪安全；灌区经维修、续建配套后，可以灌溉下游1.1亩农田，改善农业种植结构；水电站于1996年与电网并网发电，年发电25万千瓦时；利用水库水面资源发展养殖业。

第七节 丰宁电站水库

一、规划及勘测设计

丰宁电站水库位于丰宁县城以北57千米，水库坝址位于三岔口乡牛圈子沟村（已改名为永利村）上游1千米处的滦河干流上，电站厂房位于水库下游的北湾子村。

1958年，水利电力部北京勘测设计院提出《滦河规划报告》；1986年，水利部海河水利委员会对滦河干流进行了补充规划。在上述规划报告中，在丰宁县境内滦河干流上规划有4个梯级水电站，其中包括牛圈子水电站。1995年，丰宁县委托北京勘测设计院及中国水利水电工程建设咨询北京公司提出“丰宁水电站可行性前期研究报告”，建议将原规划水库坝址下移到永利村（原牛圈子村）上游1千米处，采用混合式开发，利用水库坝址到北湾村一段河湾的水头修建引水道系统，建设丰宁水电站。牛圈子上游右岸灰窑子沟顶段地势高，地形开阔，是修建抽水蓄能电站上水库十分理想的库址，将牛圈子原规划坝址下移建设丰宁电站水库作为抽水蓄能电站的下水库，实现近期开发与远期规划相结合，除能增加丰宁电站水库自身调节能力，增加可利用水头外，又可为下游梯级电站增加枯水期调节流量和发电效益，也为远期建设抽水蓄能电站创造了条件。1996年8月9日，河北省计划委员会批复了丰宁水电站项目建议书，同意进一步开展前期工作。1996年9月29日，丰宁县人民政府与北京华北电力实业总公司达成以股份制形式联合开发丰宁水电站的协议，工程建设资本金主要由华北电力实业总公司承担，一部分由丰宁县以土地资源入股形式解决，不足部分由双方共同用贷款加以解决。

1996年至1997年，电力工业部水利部北京勘测设计研究院及中国水利水电工程建设咨询北京公司继续开展了“丰宁水电站可行性研究报告”的编制工作。1997年7月，电力工业部水利部北京勘测设计研究院完成了丰宁水电站的各项初步设计任务，并编制出《丰宁水电站可行性研究报告》。1997年12月25日至28日，电力工业部水电水利规划设计管理局会同河北省计委在丰宁县主持召开了丰宁水电站可行性研究报告审查会。1998年3月2日，电力工业部同意并批复了丰宁水电站可行性研究报告审查意见。

二、工程地质

本区域构造为太古界 -- 元古界望基底，侏罗系及新生界盖层。侏罗系盖层的构造方向以北东 - 南西向为主，局部北北东 - 南南西向。本区域断裂均分布于工程区周边，第四纪以来，区内断裂均无活动迹象。总之，库区边坡稳定，不具备大型滑坡条件，砂壤土蓄水后局部可能崩塌，两岸岸坡稳定，山体雄厚，无库水外渗问题。厂房后山坡稳定条件好，尾水渠地质条件均一。

三、开发方式及规模

丰宁水电站采用混合方式开发，即修建水库拦河坝形成水头，并利用水库下游河道地形修建引水隧洞增加水头。

丰宁电站水库坝址处控制流域面积10202平方千米，多年平均流量7.61立方米／秒，多年平均年径流量2.4亿立方米。

丰宁电站水库选定正常蓄水位为1050米，死水位选定为1040米，水库总库容7199万立方米，水电站总装机容量为2万千瓦。水库枢纽工程等别为三等工程，主要建筑物为三级建筑物；水电站工程等别为四等工程，主要建筑物为四级建筑物。

水库防洪标准按100年一遇洪水设计，设计洪峰流量为525立方米／秒，1000年一遇洪水校核，校核洪峰流量为1020立方米／秒。水电站厂房按50年一遇洪水设计，设计洪峰流量为364立方米／秒，100年一遇洪水校核，校核洪峰流量为525立方米／秒。

水库不承担防洪任务，洪水调节以保证水库工程自身安全为原则。

水库泄洪为无闸门溢洪道及泄洪放空洞方案，溢洪道宽22米，堰顶高程1050米，泄洪洞孔口尺寸为5米×5米。1000年一遇校核洪水位为1054.8米，下泄流量为894立方米／秒（含通过机组流量）；100年一遇设计洪水位1050.2米，下泄流量为503立方米／秒。

四、水工枢纽布置及建筑物

水工枢纽工程主要包括拦河坝、溢洪道和泄洪洞等建筑物；水电站主要建筑为引水系统、电站厂房和尾水渠。

（一）拦河坝

水库拦河坝布置在永利村上游1千米处的滦河河床上。坝型为钢筋砼面板砂砾卵石堆石坝，采用河床砂砾卵石作堆石坝体，钢筋砼面板防渗。坝基最低开挖面为1015米，坝高39米，上下游边坡分别为1∶1.5和1∶1.6。坝顶高程为1054米，面板顶部高程为1052米，防浪墙顶部高程为1055.2米，防浪墙高出坝顶1.2米，坝顶宽度为8米，坝顶长度294米。

拦河坝面板厚度0.3米，单层双向配筋，钢筋布置在面板中层部位。面板标准宽度为16米，靠近两岸坝肩处宽度变窄，标准面板间接缝为受压缝，窄面板间接缝为受拉缝，面板与趾板间接缝为周边缝。

（二）溢洪道

溢洪道布置在右坝头处，为无闸门开敞式溢洪道。溢洪道左侧设钢筋混凝土导墙与主坝连接。溢洪道为宽顶堰型，堰顶部高程为1050米，堰宽22米，两侧边墙坡度均为1∶0.2，泄槽坡度为26.77%，全长117.5米，宽度由22米逐渐缩窄至14米，采用挑流消能方式。超过100年一遇洪水由泄洪洞和溢洪道共同泄洪，溢洪道可满足1000年一遇洪水泄洪标准。

（三）泄洪放空洞

泄洪放空洞（兼导流功能）布置在右岸小山梁下，距右岸坝肩140米。泄洪放空洞配合溢洪道泄洪运用。泄洪放空洞总长282米，进水口底板高程为1020米，泄洪孔口为5米×5米，闸门后为无压流。

（四）引水道系统

引水道系统包括进水口、引水隧洞、调压井和压力管道四部分。引水隧洞全长4466米，其中直线长度4408米。

（五）电站厂区建筑物

水电站厂房位于北湾村下游260米（斜距）处。电站厂房为一字形布置，长59米，宽14米，建筑面积为826平方米，中间为主厂房，东侧为副厂房，西侧为安装间。尾水渠自厂房向东南方向拐去奔入滦河。

电站厂房安装两台水轮发电机组，单机装机容量为10000千瓦，总装机容量为20000千瓦，多年平均发电量3095万千瓦时，发电年利用小时数为1547.5时。水电站主要任务为调峰发电，供电范围为承德电网。

五、库区淹没

水库正常蓄水位1050米时，水库回水长度9.6千米，淹没面积为3.55平方千米。库区淹没涉及四岔口乡永利村的东湾子及灰窑子两个村民组，共104户、383口人，淹没各类耕地1862.8亩，房屋面积10146.26平方米。牛圈子小水电站为四岔口乡办企业，电石厂为县扶贫办企业，均由于淹没而失去功能。

六、施工及验收

丰宁水电站水库工程静态总投资17183万元，总投资为21544万元。全部建设资金由华北电力实业总公司筹集。

丰宁水电站水库工程项目法人为河北泽水电开发有限公司，项目招投标由华北电业管理局组织完成，中国水电第九工程局中标承建。委托河北省水利水电工程监理中心承担工程施工监理。

1998年8月28日，丰宁水电站工程正式开工兴建，2000年11月18日水库下闸蓄水，2001年12月13日全部竣工投入试运行。丰宁电站水库工程管理单位为丰宁满族自治县水电开发公司。

2004年11月，丰宁水电站工程通过由河北省水利厅组织的竣工验收，被认定为优良工程。

丰宁电站投入运用后，到2005年累计发电9138.62万千瓦时。

第三章 小型蓄水工程

第一节 小型水库

一、小型水库建设发展概况

承德小型水库的建设是从20世纪50年代开始的，出现过两次兴修小型水库的高潮。1958年“大跃进”时期，开展了大规模的兴修农田水利运动，大批小型水库纷纷上马，曾有“一夜成千库”之说，1958年底统计完成小型水库16117座，1960年9月统计完成万立方米以上的小水库77座，正施工的小型水库132座。水库开工数量之多前所未有，带有很大的盲目性和浮夸成分。受当时条件所限，小型水库几乎都是一哄而上的“边勘测、边设计、边施工”的“三边”工程，存在着“流域面积不清楚，水库容积不清楚，来水量不清楚和来沙量不清楚”的“四不清”问题，属于“无设计图纸、无施工资料、无竣工资料，无管理设施”的“四无”水库。这一时期开工水库的数量虽多，但真正建成的甚少。1960年，国家遇到暂时经济困难，大批水库工程被迫停工下马。1957年至1960年这一期间，除完成窟窿山中型水库和庙宫大型水库外，仅完成木匠沟门（丰宁县）、二道川（围场县）、瓦房（隆化县）和崖门子（平泉县）4座小型水库。这一期间建成的水库，坝型比较简单，全为土质坝型。

“农业学大寨”时期，是第二次兴修小型水库的高潮。1966年由兴隆县水利局技术员张英德首创设计施工，于1968年建成了鸠儿峪小水库，为承德第一座浆砌石直墙堆石坝水库，这种坝型在承德中部、南部石质山区得到了广泛推广。1979年小型水库建设达到高峰，年末统计建成小水库92座，总库容5047万立方米。1983年以后基本没有再新上小水库工程。到1985年末，承德小型水库保有量104座，总库容6718.36万立方米，控制总流域面积1908.935平方千米，有效灌溉面积1.72万亩。小型水库以兴隆县居多，最多达到29座，总库容1200万立方米，其次为承德县，最多达到24座，总库容1100万立方米。这一期间建成的小型水库，工程质量比50年代有很大提高，大坝类型多种多样，有所创新，除土质坝外，以砌石坝较多，有浆砌石直墙堆石坝、浆砌石单拱坝、浆砌石连拱坝、浆砌石重力坝，还有浆砌石框格填碴坝和沥青砼芯墙堆石坝。这些小型水库建成以后，大部分在防洪、灌溉、发电、养鱼等方面都发挥了一定的综合效益。由于技术力量薄弱，施工任务大等原因，水库建成后大部分都有遗留问题，有的防洪标准低，工程质量差，处于病险状态，从80年代以来，实施小型水库除险加固工作，小型水库除险加固坚持“谁受益、谁兴建、谁管理、谁负责”的原则，省财政在资金上予以适当补助。对一些防洪标准低、效益不明显、出了问题影响大、加固处理投资多的小水库，根据实际情况，予以拆除报废或降级处理。

1993年，经省水利厅批准，宽城县三旗杆水库由小（Ⅰ）型水库升格为中型水库，纳入中型水库管理序列。1994年，丰宁县坝上的元山子和大下营两座小（Ⅱ）型水库，因长期效益不明显做消号处理。1995年，隆化县60年代初期建成的瓦房小（Ⅱ）型水库，因长期无效益，且威胁下游村庄安全，做消号处理。1996年，兴隆县龙门小（Ⅱ）型水库做消号处理，地厚、姚栅子两座小（二）型水库降格为塘坝管理。1997年，平泉县兔子沟、石门、红石拉、果树园、郎家沟、烧锅杖子、九神庙、西窝铺8座小（Ⅱ）型水库降格为塘坝管理，围场县20世纪60年代初期建成的二道川小（Ⅰ）型水库做消号处理降为塘坝。2000年，围场县扣花营小（Ⅱ）型水库做消号处理，降为塘坝。2002年，围场县杨树沟小（Ⅱ）型水库做报废消号处理。2005年，宽城县大板小（Ⅱ）型水库降格为塘坝管理。双桥区五窑沟小（Ⅱ）型水库做消号处理。

2013年统计，全市共有小型水库93座，总库容5211.6万立方米，其中：小Ⅰ型水库14座，总库容3227.054万立方米，小Ⅱ型水库79座，总库容1973.12万立方米。小（Ⅰ）型水库多采用30年至50年洪水标准设计，300年至500年洪水标准校核；小（Ⅱ）型水库多采用20年至30年洪水标准设计，200年至300年洪水标准校核。

2015年6月15日，隆化县茅荆坝乡千松甸水库开工建设，千松甸水库设计总库容33万立方米，为小（Ⅱ）型水库。主要功能：旅游漂流水源、灌溉等，项目综合总投资12800万元，其中水库投资1450万元，至2017年6月完工待验收。隆化县发展与改革委员会颁发的核准证号为隆发改投资核［2016］10号，隆化县水务局初步设计批复文号为隆水字［2015］94号。该工程全部为民营投资，投资人孙文杰。

二、水库坝型试验

（一）二道湾水库 -- 沥清砼心墙堆石坝

二道湾水库位于隆化县东部武烈河上游鹦鹉河上，坝址位于荒地乡二道湾村下游2千米，茅吉口村上游1千米处，控制流域面积100平方千米。1970年3月，荒地公社组织全社500名专业队施工，于1971年建成库容62万立方米的小（Ⅱ）型水库，坝型为浆砌石直墙堆石坝，坝高14.5米。1979年，经省革委水利局批准进行除险加固扩建，批准投资278万元，水库拦河坝型为沥青砼心墙堆石坝，被列为省水利科学研究所的试验坝型，是河北省第一座沥青砼坝。水库工程设计标准为50年一遇洪水标准设计，500年一遇洪水标准校核。最大坝高34.5米，地面以上坝高30米，坝顶宽4米，坝顶长211米，总库容620万立方米，死库容66万立方米，兴利库容340万立方米，防洪库容147万立方米，校核防洪库容214万立方米。溢洪道位大坝右端，为侧槽开敞实用堰，侧堰长36米，侧槽长36米，宽由3米扩至12米，陡槽宽12米、长162米，下接连续式挑坎，设计泄量300立方米／秒，校核泄量530立方米／秒。输水洞位于大坝左岸，洞径1.8米，洞后接直径1米的钢筋砼管，输水洞进口为竖井式控制室，输水洞最大泄量27.3立方米／秒。电站装机容量100千瓦，设计年发电量21.9万度。设计灌溉面积2.2万亩，水库养鱼水面392亩。库区淹没搬迁两个自然村、110户、540口人，拆迁房屋400间，淹没耕地750亩，工程占地8亩，输电高压线路改线4千米。

该水库工程由隆化县水电局设计，施工由隆化县革委组织的全县农田水利基本建设民工团负责施工，于1979年9月下旬开始施工，施工人数最多上到千余人。1982年2月5日，省水利厅批复二道湾水库工程变更设计及概算，增补投资12.5万元，核定工程总投资为290.5万元。1982年12月，二道湾水库除险加固扩建工程全部竣工。

1988年，经省水利厅批准，投资60万元，对二道湾水库下游坝坡和输水洞防渗进行加固处理。输水洞防渗加固采取钢管衬砌方案，钢管直径1米，壁厚8毫米；对下游坝坡加固放缓，马道及马道以上坝坡采用干砌石保护。其他加固处理项目还有大坝截渗排水沟、防浪墙翻修和竖井加固。

二道湾水库经过除险加固扩建竣工后，成立了二道湾水库管理所，由隆化县水利局直接管理。水库投入运用多年来，在防洪、灌溉、发电、养鱼等方面都发挥了较好的效益。水库下游配套两条干渠，1990年以后，下游茅吉口、大后沟、马栅子、榆树底等村发展稻田0.6万亩；到2004年，水库电站累计发电360万度。1994年7月13日，水库上游降大暴雨，经水库调节后，下泄洪峰流量174立方米/秒，大大减轻了下游的洪水灾害损失。2003年至2007年，承德全市连续严重干旱，市区武烈河和避暑山庄湖区水环境受到极大影响，市政府决定从隆化县二道湾水库向武烈河调水，五年实施调水六次，共调水量555万立方米，满足了武烈河橡胶坝蓄水，补充了避暑山庄湖区水源，大大改善了市区的水环境和旅游环境，保证了生态用水安全。

1979年10月，承德县乌龙矶水库动工兴建

（二）乌龙矶水库——浆砌石双曲簿拱坝

乌龙矶水库位于承德县下板城镇乌龙矶村滦河干流右侧支沟上，为小（Ⅱ）型水库，坝型为浆砌石双曲簿拱坝。水库最大坝高20米，坝顶长90.7米，坝顶厚1.2米，坝底拱厚1.8米，控制流域面积6.25平方千米，总库容55万立方米，灌溉效益1000亩，总投资18.7567万元。该工程于1980年10月动工兴建，1982年9月竣工蓄水。该工程是省水利厅下达的科研项目。协作单位为河北农大水利系（谢广昆）、承德地区行署水利局（陈尚）和承德县水利局（负学愚）。该项科研成果获省水利厅1981年科技成果四等奖。1984年10月，邀请水电部规划设计院、水利科学院、省水利厅、北京水利电力经济管理学院、华北水利水电学院、河北农大等单位专家、教授进行技术鉴定，认为坝型选择合理，施工措施得当，工程质量良好，坝体安全，工程造价经济，达到省内先进水平，在河北省较寒冷地区建设簿拱坝是可行的，可在气候条件类似的地区，在中小水库建设中因地制宜的推广该项成果。

三、小型水库除险加固

（一）维修加固

2004年12月，省财政厅、水利厅下达承德市小型危险水库维修加固资金215万元，对宽城县转字台、北场、石家口、柏木塘、尖宝山水库、兴隆县鸠儿峪、梯子峪、二拨子、伙山子水库、承德县天外水库、平泉县柳条沟、前营子水库、隆化县龙门、曹碾沟水库、丰宁县红旗营水库和围场县二道川水库等16座小型危险水库进行维修加固。维修加固工程自2005年春季开始实施，到2006年6月全部完成维修加固任务。2006年7月26日至31日，省水利厅建管处，省滦河河务管理局，承德市水务局及相关县水务局组成联合验收组，对16座小型危险水库维修加固工程进行了验收。

（二）除险加固

2006年至2007年，承德市12座小（Ⅰ）型水库被列入国家二批病险水库除险加固规划，分别为隆化县二道湾水库、宽城县南天门水库、兴隆县金山子、西湾子、杨树沟水库、滦平县曹营子、头龙潭、龙潭庙水库、围场县黑山口水库、承德县唐家湾、东房子水库和丰宁县凌营水库。批复总投资6548.17万元，其中中央补助资金2928万元、省级配套资金3168万元、市县配套资金452.17万元。12座小（Ⅰ）型水库除险加固工程大部按计划于2009年底前完工，部分工程于2010年5月底前完工。

隆化县二道湾水库除险加固工程：2007年1月9日，省发改委批复二道湾水库除险加固工程初步设计，批复总投资932.39万元。2007年8月20日，省发改委和省水利厅联合下达河北省2007年第二批病险水库除险加固工程中央预算内资金（国债）投资计划932万元，其中中央预算内资金465万元，地方配套资金467万元。2008年4月，经市政府批准，市水务局组建了承德市二道湾水库除险加固工程建设处，负责二道湾水库除险加固工程的建设管理。2009年3月9日开工建设，2010年5月31日前全部完成。

宽城县南天门水库除险加固工程：2007年12月26日，省水利厅批复南天门水库除险加固工程初步设计，批复总投资405万元。主要加固内容为加厚大坝上游重力墙、下游堆石放坡、重建坝顶防浪墙；开挖溢洪道泄槽并衬砌、边墙拆除重建；放水洞加固；更新金属结构及电气设备；增设监测设施，修建管理房，修建300米长防汛路。该工程由宽城县组织实施，于2009年春季开始施工，到2009年8月31日已完成坝前砼重力墙、防汛路路基工程、启闭机房及设备安装、坝顶防浪墙、坝后堆石体放坡、放水洞加固、溢洪道石方开挖、管理房主体工程等，2009年10月15日除险加固工程全部竣工。

兴隆县金山子水库除险加固工程：2008年5月20日，省水利厅批复金山子水库除险加固工程初步设计，批复总投资440万元。主要加固内容为拦河坝非溢流坝段加高、坝顶增设防浪墙、坝顶下游设置钢管护栏、坝体渗漏做砼防渗面板处理、拦河坝竖向裂缝做灌浆处理，拆除重建溢流堰、增设挑坎消能；放水洞加固处理、封堵发电洞做废弃处理；修建防汛路、增设观测设施、新建管理所、管理房屋面积60平方米。该工程由兴隆县水务局组织实施，于2009年春季开始施工，到2009年8月31日已完成大坝迎水面加固、放水洞加固处理及发电洞封堵，2010年5月31日前完成全部除险加固工程施工任务。

兴隆县西湾子水库除险加固工程：2008年5月20日，省水利厅批复西湾子水库除险加固工程初步设计，批复总投资616.5万元。主要加固内容为拦河坝体渗漏处理钢筋砼防渗面板，增设防浪墙溢洪道扩建，堰顶高程不变，适当增加堰顶宽度，取消消能设施；放水洞加固处理，清除洞内淤积，进出口闸门更换为闸阀，更换启闭设备，维修出口启闭机房，抬高进口高程；增设管理及观测设施，新建管理所一处，管理房屋面积60平方米。该工程由兴隆县水务局组织实施，于2009年春季开始施工，到2009年8月31日已完成溢洪道扩建开挖，大坝迎水面加固正在实施之中，受配套资金不到位和征地不到位制约，影响了溢洪道陡槽施工，2010年5月31日前完成全部除险加固工程施工任务。

滦平县曹营子水库除险加固工程：2008年5月20日，省水利厅批复曹营子水库除险加工程初步设计，批复总投资484万元。主要加固内容：对拦河坝上游二级马首568米高程以上坝坡削坡，恢复30厘米厚干砌石护坡，新建坝顶防浪墙和下游路缘石，对上下游坝坡进行局部翻修，左坝肩渗漏做灌浆处理；加固溢洪道放水洞；新建管理所，管理房面积60平方米。该工程由滦平县水务局组织实施，于2009年春季开始施工，10月15日前扫尾全部完工。

兴隆县杨树沟水库除险加固工程：2008年9月3日，省水利厅批复杨树沟水库除险加固工程初步设计，批复总投资447万元。主要加固内容为拦河坝上游防渗砼贴面、增设主拱及副拱溢流堰面、增设主拱下游防冲护坦、边副拱加高、右岸增设砼挡水坝段、加固并扩建溢洪道，改建放水洞、发电洞闸门、配套必要的电气设备、完善管理设施。该工程兴隆县水务局组织实施，由于配套资金到位不及时、地方关系协调困难影响了开工建设，拖延了工期，2010年5月31日前完成全部除险加固工程。

滦平县头龙潭水库除险加固工程：2007年12月26日，省水利厅批复头龙潭水库除险加固工程初步设计，批复总投资395万元。主要加固任务为大坝上游增设钢筋砼防渗面板、坦顶堆石开裂部位翻修、下游堆石放坡、重建坝顶防浪墙；开挖整修溢洪道泄槽并衬砌，放水洞进口启闭机室改造及新

1982 年，兴隆县姚栅子水库主体工程竣工

1991 年，兴隆西湾子水库竣工蓄水

建出口闸阀室；更新金属结构及电气设备，修建上坝路，完善管理设施，新建管理房 120 平方米，新建监测设施等。该工程于 2009 年春季开工，10 月 15 日完成全部除险加固工程任务。

滦平县龙潭庙水库除险加固工程：2008 年 9 月 3 日，省水利厅批复龙潭庙水库除险加固工程初步设计，批复总投资 269 万元。主要加固内容为：加高副坝及主坝右岸挡水墙，增建副坝两端挡水墙，主坝坝体及左右坝肩防渗处理，补做主坝溢流堰面，改建放水洞、发电洞。该工程由滦平县水务局组织实施，于 2009 年春季开工，2009 年 9 月 30 日完成全部除险加固工程施工任务。

围场县黑山口水库除险加固工程：黑山口水库除险加固工程由省水利厅批复初步设计，批复总投资 540 万元。主要加固内容为大坝上下游护坡翻修、坝顶路面硬化、溢洪道溢流堰加固处理、重建交通便桥、溢洪道尾水渠防护、封堵溢流堰放水孔、改建放水洞进口、加固防汛道路、改建管理道路、改造更新金属结构及电气设备、恢复大坝观测设施等。该工程由围场县水务局组织实施，于 2009 年春季开工，2009 年 9 月底完成全部除险加固工程建设任务。

承德县唐家湾水库除险加固工程：2008 年 4 月，省水利厅批复唐家湾水库除险加固工程初步设计，批复总投资 761.68 万元，其中中央资金和省配套资金共 680 万元，地方配套资金 81.68 万元。加固工程主要内容为加固拦河坝和溢洪道，新建放水洞不，完善部分管理设施。该工程由承德县水务局组织实施，于 2008 年 5 月 1 日正式开工建设，到年底全部完成除险加固工程任务。

第二节　塘坝工程

承德小塘坝工程建设是与小型水库建设同步兴起的。在 1957 年至 1958 年开展的大规模兴修农田水利运动中，全区修建了一大批小型水库工程，实际上大部分是水土保持措施中的谷坊坝、塘坝等工程措施，工程都比较简陋，标准比较低，保留下来的很少。

真正意义上的塘坝工程始于 20 世纪 60 年代，兴建目的主要为发展农田灌溉、增加水浇地面积，为增加粮食产量服务。1966 年以后，随着农田水利建设的全面发展，在修建水库工程的同时，群性的兴建小塘坝工程也全面兴起，这一适合山区特点的小型水利工程建设收到了比较好的效果。1972 年至 1979 年是塘坝建设的高峰期，1979 年全区（不含承德县和承德市三区，）塘坝达到 383 座，总库容 710 万立方米，仅兴隆县就达到 162 座，总库容 262 万立方米。由于塘坝库容较小，标准比较低，经过数年运用后，有的逐渐被淤平报废，到 1985

年底，全区塘坝工程保有量179座，总库容592万立方米，仍以兴隆县居多，全县保有量95座，总库容330万立方米，塘坝总数和总库容量都占全区的50%以上。这一期间修建的塘坝工程，工程质量比50年代有了较大提高，坝型也出现了多种类型，北部、中部地区仍以土坝类型为主，中部、南部石质山区则以砌石坝为主，有浆砌石直墙堆石坝，也有浆砌石拱坝，仅兴隆县现存的95座塘坝中，土坝只有一座，其余都是砌石坝。这些塘坝工程，控制灌溉面积达7400亩，在灌溉浇地方面发挥了较好效益，在养鱼方面也发挥了较好效益，在防洪、保持水土方面起到了一定作用。

根据1982年水利工程“三查三定”调查统计，兴隆县共有塘坝工程172座，蓄水量达207万立方米，可浇地4300多亩。到1990年统计，兴隆县仍有塘坝114座，总库容164.56万立方米，灌溉面积4449亩。

据2008年调查统计，承德县共有塘坝工程42座，但能蓄水或有少量水的只有18座，能发挥效益的为数不多，大部分塘坝库区淤积严重，干枯或已种植作物。丰宁县27座塘坝中现能正常运用的仅剩1座。宽城县13座塘坝中有4座塘坝待申请报废。全市约有塘坝249座。据2013年水利普查统计，承德市建成塘坝325座。

1995年，兴隆县大杖子乡姜家庄村在柳河岸边修建的“小红旗渠”

第四章 水库移民

第一节 庙宫水库移民

庙宫水库于1959年11月正式动工兴建，1960年6月拦洪蓄水，1962年7月初建竣工。水库移民搬迁工作分两次进行，第一次为1960年至1965年，移民高程为779.75米，搬迁任务为369户、1931口人，拆迁房屋1018间，淹没耕地5012亩，省拨移民经费44.53万元，到1965年1月已搬迁出332户、1701口人，拆迁房屋893间。1976年至1978年，庙宫水库进行了加固扩建，大坝加高，库区需进行第二次移民搬迁，移民高程提高到781米，包括第一次应迁未迁37户、230口人，第二次移民搬迁任务为79户、472口人，拆迁房屋204间，征地高程为780米，需征耕地1157亩，省拨移民经费27.09万元。以上两次移民搬迁共涉及6个村、411户、2173口人。淹房1222间，淹地6169亩，除大石门村全部搬迁外，其他乌苏沟、墙字、哈字、合字、庙宫等5个村搬迁一部分户，基本上做了后靠安置，新建一个海字移民村，少部分移民在坝上6个大队（村）插队（村）安置。共新建移民点（村）7个，为移民建新房886间，两次共拨移民迁建经费71.62万元，全部用于移民迁建补偿等开支。

第二节 潘家口水库移民

一、移民搬迁任务

潘家口水库位于滦河干流中游，1975年10月开始兴建，1979年12月建成蓄水，1982年12月通过竣工验收。水库坝高顶高程230.5米，征地高程222米，移民高程224米，库区淹没涉及宽城、兴隆、承德3个县的7个公社（乡），共需移民搬迁28个大队（村）、196个生产队（村民组）、4566户、24657人。淹没面积59平方千米，其中耕地25457亩、房基地3383.5亩。拆迁房屋13472间。淹没果树871787株、成材树木132.9万株。

二、迁建方式

承德潘家口水库移民迁建方式共有五种，（一）充分考虑利用水库库区附近的生产资源，如发展淡水养殖，航运业及旅游业的良好条件，采取就近后靠安置；（二）县内远迁，分散插队（村）和集体建队（村）相结合；（三）出县远迁，也是采取集体建队（村）和分散插队（村）相结合；（四）自由散迁到外省、市、县安家落户；（五）由省、地负责安排一部分移民，到沿海（乐亭县）开发沿海地带。

三、迁移措施

以生产队（村民组）为建制集体搬迁建队（村民组）的，由县迁建办公室按照各项补助标准规定，与移民队（村民组）统一结算，接受移民的生产大队（村）负责给移民队调整生产建设土地，积极进行安置。

凡是自由散迁的移民，除原有一切财产自己自行处理外，开始时按当时移民补偿包干经费平均每人补28元，由县迁建办公室直接与移民户结算，以后每个人又增补380元。到乐亭县沿海地带的移民，由省水利厅审核批准建设规划，请求国家拨款，由乐亭县负责建设实施。

四、补偿办法

1975年，河北省根治河指挥部核定承德地区移民补偿经费1882.3万元，人均828元，实行包干办理移民搬迁补偿结算。后经调查，此补偿标准过低。1981年河北省水利厅呈报国务院，1982年6月经国家计委批准，承德移民补偿经费增加到6231.1万元，人均达到2572元。1987年，国务院向河北省提出潘家口水库移民包干经费增加到2.2亿元，其中承德地区为11584万元（其中移民迁建经费8840万元，移民生产周转金2744万元），人均达到4700元。各种补偿标准如下：

房屋补偿：远迁移民每间补偿650元，每个附着物（厕所、猪圈等）补偿400元，运费每户补助200元，后靠移民每间补偿500元，每户附着物

潘家口水库移民区

补偿250元，运费每户80元。机关、企业房屋每间补偿650元。无房户每户按两间，少房户按一间，每间补偿600元。集体畜棚补偿250元、畜圈150元。

土地补偿：按4年产量合计，每亩补偿450元，淹没移民队的旧房基地，按征地标准，每亩补偿450元。

果树、林木补偿：干果，即核桃、栗树，每棵补偿40元；鲜果、苹果、梨树等每棵补偿30元；花椒树每棵补偿6元；葡萄每架补偿60元；大叶桑每棵补4元。幼果树，干果每棵补偿10元，鲜果每棵补偿8元，花椒树每棵补偿2元。对后靠移民队，每人补助新育林费50元；对远迁移民队，每人补助出场购置费及育林费150元。

生活补助：从1981年起，连续三年每人每年扶持生产及补助生活款50元；化肥，小农具补助每人35元；移民生活饮水每人补助60元，由县掌握使用。

库区淹没的各移民队原有农田水利建设一律未给补偿，移民队后靠或远迁后，平均每人补助农田水利建设费30元，由县掌握使用。

五、定居点的建设与待遇

1982年2月，河北省人民政府确定，潘家口水库移民远迁沿海安置1万人，乐亭县负责安置5000人，其中包括安置宽城移民442户，1909人。到1985年底，宽城县迁往乐亭县移民全部得到安置。移民定居点位于乐亭县城南约50华里，成立新海乡，下辖三个移民村，定居点建设是在新开垦的大片稻田地建立起来的，设有米面加工厂、小学校、卫生院。国家为新开辟移民点投资2126.19万元，其中建设水、电、路三通，架设高压线3.2千米，低压线4.2千米，修公路28.83千米，水渠清淤连同打机井16眼，自来水入户等投资165.86万元。除此之外，建立新房2584间，开垦新稻田及荒地32545亩，还扶持发展生产，购置拖拉机，生产工具，购买农药，化肥等。

定居点移民的待遇，每人分新房一间（旧址房屋拆除物料归己），房屋所有权归个人所有，不经政府批准，不得拆毁。搬入第二年底前，属于工程质量出现的问题，由国家负责修理，以后由移民个人负责维修。每人分稻田地2～2.5亩，菜地0.1亩，荒地1亩，土地归国家所有，个人使用，不准转让或买卖。

移民迁往乐亭县定居，每户补偿搬迁费等项

1008元。因搬迁影响当年生产生活，每人供应口粮250公斤，补助购粮款85元，补助生活费50元，扶持移民恢复生产2-3年，每人每年扶持生产费20～30元。

六、移民安置

承德潘家口水库移民搬迁工作，1976年做出移民迁建规划，1977年开始进行搬迁，库区移民以大局为重，以国家利益为重，克服重重困难，弃掉生养他们的故土，积极搬迁，为水库建设做出了贡献和牺牲，到1985年基本搬迁完毕，1987年完成全部搬迁任务，总计搬迁4566户，24657人。各县搬迁安置情况分别是：宽城县搬迁20个村，3681户，19049人，其中后靠安置20个村，1297户，7176人；县内远迁1399户，7349人，安置在63个移民点105个村，单建向阳移民村1个；迁到平泉县安置在45个村（涉及13个乡）落户的456户，2166人；迁到乐亭县新开口乡442户，1909人，建起移民村3个；散迁到辽宁省大洼县87户449人。兴隆县搬迁7个村，873户，5538人，其中后靠安置7个村，651户，4131人；县内远迁安置在65个移民点插村落户222户，1407人。承德县搬迁12户，70人，全部就地后靠安置。

潘家口水库移民第一期安置后，水库后靠移民耕地少，生产条件差，不能满足移民的基本生活需求。从1999年4月到12月底，根据国务院有关精神，由河北省人民政府组织实施潘家口水库移民第二期搬迁安置，采取“政府组织、社会负担、国家补助、自愿报名、结组抽签、分散插村和投亲靠友及农转非相结合”的工作方针，全部迁出库区到安置地落户移民6651人，其中迁往唐山市乐亭（1975人）、丰润（971人）、玉田（889人）、滦县（754人）、迁安（582人）、丰南（577人）共6个县（市）的99个乡镇797个行政村计5748人（后靠移民抽签迁往新址的4287人，返迁移民抽签迁往新址的1461人），占外迁移民总数的86.4%；投亲靠友迁出安置在240个行政村共890人（后靠移民投亲靠友外迁717人，返迁移民投亲靠友外迁173人），占外迁移民总数的13.4%；外迁移民外嫁13人，站移民总数的0.2%。

七、移民脱贫致富

潘家口水库移民搬迁工作初期，由于长期以来受“左”的思想影响较深，移民搬迁工作中存有重工程建设，轻视移民工作的倾向，对移民的切身利益有所忽视，对移民搬迁后的生产、生活条件和以后的出路考虑得较少，搬迁补偿标准偏低，缺乏优惠政策，并对移民搬迁地点限定了很多框框，移民迁出后在生产生活等方面出现了一些实际困难，造成了许多移民返迁和上访问题。

从1984年开始，移民工作改安置型为发展生产型，由过去单纯抓搬迁，搞救济，发补助，转变为扶持移民发展农、林、牧、副、渔各项生产，走脱贫致富的道路。1986年，省水利厅分配承德地区移民以工代赈棉花1138公斤，纯棉布2276米，“七五”期间每年按此数量下发。平价供应移民口粮195万公斤。从1986年开始，省供电局每年供给平价电指标4500万千瓦时，1988年又增供1000万度。1987年，国家拨给承德地区移民生产周转金2744万元。到1988年，供给移民平价钢材300吨，木材860立方米，为移民办起各种工副业摊点83项，有选铁厂、腊厂、电石厂、酒厂和各种小型加工厂。为了帮助移民发展农业生产，为移民修建了各种小型农田水利工程，包括打机井121眼，建扬水点70多处，修水渠12条长8039米，修护村护地坝53条长13000米，改良土壤3400亩，栽植各种果树90万株，杨树46万棵，洋槐34万株，黑松3万亩。发展养猪15000头，养牛400头，养兔1047只，养羊3000只，各种家禽31000只，发展网箱养鱼700箱。架设高压输电线路90千米，低压线路250千米，解决了照明和农副业用电。修筑区乡公路80.2千米，人行路150千米。为移民修建自来水供水工程13处，修水窖96个，蓄水池32个，打饮水井30眼，埋设输水管路16850米，解决了4441人的饮水困难。移民生产得到了发展，生活水平逐年提高，情绪稳定，安居乐业，形成了安定团结的政治局面。到 1988 年，移民人均收入达 190 元，人均口粮 170 公斤，有 2072 户，11676 人（占移民总人口 53%）脱了贫，有 609 户，3322 人（占移民总人口 15%）达到初步致富，有 518 户，3162 人（占移民总人口 14%）温饱问题得到解决。

八、解决遗留问题

潘家口水库移民第一次搬迁安置工作，由于各种主客观条件限制，存在诸多问题。在指导思想上，移民工作从开始到基本结束，处于“文化大革命”和计划经济体制的特殊历史环境中，“重工程、轻移民、重搬迁、轻安置”伤害了移民切身利益；在规划上没有移民安置规划，属于典型的边设计、边施工、边搬迁，造成安置上的盲目性；在政策上由于移民搬迁安置时的局限性，违背了“谁受益，谁负担”的损失补偿政策，在非受益地区安置了大量移民；在经费上，水库修建之初，对艰难复杂的移民搬迁安置任务估计不足，安排经费偏少，造成了许多被动局面。

“七五”期间（1985—1990 年）为扶持水库移民发展生产和处理移民遗留问题，水利部先后向潘家口、大黑汀、官厅、岳城四座水库移民安排资金共 9501 万元。其中，潘家口、大黑汀水库移民生产扶持资金 4506 万元（包括宽城县办电费 814 万元）。

1991 年水利部向河北省下达先期拨款 800 万元，用于处理移民遗留问题和扶持移民发展生产。

1993 年 7 月省水利厅向承德、唐山两地下达第一批处理潘家口、大黑汀水库移民遗留问题经费各 249 万元，主要用于库区、安置区交通恢复问题、返库移民安置问题（每人补助 5000 元）、唐海县移民危房处理问题（安排 50 万元，处理危房 200 间，每间补助 2500 元）以及生产生活补助问题。12 月，水利部安排第二批经费 710 万元。其中无偿补助 510 万元，有偿扶持生产周转金 200 万元。

1994 年 4 月 27 日，由水利部海委主任张泽鸿、省政府副秘书长赵景才、承德副市长李景华主持座谈平泉县返库移民上访问题，会议形成《处理潘家口水库平泉移民返库上访问题的会议纪要》。对返库移民改点建村；对 2296 名返库移民在天津市安置 1500 人，唐山市沿海各县再安置 796 人，外迁经费人均投资 1.58 万元，共 3627.68 万元。

1996 年 10 月 29 日，省政府印发《关于进一步深化我省社会保障制度改革的通知》，将水库特殊平困移民纳入社会保障范畴，原则上特殊困难移民每人每年 80 元，一般平困移民每人每年 60 元。

1997 年 10 月 7 日在石家庄召开的潘、大水库移民遗留问题处理座谈会，决定启动外迁移民的同时，采取措施稳定面上移民，加大扶持力度。适当增加外迁移民人均建房面积，由原批人均建房面积 12 平方米增加到 18 平方米。适当调整潘、大水库移民遗留问题处理规划概算。

1998 年 9 月 4 日，河北省政府召开省长办公会议，同意解决潘、大水库移民遗留问题的整体思路，同意在实施分散安置外迁移民方案的同时，实施面上移民稳定方案(面上移民是指水库建设期间，在兴隆、宽城、平泉、等县集中或分散安置的 2 万多移民）。除陆续落实国务院纪要确定的库区基础设施建设项目外，制定和实施《1999-2003 年项目投资计划》，投资总额为 2.43 亿元。为促进潘、大水库移民遗留问题的解决，移民脱贫工作纳入全省扶贫范围统一管理。

在实施五年稳定方案过程中，河北省各级政府和有关部门以移民增产增收、创造稳定的经济收入为目标，以解决移民基础设施为重点，加强农田水利基本建设，因地制宜地推动种植经济作物、林果业、养殖业等产业的发展。共完成水土流失治理面积 30 万平方千米，植树造林 63440 亩，其中果树 51610 亩，挖围山荒 30 万米、造地 9350 亩，护村护地坝 4 万米，扬水站点 360 处，打配灌溉机井 469 眼，修水渠 1.93 万米，架设农用线路 3.45 万米，购柴油机 75 台，建泵房 96 处，重力滴灌 6 处，喷灌节水设备 60 台套，新增和扩大水浇地面积 6000 亩，果蔬 2310 亩，打饮水机井 15 眼，蓄水池等饮水工程 102 处，铺设饮水管道 18.16 万米，使 39

个移民村组解决了饮水困难。修等级公路364千米，桥涵101座，解决了沿途20个移民村的行路难问题。帮助移民建猪舍3.65万平方米，大力发展养殖业和渔业生产，使留在原址和面上的移民得到了实惠，看到了希望，安心在库区发展生产，同时也促进了外迁移民顺利搬迁安置。

水利部、财政部、国家计委、国家经贸委、国家电力公司在深入调查研究的基础上，于2001年12月11日提出了《关于加快解决中央直属水库移民遗留问题的若干意见》，从2002年至2007年，用6年时间，解决水库移民温饱问题。重点是加强移民安置区的基础设施建设，改善移民的生产、生活和生存条件，使移民的生活水平能逐步达到安置所在县农村人口平均水平。2006年5月17日，国务院印发《关于完善大中型水库移民后期扶持政策的意见》（国发［2006］17号），加大对水库移民扶持力度，出台了一系列配套政策，其中六年规划并入新的后期扶持政策。经省政府批准，省水利厅于2006年10月将中央拨付的2003—2008年6年规划资金14723.41万元，全部下发到有关市县，实施了一大批基础设施和生产生活项目。

第三节　双峰寺水库移民

一、概述

双峰寺水库位于承德市双峰寺镇小东沟村，距下游承德市区约12千米，双峰寺水库淹没影响涉及承德市双桥区1个镇10个行政村，淹没影响总面积13273亩，搬迁安置移民1330户，6465口人，13个企事业单位，拆迁各类房屋21.19万平方米，淹没影响的重要专业项目有承围二级公路改线11.45千米，承隆铁路改线6.4千米，变电站1座以及部分输电线路和电信线路、广电设施等，投入资金17.5亿元。

二、土地征收和地上附着物补偿

为搞好承德市双峰寺水库建设，妥善做好土地征收和地上附着物补偿工作，依据承德市人民政府承市政字［2013］19号文件批复意见，《承德市双峰寺水库土地征收和地上附着物补偿办法》（以下简称《办法》）中土地征收范围为水库淹没线以下、枢纽工程、公路改线工程、铁路改线工程、专业项目改移工程和移民安置需占用的土地。土地征收补偿标准依据为《河北省人民政府关于实行征地区片价的通知》（冀政［2008］132号）及《河北省人民政府关于修订征地区片价的通知》（冀政［2011］141号）的相关规定。

三、淹没影响区房屋及附属设施拆迁补偿

为妥善做好双峰寺水库淹没影响区房屋及附属设施拆迁补偿工作，依据承德市政府承市政字［2014］102号文件批复意见，双峰寺水库淹没影响区房屋及附属设施拆迁补偿范围为水库淹没影响涉及的双峰寺镇三道河、小东沟、上窝铺、新房子、下南山、东荒、李营、东坎、西坎、甸子等10个行政村。涉及拆迁的房屋及附属设施实物数量以2009年双峰寺水库工程建设指挥部统一组织的实物调查登记结果为准；在双峰寺水库淹没影响区集体土地上实施的房屋及附属设施；在双峰寺水库淹没影响区国有土地上实施的房屋及附属设施拆迁工作；拆迁无证房屋及附属设施和逾期的临时房屋及附属设施，除适当支付拆迁误工费外，不与其他补偿；拆迁经营性房屋及附属设施，由承德市双峰寺水库工程建设指挥部确定的承德市物价局价格认证中心进行价格鉴定后补偿；被拆迁的房屋及附属设施有权属纠纷的，本着先拆迁后补偿的原则，待有关部门确定权属后再支付补偿费。拆迁补偿标准如下：

（一）重置价房屋补偿标准

主房类有证房：按不高于1380元／平方米补偿；主房类无证房：按不高于500元／平方米支付拆迁误工费；其他临时性房屋、各类彩钢房、石棉瓦房：按不高于300元／平方米支付拆迁误工费。入户的电力、通讯、有线电视、自来水等设施在移民安置区配套安装，不再予以补偿。每宗占地面积

0.25亩及以下的村民宅基地，不予补偿，超出部分（合法占地面积）按照河北省人民政府公布的征地区片价予以补偿。在移民安置区安排新建学校用房，原村小学建设用地、房产不再另行补偿。

（二）附属设施补偿标准

砖围墙：290元／平方米；砖砌花墙：180元／平方米；其他类型围墙分结构和建造标准：50～230元／平方米。钢护栏、钢栅栏分不同材质：8～180元／平方米；不锈钢护栏分不同材质：100～140元／平方米。空心月台分不同高度：80～120元／平方米；实心月台分不同类型和高度：40～150元／平方米。门楼分有无顶盖及装饰：200-1000元／个；钢大门分不同材质：80～120元／平方米；钢栅栏分不同材质：80～180元／平方米。砖砌台阶：45元／平方米；混凝土台阶：60元／平方米；石砌台阶：30元／平方米。钢楼梯：120元／平方米；其他楼梯分不同装修面层：70～140元／平方米。坡道分不同结构类型：20～45元／平方米。水泥（混凝土）地面：45元／平方米；砖地面：20元／平方米；棚类分不同结构类型及建造标准：15～75元／平方米。菜窖、果窖：2500元／个；其他窖类：1200～1500元／个。石碾、石磨：500～1000元／个。户外冷灶：80元／个。

注：以上补偿标准中未涵盖的标的物按照《承德市双峰寺水库土地征收和地上附着物补偿办法》规定的补偿标准执行。

三、移民安置方式

为切实做好双峰寺水库移民搬迁安置工作，维护移民合法权益，按照“迁得出、稳得住、逐步能致富”，的总体思路，坚持移民安置、库区建设、生态保护并重的工作理念，实现库区和移民安置区经济社会可持续发展，采取前期补偿补助与后期扶持相结合的办法，保障移民的合法权益。实现移民安置与资源综合开发利用、生态环境保护相协调。

移民搬迁安置方式采取货币安置为主、实物安置为辅的外迁安置方式，如果60%以上移民户都选择货币安置方式，将全部采取货币安置方式。移民外迁安置后，不再享受农村宅基地政策。非农业随迁人口只对其淹没区范围内的房屋及附属设施进行货币补偿，不享受其他移民政策。安置标准如下：

（一）货币安置

每位移民安置住宅用房35平方米（建筑面积），对积极支持配合移民安置工作，在2016年6月30日18时以前签订移民安置协议，并腾空房屋交付拆除的移民，奖励15平方米／人（建筑面积）住宅用房。上述住宅用房按照4000元／平方米的标准计算，一次性兑换货币补偿给移民，由移民自行购买住宅用房。

（二）实物安置

每位移民安置住宅用房35平方米（建筑面积），在双峰寺镇三道河村进行统一建设。对安置楼房进行简装，具备入住条件，发放房屋产权证和国有土地使用证。

安置房户型：建筑面积50平方米、70平方米、105平方米、140平方米四种户型（若移民所选相应户型过少无法设计，则按照相近户型设计）。各移民户按照人口数选择相应户型，一人一户的，可按成本价购买15平方米。安置楼房设计面积偏差不超过3%，因设计偏差致使移民户实际选择的回迁房建筑面积与应安置的回迁房建筑面积的差额部分，按成本价结算。楼层之间不设差价。

安置房分配：待移民安置协议签订后，按照拆迁房屋交接验收的先后顺序，在公证部门的公证下，于次日对上一个工作日完成交接拆迁的移民户进行抽号排序，以此顺序号确定移民户挑选安置楼房的先后顺序。

（三）搬迁补偿补助

对于移民及非农业随迁人口的原有宅基地、房屋、附属设施及地上附着物，按照《承德市双峰寺水库淹没影响区房屋及附属设施拆迁补偿办法》《承德市双峰寺水库土地征收和地上附着物补偿办法》补偿补助。

（四）临时过渡费

选择实物安置的移民，自签订移民安置协议，并腾空房屋交付拆除之日起，按3000元／人·年的标准支付移民临时过渡费，过渡期24个月，按年支付。选择货币安置的移民不享受临时搬迁过渡费。

（五）奖励政策

对2016年6月20日18时以前签订移民安置协议，并腾空房屋交付拆除的具有《集体土地建设用地使用证》的移民户，奖励该户5平方米的商业用房（奖励5平方米商业用房可采取实物奖励或兑现货币奖励两种方式，货币奖励按照4000元／平方米的标准计算）。

（六）补偿资金给付方式

经最终结算后的货币安置资金、拆迁补偿补助资金、临时过渡费及奖励资金在移民户腾空房屋交付拆除后3日内一次性支付给移民户。

四、扶持及后期保障

为解决移民的长远生计问题，消除移民的后顾之忧，政府为移民建设高标准的安置房，建设绿地、幼儿园、小学、卫生院、村民服务中心等各种服务配套设施。同时，按照企业职工养老保险政策，为移民办理养老保险，移民人口将根据国家及省、市、区有关政策，享受养老保险、医疗保险、就业培训、后续扶持等福利待遇。农村移民每口人每年享受人民币600元生活补助，补助时间为20年。商业用房建设、养老保险、后期扶持等工作正在加紧推进。

（一）落实农村移民国家扶持政策

1. 扶持范围。后期扶持的范围是按照符合水库移民身份认定条件的农村移民。对扶持期内人口的自然变化，实行“生不增，死要减”的政策；转为非农业户口的农村移民不再纳入后期扶持范围。

2. 扶持标准、期限和方式。按照《国务院关于完善大中型水库移民后期扶持政策的意见》（国发［2006］17号），落实水库移民后期扶持政策，对扶持资金统筹使用。资金的使用与管理要公开透明，接受移民监督。

（二）养老保险

在河北省被征地农民养老保险政策出台前，根据省人力资源和社会保障厅《关于做好被征地农民社会保障审核工作的紧急通知》（冀人社传［2009］2号）的有关规定，按照不低于征地区片价10％的要求提取被征地农民社会保障费，存入当地被征地农民保障费预存账户，征地批准后划入被征地农民养老基金专户。新的养老保险政策出台后，按新的政策规定执行。

（三）后续生活保障

1. 为解决移民长远生计问题，结合周边区域开发，按建筑面积5平方米／人的标准，为移民统一建设商业用房，由村集体经济组织统一经营、移民入股分红。

2. 对外迁移民淹没线以上的在册耕地，如果搬迁后还未进行征收，将积极组织相关单位及企业进行租赁，租赁价格由统计部门按前三年的平均亩产值确定，按年付款。

3. 抓好技能培训和劳务输出工作。摸清移民劳动力人数、文化程度等情况，立足当地资源与开发需求，制定培训计划，有针对性和方向性地对移民进行实用技能培训，提高移民素质，增强就业能力。

4. 移民在市区范围内选择居住点的，义务教育阶段的适龄学生享受与迁入地居民子女同等就学待遇。

鉴于东荒、李营、东坎3个村水库淹没线以上人口，在水库建成后交通及其它基础设施问题很难解决，也按照上述安置办法进行搬迁安置。

五、移民安置工作进展

为确保移民安置补偿工作顺利推进，在2009年完成淹没及影响区实物指标调查成果的基础上，积极协调市物价局、河北省水利水电勘测设计研究院对调查成果再核实、汇总、录入，进行电子管理。

在双峰寺水库工程实施过程中，由于移民安置方案和安置人口发生变化；征地面积、占压实物量和搬迁企业数量随之发生变化；铁路、电力等专业项目复建、改建方案调整；实行征地区片价政策等有关政策调整及物价上涨等因素，导致投资增加，原批复的投资概算总投资已不能满足工程建设需要。为此，多次向水利部、省政府、省水利厅、省发改委汇报情况，并根据国家发改委、水利部批复的可研、初设等有关文件和当时省、市征地拆迁相关政策，于2014年对原概算进行了调整。河北省发改委于2014年12月31日对投资概算调整报告进行了批复，调整后概算总投资达到37.5037亿元，比初设批复概算增加了13.4256亿元。总体看，投资增加主要集中在征地补偿、移民安置和基础设施建设、社会保障费等方面。概算调整后需征收土地9128.5亩，规划安置移民2000户、5877口人，全部采取异地搬迁安置。

水库占地征收补偿：大坝主体工程区、铁路改线区、左右岸上坝路工程区、移民集中安置地、110千伏变电站、水库淹没区占地征收和实物补偿已基本完成。截至2015年底，累计完成土地征收2288亩，其中坝址区431亩，规划移民安置区676亩，铁路改线工程101亩，左岸上坝路38亩，右岸上坝路33亩，变电站9亩，水库淹没区1000亩。开展移民搬迁安置准备工作。

移民搬迁安置：已签订搬迁安置补偿协议并拆除1109户（宅基地户）、5724口人（据总计需要拆迁1124户、5757口人），完成任务的98.7%。截至2016年底，累计完成土地征收9794亩，其中水库淹没区7496亩、坝址区431亩、规划移民安置区676亩、铁路改线区101亩、左岸上坝路38亩、右岸上坝路33亩、变电站9亩、上窝铺出村路40亩、承围公路改线218亩，淹没线上752亩。移民搬迁安置工作：已签订搬迁安置补偿协议并拆除1318户（宅基地户）、6420口人（据2016年底统计，总计需要拆迁1335户、6475口人），占总任务的98.7%。

截至2017年7月，双峰寺水库共到位资金37.2341亿元，其中国家拨付8亿元，省投资6.7亿元，市级自筹22.5341亿元。已经完成投资36.56亿元。

第六编 农村水利

中华人民共和国成立后，在党和政府的领导下，承德各地积极开展打井、修渠、修建扬水站、小水库、小塘坝、截潜流、喷滴灌、低压管道输水等小型农田水利工作，建设大中型水库灌区配套工程，发展井灌、渠灌、喷灌、管灌、滴灌等节水灌溉。几十年来，不断建设的大、中、小、微型水利设施，对抵御自然灾害，保证本地区粮食供给，促进农业增产增收发挥了巨大作用。据水利统计数字：截至2015年底，全市总灌溉面积为206.64万亩，有效灌溉面积183.45万亩。

第一章 提水灌溉

中华人民共和国成立初期，承德的水井，主要用于饮水和浇灌自家菜园，群众没有灌溉旱田作物的习惯，群众中流传着：“旱收川，涝收山，不旱不涝丰收年”的谚语。1950年热河省水利局乔辛英、董恩锡等人在《滦河、瀑河、老牛河及武烈河调查报告》中提到“惟沿途旱田甚多，水井深度不大，但居民只用井灌溉菜蔬，鲜有用之灌溉大田者，此无他人提倡耳。”1951年热河省水利局在小型水利勘查总结中说：“凿井灌溉工程，围场全县仅县街有井3眼，用作灌园地之用，其余并无此项工程，也无此项计划，全县无旱田灌溉，仅四合永有水田1300亩，用水有余。隆化县无凿井工程。”由此可见，新中国成立初期，承德地区北部，水井灌溉仍是空白。新中国成立后，国民经济经过三年恢复时期，承德农田水利有了发展，在多年抗旱斗争中，各级政府积极组织群众，开展了打井运动，开发利用地下水，引导农民发展井水灌溉，在农业抗旱增产中取得了收益。水井在历年抗旱中得到了发展，由最古老的饮用水井，发展成机井、深机井；由最初人力提水灌溉，发展为机电抽水灌溉、扬水上山、喷滴灌、管道输水灌溉等。水井已成为承德地区人畜饮水及农田灌溉设施的重要组成部分。

第一节 普通水井

一、砖石井：

1950年，热河省水利局拟定的水利建设方针提出，为发展与保护农业，恢复田园旧井，开展打新井。宽城、围场、丰宁三县新打水井22眼。

1951年至1955年，把发动群众打井、修渠作为水利建设的重要工作来抓，每年新打水井都在千眼之上，多者达4000余眼。1953年热河省水利局制定了“广泛发动群众，大力开展灌溉事业，有计划的开渠、打井、凿泉和安装水车，利用一切可利用的水源浇地”的水利建设方针。1953年末全市水井保有量达到9191眼，1955年末达到9309眼。

1956年，随着农业合作化高潮的兴起，出现了水利建设的高潮，群众性的打井运动又进一步广泛开展。承德专署水利局在第一季度农田水利工作总结中指出：自1955年10月1日至1956年3月31日全市完成打井4121眼，正施工的2748眼，恢复旧井718眼，安装水车54台。1956年河北省水利厅向全省通报了滦平县大屯爱国农业社群众开展打井的经验。1956年全市共打井7819眼，安装水车399台，年末全市水井保有量达到16035眼。

1958年末，根据各县水利规划表统计，全区有水井42551眼，水车3370台。年末水井保有量22302眼，为20世纪50年代水井发展的高峰。地委在检查本年度工作时指出，在打井中有盲目性，缺乏技术指导，打了一些废井。

1959年至1965年期间，水井无大的发展，年保有量在2万眼左右。

进入20世纪60年代中期，水井又有较大的发展，1966年末水井保有量达到29272眼，超过了1958年。1970年末水井保有量达到35695眼，这是有资料以来达到的最高峰。截至1982年，水井均保持在1.5万～2万眼左右。截至1985年水井保有量在15510眼左右。砖石水井由于受打井条件的限制，出水量较小，提水工具较落后，一眼井浇地不足10亩。进入70年代后期，随着机井的发展，普通砖石水井逐步被机井所代替。但普通砖石井成井造价低，施工技术简单，在水源条件好的地方仍为群众饮用水和园田灌溉的主要水源，2005年末统计，全市砖石井的保有量为10613眼。

二、竹管井和井下泉

1956年，全区购进竹管6万根，计划打竹管井1万眼，锥井下泉5000眼。专署水利局在承德市郊喇嘛寺村进行了打竹管井的试验，并组织各县水利队及打井工人到锦县参观学习打竹管井，在平泉县五十家子乡召开了全区打竹管井和锥井下泉的训练班。1956年全区共完成打竹管井203眼。此后，竹管井没有发展。随后也逐年被废弃淘汰。

三、真空井

中华人民共和国成立以前，在承德地区城镇只有少量被作为饮水用的压水井。新中国成立后，随着工业水平的逐步发展和人民生活水平提高，压水井在山村农户也逐步出现。成为农村和小城镇广大居民常年生活用水的重要水源。截至20世纪80年代，真空井（即压水井）开始用于园田和庭院经济作物的灌溉，为了扩大水井出水量，在露出地面的井管上安装弯头（或三通）、闸阀、手压泵等，使水泵吸水口和弯头（或三通）直接口对口连接。抽水时，首先用手压泵将井管内的空气排除，抽出地下水直至充满泵壳，然后开动机泵（或微型电泵）使地下水源源不断地流出地面。这种井，人们常称为“对口抽”。这比人工手压井有了很大的进步。但由于这种井井深不超过10米，出水量也受限制，只能在平川地作园田灌溉和农家饮水使用，所以也限制了它的发展。据不完全统计，1981年全区用于灌溉的真空井421眼，1985年达到748眼，1993年达到1463眼，是有史以来的最高峰，2005年末为702眼。

第二节　机井

一、机井建设

承德地区的机井始于20世纪50年代后期。根据河北省水利厅的规定，在山区人工开挖砌筑的大口井，能用4寸水泵连续24小时抽不干水的即算机井；用机械打井，在山区井深超过70米的即为深机井。在承德地区，机井最早是以人工开挖砌筑的大口井为主，以机械打井为辅，有少量的用于山区人畜饮水的深机井和饮灌两用机井。

1958年3月至4月，承德地区利用自制的《人力冲击式》打井机，在平泉县南五十家子乡试打成功全区第1眼机井，井深23.6米，其中钻进岩层4.6米，配套7.5马力锅驼机，带4寸水泵昼夜连续抽水，每小时出水72立方米。此种“人力冲击式”打井机是根据山区的地质条件于1957年底试制成功的，解决了当时在山区打井难的问题。

1958年7月，地委“关于充分做好1959年农业大跃进准备工作的决定（草案）”中指出，在水利方面，首先要大搞机井，今冬明春要实现万眼机井，要求各县组织20～30个钻井班，进行试点后全面展开。10月底，地委在“做好今冬明春水利高潮准备工作的通知”中提出今冬明春打机井500眼的任务。同年末统计，

承德县上谷乡付杖子村打井现场

全区共打成机井115眼。

1959年至1960年，专署把“充分利用地上水，积极挖掘地下水”做为水利建设方针，大抓机井建设。1959年，计划打机井5000眼的任务。为完成5000眼机井的任务，当年全区安排生产制造400套冲击式打井机具的计划，到4月份生产出100套分到各县。5月12日至18日，地委在平泉、兴隆县召开有各县（市）主管水利工作的书记、县长、农村工作部长、水利局长和部分水利重点公社的书记、社长、水利干部等共70人参加的水利现场会议，参观了平泉县平泉镇、南五十家子乡的机井建设和兴隆县的一些灌溉工程，进一步提高了打机井的思想认识。地委批转了全区水利现场会议情况的报告。1959年全区完成机井789眼，其中大口井700眼。1959年末统计，全区机井达到352眼。

1960年5月23日，承德市委发出大力兴修农田水利建设的紧急指示，提出要大抓水源，因地制宜的开、凿、挖“社会主义大渠、大泉、大井”，把一切可利用的地上水和地下水全部利用起来，使全区300万亩平川地在五六月间基本实现水利化。7月18日，承德市委、市人委发出开发地下深层水的通知，水利工作重点由防洪转向农田水利建设，利用地下水灌溉。决定由驻市9个专业地质钻探队抽调60台钻机，打井663眼，争取1000眼，大干7月、8月、9月三个月，10月1日前搞出成绩来，扩大水浇地面积40万亩。12月25日，承德市1960年水利工作总结称全区打成机井1410眼，其中深水井203眼。1960年末统计，全区机井达到519眼。

全区机井建设在1959年、1960年形成高潮后，由于国家经济困难和在管理运用上存在一些问题，已成的机井有些损坏，发展速度也有所下降，截至1965年末统计，全区机井拥有量337眼。

国家渡过暂时困难时期以后，随着工农业生产的恢复，机井又开始有所发展。60年代末期和70年代，是承德机井发展最快的时期。1966年2月，地委《关于1966年至1968年建设稳产高产田的安排意见》提出，积极利用地下水源，大搞砖石井和透河井，安装水车搞提水灌溉，或发展机电灌溉。2月4日统计，全区各县普遍掀起以水利建设为中心的抗旱运动，3月10日统计，全区有49.2万人投入抗旱打井运动。抗旱运动推动了全区机井（大口井）建设的发展，到6月30日统计，全区共打井1172眼。1966年末统计，全区新增加机井825眼，累计达到1122眼。截至1971年末，全区机井拥有量达到3632眼。

1972年，承德遇到了前所未有的大旱，进一步推动了机井建设的发展。8月20日，地革委“关于加速实现农田水利化规划意见的报告”指出，在～1971年发生严重“卡脖旱”后，特别是1972年发生特大旱灾的情况下，才比较深刻地认识到，要真正保证农田的水利灌溉，地上水只能解决一部分，而绝大部分还得靠地下水。发动群众打深机井，投资少，见效快，又易于体现“三主”方针，是现阶段承德地区水利建设的主攻方向。9月26日，《承德地区1973-1980年农业发展规划要点（讨论稿）》也指出，发展水利灌溉要地上水地下水综合开发利用，以地下水为主。凡地下水丰富的川地和“二坡地”都要大力发展打井，截至1980年，全区机井要达到5万眼，平均60亩一眼井。9月27日，地委第二书记张子明在全区农业学大寨经验交流会上确定水利建设的方针应当是地上水、地下水综合开发，以打深井、充分利用地下水为主。要组织好两种打井队，一种以生产大队为单位组织的打井专业队，一种是由县（或工委、公社）直接管理的机械打井队，采取专业队与群众运动相结合的办法，大挖地下水源。在1972年的抗旱斗争中，普遍开展了群众性的打井运动，几个月时间，全区开口机井4500眼，其中已经打成的1910眼，超过过去几年打机井总数的两倍以上。同年末统计，全区机井拥有量达到5997眼。

1973年1月，为加强抗旱打井工作的领导，地委决定成立了抗旱打井办公室，地委副书记曹振华为主任，孟元福、王立业、郝立文、杜宝山为副主任。11月26日，地委第一书记张子明在地委召开的全区四级干部会议上总结讲话指出，地委计划今冬明春新打机井和配套机井1万眼，1974年扩大水浇地50万亩。1975年，对所有平川地进行初步平整，基本做到能灌溉、能机耕。400万亩坡地，50%以上达到梯田化。同年末统计，全区机井拥有量达到9455眼。

1974年9月，为了推动机械打井，总结机械打井的经验，地区水利局在丰宁、围场县召开了有各县打井队负责人和先进钻井机台参加的全区机械打井经验交流会，参观了丰宁、围场两县冲击钻、冲抓锥和大回转钻机打井情况，交流了钻井经验，表彰了先进。1974年末，全区机井拥有量达到11998眼。

1975年，全区继续开展了群众性的抗旱打井运动，年末统计，全区机井拥有量达到13535眼。同年11月27日至12月1日，地委第一书记韩荣吉主持在兴隆县召开的全区农田水利建设现场会议上，地委提出了水浇地翻番的任务，决定全区在1975年实有水浇地120.32万亩的基础上，截至1976年底实现水浇地翻番达到240.75万亩，打机井1.1万眼。根据地委制定的1976年农田水利基本建设奋斗目标，全区掀起了以打井为重点的农田水利建设的群众运动，1月16日统计，全区1万多名干部到农村和群众一起打水利翻番仗，投入农田水利建设的劳力达48.1万人，打井开口9402眼，已完成797眼。到5月7日统计，全区打井开口10512眼，已完成7730眼。截至1976年底，根据各县（市）委统计，全年新增机井5843眼，机井累计达到21782眼，机井配套新增4174眼，机井配套累计达到16609眼，完成水浇地面积翻番，新增加110万亩，累计达到230万亩。1976末地、县统计局年报统计，全区机井累计达到18165眼，水浇地面积累计达到192.08万亩。

1977年5月14日至16日，地委召开常委会议，研究加快普及“大寨县”的步伐，提出1979年全区基本实现水利化，1980年实现川地园田化、坡地梯田化、坝上林网方田化。根据地委的上述精神，1977年承德地区继续开展了群众性的农田水利基本建设运动，截至年末统计，全区机井拥有量为18628眼，水浇地面积为156.11万亩。

由于1976年全区水浇地面积翻番和打机井是作为地委提出的一项政治任务分配到各县（市），任务本身存有一定超越客观实际发展规律的问题，片面追求水浇地发展数量和机井数量，打了一些“任务井”“凑合井”，甚至有的县上报数字存在不实的情况。根据1978年3月10日省农田建设指挥部、水利局、农机局、统计局的联合通知精神，地革委发出核实工作通知，对1976、1977两年的有效灌溉面积、旱涝保收高产稳产田、机井及配套机井四项水利指标进行了核实。1978年6月，各县将核实后的数字经县委常委或主要负责领导签发后上报地区，地区进行汇总后，由计委、农办、水利局、统计局负责人进行了研究，经地委同意后报省。1976年、1977年两年的有效灌溉面积、旱涝保收高产稳产田、机井及配套机井四项指标，均以此次核实后的数字为准。各项核实指标为：机井1976年末达到16351眼，1977年末达到17338眼；配套机井1976年末为12588眼，1977年末为13509眼；有效灌溉面积1976年末为108.71万亩，1977年末为117.24万亩；旱涝保收高产稳产田1976年末为51.89万亩，1977年末为57.88万亩。

1978年至1979年，根据地委领导的指示，地区水利局集中力量重点抓了在丰宁坝上的机井会战。第一年，从1978年4月开始，集中全区九个县一个市和地区水利钻探队共11个专业打井队的28台打井钻机陆续上坝开钻，参加机井会战的干部和打井职工310多人，另有当地社队劳力200余人。打井钻机有大回转、冲击钻、乌卡斯、冲抓锥等型号，还有洗井空压机、汽车等设备。1978年从4月开钻打井，到10月底坝上封冻停钻，共打成井128眼，进尺7240米。1979年机井会战继续进行，投入钻机27台，全年完成打井172眼，进尺9968米，其中深井61眼，进尺4958米。两年共打成机井300眼，控制灌溉面积34058亩，超额完成原定计划。坝上机井会战是边打井边配套，实行打井配套一条龙，1978年打成128眼井后，1979年即进行机井配套和喷灌配套，截至1980年8月共完成机井配套215眼，盖机井房119个，配套固定和移动式喷灌机组256台，共打水泥灌溉渠槽145480米，其中已铺设11万米，控制喷灌面积25760亩。1980年丰宁坝上遇到严重干旱，从6月15日以后连续45天没降雨，开动新配套的105眼机井进行抗旱，利用喷灌机组129台，共浇地13268亩，其中喷灌浇地9900亩，这是丰宁坝上浇地最多的一年。经过浇灌的小麦、莜麦、蚕豆、胡麻、土豆等作物长势普遍好于常年，大大缩小了因旱灾造成的减产程度。丰宁坝上两年机井会战和机井配套、喷灌配套共投入资金102万元。打井会战结束后，机井管理和未完成的机井配套工作全部交给丰宁县负责。由于丰宁坝上是农牧区，属于大厚度粉砂地层（砂层深度在30～40米，有的达47米），在这种地层中打井，当时防止机井内涌砂的技术问题没有解决，成井后，在井管周围回填的砂砾粒径过大，起不到过滤作用，经几年的抽水运用，井内涌砂、淤堵、井壁坍塌严重，加之管理不善，至1984年底，已有250眼机井彻底报废，剩余的也不能运用。

经过1976年水浇地“翻番”，机井发展达到高峰，1979年以后机井建设呈下降趋势，每年有新增，也有减少，新增的不如报废的多。

20世纪80年代，井灌工作重点，由机井建设逐步转移到加强管理和提高经济效益上来，尤其是围绕果园灌溉的实际需要安排打井计划，机井建设进入稳步发展的阶段。截至1990年底，全区机井拥有量13537眼，机井配套8727眼，井灌面积57.94万亩，占全市总灌溉面积的52.4%。截至2005年，全市机电井达到26365眼，配套22025眼，井灌面积119.31万亩，占全市有效灌溉面积的57.95%。

为解决在粉砂地层打深井防涌砂的技术问题，1987年河北省水利厅下达“粉砂地层打井防涌砂、防淤堵综合措施试验研究”科研任务。并拨专项科研经费。由河北省水利厅张济洲牵头，承德市水利局赵荣政、丰宁县水利局徐顺臣、杨文焕、宋文、张儒等技术人员承担，从丰宁坝上机井涌砂、淤堵严重的实际出发，调查分析了机井报废的主要原因，委托水利部新乡农田灌溉研究所、武汉水利电力学院对“填砾粒径”及“土工织物”进行室内试验，提出三种滤水结构的技术特点、适用条件及相应措施。并邀请山东泰安钻井队在丰宁坝上草原乡东窝铺村打成1眼试验深机井，县打井队先后又打成7眼试验井和10眼推广井，成功地解决了机井涌砂、淤堵问题。1995年8月由河北省水利厅组织专家进行鉴定，认为在大厚度粉砂地层中打井技术难度大，在我国尚缺乏成熟经验，本课题采用土工织物与填砾相结合的滤水结构，有重要参考价值。本研究成果“具有国内领先水平”，基本解决了在大厚度粉砂地层打深井防涌砂、防淤堵的技术问题。此科研项目获承德市科技进步二等奖。丰宁县坝上解决了机井防涌砂、防淤堵的技术问题后，机井发展较快，2005年末丰宁县深机井（多在坝上）达到227眼，配套227眼，占全市深机井总数的71%。

二、打井方式

1957年，承德专署水利局试制成功“人力冲击式”打井机，1958年利用自制的“人力冲击式”打井机在平泉南五十家子乡试打井成功，1959年全区安排生产制造400套人力冲击式打井机具，分配到全区各县推广。

1960年7月，根据省委和省人委关于开发地下深层水会议精神，承德市委、市人委决定由驻市9个专业地质钻探队抽调60台钻机，计划在全区打井663眼，争取1000眼。截至年末，实际打成机井203眼。由于这批机井是“任务井”，大部分没进行配套利用。

1971年，在抗旱运动的推动下，全区各县（市）水利局开始筹建机械打井队，并组织打井工人到衡水地区随钻井机台进行了跟班学习培训。截至1972年，全区先后正式组建成立机械打井队，配备了手把钻、回转钻等多种型号、多种性能的打井钻机，并由河南省引进图纸和样机仿制生产了适合承德地区地质条件的300台冲抓式打井钻机，配备给各县打井队。1972年9月统计，全区有8个县已建立机械打井队，共有打井职工177人，有各种打井钻机51台。机械打井队的主要任务是在较大河川盆地的第四纪覆盖层打一些出水量比较充足的灌溉深水井和人畜缺水地区打人畜饮水深井。为推动机械打井的发展，总结机械打井的经验，1974年9月地区水利局在丰宁、围场县召开了有各县（市）打井队负责人和先进钻井机台参加的全区机械打井现场经验交流会，参观了丰宁、围场两县冲击钻、冲抓锥和大回转钻机打井情况，交流了钻井经验，表彰了先进。截至1974年底，全区共组建了10个县级机械打井队，已有各种类型钻机197台，其中冲抓锥107台、冲击钻48台、回转钻机42台，共有打井职工451名，其中管理干部40名、固定工79名、临时工332名。1974年共活动各种钻机57台，打成井395眼。1975年，全区各井队有各种打井机214台，打井职工987人。1977年，全区打井职工达到1025人。全区各县（市）自建队以来，截至1977年底，共打成井2570眼，其中深井112眼。

1978年至1979年，根据地委指示，由地区水利局组织了全区11个县级钻井队的28台打井钻机在丰宁县坝上进行了机井会战，参加会战的干部和打井职工共310多人，两年共打成井300眼，总进尺17208米。

截至1980年末统计，包括地区水利工程处钻探队在内，全区共有11个地、县级钻井队、2个公社级钻井队，共有打井职工596人，其中正式职工181人，有各种打井钻机65台。1980年以前，在水利事业费中国家每年都安排一定数量的专项深井费，打井队的收入主要靠深井费来维持。1980年以后，对打井队实行“事业单位、企业管理”改革，专项深井费被取消，各打井队逐渐变成了打井、钻探、水利工程施工等综合性的水利施工队伍，自找活干，实行独立核算，自负盈亏。截至2005年末，全市仍有8个县级队、1个市直队共9个机械打井队（各队名称不一）能承担打井任务。

2006年以后，随着国家经济建设的发展和水利建设任务的需要，各地专业钻井队伍发展很快，截至2009年底，全市已有甲级钻井队9个，乙级钻井队10个，承担全市水利、建筑、地质等部门主要打井、勘探任务。

三、提水机具及灌溉动力机械

中华人民共和国成立初期至50年代末，承德地区水井配套主要靠人力吊斗汲水和辘轳打水等传统的提水工具。随着抗旱打井工作的开展，畜力水车逐步引进承德地区，并有较大的发展，在抗旱浇地中发挥了较大的作用，是50年代较为先进的灌溉提水工具。水车主要是铸铁制“解放式”和“五轮水车”，另外还有少量的“龙骨式水车”。1967年统计，全区有铁制水车6437台。1972年全区发生大旱以后，水车又有很大发展，1973年统计达到6695台，截至1974年仍有6270台。随着机井灌溉事业的发展和工业的进步，水车逐渐被水泵所取代。承德地区灌溉水泵的种类有普通离心水泵、高扬程水泵和深井泵，以普通离心泵和潜水电泵居多。从50年代中期开始发展水泵灌溉，截至1959年末统计，全区有灌溉水泵397台，1978年达到22433台，为70年代高峰，2005年达到22140台。

50年代中期和60年代水泵配套动力机械有锅驼机、煤气机、蒸汽机、汽油机。随着农村电网的发展和普及，水泵配套的动力机械也得到发展。截至70年代动力机械逐步为柴油机、电动机所代替。70年代初期，河北省在承德地区上板城和承德市安排了两个专门为机井配套生产柴油机的厂家，统一组织生产，统一分配柴油机。水利部门主抓打井，农机部门主抓机井配套。由农机部门经营机、泵、管、带等机井配套所需的设备物资，一切按计划下达任务，按计划生产、按计划分配物资。1978年末统计，全区机井配套达到14144眼，占1978年机井总数的82.74%。70年代机井配套以柴油机配套为主，电动机配套为辅。80年代随着农村电网的普及机井配套逐渐以电配为主，机配为辅。截至1990年底，全市配套机电井8727眼，占机井总数的66.47%，其中电配井达到6082眼，占配套机井总数的69.69%。截至2005年末，机电井配套达到22025眼，占机井总数的83.54%；其中：电配井17863眼，占机电井配套总数的81.1%。在配套机电井中，2005年末，深井配套达到313眼，占深井数的97.8%。

四、机井效率测试及挖潜技术改造

根据省水利厅、农业厅开展机井测试的指示精神，贯彻国务院节能指令，落实全国水利工作会议确定的“加强经营管理，讲究经济效益”的方针，对北方地区机井要开展以节能节水为中心的技术改造，提高机井装置效率，达到降低灌溉成本，提高经济效益的目的，1994年9月，承德地区水利局和农机局在平泉县榆树林子乡进行了机井测试及挖潜改造试点。平泉县榆树林子乡有机井80多眼，可浇地1万多亩，部分机井没有经过严格的配套设计和机泵选型，设备质量不高，品种不全，管理不善，不少机泵设备配套不合理，装置效率低，耗能大，运行成本高，改造节能的潜力很大。通过机井测试结果看，机井装置效率最高的30%，最低的8.2%，能源单耗（千吨米耗能）耗电最高的38千瓦时/千吨米，最低的10千瓦时/千吨米，与1980年水利部颁发的《国营机电排灌站实行按八项经济技术指标考核的暂行规定》中的能源单耗每提水一千吨米耗电不超过5度、耗柴油不超过1.35公斤的标准相比偏高。

1985年至1987年，地区水利局田宇清负责与兴隆县水利局吴跃东等共同在兴隆县进行“扬水点测试与技术改造措施试验”研究，1988年6月由承德地区科委组织鉴定：认为该项试验在省内是首次，填补了河北省高扬程、小流量泵站测试方法的空白。获得河北省水利厅科技进步四等奖，地区科委三等奖。

第二章　扬水灌溉

承德耕地面积有2/3为山坡地，要实现坡耕地水利化则需要进行扬水灌溉。承德地区扬水灌溉始于50年代后期，1958年，兴隆县建成33处扬水上山工程，那时叫扬水机站。承德地区没有大型扬水站工程，全部为一个流量以下的小型扬水工程。70年代中期以后，省水利统计年报对扬水工程划分为扬水点和小高抽两种，扬程25米以上的为扬水点，扬程25米以下的为小高抽。

第一节 扬水点

扬水工程有两个发展高峰期，截至1975年，全区累计建成扬水点510处、小高抽312处，控制灌溉面积70879亩。1976年大搞“水浇地翻番”，扬水工程发展达到第一个高峰期，1977年末统计，全区累计建成扬水点1379处、小高抽798处。1976年至1977年，全区还重点推广了玻璃管扬水上山，承德县购进10万米玻璃管，宽城县购进5万米玻璃管，因玻璃管压力不足，易于破裂，实际是不成功的，造成较大浪费。80年代以前修建的扬水点和小高抽，主要是为了发展水浇地面积而修建的，灌溉大田作物浇地成本高，山地灌溉难度大，群众不愿使用，发挥效益不好，再加上管理不善，大部分已被破坏。第二个高峰期是1978年以后，水利建设开始由单纯为发展粮食生产服务，转变为山区脱贫致富服务，注重提高经济效益，把发展林果生产提到首位，把发展果树灌溉扬水点作为水利工作的一项重要任务。果树灌溉逐步发展起来。1983年，地区水利局与宽城县水利局、林业局、板城公社等单位，联合在宽城县板城公社8个大队67个生产队的50个果园5.2万棵苹果树进行果树灌溉试点，5月底新建成果树扬水点47处，累计达到53处，按花前、花后、花芽分化等各生育期灌水，共浇果树5.2万余株，当年产果85万公斤，果品质量一、二等果由30%提高到70%以上。提高了群众对果园灌溉的认识，扭转了过去果园不灌溉的局面，提高了群众对兴建果园灌溉工程的积极性。截至1983年，全市建成扬水点563处，小高抽380处。其中果树扬水灌溉工程523处，控制果树灌溉面积2.19万亩。

1984年，全区安排果树扬水点投资80万元，新建扬水点、小高抽449处，年末全区累计达到扬水点794处、小高抽349处，控制灌溉果树达到218万株，全年实浇果树164.3万株。1984年地区分配兴隆县建果树扬水点任务80处，县政府决定建200处，实际完成277处，共用资金178.5万元，其中地区扶助周转金24万元、县政府自筹贴息贷款85万元、科技试验费9.5万元、群众自筹60万元。当年新增浇果树52.3万株，全年实浇75.8万株，1984年全县果品产量较1983年增产225万公斤，增加产值250万元。1984年10月，兴隆县长河套村建成了全区扬程最高的扬水点，总扬程249米，实际扬程186米，管路长度1200米，安装2寸铁管和塑料管，配套水泵为唐山产2GC-5×8型锅炉给水泵，扬程249米，流量10立方米/时，效率38%，配套功率30千瓦，配套电动机为y200L1-2型，功率30千瓦，总投资1.8万元，其中贷款1万元，自筹0.8万元，灌溉果树3312株（折合83亩）。

1985年，全区水利工作继续把发展果树扬水灌溉作为重点，9月专门召开了全区果树生产会议，地区水利局局长马龙田发言强调，水利建设要积极为果树生产服务，大力发展果树灌溉，千方百计多浇果树，建设旱涝保收高产稳产果园，使农民尽快富裕起来。1985年，全区计划新建果树灌溉扬水点120处，实际完成237处，年末全区累计达到扬水点866处，小高抽331处，控制果树灌溉227.2万株，折合12.09万亩，当年浇果树211.1万株，比1984年增加32.2%。1985年全区果品产量达到8850万公斤，平均株增产30%，共增产1171万公斤，增加产值达1160万元。1986年底统计，全区累计兴建果园灌溉工程1586处，控制浇灌各种果树319.46万株，合14.03万亩。自1986年以后，果树灌溉工程，只统计果树灌溉面积，未统计果树扬水点工程处数。截至2005年底，全市果树灌溉面积达到33.93万亩。

20世纪80年代后期至90年代，山地果园灌溉向节水、节能、增产方向发展，喷灌、微灌、管灌等先进的节水灌溉技术应用到山地果树灌溉，但扬水地面灌溉、扬水加管道输水灌溉仍是山地果园灌溉的主要灌溉方式。

1982年以来，果园灌溉从试点试验，逐步推广，得到很大发展，全市果树灌溉面积由1982年的1.31万亩，截至2005年底达到33.93万亩，增加26倍。

第二节 水轮泵站

水轮泵于1964年开始从南方引进到承德地区。1964年6月，地委、专署领导带领水利和农机部门干部参观了北京农展馆水轮泵展览和平谷县水轮泵站，并从农展馆订购一台20型水轮泵，决定在兴隆县栾家店大队潘家店村进行水轮泵站建站试点工作，地县共同负责，由县组织施工，地区水利局宋万盛主抓。兴隆县水利技术干部朱会清、郭木生、张存负责施工技术工作，7月下旬开工，9月上旬完工试车成功，建成承德地区第一处水轮泵站－潘家店水轮泵站。位于柳河岸边，机型为BS20-4-75型水轮泵，修引水渠240米，退水渠200米，设计水头1.7米，引水流量0.075立方米/秒，扬程6.5～8.5米，灌溉面积40～80亩，共用人工1500个工日，总投资8500元，其中国家补助4600元，生产队自筹3900元。总投资中土建工程4200元，水轮泵设备1300元、发电设备3000元。潘家店水轮泵站建成后，9月中旬组织了南部各县水利科长和水利干部参观学习推广。1964年12月，受地委、专署领导指派，专署水利局组织各县水利干部和部分社队干部到湖南平江县参观水轮泵站建设，由隆化县王副县长和专署水利局马龙田带队。1964年，除兴隆县潘家店水轮泵站外，隆化县（中关村）和承德市也各建成1处水轮泵站。1965年各县都进行了水轮泵站的试点建设，先后有围场县雷字、承德县大平台等建成了本县第一批试点水轮泵站。为推动水轮泵站的发展，专署副专员黎汀一方面组织有关人员到四川、湖南等地参观学习，一方面责成地区计委、工业局、水利局组织召开各种形式的现场会进行推广，并由地区有关部门在平泉、鹰手营子、承德市等地农机制造厂安排了30型、40型、60型水轮泵的机械制造任务。经过1964年和1965年两年试点准备以后，1966年经河北省农田水利电力局批复核定，全区修建水轮泵站1000处，投资50万元，扩大灌溉面积20万亩，地区将水轮泵站修建任务下达到各县（市），水轮泵站建设在全区普遍开花，全区开工数达到709处，当年建成361处。

为减轻到南方参观学习水轮泵站对有关省县的接待压力，1966年8月，北京农展馆水利馆展出介绍了承德地区水轮泵站建设情况，板面标题是“水轮泵在塞外开花结果”，并展出了各种型号的水轮泵实物，到10月末重新调整展出方案，被列入下期继续展出。承德地区矿山机械厂生产的改进双级水轮泵在展览会上展出后畅销全国，受到国务院副总理陈云的高度评价。1967年，经河北省计划会确定，专署水利局安排新修水轮泵站2000处，安排投资55.5万元。截至1970年，全区水轮站泵建设达到高峰，共建成546处，装机612台，其中水轮泵发电218处，装机容量3322千瓦。1973年调查统计，1972年底全区水轮泵站控制灌溉面积3.334万亩。其中1972年全区用于农副业加工的水轮泵站252处，装机257台。水轮泵站建成初期，在灌溉浇地、发电和进行农副产品加工方面都发挥了一定效益，很受群众的欢迎。水轮泵站经过建设、运用发展高峰期以后，也逐渐暴露出其在北方存在的弱点，70年代以后逐渐呈下降趋势，主要原因是北方（承德地区）多为季节性河流，河水流量受季节变化因素较大，洪枯季节河水流量相差悬殊，再加上冬季气候较寒冷，影响了水轮泵站的常年运行，利用率低，发挥不出较大效益，尤其是扬水上山的水量，仅为设计流量的1/3～1/4，大量的水，仍通过泵站流向下游，不能满足山地灌溉用水需要，再加上管理维修养护水平较低，久而久之即被闲置废弃。截至1981年统计，全区水轮泵站保有量仅56处，装机56台，控制灌溉面积0.32万亩。截至1985年统计，全区仅剩丰宁、隆化、围场、承德四县有水轮泵站60处，装机65台，控制灌溉面积0.19万亩。截至1991年，丰宁、围场二县尚有5处7台，其余县均已荡然无存。

第三节 风能提水机站

随着科学技术的进步，风能资源也得到利用和发展。2004年承德市水利局安排抗旱资金49万元，从山东省引进风能提水技术，购进风能提水机130台，通过示范应用，效果显著，得到了群众认可，这在河北省尚属首次。风能提水工程适用于扬程小

2004 年，承德县超浪子村风能提水工程

于 40 米，扬水距离小于 1000 米的不同水源条件。风能提水机性能可靠，易于安装，使用方便，不用油、不用电，具有造价低，易于管理，运行费用少的特点，很受群众欢迎。围场县朝阳湾乡苇子沟村 2004 年安装风能提水机 22 套，调整了 2000 亩山地农田的种植结构，实现了农业增产，农民增收。承德县上板城镇大营庄村村民孙占友 2004 年 10 月安装一套风能提水设备，打井 2 眼，埋设扬水管路 600 米，引水管路 1500 米，建水窖 6 个，蓄水达 300 立方米，可灌溉 50 亩山地果园，近 5 年年均收入比过去增加两倍。该县新杖子乡大量安装风能提水机，对果树经济作物进行灌溉，解决人畜饮水等，经济效益显著。2005 年，围场县朝阳湾镇三号村建多级风能提水工程一处，安装了风能提水机 20 台套，建蓄水池 12 个，灌溉 400 亩，亩均增收 300 元。截至 2005 年承德市共修建风能提水机站 200 处，安装风能提水机 200 台，为实现“小水富民”创造条件。承德市水务局李相国局长在全市水务工作会议上讲话指出：“十一五”期间，围绕社会主义新农村建设，采取多元化投资机制，以村、组、联户、单户为单位，结合农业结构的调整和农户经济，建设小塘坝、风能提水、小水池、小水窖、机井、小扬水点等“六小”水利工程，为山区群众致富奔小康提供保障。2005 年，市水利局又安排集雨工程补助资金 330 万元，购置风能提水机下发各县，这项新技术经过试用后，现已经全面推广，截至 2009 年底，全市已经投入资金 1109 万元，建成风能提水工程 304 处，安装风能提水机 662 台，建水池、水窖 499 个，可灌溉果树 25070 亩，蔬菜 630 亩，解决 3929 人饮水问题。承德县 2009 年底已建成风能提水工程 123 处，解决 2000 亩果园灌溉，及 270 多人的饮水问题。

第三章　引水灌溉

第一节　小型渠道

一、发展概况

中华人民共和国成立前，承德地区沿主要河流有一些数量极少，由群众自行修建的引水灌溉小渠道，主要是灌溉水稻，渠系工程不固定，多是一年一修。新中国成立后，20 世纪 50 年代初期，仍是以沿河挡坝淤滩，开渠引水灌溉为主。1950 年全市稻田面积达到 9.62 万亩，其中新开稻田面积 4.06 万亩。1952 年全区八县一市共修渠道 2775 条。1956 年全区小渠道达到 4288 条。这些渠道都是“挡坝淤滩”种植水稻的灌溉小渠道，主要分布在伊逊河、蚁蚂吐河、滦河、小滦河、潮河、武烈河、老牛河、瀑河等主要河流两岸。隆化县张三营、唐三营、汤头沟、大沈屯、步古沟、滦平县的红旗、小营、金沟屯、张百湾、丰宁县千佛寺、大阁、八间房、黑山咀、围场县四合永、半截塔、承德县双峰

2008年，隆化县节水灌溉工程

2008年，承德县新杖子村集雨节灌工程

寺、冯营子、东西营、卸甲营、六沟、下板城、平泉县南五十家子等地，都是一片片大面积稻田种植区，形成一块块绿洲，少则几百亩，多则几千亩，尤其是丰宁县苏家店、千佛寺、围场县半截塔镇等高寒地区都种过水稻，长势都很好。

20世纪50年代和60年代用于灌溉稻田的小渠道一般都不进行防渗衬砌。60年代后期到70年代，全区开展农田水利基本建设运动，除沿河开渠引水种植水稻外，一些小型水库和塘坝也都配套修建了小型渠道，有的机井也配套修建了固定渠道，渠道工程标准也有了提高，多数搞了浆砌石防渗，有的用混凝土渠槽防渗，也有的用浆砌砖抹面防渗，开始对旱作农业进行灌溉。随着农业生产技术的提高、种植结构的调整和中低产田改造，出现两茬种植、套种、复种、间作等科学种田，小型渠道对这些高产、稳产旱作农田灌溉，也发挥了巨大作用。1977年，全区小渠道达到2657条，控制灌溉面积53.94万亩；1985年全区有小渠道1312条，控制灌溉面积29.10万亩。由于小渠道是群众性的小型水利工程，均是土渠，每年有增有减，年年修、年年坏，从1985年以后小渠道稳定在1300～1500条之间，没有大发展。

二、经济效益

引水灌溉工程（小渠道、大型灌区）的建设与发展，对承德市河流两岸稻、麦田开发、旱作物套种、复种、高产稳产田建设都起到了很大作用。新中国成立初期稻田灌溉面积为7.05万亩，随着引水灌溉工程的建设与发展，稻田灌溉面积发展很快，第一个五年计划期末的1957年达到12.61万亩。1962年经济困难时期，水田（稻田）灌溉面积达到3.78万亩。“三·五”计划后，稻田灌溉面积逐渐恢复，截至“四·五”计划期末的1975年达到8.9万亩。90年代以后，每年水田灌溉面积都在20万亩以上。1988年隆化县提出滦河、蚁蚂吐河两条川“双万亩”水稻种植计划，重点是滦河川三道营、漠河沟、郭家屯、韩家店、湾沟门、旧屯、太平庄7个乡镇和蚁蚂吐河步古沟、白虎沟、牛录、八达营、兰旗5个乡镇及二道湾水库下游荒地乡的部分村，全县水稻种植面积达到10.2万亩。1999年承德市水稻面积曾达到44.23万亩，2000年达到48.55万亩，这是历史上水田灌溉面积的最高峰。中华人民共和国成立初期（1949年）小麦播种面积为1.04万亩，90年代后，因有水利灌溉做保驾，旱作物的套种、复种发展很快，每年麦田播种面积都在30万亩以上，1993年小麦播种面积达到46.16万亩，这也是有史以来的最高峰。90年代初期平泉县在大搞农田水利基本建设中对中低产田进行改造，以稻麦开发为突破口，围绕麦田搞水利，以麦促水，以水保麦，使稻麦田面积两年翻两番，从1989年的2.1万亩，截至1990年达到5万亩，共投入1580万元。全市稻、麦田种植面积由1949年的8.09万亩提高到1998年的84.13万亩，提高了10倍。2000年以后，随着玉米制种和塑料大棚蔬菜的出现，种植结构有了调整，稻、麦的种植面积有所减少。截至2005年底，全市稻、麦田种植面积为35.96万亩，比1998年减少了50%以上。2009年底，全市稻田种植面积为25.29万亩，比2000年减少了50%。

第二节　截潜流

截潜流工程，是开发山区地下水资源的有效措施。1965年进行勘查，1966年上半年施工完成的承德市大窝铺截潜流工程是承德地区的第一处截潜流试点工程。该处截潜流工程是由承德专署水利局水土保持综合试验站蒋焕生设计，刘安学负责施工，由承德市城建局完成施工。该处截潜流工程坝址上游集水面积9.16平方千米，河谷宽52米，覆盖层为砂卵石，最深处12米，平均深7米。截流墙为浆砌石砌体，宽0.5米。估算基流量为113立方米/小时。全部工程共用人工5500个工日，工程投资4234元。

大窝铺截潜流工程竣工后，从1966年7月至1967年6月对截流量进行了实际观测。根据1966年观测成果，该截潜流工程年平均流量为108立方米/小时。10月下旬至11月末进行冬灌浇地140亩，3月至4月浇地40亩，6月至7月上旬浇地40-150亩。

自1966年承德地区建成第一处截潜流工程后，该项工程逐渐在全区铺开。1971年11月丰宁县水利局在后营子公社（现为胡麻营乡）杨营村修建一处截潜流工程，截流坝长225米，地下河床覆盖层平均深10米，最深为14.1米，地面上采用浆砌石结构，高出地面2.5米。截流坝右端设有27米长的溢流段，并设12孔1.2米×1.5米叠梁闸门，左端设进水闸1孔，冲沙闸4孔。1974年修渠6000米，设计灌溉面积1500亩，并建电站1座，装机24千瓦。整个工程由社办水利专业队承建，1975年全部竣工，截取流量0.15秒立方米，国家补助投资2万元。农村实行生产承包责任制前实际浇地500亩，以后因管理不善渠道毁坏，至今没再使用。1973年宽城县碾子峪公社艾峪口大队抽出200多劳力组成专业队苦战7个月，投工2.2万工日，自筹资金2.7万元，建成一处坝长90米、高6米、顶宽5米的截潜流工程。建成后1973年至1992年，每年种植两茬作物350～400亩，亩产超千斤。1975年，承德地区截潜流工程达到117处，控制灌溉面积24247亩。1977年末统计，全区共建成截潜流工程193处，控制有效灌溉面积16544亩。由于该工程不是一家一户所能办到的，投入大，有时截取水量少，满足不了灌溉需要，至1982年后，全区呈下降趋势。1983年，全区存量129处，控制灌溉面积10958亩。截至1985年底，全区保存量93处，控制灌溉面积8009亩。1989年，平泉县在抬头山乡打鹿沟村建成一处较大的截潜流饮水工程，安装输水管道19125米，国家投资49.18万元，使3个行政村、11个乡直单位、3所小学共574户2570人吃上自来水。1990年，以后截潜流工程没有发展。

第四章 节水灌溉工程

承德地区节水灌溉形式主要为喷灌、微灌、低压管道输水灌溉、渠道垅沟防渗等，主要用于山地果树、庭院经济、大棚蔬菜和经济作物灌溉。20世纪70年代以后，随着人们节水意识的增强、灌溉技术的发展、新型灌溉设备及灌溉管材的出现，节水灌溉工程得到较快发展。截至2015年底，全市节水灌溉面积为153.61万亩，其中：喷滴灌50.58万亩，微灌16.38万亩，低压管灌74.16万亩。

第一节 喷灌

承德地区是从20世纪70年代初期开始喷灌试验推广工作的。1972年，围场县农机研究所研制成功“34型”人工降雨机，喷灌喷头。1974年，由县农机研究所和县水利局在宝元栈公社丰富沟大队进行喷灌试验，喷灌墨西哥小麦70亩，喷1水，平均亩产150公斤，喷2～3水，平均亩产达214公斤，比旱作小麦增产114.5%。1975年，由滦平县农机局主持在巴克什营公社东营大队建成一处机压固定式喷灌工程，配套“3B33型”水泵一台，使用“京喷1-01型”旋转式喷头，主管道为水泥管，长1500米，喷灌面积120亩。因设备质量差及管理等原因，仅使用两年。1976年，喷灌工作正式由地县水利部门主管，据1976年10月调查统计，当时滦平、兴隆、隆化、围场、宽城和承德市6个县市农机厂生产喷头2350个，实际应用240个，

2011年7月，围场牧区水利节水灌溉示范项目

由于制造质量差，没出厂就报废2110个；喷灌试点共48个大队，使用移动式喷灌机组240台。

1977年，地县水利部门在宽城县化皮六子公社任丈子大队北山建成一处自压固定式喷灌工程，利用山泉作为水源，修建一个容量150立方米的蓄水池，喷灌30亩农作物，并解决100多人的饮水困难。因管理不善，运用效果不好。

1978-1979年，由地区组织在丰宁县坝上进行机井会战，配套喷灌机组256台，主要分布在骆驼沟、大滩、北梁、同胜永、山嘴等乡、村，喷灌系统为移动式机组，田间输水为混凝土U型槽，喷灌机组动力为12马力柴油机，共控制喷灌面积25760亩，国家共补助投资38万元。1980年，丰宁坝上严重干旱，共浇地13268亩，其中喷灌面积9900亩，是丰宁坝上浇地最多的一年，减轻了旱灾减产程度。1980年，仅骆驼沟乡就喷灌5324亩，小麦亩产149.4公斤，比旱作增产198斤；喷灌莜麦亩产117.5公斤，胡麻亩产57.5公斤，均节水

50%，增产40%以上。此项喷灌工程，由于成井质量和输水混凝土U型槽质量差及管理不善等原因，运用效果差，大部分使用时间不长就已报废。

1980年，在平泉县榆树林子乡榆树林子村建成一处半固定式喷灌系统，主管道为聚氯乙烯塑料管埋入地下固定，支管道和喷头为移动，现场安装。喷头为“工农-1号”，喷灌控制面积400亩，1980年喷灌325亩农作物，高粱平均亩产333公斤，谷子平均亩产250公斤，小麦平均亩产212公斤。与地面灌溉相比，小麦平均亩增产112公斤，增产率113%（干旱年）。玉米平均亩产350公斤，增产率40%。该处喷灌系统移动部分支管道为聚氯乙烯塑料管，用于地面抗老化程度差，使用寿命很短。

1982年，在宽城大石柱子乡闫丈子村建成一处移动管道式喷灌系统，国家补助投资1万元，控制喷灌面积190亩，主管道为铝合金管、支管道为加炭黑高压聚乙烯管，主支管道连接为直通变径接头，在运用时主支管道同时移动，可以在不同水源或多个水源条件运用，可喷灌农作物，也可喷灌果树，起到综合利用效果。当年喷灌花生，增产25%，果树增产30%。

1985年，半固定式喷灌系统得到进一步完善，在滦平县古城川、火斗山两乡建成5处，国家补助投资9万元，群众自筹1.33万元，平均亩投资132.96元，喷灌控制面积777亩，主管道为聚丙烯塑管，支管道为铝合金管，喷灌时主、支管道的连接为给水栓。改进完善后的半固定式喷灌系统，节水87.98%，省工33.33%，节电66.67%，增产64%。

1986年，全区喷灌面积累计达到2.32万亩，其中：半固定式喷灌系统在全区发展到15处，喷灌面积达到3260亩；移动管道式喷灌在全区发展到25处，面积达到2570亩。多用于喷灌平川地或缓坡地的经济作物，利用效果较好。喷灌机具保有量达244台，国家累计投资达199.44万元。主管道多为铝合金管，用快速接头联接。由于喷灌投资较大，喷灌机具设备及铝合金管成本高，生产还不够系统化，管理体制和使用也存在一些问题，对山地果园直接喷灌浇果树也易造成水土流失，所以发展受到影响。90年代以后，人们节水意识增强，喷灌工程又有较大发展，2005年底全市喷灌面积达到32.33万亩，为历年最高峰。截至2015年底，全市喷灌面积达到50.58万亩。

第二节 微灌

80年代后，承德地区开始推广滴灌和微喷灌，尚处于试验推广阶段。

一、滴灌　1983年11月，兴隆县孤山子乡王杖子村建成一处固定式滴灌系统，滴头为发丝，滴灌板栗400亩，国家补助投资2.5万元，平均亩投资62.5元。当年，滴灌板栗增产12.9%。该处滴灌系统运行较正常，但管理水平较低。宽城县塌山乡北场村有栗树8000株，1984年修滴灌工程1处，滴灌前1984年旱作产量1150公斤，1985年滴水5次，产量达3500公斤，1986年滴水4次产量达5000公斤。经实测滴灌均匀度达90%以上，与同龄树相比，结果率提高1～2倍。截至1986年，承德全市共建成滴灌15处，其中果树滴灌系统14处，蔬菜滴灌1处，滴灌面积达2247亩，国家投资20.82万元。主要是滴灌板栗、苹果、蔬菜。其中兴隆县建成滴灌系统8处，滴灌面积1310亩；宽城县建成滴灌系统5处，滴灌面积772亩。隆化县在七家乡西地村建滴灌1处150亩。1991年承德市水利局在双桥区蔬菜研究所建成日光温室大棚

平泉县食用菌微喷项目

蔬菜滴灌1处，面积15亩，日光温室黄瓜滴灌比平畦淹灌增产13.5%，每亩节水50.8%，取得较好增产效果。

二、微喷灌　1985年6月，由地区水利局李茂稳和宽城县水利局陈广明等技术人员在宽城县板城乡下板城村建成全区第一处微喷灌系统，控制喷灌苹果树面积41亩，属河北省首次建成的微喷技术试验项目，通过了地区科委组织的鉴定。通过当年试验观测，比地面灌溉省水44.2%，节能48%，省工50%，增产23%。该项工程运行良好。

1986年底，隆化县七家乡，西地村建成微喷工程1处，控制果树面积176亩；1987年建滴灌工程1处，控制面积150亩。分南、北两处供水，南水源来自河水，2级扬程，主管道长686米；北水源为井水，3级扬水，主管道长876米，总扬程160米，铺设输水管路4.5万米，修机泵房4座，蓄水池3处。灌溉后果品产量增加1倍以上。1987年全村红果产量是最高一年，达57.5万公斤，产值138万元，增加产值60万元。20世纪90年代中期以后，红果及其产品市场价格逐渐降低，效益大为下降，在当时建成的23处果园灌溉工程中，只有4处能用，其余程度不同的遭到破坏。

1986年，兴隆县在偏岭子村兴建1处104亩葡萄园微喷工程，1990年收获葡萄2.5万公斤，产值3.5万元。相继在东南沟、小汉沟、东南沟2组等村修了3处果树微喷工程，灌溉效益显著。

1986年，承德市一县三区共修建果树微喷灌工程12处，控制面积702亩，总投资64.81万元，其中国家投资33.72万元。据不完全统计，截至1986年底，全市微喷灌发展到28处，控制灌溉面积1793.35亩，国家投资51.57万元。主要喷灌苹果、板栗、红果、人参、葡萄、蔬菜等。后因管理不善，有些工程失去了效用。

1992年，承德市水利局，对13处微灌工程（含1处蔬菜滴灌）进行复查，设备完好能运行的9处，其中运行良好的4处、一般的4处、未用的1处。主要是有的滴灌发生堵塞，无能力更新，有的管理不善，设备被毁，无力恢复，微灌发展受到影响。

20世纪90年代后期，节水灌溉受到广泛重视，河北省水利厅对节水灌溉实行项目管理，加大了投资力度，微喷灌工程又得到发展，微喷灌面积由1999年的0.06万亩发展到2005年的1.11万亩，增加了18.5倍。

2006年以后，截至2009年，四年间，省水利厅安排承德市小型微灌项目投资319.5万元，发展微灌面积1.278万亩，重点是板栗、苹果、桃、梨、杏等果树灌溉。截至2009年底，全市微灌面积达到5.07万亩。截至2015年底全市微灌面积达到16.38万亩。

第三节　低压管道输水灌溉

一、试点阶段

1989年，兴隆县水利局首先在平安堡镇八道河水库下游搞了低压管道输水灌溉工程试点，铺设管道2000多米，控制灌溉面积1200亩。截至1990年底，兴隆县管灌面积发展到1.2万亩，铺设地下一级管道9.6万米。

1989—1991年，宽城县发展固定低压管道灌溉25处，安装低压管道总长1.81万米；移动管灌96处，灌溉0.28万亩，浇果树20万株。

1992年，丰宁县依靠坝上生态农业开发建设项目的实施，在胡麻营项目区3个村安装低压管道3000米；凤山项目区2个村安装低压管道2000米，配套机井8眼，经塔黄旗、龙潭沟、朱首营等3个村的试点测试，平均节水率为40%，减少占地15%，当年共增产粮食1.2万公斤。同年底，全市埋设低压管道总长90.65万米。

1994年，隆化县在汤头沟镇的辛店村、水泉村和隆化镇的阿拉营村三处共铺设管道2.08万米，控制机电井20眼，管灌面积3600亩，总投资

汤头沟镇节水灌溉工程

20.2万元，其中：国家投资10.4万元。随后，又推广到韩麻营镇、兰旗镇，铺设输水管道13.09万米，控制面积4.6万亩。

二、发展阶段

20世纪80年代末至90年代初期，低压管道输水灌溉主要是试点阶段，群众通过试点看到了好处，促进了管灌的发展。90年代中期，省水利厅把低压管道输水灌溉作为节水灌溉的主要措施之一，实行项目管理。

1994年1月，承德市水利局制定了《承德市1994—1998年“节、打、蓄、引”工程实施计划》，以发展井灌区地下输水管道灌溉为主，节水、打井、蓄水、引水，多种措施并举，集中连片建设，力争经过5年的努力，巩固和发展水浇地，提高保浇3水以上水浇地面积，以改善农业生产条件，促进农业和农村经济的发展。计划5年内在兴隆、平泉、隆化、滦平、承德等5个县32个乡镇范围内，增加保浇3水农田面积13.89万亩，发展地下输水管道99.26万米，控制机井903眼，需新打机井495眼，机井配套722眼，总投资2078.78万元，其中：需省补助416.4万元，市匹配投资416.4万元，县匹配投资207.9万元，群众自筹1038.1万元。同年4月25日，市财政局、水利局根据省财政厅、水利厅的安排，按“节、打、蓄、引”计划，下达1994年第一批井灌节水工程补助款17万元，其中：喷灌3万元，250亩；管灌14万元，面积1160亩，管道7万米。分别安排到宽城、平泉、滦平、承德4个县。

1994年9月10日，市财政局、水利局根据省厅安排，又下达井灌区节水灌溉资金59万元，发展低压管灌面积3.0万亩，埋设低压管道18万米。分别下达到兴隆、隆化、平泉、滦平、承德、围场6个县。同年9月10日，市财政局、水利局下达兴隆、平泉、隆化等3个县，“节、打、蓄、引”灌溉工程市级配套资金40万元。

1996年，全市低压管道累计总长163.87万米，控制面积21.42万亩；1999年管道累计总长达到242.37万米，控制管灌面积29.73万亩。

2000年以后，丰宁、滦平、兴隆、承德4个县被列入《21世纪初期首都水资源可持续利用规划》，节水灌溉（含低压管灌）得到较大发展，2000年底全市低压管道累计总长290.48万米，控制管灌面积36.21万亩。

2005年底，全市低压管道埋设总长达到635.73万米，控制管灌面积达到58.2万亩。截至2015年底全市低压管灌面积达到74.16万亩。

第四节 渠道防渗

一、干支渠防渗

20世纪50年代至60年代，群众在沿河两岸开挖的小型渠道，主要是引用浑水灌溉稻田，一般不进行防渗衬砌。70年代以后，在大、中水库灌区及机电井配套中，兴修了一些渠道，用清水灌溉大田（旱田）作物，修了干、支渠防渗工程，主要是浆砌石防渗、混凝土U型槽防渗、浆砌砖抹面防渗、予制混凝土块防渗、塑料薄膜防渗等。

1977年，兴隆县老虎沟灌区在东、西干渠施工中，东干渠9千米，防渗段长6.5千米，渠底为现为浆砌石防渗。

1990—1991年，承德地区水利局和滦平县水利局在滦平县红旗村推广渠道防渗3120米，其中塑料薄膜防渗1980米，薄膜厚度为0.15米米，铺设前先将渠底、渠坡清理平整，整理成复式断面，然后自下游向上游逐层铺设，一层压一层，做好层间搭接，铺好后用土料铺垫成30c米厚的保护层，取得了良好的防渗效果。

1992年，平泉县大庆灌区续建工程施工中，左干渠用予制混凝土块内衬防渗，长12217米；用土工膜防渗，长1135米，铺砌土工膜（厚0.2米）6984平方米；用浆砌石侧墙勾缝，素混凝土衬底防渗，长度为2237米。右干渠用予制混凝土块防渗长为7239米；用浆砌石防渗长度为3188米。两干渠渡槽用现场浇注混凝土U型槽内衬；两座拱渡槽装配缝用灌PT胶泥处理。同年，丰宁县胡麻营乡、凤山镇2个项目区8条干、支渠道，采用予制混凝土块和予制混凝土U型槽进行防渗，长度7800延米，控制面积936亩，测定节水率30%，增产粮食4.68万公斤。

在20世纪90年代，隆化县二道湾水库灌区干渠防渗全长2872米，全部采用混凝土空心砖浆砌防渗，矩形断面，渠底为浆砌石抹面，每延长米造价100元，控制灌溉面积1200亩，水量损失减少40%。

1999年，全市干、支渠防渗控制面积14.27万亩，2009年干、支渠防渗控制面积达33.71万亩。

二、渠道垅沟防渗

20世纪90年代后，以塑料软管代替垅沟防渗，得到推广，发展很快。1991年，全市垅沟防渗长度为20.2万米。1992年，丰宁县胡麻营项目区的龙潭沟、塔黄旗和凤山镇项目区的铁营、天桥乡的下方营等村用浆砌砖和现浇混凝土U型槽进行垅沟防渗，总长4140米，控制灌溉面积800亩，测定节水率为30%，亩增产105公斤。

1996年，平泉县被列入全国增产节水示范县，兴隆县被列入全省节水示范县，以塑料软管代替地面垅沟防渗得到更快发展，当年全市垅沟防渗长度累计达到41.93万米。

2005年底，全市垅沟防渗累计长度达到99.89万米。

第五章　灌区

20世纪六七十年代，先后建成了1座大型6座中型水库，截至80年代末，共建成庙宫、窟窿山、钓鱼台、大庆、黄土梁、老虎沟六处万亩灌区。窟窿山灌区后因未完全配套，达不到万亩灌区规模，1991年，在河北省万亩以上灌区管理序列中消号。其余五处万亩灌区基本形成了较完整的灌溉体系，发挥了一定的浇灌效益，5处灌区原设计有效灌溉面积为14.84万亩，实际达到9.35万亩。

第一节　庙宫灌区

一、规划设计

庙宫灌区是以庙宫水库为主要水源的灌溉工程，灌溉范围为庙宫水库下游伊逊河两侧耕地。

中华人民共和国成立前，伊逊河川就有沿河开渠引水种稻的历史，种植水稻面积达千亩。由于河流没有控制性工程，经常发生洪旱灾害，遇洪水时经常被冲淤，渠系工程安全没有保障，旱时则河水断流，稻田得不到灌溉，灌溉面积时多时少，得不到发展，粮食产量也低而不稳。

新中国成立后，1959年开始在伊逊河中上游动工修建庙宫水库工程，1960年水库拦洪蓄水，灌溉水源有了保证。1960年8月，原承德市水利局提出了修建庙宫灌区工程的规划设计任务书，根据承德地区山区地形特点，为了充分利用沿河灌溉回归水，和河流区间地表径流，确定灌区工程以伊逊河道为主干渠，采取多渠道引水，沿伊逊河两岸修建若干条分干渠。初步规划了自庙宫水库以下隆化县境内的石片、东大坝、张三营、布施营和隆化五个分灌区，统称为庙宫灌区。

石片灌区，位于河流右岸，上自石片村起，下至北大坝村，干、支渠全长15.5千米，自流灌溉2303亩，扬水灌溉1970亩。沿干渠设电站和动力站6处。

东大坝灌区，位于河流左岸，自水库下游5千米处引水，经半拉山、东窝铺等直到东大坝，渠道长度22.4千米，自流灌溉面积5188亩，扬水灌溉1150亩。沿渠设电站及动力站7处。

张三营灌区，位于河流右岸，自于树底下对岸引水，经下洼子、二道窝铺、唐三营、管家营、张三营等，直到罗鼓营子止，渠道长度65.2千米，自流灌溉面积13577亩，扬水灌溉3890亩，沿渠设电站及动力站19处。

隆化灌区，位于河流左岸，自张三营对岸河东引水，经二道河子、颇赖村、大沈屯、大汤头沟、水泉、阿拉营子、隆化等，直到闹海营止，渠道长度123.9千米，自流灌溉面积26802亩，扬水灌溉4450亩，沿渠设电站及动力站40处。

布施营灌区，位于河流右岸，自沙坨子以上1000米处引水，经西窑、小沈屯、四十家子、布施营等，直到水泉村对岸止，渠道长度65.9千米，自流灌溉面积13435亩，扬水灌溉730亩，沿渠设电站及动力站24处。

庙宫灌区设计自流总灌溉面积61305亩，扬水灌溉12190亩，渠道总长度292.9千米。干渠设水电站及动力站96座。全部工程需用水泥7606吨，石灰3408吨，钢材352吨，木材5000立方米。总用工234.84万工日，总工程费约592.12万元，其中需国家投资490.32万元。

1965年3月29日，省水利厅批准张三营灌区工程列入国家基本建设计划。由省水利厅批准的张三营灌区工程，位于庙宫水库下游，伊逊河右岸，自流灌溉面积13792亩，扬水灌溉6029亩，渠首在水库下游10千米处的转山子，取水口洽在河流凹岸的岩石山脚，为无坝引水，干渠大部靠近山脚，经山湾子、二道窝铺、唐三营、管家营、张三营，于南园子村南尾水汇入泄洪沟流入原河道，全长18.5千米。干渠附属建筑物80余座，包括进退水闸、分水闸、节制闸、跌水、涵洞、倒虹吸、排洪渡槽及水轮泵发电站等工程。设计引用流量2.5立方米／秒，引用山洪淤灌时为4立方米／秒。

1965年5月，专署水利局提出隆化灌区设计任务书。隆化灌区在庙宫下游50千米，位于伊逊河左岸，灌区规划经过四个方案比较，采用自流灌溉与提水灌溉相结合的方案，从太后梁下引河水，恢复1959年开挖的废渠；经阿拉营子村旁过土城子、隆化街，至石灰窑沟口后顺山根通至闹海营大黑山下归入原河道，干渠长10千米，灌区内自流灌溉5688亩，扬水灌溉2815亩，另有井灌点7处，灌溉1513亩，共计灌溉面积10016亩。远山耕地灌溉1500亩，总计灌溉面积11516亩，附属建筑物工程有引水坝、进水闸、冲沙闸、分水闸、过山洪沟涵洞、倒虹吸、渡槽、跌水、退水闸、农道桥、公路桥等45座。沿干渠设电灌站4处，初步概算，全灌区总工程量土方10万立方米，干砌石2240立方米，浆砌石1590立方米，混凝土283立方米，需用人工6.65万工日。总工程费27.97万元。其中需国家投资25.7万元。1965年7月，省水利厅初审同意将隆化灌区列入1966年优先勘测设计项目。

1965年7月，专署水利局提出张三营灌区工程配套设计任务书，拟修建支渠12条，闸、涵、跌水、斗门等附属建筑486座，配套控制灌溉面积17293亩，工程量土方6.5万立方米、浆砌石2000立方米、混凝土60立方米。需用水泥155吨、钢材7吨、木材20立方米。用工2万工日。需国家补助投资6.5万元。

1965年8月，专署水利局提出隆化灌区工程设计书。本设计对原设计任务书做了一些修改变动，将原挑流坝引水改为固床拦河溢流坝引水，固定枯水位，两岸设闸口自流引水；太后梁电灌站改为两座水轮泵站；将干渠与伊逊河沟交叉工程倒虹吸改为过沟涵洞工程；干渠原由太后梁至大黑山长10千米分三段输水设计改为分四段输水，将干渠修至庙子沟，全长8.45千米，庙子沟至大黑山变为斗渠。经过修改设计后的隆化灌区工程，引水工程包括5项，在右岸水磨村下边修防洪堤220米；右岸修进水闸一座，供水磨村水田用水；在太后梁突出山砬处修正向拦河固床溢流坝长135米，铅丝石笼结构，坝顶与河滩齐平；左岸坝头修进水闸1座（3×1.5米）；接进水闸后修靠山根引水渠352米。干渠总长8450米，干渠建筑物有整修进水闸1座，分水闸、斗门16座，过沟交叉建筑物20座，泄水闸5座，桥6座。设支斗渠16条，全长14998米，设斗门76个，干渠上设水轮泵站2座，电灌站1座，潜水电泵电灌点4处，灌区内机电井灌溉点7处。工程总概算21.24万元，其中需国家投资15万元。

1966年，由隆化县水利局完成东大坝灌区工程施工设计。该灌区位于庙宫灌区最上游伊逊河左岸，干渠全长12.5千米，需修建桥、涵、闸、水轮泵站等各种建筑物66座，总工程量15万立方米，其中开挖土方11.5万立方米，石方1.5万立方米，总用工11.5万工日。工程总造价16万元，其中需国家投资3.5万元。4个大队26个生产队受益。设计灌溉面积6500亩。

1970年，由隆化县水利局完成布施营灌区工程施工设计。该灌区位于庙宫水库下游伊逊河右岸，灌渠为一渠多引水口渠道，共设4个引水口，其中在伊逊河右岸设2个引水口，在山洪河道京堂河和庙子沟河各设一处引洪淤灌闸渠口。干渠全长16.7千米，穿过两个山洞长263米，浆砌石渠墙6段长554米，干砌石护坡一段长132米，倒虹吸2处长196米，黏土防渗10段长2062米。需修渠系建筑物101座，其中引水渠首枢纽4处，支渠21条，退水建筑物7处，交叉建筑物36座，跌水17处，干渠汇流建筑物3处，扬水站1处，水轮泵站1处，农道桥11座。工程量土方26.36万立方米，开挖石方3040立方米，干砌石6040立方米，浆砌石8480立方米，混凝土250立方米。总用工17.89万工日。工程总造价50.49万元，其中需国家投资29.75万元。2个公社，8个大队22个生产队受益，控制灌溉面积8807亩，其中扬水灌溉600亩。

二、施工

1960年8月，承德市水利局提出庙宫灌区工程规划设计任务书后，原计划1960年底前后提出初步设计及概算成果和施工详图成果，并计划分期分批进行施工。由于国家正处于三年困难时期，资金、材料、劳力都存在困难，经隆化县人民委员会提出请示，1960年12月承德市委和市人民委员会研究同意隆化县关于缓建张三营灌区的意见。庙宫水库拦洪蓄水以后，1961年至1964年期间，在水库下游沿伊逊河两岸．由群众自行修建了一些小型挡坝淤滩开渠引水灌溉工程，发展稻田灌溉，在小范围内发挥了灌溉效益。

1965年3月，省水利厅批准张三营灌区工程设计，并正式列入国家基建计划。1965年4月20日，由隆化县人民委员会组织，张三营灌区工程正式开工，截至1966年10月竣工，完成干渠总长18.26千米，控制灌溉面积2.3万亩，净灌面积2万亩，设计灌溉流量2.5立方米/秒，最大流量4立方米/秒，完成渠道建筑物88座（计划83座），其中完成渠首工程1处，退水闸4座，分水闸19座（计划12座），涵洞18座，倒虹吸4座（计划5座），跌水22座，排洪渡槽10座（计划11座），排洪涵管2处，农道桥6座，水轮泵站2座，完成电灌点8处（计划9处），完成总工程量31.87万立方米（计划29.75万立方米），其中完成干渠土方25.15万立方米，建筑物开挖与回填5.74万立方米，浆砌石0.74万立方米，干砌石0.12万立方米，混凝土317立方米。消耗钢材43.5吨（计划37吨），水泥818.67吨（计划673吨），木材143.32立方米（计划171立方米）。完成工日20.2万个（计划13.81万个）。完成国家投资38.26万元（计划40万元）。全部工程是采取专业队伍与群众运动相结合的办法施工完成的，专业队伍承担建筑物常年施工，农闲季节发动群众开挖土石方工程。1967年3月，由专署水利局组织，对张三营灌区工程进行了初步验收。

1965年7月，省水利厅批准将隆化灌区列入优先勘测设计项目。1965年8月，专署水利局提出隆化灌区工程设计书。1965年10月，由隆化县人委组织，隆化灌区工程正式开工，于1966年11月主体工程基本完工。1967年3月，由专署水利局组织，对隆化灌区工程进行了初步验收。完成干渠总长10千米，设计灌溉流量2立方米/秒，灌溉控制面积1万亩。施工中，拦河坝由横坝改为顺坝，坝长由135米增加到375米，坝高由2.2米降到1.2米，坝宽由20米减到7.5米。新增建水轮泵站1处和排洪涵管1处。共完成建筑物56座（计划58座），其中完成渠首1处，退水闸3座，分水闸15座（计划16座），涵洞9座，节制闸1座，跌水3座，渡槽1座，排洪涵管8座（计划7座），桥7座（计划10座），水轮泵、水锤泵站3座（计划2座），电灌点5处。完成总工程量土石方6.87万立方米（计划6.01万立方米），其中完成干渠土石方6.07万立方米，浆砌石0.13万立方米，干砌石0.66万立方米，砼140立方米。消耗钢材9.54吨（计划7吨），水泥200.3吨（计划150吨），木材58.75立方米（计划42立方米）。总用工6.32万工日（计划3.52万工日）。完成国家投资11.9万（计划12万元）。初步验收鉴定，认为施工粗糙，质量不够理想。

1966年秋，庙宫灌区最上游的东大坝灌区工程开工修建。该灌区工程由隆化县水利局完成施工设计，由大坝公社组织受益大队群众800人参加施工建设，经过一秋一冬一春基本完成施工任务，完成12.5千米干渠的土方开挖，开山凿石1000米，打山洞三个，总长61米，完成土方开挖11.5万立方米，石方开挖1.5万立方米，使渠水从半拉山“飞”过。共完成桥涵、闸门、水轮泵站等各种建筑物66座，完成土石方总工程量15万立方米，4个大队、26个生产队的6500亩耕地受益。共用工11.5万个工日。工程总造价16万元，其中国家投资3.5万元。1967年夏，大渠进行试通水，1968年大旱之年发挥灌溉效益，浇地7400亩次，其中引洪淤灌700亩。东大坝灌区工程施工正处于“文化大革命”期间，故当时命名为“立新”灌区。

1970年11月，布施营灌区工程开工。该灌区工程由隆化县水利局完成施工设计，由汤头沟战区党委统一组织领导施工，由受益的疙瘩营、汤头沟2个公社8个大队22个生产队的群众参加施工建设，组成灌区施工指挥部，下设250人的两个施工连队，常年施工。布施营灌区位于庙宫水库下游伊逊河右岸，灌区为一渠多引水口渠道，共设4个引水口，其中在伊逊河右岸设2个引水口，在山洪河道京堂河和庙子沟河各设一处引洪淤灌闸渠口。干渠全长16.7千米，穿过2个山洞长263米，浆砌石渠墙6处长554米，干砌石护坡1处长132米，倒虹吸2处长196米，黏土防渗10处长2062米。修建渠系建筑物101座，其中引水渠首枢纽4处，支渠21条，退水建筑物7处，交叉建筑物36座，跌水17处，干渠汇流建筑3处，扬水站1处，水轮泵站1处，农道桥11座。工程量土方26.36万立方米，石方3040立方米，干砌石6040立方米，浆砌石8480立方米，混凝土250立方米。总用工17.89万工日。总工程费50.49万元，其中国家投资29.75万元。2个公社8个大队22个生产队受益，控制灌溉面积8807亩，其中扬水灌溉600亩。该灌区工程原设计1974年竣工，施工中，1972年遇到大旱灾，粮食大减产，施工劳力吃粮无法解决，施工劳力减半，1973年又因沙通铁路设计定线与干渠发生干扰，迫使干渠部分改线，施工陷于停顿，延缓工期一年。1973年3月，重新组织施工劳力，施工专业队由削减后的126人增加到300人，继续进行施工，1974年突击施工，1975年6月扫尾竣工。

20世纪70年代以后，随着农业生产的发展和农田水利基本建设运动的开展，沿河广大群众纷纷自办修渠引水工程，挡坝淤滩，开发稻田，改善种植结构，截至1990年，自庙宫水库以下至伊逊河口全长125千米的沿河两侧，受益范围内的围场、隆化、滦平三县的11个乡（镇）85个村庄共修建分干渠108条，全长276千米，修建支渠941条，全长191千米，修建斗渠以上各种渠系建筑物2225座。累计完成土石方工程量216万立方米，其中土方200万立方米、石方16万立方米。消耗钢材73吨、水泥1.3万吨、木材302立方米。总用工550万个工日。总投入490万元，其中国家投资180万元、地方投资40万元。全灌区设计灌溉面积11万亩，有效灌溉面积9万亩。

20世纪80年代以后，国家对该灌区没安排较大的基建投资，每年仅安排5万～10万元，用于灌区维修配套，1990年以前，国家用于灌区维修配套投资为244万元，1991-2005年，国家用于灌区维修配套投资为96.3万元。

2007年5月18日，河北省水利厅、财政厅批复“承德市农业综合开发庙宫水库灌区节水配套改造项目实施计划”项目总投资1600万元。其中：中央投资800万元，市财政配套400万元，水利部门自筹400万元。要求完成：干支渠道衬砌防渗5.79千米；修建农桥、涵洞176座；新建水闸287座；修建水源及渠首工程30处；测水量水设施108处；以及护堤坝等（安排26.5万元）。主要工程量：土方开挖回填17.2万立方米；石方开挖砌筑3.4万立方米；混凝土浇筑2.7万立方米。工程建成后可新增（含恢复）灌溉面积1.2万亩，改善灌溉面积3.8万亩。年可节约水量1985万立方米，年新增产值960万元，渠系水利用系数由0.5提高到0.65。

2008年底，已完成投资468万元，完成农桥31座，完成水闸、涵洞116座、渡槽14座，干支渠道衬砌防渗15.3千米，完成水源及渠首工程2620米。

三、管理运用

庙宫灌区是以伊逊河道为总干渠，采取多渠口引水，在沿河两岸修建若干条分干渠，多年来没有统一的灌区管理机构，采取了谁修、谁管、谁用，由群众自己管理的形式。1966年，张三营、隆化两处重点分灌区建成后，由于管理体制等方面的原因，灌区工程并没有完全按原设计运行方案管理运用，在运用过程中逐渐分解为若干条分干渠。截至1990年，原张三营灌区已分解为唐三营、西大坝1号、西大坝2号、二道窝铺1号、二道窝铺2号、唐三营北2号、唐三营北6号、唐三营南1号、张三营、管家营、张三营街、新风联合渠、南园子等13条分干渠。原隆化分灌区分解为隆化、下洼子、西山2号和闹海营等4条分干渠。其他各处分干渠也都是以方便管理运用单独设立引水口，自成灌溉体系。

庙宫灌区是逐步达到渠系完善配套的，灌溉效益也是逐年提高，灌区内以灌溉稻田为主，灌溉大田为辅。1965年灌溉面积达到1.175万亩，其中稻田面积0.881万亩。1972年灌溉面积达到3万亩以上，其中稻田面积达到2万亩以上。1981年最高灌溉面积达到8.13万亩。1977年以后，稻田面积稳定在5万亩以上，1984年最高达到6.09万亩。庙宫灌区成为承德地区水稻重点产区。

庙宫灌区各分干渠大部分为受益乡村群众所修建，多数为民办公助工程，长期以来没有统一的管理机构，全为乡村管理运用，谁受益谁管理，管理水平较低，水库放水，群众用水，没有征收过水费，国家得不到实际效益。1964年，根据省人委批转省水利厅关于《国家管理灌区及国营机电排灌站水费征收使用办法》精神，专署决定从1964年起庙宫水库下游灌区开始征收水费，专署水利局相应制定了《庙宫水库下游伊逊河灌区水费计收使用办法》下发有关各县，但并没贯彻执行。

1981年，根据国务院有关征收水费的规定，承德地区行署批转了地区水利局关于庙宫水库下游灌区从1981年开始计收水费的报告，成立了由隆化县、滦平县和庙宫水库管理处三方组成的庙宫灌区管理委员会，这是群众性的灌区管理组织，各受益县主管农业的副县长及各受益乡镇的乡长（或镇

庙宫水库

长）为当然的庙宫灌区管理委员会委员。下设两级管理体制，地区成立庙宫灌区管理所，隶属于庙宫水库管理处领导，办公地点设在隆化县城，负责灌区维修、配套、供水及水费征收等日常工作。隆化县张三营镇、隆化镇和滦平县红旗乡分别成立灌区管理站，负责灌区管理运用和征收水费等项日常工作。1982年，地区水利局印发了《庙宫灌区管理试行办法》，并开始征收农业灌溉水费，水费征收办法以亩计征。以后每年秋季，都由庙宫灌区管理所主持召开一次管理委员会会议，商讨当年水费征收任务及次年春季灌溉用水计划，形成了一种制度，延续至90年代中期。这对当时水费征收及灌区管理起了促进作用。

1988年4月12日地区水利局印发了《加强庙宫灌区管理的改革意见》，共10条。

庙宫灌区渠道多、战线长，管理工作量大，且干渠和分渠都未安装量水设备，仍沿袭以亩计征，所以每年水费征收工作难度较大，历年水费拖欠较多。2003年至2005年，庙宫水库进行除险加固工程施工，对水费征收工作有所影响。

承德市庙宫灌区自20世纪60年代庙宫水库蓄水后陆续兴建，由当时的人民公社和生产大队、生产队自行管理，七八十年代初具规模；1981年，根据国务院有关计收水费的规定，承德行署批转了地区水利局《关于庙宫水库下游灌区开始计收水费的报告》，1982年成立了由承德地区水利局主管局长张凤林任主任、由隆化县、滦平县、庙宫水库管理处和受益公社组成的庙宫灌区管理委员会（之后每年召开一次全体会议），管理委员会委托庙宫水库管理处为常设管理机构，同时设立专管机构为灌区管理所，住址隆化县城。第一任所长由水库管理处副处长赵志强兼任；1984年王振学任所长；1990年王振学改任党支部书记，水库管理处副处长朱殿清兼任所长；1995年纪跃宗任所长；2001年羡福才任所长；2007年纪跃宗复任所长；2012年郭立东任所长至今。

1982年灌区管理所成立之初，有专职管理人员4名，后又陆续从水库管理处调入在职职工18人，同时，1984—1987招收有基层工作经验和文化基础的协助员12名，90年代灌区人员最多时共34人。2002年水利工程管理体制改革裁撤协助员12人；为应对新世纪灌区经济逐渐入不敷出的局面，2006年承德市编委下文将灌区管理所原来的事业单位性质改为企业，后又改为事业单位自收自支性质。自此，灌区人员只退（休）不增，至2015年底，灌区管理所还有在职职工11人。

灌区工程建设大致分为三个阶段：六七十年代多为群众自建工程时期，八九十年代为国助民办改造限制性工程时期，21世纪后为国家和地方政府项目主导的“防渗配套节水改造”时期。国家资助的项目款来源主要有农田水利工程资金、抗旱防汛资金、农业开发资金和灌区专项改造资金等。至2015年底灌区总投入约计1200万元，其中2006年防渗配套资金886万元，工期两年半，进一步完善了灌区的配套工程，节水效果得到了明显的改观。

庙宫灌区控制面积10万亩，有效面积9万亩，实际灌溉面积在5-8.4万亩之间，其中水稻种植在1.5万～3万亩之间，玉米5万亩，蔬菜1万亩，种植结构在初始主要是打坝淤滩、种植水稻为主，干旱年份兼顾灌溉玉米，其中，地处最下游的滦平县个乡村从2003年因庙宫水库除险加固暂停供水时期就全部水改旱，再也没有种植水稻。

灌区收取水费（开始称计收水费）始终以水稻面积计取，1982 年单价为 1.2 元 / 亩，1986 年 7.6 元 / 亩，1997 年 21 元 / 亩，1999 年第三次灌区水价修订获得河北省物价和水利部门的通过，定价标准：农业水费稻田 36 元 / 亩，经济作物 50 元 / 亩，年收费额 1982 年 2 万元，1986 年增至 20 万元，1992—2002 年最高在 50 ～ 60 万元之间，2003 年以后开始下滑，至 2015 年底只有 20 万元。值得说明的是，由于行政区划和矿业经济下行的原因影响，灌区收取工业水费始终没有达到预期目的，从 2013 年至 2015 年底总共才收取工业水费 20 万元。

庙宫水库和下游灌区“库区一家”的特点在全省不多见，多年摸索形成的“多口引水，重复利用，以亩收费，谁用谁管”管理原则，于 2000 年在省灌区会议上得到肯定：“庙宫有自己的特点和办法，其独特的管理办法是实际的”。由此获全省“先进灌区”称号。自 2011 年实行最严格水资源管理制度后，庙宫灌区是承德市唯一一个农业重点用水监控单位，灌区坚持“总量控制，定额管理”的原则，科学合理地制定了配水计划，使有效的水资源发挥了最大的作业，促进了农民的增产增收。

第二节　窟窿山灌区

一、规划设计

窟窿山灌区是以滦平县窟窿山水库为水源的灌溉工程。因其受益范围为滦平县城上下区域，故又名滦平灌区。又因窟窿山水库为 1958 年“大跃进”时动工兴建的水库，故灌区也曾叫“跃进”灌区。

1959 年，为尽快发展滦平县的水利灌溉事业，在水库工程尚未完全竣工的情况下就开始着手进行灌区的规划设计工作。1959 年 11 月，为了给灌区设计提供资料，应承德专区水利局和滦平县的要求，省水利厅设计院土壤队派出二人，对上起窟窿山水库，下至张百湾公社的大屯、窑上以东的忙牛河两岸河谷平地和相对低矮的黄土坡岗地的土壤情况进行了调查，调查工作历时 10 天，并于 12 月写出“滦平灌区（即窟窿山灌区）土壤说明书”。专区水利局赵荣政和县水利科年天佑参加了此项工作。1961 年 1 月，承德市水利局徐鹤义写出灌区社会经济情况调查报告。1961 年 2 月，对灌区工程量进行了测算。此后，由于国家处于三年困难时期，灌区设计工作搁置。

1964 年 6 月，承德专署水利局提出《滦平灌区设计任务书》，灌区范围为滦平县城上下忙牛河两岸，控制面积 2.5 万亩。灌区规划分为左右两岸，左岸干渠为滦平镇西街以上至安乐大队，对旧有沿山根小渠道进行扩大延长改建，滦平镇西街以下干沟门、营房两处地块较小，由群众自行引水灌溉。右岸干渠布置分高线（不低头循山走）、低线（沿山根走）两个比较方案。经方案比较，确定右干渠自水库循山根向下，经滦平镇瓜园至王家沟为第一干渠，长 16.5 千米，自流灌溉 1 万亩，扬水灌溉 0.14 万亩，引水流量 1-1.5 立方米 / 秒。于铧子炉（桩号 1+240 处）分出左岸第一支渠或自河引水为独立支渠。于大刁屯（桩号 5+100）分出高线第二支渠，干渠尾水在王家沟下游（桩号 16+500 处）。自大刁屯至窑沟门为第二干渠，长 6 千米，自流灌溉 0.36 万亩，扬水灌溉 0.16 万亩，引水流量 0.5 ～ 1 立方米 / 秒。两条干渠总长 22.5 千米，主要支渠长 15.6 千米，受益范围为安乐公社铧子炉、岔道口、大刁屯、安乐、三地沟门 5 个大队，滦平镇公社东街、中街、西街、后营子、石头沟门、东、西瓜园 7 个大队，窑上公社营房、大屯、窑上、窑沟门、三岔口、二铺、西院、王家沟 8 个大队，共计 20 个大队。

1970 年 5 月，滦平县革委生产指挥部提出《跃进水库（窟窿山水库）左干渠设计说明书》，经方案比较，决定在铧子炉村边设过河倒虹吸，由右岸横穿牤牛河至左岸，与原有渠道相接，在岔道口村东、代家沟门、农校南侧进行渠道改线，利用原有旧渠道，渠道全长 5.643 千米。设交叉建筑物 19

座（其中大型倒虹吸1座长102米，小倒虹吸2座，山洪沟涵洞11座、公路涵洞2座、大型跌水3座），水轮泵站1座，农道桥6座。引水支渠10条，泄水渠2条，浆砌石防渗3处总长713米，泄水闸2座（坝下灌溉涵洞出口1座、大倒虹吸进水口上游1座）。渠道设计引水流量1立方米／秒，灌溉面积0.323万亩，其中稻田230亩。工程量土方4321立方米，浆砌石1288立方米，干砌石432立方米，总工程费1.65万元，其中材料补助费1380元。

1974年11月，滦平县革委水电局提出窟窿山右干渠工程设计任务书。初步方案为，右干渠自水库放水洞和电站尾水渠交叉涵洞开始，经铧子炉村东山根沿旧铁路基至大刁屯沟门环山而行，经三地沟门村、南瓦房、滦平果园、仓房南沟、石头沟、大狼山沟、小狼山沟等，最后至窑上公社的二窝铺东沟，全长25.13千米。暂由水库发电输水洞引水1个流量，待新开水库隧洞完成后引2个流量，全部干渠工程土方开挖段17.955千米（其中需浆砌石防渗3.6千米），开挖石方明渠段1.5千米。需修各种建筑物128座，包括进水闸1座、分水闸30座、隧洞9条全长1.41千米，倒虹吸7座全长0.326千米、渡槽61座全长4.69千米、涵洞4座全长70米、泄水闸15座、跌水1座。全部工程量，土方10.02万立方米，石方1.37万立方米，浆砌石10.05万立方米，混凝土765立方米，干砌石368立方米。总用工39.23万个工日。总工程费208.49万元，其中需国家投资198.17万元。受益范围3个公社18个大队，灌溉面积1.3万亩。

1975年9月，滦平县革委水电局提出窟窿山大渠第一期工程（水库至南瓦房）设计任务。根据省、地、县领导指示精神，决定提高渠系设计标准，分期分批施工，边施工，边受益。从水库至县城以南拟定为第一期工程，县城至牤牛河口为第二期工程。工程规划，自水库渠首至跨河倒虹吸为主干渠，全长1500米，引水流量2立方米／秒，自跨河倒虹吸至火车站为左干渠，全长5500米，设计流量0.5立方米／秒，控制灌溉面积2300亩。自倒虹吸进口处至南瓦房为右干渠第一期工程，全长6750米，设计引水流量1.6立方米／秒，控制灌溉面积3200。第一期工程量土石方1.3万立方米，浆砌石0.31万立方米，总用工20万工日，工程总投资25.57万元，其中国家投资18.07万元。

1976年1月，滦平县水电局完成窟窿山灌区设计书。为使窟窿山水库尽快发挥灌溉效益，为农业增产服务，县委决定，并经省、地批准，兴建窟窿山灌区工程。渠线布置，由水库以下3千米渠道沿右山脚布置，3千米以下环山而行，为灌区主要灌溉控制区。渠道由水库放水洞出口至窑上公社南沟门全长25千米，跨山洪沟70余处，需修建筑物105处（渠下涵46座、分水闸28座、农道桥9座、石拱涵洞3座、石拱渡槽4座、倒虹吸4座、隧洞11座）。全部工程量，开挖土方32.6万立方米，开挖石方6万立方米，浆砌石4.3万立方米，混凝土462立方米。总用工60万工日。工程总造价181万元。其中需国家投资123万元。受益范围3个公社23个大队，灌溉面积1.3万亩。干渠最大引水流量2立方米／秒。支渠配套由社队修建。

滦平县窟窿山水库渡槽　摄影：刘任祥

1977年7月，滦平县革委水电局提出《窟窿山灌渠工程设计书》。经领导、老农、技术员组成的三结合小组深入灌区勘察规划，选线定线，多方案比较，最后确定“高线方案”渠线。渠道由水库大坝左岸新建成的放水隧洞出口开始，渠首建1孔2米宽的泄洪闸和1孔2.2米宽的进水闸组成渠首枢纽工程，经过坝后开拓地，通过110米长的倒虹吸穿过溢洪道尾水后转弯沿右山脚布置。此段全长410米。为利用水库发电尾水，在倒虹吸前做有交叉工程，将发电尾水引入渠内。经1000米到铧子炉后沟沿旧铁路基而下，在3310米处环山而行，穿山跨谷一直到窑上公社窑沟门大队，全长28.4千米，跨越较大山洪沟130余处，需修建筑物257处，其中渠下涵92座、石拱涵洞10座全长465米、渡槽45座全长3404米、倒虹吸3座全长630米、隧洞17条全长3099米、陡坡2处全长135米。全部工程量土方18.11万立方米，石方8.28万立方米，浆砌石8.01万立方米、干砌石0.45万立方米、混凝土0.3万立方米。计划用人工84.4万工日，车工5.45万个；需水泥8877吨、钢材43.4吨、木材1018立方米；工程总造价336.74万元，其中需国家投资243.5万元。干渠设计最大引水流量2立方米/秒，受益范围3个公社26个大队，灌溉面积1.6万亩。1977年12月，地区水利局批准修建。1980年2月，省水利局将窟窿山灌区工程列入地方水利基建收尾项目，下达1980年地方水利基建投资60万元。要求全部完成干渠工程，鉴于资金和时间所限，经地区水利局批准，县水电局对原设计方案进行了修改，缩短了干渠渠线长度，以减少工程量和造价。经过修改后，干渠自水库大坝左岸新辟放水洞出口开始，自坝后折向右岸与电站尾水渠汇流后以倒虹吸形式穿过溢洪道沿牤牛河右岸山脚环山布置，先后跨越大刁屯沟、三地沟门、南瓦房沟、滦平果园、仓房南沟、佟家沟、棒槌沟、石头沟、小狼山沟、花脸沟、大狼山沟至龙谭沟，由龙潭沟沿右侧防洪坝顺流而下，出沟后与王家沟村公路边机井渠道汇流相接全长20.389千米。有支渠4条，总长1780米；渠系建筑物124座，其中渡槽37座，隧洞15座、涵洞10座，倒虹吸3座，跌水1座、拱涵36座、管涵2座、人行桥及农道桥14座、各种闸6座。干渠设计引水流量2立方米/秒，灌溉面积1.35万亩，安匠屯、滦平、西瓜园和大屯四个乡镇受益。灌区总土石方量26.9万立方米，总投资303.2万元（不包括社队自筹资金），其中国家投资231万元，县自筹72.2万元社队投工96.2万个工日，马车工4.6万辆日。在渠系建筑物中，有4座长200米以上的较大渡槽和倒虹吸，其中小狼山沟渡槽全长280米，最大墩高21米，单孔跨度25米，为浆砌石单波双曲拱钢筋混凝土排架U型渡槽，是该灌区中渡槽之最。

二、施工

1959年秋，窟窿山水库工程正在施工期间，曾抽出部分民工开挖右岸干渠，时间不长即停止。同时，水库下游群众自行在左岸开挖一条长3000米的土渠，由于没经勘测，渠道标准低，不能通水运用。从1959年末至1977年，地、县曾对窟窿山灌区提出了若干个不同的设计方案，由于没有最后形成各方面都能接受的一个确切设计方案和资金、劳动力等方面的问题，灌区工程一直未得以全面实施。1964年6月，专署水利局提出滦平灌区设计书后，1964年秋，县人委组织受益社队施工，开挖了右岸干渠渠首和左岸支渠（安乐渠道），1965年施工暂停，1969年复工。1970年实施由滦平县革委生产指挥部提出的较小规模的灌区修改设计方案，即左干渠设计方案。此方案为由水库右岸水电站尾水渠引水沿山根至铧子炉村后修建横跨忙牛河102米长的倒虹吸至左岸，与原有群众自己修建的旧渠相接，对原有渠道进行扩建防渗，在岔道口村东、代家沟门、农校南侧进行渠道改线，利用原有旧渠道。左干渠全长5643米，建筑物19座（即大型倒虹吸1座、小倒虹吸2座，山洪沟涵洞11座、公路涵洞2座、跌水3座），引水支渠10条，泄水渠2条，浆砌防渗713米，引水闸2座（坝下输水洞出口1座、过河倒虹吸进水口1座）。另有水轮泵站1座、农道桥6座。全部工程量土方4321立方米、浆砌石1288立方米、干砌石432立方米。工程费1.65万元，其中材料费1380元；渠道设计引水流量1立方米/秒，5个大队受益，灌溉面积

3230亩。由5个受益单位组成施工专业队施工，干渠于5月1日通水浇地，除水轮泵站未修建外，大部工程于1971年施工完成。灌区工程共完成了由水库至西街大队全长7.06千米的左干渠和由水库至三地沟门长4.5千米的右干渠一段，控制灌溉面积3000亩。工程标准较低，渠系建筑物不配套，渠道渗漏严重，渠道水利用系数很低，实际灌溉面积仅1500亩左右。群众投工10万工日，国家投资10万元。

1975年10月1日，窟窿山灌区由水库至南瓦房区间第一期工程开工，由后营子公社组织专业队常年施工，农闲季节组织群众突击施工。该段干渠自倒虹吸至南瓦房全长6750米，设计引水流量1.6立方米/秒，控制浇地3200亩。计划工程总投资25.57万元，其中需国家投资18.07万元。1976年，在“农业学大寨”“建设大寨县”和农田基本建设运动的高潮中，滦平县委决定窟窿山灌区工程采用“高线渠线方案”上马，于1976年2月正式开始动工兴建窟窿山灌区右干工程，由滦平县委组织成立了灌区工程指挥部，劳力以后营子、滦平镇和窑上3个受益公社为主，从全县抽调民工为辅，组成1000余人的常年施工专业队施工，高峰时达1800人，采取群众运动与专业队相结合的办法施工，农闲大搞，发动受益社队群众搞突击施工，农忙专业队搞，专业队常年施工不间断。后营子和窑上两个重点受益公社还成立了灌区工程施工分指挥部。在灌区施工中，滦平县委提出了“76年练兵，77年大干，78年建成”的口号。在施工高潮中，1978年7月，省委书记刘子厚和省军区司令员马辉曾到灌区工地进行视察。由于工程任务大，灌渠工程未按予定时间建成。

1980年2月，省水利局将窟窿山灌区工程列入地方水利基建扫尾项目，下达地方水利基建投资60万元，要求1980年全部完成干渠工程。鉴于资金和时间所限，经地区水利局批准，县水电局对原设计方案进行了修改，缩短了干渠渠线长度，以减少工程量和造价。经过修改后，干渠末端由原来至窑上公社的窑沟门大队缩短到王家沟大队，干渠由原来的28.4千米缩短到20.389千米。渠系建筑物由原来的257座减少到124座。总工程量由35.15万立方米减少到26.9万立方米。截至1981年，窟窿山主干渠按修改后的设计方案施工完成，但支渠配套远没有完成。

三、管理运用

窟窿山灌区经过三上三下施工，一直未形成完整配套的灌溉体系，没有建立灌区管理机构，没有纳入正常的管理运用。1959年由群众自行开挖的左岸3000米长的土渠道，因未进行勘测而不能通水运用。1964年至1965年和1969年至1971年施工开挖的左岸支渠，因渠道土质结构不好，渗漏严重，每当放水，不是淹村，就是泡地，也不能正常运用，之后，土渠逐渐被填平废弃。群众说：“水库建成十几年，有水不能把地浇，三起三落修渠道，抗旱还得用肩挑”。上级领导批评窟窿山水库是“50年代修库，70年代还不配套受益”的工程。

70年代中期，在农田基本建设运动的高潮中，窟窿山灌区工程以“高渠线方案”仓促上马。渠道工程穿山越谷，渠线长，工程量大，建筑物多，投资大，资金不足，原计划三年完成的工程，结果艰苦奋斗了六年被迫收尾完工，干渠渠线比原设计缩短了4.61千米，渠系建筑物比原设计减少133座。由于支渠没有配套，高线干渠远不能投入运用，不能发挥设计效益。

1983年，灌区最上游的岔道口村群众首次利用干渠渠首左岸第一支渠试种水稻337.4亩，平均亩产400公斤，最高亩产550公斤。1984年，岔道口村、安乐村及安匠屯乡农场共同开发，将稻田面积扩大到800亩，获平均亩产400公斤，最高亩产600公斤。经过两年运用，由于干渠渠首渠底不平，不符合设计要求，造成常年积水，渠墙被冻坏，有的倒塌，而又无人维修管理，加之土渠渗漏严重，耗水量大，自1986年至1990年，一直未用。

1990年，由安匠屯乡政府组织铧子炉、岔道口、安乐3个村的群众对左岸渠道进行了防渗处理修建一条长1000米的砖石结构防渗渠道，渠首设一道长42米的木桩石笼引水坝，引水库放入河道之水，设计引水流量0.6立方米/秒，灌溉面积1000亩。该配套防渗渠道，用海河流域平原农业开发治理项目资金4.4万元，其中周转金2.4万元，无偿投资1.6万元，贷款0.4万元。1991年省水利厅又下达灌区防渗投资3万元。对左干渠防渗处理。

该灌区1989年、1990年，两年曾被列入河北省万亩以上灌区管理序列，因多年来该灌区一直未形成完整的灌溉体系，灌溉面积达不到万亩，故自1991年起，在河北省万亩以上灌区管理序列中消号。

2003年12月至2005年10月，窟窿山水库进行除险加固工程施工。对灌区灌溉有所影响，但灌区工程存在的渠系不配套、渠道漏水等问题没有彻底解决，所以直到2005年底，灌溉设计效益没有发挥。

2005年以后，窟窿山水库水源主要为滦平县城工业及居民生活供水。该灌区基本毁坏，不能使用。

第三节　钓鱼台灌区

一、规划设计

钓鱼台灌区是以围场县钓鱼台水库为水源的灌溉工程。灌溉范围为钓鱼台水库下游不澄河两侧耕地。

1972年8月，在钓鱼台水库基本建成的基础上，围场县提出了《钓鱼台灌区技术经济调查报告》，初步规划8个大队受益，灌溉面积2.5万亩，其中自流灌溉1.6万亩，利用渠道水扬水灌溉1万亩，干渠总长26.9千米，主要建筑物91座，总造价117.61万元，其中材料费53.21万元。

1972年9月，地革委农办将“钓鱼台灌区设计任务书”转报省水利局，设计任务书提出的灌区规模为2.5万亩，干渠全长25千米，干渠建筑物119座，总投资73.37万元，其中材料费31.61万元。1972年12月，省水利局提出“钓鱼台灌区工程设计任务书审查意见”，灌区规模2.5万亩，国家补助25万元。

1973年7月，地革委生产指挥部水电处将“钓鱼台灌区设计书”转报省水利局，设计灌溉面积2.03万亩，其中自流灌溉1.73万亩，扬水灌溉0.3万亩。干渠全长20.687千米，支渠7条长8.8千米，斗渠34条长21.986千米，大小建筑物141座。工程量土方42.99万立方米，浆砌石1.69万立方米，干砌石0.21万立方米，混凝土365立方米。水泥2218吨、钢材30.5吨、木材171.3立方米。总用工34.14万个工日。总投资97.797万元，其中需国家补助55.499万元，群众自筹42.298万元。1973年8月，省水利局批复钓鱼台灌区初步设计，批复灌区规模2万亩，国家补助材料费55万元，1973年安排投资25万元，要求1974年建成通水。

二、施工

1972年12月，省水利局对钓鱼台灌区工程设计任务书提出审查意见后，围场县即着手进行施工准备。1973年2月，围场县革委组建了钓鱼台灌区工程指挥部，抽调7个受益大队650名劳力（占总劳力的21%）组成施工专业队，负责渠道建筑物常年施工。第一季度筹建施工指挥部和进行施工备料。第二季度大搞群众运动进行渠道土方开挖工程。1973年8月，省水利局批复钓鱼台灌区初步设计，10月灌区全线开工，为了加快施工进度，采取冬季施工，到12月中旬，干渠主体工程全部开通。1974年集中力量进行渠系建筑物施工，上冻前基本完成，11月16日进行灌区试通水，浇地2000亩。由于沙通铁路与灌区工程同期施工，灌区施工受到一定的影响，部分干渠渠线被铁路路基所占，迫使渠线变更设计，使原设计灌溉面积有所减少，同时由于铁路工程也要求于1974年底完成施工任务，为保证国家重点建设，灌区施工让位于铁路施工，再加上停工待料等原因，灌区工程1974年没全部完成施工任务，有些工程项目只得拖到1975年进行施工。1974年，为便于灌区施工和建成后的管理，围场县革委将灌区内的行政区划进行了调整，将钓鱼台水库下游原属于水库上游兰旗卡伦公社管辖的画山、六合店两个大队和原属于银镇公社的永合栈大队划归腰站公社管辖，这样灌区的受益范围完全处于一个公社范围之内。

1975年4月，地区水利局批复“钓鱼台灌区1975年施工计划”，安排投资10.7万元，要求全部完成扫尾工程，发挥效益。1975年，灌区施工仍保留了600人的专业施工队伍，施工过程中，从6月15日至7月末，灌区内先后四次遭受特大洪水的袭击，一个半月时间处于防汛状态，灌区工程遭受严重破坏，工程物料损失严重，水毁损失折款3.09万元，延误工期73天。到8月初正式恢复施工，进行渠道清淤，堵复决口，恢复水毁工程。根据这次洪水袭击的教训，9月提出了灌区工程修改设计方案，银镇、清泉两处过河建筑物上游加修护岸丁坝，干渠过水流量加大到2.5立方米/秒。到1975年12月底，干渠施工全部完成。

1976年，开始着手进行支渠配套工程，并继续完成部分水毁防护工程。设计支渠34条，全长17.6千米，其中有3条支渠全长1.57千米采用水泥玻璃丝U型槽防渗，共完成支渠配套31条，全长14.5千米。1976年灌区正式通水。1977年至1980年，利用农田水利费和抗旱经费将34条支渠全部配齐，全长17.675千米，全部为浆砌石防渗，原3条水泥玻璃丝U型槽支渠也改用浆砌石防渗渠取代。至此，钓鱼台灌区各项工程全部竣工。干渠全长19.126千米，穿越大小山洪沟39处，穿越河流3次，公路4次，农道9次，其中渠首以下5.37千米为浆砌石防渗渠槽，其余为土渠。配套浆砌石支渠34条全长17.675千米，配套斗渠7条全长1.725千米。共修建各种渠系建筑物205座，其中进水闸3座，渡槽2座，跌水36处，倒虹吸2处，管涵5处，公路桥3座，山洪涵39处，泄洪闸3座，节制闸3座，拦河坝2座，农道桥44座，分水闸63座。干渠在穿越银镇河和清泉河时分别修建了引水闸，以引两河之水为补充水源。

三、管理运用

钓鱼台灌区是在1974年11月16日干渠主体工程基本完成后，尚未进行支渠配套的情况下进行全线试通水，当年冬灌0.2万亩。1975年春灌0.6万亩。1976年进行支渠配套后正式通水投入灌溉管理运用。1976年至1981年间，灌区较好地发挥了灌溉效益，1976年实灌面积0.54万亩，1977年实灌面积0.78万亩，1978年至1981年间实灌面积达到0.8万亩以上，其中1978年最高实灌面积达到0.85万亩。1982年以后，农村实行联产承包责任制，由于跟不上农村变化了的新形势，灌区管理运用处于无人过问状态，工程失于维修养护，逐渐遭受破坏，干渠首引水口3000米浆砌石段基础下沉，侧墙断裂，铁路桥处过河交叉工程因洪水冲刷基础下沉而失去功能，水库放水已不能进入下游灌区，灌溉水源仅靠引用下游银镇、清泉等区间水，灌溉面积衰减，截至1982年实灌面积仅0.2万亩。

1984年，灌区工程的维修管理又开始得以重视，国家、地方和群众对工程的维修费用投入逐年增加，截至2004年，共投入维修配套资金125.35万元，其中国家和地方投入110.35万元，先后完成了干渠防渗7.5千米；对原有34条支渠进行了维修配套，并新配套了斗渠和渠系建筑物等工程，整个渠系基本得到恢复，渠系利用系数由0.3提高到0.4，支斗渠利用系数达到0.6～0.7，灌区控制灌溉面积基本达到设计灌溉面积。灌区内主要农作物玉米的亩产量由400公斤提高到800～1000公斤，灌区从1989年开始征收农业灌溉水费。为增加收入，90年代初，灌区管理所曾开办一处沸石粉加工厂，产品远销至东北，最初几年效益尚好，后因销路不畅，加上管理中存在一些问题，自1996年以后，沸石粉厂已不复存在，灌区管理所由钓鱼台水库确定3人管理，实际是名存实亡。由于管理跟不上，工程失修、老化、水费收不上来，灌溉效益锐减。2002年6月至2003年10月，水库进行除险加固工程施工对灌区灌溉有所影响。2004年，承德市水利局向河北省水利厅报送《围场钓鱼台灌区防渗配套工程实施方案》称：该灌区始建于1973年，年久失修，渠道破损、漏水、淤积严重，计划2004年维修松树圈至六合店段主干渠900米，新建支渠4条，暗渠清淤595米，土方902立方米，浆砌石1770米，需水泥182吨，块石2090立方米，总投资37.3万元，其中：国家补助投资30万元。2004年5月26日，河北省水利厅、财政厅联合下达围场钓鱼台灌区防渗、配套投资30万元，要求发展节水灌溉1万亩，以节水为中心，以防渗配套为重点，恢复和改善灌溉面积，提高保浇程度和渠系水的利用率，发展节水灌溉；要按灌区的节水规划，分渠系安排，逐年发展，注重工程效益，做到当年实施，当年见效。2005年9月，灌区防渗配套工程开工，2006年全部建成完成总投资37.3万元，完成石方902立方米，浆砌石1770立方米，改善灌溉面积1.05万亩。2008年8月31日，通过市水务部门验收。但该灌区由于管理工作跟不上，工程失修严重，直到2005年底，仍未达到设计灌溉效益。

第四节　大庆灌区

一、勘测设计

大庆灌区是以平泉县大庆水库为水源的灌溉工程，位于瀑河流域一级支流。受益范围为平泉县沙坨子乡和平泉镇2个乡镇12个村。

1972年9月，平泉县革命委员会提出大庆灌区工程设计任务书，并由承德地革委农办报送省水利局。设计灌溉面积22396亩，总投资67.43万，元，其中申请国家补助材料费46.77万元。1973年1月，省水利局批复大庆灌区工程设计任务书，批复灌区规模按2万亩布置，1973年计划投资30万元，工程总投资待审批初设时核定。1973年3月，平泉县革委水电局完成大庆灌区工程设计书，设计灌溉面积左干渠16000亩，右干渠10150亩，共计26150亩，总投资219.90万元，其中申请国家投资146.19万元。1973年10月，省水利局批复大庆灌区工程设计，提出原设计规模偏大，要求控制在2万亩左右，工程总投资控制在84万元，1973年安排基建投资30万元的工程任务。1974年8月，承德地革委生产指挥部水电处将大庆灌区变更设计报省水利局，变更设计后的灌区规模为自流灌溉面积2万亩，从水库放水洞出口到桩号0+40米处为总干渠，然后分为左右两条干渠，渠系建筑物181座。其中左干渠全长23千米，浇地1万亩，渠系建筑物89座；右干渠全长25千米，浇地1万亩，渠系建筑物92座。全部工程量土方40万立方米，浆砌石8.2万立方米，开挖石方2.5万立方米，混凝土703立方米。总用工101万个工日，车工4.6万辆日。工程总造价286.70万元，其中需国家投资156.70万元，群众投入130万元。

二、施工

1973年8月6日，大庆灌区正式动工兴建，由平泉县革委大庆灌区工程指挥部负责组织施工，从有关受益社队抽调1500名民工参加施工。采取从上游往下游、分期实施、分片受益的施工方法，截至1975年5月底，左干渠完成22千米，完成各种渠系建筑物90座，其中进水闸1座、节制闸3座、分水闸18座、渡槽34座、涵洞18座、跌水6座、倒虹吸2座、渠下涵8座。完成支渠18条。1976年，地区安排大庆灌区工程小型农田水利专项补助费30万元，进行灌区工程扫尾，要求全部完成生效，截至1977年5月，大庆灌区工程施工暂告竣工，完成总干渠0.25千米，左干渠22千米，右干渠16千米，遗留右干渠9千米尾工。共完成干渠各种建筑物173座。控制灌溉面积1.3万亩，完成国家投资129.5万元。施工指挥部随即撤销，并成立了大庆灌区管理所，办公地点设在洼子店，李华为第一任所长。为了扩大灌溉效益，1980年拨专款进行了支斗渠配套工程，设计支渠100条，长63千米，实际完成69条，长23.82千米，斗渠以上各种建筑物达到655座。

三、续建工程

1977年大庆灌区初步建成后，经过多年的管理、运用，干渠工程仍存在沉陷断裂、漏水等严重问题，故1990年平泉县水利水保局委托承德地区水利水电勘测设计处对大庆灌区续建工程进行勘测设计，1990年12月完成了初步设计。1992年2月完成了初步设计的补充设计。1992年4月8日省水利厅批复“平泉县大庆灌区续建工程初步设计”。自1992年开始，省、地水利部门都安排部分投资用于大庆灌区维修加固，其中省水利厅较大的投资有3次：1992年省投资50万元，要求自筹20万元，1993年省投资80万元，要求自筹20万元；1996年省预算内第二批水利基建投资50万元，用于干渠加固、防渗、设计灌溉面积达到1.6万亩。

2007年9月9日，承德市财政局、水务局批复“平泉县2007年大庆灌区节水工程项目实施方案”。同意节水灌溉项目的实施，恢复节水灌溉1200亩，涉及灌区修复工程5处，其中修复主干渠1处，长250米；修复渡槽1座；修复右干渠1处，长450米；翻修溢洪道过洪涵洞1处，长150米，过洪涵洞2处，总投资59.67万元，其中省补资金50万元。该工程2007年10月1日开工，2008年5月31日全部完工，完成总投资59.84万元。2008年9月23日，通过市级验收。

第五节　黄土梁灌区

一、勘测设计

黄土梁灌区位于丰宁县、兴洲河流域，是以丰宁县黄土梁水库为水源的灌溉工程。因其受益范围主要为黄土梁水库下游的凤山镇周围区域沿河两侧耕地，故又名凤山灌区。

1973年7月，丰宁县水电局第一次提出黄土梁灌区设计任务书，灌区范围自水库开始，下至波罗诺大队止，全长61.3千米，设计引水流量2立方米／秒，32个大队受益，控制灌溉面积4.2万亩，其中自流灌溉3.1万亩，扬水灌溉1.1万亩。

1975年11月，根据省水利局关于丰宁县黄土梁水库初步设计批复中“第一期工程1975年开始，要求1977年全部完成，同时安排灌区工程，做到库成渠通，迅速发挥效益”的精神，在水库开工后，丰宁县着手对灌区进行勘测设计，由领导、技术人员和灌区干部群众组成的勘察小组共同对灌区渠线进行踏勘，并开始勘测设计工作，截至1976年8月，丰宁县水电局提出黄土梁灌区工程初步设计，本次初步设计提出的灌区干渠全长83.45千米，设计引水流量5.5立方米／秒，32个大队受益，控制灌溉面积4.355万亩。其中：自流灌溉3.65万亩，提水灌溉0.705万亩，渠线规划分总干、左干、右干三部分，自水库放水洞出口至朱首营公社波罗沟为总干渠，全长21.45千米，灌溉0.89万亩；左干渠自波罗沟经上官营、东头营至凤山公社陶来营入河，全长22.2千米，灌溉1.37万亩；右干渠自波罗沟经白营、刘营至波罗诺公社河南村入河，全长39.8千米，灌溉2.104万亩。干渠建筑物共352座。总造价735.7万元，其中需国家投资338.8万元。1976年10月，丰宁县革委将黄土梁灌区初步设计报送地区。

1978年，第二次全国农业学大寨会议和全国农田基本建设会议后，根据省、地、县领导意见，为改变生产条件多增加水浇地面积，丰宁县对灌区重新进行规划勘测设计，提出高渠线方案。该方案干渠总长32千米，自流灌溉5.33万亩，可使朱首营、东头营两社1.8万亩山地实现水利化，新增灌溉面积3万余亩。总造价821.2万元，其中需国家投资621.3万元。

1979年3月，省、地区主管部门负责人到丰宁县检查工作时提出“缩短基建战线，集中力量打歼灭战，使水库早日发挥效益”的意见，丰宁县对灌区工程重新进行勘测设计，提出沿河多口引水的低线方案，该方案共有5条主要干渠，总长66.2千米，灌溉面积2.653万亩，总造价474.8万元，其中需国家投资284.8万元。

1979年8月，根据省、地主管部门“先通水，后改善提高”的意见，丰宁县水利局对灌区低线方案进行了补充和修改，砍掉了铁营以下施工难度大、工程量大、效益小的一段干渠，代之以沿河多口引水。干渠设计只搞局部衬砌，以减少投资。为扩大灌溉效益，在水量平衡中考虑了干渠下游滦平县8000余亩耕地灌溉供水问题，补充了提灌设计和建筑物设计。修改后，干渠总长68.05千米，其中总干渠长21.45千米，左干渠长22.2千米，右干渠长24.4千米。渠线布置与原设计相同，只是右干渠缩短15.4千米。需修建干渠建筑物303座。总工程量土石方115.9万立方米，浆砌石6.92万立方米，砼1.01万立方米。总用工244.12万工日。需国家投资494万元。总灌溉面积4.248万亩，其中自流灌溉3.94万亩、提灌0.308万亩。

1981年，在丰宁县提出的黄土梁灌区设计基础上，地区水利局勘测设计队对黄土梁灌区工程做了进一步的修改设计。为了从兴洲河全流域整体考虑发展灌溉问题，在修改黄土梁灌区工程设计的同时，对兴洲河流域灌区进行了初步规划，将黄土梁灌区工程纳入兴洲河灌区的一部分，故将黄土梁灌区工程改名为兴洲河灌区一期工程，即凤山灌区工程。本次进行兴洲河灌区规划和修改凤山灌区工程设计，是从灌区地形测量开始进行全面勘测规划设计的，对兴洲河灌区做了远期发展规划和近期实施两个方案，并对丰宁县水利局先后提出的“低线方案”“高线方案”“多渠口引水方案”“多口截流引水方案”等进行了比较，通过方案比较，确定近期实施方案采用“多口截流引水方案”，利用黄土梁水库现有水源条件发展灌溉。远期发展采用“高渠线方案”，进一步增建水源工程发展灌溉，使兴洲河灌区总灌溉面积达到9.237万亩。

经过修改后的兴洲河灌区凤山灌渠一期工程设计，采用截流引水方式，以灌溉川地发展稻田为主。灌区在水库下游15千米处朱首营公社朝梁山大队四道沟门河床建一截流坝截取上游黄土梁水库放水、区间来水和少量地下水，灌渠在朝梁山以下分左右干渠，左干渠沿山根东下，灌溉兴洲河左岸朱首营、上官营和凤山3个公社1.1万亩耕地，右干渠沿山根南下，灌溉兴洲河右岸朱首营、凤山和刘营3个公社1.2万亩耕地。灌区设计引水流量总干渠4立方米/秒，左干渠2立方米/秒、右干渠2立方米/秒，总灌溉面积2.3万亩。全部工程量土方29.2万立方米、石方4.06万立方米、浆砌石4.67万立方米、砼0.41万立方米。需人工55.28万个工日，需国家投资256.88万元。

1981年9月，地区水利勘测设计队全部完成兴洲河灌区初步规划和凤山灌区（黄土梁灌区）一期工程初步设计，由地区水利局报送省水利厅。

1981年12月，根据省水利厅提出的意见，地区水利勘测设计队对凤山灌渠一期工程初步设计和概算进行了修改和补充，修改补充后由地区水利局报省水利厅。经过修改补充后，总干渠布置由截流坝左岸改到右岸，去掉了长隧洞。总干渠全长3.08千米，于朝梁山大队以下钓鱼台处分出左右两条支干渠，左干渠经一座400米长过河渡槽至割岔沟以下与原初设左干渠相接，全长9.1千米，右干渠沿河右岸山根南下与原右干渠相接，全长21千米。渠线总长33.18千米，包括截流坝总计建筑物178座。总工程量42.68万立方米，其中土方32.69万立方米、石方3.64万立方米，浆砌石4.28万立方米，砼0.67万立方米。需用钢材233吨，木材472立方米、水泥6489吨。总用工66.92万工日。总投资（国家）255.5万元，总灌溉面积2.34万亩。

1982年10月，地区水利勘测设计队又提出黄土梁灌区工程（修改）初步设计概算，灌溉面积2.3万亩，投资278万元。1982年底，省水利厅正式批复黄土梁灌区工程设计及概算，审定灌溉面积3万亩（包括水库至灌区截流坝区间0.7万亩），总干渠3.1千米，加大设计流量3立方米/秒，左干渠9.1千米，加大设计流量1.7立方米/秒；右干渠21千米，加大设计流量1.3立方米/秒，包括截流坝、岸口引水坝等项目，总补助投资230万元。1984年11月，因建筑材料涨价，省水利厅追加投资12.5万元，共批准补助总投资242.5万元。

二、施工

从1973年至1982年，黄土梁灌区工程经过数次勘测设计，提出若干比较方案和修改补充设计后，于1982年底省水利厅批准了由地区水利勘测设计队提出的黄土梁灌区工程（修改）初步设计和概算。1983年3月，经地区水利局与丰宁县政府协商，由地区水利局、丰宁县水利局和凤山工委共同选派人员组成黄土梁灌区工程施工指挥部，开始进行灌区工程施工设计、施工预算、工程定线测量和备料等施工准备工作。根据省水利厅的批复，要求灌区工程力争两年完成。

1983年8月10日，灌区工程正式开工，在地、县共同领导下，采用群众包工合同制办法，由灌区受益范围内的群众施工，在施工过程中曾遇到水毁灾害、截流坝水下施工困难、自采施工材料、投资不足、施工战线长等困难，造成工期延长，工程量加大，资金超支等问题。截至1986年11月1日，灌区工程用三年多时间基本建成，并进行了通水试验。完成主要工程项目有总干渠3.06千米、左干渠6.208千米、右干渠19.76千米、四道沟门截流引水坝、下塔沟引水渠工程和香磨引水坝工程，灌溉面积达到2.03万亩，比设计少0.27万亩。完成总工程量48.15万立方米，耗用钢材58.6吨，水泥4722吨，木材113.4立方米。完成总投资256.2万元，其中省拨投资220万元，地区自筹36.2万元。1987年3月，由地区水利局、县水利局、县建设银行和灌区施工指挥部等单位，对灌区竣工工程进行了初步验收。通过灌区通水试验和灌区工程初步验收，发现已竣工工程施工质量差，存在不少薄弱环节和水害等问题，部分建筑物工程需要进行整修、改造和加固，然后才能投入正常运用。1987年春季，发生左干渠西北川浆砌石拱大渡槽倒塌两跨长20米，总干渠100米倒塌，左干渠大填方段土渠塌垮等问题。地区水利局拨款4万元对塌垮渠段及建筑物进行了恢复。1988年至1989年，县水利局安排部分资金对急需运用的建筑物和稻田渠系进行了维修配套。

1989年，丰宁县水利局做出黄土梁灌区工程扫尾施工设计及预算，需国家投资29.8万元，省水利厅予以列入1989年基建计划。1989年7月，地区水利局批复黄土梁灌区扫尾工程设计与预算，核定扫尾工程项目18项，工程量2.44万立方米，核定包干投资25万元，不足部分自筹解决。并指出灌区扫尾工程首先要巩固完善已建工程，保证正常通水，确保控制2万亩的灌溉效益，然后再考虑新的工程项目，逐步达到2.3万亩的设计灌溉面积。

1989年5月，县水利局组成黄土梁灌区扫尾工程施工指挥部，进行施工设计、修改预算和备料等施工准备工作。1989年6月中旬灌区扫尾工程开工，仍采取群众包工队合同制办法，由受益群众施工，到11月末完成了灌区扫尾施工任务，完成工程项目18项，共完成工程量2.06万立方米，其中土方16285立方米、石方2637立方米、浆砌石1666立方米、砼76立方米。耗用钢材1.63吨，水泥223.3吨，木材6立方米，铅丝4吨。完成投资25万元。1989年12月，经地、县水利局和县建设银行等有关部门进行财务及工程全面检查鉴定，确认工程标准、质量符合设计要求。

黄土梁灌区工程，从1983年8月开工兴建，截至1989年11月末扫尾竣工，共完成工程量50.19万立方米，其中土方42.77万立方米、石方3.11万立方米、浆砌石3.9万立方米、混凝土0.41万立方米。耗用钢材60.23吨、水泥4945.3吨、木材118.4立方米、铅丝4吨。

经过初建、扫尾、整修加固后的黄土梁灌渠工程，包括引水工程4处，输水干渠总长31.22千米，泄水渠长0.807千米，渠道建筑物244座，修建灌区管理所（点）3处。总灌溉面积2.33万亩，其中灌区控制2.03万亩、群众自修小灌渠0.3万亩。

灌区工程主要包括截流引水坝、总干渠、左干渠、右干渠，共四项。

四项工程共完成投资254.97万元，房地产费用14.23万元，其他费用16万元，总计完成投资285.2万元，其中省拨款245万元、地区自筹40.2万元。灌区管理所建房36间765平方米，工程建筑物及房院征地42.48亩，渠道无偿占地443.56亩，结合施工挡河坝开荒滩地试验田20亩。灌区有效灌溉面积实际达到2.05万亩。

1990年9月，由省水利厅、地区计委、地区水利局、地区建行、县计委、县水利局、县建行及灌区施工指挥部、灌区管理所等单位组成黄土梁灌区工程验收委员会，对灌区工程进行了验收鉴定，认为全部灌区工程经过初建和扫尾整修加固，基本符合设计规模和标准，引水工程、输水工程和泄水工程都已配套齐全，达到设计引水、输水和泄水要求，渠系建筑物工程质量基本合格，同意验收移交管理使用。

三、管理运用

黄土梁灌区是在没有进行支渠配套的情况下开始运用的，1986年10月末，黄土梁灌区主体工程基本建成，11月1日进行了通水试验。1987年3月进行了初步验收，已竣工主体工程尚存在薄弱环节，分水闸和支渠也尚未进行配套。1987年，以保护维修现有渠系建筑物为重点，在资金缺乏情况下，为了发挥灌溉效益，边维修边运用。1987年县正式成立灌区管理所，配备管理人员5人，重点抓了管理运用，灌区设专职护渠员两名，定任务，明确责任，分上下两段进行管理，1987年底，灌区有效灌溉面积达到2.03万亩，其旱田1.2万亩，水田0.83万亩，当年灌溉浇地2000亩，水稻最高亩产达到600公斤。1989年3月，丰宁县政府印发了县水利局制定的《黄土梁灌区管理办法(试行)》，县水利局召开了灌区范围内乡、村有关单位负责人参加的用水协调会议，灌区管理工作得到进一步加强，1989年灌区内发展稻田面积达8000余亩，灌溉大田1000亩。

1993年起，正式列入省级万亩以上灌区管理序列。1990年至1992年，凤山灌区被列为坝上生态农业工程高产、稳产建设项目区，实际灌溉面积已达到1.9万亩，发挥了很好的工程效益和社会效益，1990年增产粮食100万公斤，当年发展了小麦、玉米间作套种5000亩，水稻旱育稀种8000亩，小麦已获丰收，最高单产达550公斤。玉米、水稻长势良好，丰收在望。1995年以后，由于灌区管理工作跟不上，水费征收也很困难，工程上也存在一些问题，灌溉效益有所降低。截至2005年底，尚未达到设计灌溉效益。

2003年12月至2005年12月，黄土梁水库进行除险加固处理，对灌区灌溉效益也有些影响。

第六节　老虎沟灌区

一、规划设计

老虎沟灌区是以兴隆县老虎沟水库为水源的灌溉工程，灌溉横河和洒河沿岸耕地。因老虎沟水库曾叫“东方红”水库，故灌区也曾叫“东方红灌区”。

1973年，由兴隆县半壁山、沟门子、小子庄、孤山子等4个公社联合建成库容100万立方米的老虎沟水库。为利用水库电站发电尾水进行灌溉，1974年7月，兴隆县水利局提出老虎沟灌区规划设计。规划灌溉引水流量1.36立方米／秒，控制灌溉面积1万亩。干渠长8千米；跨越13个山洪沟，修建渡槽9座、倒虹吸2座、凿山洞1个长500米，支渠全长5千米。工程量土方1.98万立方米，石方1.5万立方米，浆砌石2.1万立方米，混凝土0.15万立方米。

1974年12月，兴隆县革委水利局提出老虎沟灌区初步设计。渠线规划布置为电站尾水入干渠，经进水闸、泄水闸，过横河倒虹吸，经一段明渠，到双炉台庄前过一倒虹吸管，到大车店处过公路涵洞，至西湾子庄，穿越公路至山洞前，共跨越6处山洪沟、3处分水闸，穿越山洞。然后分东西两条干渠，东干渠至东风过倒虹吸。总工程量，土方1.88万立方米、石方2.17万立方米、浆砌石2.106万立方米、混凝土148立方米。总用工12.146万工日。工程总造价65.022万元，其中需国家投资57.509万元。灌溉面积1万亩，由受益范围内的沟门子、半壁山、红旗三个公社施工，力争两年内实现三个公社水利化，县委决定争取2年全部完成灌区工程。

1975年，老虎沟灌区工程列入地区小型基建项目，安排投资24万元，灌区自筹借款15万元。1976年国家投资18万元，县自筹10万元。

1976年7月，兴隆县水利局提出东方红灌区续建工程说明书。东方红灌区引用东方红水库电站尾水，主干渠长10千米，主要建筑物有山洞4处长900米，渡槽5处长230米，穿越公路2处，倒虹吸1处长64米，过山洪沟涵洞11处。主干渠完成后，1977年继续修建东西干渠。东干渠长9千米，经倒虹吸过横河至红旗公社，引水流量0.7立方米/秒，主要建筑物16座，其中山洞3座、山洪沟涵6座、渡槽3座、倒虹吸1座、泄水闸3座。西干渠长7千米，过半壁山后至钓鱼台、西窝铺，引水流量0.6立方米/秒，主要建筑物19座，其中山洞2座、山洪沟涵8座、渡槽4座，倒虹吸1座、泄水闸4座。开挖石段渠道全部为浆砌石防渗。工程量土方6.1万立方米、石方1.71万立方米，浆砌石1.035万立方米、混凝土900立方米。需用水泥1975吨，钢材12.1吨、木材100立方米。总用工18.96万工日；工程总概算58.371万元，其中需国家投资44.776万元。

1979年11月，兴隆县水利局提出老虎沟灌区初步设计书，设计东干渠全长17.05千米，由半壁山经东闫杖子、东风、佟家沟、红旗至青杏沟，控制灌溉面积8000亩。主要渠系建筑物有渡槽15座长542米、拱涵洞25座长1000米、隧洞6座长95.5米。计划工程量土方3.2万立方米、石方1.17万立方米，浆砌石5400立方米，混凝土2507立方米。计划用工17.5万工日，需国家补助投资46.3万元。

1979年12月，地区水利局将老虎沟灌区初步设计报省水利局。在此之前，兴隆县水利局所提出的老虎沟灌区数次规划设计均比较简单，未经正式审批。本次提出的初步设计，干渠总长29.458千米，控制灌溉面积1.5万亩；其中总干渠长8.6千米，东干渠长17.05千米，控制灌溉面积0.8万亩，西干渠长3.808千米，控制灌溉面积0.7万亩。经过几年施工，总干渠和西干渠已基本完成。本次只补报东干渠设计和预算，要求1980年安排补助投资43万元，全部完成施工任务。

1980年1月，省水利局批复老虎沟灌区初步设计。

1980年2月5日，省水利局下达1980年地方水利基建计划和1980年4月30日省水利局下达1980年地方水利基建补充计划中，均安排老虎沟灌区干渠收尾续建工程补助投资43万元，要求1980年全部完成干渠工程。

1980年3月，地区水利局、财政局共同批复老虎沟灌区支渠防渗设计，安排下达支渠防渗配套专项农水费补助款8万元，配套支渠28条总长21.02千米，防渗型式采用地下埋混凝土管。配套灌溉面积1.04万亩，其中新增扩大灌溉面积5000亩。

二、施工

1974年12月，兴隆县水利局提出老虎沟灌区初步设计后，1975年灌区工程列入地区小型基建，安排投资24万元，由沟门子、半壁山、红旗三个受益公社成立修渠指挥部，下设三个施工连队，抽调600名劳力施工。1975年完成总干渠3千米，渡槽3座，倒虹吸1座，涵洞1座，打通山洞2个长130米，完成工程量土石方2.8万立方米，浆砌石0.4万立方米，混凝土500立方米，总用工11万个工日，完成投资39万元，其中包括借款15万元。

1976年，灌区工程继续施工，国家安排投资18万元，县自筹10万元。工程任务为总干渠8.4千米，渡槽5座，山洞3处。1976年10月底前全部完成主干渠8.7千米，山洞4处长900米，渡槽5处长230米，穿越公路2处，倒虹吸1处长64米，过山洪沟涵洞11处。

1977年，老虎沟水库被批准为中型水库开始扩建，水库扩建施工与灌渠工程施工同时进行，由县组成的水利建设专业队和受益公社组成的水利专业队共1500人施工。截至1979年底，已完成主干渠8.6千米，西干渠2.648千米，完成主要建筑物渡槽6座、隧洞7座、倒虹吸1处、涵洞5处、拱涵及人行桥2处。主干渠全部为浆砌石防渗。共完成工程量土方3.5万立方米、石方1.2万立方米、浆砌石3.7万立方米，混凝土1.2万立方米。共用人工17万个工日，累计完成国家补助投资65万元，县社自筹12万元。已控制灌溉面积7000亩。配套实灌面积5000亩，初步发挥效益。

1980年，为充分发挥水库灌溉效益，改变洒河、横河川农业生产面貌，提高抗旱能力，把沿河两岸耕地建设成为稳产高产农田，使老虎沟灌区控制灌溉面积达到1.2万亩，县委决定继续修建老虎沟灌区配套工程，在老虎沟水库施工指挥部领导下，由专业队施工，要求1980年完成东干渠工程。东干渠全长18千米，由南薄岭山洞出口开始穿过横河284米渡槽，利用1958年开挖的渠线，沿洒河北山控制半壁山、东闫杖子、东风、佟家沟、红旗、青杏沟共8000亩耕地。主要渠系建筑物有渡槽15座长542米（其中横河渡槽284米）、拱涵洞25座长103米、隧洞6处长955米。

1980年1月，省水利局正式批复老虎沟灌区总体规划和东干渠初步设计，灌区总投资暂定108万元，截至1979年已安排65万元，1980年安排东干渠43万元。

1980年2月，省水利局下达1980年地方水利基建计划和1980年4月省水利局下达1980年地方水利基建补充计划中，均安排老虎沟干渠收尾续建工程43万元，要求1980年全部竣工。由于工程款迟迟未拨，到1980年5月中旬才拨款，影响了1980年施工进度。1980年5月初，半壁山、红旗两个受益公社建立灌区施工指挥部组织施工，截至1980年末，总干渠和西干渠扫尾工程全部竣工通水。东干渠工程完成工程量土方1.99万立方米、石方0.492万立方米、浆砌石0.26万立方米、混凝土0.19万立方米。部分工程项目未按计划完成。东干渠横河大渡槽由于工程任务艰巨，1980年由迁西县打井队进行基础施工，1982年由唐县进行吊装完成。

1980年末，灌区工程基本全部竣工。竣工后的总干渠全长为7.879千米，由水库电站尾水渠跨横河50米倒虹吸经节制闸、泄水闸入明渠，至双炉台村跨横河84米长渡槽越过高板河公路，穿4条山洞至半壁山北山前，然后分成东西干渠。西干渠由半壁山北山经钓鱼台、西窝铺，到佛爷来西北，全长3.2905千米。东干渠由半壁山北山经东闫杖子跨越横河渡槽后至金斗峪隧洞，共完成5.93千米。完成支渠配套28条，总长21.02千米。

全灌区实际控制灌溉面积1.1万亩，干渠总长17.0995千米。完成总工程量开挖土石方12.592万立方米、浆砌石5.77万立方米、混凝土0.432万立方米，总用工53.62万工日，完成总投资116万元。

三、续建工程

1991年3月21日河北省水利厅批复兴隆县老虎沟灌区续建和修复工程初步设计。核定工程总投资146万元。

于1992年7月25日正式开工，12月底基本竣工。按省水利厅对老虎沟灌区续建工程的批复设计，完成干渠清淤，防渗17099米；东干渠延伸550米；完成渠首倒虹吸改建；完成双炉台、横河等渡槽及庙岭等6条隧洞加固；新建、改建建筑物29座；闸门维修、改建22座等，完成投资165.81万元。

四、管理运用

老虎沟灌区工程是在1975年农田水利基本建设运动的高潮中上马施工的。施工初期阶段勘测设计工作搞的比较简单，一直未经省审批正式列入基建计划，只列入地区小型基建进行施工，并且是在资金不足的情况下进行施工的。直到1980年才经省水利厅正式批准规划设计，列入地方水利基建扫尾项目。1980年底基本竣工，1982年完成主体建筑物的吊装，但终因物价上涨投资不足，仍遗留部分工程项目，东干渠没按设计完成，支渠也没全部配套。全部工程没有达到1.46万亩的设计控制灌溉面积，实际控制面积只达到1.1万亩。1980年灌区工程基本竣工后未组织进行竣工验收，因此未能正式交付运用管理使用，仅由半壁山区成立老虎沟灌区指挥部暂时代管理。总干渠完工后就开始发挥灌溉效益，1979年实灌面积5000余亩。1980年实浇面积3000亩。1982年实浇面积2000亩。由于施工中遗留的问题比较多，工程质量也存在一些问题，1983年以后，灌区工程失于维修管理，工程老化，工程设施遭受破坏，坍塌渗漏严重，部分支渠不配套，致使不能完全发挥灌溉效益，1988年普查，仅能控制灌溉面积5000亩，必须对工程进行全面加固、防渗、维修后才能发挥设计灌溉效益。

1990年10月，承德地区水利局向省水利厅报送了“老虎沟续建工程初步设计”。灌区续建工程1992年底竣工后，1993年10月14日受河北省水利厅委托，地、县等有关部门，组成“老虎沟灌区续建工程竣工验收小组”进行了验收，交移管理使用。为加强管理，兴隆县1990年成立了“老虎沟灌区水利综合站”，编制6人，属县水利水保局下属企业单位，主要任务是灌区管理，水费征收，水利物资配套等。水利综合管理站位于半壁山镇，占地面积925平方米，管理办公房为两层小楼731.6平方米，仓库平房200平方米。老虎沟灌区自1993年起列入河北省万亩以上灌区管理序列。

灌区续建工程完成后，国家未再进行大的资金投入，由于管理不善，水费未征收，工程经过多年运用，老化失修，截至2005年仍未达到设计灌溉效益。

第七节　三旗杆灌区

一、规划设计

三旗杆灌区是以宽城县三旗杆水库为灌溉水源的自流引水灌溉工程。三旗杆水库位于都山北麓，青龙河支流上的老鼠沟门处。

三旗杆灌区于1975年3月开工兴建，1978年主体工程基本建成。并提前蓄水。1977年8月16日宽城县革命委员会提出“三旗杆水库灌渠配套工程”设计任务书，主要内容：三旗杆灌区分东、西两条干渠，其中东干渠渠首接电洞尾水渠沿河谷左岸，经苏杖子庄后、黄土坡后山、小黄土坡庄后，到桩号8+668为东干渠，总长8668米。向下分两条支渠：沿河道左岸继续延伸经小西庄后、小连寨沟、王杖子沟门、东汤道河庄北，到东汤道河东，为北支渠，全长9478米；南支渠是由桩号8+668经过330米渡槽至河谷右岸，向下延伸，经过大西庄后，到汤道河街南的粮食所后山上，穿过河谷，到烂泥沟庄下，全长7140米。

西干渠由电站尾水渠开始，经倒虹吸通过溢洪道沿河谷右岸向下，经沟门庄后、三旗杆庄后、偏桥子庄后，到庄西河床为止，全长3118米。

另外，北支渠上又分4条分渠，南支渠上分2条分渠，共6条分渠。全灌区受益范围为2个公社，9个大队，总灌溉面积11390亩，其中：耕地8880亩，扩地2510亩。总工程量：开挖土方22314立方米，石方99504立方米，浆砌石7686立方米，混凝土715立方米。渡槽25座，倒虹吸2处，总投资106.82万元，其中：材料费71.36万元，需水泥4946吨，木材205立方米，总用工72.5万工日。

1997年，河北省政府支持贫困县现场办公会确定对三旗杆水库灌渠配套工程给予支持。1997年河北省水利厅批复宽城县三旗杆灌区续建加固工程初步设计，工程主要建设内容：维修加固渠道6196米；新修浆砌石渠道2170米；建多渠口引水坝7座，长1000米；修防渗渠10.5千米；建进、泄水闸26座。主要工程量：土方0.7万立方米，石方0.3万立方米，混凝土0.18万立方米，批复总投资为380万元。工程计划分两年实施。1998年省厅基建拨款50万元。

二、施工

1977年10月在三旗杆水库主体工程即将竣工之时，宽城县革命委员会组成了800人的水利专业队，配备25名干部，组成宽城县农田建设兵团，投入三旗杆水库灌区的施工，经过三年的施工，截至1980年8月停工待建，已开挖渠道10.35千米，完成砌筑10.26千米，完成倒虹吸1座，渡槽6座，分水闸11座，完成国家投资22万元，县和群众自筹39.5万元，灌区初具规模。

1997年，河北省水利厅将三旗杆灌区续建加固列为河北省省政府支持贫困县的现场办公工程，列入省基建项目，1998年安排基建投资50万元，地方自筹50万元，1999年安排投资120万元，2000年安排投资100万元，三年累计完成国家投资270万元，灌区有效灌溉面积达到1.1万亩。

三、运用管理

三旗杆水库灌区基本竣工后，未组织验收，未单独组建专管机构，由三旗杆水库统一管理，每年实际灌溉面积5000亩左右。截至2005年底，灌区建筑物还不完善，维修配套任务还很大。

第六章　小微型水利工程

农村小微型水利工程是由农民个体、农民用水户协会、农民专业合作经济组织和村组集体等自愿开展的小型农田水利工程建设项目。规模小、投资少、见效快、简而易行。它对改善农民生活条件，促进农村经济发展提高农业综合生产能力起重要的作用。为全面建设社会主义新农村提供基础保障。

第一节　雨水集蓄利用工程

一、发展概况

雨水集蓄利用工程就是通过人工修建蓄水池、水窖、小塘坝、大口井、水柜等工程措施把天然降雨集聚存储起来，然后加以利用，可浇地、浇果、浇菜，净化后也可供人畜饮用。这是在干旱少雨地区被群众广泛应用的一种有效的抗旱措施。

小型农田水利工程建设采用“民办公助”方式，对农户、农民用水协会、农民专业合作经济组织和村组集体等自愿开展小型农田水利工程建设的项目，财政给予补助。中央财政补助比例为项目总投资的30%，省财政补助比例为项目总投资的15%。

2005年以来，国家连续多年加大对小型农村水利建设项目的资金投入，资金规模逐年加大，项目建设内容涵盖雨水集蓄利用、高效节水、末级渠系节水改造（防渗）等多种工程类型。截至2009年底，“十一五”期间国家对承德市小型农田水利建设项目投入资金总计为3842.6万元，其中：中央财政1511万元，省财政429万元，群众投物投劳折款1902.6万元，共修建水池水窖2245个，蓄水容积14.04万立方米；修建塘坝3座，容积4.21万立方米；铺设低压管道61.64万米，控制灌溉面积5.06万亩；末级渠系防渗0.6万米，控制灌溉面积0.23万亩。工程建成后，受益人口4.203万人；新增灌溉面积4.911万亩；改善灌溉面积0.53万亩；年新增节水能力327.46万立方米；新增粮食生产能力339.6万公斤；新增经济作物产值1106万元；受益人口年增加农民人均纯收入263元。

截至2015年底，在“十二五”期间承德市完成小型农田水利建设项目投入资金总计为38850.474万元，其中：中央财政20500万元，省财政14534万元，省级以下资金3816.4838万元，共修建水窖（池）368个，蓄水容积7.12万立方米；修建塘坝1座，新增容积8.5万立方米；更新改造机电井1817处，新打机电井746处；新建渠系715千米，改造渠系1235.75千米；管道灌溉16.25万亩，喷灌7.15万亩，微灌10.50万亩；农村河道整治3.14千米，清淤8.5万立方米；新增灌溉面积20.06万亩，改善灌溉面积9.24万亩，新增节水灌溉面积27.65万亩；新增节水能力2560万立方米；新增粮食生产能力0.42万吨；受益人口56.87万人，项目区受益农民年人均增收587.76元。

二、典型简介

2005年，承德县新杖子乡新杖子村村民胡占军有一片30亩果园，原来没水利配套，经济效益不高，他修建了3座水窖，总蓄水120立方米，安装了1套风能提水设备，使30亩果园得到灌溉，并在果树间隙种植了草莓、蔬菜等经济作物，连续多年都比未建工程前年增收近万元。他家住在高山上，过去吃水也很困难，通过风能提水全家吃上了自来水。

承德县孟家院乡西山村是位于海拔1000多米的偏僻乡村，退耕还林800多亩，为解决500多亩，2万多株果树灌溉问题，修建水窖130多个，蓄水8000立方米，使2万多棵果树得到灌溉，果品产量人均年收入2000元以上。

宽城县龙须门乡、板城镇、宽城镇等9个乡镇14个村2006年实施小型农田水利工程，建扬水点23处，机房10座，购机泵23套、舖管34500米，维修机井26眼，改善水浇地1970亩，改善果树灌溉3030亩，完成总投资160万元，其中：中央财政补助资金67万元，省财政33万元，自筹及投劳60万元，2006年10月开工，2007年6月底完工，2008年9月23日通过市级验收，工程效益显著。

隆化县张三营镇西山村是历史性长期缺水村，每遇干旱，群众要到4千米外的山下去挑水。为彻底解决饮水问题，2007年建成集雨塘坝1座，蓄水2.08万立方米，蓄水调节池9座，总蓄水量856立方米，舖设饮水、节水管道3.56万米，为1690亩山地，260亩果园，696口人饮水提供了用水安全保证。

平泉县七沟镇东庄村2008年实施了小型农田水利建设工程，打井5眼，建蓄水池8座总容积500立方米，配套风能提水机15台套，埋设输水管路1万米，该工程2008年5月开工，10月完工投入使用，总投资15.8万元，其中：国家投资9.1万元，投劳、投物等6.7万元。为了节省水资源，提高灌溉效益，在已建成的扬水管灌的基础上，又配套田间支管1500米，配毛管1.2万米，安装微灌设备22000套，发展山地果园微灌500亩，微灌工程总投资22.5万元，其中省级补助资金12.5万元，主要用于田间管道、量水设施等。工程建成后，节水、节电、省工、省肥、减少病虫害、增产等方面效果显著，年直接经济效益达6.0万元。平泉县自2007年以来，全县以“食用菌、设施菜、畜牧养殖”三大农业主导产业，全力实施“小水利富民”工程，对全县227个农业园区实施了水利配套工程，打井638眼，舖设地下输水管路3.74万米，建集中节水工程28处，解决1.39万亩农业园区的灌溉用水问题，发展食用菌总量3930万盘袋，年可创收6900多万元，项目区内农民人均增收5000元。雨水集蓄利用工程，规模小，效益显著，被农民群众誉为“富民工程”。

第二节 水利闸、桥工程

为支持社会主义新农村建设，改善农村基础设施条件，解决农村公路桥梁建设和改造问题，河北省政府办公厅2007年转发省发改委《关于加强河北省农村公路桥梁建设和改造意见的通知》指出：将“农村公路桥梁建设和改造”列为“民生工程”并明确规定“农村公路桥梁中具有水利基础设施功能的水利桥梁由水利部门作为主体，负责建设、管理和养护”。

按《河北省水利闸桥工程项目建设管理办法》规定：乡村间生产桥总投资控制在60万元以下，水利闸桥单项工程总投资控制在100万元以下。采取“民办公助”方式兴建，实行“三制”管理。国家投资比例占工程总造价的70%-80%。

“十一五”期间，国家对农村生产桥建设很重视，每年都拨付专项资金，从立项、审批、施工都严格控制。2006年10月16日，河北省财政厅、水利厅首次批复：隆化县、于家店；滦平县盘龙寺、岔道口、围场县庙宫村；平泉县朝阳洞；双桥区马家庄；双滦区团瓢；营子区北湾子等8个村生产桥的兴建以及武烈7号排水闸改建等，共批复投资451万元，其中：省财政补助277万元，其余为自筹。截至2009年底省财政厅、水利厅共批复承德市兴建农村生产桥闸77座，总投资2691万元，其中：省财政补助资金占总投资70%-80%。2008年4月17日至23日，由河北省水利厅、承德市财政局、水务局组成竣工验收委员会，对2006年全市9个县区17座水利闸桥进行了验收，基本上都完成了施工任务，达到设计标准，通过验收，与当地政府办理了移交手续，明确产权和管理主体，落实管护责任，确保工程发挥长效。

水利闸桥工程的建设，方便了交通，解决了当地农民的出行问题，对促进乡、村经济发展，推动社会主义新农村建设起到积极作用，也是解决“三农”问题的具体体现，这种工程颇受农民欢迎，被当地百姓誉为“民心工程”“惠民工程”，社会、经济效益显著。

第三节 农村护地坝工程

承德广大农民群众大多是“临河（沟）而居，依河（沟）而种”，深受洪水威胁，每到汛期，房屋、土地常有被洪水冲毁的危险。解放初期，国家曾以代赈方式扶助农民修建了大量的农村护地坝防洪工程，并派出专业技术人员进行技术指导。1952年，热河省水利局在水利建设方针中，继续把防洪护岸、保护农田作为水利建设的一项重要内容。据统计：1949年到1954年，全区共完成河道防洪护岸工程1072处，保护农田27.35万亩，保护房屋52835间，对防灾减灾，保护农民生命财产安全，发挥了很大的作用。那时防洪护岸工程，初期都是用当地的土、砂、石料、木椿、编柳等建筑材料，就地填筑的干砌石护坡砂砾石坝、工程标准低、规模小、常遭洪水冲毁。1962年承德滦河流域发生特大洪水后，为尽快恢复耕地，1963年、1964年两年，由承德专署水利局直接审批的较大的农村护村护地坝防洪工程25处，总长18769米，整修加固旧坝8处4829米，保护耕地6075亩，扩地10551亩，保护村庄3950户，国家投资66.49万元。

90年代后期，随着国民经济的快速发展，和城镇建设的不断扩大，八县三区重点对县城所在地的河流两岸进行综合整治。修建了一批高标准、高质量的防洪护岸工程和水景观工程，工程结构由过去的坡式横断面，改为浆砌石重力式挡墙，工程标准、工程质量比过去大大提高。这些工程的建成，不仅改善了人们的宜居环境。提高城市品位，而且都是当地城市中一道靓丽的亮点。据统计：2006年至2009年，8县3区共修建县城两岸防洪堤坝总长91.5千米（含承德市区二仙居旱河）。国家投资52145.08万元，累计达到156.478千米。

第七章 农村饮水

第一节 人饮困难及措施

一、缺水状况及分布

中华人民共和国成立初期，对山区人畜饮水缺水标准，没有统一规定。据1956年调查统计，全专区有平泉、滦平、兴隆、围场、4个县249个自然村，1247户6134人，4313头牲畜饮水困难，取水距离一般为1～2.5千米，最远3.5～4千米。1964年专署水利局调查统计，全区有8个县，88个公社，432个生产队，9780户，44822人，55147头牲畜饮水困难，缺水期，一般要到1.5～2.5千米处去运水，最远达5千米。1972年调查统计，全区8个县1市有130个公社，320个大队，746个自然村14583户，86060人，17219头大畜54406只猪羊饮水困难。1980年以后，全区发生严重干旱，地表径流和地下水储量减少，井、泉干枯，河水断流，人畜饮水困难急剧增加。1984年7月水利电力部规定：近期人畜缺水的标准，是指出村（寨）单程1～2千米以上的，或至取水点垂直高度100米以上的缺水村（寨）。按照这个标准，1985年末年报统计，全区宽城、兴隆、平泉、滦平、丰宁、隆化、围场、承德县、承德市8县1市，共有25.87万人，12.94万头大牲畜饮水困难。1987年1月，河北省六届人大常务委员会二十四次会议通过《关于加速解决山区人畜饮水问题》的决议，河北省水利厅编制了《河北省解决山区人畜饮水问题工程规划》（1987—1990）。全市列入“规划”内，即“七五”期间，要重点解决的历史性常年缺水的困难村庄有716个村，103747人，30478头大畜。1990年底统计，山区人畜饮水困难累计达到2000多个村，35.69万人，11.19万头大畜；1995年统计，全市山区人畜饮水困难达到53.93万人，17.28万头大畜。2001年，全市人畜饮水困难达到77.67万人，27.36万头大畜，是历史最高峰。

承德市各县均存在不同程度的人畜饮水困难情况，有些地方祖辈吃水困难，一些群众在干旱缺水期，要到几千米，甚至十几千米的地方去取水，缺水时间一般4～6个月，有的地方全年缺水，真是“吃水贵如油，盼水白了头”。缺水制约着这些地方经济发展，人民生活得不到提高，饮水困难村庄居住比较分散，多住在交通困难的深山沟里，解决难度大，成本高。宽城、兴隆、两县长城一带，丰宁、围场两县坝根地区，隆化、滦平、承德、平泉等县的石灰岩分布区，都是承德市的重点人畜缺水地区。兴隆县长城沿线的前干涧村居住分散，交通困难，全村散居在10多千米长的一条深山沟，历史缺水，故其村名就叫“前干涧”村。丰宁县坝上东部的草原乡有4个村，分居在一条长20千米的东干沟里，是历史上缺水区，传说清康熙皇帝曾带领人马路过这里时，想饮马，派人跑20千米路也没找到水源，康熙感叹地说：原来这里是条“干沟”，后人便传说这是皇帝封的“东干沟”。承德地区有不少以“干沟”命名的村庄，如平泉县崖门子乡“干沟子”村，兴隆县六道河乡的“大旱沟”“小旱沟”村等，都说明这里历史上就是缺水的地方。

二、解决状况及措施

中华人民共和国成立后，山区人畜饮水困难引起各级政府的重视，从50年代中期，解决人畜饮水困难就列入了承德地区农村水利工作的一项重要内容。那时投资补助少，解决的措施单一，效果不显著。20世纪60年代，吸取了省内一些缺水地区解决山区人畜饮水的经验，采取管路引水、水窖蓄水、打深井扬水等多种措施。70年代以后，找水技术不断改进提高，采用了水文地质方法、地质力学方法，地质与物探相结合的方法，提高了确定井位的准确性和可靠性，在过去认为是打井“禁区”的缺水地区也打出了岩石深井。1986年，承德地区水利局邀请山东省泰安、聊城等地打井队为承德地区宽城县三道岭、兴隆县的大好地子、丰宁县的东窝铺村打成了3眼深井，为解决山区饮水困难开创了新路。80年代后，水窖蓄水、管路引水有了改进和提高。采用管路引水、水窖蓄水、打井扬水、集雨工程等综合措施，也取得了很好效果。自1972年至1987年承德地区7个县共完成了深井42眼，浅井282眼，引泉310处，扬水点140处，水池、水窖2270个，小水库3座，搬迁5处，共解决13.51万人的饮水困难，累计解决20.08万人、6.39万头大畜的饮水困难，解决的人口占需要解决人口的56.68%。“八五”期间，国家投入专项资金952.4万元，群众自筹868万元，全市共解决15.75万人、5.44万头大牲畜的饮水困难，在解决的人口中引水入户吃上自来水的人口为14.42万人，占解决人口的91.6%，1995年底，全市8县3区累计解决48.94万人、15.55万头大畜的饮水困难，解决的人口占需要解决人口总数90.74%。

进入21世纪后，国家加大了对解决农村饮水工程的投入。2000年至2005年，国家对承德地区解决农村人畜饮水工程安排投资达1.8366亿元，其中国债投资7372万元，地方投资10261万元，其他投资733万元，要求解决56.88万人的饮水问题。2000年统计，全市累计解决57.7万人、19.79万头大畜饮水问题。2004年全市已累计解决77.03万人，23.5万头大畜饮水困难，解决的人口占需要解决人口总数的99.17%，基本完成了历史任务。由于人畜饮水问题，受多方面因素的影响，很不稳定，常有反复。2005年以后，中央、省把解决人畜饮水困难列为“农村饮水安全”项目，统筹考虑。2005年，全市农村饮水安全达标人口达到93.18万人，农村饮水安全不达标人口尚有144.63万人。

2006年后，国家继续加大对农村饮水安全工程的投入。据统计：2006年至2009年“十一五”期间，承德市完成人畜饮水投资共1.8亿元，其中：中央、省、市、县国家投资达11562万元，共解决41.57万人的饮水问题。截至2009年底，全市农村饮水安全达标人口达143.11万人，年末农村饮水安全未达标人口为141.75万人，其中：因水质原因不达标人数为21.02万人；因水量、方便程度和保障率不达标人数为120.73万人。

承德地区解决人畜饮水困难的措施主要有以下几种：（1）水窖：承德地区的水窖是在20世纪60年代从武安县参观学习后修建的，首先在兴隆县前干涧村和宽城、青龙等县缺水村庄进行试点，利用水泥沙浆块石砌筑而成，下雨时蓄地面径流水，以备缺水季节饮用。1965年春，兴隆县前干涧村修成38个水窖。当年全区共建成水窖44个。由于群众没有饮用这种地面水的习惯，水窖没有得到全面推广。1973年春，地区水利局又组织各县（市）主管山区人畜饮水工作的技术人员和缺水村庄的群众代表共29人到武安县参观学习修水窖的方法，通过参观学习后，兴隆县首先在罗圈厂村进行了修水窖的试点，结合本地实际情况，对水窖进行了改建，发动群众一家一户修水窖，把水窖修到自家院内，下雨时把房上的水引到窖内（本地都是瓦房），这样比地面水较为卫生，后来又把雨季的河沟明流水引入窖内。由于水是蓄在地下，不受日晒，且无杂质，经过试饮后被群众所接受。截至1987年，全村100户共建成水窖168个，年总蓄水量7000多立方米，人均年有水量17立方米，彻底解决了全村401口人、90头大牲畜和280头猪羊的饮水困难，改变了贫困面貌。对那些既无地上水源又一时打不出水井来的缺水村庄，修水窖是解决人畜饮水困难的一个简捷途径。兴隆县罗圈厂村修水窖解决人畜饮水的经验在本地区各县缺水村庄得到了广泛推广。1981年以来，宽城县椁罗台乡椴木峪村9、10、11三个村民组，国家补助投资2.8万元，建成水窖47个，解决了多年来没有解决的饮水困难。截至1987年，全区共建成水窖2210个，解决了8906人的饮水困难。罗圈厂村用水窖解决人畜饮水的办法，引来地区内外和省内外的不少参观学习者，1984年，受北京市门头沟区水利局邀请，兴隆县水利局委派罗圈厂村两名具有修水窖施工经验和技术的农民前往门头沟帮助那里的缺水村修水窖，为此北京市门头沟区水利局赠送兴隆县水利局一面写有“水窖蓄水形式好，无私支援风格高”的锦旗。（2）引水工程：引水工程是20世纪60年代引进承德地区的，1965年兴隆县水厂大队修建两处引泉工程，埋设陶瓷管3500米，修串井8个，把泉水引到居民点，解决了4个生产队92户居民的饮水困难。初期管材多为陶瓷缸瓦管，到70年代后，逐渐发展为铸铁管、钢管、塑料管。在承德地区泉水较多，管路引泉是解决山区人畜饮水一种比较普遍的措施。成本低，管理方便。截至1987年，全区引泉工程发展到310处，解决了52476人的饮水困难。（3）扬水工程：宽城县三道岭村居住在长城以外，是历史上有名的常年缺水村庄，过去吃水要到十多华里远的迁西县境内（长城内）取水，1987年邀请山东打井队打成1眼118米的深井，把水扬到120米高的山顶高位蓄水池内，铺设管路7500米，有压供水，使全队4个自然村118户、438人吃上自来水，国家投资15万元。截至1987年底，全区修建扬水点饮水工程140处，解决了29494口人饮水困难。兴隆县2004年在平安堡打成一眼601米深井解决了矿区人畜饮水困难。兴隆县的陶家台、大旱沟、雨林沟、苗尔洞和承德县的上板城等处，都是扬水管路在1500米至2500米的较大的扬水工程。（4）水库、塘坝蓄水工程：利用水库、塘坝等蓄水工程解决人畜饮水困难，也是本区解决人畜饮水困难的主要措施。如宽城县孟子岭乡的柏木堂村、亮甲乡的大旱沟村、丰宁县草原乡的草原村、滦平县西地乡的湛营村等都是通过引水管路将水库或塘坝的蓄水引至村庄或户内，解决了人畜饮水困难。（5）综合措施：承德地区水窖工程比较普遍，一般靠接屋顶水入窖。但在干旱年份，往往蓄不满水，不能保证全年饮用，需要采取综合措施来补充水窖水源，做到一年蓄水一年用，或一年蓄水两年用。综合措施一般有两种方式：一是在村庄上游植被和汇流条件好的山沟里修“旱井”，平时无水，到雨季“旱井”变成了集水井，通过移动的塑料软管，居高临下，把集水井的水自流送入各户水窖。兴隆县罗圈场村，1987年，全村靠修水窖解决了饮水困难。1992年，全村已修水窖197个，户均两个窖，1995年后又修了4处“旱井”引水入户工程（也是集雨蓄水工程），铺设管道总长6040米（含移动软塑料管），提高了饮水标准，也发展了山地灌溉，效益显著。二是在村庄下游水源条件好的地方建固定扬水点，在主管道不同高程处设立分水口（由闸阀控制），接上移动软塑管，通过扬水补充水窖水源。有的户再用微型水泵和软塑管把水窖中的水抽入高位水箱内，吃上自来水。这种方式，成本高，管理运用技术性强。（6）进入21世纪后，风能资源得到了利用和推广，全市兴建了大量风能扬水点，既能灌溉山地，同时可以解决人畜饮水问题。

三、饮水工程的兴建和施工

为了解决人畜饮水困难，早在五六十年代，各县结合兴修农田水利工程、解决了部分山村的饮水问题。但由于资金少，解决数量少，工程标准低，往往无济于事。“七五”期间，解决山区人畜饮水工程有较大进展，工程质量普遍提高。每年地区财政都从小型农田水利费中安排饮水专项资金。

20世纪90年代以后，各级政府加大了投资力度，把人畜饮水解困工程当作帮助贫困山区脱贫致富的一项政治任务来抓，除小型农田水利正常的专项资金外，中央又安排了粮、棉、布以工代赈、贴息贷款、扶贫资金、国债、交通能源建设基金等多渠道投资，用于山区人饮工程。进入21世纪后，国家更加大了对饮水工程的投入，2000年至2005年中央安排承德市解决人畜饮水的各项资金达7372万元，要求地方配套资金（含省级）10261万元，其他资金733万元，解决56.88万人的饮水问题。承德市山区人畜饮水工程坚持宜蓄则蓄、宜引则引、宜扬则扬、因地制宜、多种多样、综合措施，不搞一刀切，组织专业化施工，各县饮水工程除土建部分由受益村按设计出劳力施工外，机泵、管路安装由施工专业小组承担。宽城、丰宁等县以水利站为单位，配备简单施工设备，成立专业施工小组。1989年平泉县成立了“农村供水工程管理站”，从工程勘测、设计、施工、安装、维修、管理实行系列化服务，速度快，质量好，在解决饮水的同时，并适当增大自筹，自来水入户工程一步到位，既解决了饮水困难，也改善了群众生活和卫生条件，发展庭院经济，促进生产的发展。70年代兴隆县见才沟村是全市第一处利用山泉水通过引水管路入户实现自来水供水解决饮水困难的村庄；80年代，宽城县东沟村建成一处水塔式集中供水点，解决了6个居民组157户758口人的饮水困难；1983年，围场县山湾子村建成一处较大的引泉自来水入户供水系统，将几股山泉水用长藤结瓜的形式串联起来引到蓄水池，主管道长5200米，解决了山湾子区8个村2110口人的饮水困难；1985年，丰宁县张百万村建成全区第一处无塔压力罐自来水入户供水系统，解决了146户1000口人和10个乡直单位的饮水困难。围场县车字村12居民组是历史上常年缺水的小山村，1985年县水利技术人员发现一处每小时出水量不足1000毫升的山泉，经过认真勘测，采取扩泉、截潜流、引蓄、扬水等综合措施，国家补助0.8万元，用两个半月时间搞成一处自来水工程，使24户124口人吃上自来水，全村男女老少喜气洋洋，像办喜事一样，杀猪宰羊，将县人大、政府领导及各有关部门领导请去，召开庆祝会，表达了对党、对政府的无限感激之情。1987年平泉县抬头山乡水丈子村建成一处较大引泉自来水供水工程，以后又将该工程与下游打鹿沟村的截潜流工程串连起来，埋设干支管道19125米，家家户户吃上自来水，有效地解决了3个行政村574户和11个乡直单位共2570口人、495头大畜的饮水困难。隆化县黑沟村是一个历史性缺水山村，1988年在县水利部门帮助下，在该村下游750米处打了一眼深井，自筹1万元，国家扶助2.5万元，仅用40天时间安装输水管道4000米、架电500米、建一处扬水点、使全村68户、275人全部吃上自来水，解决了吃水困难，还浇灌了一部分果树，达到综合效益。为了加强管理，家家户户安装了水表，建立了管理组织，制定了规章制度。

第二节 氟病区改水

一、氟病区概况

根据国家规定，居民饮用水源的含氟量在1.1毫克／升以上，当地出生8～15岁人群中氟斑牙患病率在30%以上，出现氟骨症病，即为氟中毒病区。解决措施就是改水降氟，通过打井、引河水、引泉水改换原有高氟水源，或利用化学、物理等办法，对原高氟饮用水源进行降氟处理，使病区居民饮用水源的含氟量达到或接近国家规定的饮水卫生标准。1982年，根据地、县卫生防疫部门的调查统计，承德地区的氟中毒病区分布在围场、隆化、丰宁、滦平、平泉、兴隆6县，共55个乡、79个村、244个自然村，病区人口35986人，氟患病人20089人，氟患病率达59.8%。随着普查工作的深入，1985年底统计，全市共有397个村79243人饮用高氟水，重点分布在围场、隆化、丰宁、承德县等县区。有29个村1328户、7200人饮用高氟水，主要分布在承德县东小白旗、新杖子、一间房、前庙、两家、高寺台、冯营子、岗子9个乡共29个村，含氟量最高的是小白旗、一间房、新杖子、前庙4个乡，最严重的是岗子乡齐营村，含氟量每公升5毫克，远高于国家规定标准。

二、氟病改水状况

承德地区氟病改水工程始于1980年以后。氟病改水的主要措施是寻找符合饮水卫生标准的水源，通过打井、引泉、扬水、水窖等工程措施加以解决。1980年，隆化县水利和卫生防疫部门密切协作，在七家乡温泉村（原二道河子村）建成承德地区第一处降氟改水工程，省地方病防治领导小组在此召开了现场会。温泉村共4个居民组110户580口人，集居在一个自然村，该村傍山依水，自然条件好，村庄上游约1千米处有天然温泉名曰“汤上”，方园三五百里之内经常有人前来洗汤治病。温泉村受温泉水影响，全村范围内地下水含氟量超标很高，居民患严重的地方性氟中毒病，小孩普遍黄牙，成年人则周身关节疼痛，逐年失去劳动能力，老年人则弯腰驼背，行走困难，有的瘫痪在床，生活不能自理。村民梁殿武夫妻二人都瘫痪在床，生活十分困难，青年妇女韩素云从外地嫁到该村，自述结婚9年比原来矮了一头，不到30岁的人成了拄着拐棍走路的老太婆。1980年，经县地方病防治所化验检查，村内饮水井水源含氟量3～6毫克／升，氟斑牙患病率达74%，氟骨症患病率达44.4%，氟中毒病像瘟神一样危害着群众的身体健康，影响着生产的发展和生活水平的改善提高。1980年，县水利部门在村外打出1眼符合饮水卫生标准的水井，配套安装了机泵抽水设备，盖了机房，在山上修了蓄水池，埋设输水管路4200多米，把水引入各家各户，国家投资3万元，使全村都吃上自来水。此后，全村群众精神面貌逐渐改变，健康水平日益提高，群众充分利用开发地热资源，发展生产，1984年全村利用地热资源建成5亩塑料大棚种植蔬菜试验获得成功，1985年发展到50亩，人均收入由以前不足百元增加到300元，1986年塑料大棚发展到100亩，人均收入达到500元以上，使全村摆脱了氟中毒病魔，走上了致富的道路。围场县山湾子区是氟中毒比较集中的地区，1983年，经过县水利部门认真勘查设计，将几股符合饮水卫生标准的山泉水用长藤结瓜的形式串联起来，埋设主管道长5200米，把泉水引入高位蓄水池，然后自流引入各户，建成自来水供水系统，使8个村2110口人饮用上符合卫生标准的自来水，解除了氟病患的危害。

1982—1986年，承德市1县3区，国家投资21.5万元，自筹27.8万元，兴建了31处降氟改水工程，解决了1343户、6388人的饮用低氟水问题。承德县鞍匠区一间房乡顺地道8组、30户、149人，分居在顺地道南沟里，饮水含氟量为1.5毫克／升，氟斑牙患病率达80%，40岁以上的人大都腰酸腿痛、丧失劳力，1986年国家投资6000元，自筹4000元，兴建了一处改水工程，全村户户饮上低氟水。截至1987底，承德市1县3区累计完成改水人口6700人，基本完成改水任务。

截至1987年底，承德地市累计建成降氟改水工程137处，使157个村、6954户、2.91万人饮上符合卫生标准的安全水，占应改水人口的35.5%。1991年，承德市，累计建成141项改水工程解决了3.74万人改水问题，占应改水人口的45.1%。围场县红葫芦、宝元栈，丰宁县的汤河、高楼，隆化县的宝山村、西沟，平泉县的喇嘛沟等村，都是含氟量较高，人口比较集中，多数是采取管路引泉方法引来低氟水。截至2004年底，全市累计解决7.0万人改水任务。占应解决改水人口的96.4%。

“十二五”期间，国家下达承德市农村饮水安全项目九批，计划解决141.42万人的饮水安全问题（其中：氟超标2.19万人、苦咸水2.95万人），工程计划总投资66608万元。截至2014年底已解决115.88万人（其中：氟超标2.19万人、苦咸水2.95万人）。

第三节 乡镇供水

20世纪90年代以后，随着小城镇（乡镇）建设的发展，及生产、生活的需要，先后在平泉县榆树林子镇、围场县山湾子镇、承德县上板城镇、平泉县抬头山乡4处人口比较集中、经济比较发达的乡镇政府所在地，兴建了4处乡镇供水工程。其中：榆树林子镇、上板城镇两处工程，分别由水井、机房、机电设备、扬水管道、高位蓄水池（调节池）、输水管网组成，把水从水井中抽出，经压力管道送入高位蓄水池，由输水管网自压送入各户，饮上自来水；山湾子镇、抬头山乡两处为管路引水（泉）工程，每处引水管路长度在3000米以上。4处供水工程受益人口1.6万人，初期全部由乡、镇供水站（水利站）管理，随着基层水利站的撤销，乡镇供水工程管理工作受到了影响。承德县上板城镇供水工程，总投资52.57万元，群众自筹22.57万元，国家补助投资30万元，解决15个镇直单位、1027户、4250口人的生活、生产用水，于1992年4月开工建设，10月底投入使用，入户率达81%，日供水量达100～150吨，1995年以后又向周围三家、西大窑、白河南三个邻村辐射，受益人口达0.57万人，由于管理体制不明确，水费征收困难，已移交给用水单位直接管理。2002年，承德县又新建一处“六沟镇供水工程”，该工程涉及六沟、东六沟、四沟、旗杆沟、南窑、何家南沟、梁前等七个行政村、20多个镇属单位，5所中小学校，百余家餐饮商店，受益人口达0.75万人。工程总投资327万元，包括：打机井2眼，建井房3间，建蓄水池2座，增设80千伏安变压器1台，配备恒压变频设备1套，高扬程水泵5台（套），建闸阀井89个，埋设管路15.46万米，在管网中分别设置了总水表、分支水表及入户水表，实现了全封闭的水源工程、蓄水工程以及性能稳定的供、输水系统。该工程建成后，不但解决了2000多户近万人的饮水难题，而且在一定程度上提高了当地居民的生活质量。据统计，受益范围内有近百户安上了太阳能热水器、一百多户居民进行了厨房改造，部分住户建立了室内卫生间，购置了洗衣机、饮水机等消费商品。此外，该工程还发展水浇地600亩，浇灌果树2.5万株，年增经济效益达十余万元；因为有了水，也促进了镇、村经济结构调整和庭院经济的发展，大牲畜及家禽存栏量明显增加，外出打工或当地经商人员也明显增多。为小城镇建设增添了新的活力。该工程由六沟水务站管理，与各用水户签订用水管理协议，成立工程管理小组，实行水费征收。

2005年10月河北省水利厅《关于今冬明春农田水利基本建设的实施意见》中提出：“农村供水基础设施建设要与其他设施建设统筹考虑，距县城、集镇自来水厂较近的农村居民点，可依托已有自来水厂，进行扩建、改建，辐射延伸供水管线，发展自来水。在水源有保证、人口居住较集中的地区，应大力推广兴建联村集中供水工程，尽可能适度规模，供水到户”。

隆化县县城自来水管网延伸工程，自2004年开始至2007年，已解决4个行政村5054人的饮水问题。2007年，承德县头沟镇建成一处集中供水工程，总投资240万元，解决头沟、北沟门2个村1000余户，20个镇直单位，100个商业摊点，3所学校，5728人饮水问题。工程包括：打机井1眼，建井房及管理室1处，建蓄水池1座，安装80千伏安变压器1台，建闸阀井及分水井155座，埋设主管路2.2万米，分支管路7.5万米，泵房内安装了变频恒压供水设备1套，还安装了水质高频消毒具1台，使5720余人用上了安全便捷的自来水。该工程产权归县水务局所有，由头沟水务站负责工程运行、管理和收费。

平泉县平泉镇河南村，位于县城东南部，是回民聚居村，全村不但水源不足，而且水质污染严重，细菌超标，2007年被列为饮水安全重点工程，2008年开始实施。打机井1眼，深33米，建标准防冻泵房1座（37.4平方米），配QJ32-65潜水泵1台，安装软化设备、净化设备、恒压变频自动供水设备各1套，埋设输水管路1.65万米，工程总投资76.7万元，其中：中央投资24.1万元，省配套9万元，县匹配3.2万元，村投入资金20.8万元，群众自筹19.6万元，2008年12月22日工程全部竣工，使1340口人全部吃上安全便捷的自来水。

截至2009年底，承德市在“十一五”期间，又建成较大的集中供水工程10处，分别是：兴隆县北水泉集中供水工程；平安堡集中供水工程；眼石、塔前、东煤寺村联村供水工程；平泉县台头山乡集中供水工程；承德县六沟镇集中供水工程；头沟镇集中供水工程；隆化县县城自来水管网延伸辐射供水工程；丰宁县胡麻营乡河东联村集中供水工程；大阁镇南三营联村供水工程；围场县龙头山乡二板村联村供水工程，总受益人口3.76万人。

承德县六沟集中供水工程始建于2001年，2007年兴建了六沟供水及扩户工程，该工程可控制六沟镇的六沟、四沟、中六沟、旗杆子沟、南窑、何家南沟、梁前等七个行政村的2000余户居民、20余家镇直单位、五所中小学校、近百家餐饮饭店等经商户5672口人日常饮水不安全问题，工程总投资327万元。该工程消毒设备采用二氧化氯消毒发生器消毒，投资大约5万元左右。承德县头沟集中供水工程始建于2007年，并于2010和2011年实施了扩户工程，该工程共涉及头沟、北沟门、瓦房、南沟、北台子五个村、20多个镇直单位、100余个商业摊点、两所学校共7670人的饮水不安全问题。工程总投资446万元。该工程采用水质高频消毒器，二氧化氯消毒双配套，投资6万元左右。围场县御道口集中供水工程始建于2011年，于2012年投入使用，该工程涉及御道口镇所在地、御道口村420户居民和50户旅游商户及宾馆饭店5000多人的饮水不安全问题。工程总投资1100万元。御道口村项目总投资1100余万元。该工程采用型号为华特2000型二氧化氯发生器一台，用于净化水质方面的投资约10万元。

这些工程有的是乡镇水务服务站管理，有的是用水户协会管理，为当地小城镇建设，促进经济发展，发挥了积极作用。2009年底，全市农村饮水安全达标人口中，自来水供水人口达116.84万人。

承德市隆化县汤头沟镇河洛营村位于隆化县北部，距县城10千米，全村共有1900口人。以前居民生活饮用水以地下水为主，属于分散性供水，每家都有自备水井，由于近年来持续干旱和工农业、商贸服务业用水量增加等原因，造成地下水水位下降使得多数水源井枯竭，群众吃水困难，直接影响了当地居民群众正常的生产生活秩序。经实地勘察，根据当地实际情况，采取打井扬水形式，集中解决该村的饮水问题。河洛营村饮水安全工程2013年实施，供水采用潜水泵扬水至高位蓄水池，供水管网入户，解决了全村生活用水问题。为了保证工程顺利实施，工程实施过程中，除国家资金和省配套资金外，村里积极组织受益户群众自筹资金，出工出劳。由受益户自己负责自家的入户管路开挖和回填，村民自己负责自家的入户管路开挖和回填，这样通过国家饮水安全项目支持、扶贫项目扶助、村民集资、投工投劳等形式，保证了工程的顺利实施。河洛营村饮水安全工程竣工后，通过试运行正常，建设单位将全部工程移交给受益单位汤头沟镇河洛营村，由村统一管理和维护。水务局协助村组制定了《河洛营村居民生活自来水使用管理办法》、《居民用水管理员岗位责任制》《征收水费专项资金管理办法》《饮水工程安全生产制度》等各项管理制度，村里委派1人专门负责全村饮水工程的日常维护、检修和抽水动力费的统计等工作，各项费用由村统一支付，据统计饮水工程的抽水电费高峰时近1400元/月，最低时800元/月，平均2200元/月，人均每月0.35元用于生活用水，远远低于每户一个单项潜水泵的用水电费，工程的实施，既减轻了农民的负担，又有效地保护了水资源，具有显著的社会效益和经济效益。

第四节　农村饮水安全

2005年，国务院《关于进一步加强农村工作，提高农业综合生产能力若干政策的意见》指出：在巩固人畜饮水解困成果的基础上，高度重视农村饮水安全，解决好高氟水、高砷水、苦咸水、血吸虫病等地区的饮水安全问题。2005年河北省水利厅《关于今冬明春农田水利基本建设的实施意见》指出：全省要从水质、水量两个方面摸清农村饮水不安全人口现状，科学编制总体规划和年度实施计划，多方筹措资金加大投入，要统筹兼顾，突出重点，优先解决饮用水含氟大于2mg/L、砷大于0.05mg/L、溶解性总固体大于2g/L、耗氧量（COD）大于6mg/L及其他污染严重的饮水水质问题和无供水设施、用水极不方便、季节性缺水严重的问题。从2005年以后，农村饮水工作的重点将由解决饮水困难为主向以保障饮水安全为主转变，把解决农村人畜饮水困难和氟病区改水，统列为“农村饮水安全”项目，从水质、水量两方面统筹考虑，实行项目管理。2005年底统计，全市农村饮水安全达标人口为93.18万人，其中：集中供水人口85.48万人，自来水供水人口76.45万人；农村安全饮水不达标人口为144.63万人，其中：饮水基本安全人口为52.64万人，因污染不达标人口为17.93万人。截至2009年底，全市农村饮水安全达标人口达143.11万人，年末农村饮水安全未达标人口为141.75万人。

2005年10月，承德市发展和改革委员会、承德市水务局转发河北省发展和改革委员会、省水利厅下达河北省2005年农村饮水安全项目中央预算内专项资金（国债）1050万元，要求各县、区计划（计统）局要认真按照国家发改委和水利部《农村饮水安全工程项目建设管理办法》，抓紧编制本县、区项目实施方案，上报省主管部门审批后实施。

承德市“十二五”规划解决农村饮水不安全人口140.67万人。国家“十二五”期间下达承德市农村饮水安全项目计划解决农村饮水不安全人口153.01万人（农村居民132.5万人，学校师生20.51万人），工程计划总投资72404万元，其中：中央预算内投资39963万元，省级配套15646万元，市级配套3524万元，县级配套1388万元，群众自筹11883万元。其中：规划内解决农村饮水不安全人口141.42万人（农村居民120.91万人，学校师生20.51万人），工程计划总投资66608万元，其中：中央预算内投资39963万元，省级配套13324万元，市级配套2595万元，群众自筹10726万元。规划外解决农村饮水不安全人口11.59万人，工程计划总投资5796万元，其中：省级配套2322万元，市级配套929万元，县级配套1388万元，群众自筹1157万元。

实际完成工程总投资72404万元，其中：中央预算内投资39963万元，省级配套15646万元，市级配套3524万元，县级配套1388万元，群众自筹11883万元。其中：规划内解决农村饮水不安全人口141.42万人（农村居民120.91万人，学校师生20.51万人），工程完成总投资66608万元，中央预算内投资39963万元，省级配套13324万元，市级配套2595万元，群众自筹10726万元。规划外解决农村饮水不安全人口11.59万人，工程完成总投资5796万元，省级配套2322万元，市级配套929万元，县级配套1388万元，群众自筹1157万元。

自2000年实施国家饮水安全工程以来，大力开展“小规模、大群体”的集雨、引泉、打井、扬水等水源工程建设，并采取集中供水、县城自来水管网扩户供水、偏远山区单村供水等多种建设模式。截至2012年底，全市已解决农村饮水不安全人口163.87万人，完成投资7.34亿元，其中：中央3.81亿元，配套及自筹3.53亿元。截至2012年底，全市尚有农村饮水不安全人口81.73万人。

2015年，新建供水工程600处，解决农村饮水不安全人口30.81万人，其中农村人口25.48万人、学校师生5.33万人。工程完成总投资14341万元。其中：中央投资7023万元，省级配套3397

万元，市级配套803万元，县配套727万元，群众自筹2391万元。

截至2015年底，全市共建成各类农村饮水工程4403处，受益人口199.24万人，其中：日供水200-1000吨以上的集中供水工程40处，受益人口11.84万人，日供水20～200吨以上的集中供水工程2534处，受益人口153.9万人，日供水20吨以下的集中供水工程1654处，受益人口29.94万人，分散供水工程175处，受益人口3.557万人。从受益人口分布看，20吨以上集中供水人口占比达83%。

承德市实施农村饮水安全工程主要采取三种模式：第一种是由村集体管理，建立用水协会，其产权归村里所有，村集体负责井及其附属设施的日常管护和维修，负责保证日常供水、水费收缴等项工作；第二种是个人管理。分散供水工程，在工程配套完成后，由受益户负责管理；第三种是产权出卖。经工程所在地村民大会讨论，根据饮水建设情况商定价格公开拍卖。产权所得款项主要用于配套工程建设，由产权购买者负责工程配套，并负责井及附属设备的日常管理及维护、正常供水及水费收缴等项工作。

第八章　农村水利服务体系

第一节 农村水利服务站

20世纪80年代中期以前，为解决农村水利建设中水利技术人员不足的矛盾，从1963年开始，全区各县曾试行聘用少量农村水利协助员（不转农业户口、不吃商品粮、不转正式工的“三不工”），协助县水利局在各区、乡开展小型农田水利工作，1966年至1976年中断。1976年以后又陆续恢复，但始终没能健全机构，没配足人员。这些水利协助员是“睡觉借房子，办公借桌子、出差借车子、取暖借炉子”，直接影响着农村水利工作的开展和为民服务的质量。1985年底，承德地区7个县共有基层水利服务站52个，基层水利工作人员251人，其中：国家干部16人，全民所有制工人25人，临时工210人。隆化县41个乡，每乡配了1名水利协助员。原承德市1县3区共有基层水利服务站12个，37人。

20世纪80年代中期以后，基层水利服务站解决了编制，建立了机构，充实了人员。1986年，根据国家劳动人事部、水利电力部颁发的《基层水利、水土保持管理服务机构编制标准（试行）的通知》。精神，地区编委、地区水利局共同组织力量，按现有水利工程现状、现有基层水利机构和人员情况及农村水利建设发展需要，确定了相应编制，报经河北省编委、省水利厅审核批准，承德地区7个县共需建基层水利水保工程管理服务站116个，共需编制672人。原承德市一三区需建基层水利水保服务站41个213人。各县（区）基层水利服务站，属各县（区）水利局派出机构，水利事业单位。1987年底地区7个县基层水利服务站达到93个，在岗人员283人。

1988年底，7个县基层水利服务站达到94个，在编人员329名，其中固定职工20人，合同制工人209人，临时工100人。大多数县是按区设站，叫作区站。隆化县按河系设站叫片站。大的乡派1～2名水利员，叫作乡站。各县区级水利站（或片站）都做到了有房子、有牌子、有桌子、有设备、有工程项目，工作人员比较稳定，服务实力不断增强，服务质量不断提高。1988年，全区7个县94个基层水利站中已建站房的24处，4000多平方米，开展多种经营的33个站，经费达到自给的8个站，自给程度达50%的6个站。1988年，围场县山湾子站，宽城县汤道河站被水利部命名为全国基层水利、水保管理服务站先进集体，有4名水利员被评为全国水利系统先进个人。1988年，河北省水利厅在承德召开了加强基层水利服务体系建设现场会，肯定了承德水利服务站建设的成绩。

1989年，全区7个县基层水利工程管理站已建站房30处，拥有排灌设备等固定资产22万元，开展多种经营的31个，经费自给的8个站，经费自给达到50%的9个站。1989年滦平县红旗水利工程管理服务站、平泉县榆树林子镇水利工程管理服务站被评为河北省先进集体，6名水利员被评为河北省基层水利水保员先进个人。

1991年底，全市八县三区基层水利水保服务站达到128个，在岗人员达332人。地区7个县基层水利水保服务站达到110个，其中：区站36个、乡站74个，在岗人员共264名；原承德市1县3区基层水利水保服务站达到18个，在岗人员68人。这是建站以来的最高峰。隆化县经县政府批准，建立了荒地、步古沟、郭家屯3个流域站（片站）和33个乡（镇）站，共有基层水利员105名，初步形成县、区、乡三级服务网络。

基层水利服务站人员工资报酬，采取四条渠道暂时解决，一是地区每年从包干的农田水利费中拿一点（每年全区20万元）；二是各县水利局可在包干行政事业费中挤一点；三是依靠各水利站开展多种经营挣一点；四是各水利站紧缩开支省一点。定编转工后，地、县两级水利部门，先后多渠道、多层次举办不同类型的专业技术培训班，基层水利员基本上都受到培训1～2次，通过培训、自学、实践绝大部分学员都达到了初级技术学校或相当于中等专业学校毕业生的技术水平。能独立承担农村小型农田水利和水土保持工程的勘测、设计、施工，是农村一支重要的技术骨干力量。

20世纪90年代后，由于受撤区并乡等农村体制改革的影响，兴隆、围场等县有的水利员放到乡政府管理，更多的是改行。1995年，全市八县三区基层水利水保站为49个，219人。90年代中期，农田水利费中也不再列水利员工资开支科目，断绝了经费来源，农村基层水利水保工程管理服务站逐渐取消，房子倒卖、还债的不少。2000年以后，全区仅有丰宁县的窄岑水利站、凤山镇水利站（和黄土梁子灌区管理所是一套人马两个牌子）、土城子水利站以及承德县仍保留9个水利站外，其他各县（区）的基层水利水保服务站，已全部取消。

2008年1月29日，河北省农业厅、省机构编制委员会办公室、省发改委、省财政厅、省人事厅、省劳动和社会保障局、省水利厅、省林业局8个单位联合下达“关于对基层农业技术推广体系改革县级实施方案”（冀农管发［2008］2号）指出：县乡农业技术推广机构核定的人员编制一律在现有县乡农业技术推广机构编制总量内调剂解决，不允许新增加事业编制。如调剂确有困难的，可从本县（市区）其他同类性质事业单位编制中调剂。以乡镇为单位综合设置农业技术推广机构的，所需编制要在重新核定的乡镇事业编制总量内调剂解决。跨乡镇设置的区域站所需事业编制，要在重新核定的乡镇事业编制总量内划转，确实不足的，可从县直农口事业单位编制内调剂。

按照冀政［2006］110号文：“县乡两级财政部门对公益性农业技术推广机构履行职能所需经费给予保障，并纳入财政预算”落实。改革后的基层农业技术推广机构要有固定的办公场所、培训场所、必要的试验检测仪器设备和可依托的试验示范基地。原则上，农、林、水按区域集中建设，分行业垂直管理。

按以上文件精神承德市农业技术推广体系改革后需要建立农业技术推广站总数为74个，人员编制526人，其中：县级中心站11个，人员编制175人，乡镇站30个，流域站33个，人员编制351人。截至2009年底统计，全市已建立乡镇水利站34个，其中：兴隆县20个，丰宁县10个宽城县4个。

根据河北省农业厅、编办、发改委、财政厅、人事厅、劳动和社会保障厅、水利厅、林业局联合下发的《关于对基层农技推广体系改革县级实施方案的批复》（冀农管［2008］2号）和《关于对无极县等46个县（市、区）基层农技推广体系改革县级实施方案的批复》（冀农管发［2008］23号）文件要求，实施基层水利技术推广体系改革。

基层水利技术推广机构是设立在县、乡两级为农民提供水利科研成果和适用性技术服务的组织，为公益性事业单位。负责辖区内的防汛抗旱、农田水利建设、农村饮水安全、水土保持、水利技术推广等工作，承担农村水利工程建设、管理与运行维护的技术指导工作，指导农民用水合作组织建设与运行，调节水事纠纷，组织开展水法宣传等。

2013年12月27日，兴隆县成立了全市首家水利农民专业合作社——“兴隆县大杖子乡高杖子村水利农民专业合作社”。在此典型的带动下，兴隆县先后有15个乡镇、36个村去高杖子借鉴学习，全市各县区也纷纷到兴隆县参观学习。兴隆县已被水利部列为全国农田水利设施产权制度改革和创新运行管护机制试点县。

创新农田水利设施运行管护机制，坚持把市场机制引入到小型水利工程建设与管理之中，通过盘活经营权促进资源变资产、资产变现金的转变，广泛吸引社会各界投资经营，借助民间资本助推小型水利工程管理体制改革步入良性发展轨道。滦平县在盘活曹营子水库经营权的过程中，针对小型水利工程体制改革进行了广泛深入宣传，提出管养与经营相结合的水库管理运行新模式，及时消除了社会各界的投资经营顾虑。2014年7月，曹营子水库实现了民间投资人承包经营，水库承包人已先行投资600余万元，一处集“吃、住、行、游”于一体的综合性旅游休闲度假场所已初具规模；一年多来取得了较好经济效益，使承包人乐于自觉主动地履行管护职责，不断完善库区各类硬件设施建设，有效加强安全巡查，工程管护与承包经营“相互依托、互为推动”的良好机制已初步形成。2014年12月，大碌洞村水利农民专业合作社与该村6家社员签订了14亩土地的流转合同，合作社负责果树栽苗、施肥、剪枝、灌溉，每年每亩给予1200元补偿金。土地产出的效益用于水利设施管护的日常维护和管理人员工资，让每户社员受益分红。

根据河北省水利厅、河北省机构编制委员会办公室、河北省财政厅（冀水农[2013]2号）《关于加强基层水利服务体系建设的实施意见》要求，市、县、区水务局积极协调县、区政府及机构编制部门，推进此项工作，截至2014年5月底，已全部完成基层水利服务体系机构编制批复及建站工作。共建水利中心站5个，人员编制60人；基层水利站59个，人员编制257人。人员经费全部纳入财政预算，人员编制已全部落实，办公场所、仪器及测量设备已全部到位。为全市农田水利建设起到了保驾护航作用，推动了全市水利建设健康发展。

2015年，承德市推动农村水利设施产权制度改革，创新农村和基层水利发展机制，加快农民用水合作组织发展，截至2015年底，全市共成立水利农民专业合作组织250家，其中农民用水户协会220家，入会会员9498人；水利农民专业合作社30家，入社社员11258人，盘活水利资产6694.07万元。

截至2015年底，承德市共有6408个小型水利工程，明晰了工程产权，颁发了所有权、使用权证书，落实了管护主体，建立了财政补助经费奖补机制，落实管护经费1791.75万元，其中财政补助1671.05万元，经营权流转收入120.7万元，签订运行管理合同4239份。

水利农民专业合作社的成立，标志着承德市农村水利设施产权制度改革和创新运行管护机制迈出了实质性的一步，并在服务“三农”工作中起到了显著作用。按照实地勘察、翔实登记、分类定性、明确权属、整理归档、张榜公示、核发证书、创新机制、实施考核的改革流程和“谁投资、谁所有、谁受益、谁承担”的原则，以“明晰所有权，界定管理权，搞好经营权，明确收益权”为目标，以落实管护主体、责任、经费为基础，以创新管理机制为保障，以盘活资产、提升效益为重点，探索社会化、专业化的水利工程管理模式，着力解决工程重建轻管，权责模糊，主体缺位，老坏失修，效益衰减等问题，切实保证水利工程安全运行。

在2015年夏旱严峻的形势下，兴隆县大碌洞村利用水利农民专业合作社依托水务部门实施的小型农田水利配套设施，对全村入社社员的果园进行了有序的浇灌，灌溉面积达3100亩，果品质量和产量不降反升，在大旱之年苹果园亩均增产150公斤以上。该村还依托水利配套项目大力发展节水灌溉工程，将本村600多亩品质较差的栗子园改为苹果园，同时在苹果幼树下种植红薯、辣椒、花生、小豆、黄豆等经济作物，仅树下经济作物一项亩增收1000多元。

水利农民专业合作社成立后，彻底改变了过去那种水利设施“有人用、没人管”或者“虽然有人管，但由于无资金投入，管也管不好”的局面。首先，统一管理和服务为社员提供了水利灌溉保障；其次，依法组织购买成员所需的水利排灌设备，组织水利排灌设施、设备维修养护，推广应用先进排灌方法和节水技术，为社员提供与农业水利灌排有关的技术、信息等服务；再者，不管村组干部如何换，水利设施管理队伍仍能保持稳定，不会受到影响。解决了过去用水过程中的许多矛盾和纠纷，灌区内出现了“无水事纠纷、无人为破坏设施”的良好局面。

第二节 农村水利合作组织

1985年，在经济体制改革形势下，隆化县水利局率先改革了抗旱经费管理使用方法，用抗旱经费统一购置抗旱设备，建立乡、镇抗旱服务组织，形成固定资产，改变过去把抗旱资金层层下拨，不问效果的弊端。承德地区水利局及时在全区推广了隆化县的经验，截至1987年底，全区7个县已建立了103个区、乡级抗旱服务组织，拥有各种机、泵717台套，活动管路4万余米，运水胶囊158个，形成固定资产120万元。1988年，河北省水利厅在隆化县召开了全省改革抗旱经费使用方法、发挥抗旱资金效益的经验，对承德的做法给予肯定。1991年，河北省抗旱办公室下发文件：“进一步改革抗旱经费使用方法，自上而下地建设和发展抗旱服务组织，逐步建立社会化抗旱服务体系”及“集中使用资金，形成固定资产，有偿抗旱服务，保本微利经营，实现自身发展，办成服务实体。”对抗旱资金的管理使用进一步明确。1992年4月底，省、地、县三级投入抗旱资金162万元，全区建立1个地级抗旱服务分站、7个县级抗旱服务中心站，在岗人员84人，共购置各种抗旱机具545台套，各种输水管道2.5万米，转场用小拖拉机8台，建抗旱简易库房437平方米，固定资产达150万元。这些抗旱设备在春播抗旱中发挥了作用。

1992年春，承德地区水利局成立了承德地区抗旱物资站，根据各县需要，由地区物资站统一购置抗旱设备，发送到各县抗旱站，实行“以物代拨”。

1992年宽城县抗旱服务站有8人，共有喷灌机64台套，潜水泵13台，固定资产25万元。1993年增至10人，喷灌机增至103台套，潜水泵13台，涂塑尼龙管1.49万米，小白龙软塑管5132公斤，铝合金管240米，固定资产37.6万元，1993年为13个乡130个村提供抗旱服务出租机具85台套，浇果树5万株，浇地5000亩，创收1.2万元，纯收0.6万元。这些小型流动喷灌设备体积小，重量轻，搬运方便，随叫随到，费小益大，群众欢迎，是一项利国利民的好办法。

1993年，河北省水利局下达抗旱资金158万元，市匹配20万元，武装9个县（区）抗旱服务站在岗121人，购置各种喷灌机、机泵544台套，各种输水管路2.2万米，转场用小拖拉机12台，机动车3台，建抗旱设备简易库房1400平方米，形成固定资产242.68万元，初步形成了具有一定规模的抗旱服务体系。在1993年春播中，共投入抗旱机具323台套，随机服务人员104人，抗旱浇地20.04万亩次，实浇面积10.1万亩，浇果29.9万株。抗旱期间坚持服务为主，保本微利的原则，抗旱毛收入14.42万元，纯收入1.76万元；非抗旱期间，利用设备、人员、技术优势开展其他社会性经营服务，毛收入83.5万元，纯收入18.65万元。

平泉县抗旱服务站拥有水泵51台，喷灌机28套，柴油机10台，柴油发电机组1台，小拖拉机1台，各种管道1.2万米，还有车床、电气焊、砂轮机、钻床等维修设备，形成固定资产32万元。1993年初，维修机泵21台，派出14人带着19台设备深入到旱情严重的7个乡镇，直接抗旱服务，并租赁出42台机具投入抗旱，共浇地4.3万亩，流动浇果树4.6万株，农业增收215万元。社会效益显著。抗旱站抗旱服务收入1.35万元，加上其他经营，纯收入6万元。

1993年，丰宁县抗旱中心站在抗旱中投入各种抗旱机具78台套，服务11个乡，33个村，共浇地20770亩，其中：稻田17200亩，大田3490亩，果园80亩，1.2万株。

1994年，全市已建成的9个县（区）级抗旱服务站形成固定资产297.7万元，各种抗旱设备619台套，活动铝管0.53万米，机动车7台，小拖拉机13台，推土机1台，翻斗车2台，维修设备12台，其他设备144台，从事抗旱服务人员125名。市政府将抗洪救灾购置的16台大型水利施工机械划归市抗旱服务分站管理，又拿出48万元购置8台大型水利施工机械，共达到24台，初步形成固定资产218万元。在1994年的抗旱活动中，共出动机具526台套，抗旱浇地25.62万亩，浇果树69.8万株，抗旱服务收入6.8万元。承德市抗旱分站和滦平县、丰宁县、平泉县抗旱服务站被评为河北省抗旱服务先进集体，有4人被评为先进个人。

县（区）级抗旱服务站，是县水利局下属事业单位，一般单独建站，独立核算，在1990年以前乡（镇）级抗旱服务站和区、乡（镇）基层水利水保站是一套人马两个牌子，随着区、乡（镇）水利站的撤销，县以下区、乡抗旱服务站也随着取消。1993年全市9个县（区）级抗旱服务站，各站都设有站长、会计、保管、机手等人员，公开挂牌开展抗旱有偿服务。服务方式：（1）直接服务，由专管人员、机手带机直接到现场灌溉服务。（2）承包服务，把机泵承包给基层水保站或水利员个人，进行灌溉服务。事先签订承包合同，确定承包费用。（3）租赁服务，把机泵租赁给用户，签订合同，按规定收取租赁费。各县（区）抗旱站还根据不同服务方式、不同作物、不同灌水时间、不同设备型号，制定不同收费标准。为解决抗旱浇地、山区饮水、低压管道输水灌溉等水利工程用料问题，1993年承德市水利局积极筹措资金，协助丰宁县、滦平县办起了两处水利系统塑料管厂，当年为抗旱生产100吨硬塑管和16吨软塑管。丰宁县塑料管厂逐年扩大，2000年以后已形成年产硬塑管、农膜300～400吨的规模，年上交利润10万余元，2005年底仍正常运行，效益尚好。

1996年10月，丰宁县水利局被河北省财政厅、河北省水利厅确定为1996年全国抗旱服务站建设示范县，并拨专款20万元，用于购置抗旱设备。

截至2005年底，全市共有11个县（区）级抗旱服务站，在岗人员121人（不含10个乡级抗旱站），共有机具783台（套）。设备总价值361万元。

2005年底至2006年，承德市进一步加大了推广力度，利用农水和抗旱经费近300万元，新购进风能提水机400台套，在全市范围内进一步推广，在分配方案上要求各县区针对本县风力条件、干旱情况、群众积极性等条件上报需求，按照先解决人畜饮水、经济作物及抗旱浇地的顺序进行分配，确保风力提水工程有的放矢，切实发挥作用。

2006年，省防抗办下拨的432台套节水点灌机（其中便携式点灌机400台和车载式点灌机32台），在承德市丰宁、围场两县作为试点进行推广使用后，取得了很好的效果。在此项节水抗旱设备的推广使用过程中，抗旱站技术人员深入到田间地头对农民进行技术培训和指导，使农民熟练掌握使用方法，同时利用广播、电视等宣传媒体进行广泛的宣传报道，以点带面，让更多的农民认识和了解这项新型抗旱设备的作用。这批设备是一种方便快捷的抗旱保苗设备，其最大特点在于省水、方便，便于施用农药和肥料，可以将水和肥料直接送达根部，非常适合于解决作物因春旱无法正常播种和为蔬菜、花卉、果树等经济作物进行追肥、施药等，深受欢迎。在抗旱活动中，432台套节水点播器累计浇灌耕地及经济作物近5000亩，对抗旱保春播起到了积极作用。

抗旱服务站在做好抗旱服务的同时，继续发挥人员、设备、技术上的优势，不断完善服务功能，拓宽服务领域，积极争取农田节灌、人饮解困、水保、京津风沙源治理等小型水利工程勘测设计和施工任务，取得了较好的社会效益和经济效益。其中平泉县抗旱服务站积极参与2006年京津风沙源治理节水灌溉工程、各乡镇供水工程及节水工程，完成各种工程投资90万元，纯收入13万元。滦平县抗旱服务站在完成抗旱设备租赁、维修等抗旱服务的同时，积极参与人饮工程建设，共完成人饮工程8处，完成工程投资316万元，实现利税13.1万元，解决了1872户7000人，156头大牲畜的饮水问题。丰宁县抗旱服务站承揽县城周边及农业开发办打井工程与21世纪灌溉工程，全年共打机井75眼，收入230万元，实现利税25万元。围场县抗旱服务站购置钻机打井500米，收入达30多万元。

2007年，全市各抗旱服务站充分利用人员、技术、设备优势，采取设备租赁、维修等方式，积极为农民开展抗旱服务，全年共为农民浇地15.23万亩次，浇果树29.3万株，新打机井90眼，维修机泵471台套，出租设备420台套，解决了4.2万人、1.3万头大牲畜饮水问题。在抗旱过程中，各抗旱服务站积极推广抗旱节水新技术，开展喷灌、管灌和风力提水等工程建设，逐步实现传统抗旱向科技抗旱转变，全年共修建节水防渗渠道21.54万米，铺设地下输水管道37.67万米，安装风能提水机103套，喷灌机组50套，输水管道3.64万米，喷灌设备350套。

平泉县抗旱服务站积极参与京津风沙源治理工程、各乡镇供水工程及节水灌溉工程，完成各种工程投资130万元，纯收入30万元。承德县抗旱站利用自身优势，购置了一套GPS测量设备，完成了老牛河、滦河等水利工程的测量任务，共创收15万元。滦平县抗旱服务站在完成人饮工程建设及抗旱设备租赁、维修的同时，积极开展抗旱物资销售业务，全年共完成销售收入147万元，实现利润15万元。丰宁县抗旱服务站积极参与全县21世纪灌溉工程与打井工程，全年共打机井82眼（灌溉井74眼，人饮井8眼），新增水浇地面积9000多亩，解决了4000多人的人饮问题，打井收入200万元，实现利税40万元。

2011年国家下达了800个县抗旱设备购置资金16亿元，通过积极争取，承德市有10个县区被列入其中，总投资2000万元。截至9月底已全部采购入库，并已完成市级验收，全面完成了10个县级抗旱服务站抗旱设备购置任务。全市共购置抗旱拉水车38台，运水胶囊200，水柜100个，打井设备25台套，移动灌溉设备279台套，各种水泵343台，大大提高了抗旱服务站的抗旱服务能力。各县服务站抓住机遇，按照“五有”的要求，落实机构、编制、人员、仓储和办公地点，建立健全各项规章制度和可持续发展的长效机制，为在抗旱工作中强化服务职能，发挥主力军作用奠定了基础。

第七编　水能开发

水能资源丰富是承德的一大优势。中华人民共和国成立后，承德开发利用水能资源经历了三个阶段：20世纪 50年代，由试点到群众性的“电气化”阶段，全市形成小水电站和水能动力站建设高峰。水力发电在当时解决农村照明和粮米加工发挥了重要作用，实现了“点灯不用油，磨面不用牛”的愿望，颇受群众欢迎。20世纪60年代至70年代，小水电事业大发展阶段。这一阶段由水轮泵发电，发展到水轮机发电，机械设备质量有了提高，建设规模也更大一些，供电对象仍以农村照明和农副产品加工为主，曾被誉为“燕山深处的明珠”。20世纪80年代中期以后，小水电建设逐步进入稳步发展阶段，建设重点逐步转移到能源开发上来。遵循“按规划、有计划、有步骤”兴建一批水能资源可靠、供电对象明确、装机容量较大的骨干水电站工程，同时淘汰了一批水量无保证、质量差的农村微型电站。

第一章　水能资源

第一节　水能储量

承德市河流众多，源短流急，坡度陡，落差大，年平均流量较大，水能资源较为丰富。2013年前河流水能资源理论总蕴含量78.38万千瓦，可供开发量57.22万千瓦，年可发电22.506亿千瓦时，可开发利用系数为73%。2013年6月承德市水务局委托河北省水利水电勘测设计研究院对承德市水能资源进行复查，复查结果：全市水能资源理论蕴藏量由原来的78.38万千瓦，衰减为72.98万千瓦，实际可开发的水能资源量由20世纪80年代的57.22万千瓦衰减至54.17万千瓦，技术可开发设计年发电量91.47亿千瓦时，技术可开发利用系数61%。

第二节　开发状况

承德市多为季节性河流，洪枯季节流量相差悬殊，地域气候寒冷，是水能开发利用的不利因素。

承德市水能资源的开发利用可追溯到清代，具体年代不可考。承德县老牛河上的中磨，平泉县瀑河上的暖泉子、党坝，承德市热河迎水坝以及丰宁县潮河上的大阁镇、四道河等地，都曾修过水能动力站，利用水碾水磨进行米面加工、制作燃香的历史。

1950年5月，热河省水利局乔辛英、李雨生、董恩锡、李光勋、李升年等人对滦河、瀑河、老牛河及武烈河进行调查的报告称：老牛河大、小狼窝一带，居民多利用河水磨木面，制造燃香迷信品，由小狼窝至下板城不过8华里路程，竟有水磨4处。

1954年9月，热河省水利局关于老牛河沿岸水磨情况调查报告又称：老牛河上共有水磨面40盘，分布在下板城以上的40华里河段上，平均每一华里一盘，落差皆在1米左右。由于很长时间未加利用及受河水冲刷，所存只有两、三盘，中磨村边有第一磨及第二磨两盘，第一磨为杨树林村所有，第二磨为中磨村所有。这些水磨开始使用时间不复可查，最少有两、三代人以上，用于磨香面子、制作燃香。这两盘磨在1947年至1950年各曾以9担小米投资修理好，也是磨香面子。由于数年未加利用，第一盘已拆除，只剩下第二磨，除磨房、磨轴及水轮机需修理外，其他均尚完整。

1961年10月，承德专署水利局关于《承德专区水力资源利用情况简结》中也提到：下板城中磨村在清代就利用老牛河水建立水磨磨燃香，承德市利用热河泉出来的水碾水磨进行米面加工，至今仍存在着。这些水磨水碾的水轮机全为木制，有立轴旁击式的，也有卧轴底射式的和上击式的，一般是水头低、转速小、马力小、效率低，具有易于管理、成本低廉的特点。

中华人民共和国成立后，政府采取了禁止乱砍滥伐，保护山林树木的政策，这些用来磨香面子制作燃香的水磨也就逐渐被闲置废弃。1956年至

1957年，承德地区开始进行修建小型水电站的试点工作，先后建成了隆化县小黄旗、丰宁县大阁（四道河）两处，为引水径流式电站，水轮机为木制旋浆式，皮带传动发电。其中，丰宁大阁水电站就是在原有四道河水磨基础上修建起来的。这两处农村小型水电站的建成，为以后承德地区水能资源的开发和小水电事业的发展起到了示范作用。

1958年7月，专署水利局在丰宁县召开了全区小型水电站现场会议，传达贯彻了胡开明副省长在河北省小型水电站现场会上的报告，参观了丰宁县民强二社小型电站和木匠沟门水库，交流了经验，确定加速实现城乡电气化。专署水利局长齐建国在总结讲话中指出，发展电力必须贯彻以小型为主，社办为主，以水电为主的方针，必须坚持从生产出发，在目前发电器材设备供不应求的情况下，农村电气化分两步走，先修建水能动力站，进行米面加工，解放劳动力，先上马，再加鞭，先实现农村动力化，待有了发电机，再进行发电，实现电气化。要求全区在第二个五年计划内，或更短一点时间内基本达到城乡电气化，发电能力达到45万千瓦，其中水电32.5万千瓦。各县提出1958年建电站7719处，发电能力43814千瓦，其中水电站3102处，发电能力34696千瓦。还提出实现城乡电气化的四项措施。各县提出搞电气化突击月，一年突击，二年扫尾，有的县提出“全党全民办电站，电站社社有，动力队队办，有水就利用，风力、沼气也不放，大干一百天，实现三千站”的口号。7月25日，中共承德地委向各县（市）委批转了专署水利局长齐建国在全区小型电站现场会议上的总结讲话。

1958年8月，承德地区水利建设委员会向各县发出关于开展小型水电站运动的指示，指出在全区丰宁小型水电站现场会议以后，全区已开工水电站93处，装机容量2176千瓦，完成15处、装机容量353千瓦。建成水能动力站98处，出力853千瓦，丰宁、平泉、围场、承德市等四县（市）培训“三匠”水电技术人员605名，为发展农村电气化打下了基础。根据全国农村水电会议和全区小型水电站现场会议精神，地委决定开展一个以小型为主、水力为主、社办为主、生产为主兴修小型电站（包括动力站）突击运动旬，大干10昼夜，实现全专基本动力化。

经过1958年的电气化运动，全区形成了水电站、动力站普遍开花的形势，到1961年不完全统计，全区8个县（市）共建成小型水电站29处，装机容量521.6千瓦，建成水能动力站280处、出力1738.72千瓦，小型水电站的容量从几千瓦到100余千瓦，其形式多为引水渠道式、木制旋桨水轮机。装机容量在20千瓦以下的小水电站大部为动力加工和照明综合利用，都是自建、自管、自用。送电方式多为直接配电，很少一部分是通过高压（3～10千伏）送电。水能动力站一般在7.5千瓦以下，水轮机有卧轴旧式木质水轮机，亦有少部分采用了木螺旋桨式水轮机，主要用于农副产品加工。这些小水电站和水能动力站的建成，实现了农村“点灯不用油，磨面不用牛”的理想，颇受广大山村群众的欢迎。

这一期间修建的小水电站和水能动力站，充分体现了农村实现“人民公社化”后，各级领导和广大群众大兴水利的积极性和“盼电心切”的热情。这一时期建成的一些小水电站和水能动力站，大都是群众自力更生修建起来的，没有经过详细勘测设计，遗留一些问题，有的质量差，有的水能没有充分利用，利用效率不高，再加上建成后缺乏管理养护制度，缺乏检查维修，机件坏了无处修配，不少水电站和水能动力站运用时间不长就停运了，发展的虽快，而巩固下来的较少。

20世纪60年代初期国家三年困难时期，农村劳力、物资材料、设备、资金都是呈紧张困难形势，水电事业的发展处于停顿阶段。

20世纪60年代中，经过三年经济调整后，随着农田水利建设高潮的兴起和工业的发展，小水电事业开始了新的发展时期，代之而起的是农村微型水电站，以水轮泵代替了木制水轮机，发电机仍以皮带与水轮泵联结传动发电。1964年，受北京农展馆全国小水电展览的启示，开始引进湖南、福建、四川、广西等省（区）水轮泵站建设技术。1964年6月，从农展馆订购一台20型水轮泵，在兴隆县栾家店大队的潘家店村进行水轮泵站的建站试点工作，7月下旬开工，9月上旬完工试车成功，建成了承德地区第一座水轮泵发电站，9月中旬组织了南部各县水利科长和水利干部参观学习推广。1964年12月，受地委、专署领导指派，专署水利局组织各县水利干部和部分社队干部到湖南平江县参观水轮泵站建设，1965年，继续进行水轮泵站试点工作，先后有青龙县高丽铺，承德县大平台，隆化县龙王庙和烧锅村等处，都建成了本县的第一批试点水轮泵站。经过1964年和1965年两年试点以后，1966年地区向各县（市）下达了水轮泵站建设任务，水轮泵站建设在全区普遍开花，全区9县1市开工数达到709处，当年建成440处，装机469台。到1970年，全区水轮泵站建设达到高峰，共建成546处，装机612台，其中水轮泵发电218处，装机容量3322千瓦。

水轮泵站经过20世纪60年代的发展达到高峰以后，进入20世纪70年代逐渐呈下降趋势，主要原因是水轮泵需要流量较大，承德地区河水流量受季节影响明显，枯水季节达不到设计引水流量，水轮泵转不起来，利用率较低，逐渐被闲置废弃。20世纪70年代水轮机发电有较大发展。仍以农村微型水电站为主，1974年全市水电站达到328处，装机容量4744千瓦。建设的处数是70年代的最高峰。1974年北京科教电影制片厂在青龙县拍摄了科教片《山村小水电》，被誉为“燕山深处的明珠”。

20世纪70年代后期至80年代初期，在农村微型水电站全面发展的同时，还建成了七道河、老陡山、庙宫、黄土梁、山前、老虎沟、牛圈子等装机容量在500千瓦以上的重点水电站工程，这些重点小型水电站工程的建成，对改善当地供电状况和提高网电供电质量起到一定的补充和调节作用。

1981年全市小水电站达到136处，总装机容量13212.5千瓦，其中500千瓦以上电站7处20台，装机容量7629千瓦；500千瓦以下至100千瓦电站15处30台，装机容量为2599千瓦；100千瓦以下至20千瓦电站64处72台，装机容量为2471.5千瓦；20千瓦以下微型水电站50处50台，装机容量513千瓦。

100千瓦以下小型水电站和20千瓦以下的微型水电站，主要是在水利技术人员指导下，国家扶助少量资金，由群众自力更生建成的，由群众自管自用，大部分为村级管理，少部分为乡（镇）管理。进入80年代以后，由于农村经济体制改革的逐步深入，电站的管理工作不落实，电站设备质量差等多种原因，这部分电站被逐步淘汰。

20世纪80年代中期，小水电站建设进入稳步发展阶段，建设重点逐步转移到流域开发上来，遵循“按规划、有计划、有步骤优先开发建设条件好、投资少、见效快的无调节径流电站”的原则，兴建一批水源可靠、供电对象明确、装机容量较大的骨干水电站工程。淘汰了一些无水源保证，且质量差的小型水电站，特别是总装机容量在100千瓦以下的农村小水电站和20千瓦以下的微型水电站。1985年末统计，全区八县三区有小水电站124处，装机167台，装机总容量14217.5千瓦。1986年全区核减报废小水电站75处，85台，容量2509.6千瓦，年末全区小水电站保有量49处，装机82台，总容量为11707.9千瓦，全年发电量2071.6万千瓦时，其中500千瓦以上的电站7处，装机20台，装机容量7629千瓦，500千瓦以上的水电站实现了集中控制，达到了按指令开机、停机的自动化水平。

1987年，承德8县3区小水电站仍是下降减少趋势，本年新增3处，4台，容量197.5千瓦，核减报废13处，17台，容量637千瓦，增减抵消后小水电站年保有量为39处，装机69台，总容量11268.4千瓦。1990年，小水电站保持了比较稳定的状况，年末保有量为39处，装机72台，总容量为12244千瓦。

1990年以后，由于农村电网的普及，又逐步淘汰了一批质量差、无水源保证的小型水电站。1990年末至2005年，新增了8处水电站，新增装机容量27100千瓦，增减抵消后，2005末年小水电站保有量为26处，装机59台，装机容量38309千瓦，全年实发电4846.169万千瓦时。虽然电站处数减少了，但装机容量增加了。

1983年国务院做了关于积极发展小水电、建设中国式农村电气化试点县的指示。

1987年6月15日，承德地区计经委、供电局、水利局、财政局、税务局、物价局联合制订了承德地区《关于积极发展小水电的若干规定》，承德地区行署批转从1987年7月1日执行。《关于积极发展小水电的若干规定》，具体明确了电站建设及电站管理中资金、材料、并网、税收、电价等政策。规定指出："在继续改善、巩固、提高现有小水电，加强经营管理，提高经济效益的同时，本着建管用配套规划、发供送（包括用）同步发展的原则，坚持集中力量、积极扶持、择优选上、讲究效益，稳步发展小水电事业"，"积极鼓励和支持企业、集体、联户、单户一齐干，大中小型一起上，多渠道、多形式地集资，兴办投资少、见效快、效益大的小型水电站"。

2001年，滦平、宽城、隆化3个县被列入国家"十五"期间水电农村电气化县建设计划，对促进承德农村水电快速发展起了积极作用。2005年12月，宽城、丰宁两县第一批通过省水利厅组织的验收（丰宁县作为预选县符合了验收条件）。

2002年6月，承德市人民政府成立了以副市长宋振华为组长的"水电农村电气化县及小水电代燃料工程建设领导小组"。

2004年6月1日承德市人民政府《关于加快农村水电及电气化县建设的实施意见》指出：农村水电项目开发，按照"谁建设、谁管理、谁投资、谁受益"的原则，重点引进民间资本，大力发展股份制和国有民营合作企业，逐步形成开发方式多样化，投资主体多元化的格局。同年12月31日，河北省人民政府《关于加快农村水电发展的意见》指出："积极支持农村水电企业与其他企业联合。积极支持农村各类企业投资建设农村水电，鼓励农村水电企业与其他企业组建联合体，发挥自发自用的供电优势，降低企业成本"，《具备条件的河道，要结合河道治理，规划建设梯级水电开发的"龙头"水库，提高水资源调控能力，增加梯级水电发电量和调峰调节容量》。

90年代以前，承德市已建成的农村水电站，在100千瓦以下的，多数为集体所有制、单位自建、自管、自用；100千瓦以上至500千瓦的电站，为由集体筹资兴建，国家给予补助，或全由国家投资兴建，产权为集体所有制或全民所有制管理；500千瓦以上电站皆由国家投资兴建，产权为全民所有。

1998年4月，承德光大水电开发有限责任公司兴建光大水电站是承德市第一家股份制电站企业，由承德光大农业发展有限责任公司控股。

2004年开工兴建的滦平县六道河水电站，也是股份制电站。

截至2005年底，承德市已建成水电站26处，总装机容量3.83万千瓦，设计年发电量10752.1万千瓦时，其中装机在500千瓦以上的电站12处，装机容量达3.52万千瓦，设计年发电量达到9593.4万千瓦时，至2005年全市已开发3.83万千瓦，开发率为7.07%，所有水电站都已并入华北电网联网运行，对承德电网调峰和发展承德经济起了积极作用，是承德重要的基础产业。

2006年4月30日，河北省财政厅、水利厅联合下达，承德县滦河二级水电站土建工程建设补助资金160万元，围场县老窝铺水电站厂房土建工程建设补助资金80万元。

2007年4月5日，河北省水利厅，对承德县滦河干流二级（下板城）水电站初步设计进行批复。电站开发方式为引水式，确定装机为2500千瓦，设计水头5.15米，机组引用流量为58立方米/秒，设计年发电量858.1万千瓦时，年利用小时3432小时。核定初设概算总投资为1996万元，其中国有资金为778万元，其余为民营企业投资、县自筹及银行贷款。同年7月24日，河北省水利厅，对围场县老窝铺水电站初步设计进行批复，开发方式为坝后式，装机500千瓦，设计水头11.4米，引用发电流量5.34立方米/秒，设计年发电量152万千瓦时，年利用小时3040小时。核定初步设计概算投资560万元。

截至2009年底，滦平县六道河水电站、承德县滦河干流二级水电站、围场县老窝铺水电站都已建成并投入运行。截至2013年，全市共建成水电站29座，其中：小（1）型水库水电站1座，即丰宁水电站；装机在500千瓦以上及小（2）型水库水电站15座；装机500千瓦以下及小（2）型水库水电站14座。总装机4.61万千瓦，占水能可开发量的8.5%（河北水利水电勘测设计研究院2013年核实后成果）。截至2013年底，在建水电站8座，分别是承德县滦河三级水电站，承德县滦河四级水电站，双桥区瑞合（郭营子）水电站，丰宁李家沟门水电站，围场县下湾子水电站，围场县挖钱沟水电站，平泉县鸽子洞水电站、隆化县超梁湾水电站。截至2015年底，高新区瑞合（郭营子）郭营子水电站、围场县下湾子水电站、河西水电站（站址虽在宽城但属辽宁建站并管理）也已建成并投入运营，同时在建的水电站有高新区庄头营一、二级水电站，围场挖钱沟水电站、甘沟口水电站，丰宁李家沟门水电站。

2014年5月19日省水利厅会议纪要：滦河三级水电站因资金问题暂停建，待建设条件成熟后再研究决策；滦河四级水电站不建，2015年7月省发改委、省水利厅以冀发改投资[2015]861号文件对滦河四级水电站中央预算内资金进行了调整；2015年8月平泉县人民政府以平政[2015]84号文对鸽子洞水电站国家投入资金进行了调整，该电站不建；2015年9月隆化县人民政府以隆政字[2015]57号文件对超梁湾水电站国家投入资金进行了调整，该电站不建。

截至2015年底，新增建成的水电站3座，在建水电站6座（含滦河三级水电站），全市共有水电站38座，总装机60505千瓦。到2015年，全市已开发4.94万千瓦，正开发1.11万千瓦，开发率为11.17%，尚有很大开发潜力。

第二章 水电站工程

承德市小水电站按类型可分为有调节的坝后式电站和无调节的径流水式电站两大类。按装机容量分为500千瓦以上；500千瓦以下至100千瓦两类。为加速承德经济发展、尽早发挥水能资源的优势，按照“小型骨干电站为主、集中开发为主、常年发电为主，经流式电站为主”的方针，择优选上一批“投资少、见效快、效益大”的经流式电站，是近期建设的重点。

第一节 500千瓦以上水电站工程

1968年至2005年，全区先后建成七道河、老陡山、庙宫、黄土梁、老虎沟、山前、大河西、柳河（龙嘴）、光大（秋窝）、双洞子、丰宁、汇泽园（大桑园）等12处装机容量在500千瓦以上的重点小型水电站，总装机32台，装机容量35170千瓦，设计年发电量为9593.4万千瓦时。是承德地区水能开发的重点工程。这些重点水电站工程的建成，已全部并入华北电网运行，对改善承德供电状况和提高电网供电质量起到一定的补充和调节作用。是承德骨干电站工程，也是承德重要的水利基础产业。

一、七道河水电站

七道河水电站位于丰宁县潮河上游主河道上，距县城大阁镇7千米，在四道河电站（即原大阁水电站）下游，相距3千米。电站为溢流坝引水式，设计水头15.8米，流量5.25立方米/秒，总装机容量3×250千瓦，设计年发电量332.4万千瓦时，设计年利用小时4625小时。

电站由丰宁县水利局组织人员设计，设计负责人孟庆海，土建设计人刘家行，机电设计人杨文焕、田致喜，电气设计人田润雨。

电站于1968年8月26日动工兴建，1970年7月第一台机组投运发电，1970年底全部竣工，投资112.1万元，其中水工部分80.2万元、机电部分31.9万元，共用水泥1889吨、钢材60.3吨、木材390立方米，用工80万工日。

电站拦水坝主坝坝型为浆砌石框格坝，长80米、高4.5米，底宽21.5米，顶宽4.5米。输水隧洞全长380米，断面为2.3米×2.3米正方形断面，厂房建筑面积220.5平方米。电站机组采用丰宁县农机厂生产的HL123-WJ-59型水轮机和广东省韶关水轮机厂生产配套的发电机各3台，总装机容量750千瓦。

电站建成后以10千伏向县城及附近农村供电。1974年7月26日拦水坝被洪水冲毁，失去发电能力，经临时抢修后，恢复运行。同年9月19日滦平至丰宁大阁35千伏网电架通，10月24日七道河电站并网运行。1975年7月拦水坝再次被洪水冲毁，电站停止运行，在上级支持下于1976年7月开始进行彻底修复，至1978年6月全部竣工，耗资52万元。

1995年电站尾水渠翻修加固，5月10日开工，7月30日完成，清淤7744立方米、干砌渠长548米、建挡土墙912米、渠道桥1座，完成投资14.82万元，其中：省补助5万元，市匹配5万元，电站自筹4.82万元。1995年电站发电量为230.85万千瓦时，是发电以来的最高值。

1996年、1997年，两年将电站拦河坝加高2米，先后投资24万元，库区容积可达11万立方米，为电站实行峰谷电价、调峰运行打下基础。

1998年汛期，洪水将拦河坝后护坦全部冲毁，坝基有41米被冲毁。电站前池由于冻融浆砌石裂隙，漏水严重。1999年汛前进行了维修加固。

至2005年，电站累计发电量为4977.9万千瓦时，年平均发电量为142.23万千瓦时。

电站建成后划归丰宁县发电厂管理，为全民所有制企业。1980年1月移交县水利局管理。电站共有管理人员10人，其中管理干部1人，固定工8人，临时工1人。在工人中运转工7人，自建站以来，杜文喜、宋占甫为电站主要负责人。

2015年，七道河水电站技改项目竣工后，机组装机容量：750千瓦（250千瓦×3台），全年发电量80万千瓦时，年发电收入32万元，缴税0.932万元。

二、老陡山水电站

老陡山水电站位于隆化县西南部太平庄、旧屯两乡交界处的滦河干流上，距隆化县城42千米。电站为径流引水式电站。引水隧洞直径2.2米，洞长198米，平均落差20米。电站引用流量8.25立方米/秒，设计水头19.43米，发电装机3×630千瓦，设计年利用小时4528小时，设计年发电量856万千瓦时。电站占地面积55122平方米，总建筑面积2538平方米，生产用房1585平方米，其中发电车间402平方米。总投资248万元，其中国家投资76万元，自筹162万元。贷款10万元。在总投资中水工部分139.5万元，机电部分101.6万元，输电部分6.9万元。电站建设单位千瓦造价1310元。

电站为溢流坝引水式水电工程，坝型为半永久性溢流坝，最大坝高5.7米，设计使用年限30年。水工建筑物总工程量（砂、石、混凝土）为13万立方米。电站发电机组采用江西赣州水轮机厂制造的HL123-WJ-71型水轮机和江西吉安电机厂生产的配套发电机3台，发电总装机容量1890千瓦，当时为承德地区已建成的水电站中装机容量最大的小型水电站。

1959年9月，专署水利局曾将老陡山水电站设计任务书报送省电力工业局审批，提出发电装机容量3000千瓦。1968年3月，地革委将专署水利局完成的老陡山水电站修改设计任务书报省革委，提出发电装机容量8000千瓦，要求省革委批准设计任务书，并列入1968年计划。由于该电站发电装机容量较小，仍属于小型电站之列，未能被省列入国家基建计划，只被作为民办公助性质，以受益社队投工为主、国家扶助为辅的方式，于1970年4月由隆化县组织民工兴建。1976年1月1日，第一台水轮发电机组开始发电，孤立向附近太平庄、旧屯等5个乡供电。1979年9月，3台发电机组全部建成，11月20日以10千伏农电线路并网运行。

为了充分利用水力资源，1982年4月，电站借国家贷款和周转金100万元，自筹16.1万元，修建了老陡山电站至隆化县城35千伏输变电工程，

1983年7月16日联网运行，升压变压器为1800千伏安。1984年3月又投运了老陡山至韩家店35千伏输电线路。1986年老陡山水电站接受县电力局调度，并安装载波机，完善了通信设施。1987年9月26日，隆化县水利局将老陡山水电站至隆化县城37.3千米35千伏线路产权移交给县电力局。

电站管理隶属县水利局，为全民所有制企业。电站施工期间工程指挥部负责人为姜文博。投产后，电站设发电、变电、维修、后勤四个车间，1987年实有职工62人，其中干部2人，固定工25人，合同制工48人，临时工2人。

电站建成后各种规章制度较为健全，到1986年底实现安全运行1000天，被省水利厅命名为“文明单位”。1988年7月，被水电部命名为1987年度“部级优秀电站”。

1991年，老陡山水电站在全市首次创造安全生产2500天的记录，市、县水利局联合初步验收给予承认，1991年8月30日河北省水利厅给予通报表扬。

1994年，老陡山水电站全部还清了银行建设贷款76.9万元。

1995年，河北省水利厅投资15万元，市财政匹配10万元，完成水电站4项技术改造工程。

1998年汛期，洪水将拦河坝大部分护坦及坝坡石块冲走，威胁电站安全运行。1999年汛前进行了维修加固处理。

1997年电站发电量为797.04万千瓦时，是发电以来最高值，至2005年电站累计发电量15586.34千瓦时，年平均发电量为519.54万千瓦时。

该电站历任站长：付万库、李俊清、方树棠、刘振奎，现有职工17人。

2006年电站改制，于2006年5月17日上午，由河北盛兴拍卖行在承德热河大厦对该电站固定资产进行公开拍卖，承德市昊源水电技术综合服务处以657万元竞得。

2009年3月，水利部审核批准了《2009-2015年全国小水电代燃料工程规划》，老陡山小水电代燃料改扩建项目列入全国“2009—2015年小水电代燃料规划”，电站改扩建工程内容包括电源工程和项目区工程两部分。电源工程：扩容装机一台800千瓦，设计年增加发电量71.73万千瓦时，总投资1341.37万元。对主隧洞进行扩挖，新开挖支隧洞及新建进水闸一座，为满足新增机组的需要，新铺设一条压力管道，机电及金属结构设备更新改造。项目区工程：涉及太平庄及旧屯乡6个行政村，实施代燃料2165户，10299人，结合项目区农网改造工程，新建10千伏输电线路、低压配电线路、增容改造配电变压器及农户用电设备更新等。

该工程于2010年11月3日正式开工。2012年12月，由河北省水利厅委托市水务局组织相关单位及专家组成验收委员会，对本项目进行了竣工验收，验收结论为合格。

老陡山水电站原隶属于承德市水务局下属单位承德市昊源水电技术综合服务处，于2015年12月划转承德水务集团管理，现老陡山水电站更名为承德善能电业有限公司。

三、庙宫水库电站

庙官水库电站位于围场县境内伊逊河上，是庙官水库枢纽工程的组成部分，为坝后式电站。电站设计引水流量7.2立方米/秒，平均水头30.2米，原发电装机总容量1500千瓦，设计年发电量588万千瓦时。2003年扩建后，总装机容量为1890千瓦，设计年发电量为390万千瓦时。

庙官水库工程于1962年基本建成，因国家遇到暂时经济困难，水库工程全部停工下马，电站工程未能配套。1970年3月至1971年底，庙官水库进行续建施工，完成了电站厂房土建工程，并购进部分机电设备，厂房建成后，机电设备陆续到齐，因资金不足未能进行机电设备安装。

电站厂房建筑面积336平方米，设计发电总装机容量原为1500千瓦，选用3台单机容量500千瓦的水轮发电机组，为广西柳州水轮机厂生产，型号为HL123-WJ-59型水轮机和TSWN-99 / 46-8型发电机。

电站输水洞位于主坝左岸，系输水、发电两用隧洞，为圆形有压洞，主洞洞径3米，发电支洞洞径2米，洞身全长327.275米，1960年建成。输水洞进口设置拦污栅、事故检修闸门各1扇。输水洞出口设置1扇工作闸门--平面定轮钢闸门，孔口尺寸2.5×3米，闸底高程740.33米，设计水头40米，选用50螺杆式手摇、电动两用启闭机1台，配用JZ42-8型三相异步电动机1台。输水洞出口闸门电动操作控制设备是60年代生产的3极100A铁壳开关，与QCI型磁力启动器集中装于一块木板上，布置在闸室进门处的右侧墙上，均为明装开敞式裸露布置，1973年9月10日20时50分（农历八月十四日）在关闭电站输水洞出口闸门时，当用电动方式将闸门下降一段距离后，改用手摇机构(未切断电源)，使闸门继续下降时，因输水洞压力升高，闸门槽突然喷水，电钮开关进水短路，造成电机突然反转，闸门迅速上提，拖动摇把飞转，将当时正在手摇关闸的李文彬等两名值班人员当场绞死。由于行程开关失灵，闸门失去控制迅速上升至最大。从事故发生时至次日14时下泄流量为109立方米/秒，致使闸门启闭设备造成不同程度的损坏，电站厂房进水，冲淤了输水洞出口尾水渠，造成重大的经济损失。

1976年5月至1978年6月，由华北水电学院协助进行完成了全部机电设备安装工程，经承德地区供电局、隆化县供电局帮助调试，于1978年8月1日正式投入运行发电。电站建设总耗资366万元，其中水工部分218.7万元，机电部分143.3万元，输电线路4万元。电站单位千瓦造价2440元。资金来源为国家投资362万元，贷款4万元。

电站运行发电后，以10千伏两线一地制单独向隆化县张三营社队供电。1979年6月并入隆化10千伏农电线路。1980年12月建成1.2千米3千伏线路，1981年1月1日并入华北供电局承德供电管理所35千伏电网，向隆化二道窝铺35千伏变电站和四合永110千伏变电站送电，并以10千伏向围场县四道沟乡供电。

1985年7月2日，因四合永变电站35千伏出线套管起火拉闸，电站发电机保护装置失灵，造成1号、3号发电机线圈烧毁，2号机组得以保护，于7月14日恢复发电。1号、3号机组由省水利厅从邢台调进两台甘肃水工机械厂生产的同型号发电机进行调换改装，于8月17日恢复投入运行。事故直接经济损失6万元。

1996年10月，庙宫电站35千伏输电线路改造工程开工，全长27千米，至1997年6月35千伏的线路架设基本完成，完成投资323万元，1997年6月12日，正式并入张三营变电站联网运行。

1987年至1990年，水库采取空库迎汛，蓄清排沙运用方式，对电站发电有所影响。

2003年至2005年，庙宫水库进行除险加固工程施工，除完成了新建长786米排沙洞外，对原建拦河坝、泄洪洞、溢洪道等所属建筑物进行修复加固；对整个枢纽的全部金属结构及电气设备进行更新与完善；对管理处房屋进行维修更新；对发电洞进出口闸门、轨道、启闭机设备更新；闸门槽改造；启闭机房重建；对发电输水洞洞身混凝土被剥蚀、粗骨料裸露部分进行加固补强；原电站厂房由于一次电气设备和二次电气设备均布置在厂房同一侧，建筑面积偏小，室内温度过高，影响操作，这次在电站厂房靠山一侧增建中控室、厂用盘室、高压开关室，新增建筑面积180平方米；原主副厂房屋顶防水更换为SBS型防水材料，维修房屋门窗破损部位，对35间二线用房、屋顶全部改为大块加厚型水泥瓦，厂房窗户由钢窗改为铝合金结构；对机电设备进行更新改造：

（1）更换3台水轮机，更换后型号为HLA551-WJ-71。

（2）更换3台发电机，更换后型号为SFWE-K630-10/118，发电机组采用可控硅励磁方式。

（3）更换水轮机进水阀，更换成手、电两用的电动蝶阀，操作方便，安全可靠。

（4）改造了所有高低压、配电盘和升压站所有设备，电站实现了微机监控自动化。改造后于2006年6月1日正式恢复运行发电。整个机电设备及安装批复投资为1890万元，其中电站部分486万元。

电站自投产以来，1987年发电量达507万千瓦时，创80年代历史最好水平，被省水利厅命名为“文明单位”。

1996年发电668.08万千瓦时，占年设计发电量的77.1%。是发电以来历史最高。到2005年总计发电7318.61万千瓦时，年平均发电304.94万千瓦时。庙宫水库电站隶属于庙宫水库管理处，有管理人员27人。自电站投入运行以后，先后由何世奉、延怀岭、曹淑琴（女）、徐宝桐、宋百川等、安增全。

自2006年6月至2015年底累计上网电量3131万千瓦时。

四、黄土梁水库电站

黄土梁水库水电站位于丰宁县西官营乡卡沟门村附近，位于兴洲河上游牤牛河上，距县城57千米，为水库坝后式电站，是黄土梁中型水库枢纽工程的组成部分。电站发电洞与水库放水洞为二洞合一，放水洞为主洞，洞径2.5米，全长235.8米，发电支洞设在主洞右侧，电洞进口距主洞出口48米，成32度夹角，洞径1.8米，全长84.4米，与放水洞分叉处设洞内拦污栅1扇，电站设计引水流量2.8立方米/秒，最大水头30.3米，最低水头20.6米，平均水头26米，总发电装机容量540千瓦，设计年利用小时数1585小时，设计年发电量86万千瓦时。

电站与水库为同期施工，1974年底由丰宁县革委会成立黄土梁水库工程施工指挥部，组织全县4000余民工进场施工。1977年完成隧洞衬砌工程，1979年进行电站设备安装，1980年电站设备安装完毕，12月1日运行发电。电站装机3台，由江西省赣州水轮机厂生产的250千瓦HL260-WJ-42型水轮发电机组两台，青龙县电机厂配套生产的40千瓦HL260-WJ-20型水轮发电机组一台。电站建设总投资46.89万元，其中水工部分9.89万元，机电部分26万元，输电部分11万元。电站单位千瓦造价868.3元。资金来源为国家补助投资41.89万元，贷款5万元。共耗用水泥217.1吨，钢材20吨，木材82立方米。总用工3.8万工日。

电站投入运行后，利用县电力局10千伏线路独立向附近3个公社15个大队1200农户供电，与电力局建立供售关系。1984年以10千伏与凤山35千伏变电站合网运行，后因通信设备不良，于1986年11月8日解列，仍独立向西官营、何营、选将营和化吉营四个乡供电，最高负荷380千瓦。1993年以10千伏“T”接并入凤山变电站联网。

自运行以来，1981年至2005年累计发电1391.55万千瓦时，年平均发电量57.98万千瓦时。

1997年投资6万元，更新560千伏安主变压器1台。

2002年2月27日，河北省水利厅组织专家对《河北省黄土梁水库大坝安全鉴定报告》进行了审查，对大坝安全类别评定为三类，对电站部分鉴定结论为：

（1）电站放水洞混凝土衬砌段质量差、剥蚀严重，197米未衬砌段岩石裂隙发育，有塌方现象，影响洞身安全，出口及消力池混凝土剥蚀、露筋严重。

（2）放水洞进、出口工作闸门启闭机扬程及容量不够，不能正常运行。

（3）电气设备陈旧老化，超期服役，不能正常运用。

2003年11月至2005年黄土梁水库除险加固工程施工，对大坝下游坝坡加固和重砌下游护坡；上游坝坡翻修和坝顶路面硬化；溢洪道闸室进口拆除重建，陡槽及挑坎混凝土衬砌加固，增开尾水渠；放水洞、发电洞洞身衬砌及进、出口改造；闸门、启闭机、电气设备更新改造；修建进库道路以及大坝安全监测；管理设施完善等。设计概算总投资2803.72万元，其中：机电设备及安装工程240.05万元（含施工期及今后管理运用时的供配电费用）。

对电站部分加固改建项目有：

（1）放水洞161.5米，未衬砌段洞身重新进行钢筋混凝土衬砌，衬砌厚度0.4米，原混凝土衬砌段破坏部分进行补修。

（2）发电洞有62米长原为素混凝土衬砌，改为钢筋混凝土衬砌，厚度0.3米。放水洞、发电洞钢筋混凝土衬砌段分缝长度15米，分缝处设两道封闭型橡胶止水，并进行回填灌浆和固结灌浆。

（3）放水洞进口闸门和启闭机室拆除重建，将进口闸门改为事故检修门，运用方式为动水关闭，静水开启。闸门尺寸为2米×2.5米，更换门槽埋件，选用1台QPQ-25t型固定卷扬式启闭机。配套电机为YZ160L-8，功率9千瓦。

（4）增设进口拦污栅，尺寸为4.2米×4.2米，70度倾角布置，栅体分上、下两节，自重2吨，承插连接，原二期混凝土栅槽顶高程为336.0米，上延至342.3米，并在此高程处设清污平台，尺寸为4.5米×6.0米，采用钢筋混凝土结构并修宽3米的便桥与岸坡相连。原放水洞与发电洞交叉处，洞内拦污栅拆除。

（5）全部更新水库原有电气设备，重新进行电气设计：新建管理处新增1台50千伏安变压器，同时增加1台30千瓦的柴油发电机组，作为通讯等重要设备的备用电源；在溢洪道新增1台80千伏安的变压器和1台50千瓦的柴油发电机组，作为溢洪道闸门启闭设施的备用电源；放水洞进、出口启闭机用电仍引自电站站用变压器低压母线，站用变压器更换为100千伏安的变压器，柴油发电机组，更换为全自动机组，容量为50千瓦。

对电站水轮发电机组、电气主接线、主要电气设备、防雷、接地保护等都重新做了布置。2005年11月，除险加固工程全部竣工。

电站为全民所有制事业单位，隶属于丰宁县水利局黄土梁水库管理处管理运用。电站运行初期有职工12人，现水库职工27人，其中电站管理人员9人，先后由高贵轩、王明彦、敖玉强。

2005年，电站累计发电量为1391.55万千瓦时，年均发电57.98万千瓦时。

黄土梁水库水电站于2006年进行了机组改造，运行至今。目前，40千瓦机组已不再运行。2006年至2015年底总计发电量为637万千瓦时，多年平均为57万千瓦时；总收入为258.3万元，为国家缴税7.74万元。

五、老虎沟水库电站

老虎沟水库电站位于兴隆县半壁山区安了岭乡老虎沟村附近的横河上，　1971年5月1日开始兴建，由沟门子、半壁山两公社合作，建成蓄水1000立方米的小（Ⅰ）型水库，安装1台发电机组、装机容量为125千瓦，1972年投产发电，供安子岭、半壁山两个公社部分大队生产、生活用电。

1977年，老虎沟水库进行扩建，水库扩建成蓄水1220万立方米的中型水库，电站扩建增装两台单机320千瓦的水轮发电机组，发电装机总容量达到765千瓦，1981年1月23日发电，供电范围扩大到半壁山公社的3个乡11个村1800户。1987年10月31日，电站以10千伏线路并入半壁山110千伏变电站运行。

水库电站引水隧洞长346米，位于大坝右岸，距坝轴线上游390米，隧洞进口原为斜坡式结构安装1台转动圆盘铸铁闸门，螺杆斜拉启闭。隧洞洞径2米×2米，仅部分衬砌，进口段15米长用钢筋混凝土衬砌，中部（0+100-0+200）为浆砌块石衬砌，末端（0+300-0+335）为钢筋混凝土衬砌，下部（0+355-0+346）为直径1.6米的钢管（斜坡），钢管现场整体安装焊接，进口设直径为1米的铸铁闸阀1台，钢管末端分3条岔管，与3台水轮机组相连。

电站设计发电流量4.34立方米/秒，设计最高水头25.1米，最低水头12.7米，平均水头18.7米，设计年发电量为270万千瓦时，设计年利用小时3680小时。安装混流式水轮发电机组3台，其中2台单机容量为320千瓦的HL260-WJ-60型水轮机（福建永春水轮发电机厂生产）配TSWN39/46-8型发电机（河南西峡水电设备厂生产），一台容量为125千瓦的HL300-WJ-35型水轮机（浙江临海机械厂生产）配TSWN59/37-6型新疆水力机械厂生产的发电机1台。厂区占地面积1136平方米，主厂房建筑面积为197×10平方米，付厂房100×10平方米，共三层，厂房内安装5吨天车1台，厂房占地350平方米，升压站占地250平方米。

原电站建设总投资115万元，其中水工部分45万元，机电部分50万元，输电部分20万元。电站单位千瓦造价1503元。资金来源，为国家补助92万元，自筹15万元，贷款8万元，工程消耗材料水泥385吨，钢材18吨，木材30立方米，用工1.1万工日。1982年至2005年，电站累计发电量为2131.97万千瓦时，年均发电88.83万千瓦时。

1992年电站淘汰了运用多年的硅整流交流电源，增设了镉镍直流电源，提高电站安全运行水平。

电站由老虎沟水库管理处直接管理，为全民所有制事业单位，实行企业管理，隶属于兴隆县水利局。水库有管理人员32人，其中：电站管理人员8名，刘绍林、杨凤翔、孙连友、孙久全先后任电站主任。现任主任赵青松。

2003年7月18日河北省水利厅对老虎沟水库除险加固工程对电站输水洞进行改建，输水洞进口改建成塔式进水口，闸室为1孔，采用箱式结构，闸孔尺寸为2米×2.5米（宽×高），由洞径3.3米长的渐变段渐变成洞径为2米×2米，与隧洞相接。进水塔顶设检修平台和启闭机室，内设启闭机和5吨电动葫芦各1台。启闭机室由2跨34米长的钢筋混凝土工作桥由与岸边相连；输水洞洞身将原浆砌石及素混凝土衬砌全部拆除，清除洞内危石，重新全部做钢筋混凝土衬砌，洞径为2×2米，纵坡与原洞底相同，衬砌厚度25厘米，输水洞出口将铸铁闸阀拆除，改建成直径1.2米的电动蝶阀；并对水库枢纽电气设施进行更新、改建。

除险加固工程批复工程总投资为2473.0万元，其中：机电设备安装工程219.77万元。

2005年5月工程开工，2006年7月主体工程基本竣工。

2015年，投资130.01万元对老虎沟水电站进行技术改造工程建设，工程于2015年9月16日开工，2015年12月25日完工。

老虎沟水电站2006年至2015年底发电量724万千瓦时（其中2005-2006年未发电，水库进行除险加固）。

老虎沟水电站由兴隆县老虎沟水库管理处统一管理，经费主要来源于水费收入和发电收入。水库管理处现有员工12人，其中主任1名，副主任1名，电站运行管理人员6人，办公室后勤管理人员2人，会计1人，出纳1人。

六、滦平县山前水电站

山前水电站位于滦平县张百湾镇山前村滦河干流上，距离滦平县城20千米，距承德市区30千米。电站为无调节径流式电站，设计水头16米，引水流量13.7立方米/秒，原发电装机容量1600千瓦，保证率60%，设计年利用小时5488小时，年发电量878万千瓦时。1997年总装机容量增至1920千瓦，设计年发电量为817万千瓦时。

1970年10月开始由张百湾和金沟屯两个公社联合修建，社队出劳力基本口粮，国家补助主要材料、工具和生活费，至1972年10月，县、社、队共投资16.9万元，用工5万个。1977年12月，县电力局和县小水电办公室联合组建了山前水电站工程指挥部，负责电站的设计和组织施工，仍采取社队出工，国家补助的办法，到1980年6月，开凿出断面为3米×3米的马蹄形隧洞233米，开挖和浇注了尾水管和水轮机穴，基本完成厂房和土建工程，建成管理处一座办公楼和其他附属设施，购进两套水轮发电机组及部分电器设备。同年7月改由县水利局负责电站施工，并着手筹建电站管理机构，培训运行及管理人员。1981年11月第1台机组投产发电。1982年6月，各项工程全部竣工，移交电站管理处投入运行管理，经过带负荷试运转后并网发电。

山前水电站工程全部投资347万元，其中土建工程205万元，机电设备127万元，征地及其他投资15万元。资金来源为国家补助190万元，贷款105万元，水利周转金20万元，欠施工和材料费32万元。总用工52万个工日。

该电站为利用河道截弯取直取得落差，开凿引水隧洞全长398米，引水渠2013米，尾水渠1275米，渠道总长3686米。发电设备采用福建南平机电厂出产的ZD661-LH-120型轴流定桨式800千瓦水轮发电机组2台。电站自1982年投入运行以来，机组运转正常，因电站上游引水渠淤积较多，过水能力减少，平均年运行仅230天左右。1982年至1990年累计发电量3708万千瓦时，年平均发电量412万千瓦时。1987年被省水利厅命名为“文明单位”。

电站发电经3.5千米10千伏线路输送到张百湾35千伏变电站并入国家电网。对缓和滦平用电紧张状况，提高张百湾变电站供电质量起到一定作用。

1990年，由于滦平县事业单位超编等原因，县编委将山前水电站事业性质改为预算外企业，从1991年1月1日起正式改为企业单位。改制后，在政策上遇到很多难以解决的问题，1992年4月17日滦平县编委同意山前水电站恢复为事业单位。

1991年山前水电站与华北电力学院协作，将2号水轮机原固定桨叶转轮改成可调桨叶转轮，取得较好效果。

由于受政策限制，电价偏低，设备磨损、老化等多种原因，多年来山前水电站入不敷出，无力偿还银行债务。1994年省水利厅下达山前水电站以电养电资金50万元，承德市水利局匹配40万元，滦平县、山前电站匹配20万元，计110万元，与滦平县工商银行协议一次还清了建设贷款，增强了电站发展的信心，保证了正常发电。

1996年8月24日，河北省水利厅对《滦平县山前水电站扩建机组工程可行性研究报告》进行批复，利用电站现有条件，扩建一台小机组是有必要和可能的。

1996年12月31日，河北省水利厅对滦平县山前水电站扩建机组工程初步设计批复如下：电站扩建机组容量为320千瓦，最大引用流量为2.65立方米/秒，设计水头16米，年设计发电量为106万千瓦时，年利用小时3313小时。

扩建机组的投资和管理实行股份合作制。扩建机组工程概算投资核定为157.061万元。

1997年1月16日，省水利厅批复山前电站扩建机组工程于1997年1月动工，于1997年6月27日正式并网发电。

该电站1982年至2005年，累计发电10655.60万千瓦时，年平均发电量为443.98万千瓦时。

2014年2月至2015年4月，对1号、2号、3号机组及1号、2号继电保护、控制屏、直流屏进行更新。1号、2号、3号更换转轮室导水叶，3号更换泄水锥前后压盖，现1号、2号继电保护、控制屏、直流屏发电机保护选用米SJK-14501-LCU1-YL微机保护装置，控制部分选用常规BKG屏，直流电源保护选用24V，控制选用220V，机组自动化选用PLC顺控；更换1号、2号、3号调速器及励磁装置（调速器和励磁分别采用了YWT型微机调速器和ZKLF型励磁装置）；更换天车电葫芦由原5吨为10吨；山后闸门泄水闸、引水闸更换启闭机。

该电站2006年至2015年累计发电3024.2万千瓦时，年平均发电量为302.4万千瓦时。

2015年，山前水电站安全标准化达标评级三级标准通过评审。

山前水电站隶属于滦平县水利局，为全民所有制事业单位，实行企业管理。现有职工31人，其中管理干部4名，固定工人20名，合同制工人3名，计划外用工4名。在工人中运行人员18名。电站从2000年以后站长依次为付永、马忠义、李海东，现任站长为孔凡军。

七、滦平县大河西水电站

大西河水电站位于滦平县西沟乡大河西村滦河干流上，是利用河流弯道截弯取直开隧洞，引滦河水而修建的一座径流式水电站。电站枢纽工程包括发电厂房、引水坝、引水隧洞、前池、压力管道、尾水渠及与之配套的各种闸室等。该电站原属乡级管理。

发电厂房由主、副厂房组成，占地面积225.54平方米，安装三台水轮发电机组，装机容量3×250千瓦，设计发电流量12.6立方米/秒、毛水头7.2米、保证率为66%，设计年发电量394万千瓦时。

引水坝建在滦河主河道上，为铅丝石笼堰坝，坝长90米，其中溢流段长41.5米，坝高5.5米；坝后接一海漫长15米，坝面及海漫均为1米厚铅丝石笼护砌。引水坝右端上游侧护地坝长30米，左坝端自左至右依次设有灌溉闸和冲砂闸，闸底高程皆为532.87米。灌溉闸设计引水流量0.5立方米/秒。

引水隧洞位于引水坝左端上游侧，河水直接进洞，出口接前池。隧洞设计断面为马蹄形，宽3米、高3.1米、上部矢高为0.7米，洞长227米，纵坡为1/300。洞进口设一孔进水闸，孔口为3米×3.2米，采用平板钢闸门控制，8吨单吊点螺杆启闭机，闸底板为一驼峰堰，堰顶高程533.57米。

前池为不规则形状，浆砌石结构，混凝土防渗，容积为323立方米，设有一孔冲沙闸、溢流堰及泄水渠等。

压力管道为现场浇注钢筋混凝土结构，共3条，各长18米，内径为1.5米，壁厚0.3米，上接前池，下经一渐变段由园变方（2.77米×1.36米）与厂房内三台水轮机进口相连。三条压力管进口设进水闸，采用平板钢闸门控制，8吨双吊点快速卷扬机启闭，闸前设有拦污栅。

尾水渠为变断面浆砌石结构，长208.5米，纵坡为1‰。

电站总投资270.5万元，在总投资中扩建投资235万元（不包括机组设备、隧洞造价及原电站造价），其中借省、地、县三级周转金159万元，乡借贷款28万元，地、县投资13万元。

大河西水电站属社办工程，始建于1970年，竣工于1990，经历了原建和扩建两个阶段。

1997年电站收归滦平县水电局管理，重点抓了基础设施建设和挖潜改造，完成了职工宿舍、办公楼、食堂改造、通信设备租赁和100千伏安主变压器更新等工程项目，共投入资金37.5万元，其中：市水利局投资16.8万元。1998年7月6日特大洪水将电站尾水、前池、拦河坝全部冲毁，当年汛后即行修复。1990年至2005年，电站累计发电2411.8万千瓦时，年均发电量为150.74万千瓦时。2011年，由发改委为电站拨款300万对电站进行了技术改造，电站于2011年6月停产。为了提高大河西电站的发电量，2016年电站将省级补助的

100万资金用于扩充前池面积，工程队于3月初开始工作，渠墙总长27米，顶宽0.5米，底宽2.96米，高4.1米，基础底4.9米，宽4.8米，总共使用石方297方，用时一个月的时间完成了全部改建工程。2006年至2015年电站累计发电1349万千瓦时，年均发电量为134.9万千瓦时，年均经济效益56.7万元。

2005年以后站长为孔凡军。

2017年，大河西水电站安全标准化达标评级三级标准通过评审。

八、承德县柳河（龙嘴）水电站

柳河水电站原名龙嘴水电站，位于承德县大营子乡幸福村山西头处，滦河支流柳河干流上，为引水式径流电站。坝址以上流域面积955平方千米，多年平均降水量632毫米，多年平均径流量2.941立方米/秒。

1989年10月开工兴建，石家庄地区水电勘测设计院为主要设计单位。

1992年10月建成，水电站由拦河坝、引水渠、引水隧洞、前池、压力管、厂房、尾水渠组成。

拦河坝为钢筋混凝土防渗干砌石混合坝，最大坝高3.79米，坝顶长111.5米，引水渠为浆砌石渠，长1960米，引水隧洞为无压城门型洞，长713米，断面为2.8米×3.5米，喷锚衬砌。压力管为钢管，3条，直径1米，长20米，分别由前池引水进入厂房与蝴蝶阀相连，进入水轮机。

电站设计引用流量8.4立方米/秒，设计水头15.6米，总装机960千瓦（3×320），设计年发电量367万千瓦时，设计年利用小时3822小时。

水轮机型号为HL260-WJ-71，3台，为河南西峡水电设备厂生产。额定出力326千瓦/台，额定转速375转/分，额定水头15.6米，设计流量2.67立方米/秒。发电机型号为SFW320-16/1430，3台，额定功率320千瓦/台，额定电压400伏，额定转速375转/分，调速器型号为Y-300。

水电站工程量：土石方开挖48399立方米，混凝土浇筑1403立方米。所需水泥3500吨，钢材100吨，木材300立方米。原建时，省批复概算总投资400万元。水电站建成后，1993年发电192.68万千瓦时。1994年上半年发电44.1万千瓦时。同年7月13日，洪水将电站拦河坝、引水渠冲毁，失去发电能力。

1997年，在省、市、县各级领导的大力支持下，豁免建设贷款和周转金370万元，并批准恢复工程设计总概算投资127万元（其中省扶持40万元）。1997年3月恢复水毁工程动工，至8月中旬完成拦河坝120米、引水渠758米、尾水渠清淤、延长和加固、厂区护坡、1千米高压线路及机电设备大修、调试等工程，9月21日全部竣工并网发电，当年发电33.82万千瓦时，从此龙嘴电站更名为柳河水电站。恢复工程共完成投资158万元，超概算31万元。

1993年至2005年，累计发电量为1138.04万千瓦时，年均发电量为103.458万千瓦时。电站以35千伏输电线路并入711变电站联网运行。

根据国家发改委、财政部、农业部、林业部、水利部关于河北省巩固退耕还林成果专项要求和部署，2013年9月16日河北省发改委以冀发改农经〔2013〕1496号文对《承德县巩固退耕还林成果柳河水电站技术改造工程可行性研究报告》进行了批复，批复概算总投资562.74万元。2014年3月4日河北省水利厅以冀水电〔2014〕11号文对《承德县巩固退耕还林成果柳河水电站技术改造工程初步设计》进行了批复，审查核定概算投资为582万元。本工程于2014年5月22日开工，2015年12月10日全部完成。

柳河水电站隶属于承德县水务局，经费主要来源于发电收入。电站现有员工6人，其中站长1名，电站运行技术人员4人，财务1人。电站现有职工12人，该电站历任站长：张文、李清荣、窦玉东、王晓峰、陈立杰。

九、承德市光大水电站

光大水电站原为秋窝电站，位于承德市大石庙镇，秋窝村附近的滦河干流上，站址以上流域面积 24249 平方千米，多年平均流量 31.65 立方米／秒。

秋窝水电站原邯郸地区水利水电勘测设计院设计，河北省水利厅和省计经委批准，1991 年 9 月 30 日开工兴建，主管建设单位为承德市水利局。

秋窝水电站为径流低坝引水式电站，设计水头 10.7 米，设计流量 31.7 立方米／秒，总装机容量 2630 千瓦（2×1000 千瓦 +1×630 千瓦），设计年发电量 1526 万千瓦时，年利用小时 4703 小时。电站主要建设物有：拦河坝、库区两岸护地坝、进、泄水闸、引水隧洞、前池、厂房、尾水渠及倒虹吸、升压站、厂区管理房等。拦河坝为浆砌石溢洪坝，最大坝高 3.15 米，坝顶长 174 米；进水闸 3 孔，断面尺寸为 6 米 ×2 米（宽 × 高），泄洪闸 3 孔，4 米 ×3 米（宽 × 高）平板钢闸门；引水隧洞为无压城门型，长 1026 米，宽 5 米，直墙高 3.17 米，拱矢高 1.45 米，底坡 1/1800；前池长 51 米，宽 19 米；压力管道为钢筋混凝土管 3 条，直径为 2.3 米，长 17 米；尾水渠长 1680 米，宽 20 米，底坡 1/1500 尾水渠出口处建一座倒虹吸，长 57 米由 10 孔 1.5 米 ×1.5 米钢筋混凝土管现场浇筑而成；电站主厂房 30 米 ×10 米（长 × 宽），副厂房 23 米 ×6.5 米，厂区占地 9.9 亩。

1990 年 12 月 3 日，河北省水利厅批复工程概算总投资 1179.11 万元。至 1994 年 10 月，共完成库区两岸护地坝、进泄水闸、引水隧洞开挖、厂区开挖、厂房混凝土水轮机层以下部分、倒虹吸工程、厂区管理房、设备订货等项目，共完成建设投资 1300 万元，省投资 1000 万元，全部到位。地方配套资金未能到位，1994 年 10 月停工。1996 年 4 月 10 日，河北省水利厅批复承德市秋窝水电站修正概算为：2378.78 万元。1997 年底，承德光大农业发展有限责任公司与承德市小水电技术开发服务中心达成联合开发修建秋窝电站的协议，组建承德光大水电开发有限责任公司，负责建设光大水电站（原秋窝电站）。1998 年 5 月电站恢复开工建设，1999 年 12 月电站工程全部竣工，完成总投资 3160 万元。2000 年 2 月最后 1 台机组投产发电，电站以 35 千伏线路并入南郊变电站联网运行，至 2005 年累计发电 2999 万千瓦时，年均发电量为 499.83 万千瓦时。

光大水电站现为股份制企业，由承德光大农业发展有限责任公司控股，现有职工 29 名，历任站长为王权、徐革。

十、宽城县双洞子水电站

双洞子水电站位于宽城县龙须门镇骆驼厂村附近瀑河干流上，距离县城 7 千米，为日调节低坝径流引水式电站，站址以上流域面积 1340 平方千米。

1996 年 8 月 25 日，承德市计委批准立项，1997 年 7 月 18 日河北省水利厅批准初步设计。1999 年 12 月电站开始施工，2000 年 12 月 25 日竣工并网发电。

双洞子水电站工程包括引水枢纽、隧洞和厂区枢纽三大部分组成。其中：引水枢纽由拦河坝、进水闸、泄洪闸组成。拦河坝结构为钢筋混凝土硬壳坝，最大坝高 5.2 米，坝顶长 87 米，坝顶宽 4.0 米，坝顶设翻板闸，尺寸 5 米 ×2 米（宽 × 高），共 16 孔；进水闸为平板钢闸门，闸门尺寸 2.5 米 ×2.5 米（宽 × 高）；泄洪闸为平板钢闸门，闸门尺寸 3 米 ×3 米（宽 × 高）。隧洞为城门洞型无压隧洞，断面尺寸 2.6 米 ×2.72 米，纵坡 1/1700，长度 2380 米。厂区枢纽由压力前池、压力管道、厂房、尾水渠、生活办公区组成。压力前池结构为浆砌石矩形槽，外部混凝土衬砌，尺寸 6 米 ×7.2 米（长 × 宽）溢流堰顶长 8 米，蓄水量为 352.76 立方米，冲砂闸一座为平板钢闸门，尺寸 1.5 米 ×1.5 米（宽 × 高）；压力管进口闸一道为平板钢闸门，尺寸 1.2 米 ×1.2 米（宽 × 高）；压力管道结构为钢管，内径 1.2 米，2 条，每条长度为 35 米；厂房地面式钢结构，厂房尺寸 24.5 米 ×9 米 ×7.2 米（长 × 宽 × 高）建筑面积 220.5 平方米；尾水渠结构为浆砌石拱涵，底宽 3.8 米，高 1.8 米，长度 1100 米；生活办公区占地面积2300平方米，管理房120平方米。

双洞子水电站引用流量4.67立方米/秒，设计水头21.59米，装机容量800千瓦(2×400千瓦)，设计年发电量357.91万千瓦时，设计年利用小时4474小时，电站装2台HLA244-WJ-64型水轮机，配备2台SFW400-10/990型发电机，XT-300型调速器，电站通过500米，10千伏高压线路“T”接并网，工程总预算投资661万元。电站实际完成总投资为1099万元，其中：建筑工程投资793万元，设备及安装费140万元，其他投资166万元。在总投资中，国家投资131万元，银行贷款400万元，自筹568万元。

电站现有职工12人，属宽城县水务局管辖，事业单位企业化管理。电站2000年12月并网发电到2005年底累计发电1021.16万千瓦时，截至2015年底累计发电2734.77万千瓦时。

2017年，双洞子水电站安全标准化达标评级三级标准通过评审。

十一、丰宁水库电站

丰宁水电站位于丰宁县四岔口乡永利村附近滦河干流上，坝址位于永利村上游1千米处。

1996年9月26日，丰宁县人民政府与北京华北电力实业总公司签订了联合开发兴建丰宁水电站的协议，在永利村附近兴建水库蓄水工程，主要任务是发电，并逐步开展旅游、渔业。

1997年，由水利电力部北京勘测设计研究院、中国水利水电建设工程咨询北京公司，完成了丰宁水电站项目可研代初设工作，通过了电力工业部水电水利规划设计管理局、河北省计委组织的审查论证。1998年3月2日，电力工业部批复了可行性研究报告。1998年8月28日，丰宁电站正式开工兴建。2000年11月18日，水库下闸蓄水。2001年12月13日工程全部竣工，投入试运行。2004年11月丰宁水电站工程通过由河北省水利厅组织的竣工验收。

丰宁电站水库是年调节的中型水利枢纽工程，控制流域面积为10202平方千米，总库容7199万立方米。水库枢纽为三等工程，拦河坝、溢洪道、泄洪洞按3级建筑物设计。水电站为四等工程，引水建筑物、厂房、尾水渠等按4级建筑物设计。电站设计流量42.8立方米/秒，设计水头54.0米，总装机容量为2万千瓦，设计年发电量为3300万千瓦时。

发电引水隧洞位于拦河坝左侧上游140米处，隧洞洞身总长4466米，其中进口喇叭口段长8.5米，洞身段长4457.5米，洞身中衬砌段长759.5米，采用混凝土衬砌，非衬砌段长3698米，采用喷锚或不衬砌。在4+457.5米设调压井，调压井下游侧，外边线设置7.5米长的渐变段，管道内径由4.6米渐变为3.7米，随后下接管径为3.7米的压力钢管，压力钢管为地下埋管，其上、下弯段、斜管段、水平段都在地下，埋深在25米至30米不等，长度84.98米，主管末端下接2条支管，内径为2.6米，再渐变为2.25米，进入厂房分别与蝴蝶阀相连接，压力管道总长为140.72米。

电站厂房位于北湾子村下游300米处，建筑总面积59.05米×14米，东侧为副厂房21.5米×14米，中间为主厂房37.55米×14米。

尾水渠全长301.31米，尾水渠底宽10米，边坡为1:1.5，采用浆砌块石护坡护底，并设置排水孔，尾水管出口处设置反坡段，由尾水管出口977.17米高程，按1:3坡度抬高到尾水渠底高程982.8米然后以1/1000纵坡与滦河相接。向厂房东南方向拐去，汇入滦河。

丰宁电站水库库区面积3.55平方千米，淹没搬迁永利村的东湾子及灰窑子两个居民组104户410人，淹浸耕地、林地、草地3282亩。拆除1972年兴建的装机容量为584千瓦的牛圈子小型水电站1座，10千伏输电线路13千米。

丰宁电站水库工程总投资21544万元（含淹没补偿费2574.8万元）全部建设资金由华北电力实业总公司落实。

丰宁电站水库自2001年底竣工后以110千伏，57千米输电线路并入丰宁变电站并网运行，是承德电网主要调峰电源。到2005年，已发电9138.82万千瓦时。

十二、宽城县汇泽园水电站

汇泽园水电站原名大桑园水电站，位于瀑河干流宽城县境内，距县城21千米，电站厂区位于大桑园村头道河子自然村东，电站拦河坝坝址位于化皮村附近，坝址以上流域面积1804平方千米，多年平均流量为7.45立方米/秒，多年平均径流总量2.35亿立方米，水力资源丰富。

该电站由水利部河北水利水电设计研究院设计。

2000年，完成《宽城满族自治县大桑园水电站项目建议书》，2000年9月1日省水利厅批复大桑园水电站项目建议书。2000年12月完成了《宽城满族自治县大桑园水电站初步设计》和《宽城满族自治县大桑园水电站初步设计补充报告》。2001年4月3日，河北省水利厅批复电站的引水枢纽及隧洞工程初步设计，核定初步设计概算投资904.35万元。

2001年7月8日，引水隧洞正式开工，后因隧洞进口附近发生大面积塌方而停工，决定将隧洞进口下移404米，拦河坝由原位置下移80米。

2001年10月29日，河北省水利厅批复“宽城县大桑园水电站厂区及机电设备安装工程初步设计”。

电站开发方式为引水式电站、水库蓄水量为29.1万立方米。

电站装机规模为2200千瓦，电站机组引用流量为7.6立方米/秒，设计水头为35.6米，设计年发电量897.7万千瓦时，年利用小时4080小时。

电站选用2台HLA551-WJ-71型水轮机，共同配套1台SFW2200-8/1730型发电机。

电站采用“一机一变”单元电气主接线方式，35千伏出线并入电网。电站选用“无人值班，少人守班”的微机自动化监控系统。

引水隧洞长2774.8米，为无压圆拱直墙式断面，宽3.3米，高3.7米，纵坡1/1500，分为衬砌段、喷护段和不衬砌段三种情况，对不衬砌段隧洞底部采用混凝土抹平。引水隧洞出口接压力前池，断面尺寸为8.2米×33米（宽×高）。压力管长120米，直径1.3米。

大桑园水电站引水隧洞、拦河坝、冲砂闸工程均由河北省水利工程局中标承建。

大桑园水电站现名汇泽园水电站，电站建成后，水轮机、调速器、励磁等机电设备陆续出现问题，电站几乎未正常运转，2007年6月隧道出现塌方，不能过水，电站停产，2009年电站隧道完成清淤开始正常发电。截至2015年底累计发电3156.7万千瓦时。

电站建成后，崔桂才、商贺东、任孟旭先后任站长。

2015年，汇泽园水电站安全标准化达标评级三级标准通过评审。

十三、六道河水电站

六道河水电站位于承德市双滦区西地乡四道河村（西地乡于2009年8月由滦平县划归双滦区）。由河北博昊水电开发有限公司承建管理，电站的进口枢纽位于滦平县张百湾镇偏道子村东。六道河水电站是滦平县“十五”期间农村水电电气化县电源工程项目，是省、市、县水电重点开发项目。

河北省计划委员会于1998年以农［1998］484号文件批复立项，河北省水利厅于1997年以冀水电字［1997］23号文件对电站的初步设计进行了批复，2003年河北省水利厅又以冀水电［2003］26号文件对电站一期工程初步设计进行了批复。2007年9月华北电网有限公司以华北电网营销［2007］93号文对六道河水电站并网进行了批复。

六道河水电站位于滦河干流，坝址以上流域面积44750平方千米，一期工程为引水式水电站。该电站总装机容量4000千瓦（2×1600千瓦+1×800千瓦），设计水头28.2米，引用流量16.82立方米/秒，设计年发电量2131.19万千瓦时，年利用小时5328小时，设计概算投资3936万元。电站于2004年4月正式开始施工，于2009年

11月建成。

电站工程包括引水枢纽、引水隧洞、前池、压力管道、厂房、尾水渠、升压站、并网线路、厂区工程等项目。电站安装有2台 HL-A551-LJ-105型水轮机，配套2台SF-K1600-14/2150型6.3千伏高压发电机；1台HL820-LJ-71型水轮机，配套1台SF-K800-10/1730型6.3千伏高压发电机；电站采用“三机一变”电气主接线方式，以35千伏出线并入西地变电站运行；电站采用微机自动化监控系统。

河北省水利厅于2014年9月以冀水电［2014］62号文件对六道河水电站一期工程修改概算做了批复，核定总投资为6178万元。其中：国家水电补助860万元，银行贷款及基建投资借款3940万元，各股东投资项目资本金1010万元，其他借款874.6万元。

截至2015年底，累计发电量3631.2万千瓦时。

六道河水电站自2010年3月开始发电，2010年7月通过了省水利厅组织的机组启动验收。

河北博昊水电开发有限公司设经理1名，副经理1名；下设：综合事务部和生产技术部，管理人员共15人。

十四、瑞合水电站

瑞合水电站原名郭营子水电站，位于承德市高新区冯营子镇冯营子村后窑。该电站为小水电代燃料项目，于2010年经河北省发展和改革委员会以冀发改农经［2010］156号批复立项。

瑞合水电站紧邻滦河承德市南区第三道橡胶坝泵房，布置于滦河右岸，电站采用与橡胶坝相同的50年一遇防洪标准。电站总装机1250千瓦，设计年发电量646.09千瓦时，年利用小时4089小时，设计水头5.68米，机组引用流量37.46立方米/秒，批复概算总投资1888万元。实际完成投资2313万元。

电站建筑物主要包括进水闸、进水涵洞、前池、副厂房、主厂房尾水渠及交通公路等厂区附属建筑物。电站采取引水式地面厂房，安装间布置在主厂房右侧，副厂房布置在主厂房上游侧的箱体平台上，主变布置在主厂房上游副厂房右侧。

该项目于2010年5月开工，2015年8月完工，归双桥区冯营子村委会管理。

十五、滦河二级水电站

滦河二级水电站位于承德县下板城镇下板城村。该站为水电农村电气化项目，该站装机容量2500千瓦，设计水头5.15米，设计流量58立方米/秒，设计年发电量858.1万千瓦时。水轮机原型号GDJ735A-WZ-210，配套发电机为SFW800-6/1180。

滦河二级水电站为橡胶坝式水电站，电站布置在滦河道左岸，由引水工程和电站专门建筑物组成。引水枢纽由橡胶拦河坝、电站引水闸、厂房和尾水渠、上游回水区防护工程等组成。

该站于2007年8月开工建设，2015年8月投产试运行。

滦河二级水电站项目法人为承德县珑颐水电有限公司，控股股东为河北省水务集团。电站现有员工8人。

十六、老窝铺水电站

老窝铺水电站位于小滦河围场满族蒙古族自治县老窝铺乡上窝铺村，2007年6月3日河北省水利厅以冀水电［2007］29号文批复初步设计。水电站坝址以上控制流域面积1320平方千米，多年平均径流量0.8724亿立方米，老窝铺水库大坝坝长147.9米，坝高12米，总库容98万立方米，水电站为坝后式。设计水头11.4米，引水流量5.34立方米/秒，装机500千瓦，设计年发电量152万千瓦时，年利用小时3040小时，总投资560万元。

老窝铺水电站于2007年9月开工建设至2008年12月大坝主体竣工，2009年7月蓄水试运行，2010年4月28日正式并网发电。

老窝铺水电站现已转让承德小滦河水电开发有限公司管理。

十七、下湾子水电站（在建）

下湾子水电站位于御道口乡御道口村，该工

程可行性研究报告于 2007 年 10 月份经省发改委以冀发改农经〔2007〕1729 号文批复，初步设计报告于 2011 年 5 月 13 日经河北省水利厅以冀水电〔2011〕15 号文予以批复。修改初步设计于 2012 年 5 月 15 日以冀水电〔2012〕9 号、10 号、11 号、12 号文件批复，装机 1000 千瓦，批复概算总投资 6801 万元。

下湾子水库大坝坝址以上控制流域面积 1177 平方千米，多年平均径流量 0.87 亿立方米，设计库容 549 万立方米，最大坝长 387 米，坝高 27.5 米，开发方式为坝后式。

电站设计水头 18 米，引水流量 4.20 立方米 / 秒，年均发电量 297.12 万千瓦时，年利用小时 3082 小时，该工程于 2012 年 8 月 15 日开工建设，截至 2015 年底，主体工程完工。

下湾子水电站由承德小滦河水电开发有限公司投资管理。

十八、挖钱沟水电站（在建）

挖钱沟水电站位于小滦河老窝铺乡石人梁村。该工程可研于 2010 年 1 月 20 日以冀发改农经〔2010〕38 号文批复，省水利厅以〔2012〕22 号文件批复挖钱沟水电站初步设计，批复概算总投资 6298 万元。

电站坝址以上控制流域面积 1216 平方千米，多年平均径流量 0.87 亿立方米，设计库容 820 万立方米，最大坝长 230 米，坝高 22.2 米，开发方式为坝后式。

电站设计装机容量 800 千瓦，电站设计水头 17 米，引水流量 5.2 立方米 / 秒，年利用小时 3304 小时，年均发电量 264.3 万千瓦时。该工程于 2014 年 10 月 20 日开工建设。

挖钱沟水电站由承德小滦河水电开发有限公司投资管理。

十九、甘沟口水电站（在建）

甘沟口水电站位于小滦河老窝铺乡石人梁村榆树沟门，该工程可研于 2010 年 11 月 24 日以冀发改农经〔2010〕1787 号文批复，初步设计于 2013 年 3 月 27 日以冀水电〔2013〕4 号文件批复。电站设计装机容量 500 千瓦，总投资 1291 万元。

坝址以上控制流域面积 1221 平方千米，多年平均径流量 0.87 亿立方米，拦河坝设计库容 150 立方米，坝长 175 米，坝高 7.5 米，开发方式为引水式。

电站设计水头 11.2 米，引水流量 5.84 立方米 / 秒，年利用小时 2924 小时，年均发电量 146.20 万千瓦时。该工程于 2014 年 6 月 15 日开工建设。

甘沟口水电站由承德小滦河水电开发有限公司投资管理。

二十、李家沟门水电站（在建）

李家沟门水电站位于滦河干流上，地处丰宁县苏家店乡境内，距县城 65 千米，其坝址位于丰宁水电站下游 4 千米处，电站厂房位于干沟门村，距丰宁水电站厂房 8.8 千米，水电站开发式为引水式水电站。由丰宁县水务局主导实施，下设管理机构李家沟门水电站工程建设处。

2007 年 10 月省发改委批复了该工程可研报告， 2010 年 1 月省水利厅批复了初步设计，批复概算总投资 4514 万元。

工程枢纽部分采用溢流坝拦蓄水头，冲砂闸与进水闸依次布置在滦河左岸，引水渠道长 503 米，引水渠道后接输水隧洞，隧洞全长 1855.2 米，引水流量 23 立方米 / 秒，设计电站水头 21 米，装机容量为 4000 千瓦，采用 3 套水轮发电机组，年利用小时为 2500 小时，设计年发电量为 1080 万千瓦时。

该电站截至 2014 年底，完成投资 1075.09 万元。主要完成包括征地、修路、架电、引水隧洞等工程。其他工程未实施。

二十一、庄头营一、二级水电站（在建）

庄头营一、二级水电站位于承德市高新区冯营子镇郭营子村。该电站为小水电代燃料项目，于 2015 年 5 月由河北省水利厅以冀水电 [2015]24 号文件批复了初步设计，于 2016 年 4 月 25 日开工建设。工程主要由机电设备安装和水工建筑物组成，总装机容量为2560千瓦，其中一、二级电站装机容量均为1280千瓦（4×320千瓦），安装8台水轮机，配套8台发电机，设计流量44.8立方米/秒，设计水头3.6米，多年发电量996.26万千瓦时，年利用小时3774小时，水工建筑总体布置和主要建筑物包括进水池、进水闸、涵洞连接段、厂房过渡段、主厂房、尾水闸、出水池、副厂房及管理用房。电站主要建筑物级别Ⅳ级，临时建筑为Ⅴ级，电站设计洪水标准为50年一遇，校核洪水标准为100年一遇，地震设计烈度为6度。庄头营一、二级小水电代燃料工程项目工程总投2979.62万元。

二十二、滦河三级水电站（暂停建）

该项目为滦河流域梯级水电开发的第三级水电站。站址位于承德县下板城镇大杖子村，装机容量为3200千瓦，设计年发电量为995.02万千瓦时，总投资2275万元。

该项目于2010年4月14日正式开工建设，已完成土建总工程量的90%左右，因项目法人自筹资金无法落实，难以继续施工，经汇报省水利厅同意后已停止施工，待条件成熟时复建。

第二节 100-500千瓦水电站工程

2005年底统计，全市已建成的500千瓦以下至100千瓦的水电站有小黄旗、四道河、三道河、窟窿山、钓鱼台、团结、三旗杆、改河、顺通（上板城）、马鞍山、二道湾、二拨子、下河西、赵家店等14处，总装机27台，容量3214千瓦，大部分由乡（镇）建成管理运用，少部分为全民所有。小黄旗、四道河两座水电站是50年代中期建成的第一批水电站工程，经过50多年的运行和维修、改建、扩建，仍保持稳定状况，发电运行正常，对小水电站的建设与发展起了一定示范作用。

一、隆化县小黄旗水电站

小黄旗水电站属滦河干流引水式电站，位于隆化县太平庄乡小黄旗村，1956年底竣工，是承德地区建成的第一座水电站。初期时由马龙田主持勘测设计，设计水头5米，引水流量1立方米/秒，装机30千瓦。安装木制螺旋桨式水轮机，由承德市铁木厂制作。该电站除为小黄旗村照明用电外并进行农副产品加工。

1978年8月，隆化县水利局、电力局提出重建，仍为渠道引水式电站，引水渠长2400米，设计水头6米，设计流量8立方米/秒，总装机2×200千瓦，立式机组，设计年发电量180万千瓦时，设计年利用小时3000小时，1984年6月第一台机组发电，1986年10月第二台机组投产，并网运行。水轮机型号为青龙产ZD-760-L米-100型，发电机型号为广东兴宁电机厂产TSN99/29-14型。

由于电站建站时间早，缺乏更新改造资金，以致电站水机设备锈蚀，电气设备老化，机组效率严重下降，严重威胁电站的安全运行。2012年，列入国家增效扩容改造工程项目中，对小黄旗水电站进行更新改造。2013年11月15日，河北省财政厅、河北省水利厅以冀财建［2013］391号文件下达农村水电增效扩容改造项目2013年中央和省级补助资金42万元。2014年1月10日开工。2014年6月10日，小黄旗水电站增效扩容工程全部完工。2017年3月，由省水利厅组织通过竣工验收。

二、丰宁县四道河水电站

四道河水电站位于丰宁县下游，潮河干流上，为承德地区第一批建成的水电站，1956年由承德专署水利局赵永延主持勘测设计。一期工程于1957年5月建成投产。该电站为渠道引水式电站，引水坝为堆石坝，坝高2米，坝顶长80米，引水渠长1500米，安装木制螺旋桨水轮机1台，设计水头6米，引水流量1.1立方米/秒，出力48千瓦。架设6千伏线路一条。1961年二期工程安装第二台木制水轮机，由承德铁木厂制作。1964年三期工程把原木制水轮机改装铁制，丰宁修造厂生产，现总装机为2×100千瓦，引水流量5.2立方米/秒，水轮机型号为ZD66-L米-80型，新疆水力机械厂出产，发电机型号为TSN-102-8-100型。

原建工程投资共18.4万元，其中水工11.4万元，机电7万元，总用工25万工日，年利用小时2933小时，年发电量106万千瓦时。

四道河水电站属全民所有制单位，建成后原属丰宁发电厂领导，1974年12月并网运行。1981年划归县水利局管理。

截至2015年底，四道河电站因县城公路丰虎线改造占用电站引水渠，已停产，待办理报废。

三、兴隆县三道河水电站

三道河水电站位于兴隆县洒河右岸的三道河乡三道村，属三道河乡管理。

该电站于1966年动工兴建，由三道河公社组织领导施工，公社党委书记钱万春亲自指挥，取自然落差9米，发电装机容量80千瓦，1968年10月竣工发电，供全社用电。

1972年电站进行扩建，增加水头3米，改装2台60型立式水轮发电机组，发电总装机容量250千瓦，架设高压线路25.1千米，低压线路40千米，安装790千伏安变压器23台，输电网络覆盖全乡。电站总投资40万元，其中群众自筹31万元。1988年8月并网运行。

2013年11月15日河北省财政厅、河北省水利厅以冀财建[2013]391号文件下达农村水电增效扩容改造项目2013年中央和省级补助资金34.13万元。2014年1月10日开工。2014年7月10日三道河水电站增效扩容工程全部完工。2017年3月由省水利厅组织通过竣工验收。

四、滦平县窟窿山水库电站

窟窿山水库电站是窟窿山中型水库枢纽工程组成部分，为坝后式电站，位于滦平县境内滦河流域兴洲河支流牤牛河上，坝址在滦平县城南7.5千米岔道口村附近。

水库电站位于主坝右岸，坝体内埋设引水铸铁管，直径60厘米，总长120米，出口为手动蝶阀。最大设计流量1.0立方米/秒，设计水头13.6米，总装机容量125千瓦，设计年发电量30.7万千瓦时，设计年利用小时2456小时，1965年电站全部建成，1966年12月投产发电。

2003年至2005年，窟窿山水库在除险加固工程施工中更换闸门及启闭设备，对电站原压力管道、进水口进行封堵处理，用于电站加固改造工程投资215.92万元。除险加固工程完成后，水电站一直处于停产状态，。

五、围场县钓鱼台水库电站

钓鱼台水库电站是钓鱼台中型水库的枢纽组成部分，位于伊逊河系不澄河中段左侧分支上。在围场县兰旗卡伦乡望道石村钓鱼台处，距围场县城35千米。坝址以上流域面积170平方千米，多年平均经流量921万立方米，多年平均流量0.292立方米/秒。

水库始建于1969年，1972年主体工程基本竣工并蓄水运用，1975年3月水库电站投产发电，1998年水库枢纽工程通过验收。

电站原设计流量0.76立方米/秒，设计水头18.76米，总装机容量125千瓦（1×125），设计年发电量27万千瓦时，设计年利用小时2160小时。电站原建总投资27.1万元。

2003年9月，水电站与钓鱼台水库除险加固工程同步实施，用于电站机电设备安装工程投资72.03万元。

2015年4月由河北省水利厅以冀水电〔2015〕18号文件对《2014年度围场县小水电省级补助资金项目钓鱼台水电站技术改造工程实施方案》进行了批复。主要建设内容包括：厂房工程、开关站工程、尾水渠工程；发电机设备及安装工程、电气设备及安装工程；进水闸等建设内容。工程批复总投资126.69万元，其中100.00万元为省级补助资金，26.69万元为自筹资金。该工程开工时间2015年6月23日，于2015年7月25日完工；建设工期为33日历天。于2016年2月由承德市水务局组织通过竣工验收。

六、宽城县三旗杆水库电站

三旗杆水库电站是三旗杆水库枢纽工程的组成部分，为坝后式电站，位于宽城县境内青龙河支流都源河上，坝址在宽城县苇子沟乡三旗杆村的老鼠洞沟门，距县城65千米，坝址以上流域面积47.8平方千米。水库于1975年动工兴建，1980年主体工程基本竣工。1980年8月最后一台机组投产发电。

电站装机3台，总容量300千瓦，设计发电流量2.1立方米/秒，设计水头15.27米，设计年发电量21.8万千瓦时，设计年利用小时727小时。

2005年2月至2006年7月，三旗杆水库进行除险加固工程施工，除对拦河坝、溢洪道、泄洪洞等建筑物进行加固补强外，对电站有关建筑物存在的问题，也进行加固维修，用于电站机电设备及安装工程投资145.06万元。电站经水库除险加固后装机容量为100千瓦。

七、隆化县二道湾水库电站

二道湾水库电站是二道湾小（Ⅰ）型水库的组成部分，位于隆化县东部武烈河上游鹦鹉河上，坝址位于荒地乡二道湾村下游2千米茅吉口村上游1千米处，水库控制流域面积100平方千米，属坝后式电站。

水库1970年3月动工兴建，1971年建成库容为62万立方米的小（二）型水库，1979年加固处理扩建为总库容为620万立方米的小（Ⅰ）型水库。

1983年电站建成，装机1台，100千瓦，设计水头21.2米，设计流量0.51立方米/秒，设计年发电量33.68万千瓦时。

第八编 水环境工程

20世纪80年代以后，水环境工程成为水利建设的一项新内容。1989年在承德市区武烈河上建成了第一道橡胶坝工程，到2007年在市区武烈河长约12千米的河道上共建成12道橡胶坝工程，形成梯级跌水，水面面积达到240万平方米。市区橡胶坝群的建成，对于改善武烈河水环境、调节区域小气候、补充山庄湖区水源和城市供水水源、改变山庄湖区干涸状况发挥了重大作用。同时促进了城市防洪工程体系的建设和完善，提高了城市河道防洪标准。特别是中心城区水环境治理得到迅猛发展，武烈河、滦河市区段现已建成的橡胶坝群，成为全国规模较大的橡胶坝群之一，大大提高了历史文化名城的城市品位，为承德建设国际旅游城市和山水园林城市提供了重要支撑。

受武烈河橡胶坝建设的启示和带动，各县区对所在县城驻地的河流也进行了大规模综合治理，全市修建了一大批橡胶坝、钢板坝等城市蓄水工程，改善了县城环境，提高了县城品位，加快了城镇化进程。近年来，全市以打造山水园林城镇和提高防洪减灾能力为目标，结合城镇面貌“三年大变样”建设，加大了以橡胶坝为主体的城镇防洪及水环境工程建设力度。全市已累计建成橡胶坝78座，形成水面面积1184.62万平方米。其中：市区武烈河修建13座，水面面积260万平方米；二仙居旱河修建17座，水面面积7万平方米；滦河开发区段修建5座，水面面积336万平方米；滦河双滦区段修建3座，水面面积135万平方米；营子区柳河修建钢板坝9座，水面面积29万平方米；承德县滦河修建1座，水面面积100万平方米；老牛河4座，水面面积50万平方米；兴隆县柳河修建4座，水面面积13.12万平方米；平泉县瀑河修建4座，水面面积37.5万平方米；宽城瀑河修建5座，水面面积97.2万平方米；隆化伊逊河修建5座，水面面积72.8万平方米；滦平牤牛河修建5座，水面面积23万平方米；丰宁潮河修建3座，水面面积24万平方米。

第一章　市区水环境工程

第一节　建设概况

1999年开始，武烈河径流明显减少，每年春季枯水期河水几乎断流，山庄湖区水位因此而降低甚至干涸。武烈河河道杂草丛生、污水肆虐、垃圾遍布、蚊蝇盛行。市区河道环境状况不断恶化，与旅游胜地的美称极不相称。为改变这种状况，早在1987年，原承德市水利局提出在市区武烈河修建橡胶坝的设想，委托河北省水利水电勘测设计研究院编制了《承德市武烈河橡胶坝工程可行性研究》，规划从武烈河狮子沟口以下至半壁山5千米的河道上，按梯级布置修建5道橡胶坝，拦蓄河道径流，形成连续的人工湖面，形成人造水景观。1988年2月11日，河北省水利厅批复了承德市武烈河橡胶坝工程可行性研究报告，并同意第二坝址作为实施第一期工程的坝址。第一期橡胶坝工程于1988年9月开工建设，1989年10月建成蓄水，该橡胶坝工程建成后，山庄湖区水位明显回升。1991年4月至1992年5月，第二期橡胶坝工程建成（即承德大桥第四道坝址），武烈河河道水环境及城市供水水源等方面效益进一步显现。

1999年3月2日，市委、市政府成立了武烈河市区河道综合整治指挥部，决定对武烈河旅游桥以下河段及周围环境进行彻底整治。3月8日，市委、市政府召开武烈河市区河道综合整治动员大会，动员驻市部队和各部门、各单位，集中时间、集中精力，打一场综合整治武烈河市区段河道的总体战，彻底改变市区河道脏乱差状况。3月16日，隆重举行了武烈河市区河道综合整治开工誓师大会，副省长郭庚茂、省水利厅长李志强，市长傅贵武，驻承52831部队首长李世明、张鼎文、任志通，承德军分区政委王登铭等军地领导出席大会，宣布武烈河市区段河道综合整治工程正式开工。整治工程首先对侵占河道的水泥楼板预制厂、一座居民住宅楼等违章建筑物进行彻底拆除。驻承某部队出动大批官兵和机械设备，对武烈河旅游桥以下的第三道橡胶坝库区河床进行了完全平整，对侵占河道的大量堆积物进行了彻底清运。

1999年，市政府做出修建第三道橡胶坝工程的决定，并于10月15日开工建设，到2000年5月31日竣工。在修建第三道橡胶坝工程的同时，省水利厅投资建设武烈河右岸（旅游桥以下至第三

2015年，整治后的二仙居旱河

道橡胶坝泵房段697米）钢筋砼防洪堤工程，对避暑山庄湖区泄水渠（俗称小热河）进行了整治，在新建防洪堤与小热河之间建成了休闲广场。

2001年9月，位于牛圈子沟口上游的武烈河第五道橡胶坝工程开工建设，于2002年10月底立坝蓄水投入运用。

2002年5月初，国家领导人姜春云在河北省省长钮茂生陪同下来承德考察，对承德市区武烈河综合治理工作非常满意，并提出还应在适当位置多建几道橡胶坝，以改善和提高城市的总体环境。

2003年4月2日，位于避暑山庄东侧的市区武烈河上游第一道橡胶坝工程开工建设，到2004年底橡胶坝主体工程基本竣工，并由唐山丽水房地产开发公司投资新建第一道橡胶坝左岸（安远庙桥以下1700多米长）防洪堤工程。至此，第一期规划的市区武烈河五座橡胶坝工程全部建成，五道橡胶坝库区相互衔接，形成了近6千米长的带状梯级水面。

2003年5月下旬，省委书记白克明在承德考察期间提出建设“大避暑山庄”的理念，根据这一思路，结合承德市的实际情况，承德市制定了“北延、西进、南扩”的城市发展总体规划，武烈河半壁山大桥以南至入滦河口两侧地区已规划为新市区，并已付诸实施。

2005年1月，承德市水利水电勘测设计所编制完成《承德市武烈河第六道橡胶坝初步设计报告》。第六道橡胶坝位于市区南部武烈河半壁山大桥上游500米处，北距已建成的第五座橡胶坝830米，是延续武烈河景观带工程的组成部分。2005年2月26日，第六道橡胶坝工程正式开工建设，2007年7月5日全部竣工投入运用。

2006年9月，市委、市政府作出实施武烈河下游段水景观工程建设的决定，规划在半壁山至南出口立交桥6.3千米的河段新建第七至第十二道共6道橡胶坝工程，包括两岸防洪堤工程、水环境工程和生态景观等内容进行综合整治，同步开工建设，并要求在2007年8月1日前全部竣工蓄水。

2006年10月24日，武烈河下游段6道橡胶坝工程正式开工建设，陆续进场39台钻机进行橡胶坝工程防冲桩施工，39台钻机昼夜连续施工，到2007年2月12日6道橡胶坝防冲桩基本完工，累计完成防冲桩1580根，总进尺12302米，只差第七和第十一道橡胶坝工程的35根防冲桩因排污管道和房屋拆迁问题暂无法施工，为六道橡胶坝主体工程全面实施赢得了时间。

《武烈河承德市区段防洪及水环境整治工程第七道至第十二道橡胶坝工程初步设计报告》由河北省水利水电勘测设计研究院和承德市水利水电勘测设计所共同编制完成，河北省水利厅主持召开会议进行了审查。承德市水务局批复初步设计概算总投资14263.08万元，其中第七至第十二道橡胶坝工程投资为9012.80万元，沿河两岸防洪堤工程投资为4324.58万元，滦河补调水工程投资为925.70万元。全部工程建设资金主要由市财政筹集，少部分为社会赞助投资。

2007年3月20日，六道橡胶坝主体工程及两岸防洪堤工程全面开工，参加施工建设的工人近1500人。

承德市委、市政府对武烈河景观工程建设高度重视，市政府成立了“武烈河景观工程建设领导小组”，办公室设在市水务局。该工程规划建设以来，市委书记赵文鹤和市长等多位市领导对工程进展情况十分重视，亲自听取规划设计方案汇报和组织对规划设计方案的审查，市政府召开多次专门会议筹措工程建设资金。市领导多次到施工现场进行视察和慰问参加施工的工人，解决施工中的实际问题，保证工程无障碍实施。

2007年7月18日，召开武烈河景观工程竣工典礼大会，武烈河市区下游段第七至第十二道橡胶坝主体工程按预期全部提前基本竣工，具备了立坝蓄水条件，左右岸防洪堤副堤工程也已全部完成。截至2007年11月30日，已完成第七至第十二道共6座橡胶坝的主体工程，完成两岸防洪堤12359米，其中左岸主堤1449米、副堤2650米；右岸主堤 2740 米、副堤 5520 米；完成补调水工程 7 至 12 道橡胶坝集水井及机泵安装工程。累计完成投资 11332.12 万元，其中橡胶坝工程 7295.57 万元，防洪堤工程 3542.03 万元，补调水工程 494.52 万元。实际到位资金 8889 万元，其中市财政到位资金 7575 万元、华峰房地产公司到位资金 1314 万元。未完工程项目尚有 4 座橡胶坝管理房内外装修工程和 2 座橡胶坝管理房工程、两岸防洪堤工程 3360 米（主堤 1050 米、副堤 2310 米）、两岸副堤堤顶路面硬化工程（长 6775 米、面积 10608 平方米）、两岸防洪堤栏杆长 6321 米、主堤台阶工程等，未完工程投资合计为 2351.50 万元。未完工程于 2008 年全部完工。

第二节 武烈河橡胶坝工程

一、橡胶坝工程

（注：由于建设期限较长，橡胶坝排序方法不同，以下均统一从上游向下游依次排序。）

（一）第一道橡胶坝工程

武烈河第一道橡胶坝工程位于避暑山庄东侧的武烈河上，属于总体规划中的第一坝址。2001 年 3 月由水利部河北水利水电勘测设计研究院完成该工程初步设计报告，2002 年 7 月完成初步设计补充报告。2002 年 10 月 28 日，省水利厅批复该工程初步设计。该工程设计洪水标准为50年一遇，相应洪峰流量为2600 立方米 / 秒，相应洪水位为 336.3 米。

工程坝址河道断面总宽为 200 米，坝袋总长为 180 米，坝袋分为中间深槽段和两侧浅槽段，每段长 60 米，坝长 194.4 米，回水长度 950 米，水面面积 20 万平方米，蓄水库容 16 万立方米。

工程总投资 1400 万元，其中省级投资 555 万元，其余 845 万元资金由市自筹解决。

工程由河北省水利工程局第一工程处承建，于 2003 年 4 月 2 日开工，

到 2003 年汛前完成了中间深槽底板、右浅槽底板以及防冲工程，并将中间深槽、右浅槽坝袋安装完毕，完成投资 620 万元，因资金不到位，进入 2003 年 7 月份工程停工，省级预算内基建资金 555 万元全部用完。2004 年 4 月 1 日恢复建设，到 2004 年底完成了左侧浅槽坝、泵房、泄水闸、大口井等工程，主体工程基本竣工。在修建第一道橡胶坝工程的同时，还新建了库区左岸安远桥以下全长 1700 米的防洪堤工程，防洪堤工程由唐山丽水房地产开发公司投资建设。

（二）第二道橡胶坝工程

第二道橡胶坝工程坝址位于武烈河峰鹤桥（俗称旅游桥）上游 250 米处。该工程由河北省水利水电勘测设计院设计，1988年5月省水利厅批复设计，列入省水利基建计划。1988 年 9 月完成技术施工设计。该工程主要任务是开辟城市供水水源，为避

武烈河记

1999年3月，市委、市政府及当地驻军官兵参加武烈河综合整治工地劳动

暑山庄湖区供水，利用河道蓄水，形成人工湖面，改善城市环境。

该橡胶坝工程由坝前垂直防渗段、坝体段、坝下消能段三部分组成，坝体长167米，坝体沿轴线将河宽分为两段，每段长83.5米，坝高2.5米，蓄水库容13.7万立方米。

该工程于1988年9月8日开工，1989年10月1日竣工。橡胶坝主体工程由河北省水利工程局承担施工。施工分三部分进行，第一部分为防渗墙工程，由原水电部地质勘探处理公司二处承建，1988年9月8日开工，1989年6月5日完工；第二部分为橡胶坝主体工程，包括坝袋底板、消力池、泵房、排沙洞等项目，由河北省水利工程局第一工程处承建，1989年3月20日开工，1989年9月30日完工；第三部分为管理房工程，由承德市第三建筑工程公司承建，1990年4月开工，1990年11月完工。完成工程量：防渗墙387延长米，土石方94410立方米，砼及钢筋砼6770立方米，安装坝袋166米。

该工程共下达投资450万元，其中省水利厅下达投资200万元，承德市计委下达投资250万元。实际完成投资483.91万元。

该工程建成后部分项目投入运用，每年为城市供水400万立方米。为避暑山庄湖区补水150万立方米，湖水位上升0.5米；立坝蓄水后形成人工湖面10.21万平方米。缓解了城市供水紧张状况，避暑山庄湖水得到了补充，美化了城市，调节了气候，市区河道环境得到了改善。

1996年6月15日至17日，通过省水利厅组织的工程验收。

（三）第三道橡胶坝工程

第三道橡胶坝工程位于武烈河铁路桥上游约400米处。1994年4月开始前期工作，1994年10月委托河北省水利水电勘测设计院完成初步设计。由于资金等问题，该工程前期工作于1994年10月停止。

1999年，承德市政府做出修建第三道橡胶坝工程的决定，1999年10月9日，省水利厅批复初步设计，核定工程总投资780万元。

该工程由坝体、泄水闸（兼船闸）、泵房和小热河出口控制四部分组成。坝体总长194.4米，分为三段，即中间深槽段和两侧浅槽段，深槽段坝长56米，坝高3.5米，两侧浅槽段坝长各69.2米，坝高2米。

该工程由河北省水利工程局中标承建，1999年10月15日开工，2000年5月31日竣工。第三道橡胶坝完工后，同时新建了库区右岸旅游桥以下长697米的钢筋砼防洪堤工程，下游端与橡胶坝泄水闸右侧闸墙相接。

第三道橡胶坝工程建成后，为城市每天增加1.2万吨的供水，同第二、第四道橡胶坝水源井联合运用，每天可为城市供水总量约4万吨，可满足市区现状需水量的50%至60%；总蓄水库容15.87万立方米，相应水面面积16.59万平方米。

（四）第四道橡胶坝工程

第四道橡胶坝工程位于承德大桥上游100米处。1990年11月河北省水利水电勘测设计院完成初步设计。1990年12月30日，省水利厅批复该工程初步设计。

该橡胶坝工程分为主坝、副坝和左右岸游泳池三部分，主坝分为深槽坝段和左右岸浅槽坝段三个坝段，全长198米，深槽坝段位于主坝中间，坝段长30米，坝袋高4米，浅槽坝段位于深槽两侧，坝段各长84.2米，坝袋高2米，两坝袋全长176.4米，坝高1.5米，左右岸主副坝袋间形成游泳池，每个游泳场长84.2米，宽50米，池深可调，最大水深1.5米。橡胶坝总库容为13.55万立方米，水平面长865米，相应水面14.5万平方米。

该工程由河北省水利工程局中标承建，1991年4月25日开工，1992年5月25日竣工。完成土方开挖37692立方米，砼及钢筋砼8042立方米，浆砌石1698立方米。

该工程投资由原承德市计委下达投资计划554万元，实际到位资金506万元，省水利厅补助投资70万元。工程决算实际完成投资610.2万元。

1996年6月15日至17日，由省水利厅组织进行了竣工验收。

（五）第五道橡胶坝工程

第五道橡胶坝工程位于市区武烈河承德大桥下游700米处、牛圈子沟旱河口上游侧。武烈河第五道橡胶坝工程由河北水利水电勘测设计研究院设计。2001年5月9日，省水利厅批复了该工程的初步设计，核定工程总投资1167万元。

该工程由坝体、泵房、泄水闸组成。坝袋长142米，共分三段。深槽段长68米，坝高3.5米，两侧浅槽段坝体长各为35米，坝高为2米。回水长度600米，水面面积11万平方米，蓄水量12.6万立方米。

该工程由河北省水利工程局承建，2001年9月开工，2002年5月底完成主体工程，2002年10月底立坝蓄水。

（六）第六道橡胶坝工程

第六道橡胶坝位于市区南部武烈河半壁山大桥上游500米处。2005年1月，承德市水利水电勘测设计所完成初步设计。设计概算总投资1481.66万元。

坝址处河宽200米，橡胶坝袋长161.4米，分深浅槽3段，中间为深槽，两侧为浅槽，深浅槽坝袋之间为砼隔墩。深槽段坝体长45米，坝高3.5米，两侧浅槽段坝体长均为58.2米，坝高2.5米。该橡胶坝坝长161.4米，回水长度849米，水面面积13.7万平方米、蓄水库容17.6万立方米

工程施工单位为承德市水利水电建筑安装有限责任公司，于2005年2月26日开工，受工程占地影响，2005年9月至2006年9月暂停施工，

2003年，武烈河橡胶坝及防洪堤工程

2006年9月8日恢复施工，2007年7月5日全部竣工。2007年12月24日，承德市水务局组织竣工验收。

（七）第七道橡胶坝工程

第七道橡胶坝坝址位于武烈河半壁山大桥下游450米处，工程设计由河北省水利水电勘测设计研究院和承德市水利水电勘测设计所共同完成。

橡胶坝坝体按深浅槽布置，中间为深槽，两侧为浅槽。深槽段长60米，设计坝高3.6米；左侧浅槽段坝长70米，右侧浅槽段坝长66米，设计坝高2.8米。武烈河第七道橡胶坝坝长200米，回水长度1042米，形成水面面积21.76万平方米，蓄水33.461万米3，投资1551.44万元。

工程由石家庄滹滏工程有限公司承建。2006年10月24日开工建设，2007年7月20日主体工程基本竣工。市水务局批复该工程投资为1551.44万元，截至2007年11月30日已完成投资1349.22万元，其中华峰公司赞助到位投资1314万元。

（八）第八道橡胶坝工程

2005 年 2 月，武烈河第六道橡胶坝及防洪堤工程开工建设

坝址位于市区武烈河九华山山脚下，由河北省水利水电勘测设计研究院和承德市水利水电勘测设计所共同完成该工程初步设计。

橡胶坝体按深浅槽布置，中间为深槽，两侧为浅槽；深槽段坝体长 60 米，设计坝高 3.6 米；两侧浅槽坝体长均为 70 米，设计坝高 2.8 米。

工程由承德市水利水电建筑安装有限责任公司承建，2006 年 10 月 24 日正式开工，2007 年 7 月 20 日主体工程基本竣工。市水务局批复该工程投资为 1522.25 万元，截至 2007 年 11 月 30 日已完成投资 1339.31 万元。

武烈河第八道橡胶坝坝长 200 米，回水长度 936 米，形成水面面积 19.73 万平方米，蓄水 31.482 万立方米。

（九）第九道橡胶坝工程

第九道橡胶坝坝址位于京承铁路双山洞附近的武烈河道上，由河北省水利水电勘测设计研究院和承德市水利水电勘测设计所共同完成工程初步设计。

橡胶坝坝体按深浅槽布置，中间为深槽，两侧为浅槽。深槽坝长 60 米，设计坝高 3.6 米；左侧浅槽段坝长 50 米，右侧浅槽段坝长 47 米，设计坝高 2.8 米。武烈河第九道橡胶坝坝长 160 米，回水长度 768 米，形成水面面积 14.66 万平方米，蓄水 22.301 万立方米。

工程由河北省水利工程局施工承建，2006 年 10 月 24 日正式开工，2007 年 7 月 20 日主体工程基本竣工，具备立坝蓄水条件。

（十）第十道橡胶坝工程

第十道橡胶坝坝址位于距市区南郊变电站 110 米处的武烈河道上，距上游第九道橡胶坝 963 米。该橡胶坝由河北省水利水电勘测设计研究院和承德市水利水电勘测设计所共同完成工程初步设计。

橡胶坝按深浅槽布置，中间深槽段坝体长 60 米，坝高 3.6 米，设计坝顶高程 312.6 米；左侧浅槽段坝体长 53 米，右侧浅槽段坝体长 63 米，坝高均为 2.8 米。武烈河第十道橡胶坝坝长 186 米，回水长度 963 米，形成水面面积 17.98 万平方米，蓄水 29.681 万米 3，投资 1630.09 万元。

工程由河北省水利工程局承建，2006 年 10 月 24 日正式开工，2007 年 7 月 20 日主体工程基本竣工。

（十一）第十一道橡胶坝工程

第十一道橡胶坝坝址位于市区南部武烈河道上，毗邻开发区，距上游第十道橡胶坝 1168 米。河北省水利电勘测设计研究院和承德市水利水电勘测设计所共同完成工程初步设计。

橡胶坝体分三段按深浅槽布置，中间深槽段坝体长 60 米，坝高 3.6 米；两侧浅槽段坝体长均为 52 米，坝高 2.8 米。武烈河第十一道橡胶坝坝长 170 米，回水长度 1168 米，形成水面面积 22.12 万平方米，蓄水 34.5 万立方米，投资 1387.72 万元。

工程由河北省水利工程局承建，2006 年 10 月 24 日正式开工，2007 年 7 月 20 日主体工程基本竣工。

（十二）第十二道橡胶坝工程

第十二道橡胶坝坝址位于承德市区武烈河入滦河口处，距上游第十一道橡胶坝 1086 米，距下游南出口立交桥 150 米。河北省水利水电勘测设计研究院和承德市水利水电勘测设计所共同完成工程初步设计。

橡胶坝体分三段按深浅槽布置，设计坝顶高程 307.6 米，中间深槽坝体长 60 米，设计坝高 3.6

米；两侧浅槽坝体长均为65米，设计坝高2.8米。

工程由河北省水利工程局承建，2006年10月24日正式开工，2007年7月20日主体工程基本竣工。承德市水务局批复该工程投资1635.53万元。

武烈河第十二道橡胶坝坝长200米，回水长度1086米，形成水面面积20.11万平方米，蓄水35.801万立方米。

武烈河第六至第十二道橡胶坝段两岸防洪堤工程

武烈河第六至第十二道橡胶坝段两岸防洪堤工程是《武烈河承德市区段防洪及水环境整治工程》的重要组成部分。该河段原有防洪堤坝尚不完善，仅有少部分河段达到20年一遇防洪标准，其余大部分河段防洪标准不足10年一遇，特别是右岸九华山至入滦河口4.13千米河段尚无防洪堤，沿河许多违章建筑侵占行洪河道，直接威胁着沿岸群众生命及财产安全，在新建6道橡胶坝水环境工程的同时，建设和完善该河段6.1千米防洪堤工程。

该河段防洪堤工程由河北省水利水电勘测设计研究院和承德市水利水电勘测设计所共同完成工程初步设计。防洪堤工程按照生态的理念进行规划设计和建设，增加绿地面积，美化周边环境，与橡胶坝工程共同形成和谐完美的景观带。该河段防洪堤防洪标准统一按20年一遇防洪标准进行设计。

该河段防洪堤工程的规模上游起自武烈河第六道橡胶坝，下游终至京承高速公路跨武烈河大桥，左堤全长6267米，右堤全长5998米。其中左岸需新建防洪堤3113米（含改造原有防洪堤1471米），利用原有防洪堤3154米；右岸需新建防洪堤4133米，改造原有防洪堤1865米。两岸合计需新建防洪堤7246米，改造原有防洪堤1865米，完全利用原有防洪堤3154米。右岸有5692米是复式防洪堤结构，左岸有1471米为复式防洪堤结构，按主副堤分开计算，需新建主堤5775米，新建副堤7163米，新建主、副堤合计长12938米。新建和改造原有防洪堤均为浆砌石外贴砼结构。市水务局批复该工程投资4324.58万元。

该河段防洪堤工程左岸由河北省水利工程局承建，右岸由承德市水利水电建筑安装有限责任公司承建，与第七至第十二道橡胶坝工程同步开工建设，截至2007年11月30日，共完成左右岸防洪堤12359米，其中完成左岸主堤1449米、副堤2650米，完成右岸主堤2740米、副堤5520米。已完成投资3542.03万元。

第一至第六橡胶坝段两岸防洪堤工程自1989年开始，至2006年9月，历时17年，经过三次全市性河道整治大行动，迁移了十几家企业和近百户居民，先后共投资 1.5亿元，新建和加固防洪堤8.5千米。

第六至第十二橡胶坝段两岸防洪堤工程于2007年7月份完工，左堤全长6267米，有1471米为复式防洪堤结构，右堤全长5998米，有5692米是复式防洪堤结构，两岸合计新建防洪堤7246米，改造加固防洪堤1865米。工程投资4324.58万元。

2017年，武烈河橡胶坝水景观航拍照片

二、辅属工程

（一）避暑山庄补水工程

避暑山庄补水工程由承德市水务局批复施工设计，建设单位为承德市武烈河综合治理工程建设处，于2005年9月12日开工建设。该工程取水口位于承德市区武烈河第一道橡胶坝库区，在库区河床上修建一座半截潜坝（防渗墙），坝长176米，在潜流坝上游修建渗渠，渗水渠长50米，纵坡为0.002，与河道水流方向成170度夹角，渗渠为混凝土透水管，管径0.6米，周边用三层反滤料填筑，反滤料厚度0.6米。取水口高程为335.1米，埋设引水管路全长1030米，上游段807米采用钢筋混凝土园管，管径0.6米，管的接头处加设镇墩；自取水口至807米处布置枢纽井一个；下游由枢纽井至避暑山庄万树223米采用钢管，管径为0.5米，引水管出口处高程为333.3米。引水流量为0.22立方米/秒，日引水量为1.9万立方米。核定工程总投资130.9万元。该工程于2006年4月25日竣工通水。避暑山庄补水工程的建成恢复了二百年前避暑山庄湖区的武烈河引水故道，使避暑山庄湖区水源有了三重供水保障。

（二）二仙居旱河水环境工程

二仙居旱河地处承德市老城区中心地带，清王朝时期称“天下第一旱河”。由于投入不足，年久失修、城市建设挤占、河道淤积等原因，原旱河堤防质量差，防洪标准低，存在严重防洪隐患。根据承德市城市总体规划和二仙居旱河及承钢铁路城区段整治规划，对二仙居旱河实施综合整治和开发，以改善旱河两岸环境。通过实施防洪工程、橡胶坝工程、景观工程等综合整治工程，达到满足旱河行洪排涝要求。

继“三年大变样”武烈河第七至第十二道橡胶坝实施完成之后，2008年5月20日，承德市水务局批复双桥区二仙居旱河（头道沟至入武烈河口段）防洪及水环境综合整治工程初步设计报告。设计防洪标准为20年一遇，相应设计洪峰流量149.24立方米/秒。核定工程初步设计概算总投资13387.39万元。

修建二仙居旱河头道沟至旱河入武烈河口段左右两岸防洪堤6.6千米，规划河宽18～20米。旱河在一市场统建办公楼处改道东行，沿原承钢铁路路基汇入武烈河。防洪堤采用重力式混凝土挡墙型式，临水侧采用混凝土预制块护面，堤顶设三层料石封顶，顶层石条间采用清坝铁板燕尾槽镶嵌方式，河床底部采用少筋混凝土衬砌。

规划建设橡胶坝19座，每道回水长度约200米。橡胶坝为单槽布设，坝长18～20米，坝高2米，底板长6.5米。

（三）补调水工程

原规划在旱河上游下营房一带建设一座小型污水处理站，将两岸小区生活污水经过达标处理后排入河槽，作为旱河生态用水，不足部分通过从武烈河补水解决。建设提水泵站一座，敷设DN400球墨铸铁管道2850米，调水流量≥375立方米/时，日补水能力9000立方米。补调水水源设在武烈河第四道橡胶坝库区左侧的大口井，采用一级提水隧道橡胶坝设分水口方案，坝袋充水管路与河道蓄水管路联合配套使用，通过闸阀转换满足二仙居旱河蓄水和坝袋充水要求。提水泵站兼具旱河补水、坝袋充水和城市内涝排水三项功能。

（四）景观工程

对第一至第十九道橡胶坝库区两岸环境进行绿化、美化、亮化，橡胶坝库区达到能通游小船或竹排。分洪排涝工程，旱河改道后城市中心区排水通道分割，通过建设排水闸，充分利用武烈河泄水闸排涝。二仙居旱河防洪及水环境综合整治工程由双桥区二仙居旱河综合整治工程建设处实施。该工程于2008年5月1日开始施工，2008年在二仙居旱河上共建成16道橡胶坝工程，完成了两岸防洪堤及调水工程，实现了阶段性蓄水目标。2009年继续实施旱河两岸绿化、美化、亮化环境工程建设。

（五）武烈河音乐喷泉和水幕投影工程

该工程是市政府决定实施的，2007年6月开工建设，当年9月14日完工，10月1日市委市政府领导剪彩，试运行达到预期效果。音乐喷泉喷水设备置于武烈河主河道椭圆形水池内，池最长80米，最宽处18米，高1.4米。音乐喷泉和水幕电影工程由700余组喷头组成，其主喷喷水高度达100米，喷泉控制管理房和激光投影播放室设在小热河广场南北两处，变压器房设在第三道橡胶坝管理房。可通过控制系统自由选择水形和动态效果。总投资近1500万元。

（六）市区武烈河绿化亮化工程

继武烈河第六至第十二道橡胶坝建设完成后，

2008年4月相继开工建设两岸绿化亮化工程，该工程由市水务局武烈河绿化亮化工程建设处负责实施。2009年10月完工。工程分绿化、亮化两部分，绿化工程通过对第六道橡胶坝至第十二道橡胶两岸主堤和副堤之间滨河带进行景观营造和绿化，满足市民的休息、娱乐的需要，工程共建设绿地10万平方米，铺设广场、园路、台阶等硬化地面4万平方米，同时布设了一定数量的园林雕塑、景石、休闲座椅、健身设施等，体现人性化，提高文化品位。亮化工程包括12道坝中墩雕塑和两岸堤坝岸线照明及临水管理房照明两部分，共建设橡胶坝中墩雕塑12组23座，敷设电缆69.32千米，安装各种灯具1925套。绿化、亮化工程总投资4663.23万元。

第三节　滦河防洪与水环境工程

一、冯营子高教园区橡胶坝工程

根据市政府统一安排，2008年3月河北省水利水电勘测设计研究院和承德市水利水电勘测设计所共同完成了《滦河承德市南区防洪与水环境工程初步设计报告》。主要任务是对市区滦河干流河段进行治理，修建两岸防洪堤工程，使该河段防洪能力达到50年一遇。分别在武烈河口下游滦河东南山大桥上游220米处及在滦河太平庄附近修建两道橡胶坝工程，使滦河与武烈河形成连续梯级水面。滦河第一道橡胶坝回水至武烈河第十二道橡胶坝坝下，与武烈河橡胶坝连接形成完整的水环境体系；滦河第二道橡胶坝回水至第一道橡胶坝下游，使冯营子高教园区一带形成连续水面。通过水景观打造，使该段滦河成为承德市区一条新的生态景观带。

（一）防洪堤工程

滦河河道整治上游起自冯营子旧桥，下游终至黄土梁后山头，河段全长4.4千米，通过修建两岸防洪堤工程使该河段防洪能力由现状不足20年一遇提高到50年一遇，两岸堤距不小于350米。左岸主要以路基和防洪堤相结合建设，堤顶高程满足河道100年一遇防洪标准，相应洪峰流量7610立方米/秒，防洪堤兼做高速公路路基，保护公路交通及武烈河口至太平庄工业园区一带防洪安全，防洪堤断面以交通部门设计为准，防洪堤工程投资纳入修路工程投资概算。右岸防洪堤的作用为保护滦河右岸开发区南区、高教园区及冯营子村等地段的防洪安全，兼顾水景观蓄水要求。右岸防洪堤为复式堤防，主堤堤顶高程满足50年一遇防洪标准，相应洪峰流量5670立方米/秒。主堤采用浆砌石护岸，坡比1∶3.5，浆砌石护坡厚度为0.6米，间距按2米布置梅花型透水孔，浆砌石护坡上覆0.5米厚土层，种植低矮灌木进行绿化。副堤分设亲水平台和亲水步道，副堤临水侧采用仰斜重力式挡墙护脚进行防护，堤顶高程高于蓄水位0.3米。设计亲水平台顶宽15米，亲水步道顶宽5米。副堤顶采用厚0.3米浆砌石护底。右岸冯营子地域范围内开发区南区、高教园区及冯营子村等地现状地势比较低，有些地段地面低于河道内橡胶坝正常蓄水位0.1～1米，为减小橡胶坝蓄水浸没影响，采用在右岸新建公路的坡脚处低于设计浅河槽河底高程1米处铺设纵向混凝土排水管，管径为1米，每50米设一检查井。

（二）橡胶坝工程（滦河橡胶坝均以建设时间排序）

1. 第一道橡胶坝工程

坝址位于东南山大桥上游，坝长320米，设计坝顶高程305.1米，坝体沿轴线方向分为五段，按深浅槽布置，中间两段为深槽，两侧为浅槽，右岸20米为排砂底孔橡胶坝段。深槽坝段长均为75米，设计坝高5.2米；两侧浅槽坝段长均为75米，设计坝高4.4米。橡胶坝立坝蓄水后回水长度2100米，淹没武烈河第十二道橡胶坝浅槽底板0.3米，形成水面面积67.2万平方米，蓄水量约148万立方米。

2. 第二道橡胶坝工程

坝址位于双桥区太平庄村。坝长260米，设计坝顶高程301米，坝体沿轴线方向分为四段，按深、浅槽布置，中间一段为深槽，两侧为浅槽，右岸20米为排砂底孔橡胶坝段。深槽坝段长80米，设计坝高4.2米；两侧浅槽坝段长均为80米，设计坝高3.4米。第二道橡胶坝立坝蓄水后水长度1818米，形成水面面积52.72万平方米，蓄水量约81万立方米。

（三）环境景观工程

工程范围为武烈河出口至太平庄工业园区的滦河左、右岸堤防两岸景观带，景观绿地总面积13.8万平方米。

滦河防洪与水环境工程概算总投资12867万元，其中主体工程投资为12254万元。

滦河右岸防洪堤工程和两道橡胶坝工程由承德市水利水电建筑安装有限责任公司承建，2008年3月2日正式进场施工，当年9月28日主体工程基本竣工。

二、滨河新城5平方千米起步区橡胶坝工程

2009年5月8日，承德市水务局批复承德市滨河新城5平方千米起步区《承德市滨河新城5平方千米起步区基础设施工程防洪及水环境工程初步设计报告》。

滦河滨水新城5平方千米起步区位于市区南出口以上至秋窝村。滦河两岸，川地开阔，是承德市实施城市“南扩西进”发展战略中重点建设的新区之一。该工程设计防洪标准为50年一遇，相应设计洪峰流量4650立方米/秒，工程等别定为Ⅱ等，主要建筑物防洪堤按2级建筑物设计，橡胶坝、大口井等建筑物按3级设计。工程建设内容为疏浚整治闫营子至秋窝村段河道7.3千米，新建左岸防洪堤5270米，右岸防洪堤6830米。

新建橡胶坝工程两道，第一道坝址位于秋窝水电站尾水渠入滦河口上游约2300米处，橡胶坝长300米，回水长度2400米，形成水面面积72万平方米；第二道坝址位于滦河秋窝水电站尾水渠入滦河口上游50米处，橡胶坝长300米，回水长度2260米，形成水面面积约68万平方米。防洪治导线的布设基本以现状河流走势为准，规划河宽352米，其中主河槽宽300米，两侧亲水平台宽52米。亲水平台临水侧防洪堤结构形式为仰斜式混凝土挡墙。两道橡胶坝均采用4段式深、浅槽布设方案，单段坝长74米，中间两段为深槽，两侧为浅槽，深槽段坝高5.2米，浅槽段坝高4.4米。橡胶坝管理房设在左岸橡胶坝端部，为地下一层、地上两层，面积共884平方米。核定设计概算工程总投资41010.96万元。

该工程项目由双桥区政府组织实施，2009年4月份开工建设，到2009年底两道橡胶坝主体工程和防洪堤工程基本完工。

三、滨河新城第三道橡胶坝及堤防工程

2009年7月15日，承德市水务局批复承德市高新技术产业开发区东开发中心呈报的《滦河承德市南区段防洪与水环境工程（第三道橡胶坝及堤防工程部分）初步设计报告》。该工程位于市区南出口上游，为冯营子旧桥至砖瓦窑河段，是承德市区滦河干流双滦区至下板城水环境远景规划的重要组成部分。

该段滦河干流防洪标准定为50年一遇，相应洪峰流量4650立方米/秒，闫营子旱河防洪标准定为20年一遇，相应洪峰流量150立方米/秒。通过修建堤防工程和疏浚河道，对滦河干流砖瓦窑至冯营子旧桥段进行综合治理，提高该段河道行洪能力，使两岸防洪标准达到50年一遇；通过修建第三道橡胶坝工程，衔接上、下游已建成和正在建设中的橡胶坝形成连续水面，改善沿河两岸生态环境。

防洪工程为疏浚整治滦河干流砖瓦窑至冯营子旧桥4千米河道，新建左岸防洪堤4260米、右岸防洪堤1000米。为保证橡胶坝正常蓄水，对闫营子旱河自入河口以上300米进行整治。防洪治导线基本按现状河流走势规划，确定滦河干流河宽232米至352米，闫营子旱河河宽30米。滦河干

流防洪堤结构形式采用混凝土仰斜重力挡墙与坡式护岸相结合的复式断面，旱河防洪堤采用混凝土仰斜重力式挡墙形式防护。

新建橡胶坝坝址位于冯营子旧桥上游约1130米处，坝长230米，回水长度2890米，形成水面面积约76万平方米。橡胶坝采用3段式布设方案，中间坝段长82米，两侧坝长均为74米。橡胶坝泵房及管理房设在右岸橡胶坝端部，地下为泵房，混凝土箱式结构，地上一层为控制室和管理办公用房，采用框架结构，管理房及柴油发电机房面积310平方米。

核定设计概算工程总投资21512.3万元。

第二章　县（区）水环境工程

第一节　建设概况

从2002年至2009年，各县（区）共建成橡胶坝46座、铁板坝8座。其中，宽城县在县城瀑河建橡胶坝5座，丰宁县在县城潮河建橡胶坝3座，隆化县在县城伊逊河建橡胶坝3座，滦平县在县城牤牛河建橡胶坝5座，平泉县在县城瀑河建橡胶坝4座，承德县在县城滦河建橡胶坝1座和老牛河建橡胶坝4座，兴隆县在县城柳河建橡胶坝3座，双滦区在滦河建橡胶坝2座。

第二节　橡胶坝工程

一、宽城县城瀑河橡胶坝

为确保县城防洪安全，解决县城用水供需矛盾，改善县城人居生态环境，2002年宽城县开始实施县城段瀑河综合整治工程，规划建设六道橡胶坝工程，完善两岸防洪堤工程，并对河道进行疏浚整治。

2002年4月28日，承德市水务局批复宽城县城瀑河第二坝址橡胶坝工程初步设计，该工程由河北省水利水电勘测设计研究院设计，工程设计防洪标准为30年一遇，相应设计洪峰流量2860立方米/秒。橡胶坝分3段按深浅槽布置，每段长56米，中间深槽段坝高4米，两侧浅槽段坝高3米，深浅槽之间设隔离墩。工程建成后形成水面面积24.4万平方米，可调节库容30万立方米，增加地下水可储蓄量26万立方米。核定工程初步设计概算总投资1072.66万元，全部建设资金由县财政自筹解决。该工程由石家庄燕峰公路工程有限公司施工承建，于2002年5月3日开工建设，2003年7月1日竣工。

2005年3月16日，承德市水务局批复宽城县城瀑河第二期橡胶坝工程初步设计，第二期工程为规划中的第三道橡胶坝，工程总投资1110.7万元，建设资金全部由县财政自筹解决。第三道橡胶坝工程由河北省水利工程局第一工程处施工承建，于2005年8月31日期开工，2006年8月20日竣工，8月24日立坝蓄水。

2005年7月29日，承德市水务局批复宽城县城瀑河第三期橡胶坝工程初步设计，第三期工程为规划中的第四道橡胶坝，工程总投资1110.7万元，建设资金全部由县财政自筹解决。第四道橡胶坝由保定庄子建设有限公司施工承建，于2005年10月开工，2006年6月完工。

2006年8月26日，宽城县城瀑河第一道橡胶坝工程开工建设，由保定庄子建设有限公司承建施工，2007年7月1日完工。

2014年6月15日开工建设，工程主体已完工。

二、丰宁县城潮河橡胶坝

2004年5月24日，承德市水务局批复丰宁县城潮河橡胶坝工程初步设计，设计防洪标准为20年一遇，相应设计洪峰流量1128立方米/秒。橡

丰宁潮河橡胶坝及防洪工程

以上四道橡胶工程的设计标准和工程规模基本相同。四道橡胶坝工程总回水长度4450米，形成连续水面面积84万平方米，总蓄水量120万立方米。修建完善库区两岸防洪堤工程8000米，防洪标准由20年一遇提高到30年一遇。综合整治工程总投资达1.2亿元。

2008年4月18日，承德市水务局批复宽城县城瀑河第五道橡胶坝工程。主要建设内容包括橡胶坝工程和右岸防洪堤两部分。橡胶坝长178.4米，回水长度700米，形成水面12.6万平方米，蓄水21万立方米。右岸新建防洪堤全长827.2米，为干砌石加混凝土预制块护坡土堤。核定工程初步设计概算总投资1926.48万元，工程建设资金全部由县财政解决。

2009年3月15日开工，当年6月15日完工蓄水。

2013年12月11日，市水务局批复宽城县瀑河第六、七道橡胶坝工程，概算总投资5527.37万元。建设内容为：新建2座橡胶坝工程，新建堤防0.4千米，旧堤改造0.85千米，上游河道疏挖0.6千米，亲水平台仿汉白玉栏杆制安4.5千米。形成水面47万平方米，蓄水量92万立方米。该工程于

胶坝长170.3米，坝体分3段按深浅槽布置，中间深槽段长65米，两侧浅槽段各长51.85米，深浅槽之间设隔离墩。管理房与泵房设在右岸，充坝水源为设在泵房上游的大口井。核定工程概算总投资1142.06万元，全部建设资金由县财政自筹解决。该工程于2005年底竣工投入运用。

2007年11月26日，丰宁县城潮河橡胶坝二期工程开工建设。主要包括新建橡胶坝两道，新建左岸防洪堤2025米，修建三道沟门和四道沟门交通桥2座，两岸绿化亮化4万平方米。2008年底，二期工程全部完工，完成投资3822.48万元。

三、隆化县城伊逊河橡胶坝

2005年7月9日，承德市水务局批复隆化县伊逊可第一道橡胶坝工程初步设计。坝址位于县城北旱河口上游90米处，东至西环城路城防坝脚，与董存瑞烈士陵园毗邻，西至苔山山脚，设计坝体总长140米，橡胶坝立坝蓄水回水长度约1000米，形成水面面积15万平方米，蓄水库容 17.5万立方米。工程设计防洪标准20年一遇，相应设计洪峰流量1087立方米/秒。核定概算总投资1497.9万元，全部建设资金由县财政自筹解决。

该工程于2005年8月开工建设，2006年8月

30日主体工程竣工，并投入运用。2006年12月14日，承德市水务局组织竣工验收。

2007年4月3日，承德市水务局批复隆化县城伊逊河第二道橡胶坝工程初步设计。橡胶坝总长148米，回水长度880米，形成水面面积约15.5万平方米。泵房及管理用房设于左岸，建筑面积408平方米；新建右岸防洪堤645.6米，新建左岸浆砌石挡墙复堤874.5米，工程概算总投资1703.55万元。

该工程2007年7月6日开工，2008年5月15日竣工蓄水。

2008年2月1日承德市水务局批复隆化县城伊逊河第三道橡胶坝工程初步设计。橡胶坝长148米，回水长度950米，形成水面14.3万平方米。工程概算总投资2263.45万元。

2008年3月25日开工建设，2009年10月竣工。

四、滦平县城牤牛河橡胶坝

2005年7月29日，承德市水务局批复滦平县牤牛河第二道橡胶坝工程初步设计（第一期工程项目）。设计防洪标准为20年一遇，相应设计洪峰流量587立方米/秒。橡胶坝长70米，为单孔布置型式。工程概算总投资1178.34万元，全部建设资金由县财政自筹解决。该橡胶坝工程于2005年末建成蓄水。

2006年至2007年，滦平县建成县城段牤牛河第三道橡胶坝工程（第二期实施工程项目），设计标准，结构类型、工程规模基本与第二道橡胶坝相同。建设投资1329.8万元。

2008年6月15日，承德市水务局批复滦平县牤牛河县城段生态防洪工程初步设计。2008年12月，滦平县牤牛河县城段生态防洪主体工程竣工，完成工程总投资11726万元，新建成的三道橡胶坝全部立坝蓄水，回水总长度2600米，形成水面16.2万平方米，蓄水总量35万立方米。

2013年建设第六、第七两道橡胶坝，起点位于已建第五道橡胶坝，终点位于华都公司对面，蓄水总长度1300米。工程总投资8377.37万元。

滦平县县城段共建设7道橡胶坝，防洪标准为20年一遇，总蓄水长度为4.9千米，蓄水面积约为30.8万平方米，蓄水量59.6万立方米，两岸绿化面积8.3万平方米，总投资22659.39万元。

五、承德县城滦河老牛河生态防洪工程

2007年1月16日，省发改委和省水利厅批复承德县老牛河生态防洪工程，设计防洪标准20年一遇，相应设计洪峰流量1630立方米/秒。工程范围上游自老牛河大兰窝大桥起下游至承栗公路大桥止，河段治理长度4.3千米，修建防洪堤6.4千米，建设橡胶坝4座，并对县城北环濒河公路拓宽至28米，修建景观路和中间隔离带，双向车道运行。工程总投资1.228亿元。

老牛河生态防洪工程于2007年5月15日开工建设，工程分为两期、6个标段完成。2007年一期工程完成了两岸防洪堤6.5千米和第四道橡胶坝工程；2008年实施二期工程，完成三道橡胶坝工程，老牛河规划4道橡胶坝和防洪堤工程全部完工。

承德县老牛河段

2005年，实施滦河左堤承栗公路桥至滦河湾堤防2540米；橡胶坝一座，坝长286米，坝高 3.5米；三化工程共完成绿化面积13万平方米，硬化面积4.5万平方米，建大小休闲广场10个，安装灯具约 3000套，安装汉白玉栏杆2500米。形成水面100万平方米。工程投资11026万元，该项目于2005年5月开工，2012年全部完工。

六、平泉县瀑河干流综合治理与开发工

程

2008年3月25日，承德市水务局批复了平泉县瀑河干流综合治理与开发工程初步设计。该工程按30年一遇洪水标准设计，相应设计洪峰流量842立方米/秒。建设内容：新建右岸防洪堤1990米、加高加固2890米，新建两岸副堤9760米；规划建设橡胶坝工程5座（即瀑河第一至第五橡胶坝）；建设生态景观工程，绿化、美化、亮化第一至第五橡胶坝库区两岸环境；铺设污水管道工程，敷设DN1400混凝土管道3950米、DN1600混凝土管道5810米，将入河污水引向梯级橡胶坝库区下游集中处理。规划河宽145米，为复式河床，主河槽宽125米。橡胶坝工程布置第一道坝址位于平泉县自来水公司处，第二道坝址位于万馨小区下游200米处，第三道坝址位于瀑河大桥上游185米处，第四道坝址位于平泉大桥下游190米处，第五道坝址位于回民中学处。五道橡胶坝均采用同一结构型式设计，坝体采用两段坝袋布置方案，坝体总长125米，每段坝长62.5米。底板顺水流方向长8米，厚0.7米。工程概算总投资9684.56万元。2006年平泉县即开始实施县城瀑河生态防洪河道整治工程的一期工程，2007年建成了第三道和第四道橡胶坝工程。

2008年1月21日，承德市水务局批复平泉县城瀑河第二道橡胶坝工程初步设计。第二道坝址位于万馨小区下游200米处，坝体总长125米，回水长度700米，形成水面面积8.75万平方米，蓄水14.22万立方米。工程概算总投资992.27万元，工程于当年完工。

2008年平泉县瀑河橡胶坝及防洪工程

2008年3月27日，承德市水务局批复平泉县城瀑河第五道橡胶坝工程初步设计。坝体总长125米，回水长度800米，形成水面10万平方米，蓄水16万立方米。工程概算总投资1024.47万元，总工期5个月，工程于当年建成。

七、围场县城伊逊河综合治理二期工程

2006年，围场县争取省财政厅、省水利厅支持资金200万元、县财政自筹资金1300多万元，决定建设县城锥峰大桥至伊逊河大桥两岸防洪堤工程，防洪堤总长4007米。防洪堤设计防洪标准20年一遇，相应设计洪峰流量708立方米/秒。该工程于2007年5月8日开工建设，2007年10月15日全部完工，完成投资1400万元。

2009年，河北省水利水电第二勘测设计研究院对伊逊河围场县城段的河道进行系统的勘测，并组织专家对县城河道修建橡胶坝及蓄水区域的可行性进行研究讨论。2013年1月，完成了整个工程的项目可行性研究报告和初步设计报告的编制及报批工作。

根据河北省水利水电第二勘测设计研究的设计，伊逊河县城段河道治理工程总长度7.49千米，起于伊逊河大桥上游2.5千米，止于惠通桥下游0.7千米。治理工程分为沉砂区、蓄水区、下游连接段三部分。为拦截泥砂、减少淤积，上游沉砂区建拦砂坝6座，其中主河道5座，湖泗汰河1座。蓄水

2014年围场伊逊河橡胶坝及防洪工程

区起于伊逊河大桥上游350米，止于惠通桥下游游500米，全长5.46千米，共设计橡胶坝10座。由于工程较大，施工周期长，因此将该工程分3期实施。

工程的实施极大地提高了县城的防洪能力，解决了县城河道淤积严重、垃圾乱倒、污水乱排的问题。10座橡胶坝及蓄水区域的建设为县城增加46.51万平方米的蓄水面积及81.85万立方米的蓄水量，在改造县城气候，改善县城环境起到了重要作用，5780米长的亲水平台的建设和沿河景观带打造在为县城居民提供了休闲娱乐场所的同时，还提升了城市品位。

隆化伊逊河段橡胶坝及防洪工程

八、兴隆县柳河防洪综合整治工程

柳河是兴隆县的主要行洪河道，为提高河道的行洪能力，改善柳河的环境状况。按照县政府“一次规划到位，分步实施”的建设理念，由河北省水利水电第二勘测设计研究院编制完成了柳河防洪综合整治工程的可行性研究报告，承德市发改委组织专家对可研报告进行了评审，并以承发改投资[2007]566号文件对《兴隆县柳河防洪综合整治工程可行性研究报告》进行了批复。

兴隆县柳河综合治理一期工程位于兴隆县县城内柳河上游．主要建设内容：新建5号、6号两座橡胶坝及橡胶坝之间的河道治理工程684.8米，新建防洪堤1370米。工程批复总投资1999.78万元。工程于2007年10月5日开工，2008年5月1日完工。2009年12月3日完成单位工程验收，实际完成总投资1877.41万元。

二期工程位于兴隆县城，始于西大桥，终止于柳河第五道橡胶坝，全长773米。工程批复总投资1983.75万元。主要建设内容：5号橡胶坝库区，整治河道长773米，修建1546米防洪堤。工程于2008年11月5日开工，2009年8月14日完工。2009年9月14日完成单位工程验收，实际完成总投资1863.86万元。

三期工程始于6号橡胶坝，终止于东大桥下7号橡胶坝，全长607米。批复总投资2223.02万元。主要建设内容：新建7号橡胶坝一座；修建防洪堤1182米；迁建DN1000污水管道607米；河道清理平整。工程于2010年4月1日开工，2010年9月10日完工。2010年9月29日完成单位工程验收，实际完成总投资2399.35万元。

四期工程始于西大桥下4号橡胶坝以上，全

长656米。批复总投资2525.37万元。主要建设内容:河道治理656米;新建4号橡胶坝一座;修建防洪堤1235米;1座步行桥。工程于2011年4月18日开工,2010年10月30日完工。2011年11月7日通完成单位工程验收,实际完成总投资2382.56万元。

五期工程位于津围桥上游、东大桥下游,批复工程总投资3725万元,财政评审投资3492.48万元。工程建设内容:整治河道2410米;修建防渗墙3414米;新建3号、8号两座橡胶坝,汉白玉栏杆2050米,不锈钢栏杆1409米,排污管道2405米。2012年8月25日开工建设,因涉及居民楼及加油站拆迁问题,导致右岸此段堤防工程无法实施,致使工程没有按设计内容全面完工。

兴隆县2007-2014年实施了柳河综合整治工程,建成9道橡胶坝,共整治河道5848米,新建防洪堤11744 米 ,投入资金16284.66万元。

柳河综合整治工程的实施将形成水域面积达29万平方米的柳河水景观长廊,不仅提高柳河行洪能力,保护人民群众生命财产安全,也使柳河县城河道杂乱状况得到根本性治理。为城镇居民提供良好的休闲、娱乐场所,对提高县城品味,促进经济发展,构建和谐水环境将发挥重要作用。

第九编　城市供水和排水

第一章 城市供水

第一节 建设概况

一、中华人民共和国成立前

承德市区（双桥区）城市供水设施建设始于民国24年（1935年），伪满投资45万元满币，由承德都邑建设课水道股负责筹建。水源选址于半壁山北侧、武烈河右岸的南菜园子平坦地带。日供水能力0.22万立方米，昼夜供水。供水范围在翠桥、南营子大街、裕华路、义泰兴、太平桥、火神庙、粮市街一带。城市供水隶属于水道股。城市供水设施主要为日本人服务，在供水区域内设有15处卖水所，水价昂贵，平民百姓用水户寥寥无几。全市用水人口不足2000人，日用水量200立方米左右。

民国34年（1945年）抗日战争胜利，承德市一切供水设施均保持原貌，供水正常。

民国35年（1946年）8月，国民党13军占领承德，由于对城市供水设施未加管理，供水设施遭受破坏，部分设备被拆毁盗卖，两年内未能供水。

民国37年（1948年）11月12日，承德市人民政府责成建设科负责城市供水设施的恢复建设，于1949年1月成立自来水筹集处，收回了大批流散的供水器材，经过三个月的抢修，1949年7月1日恢复供水，并于7月成立了承德市自来水公司。恢复供水后的日供水能力仍为0.22万立方米，用水人口0.4万人，供水普及率10%。90%的居民生活用水取于土井或手压机井，高位居民需下山担水。

二、中华人民共和国成立后

为改善居民用水条件，20世纪50年代供水工程投资主要用于供水管网建设及提高供水普及率。至1959年，供水管网长度由1949年的22千米增加到52.3千米，供水普及率提高到44%。

随着城市建设的发展和用水人口的增长，城市需水量不断增加，原有供水设施已不适应用水需要。1959年对城市用水及水文地质进行调查勘测后，开始建设第一水厂。水源选址位于市区北部武烈河右岸，在山庄东路南端建配水厂，佟山设高位水池，铺设配水管道12.5千米。该工程于1959年10月开工建设，1960年因国民经济暂时困难停建，1963年恢复建设，于1965年6月竣工投产，日供水能力0.8万立方米。当时全市日需水量0.51万立方米，半壁山水源井停采。1969年至1991年，第一水厂通过开辟新水源、扩建配水厂等措施，将日供水能力增加到5.3万立方米。

随着旅游业的发展和居民小区开发建设，城市需水量不断增长。武烈河沿岸取水因受地下水储量限制，达不到城市规划用水量需求，1992年将水源选在市区西南部秋窝一带的滦河沿岸建设第二水厂，在九华山南侧建配水厂，日供水规模8万立方米，分两期建设。1992年2月开工建设，1996年一期工程投产供水，实际日供水能力达到5.6万立方米。该工程总投资7700万元，其中澳大利亚政府贷款440万美元。第二水厂建设引进了国外先进技术，供水压力自动化控制，具有90年代国际先进水平。

上二道河子区域位于市区北部，除北兴隆街外，绝大部分为城市供水未达地区。为普及该区域供水，1996年11月在上二道河子村南武列河西岸筹建第三水厂，为减少工程费用，采用河东水源部分水量作为水源，利用107井作为配水厂址。该工程于1997年3月破土动工，6月10日竣工，日供能力0.5万立方米。第三水厂建设总投资330万元，其中职工集资110万元，企业自筹220万元。

20世纪90年代末期，根据《承德市总体规划》，第一水厂日供水能力需增加到6万立方米，因受占地面积及现有设备限制，第一水厂已不具备扩建条件，决定在喇嘛寺村南建设第四水厂，以扩大市区供水能力。该工程设计新打水源井6眼，建配水厂一座，日供水能力1.4万立方米，工程投资900万元，全部为企业自筹。该工程于1998年11月开始打井，1999年9月25日投产供水。

截至1999年底，承德市区（双桥区）共有城市供水井40眼，其中武烈河流域25眼，滦河沿岸15眼。有配水厂5座，补压井2眼，综合日供水能力达到13.7万立方米，用水人口为15.1万人，供水普及率为82.8%。由于受地势制约，城市供水分为3个供水系统：（一）三水厂供水系统，供水范围为北兴隆街至大佛寺一带。（二）狮子园水厂供水系统，供水范围为水泉沟。（三）一、二、四水厂供水系统（包括东、西园林补压井），供水范围为上述两个供水系统范围以外的全部供水区域。3个供水系统间均有管道连接，用闸门隔断，如供水需要可调整供水范围。承德市区（双桥区）地势高差大，已建8座加压站向高位用水供水。

2000年，承德市遭遇历史上罕见的连年大旱，各水源井水位持续下降，影响了城市正常供水。2001年7月，承德市开始实施应急供水工程，本着立足现实、考虑长远的原则，共投资1.93亿元，其中利用国债资金7660万元、开发银行贷款7100万元，其余资金为市自来水公司自筹。截至2004年末，一期工程竣工并投入使用，城市供水紧张状况明显好转。截至2006年底，二期工程竣工投产。整体工程完工后，新增水源井31眼，铺设供水管道57千米，新建第五水厂、开发东区水厂和深井水厂三座水厂，新建下营房和四人沟两座加压站，新增供水能力11万立方米/日，形成了“多点供水、分级管理、区域成环、总体成网”的供水新格局。

承德市自来水公司办公楼

2002年至2006年，针对部分区域居民吃水难的实际情况，市自来水公司自筹资金数万元，先后对水泉沟、石洞子沟、牛圈子沟、高庙、四人沟等高偏远区域实施了百余起饮水解难工程，解决了数万户居民用水难问题。2006年，在抗旱应急供水工程和管网改造的基础上，市自来水公司自筹资金240多万元实施了西部供水管网调整及加压站改造工程，从10月1日开始，安定里、下营房、石洞子沟等西部高偏远区域2万余户居民家庭实现连续性供水，彻底改变了高楼层居民用水难和分区定时供水状况。

2004年，根据国家发改委《关于加快城市供水管网改选计划及项目前期工作的通知》要求，市自来水公司积极谋划改造项目，争取国家资金700余万元，实施了中华人民共和国成立以来规模最大的管网调整改造工程，截至2005年共改造供水主干管道15千米，改造后公共供水管 网漏失率达到国家规定标准，供水保证率大大提高。

2013年，市自来水公司按照市政府2013年第2号会议纪要的要求，实施了改制，由全民所有制企业变更为有限公司，2013年4月18日成立了承德供水有限公司，并在此基础上于2013年6月26日组建了承德供水集团有限公司。

截至2015年底，承德供水集团现有水厂8座，分别为第一、第二、第三、第四、第五水厂、狮子园水厂、深井水厂、南区水厂。水源取自浅层地下水，水源井共88眼，其中武烈河流域水源井39眼（使用32眼），滦河流域水源井49眼（使用33眼），加压站67座，主干管网总长度406.75千米，设计综合供水能力17.18万立方米／日，供水人口44万人，供水普及率98%，集中饮水水源水质合格率100%。居民生活用水水质指标由32项增加到106项。管网漏失率由32.91%下降至31.49%。供水工艺主要经沉淀，加次氯酸钠、二氧化氯消毒后经二泵房、配水管道输送至用户，局部区域需二次加压，公司现管理67座加压站，根据供水范围划分，其中高层小区加压站共有60座，区域性的加压站共有7座（碧峰门加压站、白云加压站、下营房加压站、石洞子沟加压站、安定里加压站、四人沟加压站、佟山加压站）。

第二节　水源厂（地）建设

自民国24年（1935年）建设半壁山水源井至1999年底，承德市双桥区共建城市供水井44眼，其中已报废4眼。在所建供水井中，武烈河流域29眼，可开采25眼；滦河沿岸15眼，已全部生产。井深为7.52～14.7米，所采皆为地下潜水，井水位受季节影响升降幅度较大，单井出水量年内变化明显，丰水期、枯水期差别较大。1999年底，双桥区内共有水厂5座，补压井2眼，日综合供水能力13.7万立方米。截至2015年底共有水厂8座，日供水能力达到17.18万立方米。

一、半壁山水源井

半壁山水源井建于民国24年（1935年），是承德市第一眼供水井。水源井位置于市区南部南菜园子平坦地带，东邻武烈河，南近半壁山。水源井为大口井，直径8米，井深9米。在半壁山西侧山顶建200立方米高位水池2座。建有泵房，安装水泵2台，扬程90米，出水量91.2立方米／时，功率37千瓦，安装一台65马力油内燃机发电作为抽水动力，日供水能力0.22万立方米。1953年12月碧峰门水源地建成后，半壁山水源井改称第一水源地。

1965年一水厂建成投产后，半壁山水源井停用。后因城市污水排放至半壁山水井147米低洼处，地下水受到污染，长期未开采。1977年建设城市污水提升站后不再存蓄污水。

1978年7月为缓解供水紧张重新启用半壁山水源井，并更换两台泵，日取水0.25万立方米，经化验水质符合国家饮用水卫生标准。1980年7月改为日取水0.37万立方米。

1996年9月新建二水厂投产，半壁山水源井再次停采。因市区武烈河下游水质出现污染物超标现象。1997年11月，经市公用事业管理局批准，半壁山水源井报废。

二、第二水源地

1953年碧峰门建设住宅区，因其位置较高，需单设供水系统。当年政府投资6万元，在常王府胡同打直径3米大口一眼，建半地下式泵房，安装水泵两台，在碧峰门内山上建200立方米贮水池一座，设计日供水能力0.13万立方米。1953年12月建成投产，称为第二水源地。供水范围为碧峰门东、西街住宅区，用水户503户，每日定时供水。该水源井于1962年被洪水污染后停止开采，取水泵房改做加压泵房，未设集水池，由管网直接抽水加压。1987年将站址迁至碧峰路，原址改做营业所。

三、第三水源地

第三水源地位于今职业中学院内北侧，建于日伪时期，建大口井一眼，用红砖砌筑水塔一座，是为迎水坝日本宪兵队家属用水而设立的独立给水系统，解放后为育才小学、工农速成中学的自备水源，1958年停用。1961年城市供水紧张，经承德市人民委员会批准修复该水源，经过半年的准备及施工，1962年初投产，日供水能力0.2万立方米。因其水质较差并有异味，1965年6月一水厂投产后该井报废。

四、补压井

（一）东园林补压井

1984年，为提高城区南部供水管网压力，承德市自来水公司委托平泉县地质勘探钻井公司在城区东南部勘察水源，井位选定在东园林小区西北部武烈河东岸物资局汽车队院内，打井2眼，井距2米，井径分别为300毫米和400毫米，井深分别为12米和14米，一眼井取水，另一眼井备用。装设250JQ80-40型水泵，流量80立方米/时，经液氯消毒后送水至配水管网。该补压井1985年开始施工，1986年投产，日取水0.19万立方米。

（二）西园林补压井

1987年，为适应市区下二道河子一带的发展，再次筹建补压井，承德市自来水公司委托河北省地矿局第四地质大队进行井位勘察和钻井施工，井位选在武烈河西岸园林管理处东侧，与东园林补压井隔河相对。1987年3月开始打井钻孔，4月份成井做抽水试验，共打两眼井，井径同为500毫米，井深分别为13.58米和13.75米。两井相距2.5米，同建一井室，装设250JQ80-40型潜水泵，一井生产一井备用，1988年12月投产供水，日取水量0.19万立方米。

自来水公司二水厂泵房

五、一水厂

一水厂位于山庄东路南端武烈河西岸柴场胡同，占地面积8597 平方米。1959年开始建设，1965年投产，设计供水能力4万立方米/日，是公司最早建立的水厂。1969年至1991年，经配水厂两次扩建及增建水源，日供水能力增至5.3万立方米。水厂共有水源井11眼（包括橡胶坝管井、陆合塔井、一号井、桥西井、厂内井、三号井、橡胶坝井、渔人码头井、桥东井、小热河井、预制厂井、离宫井），水源井位于武烈河两岸。与其他水厂并网向市区供水，供水范围主要是老城区。

1959年承德市城建局委托建工部给排水设计院完成《承德市给水工程设计任务书》，1959年9月2日承德市城建局将该设计任务书呈报河北省建设委员会，10月20日省建委批复设计任务书，设计日供水规模1万立方米。

1959年11月27日，经建工部给排水设计院与承德市城建局最后研究确定，水源井选位为避暑山庄万树园西侧1眼，山庄东侧宫墙外2眼（即1号井和已报废2号井）。配水厂厂址选在山庄东路南端武烈河西岸。

1963年8月24日，水厂工程恢复建设，1964年底工程基本竣工，1965年6月28日正式投产供水。因当时城市日需水量仅为0.5万立方米，对避暑山庄万树园西侧井（即3号井）进行封存，未建井室和设备安装。实际日供水能力0.8万立方米。

1974年8月，对一水厂进行扩建，再建新水源，扩大配水厂能力。1976年竣工。一水厂第一次扩建后，日供水能力由1.1万立方米增至1.6万立方米。

1982年第二次扩建工程确定新水源选址于上二道河子大队以东桃沟村南武烈河东岸河滩地段，设计新打直径6米大口井5眼，日取水3万立方米。

1969年至1991年期间，为解决一水厂水源不足，相继新打水源井8眼，分别是离宫水源井、桥东井、桥西井、厂内井、橡胶坝井、陆合塔井、橡胶坝管井、预制板厂井增加取水能力4.6万立方米/日。

截至1999年底，一水厂共有水井15眼，其中离宫井封闭，桥东、桥西井因水量不足暂停开采，下二道河子河东水源部分水量输至三水厂。

六、二水厂

第二水厂位于开发西区，占地面积21638平方米，始建于1991年，历经工程一期、二期、三期的建设形成现有供水规模。设计供水能力为8万立方米/日，是规模最大、自动化程度最高的水厂。作为公司的主力水厂之一，一是担负向主城区并网供水，二是向大学园区、开发区独立供水。供水范围为市区主城区、开发区、大学园区。

1985年，根据城市用水供需矛盾日益突出的问题，承德市政府决定建设第二水厂，并确定滦河取水方案。经有关部门勘测论证，选定秋窝一带做为水源地，在下二道河子村南建配水厂。

1995年底，二水厂建设的主要工程项目基本结束，经1996年上半年工程扫尾，1996年7月开始调试，由澳大利亚专家对设备、设施进行现场调试。1996年9月13日，二水厂水泵开启，开始并网供水，经过24小时试供水，管网压力稳定，并网成功。设计供水能力4万立方米，实际可供水5.6万立方米/日。

二水厂工程总决算7700万元。国外贷款440万美元，每年由市财政偿还33.8万美元。

七、三水厂

位于上二道河子村南武烈河西岸，占地面积3520平方米，建于1996年，设计供水能力0.5万立方米/日，共有水源井11眼（使用9眼，因管道施工受阻原因停用2眼），位于上二道河子村至医学院武烈河两岸。

作为独立供水区域水厂，供水方式为变频恒压供水，供水范围为陆合塔以北北兴隆街、狮子沟镇、上二道河子村、大佛寺及以北区域，必要时可调整阀门与一水厂、四水厂联网供水，构成区域成环，总体成网的供水格局。

上二道河子区域位于城区北部，包括北兴隆街、狮子沟、普宁寺三个居委会和上二道河子村，截至1996年只有北兴隆街属于城市供水范围，其余均属城市供水未达区域，二水厂投产后城市供水有了保障，具备了解决该区域供水的条件。

1996年11月，对第三水厂建设工程进行了可行性研究和技术论证，认为上二道河子具备建设第三水厂的条件。水源采用上二道河子武烈河东水源部分水量，无需新建水井；将107水源在“东水西调”工程中所改建的加压泵房、集水池做第三水厂的二泵房及清水池；利用河东水源两条输水管中的一条（107水源至陆合塔段）做出厂干管，铺设北兴隆街至上二道河子村管径300～200毫米配水管道1300米。三水厂建设规模日供水能力0.5万立方米，全部工程预算330万元，其中职工集资110万元，其余为企业自筹。

三水厂建设被市委、市政府列为1997年承德市重点工程。1997年3月15日三水厂建设破土动工，6月10日竣工投产供水，日供水能力0.48万立方米。

八、四水厂

第四水厂位于喇嘛寺村环城东路东侧，南侧毗邻市供电公司东郊变电站。占地面积 3176 平方米，始建于 1998 年，于 1999 年 9 月投产，设计供水能力 1.4 万立方米 / 日，共有水源井 7 眼（因水质问题停用 1 眼），位于武烈河东岸，办公楼部分于 2009 年按市政府要求配合三年大变样工程已无偿拆除。与其他水厂并网向市区供水，主要供水范围为大老虎沟、市区东部区域。

1998 年 7 月 6 日，承德市计委批复第四水厂工程项目建议书，建设供水规模 1.4 万立方米 / 日，厂址位置选在武烈河东岸喇嘛寺村南。

水源工程设计水源井 6 眼，沿武列河东岸分布，第一眼井位置与交通指挥中心大门相对，向北每隔 120～200 米成井一眼。1998 年 11 月开始钻井施工，1999 年 2 月 5 日抽水试验全部结束。

配水厂建设于 1999 年 5 月 8 日土建工程破土动工，1999 年 9 月 15 日除综合楼外，其他土建工程全部竣工。管道安装工程于 1999 年 3 月 31 日开工，5 月 15 日竣工。1999 年 9 月中旬第四水厂建设工程基本结束，9 月 18 日开始供水设备运转调试，9 月 25 日并网供水。

第四水厂工程建设计划总投资 900 万元，采取银行贷款、职工集资、企业基金自筹方式，其中职工集资 498 万元。水厂为自动化运行管理，配水厂水泵运行状态、管网出厂水压力、供水流量、水池水位等信号无线传输至自来水公司总调度室。

九、第五水厂

位于武烈河西岸，盛华酒店对面，占地面积 148 平方米，始建于 2002 年 10 月，于 2003 年 3 月投产，设计供水能力 1.6 万立方米 / 日。共有水源井 3 眼（其中 1 号井因为水质问题停运），位于武烈河两岸，与其他水厂并网向市区供水，供水范围为小老虎沟、市区中东部区域。

十、狮子园水厂

狮子园水厂位于狮子园村东侧，占地 2721 平方米，始建于 1978 年，1979 年竣工，设计供水能力 0.5 万立方米 / 日。作为独立供水区域水厂，供水方式为变频恒压供水，供水范围为水泉沟区域。

1991 年，为了继续解决狮子园水厂水源不足问题，实施了“东水西调”工程，即将东部下二道河子河东水源部分水量经中途加压，输至西部狮子园水厂，经再次加压送往用户。1991 年 5 月东水西调工程开工建设，9 月 1 日试运行，经过两个月试水观察，“东水西调”取得明显效果。但由于一水厂水源不足，下二道河子河东水源未能按计划调部分水量至狮子园水厂，只在北兴隆街 107 井安装高扬程水泵输水至狮子园水厂。1998 年 5 月再改调北兴隆 3 号乙井为一水厂输水。1999 年底，狮子园水厂日供水能力 0.5 万立方米。

十一、深井水厂

位于偏岭双山洞南侧，占地面积 4964 平方米，生产用房面积 1380 平方米，始建于 2007 年 4 月，2012 年 5 月投产，设计供水能力 0.7 万立方米 / 日。共有水源井 3 眼（院内井、院外井、河沿井），位于武烈河东岸，与其他水厂并网向市区供水，供水范围为世纪城、行政中心、铁路区域。

十二、开发东区水厂

位于市开发东区东北部，初期由开发区管委会筹资建设，2004 年经协商，由供水集团公司（原市自来水公司）收购后统一管理。占地面积 3570 平方米，设计供水能力 0.3 万立方米 / 日，建有水源井 1 眼，位于武烈河东岸，水厂供水范围为开发东区。

十三、南区水厂

位于砖瓦窑片区与冯营子片区交界处的凤凰山下，滦河右岸，占地 28663 平方米，一期工程于 2013 年 9 月开工，2014 年 7 月水厂完成建设，设计供水能力 3 万立方米 / 日（远期供水设计能力 6 万立方米 / 日）。水源与二水厂共用，水厂消毒方式为氯气消毒，出厂压力为 0.3 兆帕，供水范围为滨河新城区域。

第三节　输配水管网

一、管材

承德市区输配水管道所用管材主要有铸铁管、钢管、自应力混凝土管、塑料管四种，也曾试用过玻璃管。

铸铁管：为供水管网中使用最多的一种管材。管径75毫米以上的管网中，铸铁管占97%，3%为自应力混凝土管。铸铁管接口方式有青铅接口、石棉水泥接口和三合一接口（水泥、石膏、氯化钙），90年代以来开始使用柔性机械接口（法兰、胶圈）铸铁管，效果很好。

自应力混凝土管；20世纪70年代铸铁管货源十分紧缺，开始使用自应力混凝土管。1957年首先在107水源至一水厂的输水管道使用混凝土管，1976年铺设了头道牌楼至水泉沟小区管径300毫米、管道长1515米的混凝土管；1977年铺设了美风街至下营房管径300毫米、管道长1200米的混凝土管；1978年铺设了狮子园水源至水泉沟管径300毫米、管道长1272米的混凝土管。因承德无自应力混凝土管生产厂，需外地采购，经多次倒运，损耗很大，工程成本高，质量也无保证，以后未再使用。1995年铺设秋窝水源至二水厂管径800毫米输水管道，为节省资金再度使用混凝土管。

钢管：管径50毫米以下除极少数为塑料管外均为钢管。20世纪80年代以前用普通黑铁管，防腐效果不好，以后改用镀锌钢管。

聚乙烯塑料管：1991年开始在管径25毫米以下的支户管试用塑料管，该材质具有耐腐蚀、易施工等特点，使用效果较好。

玻璃管：1958年在农校（大佛寺）及小佟沟试用管径20毫米玻璃管80米，由于该材质承压低，韧性差，易折断，未能正式推广使用。

二、输水管道

承德市区铺设供水输水管道最早为民国24年（1935年），当时半壁山水源井至高位水池进、出水管道，长220米，管径为200毫米。1965年半壁山水源停采，该输水管道拆除。

1964年，铺设第二条输水管道，为1号、2号井至配水厂清水池的输水管道，管道长1631米，管径为250～400毫米。

1975年，铺设了107水源井（武烈河右岸原107医院东侧）至迎水坝配水厂输水管道，为自应力钢筋混凝土管，管道全长3071米，其中管径500毫米管2336米，管径300毫米管1635米。

1978年，铺设狮子园水源至高位水池输水管950米，管径为300毫米。

1982年，建设武烈河东水源，铺设河东水源取水厂至107水源两条输水管道，单长1470米，管径为500毫米，其中一条与107水源井原设管径500毫米混凝土管相接，另一条铺至1号井后（与原管径400毫米输水管相连）改为管径600毫米至一水厂。

1983年，为扩大狮子园水源供水能力，铺设107井至狮子园清水池输水管道4561米，管径为400毫米。

1995年，铺设秋窝水源至二水厂清水池混凝土输水管道长6.4千米，管径为800毫米。

至1999年底，承德市双桥区累计铺设供水输水管道20.16千米。

三、配水管网

承德市双桥区内自来水配水管网为混合式管网，最大管径900毫米。市区东部平坦地区为环状管网，西部由于地形所限不能成为环状。一水厂配水厂通过管径600毫米和管径300毫米两条管道送水。二水厂出厂管道管径900毫米，至供热厂分支管径400毫米过武烈河与车站管径350毫米管道相连。1999年末供水管网总长度123千米，其中75毫米以上管道91.5千米，管网密度4.85千米/平方千米。

中华人民共和国成立前，共铺设供水管道22千米，其中管径75毫米以上干管9.5千米（其中已废除7.1千米）。50年代供水管网未进行大的调整，所铺设的31.3千米管道主要为扩大供水面积、提高供水普及率的管径 20 ～ 100 毫米的小街小巷支户管，自 1950 年起先后铺设了小佟沟、陕西营、于家沟、四人沟、头道牌楼、水泉沟等地居民区的给水管道。20 世纪 60 年代以后，为增加输水能力，扩大供水区域，进行了较大规模的管网铺设调整工程。

（一）给水工程

1964 年，根据《承德市给水工程》（一水厂建设工程）设计，铺设了两条给水管道，一条由一水厂经武烈路、中华路、一市场、东兴路、五条胡同、中兴路、半条胡同、小佟沟至佟山高位水池管径 350 ～ 300 毫米管道 2270 米。另一条由太平桥银行广场经西大街至头道牌楼管径 350 ～ 200 毫米管道 2695 米。

（二）北兴隆街管道

1968 年，铺设了一水厂经山庄路至狮子沟桥管径 150 毫米管道 2878 米，将供水区域扩大到北兴隆街一带。

20 世纪 80 年代以后，随着北兴隆街至山庄路两侧用水单位的增加，该段管径已不适应输水需要。1983 年山庄路改建，自来水公司曾提出调整管道口径的方案，因资金问题未能实现。进入 20 世纪 90 年代后，兴隆街一带供水更加不足，自来水公司曾多次提出管道调整计划，因山庄路为通往外八庙及沈阳方向的主要干道，管道调整方案未能实施。1997 年在上二道河子建设了第三水厂，解决了该区域用水不足问题。

（三）西大街给水管道扩建工程

1976 年，市政府决定拓宽西大街道路，道路规划红线标明原沿旧街所设给水管道显得弯弯曲曲、杂乱无序，火神庙至二道牌楼段均置于拓宽后道路便道上，管道需根据规划位置进行调整。同时，头道牌楼以西尚无给水管道，新建居民区及企、事业单位用水亟待解决。水泉沟原设管径 75 毫米管道已不适应输水要求。根据道路拓宽规划，1976 年自来水公司提出了改善城市西部供水管网的《西大街给水管道扩建工程（扩大）初步设计》，设计项目包括火神庙至下营房管径 400 ～ 300 毫米管道 3119 米及水泉沟 300 毫米管道 1515 米。

1976 年，首先铺设了水泉沟、下营房管径 300 毫米管道 2115 米（其中水泉沟段 1515 米），因铸铁管材货源紧缺，所设管道均为自应力钢筋混凝土管，采用胶圈接口，工程决算 14.1 万元。

1977 年，西大街道路扩宽工程动工修建，配合道路工程，于 5 月调整了安定里至头道牌楼桥管径 300 毫米混凝土管 595 米，管道设于路南距牙石 3 米慢行路上。新管道铺设后，原设管径 200 毫米管道拆除。

1977 年 7 月，开始调整火神庙至二道牌楼段管道。此段管道原设计调整管径为 400 毫米，因铸铁管、混凝土管均无货源，仍利用原设管径 350 毫米和管径 300 毫米管材，调至道路拓宽后规划位置。

1977 年 9 月，西大街给水管道扩建工程竣工，共铺设管径 150 ～ 350 毫米管道 3472 米，挖土方 9915 立方米，工程决算 38.3 万元。二道牌楼至城建局门前因原设管道位置不影响其他地下工程，决定不再调整。城建局门前至安定里段因监狱厂房尚未迁移，道路无法拓宽，未能施工，推迟至 1984 年。

（四）东兴路管道

1977 年 10 月，铺设了五条胡同经东兴路至新华路的管径 250 毫米管道 672 米，扩大了通往城区南部的输水能力，减轻了南营子大街管径 200 毫米管道的负担，对提高城市南部管网压力起到了一定作用。

（五）丽正门管道

1978 年铺设了一水厂经丽正门路至火神庙管径 300 毫米管道 970 米，使一水厂出厂管道增加到两条，提高了一水厂出厂管道输水能力。

（六）东园林过河管道工程

承德报社至东园林过河管道工程原系 1978 年铺设，为管径 300 毫米铸铁管，因埋设较浅，受洪水冲刷后移位漏水。1980 年 6 月进行改建，将管道改设河流冲刷线以下，新铺设青铅接口管径 300 毫米铸铁管 161 米。1994 年 7 月 13 日特大洪水又将过河管道东段冲毁，1995年5月恢复。

（七）小街小巷管道

80年代初配合城市小街小巷改造，扩大改建了温家沟、大于家沟、韭菜沟、四人沟、鹿栅子沟、小溪沟等地段的管径100～200毫米管道4280米。

（八）下二道河子上水工程

80年代，下二道河子作为城市一个工业区开始建设，为适应其发展，1984年铺设了石油桥至制药厂管径300毫米管道2354米。

（九）东大街管道

1988年配合东大街道路拓宽工程，将原设迎水坝小桥经武烈路、东大街至火神庙管径350毫米管道调整为管径600～500毫米管道，提高了一水厂出厂干管输水能力。

（十）竹林寺路管道

1989年铺设了竹林寺街管径400毫米管道570米。由城建局设计、市政工程处施工。此条管道的修建，增加了向城区东南部输水能力。

（十一）南营子大街管道

南营子大街北起火神庙南至附属医院门前原设为200毫米管道，建于20世纪30年代，50多年未做更换。此条管道为一水厂向城市南部输水的主要管道，管道口径偏小，已不适应城市建设发展的需要。石洞子沟、牛圈子沟、温家沟、大佟沟等地居民长期吃水困难，除水源不足外，管网口径偏小、沿途压力损失过大是重要原因。

1990年市政府决定投资将该段管道调整为管径500毫米，当年完成火神庙至大佟沟口段396米，与支管未做连接，原设管径200毫米管道继续使用（该段管道1993年拆除）；1991年4月至5月继续铺设大佟沟口至附属医院门前管径500毫米管道756米，此段原设管径200毫米管道拆除。南营子大街管道调整后，效果明显，提高了各供水管网的压力。

（十二）西大街管道

西大街原设管道管径350～300毫米，最早铺设于1964年，1977年道路拓宽时仅对西段（美风街至头道牌楼）管径进行了调整。

1994年西大街路面改造，为适应城市西部用水量增长及拟建加压站用水需要，市政府决定投资同时调整管网。由自来水公司进行管道施工设计，东起火神庙，西至美风街加压站，管道全长1949米，为节省资金，决定采用400毫米口径管道，原设管道继续使用，管道施工单位为市政工程处，新设管道与原管连接由自来水公司施工。

（十三）牛圈子沟管道

牛圈子沟原设管径150～100毫米管道750米，管径偏 小，供水明显不足，西部管网也尚未到达。1995年由牛圈子沟村牵头，经公用事业管理局同意，集资修建了由牛圈子沟口至药材仓库管径300～200毫米管道1400米，并在食品仓库处修建加压站一座。

（十四）车站路管道

铁路地区长期由自备水源供水。1985年配合车站路扩建，由市政工程处施工，铺设管径350～200毫米管道2535米，但未能供水。1993年供热厂铁路热交换站申请用水，车站路东段管道通水。1996年9月二水厂投产，车站路管道全部投入使用。

（十五）二水厂配水管道工程

二水厂由新水源工程筹建处负责建设。1995年6月17日至10月10日由自来水公司、市政工程处、市政维修处铺设了由二水厂至露露门前管径900～500毫米管道6080米，1996年9月管道通水。

（十六）三水厂配水管道工程

1997年建设三水厂，将河东水源至一水厂输水管道中三水厂至陆合塔井段（管径500毫米）改做配水管，长2079米。同时新铺设狮子沟小学至大佛寺停车场管径300毫米管道906米。

（十七）河东路管道

1997年喇嘛寺村南建设乾阳大酒店（财政培训中心），由建设单位出资铺设由大老虎沟口至新建酒店管径300毫米管道878米，此段管道管径已以考虑喇嘛寺村一带用水规划。

（十八）露露集团门前至附属医院门前管道

此段原设管道管径 300 毫米，二水厂建设调整翠桥路管道时因资金不足未按原计划将管道铺至附属医院门前与原设管径 500 毫米管道相连，仅到露露集团门前与管径 300 毫米管接通，降低了输水能力，影响了二水厂供水能力的发挥。1997 年 4 月至 5 月调整此段管道，为利用库存管材，露露门前到翠桥段铺设管径 600 毫米管道 275 米，翠桥至附属医院门前管道口径 500 毫米。

（十九）石洞子沟管道

石洞子沟原设管道两条，一条长 1600 米，其中管径 150 毫米长 850 米，管径 100 毫米长 750 米；另一条管径 200 毫米长 850 米。两条管道合计输水能力 177 立方米 / 时，1998 年石洞子沟最大需水量 313 立方米 / 时。随着石洞子沟住宅小区的开发及拟建加压站用水的增长，该管道急需调整。1998 年由市政府投资 160 万元，铺设管径 400 毫米管道 1600 米，原设管道继续使用。

（二十）四水厂配水管道工程

1999 年建设四水厂共铺设配水管道 1080 米，其中由四水厂向南铺设管径 400 毫米管道 155 米，与乾阳大酒店门前原设管径 300 毫米管道接通；向北铺设管径 300 毫米管道至普乐寺转弯处，长 925 米。

（二十一）其他配水管道及工程

2010 年调整铺设输配水管网 6000 余米，实施了滨河新城供水工程、头道沟供水管道铺设、滦河水源地改造工程、棚户区供水工程等十余项供水工程项目建设。2011 年公司按照市政府和新城办、开发区要求，配合新城道路建设同步完成了供水管网铺设 6.1 千米。市区管网新建改建工程，实施了桃李街、两宫门等 15 处主干供水管网调整工程和 54 处小区上水工程，完成供水管网调整铺设 27.5 千米。2012 年按照开发区管委会要求，随道路建设同步铺设供水管道 2844 米。按照市政府和新城办的要求，配合道路建设同步铺设 DN300-900 管道 13480 米。供水管网建设与改造工程，一期工程已铺设完成 DN100-DN900 管道 15.784 千米，工程决算 2864.29 万元。2013 年投入 1464 万元，实施了西大街、头道沟供水管道铺设及冯营子水源地建设工程，共铺设供水管道 4.59 千米，高压电缆 8.0 千米。2015 年南区水厂与大学城管道连接工程：铺设 DN900 管道 90 米。冯营子水源迁建工程：完成过河管道及新旧管道连接，铺设供水管道 786 米、低压电缆 900 米、信号电缆 850 米及 4 座水源井的机泵安装并与输水管道连接具备供水条件。二六六疗养院管道铺设工程：铺设 PE110 管道 200 米。铺设四人沟 DN500 管道 35 米。

第四节　加压站

承德市地处山区，不仅居住区高差大，而且山壑纵横，给城市供水带来一定难度。由于特殊的地理环境和水源地分布、地势落差大，水源地到市区最高用户相差 180 米，为保证地势较高区域（超过海拔 354 米区域）的正常用水，需进行多次加压，最多需五次加压方能满足用水需求。

截至 2015 年年底，自来水公司管理的二次供水加压站共有 72 座，其中区域性加压站 10 座；根据政府要求接收加压站 6 座；由开发公司委托自来水公司建设小区加压站 39 座；开发公司建设完成移交自来水公司的加压站 8 座；政府协调自来水公司代管的加压站 3 座，在建的 6 座。

一、碧峰门加压站

位于粮市北山小区，占地面积 192 平方米，2000 年底建成投产，设计供水能力 1 万立方米 / 日。建有泵房 1 座，500 立方米清水池一座，供水压力 0.41MPa。变频恒压供水方式，供水范围为粮市北山、小溪沟、碧峰门、二牌楼区域。

此站原为第二水源地。1962 年因水井受洪水污染停用，改作加压站，采取管网设泵直接加压。供水范围：碧峰门东、西、中街及大、小北沟北部等地。因站址位于西大街中部，加压站抽水影响西部用水，1987 年迁至碧峰门路、绮望楼对面。

二、佟山加压站

站址位于小佟沟，占地面积108平方米，为解决佟山高地用水所建。属1982年《承德市给水扩建工程》中的一个分项，1982年开始施工，1983年10月建成投产。1991年扩建， 设计供水能力0.37万立方米/日。将供水范围扩大四人沟北部。现为高位水池供水方式，供水范围为小佟沟、于家沟、富华一期区域。

三、付家沟加压站

站址位于石洞子沟南侧付家沟，建于1980年，供水范围：付家沟一带。1986年因道路扩建，站址南移。南侧山上建500 立方米高位水池一座。

四、鹿栅子沟加压站

1988年，电力部门在鹿栅子沟南侧山坡建变电站，因其地势高，向城市规划部门申请自建加压设施，后经有关部门决定，鹿栅子沟修建公共加压站，城建局负责组织建设，竣工后交自来水公司管理。资金来源：电力部门为主，其他受益单位共同集资，不足部分由城市维护费补充。

该站1988年开始建设，1989年投入使用。

新鹿栅子沟加压站位于鹿栅子沟中部，占地面积145平方米，于2010年建成投产，设计供水能力0.12万立方米/日，变频恒压供水方式，供水范围为鹿栅子沟区域。

五、和尚坟加压站

位于和尚坟山下，占地面积51.18平方米，于1989年建成投产，设计供水能力0.12万立方米/日，变频恒压供水方式，供水范围为和尚坟、忠义庙两区域。

1989年，为解决和尚坟、忠义庙两区域山上居民吃水难而建。1991年6月南营子管道调整后，石洞子沟管网压力提高（和尚坟提高0.17兆帕），该站停止加压。

六、安定里加压站

位于安定里，占地面积173平方米。1997年底建成投产，设计供水能力1万立方米/日。变频恒压供水方式，供水范围为小榛子沟以西至下营房区域。

水泉沟、下营房、头道牌楼一带属狮子园供水系统，由于供水能力不足，长期以来采取分区隔日定时供水。该区域居民对吃水难问题反映强烈。1997年市政府投资决定建设美风街加压站，供水范围：头道牌楼、下营房。狮子园供水系统只供水泉沟。建设规模按两期工程设计，第一期工程加压能力0.5万立方米/日，能适应当前用水需要。第二期加压能力增至1.0万立方米/日，供水范围经拟建下营房加压站供水至高庙。

1997年3月，由于拆迁问题站址南侧居民多次上访市政府，影响了加压站开工建设。1997年7月，市政府决定迁移站址，最后选定安定里东侧大榛子沟口处，与小区开发同时建设，并改称安定里加压站。1997年底建成投产。该站供水后，解决了头道牌楼、下营房、水泉沟一带长达20年的“吃水难”。

七、火神庙、小溪沟加压站

1995年末，承德市房地产开发公司所建火神庙、小溪沟两个住宅小区竣工交付使用。因其建筑物高程均超过承德市供水高度标准，小区各建加压设施。

上述两座加压站供水后，均由房产公司物业管理公司负责供水和向住户收费。1998年4月29日，自来水公司与房产开发公司签订移交两座加压站协议，交由自来水公司管理。

八、双柳加压站

双柳加压站位于西大街路南的双柳小区，由承德市工银房地产开发公司1995年建设。

1998年工银房地产开发公司欲将加压站交于承德市自来水公司管理，经双方协商，于1999年4月签订协议书。工银房产开发公司将其80平方米底商交于自来水公司，作为加压站进行管理费用的补偿。

九、富华加压站

位于富华山庄，占地面积90平方米。于2006年建成投产，设计供水能力0.14万立方米/日。

供水范围为富华山庄、和尚坟、忠义庙区域。

十、石洞子沟加压站

位于石洞子沟西口，占地面积 216 平方米，于 2000 年建成投产，设计供水能力 0.5 万立方米 / 日，供水范围石洞子沟西部区域。

十一、白云加压站

位于白云小区，占地面积 82.02 平方米，于 2000 年建成投产，设计供水能力 0.12 万立方米 / 日，供水范围为白云小区、火药库沟小区及付家沟区域。

十二、下营房加压站

位于下营房，占地面积 132 平方米。2000 年建设投产，设计供水能力 0.54 万立方米 / 日。供水范围为下营房以西至高庙区域。

十三、韭菜沟加压站

位于万华小区 B 区内，占地面积 136 平方米，由承德市燕东房地产开发公司建设，于 2007 年年初投产后交由供水集团公司（原自来水公司）管理，设计供水能力 1 万立方米 / 日，供水范围为万华小区及双柳小区。

十四、四人沟加压站

位于四人沟，占地面积 151 平方米，于 2006 年建成投产，设计供水能力 0.12 万立方米 / 日，供水范围为万华 C、D 区域。

加压站内建一套无负压罐式供水设备，作为西大街 DN700 主供水管道增压设施，设计供水能力为 1 万立方米 / 日，设计供水压力为 0.35 兆帕，为西大街西部区域、头牌楼加压站供水。

十五、二六六加压站

位于狮子沟二六六医院院内，占地面积 164.9 平方米，于 2012 年建成投产，设计供水能力 0.3 万立方米 / 日，供水范围为二六六医院以北区域，包含华林园小区、致爽家园小区、第三医院等沿线用户。

第五节　公用取水设施

市区（双桥区）公用取水设施有两种形式，即公用售水站和公用水栓。公用水站有专人看管，按担（两桶水）售水，公用水栓用户可自由取水。

日伪时期及 50 年代初，城市居民用水均以售水站为主。于 1955 年末，全市共有售水站 10 处，分布在大佟沟、小溪沟、小于家沟、大北沟、小北沟、粮市北山、二市场、五条胡同、潘家沟各一处。售水站大都由自来水公司家属看管。售水站售水价 0.01 元 / 担，无计量水表，自来水公司按核定数额向看管售水站人员收费。

售水站服务半径在 300 米左右，定时售水，群众用水很不方便。1956 年—1963 年，售水站逐步撤销，增设公用水栓，服务半径缩小至 100 米以内。潘家沟口和粮市街处于自来水公用水栓与自备井交界处，不便于管理，1964 年又各设售水站一处，至 1968 年撤销。70 年代末又在土地祠、宏济寺各设售水站，小区改造时拆除。

1977 年，全市公用水栓增至 220 个，服务半径缩小到 60 米以内。公用水栓无人管理，水量浪费很大，也影响市容整洁。1977 年至 1979 年由市财政投资实施水管进户 2821 户，主要为义泰兴、迎水坝、大北沟、小北沟、西大街、小佟沟等地，撤销公用水栓 59 个。此后公用水栓不再发展，并逐渐淘汰。

第六节　供水能力与需水量

市区（双桥区）早期供水设施为日伪时期日本人所建，建设目的是为其自身服务，管网布局及取水设施等方面均未考虑中国老百姓用水，每日供水 200 余立方米，为供水能力的 10%，供水能力相对大于需水量。解放初期城市用水人口 0.4 万人，供水普及率 10%，日需水量不足 0.1 万立方米，为供水能力的 45%，50 年代，城市供水的首要任务是发展用水户，提高供水普及率。至1959年，用水人口增至4万人，日需水量0.35万立方米，与供水能力基本平衡。

城市供水与需水的矛盾最早出现在1961年枯水季节，日需水量0.5万立方米，而供水能力为0.4万立方米/日，佟山顶、和尚坟山上、安定里后山、梯子山、马神庙、粮市北山等住宅区近500户居民吃水需到山下担水，一些工厂生产用水受到影响，消防用水也得不到保障。

1965年一水厂投产，新增供水能力0.8万立方米/日，供需矛盾消除。

从1978年枯水期起，城市供水再度紧缺，日需水量2.5万立方米，日供水能力仅1.6万立方米，日缺水近万立方米，安定里后山、佟山顶、四人沟居民楼、石洞子沟、小溪沟、下营房等地居民出现吃水困难。

1981年至1984年，为解决当时城市供需矛盾紧张状况，对第一水厂进行了扩建工程，城市日供水能力达到4.4万立方米。

1988年城市人口为15万人，其中铁路、大石庙两地区2万人用自备水源，在自来水公司供水范围有13万人，用水人口为11.1万人。1988年枯水季节城市用水量2.3万立方米/日，缺水1.8万立方米/日，供水能力需达到4.5万立方米/日方能满足用水需求，实际供水能力仅为2.4万立方米/日，最大缺水量为2.1万立方米/日。1991年新建水源井3眼，日供水能力提高到5万立方米，仍不能满足日益增长用水量的需要。1995年枯水期城市最高日缺水3万立方米。1996年二水厂投产后，供水形势好转，石洞子沟、和尚坟、四人沟、温家沟及处于地势较高的高层住宅供水状况均有明显好转。1992年至1996年，改变单一水源供水方式，引进澳大利亚政府贷款和国内配套资金累计7700余万元，实施滦河新水源一期工程（第二水厂），城市日供水能力达到8万立方米。1997年至1999年，根据《承德市城市总体规划》，为配合城市北部区域扩建需要，进行了第三、四水厂建设，城市日供水能力达到10.5万立方米；2001年至2005年，为抵御大旱所带来的影响，按着市委、市政府工作要求，公司利用国债贷款和地方自筹资金共1.9亿元进行了抗旱应急供水工程建设。

2010年，集团公司按照“南扩、西进、北延、中疏”城市发展战略，启动了总投资2.62亿元的新水厂建设工程，南区水厂于2014年7月正式投产运营，满足了新城区供水需求。针对城市供水管网陈旧老化、跑冒滴漏严重的情况，集团公司先后实施并开展了降损治漏专项行动、供水管网改造与建设工程、水表出户改造工程、承德市主城区保障房配套供水工程，并积极谋划白河水厂、北区水厂的建设工程，在主干管网损失率达到国家规范标准的同时，也为市区居民阶梯水价的实施奠定了基础。

截至2015年底，日供水能力达到17.18万立方米，跑冒滴漏由原来的32.91%下降到31.49%。

第七节　水质管理

自来水是水源经过消毒后，通过供水管网送到用户的生活用水或工业用水。自来水水质指标按有关规定有管网水细菌检验合格率、管网水大肠菌群检验合格率、管网水游离余氯检验合格率、管网水浑浊度检验合格率及管网水中国标26项检验合格率。以上五项指标合格率之和除以5为水质综合合格率。合格率均按国家生活饮用水卫生标准的规定执行。在标准中对出厂水余氯规定为不低于0.3毫克/升，无上限要求，公司根据本市实际情况，既保障管网末梢水余氯含量符合国家标准，出厂水又无异味，上限自定为出厂水余氯不超过0.8毫克/升。

市自来水公司水质指标作为生产指标的一部分进行年度考核，考核指标为管网水余氯合格率、管网水细菌合格率、管网水大肠菌合格率三项，多年来上述三项指标计划均为95%、99%、98%。

实验检测照片

自1993年起，自来水公司实行经营承包，承包水质项目为水质综合合格率，数值为98%。

2015年4月17日，汇洁水质公司获得河北省质量技术监督局颁发的计量认证证书，其中生活饮用水指标完全涵盖了《生活饮用水卫生标准》中规定的106项，水质检测能力全部达到“新国标”要求，自来水公司成为省内第三家具备“新国标”检测能力的水司，为市区水质安全提供科学保障。汇洁水质公司首次被纳入河北省2015年农村饮水安全工程建设机构，使公司水质检测水平大大提高。

一、消毒

承德市城市供水所取为武烈河及滦河河谷潜水，武烈河水源井分布在城市上游，滦河水源分布在秋窝村及砖瓦窑村沿河两岸。地下水为重碳酸钙型水，无色透明，无味无臭，水质较好，经消毒灭菌即可饮用。50年代初，城市需水量很小，实行定时供水，供水工艺为水井取水先输至高位水池，再供水至用户。消毒方式为定时、定量将漂白粉投入井中。因漂白粉残渣在水井中沉积而影响出水量，1952年改用漂白粉溶液投入井内。用这种方式投氯很不均匀，有时管网水余氯过高，有异味，有时则余氯过低，起不到杀菌作用。1953年对投氯方法进行了改进，即用直径70厘米大缸两口装入已溶解的漂白粉液，用陶瓷管与水井相连，用闸门控制调解输入量。改进后，细菌合格率由96.2%提高到99.3%，余氯合格率由79.8%提高到90.8%。

1965年一水厂投产后，初期仍以漂白粉消毒，1968年开始采用液氯向清水池投氯，用加氯机调

实验检测照片

解氯量，提高了余氯合格率。1996年二水厂建成投产，加氯系统为进口设备，通过计算机自动控制液氯投加量，使管网水余氯含量稳定。

二、水质检验

20世纪50年代市自来水公司无水质化验机构，委托市卫生防疫部门进行水质检验。1961年市自来水公司建立化验室，设验员2人，并经大连市自来水公司化验室培训。初期化验设施不完善，化验仪器仅有较为精密天平1台、显微镜1架，只以进行有机物和细菌指标的分析。1988年化验人员增加到6人，每日对出厂水及规定的管网取水点进行细菌和余氯的检测。每半年对全部水源、水厂、取水点水样进行较全面的分析。1994年至1997年化验室增加了两名具有大学本科学历的专业技术人员，提高了化验人员文化素质。

1997年化验室更名为水质检测中心，1999年水质检测中心迁入二水厂新建水质检测楼，投资132万元购置了原子吸收分光光度计、气相色谱仪、液相色谱仪、紫外分光光度计等先进水质检测设备。在国家饮用水卫生标准所规定的35项指标中除α、β两项指标暂不能检测外，其余各项均能按有关规定检测方法检测。

2001年4月首次通过省级计量认证评审，2006年3月、2009年3月、2012年3月、2015年4月通过实验室资质认定复评审的水质检验机构，接受省建委领导。具备国家有关法律、行政法规规定的基本条件和能力，可以向社会出具具有证明作用的数据和结果。准许使用C米A徽标。

2014年9月，承德市汇洁水质监测服务有限

公司成立，具有独立企业法人资格，是承德供水集团有限公司的子公司，注册资金100万元，作为河北省城市供水水质监测网承德监测站，现有人员22人，设站长1名、副站长3名，具有高级工程师3人、工程师6人、助理工程师5人、技术员4人，公司除办公室外，共设质量控制室、无机检验室、有机检验室、生物检验室和理化检验室共计五个基层处室，各室均设负责人和质量监督员一名。

公司检测范围包括生活饮用水、地面水、地下水、饮用天然矿泉水、瓶（桶）装饮用纯净水共五个方面，通过计量认证的检测项目参数共计140项，其中生活饮用水项目已完全达到新的生活饮用水标准(GB5749-2006)规定的106项检测能力要求。

公司先后投入资金六百余万元购进先进的色谱分析仪、气质联机、原子荧光光度计、原子吸收分光光度计、低本底α、β测量仪、两虫检测分析系统等大型分析仪器及附属设备，对实验环境进行改造装修，并通过各方面严格的人员培训和考核完全掌握各项检测方法，从根本上提升了总体检测能力。

在硬件设施上，公司拥有独立的检测楼，建筑面积近2千平方米，空调面积约350平方米，其中水电、防尘、防震、通风条件均能满足开展分析检测工作的需要，各仪器室操作间均有温湿度计并在室内配备了灭火器，按规定设立万级洁净室、药品库、玻璃器皿库和危险品库。实验区内供水、排水、供电的设计布局合理，通风、排气、防爆、消防、安全警示齐全，符合水质监测工作需要，满足安全、消防等要求。

第二章　城市排水

第一节　排水设施

一、排水管道

中华人民共和国成立后，经过多年建设和完善，截至2005年底，承德市区排水管道总长144.01千米，其中污水管道长80.25千米，雨水管道长22.38千米，排水沟渠长41.38千米。排水管道结构为钢筋砼管，排水沟渠结构为石砌体或钢筋砼结构形式。有污水检查井2861座、雨水检查井819座、雨水收入井1666座。2006年改造排水管道5487.75米，2007年改造排水管道406.2米，2008年改造排水管道13582.46米，2009年改造排水管道13930米。2006年至2009年用于新建和改造排水设施的建设施工费用约9261.60万元，其中污水管网改造投资约5985.74万元，雨水管网改造投资约3275.86万元。截至2009年底，承德市区排水管道总长161千米，其中污水管道长89千米，雨水管道长37.66千米，排水沟渠长34.34千米。

二、排水泵站

铁路泵站：始建于1986年，位于车站路中段，老居宅小桥南端，担负武烈河以东雨污水的排放任务，将雨水排入集水池后由泵站提升后排入武烈河，污水排入污水主管网至污水处理厂进行污水处理。铁路泵站设有ZOHBC-40型混流泵3台，扬程6.2米，流量1980立方米／时，配套电机功率55千瓦；设有SPWA型离心泵2台，扬程17米，流量500立方米／时，轴功率31.3千瓦。为预防雨季网电停电，2008年配套备用250GF柴油发电机组1台，采用双回路电源安装。

半壁山泵站：始建于1964年，位于半壁山路南端，武烈河大桥北侧，担负西大街、东大街、武烈路、南营子大街、石洞子沟、翠桥路等地区的污水排放，将污水汇集后输入污水主管网至污水处理厂进行污水处理。半壁山泵站设有8PWL型立式水泵2台，扬程25米，流量550立方米/时，配套电机功率75千瓦；设有混流式水泵2台，扬程7米，流量780立方米/时，配套电机功率23千瓦。1989年对半壁山泵房主体进行了改造。

截至2013年，承德市区雨水管道39千米，沟渠142千米。截至2015年底，承德市有排水泵站两座，铁路泵站和半壁山泵站。铁路泵站：建筑面积约1400平方米，3台雨水泵，功率为55千瓦，每小时排水量1980立方米。2台污水泵，功率为45千瓦，每小时排水量600立方米。半壁山泵站：建筑面积约为128平方米，4台污水泵，2台功率59千瓦，流量550立方米每小时；2台功率23千瓦，排水量780立方米每小时。

第二节　污水处理

一、太平庄污水处理工程

历史上，承德市区没有污水处理设施，生活废水和工业废水直接排入河道，随着城市规模和工业生产的发展，城市污水排放量逐年加大，对河流水体和地下水资源均造成不同程度的污染，而且有逐年加重的趋势，对人类的生存和经济社会的发展构成了严重威胁。

2002年，承德市政府利用亚洲开发银行贷款河北省海滦河流域水污染防治项目，在市区东南部武烈河下游东侧、滦河干流北侧建设太平庄污水处理工程，从根本上解决城市污水排放对水资源造成的污染问题。同年，亚行贷款河北省海滦河流域水污染防治项目全面启动，承德市区污水处理工程《项目建议书》《可行性研究报告》《环境影响评价报告》相继获得国家计委、环保总局等部门的批复，承德市城市污水处理工程正式立项。

2002年12月11日，成立了承德市城市污水处理有限责任公司，作为太平庄污水处理厂的建设法人。

2004年4月16日，承德市城市污水处理工程《初步设计》通过专家评审和河北省发改委的批复。一期工程总投资24483万元，其中利用亚行贷款1533万美元、利用国债资金6700万元、地方自筹资金6200万元。污水处理厂建设规模为近期日处理污水8万立方米，厂区占地101亩，配套管网36.5千米。一期工程将市区内80%的污水收入其中。项目服务范围涉及双桥区、开发区和冯营子高校园区。污水处理采用奥伯尔氧化沟工艺，设计出水水质可达国家城镇污水处理厂二级排放标准。

2005年7月，污水处理厂土建工程施工合同先后由中铁四局集团有限公司和浙江建工集团有限公司中标签约。同年9月28日承德市污水处理一期工程开工建设，经过两年多时间施工，污水处理工程与污水管网工程顺利完成。工程占地6.79公顷，总投资24483万元，工程采用奥伯尔氧化沟工艺，规模为日处理污水8万立方米的污水处理厂及配套污水管网36.5千米，处理后的污水达到二级排放标准。主要服务范围为高新区、大学园区。主要生产性构筑物为：粗格栅、进水泵房、细格栅、旋流沉砂池、厌氧池、氧化沟、二沉池、回流及剩余污泥泵房、贮泥池、污泥浓缩脱水机房等。

2006年3月，污水管网工程施工合同由河北建设集团有限公司中标签约。2007年8月，污水支管工程施工合同由承德市市政工程有限公司中标签约。2008年5月12日污水处理厂通水试运行。

2008年9月19日，污水处理在线自动监控设施通过河北省环保局验收。2008年11月19日，市城乡规划局对污水处理工程进行现场验收，11月21日下达了《验收合格通知书》，污水处理厂通过规划验收。

2009年9月26日，国家环保部对承德市污水处理工程进行环保验收现场核查，12月21日通过国家环保部验收。

承德市城市污水处理工程的建成，结束了承德市污水直排和无污水处理设施的历史，一期工程将市区内约80%的污水收入其中，实现了承德市区污水的集中收集和集中处理。

自2008年5月12日投产运行以来，在省、市环保部门在线仪表的监测下连续、安全、稳定运行，达标排放。截至2015年底，处理污水总量21232万吨，COD（化学需氧量）消减63268吨，NH3-N（氨氮）消减5269吨。为改善滦河流域环境、涵养水源，实现节能减排发挥了重要作用。

二、太平庄污水处理升级改造工程

随着城市发展和人口快速增长，用水量不断增加，产生的污水也日益增多，为增大污水处理能力，提高排放标准，经市政府常务会议批准，采用BT合作的方式于2013年9月6日与中船重工环境工程有限公司签订合同并开工建设承德市污水处理升级改造和二期扩建工程。该工程是对原8万吨/日的太平庄污水处理一期工程进行升级改造，使出水从二级排放标准提升至一级A排放标准。工程建设内容为：对原氧化沟进行改造，增加多点进水、硝化液回流、增加多孔填料等，新建翻板滤池、高密度澄清池、加药间等建构筑物。工程概算投资7306万元，占地1.1公顷。2014年7月31日升级改造工程通水调试运行，2015年6月9日通过环保验收。

二期工程是为解决一期污水处理能力不足而扩建的日处理污水7万吨污水厂一座，工程概算投资17080万元，占地面积约为5.07公顷。工程采用A+A2 /O工艺原理，工程新建粗格栅、提升泵房、细格栅、旋流沉砂池、生物池、沉淀池、鼓风机房、回流泵房、澄清池、滤池、总变电所和厂外供电专用线路等设施，工程于2014年12月18日通水调试运行，2015年6月9日通过环保验收。二期工程的建成使太平庄污水处理厂日处理能力达到15万吨，出水水质直接达到一级A标准。

三、双峰寺至太平庄污水主干管道工程

为了收集北部新城及水库周边区域污水，输送至太平庄污水处理厂进行集中处理，完善城市基础设施建设，保护山庄水质、改善武烈河及滦河水环境、缓解老城区污水截流主干管道压力而提出建设。截至2015年，承德市污水管道北部只延伸至医学院，医学院以北老西营村、三道河村、双峰寺村等北部新城地块均无污水管道覆盖。现有生活污水得不到收集集中处理，直接排入武烈河，严重威胁武烈河下游一、三、四、五水厂水源保护区和山庄湖区用水水质安全。该工程可对北区污水进行收集并输送至太平庄污水处理厂集中处理，有效保护饮用水水源地，改善武烈河和滦河水环境，提升城市形象。另外，随着城市发展，污水量逐年增加，太平庄污水处理厂一期配套污水截流主干管道已超出设计负荷，不能容纳北区及南区污水接入。该工程的建设可有效分流原截流干管输水压力并接纳北区及南区污水。工程北部起点为双峰寺水库坝址，沿武烈河由北向南穿越市区，最终经滦河至太平庄污水处理厂，管道全长29.2千米，管径为DN600-DN1800，概算总投资24087万元。由于投资较大，计划分期实施建设，一期工程建设双峰寺水库坝址至医学院段，铺设DN600-DN1200污水管道8.2千米，工程投资5526万元，工程于2015年11月10日开工建设。

四、太平庄污水处理厂再生水利用工程

以承德市太平庄污水处理厂一级A出水作为水源，设计供水能力12万吨/天。配套再生水管线以太平庄再生水厂为起点，以白河南部的工业用水大户建投承德热电有限责任公司为终点，并向沿途用户提供再生水。厂区土建工程包括再生水清水

承德市太平庄污水处理厂厂区

池、泵站及变配电室、吸水井、加氯间等，配套再生水管道采用DN200-DN800管道，总长度24.5千米。为提高工业用水户的供水保障率，再生水主干管道采用DN800双管布设，管材全部采用球墨铸铁管。工程计划总投资7516万元，水厂占地1.21公顷。目前，厂区土建工程已经完成，工艺管道安装工作基本完成，设备安装工程完成90%，厂外管网完成12500米管道铺设，完成投资约3300万元。该工程建成后将对效缓解供水范围内工业用水的供需矛盾，提高水资源利用水平，减少水环境污染等发挥巨大作用。

五、污泥无害化处置工程

该工程位于太平庄污水处理厂西北侧预留用地，占地面积10336平方米。项目建设规模为日处理污泥200吨/天，采用动态仓式连续污泥堆肥处理工艺，主发酵仓采用钢筋混凝土结构，建设内容包括原料库、生产车间、成品库、生物除臭滤池及配电间、维修间、管理用房及辅助设施。计划总投资7098.17万元。可对太平庄污水处理厂一、二、三期及上板城污水处理厂污水处理后产生的污泥进行收纳处置，实现污泥的无害化、减量化、资源化处置。项目建成后将对减少环境污染，保护地表水及地下水体的安全，节约污泥处置用地等反面发挥重要的工程效益。

承德市污泥无害化处置工程已列入《河北省海河流域水污染防治“十二五”规划》。工程采用设计-施工总承包模式运作，2015年12月30日经公开招标确定中铁十局集团第十工程有限公司和中机十院国际工程有限公司组成的联合体为设计—施工总承包单位并进场。

六、污水主干管道工程

2011年至2015年，分别在狮子沟旱河、水泉沟旱河、广仁大街、石洞子沟旱河、牛圈子沟旱河和大石庙旱河内建设污水主干管道，工程投资3900余万元，建设DN600-DN1500污水管道15.1千米。有效地缓解了中心城区原有污水管网压力，使城市的基础设施建设跟上城市建设步伐，使城市功能更加完善，提高了污水的收集处理率。满足沿线区域污水散排口接入需要，为旱河治理及改善旱河及武烈河水环境提供先决条件。

七、保障性住房配套雨水管网建设工程

该工程项目实施范围为双桥区9个棚户区保障房地块，计划建设保障性住房和棚户区改造工程合计1991户，占地总面积约124.42万平方米。为妥善解决承德主城区保障房雨水排放问题，配套新建D600-2000毫米，雨水管线总长度为13012.00米，工程总投资5627.87万元。

八、双滦区污水处理

双滦城区污水主要包括两部分，一是城区生产生活污水日排放量约3万立方米，直接排入牤牛河，最终进入滦河；二是承德钢厂厂区日排放生活污水近1万立方米，全部直接排入滦河。按照“十一五”规划，双滦区组建了承德市中保水务有限公司，通过利用国家专项资金、政府财政资金和企业自筹资金，总投资1.8亿元，建成了双滦区污水处理厂。2009年2月25日污水处理厂开工建设，仅用187天时间就建成竣工，于当年8月28日通水运行。厂区占地40亩，铺设管网29.1千米，日处理污水能力5万立方米，创造了国内同等规模、同种工艺建设时间最短纪录。双滦区污水处理厂的建成，回收污水管网覆盖率达到100%，污水收集率达到85%，污水经过处理后达标排放，不仅消除了污水对滦河水资源的污染，而且每天向滦河发电厂提供中水2万立方米作为发电生产用水，大大节约了水资源。

第十编 水利基础工作

水文、勘测、设计、科研是水利水电工程建设重要的前期工作，也是水利水电工程建设的重要基础工作。中华人民共和国成立后，承德水利科技队伍不断壮大，对促进水利水电建设事业快速发展发挥了重要作用。

第一章　水文

第一节　机构与站网建设

民国11年（1922年）3月，顺直水利委员会在承德地区境内首建承德降水蒸发站，民国12年（1923年）6月在丰宁大阁镇建降水蒸发站1处。民国17年（1928年）初，华北水利委员会接管承德降水蒸发站，撤销大阁降水蒸发站，民国19年（1930年）7月在丰宁（凤山）建降水蒸发站1处。民国20年（1931年）河北省建设厅在寿王坟建降水蒸发站观测一年。日本侵华后，为掠夺自然资源，于民国22年至民国33年（1933至1944）期间，由伪满中央观象台、伪满实业部临时产业调查局、伪满水利电气建设局、伪满交通部、伪满运河治水调查处、伪满交通部治水调查处等机构先后接管或建立承德、丰宁（凤山）、围场、滦平、平泉、张三营、宽城、上黄旗、御道口、张百湾等10处降水蒸发站。并由伪满国务院国道局、伪满民政部土木局、伪满交通部土木局、伪满产业部水力电气建设局、伪满交通部治水调查处等机构，先后在承德地区滦河干流的滦河镇、郭家屯、鸡冠山、柳河口和营房（大屯），武烈河的承德、庄头营子，瀑河的宽城，伊逊河的闹海营子等地设立9处水位站。民国34年（1945年）“8月15日”日本投降后，各降水蒸发站和水位站全部停测。由于内战，民国36年（1947年）2月，民国交通部东北区气象机构接收员办事处只恢复了承德降水蒸发站的观测，民国37年（1948年）国民中央水利实验处接管了承德降水蒸发站。同年1月至10月间，国民中央水利实验处也只恢复了滦河镇站的水位观测及承德站的水位、流量、含沙量测验。

1949年热河省农业厅水利局成立后，对承德地区（全省）水文工作历史情况做了调查，并做了站点的恢复、观测准备工作。1950年恢复6处委托水位站和新建1处委托水位站，共计7处，即滦河干流的柳河口、鸡冠山、滦河镇、大屯、武烈河的承德，伊逊河的围场、闹海营子等。1951年热河省水利局设立水文分站，主管全区（全省）水文工作。至1955年底热河省撤销，全区水文站网发展到：雨量站22个，水位站3个，水文站8个。1956年1月成立河北省承德专员公署水利局后，在工务科内设水文组，主管全区水文业务，1956年汛前雨量站归属较近水文站管理。至1957年底，雨量站达到31处，水位站1处，水文站11处。1958年1月水文体制上收河北省水利厅管理，成立河北省水利厅承德中心水文站，同年6月1日，水文体制下放回地区，专署水利局设水文科，王英杰（女）是第一任水文科长。年底站网发展到雨量站34处，水位站1处，水文站21处。

1959年汛前隆化县成立水文气象科，县境内下河南、小西山、沟台子、旧屯4处水文站下放归县领导（经费仍由专署水利局拨），其他各县（市）

水文工作仍由专署水利局领导，本年内站网进行了大幅度调整，水文站新建4处，交出5处，雨量站新建38处，撤销2处，撤销水位站1处，截至年底，实有水文站20处，雨量站70处。1960年10月，全区各类测站全部下放到县（市）领导，专署水利局水文科只做业务领导。本年水文站发展到高峰，共有23处。1963年1月1日，水文体制再次上收到省，省水利厅水文局设承德中心水文站，此时站网经过调整后实有水文站20处，雨量站84处。1964年全国水文体制上收，水电部河北省水文总站设承德水文分站，此时全区水文站巩固在20处，雨量站发展到120处。

“文化大革命”后期，于1968年4月成立“承德地区水文工作站革命委员会”。1970年7月水文体制再次下放到地区管理，1978年3月改称“承德地区水文工作站”，此时水文站有19处，雨量站发展到139处。1980年6月水文体制再次上收到省，改称“河北省水文总站承德分站”（现为河北省承德水文水资源勘测局），本年增设兴隆站，水文站仍保持19处，雨量站发展到142处。到1985年水文体制没有变动，青龙河土门子站划归唐秦分站，水文站降到18处，雨量站发展到160处，形成了比较完整的水文网络。全市雨量站点的布设基本上控制了承德境内降水的情势和小面积站的实验需要。

1983年至2003年期间，共增设5处水文站，撤销水文站3处，移交1处。2004年至2010年期间站网无变动。站网经调整稳定后，承德境内共布设水文站23处（含庙梁、九拨子、黄酒馆、龙窝4处堰闸站），其中22处由河北省水文水资源勘测局直接管理，庙宫水库水文站由承德市水务局管理。站网平均密度为1718平方千米／站。1983年至2003年期间，共撤销雨量站2处，增设雨量站10处，移交11处。2004年至2010年期间，站网无变动。站网经调整稳定后，承德境内共布设雨量观测站152处。其中151处由河北省水文水资源勘测局直接管理，庙宫水库雨量站由承德市水务局直接管理。站网平均密度为260平方千米／站。自2003年撤销潮河戴营水面蒸发站，并于同期增建潮河古北口水面蒸发站。

2004年至2010年，期间水面蒸发站网无变动。承德境内共设水面蒸发站10处，其中9处由河北省水文水资源勘测局直接管理，庙宫水库蒸发站由承德市水务局直接管理。站网平均密度为3952平方千米／站。1983年至2010年期间，泥沙站网无变动。承德境内共设泥沙观测站（断面）18处，其中17处由河北省水文水资源勘测局直接管理，庙宫水库泥沙站由承德市水务局直接领导。站网平均密度为2196平方千米／站。在2011年至2015年中小河流水文监测系统项目建设中，共增设水位站38处，增设水文站17处，增设雨量站66处。

第二节　水文测验

一、降水量观测：

20世纪50年代以前，降水量观测设备一直沿用口径20厘米铜制，雨量筒的安置系搬用苏联规范规定。从1965年开始，三年内首先在全区各水文站配备了南京和天津产的口径25厘米自记雨量计。1970年以后，改换上海产口径20厘米的仪器。到1984年，全区雨量站共配备110台仪器，占总站数的65%。1985年至2010年期间，非汛期和人工观测站的观测设备采用20厘米JQR01雨量器观测降水量。截至2010年，承德水文局配备20厘米JDZ02固态雨量计的观测站68处，配备20厘米JQR01雨量器的观测站36处，配备20厘米JHT01虹吸式自己雨量计的观测站48处。在2011年至2015年中小河流水文监测系统项目建设中，承德水文局将36处20厘米JQR01雨量器改为20厘米JDZ02固态雨量计观测，将48处20厘米JHT01虹吸式自己雨量计中的38处改为20厘米JDZ02固态雨量计观测，自此承德水文局汛期降水量观测数据成果记载由人工和纸介质形式转变为电子数据自动存档，降水量信息传递也由人工拟电文、采用电话报汛的形式转变为自动报汛的先进技术。

二、水面蒸发量观测：

水面蒸发测验器皿，50年代一律使用口径20厘米铜皿。到1984年全区统一了仪器型式。2003年1月戴营水文站撤销，蒸发观测同时停止，新增古北口蒸发站，观测项目和方式不变。水位观测：1952年，代营站首创夹板折叠式永久水尺，但没得到推广。1963年以前，全区其他各站一直沿用直立式木尺。1964年以后，各站陆续改成槽钢、角钢或水泥浇注的永久水尺。1966年，在庙宫水库坝上进水塔一侧安置了南京SW40型自记水位计，1978年又安装了重庆产远传水位计，从而解决了人工观测水位不准确的问题。1981年在兴隆龙窝、黄酒馆建堰后，均配置了SW40型自记式水位计。目前全区共设水位观测断面23处，均采用直立式水尺人工观测。

三、流量、泥沙测验。

人工涉水和简易高架浮标：1963年以前，各站只有一套很简单的木桩、车圈挂铅丝当循环索以及难以称之为投放器的单人投放浮标的极其简陋的高架浮标。受1963年天津发大水抗洪的启示，1964年由省水文总站统一部署，按定型设计搞了三道河子、波罗诺、河东、大阁、大桑园和兰旗营等6处能测历年最大洪水的"高标准"的高架浮标。1966年在下河南站修建了第一座"三合一"式操作楼的高架浮标。到1982年，全区除承德和沟台子两站外，其余17个测站都建起了"三合一"操作楼。吊箱，缆道：早在1958年和1960年曾在代营站和承德站率先设计架设了缆车和电动吊箱，因技术不过关而未启用。1964年，三道河子站第一个架起钢塔，开始使用电动升降吊箱测流。1966年，承德水文分站和省水文总站共同攻关，用两年时间，先后在大阁、波罗诺、庙宫、下河南等9个测站架起了吊箱，使全区一半的测站实现了测流机械化。到1984年，全区（包括李营南沟）20个测站共架设16座电动吊箱和4座缆道，全部解决了洪水测流设施。2002年以后，承德水文局对全区所有吊箱、缆道站均又进行了升级改造，改造后的设备均实现了高标准施测流量。测流仪器和采沙器具：（1）测流仪器：中华人民共和国成立初期，主要使用日式一转一个信号的旋杯流速仪。后来使用我国自己设计制造的55型旋杯流速仪。1958年左右曾试用过03、04型小流速仪，因不实用，没有推广。20世纪60年代以后，各站逐渐配备了LS25-I型旋桨流速仪和LS68、LS68-I、LS68-2型等经过改进的新型仪器。（2）采沙器具：中华人民共和国成立初期，用酒瓶子做采样器，用铁皮做含沙桶。以后改由省水文总站定型设计和配置了专用的含沙瓶和瓶式采样器。这种采样器适用于积深法取样，可直到现在仍用积点法取样。水样处理一直采用过滤烘干法，烘沙设备则大有改进。50年代，用自制的蒸气烘箱，1964年以后，各站逐步配置了电烘箱，烘沙一环从此过关。

四、水质化验及泥沙颗粒分析

1959年市水利局开始筹建"承德地区水质化验室"（以下简称"化验室"），1960年建成。监测站网的布设：全区先后在滦河干流上的外沟门子、旧屯、三道河子、黄花川；滦河支流上的沟台子、波罗诺、围场、庙宫、韩营、下河南、承德、小西山、平泉、大桑园、兰旗营、高杖子；潮河上的大阁、戴营等20处设置了水质监测点。形成一个布满全区有代表性的水质监测站网。水质泥沙分析项目：水质化验主要有物理性质、化学性质两方面。物理性质包括：水温、气味、味道、透明度、色度5项；化学性质包括：钙离子、镁离子、钾钠离子、氯离子、硫酸根、碳酸根、重碳酸根；此外还有离子总量、矿化变、总硬度、总碱度、pH值等5项。

进入20世纪70年代中期，随着人类活动的影响，大量污水排入河内，地区水利局在20世纪70年代末对化验室的人员进行了技术培训，并购进了必要的仪器设备，增添水质监测项目以便对各河水质、水环境进行监测评估。1984年成立了水质科，经过不断的发展、完善，基本站网监测由最初的滦河、武烈河等几处地表水水质监测站点，发展到现在的承德市辖区内的滦河、小滦河、兴洲河、伊逊河、武烈河、老牛河、柳河、瀑河、洒河、潮河、汤河、阴河、老哈河等多条主要河流和1座大型水库（庙宫水库）共计43处地表水监测站，30眼地下水监测井，2处入河排污口监测断面以及13处泥沙颗粒分析站，监测工作统一按水利部颁发的《水环境监测规范》（SL219）要求开展，日常监测项目达40多项。

第三节　水情观测

一、水情情报

承德地区水情工作起步较晚，1955年以前没有开展此项工作，1956年以后才逐渐开展起水情情报工作，那时报汛站点很少，1957年全区仅有报汛站点六七处。1958年和1959年，密云水库和庙宫水库相继开工兴建，促进了水情站网的发展。为给密云水库施工提供水情情报，在潮河大阁站设置专用电台，并在潮河中上游增设几处雨量报汛点。1960年为了给庙宫水库施工期间水文预报提供雨、水情报、除在庙宫，围场设置报汛电台外，还在庙宫水库以上增建雨量站10处，加上原有3处，共计达到13处雨量站。1959年以后，为加强承德市防汛工作，汛期在武烈河上游增设了雨量报汛站点。为满足滦河下游唐山地区防汛的要求，在滦河各支流上都布置了报汛站。截至1965年，全区报汛站发展到50余处，形成了比较完整的水情站网。在密云、庙宫两水库施工过程中，水情工作为保证正常施工和民工的安全做出了贡献。1962年，武烈河、老牛河、瀑河以及滦河中下游都发生了特大洪水，由于水情的及时传递，对保护这些地区的人民生命财产安全起到了很大作用。

承德地区偏僻，居住分散，通讯条件差，观测人员往往不能按时将电报发出，造成逾限，影响报汛质量。从1967年开始每年都给部分报汛雨量站架起专用电话，根据重要程度分出轻重缓急，优先架设伊逊河庙宫水库上游和承德市武烈河上游的报汛雨量站专用线路，以后逐年扩建。据统计，全区已有专用报汛线路的报汛站共49处，线路累计长度98千米，使报汛电报逾限率大大减少，提高了报汛质量。

进入20世纪80年代，省水文总站配备了四台10瓦单边带小型无线电台，分别设在承德、韩营、三道河子和高寺台（承德武烈河上游水位站）4个站。进入20世纪90年代中央报汛站增加到26处，总报汛站增加到46处，报汛站点增加到59处，并且全部实现自动测报，2016年水情报汛站点陆续增加到291处全部为自动测报站，信息传递网络化。

二、水文预报

承德地区水文预报工作是从1959年开始的，当时承德地区第一座大型水利工程庙宫水库正准备兴建，为了保证水库施工期间的安全，决定开展施工期洪水预报。1960年5-7月庙宫水库大坝合龙前后，施工处于最关键时期，总共发布洪水预报12次。

1963年-1964年汛后，省水文总站组织各地区人员编制全省各大型水库和重点河道的水文预报方案，承德地区水文分站派人参加并编制了庙宫水库洪水、枯水预报方案和武烈河承德站的洪水预报方案。1969年，地区水文分站用合成流量法编制了庙宫水库的洪水预报方案。1975年5月底武烈河上游降暴雨，根据高寺台站报来的水位预报承德站要出现近500立方米/秒的洪水，当时武烈河新建大桥正施工，将这一紧急情况通知了建桥指挥部，采取了紧急措施，大大减轻了建桥工程的损失。枯水预报曾搞过各种预报方案但没搞过作业预报。

第二章 勘测、设计

第一节 工作沿革

1952年热河省水利局第一次局务会议确定设计队（测量）编制25人。从1953年起成立设计专业小组，配备专业人员。1955年底设计专业小组共有9名专业技术人员，其中工程师2名、技术员3名、助理技术员4名。1956年热河省撤销后成立了河北省承德专署水利局，由工程科负责全区水利水电工程勘测设计施工。1958年8月北京水利勘测设计院第三测量队的一半人马共26人下放承德专署水利局，成立水利测量队。1960年3月承德地市合并后的承德市水利局成立设计室，负责水利工程勘测规划设计工作。1961年4月至1966年8月，承德专署水利局成立水利勘测设计队，编制30人，负责大中型水利工程规划勘测设计工作。1966年8月以后由于开展"文化大革命"水利局机构瘫痪，至1968年12月撤销原专署水利局成立承德地区水利工作站，综合管理小型农田水利工程建设工作。1969年6月成立承德地区滦河治理指挥部，负责承德地区滦河规划和大中型水利工程勘测设计工作，抽调原专署水利局27名工程技术人员组成设计组，完成了滦河上游隆化县境内大坝沟门水库大型枢纽工程的勘测设计任务。1974年9月水电处改称地革委水利局，原水利工作站和治理滦河指挥部工作人员先后划归水利局领导，管理中小型水利工程的勘测设计与施工。1979年10月恢复成立水利勘测设计队，确定设计队编制25人。1985年后，水利勘测设计队实行事业单位企业管理，经费开支实行独立核算。1988年，勘测设计队改称承德地区水利勘测设计处，编制为25个。

1993年，地市合并后，改为承德市水利水电勘测设计所，为差补事业单位。2004年6月成立河北省水利水电勘测设计研究院承德分院。与市水利水电勘测设计所，是一套人马，两块牌子。2005年承德市水利水电勘测设计所，实有40人。具有高级职称的2人，中级职称的10人。2000年以后，先后获得河北省建设厅颁发的"工程设计丙级"资质证书，对外可承担水利工程、河道整治、灌溉排涝、水库枢纽的勘测设计工作。

第二节 勘 测

一、水文地质勘测

1956年-1961年，在进行河北省1：20万综合地质-水文地质普查时，由宣化地质学校、北京地质学院、地质部水文局904队承担了围场、丰宁、棋盘山（属围场）、承德、平泉、迁安、山海关、唐山、秦皇岛、柏格庄等地（幅）的普查工作。为国民经济建设规划提供了一般性的水文地质资料，为区域性水文地质研究工作提供了资料依据。

1962年后，河北省地质局在滦河流域遵化--迁安缺水山区（包括遵化、玉田、迁西、丰润、迁安、卢龙、抚宁及承德地区的兴隆、青龙、承德、宽城等县，大致呈东西方向分布在唐山以北、兴隆至青龙一线以南地区）进行了专门水文地质调查、水文地质编图以及供水勘探等工作。至1977年底完成1/10万编图，为山区供水提供了大量基础资料。

1978年，河北省地质局建立了承德市水文地质观测站，开展承德市环境水文地质工作及附近县的农田供水水文地质观测。

二、工程地质勘探与坝址选择

1937年至1940年，伪满统治时期，在滦河中下游地区进行过地质勘探，勘探成果有：潘家口水库勘探6孔、进尺90.47米，有坝址横剖面图；黄花川水库勘探7孔、进尺为89.13米。

新中国成立后，随着水库的兴建在滦河流域逐渐开展了工程地质的勘探工作。

1957年5-9月，水电部北京勘测设计院勘测总队派张继超、胡春庭等地质工作人员对滦河流域进行了专门性工程地质查勘。自承德至滦县进行了1/50000地质测绘，选出黄花川、车河口、潘家口、大黑汀等水库坝址。据1958年《滦河流域规划报告》，勘查出滦河干支流共有：外沟门子、李家沟门、老虎沟门、郭家屯、大坝沟门、鱼亮子、超梁后、张百湾、四道河子、上栅子及砖瓦窑、车河口、罗家屯、钓鱼台、桃林口、潘家口15个可供选择的主要坝址，现将位于承德地区境内的11个主要坝址工程地质条件分述如下：

1959年，河北省地质局水文地质大队在承德地区进行了中型水库查勘，并提出《承德地区中型水库踏勘报告》，供水利规划参考。

1960年2月，河北省承德地质队对滦平县窟窿山水库工程进行了踏勘，提出了《滦平县窟窿山水库工程地质踏勘简报》，该简报对库区及坝址区工程地质条件作了简评，并提出了可能出现的问题和处理意见。同年，河北省地质局水文地质大队完成了1/50万承德（还有唐山）地区水利工程地质调查和1/20万承德地区水库工程地质调查，河北省水利厅勘测设计院也着手进行了庙宫水库坝址的勘探。

1964年，河北省地质局完成1/100万河北省水利工程地质略图，含有滦河流域承德地区境内的区域。

1965年7月，河北省地质局水文地质大队完成了《武烈河支流玉带河二龙山水库工程地质勘测报告》，该报告对库区及坝址主要水工建筑物进行了评价，并提出了基础处理意见，为水库施工及进一步开展勘测提供了参考。

三、水库地质勘测

（一）水库坝址地质钻探。1958年至1989年，先后完成庙宫、西阿超、大坝沟门、二龙山、道坝子、黄土梁等大中型水库地质勘探，共完成地质钻探总进尺5687.9米，地质填图65.4平方千米。其中，1977年至1982年完成大坝沟门水库地质报告（省水利勘测设计院为主完成）、二龙山水库地质复查报告和该两座坝址坝型评价报告初稿，完成大坝沟门地质钻探进尺1070.6米，地质填图61.3平方千米。1960年、1977年、1982年，完成二龙山水库地质钻探进尺928米。1996年由河北省水利水电勘测设计研究院完成二龙山水库地质测绘0.8平方千米。实测剖面4条2千米；地质填图1/2000为1.2平方千米，1/20000为12平方千米；物探电法（点）192个，联剖11条1750米；天然建材调查；探井28个，80.4米；砂砾料试验28组；石料试验16组。

2003年6月至11月18日，由河北省水利水电勘测设计研究院完成高寺台、小庙子两水库（比较方案）库区地质测绘42平方千米（1∶2.5万）；坝址地质测绘1.7平方千米（1∶2000）；钻探18孔，655米；物探150点；探井2个10米；声波测试3孔，316点；及抽、压水试验；土工、岩石试验；水质分析等。

（二）庙宫水库工程地质

庙宫水库是滦河主要支流伊逊河上一座大型水利枢纽，坝址位于围场县四道河台子村。水库控制流域面积2400平方千米，占本流域面积54.5%，所控制面积都在围场县境内。

1958年5月开始水库地质勘探工作，至该年8月完成了勘探试坑及部分抽水试验工作，至1959年11月完成了全部抽水试验任务。

（三）大坝沟门水库工程地质

大坝沟门水库位于滦河干流上游隆化县湾沟门公社大坝沟门村附近，是一座大型水利枢纽工程，水库控制流域面积13700平方千米，占滦河总流域面积的30%。从1971年开始水库地质勘探工作，到1982年共完成地质钻探进尺1070.6米，地质填图61.3平方千米。

（四）双峰寺（小庙子）水库工程地质

小庙子坝址，坝基下伏片麻岩，基岩面埋深4.1米～9.5米，强风化带，厚度分布不均，中部段最大厚度12.9米、弱风化岩埋深17米。强风化岩体属碎裂结构，岩体局部较破碎，弱风化带属块状结构，岩体较完整。右坝肩岩体属块状、次块状结构，岩体较完整，稳定性较好；左坝肩上部为黄土状壤土和黏土，厚度9.9米，以下为8.2米厚的全风化片麻岩，强风化岩顶面高程为386.8米，低于设计坝顶高程约16米，工程地质条件不良。左岸处，分布由黄土状构成的二级阶地，中下部多夹卵石或碎石层，前缘多呈陡壁，在库水作用下易产生塌岸造成少量水库淤积，对库岸稳定影响较小。

第三节 设　计

一、中小型水利水电工程设计

1949年至1955年，由热河省水利局完成的承德辖区内重点防洪工程和农田灌溉工程单项设计共60项，协助指导各县完成700多处小型防洪治水和数百万亩小型灌溉工程的勘测设计。

1956年至1966年，由承德地区水利局完成的主要工程勘测设计成果有：

小型水电站工程设计：有丰宁县大阁、隆化县小黄旗和青龙县温杖子、东蒿村、马圈子、七道河等。这些项目已建成投入运用多年，为山区农村照明和农副产品加工创出了路子。

水库工程设计：有窟窿山、木匠沟门、二道川、瓦房、水胡同、庙宫、崖门子、张家湾、二龙山、西阿超、前湾子、山西头、象鼻子山、康杖子、下河南、哈巴克、石洞、川心店、老爷庙、龙凤洞、毛大坝、和平庄、千佛寺、吉布汰、十三号、花山、榆木林等，其中已经实施建成的庙宫1座大型水库、窟窿山、水胡同2座中型水库，木匠沟门、二道川、瓦房、崖门子4座小型水库。

灌溉工程设计：除水库灌区工程外，还有上板城灌区、张三营灌区、金沟屯灌区、隆化灌区。各县完成的灌区工程设计的有广义成、殷家店、甸子等灌区工程。

1967年至1976年“文化大革命”期间，工程设计技术人员排除干扰，完成了一大批以水库工程为重点的水利工程设计任务，完成的主要设计成果有：以地区水利局为主完成了庙宫水库续建加固工程勘测设计。1977年以后完成的主要工程设计有大坝沟门水库设计任务书、黄土梁灌区工程设计、宽城县三旗杆万亩灌区设计、滦平县大河西电站工程初步设计、庙宫水库溢洪道进口西裹头工程设计、庙宫水库输水洞进水塔斜拉桥工程设计、庙宫水库排沙前期工程初步设计，并协助丰宁、兴隆、隆化县分别完成了黄土梁、老虎沟、二道湾水库遗留工程的规划设计。

1956年至1989年，全区共完成水利水电工程设计103项，其中防洪工程13项、灌溉工程13项、水电工程34项、水库工程42项、其他工程设计1项。已经实施的工程设计项目80项，其中防洪工程13项、灌溉工程7项、水电工程33项、水库工程26项、其他工程1项。

2000年以后，承德水利水电勘测设计院重点完成了各县（区）城镇防洪工程维修加固设计11处、橡胶坝工程及相应河段防洪的工程设计50多处、完成唐家湾等11座小（Ⅰ）型水库除险加固处理设计、孤石等50多座小（Ⅱ）型水库应急加固处理工程设计。进入“十一五”期间又完成了农村护村护地坝、水利闸桥、节水灌溉、人饮工程、小水电等10项70余处小型水利工程的设计工作。

二、大型水利水电工程设计

承德市大型水利水电枢纽工程，主要委托河北水利水电勘测设计研究院完成。除已建成的庙宫水库和在建的双峰寺水库外，多年来还开展了大坝沟门水库、滦河隆化水利水电枢纽工程、二龙山水库、“引伊济武”等大中型水利水电工程的大量前期工作，由于条件不成熟或规划调整原因未实施。这些项目仍可作为承德市水利重大储备项目，待条件成熟时启动实施。由于已经或正在实施的项目在有关篇章中另有叙述，本节重点对已做过大量前期工作但未实施的项目加以叙述。

（一）大坝沟门水库　位于滦河上游干流上，在隆化县湾沟门公社大坝沟门村附近，控制流域面积13700平方千米。水库的主要任务是调节上游来水，解决承德地区工农业用水用电，兼顾防洪、养鱼等综合利用。1954年，燃料工业部对大坝沟门坝址曾进行过查勘。1958年，水电部北京勘测设计院在进行滦河流域规划时把大坝沟门坝址列为滦河梯级开发骨干工程之一。1969年6月，根据河北省革命委员会在第四个五年计划期间治理滦河的指示，承德地区成立了治理滦河指挥部，由地革委主任王佐民任指挥部主任。1970年，河北省根治海河指挥部在“滦河流域规划要点”中提出“四五”期间修建大坝沟门水库的设想。1971年10月，抽调原专署水利局等27名水电工程技术人员，成立了在承德地区治理滦河指挥部领导下的大坝沟门水库设计组，省根治海河指挥部派出工程技术人员参加了这项设计工作。经过一年多勘察规划设计，完成了初步设计任务。

大坝沟门水库初步设计，选定坝型为混凝土重力坝，最大坝高70米，坝顶长315米，总库容6.04亿立方米，防洪库容1.04亿立方米，兴利库容3.06亿立方米，死库容2亿立方米，电站装机2万千瓦，淹没耕地15594亩，库区移民5502人，计划总投资6634.4万元。水库调节水量4.8亿立方米，通过引滦（河）入潮（河）向北京供水2.3亿立方米，供本区农业用水2.5亿立方米，自流灌溉20.6万亩，年发电量5520万度，对下游起削峰缓洪作用。1972年2月9日，承德地革委以承革发［72］27号文向省革委提出“申请修建隆化县大坝沟门水库和引滦入潮工程的报告”；同年9月25日，地革委以承革发［72］117号文将“大坝沟门水库工程初步设计及引滦入潮工程规划”报省革委；1977年3月22日，地革委以承发［1977］14号文再一次向省革委提出“要求兴建大坝沟门水库的请示报告”，以解决承德地区发展工农业生产的需要；同年11月15日，地革委以承革发［1977］79号文将补充修改后的“大坝沟门设计任务书”报省革委，呈请审查批准。由于种种原因，河北省对承德地区修建大坝沟门水库的要求一直未做出安排。

2012年11月27日，正式委托河北水利水电勘测设计研究院重新开展大坝沟门水库前期工作。11月30日设计院派外业地质（补鱼亮子坝址）及测量人员入场。2013年4月5日，大坝沟门外业测量及地质（补鱼亮子坝址）工作结束。6月5日，设计院编制完成《大坝沟门水库项目建议书》初稿。6月9日，水务局组织听取《大坝沟门水库项目建议书》汇报，提出了进一步完善报告的建议。2014年1月7日，承德市市委副书记潘超、副市长刘新宇听取大坝沟门水库及千湖工程工作汇报，并指示要全力推进。3月24日，水利部水规总院组织专家对《大坝沟门水库项目建议书》进行专家咨询，提出了进一步修改完善的专家咨询意见。12月3日水务局李新华局长带队，赴北京水利部水规总院汇报水利“十三五”规划项目、水利现代化、大坝沟门水库等工作衔接事宜。2015年5月23日，北京市委书记郭金龙、副市长林克庆等带领北京一行53余人，在时任河北省委书记、省长张庆伟及省发改、水利等部门的陪同下，考察了双峰寺水库，并在双峰寺水库现场重点听取了关于大坝沟门水库的汇报，郭金龙及河北省领导一致同意可以上报大坝沟门水库。5月25日，承德市委召开会议，通报北京市党政代表团来承考察事项，确定集全市之力推进大坝沟门水库工程。6月9日，承德市委扩大会议研究通过了《大坝沟门水库前期工作推进方案》，成立了以市委书记为组长，市长为副组长的大坝沟门水库工程领导小组。6月10日，隆化县下达了《关于暂停大坝沟门水库库区内人口迁入及基本建设的通知》。6月15日，承德市水务局向省水利厅上报了《大坝沟门水库项目建议书》。6月18日，承德市发改委向省发改委上报了《大坝沟门水库项目建议书》。6月23日省水利厅以冀水规计[2015]100号文向水利部正式上报了《承德市大坝沟门水库工程项目建议书》。6月29日，承德市人民政府向省人民政府上报了《关于大坝沟门水库建设工作的请示》。7月3日，承德市文物局向省文物局上报了《承德市大坝沟门水库拟占地范围考古调查报告》。7月7日，省文物局下发《关于承德市大坝沟门水库工程项目选址意见的函》，原则同意工程项目选址。7月16日，市规划局组织完成规划选址论证报告专家初审工作。

截至2015年，大坝沟门水库尚未纳入国务院批复的《海河流域防洪规划》《海河流域水资源规划》《海河流域综合规划（2012-2030年）》《全国大型水库建设总体安排意见（2013-2015年）》。

2015年12月18日，承德市政府向省政府发出关于将“大坝沟门水库工程”纳入《全国大型水库建设“十三五”规划》的请示，请省政府给国家水利部发函，建议将大坝沟门水库工程纳入“十三五”时期相应规划之中，以便在“十三五”期间加强研究论证，具备条件后启动实施。

（二）滦河隆化水利水电枢纽工程（小对山）位于滦河干流隆化县旧屯乡，对山村上下，距承德市区140千米，距隆化县45千米。

水利水电枢纽工程控制滦河流域面积1.4万平方千米，位于滦河郭家屯－北甸子河段的中下部，该河段全长76千米，占全市滦河干流长的15.6%，河谷蜿蜒曲折，河床同比下降2.63%，整个地形，由西北向东南倾斜，水能资源比较集中，水能开发条件优越，水能资源储量约为8.63万千瓦，占承德滦河干流储量的31%。

为解决承德网电峰谷差问题，和补给华北网电部分调峰负荷，使隆化县尽快实现电气化县。进入90年代后，省、市、县水利部门先后对滦河干流的水能开发做了大量勘测规划工作。

1992年4月承德地区水利水保局，编制完成了《滦河对山工程简介》，规划了大坝沟门水库工程；大对山电站工程；对山抽水蓄能电站工程；小对山水库工程及北甸子电站等五项工程，水库总库容10.81亿立方米，电站总装机容量23.85万千瓦，总发电量6.16亿度，总建设费4.68亿元。

1993年12月河北省水利水电勘测设计研究院提出了《滦河干流（郭家屯－北甸子）河段水能开发规划报告》《滦河干流小对山水库项目建设书》《滦河小对山抽水蓄能电站选点报告》《小对山抽水蓄能电站项目建设书阶段地质勘察报告》。

1995年11月承德市水利水电勘测设计所完成了《北湾水电站项目建议书可行性研究报告和地质勘察报告》。

1996年5月河北省水利厅下达了《关于承德市兴建隆化县北湾水电站请示的批复》，同意兴建。

1998年2月河北水利水电勘测设计研究院完成了《隆化县北湾水电站项目建设书》。1998年10月21日河北省水利厅下文，对隆化县北湾水电站项目建议书进行批复。认为：充分利用滦河干流的水能资源，修建隆化县北湾水电站是必要的；电站开发方式为引水式；初步同意装机容量选择24000千瓦；项目建议书批复后，可将可研和初设合并成一个阶段，进行初设。同年11月河北省计委下达了《关于新建隆化县北湾水电站项目建议书的批复》。

1999年4月水利部电力部北京勘测设计研究院完成了《隆化县北湾水电站项目建议书优化方案报告》。同年7月河北水利水电勘测设计研究院重新编制了《隆化县小对山水库工程项目建议书》。

2000年11月河北水利水电勘测设计研究院完

成了《河北省滦河隆化小对山水库工程可行性研究报告》。同年11月将小对山水库工程可行性研究报告，和西湾水电站工程可行性研究报告合并编制了《河北省滦河隆化水利水电枢纽工程可行性研究报告》，并于2001年6月22日由承德市水务局报市计委。

2002年6月13日，河北省发展计划委员会，对隆化小对山水库项目可行性研究报告（代项目建议书）进行了批复。因当时正积极筹建双峰寺水库，为了不分散人力、财力，2005年，根据市领导意见，“滦河隆化水利水电枢纽工程”暂时停止运作，作为储备项目，以后择机上报。

（三）二龙山水库　位于承德县武烈河主要支沟－头沟川（玉带河）大孤山村，原规划为中型水库工程，距承德市区44千米，控制流域面积547平方千米，占头沟川流域面积为75.2%，占武烈河总流域面积的21.2%。坝址处（大孤山坝线）河谷呈U型，谷底较平坦，谷宽200米。

为解决承德市区的防洪问题，1958年承德地区水利局对二龙山水库曾进行过勘测设计。1960年8月完成了《二龙山水库工程初步设计》，当年按第II坝线和均质土坝坝型进行了施工，完成了部分土坝基础截水槽开挖与回填和溢洪道、隧洞部分开挖工作。1962年因国民经济调整和庙宫水库（大II型）的开工，而停建。

2002年6月13日河北省发展计划委员会对《二龙山水库工程项目可行性研究报告》进行了批复。同年6月，经市政府研究决定成立“二龙山水库筹建处”，同年12月6日承德市编委下达了《关于明确承德市二龙山水库建设管理处机构规格的通知》，明确为副处级单位，名称为“承德市二龙山水库建设管理处”。

直至2003年6月，市主要领导带领市直有关部门分别到双峰寺水库坝址进行考察。6月30日市水务局与河北省水利水电勘测设计研究院的专家将双峰寺水库初步规划设想，向市政府常务会汇报。市委、市政府决定停止二龙山水库项目前期工作，正式开始运作双峰寺水库。

第三章　水利科技

第一节　机构沿革

1959年3月，承德专署水利局在承德市郊喇嘛寺村建立水土保持试验基地，开展小流域综合治理试验研究工作，当时只有刘爱国、范金荣（女）二人负责此项工作。1960年，水土保持试验站由喇嘛寺村迁到承德农校狮子园果园，改称承德专署水利局水利综合试验站，人员增到6人，在农校果园东沟、西沟建立试验小区，开展试验研究工作，同时保留喇嘛寺试验基地和试验项目。1962年，在农校果园建平房16间，作为办公室和化验室等，购买罗汉堂南山作为试验场地，建立气象场，增建试验小区，开展水土流失规律、综合治理、灌溉等试验研究，全站人员增加到12人，其中技术干部10人、工人2人。1962年6月22日，专署水利局正式决定，由农田水利科副科长刘爱国兼任第一任站长，下半年改称“承德专署水利局水土保持试验站”。1962年末，撤销喇嘛寺试验区。1963年开始，试验站组织技术力量做了五道沟、狮子沟小流域综合治理规划；在北京林学院关君蔚教授指导下，在大北沟、管子沟开展了护牧饲料林、护坡燃料林的试验研究；承德地区农科所和地区气象局派出技术人员，与水土保持试验站共同进行五道沟、狮子沟流域综合治理研究；与承德市共同建立了狮子沟流域山区建设委员会，按照规划设计，组织力量植树造林、修梯田、闸沟、挡坝，推广科学种田和种菜、先后开展了水土流失规律、综合治理、修梯田、垒谷坊，营造护牧饲料林、护坡燃料林、引洪淤灌、淤滩造田、灌溉和截潜流等试验研究。1966年“文化大革命”开始以后，水土保持试验工作逐渐陷于停顿，1969年1月试验站被撤销，全体人员归入承德地区水利工作站，试验站房屋被驻军占用，后转为军产。

1977年，地委批准恢复“承德地区水土保持试验站”。1978年8月，正式开始筹备建站工作，有4名工作人员，其中行政干部1人、技术干部2人、技术工1人，由吴天佐任站长，在承德市郊罗汉堂村临时借用民房办公。1981年迁到狮子园村新建站址办公开展工作。1982年8月17日，经省政府批准，改称为“承德地区水土保持科学研究所”。1983年，经省水利厅批准，修建1600平方米三层办公楼一座，改善了科研、办公条件。全所人员，1983年达到19人，其中科技人员10人；1985年，全所职工22人，其中科技人员13人；1987年达到30人，其中科技人员16名。

机构恢复以后，经过几年恢复建设，科研条件有了很大改善，建有办公楼、食堂、车库和家属院等，有120平方米的化验室，化验、科研仪器设备齐全。截至1988年底，全所不包括房屋、汽车和招待所以外的固定资产共14.48万元。恢复机构以后，继续开展了水土流失规律、综合治理、护坡燃料林、护牧饲料林、梯田、谷坊等试验研究项目、取得科研成果6项，并通过省级鉴定。

1993年地、市合并后，改为“承德市水土保持科学研究所”，仍属全额拨款事业单位。主要任务是针对水土流失严重的承德山区，研究、实验水土流失综合治理技术及水土流失基础理论问题；建立监测系统，利用3S技术和普查相结合的手段，对水土流失实施动态监测；建立“开发建设项目”侵蚀测报方面的研究；开展承德市不同水土流失类型区生态建设模式的研究；加强横向联合，积极开拓市场，面向社会参与和承揽多种开发建设项目的水土保持方案编制和技术咨询服务。

2003年6月，成立承德市水土保持生态环境监测分站，建设“21世纪首都水资源可持续利用水土保持规划”项目监测小区，分别位于丰宁、滦平和兴隆，8月建设完成并开始观测。

1999年至2005年，由于科研经费不足，先后参与各种开发建设项目的水土保持方案编制和技术咨询服务共78项。

2008年，水保所丰宁达袋沟监测点被纳入国家监测网络中，成为国家监测网络其中一个监测点。

第二节　科技队伍

中华人民共和国成立初期，热河省水利科技人员很少，水利局是直属热河省农林厅下属一个单位，没有单独建制。1954年才成为热河省的直属局。1955年底，热河省撤销后，将所辖的8个县划归河北省。1956年1月1日成立河北省承德专员公署，下设水利局。

为解决水利技术干部短缺问题，在1969年至1970年，承德地革委与天津大学水利系先后两次在承德地区共同创办了两期承德地区“七·二一”水利大学、1970年10月至1971年12月河北水利专科学校与承德地区水利局联合开办了一期承德地区“五·七”水利大学，先后为各县培养了300余名水利技术干部，这些人，有的离开了水利岗位，有的已晋升为中级，高级技术职称，成为各县（区）水利技术骨干，为承德的水利事业做出了无私的奉献。

1990年开始，经河北省教委批准，承德地区水利局在承德农校开办了两期水利中专班，招收高中毕业生100余名，学制2年，毕业后大多成为技术骨干。

1996年，经河北省水利厅、河北省教委批准，承德市水利局，委托承德市双滦区职业技术学校（职教中心），先后招收两期水利中专班，定向招收具有初中文化程度的市、县（区）水利系统职工子女，学制2年，共培训100名学员，这些人，毕业后按国家干部待遇，都已分配在市、县、区水利部门，大大充实了水利部门的技术力量。

2005年底，承德市水务局直属机关、事业单位在职职工人数总计485人，较1956年成立承德专署水利局时增加了10倍。485人中已评定专业技术职称的水利技术人员有188人，其中：高职20人，中职55人，初职113人。专业技术人员较1956年时也增加了9倍。这批水利职工和工程技术人员，担负着全市水利、水电、水土保持工程的勘测、规划、设计、施工、运行、管理等工作任务。

2011年9月，在河北农业大学举办承德水务系统在职青年职工专业进修班，进修班共52名学员，水利水电工程管理专业，分专科班、本科班两个层次，为期两年。在校期间，52名学员中发展党员2名，预备党员4名，校方评选优秀党员1名，模范班干部3名，优秀学员13名。这批学员来自承德市水务局各直属单位和各县区水务局，于2013年6月30日学员全部毕业充实到基层工作岗位中。

第三节　科研工作

中华人民共和国成立以后，1950年至1955年，热河省水利局进行了水稻需水量灌溉试验，试验区设在“热河省承德农业试验场”（承德县冯营子农场）的灌区里面。该灌区为伪满时修建，国民党统治时遭到破坏，中华人民共和国成立后，由省营农场和群众共同修复。1951年，需水量试验区水稻平均亩产量为123公斤，测验期间需水量计3383.3毫米，降水量为254.8毫米，每亩净灌溉率为0.00029立方米/秒。

1957年，承德地区各县水利科与各农业社联合进行了旱田灌溉试验。1958年，专署水利局在平泉县南五十家子进行机械打井、农田灌溉和修建小水库等试验研究；1959年，在承德市郊喇嘛寺村建立水土保持试验站，开展水土保持小流域综合治理试验研究，1960年将水土保持试验站迁到承德市郊狮子沟，继续开展水土保持试验研究，试验站规模和设备逐渐扩大完善，科研人员逐渐增加，配套齐全，研究项目也不断增加，研究工作有声有色。1966年“文化大革命”开始以后，水土保持试验站也遭劫难，1968年被撤销，研究工作被迫停顿。直到1978年，水土保持试验站才开始恢复，重新建站，人员、设备逐渐配齐，水土保持试验研究工作逐渐开展起来。

1981年，地区水利局与各县水利局合作，在平泉县吕家店开展了玉米、谷子、高粱、小麦的灌溉试验研究，在隆化县大坝开展了水稻灌溉试验研究，在围场县二道河子、张家湾开展了大田作物引洪淤灌试验研究工作；1982年，地区水利局与承德县水利局合作，在承德县白河南进行了水稻灌溉试验研究，在上台子进行了大田作物的灌溉试验研究；1980年至1982年，在承德县乌龙矶进行浆砌石薄拱坝试验研究；1983年，在承德县苇子峪进行了苹果树灌水时期试验研究，在宽城县板城乡8个村进行了苹果树灌溉综合技术管理试验研究；1985年，承德地区果树灌溉试验研究项目列入省水利厅科研计划，在兴隆县冰冷沟、隆化县西地、兴隆县王杖子分别进行了苹果树、红果树、板栗树灌溉定额和灌溉制度的试验研究，在宽城县板城村进行了苹果树微喷灌试验研究；1986年，水电部科技司批准宽城县塌山、榆树沟、亮甲台、杨树沟苹果树滴灌试验研究项目，拨给5万元科技贷款，并列入省水利厅科研计划；1987年，水电部科技司批准隆化县西地红果树滴灌试验研究项目，拨给5万元科技贷款，列入省水利厅科研计划；1987年省水利厅下达专项科研经费，由市水利局会同丰宁县水利局，在丰宁县坝上开展“粉砂地层打井防涌砂、防淤堵综合措施试验研究”；1999年至2003年市水土保持科学研究所完成了与水利部海河水利委员会商定的3项科研项目：（1）《承德市集雨节灌技术推广应用研究》该课题于2001年9月完成，课题针对承德冀北土石山区的特点，研究了集雨节灌技术在承德市推广应用的适应性、模式及效益。取得了良好的生态效益和社会效益。目前承德市集雨节灌推广面积已达1.05万亩。（2）《水土保持措施对滦河流域径流泥沙影响的初步研究》该课题为水利部海委下达，于2002年12月完成。通过对大量径流、泥沙及治理资料的调查，探索出了水土保持措施对径流、泥沙的影响规律，为承德市生态建设过程中，合理布局水土保持治理措施提供了科学依据，该项研究成果广泛应用于“21世纪首都水资源可持续利用项目”的规划和实施，节省投资上亿元。（3）《依靠生态自我修复能力改善滦河流域生态环境调查研究》该课题为水利部海委下达于2003年4月完成，研究成果探索出了山区生态环境治理一种新的模式，对滦河流域生态环境的改善产生积极的影响。

2005年10月，市水保所从海委争取“潘家口水库上游面源污染监测与分析”科研课题一项，课题经费20万元。研究内容为潘家口水库上游地区不同土地利用类型区水土流失面源污染监测与分析；水土保持区与水土流失区面源污染监测与分析；滦河一级支流（＞1000平方千米）面源污染对潘家口水库水质的影响等三个方面子课题。2006年底完成。

承担海委水保处开发建设项目“水土流失典型调查”任务，该调查任务是全国水土流失与生态安全综合考察的一项内容，水保所是海河流域开发建设项目水土流失典型调查的依托单位，调查在海河流域范围内各类型区的12类开发建设项目，造成的水土流失的强度和危害。该课题在2006年2月底完成。

2009年10月，水保所申请到水利部公益性行业科研专项项目“冀北山区生态输水小流域治理模式与关键技术”（课题编号200901051），研究周期3年，是水保所建所以来第一次承担的部级科研项目。

2010年1月，参加由海委主持编写《北方土石山区水土流失综合治理技术标准》，历时三年，2014年3月19日以水利部行业标准（SL 665-2014）发布并实施。

2011年3月，与中科院水利部水土保持研究所联合，承担国家“十二五”科技支撑计划“农田水土保持关键技术研究与示范”项目子课题“农田水土保持工程与耕作关键技术研究”（编号2011BAD31B01）。

2012年7月13日，承德市水土保持研究所水保所与中科院西北水土保持研究所共同主持的水利部公益性行业科研专项项目“冀北山区生态输水小流域治理模式与关键技术”课题验收。水利部水保司司长刘震、监测中心主任郭索彦，水利部国科司处长朱寿峰，中科院资源环境局副处长周桔，水利部国际泥沙中心副主任宁堆虎，中科院水利部水土保持研究所所长刘国彬，水利部沙棘中心副主任蔡建勤，水利部水土保持司处长鲁胜力、水利部水土保持工程中心曹文洪、谢永生、左长青，河北省水利厅副厅长位铁强，河北省水利厅水保处处长韩尚柱，承德市水务局局长李新华、周作军、宋秀清等领导和专家参加验收会。验收组听取了课题组的成果汇报，并查看平泉试验示范小流域现场，项目通过验收。

第四节 科技成果

一、试验研究

（一）薄拱坝试验

1980年10月至1984年10月间，承德地区水利局、承德县水利局与河北农业大学水利系协作，共同进行了承德县乌龙矶水库浆砌石薄拱坝的试验研究工作，在承德县乌龙矶建成浆砌石薄拱坝水库1座，坝高20米，厚高比0.09，与其他坝型比较，比砌石重力坝节省工程量80%，比一般砌石拱坝节省工程量30%。建成后，经过蓄水验证，运用正常，表明在较寒冷地区建设薄拱坝是可行的。1984年10月，该项研究通过了省水利厅组织的鉴定，1985年获省科委科技成果四等奖。

（二）水稻节水灌溉试验

承德地区水资源比较丰富，但由于时空分配不均匀，调节蓄水骨干工程较少。为了解决发展水稻生产与缺水的矛盾，1982年至1986年，由承德地区水利局蒋焕生和承德县水利局刘书林主持，在承德县白河南大队进行了水稻节水灌溉试验。该项试验成果于1986年10月通过地区级鉴定，1987年1月获河北省水利科技四等奖，并获承德地区科技成果三等奖。

（三）山区水土保持试验

1982年，承德地区水土保持科学研究所承担了河北省水利厅下达的“山区水土保持试验研究”科研项目，1985年被省科委列为第一批自筹资金科研计划。

1986年，“山区水土保持试验研究”课题获河北省水利科研成果二等奖。1987年，“山区水土流失规律实验研究”成果，获河北省水利科技二等奖。

（四）山地果园微喷灌溉试验

1984年6月至1985年5月，承德地区水利局与宽城县水利局合作，在宽城县下板城村果园建成微喷灌溉工程，微喷面积41亩，运行试验收到良好效果，与旱作苹果相比增产60%。与地面灌溉相比增产23%，节水50%，节电45%，省工78%。该项研究成果通过了地区科委组织的鉴定，认为具有技术先进，经济价值高的特点，是山区果树灌溉的发展方向。1987年，该项研究成果获河北省水利科技三等奖。

（五）扬水点测试与技术改造措施试验

为解决扬水点耗能高、效率低等问题，1985年至1987年，地区水利局与兴隆县水利局共同进行了“扬水点测试与技术改造措施试验”，通过三年时间的测试，探求出适合山区特点的扬水点挖潜改造节能途径。1988年6月，地区科委组织对该项试验进行了鉴定验收。

（六）水平沟水土保持耕作法对改造坡耕地增产效益的研究

本课题由承德地区科委下达，主要研究内容是占全区60%的低产田－坡耕地的增产技术，经四年的试验，提出了以水平沟耕作法命名的旱作农业增产技术研究成果，研究时间1986-1989年，获得承德市科技进步三等奖。

（七）关于燕山山区水土流失规律研究

为探索燕山山区水土流失规律，1986年河北省水利厅下达省科委水利科研项目《燕山山区水土流失规律研究》，由市水土保持科研所陈志学、宋秀清、张怀等人承担，1994年获得河北省科委科技进步三等奖。

（八）“粉砂地层打井防涌砂、防淤堵综合措施试验研究”

1987年，河北省水利厅下达科研项目，并拨专项经费，市水利局、丰宁县水利局承担。该项成果获得承德市科委科技进步二等奖，在丰宁坝上及同类地区得到广泛应用。

二、新技术应用

（一）喷灌滴灌技术

1972年，围场县农机研究所研制成功“34型”人工降雨机。1974年，由围场县农机研究所与县水利局在宝元栈公社丰富沟大队进行喷灌试验，喷灌墨西哥小麦70亩，喷灌1水，亩产小麦150公斤，喷灌2-3水，亩产小麦219公斤，比旱作小麦增产114.5%，增产效果较好。

1979年至1980年，由承德地区在丰宁县坝上组织机井会战为丰宁县坝上新打的机井配套移动式喷灌机组256台。1980年，骆驼沟公社实际喷灌面积5324亩，喷灌的小麦亩产达到149.4公斤，比旱作小麦亩增产99公斤，喷灌莜麦，亩产117.5公斤，喷灌胡麻，亩产57.5公斤，喷灌节水50%，增产40%以上。

1980 年，在平泉县榆树林子公社榆树林子大队建成 1 处半固定式喷灌系统，控制喷灌面积 400 亩。1980 年实际喷灌农作物 352 亩，喷灌高粱平均亩产 333.5 公斤，喷灌谷子平均亩产 250 公斤，喷灌小麦平均亩产 212.5 公斤。与地面灌溉相比，小麦平均亩增产 112.5 公斤，增产率 113%（干旱年）。喷灌玉米平均亩产 350 公斤，增产率 40%。

1982 年，在宽城县大石柱子乡闫杖子村建成一处移动管道式喷灌系统，控制喷灌面积 190 亩，主管道为铝合金管；支管道为加炭黑高压聚乙烯管，并设计了一个主支管道直通变径接头，在运用时主支管道同时移动，可在不同水源或多个水源条件下运用，可喷灌农作物，也可喷灌果树，起到综合利用效果。当年喷灌花生增产率为 25%，喷灌果树增产率为 30%。

1983 年 11 月，在兴隆县孤山子乡王杖子村建成一处板栗滴灌系统，控制滴灌面积 400 亩， 滴灌系统为固定式，滴头为发丝。经过运行调查，滴灌板栗增产 12.9%，运行较为正常。

（二）水轮机耐磨材料

1976 年，针对承德地区河流泥沙较多，对混流式水轮机磨损严重的问题，丰宁县水利局田至喜等人对七道河水电站水轮机采用不锈钢焊条补焊、环氧树脂砂胶填补等技术，并首次采用了辉绿岩铸石镶衬，解决小型水轮机前盖板的磨蚀。1989 年，该项研究技术获河北省水利科技进步二等奖。

（三）沥青混凝土心墙坝。1979 年至 1980 年，隆化县二道湾小（Ⅰ）型水库在除险加固工程进行改建扩建时，将原为浆砌石直墙堆石坝，扩建成沥青混凝土心墙堆石坝，最大坝高 30 米，坝顶长 227.5 米，总库容 620 万立方米，是河北省第一座沥青混凝土心墙堆石坝。水库建成后，河北省水利科学研究所对其沥青的选择以及混凝土稳定性中的各项指标进行了一系列试验研究，达到筑坝要求，运用正常。

（四）单塔式斜拉钢索桥。庙宫水库进水塔工作桥原为简易钢结构桥，由于水库扩建，大坝加高，蓄水后将被淹没。1982 年至 1983 年，在北京力学研究所科技人员帮助下，由地区水利局勘测设计队施工，将原简易钢架桥改建成单塔式斜拉索桥，桥长 75 米，建成后运用情况良好，是承德地区桥梁工程上的一种新型结构，在河北省尚属首例。这种新型斜拉桥，解决了其他结构桥梁的桥墩在水下施工困难问题。

（五）土工织物护坡

1984 年，承德地区庙宫水库大坝背水坡干砌块石护坡翻修，在坝坡反滤层铺设土工布 800 平方米，这是承德地区首次引进土工布护坡防冲新技术，经过观察，对保护土坝坝体防冲效果较好。1988 年，大坝背水坡干砌块石护坡全面进行了翻修，全部铺设了土工布。

（六）阳坡水土保持林和水保经济林营造技术示范

本课题由河北省科委下达研究计划，由地区科委管理，完成时间为 1990 年 -1994 年。

（七）微机辅助小流域治理规划系统

本课题是承德地区科委 1988 年科学研究计划项目，该项研究是解决山区小流域规划中存在的方法落后，合理性差、速度慢、精度差、耗资费时等一些技术实际问题，完成时间 1988 年—1990 年。本项目由宋秀清和王建共同完成。

三、科技成果获奖

2011 年，承德市武烈河与橡胶坝管理处《橡胶坝自动破冰技术研究》获 2011 年河北省水利学会科技进步一等奖；承德市武烈河与橡胶坝管理处《橡胶坝自动补水系统研究》获 2011 年河北省水利学会科技进步二等奖。同年，《承德市围场县大槽子风力发电 1:2000 地形图》获河北省优秀地理测绘信息工程二等奖。

2012 年 6 月，承德市水土保持科学研究所《“3S”技术在水土保持风蚀水蚀调查中的应用研究》获得河北省水利学会科技进步二等奖。同年 10 月，水保所东北沟监测示范点获得市科普基地称号。

2013 年 3 月，承德市水土保持科学研究所《冀北山区强风化岩坡面水土流失治理技术研究》获得承德市科技进步二等奖。同年，双峰寺水库建设管理局《双峰寺水库地质灾害危险性分析》获承德市科技进步三等奖。

2015年，平泉县水务局城乡供水服务站徐海霞、丰宁满族自治县水务局白金超分别获得河北省农业技术推广奖。

截至2015年底，承德市水务系统在国家级省级各类杂志发表专业论文110余篇。

承德市水利系统水利科技成果获奖表

表10—3—1　　（截至2013年底）

序号	获奖项目	获奖时间(年)	授奖单位	类别等级	主研单位	获奖人员
1	管道式喷灌	1984	宽城县人民政府	四等	承德地区水利局	李茂稳
2	苹果树灌溉管理技术试验	1985	承德地区行署	三等	承德地区水利局	蒋焕生、李茂稳
3	乌龙矶水库砌石薄拱坝应力分析	1985	承德地区行署	三等	河北农大、地区水利局、承德县水利局	陈尚、　贠学愚
4	乌龙矶水库砌石薄拱坝应力分析	1985	河北省科委	省科技成果四等奖	河北农大、地区水利局、承德县水利局	陈尚、　贠学愚
5	山区水土保持试验研究	1986	河北省水利厅	省水利科技二等奖	承德地区水土保持科研所	梁其端、王宪武、宋秀清、惠国政、赵建华
6	山地果园微喷灌溉试验研究	1986	河北省水利厅	省水利科技三等奖	宽城县水利局地区水利局	李茂稳、陈广明、任继兴、赵连国
7	水稻灌溉试验	1986	河北省水利厅	省水利科技四等奖	地区水利局承德县水利局	蒋焕生、刘书林、杨振民、许木林
8	山地苹果树灌溉试验研究	1989	河北省水利厅	科技进步四等奖	地区、承德县、兴隆县水利局	蒋焕生、刘书林、毛广泉、许木林、李才
9	扬水点效率测试与技术改造措施试验研究	1989	河北省水利厅	科技进步四等奖	地区水利局兴隆县水利局	赵荣政、田宇清、吴跃东、毛广泉
10	用绿辉岩铸石作混流式水轮机磨板研究技术	1989	河北省水利厅	科技进步二等奖	丰宁县水利局	田至喜、杜文喜、张儒、丛延清、曹辅信
11	水平沟水土保持耕作法对改造坡耕地增产效益的研究	1989	承德市科委	市级科技进步三等奖	承德地区水土保持科研所	崔孟琛
12	微机辅助小流域治理规划系统	1990	承德地区科委	市级科技进步二等奖	承德地区水土保持科研所	宋秀清、李婉茹、王健、王宪武、靳怀成、高桂清
13	双上孔薄壁管微灌技术在蔬菜上的应用	1991			市水利局、市蔬菜研究所	钟玉凤、刘秀云
14	承德市风景区山地阳坡生境评价及植被的恢复途径	1992	承德地区科委	市科技进步三等奖	承德地区水利局	郭守利

15	塞北旱区春小麦套种玉米节水灌溉高产综合技术推广	1992	承德地区科委	市科技进步二等奖	承德地区水利局平泉县水利局	赵荣政、李亮、田宇清、高鹤鸣、邵玉荣
16	燕山山区水土流失规律研究	1993	河北省科委	省级科技进步三等奖	承德地区水土保持科研所	王宪武、赵建华、陈志学、宋秀清、腾沂然
17	燕山山地水土保持生态经济和资源开发研究	1994	河北省科委	省科技进步四等奖	市水土保持科研所	陈志学、宋秀清、梁其端、杜学敏、杜学敏、崔孟琛、张怀、杨秀江、赵建华
18	承德地下水质调查评价	1995	承德市科委	市科技进步二等奖	承德市水政水资办	李革生、毛久成、刘素英
19	承德入河排污口调查评价	1995	承德市科委	市科技进步三等奖	承德市水政水资办	李革生、毛久成、刘素英
20	庙宫水库空库排沙试验研究	1995	河北省科委河北省水利厅	科技进步二等奖	承德市水利局	赵永延，高志伟
21	粉砂地层打井防涌砂、防淤堵综合措施试验研究	1996	承德市科委	科技进步二等奖	承德水利局丰宁县水利局	赵荣政、田宇清、邵玉荣、毛颜湘、李秀华、徐顺臣、宋文
22	北方山区“两高一优”农业节水灌溉模式的应用与推广	1996	河北省水利厅	科技进步一等奖	承德市水利局	蒋焕生、赵荣政、邵玉荣
23	山区水稻模式化灌溉技术推广	1996	河北省水利厅	科技进步二等奖	承德市水利局	蒋焕生、毛颜湘、邵玉荣
24	橡胶坝大面积换段冷粘成型工艺研究	1997	河北省水利厅	科技进步二等奖	承德市水利局	冯俊玉、周政民、陈洪儒、李春祥、连国庆
25	承德武烈河橡胶坝入渗能力试验研究	1997	河北省水利厅	科技进步三等奖	承德市水利局	冯俊玉、周政民、陈洪儒、李春祥、连国庆
26	承德市城市洪水水源研究	1997	承德市人民政府	科技进步三等奖	承德市水利局	刘素英
27	山地泥石流生物生态工程防治技术研究	2003	河北省科技厅	省科技进步二等奖	省水利厅承德市水利局	曹树良
28	河北省北部地区水土资源可持续高效利用技术研究	2003	河北省科学技术厅	省科技进步三等奖	省水利厅承德市水利局	郭守利
29	冀北山区山地集雨节灌工程模式的研究与示范	2006	承德市科委河北省水利厅	承德科技进步一等奖 省科技进步三等奖	承德市水利局	李茂稳、宋秀清、刘素华、李秀华、武兰春、任运超 等10人
30	隆化县伊逊河第一道橡胶坝工程设计	2007	河北省勘察设计协会	优秀工程勘察设计三等奖	承德市水务局水利水电勘测设计所	周亚歧、刘艳民、邵清宽 等15人

31	承德市武烈河音乐喷泉及水幕投影工程	2008	河北省勘察设计协会	优秀设计三等奖	承德市水务局水利水电勘测设计所	周亚歧、黄晶、吴彦斌等15人
32	武烈河承德市区段防洪集水环境整治工程六至十二道橡胶坝两岸防洪堤	2009	河北省勘察设计协会	优秀工程设计二等奖	承德市水务局水利水电勘测设计所	周亚歧、薛广鹏、徐英棋 等15人
33	发展大避暑山庄生态水利思考与对策	2009	中国社会发展研究院	优秀成果一等奖	承德市水务局	周亚歧、李海东、朴树明
34	橡胶坝自动化破冰技术研究	2011	河北省水利学会	科技进步一等奖	承德市武烈河河道与橡胶坝管理处	周政民、姜贵民、刘健、李春宇孙银德、赵利等11人
35	橡胶坝自动化补水系统研究	2011	河北省水利学会	科技进步二等奖	承德市武烈河河道与橡胶坝管理处	周政民、姜贵民、刘健、李春宇孙银德等11人
36	“3S”技术在水土保持风蚀水蚀调查中的应用研究	2012	河北省水利学会	科技进步二等奖	承德市水土保持科学研究所	齐向红、刘建伟、张怀、郝晓东、宋凯、谈兵
37	“3S”技术在水土保持风蚀水蚀调查中的应用研究	2012	河北省水利学会	科技进步二等奖	承德市水土保持科学研究所	齐向红、刘建伟、张怀、郝晓东、宋凯、谈兵
38	双峰寺水库建设管理局《双峰寺水库地质灾害危险性分析》	2013	河北省科学技术厅	科技进步三等奖	承德市双丰寺水库工程建设管理局	吕国良、郭建礼、陈国富、程怀峰、姚俊峰、田树鹏、王亚军、韩树军、高银龙、国艳吉、牛强、刘晓宇
39	冀北山区强风化岩坡面水土流失治理技术研究	2013	承德市科技局	科技进步二等奖	承德市水土保持科学研究所	张怀、陈志学、郝晓东、周伟、杨秀江、袁冬立、张翼鹏

第五节 水务信息化建设

承德市水务局从2003年起开展水务信息化建设，陆续投资100余万元，购置了大量设备，建成了防汛抗旱指挥决策支持系统、雨水情会商系统、水务局办公自动化系统、开发了承德市防汛抗旱指挥决策支持系统软件、构建了水务信息网站。其中承德市防汛抗旱指挥决策支持系统在2005年发生的“8•12”特大暴雨洪水中发挥了重要作用，实时、准确的雨、水情信息为防汛指挥部领导指挥决策提供了科学的依据。

2005年，市水务局与上海市水务信息中心合作，编制了“承德市水务信息化建设规划大纲”，对承德市的水务信息化建设进行了科学具体的规划。2006年9月成立水务信息化领导小组和水务信息中心，同时，《承德市水务信息化规划》通过水利部信息中心，省水利厅及市直相关各部门的专家论证。到2015年，市区、各县城和重点乡镇基本建成以数据平台、网络平台、应用平台等三大平台为基础的水务信息化体系；基本建成电子政务、防汛抗旱减灾、水资源管理、水务工程设施管理、水土保持监测管理等应用系统；水文站点自动监测率、水功能区监测点自动监测率、行政审批网上办理率和电子政务网络覆盖率等指标保持100%，基本实现采集自动化、传输网络化、存储数字化和调度实时化。

一、网络互联互通

构筑健壮的局域网和广域网，形成信息系统的工作载体。建立局系统内部及与外部相关单位的网络互联互通，为信息共享、指挥决策提供“信息高速公路”。依托全市公共网络资源，建设满足信息传输需要的宽带高速网络，实现从信息源到决策会商的多层次、多技术的网络信息传输。

二、资源整合、信息共享

资源整合、信息共享是信息化建设中的难点之一。近年来市水务局积累了一些数据资源，开发了一些应用系统，为信息化建设提供了有利的条件。但存在数据和系统分散在不同地点，软硬件平台、数据格式、表现形式存在着差异，难以发挥整体效益等问题。在数据资源、应用系统资源，通信和计算机网络资源方面进行不断整合提高。

三、加强行业基础管理

建立水务综合数据库。通过调用和整合行业基础数据，建立综合数据库，支撑全局的业务应用、决策支持、电子政务等应用。同时为跨行业数据交换提供平台，各行业可通过综合数据库调用其他行业的数据。部分数据与其他政府部门实现数据共享。

四、应用需求

建设一批实用先进、能有效支持各单位更好地履行职责的业务应用系统和电子政务系统，以满足现代化管理的需要，提高政府机关管理效率和提升面向社会服务水平。防汛抗旱工作需要信息采集自动化、传输网络化、存储数字化、调度实时化、决策科学化，使承德的防汛抗旱整体水平得到明显的提高。

同时，作为水务信息化建设子系统的《承德市城市水资源实时监控与管理系统项目》是水利部确定的全国十八家水资源实时监控与管理系统试点城市之一。2004年，按照水利部的要求市水务局委托北京理正人公司编制《承德市城市水资源实时监控与管理系统项目建议书(代可行性研究报告)》，同年9月21日，可行性研究报告上报省厅审查，河北省水利厅以冀水规划[2004]118号文件对《承德市城市水资源实时监控与管理系统项目建议书（代可行性研究报告）》进行了批复。

2005年，市水务局参加了水利部在上海市召开的水资源实时监控现场会议，市水务局与上海市水务信息中心签订了合作编制“承德水务信息化规划”的框架协议，同时委托上海市水务局对承德市水资源实时监控项目的初步设计方案进行技术指导。委托北京托比帝克科技有限公司编制《承德市水资源实时监控与管理系统建设初步设计报告》。

2006年9月底，省水利厅在承德市主持召开了《承德市城市水资源实时监控与管理系统初步设计报告》审查会议。2006年12月河北省水利厅予以批复，总投资1700.4万元，项目分两期实施。2007年5月12日，《承德市城市水资源实时监控与管理系统项目（一期）工程》公开招投标完成，项目总投资854万元，其中：国家补助500万元，北京金水信息技术有限公司中标，并签订了施工合同，进入全面实施阶段，按照工程施工安排，2007年底完成，并通过初步验收。

2007年6月26日，河北省水利厅以冀水资[2007]54号文件对项目二期工程建设方案进行批复，核定二期工程建设资金846.6万元，其中申请国补资金600万元，建设单位自筹（二期）246.6万元。工程建设期从2008年1月至2009年6月底，建设期1.5年。同年，实现市、县（区）防汛抗旱指挥决策系统互联，开通省、市、县三级视频会商系统，与水文局、气象局建立联接，实现雨水情信息共享，在及时掌握雨水情信息，处置应急事件时，防汛抗旱指挥决策系统，能为领导提供决策，发挥重要作用。

城市水资源实时监控与管理系统项目，2006年完成项目可研和初设，2007年6月，一期工程正式开工，2009年11月基本完工。硬件系统完成了取水监测点87个，地下水位监测点12个，视频监测点13处，地表水水位监测点10处；软件开发系统完成了《水资源信息管理系统》《水资源业务系统》。在市节水办完成了水资源监控中心建设，部分功能已发挥作用。

到2020年，水文站点自动监测率、水功能区监测点自动监测率、行政审批网上办理率和电子政务网络覆盖率等指标将继续保持100%，以数据平台、网络平台、应用平台等三大平台为基础的水务信息化体系覆盖到所有乡镇和重点行政村，防汛抗旱减灾、水资源管理、水务工程设施管理、水土保持监测管理等应用系统不断完善，信息化水平不断提高，在国内同级水利（水务）行业区有鲜明特色。

第六节　水利学会

20世纪50年代至70年代，承德地区没有水利学会组织，1962年成立河北省水利学会后，承德地区水利局为省水利学会理事会成员，先后有范守仁、陈尚、董恩锡、马龙田、刘爱国、宋万盛、李婉如、闫会明、刘洪章、刘振声等10人为省水利学会会员。20世纪60年代，范守仁为历届省水利学会理事，1966年“文化大革命”开始以后，学会停止活动。1978年恢复河北省水利学会，1989年10月，马龙田当选为河北省水利学会第四届理事。

1980年7月，承德地区水利学会成立，7月25日至26日召开全区水利系统会员代表会议，选举产生了承德地区水利学会第一届理事会，理事会成员共由18人组成，理事长罗焕武、副理事长范守仁、刘爱国、马龙田、陈尚、学会秘书长马龙田（兼）。1982年5月10日，承德地区水利学会第一届理事会成员调整为20人。理事会成员包括地区水利局、地区水利局直属单位、各县水利局和承德水文分站组成，地区水利局直属单位、各县水利局和承德水文分站均出一名理事，由各单位推荐产生。1983年承德地、市分设以后，承德市没有单独成立水利学会机构，仍为地区水利学会成员。

1984年2月，在全区水利工作会议期间召开了承德地区水利学会会员代表会议，改组了第一届水利学会领导机构，选举产生了承德地区水利学会第二届理事会，理事会成员共由18人组成，理事长马龙田，副理事长陈尚、宋万盛、闫会明、赵德峰，秘书长闫会明（兼）。1985年1月18日，第二届理事会增补王维国为理事，任副理事长兼秘书长。1987年3月13日，第二届理事会召开会议对理事会成员进行调整，理事会成员增至19人，理事长马龙田、副理事长赵德峰、闫会明、王维国、秘书长王维国（兼）。1988年12月，第二届理事会成员调整为20人。

1989年12月26日至27日，承德地区水利学会召开第三次会员代表大会，选举产生了第三届理事会，第三届理事会成员由21人组成，理事长马龙田，副理事长赵德峰、闫会明、王维国、秘书长王维国（兼）。

会员人数，第一届理事会期间共有会员117人，第二届理事会期间会员达到173人。到1988年底，会员发展到281人，占全区水利专业技术人员总数的94%。在会员中具备高级技术职称的有12人，具备中级技术职称的116人。在地区水利学会会员中，有部分人加入河北省水利学会，成为中国水利学会会员。

截至2015年底，承德市水利学会共有单位会员24个，均为各县区水务局及局属各单位。个人会员649人，均为学会各成员单位在职专业技术人员。

第十一编　水利管理

中华人民共和国成立后，承德市修建了一大批大、中、小、微型水利工程，基本形成了具有一定规模和能力的抵御洪旱灾害的工程体系，也形成了一定规模的水利基础产业和资产。管好用好这些水利工程设施对水利事业的发展至关重要。承德水利管理工作主要包括工程管理、水资源管理和水利基本建设管理。工程管理主要包括水库、灌区、河道堤防、水电站、供排水、机井及其他小型水利工程、水土保持管理等。

第一章　工程管理

第一节　管理沿革

1949年至1955年，承德水利工作主要是恢复和发展时期，重点是在沿河村镇修坝防洪、挡坝淤滩、发展小型水利灌溉和水土保持等工作，而水利灌溉的重点又是群众性的沿河开渠建坝淤滩种植水稻引水灌溉。这一时期，承德地区没有大中型水利工程，没有水利工程管理机构。1950年热河省水利局设置科室时设有水政科，属于省水利行政职能管理机构，负责小型水利灌溉管理和用水纠纷等工作。1951年后对一部分灌溉面积较大，用水纠纷较多的稻田灌区组织了水管会，稻田“把头”有一定的开渠引水、管理稻田灌溉的技术，但也有一定的盘剥行为，由受益群众选举产生成立的村水管会组织就是对稻田“把头”制进行改造利用。有的地方还组织成立了联合水管会组织，由区长或区农业助理负责。

1956年以后直到20世纪70年代初期，地、县均没有水利行政管理机构，地区水利局由工程科行使工程管理工作任务。1958年至1960年，全区建成了一批大中小型水库工程，先后成立了滦平县窟窿山水库管理处和承德地区庙宫水库管理处。“文化大革命”期间，专署水利局被撤销，成立水利工作站，工程管理工作受到削弱。1972年恢复地区水利机构，成立水电处，水利工作逐渐恢复正常。1974年地区水电处下设工程管理组，行使工程管理职能。1974年地区水电处改称水利局，1978年地区水利局设工程管理科。随着地区水利局工程管理职能科的设置，各县水利局也相继设置了工程管理组或股，并配备了专管人员。按照工程规模、受益范围及其重要性，水利工程实行分级管理的办法。庙宫水库属于大型工程，受益在两个县以上，由地区管理。“文化大革命”期间曾于1969年下放由隆化县管理，1972年11月收回地区管理。70年代以后建成的围场县钓鱼台、平泉县大庆、丰宁县黄土梁、兴隆县老虎沟、宽城县三旗杆等5座中型水库，围场县黑山口、隆化县二道湾等3座小（Ⅰ）型水库，钓鱼台、大庆、黄土梁、老虎沟等4处大型灌区，围场、平泉、滦平、丰宁、兴隆、宽城等县城镇河道防洪坝管理所和丰宁县七道河、隆化县老陡山、滦平县山前等3座水电站，均由县水利局直接管理。由地、县管理的这些工程管理单位，1979年以前按事业单位管理，1980年试行管理经费包干责任制，1983年以后推行经营承包责任制。其他由社、队（乡、村）修建的一些小型水利工程设施，如小型水库、塘坝、小渠道、机井、扬水点、小水电站、农村防洪坝等，均由所在乡、村管理，一般是谁修建、谁受益、谁管理。

对大中型水库，1988年曾推行过事改企管理，实行事业单位企业化管理，时间不长即终止。20世纪90年代以后，先后开发建成了承德市秋窝水电站、宽城县双洞子水电站和大桑园水电站、丰宁县滦河上游的丰宁电站（水库）。秋窝水电站由承德市水利局直接筹集资金建成，建成后为股份制企业，由承德市光大家业发展有限责任公司控股管理。宽城县双洞子水电站和大桑园水电站为全国农村水电电气化县建设项目，建成后由宽城县水务局管理。丰宁电站水库是由丰宁县政府引资合作开发建成的以发电为主的中型水库，为股份制企业，由河北华泽水电开发有限公司经营管理。

第二节　水库管理

一、水库概况

到1985年，全市有大型水库1座、中型水库5座、小型水库104座。多年来，这些水库工程在防洪、灌溉、发电、养鱼等方面发挥了效益。但由于经济、技术等方面的原因，这些水库工程在规划设计、施工质量等方面都存在着先天不足的问题，防洪标准低，工程质量差，长期处于病险状态，不能正常发挥效益，特别是小型水库尤为严重。

20世纪70年代至90年代，曾对大中型水库进行多次安全加固和维修施工。进入21世纪后，国家对大中型水库实施全面除险加固，使水库工程达到安全运用标准，提升了现代化管理水平。从20世纪80年代以来，对小型水库也实施了除险加固工作，省财政在资金上予以适当补助。对一些防洪标准低、效益不明显、出了问题影响大、加固处理投资多的小水库，根据实际情况，分别予以拆除报废或降级处理。1994年至2005年，先后有丰宁县元山子、大下营，隆化县瓦房，兴隆县龙门、地厚、姚栅子，围场县扬树沟、扣花营、二道川，平泉县兔子沟、石门、红石砬、果园、郎家沟、烧锅杖子、九神庙、西窝铺，宽城县大板和双桥区五窑沟等19座小型水库做了报废消号或降级处理。到2005年，全市共有大型水库1座、中型水库7座、小型水库85座，其中庙宫大型水库由市水务局管理，窟窿山、钓鱼台、大庆、黄土梁、老虎沟、三旗杆6座中型水库分别由所在县管理。丰宁电站水库是以发电为主的中型水库，为引资股份制企业，由河北华泽水电开发有限公司经营管理。隆化县二道湾、围场县黑山口和承德县东房子3座小（Ⅰ）型水库，分别由所在县水务局管理。其他小型水库，由所在乡、村管理，有的实行联合承包管理，有的单独承包管理。

从2002年开始国家加大了对病险水库的投入力度，承德市抢抓机遇，实施水库除险加固工程，至2010年底完成了1座大型水库、6座中型水库、13座小（Ⅰ）型水库病险水库除险加固工程建设。

从2012年开始实施小（Ⅱ）型水库病险水库除险加固工程建设。28座重点小（Ⅰ）型病险水库实施了除险加固工程建设，总投资6486万元，目前全部完工并进行了验收。38座一般小（Ⅱ）型病险水库工程建设总投资7140.93万元。

截至2015年，承德市共有水库101座，其中大型水库1座，中型水库7座，小（Ⅰ）型水库13座，小（Ⅱ）型水库80座。多年来这些水库在防洪保安、灌溉、发电等方面发挥了重要的作用。由于这些水库大多建于七、八十年代，限于当时历史条件等诸多因素的影响，加上长期运行、投入不足，老化失修严重，水库安全问题非常突出。根据安全状况普查和大坝安全鉴定，全市共有1座大型水库、6座中型水库、13座小（Ⅰ）型水库和66座小（Ⅱ）型水库属于三类坝病险水库，存在严重的安全隐患，需除险加固处理。

全市的病险水库除险加固工程完成后，水库的综合防洪能力、水资源的调控能力大大提高，将彻底解决水库存在的病险问题，保证水库防洪、灌溉、发电、养殖等综合效益的正常发挥。

二、重点水库管理

（一）庙宫水库

庙宫水库是由承德地区组织施工建成的大型水库工程，受益范围涉及两个县以上。在初建施工期间，1960年7月29日，中共承德市委决定建立庙宫水库管理委员会，由13人组成，由受益县和有关单位参加。1961年12月1日，中共承德地委书记处决定，撤销庙宫水库工程指挥部，建立庙宫水库管理处，为事业单位，行政上由专署水利局代专署管理，党的关系由地委农村工作部代地委管理。“文化大革命”期间，1969年庙宫水库下放到隆化县管理，至1972年收回地区，隶属于承德地区水利局。水库运用管理多年来，管理处对水库大坝进行了水平位移、沉陷、渗透、浸润线、水文等多项观测，对库区泥沙淤积进行多次测量，承担了历年的水库工程维护管理维修、续建、加固扩建和防汛调度等任务。通过多年观测和运用考验，证明总体工程质量是良好的。多年来，水库在防洪、灌溉方面发挥了明显效益，改善了下游防洪条件，确保了下游河道行洪安全，扩大了下游沿河两岸耕地灌溉面积。水库电站建成后，发挥了较好的发电效益，成为水库经济收入的主要方面。20世纪60年代至70年代，水库养鱼也有一定收益。80年代以后，完善了水库下游灌区配套，灌区管理步入正轨，成为水库管理的一项重要内容。为减少水库淤积，水库改变运用方式，采取“空库迎汛、汛末蓄清排浑”的运行方式，水库养鱼停止。2003年7月至2005年底，对水库工程实施全面除险加固，新建了排沙洞工程，对管理设施进行了全面更新、完善、改建和配套，使水库工程达到安全运用标准，提升了水库工程管理现代化水平。

2005年，依据国家、省、市《水利工程管理体制改革实施意见》中的有关规定，庙宫水库定性为准公益性事业单位，管理经费来源分为财政拨款和自收自支两部分，属差额补贴单位。自2006年开始，庙宫水库坚持按照打造“资源效益型”“环境景观型”“科技发展型”水库的总体思路不动摇，重点在不断强化基础设施建设、提升管理水平、发挥大型水利设施对经济社会的保障、促进作用，强化生态修复、保护、维护，营造国家级水利风景区，提升水利综合形象上下功夫、求突破。先后争取到国家、省、市扶持资金 2550万元，实施了灌区节水配套改造建设项目、节水农业试验示范基地建设项目和小流域治理等项目。累计安全调控水量3.75亿立方米，实现了多年安全度汛。发电、灌溉两项产业实现收入903万元。

庙宫水库全面开展水利风景区建设，规划建设景观园林40 亩，果品采摘园200亩，绿化山场400亩，原生态恢复200亩，栽种各种树木32000株，配套接待设施4000平方米，建设漂流河道7.8千米，高空索道1.7千米。2006年庙宫水库被水利部景区办评定为国家级水利风景区。

2006年至2010年，连续五年被市水务局评为水务工作考核优胜单位。2015年末，水库管理处，现有人员68人，期中在职37人，退休31人。在职人员中干部12人，工人25人。其中，工程技术人员9人。管理处设办公室、财务科、工程科、水文站、防汛办公室、水政监察等职能科室，管理处所属3个科级单位，其中灌区管理所、水电站和旅游管理中心。

（二）双峰寺水库管理

双峰寺水库是一座以防洪为主，结合城市供水，兼顾发电和生态环境供水等综合利用的大（二）型水利枢纽工程。截至2015年年底，水库正在建设中，工程建成后，水库管理职能纳入双峰寺水库建设管理局。

第三节　万亩灌区管理

万亩灌区主要以庙宫灌区为主。庙宫灌区各分干渠大部分由受益村群众修建，多数为公助民办工程，1980年以前没有统一的管理机构和专管人员，全为受益村自行管理，管理水平较低，水库放水，群众用水，没有征收过水费，水库得不到实际收益。1981年，根据国务院有关计收水费的规定，承德行署批转了地区水利局《关于庙宫水库下游灌区1981年开始计收水费的报告》，成立了由隆化县、滦平县和庙宫水库管理处三方组成的庙宫灌区管理委员会，下设两级管理体制，地区成立庙宫灌区管理所，隶属于庙宫水库管理处，隆化县张三营镇、隆化镇和滦平县红旗乡分别成立灌区管理站。1982年在隆化县城正式建立庙宫灌区管理所，主要任务为渠道管理、工程维修、水费征收和协调新工程的修建。1982年，地区水利局印发了《庙宫灌区管理试行办法》，并正式开始征收农业灌溉水费，水费征收办法以亩计征。1990年末，灌区管理所共有管理人员24人，其中固定工13人，有工程技术人员2人。2002年水利工程管理体制改革裁撤协助员12人；为应对21世纪灌区经济逐渐入不敷出的局面，2006年承德市编委下文将灌区管理所原来的事业单位性质改为企业，后又改为事业单位自收自支性质。自此，灌区人员只退（休）不增，至2015年，灌区管理所还有在职职工11人。

庙宫灌区控制面积10万亩，有效面积9万亩，实际灌溉面积在5～8.4万亩之间，其中水稻种植在1.5万～3万亩之间，玉米5万亩，蔬菜1万亩，种植结构在初始主要是打坝淤滩、种植水稻为主，干旱年份兼顾灌溉玉米，其中滦平县2003年因庙宫水库除险加固暂停供水期间全部水改旱，再也没有种植水稻。

灌区收取水费（开始称计收水费）始终以水稻面积计取，1982年单价为1.2元/亩，1986年7.6元/亩，1997年21元/亩，1999年第三次灌区水价修订获得河北省物价和水利部门的通过，定价标准：农业水费稻田36元/亩，经济作物50元/亩，年收费额1982年2万元，1986年增至20万元，1992—2002年最高在50万元-60万元之间。

庙宫水库灌区作物一直以水稻为主，近些年，灌区内种植结构发生较大调整，在农业产业化项目的带动下，使用地表水灌溉的水田稻米种植面积减少，凿井取用地下水灌溉的菜地大棚面积逐年增加，到2014年水稻面积已经不足8000亩。2012年争取省物价局、水利厅批准在灌区管理范围内征收工业水费，到2015年灌区管理范围内矿产企业几乎全部停产。2014年，承德灌溉试验站项目落户庙宫水库，这个项目是河北省继唐山、保定、邢台、张家口等试验站之后的第六个试验站，总投资800万元，目前已列入水利部规划和国家资金计划，2015年开始实施。项目建成进入正常运行后，国家每年将拨付80万元的人员及试验经费，以保证试验观测的正常运行。

第四节　城镇防洪工程管理

随着市区和城镇规划建设的发展，市区和城区各河流都修建了大量防洪坝工程，防洪体系逐渐完善，防洪标准逐步提高，使洪水不再威胁城镇安全。1983年以来，各县陆续成立了城镇防洪坝管理所，配备了专管人员，负责城镇防洪坝工程的维修维护、防汛抢险、堤防绿化工作。随着《中华人民共和国防洪法》等一系列法律法规的颁布实施，1992年以后各县城镇防洪坝管理所都更名为河道管理所或河道管理处，扩大了管理范围，丰富了管理内容，使河道管理步入正规化、规范化、法制化轨道。

市区武烈河实施梯级橡胶坝以后，对改善市区环境、提高城市品位发挥了很好的作用。受武烈河建设橡胶坝的启示，各县（区）也先后在本城区的河道上修建了橡胶坝或钢板拦水坝，改善了本区域内的水环境，改善了城镇环境，提高了城镇品位，各县将橡胶坝管理也纳入了河道管理范围。

1989年10月，武烈河第一道橡胶坝建成后，即成立了橡胶坝管理处，归承德市水利局直属管理。1999年，市政府将市区武烈河防洪坝及河道的全部管理权划归市水利部门管理，成立了承德市武烈河河道管理处。

1999年2月，市政府发布实施《承德市武烈河市区河道管理办法》。

依据省政府《关于加快河道现代管理体系建设的意见》的要求，对河道管理事权进行划分，市管市级河道，由市水行政主管部门会同相关部门划定，报市政府审批。管理事权下放到县（区）的市级河道及县级河道管理范围由县（区）水行政主管部门会同（区）相关部门划定，报县（区）政府审批。河道划界方案由同级政府批准并负责向社会公布。

按照全省统一布置的任务，2015年底，全市共完成河道划界竖桩3148.03千米，其中：市管河道102.2千米，县管河道3045.83千米。

第五节 水利工程管理体制改革

2002年9月，国务院办公厅印发了《国务院体改办关于水利工程管理体制改革实施意见的通知》。根据国务院的实施意见和水利部、省水利厅的相关文件精神，2003年承德市开始实施水利工程管理体制改革工作。2004年10月，承德市政府印发了《承德市水利工程管理体制改革实施意见》，对全市水利工程管理体制改革工作进行了安排部署，市政府成立了承德市水利工程管理体制改革领导小组，领导小组下设办公室，办公室设在水务局。按照分级负责、分类指导的原则，有工程管理体制改革任务的各县都成立了水利工程管理体制改革领导机构，负责本县水管体制改革的日常工作。

全市共有水利工程管理单位21个，其中市属水利工程管理单位2个，分别为庙宫水库管理处、武烈河河道与橡胶坝管理处；县属水利工程管理单位19个，分别为围场县钓鱼台水库管理处、黑山口水库管理处、河道管理处、隆化县二道湾水库管理处、河道管理处，平泉县大庆水库管理处、大庆灌区管理处、河道管理处，承德县唐家湾水库管理处、东房子水库管理处、河道管理处、宽城县三旗杆水库管理处、河道管理处，滦平县窟窿山水库管理处、河道管理处，丰宁县黄土梁水库管理处、河道管理处，兴隆县老虎沟水库管理处、河道管理处。现有工程管理干部职工504人。

水利工程管理单位的管理体制改革的主要任务是对工程管理单位进行定性，对人员进行定岗、定编及对人员经费、工程养护维修费的测算等项工作任务。实行管养分离，按照“按需设岗，以岗定人”的原则进行岗位设置，基本做到全体人员竞争上岗和实行聘用制度，并签订劳动合同，执行国家统一的事业单位工资制度。根据上述原则，市、县机构编制部门首先对水管单位进行定性、定编，人员经费纳入年度财政预算。通过改革，人员结构得到进一步优化。全市水管单位共核定编制为424人，需分流人员80人，已全部进行分流安置。分流人员实行内退、自然减员、自谋职业等政策，在人员超编情况下，人员只出不进，停止调入工作人员，缓解分流就业压力，保持队伍稳定，落实了职工社会保障。

按照2004年水利部、财政部印发的《水利工程维修养护定额标准（试点）》规定，各水管单位对工程养护维修费用进行了测算，纳入财政预算，不能足额到位的，按照分步到位的承诺，根据县财政情况逐步到位。全市应落实公益性工程维修养护经费680.5万元，已经落实570.5万元，约占应落实经费的84%。

全市有3个水管单位实行内部管养分离，有明确的管理岗位与维修养护岗位，职责分工明确。有18个水管单位由于工程规模小及单位人员少，难以做到管养分离。

到2008年底，全市21个水管单位的水利工程管理体制改革任务已经全面完成，并进行了初步验收。2009年4月15日，省水利厅验收组对承德市水利工程管理体制改革工作进行了验收。21个水利工程管理单位全部开展了内部改革；较好地解决了职工的工资、社会保险，通过改革水管单位职工待遇基本得到保证，水利工程管理步入良性循环的轨道。

第六节 小型水利工程产权制度改革

中华人民共和国成立50多年来，承德农村修建了一大批小型农田水利工程，如小水库、塘坝、引水渠道、机井、扬水点、人畜饮水工程和喷灌工程等。在20世纪80年代以前，这些小型水利工程大部分由农村社、队（乡、村）集体修建和管理使用，一般是谁修建、谁受益、谁管理，由乡或村组织专门管理机构或专管人员负责日常的管理工作；20世纪80年代以后，推行承包经营责任制，由承包人员负责管理与经营。

1998年4月，河北省水利厅在承德召开了“四荒”拍卖和小型农田水利工程产权制度改革会议，对承德的小型农田水利工程产权制度改革起到了积极的推动作用。当年承德市小型水利工程产权制度改革共完成1842处，其中：机井119眼、扬水点4处、渠道86处/11.4千米、喷滴灌7处/0.8万亩、小水库22座、塘坝24座、供水工程1处，同时以拍卖、租赁、承包、股份合作等形式治理开发“四荒”面积94.2万亩。

2005年，在全市范围内开展了农村小型水利工程产权制度改革，加快了“四荒”拍卖、开发的步伐，使小型水利工程更好地服务于“三农”，为全面建设农村小康社会提供了有力的支撑和保障。到2005年底，全市累计实现产权制改革的小型水利工程31471处，占全市现有小型水利工程的72.1%，其中：拍卖938处、出租550处、承包7598处、股份合作3211处、其他改制形式19174处。已改制的小型水利工程中，包括机井13674眼、扬水点641处、小水库39座、塘坝68座、节水灌溉工程2025处、水池水窖12569个、乡村收回改制2455处，累计收回资金7111万元。完成“四荒”拍卖6350处。

2006年10月28日，承德市滦平县金沟屯镇，金沟屯村经农民代表大会选举成立承德市第一个农民用水户协会，参加协会1984户，4960人，这标志着承德市“农民管水”的建设试点工作全面进入具体实施阶段。

围场县龙头山村、二板村建成联村集中供水工程一处，修建180立方米蓄水池1处，铺设引泉管路1900米，供水主管路6100米，分支管路15100米，动用土方9.24万立方米，石方440立方米，总投资77万元，工程建成后解决2村464户2020人的饮水问题。为加强供水管理，成立了农民用水户供水协会，有独立的协会管理办法、财务管理制度和财务人员岗位责任制，有法人资格，实行独立核算，自主经营。

兴隆县北水泉乡建成集中供水一处，解决扁担沟村、北水泉村、梨树沟村、苗榆桶村、人参沟5个行政村1238户4254口人的饮水问题。为管好供水工程，北水泉乡成立了用水户协会，制定了用水协会章程和人饮工程管理制度、财务管理制度、水费征收制度。

截至2009年底，全市已成立的农民用水户协会组织11个，涉及协会户数11362户，参加协会人数4.12万人。滦平县金沟屯村用水者协会、隆化县唐三营镇西联渠农民用水户协会、围场县农民用水户协会都到当地民政部门办理了注册登记手续。

截至2015年底，全市共成立农民用水户协会220家，入会会员9498人；水利农民专业合作社30家，入社社员11258人，盘活水利资产6694.07万元。

第二章 水资源管理

第一节 管理沿革

水资源管理是一项新工作，20世纪80年代以前承德没有水资源管理机构，水资源的管理开发利用处于无政府状态。1982年5月，承德市政府成立了“节约用水办公室”，管理市辖三区节约用水管理工作。1984年3月8日，国务院批复国家计委“关于全国水资源统一管理机构问题的意见”，明确“水电部作为全国水资源的综合管理部门，负责归口管理全国水资源的统一规划、立法、科研和水资源调配等项工作”。1985年12月21日，河北省第六届人大常委会第十七次会议通过《河北省水资源管理条例》，承德地区在围场县进行了水资源管理试点工作，帮助围场县制定了《围场县水资源管理暂行办法》。1986年2月20日，围场县成立水资源综合管理办公室，为承德地区第一个县级水资源综合管理机构。1986年7月14日，承德地区水资源管理委员会成立，由行署一名副专员和计委、环保局、司法局、水利局等单位负责人7人组成，在地区水利局设立水资源综合管理办公室，确定了专管工作人员。1986年6月2日，承德市水资源管理委员会成立，由一名副市长任主任，在市水利局设立水资源综合管理办公室。到1987年底，承德地市及各县水资源综合管理办公室全部建立起来，办公室由3人至7人组成，开展水资源管理的日常工作。1990年，承德地市及各县水资源综合管理办公室更名为“水政水资源综合管理办公室”，在对水资源实行统一规划、调度、发放取水许可证、管理水量水质等工作基础上，增加了宣传贯彻水利法规，以法保护水资源及有关设施，维护正常水事秩序，依法对水事活动进行处罚或采取行政措施，配合司法和公安部门查处水事治安刑事案件等工作内容。

城建部门或公用事业部门“节约用水办公室”负责市辖区及城区的生活、生产及建设等节约用水管理工作，水利部门水资源管理工作的范围为县城以下的水资源规划、开发、利用、节水等管理工作，城乡水资源处于分割管理状态。

为了实现城乡水资源的统一管理，20世纪90年代中期以来，水利部和省水利厅积极推进水务体制改革。1997年，宽城县成立了全市第一个县级水务局，实现了包括城乡供水在内的全县水资源统一管理。此后，全市其他各县（区）水利局都先后改建为水务局，实现了本区域范围内的城乡水资源及涉水事务一体化管理。2000年9月14日，经市委市政府批准，承德市水利局更名为承德市水务局，将水资源管理（包括城市水资源管理）职能划为市水务局，承德市节水办公室由市公用事业局成建制划归市水务局管理，从而实现了全市城乡水资源的统一管理。

承德市节约用水办公室划归市水务局管理后，与原市水利局水资源管理办公室合并办公，全称为“承德市水资源管理办公室”，同时保留“承德市节约用水办公室”名称，为市水务局直属全额财政拨款独立事业单位。水政与水资源管理分离，市水务局新设政策法规科，承担水政职能。承德市水资源管理办公室的主要职责为三个方面：（1）包括八县三区在内的全市水资源统一管理，主要内容为实施取水许可管理、水资源费和城市污水排放费的征收、建设项目水资源论证、水资源规划、水资源信息公报和数据统计；（2）节约用水管理，主要内容为计划用水管理、建设项目“三同时”管理、节水器具使用管理、特种行业用水管理；（3）水政执法，主要内容为取水许可管理、超计划用水管理、“三同时”管理。

第二节　管理工作

一、管理办法

进行水资源管理工作主要依据为《中华人民共和国水法》《河北省水资源管理条例》《河北省取水许可制度管理办法》《河北省城市节约用水管理实施办法》《承德市节约用水设施与工程建设项目同时设计、同时施工、同时投入运用的管理规定》《水行政处罚实施办法》《中华人民共和国行政诉讼法》《中华人民共和国行政处罚法》《中华人民共和国行政许可法》等法律法规，各县结合本县实际情况，制定与本县相关的水资源管理实施办法或暂行规定，这些法律法规和实施办法是开展水资源管理工作的依据和做好水资源管理工作的基础。

二、用水管理

用水管理就是依法用水、计划用水和节约用水，是水资源管理的重要组成部分。

对用水实行取水许可制度。国务院颁布的《取水许可制度实施办法》是水资源统一管理和用水管理、规范用水行为的法律依据，是各级水行政主部门的重要职责。各级水行政主管部门依照《中华人民共和国行政许可法》规定和管理权限，进行取水许可手续的审批工作。任何单位和个人不得私自抽排地下水、私自开采和使用水资源、随意扩大用水规模和改变用水性质。对小矿山采选、建筑施工及洗车洗浴等特种行业用水进行管理与监督，防止对水环境的污染与破坏。到2005年，取水许可制度只在厂矿企业等生产单位实施，农田灌溉用水尚未实行。

对建设项目进行水资源论证。对于直接从江河、湖泊或地下取水并需要申请取水许可的新建、改建、扩建的建设项目进行水资源论证，是依据《中华人民共和国水法》和《取水许可制度实施办法》的要求，遵循“合理开发、节约使用、有效保护”的原则，对建设项目进行事前支持与保障的重要措施。按照国家水利部和国家发改委发布的《建设项目水资源论证管理办法》的要求，各级水行政主管部门与发展改革计划主管部门合作组织实施这项工作。凡“未提交建设项目水资源论证报告书的，受理机关不得受理取水许可（预）申请”；凡“未提交取水许可（预）申请的书面审查意见及经审定的建设项目水资源论证报告书的，建设项目不予批准”。

节约用水是保护水资源最有效的手段，从树立节水意识入手，从生产、生活、生态三个方面开展节水工作。认真核定用水定额，严格执行节奖、超罚制度。

对建设项目实行节水“三同时”管理。2000年国家发改委等六部委出台《关于加强工业节水的意见》，提出严格执行建设项目“三同时”、“四到位”的管理要求，即建设项目的主体工程必须采用先进的节水型公共设备与器材，并与主体建设项目同时设计，同时施工，同时投入使用，取用水单位必须做到用水计划到位、节水目标到位、节水措施到位、管水制度到位。凡是没达到“三同时”要求的建设项目，规划部门不予办理开工手续，建设主管部门不予办理工程验收，供水部门不予供水使用。凡是不符合国家《节水行业产品技术条件与管理通则》的产品，不准进入市场流通和安装使用，对在用的非节水型器具，产权单位要制定计划逐步淘汰。2005年，承德市辖三区实行“三同时”管理率达到75%。

对用水实行计划管理。无论市政供水还是自备井供水，都实行计划用水管理，按照省下达的年度用水计划层层分解，核定用水定额。坚持总量控制和定额管理相结合的管理措施，实行超计划、超定额加价收费的管理制度。对洗车、洗浴和纯净水、酒业加工等用水行业，严格审批制度，实行单独装表、单独立户、定额管理。2005年，承德市辖三区计划用水管理率为95%，工业用水重复率为75%。

节水管理要从经验管理转变到依靠科学管理上来，依靠科技进步，推广节水新技术、新工艺、新设备和新器具，促进全社会向节水型转变。节水管理要农业节水与城镇节水并重，重点抓好全社会节水；在创建节水型农业的同时，认真抓好节水型工业、节水型城市、节水型社会的创建活动。

农业用水大力推广节水防渗灌溉措施，果树和经济作物推广和引进微滴灌新型灌水技术，农田灌溉积极推广渠道防渗和地下管道输水灌溉，逐步降低灌水定额。

制定城市水资源规划，实施水资源保护措施，防止任何生活、生产活动及建设项目造成水土流失和污染，杜绝“边治理、边污染和先污染、后治理”的现象发生。随着社会经济发展和人民生活水平的提高，城市需水量逐年增加，对供水量和供水质量都提出了新的要求。由于多年来连续干旱，城市供水受到限制，水体污染加剧，水资源更加短缺，使有限的水资源不能充分利用，给生产生活都带来不利影响。为保证国民经济可持续发展，根据水利部《关于组织开展城市供水应急预案及水资源规划编制工作的通知》，结合全省统一部署和要求，承德市水务局委托水利部河北水利水电勘测设计研究院全面开展了以水资源开发、节水、给排水、污染治理及流域综合治理为主的规划工作，于2001年5月完成《承德市城市水资源规划》。到2005年，各县水资源规划编制工作也已完成。水资源规划的完成，为承德市经济建设的发展提供了科学依据。

宣传《中华人民共和国水法》，增强全民保护、节约水资源意识。承德市水资源管理办公室和各县水资源管理办公室，每年利用“3.22世界水日”和“中国水周”开展《中华人民共和国水法》宣传活动，突出“以法治水、实现水资源可持续利用”宣传主体，大力宣传《中华人民共和国水法》及相关法规。通过宣传活动的开展，有力促进了水法律法规的普及率，增加了广大群众的水危机意识和节水意识。

2005年至2015年，承德市三区节水量平均每年都在400多万立方米以上，节水成效显著。一是利用每年的节水宣传周，积极推广节水新技术、新工艺、新设备和新器具，普及相关知识，加强广大群众节水理念。二是无论市政供水还是自备井供水，都实行计划用水、超定额加价收费的管理制度，将用水计划指标按月下达给每个用水企、事业单位，使计划用水管理工作逐步实现制度化、科学化和规范化。对洗车、洗浴和纯净水、酒业加工等用水行业，严格审批制度，实行单独装表、单独立户、定额管理。截至2015年，承德市辖区计划用水管理率达到95%，工业用水重复率达到90%，节水器具普及率达到98%。三是加强水平衡测试工作，挖掘企业节水潜力，将水平衡测试工作与取水许可的延续、超计划用水紧密结合。四是积极推进节水型社会建设，2009年组建了10个农民用水者协会，通过民主管水，调节水事纠纷、落实奖惩办法等，充分发挥了协会在农业用水、节水方面的作用。2011年编制了《节水型社会建设“十二五”规划》，评选出省级节水型企业7个、节水型社区2个；市级节水型公共机构10个，节水型企业8个、节水型社区7个，实现了“以点带面、梯次推进”，有力推进了全市节水型社会建设的开展。

自2010年国务院实行最严格水资源管理制度以来，承德市先后制定出台了《承德市人民政府关于实行最严格水资源管理制度的意见》《承德市实行最严格水资源管理制度实施方案》《承德市实行最严格水资源管理制度考核办法》等政策文件，全面分解了“三条红线”各项控制指标并下达到各县区，形成了覆盖全市“三条红线”控制指标、管理制度和考核体系。市政府成立了领导小组，形成了以政府统一领导、部门协作配合、全社会广泛参与的工作机制。把强化最严格水资源管理作为战略举措，形成水资源节约保护和高效利用的倒逼机制。坚持以水定需、量水而行、因水制宜，全面落实最严格水资源管理制度。加强源头控制，建立覆盖流域、区域水资源开发利用控制、用水效率控制、水功能区限制纳污“三条红线”。连续三年省政府对市政府最严格水资源管理制度考核中全部为优秀。

强化需求管理，把水资源条件作为区域发展、城市建设、产业布局等相关规划审批的重要前提，以水定城、以水定地、以水定人、以水定产，严格限制无序调水与取用水，从严控制高耗水项目。严把水资源论证和取水许可审批，坚持把建设项目水资源论证制度作为取水许可的前置条件，把年度取用水总量控制指标作为强制性指标，严格控制新增取水建设项目，对于经论证取水量或地下水开采量已达到或超过区域总量控制指标的，不予批复水资源论证，不予受理取水许可。积极推进规划水资源论证工作，制定了《承德市规划水资源论证工作要求》，要求在编制城市总体规划、产业园区规划及重点项目布局的同时开展水资源论证，保障经济发展与区域水资源相适应。开展了承德市城市总体规划、承德双滦区滦河四道河水源地、承德六沟新兴产业聚集区、丰宁县城市总体规划等规划水资源论证；严格执行建设项目水资源论证制度，全市需办理取水许可的建设项目论证率达到95%以上。

2004年，承德市被水利部确定为全国“水资源实时监控与管理系统项目”试点城市，承德市以项目为载体整合水务信息资源，全面推进水务信息平台建设。利用国家、省专项投资800多万元，先后建成城市水资源实时监控与管理系统、供水SCADA调度综合监控系统、污水运行监控系统，为城市水资源科学管理提供了重要的技术支撑。“十二五”期间全市累计建设国控监测点64个，省控监测点244个和地下水水位监测点77个，并与省级管理平台实现资源共享，有效提升了水资源管理科技水平。同时加强水资源监控系统管理工作，为保证水资源监控系统长期稳定运行，市水务局联合市地税局和市质量技术监督局制定印发了《承德市水资源监控系统运行维护管理办法》。建立了市县级重点用水单位监控名录，重点监控用水单位取用水总量占全市用水总量的40%以上，全部到达省厅标准及要求。

在水功能区和入河排污口监督管理方面，对全市境内32个水功能区划分52个监测断面全面开展水功能区监测。开展重要饮用水水源地水质监测、城市集中式饮用水水源地实施按月监测，水质达标率保持100%，并定期发布水质通报。加强入河排污口管理，开展入河排污口专项整治，全市主要河流水功能区水质情况得到进一步改善。编制完成了《承德市水资源保护规划》《承德市水功能区纳污能力及限制排污总量意见报告》，为未来十年水资源保护工作奠定了基础。制定并印发了《承德市入河排污口规范化建设方案》，对辖区内入河排污口进行登记，建立详细的管理台账；健全入河排污口行政许可审批制度，完善入河排污口审批流程，按属地管理原则开展入河排污口设置审批，依法处罚非法设置的入河排污口，做到严防严控严管，促进水资源的合理开发、高效利用、全面节约、有效保护和科学管理。

承德市是京津冀协同发展战略重要水源涵养功能区，按照《河北省水权确权登记办法》的要求，委托中国水科院水资源研究所开展承德市初始水权分配、确权登记和水权交易研究，编制完成了《承德市水权确权登记实施方案》报政府批准后实施。借鉴土地交易、林权交易、排污权交易等平台建设经验，确定了承德水权交易基本框架，搭建了全市水权收储转让平台。2015年起草制定了《承德市水权收储转让管理办法》，为加强水权收储转让的可操作性，制定了相关实施细则，以及水权收储转让工作制度、程序和流程，为水权交易的实施做好了充足准备。

把征收水资源费作为强化水资源管理和计划用水、节约用水管理的重要措施。承德水资源费的征收，市辖三区内的水资源费由承德市水资源管理办公室直接征收。市辖三区内的水资源费的征收始于1982年以后，初期全年征收水资源费约80万元左右，到2003年达到800万元，2005年达到900万元，2006年超过千万，达到1400万元。各县征收水资源费始于1987年，首先是围场县从1987年开征水资源费。1988年，围场、平泉、兴隆、宽城、滦平5个县全年征收水资源费77.89万元。1989年，承德地区7个县全部开征水资源费，全年共征收水资源费117万元。2003年，全市8个县征收水资源费约203万元（由上缴市10%推算），2005年全市8个县征收水资源费148万元（由上缴市10%推算），2006年全市8个县征收水资源费509.6万元。2015年达到1620万元。通过征收水资源费，促使很多厂矿企事业等用水单位修建节水改造工程，改一次性废水为循环用水，节约了用水量，减少了水资源费开支，提高了生产效益；通过征收水资源费工作，逐渐改变了人们不注意节约用水的观念，一方面造成水资源紧缺，另一方面又大量浪费水资源的现象，促进了节约用水管理，并为合理开发新水源、改变用水方法，增加节水措施积累资金，充分发挥水的经济效益。

第三章　财务管理

水利财务管理的好坏直接影响到资金的投向、工程的质量和效益的高低。早期的水利财务管理包括两部分，一是地方水利基本建设财务管理，二是水利事业费管理。水利事业包括小型水利工程补助费、水土保持补助费、山区人畜饮水困难补助费、抗旱补助费和防汛岁修事业费。

第一节　基建财务管理

水利基本建设是通过水利对固定资产的投入，为工农业生产服务，以实现国民经济的扩大再生产。搞好水利建设财务管理，是搞好水利基本建设的一项重要内容。

水利基本建设资金来源，一般有国家投资、自筹款和贷款三种。水利投资绝大多数为国家投资和国家补助投资，或叫民办公助等。国家规定，无论哪种款源，都必须纳入正式基本建设计划。基建性质，一般分为新建、扩建、改建，都是以扩大再生产为目的。凡是基本建设工程都要进行财务管理，基本建设程序管理和财务管理是工相配套的，所有基建工程都要做到设计有概算、施工有预算、竣工有决算；每项工程和每项费用的开支，都要符合财务管理的有关规定。

一、财务管理制度

随着情况的变化和经验的积累，财务管理制度经常有所改进。1961年4月，河北省水利厅在天津市召开的水利基建财务管理会上，确定的“水利基本建设财务管理办法”有以下几方面：

（一）财务管理形式：规定凡列入基本建设计划的建设单位，均必须实行经济核算，即成本核算，与国家预算发生直接关系。凡有条件的都要实行财务包干制度。

（二）预算项目和费用划分的规定：财务预算的项目必须和设计文件的项目相符合。凡设计预算中未列的项目，不得开支，不得列入成本。

（三）投资及拨款规定：凡水利建设，无论是预算内资金和预算外资金，都必须纳入基本建设计划，凡未经批准列入计划内的项目，一律不准施工，不准借款，不得向银行贷款，不得赊销商品。一切列入基本建设计划的投资，必须由省下达限额，通过银行监督，分别核算，分别管理，不准挤用计划内资金，水利资金必须专款专用。工程用款必须按施工进度编制季、月用款计划，向主管建行申请拨款。

（四）固定资产管理规定。

（五）会计报告及结余资金处理规定。

（六）工程竣工的财务处理规定。

（七）劳动工资的管理规定。

（八）历行节约的规定。

（九）严格财政纪律的规定。

承德水基本建设财务管理，多年来基本执行河北省水利厅的上述规定，但许多管理制度也经常改进和变化。承德多采取由施工机构和施工县自已管理，由省水利厅进行检查指导。按正规的做法，工程决算是回到审批设计和概算那里。1958年“大跃进”时期执行的较为混乱，虽经调整时期的大力扭转，到“文化大革命”时期又乱了。此后，工程决算放到了施工所在地区，审批决算不再见面。搞“三边”时期，有的地方对省批资金物料乱拉乱用，“大跃进”时期平调了集体和群众的大量物资。

二、水利基本建设开支标准

中华人民共和国成立初期，水利基本建设工程开支标准很低，多数是救灾形式，以工代赈，给民工以生活补助。进入经济建设时期，1956年河北省水利厅颁发了“河北省水利事业开支标准”，对建设民工、技工、聘干的工资标准都做了具体规定。1958年“大跃进”时期，大多数工程都是自定标准。1961年，对国家举办的大中型水利基建工程开支标准进行了修订，各项规定标准都略有提高。1979年，河北省水利局、财政局、粮食局联合下达了“地方中、小型水利基本建设工程各项补助标准的调整意见”，规定中型水库、万亩以上灌区，每个标工补助0.4～.5元；小（Ⅰ）型水库每标准工补助0.2～0.4元；属于社队举办的地方水利基本建设工程，一般只补助材料费，不补助生活费及其他费用；对任务艰巨或当地群众生活困难的个别工程，经设计审批单位批准，可酌情补助部分生活费，每个标工不得超过0.2元；施工单位非生产人员按民工数的8%计算。承德均执行河北省各个时期规定的水利基本建设开支标准。

三、水利基本建设“三制”管理

20世纪80年代以后，农村实行土地联产承包责任制，动用民工搞水利建设很困难，水利基本建设施工不再由政府向农村抽调民工，而改由施工队承包施工。随着国家全面实行改革开放政策，水利工程基本建设管理进行了一系列改革，水利基本建设管理体制逐步趋于完善和规范，工程项目严格设计审批程序，水利基本建设全面实行“三制”管理，即项目法人责任制、施工建设招标投标制和工程监理制，由具有资质的专业施工队伍进行施工建设，实行工程质量终身责任制，确保了工程质量。

实行“三制”管理，是国家对水利建设的基本要求。项目法人责任制是建设项目推行“三制”的核心和关键，其实质是落实项目建设的责任主体，由责任主体承担项目的前期、建设质量、工程进度和资金管理责任。政府管理水利项目建设的主要职能是选择和组织公益性水利项目的项目法人。经过几年的推行，各项工程基本都成立和明确了项目法人，建立起有效的激励和约束机制，用行政、经济和法律手段管理项目法人、管理项目建设。

建立健全了保证工程质量的运行机制。一是坚持公正、公平、公开的原则，认真执行招标投标制，提高透明度，杜绝伪劣产品和无资质施工队伍进入建设过程；二是加强质量监督检查，项目法人、设计、施工、监理单位和上级主管部门，都实行制度化的工程质量监督检查，随查随纠，直至符合要求；三是加强审计、稽察等部门的作用，做到及时发现问题，切实解决问题；四是处理好质量和进度的关系，在保证质量的前提下提高效率，加快进度，创优良工程。

水利项目实行重点项目管理责任制。凡中央财政预算内专项资金项目涉及的市，计划下达后，各项目都编制单项工程施工计划作为项目实施的依据。项目计划管理与施工计划管理相结合，实施过程中计划、财务和建设管理部门经常开展检查监督和指导，及时掌握工程动态，解决存在的问题。

水利项目建设资金设立专门账户，专款专用，按项目安排、管理。地方安排的建设资金，与中央资金配套使用，按照工程实施进度及时足额安排到项目建设中。按照水利部、财政部联合颁发的《水利基本建设资金管理办法》和水利部《关于规范水利资金管理的意见》，建立健全水利资金使用管理责任制，从资金预算、拨付、使用的各个环节上明确部门、人员的职责和责任，分级负责，层层把关。对国债专项资金的管理，2000年财政部下发了两个通知，对国债资金开户、拨付、核算、报表、监督、管理等做了具体规定。

第二节 事业费管理

一、农田水利事业费

农田水利事业费，是国家财政支援农业经济发展的资金，是扶持乡村兴办小型农田水利工程的专项补助资金。中华人民共和国成立以来，国家每年拨付这项费用。1980年以前，每年各省提前做计划，报国家计委、财政部、水利（水电）部，中央根据国家财政情况，经平衡后核定经费控制指标，由国家计委或财政、水利（水电）部联合下达到省，然后再将指标分配到各个地区。

1980年财政体制改革，省对农田水利事业费实行包干，即由地（市）上交省财政指标中拨付，省不再下拨。1980年省定承德地区农田水利事业费包干指标为430万元。省对地区实行包干后，地区对县也实行了包干，指标层层下放。由于各县财力不足，在安排上很不平衡，各县仅安排364万元，占包干指标的85%，多数县少于地区建议指标，当年小型农田水利建设受到一定影响。在1980年冬季省政府召开的全省农田水利基本建设会议上强调指出：“拟从1981年度开始，将农田水利事业费改为省、地两级管理，原来包干到地区的指标，仍由地区掌握，不再放到县”。1980年12月4日，省委批发的江一真在全省农田基本建设会议上的讲话指出：“农田水利费由省、地两级管理，不再放到县”。1980年12月12日，省政府印发的全省农田基本建设会议纪要中强调：“农田水利费由省、地两级管理，不再层层下放”。1981年2月19日，承德地区水利局向行署农办和行署写了《关于农田水利费收归地区统一管理的请示报告》。1982年将部分包干到县的农田水利事业费指标收回地区管理，到1985年将全部指标收回地区管理，不再包干到县。

农田水利费补助原则，财政部和水利（水电）部颁发过不少次文件，按1979年两部下达的文件规定：“根据社队自力更生为主，国家支援为辅的原则，凡兴办小型农田水利工程，自已有力量全部负担的，应当自筹解决，国家不予补助；对抗灾能力弱，自筹资金确有困难的，由国家给予必要的补助，困难大的多补，困难小的少补”。补助范围规定：“社队办的小型灌溉、排洪治碱及蓄水百万立方米以下的蓄水工程；国家举办的大中型水利工程中，属于社队负担的配套部分；吃水困难的地方病区、山区、牧区、海岛人畜饮水工程以及深井、喷灌的设备和材料费的补助；坡耕地改梯田的材料费的补助；社队举办水土保持必要的工具、材料及树种、树苗、树籽等费用补助”。国家拨付的抗旱经费也属于农田水利补助性质，补助抗旱工具、电费及修建临时性的小型抗旱水利工程材料费等开支。遇有严重旱情发生时，省将抗旱经费拨付到地、市，地、市再将抗旱经费分配到各受灾县，根据上级规定的抗旱经费使用原则和范围，由县掌握使用。80年代以后，各地对抗旱经费的管理使用进行了一些改革探索，但尚未形成一种模式。

对于农田水利事业费的财务管理包括三个方面，一是由省根据情况和需要将指标分配到地(市)，然后由地（市）再将指标分配到县，并帮助将指标落实到各项具体工程项目，列入地方预算；二是由省会同地市或由地（市）会同各县对工程完成情况和补助费使用情况进行检查指导，把钱花好用好，提高投资效果；三是年终由地、县逐级作出决算，抄报省水利厅，由省水利厅综合后报省财政厅。由于每县、每项工程的情况不同，补助标准也不同，打一眼深机井有的补助3000元，山区吃水的岩石井补助上万元，有的还多。农田水利费指标分配到县以后，在1989年以前，一般不再层层下放，由县水利部门掌使用,对各项小型农田水利工程建设，一律实行物资调拨，即拨料不拨款，所拨各项物料均开实物调拨单进行支付。1980年以后，小型农田水利费的使用，由过去单一的拨料改为即拨料也拨款，工程建设单位可按工程计划自行购料，经县水利局主管技术人员和主管局长签字后报账核销。

2001年，农村税费改革后，取消统一规定的劳动积累工和义务工，农村水利建设投入发生重大变化，国家政策性投资逐年减少。

“九五”以来，国家加大了对水利的投入。随着农业结构的调整，农村水利建设的重点逐步转向发展高效农业节水灌溉，国家投入专项资金进行增产节水示范建设，修建喷滴灌、防渗渠和铺设地下输水管道等节水灌溉工程。国家加大了解决山区人畜饮水困难和农村饮水安全工程的力度，从多种渠道下拨专项资金用于解决人畜饮水困难和人口饮水安全工程建设。

农村水利基本建设是一项涉及农村、农业发展的基础性工程，工程涉及的政府职能部门较多，投入资金渠道既有中央的、也有地方的，涉及财政、计划、水利、农业开发、扶贫等相关部门，形成资金投入上的多元化、资金投向上的多渠道和资金管理上多种形式的趋向。在工程建设上，实行“项目法人责任制、设计审批制、施工招标投标制、工程质量监理制和竣工验收制”等管理形式，坚持规范化资金管理程序，严格实行县级财政报账制，专款专用，专人管理，专账核算，在资金管理上与项目管理有机结合，按照工程预算要求，规范资金的支出程序。对大宗的工程物资实行“政府采购制”，降低物资采购成本，节约项目开支，确保工程质量。强化对项目资金的监督，实行事前、事中、事后监督相结合，定期检查与不定期检查相结合，审计监督与社会监督相结合，保证资金的合理走向。

20世纪90年代以来，水利部反复强调，要按基建程序管理水土保持治理工程。2000年经国务院批准实施的《京津风沙源治理工程》和2001年经国务院批准实施的《21世纪初期首都水资源可持续利用规划》，都是国家重点生态环境建设工程，投资多，要求高。两个项目实施后，承德的水土保持小流域治理、水源和节水工程建设、河流生态恢复建设等全部纳入了这两个国家重点工程项目，投资全部由中央资金安排，按基建程序实施动态管理，实行“项目法人责任制、施工招标投标制和工程质量监理制”。

二、防汛岁修事业费

防汛岁修事业费是国家用于主要水利工程的维修养护管理费和防汛抗洪抢险的专用款，从新中国成立以后每年都有。防汛岁修事业费的使用范围，按财政部、水利（水电）部规定为四个方面，一是工程岁修养护费，包括主要堤防培修、整修、处理隐患、植树养草，建成和正在使用的大中型水库、闸涵建筑物整修等；二是工程管理机构经费；三是防汛费，包括抢修、堵口所需器材，常备汛工、技工、聘干费用和通信线路费用等；四是特大防汛费，指超过工程防御能力的特大洪水的抢险、堵口、复堤所需费用。关于防汛费的开支标准，1956年和1966年河北省水利厅、财政厅都曾做出过具体规定。随着改革开放和社会的经济发展，对防汛费的管理使用办法和开支标准也相应做出了一些新的规定，承德市、县（区）均按照上级各个时期制定的管理办法和开支标准执行。

三、人员事业经费

人员事业费是根据水利事业发展所设的事业机构的费用，包括人员经费和业务费。事业机构包括机关事业机构和直属事业单位。根据事业单位性质，分为自收自支事业单位、财政差额补贴事业单位和财政全额拨额事业单位。

第三节 财务管理改革

为推进财务管理信息化发展，2006年局机关率先实现会计核算电算化，至2014年底，局属15个单位全部甩掉手工记账实现了会计核算电算化。由此，把财务人员由“账房先生”转变为财务管理者，可以把更多时间用到学习税法等法律法规，分析财务现状与风险，财务管理信息化等方面的知识。

2012年7月，对现行的各级财政、水利出台的相关水利资金制度进行了全面清理并汇编成册，主要汇编了《中华人民共和国会计法》《中华人民共和国预算法》《会计制度》《财务管理制度》等18项法律、法规、制度，为财务管理工作提供了相关依据，提高了工作效率，保证资金安全，加强了风险防控。

2013年以后，依据《中华人民共和国预算法》，严格按要求在政府公开网站及时、准确、完整公开预决算批复。遵循“依法理财、公共财政、突出重点、注重绩效、勤俭办事”的原则，编制年度部门预算及项目库预算，重点是项目库预算编制工作，主要包括：基本建设类项目、专项业务项目、大型修缮项目、大型购置项目、大型会议项目和其他项目。项目库编制实行统一管理，根据项目的轻重缓急、择优遴选排序，滚动入库。认真落实新《预算法》和《国务院关于深化预算管理制度改革的决定》提出的新要求，遵照“收支真实、数额准确、内容完整、报送及时”的原则，完成年度部门决算工作。切实推进预决算信息公开工作，公开透明预决算管理工作。

2013年执行公务卡结算制度，按照承财集[2013]3号《关于深入推进公务卡改革加强现金管理的通知》，严格执行公务卡消费目录，规范使用“公务卡”，在强制性消费目录范围的项目必须使用公务卡结算。为加强涉税票据管理和风险防范，提高局系统财务人员的税务管理水平，及时掌握动态的税收政策及税收细节，加强涉税票据的管理，2013年9月，组织20多名相关财务人员赴唐山参加企业涉税票据处理技巧与风险防范的学习。

2014年9月，局财务科组织对新出台的及修改的财务相关法律法规、制度、文件进行编辑成册，即《水利财务经济法规汇编》，分上、下两册，分法律法规31项、事业财务管理13项、基建财务管理33项、国有资产管理9项、收费管理25项、其他40项共6个类别。“汇编”为了解和掌握国家、省市有关财经政策、资金管理规章及会计制度提供了依据，确保财务活动按照制度贯彻执行，确实建立责、权、利相结合的财务运行机制。

2015年7月，结合基建财务工作实际情况，在承德县举办培训班，邀请水利部淮委和松辽委马茵、刘建树、陈文志财务专家为大家授课指导，学习了《水利基本建设项目竣工财务决算编制规程》（SL19-2014）、水利基本建设项目会计核算、水利基本建设项目竣工财务决算编制实务操作。通过培训学习，全面提升水利基建项目财务管理水平。2015年9月，组织全市财务人员参加省水利厅在河北水利北戴河培训中心举办的财务人员业务培训班，共132名财务人员参加了培训，包括局及直属单位30人，县区 102人。

2015年11月，委托第三方中介机构对承德市水利工程处、承德市水土保持科研所、承德市河道与橡胶坝管理处、承德市水利水电勘测设计院原负责人进行离任审计；对承德庙宫水库管理处、承德市节约用水办公室、承德市小水电技术服务中心、承德市防汛物资储备调运站进行2015年度财务内部审计。

第四章 水利机构

第一节 市本级水利机构

1949年以前，承德历代各级政府中均无专门水利机构。

1949年5月，在热河省人民政府农业厅内设水利科。1949年8月23日，热河省政府正式明文成立热河省水利局，仍隶属于农业厅领导，全局共25人，技术人员由省政府从北京、天津招聘。1950年初，热河省水利局正式设置科室，有秘书科、水政科、计划科、工务科，11月成立水文分站。1951年，热河省水利局包括工程队、水文站共定编62人，其中行政20人、事业42人，实有人数43人（工程队编制30人、缺15人，水文站编制12人、缺4人）。1952年，热河省水利局各科室实有人数20人，工程队编制30人，由工务科领导，成立勘测设计队编制25人，由计划科领导。本年末实有水利事业人数90人，其中工程技术人员65人，工人14人。1953年，热河省水利局增设财务科，全局行政编制30人，事业编制148人（包括工程队、水文分站、水文测站），年末全局实有水利事业职工87人，其中工程技术人员70人、工人9人。1954年初，热河省水利局成为省级厅局单位，不再隶属于农业厅。至1955年，热河省水利局科室设置、人员编制没有变化，1955年末实有水利事业职工94人，其中工程技术人员65人、工人9人。1955年末热河省建制撤销。

1956年1月，热河省水利局改建为河北省承德专员公署水利局，下设秘书科、工程科、计财科、水土保持科和农田水利科，在工程科内设水文组，本年水利局机关编制43人，实有40人。1958年，水文组改设为水文科，撤销水土保持科，水土保持工作任务划归农田水利科，其他科室设置没变；本年8月，由中央水利部下放测量队人员26人，成立在工程科领导下的水利测量队。1959年成立水土保持试验站，为专署水利局下属单位。1960年3月，撤销地区专署，实行市管县体制，原专署水利局改称承德市水利局，本年成立设计室。1961年5月，承德地、市分设，恢复承德专署水利局，本年撤销设计室，成立30人编制的水利勘测设计队，12月份建立庙宫水库管理处，由地区水利局代管。1963年1月，水文体制上收省水利厅领导，其他科室设置及下属单位没有变化。1964年末，专署水利局及所属单位编制107人，实有事业人员116人，其中水利局机关编制15人、实有15人，水保站编制12人、实有12人，勘测设计队编制30人、实有30人，庙宫水库编制50人、实有59人。1965年专署水利局及所属单位事业人员编制101人，比1964年实有人数核减15人，编制核减6人，其中水利局机关事业编制21人、水保站11人、勘测设计队27人、庙宫水库42人。此编制及机构设置状况一直延续到1967年初。

1967年1月，受“文化大革命”影响，水利机构瘫痪，由群众组织所代替。后成立了承德地区革命委员会抓革命促生产指挥部，由抓革命促生产指挥部农业组负责水利方面的工作。

1968年12月，地革委宣布撤销专署水利局，成立承德地区水利工作站革命领导小组，负责全区水利建设的日常管理工作。

1969年1月，地革委批准成立承德地区旧屯水电站筹建处；1969年7月，地革委又批准成立承德地革委治理滦河指挥部，负责承德地区滦河治理规划和隆化县大坝沟门水库的勘测设计工作。1969年，承德中心水文站由省下放到地区管理，撤销了水土保持试验站，庙宫水库下放到隆化县管理。

1972年3月，成立承德地革委生产指挥部水电处，地区水利工作站并入水电处，9月改称地革委水电处，11月庙宫水库收归地区管理。

1974年9月，地革委水电处改称地革委水利局，撤销治理滦河指挥部，工作人员并入水利局，旧屯水电站筹建处钻探队改称钻井队，承担打井、钻探双重任务，为水利局下属单位。1974年，水利局下设办公室、工程组、工管组、农田水利组，下属单位有水文工作站、庙宫水库管理处、钻井队，年末水利局机关总人数为42人，其中行政干部8人、事业干部34人。

1975年11月，地革委编委批复水利局事业机构编制：水利局事业编制20人，其中工人5名；水保站编制8人，其中工人6名；水文工作站编制90人，其中工人45名；机械工程处编制90人，其中工人54名；庙宫水库编制77人，其中工人59名。1975年6月，成立承德地区潘家口水库移民搬迁领导小组，下设办公室，工作人员由水利局抽调。1975年末水利局实有干部总数47人，其中行政干部9人，事业干部38人。

1976年，地革委水利局设办公室、政工组、农水组、工程组、工管组，下属单位有水文工作站、钻井队、庙宫水库。1976年8月，地革委水利局定编意见：水利事业编制20人、设计处30人、局机关行政8人，年末水利局机关实有干部总数52人，其中行政6人、事业46人。

1977年2月，将工程处改为承德地区水利机械工程处，与钻井队合并，为水利局下属单位，从庙宫水库工地各县民工中挑选112名转为正式工人；本年地委批准恢复承德地区水土保持试验站。

1978年3月，水利局业务组改称科，即设有办公室、工程科、农田水利科、工程管理科；5月，水库养鱼由畜牧水产部门划归水利部门管理，地区水利局业务分工归工程管理科主管；8月份，地革委水利局改称承德地区行政公署水利局；本年，水土保持试验站开始筹备组建。

1979年5月，水产工作全部移交水利局管理，仍由工程管理科主管；10月，恢复成立水利勘测设计队，为水利局下属单位。

1980年1月，小水电建设与管理工作由地区电力局移交水利局，4月份设立小水电科和水产科，水产工作由工程管理科分离出来；6月，水文工作站收归省水利厅管理。

1982年，小水电科改为公司，为水利局下属单位；水土保持试验站改为水土保持科学研究所，仍为水利局下属单位。

1983年12月，地区编委批准地区水利局暂定编制31人，下设秘书科、水产科、工程管理科、农田水利科和工程科，局直属单位编制：庙宫水库管理处80人，其中工人60人；设计队25人，其中工人5人；水土保持科学研究所32人，其中工人5人；小水电公司15人，其中工人8人；鱼种场6人，其中工人3人；机械工程处120人，其中工人100人；小水电公司属企业单位。

1984年，地区水利局内设秘书科、工程科、农田水利科、工程管理科、水产科、潘家口水库移民迁建办公室，下属单位有小水电公司、勘测设计队、水利机械工程处、水土保持科学研究所、庙宫水库管理处、鱼种场，本年水利局机关编制35人，其中行政15人，事业19人，工人1人，实有人数39人。

1985年，年初撤销工程科，水利工程基建任务划归工程管理科，增设科技教育科，其他科室及下属单位没有变化，本年水利局机关编制35人，其中行政15人、事业19人、工人1人，实有人数43人。

1986年4月，撤销小水电公司，恢复小水电科，7月份成立行署水资源管理委员会，水利局设水资源管理办公室，本年水利局机关编制45人，其中行政15人、事业29人、工人1人，实有人数44人。

1987年9月，水利局仓库按事业单位对待，实行企业管理，单独核算，其他科室和下属单位没有变化。

1988年3月，增设水土保持科，水土保持工作由农田水利科分离出来；6月水利勘测设计队更名为水利水电勘测设计处；7月撤销水产科，成立水产技术开发服务中心，事业编制10人，其中工人3人，鱼种场由水产技术开发服务中心管理，撤销小水电科，成立小水电技术开发服务中心，事业编制10人，其中工人2人；8月成立水利实业开发中心，与水利物资供应站（原称水利仓库）实行一套人员两个名称，由工程处抽编12人，其中工人8人，仍为下属单位，实行独立核算。局机关其他科室及下属单位没有变化，本年水利局机关编制36人，其中行政15人、事业20人、工人1人，实有人数45人。

1990年，增设渔政科，编制由机关内部调剂；5月地区编委批复，水利局增加防汛人员编制3人。本年水利局机关设人秘科、工程管理科、农田水利科、水土保持科、科教科、水政水资源管理办公室和渔政科共7个科，直属单位有庙宫水库管理处、水土保持科学研究所、水利水电勘测设计处、水利工程处、小水电技术开发服务中心、水产技术开发服务中心（鱼种场）、水利物资供应站（水利实业开发中心）、移民迁建办公室。

1991年4月，地区编委批复，水利实业开发中心编制由12人减为4人，其中工人2人，其余8名编制仍归水利工程处，水利工程处编制为116人，其中工人94人；5月份经地区行署批准，承德地区行政公署水利局更名为承德地区行政公署水利水保局；12月地区编委批复，水利水保局增加编制4名，经费由水保管理费列支。本年机关科室及下属单位设置没有变化。

1992年2月，地区编委批复，水土保持科学研究所增挂“承德地区水土保持工作站”牌子；8月地区编委批复，增设老干部科，编制由机关内部调剂。至1993年6月，地区水利水保局内设人秘科、工程管理科、农田水利科、水土保持科、科教科、水政水资源管理办公室、渔政科、老干部科共8个科室，直属单位有庙宫水库管理处、水土保持科学研究所、水利水电勘测设计处、水利工程处、水电技术开发服务中心、水产技术开发服务中心（鱼种场）、水利物资供应站（水利实业开发中心）、移民迁建办公室（代行署管理）。

1983年以前，承德市没有独立的水利机构，1974年水利工作挂靠在农林局内，1978年成立农机水利局，1980年成立林业水利局。1983年1月承德市归省直辖后新成立承德市水利局，1988年7月份以前设有秘书科、工程管理科、农田水利科、水资源管理办公室；1988年8月恢复水利工作站；1989年9月成立武烈河橡胶坝管理处，定编21人，其中干部16人、工人5人，编制调剂解决；1991年7月建立“承德市水利局水保工作站”，1992年4月设立水政科，成立水土保持预防监督站。到1993年6月，承德市水利局共设有秘书科、工程管理科、农田水利科、水利工作站、武烈河橡胶坝管理处、水政科、水资源管理办公室，共8个科级单位。

1993年7月，承德地市合并，实行市管县体制，撤销地区，成立新的承德市水利局，内设秘书科、农水科、水保科、工管科、科教科、水政科、水资办、迁建办、老干部科、总工办、水保站和工程质量监督站，共10个科室两站；直属单位为小水电中心、物资站（实业中心）、设计所、水保所、工程处、橡胶坝、庙宫水库共7个单位。8月市编委正式批复，市水利局设置11个行政科室，既人秘科、农田水利科、水土保持科、工程管理科、科教科、水政科、水资源管理办公室、计财科、移民迁建办公室（代管）、老干部科、总工办公室，保留水土保持工作站、水利基建工程质量监督站、水利工作站3个机关事业单位；直属单位有：庙宫水库管理处、水利水电勘测设计所、水土保持科学研究所、小水电技术开发服务中心、水利工程处、水利物资供应站（水利实业开发中心）、武烈河橡胶坝管理处。地市合并时水产工作全部划归畜牧局管理。1994年6月增设计财科，其他科室及下属单位没有变化。1995年5月，经承德市机构改革办公室审核，并经市机构改革工作小组批准，印发了《承德市水利局职能配置、内设机构和人员编制方案》，市水利局机关内设办公室、计财科、水政水资源管理办公室、农村水利科、水土保持科、水利管理科、科教科，共7个科室，机关编制为45人，其中行政30人、事业15人，设局长1人、副局长4人、科长职数14人，局机关老干部科另核定事业编制3人。1996年2月，秋窝水电站成为市水利局直属电站（科级）；1996年4月，水政科与水资办合并为一个科室，称为“水政水资源管理办公室”。1996年4月，经市机构改革工作小组审核、市政府批准，市政府办公室印发《承德市水利局职能配置、内设机构和人员编制方案》，职能配置、内设机构和人员编制同1995年印发的方案。1997年2月，防汛抗旱办公室正式列入市水利局内设机构，事业编制8人，科级领导职数2人；1997年11月，移民迁建办公室成为市政府单独机构，不再由水利局代管。1999年，3月武烈河橡胶坝管理处增挂“承德市武烈河河道管理处”牌子；4月，市编委批复，成立“承德市水土保持生态环境建设局”，为科级单位，局长由水利局一名副局长兼任，暂定编制5人，内部调剂解决。1999年12月，人秘科改为办公室。2000年4月，市编委批复，成立“承德市水政监察支队”，局属科级事业单位，支队长由一名局领导兼任，核定事业编制5人，内部调剂；支队下设两个水政监察大队，即在武烈河橡胶坝管理处增挂“武烈河河道管理处水政监察大队”牌子，在庙宫水库管理处增挂“庙宫水库管理处水政监察大队”牌子。2000年9月，市编委批复，防汛抗旱办公室由科级规格调整为副处级规格，负责全市防汛抗旱日常工作。

2000年9月14日，市编委通知，经市委常委会议决定，并报市人大常委会批准，将市水利局更名为承德市水务局。更名后的市水务局仍为市政府序列内机构，除承担原市水利局职能外，将全市水资源管理（包括城市水资源管理）职能划归为水务局；随着职能的调整，将承德市节水办公室由市公用事业局划归市水务局管理，人员成建制划转，机构规格仍为科级。

至2001年6月，市水务局内设办公室、计财科、农田水利科、水土保持科、工程管理科、科教科、水政水资源管理办公室、老干部科，共8个科室；另设总工办公室、水利工作站、水土保持预防监督站、水利基本建设工程质量监督站、防汛抗旱办公室和水土保持生态环境建设局。全局包括下属单位共有在职职工438人。

2002年5月15日，市政府办公室向各县（区）政府及市政府各部门印发了《承德市水务局职能配置、内设机构和人员编制方案》。方案称：承德市水务局是市政府的水行政主管部门，原市地质矿产局承担的地下水行政管理职能调整划入市水务局管理。水务局内设机构为：办公室、规划计划科、政策法规科（水政科）、财务与物价科、科技教育科、建设与管理科、水土保持科、农村水利科，共8个科室。水务局机关行政编制28人，其中局长1名、副局长4名、纪检组长1名、总工程师1名，正副科长职数11名（纪检监察员不占科级领导职数）。设置老干部科，编制3名。工勤人员编制3名。防汛抗旱办公室设在水务局，为副处级事业编制，编制13名。水土保持生态环境建设局设在水务局，为科级事业机构，编制5名。承德市水资源管理办公室（节约用水办公室）为科级事业单位，编制29名。

2002年6月9日，市编委批复，成立二龙山水库筹建处，为科级事业单位。12月6日，市编委通知，“承德市二龙山水库建设管理处”为副处级事业单位，原8名事业编制不变，处级领导职数2名。

2002年7月17日，水资源管理办公室与节约用水办公室合并办公，水资办（节水办）行使全市水资源管理与保护的行政职能。

2004年2月25日，市编委批复，将“承德市二龙山水库建设管理处”更名为“承德市双峰寺水库筹建处”，仍为副处级单位。

至2005年，承德市水务局机构设置没有变化。2005年末，市水务局机关、事业单位职工总人数为485人，其中市局机关人数为41人（干部37人、工人4人）、局属事业单位人数444人（干部220人、工人224人）。

2010年4月23日，根据中共承德市委、承德市人民政府《关于印发＜承德市人民政府机构改革实施方案＞的通知》（承字［2009］35号），设立承德市水务局（挂承德市移民工作办公室牌子），为市政府工作部门。将原市公用资产管理局（城市资产运营公司）承担的市区供水、排水、污水处理的职责划入市水务局；将移民工作办公室的职责划入市水务局；将原市建设局承担的城市防汛及县、区供水行业管理职责划入市水务局。取消已由省、市政府公布取消的行政审批事项；取消拟订全市水务行业经济调节措施，指导全市水务行业多种经营工作职责；加强水资源的节约、保护和合理配置，保障城乡供水安全，促进水资源的可持续利用；加强防汛抗旱工作，减轻水旱灾害损失；加强水行业安全生产工作，强化水务工程质量和安全监督职责。

根据职责，承德市水务局（市移民工作办公室）设11个内设机构为：办公室、人事科、规划计划科、水政与科技科、财务科、建设与管理科、水土保持科、农村水利科、供排水管理科、移民政策指导科、移民后扶项目科。承德市水务局（市移民工作办公室）机关行政编制41名（含离退休干部工作人员编制1名）。其中：局长1名（兼移民工作办公室主任）、副局长4名，科级领导职数16名（正科14名，含总工程师1名、离退休干部科科长1名、机关党委专职副书记1名；副科2名）。机关工勤人员5名。至2015年，承德市水务局机构设置没有变化。

2015年末，市水务局机关、事业单位职工总人数为565人，其中市局机关人数为45人（干部43人、工人2人、编制数46人），局属事业单位人数520人（干部362人、工人158人），局属企业单位总人数为655人，其中干部249人、工人406人。

第二节　直属事业单位

2012年10月27日，按照市委办、市政府《关于全市分类推进事业单位改革的实施意见》（承办发［2011］25号）和市编委《承德市事业单位清理规范工作实施方案》（承市机编［2011］37号）的要求，依据《关于所属事业单位清理规范意见的报告》（承政水［2012］43号）的批复，承德市水务局所属事业单位设置19个，保留的事业单位17个，承德市双峰寺水库工程建设管理局；承德市防汛抗旱指挥部办公室；承德市武烈河河道与橡胶坝管理处；承德市庙宫水库管理处；承德市庙宫水电站；承德市庙宫灌区管理所；承德市庙宫水库旅游管理中心；承德市水政监察支队（承德市水利水电工程质量监督站）；承德市水资源管理办公室（承德市节约用水办公室）；承德市水土保持科学研究所（承德市水土保持生态环境监测分站）；承德市水利工作站；承德市水利水电勘测设计院；承德市水利工程处；承德市小水电技术开发服务中心；承德市秋窝水力发电站；承德市水库移民服务工作站；承德市新水源工程筹建处。整合事业单位1个，即：承德市水土保持生态建设局。更名事业单位1个，即：承德市防汛抗旱物资储备调运站。

一、承德市双峰寺水库工程建设管理局

2002年6月19日，市编委批复同意成立“承

德市二龙山水库筹建处”，暂定为科级事业单位，批准事业编制8人。2002年12月16日，经市委常委会研究决定，“承德市二龙山水库建设管理处”为副处级单位，原8名事编制不变。2003年6月，市政府决定启动双峰寺水库项目，二龙山水库项目暂停运作。2004年2月25日，市编委批复，将“承德市二龙水库建设管理处”改称为“承德市双峰寺水库筹建处”，规格编制不变。双峰寺水库筹建处为承德市水务局直属副处级自收自支事业单位，2005年单位实有人数7人。其主要职责为双峰寺水库项目前期工作和筹建工作。2009年8月经市编委研究、报市委常委会批准成立承德市双峰寺水库工程建设管理局，为双峰寺水库工程建设的业主单位，机构规格为正处级，人员编制数为28名，处级领导职数4名，科级领导职数10名。

2012年10月，经承德市机构编制委员会核准，承德市双峰寺水库工程建设管理局，机构规格相当处级；经费形式为财政性资金基本保证；核定事业编制51名；核定领导职数4名，其中：局长1名（由水务局局长兼任），副局长2名（1名副局长兼双桥区副区长，不占双桥区政府领导职数），总工程师1名（副处级）；核定科级领导职数10名（5正5副），内设机构5个，即办公室、总工办、建设管理科、环境移民科、计划财务科；2015年单位实有人数30人。主要负责水库项目开工前的各项工作，项目建设全过程管理，库区移民规划、实施方案的编制，库区淹没土地和工程占地征用、库区专项实施的防护、恢复改建工作，配合水库所在地双桥区政府组织落实移民安置工作，负责项目资金控制、监督管理、资产管理、综合经营管理，水库防汛及水利设施运行管理等工作。

二、承德市防汛抗旱指挥部办公室

1997年2月，防汛抗旱办公室正式列入市水利局内设机构，增加防汛事业编制8人。2000年9月7日，经承德市机构编制委员会批准，承德市防汛抗旱指挥部办公室由科级调整为副处级规格，隶属于承德市水务局财政全额拨款事业单位，批准事业编制13人，2005年单位实有人数13人。

2012年10月27日，经承德市机构编制委员会核准，承德市防汛抗旱指挥部办公室，机构规格相当副处级；经费形式为财政性资金基本保证；内设科室6个，综合科、工程科、抗旱科、技术信息科、应急管理科、城区防汛科；核定事业编制23名；核定领导职数4名，其中：主任1名（副处级），副主任3名（正科级）；核定科级领导职数8名（6正2副）。到2015年底单位实有人数19人。负责组织指导全市的防汛抗旱工作；负责全市的汛前检查、清障和应急度汛工程建设，督促有关部门及时处理影响防洪安全的问题；负责全市中小型水库汛期调度运用计划审批与执行，执行经省批准的大型水库和主要行洪河道、电站的洪水调度运用计划；协调解决防洪、排涝的有关问题；组织、建设、指导、调动防汛抢险队伍；负责防汛抗旱及洪水调度应急预案的编制与执行；负责防汛、抢险水毁工程的修复、防汛指挥调度系统建设及防汛抗洪物资的计划、购置；负责抗旱水源调度、城市抗旱应急调水及应急水源调配，做好先进抗旱设备及技术的推广与指导；负责洪涝灾情和防洪效益的统计、分析上报等工作。

三、承德市武烈河河道与橡胶坝管理处

1989年9月，承德市武烈河第一处橡胶坝建成后即成立“承德市武烈河橡胶坝管理处”，批准事业编制21人。1999年3月，增挂“承德市武烈河河道管理处”牌子；2000年4月，增挂“承德市武烈河河道管理处水政监察大队”牌子。三个名称一套人员同时存在，为承德市水务局直属科级事业单位，实行自收自支，单独核算，2005年单位实有人数60人。

2008年1月9日经市编委研究报市委常委会研究批准，同意将“承德市武烈河橡胶坝管理处（承德市武烈河河道管理处、承德市武烈河河道管理处水政监察大队）”更名为“承德市武烈河河道与橡胶坝管理处”，机构规格由科级调整为副处级。同意“承德市武烈河河道与橡胶坝管理处”设置6个

科级机构，即：综合科、工程技术科、水政监察科、堤防和景观管理所、橡胶坝管理所、防汛抢险队。同意为“承德市武烈河河道与橡胶坝管理处”增加事业编制29名，编制增加后，编制总数为50名。编制调整后，原经费形式、开支渠道不变。核定处级领导职数5名，处长、书记各1名（副处级），副处长3名（正科级）；核定科级领导职数15名（6正9副）。

2012年10月27日经承德市机构编制委员会核准，承德市武烈河河道与橡胶坝管理处，机构规格相当副处级；经费形式为财政性资金零补助；内设机构6个，综合科、工程技术科、水政监察科、堤防和景观管理所、橡胶坝管理所、防汛抢险队；核定事业编制50名；核定领导职数5名，其中处长、书记各1名（副处级），副处长3名（正科级）；核定科级领导职数15名（6正9副），到2015年单位实有人数70人。负责武烈河市区段的汛期机动抢险工作；高寺台洪水测报及市区入武烈河排洪闸门的运行管理工作；承担武烈河橡胶坝的运行管理及环境设施的维修养护工作，12道橡胶坝工程的调度运行、水面管理工作；辖区内水政监察与执法工作，水法律法规宣传及违法案件的查处工作；辖区内河道工程项目的预审工作。

四、承德市庙宫水库管理处

于1961年12月1日成立水库管理处，批准事业编制80人，为承德市水务局直属副处级财政差额补贴事业单位，实行独立核算，2005年单位实有人数77人。

2012年10月27日经承德市机构编制委员会核准，承德市庙宫水库管理处，机构规格相当副处级；经费形式为财政性资金基本保证；内设机构7个，即：办公室、财务科、防汛办公室、工程管理科、水文站、保卫科、水政监察科；核定事业编制40名；核定领导职数5名，其中：书记、处长各1名（副处级），副处长2名；总工1名（正科级）；核定科级领导职数10名（7正3副）。到2015年单位实有人数55人。负责以防洪为主，结合灌溉、发电等主要工作。

五、承德市水政监察支队（承德市水利水电工程质量监督站）

2000年4月承德市编委批准成立，批准事业编制5人，为承德市水利局直属科级财政全额拨款事业单位。2005年单位实有人数5人。2012年10月27日核定事业编制5名；核定领导职数1名。到2015年单位实有人数7人。主要职责为承办河北省水政监察总队交办的各项工作；负责全市范围内的水利工程质量监督工作；受省水利质量监督站委托，代省中心站对本辖区内由省水利厅支持验收的大中型项目和辖区外水利工程进行质量监督工作；监督技术标准的执行，参与辖区内水利工程质量事故的分析和处理等工作。

六、承德市水资源管理办公室（承德市节约用水办公室）

第二名称为承德市节约用水办公室，1982年5月承德市政府批准成立，2002年承德市编委批准机构事业编制29人，为承德市水务局直属科级财政全额拨款事业单位，为独立核算单位。2005年单位实有人数59人。2012年10月27日核定事业编制29名、核定领导职数3名（1正2副）。到2015年单位实有人数59人。主要职责：负责统一管理全市水资源（含空中水、地表水、地下水）；组织拟定全市和跨县（区）水长期供求计划、水量分配方案并监督实施；组织有关国民经济总体规划、城市规划及重大建设项目的水资源和防洪论证工作；组织实施取水许可制度和水资源费征收制度；负责对使用自备水源单位和个人应缴纳部分的城市污水处理费征收工作；负责组织制定全市用水计划，并对用水计划的实施情况进行监督管理；拟定全市节约用水政策，编制节约用水规划，制定有关标准；负责对全市新建、改建、扩建项目的节水“三同时”（同时设计、同时施工、同时投入使用）的管理和监督；组织、指导和监督全市节约用水工作。

七、承德市水土保持科学研究所（承德市水土保持生态环境监测分站）

1958 年 3 月，在承德市郊喇嘛寺村建立承德专署水利局水土保持试验站，开展水土保持小流域综合治理试验研究。1960 年由喇嘛寺村迁到承德市郊罗汉堂村建站，改称承德专署水利局水利综合试验站。到 1962 年，人员由建站初期的 3 人陆续增加到 12 人，建立了试验小区，先后开展了水土流失规律、综合治理、护牧燃料林、灌溉试验等项研究工作。“文化大革命”开始后试验研究工作停顿，1969 年 1 月试验站撤销。1977 年，经地委研究决定，批准恢复水土保持试验站。1978 年 8 月，正式开始筹备水土保持试验站的恢复组建工作，抽调 4 名工作人员，在罗汉堂村临时借用民房办公。1981 年迁到狮子园村新建站址开展试验研究工作。1982 年，经省政府批准，改称承德地区水土保持科学研究所，新建一栋三层综合办公楼，设综合治理研究室、水土流失规律研究室和办公室。1983 年，全所发展到 19 人。1995 年，水保所在市内购置办公楼，由狮子园村迁到市内办公，狮子园综合办公楼全部变为宾馆经营。

1983 年，承德地区编委批准水保所事业编制 32 人，为承德市水务局直属科级财政全额拨款事业单位，实行独立核算，2005 年单位实有人数 38 人。确定的主要职责为，承担国家、省、市水利、水土保持、生态建设方面重大规划项目的编制、课题研究；承担“21 世纪首水规划”项目的规划、设计和科研任务，配合海委编制《潘、大水库上游水源地保护规划》；承担国家水土流失监测网承德水土流失监测分站任务；承担承德及冀北山区水土保持试验、示范和推广任务，为承德及冀北山区水土保持生态建设提供科技支撑。2012 年 10 月 27 日核定事业编制 32 名，核定领导职数 4 名（1 正 3 副）。到 2015 年单位实有人数 38 人。

八、承德市水利工作站

1988 年 1 月，经承德市编委批准成立，为承德市水务局直属科级财政全额拨款事业单位，批准事业编制 7 人。2005 年单位实有人数 7 人。2012 年 10 月 27 日市编办核定事业编制 7 名，核定领导职数 2 名（1 正 1 副），到 2015 年单位实有人数 5 人。主要职责为指导全市农田水利基本建设和，农村水利社会化服务体系建设，指导乡镇供水、农村节水灌溉、农村节约用水及农村水利工程管理制度改革，为农村水利工程建设提供技术支持与管理保障；负责全市农田水利、灌区、井灌、牧区水利及农村人、畜饮水安全工作；为农村水利工程开发建设、乡镇供水、雨水集蓄利用，灌区建设管理、农田水利基本建设提供规划设计和技术指导；普及农村水利规划设计、运行管理先进技术的推广；负责抓好农村水利科研试点。

九、承德市水利水电勘测设计院

1958 年 8 月，国家水利部下放到承德水利测量队人员 30 人，专署水利局成立了在工程科领导下的水利测量队。1960 年 3 月，专署水利局成立勘测设计室。1961 年撤销勘测设计室，成立 30 人编制的水利勘测设计队，直到 1967 年“文化大革命”期间撤销。1979 年 10 月 24 日，经上级批准，正式恢复成立承德地区水利勘测设计队，为科级事业单位。1983 年 12 月，地区编委批准事业编制 25 人。1988 年 6 月，设计队改称设计处。1992 年，改称为水利水电勘测设计所。承德市水利水电勘测设计所为市水务局直属科级财政差额补贴事业单位，实行独立核算，2005 年单位实有人数 39 人。2011 年改称为承德市水利水电勘测设计院。2012 年市编办核定，科级规格，经费形式为财政性资金定额补助，核定事业编制 20 名，核定领导职数 4 名（1 正 3 副）。到 2015 年单位实有人数 59 人。主要负责水利水电工程勘测和设计、水利水电工程咨询、水文水资源调查评价工作。

十、承德市水利工程处

1969 年 1 月，承德地革委批准成立承德地区旧屯水电站筹建处，下设水利钻探队，设有职工 18 人。1974 年 9 月旧屯水电站筹建处撤销，水利钻探队划归地革委水电处管理，改称为钻井队，承担打井、钻探双重任务。为了适应大搞农田水利基本建设工程的需要，1975 年 11 月着手组建承德地区水利工程处。1977 年 2 月 10 日，经承德地委批准，正式成立承德地区水利机械工程处，以水利钻井队为基础，在庙宫水库安全加固施工民工中挑选 112 名民工转为正式工人，组建成承德地区水利机械工程处。1983 年 12 月，承德地编委批准事业编制 120 人，1991 年调减为 116 人。水利工程处为承德市水务局直属科级财政差额补贴事业单位，为独立核算单位，2005 年单位实有人数 94 人。2012 年 10 月 27 日市编办核定科级规格，经费形式为财政性资金定额补助，核定事业编制 110 名，核定领导职数 4 名（1 正 3 副）。到 2015 年单位实有人数 88 人。主要负责水利水电建筑工程和基础处理工程施工工作；负责水利工程造价咨询、施工技术服务、施工测量工作。

十一、承德市小水电技术开发服务中心

1980 年 1 月，小水电建设与管理工作由地区电力局移交地区水利局，4 月份地区水利局设立小水电科，配备了专管人员。1982 年小水电科改为小水电公司，为地区水利局下属企业单位。1983 年 12 月，地区编委批准小水电公司 15 人编制。1986 年 4 月，撤销小水电公司、恢复小水电科。1988 年 7 月，再次撤销小水电科，成立小水电技术开发服务中心，为水利局直属科级事业单位，批准事业编制 10 人，实行自收自支，单独核算。2005 年，单位实有人数 20 人。2012 年市编办核定科级规格，经费形式为财政性资金零补助，核定事业编制 10 名，核定领导职数 3 名（1 正 2 副）。到 2015 年单位实有人数 47 人。主要职责：拟订全市农村小水电发展战略、中长期发展规划并组织实施；小水电项目的审查上报、技术指导、质量监督、竣工验收；负责小水电站设备定级、预防实验、安全检查、规章制度的制定落实；水电站技改项目规划、方案制定与实施；水电新技术研究、推广；负责全市水电站、农村水电电气化、以电代燃项目的建设、生产、组织管理和技术服务等工作。

十二、承德市秋窝水力发电站

1991 年 9 月开工建设，1996 年 2 月竣工成立管理单位，为承德市水务局直属科级事业单位，实行自收自支管理，2005 年单位实有人数 4 人。主要职责为小水电开发、发供电、小水电工程建设、小水电安装、维修和检修。2012 年市编办核定为科级规格，经费形式为财政性资金零补助，核定事业编制 4 名，核定领导职数 1 名。到 2015 年单位实有人数 3 人。主要负责水力发电。

十三、承德市水库移民服务工作站

科级规格；经费形式为财政性资金定额补助；核定事业编制 3 名；核定领导职数 1 名。到 2015 年单位实有人数 2 人。主要职责为依据移民区发展的总体规划，指导后扶项目实施、监督、检查；移民项目建设技术服务；移民经济建设信息服务；移民素质、职业技能培训；移民经济开发指导。

十四、承德市新水源工程筹建处

科级规格；经费形式为财政性资金零补助；核定事业编制 17 名；核定领导职数 3 名（1 正 2 副）。2015 年单位实有人数 3 人。主要职责为根据城市规划做好给水工程筹备建设；制定安全生产相关管理制度并认真落实；负责工程项目管理，确保施工质量。

十五、承德市水土保持生态建设局

1994 年 9 月 20 日承德市编委批准成立承德市水土保持预防监督站，批准事业编制 5 人，为承德市水务局直属科级财政全额拨款事业单位。2012 年 10 月 27 日，经市编办批复，将“承德市水土保持生态环境建设局”和“承德市水土保持预防监督站”合并，名称为“承德市水土保持生态建设局”。科级规格；经费形式为财政性资金基本保证；核定事业编制 10 名；核定领导职数 3 名（1 正 2 副）。到 2015 年单位实有人数 10 人。主要职责为宣传贯彻执行水土保持法律法规；负责全市水土保持生态建设技术指导服务工作；负责编制水土保持生态建设项目规划、计划等前期工作；负责水土保持生态建设工程项目和生产开发建设项目水土保持方案的审批、监督检查和验收；负责有关水土保持违法案件的查处、复议；依法收缴管理水土保持设施补偿

费等工作。

十六、承德市防汛抗旱物资储备调运站（原名承德市水利物资供应站）

20世纪50年代，承德专署水利局设立了水利物资仓库，存放各类水利物资，多年来均由水利局办公室管理，仅设1～2名看管人员看管仓库。改革开放以后，为加强水利物资的管理，行署水利局在1987年7月，以水利仓库为基地成立了水利物资供应站，配套了专管人员，全面负责各类水利物资的进货、销售和管理工作。水利物资供应站为水利局的直属科级事业单位，实行企业管理，自收自支，独立核算。1991年4月，地区编委批准事业编制4人，2005年单位实有人数23人。2012年10月27日，经市编办批复，将“承德市水利物资供应站”更名为“承德市防汛抗旱物资储备调运站”。科级规格；经费形式为财政性资金零补助；核定事业编制4名；核定领导职数1名。2015年单位实有人数25人。主要负责全市防汛抗旱物资维护保养、检查核销、紧急调运工作；协助完成省级防汛抗旱物资在承德市的储备、调运、管理工作。

第三节　直属企业单位

一、承德市供水集团有限公司

日伪时期，城市供水隶属于承德市都邑计划课水道股，有职工4人，负责供水及收费。

1949年7月，承德市自来水公司成立，有职工7名。至1954年底职工总数达到52人。1955年国家要求各单位精减人员，年底人数降至35人。1958年从承德县农村招收青年职工12人，招收职工家属5人，至1959年末职工人数达到82人。20世纪60年代初，国民经济遇到暂时困难，为减轻国家经济负担，支援农业，1961年自来水公司有22名职工回乡务农，由其他单位调入职工15人，年末职工人数为75人。1963年职工人数达到80人，1965年职工人数减少到65人。1974年以后职工人数不断增加，1983年发展到214人，1984年底职工总数达到261人。随着水源、水厂的建设发展，1999年末职工总数达到467人。截至2015年底职工总数达到564人。

为加强城市供水、节水工作，使城市地下水资源更好得到开发利用及维护，根据工作需要，经2007年6月4日市委常委会研究决定，市本级实行城市涉水事务一体化管理，决定由市城市公用资产管理局下属自来水公司、污水处理有限责任公司、排水所和市水务局下属的双峰寺水库筹建处等单位共同组建承德市水务企业集团。

实行城市涉水事务一体化管理后，市水务局负责承德市水务企业集团的组建工作，城市供水、节水及规划内地下水的开发利用、保护仍接受省、市建设行政主管部门的业务指导，并执行其行业标准。

2013年，市自来水公司按照市政府2013年第2号会议纪要的要求，实施了改制，由全民所有制企业变更为有限公司， 4月18日成立了承德供水有限公司，在此基础上于6月26日组建了承德供水集团，并于9月12日举行了揭牌仪式，供水集团的成立为全市供水事业搭建起了一个技术交流与资源整合的平台。

承德供水集团现有机关处室10个：经理办公室、党委办公室、企业管理处、财务处、生产计划处、人力资源和社会保障处、资产管理处、安全保卫处、工会办公室、纪检监察室；职能部门5个：供水调度指挥中心（客户服务中心）、计量处、项目管理办公室、治漏中心（水表出户改造办公室）、供水监察大队；分公司3个：制水公司、管网公司、售水公司；子公司6个：承德汇源给排水工程有限责任公司、承德市汇源给排水工程设计有限责任公司(技术处)、承德汇鸿供水设备安装工程有限公司、承德汇德物资供应有限责任公司、承德市汇洁水质监测服务有限公司、承德汇祥水表检测有限公司。

二、承德市城市污水处理有限责任公司

承德市城市污水处理有限责任公司地址位于双桥区大石庙镇太平庄东，公司的经营范围有：供

水、雨水、污水厂站和主管网的建设、运行、管理；污水的收集、管理、统一处理、达标排放；中水回用的建设、管理。

公司下设8个部门：综合办公室、财务部、人力资源部、安全办公室、生产技术部、收费办公室、管网所、水厂。

三、承德市市政排水处

城市排水包括污水和雨水两部分。城市排水工程属于市政建设和管理的一部分。2005年12月31日以前，在承德市市政建设维修管理总公司有排水处负责城市排工作，2006年改制后排水处隶属承德市政工程集团有限责任公司市政设施养护处，政府主管单位为承德市城市公用资产管理局。2007年6月22日，排水处（所）正式划归市水务局，实施城市涉水事务一体化管理。

排水处的工作主要负责市区所有排水设施的养护、维修、排水提升及巡察等工作。排水处下设污水管网设施养护所、排水管网设施养护所和排水泵站。

第四节　县（区）级水利机构

中华人民共和国成立以前，承德各县历届政府均无水利机构和专管人员。新中国成立以后，1951年各县（市）在县政府农林科设立1名专管干部负责水利工作，1953年各县（市）农林科专管水利干部编制增至3人。1954年，各县（市）成立在农业科领导下的水利工作队。1956年下半年开始，各县陆续成立了水利科，水利工作队由农业科分离出来。1957年以后，各县（市）先后改为水利局，后有的县与电力局合并改为水利电力局。1962年下半年以后，各县（市）又先后改为水利科。到1964年末，各县水利机构编制78人，实有水利事业人员82人。1965年各县水利事业编制73人，核减编制5人。1967年至1969年“文化大革命”期间，各县水利科也均瘫痪，有的县成立了农村水利综合站，由县革委生产指挥部或农田基本建设指挥部负责领导水利工作。1970年以后，各县（市）普遍成立了水利工作站，至1972年下半年，各县都恢复了水利局，多数县改为水利水电局。1978年以后，多数县改为水利局，个别县仍称为水利水电局。同时，各县局内均设立了股室，工作业务有了比较明确的分工。各县水利机构名称虽有所不同，但水利建设任务基本是相同的。1989年和1991年，潮白河密云水库上游和滦河潘家口水库上游被分别列为国家水土保持重点防治区以后，承德地区7县先后改称为水利水保局。

为了实现城乡水资源的统一管理，20世纪90年代中期以来，国家水利部和省水利厅积极推进水务体制建设。1997年，宽城县成立了全市第一个县级水务局，实现了包括城乡供水在内的全县范围内的水资源统一管理。此后，其他各县也先后改建为水务局，双桥区的水利工作由林业水利局分离出来，单独成立了双桥区水务局，双滦区和营子区由原来的林业水利局改称为林业水务局，营子区林业水务局并增挂了水务局的牌子。

到2000年，全市八县三区水利机构全部改建为水务局，市水利局成为全省率先成立的第一个市级水务局，全市实现了城乡水资源由水务部门统一管理。

第五节　乡（镇）水利机构

随着农村水利建设事业的发展和水利工程管理运用的需要，农村水利服务体系的建设得到了相应的发展。从1963年开始，承德地区各县曾试行聘用农村水利协助员，协助县水利部门在农村开展水利工作，到“文化大革命”期间废止。1970年，有的县开始以公社设立水利协助员。1974年，有的县以河系设立河系指挥部。1975年以后普遍以区设立水利工作站，负责所辖乡（镇）的农田水利工程建设和管理工作。到1985年底，承德地区7个县共有基层水利站52个、人员251人，承德市一县三区共有基层水利站12个、人员37人。80年代以前，区乡水利员多为农村户口的长期临时工。20世纪80年代以后，基层水利站解决了编制，充实了人员，原有区乡水利员全部转为固定工或合同制工。区、乡水利站为县水利部门的派出机构，由县水利部门负责经费开支，由县水利部门管理，受县水利部门和区乡政府双重领导。1988年底，承德地区7县基层水利站达到94个，在岗人员329人。1989年，承德地区7个县基层水利工作站达到117个，人员343人，管辖291个乡（镇）。1991年，承德地区7个县基层水利水保站达到110个、人员264人，承德市一县三区有水利水保站18个、人员68人。20世纪90年代以后，受撤区并乡等农村体制改革的影响，兴隆、围场等县的水利员放到乡政府管理，更多的则是改行。90年代中期以后，由于经费来源没有保障，基层水利水保站逐渐被撤销。1995年，全市基层水利水保站减少到49个、219人。到2005年，全市仅有丰宁、承德、宽城三个县仍保留部分基层水利水保站，共21个，119人。

附表：表11-4-1 水利机构沿革序列及领导成员表

水利机构沿革序列及领导成员表

表11-4-1

机构名称及时间	正职			副职		
	职务	姓名	时间	职务	姓名	时间
热河省农业厅水利科（1949．5-1949．8）	科长	张宾	1949．5-1949．8			
热河省农业厅水利局（1949．8-1954．1）	局长	刘潜（厅长兼）	1949．8-1949．12	副局长	张宾	1949．8-1949．12
	局长	张宾	1950．1-1950．11			
	局长	齐建国	1950．11-1953．12			
热河省水利局（1954．1-1955．12）	局长	乔辛英	1954．1-1955．12	副局长	齐建国	1954．1-1955．12
河北省承德专员公署水利局（1956．1-1960．3）	局长	齐建国	1956．1-1960．3	副局长	郭童正	1956．1-1959．8
				副局长	范守仁	1956．8-1960．3
				副局长	刘振声	1958．3-1960．3
承德市水利局（撤专署建市）（1960．3-1961．5）	局长	鄢凤桐	1960．4-1961．2	副局长	许庆余	1960．4
				副局长	刘振声	1960．4-1961．5
				副局长	范守仁	1960．4-1961．5
承德专员公署水利局（恢复专署）（1961．5-1967）	局长	齐建国	1961．5-1967	副局长	刘振声	1961．5-1964．3
				副局长	范守仁	1961．5-1967
				副局长	孙连波	1961．5-1962．10
				副局长	罗焕武	1964．9-1967
承德地革委水利工作站革命领导小组（1968．12-1972．3）	组长	孟宪发	1968．12-1972．3	副组长	蒋焕生	1972．6-1973．12
承德地革生产指挥部水电处（1972．3-1972．9）承德地革委水电处（1972．9-1974．9）	处长	肖安民	1972．3-1974．9	副处长	冯占奎	1972．6-1973．12
				副处长	齐建国	1972．12-1974．9
				副处长	刘炳忱	1973．10-1974．9
承德地革委水利局（1974．9-1978．7）	局长	肖安民	1974．9-1978．2	副局长	齐建国	1974．9-1976．12
				副局长	刘克俭	1974．9-1982．1
				副局长	关悦	1976．7-1979．1
				副局长	杜经广	1976．7-1981．1
	局长	肖庆林	1978．2-1983．9	副局长	罗焕武	1978．2-1983．9
				副局长	刘爱国	1978．2-1983．9
承德地区行政公署水利局（1978．7-1991．5）	局长	马龙田	1983．9-1991．7	副局长	刘振声	1978．10-1983．9
				副局长	范守仁	1978．10-1982．12
				副局长	马龙田	1982．6-1983．9
				副局长	张凤林	1983．9-1991．7
				副局长	韩永山	1983．9-1986．7
承德地区行政公署水利水保局（1991．5-1993．6）	局长	张凤林	1991．7-1993．6	副局长	李基方	1988．8-1993．7
				副局长	崔献峰	1991．9-1993．7
				副局长	靳怀成	1992．3-1993．7

续表11-4-1

机构名称及时间	正职			副职		
	职务	姓名	时间	职务	姓名	时间
承德市水利局（地市分设）（1983．1-1993．6）	临时招集人	刘喜	1983．1-1987．10	副局长	刘喜	1987．11-1993．6
				副局长	赵德峰	1987．11 -1992．11
	局长	段忠	1988．6-1992．10	副局长	付道柱	1991．7 -1993．5
				副局长	康巨忠	1992．6- 1993．6
	局长	齐树昌	1992．10-1993．6	副局长	于连海	1992．8 一 1993．6
				副局长	万福禄	1992．10 一 1993．6
承德市水利局（地市合并）（1993.7-2000.9）	局长	齐树昌	1993．7-2003．3	副局长	崔献峰	1993．7 -1996．12
				副局长	刘喜	1993．7 -2002．2
				副局长	李基方	1993．7- 2002．2
				副局长	万福禄	1993．7- 2004．1 1
				副局长	靳怀成	1993．7- 1994．10
				副局长	马光	1994.1 一 1996．11
				副局长	于连海	1995．2 -1997．1 1
承德市水务局（2000.9-2012.7）	局长	李相国	2003．3-2012.7	副局长	兰德龙	1996．12- 2005．1
				副局长	杨荣林	2000．12 -2005.8
				副局长	宁树信	2002．9 -2012.11
				副局长	赵连国	2003．4- 2012.6
				副局长	宋秀清	2003．9- 2011.5
				副局长	慕宏彪	2003.9-2012.7
				副局长	周作军	2005．1 -2013.4
				副局长	王艳刚	2005.8-2013.4（调出）
				副局长	刘剑锋	2005.11-2012.7
				副局长	邢 晨	2010.12-2012.7
承德市水务局（2012.7-）	局长	李新华	2012.7-	副局长	孔令年	2006.6 任正处级调研员 2015．12 任副局长-
				副局长	慕宏彪	2003.9 -
				副局长	邢 晨	2010.12 -
				副局长	刘剑锋	2005.11-
				副局长	王淑国	2013.2-
				副局长	刘志远	2013.4-
				副局长	张宝生	-
				副局长	王永良	2013.4-
				副局长	周作军	2005.1-2013.4

第十二编　人物·艺文

第一章　水利人物

第一节　人物简介

万清洲

万清洲（1895-1975），男，滦平县滦河沿乡西营村人，农民出身，小学文化。因家境贫困，17岁（1911年）去隆化县辛店村给地主种稻当长工，24岁给稻池“把头”当“贴锨”的，27岁当了稻池“把头”。

民国26年（1937年），万清洲从隆化县回到家乡滦河沿村，应村里群众的要求，带领群众开渠种稻，充当稻池“把头”，全村有70多户人家参加，在万清洲亲自勘测和指导下，用一个月时间建成了4千米长的引滦河灌渠，开稻田800亩，投资小米500石。由于头一年成本大，扣去花费，净赚800亩地稻草。稻田开成了，穷人受了益，解决了全村130户群众的吃粮困难。此后，滦河沿村种水稻不间断。

中华人民共和国成立以后，万清洲开渠种植水稻的事业得到了人民政府的支持。滦河沿灌渠水势猛，泄水渠经常被冲坏，为维修泄水渠，每年要花6石小米，而且耽误灌溉，少灌一次混水，就要少收50石稻子。为了减少损失，保证正常灌溉，1949年春，在滦平县人民政府农业科的帮助下，购买水泥2.35吨，在泄水渠进口修建了一座浆砌石泄水闸。1949年7月27日，滦河发大水把引水堰坝冲坏3米多宽，万清洲和十几个人冒雨砸钎子，垫石头，把冲坏的豁口堵住了。为了保住大渠不被水冲，每当滦河水涨发，他昼夜不离开河坝，从春天一开锨，他的心就在半空悬着，等到稻子一上场，才算一块石头落了地。

万清洲不仅在本村开渠种稻，还帮助其他村发展稻田，他走遍了滦河、伊逊河和兴洲河等河川，针对各河川的不同情况，摸索出不同的挡坝开渠的方法。

万清洲不仅是开渠筑坝的能手，同时也是一位水稻种植能手，他在水稻灌清水、穿混水、养苗、防灾、淹草等方面有一整套的经验。

中华人民共和国成立后，万清洲积极响应政府的号召，在大生产运动中起到了组织领导模范作用，带动群众努力生产，克服困难，渡过灾荒，获得显著成绩。1949年11月15日，万清洲被滦平县人民政府评为县级甲等劳动模范。1949年12月，热河省水利局总结了万清洲开渠种稻的经验向全省推广。1949年12月13日，热河省《群众日报》以《介绍万清洲种稻经验》为题，进一步向全省推广万清洲开渠种稻的经验。

50年代，在人民政府的鼓励下，万清洲自制简易测量工具，经常去滦河、伊逊河和兴洲河等河川帮助各村勘测设计施工，指导开渠挡坝，传播种稻技术，推动了水稻生产的发展。由于万清洲的治水事迹突出，1950年3月被热河省人民政府授予“甲等水利稻田模范”称号，1951年2月被滦平县人民政府授予“甲等兴修水利模范”称号，1952年1月被热河省人民政府授予“甲等经营稻田模范”称号，1953年2月被热河省人民政府授予“水利模范”称号，1957年12月被河北省人民政府授予“劳动模范”称号。

1959年，经万清洲等人勘测设计，滦平县滦河沿公社组织有关大队修建了黑沟门到三道湾3.5千米长的渠道，灌溉稻田500亩，同时修建了荒地至上湾子5千米长渠道，与当年万清洲开挖的老渠道串联使用，灌溉稻田1100亩。

齐建国

齐建国（1921-2001），男，汉族，1921年生，河北省完县人（今顺平县），1939年加入中国共产党，1940年参加革命工作。新中国成立后，1950年11月至1953年12月任热河省农业厅水利局长，1954年1月至1955年12月任热河省水利局副局长。1956年1月热河省建制撤销后留任河北省承德专署水利局长，1960年3月实行市管县体制后任承德市水利建设委员会主任，1961年5月恢复承德专署后继续任专署水利局长。“文化大革命”后，1972年12月至1974年9月任地革委水电处副处长、地革委水利局副局长，1976年12月任地革委水利局顾问，1978年10月任行署农办顾问，1983年底离休，于2001年1月15日病逝。

齐建国任水利局长20余载，为承德的水利建设事业做出了很大贡献。1950年至1952年经济恢复时期，主要是发动群众生产自救，水利工作主要是搞打桩编柳干砌石坝等简易防洪护岸工程，保护和恢复耕地农田，保护村镇的防洪安全。1953年水利建设进入有计划的发展阶段，发展农田水利灌溉事业，开展水土保持工作、治理水土流失提到工作日程。在1956年和1957年两次大搞水利建设运动的高潮中，以齐建国为首的水利局领导，在承德市郊喇嘛寺村亲自修建样板梯田，在各沿河两岸组织群众挡坝淤滩造田，开渠引水发展农田灌溉。

1959年，齐建国在水利会议讲话中提出，承德的水利建设要“继续贯彻中央提出的小型为主、社队自办为主、自力更生为主的水利建设方针。以蓄为主，蓄引结合，充分利用地上水，积极挖掘地下水，以小型工程为基础，适当发展中型工程和必要的大型工程，全面规划，综合开发，有计划的逐步形成比较完整的水利工程系统”，这一方针的贯彻对全区水利工作的开展起到了全面推动作用。

1962年，承德地区滦河流域发生特大洪水，遭受严重洪水灾害。灾后，齐建国亲临受灾现场查验灾情，制定水毁工程恢复计划，提出1963年的水利建设任务以挡坝淤滩、恢复耕地为主的指导思想。“文化大革命”期间，他顶住层层压力，主抓了青龙县沙河流域治山治水的样板，在全区各河流域积极推广，开展了群众性的水土保持综合治理活动，使全区农田水利基本建设发展到按流域全面规划、综合治理的新阶段。

范守仁

范守仁（1921-1997），男，汉族，1921年生于河北省满城县，1947年毕业于西北工学院土木系，1949年3月被招募到热河省水利局工作，1956年热河省撤销后留河北省承德专员公署水利局工作，1956年8月任专署水利局副局长，“文化大革命”期间靠边站，1973年到庙宫水库做工程管理工作，1978年10月调回地区任地区水利局副局长，1979年恢复工程师职称，1981年被省政府授予高级工程师职称，1982年12月离职休养，1989年享受教授级待遇。曾任承德地区水利学会副理事长和第一、二、三届河北省政协委员。于1997年3月病逝。

在50年代期间，范守仁白手起家创建了承德的水文事业，从建雨量站、水位站入手，徒步勘察了全区的主要河流，包括滦河、老哈河、大凌河及其主要支流，掌握了各河的概貌，使水文站网布置趋于合理，到1958年底基本建成承德地区水文站网，为承德地区的水文事业做出了重要贡献。

范守仁在任承德地区水利局副局长期间，主管全区的水利技术工作，负责水利计划、规划的编制，大中型工程的规划、审核，水利施工技术指导、检查，以及历年的防汛工作。并搞了水土保持治理试点，协助建成了承德地区水土保持试验站。在50年代末期至60年代初期，参加了庙宫水库一期工程、二龙山水库和隆化张三营灌区的施工建设工作。

1973年至1977年庙宫水库做水库工程管理工作期间，调整了水库工程规划，进行了历年的水库工程岁修和防汛工作，使水库工程经受住了1974年大洪水和1976年唐山大地震动的考验。1978年返回地区水利局后，主持工程管理工作，主抓了病险水库的加固处理，成效显著。

董恩锡

董恩锡（1922-1993），男，汉族，生于1922年10月，北京市人。1941年毕业于北京香山慈幼院高级土木工程职业学校，1941年7月至1945年3月曾任华北建设总署水利局顾员。1949年3月被招募到热河省水利局工作，1956年热河省撤销后留在河北省承德专署水利局工作。20世纪50年代取得助工和工程师职称，“文化大革命”后1979年恢复工程师职称，1981年3月河北省人民政府授予高级工程师职称，1989年享受教授级待遇。本人政治面貌为中国民主同盟盟员。1986年2月离休，于1993年11月14日病逝。

董恩锡一生献身于水利事业，长期从事水利工程的勘察、规划、设计、施工等工作，为承德的水利建设事业做出了突出贡献。在热河省水利局工作期间，1949年8月至1950年6月，负责乌丹敖包山泄洪沟工程的规划设计编制和现场施工技术指导，按计划完成施工任务，使万亩牧场耕地免遭洪水冲淹，并起到防止盐碱化的作用；1951年3月至7月，负责赤峰市防洪工程的加固设计和施工指导，按设计完工后，当年经受洪水考验，加固工程设计措施效果良好；1951年3月至7月，负责建昌营灌区工程（英金河）的勘察设计和指导施工，当年按设计完工，灌溉旱田3000亩，获得丰收；1951年10月至1952年6月，负责翁牛特旗波罗和硕灌区工程（羊肠子河）规划、设计并指导施工，按设计完成施工任务，浇地23000亩，1952年热北地区大旱，半年未降雨，而该灌区获得丰收，对此当年热河省农展会曾专题展出；1953年至1954年，负责工务科及工程队的全面工作，安排和检查全省10余处工地施工工作，均按设计按时完成施工任务；1955年3月至11月，负责敖汗旗官家地灌区（老哈河）的施工组织工作和指导50多华里长干渠及附属建筑物施工工作，除按设计完成施工任务外，并建议改进部分附属建筑物设计，节约了部分资金。1956年5月至9月，被河北省水利厅借调参加唐山柏各庄灌区施工，由灌区工程局临时任命为一工区副主任，协助一工区做施工指导工作，除协助完成施工任务外，并建议改进了部分渠系建筑物，为干渠沿滦河部分做了防洪护岸工程，设计了13座打桩铺柳捆基础的抛石丁坝，完工后效果良好。1957年进行了蚂蚁吐河、伊逊河大中型水库的查勘工作，负责选定了西阿超和庙宫水库坝址，分别写出两水库查勘及枢纽工程规划报告，进行了两处水库坝址的测量和钻探。1958年10月至1959年3月，负责组织指导庙宫大型水库的初步技术设计的编制及设计图纸的审定，提出初设初稿后通过了省水利厅初设小组的审核。1959年5月至11月，庙宫水库进行了施工及扩大初步设计，负责施工技术指导，编制施工方案，并审定施工详图，完成了导流洞进出口的开挖，扩大初步设计由省审批。1959年12月至1960年6月20日，庙宫水库进行大施工，负责全面技术指导，编制总体施工方案，审定施工详图，1960年5月1日水库施工按计划导流，大坝合龙，6月20日大坝达到拦洪高程。1960年7月至1962年，庙宫水库续建施工，继续负责全面技术指导，完成全部筑坝工程、溢洪道开挖及部分衬砌、发电洞衬砌及进口闸门安装，第一期工程结束，经省检查，土坝质量达到设计要求，评定质量良好。1964年3月至1965年7月，负责隆化县张三营灌区工程的查勘、设计及施工技术指导等工作，由省批准设计，干渠长17.5千米及渠系建筑物列入基建，投资40万元，干渠及附属建筑物按计划全部完成。

陈　尚

陈尚（1922-2009），男，汉族，1922年生于北京市，1942年毕业于北京土木工程专科学校农田水利工程系，1949年3月被招募到热河省水利局工作。1956年热河省撤销后，留在河北省承德专署水利局工作。20世纪50年代取得工程师职称，“文化大革命”后1979年恢复工程师职称，1981年省政府授予高级工程师职称。为河北省建工学会、力学会、水利学会会员，曾任承德地区水利学会副理事长。1985年离职休养。

陈尚在热河省水利局工作期间，负责热东几个县农田水利工程的测量、规划、设计、施工等工作，特别是对山区溪流、防洪做了很多工作。50年代，为提高水利干部的业务水平，他每年举办训练班，培养了百余名水利技术干部。为开发全区的小水电建设，1956年他在隆化县小黄旗进行小水电建设试点成功，给全区小水电建设提供了样板。1958年修建滦平县窟窿水库，在水库初期施工建设阶段，他主持工程的全面技术工作。

在20世纪70年代，他调查了全区10座浆砌石坝小型水库和塘坝工程，并写出《承德地区砌石坝调查报告》在全国砌石坝刊物上发表。1979年至1982年，他参与了承德县乌龙矶浆砌石薄拱坝水库的试验研究取得成功，并与他人共同写出试验研究报告，该成果获得1986年河北省水利厅科技进步四等奖和承德地区科技进步奖。

第二节　人物名录

人物名录共包括四部分，一是承德地市水利机构副处级以上干部名录，二是承德地市水利机构科级干部名录，三是从事水利工作三十年以上干部简表，四是高级技术人员一览表。

承德地市水利机构副处级以上干部名录(1949-2015)

表 12-1-1

姓名	职务	任免职时间	备注
刘　潜	局长(厅长兼)农业厅水利局	1949.8-1949.12	
张　宾	副局长(热河省农业厅水利局)	1949.8-1949.12	
	局长(热河省农业厅水利局)	1950.1-1950.11	调出
齐建国	局长(热河省农业厅水利局)	1950.11-1953.12	
	副局长(热河省水利局)	1954.1-1955.12	
	局长(专署水利局)	1956.1-1960.3	
	主任(承德市水利建设指挥部)	1960.3-1961.5	
	党组书记(市水利局)	1960.5	
	局长(承德专署水利局)	1961.5-1967	
	副处长(地革委水电处)	1972.12-1974.9	
	副局长(地革委水利局)	1974.9-1976.12	
	顾问(地革委水利局)	1976.12-1978.10	调出
乔辛英	副局长(热河省农业厅水利局)	1949.8-1954.1	
	局长(热河省水利局)	1954.1-1955.12	调出
郭童正	副局长(承德专署水利局)	1956.1-1959.8	调出
范守仁	副局长(专署水利局)	1956.8-1960.3	
	副局长(承德市水利局)	1960.4-1961.5	
	副局长(专署水利局)	1961.5-1967	
	副局长(行署水利局)	1978.10-1982.12	
	离休	1982.12 离休 1997 病故	
刘振声	副局长(专署水利局)	1958.3-1960.3	
	副局长(承德市水利局)	1960.4-1961.5	
	副局长(专署水利局)	1961.5-1964.3	
	副局长(行署水利局)	1978.10-1983.9	
	离休	1983.12.17	病故
孙连波	副局长(专署水利局)	1961.5-1962.10	调出

续表12-1-1

鄢凤桐	局长(市水利局)(撤专建市)	1960.4-1961.2	调出
	党组副书记(市水利局)	1960.5	
罗焕武	副局长(专署水利局)	1964.9-1967	
	副局长(行署水利局)	1978.2-1983.9	
	党委副书记(行署水利局)	1979.1	
	党组副书记(行署水利局)	1982.7	
	离休	1985.7	2002.4 病故
肖安民	处长(地革委水电处)	1972.3-1974.9	
	局长(地革委水利局)	1974.9-1978.2	调出
	党支部书记(地革委水电处)	1972.1 1	
	党委副书记(水利局)	1976.12	
冯占奎	副处长(地革委水电处)	1972.6-1973.12	调出
刘炳忱	副处长(地革委水电处)	1973.10-1974.9	调出
刘克俭	副局长(地革委、行署水利局)	1974.9-1982.1	调出
关　悦	副局长(地革委、行署水利局)	1976.7-1979.1	调出
杜经广	副局长(地革委、行署水利局)	1976.7-1981.1	调出
刘允复	党委书记(地革委水利局)	1976.12-1978.2	调出
肖庆林	局长(地革委、行署水利局)	1978.2-1983.9	
	党委书记	1978.2-1982.7	
	党组书记	1982.7	
	巡视员	1983.12.17	二线
	离休	1988.1.26	
刘爱国	副局长(地革委、行署水利局)	1978.2-1983.9	调出
马龙田	副局长(行署水利局)	1982.6-1983.9	
	局长(行署水利局)	1983.9-1991.7	
	党组书记	1983.9	
	调研员	1991.7-1992.12	二线-退休
	主任（兼任地区水利局水政水资源管理办公室）	1987.11-1989.5	

续表12-1-1

张风林	副局长、党组成员(行署水利局、水保局)	1983.9-199 1.7	
	党组书记、局长(行署水利局、水保局)	1991.7-1993.6	调出
	主任（兼任地区水利局水政水资源管理办公室）	1989.5-1993.6	
韩永山	副局长、党组成员(行署水利局)	1983.9-1986.7	调出
刘宗玉	纪检组长、党组织成员(行署水利局)	1986.6-1987.12.23	调出
李基方	副局长(地区水利局、水保局、市水利局、市水务局)	1988.8-2002.2	
		2002.3	提前离岗
		2003.12	退休
任　凯	纪检组长、党组织成员(行署水利局)	1987.12-1989.2	调出
负学愚	总工(市水利局)	1988.6-1999.1	退休
吕东明	纪检组长、党组织成员(行署水利局)	1989.11-1991.9	调出
王维国	总工程师（副处级）(行署水保局、市水利局)	1991.7-1999.1	退休
	党组成员（地区水利局）	1991.3-1999.1	2006年病故
崔献峰	副局长、党组成员(行署水保局、市水利局)	1991.9-1996.12	调出
刘广义	纪检组长、党组成员、	1991.12-2002.2	
	监察室主任(行署水保局、市水利局、市水务局)	1992.2-2002.2	监察室主任
		2002.3	提前离岗
		2004.2	退休
靳怀成	副局长、党组成员(行署水保局、市水利局)	1992.3-1994.1 0	调出
赵德风	副局长(市水利局)	1984.10-1992.11	退休
刘　喜	副局长、(市水利局、水务局)	1984.10-2002.2	
	主任（兼任武烈河橡胶坝管理处）	1989.6-1989.11	
		2002.3	提前离岗
		2006.5	退休
孔庆林	党总支书记（地区水利局庙宫水库管理处）	1987.6月-1995.10	副县级调研员
		1995.10-2002.3	提前离岗
段　忠	局长、党组书记(市水利局)	1988.6-1992.1 0	正处级调研员

续表12-1-1

付道柱	副局长(市水利局)	1991.7-1993.5	调出
康巨忠	副局长(市水利局)	1992.2-1993.6	调出
于连海	副局长、党组成员(市水利局)	1992.8 - 1997.11	
	副主任（副处级）（承德市潘家口水库移民迁建办公室）	1997.11-2010.5	
		2010.5	退休
万福禄	副局长(市水利局、水务局)	1992.10-2004.11	
	副调研员(二线)	2004.11-2009.10	二线
		2009.10	退休
齐树昌	局长(原市水利局、市水利局、水务局)	1992.10-2003.3	
	党组书记、局长（原市水利局、市水利局、水务局）	1992.10-2003.9	
		2003.9-2007.9	离岗
		2007.9	退休
马　光	副局长党组成员(市水利局)	1993.12.-1996.11	病故
刘尚奎	党总支书记（市水利局庙宫水库管理处）	1995.10-1997.8	
	副主任（副处级）（潘家口水库移民迁建办）	1997.11-2008.5	退休
延怀玲	处长（副县级-）（市水利局庙宫水库管理处）	1995.10-2003.4	
		2003.4-2009.12	助理调研员
		2009.12	退休
兰德龙	副局长、党组成员(市水利局、水务局)	1996.12-2005.1	调出
富东升	党总支书记（市水利局庙宫水库管理处）	1997.8-2005.7	调出
徐宝寅	主任（正处级）（潘家口水库移民迁建办公室）	1997.11-2006.1	退休
宋秀清	总工(市水利局)	1999.8	
	党组成员、	2003.9.21	
	副局长(市水务局)	2003.9.29-2011.5	
	调研员（市水务局）	2011.5-2012.5 --2012.6	保留正处级非领导职务待遇
		2016.4	退休

续表12-1-1

杨荣林	副局长(市水务局)	2000.12-2005.8	
	党组成员	2005.7（免职）	退二线
		2005.8-2010.5	退休
李国栋	调研员（市水务局）	2000.12-2007.1	退休
宁树信	党组成员	2002.8	
	副局长(市水务局)	2002.9-2012.11	免副局长
	调研员	2010.12-2012.11.	免调研员
		2012.11-2016.7	退休
姜桂民	处长（副处级，试用期一年）（承德市武烈河河道与橡胶坝管理处）	2008.7-2011.5	调出
李相国	党组副书记、局长(市水务局)	2003.3-2012.7	调出
	党组书记(市水务局)	2003.9-2012.5	调出
	兼任局长、党支部书记（双峰寺水库工程建设管理局）	2009.11-2012.6	
慕宏彪	党组成员	2003.9.	
	副局长(市水务局)	2003.9.	
赵连国	党组成员	2003.3-2012.5	保留副处级领导职务待遇
	副局长(市水务局)	2003.4-2012.6	
	处长（兼任庙宫水库管理处）	2003.4-2005.11	副县级
	副局长（市水务局）	2005.11-2012.6	2016.12 退休
孙华民	纪检组长、党组成员(市水务局)	2002.8	在职
张玉华	党支部书记（二龙山水库建管处）	2003.3-2009.9	副处级
	党组成员（承德市水务局）	2009.12	
	副局长（兼）（承德市水务局）	2010.1	正处级领导职务待遇
	主任（承德市移民工作办公室）		
李革生	防汛抗旱办公室主任(副处级)	2000.12-2015.2	
	党组成员(市水务局)	2005.8-2015.2	退休

续表12-1-1

周作军	党组成员	2004.12-2013.2	
	副局长(市水务局)	2005.1-2013.4	
	调研员（主持双峰寺水库全面工作）	2013.4-	在职
			退休
王艳刚	党组成员	2005.7-2013.2	调出
	副局长(市水务局)	2005.8-2013.4	
刘剑峰	党组成员、副局长(市水务局)	2005.11	
	庙宫水库管理处党总支书记	2005.11	
刘志远	副调研员（市水务局）	2004.7-2013.4	
	党组成员（市水务局）	2013.2	
	副局长（市水务局）	2013.4	试用期一年
郝　华	处长（副县级）（庙宫水库管理处）	2005.11	
柴　强	主任（市水务局监察室）	2005.12	试用期一年
孔令年	党组成员	2006.5	
	调研员（市水务局）	2006.6-2015.12	
	副局长（市水务局）	2015.12	正处级
李海东	总工（市水务局）	2008.4-	试用期一年
	主任（承德市防汛抗旱指挥部办公室）	2010.12	试用期一年
王德民	处长（承德市双峰寺水库筹建处）	2009.11	调入
	副局长（双峰寺水库工程建设管理局）	2009.11-2010.12	调出
关　悦	副局长（双峰寺水库工程建设管理局）	2009.11	
张宝生	总工程师（双峰寺水库建管局）	2009.11-2013.4	
	党组成员（市水务局）	2013.2-2015.9	
	副局长（市水务局）	2013.4-2015.11	
	董事长、总经理（承德水务集团有限公司）	2015.11-	
都显儒	主任（承德市移民迁建办）	2002.6-2009.12	保留正处级领导职务待遇
		2009.12-2012.5	退休

续表12-1-1

于国海	副主任（承德市移民迁建办）	2003.4-2009.12	保留正处级非领导职务待遇
		2009.12-2016.11	退休
白　峰	副主任（承德市移民工作办公室）	2010.1	
邢　晨	副局长（承德市水务局）	2010.12	
于　泽	副处长（承德市庙宫水库管理处）	2011.2	
刘　丽	主任（市监察局驻市水务局监察室）	2012.3	
李新华	党组书记（市水务局）	2012.5	
	党支部书记（市双峰寺水库建管局）	2012.6	
	局长（市水务局）	2012.5	
	局长（市双峰寺水库建管局）	2012.8	
	董事长、总经理（承德市水务集团）	2012.8-2015.11	
	理事长（承德市水利学会）	2012.8	
王淑国	党组成员（市水务局）	2013.1	
	副局长（市水务局）	2013.2	
王永良	党组成员（市水务局）	2013.2	
	副局长（市水务局）	2013.4	试用期一年
周亚岐	总工程师（市双峰寺水库建管局）	2013.4-	试用期一年
彭久敏	副处级调研员（移民办）	2014.1	
刘福龙	党支部书记（武烈河河道与橡胶坝管理处）	2015.9	主持日常工作

承德地市水利机构科级干部名录(1949-2015)

表12-1-2

姓 名	性别	职 务	单 位	任免职时间	备注
张 宾	男	科长	热河省农业厅水利科	1949.5-1949.8	升为副局长
赵荣政	男	科长	工程管理科	1984.10	地区水利局
			农田水利科	1984.10-1987.11	
			农田水利科	1987.11-1993.6	
			农田水利科	1993.6-1994.6	地市合并
		站长（兼）	水利工作站	1993.6-1994.6	承德市水利局
				1995.12	退休
张玉林	男	科长	工程管理科	1984.10-1987.11	地区水利局
			水电科	1987.11-1988.8	
		主任	小水电技术开发服务中心	1988.8-1992.10	地区水利水保局
		主任	小水电技术开发服务中心	1992.10-1993.3	市水务局、（免职）
		不担任行政职务	水电中心	1993.3-1996.9.	退休、2016年病故
王永泰	男	主任（兼任）	水资源管理委员会	1986.6-1993.6	地市合并前市水利局
马万忠	男	副主任	水资源管理委员会	1986.6-1993.6	合并前市水利局
刘 喜	男	副主任	水资源管理委员会	1986.6-1993.6	合并前市水利局
		站长（副局长兼）	水利工作站	1986.6-1989.11	
		主任（副局长兼）	橡胶坝管理处	1989.11-1991.2	
員学愚	男	主任	水资源办公室	1986.6-1993.6	合并前市水利局
崔建伟	女	副主任（正科）	水资源办公室	1986.6-1993.6	合并前市水利局
				1993.6-1994.6	地市合并
		副主任（正科）	水政水资源管理办公室	1994.6-2007.7	承德市水利局
				2007.7	殉职
冯俊玉	男	科长	秘书科	1986.6-1989.11	合并前市水利局
		站长	水利工作站	1989.11-1991.2	
		主任	武烈河橡胶坝管理处	1991.2-1993.6	
		主任	武烈河橡胶坝管理处	1993.6-2003.2	地市合并、市水务局
				2014.1	退休
李凤文	男	科长	农田水利科	1986.6-1990.7	合并前市水利局

续表12-1-2

梁其端	男	所长	水土保持科学研究所	1986.10-1990.9	地区水利局
				1998.2 退休	2005.9 病故
史宝印	男	科长	人秘科	1987.11-1988.3	地区水利局
			工管科	1988.3-1993.6	
			工管科	1993.6-1994.6	地市合并 承德市水利局 （保留正科级待遇）
		站长（兼）	水利基本建设工程质量监督站	1993.6-1994.6	
				1997.2	退休
王维国	男	科长	科教科	1987.11-1988.12	地区水利局 升职
			秘书科	1988.12-1991.7	
		副主任（兼）	水政水资源管理办公室	1989.5-1991.7	
马龙田	男	主任（局长兼）	水政水资源管理办公室	1987.11-1990.1	地区水利局
章艾民	男	科长（副科）	工程管理科	1987.11-1988.3	地区水利局
		科长	水保科	1988.3-1991.3	地区水利局
		处长（代理）	水利机械工程处	1991.3-1991.5	地区水利水保局
		处长		1991.5-1991.12	地区水利水保局
		科长	水保科	1992.6-1993.6	地市合并
		科长	水保科	1993.6-2004.6	市水利、水务局
				2010.11	退休
靳怀成	男	副科长	农田水利科	1987.11-1988.8	地区水利局
		科长	水保科	1988.8-1992.3	升职
刘兴茂	男	场长	鱼种场	1987.11-1993.6	地区水利局、调出
刘尚奎	男	副科长	水产、渔政科	1987-1988.8	地区水利局
		主任	水产技术开发服务中心	1988.8-1993.6	地区水利局
		科长	人秘科	1992.3-1993.6	兼任水产、 渔政原职务
		科长	人秘科	1993.6-1994.6	地市合并
		科长	计划财务科	1994.6-1995.10	市水利局、升职
崔庆锡	男	副主任	移民迁建办	1987.11-1996.7(退)	地区水利局
李基方	男	处长	水利机械工程处	1987.11-1988.8	地区水利局
					升任副局长

续表12-1-2

胡庆玉	男	队长	水利水电勘测设计队	1987.11-1988.6	地区水利局
		处长	水利水电勘测设计处	1988.6-1993.6	地区水利水保局
				1993.6-1994.6	市水利局、退休
延怀玲	男	副处长（正科）	庙宫水库管理处	1987.11-1993.3.8	地区水利局
				1993.3.8	升为副处级单位
王文成	男	经理（副科级）	水利物资供应站	1988.6-1992.3	地区水利局
		经理（副科级）	水利物资供应站 水利实业开发中心	1992.3-1993.6	继续聘任至1993.12
		原职务	原单位	1993.6-1994.6	地市合并
		经理（正科）	水利物资供应站	1994.6-1997.10	承德市水利局
		免职	水利物资供应站	1997.12	保留正科级待遇
				2001.10	退休
张英德	男	处长（代理）	水利机械工程处	1988.12-1991.5	地区水利局
		处长		1991.12-1993.6	地区水利水保局
		处长		1993.6-1996.1	地市合并、免职
于连海	男	科长	秘书科	1989.6-1992.8	合并前市水利局
		副局长		1992.8	升任副局长
付道柱	男	科长	农水科	1990.7-1991.7	合并前市水利局
宋秀清	男	副所长	水保科研所	1987.11-1990.9	地区水利局
		负责人		1990.9-1991.5	地区水利水保局
		所长		1991.5-1993.6	地市合并
				1993.6-1999.12	升任局总工
		站长（兼）	水保工作站	1992.3-1993.6	地区水利水保局
曹廷福	男	科长（副科）	庙宫水库财务科	1991.5-1993.12	地区水利水保局
		科长（正科）		1993.12-1998.8	单位升格、免职
				1999.8	退休
李全友	男	科长（副科级）	庙宫水库工程科	1991.5-1993.12	地区水利水保局
		科长（正科）		1993.12-1993.6	地市合并、调出
曹树良	男	负责人	农水科	1991.7-1993.6	合并前市水利局
		负责人	水保预防监督站	1992.4-1997.12	合并前市水利局
		站长	抗旱服务中心站	1992.12-1993.6	合并前市水利局
		站长（正科）	水保预防监督站	1997.12-2004.6	市水利、水务局 免（享受原待遇）

续表12-1-2

陈国强	男	科长	水政科	1992.4-1993.6	合并前市水利局
				1993.6-1997.12	保留正科级待遇
康巨忠	男	负责人（兼）	工管科	1987.11-1992.2	（副局长兼）
		科长（兼）	工管科	1992.2-1993.6	合并前市水利局
				1993.6	地市合并
李革生	男	负责人（副科）	科教科	1988.11-1990.1	地区水利局
		副主任（副科）	水资源管理办公室	1990.1-1992.6	地区水利水保局
		副主任（正科）		1992.6-1994.6	承德市水利局
		科长	工程管理科	1994.6-2000.12	承德市水利局
		站长（兼）	水利基本建设工程质量监督站	1994.6-2000.12	承德市水利局升职
蒋焕生	男	负责人	科教科	1990.1-1993.6	地区水利水保局
孟继禹	男	主任（正科）	秋窝电站工程指挥部办公室	1992.6-1993.5	合并前市水利局
		副主任（正科）	武烈河橡胶坝管理处	1993.5-1993.6	
			武烈河橡胶坝管理处	1993.5-1999.2	地市合并、退休
陈洪儒	男	副总工（正科）	市水利局	1992.6-1993.6	合并前市水利局
		副总工（正科）	市水利局	1993.6-1993.11	地市合并
		主任（正科）	总工办	1993.11-1995.10	市水利局
		科长	计划财务科	1995.10-2003.8	市水利局
		科长	建设与管理科	2003.8-2004.9	市水务局
		总工（正科）	市局	2004.9-2008.4	保留正科级待遇
		副总经理	承水水务监理有限公司	2008.3	市水务局
王文国	男	董事长总经理	承水水务监理有限公司	2008.3-2015	病故
李　静	女	科长	老干部科	1992.10-1993.6	地区水利水保局
				1993.6-2005.7	地市合并、免职
				2007.1	退休
曹淑琴	女	负责人	小水电技术开发服务中心	1992.10-1993.5	地区水利水保局
		主任		1993.5-1993.6	地市合并
				1993.6-2007.5	保留正科级待遇
		站长	老陡山水电站	2006.8-2009.2	退休
宋百川	男	站长	庙宫水库电站	聘期自989.1-1993.6	地区组织部同意
				1993.6-1998.8	免职
				2003.9	退休

续表12-1-2

李怀清	男	科长	科教科	1993.6-1994.6	地市合并
		副组长（正科）	纪检组	1993.6-1993.12	承德市水利局
		科长	科教科	1994.6-2004.6	市水利、水务局 退（享受原待遇）
马　光	男	副主任 副局长（兼）	移民迁建办	1993.6-1997.11	市水利局
李东杰	男	主任（副科级）	庙宫水库办公室	1992.10-1993.12	试用期一年
		主任（正科）		1993.12-1995.10	地区水利水保局
		副处长（正科）	庙宫水库管理处	1995.10-2010.12	保留原待遇
		副处长	庙宫管理处	2010.12-2011.2	市水务局、内退
胡振山	男	所长	庙宫水库派出所	1993.3-1993.12	地区水利水保局
				1993.12-1998.8	地市合并、免职
				2002.7	退休
田逸芝	女	站长	庙宫水库水文站	1993.3-1993.12	地区水利水保局
				1993.6-1995.12	地市合并、退休
					2014年病故
齐瑞光	男	院长	庙宫水库医院	1993.3-1993.12	地区水利水保局
				1993.612-1998.8	地市合并、免职
				2000.8	退休
王守祥	男	所长	庙宫水库水管所	1993.3-1993.12	地区水利水保局
				1993.6-1994.11	地市合并、退休
彭增田	男	负责人	秘书科	1994.6-1997.12	承德市水利局
		主任（正科）	办公室	1997.12-1999.10	市水利局、病故
苏桂香	女	负责人	水利水电勘测设计所	1994.6-1995.10	市水利局
		副处长	河道与橡胶坝管理处	1995.10-1999.5	调出
姚春林	男	处长	水利机械工程处	1996.1-2000.7	市水利局 市水务局（开除）
		副处长（正科）		2000.7-2012.12	
王　权	男	站长	承德市光大水电站	1996.2-2008.7	市水利局
		局长（正科）	水保生态环境建设局	2008.7-2013.5	市水务局
		站长	防汛抗旱物资储备调运站	2013.5-2013.7	市水务局
		法定代表人	水利物资供应站	2013.7-2015.9	

续表12-1-2

李茂稳	男	副科长（负责人）	农水科	1992.10-1997.12	试用期一年
		站长（负责人）	水利工作站	1994.6-1997.12	市水利局（副科）
		站长（正科）	水利工作站	1997.12-2004.6	市水利、水务局
		科长	农水科	1997.12-2004.6	（享受原待遇）
				2011.4	退休
周新华	男	副组长、主任	纪检组、监察室（正科）	1997.10-2002.8	市水利局
		助理调研员	市水务局	2002.8-2003.12	调出
胡玉芝	女	检查(监察员)	纪检组（正科）	1997.10-2008.10	市水利局
毛久成	男	主任（正科）	水政水资源管理办公室	1997.12-2003.8	市水利局
		科长	政策法规科	2003.8-2010.6	保留原待遇
				2016.12	退休
刘志远	男	副经理（负责人）	水利物资供应站	1997.9-1999.5	市水利局
		副处长（副科）	武烈河河道管理处	1999.5-1999.12	市水利局
		主任（正科）	局办公室	1999.12-2004.9	市水利局
		助理调研员	副处级	2004.7	市水务局、升职
李海东	男	所长	水保科研所	1999.12-2004.6	市水利、水务局
		科长	水保科	2004.6-2008.4	市水务局
		总工	市局	2008.4-2011.4	市水务局、升职
		科长（兼）	规划计划科	2008.7-2011.4	市水务局、升职
姜桂民	男	副处长（正科）	橡胶坝管理处	2000.5-2003.2	市水利局
		处长	河道与橡胶坝管理处	2003.2-2008.7	市水务局、升职
单振国	男	处长	水力机械工程处	2000.7-2013.7	市水利局（保留正科）调出
		党支部书记	工程处	2000.8-2013.5	
赵佩强	男	负责人	水利物资供应站	2000.7-2000.8	市水务局
		站长		2000.8-2012.12	免职、保留正科
谈敬卯	男	主任科员	办公室	2000.8-2007.5	市水务局
				2011.8	退休
刘剑锋	男	主任科员	计财科	2000.8-2003.8	市水务局
		科长	财务与价费科	2003.8-2004.9	
		助理调研员	副处级	2004.8	升职、市水务局

续表12-1-2

陆瑞国	男	党支部书记	水资源管理办公室	2001.4-2003.2	市水务局
		主任		2003.2-2007.5	免职、保留正科待遇
张松萍	女	副主任（正科）	水资源管理办公室	2001.4-2003.2	市水务局
		党支部书记		2003.2-2009.12	免职、保留原待遇
陈占卿	男	副所长（负责人）	水利水电勘测设计所	1995.10-2004.2	市水利局
		所长		2004.2-2008.7	市水务局（试用期一年）
		副所长（正科）	水保所	2008.7	
徐志诚	男	副主任（正科）	防汛抗旱办	2004.5-2011.9	免、保留正科待遇
					未退休
焦荣君	男	科长	规划计划科	2004.6-2008.7	市水务局（试用期一年）
		科长	科技教育科	2008.7-2013.7	免职、保留原待遇
		秘书长（兼）	承德市水利学会	2012.8	市民政局批准
田宇清	男	站长	水利工作站	2004.6-2007.5	保留正科级待遇
				2013.12	退休
张　怀	男	所长	水保科研所	2004.6-2016.4	试用期一年
		院长	水利水电勘测设计院	2016.4	市水务局
郭守利	男	站长	水保预防监督站	2004.6-2013.7	市水务局
		局长	水保生态建设局	2013.7	
丁建军	男	副站长	水利物资供应站	1999.5-2004.6	市水务局
		站长	物资站	2004.6-2005.6	免职、保留正科级
				2014.8	退休
王相国	男	队长	水政监察支队	2004.6-2013.7	市水务局
		副处长（正科级）	河道与橡胶坝管理处	2013.5-2013.7	主持日常工作
		副处长（正科）	河道与橡胶坝管理处	2013.7	市水务局
孙银德	男	所长	水利水电勘测设计所	2004.6-2004.9	市水务局
		科长	建管科	2008.7-2013.7	
		科长	水保科	2013.7	
申国余	男	科长	双峰寺水库筹建处工程科	2004.6-2005.11	市水务局
		主任（正科）	双峰寺水库筹建处办公室	2005.11-2007.5	
		主任(保留原待遇)	水资办	2007.5-2013.7	免职

续表12-1-2

艾春柏	男	副处长（正科）	庙宫水库管理处	2004.7	市水务局
刘福龙	男	主任	局办公室	2004.9-2015.9	市水务局、升职
周亚岐	男	所长	水利水电勘测设计所	2004.9-2011.10	市水务局
		院长	水利水电勘测设计院	2011.10-2013.7	升职
付德彦	男	副站长（负责人）	水利物资供应站	2005.6-2006.12	市水务局
		站长		2006.12-2013.7	试用期一年
		党支部书记、副处长（正科级）	水利工程处	2013.5-2013.7	市水务局
			水利工程处	2013.7	
彭久敏	女	负责人	财务与价费科	2004.9-2006.1	
		科长		2006.1-2013.7	市水务局
		科长	财务科	2013.7-2014.12	升职
		副调研员	移民办	2014.1	
赵淑琴	女	主任科员	财务与价费科	2006.11-2010.9	正科、市水务局
		科长	局离退休干部科	2010.9-2014.4	试用期一年
		科长	市局财务科	2014.4	市水务局
孟桂云	女	科长	局老干部科	2007.5-2010.12	保留原待遇
				2012.9	退休
徐海君	男	主任	小水电技术开发服务中心	2007.5-2011.4	试用期一年
		总工（兼）科长	局总工兼规划计划科	2011.4-2016.4	升职
朴树明	男	科长	双峰寺水库筹建处工程技术科	2007.2-2010.11	试用期一年
		科长	双峰寺建管局建设管理科	2010.11	
汤智洋	男	副主任（正科）	防汛抗旱指挥部办公室	2007.6	试用期一年
高向英	女	科长	市水务局人事科	2007.12	试用期一年
丁翠云	女	主任	双峰寺水库筹建处办公室	2008.7-2010.12	试用期一年
		科长	市防汛办水情科	2010.12-2011.10	市水务局
		科长	市防办抗旱科	2011.10	市水务局
陈国富	男	科长	双峰寺筹建处移民征地科	2008.7-2010.11	试用期一年
		主任	双峰寺建管局总工办	2010.11-2016.4	市水务局
		科长	双峰寺建管局水政监察科	2016.4	市水务局

续表12-1-2

冯洪亮	男	党委书记、总经	市自来水公司	2004.3-2010.10	市水务局
		科长	水务局供排水管理科	2010.10-2014.2	
		代理总经理	承德水务集团	2014.2-2015.9	
		科长	水务局供排水管理科	2015.9-2016.3	
		未任职	承德水务集团	2016.3	
张志勇	男	党委委员	市自来水公司	2009.5-2013.9	市水务局
		副总经理	（挂职，原身份、待遇不变）		
		党委书记副总经理	承德供水集团	2013.9-2014.4	
		部长	水务集团计划经营部	2014.4	
高谦成	男	党委委员 副总经理	市自来水公司 （挂职，原身份、待遇不变）	2009.5-2011.4	市水务局
		主任	小水电技术开发服务中心	2011.4-2013.7	试用期一年
		总工(正科) 党支部书记	市庙宫水库管理处 （兼）水资办	2013.7 2013.7	市水务局
任建军	男	党委委员	市自来水公司	2009.5	市水务局
		副总经理	（试用期一年）		
马志华	男	党委委员 总会计师	市自来水公司 （试用期一年）	2009.5	市水务局
周政民	男	副处长（正科）	河道与橡胶坝管理处	2010.10	试用期一年
于　泽	男	副处长（正科）	市庙宫水库管理处	2010.12	试用期一年
孟凡莉	女	总工	市自来水公司	2009.5-2013.9	市水务局
		总工	承德供水集团	2013.9	
王继中	男	总工（正科）	市庙宫水库管理处	2011.4-2013.7（免）	试用期一年
		副科长（正科）	小水电中心	2013.5	市水务局
刘　健	男	副处长（正科）	市武烈河河道与橡胶坝管理处	2011.4	试用期一年
刘文龙	男	主任	双峰寺水库建管局办公室	2011.4-2011.10	试用期一年
程怀峰	男	科长	双峰寺建管局环境移民科	2011.4-2011.10	试用期一年
		主任	双峰寺建管局办公室	2011.10-	市水务局
张爱民	男	科长	市防汛办综合科	2011.4	试用期一年
齐　剑	男	科长	市防汛办通讯科	2011.4	试用期一年
王敬军	男	科长	市局移民政策指导科	2011.10	市水务局

续表12-1-2

霍建强	男	科长	市局移民后扶项目科	2011.10	市水务局
许志秋	男	科长	双峰寺建管局环境移民科	2011.10-	市水务局
徐　征	男	站长	水利工作站	2011.10	试用期一年
李孝彬	男	负责人	水利工程处	2012.11-2013.7	市水务局
		处长	水利工程处	2013.7-2015.12	试用期一年
		负责人	建管科	2015.12-	市水务局
张宝生	男	总工	双峰寺水库建管局	2009.9-2010.5	
		党委书记、总经理	市自来水公司	2010.5-2013.3	升任副局长
白晓锋	男	主持日常工作	市自来水公司	2013.3-2013.9	市水务局
		总经理党委副书记	承德供水集团	2013.9-2014.4	
		党委书记		2014.4	
		代理副总经理	承德水务集团	2014.4-2015.12	
		副总经理	水务集团	2015.12	
刘艳民	女	主持日常工作	水利水电勘测设计院	2013.3-2013.7	市水务局
		院长	设计院	2013.7-2016.4	试用期一年
		站长	秋窝水力发电站	2016.4	市水务局
李朝辉	男	副处长（正科）	河道与橡胶坝管理处	2010.10-2013.7	试用期一年
		副主任（正科）	市防汛抗旱指挥部办公室	2013.5-2013.7	市水务局
				2013.7	
陈　存	男	科长	市防办工程科	2010.12-2013.5	试用期一年
		副主任（正科）	市防办	2013.5-2013.7	市水务局
				2013.7-	
张东莱	男	副队长（负责人）	市水政监察支队	2013.5-	市水务局
		副主任	水资办	-2014.12	市水务局
		站长	庙宫水库电站	2014.12	试用期一年
管　华	男	副主任（负责人）	水资办	2013.5-2013.12	主持日常工作
		副主任	水资办	2013.12	试用期一年
白海鹏	男	副主任(负责人)	小水电技术开发服务中心	2013.5-2013.12	市水务局
		主任	水电中心	2013.12	试用期一年

续表12-1-2

李秀华	女	科长	农水科	2008.7-2013.7	试用期一年
		科长	水政与科技科	2013.7	市水务局
王永忠	男	科长	水保科	2008.7-2013.7	试用期一年
		科长	建设与管理科	2013.7-	市水务局
		总工程师	水务集团	2015.12	
刘　丽	男	专职副书记（正科）	局机关党委	2010.6-2011.10	市水务局
王金平	男	专职副书记	局机关党委	2011.10	市水务局
王艳红	女	主任（正科）	庙宫水库管理处办公室	2010.12	试用期一年
毛颜香	女	科长	政策法规科	2010.6-2013.7	试用期一年
		科长	农水科	2013.7	市水务局
刘新颜	女	科长、兼局副科长	双峰寺水库计财科兼局财务科	2010.11-2013.7	试用期一年
		副科长（正科）	财务科	2013.7	市水务局
郭立东	男	科长（正科）	庙宫水库管理处财务科	2010.12-2013.7	市水务局
		科长兼所长	庙宫水政监察科、灌区管理所	2013.7	
侯英智	男	副局长	水保生态建设局	2013.7	市水务局
柴　强	男	党委副书记	承德供水集团	2013.9-2014.12	挂职、市水务局
		副总经理			
		科长	市局离退休干部科	2014.12	市水务局
陈　军	男	党委副书记	承德供水集团	2013.9	市水务局
魏贤伟	男	党委委员 工会主席	承德供水集团	2013.9	市水务局
任建军	男	党委委员 副总经理	承德供水集团	2013.9	市水务局
柴保华	男	党委委员 副总经理	承德供水集团	2013.9	市水务局
张秀华	女	党委委员总会计师	承德供水集团	2013.9-2014.4	市水务局
		部长	水务集团财务投资部	2014.4	
郭　强	男	部长	水务集团建设管理部	2014.4	市水务局
刘晓杰	男	党委委员 纪委书记	承德供水集团	2013.9	市水务局
白云红	女	科长	双峰寺水库建管局计财科	2013.12	试用期一年

续表12-1-2

宫秀学	男	经理	承德市城市污水处理有限公司	2002.12-2007.7	公用事业局
		代理副总经理	承德水务集团	2014.4-2015.12	市水务局
		副总经理	水务集团	2015.12	
王化彬	男	法定代表人	市水利物资供应站	2015.9	市水务局

从事水利工作三十年以上干部简表(截至2015年)

表12-1-3

姓名	性别	参加水利工作	工作单位	曾任职务	职称	离退休时间	备注
范守仁	男	1949.3	地水利局	副局长	高级工程师	1982离休	1997病故
陈　尚	男	1949.3	地水利局		高级工程师	1985离休	2009病故
董恩锡	男	1949.3	地水利局		高级工程师	1986离休	1993病故
刘洪章	男	1949.3	地水利局	移民迁建办副主任		1986离休	
陈林阁	男	1949.8	地水利局	办公室主任	工程师	1988离休	2000病故
贺文章	男	1949	地水利局	会计	会计师	1990离休	
赵永延	男	1952.12	地水利局		高级工程师	1988退休	
宋万盛	男	1953.8	地水利局	科长	高级工程师	1988退休	1995病故
马龙田	男	1953.8	地水利局	局长	工程师	1992退休	
闫会明	男	1955.9	地水资办		高级工程师	1990退休	
滕国栋	男	1953.1	工管科		工程师	1993退休	
史宝印	男	1953.7	工管科		高级工程师	1997退休	
蒋焕生	男	1955.9	科教科	科长	高级工程师	1996退休	
王维国	男	1956.2	地市水利局	总工	高级工程师	1999退休	2006病故
赵荣政	男	1956.8	农水科	科长	高级工程师	1996退休	
赵瑞旺	男	1956.4	水利站		高级工程师	1998退休	
崔庆西	男	1956	移民迁建办	副主任	工程师	1996退休	
邵玉荣	女	1959.9	农水科		工程师	1993退休	
梁其端	男	1961.9	水保站	水保所长	高级工程师	1998退休	2005病故
冷日新	男	1949.6	农水科		工程师	离休	2007病故
李子恕	男	1949.3	市水利局	会计、调研员	会计师	1990离休	病故

续表12-1-3

负学愚	男	1953.5	市水利局	总工	高级工程师	1999退休	
赵德峰	男	1954.6	市水利局	副局长		1992退休	
钟玉凤	女	1964.8	水利站		高级工程师	1995退休	
刘爱国	男	1953.1	地水利局	副局长	工程师	退休	
吴希同	男	1952	地水利局	统计、文书			1981病故
崔建伟	女	1969.7	水资办	科长			1997殉职
李基方	男	1970.8	水务局	副局长		2003退休	
刘　喜	男	1971.1	水务局	副局长		2006退休	
刘振声	男		地水利局	副局长		离休	病故
万福禄	男	1969.12	水务局	副局长	工程师		
李革生	男	1976.11	防汛办公室	主任（副处级）	工程师		
章艾民	男	1968.10	水保科	科长	工程师		
李茂稳	男	1971	农水科水利站	科长站长	正高级工程师		
曹树良	男	1969.12	水保站		高级工程师		
胡玉芝	女	1972.4	水务局	正科监察员			
张淑琴	女	1972.6	法规科	主任科员			
李淑琴	女	1956.2	设计处		工程师	1993退休	
赵一匡	男	1961.8	设计处	副主任工程师	高级工程师	退休	
胡庆玉	男	1961.8	设计处	处长	高级工程师	退休	
赵传林	男	1953.8	设计处	测工	工程师	1992退休	1994病故
张景坤	女	1960.8	设计处	会计	会计师	退休	
宿存义	男	1949	设计处	测工	工程师	1984退休	2000病故
陈少海	男	1951.11	设计处	测工	工程师	1995退休	1989病故
张玉林	男	1963.9	小水电中心	科长	高级工程师	退休	
赵　来	男	1962.12	小水电中心		工程师	退休	
王大富	男	1949.1	小水电中心		工程师	1990退休	病故
杨木岑	男	1960.8	小水电中心		工程师	1996退休	
曹淑琴	女	1969.1	小水电中心	主任	正高级工程师		
李耀军	女	1973.4	小水电中心		高级工程师	2011退休	
武超英	女	1974	小水电中心		馆员		
王春馥	女	1975.4	小水电中心				

续表12-1-3

齐松如	男	1950.4	水保所		工程师	退休	病故
王宪武	男	1951.8	水保所	科长	工程师		1993 殉职
李茂稳	男	1971	水保所	主任工程师	工程师		
惠国政	男	1952.7	水保所		工程师	退休	
崔孟琛	男	1958.6	水保所		工程师	退休	
韩玉贤	女	1955.8	水保所		工程师	1988 退休	
杨玉英	女	1952.8	水保所	副主任科员		1998 退休	
刘安学	男	1956.7	水保所	测工、副主任科员		1993 退休	病故
杜学敏	女	1970.8	水保所		高级工程师	退休	
杨秀江	男	1975.8	水保所		工程师		
傅绶岩	男	1947.10	庙宫水库			离休	2007 病故
吴天佐	男	1955.4	庙宫水库	副主任总支副书记		1985 离休	病故
甘瑞均	男	1952.7	庙宫水库		园艺师	退休	病故
王振学	男	1953.1	庙宫水库	灌区所长	工程师	退休	
田逸之	男	1959.9	庙宫水库		工程师	退休	
朱殿清	男	1961.10	庙宫水库	副处长	高级工程师	退休	
延怀玲	男	1971.1	庙宫水库	处长局副调研员	高级工程师		
李东杰	男	1975.3	庙宫水库	副处长			
蒋俊秀	男	1975.4	庙宫水库		工程师		
王跃太	男	1954.8	工程处		工程师	1987 退休	
谷景云	男	1959.2	工程处	会计	会计师	退休	
牛秋彦	男	1970.1	工程处		工程师		
刘志明	女	1974.12	工程处		工程师		

高级技术人员一览表（截止 2015 年）

表 12-1-4

姓名	性别	单位	技术职称	职称评定时间	备注
梁其端	男	水保所	高级工程师	1987.12	病故
赵　来	男	小水电中心	高级工程师	1987.12	
赵一匡	男	设计所	高级工程师	1988.4	
赵荣政	男	水利站	高级工程师	1988.4	
宋万盛	男	水电科	高级工程师	1988.4	病故
赵永延	男	工管科	高级工程师	1988.4	
王维国	男	水利局	高级工程师	1988.4	病故
闫会明	男	水资办	高级工程师	1988.7	
蒋焕生	男	水保站	高级工程师	1988.10	
員学愚	男	水利局	高级工程师	1988.10	2005 年评为正高工
左恩庆	男	水利局	高级工程师	1989.10	病故
范守仁	男	水利局	高级工程师	1989.10	病故
陈　尚	男	水利局	高级工程师	1989.10	2009 年病故
董恩锡	男	水利局	高级工程师	1989.10	病故
张玉林	男	小水电中心	高级工程师	1990.12	2015 年病故
赵瑞旺	男	水利站	高级工程师	1993.6	
史宝印	男	工管科	高级工程师	1993.11	
钟玉凤	女	水利站	高级工程师	1993.11	
胡庆玉	男	设计所	高级工程师	1993.11	
马龙田	男	水利局	高级工程师	1993.11	
靳怀成	男	水利局	高级工程师	1993.11	
李茂稳	男	农水科	高级工程师	1993.11	2000.12 评为正高工
曹淑琴	女	小水电中心	高级工程师	1994.9	2001.2 评为正高工
宋秀清	男	水利局	高级工程师	1994.9	2008.12 评为正高工
赵连国	男	水利局	高级工程师	1995.11	2004.1 评为正高工
朱殿清	男	庙宫水库	高级工程师	1996.9	
延怀龄	男	庙宫水库	高级工程师	1996.9	
冯俊玉	男	河道管理处	高级工程师	1996.9	

续表12-1-4

田宇清	男	水利站	高级工程师	1997.9	2011.12 评为正高工
倪国明	男	小水电中心	高级工程师	1997.9	2006.12 评为正高工
陈志学	男	水保所	高级工程师	1997.9	2014.12 评为正高工
杜学敏	女	水保所	高级工程师	1997.9	
朴树明	男	双峰寺水库筹建处	高级工程师	1998.10	2010.12 评为正高工
赵建华	男	水保所	高级工程师	1998.10	病故
苏桂香	女	设计所	高级工程师	1998.10	调出
刘益恩	男	自来水	高级工程师	1998.12	
李海东	男	水保科	高级工程师	1999.9	
王继忠	男	小水电中心	高级工程师	1999.9	
白　钰	女	自来水	高级工程师	1999.9	
陈占卿	男	设计所	高级工程师	2000.12	2011.12 评为正高工
曹树良	男	水保站	高级工程师	2002.4	
李耀军	女	小水电中心	高级工程师	2002.11	
周政民	男	河道管理处	高级工程师	2002.11	2011.12 评为正高工
白晓峰	男	自来水	高级工程师	2002.11	2012.12 评为正高工
宫秀学	男	水务集团	高级工程师	2002.11	2013.12 评为正高工
白晓峰 马景芸	女	水保所	副研究馆员	2002.12	
白　莉	女	水资办	高级工程师	2003.12	
周亚岐	男	设计所	高级工程师	2003.12	2009.2 评为正高工
张　怀	男	水保所	高级工程师	2004.11	2013.12 评为正高工
王文国	男	监理公司	高级工程师	2004.11	
许　辉	男	小水电中心	高级工程师	2005.11	2010.12 评为正高工
王孟民	男	规划计划科	高级工程师	2005.11	
周亚齐					
刘军徽	女	水保所	高级会计师	2005.11	2011.12 评为正高级会计师
孟凡莉	女	自来水	高级工程师	2005.11	2012.12 评为正高工
宋素宽	男	自来水	高级工程师	2005.11	
贺　燕	女	水保所	高级政工师	2006.7	
贺　燕	女	水保所	副研究馆员	2007.11	

续表12-1-4

王艳刚	男	水务局	高级工程师	2007.11	
孙银德	男	建管科	高级工程师	2007.11	
陈国富	男	水政科	高级工程师	2007.11	
姜桂民	男	河道管理处	高级工程师	2007.11	
朱海斌	男	自来水	高级工程师	2007.11	2013.12 评为正高工
李孝彬	男	水利工程处	高级工程师	2008.11	2013.12 评为正高工
艾春柏	男	庙宫水库	高级工程师	2008.11	2013.12 评为正高工
辛凤艳	女	自来水	高级工程师	2008.12	
吕铁峰	男	水资办	高级工程师	2009.1	2014.12 评为正高工
陈洪儒	男	市水务局	高级工程师	2009.11	
郝晓东	男	水保所	高级工程师	2009.11	
张泽民	男		高级工程师	2009.11	
毛久成	男	市水务局	高级工程师	2009.11	
刘志远	男	市水务局	高级工程师	2009.11	
管　华	男	水资办	高级工程师	2009.11	
徐海君	男	小水电中心	高级工程师	2009.11	
郭守利	男	市水务局	高级工程师	2009.11	2014.12 评为正高工
张东莱	男	水政监察支队	高级工程师	2009.11	
庞宗朝	男		高级工程师	2009.11	
郝东毕	男		高级政工师	2009.11	
韩树军	男	双峰寺水库建管局	高级工程师	2009.11	
顾云龙	男		高级工程师	2009.11	
王国清	男		高级工程师	2009.11	
赵　辉	男	自来水	高级工程师	2010.2	
薛广鹏	男	设计院	高级工程师	2010.11	
刘艳民	女	设计院	高级工程师	2010.11	
田树鹏	男	双峰寺水库建管局	高级工程师	2010.11	
刘新颜	女	局财务科	高级会计师	2010.12	
郝悦蕾	女	自来水	高级工程师	2010.11	
冯洪亮	男	自来水	高级工程师	2010.11	
武超英	女	小水电中心	副研究馆员	2010.11	

续表12-1-4

张宝生	男	水务局	高级工程师	2010.11	
赵　利	男	河道管理处	高级工程师	2011.11	
李　静	女	设计院	高级工程师	2011.11	
张丽梅	女	水保所	高级工程师	2011.11	
丁翠云	女	防汛办	副研究馆员	2011.11	病退
张红梅	女	工程处	副研究馆员	2012.12	
汤智洋	男	防汛办	高级工程师	2012.12	
杨玉海	男	设计院	高级工程师	2012.12	
邵清宽	男	设计院	高级工程师	2012.12	
林玉军	男	工程处	高级工程师	2012.12	
白海鹏	男	小水电中心	高级工程师	2012.12	
袁冬立	男	水保所	高级工程师	2012.12	
刘　健	男	河道处	高级工程师	2012.12	
李春宇	男	河道处	高级工程师	2012.12	
万紫阳	男	农水科	高级工程师	2012.12	
齐向红	女	水保所	高级工程师	2012.12	
张百庭	男	水务集团	高级工程师	2012.12	
张秀华	女	水务集团	高级经济师	2013.12	
刘美霞	女	水保所	高级会计师	2013.12	
管东利	男	工程处	高级政工师	2013.12	
焦荣君	男	局机关	副研究馆员	2013.12	
崔桂芬	女	水利站 水资办	高级工程师	2013.12	
薛建军	男	水资办	高级工程师	2013.12	
丁　鑫	男	河道处	高级工程师	2013.12	
姚俊峰	男	双峰寺水库建管局	高级工程师	2013.12	
程怀锋	男	双峰寺水库建管局	高级工程师	2013.12	
王小霞	女	设计院	高级工程师	2013.12	
吴彦斌	男	设计院	高级工程师	2013.12	
程　珺	女	设计院	高级工程师	2013.12	
谈　兵	男	水保所	高级工程师	2014.12	
王淑杰	女	工程处	高级工程师	2014.12	

续表12-1-4

付德彦	男	工程处	高级工程师	2014.12	
李　嫣	女	河道处	高级工程师	2014.12	
杨长青	男	河道处	高级工程师	2014.12	
高银龙	男	双峰寺水库建管局	高级工程师	2014.12	
白红梅	女	水资办	副研究馆员	2014.12	
赵建宏	男	工程处	高级工程师	2014.12	
刘　刚	男	工程处	高级工程师	2014.12	
郑建华	男	自来水	高级工程师	2014.12	
孙　晟	男	河道处	高级工程师	2014.12	
李建玲	女	小水电中心	高级工程师	2014.12	
于利鹏	女	生态局	高级工程师	2014.12	
吕国良	男	双峰寺水库建管局	正高级工程师	2014.12	公务员正高一步到位
徐清梅	女	水资办	副研究馆员	2014.12	
武丽丽	女	河道处	副研究馆员	2014.12	
汪晓敏	女	河道处	高级统计师	2015.11	
李春辉	男	市水土保持工作站	高级工程师	2015.11	
王艳丽	女	市水土保持工作站	高级工程师	2015.11	
颜延云	男	市水土保持工作站	高级工程师	2015.11	
刁玉静	女	工程处	高级工程师	2015.11	
牛　强	男	双峰寺水库建管局	高级工程师	2015.11	

第二章　艺　文

第一节　民　谚

土蓄水、水养林、林保土、土保粮　（围场）
山上开荒，山下遭殃　（围场）
山上开一线，山下冲一片　（围场）
开荒到顶，人畜绝种　（围场）
山顶鱼鳞坑，陡坑刨水平　（围场）
水土不下坡，谷子打得多　（平泉）
水土出了田，粮食四成减　（丰宁）
刨个坡坡，吃个窝窝　（丰宁）
保土先保水，保水先治山　（丰宁）
一棵大树十担水，千亩森林水长流　（围场）
一棵树，一把伞，截留降雨保地面　（围场）
山上树木光，山下走泥浆　（围场）
山上绿油油，山下清水流　（围场）
天旱雨淋山，有林泉不干　（围场）
林成群，树成林，沙土窝里不起尘　（围场）
有林山泉满，无树河套干　（丰宁）
治山治水不栽树，有水有土保不住　（围场）
林带形成网，风沙不逞强　（丰宁）
到处绿葱葱，旱涝影无踪　（围场）
绿化荒山，清水潺潺；粮食翻番，银行上山　（围场）
造林先整地，保水保肥不费力　（围场）
造林封山，防水防旱　（平泉）
绿化荒山头，干沟清水流　（兴隆）
毁山毁林，后患无穷　（丰宁）
绿了荒山头，浊水变清流　（丰宁）
井成群，树成林，沙土窝里不起尘　（滦平）
树木连成一大片，不怕水涝和旱天　（围场）
人能治水水利人，人不治水水害人　（丰宁）
水利修好，收成稳保　（丰宁）
水库是个宝，防旱又防涝　（兴隆）
引水灌溉，造福万代　（兴隆）
兴修水利劲头足，一年辛劳万年福　（丰宁）
池塘积水须防旱，田地有井才养家　（平泉）
修库筑坝，旱涝不怕　（兴隆）
修渠如修仓，储水如储粮　（滦平）
修水库三样好：灌溉、养鱼、亮灯光　（丰宁）
山田多开塘，有水就有粮　（围场）
兴修水利年年忙，荒地变成五谷仓　（围场）
条条沟渠都开通，排水灌溉不费工　（围场）
修好圩堤筑好塘，明年丰收有保障　（围场）
秋后修水利，正是好时机　（宽城）
修塘加修仓，蓄水如囤粮　（滦平）
大旱之年不扔老阳坡　（丰宁）
天旱莫忘锄地，雨后莫忘浇园　（丰宁）
见苗三分收　（丰宁）
见苗三分喜，保苗一半收　（平泉）
多种山药蛋，不怕天气旱　（丰宁）
旱锄地，涝浇园　（平泉）
旱天锄地如浇水，热天锄地如上肥　（丰宁）

春耕翻饼，秋耕掘井（丰宁）
春雨贵如油，冬雪保丰收（丰宁）
埯子田，能增产，集中施肥，防水患（隆化）
涝收坡地旱收川（围场）
深耕细作，旱涝不怕（围场）
锣鼓响，收围场。（其他地方锣鼓雨，围场天旱准收成）（围场）
蓄水如囤粮，水足粮满仓（丰宁）
晴带伞，饱带粮，洪水下不来就先防（丰宁）
汛期来临，险工险段不离人（围场）
庄稼不用问，水粪打头阵（兴隆）
有收无收在于水，收多收少在于肥（平泉）
麦浇苗，谷浇穗（隆化）
按时喂奶娃娃肥，合理用水禾苗壮（丰宁）
粪是劲，水是命（丰宁）
积谷防饥，积水防旱（丰宁）
粪是田的爹，水是地里娘，无爹无娘命不长（丰宁）
粮是人的命，水是粮的命（丰宁）
人靠饭养，粮靠水养（滦平）
田是仔，水是娘（滦平）
旱田收不收，全仗河沟（宽城）
春雨如油夏雨金，管好秋水一冬春（围场）
耕三耙四锄八遍，不下雨也耐旱（滦平）
河堤多栽树，汛期防浪头（围场）
人靠血养，稻靠水养（丰宁）
儿要奶足，稻要水勤（丰宁）
山药浇小不浇老，谷子浇老不浇小（围场）
奶好儿胖，水好苗壮（丰宁）
水稻水多是糖霜，小麦水多是砒霜（滦平）
水是稻的命，又是稻的病（围场）
水灾一线，旱灾一片，虫灾全面（滦平）
水稻，水稻，以水养稻（滦平）
春旱黄土秋旱沙（平泉）
二月狂风，六月大水（围场）
大暑小暑，灌死老鼠（滦平）
小暑不落雨，旱死大暑禾（丰宁）
头伏没雨三伏旱（丰宁）
立夏后，热生雨，冷生风；
立秋后，热生风，冷生雨（围场）
立秋没好天，秋后雨绵绵（丰宁）
惊蛰闻雷，小满发水（隆化）
一日春雷千日雨（平泉）
一黑一亮，大雨三丈（丰宁）
一涝三年旱（平泉）
万里无云不过三，不是下雨就阴天（平泉）
山罩蓝天，有雨不远（丰宁）
山云起大雨临（平泉）
山顶戴帽将有雨，云上高山好晒衣（平泉）
三日西南风，秋雨落不穷（丰宁）
久旱西风无雨，久雨东风不晴（平泉）
云布满山，雨必绵绵（丰宁）
云彩吃了火，下雨没处躲（滦平）
云相磨，水成河（平泉）
云赶云，大雨要来临（围场）
云头有响声，风雨叫人惊（丰宁）
云黑有雨，云黄有风（围场）
云下山顶有大雨，云上高山好晒衣（围场）
日晕田中水，月晕井中干（围场）
天上馒头云，地下雨淋淋（平泉）
天上黄澄澄，不是下雨就刮风（平泉）
天河发晕，必有雨淋（围场）
天上星星跑，雨天就要到（丰宁）
月亮朦胧胧，不下雨就起风（滦平）
月边发毛，大雨滔滔（滦平）
天上铁沉沉，地下雨淋淋（平泉）
火烟向下埋，不久有雨来（滦平）
五月雾，大水满路（丰宁）
日落云漫天，雨落在夜半（丰宁）
水缸湿，盐发潮，大雨不久就来到（平泉）
水缸一穿裙，天上雨淋淋（平泉）
冬暖多雪，春寒多雨（滦平）
冬天树挂多，来年雨水大（平泉）
冬季无雪片，来年下雨难（平泉）
鸟不归窝，鸡不上架，大雨即刻就要下（平泉）

羊抢草，蚁围穴，蛤蟆拦路大雨烈　（丰宁）
先下牛毛没大雨，后下牛毛不晴天　（平泉）
西北天空黑又黑，粗风暴雨快马追　（丰宁）
西北不见山，有雨不晴天　（围场）
早晨烧，晚上浇　（平泉）
早刮东风没有雨，涝刮东风不晴天　（隆化、平泉）
沙鸡呱呱吵乱山，不是下雨就是阴天　（围场）
乱交云，雨淋淋，扫帚云，泡死人　（丰宁）
旱打孤雷不下雨，涝打孤雷不晴天　（平泉）
两山夹一嘴，中间必有水　（隆化）
河里鱼打花，天上有雨下　（丰宁）
瓮穿裙，大雨淋　（滦平）
蚂蚁搬家，房倒屋塌　（隆化）
晌午打雷震山摇，风卷暴雨带冰雹　（围场）
蚂蚁搬家蛇挡道，老牛大叫雨来到　（平泉）
春旱不算旱，秋旱减一半　（围场）
黑山戴帽，河里起泡　（平泉）
雾灵山戴帽，大雨来到　（兴隆）
锥子山戴帽，雨来到　（围场）

第二节　诗歌

一、古诗

滦　河　吟

元·纳延

滦河上游狭，涓涓仅如带。
偏岭下横渡，复绕行都外。
颇闻会众潦，既远势滂沛。
虽为禹贡遗，独与东海会。
乃知能自致，天壤无广大。

（清雍正《畿辅通志》一十八卷）

清代，康熙等帝王出塞北巡及木兰围场秋狝，沿途要泛舟横渡滦河及潮河，并沿御道修建了喀喇河屯（今承德市滦河镇）等6座行宫。喀喇河屯行宫是承德避暑山庄修建之前清帝一年一度的驻跸之地，是清代当时事实上的行都。该行宫坐落在滦河右岸（今为承钢小学校所在地）。行宫对岸山脚（今为滦平县下湾子果园管理处所在地）建有滦阳别墅与行宫隔河相望，在二者之间的滦河中有一小岛，康熙把它比作镇江的金山，并命名为小金山（现尚存）。清帝，特别是康熙皇帝非常喜欢喀喇河屯这个地方，他说：“朕避暑出塞，因土肥水甘，泉清峰秀，故驻跸于此，未尝不饮食倍加，精神爽健。”为此，清帝写下了一些赞美这里山川河流等内容的诗篇。

《承德府志》记载，康熙皇帝所作诗云：

滦江虽浅一舟通，
别墅浓阴绿树中，
一岁一来宁可负，
此时此趣正无穷。
行宫有余暇，
滦阳必一渡，
别墅河之阳，
旷览山川趣。

每到小金山，
心神顿旷闲，
不必扬帆过扬子，
小金山胜过大金山。

滦　河

清康熙帝

寒边远绕至滦河，彻底清明不见波。
驻跸徘徊千万里，石鲸两岸影嵯峨。

《钦定热河志》

滦河泛舟

清康熙帝

平沙漠漠接长河，天际浮云落照多。
两岸苍山相竦峙，扁舟一棹任清波。

《钦定热河志》

滦　二

清乾隆帝

今年滦江水甚微，诚以入夏缺雨故。
深处不过三四寸，浅者或至沙嘴露。
河阳原有别墅在，小舟牵拽乃可渡。
前日西北云容重，情知当得山雨遇。
果然千峡落暴涨，冲桥适值狂波怒。
涨过仍此成浅川，其涸立待言可悟。
其涸立待言可悟，故吾不取不虞誉。

《钦定热河志》

汲伊逊水烹茶

清乾隆帝

所遇名泉必试品，扬子第一故藉甚。
卢山瀑帘虽未悉，以此知彼岂虚审。
玉泉伊逊真巨擘，难为伯仲均天禀。
标名趵突泽皇都，涧瀍利永阜丰廪。
塞蒐此地每经过，可无表德垂终稔。
是时秋烟正霁川，驾鹅翔集鱼鲔淰。
毡卢绠汲煮行铛，清尝作歌乃自朕。
蟹鱼嫩举火候常，肘腋慢道风生凛。
八功德水宛在盂，浮玉涌金尽敛衽。
讵惟摛藻供浇书，一时万幕资烹饪。

《钦定热河志》

再垒前韵

清乾隆帝

伊逊之水第一品，其质则轻味甘甚。
万古灵脉秘龙沙，造物有待斯言审。
大禹恶旨戒在酒，好茗何妨从性禀。
罢围武帐值几间，聊事松云烹石廪。
汲来清洌洵无双，候中文武须历稔。
从兽犹然不废吟，观鱼何用无忘淰。
消渴兼因消芥蒂，泯象乃至泯兆朕。
举杯千嶂正临窗，紫翠绚采秋光凛。
自怡悦亦何足云，大亨还仅木火饪。

《钦定热河志》

二、新诗歌

滦　河

程裕杉

只缘清澈不见波，获得佳名称滦河。
迂回千里注勃海，两岸山垣影嵯峨。
沿河造就田万顷，灌溉发电富赞歌。
岁岁丰收民欢喜，家家幸福祛贫魔。

《滦平县水利志》（稿）

潮　河

程裕杉

古称鲍丘水，今日潮河名。
水流时作响，昼夜闻其声。
两岸猿啼尽，稻香郁芳丛。
岁华景更美，农家喜从容。

《滦平县水利志》（稿）

窟窿山水库

程裕杉

崇山峻岭竞纵横，恰此明镜镶涧中。
究其名称因何起，只为悬崖有窟窿。
大坝雄伟拦洪水，犹如东西卧巨龙。
发电养鱼民欢喜，灌溉农田乃正宗。

《滦平县水利志》（稿）

伊逊情歌

隆化徐志杰

伊逊河水滚滚流，
伊逊两岸栽杨柳，
哥哥刨坑挥铁镐，
妹妹栽苗跟后头，
看！家乡变绿洲。
伊逊河水滚滚流，
伊逊两岸水渠稠。
妹插秧田禾苗绿，
哥浇清水绕田流，
嘿！模范小两口。

伊逊河水滚滚流，
伊逊两岸跑铁牛，
哥妹都是司机手，
并驾驶驱唱丰收，
哎！幸福万年秋。
（选自《隆化县水利志》稿）

浇禾姑娘心里甜

隆化刘来

清清井水肩上担，
浇禾姑娘心里甜，
天不落雨咱造雨，
亩产定要过江南。
（选自《隆化县水利志》稿）

潘家口水库赞

宽城付荣华

百转千回走燕山，
吞云吐雾跨雄关，
潘家古口成浩瀚，
直下津唐奉甘甜。
（选自《宽城县水利志》稿）

榔头沟的变迁

丰宁　王子天

2000年春，我国华北地区沙尘暴肆虐。时任共和国总理的朱镕基离京北上，亲自视察了丰宁小坝子乡榔头沟村。7年过去了，这里发生了巨大的变化……

昔日榔头沟，
默默几千载。
四季有更迭，
冬去又春来。
年年风沙起，
岁岁飞尘埃。
高山挡不住它的去路，
大河洗不尽它的“风采”。
肆虐的沙尘暴啊，
疯了，狂了，
铺天盖地，
自北向南，
横扫长城内外，
直飞中南海……
榔头敲响了警钟，
钟声震动了高层。
日理万机的共和国总理，
心情非常的凝重。
终于有一天，
他亲率一支专家型队伍，
离京北上，
日夜兼程。
在榔头沟，
朱镕基总理惊奇地发现：
大山深处竟还有沙漠，
被黄沙淹没的农田、房舍、村庄……
竟成一道不堪入目的风景！
于是，
这里就有了共鸣，
共鸣又形成了决定。
总理当即拍板：
要政策倾斜；
要植树造林；
要固沙防风！
短短6年半，
弹指一挥间，
再看榔头沟，
旧貌换新颜。
牛羊舍饲，
育林封山；
沙滩变绿洲，
涸溪水潺潺；
黄沙淹脚路，
柏油铺墨毯；
游人如潮至，

八里奇峰欢；
百姓安居乐业，
生态逐年改观。
有道是吃水不忘打井人，
山里农民最知党温暖。
千言万语汇成一句话：
请总理放心，
榔头沟在变！
小坝子在变！
丰宁更在变！！

造福下游千万人

兴隆 王平

山连山，村连村，海河连着咱们心。
莫道离河千里远，汗珠绘出海河春。
闸山沟，修水库，燕山群峰铺绿林。
拦住上游山里水，造福下游千万人。

天不下雨人下雨

兴隆 王世云

红旗如海人如潮，人喊马嘶战鼓敲，
提起横河当水管，端起龙潭当水瓢，
天不下雨人下雨，哪里干旱哪里浇。

水库赞

兴隆 刘章

留住天水不下山，给山挂幅水晶帘，
咱让它变它就变，变成珍珠万万千。
英雄战斗在高山，歌声镐声响连天，
县长运石不知累，书记上山肩担担。
一水巧飞十二岭，一年四季水长流，
不怕老天不下雨，银河干了也丰收。
长渠清水滚滚流，人民造渠万古秋，
梯田、果树自灌溉，天不下雨有何愁。

盼水峪新歌

兴隆 杨鸿恩

百里来到盼水峪，访问支书刘老贵，
缺水闻名的干沟子，怎样打井出了水。
支书伴我井边坐，抽水机催动银龙飞。
一道道绿水绕山转，一坡坡麦苗青又翠。
“从前咱这里没有井，任凭老天安排命。
老天下雨庄稼长，老天没雨苗枯萎。”
学大寨吹起新号角，为革命胸怀全人类，
改天斗地抓关键，立志打井要找水。
前进路上不平坦，曾遇“智叟”冷风吹，
“这儿全是石灰岩，打井那是白受累……”
咱们没理那一套，决心把大地重支配。
不信神，不信鬼，只信苦干出智慧。
白天上山查水脉，灯下召开老农会，
选好井址插红旗，奋战三九铁臂挥。
工地上吃，工地上睡，梦中还抡开山锤，
掏挖岩层十七丈，撬开东海龙王嘴。
如今咱们打出了水，穷山沟里凤凰飞，
庄稼喝个饱，大地喝个醉，
大旱这年粮成堆。
听罢支书一席话，
眼望井中的清泉水，
比金贵啊比银贵。

送喜报

兴隆 郝敬安

喇叭响，锣鼓敲，红旗引路送喜报。
今天公社如过节，院里院外如人潮。
红色喜报飞过来，尤如大海起波涛。
这儿报，凿通山洞四百米，
那儿报，水库提前竣工把地浇。
这儿报，河摊垫地三百亩，
那儿报，水平梯田一百道。
这儿报，两个潜流拦住水，
那儿报，三条水渠穿过半山腰。
这也报，那也报，队队都有新创造。
公社书记到台前，锣鼓声停话声高；
毛主席题词治海河，照亮燕山前进道。

艰苦奋斗创大业，走过银桥上金桥；
厚茧双手写喜报，把社会主义画图描！

横河歌

兴隆　伊秀荣

脚踩高山顶，放眼横河川，
公社电站机器响，银线连天边，
梯田翻绿浪，旱地涌金泉，
眼望家乡景，让人记从前，
昔日横河川，山洪浪滔天，
坡地被水冲，平地被水淹，
灾患年年有，日日盼丰年。
人民自有回天力，要改横河旧容颜，
开山凿岩修隧道，兴修水利办电站，
大坝拦河立，水库映兰天，
今日横河川，日月换新天，
沙滩翻稻浪，绿水绕山转，
处处风光好，塞外变江南。

魅力承德水为魂

--献给承德水务改革开放三十周年

刘福龙

（一）

三十年犹如历史画卷，记载着水务人
三十年风雨兼程，三十年寒来暑往。
三十年拼搏进取，三十年铸造辉煌。

勤劳智慧的水务人，在改革开放的激流中与时俱进。

默默奉献的水务人，在跨越发展的大潮中求实创新。

这里巍巍燕山，莽莽草原。

这里物华天宝，人杰地灵。

避暑山庄，蜚声海外；康乾盛事，垂青历史。

登临雾灵，一览苍茫；清朝兴衰，五朝背影。

四河之源，润泽京津，造福承德大地。

因为有了水利工程，几百万人民从此战胜水旱灾害，品尝到丰收的喜悦。

水利工程使广袤的承德大地告别了靠天吃饭的无奈，迎来了“水旱从人”。

水利工程让塞外大地从此“时无荒年，不知饥馑”、重绽光彩。

邓小平理论、“三个代表”重要思想、科学发展观指引我们努力奋斗，继往开来。

“献身，负责，求实”的行业精神，激励我们拼搏进取，创造未来。

我们热爱水务事业，作为水务人，我们感受到无尚荣光。

（二）

三十年间承载了水务人不懈的奋斗

战洪图，修建了一座座水训、一处处堤防、从而使肆虐的洪水变得安澜。

战旱魔，修建了一条条河渠、一个个水窖，从而使承德大地不在喊喝。

披绿装，治理了千万条小流域，从而打造了承德秀美河川。

甘甜的滦河水通过你们，滋润着肥沃的塞外大地。

看，不驯的滦河水在我们的管理下流进果园、田间。

因为有了充足水源，才支撑了承德工矿企业又好又快发展。

我终于明白人们为什么把你称作幸福工程。

因为你，我不由地发出“上善若水，兴水积福”的感叹！

今天，我们欣喜地看到“大水利兴市，小水利富民”的战鼓已经敲响。

新一轮水利建设高潮即将兴起。

那时，你的身躯将变得无比强壮，你的血脉将变得无比畅通。

那时，洪水激湍不再嚣张，他们畏惧你那坚硬的翅膀。

那时，你将变成承德人民的“水上长城”。

那时，水利建设将奋起腾飞的翅膀！

我们期待你脱胎换骨的改变，期待你美丽、

崭新的盛装。

（三）

三十年弹指一挥间，水利进城绘制了新的篇章。

梯级秀水扮靓了我们的城市。

万米长堤筑起了人民的安宁

喷泉水景展现了“盛事年华，律动承德”。

回想起建设工地上，建设者们紧张的施工场面。

他们冒酷暑顶严寒，战胜了险阻艰难。

“完成任务，拒绝理由”是他们工作的精神。

“超惯性思维，超常规举措，超水平发挥”是他们工作的风貌。

“百年大计，质量第一”是他们坚持的原则。

“山为骨，水为魂”，把承德打造成东方“威尼斯”的构想不再是梦。

一个“天蓝、地绿、山青、水秀、气爽、路畅、城洁、人和”的新承德，即将展示在世人面前。

（四）

三十年的奋斗结下了今天的累累硕果。

承德人踌躇满志，满怀豪情，投入明天的建设。

经济腾飞，鹏翅初展。

只争朝夕，跨越发展。

无私奉献的水务人，把治水之功挥洒到城市和农村。

开拓创新的水务人，把辉煌事业推向新的高度发展。

“上善若水”是我们追求的人生境界。

“兴水积福”是我们行动的最终目标。

让我们努力吧！

挥起巨桨，朝着国际“山水园林城市”的奋斗目标劈波斩浪。

扬帆航行，用“山水”巨笔饱蘸着血汗和才智写就的这张“承德名片”必将四海名扬！

憧憬明天，我们心潮澎湃。承德的明天一定会更加美好！

展望未来，我们豪情满怀。水利发展的宏伟目标一定会实现！

《梦》

-- 作者刘福龙

梦 想

雨在下、雨在下、雨在下……
1994 年发生的那场暴雨
从早到晚，昼夜不断，倾洒塞外名城
波涛汹涌的洪水肆虐着
我们的母亲河
房屋倒塌，大桥断裂……
顷刻间人们失去了生活的安宁

一天、两天、三天……
2000 年发生的那声旱灾
从春到夏，整整 200 天，滴雨未垂山城大地
似火的一般的太阳炙烤着
我们的母亲河
饮水困难、草木枯萎……
刹那间，大地失去了生机
锁住洪水，降服旱魔
不再让人民担忧
不再让山庄喊喝
不再让我们的母亲河 -- 武烈河承受煎熬
这是承德水务几代人一直的梦想！

追 梦

山叠嶂，水纵横
越是艰险越向前
传承大禹精神的水务人
在治水的路上
像那山岳，像那海啸，像那雷电
激情昂扬
冒风雨筑堤坝、疏河道

让城市不受洪水侵袭
顶炎寒建成座座橡胶坝、引调水工程
让人民不受干旱困扰

但是
水务人没有满足眼前的成绩
深知心腹之患远未根除
还需要努力再努力，拼搏再拼搏
追逐我们的梦想
终于
2003年，一个水利建设具有划时代意义的时刻来临
市委、市政府决策修建双峰寺水库
让防洪、用水两大难题彻底破解

锁定目标，义无反顾
锲而不舍，志在必得
从此，水务人开始了风雨艰辛的历程
一步步打开我们梦想的跑道，飞向远方！

圆　梦

殷殷的期盼中
默默地耕耘中
一天一天，一年一年
2009年，我们迎来了国家批复立项
这一刻，凝聚多少水务人的酸甜苦辣
从水务决策者，到普通职工
为了你，把血汗谱成前进的号角
把困难化作拼搏的力量
满怀豪情
一直勇往向前，向前……

让我们为自己鼓掌吧！
不屈不挠的水务人
用那挺拔的脊梁
在圆梦的途中
不放弃，不抛弃
在力竭之际
在坎坷之时
在充满荆棘的路上，乘风破浪！

大水利兴市的幕已经拉开
让我们用心血融化冰雪
让我们用行动创造奇迹
让我们携手共进，迈向卓越，超越梦想！

第三节　散　文

龙潭飞瀑

张有胜

每年夏天，我都要去一次雾灵山。而每去一次，都要去看一看龙潭瀑布。那是因为，龙潭摇漾的碧水，陶冶着我的情操，瀑布悬飞的哗哗声，萦绕着我心中的恋歌。

有这样一首诗赞美雾灵山的龙潭瀑布：“崖挂珍珠倒卷帘，风飞瀑露洒云烟；碧水摇红千花影，深潭漾绿万重山。”从诗中看，龙潭是龙潭，瀑布是瀑布，实为一处两景。人们常习惯地把它们放在一起称龙潭瀑布。

龙潭瀑布，位于雾灵山西侧海拔1150米处。从北京市密云县曹家路村去龙潭瀑布，出村往南约10千米。从兴隆县城去龙潭瀑布，登上雾灵山，路过莲花池，约32.5千米。接近雾灵山山顶，海拔1750米的莲花池，由西侧向下伸出两条粗大臂膊似的山脊。一条山脊一座山，两山间夹出了一条足有5千米多长的沟谷。顺沟谷下行至2.5千米处，像突然被一把快刀切断，下半截沟谷深深地陷落了下去。从这个切断面下边往上看，一个高不可攀的石崖矗立眼前。它与身边的两山搭肩，宽15米，上下落差30多米。两边山上明明暗暗大大小小的沟沟岔岔，泉水汩汩，小溪潺潺，流淌到沟底汇集成河。当河水流至石崖顶处骤然下落，便形成了瀑布。瀑布落处，出现了一个偌大的水潭，即龙潭。

就这样，鬼斧神工给本来就已十分秀美的雾灵山，又镶嵌上了两颗璀璨的明珠 -- 龙潭瀑布。

雨水较少时节，那溪流只是依贴着直上直下的崖壁，轻悠悠地溜下来。随着崖壁的不同颜色，水过处，时而白色，时而黑色，一会儿变黄，一会儿变绿。崖壁凸凹，纹路弯曲，又让水时而薄，时而厚，一会儿向左，一会儿向右，犹如痴情少女素洁柔嫩的手，如恋人般抚摸着峭壁的面颊，轻轻地，轻轻地……耳鬓厮磨，意笃情真，年年岁岁，岁岁年年。每到雨季水大时，河水便一反常态，顺着沟谷毫无顾忌地滚滚而来。流至石崖顶上，再不想依贴着崖壁，猛劲的探出身子，跳荡着翻腾而落，哗哗哗的声响沸腾了幽静的山谷。每当山风从崖下逆水吹来，一层层地撕裂了石崖顶上正欲落下的瀑布，噗噗噗地飞起时浓时淡的水珠，是烟非烟，是雾非雾，缥缥缈缈，悠悠荡荡，给做衬底的蓝天撒去朵朵轻柔细腻的银花。阳光西照，给那一团团的烟雾挂上了一条条红黄紫绿相间的彩虹。

瀑布从崖顶飞流直下，硬是牵来了无数个日日夜夜，把崖根冲砸出一个300多平方米，深不可测的扇形水潭。传说，水潭里住着一条仁慈的小白龙。就因为有了它，雾灵山周围才风调雨顺，安泰丰足。孩子一旦生了病，母亲登上雾灵山，在水潭边净手拈香，虔诚祈祷求降吉祥。回到家再看那孩子，歪着小脑瓜儿，扭着小屁股蛋儿，扬着小黑手儿，早已在院子里欢蹦乱跳了。由此，那些善男信女们，来上供还愿的，来烧香祈祷的，一年四季烟火不绝。至今，还可以在潭边看到插在山石缝里、埋在沙土上的一撮撮未燃尽的残香，来人依然不少。龙潭由此而得名。

瀑布悬飞急落，在龙潭水面激起堆堆白雪。只见这堆堆白雪，打了一个滚儿之后，刹时溶化钻入潭底，紧接着一个鹞子翻身儿又涌了上来，抖落出一块墨绿色丝绸。这块拉不断扯不完丝缟缓缓地向潭边铺展，折出了无数圆鼓鼓光溜溜呈弧线形的波波皱皱，一道儿拥着一道道儿地向潭边滚来。由墨绿色滚成了深绿色，又由深绿色滚成了浅绿色……吻接无痕，浑然一体，直滚到龙潭扇形的外沿，给龙潭镶上了一圈淡黄色的绸边，循着山石伸入龙潭的参差棱角，缀上了长短交错的绸穗。在波波皱皱已平复的浅绿色潭底，摇漾着明镜般的蓝天，柔纱似的白云，争奇斗艳的花卉，巧意叠翠的峰峦……摇漾着，摇漾着，摇醉了游人的心，漾笑了游人的脸。龙潭里竟有这样一个纯净的天地！

访木兰围场

刘 哲

我曾经在原热河省的一个文艺机关里工作了七、八年，可是一直到1955年底热河省建制撤销，却连热北这个有名的“木兰围场”（今河北省围场县境）都没去过，常觉是一大憾事。1982年夏季，在离开承德26年之后，我才有机会第一次访问它，心里格外欢畅，这也是算是还了一个多年的夙愿吧！

“木兰围场”是我早就向往一游的地方。当然，我对它的兴趣，不仅仅是它那一再被人称道的坝上的秀丽风光，而更重要的是它那诱人的历史遗迹。

“木兰”一词原是满语“哨鹿”的意思。猎人戴上假鹿头，嘴里吹着木制的长哨，模仿雄鹿求偶的声音，引诱雌鹿出来，以便进行射猎。据说，从康熙开始一年一度的“木兰秋狝”（秋季射猎）活动，就是以皇帝射鹿来开场的。

“木兰围场”位于承德市的西北一百一十七千米处。

从承德市到隆化县行程六十千米，再向北走五十多千米，即到达隆化和围场的交界处 -- 崖口，这是进入“木兰围场”门户。当年清朝皇帝进入“秋狝”以前，必须首先在这里停留一晚，昔日的行宫建筑，今日还有迹可寻。崖口，这个地方很奇特：东西连绵的山脉走到这里，好像两条巨龙相遇，昂首弄姿。峭壁危峙，中间形成了一条狭窄的河谷，从上游千回万转流来的伊逊河（“伊逊”即“九”的意思，言其曲折多弯），即从两山夹缝中冲出来，奔向滦河。崖口，它像一个天然的卫士，把守着进出“木兰围场”的门户。在崖口外边的河湾里，自然形成一块洪水冲积成的开阔地，原来的行宫就建在这里。在崖口南面的山崖上，现在还耸立着一座高高的石碑，碑石上用汉、满、蒙、藏四种文字镌刻着乾隆1751年写的《入崖口诗》，成为历史的见证。

在这儿北行，爬过盘山公路，就进入了当年“木兰围场”的境内了。这时，当我居高临下，放眼四望，才忽然发现在崖口两山游得最近最窄的地方，耸立着一座现代化的水泥大坝，拦蓄着上游来的河水，形成一座碧波荡漾，一眼望不到头的水库，同伴们介绍说它叫庙宫水库。一路走去，山上谷青树翠，滩涂稻绿草黄，牛马漫撒，牛群点，已是另样一番景色了。越往北走，越是山峦叠彩，怪石嶙峋，姿态秀丽。如今，山上虽然已没有当年那么多的森林、鸟兽，领略不到当年那种“棒打狍子瓢舀鱼，野鸡掉到饭锅里”的野趣，但一路上还是可以偶然碰到野鸡、兔子、狐狸等飞禽走兽从道旁闪过，引发我“思古之幽情”，使我想起二、三百年前康、乾盛世时那一年一度的“秋狝”活动的热烈情景。

这一带地域，据说最早是契丹、蒙古等民族的牧猎场所。宋朝的欧阳修在出使辽金，路过这里时，曾这样描述过那时的民情风貌：“儿童能走马，妇女亦弯弓”，“合围飞走尽，移帐水泉空”……表现了契丹和其他民族强悍的性格和游猎的情景。自从康熙于1681年（康熙二十年）选中了这个地方，就以“喀喇沁、敖汉、翁牛特诸旗献牧场”的名义，设置了“木兰围场”。场内根据山势地形的变化和飞禽走兽的分布情况，划分为六十七个小“围场”。以木栅、柳条边为界，设置了四十座巡逻哨所（原称卡伦），巡边保护，绝对禁止一般平民进入这个皇室禁地。也许正因为如此，境内才能林木参天，鸟兽遍地，成了一座天然的动植物自然保护区吧。据历史记载，在康熙九年（1670年）以前，出古北口以北这一带广大的地区，还是未开垦的处女地，可是到乾隆三十四年（1769年）以后，仅仅九十九年间，这里已成为“垦遍山林不见林”，“非木兰围场禁地，皆不可行围矣”。可见造成自然生态不平衡的原因，已不自今日始。

我们一路北进，沿途观赏着身旁飞过的山姿峰貌，心中不时浮现出当年“木兰秋狝”时的盛况。我在承德离宫的陈列馆里，曾看到墙上张挂着一幅巨大的《木兰秋狝图》，描绘当时围猎的壮丽图景：满山满谷，到处是营帐，到处是队列，人场鼎沸，弓箭簌簌，狼窜虎突，遍野哀鸣。当时的射猎场面是很宏大的。按康熙二十二年的规定，每年要以一万二千人的规模进行“秋狝”活动。不仅仅各部院的官员必须参加，而且蒙古各部的王公贵族也都要汇集到这里，随班行围，盛况非常。

这里的山势地貌虽然很复杂，可是据说行围时的秩序却井井有条。开始先由管围大臣率领蒙古族旗兵分成左右两翼，按预先选定的范围，两翼合围靠拢，形成一个方圆数十里的包围圈。包围圈越缩越小，野兽当然就越来越密集，最后包围圈缩得不能再小了，皇帝神即首先披挂上马，盘弓射箭，当然一射中的，不会虚发了。那些有关皇帝传奇的故事，原来如此。当皇帝、皇太子射猎完毕，其他满蒙王公贵族和诸部落射猎生手才能奔突射猎，大显身手。一天行围结束，即在荒野上“陈牲数获”，论功行赏，篝火熊熊，野宴狂欢，连续进行二十天。

行围期满，皇帝和王公贵族齐集围场南部的张三营，举行盛大的庆功告别宴会。饮酒歌舞，摔跤比武，以显示清王朝的文治武功。清朝皇帝也常借此机会厚赏随围的王公贵族，以达到团结好全国各族上层人物，“外边防备，内合人心，成巩固之业”的政治目的。例如有名的土尔扈特蒙古族在远离祖国一百四十多年以后，在其首领渥巴锡的率领下，从伏尔加河两岸起程，跋涉万里，冲破帝俄政府的重重堵截，战斗，伤亡，疫病，饥饿……减员一半，终于在乾隆三十六年（1771年）重归祖国，到达“希望的乐土”。同年九月，乾隆皇帝就是在“木兰围场”的伊绵峪，接见了渥巴锡一行，封渥巴锡为卓哩克图汗（即英勇之汗），并在承德普陀宗宗乘之庙内竖立起了有名的巨碑“土尔扈特全部归顺记”，成了清王朝盛世时期团结全国各族人民的一个典型事例。所以，“木兰秋狝”活动，不仅是清朝官员和八旗子弟在军事上一年一次的拉练演习，而且也是争取、团结各族人民，巩固其统治地位和抵御外侮的盛大的政治示威。康熙在位六十一年，自设置“木兰围场”，只有两年没有举行，一次是1682年因为出巡东北，布置黑龙江前线抗击沙俄侵略的军事行动；另一次是1696年因为出征喀尔蒙古的图拉汉，追歼沙俄支持的噶尔丹叛军。可见康熙对它的重视。乾隆也很重视“秋狝”活动。雍正虽然忙于内政，没有时间和心思举行“秋狝”活动，但他却训诫子孙们说：“后世子孙，当尊皇考所行，习武木兰，毋忘家法。”直到道光以后，才废“木兰秋狝”，“围场”也被开垦为田地。

我们的汽车沿着伊逊河谷而上，绕过围场县城南的锥子山，穿过“木兰围场”的腹心地带，向西北的沟岔钻进去，已到了坝根。一路上，我们就像爬着一个没有尽头的慢坡，一步比一步高，一步比一步陡，忽然眼前豁然开朗，原来已登上了有名的塞罕坝。这时，正值夕阳西斜，往近看，阳光撒彩，青松闪翠；往远望，群山重叠，如波涛翻滚，好一派北国风光。再往前走，就进入了坝上草原地带，云天辽阔，草天一体，层层松林，步步鲜花，鸟儿鸣叫，香气扑鼻，使我这不会写诗的人，也禁不住诗情大发，胡诌起诗来：

青松拂云，
鲜花铺地；
百灵的歌声，
漫空撒着香气。
……

这是大自然对我们最隆盛的欢迎！

当晚我们宿在著名的塞罕坝国有林场，它的管辖范围据说有一、二百里宽广，横跨坝上坝下，草地和谷地，美丽得像一个自然大花园。但我们无暇顾及，我们的主要目标是寻访历史的遗迹。这一带地处漠北的南沿，历史上曾经演出过许多威武雄壮的戏剧，有名的击败叛徒噶尔丹的乌兰布通之战就发生在离这儿不远的地方，我们恨不得立时到那儿一睹为快。但天不作美，第二天早晨起来，满天稠云，细雨淋淋。这里虽处塞外，但夏天的气候像江南，一会儿艳阳高照，万里无云；一会儿云遮雾罩，淅淅沥沥下起柔丝细雨。吃过早饭，天上清亮起来，雨似下非下，我们终于冒着雨浇的危险出发了。好在草原的路是宽广的，老路不能走走新路，泥路不能走就在草上行走。一路上虽然下下停停，停停下下，也领略到平常难得看到的雨中草原美景。坝上的空气是清新的，一路上总是走不完的落叶松和白桦林，看不完的鲜花竟放。大家一会儿惊响白桦林中遍是开放的白芍药花，一会儿又赞叹连绵不断怒放着的金黄金黄的金莲花……有时司机同志干脆停车，让大家下车采个够……

我们出了林场场部，从塞罕往北，沿着围场和内蒙古克什克腾旗交界的吐力根河西行，南面是松林，北面是草原，我们所走的路就是当年乌兰布通之战进兵所走过的路，它一直通到乌兰布通之战的主战场--红山。红山有一个大水泡子，名叫将军泡子，是纪念当时率兵战死在这里的佟国纲（康熙的舅舅）而得名的。吐力根河水就流到这里，水大时，再往前流，汇入闪电河，转流入滦河的西支小滦河；水小时，就被水泡子吞没，变成内流河。我们到将军泡子的时候，已是下午时分，雨还在下。我们冒雨出车，有的下泡子寻访历史遗迹，有的采拾蘑菇，有的采摘野玫瑰花。当年乌兰布通之战几十万人马，就大战在这水泡子周围。据传说当年的大炮没在水底，至今没有捞出来，不知是否确实了？

为了看到当年战场的全貌，我踩着发红的岩石（也许因此叫红山吧）和满是雨水的草棵，登上了山包，山坡上吃草的牛马一个个瞪着圆鼓鼓的吃惊的眼睛，警惕地瞅着我，好像怕我抢占它们的领地似的，这使我仿佛听见了当年战马的嘶鸣。据历史记载，这一场战事的意义是很大的。当时噶尔丹吞并了喀尔喀蒙古以后，近一步逼近内蒙古。康熙看到了不打赢这一仗，沙俄的侵略势力就可步步紧逼，所以康熙率领二十万大军，出喜峰口和古北口，从隆化到乌兰布通一二百多里的路上，组成了宏大的“十二连营”，兵源和粮草源源不断运往乌兰布通。康熙当时是要亲自指挥这次战役的，近因途中感冒，就住跸在隆化，派他的哥哥福全为总指挥。经过一场激战，击败了野心勃勃的噶尔丹，斩断了侵略者的魔爪，噶尔丹落荒而逃，最后只带少数亲随遁入俄境，客死异乡，落了一个可耻的下场。我们的伟大民族自古是一个和睦的大家庭。

这里虽是荒原，但我们久久不愿离去。最后在司机同志的催促下，为了天黑前赶回林场，才恋恋不舍地离开了这富有历史意义的地方。

一九八三年六月

一幅迷人的画卷

燕 迅

伊逊河崖口

汽车穿过清代被称为博洛河屯的隆化县城，越过张三营，在伊逊河川疾驰。伊逊，在蒙语里是九曲的意思。从它的命名可以想见，这是条弯弯曲曲的河，公路就筑在沿河的山脚，自然也是曲曲弯弯了。

在不知不觉中伊逊河谷变得狭窄了，车子的速度也减慢下来。忽然，前方的公路上出现了两个铁道兵战士，用竹杆抬着什么迎面走来。近了，才看清他们抬的是几大串“胖头鱼”，总有四五十斤吧，那些鱼很大，很肥，鲜凌凌的，像是出水不久，这一定是庙宫水库里的鱼了。

“快到庙宫了！”--这使得车上的人们兴奋起来。

果然，又行不久，就望见了水库大坝。车子在距大坝几百米处停了下来。左前方，那古松掩映红墙的所在，就是进入木兰围场的第一站--庙宫了。

木兰围场地域辽阔，面积一万零四百余平方千米。自古以来，河流蜿蜒，水草丰美，林木苍郁，禽兽繁集。

据嘉庆《木兰记》碑记载，围场“旧为蒙古喀尔沁、翁牛特部落游牧之处，周环千余里。北峙兴安大岭，万灵翠集，高接上穹，群山分干，众壑朝宗。物产富饶，牲畜藩育”，是不可多得的天然名苑。康熙二十年（1681年）正式设置木兰围场，在这里“发举秋狝之典”。那时，康熙亲率王公大臣，各少数民族上层人物及八旗劲旅于每年的五月或七月出京，八月举行秋狝盛典。每年猎获虎、熊、野猪、鹿、狍等，就分赐随行“年班”中的蒙古王公，用以加强同他们之间的关系。这种秋狝活动的目的并非为了猎获，其真实用意在于“习武”。康熙为了使清朝江山万世流传，将这“习武木兰，垂为家法”。后来的乾隆、嘉庆都忠实执行了。在近一个半世纪的长时期内，清朝皇帝木兰秋狝共达一百余次。在清代历史上，这是一个有着重要政治和军事意义的地方。

我们下了车，从临时搭起的小桥上过了伊逊河，便放开脚步奔向那古老的庙宫。庙宫清时称伊逊哈巴齐围，意即“伊逊河崖口”，为木兰围场七十二围中的第七十二围。乾隆曾作《入崖口》诗描绘这里山川的壮丽和形胜的优越：“巉岩围迭嶂，岩口为之关。壁立众山断，伊逊奔赴川。秋狝常经过，每为迟吟鞯。双峰开雾烟，一水流潺湲。翠叶复黄葩，高低人影妍。”嘉庆年间，又在伊逊河水转弯处甩出来的高地上建起了庙宫。它背山面水，深藏在一片挺拔的参天苍松之中。我们穿过青纱帐，跳过一条小溪，寻到庙宫正门，却见宫门紧锁，显然不能入内了。从门缝望去，那昔日壮观的殿堂已是破败不堪，此外再无他物，只好怅然而返。离开庙宫一箭之地时，恰逢一当地老人，他大概是听到声声慨叹，亦有同感，为使我们不致过分失望吧，笑呵呵问道：“看见九龙了吗？”

“九龙？”这颇使我们惊奇，“什么九龙？”

老人手指南山，说：“你们看那山——”

我们转身望去，果见九条山脊，由高而低伸向河谷，活像九龙探头渴饮伊逊河水。这使我们顿时兴奋了：

“真像！”

“惟妙惟肖！”

“-- 你们说皇上为啥盖这庙宫？”老人眯起眼睛，瞅着南山说：“他是怕这九龙出世，跟他争夺天下，才建这庙宫镇压。”

我们笑了。在那样的年代，封建帝王有这样的想法当然可能的，但它毕竟不过是传说而已。据《承德府志》记载，嘉庆十六年修建的这所庙宫，原是嘉庆进入木兰围场“秋狝”时“亲诣拈香”致祭，赏赐蒙古王公贵族食物的地方，门楣上方镌刻的“敕建敦仁镇远神祠”，也表明了当年嘉庆修建它的良苦用心。但，清朝到了嘉庆期间，终究不能与康乾盛世之时相比了，嘉庆既没有“敦仁”也不能“镇远”，而是江河日下了。

最可惜，我们进入木兰围场的大门，首先看到的竟是清代开始衰败的一个标志，未免令人扫兴但，这又有什么呢？远望长长的伊逊河谷，不是满目青山绿禾吗？欢快东下的伊逊河泛出浪花朵朵，在太阳的照射下闪着银光，它冲击出的大片河滩上，长满了茁壮的水稻，稻穗沉甸甸地弯下腰。可以预料，这里不久将收获一个丰硕的金秋。

实行了生产责任制的农民充分发挥了劳动积极性和创造性，使这素称水瘦山寒的塞北大地上飘出了江南的稻香。-- 封建主义的历史尽管还有某些陈迹，毕竟已被时代的车轮甩在后面；我们的社会主义事业却日新月异，蒸蒸日上！这一切，不是很好吗？

塞罕坝国营机械林场

塞罕坝国营机械林场总场场部设在千层板，处在木兰围场的北部。全场总面积一百五十三万亩，东西长七十八千米，南北宽六十二千米。我们这样大型的机械林场共有两个，另一个在雷州半岛，但规模小多了。塞罕坝机械林场是国务院一九六二年批准建场的。当时，从中央林业部、华北、东北调来的领导干部、工程师、技术员及大专院校学生，分别住在十八间破陋的瓦房及圆仓里，吃着坝上单调的主食莜面，有时甚至蔬菜断顿，只能用盐粒下饭，生活条件极为艰苦。这里海拔 1010 ～ 1950 公尺，并不算高，但积雪时间长达六个月，全年无霜期共有 46 ～ 60 天，全年平均气温在摄氏零下一度，最低时到过零下四十二度，气候条件十分恶劣。

康熙年间，这里是原始森林地带，古木参天，遮天蔽日。从练兵台下遗留的树桩可知，当年树木非常高大，五人搂不过来。林中熊、虎、鹿、狍、野猪、狼……成帮成群。十八世纪末，清王朝日趋没落，财源枯竭，不得不在这皇家围场开围。同治元年，热河都统瑞麟上书，“请开围荒，以裕国库，而利民生”。光绪二十七年以后，进行了掠夺式采伐，仅一七六八年以后的八年间就砍树三十六万余棵。开围的结果，使天然植被遭到严重破坏，造成大片面积光山秃岭，有的地方甚至已经沙化；野兽濒临绝迹。这里原是老哈河和滦河发源地，河源处被称为羊肠子河，迈步可以跨过；现在则雨季洪峰滔滔，一泄无余。由于森林被毁，导致狂风肆虐，当地群众编出顺口溜说：“坝上一场风，年始到年终。春天刮出山药籽，秋天刮出犁底层。”直到建场初期，还是“屋外刮风，屋里点灯”、“黑风刮起天无日，白雪迷漫地无城”。

在这高塞坝上造林，要战胜多少困难啊！

首先是没有树苗，只好派人到东北去买。成车皮的落叶松苗从遥远的松花江边运到承德，又从承德装上汽车运到坝上，赶快组织人工栽上 -- 但，却没有成活。

这第一次失败对人们的打击不能算小，有人唉声叹气了，有人失去了信心。“坝上能不能造林？”这本来毫无必要怀疑的问题也有人开始怀疑了。但，另一些不听邪的人反而产生了更为顽强的斗志，他们坚信，二百年前的康乾时代松树能够成林，我们现在的社会主义时代就更能造林。在同样的自然条件下，社会主义制度有不可比拟的优越性。党的力量是坚强的。党委书记召开了工程师、技术员、工人们参加的一系列会议，分析失败的原因。最后终于弄明白了，原来树苗没有成活，主要因为远距离运输中没有浇水，苗子干枯了。然而，再用长途买苗的办法是不行了，于是决定自己育苗。

塞罕坝大面积育苗的历史是60年代的青年人开创的。如今，他们已成了经验丰富的中年人，谈起当年与困难搏斗的豪迈气概，似乎又回到了那令人自豪的青年时代。现在的总工程师李兴元，那时还是一个育苗技术员。他在东北林学院当学生时就对育苗有特殊的兴趣。场里让他负责育苗，恰好给他提供了施展才华的机会。他对工作认真负责，且又任劳任怨。他和也当了技术员的同学们一起，起早贪黑将松子播到苗床上，每日坚持推着水车喷壶浇水保墒，中午也不歇车，连午饭也吃不上。夜里，又拿上手电，蹲到苗床旁边观察地温。小苗出土后，就像爱护新生的婴儿一样加意侍候。早晨要压帘子，下午要收帘子，还要随时注意防止鸽子、斑鸠、沙半鸡子来祸害。

特别是五月中下旬有一次杏花冻，要整夜观察，往往在最困的后半夜出现霜冻。一旦出现霜冻，必须马上组织人力灌水或者点燃草薰烟。稍有疏忽，便前功尽弃。多少日日夜夜，多少辛勤汗水，终于浇灌出一畦畦绿油油的松苗。

塞罕坝第一代松苗诞生了！这喜讯在辽阔的草原上传开，给人们带来了巨大的希望，使人们树立了信心。但英雄的塞罕坝人，没有来得及庆贺这第一仗的胜利，便投入了造林的第二个战役。坝上五月的天气仍然十分寒冷，党委书记带领机关干部、技术人员、工人，迎着寒风上了工地。凛冽的冷风吹得人脸发青变紫，有人甚至嘴上起燎泡，他们却全然不顾，只是充满希望地将一株株松苗栽进一个个挖好的树坑里。这一次，由于注意了不使苗子失水，又在技术上严格把关，栽时扶正，栽后踩实，结果在五千亩面积上的造林获得成功。这第二个胜仗，使人们的信心更坚定了 -- 原来坝上是可以栽树，并且可以成活的。一九六五年，塞罕坝机械林场开始机械化造林。拖拉机的吼声唤醒了沉睡的荒原，植树机的“机械手”十倍、几十倍地播种下人们的希望。这一年机械造林三万亩全部成活。此后，每年都造林五、六万亩，最高年份七万亩。至今，已造林近百万亩，育苗八千多亩。加上原有的天然次生林，坝上有林面积已达一百五十万亩，森林覆盖率已高达81%。现在，建场初原设计的百万亩用材林基地已基本建成。坝上的面貌已根本改观，从直升机上俯视，这里蓊郁成林的落叶松、黑松、樟子松已形成绿色的海洋。林中又来了梅花鹿、狍子、野猪……塞罕坝荒原变绿洲，保持了水土，涵养了水源，为改变京津风沙危害创造了条件，积累了高寒地区造林育林经验和办大型国营机械林场的经验。同时生产了大量木材，仅现有森林蓄积量即已达一百八十余万立方米。所产松子所育松苗源源不断供应了三北（注）防护林体系建设工程……

今后，塞罕坝机械林场将转入“以育为主，育改结合，综合经营”的阶段。它的“四十年一轮伐”“永续作业”的璀璨前景使人感到这里永远永远充满希望。

塞罕坝是古老的，它有过令人难忘的光荣历史。塞罕坝又是年青的，勇敢顽强的塞罕坝人，已经开始写出它新的史章。

塞罕坝，正如它的名字一样，是美丽的，今后，它将变得更为美丽。

多么好啊，这一幅迷人的画卷……

注：三北：东北、华北、西北。

冰谷热泉

孟 阳

弹指一瞬，我来塞外围场已经是六个年头了。

很早以前，就听说这地方曾是清代的皇家猎围，素有“天然名苑”之称，我便产生了兴趣。几年来，在这块一万零四百平方千米的土地上，大都留下我下乡工作的足迹。

有次下乡，正赶上是个“三九”寒冬，塞外的山区，重峦叠嶂，我并不怵。但这次我所去的是塞罕坝根儿的一个偏僻山村，不免令人踌躇。一年四季，春夏秋三季，总是姗姗来迟，而又相继匆匆告别北国。雪峰冰谷，白皑皑的，凝着一个漫长的严冬！花草不见了，百鸟早就返回了遥远的南方。

唯独那满山遍岭的松、杉、桦，披着雪织的银色斗篷，挺拔屹立，在朔风中打着尖厉的呼哨儿。

我们乘坐的长途班车，在刀削斧剁般的万仞峡谷爬行着，犹如一头精疲力竭的甲虫。太阳在“一线天”上，藏藏躲躲。一会儿，晴朗朗的天空，不知从哪儿飘来一片浮云，竟纷纷扬扬落起棉絮大雪来。崎岖山路上，又积了一层雪。车轮打着空转，瓮声瓮声地吼叫着，难以前进。

“司机同志，我就在这下车啦！”一位年过七旬的老汉说。

“这鬼天气！”司机颇有些泄气地说，“前边雪大、坡陡、路滑！这车……往前挪不动了！”

大家顿时长吁短叹。那位七旬老汉，背起个鼓囊囊、沉甸甸的褡裢，下了汽车。我见他似有些面熟，瞅他远去的背影，却一时想不起他是谁。我向司机打听，我要去的那个山村还有多远，司机一指那刚刚下车的老头：“喏！你就跟他走吧。”

当我急步追上那老人家时，仔细一看，不禁惊喜：“您不是布尼颜仁大爷吗？还当村干部么？”我问他。

老布尼捋捋银须，说：“老喽，如今的支部书记，是个年轻人。”

五年前的秋天，我和老布尼曾在一起开过会，我们同住一个屋，他当时是一位村党支部书记。有一天晚上，我发现他心情很不平静，老是睡不着觉。不知为什么，他给我讲了一个热水汤的故事：

相传，有一年秋天，阴雨连绵。清朝康熙皇帝带领文武百官和随从侍卫、射生手们，来木兰围场狩猎回返到塞罕坝下。这些地方是木兰围场所划分的七十二围中的“巴尔图围场”。康熙带领的大队人马实在累得走不动了。这时，康熙感到脚下地面发热，而且看到落地的雨水，呼呼直冒热气。康熙觉得奇怪，忙问一位大臣，这是什么原因？那大臣说，地层下有一条被捆的千年巨龙，欣逢“万岁爷”路过这里，恳求圣上，愿将身上之热献于皇帝解冷、爽身、去乏。康熙听罢，高兴得连跺三脚。不料，身边塌下一个深洞，一股热水，象银龙似的喷出地面。康熙首先洗了热水澡。继后，皇太子、王公大臣、侍卫、士兵们也都依次洗浴。结果，神清气爽。从此以后，这热水泉，年复一年地涌着热流，四季不断，传为神话般的故事。

布尼老人讲完了这个故事，长叹一声，对我说：“像这样的热水泉子，当年康熙在那儿洗澡，咱们深山老峪的人，为什么不可以洗个痛快澡呢？”

这位农村干部，边说边思索，好像有着满腹心事……

这次下乡相遇，结伴而行，自然分外亲热。

布尼颜仁老人是位满族老人，看他那鬓发、眉毛、胡须，在雪地阳光的折射下，呈古铜色。

“您今年该有七十多了吧？”

他一转身，呵呵笑着，闪了个趔趄，大概脚下踩上了一块滚石。待站稳时，肩头褡裢里的东西，却悠荡到了地上，肥皂、香脂和成搭儿的白毛巾。

他忙猫下身，朝褡裢里拾着东西，仍旧笑呵呵地说：“刘同志，不瞒你说。我这次去县城是购买这些七零八碎东西的！”他说着，用手朝前边峡谷深处一指：“看到了吧？热腾腾的，像个大蒸笼……”说着，他又加快了脚步。

前边不远处，我发现有一片云雾，如纱如织，迷迷蒙蒙。细看，在那乳雾蒸腾里，经西斜的阳光一照，浮动着一弯似隐似现的彩虹，犹如一枚发卡，戴上了满是苍松翠柏的大山头上。

奇了！难道冬日的雪后，也能出现七彩之虹吗？布尼老人见我生奇，只是笑而不语，好像故意让我猜测这冰谷之谜。

我跟他步入了云雾之中。顿时，觉得脚下的踩雪声没有了，湿漉漉的。看一眼布尼老人，因在烟雾之中，却不见他的身影，简直如同置身于仙境一般。此刻，一阵哗啦啦的流水声，由远而近地响来，不禁令我一惊。我不敢再朝前迈步了，喊一声布尼老人，在哪儿？

“刘同志，你不记得五年前，我在招待所给你讲的那个康熙皇帝洗澡的故事么？”我的身边一阵朗声大笑，就是见不到布尼老人。

我说："记得，记得！老布尼，你在哪儿？"

"呵呵，呵呵……我就在康熙洗过澡的热汤泉边站着！"

寻声往前走了两步，一只老茧子大手忽地攥住了我的胳膊："哟哟哟，再不能走了，脚下就是那个热水泉啦，小心烫着！"

蹲下身子时，我才看个清楚！这热水泉，像磨盘般大，圆圆的。泉子当中，一股翻涌的浪花，"咕咕咕"地叫着，呼呼的热气，灼胸燎脸。伸手往热水里一试，少说也有摄氏八十八度。

布尼老人说："不止八十度。夏天时候，我曾把两个鸡蛋放进泉水里，十分钟就煮熟了。"又说："如今，这条由地下爬出来的银龙，真的为我们山里人喷金吐雾造福啦！"

说话间，一阵叽叽嘎嘎的欢笑声，从烟雾之外飞来。我的心头又是一惊："布尼老人，这热水泉边，还有住户么？"

他告诉我，村庄距这热水泉还很远哩！这欢声笑语是从热水泉边的男女浴池中传出来的！

真是没想到，这里居然有了热水浴池！我这才醒过闷来，布尼老人进城，买来的肥皂、香脂、毛巾等物，原来是供山乡人来浴池洗澡用的。

布尼老人，今天也显得格外兴奋。他领我参观了热水泉右边的男浴池。整个浴池是一栋五间青砖红瓦房。一小间做了浴池服务室，这是布尼老人白天工作售票的地方，夜里就在这儿值班或休息。热水泉的水，由埋在地下的五寸缸管道，直通浴池内，边注边流向房外。男浴池的大人、小孩儿们，见布尼走进来，都恭恭敬敬地称他"布老"，也有的人叫他"老龙王"。

这浴池的名字，取得颇有意思：叫"广来浴池"。布尼笑呵呵地说："刘同志，不怕你们知识分子见笑， 这浴池的名字取了一大串，花里胡哨儿的，我都没有相中。我想，这深山老峪，借热泉水办成了浴池，也不光是干活回来的农民来洗澡，你看，北通塞罕坝上，西达内蒙古多伦，东到辽宁、赤峰，南到九十多华里外的围场县城。一年四季，南来的，北往的，东走的，西奔的，大小车辆，行人过客，谁不想在这儿洗个舒服的热水澡？所以，我说，干脆就叫它广来浴池吧！"布尼老人说完，哈哈哈地笑起来，然后劝我也进浴池内，洗个热水澡。

洗完了澡，身子清爽极了。来浴池洗澡的人，对我讲了布尼颜仁的好多动人事迹，也讲了这里的山民们，多年来渴望能有一天洗上热水澡的心情……

我想了很多，心情难以平静。过去，我在深山老峪下乡时，尽管祖祖辈辈生活在僻壤乡村的人们，心是那么纯朴善良，那么勤劳度日，可是，他们劳动归来时，那汗淋淋的笑脸上满是污垢，那赤脚也是泥黑的。他们带着一身疲惫回到家里。当雄鸡的报晓声，剥开归后一抹夜色，他们又去田间劳动了。进县城去洗个澡么？庄稼人和季节、和土地争夺着时间，又有谁肯搭上一天的工夫呢？日子过得那么紧巴，往返一趟县城，仅车费就需两元！他们告诉我，夏天，人们洗澡心切，这热水泉，却是被男人们占领着，女人不便来洗。的确，谈起洗泉水澡儿来，女人们是没有份的！

"如今，我们全村几百号人，都能洗上热水澡了！我们不是不爱干净，我们过去只顾土里刨食儿，心想着填满肚子，我们哪有洗澡讲卫生的条件！多少年来，就想借这涌流不竭的天然热水泉，建成浴池，可是却建不成。"

暮色苍茫中，山林梳理着瑰丽的晚霞。晚霞牵来了热水汤村的袅袅炊烟飘荡着，与热水泉的腾腾热气融合在一起……正在浴池里洗澡的人们欢笑着，听得出，又有人讲起当年康熙皇帝行围狩猎，在此发现有一个热泉和洗澡的故事。女浴池的欢笑声，渐渐的稀疏起来，因为有些人，陆续回到村庄，去忙自家喷香可口的晚饭、佳肴去了。

我和布尼老人顺热泉溢出的热水，朝前走着，不一会儿，又到了冰雪世界。流淌的泉水凉了下来，潜入厚厚的冰层之下，淙淙有声。到了一段狭长陡峭的深谷处时，泉水又突然冒出来，急转而下，一头扎下一个断崖。布尼老人告诉我，明年春天，这里将出现一座小型水电站，家家不但可以点上电灯，而且还可以利用那浴池排出的废水，汲水上山，浇灌梯田上的庄稼……

呵，你这由地层深处涌出的滚滚银龙！多少年来，你四季不竭的流着，流着……流着清代康熙皇帝木兰行围的传说，流着塞罕坝根祖辈相传的彩色童谣，流着深山人民对你的希冀和求索……但是，年复一年地过去了，你只是白白地流走了取之不竭的光和热，就像一谷哗啦作响的金银，白白地流走了。你脚下的道路，正像昔日山乡人一样啊，是那么坎坷、曲折。

今天，也只有在今天呵！人们终于找到了一把金色的钥匙，启开了欢乐幸福的大门，把人们世代渴盼的憧憬实现了。

你的每一朵浪花，每一程溪流，不就是一首诗么！

奇峰异想曲

韦 野

秀丽的风景，往往给人以遐想。许多人有这种感觉。

我浏览过一些名胜古迹，各有不同之感。哪一个在记忆中最深刻、最突出呢，乍一想似乎是难以挑出领头的。最近应朋友之约，让我写点对承德风光的印象，牵动起我往日的观感，顿时从脑海中拾起不曾忘怀的最为鲜明的印记。于是，我的思绪便不由得围绕这印象最深者而驰骋不已。

避暑山庄，自然有许多令人神往的感叹；外八庙的佛门仙境，也不无美的享受。这，善男信女崇敬的时代所留下的痕迹，虽然他处并非没有类似，但总还有不一般处。而我，不知怎的，偏被武烈河对岸的一座壮观的奇峰 -- 棒槌山所吸引，明明是尽情地游览过了，也摄影留念了，却不能控制自己的思绪。身在离宫院内，心情仍在壮丽的棒槌山上缭绕。仿佛避暑山庄的内涵有逊于它，也仿佛是它太居高临下了，无时无刻不在显示着它那亭亭玉立的身姿，向每个游客，不，向全城人民微笑着，顾盼着。我当时确实被这座山峰折服了。

这棒槌山是造物主的杰作，虽属承德十大景之一，却是最著名的，凡来过承德的人都望看过它。这样说不过分，因为它高居山城之上，除非盲人谁都能瞧见的。它的景色并不俊雅，在秃兀的层峦之上，直挺挺地矗立着，“上丰下锐”，形如民间的洗衣棒槌，故称棒槌山。据记载，清帝玄烨也很赞赏这座山峰，他在此地修建行宫时，就以此峰作重要的借景。但他出于佛门的信念，将其更名为“磬锤峰”，就未免不有失真之谦了。其时，它的名望并不在于状物的似与不似，也不在于谁赋予的仙境福音，我倒觉得它的奇特气势所显示的天工所巧成的非凡内涵，应当说是最招人喜爱、最令人赞叹称绝的。

你看，它在山峦顶端，上指苍穹，下临绝壁，好像一个巨大的惊叹号，垂在人间上空，不畏狂飚地震，依天站着，只此雄伟的英姿就已是举世罕见的了。起初，我以为它的底座一定相当庞大雄厚，不然，这身高三十八点二九米的石棒槌，岂能与日同辉！可是一旦亲临其境，方感到它的基座偏僻而狭窄，你怎么想象也觉得难以支撑这体重一万六千多吨的石棒槌。更为奇特的是，从底部仰望，槌峰竟然斜立在空中，大有倒劈之势，使你目眩神摇。我登上它的基座，抚摸着它的身躯，太出乎意料了 -- 它的质地并非纯洁的岩石，完全属于砂砾岩结构。按说，这种岩层是经不住长期风化的，它的上粗下细的形状可能就是风吹雨打的变态。可是，有谁知道它已经历了二百多万年的风云变幻呢？这个数字是科学家根据砂砾石的形成期计算的。已有的文字记载可确切说明它至少经历过一千五百多年了。因为，北魏时期著名的地理学家郦道元在《水经注》一书中写到了这座棒槌山，他说：“濡水又东南流，武烈水入焉，其水三派合……东南历石挺下。挺在层峦之上，孤石云举，临崖危峻，可高百余仞。”这里说的濡水，就是今天的滦河水，石挺，就是棒槌山。这个可贵的记载，该给后人多少启迪呢？它无可置疑地证明了棒槌山有坚强的生命力，更使热爱它的人们懂得了棒槌山的真正的价值。所以，无论是当地人还是外来人，都在敬仰它，保护它，为祖国能有如此雄伟、险峻的奇峰而欣慰。

不仅如此，我看到奇峰之上部的峭壁上，还生长着一株桑树，独立苍天，翠叶葱茏，宛如画轴上的点睛之笔，衬托着奇峰的英姿俊容，颇有诗情神韵。人们只能仰天眺望，凭手足是绝对不能攀枝的。我向当地人询问孤桑的寿命，却说谁也不知道它生长多少年了。只见年年春花开放时它苍翠繁茂，秋实累累时它的桑葚从高峰滚下，招得游人争相品尝，欣喜异常。有人用“红花还需绿叶扶”来赞美奇峰的英俊。我想，这未免有些单薄了吧，它岂止是红花和绿叶的关系，须知，半空中坚硬的砂砾石上一年能蕴积多少水分呢？加上烈日暴晒和狂风吹打，即使是雨季储下一点点水珠，也早该在烈日下蒸发了。我百思不解这株顽强的孤桑竟是怎样的生活着，挣扎着，怎样度过了无数个凄风苦雨的岁月。这个千古之谜，似乎是当今的学者不曾揭示的。玄烨用诗赞美棒槌山时，只知道“巉崖自有争佳处，未若此峰景最优”，却未曾写明这“佳处”、“最优”的妙笔之花何在，至于这花色的谜底，想必他也是茫然的。《水经注》上还说，以前有牧守经过此峰，看峰顶壮丽却无法登临考察，便选派干练的武士用弓箭其端，结果连峰的高度也没能探测出来。我在奇峰下徘徊，思索这些前人的感慨和追求，他们虽然不解其奥妙，但大自然展现的奇工妙境却表明在世世代代吸引着人们不断地憧憬、思考。

奇峰的基石上坐着几位年轻的美术工作者，他们聚精会神地从各个侧面描绘着棒槌山的俊容。夏末的艳阳把白云变成绛紫色，给奇峰的上苍镀上光亮的花环。刹时，峥嵘变幻的云霞笼罩奇峰，整个峰的顶端和苍翠的桑树仿佛融化在五彩缤纷的朝霞之中。他们的黑色画笔难以胜任了。我不由得为画家们担心，充满生命光辉有神情盎然的画面，可惜在谈笑和感慨中掠过，它还能重现一次吗？人们盼望着，企求着。

失去这刹那间的画面固然可惜，但这岂止是奇峰真正的精英！君不见群山大同小异，如出一炉，似曾相识，千篇一律；君不见棒槌山独树一帜，标新立异，是山不又像山，似峰又不是峰，倾斜于百丈绝壁之上，欲倒竟不倒。是什么精神在激励它如此傲然依天而立，是什么力量在支持它搏风击雨，永恒不倒？奇峰袒露着谦虚的胸怀迎接游人，从不炫耀自己。它胸前没有标榜自己的丰碑，也没有倾吐抱负的诗方，它蕴含的似乎是无从得知的精英，只好由我们去体察，去意会，去冥思了。

我由此想到给棒槌山更名者同代人、清初诗论家叶燮说过的话：“昔贤有言，成事在胆。文章千古事，苟无胆，何以能千古乎？吾故曰：无胆则笔墨畏缩。”棒槌山身居塞外狂风凛冽的寒天，立于岌岌可危的绝壁，决非无胆者所能。假如它畏惧大自然的抗争，跻身于格调雷同的群山之间，找一个毫无安危之嫌的盘石而坐，那还称得上什么“异峰突起，撑空耸秀”的千古胜景！感谢天斧神工，不拘一格，创造了大自然的奇迹，为我们的画家谱写了杰作，给人类的文明增添了奇光异彩。可是营建“避暑山庄”的帝王，似乎只满足于懂得承德奇峰异石的俊秀，被湖光山色，雨态烟容所陶醉，而不曾懂得去深究大自然为什么要为人间树立如此动人的观赏品？棒槌山给予人间的启迪是什么，那就更茫然无知了。这从《御制避暑山庄诗》中可以看出，除去游山玩水、消遣作乐的诗情之外，他们是无所发现，无所创造，无所前进的。康熙为承德的三十六景题了三十六首诗，乾隆步其后尘，用其原韵，再题三十六景诗。嘉庆也亦步亦趋，重蹈覆辙。他们的作品虽然有的雕在碑匾之上，有的印在书中，但并不见后世称道，这大约是有逊于景物的异彩吧？且看他们对棒槌山的描绘，康熙的诗句是：“君不见，磬锤峰，独峙山麓立其东。”乾隆的诗句是：“寒林穷处忽成峰，仿佛如登泰麓东。”如此平庸，怎不能逊于天造奇观，谈何胆识，谈何千古！

天工造就的美景都是无知的，丝毫不故作姿态强使你领略它的精英和神思，总是以极其自然的造型艺术来吸引你，启迪你。棒槌山以其独特的英姿在蓝天下滴垂，多么像一幅轴画，不，多么像一首诗的警句，又多么像诗句的惊叹号，悬在天空，好像时刻在提醒人们不要无为，不要平庸，不要畏缩，鼓足胆量和勇气，创造人间壮丽的奇迹，方能与天工比美。

（一九八五年四月下旬）

注：

1. 民谚选自《中国民间文学集成·承德地区谚语卷》。

2. 散文“龙潭飞瀑”一文选自1993年2月26日《承德群众报》，其余四篇均选自《塞外风情》一书。

附录

附录一：温泉

之一：隆化县三道营汤泉沟温泉

汤泉沟温泉位于小滦河的一条支沟上，在隆化县西部三道营乡境内。《钦定热河志》称其为“热水沟温泉”，在“郭家屯北35里之汤山，在县治土城子（即今丰宁县凤山镇）北130里，有浴池在泉侧，其水南流会库尔奇勒河（即小滦河）”。民国期间《隆化县志》记载：清乾隆十六年（1651年）在隆化县汤泉沟建一涌溪寺，建房十间，庙外一峰如笔，下建一池，沸水曲流，其名曰汤池，有痼疾者浴之多愈，两旁松榆婆娑，大有江南风景。其寺庙房间及浴池今已不复存在。

之二：丰宁县洪汤寺温泉

洪汤寺温泉位于潮白河上游白河支流汤河上，丰宁县城西15.3千米的丛岭之中。洪汤寺温泉原称汤上温泉，清康熙二十二年（1683年）修庙建池后改今名，汤河也因汤泉水汇入得名。该温泉属碎屑岩裂隙水，昼夜出水量170吨，一年四季水温在48℃至52℃之间，属中温矿泉，冬夏可浴。矿泉水无色无味，清澈透明，含有锰、镉、钴、硒、氟等多种矿物质和微量放射元素，具有祛病强身，治疗类风温、风湿症之功能，尤其对皮肤病、顽癣有奇效。从50年代，政府部门相继在这里建立荣复军人疗养院、赡养孤老烈属的光荣院，修建了分别供健康人和病患者洗浴的浴池。为提高接待能力，民政部门于1991年初投资修建了疗养度假村接待楼，温泉水直接进入房间供坐汤沐浴。

之三：围场县山湾子温泉

山湾子温泉位于围场县北部山湾子乡热水汤村附近，故又称热水汤温泉，属阴河上游。泉水温度高达82.6℃，放入鸡蛋5分钟可煮熟。泉水流量50吨小时，水中含有27种化学元素，水质清澈透明，具有较高的医疗价值和经济价值，对治疗风湿、类风湿关节炎和皮肤病等有特殊疗效，被当地群众称之为“神泉”。1992年，在泉侧新建一座集洗、住、食于一体的“御洗楼”，为人们疗养、旅游、度假提供了方便。

之四：承德县头沟温泉

头沟温泉位于武烈河上游头沟川，在承德县北部，俗称头沟汤泉，清时称汤山。清康熙帝于五十一至五十六年（1712-1717年）曾五次到头沟汤泉，下令“构行宫数椽，为避暑休沐之所，而于其中建龙尊王佛庙”。温泉出水量5立方米/时，在气温21.5℃时，泉水温度为40.8℃，水中含有钾、钠、钙、镁、氯等多种化学元素和微量酸类（硫酸、碳酸、重碳酸和硼酸），内饮外浴，可治多种疾病。1960年在此建承德荣军疗养院，1968年改称承德县“六二六”医院，1970年改为承德县温泉疗养院。1992年被列为河北省重点文物保护单位。

附录二：援外施工

之一：支援唐山地区恢复震毁大型水利工程

1976年7月26日，唐山地区发生强烈地震。

为了迅速恢复震毁的水利工程设施，中共河北省委指示由承德地区抽调15000名民工，支援唐山地区恢复震毁的大型水利工程，承担唐山市陡河上段的土方开挖任务。根据省委的指示，8月16日地委召开常委会议，对支援唐山地区恢复震毁水利工程问题进行了认真的讨论和研究，作出了组建支唐民工团的决定，并立即进行组建工作。8月17日承德地区支唐民工指挥部正式成立，并开始办公，由地委常委、地革委副主任杜宝山任指挥部总指挥和指挥部党委书记，地委组织部副部长孙毓、军分区副政委达瓦仁亲任副总指挥和党委副书。指挥部下设办公室和政工、工程、后勤三个处，共由71人组成。指挥部办公室由地委办公室抽调5名干部组成。政工处由组、宣、工、青、妇、公法等部门抽调15人组成。军分区一名政治部副主任和公安、文化局各一名副局长分别任正副处长。工程处由农业口调18人组成，由畜牧、水利局两名副局长分别任正副处长。后勤处由财贸、物资、卫生等部门调22名干部组成，由外贸局长和商业局一名副局长分别任正副处长。地委同时决定，由卫生系统抽调20名医护人员，组成50个床位的野战医院。在组建成立承德地区支唐民工指挥的同时，地委向各市县委发出通知，并召开了电话会议，8月18日又向各市县委发出《关于组建支援唐山地区恢复震毁水利工程民工团的电话通知》，要求各市县委抓紧进行民工团的组建工作。各县抽调民工分配名额为：宽城1100名、兴隆1600名、平泉2400名、承德县2100名、滦平500名、丰宁1300名、隆化800名、围场1900名、承德市700名。各市县民工团一般以原来支援沙通铁路建设民工团为基础组成，民工团建立党委，每个团配备正副政委、正副团长若干人。团部设立和地区支唐民工指挥部相应的组织机构。团部编制35～45人。民工团下设连队，大体以公社为单位组成，一般130人左右。连部由正副指导员、正副连长、管理员、会计、施工员7人组成，连部负责人由公社党委副书记、副主任或党委委员担任。连队设党团支部，排设党团小组。连队设赤脚医生1～2人，并设安全保卫小组，班设安全保卫员。支唐是一项政治任务，各市县民工团都有一名市县委常委或革委副主任和一名县武装部副政委或副部长带队。抽调的干部和民工都是挑选的思想进步、工作劳动态度好、身体健康的人员。民工以基干民兵为骨干。各市县也都配了一定数量的水利工程技术人员。民工团施工中的食宿和劳动工具均由本地、市、县自理解决，对住宿工棚、劳动工具、运输车辆、炊事用具等都做了充分的准备。由于各级领导对支唐工作的积极重视，全区10个市县民工团仅用15天就完成了组建工作。

支唐民工组建工作基本就绪以后，承德地区支唐指挥部于8月29日派出40人的勘测设计队，前往进行施工前的勘测设计工作，全体勘测人员起早贪黑，争分夺秒，积极工作，在树木丛生、庄稼满地、障碍较多，施测条件和生活吃住都非常困难的条件下，提前6天完成了施测任务，9月2日将施工任务分配到县团，为提前开工创造了条件。同时，为了提高工效，加快施工进度，由平泉县制造爬坡机120台，每个施工连队配备一台。对支唐施工所需经费物资的准备，本着自力更生、艰苦奋斗、厉行节约的精神，采取对口借对口还的办法向各有关单位和部门借用，所需一针一线都由自己准备，不给唐山地震灾区增加一分负担。

支唐施工一切准备工作就绪以后，从9月13日支唐施工先遣人员陆续进场进行营建工作，9月22日到10月3日，全区9县1市16232名支援唐山恢复毁水利工程建设的全体干部民工全部安全入场，开挖陡河上段工程先后全面开工。经过承德地区全体支唐民工近3个月的努力奋战，到12月15日胜利完成第一期施工任务，共完成开挖土方工程量210.36万立方米，占冬春两期工程任务的77%。原计划两期施工任务一期完，由于陡河水库蓄水已经超过警戒水位，河北省唐山震毁大型水利工程修建指挥部决定12月15日水库放水，加之承德地区没有挖河施工经验，这样原定两期施工任务一期完的施工计划也就没能如期实现，未完施工任务由省大型水利工程指挥部另作安排。12月16日，承德地区支援唐山大型水利工程指挥部召开先进集体、先进个人代表会议，对开挖陡河施工工作进行了总结，对在支唐施工中涌现出来的先进集体和先进个人进行了表彰。出席会议的先进集体、先进个人代表和支唐民工团负责人共1050人，其中表彰了先进集体164个、先进个人861名。省海河工作组和唐山市海河指挥部的领导也出席了会议。承德地区指挥部总指挥杜宝山作了总结讲话。在被表彰的先进集体中，有28个先进施工民工连队、44个先进施工民工排和78个先进施工民工班，他们有提前完成两期施工任务的平泉县团17连和较好完成施工任务的青龙县团18连，有出色完成施工任务、为重建新唐山做出了贡献的滦平县团四连女民兵排、丰宁县团六连“三八”妇女民兵排、宽城县团五连女民兵班。在被表彰的先进集体中还有地区指挥部和各县团机关的14个先进单位，他们有搞好防病灭病、讲究卫生、保证全勤的滦平县团卫生所和隆化县团卫生队，有坚持送货上门、被誉为“陡河工地好后勤”的丰宁县团后勤处百货组和兴隆县团商业门市部，有全心全意为病员服务的地区战地医院，有保证电话线路畅通的地区指挥部办公室电讯组，有在工作中做出显著成绩的地区指挥部政工处安全保卫组、工程处工程组。在被表彰的先进个人代表中，有为支唐不知劳累、被称为“革命带头人”的平泉县团五连指导员石景玉，有“革命到底志不移”的丰宁县团十连一排长、共产党员董成，有“钢筋铁骨英雄汉、不断创高产”的兴隆县团五连战士、火线入党的新党员张连荣，有陡河战场炼红心的承德县团女播音员冯桂芹，有全心全意为支唐的承德市机修工人赵国福，有“闲不住”的地区指挥部打字员马金荣，有“一心为人民服务”的地区战地医院外科医生刘爱亚。

12月16日至20日，承德地区支唐民工全部安全退场，支唐工作胜利结束。在此次支援唐山地区恢复震毁大型水利工程施工中，地区水利局副局长关悦和技术干部孙宪明、李金华、崔献峰、任英、牛秋彦等作为指挥部工程处的成员，参加勘测设计施工技术工作，圆满完成了任务。张宝成、李洪喜为支唐执勤汽车司机。

在施工中，承德地区没有挖河施工经验，干部不会指导，民工不知怎样干，地区指挥部首先抓了科学施工，提出了“外学内创”的口号，即外学衡水，内创经验。施工中大体分为四个阶段，一是练兵阶段，召开施工现场会，推广承德县团的“人机结合”，“开大蹬、放缓坡、阶梯形、一手清和二马分鬃人字形、路面平直硬”的三种施工经验。第二阶段，为解决劳动组织不合理，工具不适应和施工速度慢的问题，各市县团多次到衡水地区施工现场参观学习，学习推广衡水科学施工的经验，提高了工效，加快了施工。第三阶段，在取得施工经验后，为保证施工顺利进行，把施工推向高潮，又采取了统一规划、统一领导、协同作战、分段拦截的办法及时解决了影响施工的排水问题。第四阶段，按照“百年大计，质量第一”的要求，为保证施工质量，在滦平、隆化、丰宁县团召开工程质量现场会，并适时组织了三次施工大总结、大检查、大评比，对搞好科学施工和高速度、高质量、高标准、高风格完成施工任务起到了推动作用。

为了更好地完成支唐挖河光荣任务，指挥部党委、各市县团党委，还注意抓了全区130个党支部、262个党小组和125个团支部、426个团小组的组织领导和政治思想教育工作，充分发挥党团员的骨干带头作用，对加快施工进度起到了促进作用。各级领导同广大民工自觉坚持同吃、同住、同劳动，地区指挥部的干部不搞特殊化，工棚自己建，炉子自己搭，坚持参加集体生产劳动。各市县团干部和民工同住一个工棚，同吃一锅饭，同民工一起干，晴天一身汗，雨天一身泥，既当指挥员，又当战斗员，作出了榜样，带动了施工。

关心民工生活是搞好施工的保证。唐山地震以后，工地生活、卫生等条件都很差，为了保证民工吃饱、吃好、住好和身体健康，地区指挥部和各县团一开始就注意抓好民工生活问题，层层设立专管人员，充分发挥粮食、商业网点人员的作用，切实搞好物资供应，解决了民工的吃、住、医等问题，在条件困难、生活标准低、防病灭病任务繁重的情况下，保证了民工的生活，保证了民工的身体健康，保证了正常施工生产。

在支唐工作过程中，中共承德地委第一书记韩荣吉多次主持召开常委会议，研究讨论支唐工作，解决支唐工作中存在的问题，地委派出以地委副书记王清为首的慰问团到支唐工地慰问全体支唐民工和干部。各市县委书记和工委、公社书记也带领有关部门负责人多次到支唐工地进行慰问，帮助解决问题。所有这些都使支唐的广大民工和干部受到了很大鼓舞。

承德地区支唐施工任务全部经费预算为491万元，省仅批准264万元。由于承德地区广大民工的积极努力，基本完成了开挖陡河的工程任务，对建设新唐山做出了贡献。

之二：支援西藏自治区水利建设

1978年1月20日，中共河北省委决定，由承德、张家口和廊坊三个地区，各抽调10名农田水利技术人员，组成河北省第三批支援西藏自治区水利建设工作队，期限为两年。承德地区抽调的10名人员是：承德地区水利局副局长刘克俭（技术干部），承德地区水利局技术干部康巨忠，承德地区水利机械工程处打井技术工人朱明，兴隆县水利局技术干部刘瑞平，青龙县水利局技术干部候文荣，平泉县水利局技术干部广德海，隆化县水利局打井技术工人姜文斌，围场县水利局打井技术工人冷国林，承德地区电力局技术工人朱晓东，丰宁县电力局技术工人王建成。在正式出发以前三个地区抽调的援藏人员在省会石家庄集合，省领导接见了全体援藏人员，并为全体援藏人员送行。

河北省第三批支援西藏自治区水利建设工作队，于1978年3月21日从省会石家庄乘火车正式出发，于4月11日到达西藏自治区首府拉萨。中途到达青海省格尔木转乘汽车前，进行身体健康状况检查，有4名人员因身体状况不适应而返回，其中有承德地区的康巨忠和候文荣二人，另两名为张家口地区。实际进藏人员共26人，其中打井技术工人14名、修理工1名、水文地质员1名、电工2名、水利技术干部6名和两名带队副局长。带队正副队长分别由承德地区水利局副局长刘克俭和廊坊地区水利局副局长何永延担任。进藏后在拉萨休息半个月后，先后分配到拉萨市、那曲、昌都、山南、日喀则五个地、市水利队，自治区水利打井队以及穷结、江孜、仁布、贡嘎、当雄五个县和澎波农场、年楚河治理工地等13个单位开展工作。在支援西藏水利建设两年来的期间，在自治区水利局以及地、县、场各级党政的关怀支持下，和广大藏族同胞一起努力工作，援藏工作取得了一定成绩，为西藏的水利建设贡献了力量。

在打井建设方面，共钻井112眼，进尺3528.6米，其中成井96眼，进尺3412.6米，废井16眼，进尺116米。本期援藏完成打井数量比前两期援藏四年打井总数还多42眼。同时有70%左右的井配了套。

在井队建设和培训打井工人方面，1978年以前，全自治区共有5个打井队（自治区、山南、日喀则、澎波农场和扎囊县井队），有打井工人82名，开动钻机6台，最多时8台，累计完成打井54眼。河北省第三批援藏水利建设工作队进藏后，除对原有井队继续进行技术指导外，又帮助地新建了昌都、那曲两个地区和拉萨市、穷结、江孜、仁布县6个打井队，新培训打井工人162名，最多时开动钻机达19台，比过去多开13台。同时，山南、那曲、日喀则地区和拉萨市打井队还为15个县代训打井工人60多名，为建立26个县级打井队初训了技术力量。新建井队打井工人已初步掌握钻井技术，大部分打井工人能独立操作。

全体援藏打井工人在援藏期间，绝大部分工作积极主动，想办法，出主意，不怕苦，不怕累，和藏族工人一起干，受到各级领导的好评和赞扬，出现了不少好人好事。在山南和那曲工作的援藏打井工人的先进事迹，先后三次上了西藏日报。援藏打井工人有2人次出席了自治区、地区水利水电和农田基本建设先进集体、先进个人代表会议。援藏打井工人不怕高山反应，坚持带病工作，坚持连续作业，一天工作十七个小时。援藏打井工人扬长顺两次去昌都和柳园提货都患了重感冒而没有休息，他组装的“上海-300型”钻机，为了做到第一眼井开门红，首先做到配套、备件、打捞工具齐全，规章制度严密，打第一眼井时亲自把钻，身不离工地，奋战两昼夜没睡觉，打成一眼60多米深的西藏第一眼自流井。在那曲工作的援藏打井工人刘景春，高山反应大，长期呼吸困难，当队部想给他调换一下地方时，他坚决表示在藏北高原干到底，打出3眼机井，做出了成绩。援藏打井工人朱明在澎波农场工作，高山反应较大，白血球高，一直坚持带病工作，一人管三台钻机，骑马走几十里路进行巡回指导，他为了在西藏试验冲抓锥打井，他一人连续作业打成了西藏第一眼冲抓井，井打成了，他也累病倒了。援藏打井工人王振铎在谢通门县打成了一眼优质人畜饮水井，解决了那里防治地方病吃水问题。在曲美地区也打出了优质水井，解决了那里人民群众和牲畜饮水的困难。在那曲和昌都郭扎牧场海拔4500米以上的牧区草原也打成了草原机井，为开发高寒草原牧场区地下水创出了路子。

积极调运打井和水利水电工程建设物资，确保支援西藏水利建设工作顺利进行。河北省第三批支援西藏水利建设的全体工作人员，在有限的期间内千方百计为西藏的水利建设多做贡献，多打井，多完成一些水利水电工程建设任务，为了解决打井和水利水电工程建设所需工具设备材料不足的困难，援藏工作人员先后有杨套柱、刘久春、姬旺云、岳炳元、张景文、刘景春、杨长顺、邢俊才、刘瑞平、刘克俭等10人13次去柳园、昌都、重庆、成都、南昌、河北等地提货订货，确保了打井钻机尽快组装投入生产和钻机主要零配件的供应。去河北省求援解决了价值近百万元的打井钻机及配套设备物资零配件等，其中有“丰收-150型”钻机20台，“冲击-22型”钻机14台，“丰收-150型”冲击钻头30个，冲抓锥两台，钨钢粉两吨，九立方米内燃移动式空压机3台，377毫米地质钢管41米，22千瓦电焊机10台，钢丝绳卡近6000个以及其他配件，还有320千伏安变压器2台，高压瓷瓶8000个，15吨启闭机4台，8吨启闭机4台，闸门两个，“20型”水轮机10台。去南昌订购“4105”柴油机100台，去重庆订购200千瓦发电机两台，订购200千瓦开关柜和同期盘两套等。由于物资设备等供应比较及时，使援藏任务完成的比较顺利，钻机打井原计划66眼，超额30眼完成任务。援藏打井工人除超额完成计划打井任务外，还帮助地方和部队机关修配柴油机、发电机、水泵、深井泵、电动机、电焊机、钻机、柴油发电机组、汽车钻等各种机械六七十台，修复旧井10多眼，安装配套扬水站、自来水管道、焊水塔水箱等10多处。

在水利水电工程建设方面，河北省第三批支援西藏自治区水利建设工作队承担了贡嘎电站、当雄灌渠的设计和施工，承担了仁布涌水库的续建和江嘎水库的处理，参加了年楚河综合治理工程的规划设计施工，还承担了贡嘎县一些小水电站的安装架线工作等。

到1979年11月份，贡嘎水电站工程施工水工混凝土、浆砌石部分已全部完成，闸门尚未制作，启闭机还未安装，水轮机已开始安装。变电站部分两台320千伏安变压器已经到货，9根电杆已完全立完，现正在站内架线安装，完成输电10千伏高压线勘测设计33千米，电站到县城段线路开始架设。现工地正集中力量突击进水渠道未完部分。发电机月底交货，如12月上旬发电机能运到，则元旦能有望试车，最迟1980年1月底可试车。当雄县灌渠建筑物已全部完成，支渠建筑物也完成一部分，未完部分的设计已全部搞完。在当雄县灌渠负责设计施工的援藏技术干部王有国，帮助那里培训了5名水利协助员，已能搞测量、内业和施工组织等工程。仁布县江嘎水库五项加固处理项目全部完成。仁布县涌水库于1979年8月份完成了大坝工程，溢洪道开挖也已完成，溢洪道衬砌由于缺料从9月份开始停工待料。援藏技术干部王焕君由仁布县调往年楚河综合治理工程后，先后完成了杜穷区的规划、白朗县1000千瓦水电站的修改设计方案以及两座小水库的设计和修改设计任务，还帮助搞了河道施工放线和施工技术指导等工作。援藏电力技术工人朱晓东配合有关人员完成了7座小水电站的机组安装和以朱晓东为主架设了20多千米农电线路，使贡嘎县昌果区6个公社有电站，百分之七十以上的社员户点了电灯。还帮助培训农村电工8名。

根据规定，河北省第三批支援西藏水利建设工作队于1980年3月份到期返回。鉴于到1979年十一二月份援藏水利建设任务已基本圆满完成，况且又已进入冬季，打井没有井壁管，冬季无法制管，钻机只好停下来，水利工程施工冬季也无法进行。考虑1980年春节是2月16日，距3月只差不到一个月，经请示河北省水利厅领导同意，全体援藏人员于1980年春节前全部返回内地，与家人团聚欢度春节。部分因停工待料未完的水利工程项目和部分扫尾工程项目，移交当地工程技术人员来年施工完成。

附录三：水事纠纷文件

之一：

中共承地委办公室

承德地区行署办公室

关于印发《解决丰宁满族自

汉县小辽东村与滦平县马道沟村

水事纠纷办公会议纪要》的通知

承办发[1990]29号

滦平县、丰宁满族自治县委、县政府：

现将地委、行署《关于解决丰宁满族自治县小辽东村与滦平县马道沟村水事纠纷办公会议纪要》印发给你们，请认真遵照执行。

一九九0年三月三十日

关于解决丰宁满族自治县

小辽东村与滦平县马道沟水事

纠纷办公会议纪要

一九九0年在三月三十日，地委、行署在滦平县召开丰宁、滦平两县县委、县政府主要负责同志参加的办公会议，进一步研究解决小辽东村与马道沟村水事纠纷问题。地委副书记马刚，地委委员、政法委书记刘瑞川，行署副专员刘爱国主持会议，丰宁满族自治县县委书记李景华、县长王庭玖，滦平县县委书记王瀛泽、县长朱德灵，以及地委政法委、行署司法局、水利局、土地管理局的主要负责同志参加了会议。现将会议纪要如下：

（一）会议认为，小辽东村与马道沟村发生的械斗事件，是建国以来我区水事纠纷中一次严重的恶性事件，扰乱了两村群众正常的生产和生活秩序。目前仍然存在着闹事、械斗、集体上访等不安定因素。春耕生产就要开始，如果不尽快解决，势必会酿成新的纠纷，影响社会的安定。要充分看到问题的严重性和解决纠纷的紧迫性。当前政治和社会的安定是压倒一切的中心任务。两县要牢固树立稳定压倒一切的全局思想，克服本位主义，切实做好本地干部和群众的工作，消除不安定因素，保持正常的春耕生产生活秩序。要教育干部群众以大局为重，各自多做自我批评，讲风格，讲团结，发扬团结治水，团结用水，互助互谅的精神，使纠纷尽快得到解决。

（二）会议研究讨论并原则通过了行署拟发的《关于解决丰宁满族自治县天桥乡小辽东村与滦平县虎什哈镇马道沟村水事纠纷的决定》和《潮河主流小辽东村至岗子村河段防洪及灌溉工程规划》认为，这个《决定》和《规划》符合《水法》《河道管理条例》等有关法律规定，体现了尊重历史，面对现实，统筹兼顾，团结治水，科学用水，发挥水资源综合效益的原则。做到了除害与兴利相结合，兼顾了上下游、左右岸的利益。要坚决执行。

（三）会议认为，鉴于两村纠纷系历史遗留的问题，解决起来难度较大，要从有关部门抽调得力干部组成强有力的工作组，两县各由一名副书记、一名副县长带队，深入到村积极主动的做好群众工作。宣讲《水法》《河道管理条例》及有关法律常识，帮助群众从械斗事件中吸取深刻教训，保证不再发生类似事件；整顿两村班子，使党的方针政策及有关决定能够顺利贯彻执行；具体组织落实行署《决定》《规划》的实施；保证不再发生械斗、闹事、不集体上访，保证群众生产生活正常进行。对两村有争议的水利工程。施工时，地区派出公安、司法、水利等部门的负责同志与两县配合监督指导施工。

（四）会议要求两县要切实加强对这项工作的领导，列入重要议事日程，要当作一件大事来抓，增强紧迫感和责任感。主要领导同志要经常过问，解决难题。要明确责任，实行责任制，一级抓一级，哪里出了问题就追查哪里领导的责任，保证《决定》《规划》落实。要切实转变作风，言行一致，不推不拖。鉴于目前春耕迫近，希望两县本着“热心力，马上办，办得好”的原则，抓紧落实，以保证春耕生产的正常进行。

之二：

承德地区行政公署
关于丰宁满族自治县天桥乡
小辽东村与滦平县
虎什哈镇马道沟村水事
纠纷的处理决定
承政［1990］39号

丰宁满族自治县、滦平县人民政府：

丰宁满族自治县天桥乡小辽东村与滦平县虎什哈镇马道沟村之间的水事纠纷由来已久。一九六八年四月三日和一九七0年六月二十七日，两村就防洪工程和用水问题曾达成过协议。一九八九年六月二十五日双方因水事纠纷发生械斗，地区公安处及两县政府、公安局领导立即赶到现场，经两县协商达成了“五条协议”。为尽快彻底解决这起纠纷，行署责成地区水利局对发生纠纷的河段进行测量计算，并提出初步处理意见。七月十二日，行署召集两县政府主管县长、水利局长和工程技术人员进行协商，并到现场实地勘察，形成一致意见后以承政［1989］65号文件下发了通知，即《批转行署水利局关于解决滦平县马道沟村和丰宁满族自治县小辽东村水事纠纷调解意见的通知》。文件下发后没有认真执行。一九八九年十一月二十五日两村再次发生聚众械斗事件，造成伤亡后果。行署、两县政府及有关部门及时采取措施，控制了事态发展。

为合理开发利用水资源和防治水害，兼顾上下游、左右岸和地区之间的利益，充分发挥水资源的综合效益，彻底解决潮河主流丰宁县小辽东至滦平县岗子河段的水事纠纷，行署责成地区水利局组织技术人员于一九八九年十二月至一九九0年三月对该河段的防洪及灌溉工程进行了勘测，地区水利局在征求两县水行政主管部门及有关技术人员意见的基础上制定了《潮河主流丰宁县小辽东村至滦平县岗子村河段防洪及灌溉工程规划》，并根据《规划》提出了《关于解决丰宁满族自治县小辽东村与滦平县马道沟村水事纠纷的处理意见》。为把《规划》和《处理意见》落到实处，地委、行署组成工作组到两县征求县委、县政府及有关部门的意见。行署专员办公会讨论并通过了地区水利局的《规划》和《处理意见》。现就小辽东村与马道沟村之间的水事纠纷做出如下处理决定：

一、行署同意地区水利局上报的《规划》和《处理意见》，两县政府必须坚决贯彻执行。

二、有关两村的防洪、灌溉工程，两县政府要组织施工队按批准的《规划》和水利局的《处理意见》中的具体要求施工，两村干部群众不得干涉。地、县水利局负责工程的技术指导和检查验收。

三、两县政府要高度重视解决纠纷工作，列

入重要议事日程，当作一件大事来抓，主要领导亲自过问，研究解决实际问题。要从水利、公安、司法等部门抽调得力干部组成工作组，深入基层，深入细致地做干部群众的思想政治工作，保证正常的施工秩序。

四、要解决好各级领导的认识问题，进一步加强对此项工作的领导。各级领导要充分认识水事纠纷的严重性和危害性，增强紧迫感、责任感。两县领导要牢固树立稳定高于一切的思想，把维护安定团结，稳定社会秩序作为压倒一切的中心工作来抓，顾全大局，坚决克服本位主义倾向，尽快解决水事纠纷，保证群众生产、生活正常进行。

五、对两村干部群众广泛进行普法教育，深入宣传《中华人民共和国水法》《河道管理条例》，以及有关法律，教育干部群众知法、懂法、守法，把《决定》真正落到实处。要引导群众从械斗事件中吸取深刻教训，保证今后不再发生闹事、械斗、集体上访事件。

六、两县政府接到此文后，要立即向行署写出落实《决定》的保证措施。此《决定》自发文之日起生效并执行，以前凡与本《决定》不符的，均以本《决定》为准。

一九九0年四月二日

之三：

承德地区行政公署水利局
关于解决丰宁满族自治县
天桥乡小辽东村与滦平县虎什哈镇
马道沟村水事纠纷的处理意见
［90］承署水字第44号

行署：

丰宁满族自治县天桥乡小辽东村与滦平县虎什镇马道沟村之间的水事纠纷由来已久。1968年4月3日和1970年6月27日两村就防洪工程和用水问题曾达成协议。根据中华人民共和国水法和河道管理条例，以及行署批准的潮河主流小辽东至岗子河段防洪及灌溉工程规划，本着尊重历史，面对现实，统筹兼顾，团结治水，科学用水，兼顾上下游，左右岸利益的原则，为做到除害与兴利相结合充分发挥水的综合效益，对两村水事纠纷提出如下处理意见：

一、防洪工程

现有小辽东村河道左岸防洪坝标准低、质量差。目前防洪能力达不到五年一遇洪水标准，根据河北省水利厅［90］冀水管字第7号文件精神，行洪标准按10年一遇洪水设计，相应洪峰流量705立方米／秒，河宽95米进行加固，自马道沟村水渠河中引水坝左岸端起向上游150米，向下游10米的小辽东村护地顺坝坝顶高程由现在379.13米加高到380米（左岸端点，其中上游端点高程380.1米，下游端点高程379.7米），前坡边坡系数0.75，坝顶宽1.5米，前坡干砌石厚度60厘米。

二、灌溉井渠工程

1. 小辽东第二灌渠（即马道沟村引水渠坝上游邻渠）引水渠口位置不变，现在引水坝顶高程控制在378.2米，顶宽不超过1.5米，渠道进口底板高程控制在377.8米，进水口尺寸净宽2米（下游原闸门保留），引清灌溉流量不大于0.52立方米／秒，水稻面积控制在473亩，不准再扩大，如枯水生产季节水量不足时允许打5眼透河井补充水量。

2. 马道沟村灌渠、引水口、引水坝及其引水渠位置不变。引水坝恢复，坝顶高程控制在377.5米，顶宽不超过1.5米，进水口底板高程控制在377.1米，进水口尺寸为净宽2.8米。引清水灌溉流量不大于0.78立方米／秒，水稻面积控制在717亩(含小辽东村香磨水稻田48亩)，不准再扩大。如枯水生产季节水量不足时，允许新打透河井6眼（其中香磨1眼），累计达到7眼，补充水量。现在渠道进水口降低深挖70厘米，从1+045断面以上，纵坡由原3‰变缓。

三、工程的实施

1. 马道沟引水坝左岸上下游的小辽东村防洪

河坝，费用由马道沟村负担；由丰宁且水行政主管部门编制工程预算报地区水利局批准后组织施工，该工程要在1990年5月31日前完成，以后维修由小辽东村自己负责。

2. 小辽东村现有第二渠引水坝的施工，由本村负责。

3. 马道沟村的引水口及渠道下降由本村负责于4月6日施工，清渠的土沙方，不要压地，引水坝恢复可随后进行。

4. 小辽东村渠道被毁的进水闸，费用由马道沟村负担，由滦平水利局负责，于1990年4月5日施工。

四、工程管理

小辽东、马道沟村的防洪灌溉工程，必须在批准的整体《规划》下实行统一管理。

1. 由县水利局牵头建立乡（镇）政府、水利站、村参加的联合管水组织，制定出管理规章制度，每年在主要生产季节共商用水管水大事，全面负责管理水事，合作兴办水利。

2. 本着自上而下原则，双方协商用水计划，每村设一名管水员具体掌握实施。推行节水灌溉技术，降低灌水定额。

3. 渠道进水口的引水坝，洪水冲毁后由自己恢复原样，不许加高加宽加固和擅自改变位置，在无冲沙闸的情况下若被淤平后，要自行下挖0.4米，满河宽的溢水口拉沙，待河床降低后再行恢复原样，并由县水利局控制掌握。

4. 凡需改建、新建进口闸门者均应由应本县水利局提出方案，经与对方协商报地区水利局批准，否则不准增设。

5. 上游渠道按计划用水完毕，必须立即关闸，不得擅自从渠道向下游河道泄水。

一九九0年四月二日

之四：

承德地区行政公署
关于对潮河主流丰宁县小辽东
至滦平县岗子河段防洪及灌溉工程
规划的批复
承政批（1990）6号

地区水利局：

你局报来的《潮河主流小辽东至岗子河段防洪及灌溉工程规划》收悉，经一九九0年第九次专员办公会讨论已正式通过，望抓紧组织实施，并报河北省水利厅备案。

特此批复

一九九0年四月二日

潮河主流丰宁县小辽东

至滦平县岗子河段防洪及灌溉

工程规划

（全文略）

之五：

关于解决丰宁县天桥乡
小辽东村与滦平县虎什哈镇马道沟
村水事纠纷中有关水利工程
恢复建设情况的报告

行署：

根据中共承德地区委员会承办好（1990）29号“解决丰宁满族自治县小辽东村与滦平县马道沟村水事纠纷办公会议纪要”，承德地区行政公署承政（1990）39号“关于丰宁满族自治县天桥乡小辽东村与滦平县虎什哈镇马道沟村水事纠纷的处理决定”（以下简称决定），行署指派以司法局罗恩堂局长为组长的有行署办范海清主任、水利局张凤林副局长、地区公安处曹万福科长以及有关技术人员参加的工作组，于四月五日赴两县纠纷所在地，协调丰宁、滦平两县工作组贯彻《决定》。根据行署批准地区水利局关于“潮河主流丰宁县小辽东村至滦平县岗子村河段防洪及灌溉工程规划”，滦平县马道沟村引水渠进水口段改建工程原定于四月六日施工，由于丰宁县工作组尚在做小辽东村干部和群众的政治思想工作而推迟未动工，在马道沟给小辽东恢复去年破坏闸门启闭工作桥板及安装被拆闸门之日，突然于四月七日发生于小辽东村第一生产组出动22人填埋马道沟村与小辽东村边界渠道170米长的小辽东村的一侧，约动填土方30立方米，四月八日下午小辽东村又突然集中群众300多人半天时间填平马道沟村渠道944米（丰宁界内），造成马道沟村引水渠该段的毁灭性灾害，在解决小辽东村与马道沟村水事纠纷处于严峻时刻，地区工作组突出抓了马道村干部群众的思想与行动的稳定工作，没有发生对抗性暴力行动，保证了事态的稳定，四月九日行署副专员刘爱国、地委政法委刘瑞川书记、副书记马国义、地区公安处长张连文等几位领导专程到达滦平、丰宁解决正在工作中发生的新问题，在丰宁县召开丰宁县委书记李景华、组织部长刘振江等县领导与滦平县委王英泽书记、朱德灵县长、黄祖跃常务副县长、李建仁组织部长、地区工作组罗恩堂局长、张凤林副局长参加的会议，确定两县不折不扣地执行中共承德地委承办（1990）29号文“办公会议纪要”和行署“决定”，恢复马道沟渠道，按照地区“规划”改建进水口，并由小辽东村填渠群众承担经济损失，责成地区水利局组织两县水利局技术人员测量，计算恢复渠工程量。四月十日测量计算小辽东村群众两次填渠土方达1321.37立方米，四月十一日上午由丰宁县委书记李景华，滦平县委书记王英泽，地区水利局副局长张凤林带领丰宁县水利局副局长李智、滦平县水利局副局长杜阴宗、小辽东群众代表姚满瑞、马道沟群众代表梁义泽以及两县、地区水利技术干部共同查勘渠道恢复线路，确定恢复原则，商定渠底宽保持3.1米，渠道进口原5.5米宽，并完成定位放线，基本上恢复原渠道断面，划定挖渠叠土界限，不允许毁树，不允许压盖新地，对桩号1+000至1+120有争议的土地所有权地段两方县委书记一致同意保持现状，待土地管理部门确定地界后另议，保证当前种稻通水，小辽东村不得干涉。11日下午由地区水利局张凤林副局长带领丰宁县水利局李智副局长、彦桂青同志，滦平县水利局杜阴宗副局长，张贵顺工程师，地区水政水资办李革生副主任、闫会明高级工程师等人参加恢复渠道放线。四月十二日由滦平县工作组组织马道沟村群众300多人分段按滦平县水利局设计、丰宁县水利局审查同意的图纸放线施工，经过一天的紧张挖渠恢复跌水及渠堤整修培筑等施工作业基本完成。经地区工作组张凤林副局长组织丰宁县水利局李智副局长、彦桂青同志、滦平县水利局杜阴宗副局长、张贵顺工程师、地区水政水资办李革生副主任、闫会明高级工程师沿渠线验收，三方工作组认为重新恢复马道沟渠道工程1080米长符合定线原则，符合设计纵断图，符合行署批准的“规划”要求，维持原来的渠线，没有叠土超界问题，验收合格，三方同意放水运用，一并验收了四月八日马道沟为辽东村第二渠进水闸恢复安装闸门启闭机，重建闸门启闭工作桥梁板及上闸台工作石阶，经丰宁县水利局试提闸门，工作灵活，预制板安装为工作桥板可行，保证工作安全，可进行正常使用，一次性验收合格。

四月十三日马道沟组织群众120多人，畜力车21辆，小拖拉机5辆，在地区及滦平县工作组监督下恢复被小辽东村拆毁的截流坝，原坝方向位置不变，截流坝断面尺寸及坝顶高程按行署“决定”施工。丰宁县公安局工作人员现场执勤，经过13–14日两天的紧张施工，按照“规划”确定的坝顶高程377.5米和规定断面完成了原坝恢复建设，并将洪水河床内高地部分超高坝段的坝顶高程下降到377.5米，14日下午四点半钟地区工作组张凤林副局长组织丰宁县委组织部长刘振江、县水利局杨文焕工程师，滦平县委组织部长李建仁、水利局张贵顺工程师、地区工作组李革生副主任、闫会明高工参加的验收，经张贵顺工程师陪同杨文焕工程师现场测量坝顶高程多处，认为符合“规划”高程要求，经实地量坝顶宽度认为符合“决定”，地区及两县工作组一致同意验收。

小辽东村第二渠截流引水坝经丰宁县工作组

监督整修后，于四月十九日由地区工作组张凤林副局长组织丰宁县水利局杨文焕工程师、彦桂青同志，滦平县水利局张贵顺工程师共同验收，引水口处坝顶高程符合378.2米，沿河向上游按河底坡降抬高，坝顶上盖土超出14厘米，要求继续清除外，整体上原则同意验收。

小辽东防洪坝加高工程即将动工，由小辽东村负责自建，地区给予经济支持，待竣工后地区组织两县有关部门验收。

地区解决辽－马水事纠纷工作组

1990年4月30日

之六：

河北省防汛办公室、冶金企业集团公司关于承德钢厂向滦河弃渣与对岸行洪矛盾解决情况的报告

省政府并润身副省长：

遵照张润身副省长8月7日对省信访局关于《承钢向滦河行洪道弃渣筑井影响泄洪危及对岸群众准备集体赴京上访报告》的指示精神，由省防汛办公室主任副主任魏智敏、科员杨立波与省冶金集团总公司办公室主任刘长厚等同志组成工作组，于8月16日至21日赴承德协调解决。经与承德地、市防汛办公室、水利局、承德钢厂、滦平县水电局及滦平县下湾子村民代表一起在现场调查，座谈讨论，取得了一致意见。现将有关情况报告如下：

一、矛盾由来

近些年，滦平县下湾子村群众多次给省及中央写信、上访，反映承德钢厂向滦河行洪道内弃渣、筑井，影响行洪，冲毁对岸耕地等问题，我们调查结果是：

（一）关于钢厂弃渣问题

承德钢厂向滦河弃渣开始于1972年，渣堆分为两处。一处在滦河交通桥以上右岸河湾处，另一处位于桥下游右岸滩地上。经过对比该处50年代的航测地形图（万分之一）和1964年、1979年、1988年三张实测地形图（五千分之一），判定桥下游渣场（在护岸坝以外的滩地上）对行洪无影响；桥上游渣堆顶宽61.5米，长290米，平均高4.33米，它影响河道岸线和水流方向。弃渣前，水从小孤山两侧流过，主流顶冲对岸山岩；弃渣后，一般水流只能从小孤山左侧通过，主流下挫，顶冲护岸坝，影响对岸防洪安全。但钢厂从1985年10月起，新辟凤凰沟渣场，已不再向滦河弃渣。目前在桥上游渣堆脚下翻渣拣铁的，是承德市滦河镇属宫后等村群众所为，与钢厂无关。

（二）关于钢厂筑井问题

1987年经省批准，钢厂在滦河主槽内修建了10眼水源井，直径仅1米左右，高出河底仅半米左右（有3眼高出河底1米左右）对水流影响很小。但在河床以下有电缆管线及输水管道，与井的底座联结，占了河床宽度约二分之一，当大水冲刷时（计算冲刷深度超过1.8米），可起到部分阻水作用。

（三）关于冲淹耕地问题

滦平县下湾子村民反映，因钢厂弃渣筑井，今年又冲淹毁坏耕地近30亩。经我们现场调查被水冲的约五亩土地是由山洪引起的，与钢厂无关。

二、处理意见

按照尊重历史，面对现实，统一规划，全面安排，依法治水，团结协作的精神，经过协商，达成了一致意见。

（一）承德钢厂向滦河行洪道内弃渣是不符合国家《中华人民共和国水法》和《中华人民共和国河道管理条例》规定的。但因系在“文化大革命”期间所为，五年前已经停止，弃渣又比较稳定，可不再清除，但需将底部用块石护住，以防止被洪水冲塌，阻塞河道水流。群众在渣堆底部翻渣拣铁和在桥下游河滩倒渣拣铁的问题，请承德市政府协助钢厂严令制止，并采取果断措施防止此类问题再发生。

（二）左右岸统筹规划。目前滦河右岸钢厂一侧河坝已达20年一遇的防洪标准，左岸滦平县保护村庄和耕地的河坝可按10年一遇的防洪标准

（911立方米／秒）设计，由滦平县水电局会同承德地区水利局设计队完成，报省水利厅和省冶金集团总公司共同审查批准后实施。投资由承德钢厂支援一部分，省水利厅补助一部分，其余由地、县自筹解决，争取明年汛前完成河坝工程。

（三）这次统筹解决后，滦平县下湾子村群众不要再上访告状，也不要找钢厂的麻烦，村民代表宋宪志等人同意上述意见。

以上意见如无不当，请批转承德地、市及钢厂执行。

河北省防汛办公室（盖章）

河北省冶金企业集团公司（盖章）

一九九0年十月二十五日

河北省副省长张润身阅《河北省防汛办公室、冶金企业公司关于承德钢厂向滦河弃渣与对岸行洪矛盾解决情况的报告》后批示：

由省防汛办和冶金企业集团向承德地、市和滦平县（包括村）共同商定的统一意见要坚决落实，任何一方不得以任何借口拖延、推诿不办，否则，因此而出现问题要追查责任。

一九九0年十一月十八日

附录四：1994年抗洪救灾纪实

之一：

市长柳宝全在全市抗洪救灾工作会议上的讲话（摘要）
一九九四年八月八日

我市这次特大洪水灾害为几十年所罕见。尽管市县区各级都采取了一系列预防措施，但由于在短时间内大强度降雨，特别是由于承德山区山高川窄，坡大流急，迅猛的洪流大大超过了河流行洪能力和防洪设施标准，造成了不可抗拒的特大洪水灾害，全市八县三区全部受灾，受灾乡镇171个，占乡镇总数的78%；受灾人口170万人，占总人口的50%；全市直接经济损失21.6亿元。灾情主要表现在：一是人民生命财产遭受巨大损失。全市冲倒房屋2.06万间，损坏房屋5.4万间，民房损失2.9亿元。大量树木、牲畜、粮食和生产生活用具被冲被淹，林、牧、水产业损失1.75亿元。有72人在洪水中丧生，有1.5万户、7.35万人无家可归。二是农业生产条件遭到严重破坏。全市成灾农作物142万亩，占耕地总面积的26%，水冲沙压耕地75.4万亩，其中冲光地板26.2万亩，绝收46.1万亩，减产粮食2.8亿公斤，土地损失2.62亿元，种植业损失3亿元。一些乡村多年来开发的农田基本建设成果毁于一旦，造成损失1.46亿元，许多群众痛心地说："艰苦创业几十年，一天一夜全冲完"。三是大批工商企业和乡镇企业被迫停工停产。全市乡及乡以上1358家工业企业中，因洪水袭击停产半停产的达529家，受灾面39%。乡镇企业8200家，其中乡村集体企业698家，重灾338家。乡及乡以上工业经济损失3.33亿元，村及村以下企业损失1.44亿元。粮、商、供等流通企业房屋被冲被淹，商品被浸泡，经济损失4030万元。四是公路、铁路、供电、通讯等基础设施遭到极大破坏。其中公路损失9747万元，铁路损失3120万元，电力损失3773万元，通讯损失3480万元。五是市区和县城基础设施遭到严重毁坏。直接经济损失9805万元。六是部分学校、卫生所、广播站被冲被毁。其中中小学校损失5225万元，卫生系统损失791万元，广播电视系统损失580万元。

灾情发生后，全市党政军民紧急动员，全力以赴投入到防汛抗洪救灾斗争中来。一是各级领导及时深入灾区，查看灾情，慰问灾民，指挥抗洪救灾斗争，市五大班子领导分赴各县区抗洪救灾第一线，市县乡许多领导同志夜以继日、废寝忘食地工作在抗洪救灾第一线。广大党员和干部充分发挥了先锋模范作用和骨干带头作用。二是市抗洪救灾指挥部划分六条战线，强化工作责任，全面领导和指挥抗洪救灾斗争。市里紧急下拨部分救灾资金和抢险物资，各县区对7.35万个无家可归的特重灾民进行了紧急疏散安置。三是军民齐出动，奋起抗洪救灾。驻承部队、武警官兵出动2万多人次战斗在抗洪救灾最前沿；交通、电力、邮电和市政建设系统上万名干部职工争分夺秒抢修水毁工程；几十万灾区群众齐心协力，抢修险工险段，清淤清障，避免再次洪峰造成损失。四是召开了抗洪救灾紧急动员大会，一方面部署迎战第二次大汛的准备工作，一方面号召全市人民捐款捐物，开展无灾帮有灾，小灾帮大灾，城镇帮农村，职工帮农民的活动。五是及时通过多种渠道，积极向上级反映情况，汇报工作，争取支援。

承德市的特大洪水灾害，引起了党中央、国务院，省委、省政府的高度重视和全省人民的深切关注，国务院委员陈俊生和国家有关部委的负责同志，省领导主要领导、叶连松、李炳良、陈立友、栗战书、顾二熊等先后深入承德市灾区，检查灾情，慰问灾民，指导抗洪救灾工作。省委、省政府考虑到承德在全省灾情最重，自救能力较差的实际情况，决定把全省救灾工作的重点放在承德。7月29日，省委书记亲自在承德市主持召开了有省直38个部门主要负责同志参加的支援承德抗洪救灾工作会议，对抗洪救灾工作提出了明确的指导方针，对省直部门提出了具体要求。8月3日，省委、省政府在石家庄召开全省支援灾区，恢复生产，重建家园，再造河山广播电视动员在会，发动全省人民支援我市抗洪救灾。8月中旬，省委、省政府还将在我市召开支援承德抗洪救灾现场办公会议，落实支援扶助的具体方案。市委常委会、市政府常务会决定召开这次会议，对全市抗洪救灾工作进行全面部署。下面，我根据市委、市政府研究的意见，讲以下十二个方面的工作。

一、全面贯彻落实省委、省政府关于承德救灾工作的指导方针，实现开发性救灾，建设性扶贫

维高同志提出的“救灾、扶贫、建设”相结合的指导方针，是当前形势下救灾工作的新思路，是一个立足当前、着眼长远的方针。

这个方针充分体现了省委、省政府对承德工作的高度重视。这是省委、省政府下决心从根本上解决承德脱贫和发展问题的一项重大战略举措。我们要认真理解和执行维高同志提出的八字方针，把救灾工作放在更高的起点、更高的标准上。用这个方针统一全市各级干部和广大群众的思想，通过救助一批受灾户，选好一条脱贫路，开发一批新项目，建设一个新承德。各县区、各部门、各行业要按照这一思想制定抗洪救灾恢复规划，狠抓当前，谋划长远。在当前要首先抓好重建河山的三大工程，一是以最短的时间把路、桥、坝等基础设施建设恢复起来；二是今冬明春把沙压土地全部清理恢复起来；三是乡及乡以上工业企业要逐厂订出措施计划，力争在一个月内都能恢复生产。各县区、市直各单位要充分利用全省支援承德的抗洪救灾的机遇，着眼于三年全面恢复，着眼于今后长远的发展，着眼于把承德建设得比灾前更好。这样我们才算抓住了抗洪救灾工作的根本，也才是真正理解和贯彻了维高同志关于“救灾、扶贫、开发、建设”相结合的抗洪救灾工作指导方针。

二、妥善安排好灾民的生产生活

这次特大洪水灾害，造成我市7.35万人房屋倒塌，粮食衣物用具冲光，生活无门，140万人陆续缺粮、断粮。灾害发生后，市政府已陆续下拨救灾款470万元和价值80万元的防汛抢险物资，县区也多方筹集一部分救灾资金、粮食和衣物及时发放到灾区，特重灾民的近期生活已初步得到了安置。但是，各级党委、政府要充分看到下一步在灾民生活安置问题上还有大量艰苦、细致的工作要做。一是要安排好灾民口粮，解决灾民吃饭问题。二是抓紧恢复建房，保证灾民安全过冬。三是解决灾民衣被问题。四是大力开展生产自救。

三、尽快恢复交通、电力、通讯等基础设施

交通、电力、通讯设施的恢复既是抢险救灾

工作的重点工程，也是恢复生产，重建家园，再造河山的基础工程。这次水灾使全市166条各等级公路被冲断交133条，其中17条国道和省道有12条断交；25条县道有18条断交；124条乡村道路有103条断交，公路桥涵被冲毁371座。经过全力抢修，目前17条国道、省道已全部简易通车；25条县道已通车23条，103条乡村道路已通车69条。下一步公路的恢复目标是：干线公路一年、县级公路两年、乡村公路三年全部恢复到灾前的水平。对原设计不合理，工程标准低的路段，要下决心改建重建，使恢复后的公路质量高于灾前水平。这次水灾使沿河高低压线路倒杆5597基、790千米，冲走变压器77台3620千伏安，10座变电站、131条线路停运，经抢修，目前除6个乡镇外已全部恢复供电。电力部门要抓紧与当地政府共同制定恢复方案，多渠道筹集资金，保证在11月底之前将水毁工程全部恢复完毕。这次水灾全市共冲倒冲毁通讯线杆2844根，损坏电缆1.4万米，损失光缆110.2千米，损坏通讯设备49台（件）。邮电部门和各级政府要继续努力，力争在三个月内全部恢复到灾前水平。

四、下大力迅速恢复工业生产

按照维高同志提出的确保绝大部分企业特别是利税大户在一个月内复产的要求，目前，全市乡及乡以上529家受灾停产半停产企业已有406家不同程度地恢复了生产，占76.7%。其中，县区属以上工业企业132家，乡镇企业274家。36家利税百万元以上受灾企业有33家恢复或部分恢复了生产。下一步目标是：9月1日以前，92%的受灾企业即487家恢复生产，生产能力要达到灾前能力的70%以上。其他全毁企业和难以恢复或不具备生产条件的企业，要积极寻找项目，力争早日上马。所有企业都要切实抓好“三增一降一提高”的活动，确保全市工业生产任务的完成，力争达到或接近全省平均水平。为实现这一目标，首先，受灾企业要振奋精神，加强领导，立足自救。第二，抓好以丰补欠。第三，把“对口帮”工作落到实处。第四，要把救灾复产与开发建设结合起来，与调整结构结合起来，实现高起点上救灾，提高整个工业经济运行质量。全市乡镇企业因灾预计影响产值9.4亿元，利税8718万元。到目前，已有103家乡村两级集体企业恢复生产。要力争到8月底恢复237家，占70%，9月底恢复310家，占90%，另外37家恢复难度较大的力争到年底恢复。一是要重点筛选一批效益好、利税在10万元以上的受灾企业，在资金上进行重点扶持，尽快复产；重点筛选一批能够在2-3个月时间内竣工的在建项目，加强调度，重点扶持，争取早竣工、早投产、早见效。二是抓好全省“对口帮”工作。三是没有受灾或灾情较轻的企业要力争超产超收，以丰补欠。

五、全力恢复农业生产条件

按照水冲沙压地在今冬明春得到恢复，光板地在两到三年内恢复，水利设施大部分明年汛前恢复的总体要求，全市复建的重点一是病险库和防洪堤坝；二是水冲沙压农田和被冲光地板的耕地；三是水毁的农田水利设施。全部复建工程确保三年完成。主要任务是：完成加固水库26座，恢复灌溉面积7.59万亩，恢复和新增水土保持治理面积266平方千米，对水毁工程恢复一定要先清障后建设，先规划后建设，严格按基建程序管理。此外要充分利用现有土地和现有生产条件，大力发展“两高一优”农业，边自救，边生产，增加农民收入，保证今年农民人均纯收入目标完成。

六、加快学校、卫生、广播设施的恢复和重建工作

这次水灾全市中小学共倒塌房屋1014间，冲走200多间，206个中小学受灾。对受灾学校，各级领导要高度重视。对轻灾的要安排力量组织自救，利用暑期修复校舍，确保在暑期后正常开学。对6所难以恢复的重灾学校，要采取就近租房，增加班级和班容量等措施，解决孩子上学问题，决不能让孩子失学。同时要抓紧制定恢复建设的规划，抓紧施工建设，争取明年暑段后使用。这次水灾使基层卫生站和广播电视设施也遭受严重损失。计委、财政、卫生、广播电视等主管部门要积极争取省、部

支持，保证农村基本卫生防疫需要，农村广播电视的恢复要与发展有线电视结合起来，实现高起点恢复。

七、抓紧恢复市政工程设施

洪水灾害使市政基础设施遭到严重破坏。市区武烈河两岸大堤被毁或倒塌880多延长米；承德大桥桥墩下陷，桥面折断。城市供热供水系统遭到严重破坏。各县城的公用基础设施也受到很大损失。经过解放军指战员、武警官兵、市政工人和广大干部群众的奋力抢险，目前市区七个险段已全部采取了抢修加固措施，市区及各县城自来水已恢复80%以上，冲毁道路已简易通车。下一步工作重点：一是抓紧市区及各县城供水设施的抢修和重建工作，确保在入冬前全面恢复城镇正常供水。二是在十月底之前完成城市集中供热系统的抢修和重建，确保冬季正常采暖。三是组织专家对市区武烈河大坝的修复工作进行论证，制定整修方案，在1995年6月底之前完成冲毁倒塌大坝的重建工作，然后制定分期修建规划，重建武烈河防洪体系。各县城受损的防洪堤坝也要在明年6月底之前完成整修任务。四是对武烈河大桥立即组织专家制定抢修方案，在年底前完成修复工程。五是对水毁道路及其它市政基础设施也要制定出分期修复规划，并立即组织实施。

八、确保灾区社会稳定、物价稳定

灾害发生后，局势基本稳定，但隐患并没有消除，各级各部门决不能掉以轻心。一是公安部门要严厉打击破坏防汛设施的违法犯罪活动和趁灾打劫的犯罪分子。二是工商行政管理部门要加强市场管理，打击欺行霸市等不法行为，控制物价，防止哄抬物价的现象发生。三是国营商贸部门和供销社要积极组织货源，丰富市场供应，平抑物价。四是对已经存在的社会不稳定因素和可能诱发的各种矛盾，要结合抗洪救灾，采取切实有力的措施，解决各种矛盾和问题。

九、进一步做好募捐赈灾活动

灾情发生后，我市立即在全市范围内开展了募捐赈灾活动，到8月6日，全市已募集捐款119万元，衣物4.5万件，粮食8万公斤，水泥20吨，钢材7.5吨。有些物资已陆续发往灾区。特别是省委、省政府做出把承德作为全省抗洪救灾的重点地区，集中全省财力、物力支援承德救灾的决定以后，全省各市地、省直各单位和全省人民积极响应，纷纷向我市捐款捐物，省外一些机关单位和个人也不断向我市来电来函，捐款捐物，表示慰问。在这种形势下，市委、市政府决定，要在全市范围再一次进行更广泛深入的宣传发动，继续搞好社会募捐。赈灾捐赠办公室要定期公布各单位捐献结果，要公布人均水平，以推动这项工作的开展。

十、切实加强扶贫救灾资金的管理和使用

我市的洪水灾害是严重的，也得到了上级和各方面很大的支援和捐赠。如何管好用好这些资金和物资，是救灾工作中必须重视的问题。为此，市委、市政府研究决定，对各种渠道来的资金和物资，一律由市政府集中管理，统一安排，任何单位和个人都不得擅自批准和发放。总的原则：一是对救济性和恢复性资金物资，分别轻重缓急，切块下达由县区掌握使用，要落实到乡、到村、到户。二是资金随着项目走。三是要保证专款专用，搞好账目管理。

十一、切实加强领导，夺取抗洪救灾的全面胜利

一是要把抗洪救灾作为当前一个时期全市第一位的工作来抓，各级主要领导必须亲自抓，要把救灾现场作为“考场”，锻炼考验各级干部，并以此为契机，进一步完善领导干部的激励约束机制。二是要合理摆布领导力量，划分战线，分兵把口，处理好抗洪救灾与正常工作的关系，做到抗洪救灾和生产建设两手抓，双丰收。三是正确处理好自力更生和争取上级支持的关系。四是要加强信息反馈工作。五是要认真总结这次洪水灾害的经验教训，推动各项工作再上一个新台阶。六是要搞好总结表彰。要注意总结、宣传和表彰在抗洪救灾工作中涌现出来的先进人物和先进事迹，推动精神文明建设提高到一个新水平。

十二、努力抓好当前各项工作，保持经济发展的好势头

今年以来，我市改革开放和经济建设的发展势头不错，一是以企业产权流动重组为主的各项改革进展顺利，得到了国家有关部门和省委、省政府的充分肯定，省政府已批准我市为产权制度改革试点市。二是对内对外开放取得良好进展，招商引资、嫁接改造、利用京津、开发区建设、外经外贸和旅游业等方面都有新的突破，特别是市委、市政府组团出访京津活动取得显著效果，受到维高同志的肯定和赞赏。三是工业生产逐步走出了低谷。1-7月份乡及乡以上工业总产值抑制住了下滑的趋势。四是农业和农村经济进一步得到加强，种植业结构的调整超过预期效果，虽然遭受了特大洪水灾害，粮食要减些产，但如果工作做得好，不再出现新的特大灾害，仍可取得好的收成。五是乡镇企业和个体私营经济的发展保持了强劲势头。六是城市和小城镇建设迈出了新的步伐。总的看，上半年全市各项工作是很有成效的。

维高同志要求我市在救灾工作上要切实抓好三大工程，在经济发展上要确保国民经济五大关键指标的如期实现。按照这一要求，通过对当前经济形势的分析，市委、市政府确定，年初市委、市政府提出的国民经济和社会发展各项目标不作调整和变动，各级各部门承担的目标要千方百计确保完成，没有受灾或受灾较轻的地区、部门、待业和企业还应鼓足干劲超额完成，做到以丰补欠。后几个月，在全力抓好抗洪救灾工作的同时，还要重点抓好七项工作。一是切实抓好工业生产。二是坚持不懈抓投入、上项目。三是继续下大力发展乡镇企业和个体私营经济。四是加大对外开放工作的力度。五是轰轰烈烈扎扎实实地大搞农田基本建设。六是继续抓好重点工程建设。七是按计划实施农村小康建设工程。

之二：

承德抗洪气壮山河

刘工践 陈国琦 吕东明

像撕裂了天穹，一夜之间暴雨倾泻燕山。

像脱缰的野马，山洪从千山万壑冲下。

位于燕山北部群峦起伏之间的承德市，今年7月12日到13日，持续暴雨近30个小时，降雨量最多的县达316毫米。境内的滦河、武烈河、柳河、瀑河等100多条河流水位猛涨。30多年不见的特大山洪，袭击了位于河峡两岸的城市和村镇。

一场340万英雄儿女与洪水抗争、重建家园再造河山的战斗在燕山打响。这是一幅气壮山河的“战洪图”。

冲不垮的堤坝

洪水冲毁了武烈河半壁山中段大坝，严重威胁着承德市区的安全，必须尽快抢险加固。

中共承德市委书记李月辉、市长柳宝全、驻军政委员连起和军分区等单位的领导同志赶赴抢险现场，与战士、民兵和群众一起奋战。

经过126个小时的昼夜奋战，大坝加固工程胜利完成。人们指着这座大坝，发出啧啧称赞：

这，是座坚固的护城大坝。凝聚了军民团结、干群奋战的意志和汗水。

山洪袭来之后，各级党组织第一个想到的是群众。洪水把整个承德市、县、镇村的交通冲断，通讯冲断。兴隆、宽城、承德等县的五大班子领导，不约而同地在各自的县委召开紧急会议，领导亲自分兵十几路，组成工作队，到乡镇检查灾情，慰问灾民。像当年的老八路一样，背上干粮，戴上草帽，腰里别着毛巾，就这样地上路了。当徒步几十里，甚至一百多里赶到被山洪冲得七零八落的灾民家中时，许多群众围过来，感动地落下泪来：“党没有忘掉我们啊！”

“哪里有险情，哪里就有共产党员和领导干部。”记者在采访中，无论走到哪里，哪里的群众都异口同声地这样说。

兴隆县六道河村被洪水围困，一片汪洋。党

支部书记王庆祥、村主任赵瑞才喊了声“党员、民兵跟我来”，就带头跳进湍急的水流中，向被困群众游去。他们和民兵把一批又一批群众救了出来，王庆祥却累倒在河滩上。就在这时，他的耳畔响起了“救命”的喊声，立即组织人前去营救。水，越来越深，越流越急。他们搭成人墙，游过2米多深，40多米宽的急流，把躲在房顶上的3名妇女和4个小孩一一救了出来。

人们赞扬党组织是主心骨，更怀念为群众利益而献身的带头人。

“李文才，你不能走！李文才，你没有走！”在平泉县党坝镇四家村，人们呼唤着村主任的名字，述说着他在抗洪救灾中的桩桩件件……

7月13日，在县里参加会议的李文才得知村里的灾情，跋山涉水赶回村里时，脚打了泡，衣服撕破了。他来不及吃饭，就急匆匆地察看灾情，组织村民抗灾自救。之后，他又到镇政府汇报情况。道路被冲毁，河中水深流急。李文才跋涉好几个小时才赶到镇上。汇报完灾情后，李文才就要赶回去和其他村干部一起领导村民抗灾。看到他疲乏不堪的样子，镇长劝他休息一下，他执意不肯，骑着借来的自行车连夜往回赶，不幸被洪水卷走，献出了年仅36岁的生命。

大灾过后，党中央、国务院派国务委员会陈俊生到承德视察，耳闻目睹了这一幕幕催人泪下的事迹后，他含着热泪，激动地说：“在特大洪水面前，承德各级党组织，经受住了考验。他们是人民群众心目中冲不垮的堤坝。”

倾不住的真情

危难之处见真情。驻承德人民解放军和武警官兵，前后有2万人次投入救灾。

河东路是承德市公路交通大动脉之一。在抢修中，驻军某部接受了采石、装卸石料及填沙袋筑堤坝的艰巨任务。采石场巨石嶙峋，经雨水浸泡，随时都有塌落伤人的危险。刚采下的石头，棱角锋利，刺伤了战士的手脚和肩膀，磨破他们的鞋袜和衣服。新战士杨志感冒发烧，带病参加战斗，天气酷热，他晕倒在采石场。大家劝他回去休息，他说，救水如救火，为多给灾区人民做点事，我这点病算得了什么！战士李爱军，把“弟弟触电身亡”的电报偷偷装在兜里，走上抢险工地，他把满腔悲痛化作支援灾民的力量。

经过4昼夜的奋战。河东路修复了。当汽车隆隆地驰过这平坦的公路时，人们从心眼里感谢和钦佩亲人解放军。

人们永远不会忘记，当水魔肆虐，横冲直撞的时候，驻兴隆县蘑菇峪乡武警七支队优秀共青团员、年仅21岁的周红牛，为抢救身陷急流遇险的战友，而奉献出自己宝贵的生命。“周红牛生前对驻地老百姓关心、救人的事迹太多了。人们多想再看看小周一眼，但他毕竟去了。家家户户翻出送终用的祭纸和香柱，在红牛去过的家门口、街巷边点燃。几个大爷大娘跪在雨后泥泞的地上，高擎香柱不停地叩拜：老天爷，救救我们的小牛子吧！他可是我们老百姓的贴心人啊！

承德县城在滦河、老牛河交汇处。滦河大坝决口，洪水向城区袭来。“县光荣院进水！老人危在旦夕！”告急电话就是命令。县委县政府领导和民政局的干部不顾自己的小家和财产，拼命向光荣院奔来，院里住的24位老人，是抗日战争、解放战争和抗美援朝的功臣，说什么也得把他们救出来。县里抢救队员把这些老人背的背，抬的抬，把最后一位老人转移出来时，院里的洪水已有1米多深，房屋开始倒塌。

洪水洗劫了兴隆县平安堡中学，却没有死伤一个人，每谈到此事，人们就称赞校领导，感谢党员和教师。

深夜，洪水涌进校园。学校校长立即组织教师冲向学生宿舍。学生正在酣睡，有的吓得直哭。校领导和老师们在齐腰深的水中一趟接一趟地把学生送到安全处，当10来名教师将240多名学生全部转移出去时，校园里水深已达2米，5间宿舍已开始倒塌。

学生们无一伤亡。为了救孩子，这些人民教师，没有一个顾及就在后院的自家宿舍。待到把学生转移到安全地方时，老师家中的电冰箱、电视、自行车等财产已被洪水洗劫一空。财产损失逾20万元。

7月13日凌晨，由北京驶往承德的553次客车因铁路冲断滞留在北马圈站，车上千名旅客和工作人员被困。

"不能让一名旅客挨饿！"区商业局连夜备好各种食品，即刻用4辆汽车向北马圈疾驰。早7点20分，500公斤糕点面包，1000根香肠、2000罐饮料及一批白酒、啤酒送到了每个旅客手中。

此时，北马圈子因洪灾已停电断水，居民吃饭发生了困难，但人们从四面八方涌上来，香喷喷的包子，热腾腾的馒头、绿豆大米粥、各种炒菜、烩菜、咸菜都送来了。

马圈子煤矿小学，北马圈子村小学师生送来了水。马圈子镇卫生院大夫走上列车，为旅客送医送药。

列车的旅客和乘务员生活在爱的海洋里。列车长王学勤激动地对送食品的人说:你们受了重灾，还这样无私地支援我们，叫我们怎么感谢你们呢。面对此情此景，旅客发自内心地唱道"社会主义好"、"共产党好"！

经过人们的奋战，前面的路修通了。553次列车就要离开北马圈站时，当地上千名群众前来送行。车上的旅客和工作人员也把所有车窗打开，向送行人群挥手告别。当司机鸣起长长的笛声向北马圈人致谢，列车徐徐启动时，不少人流下热泪--"感谢你们，灾区人民。我们将更好地工作，以实际行动支援你们。"

"再见吧，北马圈人，我们永远不会忘记你们！"

压不弯的脊梁

大水留给承德是一片灾难。住在滦河岸边下板城镇的一位老汉，投资5万元承包了20亩池塘养鱼，种了两个塑料棚蔬菜。山洪过后，池塘变成汪洋，鱼被冲走，菜地变成沙板。老汉妻子哭啼几天，吃不下饭。老汉坐在土层前正收拾网具。眼都熬红了。记者问他："下步怎么办？"他苦笑了一下："还得干。"吐出的是斩钉截铁的三个字。

承德人民在市委市政府的领导下，没有被灾害所征服、所吓倒。他们痛定思痛，挺起腰板，竖起脊梁，继续前进。

在省委、省政府召开的支援承德抗洪救灾工作会议上，确定了全省支援承德的决策，省委书记和省长率领干部深入承德灾区第一线，明确提出"救灾、扶贫、开发、建设"四位一体的救灾方针。

在承德抗洪救灾、重建家园工作会议上，市委书记李月辉、市长柳宝全铿锵有力地说：以这次救灾为契机，高起点地恢复家园，再造山河，用我们的双手，把承德建设得更好。

在恢复家园的战役中，国有企业的广大职工焕发出来的精神和风格，感人尤深。

承德县造纸厂，中二型企业，60年代建厂，847名职工，年产1100万吨。洪水涌入车间，使280多台电机被毁。厂党委在洪水过后，立即组织恢复生产，把被毁坏的电机拆下来，卸开机壳和部件，用灯泡烤，用风机吹，许多职工把家里的吹风机都拿来，吹干湿透了的漆包线圈。高温天气使许多职工身上长满痱子，吃饭时炊事员把饭菜送到现场，就这样夜以继日地干了一个礼拜，全部恢复了生产。厂党委为了表彰职工，把奖金发给了各车间党支部。而所有支部和职工都把钱退回来："厂子受灾，我们是企业的主人，哪能要这些钱？"

兴隆县化肥厂是新上马生产尿素的厂家。由于资金不到位，尿素始终没有投产。工厂负债，今年还欠工人半年工资。正式投产尿素才五天，大水却冲坏了设备，厂子停产，工人心急如焚，抱头痛哭。一个化工专家划着小船穿行于厂区内，看到设备被毁的情况，说恢复生产最快也得一个月，而厂内的职工在党委领导下艰苦奋斗了15个不眠之夜，就以惊人的速度奇迹般地恢复了生产。

承德钢铁水泥厂在承德市是灾区第一家迅速

恢复生产的企业。董喜平，该厂的厂长，43岁。当夜晚洪水淹到厂区的关键时刻，他冒着大雨赶到调度室及时下令高压电室停机，保护好厂里的重点设备。他安排好厂内的突击队做好待命准备之后，对工厂附近的马圈子镇又放心不下。晚10点30分，董喜平又来到马圈子镇。这位青年厂长不仅想到本厂，更是想到了当地政府和人民。他到了政府大楼前，发现了竣工不久的大楼前，有一个几米深的大坑，如不及时采取措施，大楼就有前倾倒塌的危险，他来不及通知镇政府，马上回到厂子拉了30吨水泥，填上了大坑。水灾给这个厂造成2443万元的经济损失，当他们听说京承553次列车被困在北马圈站，便又蒸上馒头，全部无偿地运到车站，供给乘客。平安堡中学被水冲毁，9月1日开学，学生没有教室。“再难也不能难教育、难孩子”，他毅然想方设法在厂区腾出房间，给学生做教室。这一切，附近的老百姓看在眼里，记在心上，都说：“还是国有企业好。”

在承德县，到处都传颂着挑灯夜战修大坝的故事。滦河与老牛河交汇处的护城坝堤被冲，决口达200多米长。承德县委赵济生副书记奉命率领万余人的义务抢险大军，昼夜兼程、挑灯夜战。“人在大坝在”。他同武装部长张玉新向县委县政府立下誓言。每天从凌晨六点干到深夜十一二点。胡子长长了，同志们劝他刮一刮，他说：“什么时候修好大坝，什么时候再刮胡子。”万人大军硬是在齐腰深的泥水、甚至在没人深在激流中，运石、拉土、打桩。垒大坝编织袋不够，一道命令，全县城家家户户动员，不到两个小时，就送来了2万个编织袋。经过12个昼夜奋战，大坝终于合拢了。一条白色的长龙横卧在滦河岸边，紧固了堤坝。

宽城满族自治县绊马河村，是承德市人民发挥愚公移山精神，再造山河的缩影。

村党支部书记张焕余带领全村老少奋战七八年，使这个穷山村摆脱了贫困。这场洪水，冲垮了水利设施，冲毁了农田，冲走了树木。绊马河村人多年艰苦奋斗的成果付之东流。

张焕余哭了，全村人哭了。

“干！水冲了，我们再造，并且要造的更好，更结实，让水冲不掉！”很快，张焕余擦干眼泪，发出了震天动地的喊声。全村人从十几岁的娃娃到七、八十岁的老人，全部投入战斗。

洪水吞噬了南山崖下390米水渠。为了浇二道河子30多亩水稻，也为了再造一条洪水无法冲掉的“永久渠”，决定在半山腰用炮崩出一道新渠。突击队员们有的用手扒着石砬缝高空作业，有的泡在齐腰深的水里打眼。三伏天酷热难忍，突击队员就在水里泡一下继续挥锤激战。仅10天时间，一条宽2米、长100米的盘山渠就凿成了。

就这样，仅有56户人家的绊马河村不等不靠，奋力拼搏，仅20多天时间就高质量地修复大坝500多米，疏通大渠3000多米，扶起70多亩庄稼，补种了30多亩晚秋作物。

像绊马河这样的人和事，在承德并不少见。在他们身上，看到了承德人的未来。承德，充满希望。

之三：

“七·一三”洪峰过后

令春

“七·一三”那几十年不遇的暴雨洪水已经过去，磬锺峰下武烈河畔十几万市民的生活早已恢复了往日的宁静。

但是，人们永远不会忘记那场暴雨、洪水对历史文化名城的肆虐，对全市人民的威胁。

更不会忘记，全市党员、干部、工人、市民、驻承各部队指战员、武警支队和消防支队的官兵们，为了名城的安危与荣誉，冲锋在前，奋勇拼搏，不畏艰难，力排险情，经受住了公与私，得与失，生与死的考验，谱写出了一曲曲气壮山河的正气之歌。

警报：1360立方米／秒

32年来的最高洪峰

今年的夏季，全国气候反常，从江南到东北，持续高温不退。进入雨季，广西、辽宁等地暴雨成灾。这一系列出人意料的气象信号，引起了市委、市政府的高度重视。针对燕北山区峰险谷深、河流纵横的特点，进入汛期以来，市委、市政府多次研究部署防汛工作，对防大汛抗大洪提出了明确要求，采取了一系列有力措施，各县（区）、各部门做了大量卓有成效的工作，全市从上到下，从城市到农村，早已做好了抗洪防汛的各项准备。

进入7月份，全市8县3区普遍降雨，土壤含水已达饱和状态。7月11日至13日，淫雨霏霏，全市24小时连续降雨，大部分地区日降雨量超过100毫米，兴隆县降雨量达316毫米，市区降雨量达169毫米，相当于正常年景3000小时的降雨量，是1962年以来的又一次全市大范围的降雨。顿时，早已超过正常流量的武烈河河水在继续猛涨，13日清晨，武烈河洪峰流量高达1360立方米／秒。暴雨和洪水的袭击，给承德市区带来了空前的灾难。

——城区武烈河两岸大坝局部闪裂，有6处坝体倾斜、坍塌，近1000米河坝被毁，半壁山段西侧大坝有230米坍塌，人行道塌入水中，坝上京承公路路面出现110米长的裂缝，不断上涨的洪峰随时可能决堤而出，人民群众的生命财产受到威胁，举世闻名的山庄外庙受到威胁；

——自来水公司的河东、橡胶坝等三处水源的8个水井被淹，配水厂的供水量急剧下降，市区供水几乎全部中断；

——市区有11条110千伏线路因损坏而停电，东北郊516、518两条跨河线路杆毁线断，东北郊、石洞子沟两站被水包围，供电负荷下降50%，半个承德市一片黑暗；

——由于承德大桥陷裂，通讯光缆被挂断，28局通信全部中断。3200部电话受阻，通往北京、天津、石家庄、兴隆、承德县的长途通讯全部阻断，全市二级邮路被迫停运；

——京承、锦承、京通、承隆4条铁路出现坍塌71处，全部断交，京承旅游公路，101、111、112三条国道断交，联接华北、东北的铁路、公路大动脉处于全部瘫痪状态，承德已成“孤岛”；

——市区内大部分企业因灾停产或半停产；城区直管公房有64间坍塌，74栋楼房和1352户平漏雨……

通讯中断，供水停止，供电濒危，交通阻断，整个承德市区几乎又回到了盘古开天地之前的混沌状态，但雨还在下，洪水还在冲击着几处坍塌的武烈河堤，险情正在发展蔓延，势态万分严峻！

就在这最危急的时刻，市委、市政府先后五次召开紧急会议，及时部署了抗洪抢险工作。

12日早，市政府启动了紧急防汛预案，各路防洪队伍进入各自的护防地段，采取紧急措施，控制险情发展。

13日凌晨2时，城区防汛指挥部发布了抗洪抢险命令，随即市委、市政府主要领导深入抗洪第一线，察看灾情，指挥抢险。

按照市委、市政府和城区防汛指挥部的部署，一场以抢修抢接、迅速恢复交通、供电、通信、供水为重点的人民战争打响了！

一个个战斗堡垒拉出了
一支支过硬的队伍

灾情发生生，全市各级各部门在党组织的支持和配合下，立即组织人力、物力投入紧张的抗洪抢险斗争。他们拉出了一支支过硬的队伍，打了一个又一个的漂亮仗。

承德供电公司经理胡健、党委书记张洁接到险情后，首先派人全力保护担负市区供电任务的东北郊和石洞子沟两个变电站，并立即组织了城区抢险队，昼夜奋战，哪里有险情，就冲向哪里，哪里需要就到哪里去。几天内共出动抢险人员700多人次，紧急处理险情70多处，迅速恢复了7条35千伏线路，改变线路运行方式，控制了主要线路的险情，到15日晚8时，城区供电恢复正常。

市交通局是这次暴雨洪水的重灾户之一，为

了尽快恢复全市交通，他们兵分两路，一路是局领导分赴各县区，察看灾情，帮助抢修水毁路段；一路是由一名局领导挂帅，组织200余名职工，40余部机械车辆，参加武烈河187段抢险，抢修101国道上二道河子水毁路段，清除京承公路秋窝梁段大面积塌方，打通城区南北两个出口。经过奋战，提前实现了市政府提出的“国道三日、重要省道五日通车”的要求。

市邮电局为了迅速恢复承德通往北京、石家庄的大通道，修复通往兴隆、承德县等地的光缆和市区的28局线路，集中全局的技术骨干，一路沿途查找障碍，一路抢修水毁线路，经过七天七夜的连续作战，7月18日全市邮电通信设施基本恢复了正常。

水是城市的血液，生命的源泉。为了尽快恢复城区供水，在万分紧急的情况下，市政府决定在三天内，修复水毁水源，启用离宫水源井。接到命令后，在市公用事业局副局长赵纯洁、局纪检书记于永顺带领下，市自来水公司全力以赴，奋战三昼夜，抢修机泵，清理污水，一天时间就将停用二年多的离宫水源井修复完毕，三天后使城区供水很快达到了灾前水平。

抢修公路、重架供电通讯线路启用水源的战斗在继续，武烈河的滔滔洪水仍在急流奔下，为迎接第二次洪峰的到来，加固维修武烈河大坝的战斗打响了。顷刻之间，沿大坝从南到北摆开了七个战场。市直各参战单位和驻承各部队，派出了精兵强将，顶烈日、冒风雨，昼夜奋战。为保证抢险施工顺利进行，市政协委员、市公用事业局高级工程师闫戊寅不顾体弱多病，坚持到水毁坝段实地踏察，为七处险段制定了抢修预案，接着便同局领导一起带领技术人员分赴抢险工地……

在洪水冲刷下，万树园处大坝出现一条10米长15厘米宽的裂缝，一旦发生坍塌，洪水将会越过公路，直逼山庄。为了保护大坝，保护文物古迹，驻军86646部队派来了80名官兵，市文物局等单位派来了100名职工，市物资局、公安局派来了汽车，公安消防为抢修大坝，又不耽误防火，将三台救火车开到了现场，在军分区副司令员侯建平指挥下，很快筑起了一道道丁字坝，控制了险情，保住了山庄。

一个个默默奉献的人

筑起了一座座堤坝

在抗洪抢险的日子晨，广大党员、干部、工人、团员青年舍小家顾大家，在危难险重任务面前，不畏惧、不退缩，干在先，冲在前，默默地奉献着自己的一切，他们的事迹被广为传颂。当我们去采访他们时，许多人只是嫣然一笑，说道：“没什么好说的，大灾面前谁都会这样做的。为政府排难，为人民解忧理所应当。”

东北郊变电站担负着半个城区的供电任务。13日肆虐的洪水包围了变电站，一旦洪水进站，后果不堪设想，在这危急关头，住在电站家属房的共产党员关敬武，不顾自己家进水，不顾身患冠心病，第一个冲出去，装沙袋，堵洪水，直到公司大队人马赶到。这时，他家的东西全泡在了水里。

7月13日上午，武烈河洪水水势不减，浪头一个接一个。为了给水源井接上电，需要在武烈河上架起一根临时电缆，共产党员赵艳春主动请战，冒着生命危险，身系电缆绳，跳进二米深的河水，硬是将一根拇指粗的电缆拉过了百米宽的河道。青年工人姜守勇右手虎口被电线割开，鲜血直淌，许多同志都喊他、叫他，让他从电杆上下来，换别人上，但他强忍疼痛，坚持把杆上的活干完。

在承德大桥头，市邮电局科协主任王伟等人，带领30多人的抢修队，冒雨托起数百斤重的光缆，向大桥中间走去，一小时内布放了三条光缆，之后，长途有线分局的副局长张维杰立即带领六名技术人员，架起光缆熔接机，不顾天热，不顾下雨，忘记了吃饭，从中午一直干到夜间11点，终于接通了28局的所有电话和通往承德县的光缆。

支援丰宁县城救灾抢险的市自来水公司副经

理徐祝福和一名工人技师不顾几天连续工作的劳累和路途的颠簸，赶回市里后，便立即参加启用离宫水源井的会战，一干就是十几个小时。

京承公路工区主任、共产党员孙绍英，爱人在市保险公司工作去丰宁察灾情，家里还有一个上幼儿园的孩子，为了迅速修通城区通往外界的公路，她每天早出晚归，一人指挥两个险段的维修，几天下来，人晒黑了，累瘦了，嗓子喊哑了，身上起满了痱子，不叫一声苦。铲车手小甄，一个人在铲车上连续工作几昼夜，屁股坐出了疮，不吭一声，一直坚持干到完。

洪水，给人们带来了灾难，但也锻炼了人们，考验了人们。在抗洪的前沿，在抢险的工地，在关键的岗位，在危急的时刻，广大党员干部工人，青年团员，哪里需要就到哪里去，哪里有危险就有他们的身影，用自己的心血和汗水铸造了一座座时代的丰碑！

一个个独立的单位为了

一个共同的目标

尽快恢复城区水源、交通、通讯和供水，确保城区社会稳定，群众生活安宁，是参加抗洪抢险人员的共同目标。一个个独立的单位，在市委、市政府的号召下，冲进了飞泻的雨瀑，跃进了滚滚的激流，手挽手，胸贴胸，共同铸起了一座抗洪抢险的“大坝”。

驻承部队、武警支队、消防支队的官兵，在抗洪救灾中始终战斗在第一线，打头阵，冲在前，哪里有困难，就有解放军的身影，哪里有险情就有人民子弟兵。几天内共出动12400多人次，抢修险工险段89处，并派出了大量的机械设备，参加抗洪抢险，危难之中，再现了子弟兵的风采。

在武烈河半壁山大坝险段，防汛指挥部一声令下，立即集结了全市近20个单位的上千名职工和数百名武警战士，在230米长的工作面上，人们身背肩扛，清基打桩，很快修起了一条新坝，确保了南园小区的安全和京承旅游公路的畅通。

市园林处在暴雨袭来的时候，首先想到的是周围上千户居民的安全，山洪下来之后，他们打通了院墙。顷刻之间40余亩苗圃地6万余株花卉被泡在1米多深的水中，地下暖气沟全部进水，8栋花窖20多间仓库被淹，直接损失达30多万元。市园林处这种舍局部保居民的做法得到了周围居民的交口称赞。

暴雨过后，市环卫处干部职工立即行动起来，突击清理大街上的流沙和垃圾，排除公厕险情，保证城区的环境卫生。市房产局派出22支小分队，四天时间清理坍塌土坝、危坝11处，抢修平房960户，楼房115户，疏散危房住户45户。

公共汽车公司派出车队，冒雨疏散因铁路断交而滞留在承德站的旅客2000多人。

由于各方通力协作，7月15日到18日城区交通、供电、通信、供水相继续恢复正常。

之四：

兴隆县抗洪救灾重建家园纪实

（宜亮 热河 陈升 海友 付永）

朋友，你还记得一个多月前那场令人心有余悸的“七·一三”大洪灾吗？从那一天起，位于雾灵山脚下的兴隆便成了党中央、国务院和各级党委、政府，成了全市乃至全省人民、各级新闻媒介关注的热点。洪灾过后，国务委员陈俊生率领国务院有关部委负责人视察灾情，带来了党中央、国务院对灾区人民的亲切慰问；省长叶连松、副省长顾二熊也多次深入灾区，带来了全省人民支持承德灾区重建家园的决定；市委书记李月辉、市长柳宝全也走村串户，给灾区的父老乡亲们送去了党和人民政府的热情关怀；石家庄市乡镇企业系统的24名厂长、经理们来了，带来了省会人民对灾区人民的深情厚谊；中央、省、市新闻媒介的记者们也来了，他们用手中的笔记录下洪水给兴隆县造成的灾难，为兴隆县人民自力更生、重建家园、再造山河的英雄壮举而摇旗呐喊……

前来视察的各级领导，前来慰问的各界朋友，前来对口支援的亲人们，前来采访的记者们，给兴隆灾区人民带来了党中央、国务院的关怀，带来了全省、全市人民“一方有难，八方支援”的深情，带来了“人定胜天”的良好祝愿，也给兴隆县人民带来了一个寓意深刻的命题：无情的洪灾给兴隆县人民的生存环境带来了毁灭性的打击，在这种生存环境下兴隆县人民能否继续生存下去，有着优良革命传统的兴隆县人民，又能在生养自己的山河大地上填写出一份什么样的答卷，来感谢党和各级政府的关怀，感谢全省人民的深情厚谊？

答案是振奋人心的。英雄的三十万兴隆县各族人民没有被毁灭性的灾难吓倒，他们已经在各级党委和政府的领导下行动起来，发扬战争年代那么一股精神，那么一种干劲，那么一种必胜信心，正在用自己勤劳勇敢的双手，在3123平方千米的山河大地上，打响了一场“振奋精神，自力更生，重建家园，再造河山”的人民战争，填写着一份非同寻常的答卷。

敢叫日月换新天

无情的洪水给兴隆县农业带来的灾难是惨重的。占全县土地总面积45%的耕地被毁，其中4.8万亩河川地变成了乱石滩，4.3万灾民变成了无地可种的“非农业”，1600间民房及财产被洪水冲走，5000间民房淹没倒塌，4.3万人民无家可归；297个村有150个村断交、断电，20000多山区人民重新遇到饮水困难……

在泰山压顶的洪灾面前，兴隆县委、县政府在洪水暴发的7月13日上午就召开了抗洪救灾会议，下午就组织县五大班子主要成员步行几十里深入到六道河、茅山、平安堡等十一个重点乡镇慰问、指挥救灾。第二天，又从县直机关抽调110名干部组成抗洪救灾工作组，分赴重点乡镇的重点村，帮助乡村干部组织、指挥救灾。县政府在财力紧缺的情况下，借贷款向重灾区发放了61吨粮食和30万元救灾款，县直干部职工捐赠的4.3万多元钱和5000多件衣物也及时发放到2.4万灾民的手中。一些受灾较轻的乡镇和干部群众也向灾民伸出了热情的手，孤山子乡的干部群众在洪水过后就踊跃捐款3万多元，并及时把款送到重灾区之一的茅山镇政府；兴隆镇个体经营者左金利一人就捐款1000元；三道河乡偏岭子村听到本县北部乡镇受灾严重的消息后，党支部书记张印锋便将2.5吨面粉送到县民政局。党和政府的关怀，四面八方的支持，稳定了灾民的情绪，鼓舞起他们生产自救重建家园的信心和勇气。

平安堡镇是重灾区之一，野兽一样凶残的洪水不仅冲毁了占全镇土地面积的46%的5860亩土地、4台汽车、54间镇办中学的校舍、20千米乡村公路、4.8万棵树木，还冲走私营企业振华砖瓦厂的全部厂房，淹没全镇的56个煤窑，镇机关里边也淤了二尺厚的泥沙，根本无法起火做饭。在这种艰难的情况下，承德钢铁水泥总厂给送来了600个馒头，镇机关的职工们就靠这些馒头和从泥沙扒出的咸菜来充饥，坚持与抢险突击队员们一起不分昼夜地抢修重点工程，抢修电力和干线公路。

茅山镇花园村是个有300多口人的山村，一夜之间有13户村民的房子被洪水冲得无影无踪，在灾民们仰天长叹的时候，村里成立起4个食堂解决了灾民们的吃饭问题。支书张金岭家就是一个食堂，几顿饭下去家里的存粮就所剩无几了，就在这时候上级给每个重灾民送来一袋面、200元救灾款，灾民们激动地拉着镇里干部的手不放，不住地说：“咋感谢政府呢？咋感谢政府呢？”党和政府的关怀鼓舞了花园村群众生产自救的信心，他们在水灾发生后的第3天-7月15日，就打响了抢险修路的战斗，从十几岁的娃娃到年近八十的老人都参加了义务劳动。洪水无情地夺去了小学教师王国山爱人的生命，王国山在水灾后第二天将妻子安葬入土，第三天就安顿了两个脸上挂满泪花的孩子，与乡亲们一起投入重建家园的战斗。此情此景，感动得县长刘文悦、镇长王玉军都落了泪：这么多可敬的人民啊，有这样不屈不挠的群众，我们还有什么难关不能度过呢？！

兴隆县就是这样在大灾后的几十天时间里，一面发动县直机关、轻灾区捐款，妥善安置无家可归的农民，一面组织重灾区群众以乡镇为战，以村自为战，全办抢修堤坝、道路、输电线路、通讯线路。县委、县政府还及时组织了由交通、邮电、电力等部门组成的42个抢险突击队，争分夺秒地抢修干线公路、电力、通讯等基础设施。目前，全县的150个断电的村子已有120个村恢复了供电，邮电部门在水灾发生的时刻就派出了抢险突击队，仅用几天时间就接通了通往县外和十几个乡镇的通讯线路。

泰山压顶不弯腰

连绵的暴雨、特大山洪给兴隆工业乡镇企业造成的损失也是严重的，肆虐的洪水不仅卷走了县精密铸件厂、平安堡振华砖瓦厂、明星轧钢厂等20个企业，也卷走了200多家的个体户的商店、摊点，使化肥厂、山楂集团、兴桦木制品厂、洞庙河水泥厂及上百家煤矿、几百家铁矿等骨干企业受到了重创，给600多家乡镇企业生产的恢复带来难以克服的困难，加之全县范围的断绝交通、电力，致使全县6000多家国家、集体、私营、个体企业全部停工、停产。

损失是严重的，形势是严峻的。只有工业、乡镇企业尽快恢复生产，才能充足的税收，才能缓解财政困难，也才能解决部分灾民的生活，重建家园的愿望才可能变成现实。怎么样才能尽快恢复工业生产呢？兴隆县委、县政府在灾情发性后就兵分两路，一路由县委副书记、县长刘文悦挂帅，顶烈日冒酷暑穿梭于县城、北京、石家庄、承德之间，向上级如实汇报灾情争取外援，一路由县委书记王锡国挂帅指挥全县生产自救。县委、县政府还明确告诫群众，抗洪救灾需用的大师资金和物资，光靠国家支持是不可能的，必须把立足点放在自力更生、艰苦奋斗上。有条件恢复生产的要尽快恢复生产，没条件要创造条件恢复生产。

兴隆化肥厂是全市人民瞩目的“八五”重点工程之一，这座年产4万吨尿素的工厂刚刚恢复生产，就受到洪水的袭击，这座投资8000多万元的工厂，每生产一天就可得2万元的利润，停产一天就要增加十几万开支。化肥厂的灾情牵动着人们的心，顾二熊副省长闻讯之后立即拨通省化工厅的电话，指示全省化工系统有人出人，有物出物，全力支持兴隆化肥厂恢复生产；县保险公司以最快速度查明了损失，迅速理赔180万元；工商行兴隆支行雪中送炭，灾后第二天就返还利息23万元；省化工厅副厅长在灾后第7天就带来援军……四面八方伸出的一双双热情的手，使化肥厂的职工们很快从灭顶之灾的痛苦中解脱出来，他们擦干了泪水投入了争分夺秒的抢修工作，他们24小时连续作业，吃住在电机、设备旁，只用了十几天的时间就检修、烘干、拆装完了102台电机、69台设备，清洗了库存200万元的备件。水灾过后的14天-7月27日午夜1时20分，合成氨车间的机器轰鸣起来，尿素像瀑布一般流了出来。职工们同时间赛跑创下的奇迹，让当过化肥厂厂长的顾二熊副省长为之感动地说：“兴隆化肥厂不愧是老先进企业，我以老厂长的身份向化肥厂的全体职工表示感谢。”

兴隆县外贸包装厂曾被一、二尺深的洪水淹没，成品、半成品、原料几乎被洪水洗劫一空，洪水过后留在厂房、宿舍、仓库、办公室的是40公分厚的淤泥。在厂房、设备、仓库、宿舍、办公室被淹困苦面前，干部职工首先想到的不是吃饭怎么办，住宿怎么办，而是怎样尽快恢复生产，把洪水造成的损失夺回来。洪水过后第三天，干部职工就以只争朝夕的精神状态，投入清洗设备、维修设备的攻坚战，一连几天他们每天工作十二个小时以上，将20多台电机、设备一件件拆卸、擦洗、烘干、安装，仅用10天就开机生产，当月生产纸箱29250平方米，受到国务委员陈俊生的赞扬。生产恢复以后，情绪高涨的职工们经常加班加点，产品质量和数量比灾前有了大幅度提高，使这家从1992年建厂以来连续亏损的企业在大灾后的8月份创造了扭亏为盈的奇迹。

7月13日的洪水，瞬间夺走了洞庙河水泥厂两座桥梁、4套配电盘，3台电机和变压器也因水淹而报废，40根专用电杆折断，12.5千米电话电缆线被损坏，石灰石矿、变电站、铁路专用线等基础设施也受到了不同程度的毁坏，损失达250多万元。面对如此严重的灾情，干部职工不禁流了泪，但他们很快从悲痛中解脱出来，擦去脸上的泪水，全力以赴地投入抢险和生产自救的战斗中。恢复生产缺少资金，职工们在几个月没发工资的情况下集资70多万元；为了早日接通电源，电力车间的职工们就打着手电连夜挖电杆坑。短短的5天时间里全厂共出动3500多人次，抢修桥梁两座、通讯线路7千米、电力线7.5千米、厂区路、公路7千米，打了一场生产自救的漂亮仗。

兴隆县工业、乡镇企业就是靠这样一支大灾压不垮，困难面前不低头的队伍，在灾后一个多月的时间，使全部停产的企业又呈现了机场轰鸣的勃勃生机。更令人欣喜的是兴隆人民不仅把大灾当作挑战，也当作一种发展机遇，北营房镇的汽车靠垫厂在大水过后的第7天-7月20日，就生产出市场畅销的汽车凉爽垫，月产值达5万元；该镇荒地沟村与武清县联建的地毯针织厂也于8月20日生产出精美的地毯，安排劳动力80余人；兴隆镇的十家企业在对口支持中，不着眼短期行为的物资、资金援助，而是从技术、信息、经营上寻找合作的长期伙伴，调整了经营方针和产品结构，其中的承德兴大综合铸造股份公司已与辛集玛钢厂联合经营，使这个较大规模的扩建项目有了新的进度。孤山子乡孤山子村支书张树军为了使联办的中心校炼铁厂及时投产，连续三昼夜不离工地，终于使年产万吨生铁的炼铁炉在8月17日点火投产。

经过一个多月艰苦卓绝的奋斗，到8月底兴隆县14家受灾停产国家企业已经全部恢复生产，6000多家乡镇企业已有4200多家恢复了生产。

“宁掉十斤肉，不当软骨头”

五彩缤纷的彩旗猎猎舞动，广播喇叭里乐曲阵阵，挖掘机轰鸣着伸出巨膀，运石料的拖拉机、汽车、小推车穿梭般地往来，在“男女老少齐上阵，千军万马战潮河”的醒目标语旁，长龙似的护堤坝在一寸寸增高，在一米米地延伸……这不是二十年前农业学大寨场景的回忆，也并非是十几年前大兵团作战时的战地速写，而是8月21日记者在六道河镇农建现场会上目睹的动人场面。记者在现场见到身穿短衫的潮河治理指挥部的总指挥张云民，这位年近四十岁的镇党委书记眼睛布满红丝，嗓音沙哑了，显得格外疲劳。他在现场会上向代表们介绍:潮河治理万人会战第一战役是8月19日打响的，整个工程从潮河源头之一的大苇塘村至长城脚下的二道河村一字摆开，参战人数13000余人，其中多数是潮河两岸的村民，也有从十几里、几十里外的深山区赶来的援军，既有本镇的干部职工，也有从县城带干粮来的公安干警，第一战役预计在10日内结束，给群众留下十几天抢秋的时间，马上打响垫地造田的第二战役，力争在今冬明春夺回万余亩耕地……听着张云民的发言，县重建家园总指挥、县委书记王锡国似乎并不十分满意，他在总结发言中严厉地说：“再造山河不是按原来的模样重建家园，而是要按‘救灾、扶贫、开发、建设’的方针，重建一个前进的发展了的新家园，各工程指挥部要严格按县重建家园规划的工程标准施工，工程质量一丝也不能马虎，长城脚下那二三百米不合格的堤坝一定要推倒重垒……”

这位县委书记对部下要求的太苛刻了吧？同车的县长刘文悦接过话茬说：“我们也知道乡镇干部们不易，一个多月的重建家园哪个干部没掉几斤肉，没脱一层皮，我们也想放乡镇的头头们几天假，让他们睡几宿安稳觉，可这样又怎能完成三年重建家园、再造山河的艰巨任务呢？”

原来，兴隆县委、县政府早在7月26日就召开了全县抗洪救灾工作会议，提出三年自力更生，重建家园的规划，号召全县干部树立“大决战、打持久战”的信心，带领群众再造兴隆山河。但此时干部群众经过十几次的抢险修路十分疲劳，一些人也产生了休战一下，等上级救灾款到后再大干的思想。面临这种局面，王锡国心急如火，他心疼疲劳不堪的部下，却又不得不与副县长王宝林一起，在一个月内连续在兴隆镇的北区村、陡子峪乡、六道河镇召开3次现场会，并率领总指挥部督导队的同志们马不停蹄地亲临战场督战。群众就是这样被发动起来了，从雾灵山脚下到青松岭旁，从潮河水源头到滦河口，一场筑坝造田的大决战在潮河、柳河、洵河三大水系摆开战场，从十几岁的娃娃到七八十岁的老人，从乡镇干部职工到企业、商店的工人，人们又像战争年代那样，像学大寨时那样，意气风发、斗志昂扬地投入大兵团作战的行列。全县每天出工人数达十万人之多，真是从来没见过的大灾，从来没见过的大干。

群众真正被发动起来以后，许多干部们难以克服的难题迎刃而解了。六道河镇二道河村的潮河边，按县里的统一施工标准，需用水泥浆砌大坝，村民就勒紧裤腰带每人集资50元买来了水泥；平安堡镇水泉甸子村垒河坝时铁丝不够，村民们就创造了坝底铺铅丝，将来再用铅丝打石笼的施工办法，解决了铅丝不足的问题；长城水泥厂是北营房镇的一家私营企业，在洪灾中本厂损失了几十万元，但听说救灾建设需用水泥，厂长李学敏就主动捐献了200吨水泥；该镇印刷厂的职工们为了做到上班参加会战两不误，上午到会战工地参加劳动，下午加班补工到深夜，基本解决了会战与本职工作的矛盾……

一个多月以来，兴隆县战斗在抗洪救灾第一线的干部群众团结奋战，在补种荞麦、白菜、萝卜等晚秋作物9500亩、扶起沙压地7300亩的同时，用工150万个，动土石方200万立方米，基本完成了潮河、柳河、洵河三大水系主河道两岸100千米护村护坝修筑任务，再造兴隆山河的大决战即将进入垫土造田的第二战役。

兴隆县人民重建家园、再造山河的路还很长，任务也还十分艰巨，我们祝愿兴隆县的三十万儿女，在党和政府的关怀下，在全省人民的援助下，坚持“救灾、扶贫、开发、建设”的方针，填写好铺在兴隆山河大地上的那份不寻常的答卷，让兴隆大地更加兴隆。

之五：

宽城满族自治县抗洪救灾报告

（张明复 刘树军 王宜亮）

进入7月份我县连降中到大雨，7日至13日的7天内降雨量达398.2毫米，仅7月12日20时至13日9时就降雨171.6毫米，最大强度达到66毫米／小时，致使全县境内山洪暴发，四大河流水位陡涨。据水文部门测量，瀑河流量达1590立方米／秒，为建县以来所未见；长河流量达1200立方米／秒，为建国以来所未见，全县交通、电力、通讯及自来水全部因此中断，工商企业被迫停产……

——摘自宽城满族自治县政府《关于特大洪灾情况的报告》

这是一段令人难忘的日子，当山洪威胁国家、集体和群众的生命财产之时，当重建家园、再造山河的攻坚战打响之际，是谁冒着生命危险，是谁顶阴雨冒酷暑，用血和汗、用友和爱谱写出一曲抗洪救灾的胜利凯歌？是中国共产党领导下的各级党委、政府，是广大干部群众。

（一）“西村家属院的大坝口子开啦！瀑河的水往上拱，南沟的水向下冲……”7月13日7时许，县委书记刘清泽的办公室门被推开了，县政府秘书孟庆莲带来了一个令人焦急不安的消息。昨夜一宵没睡踏实觉的刘清泽，一听这话就急了，他把手一挥说：“叫车上大坝！”来到瀑河护城坝上，透过白茫茫的大雨一看，平日每秒100多个流量的瀑河每秒流量象水银柱一样往上升，800立方米、900立方米、1000立方米、1100立方米……水位距5米高的坝顶不到1米了，像狮子发狂一般的河水卷着树木、砂石、牲畜横冲直撞，护城坝已有几处塌方，先前赶来的关悦县长已指挥县消防队官兵加固大坝。在瀑河与小南沟水交汇处有一通往下河西的漫水桥，瀑河水正从豁口处往坝里冲，小南沟的洪水往下冲，护城坝里的西村家属院已变成了一片汪洋，院内水不排除，不仅有30多户居民的生命财产难保障，县城还有进水的危险……就在这时，武警中队、人武部、预备役团的官兵们陆续赶到了，打响了一场营救被围困群众的战斗。

此时此刻，天上的雨还在不停地下，身患腰椎间盘突出的公安局政委任敬业咬着牙在岸上疏导围观群众，公安局长国永珍、人武部政委白春举、预备役团参谋长杜文副则一马当先跳入齐腰深的水中，率领官兵抢救老人、妇女、儿童……雨越下越大，水越涨越高，白春举一不小心掉进了一个大水坑，可他忘记了自己的危险，爬出来又踉踉跄跄向一户居民院子走去。武警中队二班副周海旭个子小，跳下水就陷到一个烂泥塘里，石块刺破了大腿，他全然不知，上岸后战友们发现他的迷彩服被血染红了，劝他休息一下，他去一声不吭又下了水；国永珍正在犯肠炎，一下水肚子就痛得难忍，可他咬紧牙关任凭豆大汗珠往下流，坚持和官兵们一起战斗。就这样，官兵们冒着被水吞噬的危险，顶雨战斗了3个多小时，一趟又一趟地闯进被洪水围困的西村家属院，扶老携幼，使50多名老人、妇女、儿童及时撤离，并帮助群众转移电冰箱、电视机、洗衣机、机动三轮、摩托车、粮食等1000多件，价值12万多元的家庭财产。

上午11时30分，与县城一水之隔的上河西村告急：村前的护村坝豁开了一个几米宽的口子，直接威胁着上河西村100多户居民和上河西大桥！听到险情以后，人武部的官兵们不顾西村家属院战斗的疲劳，二话不说就率领全体干部职工带着防洪工具和1000个塑编袋子赶赴现场，与当地群众并肩装袋堵决口，冒雨奋战一个多小时，终于堵住了大坝决口，保住了上河西桥和上河西村100多户居民的生命财产安全。

下午5时，县电力局告急：全县供电线路全部中断，唯有下坎子供电站通往县城的512号10千伏高压线可望在短时间内恢复供电，但此时河床里一棵大杨树被水冲倒，树头紧紧地挂在三根高压线上，随着咆哮而下的巨浪，杨树在电线上摇曳着。怎么才能排除险情呢？派人撑木筏子去锯树，河水水流湍急排险人员无法靠近；等洪水退后再排除，高压线就会被压断，就要影响到供水、广播电视乃至整个县城的抗洪救灾工作。在这千钧一发之际，武装部长闫俊成下达命令：军事科副科长王春光急速带2支半自动步枪300发子弹赶赴现场。排险的场面是惊险而又精彩的：只见闫俊成和王春光卧在河边大坝上，瀑河上便响起“啪！啪！啪！……”的连续的射击声，随着清脆的枪声，只见30厘米粗杨树干上木屑飞落，两位神枪手真是弹无虚发，只用了80发子弹，杨树就被打断了，随着“咔嚓”一声巨响，杨树一折两段，在咆哮的河水中顺流而下，高压线伸直了腰，围观的人群中爆发出“真是神枪手！”的喝彩声。

当晚8时，一片漆黑的县城突然万盏灯火齐明，驱散了居民心中水毁停电数日的阴影，广播电视恢复了播映，自来水公司连夜抢修被洪水淤了的机井……

（二）峪耳崖镇前庄村的群众没有忘记，山洪卷着泥石、涌进山村之时，村庄顷刻变成一片水的世界，30多名群众被洪水围困的村民石清福家。石家周围是没人深的洪水，是村党支部的几名主要村干部不顾个人安危带领民兵抢救出险境的群众。开始，人们想把大绳子扔过去，让遇险的人攀着绳子游过来，绳子扔了几次都未成功，怎么办？在这千钧一发的紧要关头，是村副支书马生拽着有线电视导线游了过去，接着又推着坐在花篓子里的人游出险境。

宽城食品公司的职工们没有忘记，当洪水袭击板城镇食品站之时，食品站变成了一座孤岛，是37岁的女副经理张彩文一马当先跳入齐腰深的水中，同陆续赶来增援的县消防支队官兵、商业局机关的男同志们一起，奋战两三个小时，抢救出被困的三名职工，抢救出19头肥猪、1.5吨食盐、一拖拉机和1000多公斤淀粉……

茅子沟乡机关干部们没有忘记，山洪暴发的那天，乡党委书记宁秀荣正在县城办事，他早晨爬起来就顶着大雨往40千米外的茅子沟乡政府赶，途经大字沟乡政府时，同行们告诉他："你还是先回家看看吧，你家新盖的五间瓦房也受灾不轻，几里路先回去看看再赶路也不迟。"宁秀荣摆摆手回答："乡里、村里的灾情咋样我还不知道呢，我还是得先赶回乡里去。"

在宽城的基层党员干部中，像马生、张彩文、宁秀荣这样的典型还很多。化皮六子乡乡长张清友从县城往乡里赶，到马架沟村被齐腰深的水拦住去路，硬是让两名村民架着过河；54岁的副县长王巨龙去东川乡了解灾情，冒着酷暑徧山走了50多千米路，腿肿了、脚扎了也没停留；板城供电站长王海滨家住宽城镇，在抗洪抢险的日子里，妻子几次打电话告诉他家中房子漏雨，洪水威胁着全家人的安全，而他也曾三次到县局仓库领料，却三过家门而不入……

瀑河边上的下河西村是个有300多户的村庄，13日清晨6点多钟洪峰下来，村里的大喇叭响起了民兵紧急集合的命令，85名民兵同时赶到大坝堵口。草袋子不够用，民兵刘学峰主动拿出准备出售的1000多个草袋子；堵坝的石料不够用，民兵刘学满主动让出家中盖房的石料；拖拉机手张丰峰、赵亚峰、刘林便跑步去拉石头。全村男女老少奋战2个多小时，动土石方300多立方，终于堵住了一个15米宽的坝口，加固了80米大坝，保住了村庄和130多亩稻田。

（三）洪水是无情的，灾情是罕见的，英雄的20万宽城各族人民没有被汹涌澎湃的山洪所吓倒，也没有被泰山压顶的灾情吓倒。在洪水围困县城的13日上午，县委、县政府就召开了抗洪紧急动员会议，把护城大坝加固任务分段包干给政府各局；第二天，县委、县政府五大班子负责人带队的18个灾情工作组，就顶烈日出发，盘山、涉水深入18个乡镇勘查灾情，领导当地的抗洪救灾。在县委、县政府的正确领导下，全县各级干部、党员、民兵、群众很快行动起来。以泰山压顶不弯腰的英雄气魄，打响了自力更生、重建家园、再造山河的人民战争。

13日清晨，宽城供电公司所辖的3座35千伏变电站、2座110千伏变电站全部中断，供电公司与几所变电站的联络又全部中断，那里的灾情到底如何呢？张国富经理果断地作出决定：兵分两路，一路步行到各变电站勘查灾情；一路抢险突击队争分夺秒地抢修通往县城的局部供电线路。抢险命令下达后，抢险突击队冒雨出发，沿瀑河岸清理压在高压线上的树障，一处、二处、三处……清着清着天上的雨停了，天变得像蒸笼一般，可职工们谁也不叫一声苦，谁也不喊一声累，经过7个多小时的奋战，突击队员们先后清理路障100多处。当晚19时许，强大的电流顺着修通的516线送进县城，看着县城万家灯火齐明，听着广播站播音员用铿锵有力的声音播送全县抗洪救灾动员大会实况，拖着疲惫的身体的突击队员们脸上露出笑容。第二天，分公司又组成8个抢险突击队，投入抢修3条35千伏输电电路的战斗。为了早日使3条线路恢复供电，突击队员们早起晚归，顶烈日战酷暑，经过4昼夜的奋战，职工们修复了35千伏高压输电线5.6千米，杆基12处，在水灾过后第4天-7月18日18时恢复了向全县送电。

灾情就是命令。13日早6点，县交通局机关的干部就行动起来，率领公路站的同志们，分3组勘查干线公路灾情，排除路障。副局长李海山、公路站长李墨林发现宽（城）崖（门子）线罗家沟段多处塌方，就带领站内职工下车动手排障，并动员过路司机、村民20人参加抢险，突击奋战4小时，修复公路30多米，及时疏通了车辆。公路站副站长董晓军等一路人发现邦（钧）宽线三号井段路基被水掏走，就带领工区道班人员抢险。一干就是6个多小时，终于用树杆、沙袋子控制住了险情，保住了干线公路的畅通。在几天的抢险过程中，县交通局长张广兴、副局长任敬瑞、张连树，党委书记张秀廷白天和职工一样下水，一样挥锨舞镐，晚上还要开分析会，一忙就是深夜。局领导的行动鼓舞了全局职工，公路站的同志们每天从早7点干到深夜，在地方政府和沿线群众的支持下，经过交通局干部和全县养路工人的奋战，仅用二三天时间，清除塌方2.1万立方米，使宽邦线、京建线、平青大线三条大动脉在17日恢复通车。

在电力、交通争分夺秒抢险的同时，重建家园、再造山河的战斗也在其他各条战线打响了，全县上下出现了一个一切服从抗洪抢险的动人景象。

--邮电局成立了占县局职工50%的抢险队，于水灾发生的当天排除了市话障碍并接通了通往承德、潘家口水库和峪耳崖、菠罗台两个支局的长话线路。第二天，接通了30%的乡级线路；第四天就恢复了所有乡镇与县城的联系。

--县人民保险公司在洪灾发生的当天，就组织人员跋山涉水，到县城、峪耳崖等乡镇验灾，在水灾发生后的第6天-7月19日，就把22万元赔金送到保户手中。

--在洪水发生的第三天，供销社就召开了有镇社主任、各公司经理参加的救灾会议，一边安置本系统14个受灾企业的职工生活，一边组织救灾物资、生活用品的市场供应。苇子沟供销社在交通中断的情况下，雇三马车去进货，过河时先把挂面等生活用品搬过去，再抬车过河装货，4名职工忙了一天终于把货拉了回去；宽城镇供销社主动把16吨化肥送到受灾的下河西，每吨化肥赔本70多元；商业、供销系统还主动把食盐、农药、化肥送到各基层商店、基层社，克服断交的困难，用毛驴、人扛等方式把急需外运的杏仁、蚕茧收购上来，县食品公司在县城市场猪肉上扬的情况下，把几十头猪肉全部以8元/公斤的价格销售，只半天就平抑了上涨的猪肉价格。

--豆子沟铁矿是市县合办的中型铁矿，洪水冲走了矿区公路4.2千米、桥梁250米、桥涵3座，毁坏高低压及通讯线路5000米，房屋34间，毁坏汽车16台，生产设备99台，致使生产被迫停止。灾情发生后，全矿720名职工、家属、驻地施工队员就夜以继日地投入抢险战斗，仅用3天时间就恢复了电力、通讯，修通了通往外界的道路，使10万吨铁选厂发出了机器的轰鸣声。

--化皮六子乡北杖子村的250亩水稻被洪水冲毁160亩，为保住剩余90多亩稻田，水灾后的17日就动员500多人去抢修3000米水渠，保住了几十亩稻田。

--峪耳崖镇地处长河岸边，是经济比较发达的乡镇，也是全县的重灾区，在洪灾中有20多人受伤，2人死亡，34间房屋被毁，3万公斤粮食被水卷走，39人无家可归，十几家国营、乡镇企业被迫停产，直接经济损失达2290万元。灾情发生后，县委书记刘清泽就先后7次亲临此镇，了解灾情，指导全镇的救灾工作，并步行2千米来到小庙沟村2次看望重灾民，掏出50元钱塞到重灾户张连柱的手中。县委书记的行动使全镇干部群众深受感动，党员、干部、团员、群众也纷纷开展募捐活动，不到3天时间就收到捐款2400多元，鼓舞了广大群众的救灾热情。到7月底，全镇已经修复河坝2500米，开通公路10千米，修复所有高低压电线，使多数企业恢复生产，并已种晚秋作物170亩。

在山洪暴发的第二天，该镇的前庄村就出现了500多人战洪水的壮观景象：老人、妇女、儿童在街道上排积水、垫街道，壮劳力到长河边加固河坝，使前来察看灾情的省政府副秘书长王高鹏、副市长李景华为之深受感动。短短的几天时间，前庄人就动员劳动力300多人，修复了600米大坝，恢复了2个金矿的生产。省委书记听了汇报后也高兴地说：“你们工作做得很好，在灾情面前就是要有自力更生、艰苦奋斗的精神。”

之六：

承德县军民战胜特大洪灾纪实

（晨光 德民）

荒旷的泥沼，两行凝重的足迹。一尊背影，像一棵北方的树伫立的太阳下，浑浊的滦河在他身边奔腾而去。他缓缓弯下腰，捧起一把散发着腥气的沙土。

我们轻轻走近他。他那如河水般深不可测的目光从手中的沙土移向布满乱石、杂草和倒伏树木的泥沼，移向太阳起处的群山——几天前，手中的土还是一捏就成团的黑色沃土，眼前，还是片片碧绿的稻田，今年的水稻长势分外好，每棵蓬蓬勃勃的稻秧都系着金色的丰收梦。初次迈进这片土地的人常发出惊叹：老牛河边滦河畔，名副其实的塞北江南啊！

他在这片土地上喝滦河水长大，整整72年。72年中，他见滦河、老牛河发过三次疯，一次是解放前，再次是1962年，最疯狂的还是这次。

是的，对于承德县来说，这个夏天真是神经失常了，入暑以来天就下火，好不容易来场雨却是一场灭顶之灾：48.9万亩农作物付之东流，占全县农作物总面积的91%，且遭受水魔袭击的主要是沿河两岸的“两高一优”农田，良田被夷为沙滩；263家县乡企业受灾，其中具有一定规模的企业47家，62家企业的机器停止转动；24.6万米河坝、18.5万米水渠、308眼机井、251个机井房被毁；27.4万米公路、167个桥涵（其中较大桥梁68座）因受不同程度损失四日中断，电力、通讯设备受损严重，一度中断。全县经济损失达25110万元。

水魔，夺去了19人的生命，17540名难民无家可归。

水文工作者以沉重的笔记下这漆黑的雨夜：1994年7月12日。

沙土从老人的手中细雨般地漏到膝上脚上。他看看我们，白色的胡须随着蠕动的嘴唇抖动几下，但他什么也没说，手拍打几下，将凝重的足迹延长——前方是滦河坝的决堤处，红旗扯动着河风猎猎飘扬，推土机轰鸣着向河坝的缺口冲击，打桩的小伙子粗犷的号子声中壮美地锤起锤落，油黑的光脊背上滚动着颗颗太阳。

两天后的一个傍晚，我们又见到了这位老人，是在电视的荧屏上。记者以习惯的职业用语问：您这么大年龄还参加抗洪救灾是为什么？老人答：就为了脚下这片土呀！

就在我们与老人站立在河滩的同时，河北省副省长顾二熊与承德市有关领导来到承德县慰问视察。站在县城街中，随行的省某电台记者说：从人的精神和县城面貌看，这儿真不像受过灾。仅相隔几天，省委书记在承德视察灾情，走过这片土地时又说：“不像受过灾的。”

燕山，傲然屹立在滦水畔，它摧不垮、冲不倒的身躯，是承德县人民的象征。

中流砥柱

雨柱向大地狂泄，滦河、老牛河、柴白河、武烈河浊浪翻卷，像脱缰的野马冲上堤岸。来自工厂、农村的告急电讯不断传到守候在电话机、电台前的县委书记栾松江、县长谢文学耳里。日历手表刚刚显示出7月13日的第一个时刻。

每颗雨点，都沉重地敲击着他们的心。然而，他们作出各项决策时又是那样的果断和冷静。因为，他们深深地知道，指挥者不乱阵脚，是战胜水魔的关键。

凌晨0时，领受了县委、县政府指示去组织抗洪的防汛办的车子已穿过雨雾，涉过激流，抵达胡营子村。防汛办主任刘奇同志见山坡上闪烁着点点灯光，下车后知道，这是上山避洪的群众。他们马上协助乡政府干部组织群众转移，进行抢险。雨中，传来群众的喊声：感谢县领导，感谢共产党！这时，车上的电台又传来栾书记的声音，要他奔赴新的岗位。

凌晨4时，栾松江、谢文学和副县长邢书印的车子奔驰在山间公路上，驶向水患最严重的新杖子乡、上板城乡。山洪挟裹着岩石，在公路上乱滚，车子，像一条船艰难地行进，但终因交通受阻返回县城。没过多久，县长、书记的身影又出现在已遭水淹的淀粉厂、化肥厂。

东方现出曙色，雨仍未停，滦河、老牛河洪水咆哮，护城河坝出现险段，县委副书记尹志宏、副县长鲁成玉、武装部政委陶万树与其他领导汤成林、郝津平、吕风岭等，分兵把口，带领由县城职工、居民自动组成的抗洪大军，以沙袋堵住了险段，洪水在他们脚下无奈呻吟着退缩。

县光荣院告急，24名有着光荣革命历史的老人面临生命危险。县委副书记崔洪奎、尹志宏、副县长苏秀春等火速赶到，站在齐腰深的水中，将老人们和周围的几百户遇险居民转移到安全地带，并安排好他们的食宿。

回想起那在洪水中飘摇的日夜，凡目睹过领导身影的承德县居民都激动不已：“哪最危险，哪儿准有他们。有了他们，我们就有了主心骨。”

洪水稍落，可栾松江的心并没有由此轻松，站在伤痕累累的承德县大地上，他在思考，在决策，在奔忙：护城河坝要加固，以防第二次洪水袭击；灾民们要安慰，不能让一户人家一个人无住所断炊粮；电力、通讯、交通要迅速恢复；工厂要尽快恢复生产；农村要马上开展生产自救；灾情要迅速勘察清；最主要的，动员全县人民在灾情面前挺起腰，坚定的党心民心，是最牢固的万里长堤……

一件件，一桩桩，似一团乱麻，然而在栾松江手中，处理的那样有条不紊，落实的那样准确到位！

“咳，这个栾书记呀--”我们应邀参加布置救灾的党委扩大会，身旁一位部门的负责同志对我们的感叹。“他是个啥身子骨呵。这些天，他拖垮了跟他跑的一个办公室副主任，一个司机，两个秘书。”

栾松江正在给常委及驻军首长、有关部门负责同志谈牺牲在抗洪前线的锦州市市长张鸣岐的事迹报道，他将其中的几句重复了几遍：“领导，就是率领与导向……”他花白的头发已很长，胡子多日没刮，脚上的胶底黑布鞋沾满泥土--他生活和工作了近30个年头的大地上的泥土。

在此前几日，他在泥泞与雨水中，时而徒步，时而骑自行车行走15千米，察看了5个村、3个工厂的灾情。为向国务院、省、市领导汇报灾情，在道路中断情况下，他又是迈开双腿，步行20千米，赶到宽城，然后又乘车到达迁西，使领导们很受感动。会上，表扬了承德县在抗洪救灾中取得的成绩。灾后，他每天都顶着烈日，踏着污泥，戴一顶草帽，骑一辆半旧自行车，到护河坝决口处参加劳动，指挥施工。

7月30日，一片欢呼声中，滦河大坝决口处合拢，望着那道坚实的新坝，再看看县领导们的身影，我们想了许多，许多……

浪峰壮歌

洪峰涌来了，千万个坚强的脊梁挺直了。

此次水魔袭击的重点，大都是地靠河岸的鱼米之乡。新杖子、大营子、上板城，一夜间，几十年来两辈人辛辛苦苦开垦出的田地不见了，勤劳而朴实的农民，止住了叹息抹去了泪水，在乡村干部的率领下组成了抗灾大军，不少农民家中被淹，但看到国家财产有被冲走的危险，立即前去抢救。为堵险段，他们献出了物资器材，在辛家庄村，年纪尚轻却当了近30年村干部的支部书记眼里闪着泪花说：“我们这些村民，没说的。平时做工作遇着钉子户，我与他们赌过气。可关键时候真行。发水那天，大坝决口要堵，村子要保，40多户居民要转移，我们村干部一动员，抢险分队立刻成立起来了，大家争着报名。有这，我辛家庄就没有抗不了的灾！”在大营子乡抢险工地，上千人的劳动号子汇成一个强音：再建家园。一个乡干部自信地说：过二三年您再来看吧，这儿还是塞北的小江南。

在县城，县直职工们在经历了特大洪水的洗礼后，又投入了滦河、老牛河护城坝的加固、恢复工程，他们轮流到河滩劳动。一天，抢堵一个险段，缺少石头，不知是谁有了新发现：河滩上有的是，捡！170方石块垒在坝上，职工们却成了泥人，许多人鞋陷进泥里，衣服被撕破，身体被划伤，栾松江后来说：当时看着，真让人心痛。

驻军、预备役部队和公安干警，无愧于钢铁长城的称号。为防第二次洪水袭击县城，护城河坝进入关键时期，52993部队的70多名官兵赶到了，勇士们汗洒河滩，情筑堤坝。雨夜，101国道上的三沟大桥告急，预备役某营炮兵连战士、三沟派出所干警及民兵180人组成抢险小分队跳入洪流，在大桥护坝处垒筑沙袋，疏通堵塞桥孔的树木泥沙，保证了101国道这条大动脉的畅通无阻。担负着老牛河护坝总指挥的预备役二团部队长刘洪华，日日率领着预备役、民兵战士战斗在施工现场，身上被晒得起了一层痱子，汗水淌下，奇痒钻心，可他无论如何不肯退下岗位。军民共同谱写的壮歌，激动人心的旋律，压倒了洪水的狂啸……

血浓于水

一封封慰问电，一队队慰问团，一批批救灾物资，一份份滚烫的情……

市直广大干部响应市委、市政府号召，把爱心送到灾区，市红十字会、商贸局、五金采购供应站慰问了受灾的群众。在承德县内筑路施工的武警七支队，洪水中蒙受了巨大损失，却把大米、面粉各两吨送到救灾指挥部。

与此同时，县内人民互救互援，各单位间，人与人间，无灾的助有灾的，灾轻的援灾重的，富裕的助困难的，仅县直职工们捐献的款物，就折合人民币15万多元。杨树林村大队党支部书记赵凤至捐献出5000元人民币，村主任、大华针织厂负责人宁长忠献出1000件服装，农村的党员干部，赤心热血。

风雨同舟，共闯难关。中华民族的美德在这片热土上闪烁光辉……

团结奋斗，自强不息，重建家园，撼动人心的旋律在这片热土上奏鸣……

距灾后15日，加固拦洪大坝6万米，挖排水渠64000米，扶苗97000亩，抢修乡村公路2000千米，每日发动劳力12万人，这，不是枯燥的数字，是英雄的承德县人民抗灾壮歌中的强劲的音符！

脚下这片热土，将以生命之根以青春之乳记载下一个可泣可歌的季节。

之七：

鹰手营子矿区抗洪救灾报告

（姚宝昆）

1994年7月11日晚24时至13日凌晨8时，承德市鹰手营子区连降暴雨，区境内的柳河、喇嘛沟河及沿岸山沟山洪暴发，造成30年未遇的洪灾。此次洪灾为1962年以来最大水量，连续降水316毫米，柳河洪峰达到1180立方米/秒，在短时间内造成重大灾害。

此次洪灾来热猛、强度大，截止到7月18日，造成3人死亡，350户民房被淹。全区共冲毁、沙压粮田5100亩，占全部耕地的64%。其中马圈子镇金扇子村210亩耕地被洗劫一空。

区内驻有12家中央、省、市属大中型企业，110余家区镇村属企业，9户区属企业全部被淹造成停产。受损乡镇企业85家，其中冲垮8家，全区的支柱产业－煤炭企业的矿点全部被淹，其中有122处无法生产，占全区地方矿井的96%。区内交通、电力、通讯、供水中断，据初步统计，此次水灾造成直接经济损失4710万元。

--摘自营子区灾情报告

一

九百年前，鹰手营子曾是王室放鹰的地方。

尽管此地受过“皇封”，但它还不足以引起人们极大的关注，倒是天赐恩施使这里的地下储藏了丰富的煤炭资源，才使这里远近闻名。

然而，就在“7·13”这场特大洪水的打击下，营子区的煤矿企业遭到毁灭性的破坏。残阳如血，照在被撕毁的河床上，也同样照在片片碎石上，红红的像火，让人联想起那堆积像小山一样的乌金。

田野里昨日还见的郁郁葱茏已不复存在，恍若隔世，那仅有的黄土地也被洪水无情地汲走，细沙遍布田间。抓上一把捏一捏，酥酥的，滑滑的，没有一丝黏性。

营子区乡镇企业局张局长挨着个地数着矿井：50、100、110，当数到第122个矿井时，他的心凉了，眼瞅着快到每年拉煤的时候了，回想往昔矿井上下轰隆隆，哗啦啦出煤卸煤的红火劲，再看眼前矿井上下那个静悄悄的劲，这位平时嘴快心直的汉子心里一阵犯堵。

随手捡起一块煤块，张局长似乎已经掂出了它的分量，他要在一个很短的日子里，把区财政收入90%来自乡镇煤矿企业的损失拿回来。因为他深知，全市工业发展的基础离不开煤，承德市滦河电厂、市区工业企业及民用煤炭的90%将从营子获得。

营子区的乡镇企业特别是煤矿将面临严峻的挑战！

二

作为区委书记、区长的袁福此时倒显得镇定自若，面对齐集宽大办公室里的区五大班子领导，他在逐人逐事下着抢险救灾指示。

第一条战线，做好物资保证工作，商业部门要迅速出动车辆到临近市、县紧急购进蔬菜和副食品，对与人民生活直接相关的商品，实行临时最高限价，防大汛所需的铅丝、锨、镐、草袋要紧急调运。

第二条战线，全力以赴恢复基本的生产生活条件。在资金严重不足的情况下，要千方百计克服困难，必要的时候要采取特事特办，不可以“赊”，也不可以“借”。要迅速恢复柳河、喇嘛沟河防洪大堤，保证全区正常的生产生活不再遇到威胁。

第三条战线，紧急恢复工业生产，恢复农业生产所需的种子、农药、化肥要提前做好准备。

任务下达完毕，袁书记带着五大班子成员赶到马圈子镇召开了第一个现场抗洪救灾办公会议。抽调了12名局级领导组成了马圈子镇抢险工作小组，调拨了7000只草袋子，同时，部署了汪家庄镇、寿王坟镇的沟通联络计划，现场进行抢险。

实际上，从7月12日的夜间，袁书记和区五大班子的领导就一直没离开过抢险现场。沿柳河两岸的居民不会忘记发生在12日夜间的那一幕一幕。

晚21点左右，大雨似瓢泼，袁书记指挥几千人的抢险队伍，调来70多辆大卡车，重点进行沿柳河岸边350多户被淹居民的疏散工作。

晚22点左右，急调2辆消防车和2台潜水泵，组织50多人成立抢险队，强行抢救煤岭沟变电站。

13日早7点，又组织区属工商、商业、卫生系统120余名干部职工，组成被困在营子境内553次列车后勤保障供应队，步行15华里，为被困的近千名旅客运送食品和药品。

13日下午，先后组织了270人的铁路抢险救急队，抢修遭破坏的跳沟河大桥桥墩护坡及150延长米路基护坡，并于14日1时圆满完成任务。

14日下午13时30分，5台运载机车轰鸣着扬起巨臂，运转在112国道董家庄段2千米的路基上，130多人顽强奋战在工地现场，到晚17时，营子区境内交通已基本恢复正常。

三

连续几天的抗洪抢险，营子区又恢复了往日的平静。采访中，我们听到最多的一句话就是自力更生、艰苦奋斗，看到的最多标语便是重建家园、再造河山。

恢复生产靠的是毅力。袁书记有一句很精辟的话叫灾害面前精神不垮。

洪水过后，坐落在董家庄新水源地的设备、高压线杆、变压器、临时泵房全部被冲毁，水源井被淹没，电路中断，造成停止供水9天216个小时。为解决全区生活、生产用水，区委毛广顺副书记、政府杨本淮副区长及时召开了有14个单位在内的临时抢修新水源工程班子。明确了抢修单位、人员、物资、运输车辆等事项，责任一步到位。仅用半天时间，一切准备齐全。铸石厂、轻机厂、铁路、供电等单位各上阵，仅用4天时间就恢复了正式供水。这水，喝在居民的口中，甜在抢险人员的心里。

营子耐火材料厂是个建于50年代的老厂，洪水过后2天就全力组织恢复了生产。

轻机厂是营子区的支柱企业，当我们来到这个厂采访的时候，几乎看不到一点受灾的影子，每个车间都在秩序井然、有条不紊地进行着工作，厂长向我们介绍情况也很少提及灾情。洪灾过后不能全额生产，他们就实行两条腿走路，倒修上班，终于获得了高效益，7月份当月就完成产值120万元，创历史最好水平。

难能可贵的是，在洪水发生后，这个厂又于7

月21日与意大利达尼罗公司签订了生产木制品加工机器的意向书。

让我们再一次把镜头对准区乡镇企业。灾后10天，汪庄镇水粉厂在原材料紧缺的情况下，积极同北京、唐山联系，迅速达产；寿王坟各选矿厂挖掘自身潜力，全部恢复正常生产；寿王坟镇烧炼厂、营子村水泥厂、河北村砖厂“照常营业”。

灾后20天，寿王坟镇60个小铜矿全部走上正轨。

灾后一个月，乡镇企业的122个煤矿已有80%出煤，达到原有生产能力的一半。走在刚刚修复的柳河大堤上，我们的思绪也随着这7000多米的长堤延续、拓展。英雄的营子人，你就像这拦峰阻洪的柳河大堤一样，经受住了考验，坚不可摧。

敬礼，英雄的营子人。

之八：

隆化县抗洪抢险救灾纪实

（闫国华　刘科军　王鑫忠）

7月12日至7月13日，一场30年罕见的暴雨袭击隆化。一时，境内大小河道洪水暴发，县内滦河、驿马吐河、伊逊河、鹦鹉河、茅沟河5大河流洪峰像脱缰的野马，横冲直撞，使全县中关、章吉营、荒地、七家、茅荆坝等16个乡镇、240个行政村、26万人口受灾，直接经济损失2亿元。

灾情就是命令，全县党员、干部和广大军民齐心协力，英勇顽强地迎激流、战恶浪，构筑起一道永远冲不垮的“防洪大坝”。

为了人民生命财产的安全

7月13日凌晨，隆化县防汛指挥部的电话机旁，县委、县政府领导各个神情紧张，电话里不时传来报告：中关镇镜内的鹦鹉河、茅沟河、兴隆河防洪大坝决口，龙凤、三家、王栅子、东升、北铺等村庄被洪水围困，万亩粮田被冲；章吉营乡瓦房水库告急，坝体有崩溃的危险；荒地乡玻璃器皿厂被洪水冲击，一旦进水将造成直接经济损失20余万元；茅荆坝冲毁房屋25间，12户居民无家可归；县城防洪大坝阿拉营段水位超过设计标准，十分危险；七家告急……就在这关键时刻，灾情严重的中关、章吉营、荒地、七家、茅荆坝等乡镇电话突然中断……

灾情就是命令。县防汛指挥部总指挥卢书林连发两道命令，并抽调精兵强将，组成抗洪抢险小分队奔赴灾区。察看灾情，组织群众开展抗洪抢险救灾。

在章吉营乡，瓦房水库溢洪道流量达80立方米/秒，水急浪大，致使118米溢洪道被毁98米，冲成近20米深45米宽的冲刷坑，泄洪直接威胁大坝坝脚，坝体多处渗水，如不及时抢修，整个坝体将有被洪水冲垮的危险。为了保住下游3万居民和3万亩耕地的安全，瓦房村支部书记田林、村长迟江和水库负责人员，一方面组织村民撤离，抢修大坝，一方面向县乡防汛指挥部告急。县委书记王杰志、县委常委组织部长李俊峰、副县长李维等县领导及时赶到了；乡党委书记李友、乡长郭宝贵、副乡长迟远通、武装部长范长军赶到了；县直有关部门的领导赶到了，驻隆52820部队的官兵赶到了；水库上游杨树沟门村支部书记李恩德、村长李万年带领40多名抢险队员赶到了……一场抢修瓦房水库大坝的战斗在县委、县政府领导的亲自指挥下打响了。道路冲断，抢险物资运不进去怎么办？52820部队的60多名官兵涉水爬山步行7.5千米，连续奋斗36个小时，硬是把5000个草袋子、2吨铅丝、0.5吨炸药背到了抢险工地，他们克服的困难和付出的艰辛是难以用文字表达的。一位当地百姓含着泪说：“有些战士的腿跑肿了，有的战士脚上打了泡，但是没有一个人停下来，看到他们遭的罪，我们打心眼里心疼。”瓦房村64岁的张素珍大娘，身体多病，平时一些轻微的家务子女们也不让她沾手。可是，在抗洪抢险中，她也加入了物资搬运队伍。她说：“我是党员，能为抢修大坝出点力心里头安稳。”经过200多名干部群众和解放军指战员连续5个昼夜的团结奋斗，共编织石笼42个，动用土石方576立方米，终于排除了水库险情，保住了3万居民和3万亩粮田的安全。

7月13日晨，位于茅沟河流域的茅荆坝村的护村大坝决口，洪水像一头猛兽吞噬着民房。为了保护村内30多户居民的生命财产安全，乡党委书记徐庆海、乡长马德祥立即率领200多人组成的抢险队，跳入一米多深的洪水中堵决口。驻地粮库、供销合作社无偿地支援麻袋200条、铅丝0.5吨。在广大干部群众的共同努力下，经过5个多小时的奋战，终于堵住了决口，保住了群众生命财产的安全。

同一时刻，当七家镇一些村庄被洪水围困时，镇党委、镇政府的领导和广大乡村干部跳入洪水，救助群众，转移财产。

洪水无情人有情

7月12日晚，中关镇副镇长吴树民、李仓、李金、缪东树等，冒着暴雨查看鹦鹉河水位后，意识到将有特大洪峰暴发。他们跑回镇政府立即召开紧急抗洪抢险广播动员大会。可是不多时，电停了，电话也断了，四周变得一片漆黑。在这危急时刻，他们冲出镇政府，涉水爬山，克服了重重困难，连续奋斗了20多小时，跑遍了灾情比较严重的村庄，指挥群众抢险搬迁，保证了全镇群众无一伤亡。13日下午7许，在县里参加县委扩大会议的镇党委书记于海停、镇长徐寒兵得知灾情后，连夜翻山越岭赶回镇里，察看灾情，指挥抢险抗洪。

7月13日夜间，茅沟河水冲开大坝直奔王栅子村庄时，村长王富带领20多名抢险队员帮助危险户转移。一位70多岁的老太太在即将倒塌的房屋里求神保佑，说什么也不出屋，当王富强行把她背出屋后，房子也被洪水冲垮。在他们的全力抢救下，全村安全转移人员140多名，转移粮食、物品价值20余万元。别人的财产保住了，可是王富家的一些东西却因抢救不及时而被洪水冲走。一位70多岁的老人说："这次洪水，要不是上边和村干部，不知要冲死多少人呀！"

7月13日至7月20日，章吉营乡乡长郭宝贵连续8昼夜奋战在抢险第一线，慰问灾民，指挥抗洪，家里110多棵10年龄的大杨树、3亩稻田、2亩制种田被洪水冲走冲毁，几过家门，他都没有回家看一眼。副乡长迟远通家屋里进水，院墙倒塌，妻子几次捎信让他回去，可他却没离开抢险第一线半步。

在这次抗洪抢险斗争中，驻地部队广大官兵一直冲锋在前，谱写了一曲爱民新歌。

7月12日，洪水冲毁了京通铁路闹海营段，造成铁路运输中断，面对灾情，驻军52820部队官兵组成抢险队赶赴抗洪抢险现场。

7月13日，汤头沟镇万米双拥防洪大坝告急，52820部队官兵全体出动连续奋战10多个小时排除了险情，保住了大坝和沿岸群众的生命财产安全。就在他们回到营地，连口饭还没顾上吃时，又接到了瓦房水库紧急救援的任务……

灾区牵动着全县人民的心，隆化县六大班子领导在全力指挥抗洪抢险救灾的同时，许多人还从自己口袋里拿出钱捐给灾区。县直各部门的广大干部职工纷纷自愿捐款，仅一天时间，县募捐办就收到人民币2万余元和700多件衣物。

洪水冲不垮的隆化人

灾害发生后，隆化县各级党政主要领导立即深入到抗洪救灾第一线，领导群众全力抗灾自救。县委书记王杰志、县长卢书林直接指挥抗洪救灾工作。7月13日以来，县委、县政府多次召开紧急防汛电话会议和有关部门会议，并成立了5个以包乡镇县领导为组长的抗洪自救小组深入重灾区，帮助恢复生产。

7月21日，县委副书记许海带领全县有关部门负责同志步行15余千米深入中关镇龙凤、三家、王栅子察看灾情、慰问灾民、指导救灾工作，并当场落实了部分救灾款和救灾物资。

隆化玻璃器皿厂是荒地乡的支柱企业，7月13日晨，洪水凶猛地冲进企业院里，并流入1号炉车间。炉内一旦进水，将造成直接经济损失20余万元，致使整个工厂停产。为了保住工厂的正常生产，在停电抽水机不能工作的情况下，全厂上下齐动员，职工们分四班用脸盆、水桶一点一点往出淘，连续奋战了20多个小时，终于保住了一号炉。

“有钱出钱，有力出力，抗洪救灾，重建家园”，这是章吉营乡党委、乡政府提出的响亮口号。在这次洪水中，该乡冲毁农田9615亩，冲毁房屋649间，冲走大坝3.72万米，冲走成材树3.47万棵，直接经济损失800余万元。面对灾情，他们深入灾区慰问灾民，为他们送钱、送粮、送穿，鼓励群众振奋精神，不等不靠，重建家园。不少机关干部和村民还捐款捐物，修复险工险段，恢复生产。

受灾严重的中关镇在加强险工险段抢修的同时，组织群众开展生产自救。首先，将能扶起的玉米、水稻、谷子等进行扶正施肥，排除田内积水。其次，在毁坏地板不太严重的耕地上抢种白菜等适宜作物。同时还积极组织劳务输出，开辟第三产业。

目前，全县8万余名干部群众日夜奋斗在防汛救灾第一线，已完成扶苗2.1万亩，修复护村护地坝68千米，疏通山洪沟10万米、河套30千米、渠道4.1万米，恢复通讯、电力、广播线路100多千米。一场抗灾自救重建家园的新的战斗正在全县迅速展开。

洪水，灾难，永远冲不垮英勇的隆化人民。

之九：

情系燕山

（吴春生 刘小朋）

公元一千九百九十四年七月十三日，一场几十年来最猛烈的洪水，在燕山深处爆发，这是继唐山大地震18年之后，我省局部地区遭受的最大劫难……

7月12日至7月13日上午9时，承德市24小时连续降雨，大部分地区降雨量都超过100毫米。承德市区降雨169毫米，相当于全年降雨量的35%；灾情最严重的兴隆县降雨量316毫米，相当正常年景4100多小时的降雨量，承德市区武烈河洪峰流量1363立方米／秒，是32年来最高的一次，兴隆柳河洪峰流量2120立方米／秒，超过50年一遇的防洪标准；丰宁潮河洪峰流量716立方米／秒，隆化伊辽河洪峰流量634立方米／秒，宽城瀑河洪峰流量1590立方米／秒，都超过了20年一遇的防洪标准。由于时间短，水势猛，大自然的力量大大超过了河流和防洪设施的承受能力，造成了人力不可抗拒的特大自然灾害，全市八县三区普遭劫难。有关部门的灾情统计表明，全市直接损失达到21.6亿元，如果按全市70万户居民计算，等于一夜之间，老天爷从每户人家洗劫去3000多元人民币。

在所有的经济损失当中，根本不能用数字所表明的，就要属农民的土地了。依然就“7·13”一场洪灾后统计，全市成灾土地142万亩，占所有耕地的26%；水毁耕地36.4万亩，占所有耕地的12%。这场劫难，使全市出现46个无地村，11.5万人根本无地可种，2100户、7万余口人无家可归。其中灾情最重的兴隆县，占全县耕地面积20%的4.8万亩良田，一夜之间被洪水变成了河道和光石板。曾经被文人借做钱广原型的老农张惠，世代居住在青松岭下，7月12日夜晚，他听了一宿洪水的咆哮，天刚放亮就蹚水奔向村头，一眼望去，40年来几代人一块石头一条石板垒起的千米大坝，一担土一挑泥垫出来的200亩稻田，荡然无存。这位十一届三中全会后被承德地委彻底平反并被命名为个体劳动致富能手的老汉，当时就蹲在地上哭了起来。他想大声叫，他也想大声喊，可是太伤心了，欲叫无声、欲喊无语，这位饱经风霜的老人深深懂得：这些被庄稼人当作命根的土地，是几代人靠着集体的力量造出来的！所以，这位老汉深深地忧虑：如今承包了、单干了，谁还带领一家一户拧成绳地干……

确实，张老汉的这种担心，不但有着一定的客观依据，而且代表了大部分善良的农民的普遍心情。此时此刻失去土地的燕山儿女们，最盼望听到的就是党和政府的声音。

省委、省政府的领导来了，党中央、国务院

的领导也来了，他们不仅带来了党和政府对老区人民的真切关怀，同时还带来了号召人们自力更生重建家园、艰苦奋斗再造河山的坚强信念

7月15日，承德特大洪灾的信息通过防汛特别电台刚刚报到省政府的48小时之后，省政府赴承德慰问检查组已经赶到承德市。慰问检查组由原任承德行署常务副专员的省府副秘书长王高鹏带队，24位成员由省交通、水利、建委、民政、邮电、经贸委、计委、人行、财政等厅局负责人组成。这25位行家里手，经过了三天时间的慰问视察，认为承德灾情严重，组织抢救得力，群众情绪基本稳定。他们在希望我市争取多方支援的同时，初步提出了积极开展生产自救、重建家园的号召和要求。

省主要领导在接到省政府慰问检查组的汇报后，立即指示，要求省直各部门全力支援承德灾区抗洪救灾，并在省会石家庄召开援助承德灾区动员大会。很快，省直就有11个厅局就对口支援我市重灾企业恢复生产进行了具体安排，并奔赴我市各灾区现场调度、解决问题。

7月16日，副省长顾二熊省委书记、省长委托，代表省委、省政府来承德市慰问受灾群众，检查救灾工作。顾二熊同志亲赴宽城、平泉、承德县等地察看灾情后，于18日上午认真听取了市委、市政府的全面汇报。当天下午，顾二熊同志在绮望楼座谈会上，当众用手提电话拨通了省化工厅、省保险公司等单位，要求省化工厅组织所属企业每单位来1～2个“明白人”，带着援助项目或资金，帮助兴隆化肥厂早日复产，并要求省保险公司以最快的速度，预付部分保险金以解燃眉之急。顾二熊同志这种现场办公、就地拍板的果断工作作风，不但使在座的所有领导同志深感钦佩，而且使广大人民群众通过报刊、电视等新闻媒介，看到了省委、省政府支援承德灾区的诚意和决心。

7月22日，国务委员、国家防汛总指挥部副总指挥陈俊生，带领国家计委、经贸委、民政部、内贸部、防汛办公室、国务院办公厅等6部委办负责人，在省长叶连松、副省长顾二熊及我市领导同志的陪同下，深入兴隆灾区慰问视察。陈俊生同志原来已经决定南下到广西灾区慰问视察，但在北京听到了刚刚离承的副省长顾二熊的灾情汇报，立即决定改道承德，亲赴灾区。从北京至兴隆的途中，陈俊生同志不顾征途劳顿，不时停车下来察看灾情。六道河镇是兴隆重灾区之一，陈俊生同志带领6部委办负责人徒步深入受灾现场。当他看到镇所在地潮河两岸大量良田变为河滩、树木倒伏、桥梁坍塌、民房冲垮的惨状时，禁不住大声宣布：“有党中央、国务院和省市各级党委、政府做后盾，困难一定能战胜，希望你们振奋精神、增强信心、战胜困难、抗灾自救、重建家园。”

7月23日中午，陈俊生同志在听取了市委、市政府关于“7·13”洪灾的全面汇报后，冒着摄氏37度的高温酷暑，取道兴隆青松岭去宽城视察。在全国闻名的青松岭下，陈俊生同志察看了劫难后的茅山镇。镇党委书记周东林苦战12个昼夜早已喊哑了嗓子，汇报只好由年轻的镇长王玉军进行。望着心情沉重的广大基层干部，陈俊生同志再次提出：“面对当前困难，哭是没用的，哭解决不了问题……五尺好男儿，有泪不轻弹，还是要鼓起勇气，发扬艰苦奋斗的精神，带领大家干……这场火灾确实不是人力所能抗拒的，你们的小康工作会受到一定的影响，但有一条，你们的勇气和信心不能丢。”

承德的灾情，牵动了党中央、国务院的心，承德人的焦虑，同样也引起党中央、国务院领导同志的关切。陈俊生同志在充分表达党中央、国务院对承德灾情的关怀和支援的同时，也给承德人民指出一条自力更生、再造山河的希望之路。

7月27日，省委副书记李炳良深入我市灾情最重的兴隆县考察，他对县委、县政府在抗洪救灾中的严密组织、果断指挥给予了很高的评价，并特别肯定了该县提出的“苦干三年，全面恢复灾前水平”的总体部署。

7月底，省委书记带领省直38个部门的主要负责同志来我市指导救灾工作，29日在我市召开省委、省政府支援承德抗洪救灾工作会议。省委书

记首先要求省直各部门尽最大努力认真支持承德搞好救灾生产、扶贫开发，并要求我市的各级干部一定进一步解放思想、振奋精神、自力更生、艰苦奋斗、重建家园、再造河山。特别重要的是，省委书记严肃地指出，原定各县实现小康的目标要如期实现。这一量化得十分具体的硬指标，实际上是把各级干部推向生产自救再造河山的第一线，广大人民群众的普遍担忧将被艰苦奋斗的勇气和行动所扫除。

还是张惠老汉忧心忡忡的青松岭下，镇党委、镇政府在中央、省领导同志铁一般的要求和火一样的鼓励下，制定出了"重筑万米坝、再造万亩田"的恢复工程，同时还做出了跨世纪的"山水林田路综合治理，建设抗百年洪灾能力"的宏伟规划。从今年开始，这个镇以股份制方法，拿出十年时间重新安排青松岭的山山水水……仅仅一个月时间，一条1650米长的大坝又横亘在张惠老汉的村头，不同的是，近30天时间修筑的大坝，比积40年之功的旧坝宽了一倍、高了一倍，张惠老汉服了：只要有共产党的领导，地没了可以再造，山倒了可以再垒。

多到有关部门上千万元的投资、兄弟地市上百万元的捐助，少到一位外地五保老人只有1元钱的寄款，分分毫毫都浸透着人间的真情

8月12日上午，市政府二楼会议室亲情洋溢，张家口市代表李兴业宣读慰问信，并当场捐赠25万元的物资和25万元现款。市长柳宝全代表承德市委、市政府和全体市民表示："我们一定要把承德建设得比灾前更美好。"市委书记李月辉把"诚挚爱心、毗邻情深"的锦旗赠给张家口市的代表，并表示："张家口也遭受了自然灾害，可你们还来支援我们，我代表承德人民表示衷心感谢"。

这是我市遭受特大洪灾之后，四面八方支援灾区众多场面中的一个。石家庄、邯郸、沧州、衡水、唐山等地市，都在大灾之后，很快筹集到巨款和物资专程送到我市。

在省委、省政府的号召下，省内各对口单位也纷纷向承备伸出了热情的援助之手。省交通系统拨付国、省干线救灾款1500万元，同时联合11个地市交通部门捐款1658888元。省军区司令员韩世谦少将在石家庄出席省军区官兵支援承德灾区捐款仪式后，亲自带队来承视察灾情，现场决定拨款40万元，分别用于分区、预备役部队军训设施修复工程。省文物局拨出30万元特款支持我市抗洪救灾，该局副局长谷同伟专程送往我市的还有该局全体职工每人捐献的半月工资共计21708元。省政府驻京办事处，全体职工集体捐款1万元，同时还赠送了11万元的物品。承德供电局早已划归华北电管局序列，但省电管局依然送来200万元的电力设备和20万元现款，他们这种无私的援助，深深打动了承德人民的心。省红十字会召开大会号召省直卫生系统职工为承德灾区捐款，不到三天，就收到捐款105514元。邯郸钢铁总厂闻知我市发生特大洪灾，立即开展"为承德灾区送温暖、献爱心"活动，随同慰问信一同寄来全厂近3万职工的捐款35万元。《河北日报》社听说《承德日报》社院内积水一米、部分设备遭到水淹的消息，特拨出20万元为《承德日报》购置水毁设备。8月23日，省政协副主席、省委统战部长王树森带队到承德慰问，并带来了省统战系统各部门的再次捐款6万元。同时王树森及夫人武素兰、省民族宗教厅副厅长才利民以承德籍公民身份，分别捐款1000元、500元。

这种捐献活动不仅在单位中集体进行，国内各界人士也纷纷自动向灾区人民献上了自己的一片亲情。国际象棋世界冠军、我市荣誉市民谢军，听说承德水灾后，立即打电报声称："我以中国国际象棋协会及个人名义，向灾区人民捐款2000元。"正在我市拍摄电视剧《两个永恒》的湖南电视台、台湾怡人传播公司剧组，将1万元捐款送到市委宣传部。从美国来承的华侨李信全夫妇，也为大洋彼岸素不相识的承德灾民捐款1万元。甚至泊头市后河乡杨庄村五保老人王占江，年逾花甲，听说承德受灾后，也从微薄的零花钱中拿出1元寄来。很多在承德地市担任过领导的同志，更是怀着对这片热土和父老乡亲的一片爱恋，慷慨解囊，捐助灾民。

信在昌黎的原承德地委书记张子明，除打电话询问灾情外，还来信请求从工资中留下150元钱献给灾民。原市纪委书记李金月，现任沧州市政协副主席，也寄来现款300元。原在承德地委、行署和承德市委、市政府工作过的胡振国、栗战书、唐全杰、陆生、胡广义、张唤群、范文彬等几十位在不同领导岗位或已经离休的老同志也纷纷来电慰问并捐款救助灾民。现已调任华北电管局农电局副局长的原承德供电局局长李文化，年过半百，两鬓斑斑，多次到北京、内蒙古、天津、唐山等电力单位游说，根据我市电网受损情况争取到数批救援物资，价值总计逾越400万元，华北电管局的领导同志风趣地说："吃华北局的粮，办承德人的事。"

这种大规模的支援捐助活动，也带动了我市的救援工作，市委、市政府两次召开紧急会议动员：无灾帮有灾，轻灾帮重灾，机关帮农村，职工帮农民。仅一个月时间，市民政部门就收到市内个人捐款75万余元及大批衣物。市政协党组顾问马刚曾任兴隆县委书记，一次就向兴隆灾民捐款2000元。在此期间，围场为兴隆、宽城送去面粉和木材，承钢为承德县送去捐款21万元，承德钢铁水泥总厂、营子水泥厂为邻居送去大批水泥，驻承部队、武警官兵为当地群众捐助各类物资……

可以肯定，我们这几支拙笔，记录不全社会各界对灾区人民的无私援助和至爱亲情，但我们相信，燕山儿女一定能够把真挚的谢意化做重整家园、再造河山的行动，把富饶、美丽永远铭刻在承德大地上，以作为对党、对政府、对全国人民的最好回报！

之十：

冲不垮的钢铁战线

——记承德市水利局干部职工防汛救灾的日日夜夜

刘福龙

1994年7月中旬，一场罕见的特大暴雨袭击了承德的山川大地，河水猛涨，山洪暴发，交通、通讯和城镇供水部分中断。数以万计的民房、土地、树木被冲毁，人民的生命财产受到了严重的损失……

在特大暴雨洪水面前，在抗洪救灾的第一线，有一条看不见的战线，有一支冲不垮，拖不散的钢铁队伍，这就是承德市水利局系统的干部职工。

一

7月11日，设在水利局的市防汛办公室里笼罩着一派紧张的气氛，这种气氛是由省防汛办公室一份通报和气象部门的天气预测引起的：7月12日夜到7月13日将有一次强烈的天气过程，全市有大暴雨，南部有特大暴雨。此时此刻数以万计的矿工在井下作业，数万辆汽车在山区的公路上奔驰，数以万计的学生在将受洪水威胁的学校里读书……多年未遭受大洪水袭击的承德人民对特大暴雨的到来还全然不知。想到这些，值班的防汛指挥部负责同志果断地下达命令："立即发出紧急通知，要求各区县和直属单位做好抗洪抢险的准备！"

7月12日下午，瓢泼大雨已经下了几个小时，山坡、平川的土地都汪出了水，雨却越下越大。这时候，地处柳河岸低洼处的兴隆县平安堡中学的师生们，正紧张地复习功课。"赶快组织学生们转移！"师生们接到市防汛指挥部的紧急通知后，立刻撤离，师生们刚离校几分钟，肆虐的洪水就冲进了校园，卷走教室、桌椅和财物。"好险呐！要不是接到水利部门的及时通知撤离，后果不堪设想。"师生们感激地说。这一天，位于柳河中游的鹰手营子矿区也接到市防汛办公室的紧急通知，接到通知后人们首先想到了在井下作业的煤矿职工，马上采取紧急措施通知1000多名职工返回地面。十几个小时后，各地纷纷传来消息，全矿区120个矿井被淹，却未发生一起人身事故。

二

7月13日，兴隆县告急：柳河洪峰流量已达2120立方米/秒，城防坝决口，县城积水达2米多深；承德县告急：乌龙矶滦河干流洪峰流量已达4000立方米/秒，下板城鱼种场全部被冲毁；围场告急：钓鱼台水库溢洪道开始溢洪，坝后有的地方出现裂缝和滑坡，情况危急；宽城告急，营子区告急！……

告急的呼声，不断通过防汛电台传送到市防汛办公室，并及时送到省防汛办公室和市委、市政府。

险情就是命令！市水利局迅速组织由局长、副局长、总工程师率领的抗洪抢险工作组，于7月14日分赴各县（区）、大中小险库，到第一线现场指挥抗洪抢险工作。

7月12日还在丰宁检查工作的局长齐树昌，获悉南部县区遭受特大暴雨袭击，立刻披星返承。夜间12点到承德市区后，不顾旅途劳累和危险，冒雨与崔献峰局长、史宝印副主任到武烈河大坝上查看险情，指挥抢修险工险段。

年近60岁的总工贠学遇和副总工程师王维国，也不顾病痛，一直往返于市区武烈河大坝和隆化县瓦房水库抢险工地上，分别指挥那里抗洪抢险：靳怀成和刘喜副局长率抢险工作组分别赴承德县和围场县后，立刻查看险工险段和病险水库，与县水利局同志共同研究制订抗洪抢险方案，并提出恢复水毁工程的技术措施和实施计划；副局长李基方不顾几天现场指挥抗洪抢险的疲劳，同来承德市慰问检查灾情的水利厅赵国防副处长一起，在交通中断的情况下，跋涉步行100多华里，查看了受灾最严重的龙咀水电站和马鞍山水电站。当他们到达龙咀水电站时，被洪水围困多天的水电站干部职工激动得流下了热泪。

“7·13”特大暴雨洪水灾害发生后，市水利局全体干部职工，日日夜夜战斗在第一线。他们慰问灾民，并带来党和政府的关怀，与当地水利部门一起参加抗洪抢险，提出抢修险工、险段、处理病危水库和恢复水毁工程的技术措施、具体办法。

关键时刻显身手，水利人在大灾之中显示出战胜艰难困苦的大无畏气魄，成为抗御水灾中一支特别能战斗的队伍。

三

水利战线干部职工历来有一种实干的作风，这一点在“7·13”特大暴雨洪水灾害中，体现得最为充分。

水灾发生后，齐树昌局长昼夜不停地奔波在抗洪抢险救灾第一线，几十天下来他瘦了整整一圈，常常是眼睛红红的。为了不影响工作，他强忍着病痛，在旅行包、办公桌里放满了药品，以便及时服用。见到这种情形，省防汛抗旱指挥部副指挥长、水利厅厅长李志强关切地说：“老齐，你应该好好休息一下，不然身体会垮的”。齐树昌却回答说：“过一段时间再说……”齐树昌局长一家老小居住在距承德100千米的营子矿区，八十多岁的老父亲长期患病，卧床不起，老母亲也腿脚不灵便，全靠妻子一个人照料，家里的日子该有多难啊！他心里时常感到内疚，觉得欠妻子的太多太多……在灾后的一段日子里，齐局长近10次陪同中央、省、市领导到营子矿区等地查看灾情，可他却没有踏进家门一次，他太忙了，实在是抽不出时间。

机关党委书记刘广义爱人患脑血栓住院，而他却让在外地服役、正在家休探亲假的儿子去照料，自己不分昼夜地投入到抗洪抢险救灾第一线的战斗中。

几个月来，水利局的干部职工就是这样夜以继日地忘我工作着。有的同志小孩高烧近40度，仍不下灾区第一线；有的同志顾不上接孩子，遭到了幼儿园老师的责备；汽车司机则超负荷运转，以车为家，一个月下来行驶了5000多千米。

四

夏日的夜晚，当忙碌了一天的人们渐渐进入甜蜜的梦乡时，市水利局办公室却依然灯火通明，坚守岗位的是市防汛办公室中心电台值班的四名同志。一上汛期，电台的几位同志就开始昼夜值班，“7·13”特大洪水灾害后，承德与京津、石家庄、兴隆、宽城、承德县等地通信线路中断，唯有市防汛办公室的无线电防汛通讯专用网与各地保持通畅联系。各地的灾情、险情和抗洪救灾情况，不断通过无线电台传送到市防汛办公室，并及时报送到省防汛办和市委、市政府领导手里；省市领导的抗洪抢险指令，也通过中心电台传送到灾区。这为抗洪抢险赢得了宝贵的时间。人员少、任务重，中心台的四名同志接连十几天顾不上休息准确无误地传送着各种防汛信息。从7月12日晚到13日早8点，8个小时中就收发水情电报354份，各种公务电报45份，传递防汛信息1000多条。

市防汛办的规划、综合、宣传、后勤等7个小组，在分管局长的指挥下，通力合作，加班加点，昼夜工作十几天对全市城镇防洪、大中小型水库除险加固、农田水利、小水电站、通讯工程、橡胶坝、水土保持等水毁工程恢复项目材料，进行分类整理、汇总。

经过艰苦奋战，水利人高质量、高速度地编制出承德市防汛指挥办公室《关于“7·13”暴雨洪水及水利工程损毁情况的汇报》、《关于恢复“7.13”特大洪水水毁水利工程计划的报告》，以及9个单项工程项目建议书。

当这些报告和项目建议书报到省里以后，顾二熊副省长给予了很高的评价，认为承德市水利局编制的水毁工程恢复计划和项目建议书，翔实具体，科学可行，体现了省委、省政府提出的“救灾、扶贫、开发、建设”的方针。

1994年汛期已经过去，承德市水利人在大灾之中所取得的成就已成为历史。今后，水利人要面临更艰巨的灾后水毁水利工程恢复工作和各项水利建设任务。水利人，会继续以钢筋铁骨般的意志和忘我的工作精神，战斗在水利建设的第一线，为承德市经济腾飞贡献自己的力量。

注：“1994年抗洪救灾纪实”资料选自《紫塞抗洪图》一书。

编后记

盛世修志，是中华民族的文化传统。从20世纪90年代初开始，历经近三十多个岁月春秋，一部近100万字的《承德市志·水利志》《承德水利大事记》终将面世。

早在1986-1988年，河北省水利厅水利志编辑办公室分别在邯郸、抚宁等地举办了水利志主编培训班，武汉水利水电学院的老师传授水利志修志相关知识及经验，承德地区及部分县水利局派人参加了培训学习，对开展承德地县级编修水利志工作很有帮助。承德县、围场、兴隆、丰宁、隆化等县水利志，在1995年前均正式出版。

1994年12月，承德市水利局主持召开了《承德地区水利志》《承德市水利志》初稿评审研讨会，《承德地区水利志》初稿经过评审研讨后进行了修改，1996年9月，经河北省水利厅水利志编辑办公室审查定稿，同意正式出版发行，由于经费问题未能出版。

承德水利修志工作尽管未正式出版过，但是从20世纪90年代着手，到现在已经三十多年了，期间历届领导对水利志编纂工作都非常重视，无论工作如何调整，人员变革多么频繁，工作基本没有脱节，始终配备专门力量和人员做这项工作。原地区水利局元老级专家赵瑞旺、赵荣政同志退休后多年一直坚持续写承德水利志，直到八十多高龄，为《承德市志·水利志》的完成做出了重要贡献。

《承德市志·水利志》经几次续修，但始终以原《承德地区水利志》稿为蓝本，在此基础上进行修改、补充和完善。志书篇目设置基本涵盖了承德水利的各个方面。由于行政区划的变化，记述地域范围统一为1993年承德地市合并后的承德市8县3区。2005年7月重新开始水利志续修工作，下限设置为2009年，此期间补充收集了1990年至2009年承德地市全部水利文书档案、河北省水利统计年鉴、承德地市水利统计年报等大量资料，到2012年前后，此阶段修志工作告一段落，由于未能正式出版，继续后延。最后一次续修从2009年开始，下限设置为2015年。仍以原《承德市志·水利志》为基础，平行收集补充各篇章节内容。

经修改、充实、完善后的《承德市志·水利志》稿，志书主体共设12篇35章126节，100万字，《承德水利大事记》12万字，新增加了水利图片集，收集历史图片1200张，筛选后入集约200张。充分运用各种水利资料，体现志书的“资料性”“专业性”“地方性”“科学性”特点。

本志稿在编纂过程中始终是在当届局党组领导下开展工作的，同时也是在当届各专业科室、直属单位及不少老同志的支持和帮助下完成的。因此，这部志稿是水利系统大量新老领导和同志们共同努力的成果。在编写过程中也得到了市地方志办公室李连山、马铁松同志的悉心指导，在此，向所有关心和支持水利志编写工作人士表示衷心感谢！

由于编者水平和能力所限，志书虽几易其稿仍有大量不妥和遗漏之处，敬请批评指正。

编者

2018年12月